영적 거장들의 설교

영적 거장들의 설교

초판1쇄 발행 2023년 3월 13일

저자 안명준 외 67인
자문위원 노영상 이상규 이승구
발행인 최현기
디자인 CROSS-765
등록 제399-2010-000013호
발행 홀리북클럽- 경기도 남양주시 진접읍 내각2로 12
전화 070-4126-3496
이메일 happy day3496@naver.com
ISBN 979-11-6107-039-1 (03230)
가격 59,000원

영적 거장들의
설교

안명준 외 67인 지음
자문위원 노영상, 이상규, 이승구

목차

발간사: 편집인 안명준 **9**
추천사: 노영상, 노창영, 도지원, 배창돈, 이우금, 이은선 **13**
서문: 설교란 무엇인가? - 신성욱 **19**

구약성경에서 설교

모세의 설교 - 강성열 **29**
여호수아의 설교 - 이광호 **41**
다윗의 설교 - 김종윤 **55**
에스겔의 설교 - 권혁관 **69**
요나의 설교 - 이원재 **83**
학개의 설교 - 이학재 **93**

신약성경에서 설교

예수님의 천국 비유와 설교 - 이승진 **109**
스데반의 설교 - 박영권 **129**
베드로의 설교 - 김현광 **143**
바울의 설교 - 박해경 **155**
히브리서에 나타난 설교 - 현경식 **171**

영적 거장들의 설교

아타나시우스 - 전대경 **191**

암브로시우스 - 조병하 **209**

아우구스티누스 - 우병훈 **225**

위클리프 - 이상은 **249**

얀 후스 - 서혜정 **263**

루터 - 김선영 **285**

부처 - 최윤배 **299**

칼빈 - 전형준 **313**

녹스 - 서창원 **329**

리차드 십스 - 박태현 **349**

토머스 굿윈 - 우병훈 **369**

리차드 박스터 - 강종경 **381**

존 플라벨 - 박태현 **397**

슈페너 - 김은진 **419**

토마스 보스턴 - 스데반 황 **429**

헨델 - 김성욱 **445**

웨슬리 - 김영선 **461**

에드워즈 - 조현진 **473**

휫필드 - 김현배 **487**

스펄전 - 박재은 **497**

워필드 - 김상엽 **509**

헤르만 바빙크 - 박태현 **521**

스킬더 - 손성은 **543**

로이드 존스 - 서문 강 **555**

빌리 그레이엄 - 배춘섭 **565**

한국의 설교자들

한국교회에서의 설교, 그 역사와 평가 – 이상규 **581**
강태국 – 박성환 **615**
김석준 – 김성욱 **635**
김준삼 – 장훈태 **651**
김창인 – 전형준 **665**
김창인 – 신성욱 **679**
김치선 – 이정현 **691**
김현봉 – 정규철 **715**
김홍전 – 김지훈 **725**
민노아(F. S. Miller) – 이정복 **751**
박희천 – 임원택 **769**
박윤선 – 조봉근 **791**
백기환 – 정윤태 **803**
손양원 – 권경철 **819**
안성수 – 안인섭 **833**
언더우드 – 송예진 **843**

옥한흠 - 이승구 **857**
이근삼 - 이환봉 **905**
이명직 - 정인교 **919**
이병규 - 정규철 **941**
이성봉 - 오현철 **955**
이성헌 - 신성욱 **965**
정규오 - 김호욱 **977**
조용기 - 안수정 **987**
차영배 - 채이석 **1005**
최정원 - 전희철 **1015**
한상동 - 이신열 **1037**
한명동 - 나삼진 **1053**
한병기 - 조윤호 **1067**
한경직 - 이성범 **1083**
한석지 - 한천설 **1095**
한철하 - 박해경 **1117**

발간사

  이 책은 위기와 고난 속에 있는 한국교회 목회자와 신학도들이 참된 설교의 진수를 앞선 거장들을 통하여 배울 수 있도록 집필되었습니다. 거의 2년 동안 비대면 상황 속에서 한국성서대학교의 박성환 교수님을 비롯한 많은 교수님이 수고하신 결과, 하나님의 말씀 사역의 직분을 맡은 분들을 위하여 『영적 거장들의 설교』를 출판하게 되었습니다. 2021년 12월에 발간된 『영적 거장들의 기도』가 한국교회 성도의 경건을 함양하기 위한 책이라면, 본서는 교회를 섬기면서 하나님의 말씀을 전파하는 사역자들을 위한 책입니다.

  이 책은 합동신학대학원대학교의 이승진 교수님을 위시해 한국의 신학자들이 중심이 되어 신구약 성경, 교회사의 인물들 그리고 한국교회의 위대한 지도자들의 설교를 다루었습니다. 여러 교수님의 노고로 탄생한 이 책이 고난 중에 있는 한국의 많은 성도님의 영혼에 하나님의 말씀을 맡은 사역자를 통하여 다시 한번 생기와 삶의 참된 의미를 공급할 수 있는 소중한 도구가 되기를 희망합니다.

  이 책은 『영적 거장들의 기도』를 집필하신 교수님들 대다수 참여로 만들어지게 되었습니다. 글을 편집하는 자로서 이런 작품을 만드는 데 그동안 여러 도움을 주신 분들께 감사와 존경을 표하는 것은 지극히 당연하다고 생각합니다.

  먼저 바쁘신 가운데서도 여러 편의 글에 참여하시고 이번에도 오타를 수정해 주신 실천신학대학원대학교의 김선영 교수님, 귀한 추천사를 써 주시고 부족한 사람에게 언제나 사랑과 배려를 베푸시는 한국외항선교회의 상임회장이신 노영상 박사님, 우간다개혁신학교의 교장인 안승준 선교사를 후원하시며 저의 부모님의 신앙의 목자이신 개봉교회 노창영 목사님, 합동신학대학원대학교에서 말씀을 증거해 주셨고 후에 김학유 총장님을 대광교회에 초청해 주셨던 은보 포럼의 대표이신 배창돈 목사님, 의사직을 마다한 채 바른 복음 전파의 사명을 가지시고 미국과 한국에서 신학 공부를 마치신 뒤 하나님 나라의 사명을 감당하시는 비전교회 도지원 목사님, 부족한 사람에게 언제나 따뜻하게 배려해 주시고 어려운 안양대학교를 위해 늘 기도하시며 한국교회와 신학계를 위하여 크게 공헌하시는 이은선 교수님, 그리고 언제나 타자를 후원하고 배려하며 치유 사역을 위해 온 인생을 달려가시는 로고스신학교의 이우금 교수님께 깊은 존경과 감사를 드립니다.

이 작품을 위하여 교수 사역과 학회 활동으로 매우 바쁘신 교수님들께서 부족한 사람의 요청으로 귀한 글들을 보내 주셔서 진심으로 감사를 드립니다. 특별히 방학 중에 화란을 왕래하시면서도 아름다운 땀을 흘리시어 3편을 집필하신 총신대학교의 박태현 교수님 그리고 안인섭 박사님의 인도로 전원주택의 기쁨과 만찬을 누리게 하신 박 교수님의 사모님과 맛있는 굴 소스를 주신 이웃의 성도님께도 감사드립니다. 한국교회사 연구에 독보적인 학자이시며 큰 공헌을 하셨고, 부족한 자를 격려하면서 한국의 제임스 패커로 비유되시는 이상규 교수님은 한번도 저의 원고 청탁을 거절하지 않으셨고, 금번에도 풍성한 작품이 완성되는 데 아낌없는 지도와 원고를 주셔서 심심한 감사를 드립니다. 아신대학교의 신성욱 교수님은 전공자로서 서문과 2편의 원고를 주셨기에 너무나도 감사를 드리는 바입니다. 칼빈 연구에 귀한 사역을 맡으신 박해경 교수님, 아프리카 선교에 큰 공헌을 하시며 방문자들에게 귀한 사랑의 커피를 제공하시는 장훈태 교수님, 그리고 우병훈 교수님과 정규철 교수님,

전형준 교수님께서도 바쁘신 가운데 2편의 귀한 원고를 보내주셔서 진심으로 감사를 드립니다. 웨슬리 연구에 크게 공헌하시며 늘 베푸는데 앞장서시는 웨슬리신학연구소 소장이신 김영선 교수님과 카카오톡으로 언제나 귀한 복음의 메시지를 공급하시는 김성욱 교수님, 독일 선교사역으로 수고하시며 대접을 천사처럼 실천하시는 김현배 선교사님, 조나단 에드워즈의 전문가이시며 얼마 전 사모님을 먼저 주님의 품으로 보내드린 조현진 교수님, 부산 고신대의 이신열 교수님, 이환봉 교수님, 멀리 미국 LA에서 귀한 글들을 보내주신 나삼진 박사님, 목회 사역 중에도 귀한 원고를 보내주신 김지훈 박사님, 젊은 학자들과 강의에 바쁘신 박재은 교수님, 배춘섭 교수님, 손성은 교수님, 권경철 교수님, 가장 먼저 원고를 보내주셨던 호남신학대의 강성열 박사님께 감사를 드립니다. 한국복음주의신학회 회장이신 임원택 교수님, 언제나 집필에 적극적으로 참여하신 정규철 박사님, 그리고 언급하지 못한 여러 교수님들께도 진심으로 고마운 마음을 전달해 드립니다.

귀한 원고를 보내주시며 언제나 사랑과 후원으로 부족한 사람을 배려해주시는 대신총회 전 총회장이시며 소망교회 담임이신 이정현 박사님께 감사를 드립니다. 학자들의 학회와 저작 활동을 위해 오랫동안 전폭적으로 아낌없이 후원해 주신 대전 새로남교회의 오정호 목사님과 여러 힘든 부탁을 신속하게 처리해 주신 배선경 집사님, 미국 유학 시절부터 늘 격려해 주시고 후원해 주신 채이석 박사님과 사모님께 감사를 드립니다.

여러 권의 책을 집필하는 데 참여하시고, 특히 편집자문위원으로 수고하신 노영상 박사님, 이상규 박사님, 이승구 박사님의 헌신에 고마운 마음을 표합니다. 20년 동안 미국의 콜럼비아 제일장로교회를 섬기면서 기도하며 후원해 준 여동생 안원숙 권사님과 정병철 장로님, 누워계신 어머님의 병 치료로 수고하는 여동생 안현숙 화가님과 신형삼 대표님, 부족한 사람을 위해 평생 희생하신 부모님께 감사를 드립니다.

끝으로 출판업계의 어려운 형편 속에서도 사명으로 이 책의 출판을 기꺼이 맡아 주신 홀리북클럽 대표 최현기 사장님께 감사를 드립니다.

편집인: 안명준

Universiteit van Pretoria (Ph.D.)
(전) 한국복음주의조직신학회 회장
(전) 한국장로교신학회 회장
(현) 요한칼빈탄생500주년기념사업회 실행위원장
(현) 평택대학교 명예교수, 한국성서대학교 초빙교수

추천사

안명준 교수께서 『영적 거장들의 설교』를 편집하여 출판하게 된 것을 축하드립니다. 이전 출간하신 『영적 거장들의 기도』란 책과 함께 하나의 쌍을 이루는 좋은 책이라 생각합니다. 이 책은 성경에 나타나는 인물들의 설교로부터 시작하여, 고대기독교회의 주요 신학자들의 설교와 함께, 종교개혁 시대와 근대 및 현대에 이르기까지의 세계 신학자들의 설교뿐 아니라, 우리나라의 설교자들의 설교에 대한 분석도 포함하고 있는 방대한 책입니다.

이 책은 각 신학자들의 설교들을 분석 이해하고 있는데, 예를 들어 박재은 교수가 쓴 "찰스 스펄전의 설교" 편의 내용은 1. 스펄전의 생애, 2. 스펄전 설교의 특징, 3. 스펄전의 설교방법, 4. 실천적 고찰 등을 포함하고 있습니다. 먼저는 각 신학자들의 설교에 대한 신학과 방법론을 말한 다음 그 방법에 의해 각 신학자들의 설교가 실제에 있어 어떻게 전개되었는가를 살피고 있다는 것입니다. 한 신학자가 어떤 방향을 가지고 설교하였는지를 검토하는 것도 쉽지 않은데, 이와 같이 수 많은 신학자들의 설교에 대한 입장과 그들이 한 설교의 내용들을 전체적으로 분석한 책을 마주 대하게 됨은 설교자들에게 큰 힘이 될 것이라 생각합니다. 부디 이 책이 널리 읽혀져 한국의 설교강단이 더욱 풍성해지기를 기대하여 봅니다.

노영상(한국외항선교회 상임회장, 전 호남신학대학교 총장)

영국의 강해설교가 캠벨 모르간(G. Campbell Morgan)목사는 그의 책 「설교(Preaching)」에서 "케루소(Kerusso)는 아주 흥미로운 단어인데, 그 의미는 보좌(Throne)로부터의 선포(Proclamation)이다. 말씀은 통치자를 대신하며 그의 사자에 의하여 전달되어짐으로 선포된다"라고 하였습니다. 설교란 하나님께서 그의 사자들의 입을 통하여 전달하시는 하늘보좌로부터의 왕적 선언입니다.

『영적 거장들의 설교』는 왕의 말씀의 전달자들을 총망라한 책입니다. 구약과 신약에 나타난 설교자들의 모습을 스케치하였고, 초기 교부시대의 설교자로부터 시작하여 종교개혁자들, 청교도 설교자들, 그리고 근대와 현대에 이르기까지의 영적 거장들의 설교를 생애와 신학과 관련하여 분석하고 조명하였습니다. 그리고 더 나아가 한국의 복음주의적인 설교자들까지 포함하여 광범위하게 다루고 있습니다. 이 책은 목회자와 신학자에게 도전과 교훈을 줄뿐 아니라 문헌적 가치도 있습니다. 이 책이 목사들과 목회자 후보생들과 신학자들에게 왕의 보좌로부터 내려오는 하나님의 말씀을 전달한 설교자들의 풍요로운 하늘 말씀의 향취를 맡게 해줄 것이라고 확신합니다. 독자 여러분의 일독을 권합니다.

노창영(개봉교회 담임목사)

모든 설교가 하나님께 쓰임 받는 것은 아니다. 모든 설교자가 하나님께 쓰임 받는 것도 아니다. 그렇지만 하나님께 쓰임 받는 설교와 설교자가 있는 것은 분명하다. 그리고 이런 설교와 설교자에게는 공통된 특징이 있는 것도 분명하다.

그런데 이런 특징을 발견하고 습득하는 데는 설교 이론만으로는 부족하다. 실제로 하나님께 쓰임 받은 설교자의 설교를 듣거나 읽는 것이 무엇보다 중요하다. 우리는 그런 설교자의 설교를 통해서 설교 이론을 확인할 수 있을 뿐 아니라, 거기에 나타난 쓰임 받는 설교의 특징을 파악하게 된다. 이를 위해 자신이 본 받고 싶은 설교자의 설교를 지속적으로 꾸준히 듣거나 읽는 일은 필수적이다. 그 과정을 통해서 우리는 그 설교자의 삶과 설교 작성 및 전달에 대한 것들을 배우게 된다. 여기에는 설교할 본문의 선택, 본문에 대한 주해, 설교 내용의 전개, 삶에의 적용 등과 함께 설교자의 음조(성량, 음색, 속도)와 진지함과 열정, 성령에 대한 의존 등이 포함된다.

만일 진정으로 하나님께 쓰임 받는 설교자가 되려는 사람이라면 이런 것들에 대한 깊은 성찰이 필요하다. 이런 것들은 설교에 대한 이론적인 가르침보다 설교의 거장들이 보여준 모범을 통해서 더 잘 배울 수 있다. 이번에 안명준 교수님을 비롯한 많은 분들의 수고로 성경과 교회사에 나타난 설교의 거장들을 살펴볼 수 있는 책이 출간되었다. 여기에는 동서고금을 통해서 하나님께 쓰임 받은 설교의 거장들이 망라되어 있다. 그들은 시대와 상황이 다르고 설교 방식에 차이가 있었음에도 주목할 만한 열매를 나타낸 이들이다. 이 책은 특히 다양한 설교자가 지닌 중요한 특징들을 간결하게 소개해 주고 있어 유익하다.

하나님께 쓰임 받는 설교자가 되길 원하는가? 그렇다면 당신은 틀림없이 이 책에 제시된 설교의 거장들 가운데 누군가를 본받으려고 할 것이다. 그 설교자를 만나는 것은 당신의 설교 사역에 큰 자극과 도움이 될 것이다.

도지원(예수비전교회 담임목사, 교리와 부흥 대표)

지난번 '영적 거장들의 기도'에 이어 이번에는 '영적 거장들의 설교'가 출간되어 많은 목회자들의 설교에 많은 도움을 줄 것을 생각하면 큰 기대가 된다.

전도사 초년병 시절에 설교의 모델을 정하지 못하고 좌충우돌한 시기가 있었다. '영적 거장들의 설교'는 그야말로 오랫동안 묵상하고 많은 시간과 기도를 통해 나온 메시지이기에 설교의 진수가 아닐 수 없다. 수많은 영혼을 주님께로 인도하고 변화시킨 능력의 말씀이다.

　하나님 말씀은 시대를 초월하여 사람들을 변화시켰다. '영적 거장의 설교'에 나오는 설교들은 하나님 말씀의 능력을 경험한 자들의 메시지이기에 기대 이상의 영향력을 끼치게 될 것이라고 확신한다.

　성경은 하나님 말씀을 '천국 말씀', '생명의 말씀', '영생의 말씀' 이라고 표현하고 있다. 하나님의 말씀은 천국으로 인도하는 최고의 기쁜 소식이다. 하나님 말씀의 가치는 그 어떤 가치와도 비교할 수 없다. 이 귀한 말씀을 바르게 전할 때 수많은 영혼을 주님께로 인도하며, 성숙한 그리스도인으로 살게 한다. 뿐만 아니라 건강한 교회를 세워 이 땅에 하나님의 뜻이 이루어지도록 한다.

　하나님 말씀을 잘못 해석하고 인간적인 사상으로 하나님의 뜻을 오해 하도록 하는 메시지가 난무하는 시대이다. 그러기에 '영적 거장들의 설교'는 신앙생활에 바른 길잡이가 되어 성도들을 올바르게 이끌고 건강한 교회를 세우는 데 큰 도움이 될 것을 확신하여 기쁜 마음으로 이 책을 추천한다.

　한국 교회 목회자들을 위해 연일 수고하시는 안명준 교수님과, 이 책을 위해 섬기신 모든 분들에게 감사와 존경의 마음을 전해 드린다.

배창돈(평택대광교회 담임목사)

　이 책은 독특하다. 이 책의 필자들은 설교자에게서 스스로 받은 진실된 감화와 자신의 삶에 끼친 영향력을 독자들에게 전하고 있다. 훌륭한 설교를 찾는 현대인들에게 설교에 대한 일반적인 선입견을 바꿔주는 감동이 있다. 설교가 교인들에게 중요한 자리를 차지하고 있으며, 교회의 삶에서 중심적이고 주도적인 위치를 차지하는 힘을 확인하게 한다. 이 책에 소개하는 목사님들의 설교는 성경의 위대한 교리 안에서 믿음을 핵심에 두고 성령의 기쁜 역사를 증언하고 있고, 글쓴이 각자가 받은 영적 경험이 그대로 독자에게 전달되어 삶을 변화시키는 생명력이 있다. 유명한 설교자 마틴 로이드 존스는 그의 저서 『설교자와 설교』에서 설교는 성도를 세우는 가르침이어야 한다고 말한다. 이 책에서 소개한 설교는 다양하다. 그러나 지성에만 치우치거나 권면에만 치우치지 않은 설교자들의 설교는 균형 잡힌 성도를 세우는 설교의 지침서로서 역할을 기대하게 한다. 아울러 설교자의 소명과 거룩한 영적인 권위를 다시 세우는 책으로도 기대하게 한다. 설교자와 청중에게 모두에게 도움이 되는 책이다.

이우금(로고스신학교 교수, 한국목회상담학 감독)

    오늘날 한국교회는 설교의 홍수 시대라고 해도 과언은 아닙니다. 유트브와 다양한 인터넷 매체들이 발전하면서 여러 교회에서 전달된 설교들을 거의 실시간으로 접할 수 있게 되었습니다. 이렇게 많은 설교들이 전달되는데, 한국교회가 그러한 설교들의 감화를 통해 건강한 모습으로 발전하는지에 대해서는 심도있는 분석과 검증이 필요하다고 생각됩니다. 오늘날 한국교회에서 설교는 성도들이나 다양한 필요를 가진 사람들에 의해 소비되는 상품이 아닌지 의문이 들 때도 있습니다.

    이러한 시기에 안명준 교수가 영적 거장들의 설교를 편집하는 것은 매우 시의 적절하다 하겠습니다. 이 책은 아주 광범위하게 설교의 모범들을 수집하고 있습니다. 먼저 구약성경에서 모세, 여호수아, 다윗과 함께 5명의 선지자들의 설교를 제시하고 있습니다. 신약에서는 예수님, 베드로, 바울, 스데반, 히브리서 등의 설교를 제시하고 있습니다. 구약과 신약에서 위대한 인물들의 설교의 표준을 제시함으로 성경의 모범을 따라 설교를 작성할 수 있는 좋은 안내를 제시하고 있습니다.

    다음으로 이 책은 초대, 종교개혁과 정통주의 시대부터 근대와 현대에 이르는 서양의 유명한 신학자들과 목회자들의 설교를 분석하여 제시하고 있습니다. 따라서 독자들은 이러한 다양한 인물들 가운데 자신이 관심을 가진 인물들을 선택하여 그들을 깊이 연구함으로 좋은 설교의 전형을 제공받을 수 있을 것입니다. 이 책은 특별히 한국의 저명한 신학자들과 설교자들의 설교를 분석하여 제시하여 한국목회자들이 가장 친근하게 이분들의 설교 세계에 접근할 수 있는 길을 제공하고 있습니다.

　영적 거장들의 설교가 출판되어 한국강단의 설교가 좀 더 성경적인 원리에 입각하면서 다양한 영적 거장들의 설교 유산을 이어받아 한국교회의 설교가 성도들의 영혼을 깊이 있게 각성시키고 교회를 건강하게 성장하게 만드는 밑거름이 될 것이라고 믿어 기쁜 마음으로 추천합니다.

이은선(안양대학교 교수, 전 개혁신학회 회장)

서문
설교란 무엇인가?

신성욱

1) 설교의 정의

목회를 하는 목회자에게 가장 부담이 되는 일이 있다면 무엇일까? 모두가 입을 모아 '설교'라고 말할 것이다. 그렇다면 '설교'란 과연 무엇일까? 한마디로 정의하기 무척 어려운 용어이다.

게하르트 키텔과 게하르트 프리드리히(Gerhard Kittel and Gerhard Friedrich)에 따르면 '전파하다'(preach)로 번역되는 이 단어는 신약성경 가운데 33개나 되는 다양한 동사들에서 온 것이라고 한다.[1] 그중에서 가장 많이 사용되는 동사 세 가지를 살펴보면 다음과 같다.

① 케뤼소(κηρύσσω): 이것은 가장 많이 사용된 용어로 '선포하다'(proclaim)란 뜻이다. 딤후 4:2에서 "너는 말씀을 전파하라"고 할 때 이 단어가 사용되었으며, 그 외에 마 3:1, 4:17, 행 28:31 등에도 나타난다. 이것은 메시지를 전하는 자가 권위를 가지고 선포하는 것을 말한다.

② 유앙겔리조(εὐαγγελίζω): 이것은 하나님의 좋은 소식(good news)을 증거하는(preach) 것을 뜻한다. 행 15:35, 눅 8:1, 행 8:4~5 등에 나타나는데, 때로는 '케뤼소'와 서로 교환되어 사용되기도 한다.

---

[1] Gerhard Kittel and Gerhard Friedrich, *Theological Dictionary of the New Testament* (Grand Rapids: Eerdmans, 1964), III, 703.

③ 마르튀레오(μαρτυρέω): 이것은 어떤 사건을 경험한 사람이 그것을 다른 사람들에게 증언하는(testify) 것으로 법정적 용어로 사용된다. 계 1:2에서 요한이 자기가 본 것을 다 '증거하였다'고 할 때 이 말이 사용되었고, 그 외 요 1:7~8 등에도 나타난다.[2]

2) 설교의 종류

세상에 수없이 많은 종류의 설교들이 존재한다. 다 나열하자면 끝도 없을 테지만, 여기서는 성경 본문과 관련했을 때 어떻게 구분되는지에 대해서만 언급하고자 한다.

쉽게 말해서, 성경 본문에 충실한가 그러지 못한가, 그리고 성경 본문의 핵심을 잘 살리는가 잘 못 살리는가에 따라 네 가지의 설교로 구분할 수 있다. 대표적으로 제목설교(Topical Sermon), 주해설교(Commentary Sermon), 본문설교(Textual Sermon), 강해설교(Expository Sermon) 이 네 가지로 소개할 수 있다.

이제 하나씩 차례로 살펴보자.

(1) 주제설교(Topical Sermon)

이것은 설교자가 자기가 원하는 주제를 선택한 후에 전체 성경을 동원해서 설교하는 방식으로 '제목설교'라 부르기도 한다. 예를 들어, 사랑, 결혼, 낙태, 동성애, 용서 등과 같은 주제를 택해서 성경이 가르치는 진리와 교훈을 가르치는 설교이다. 18세기 '영국식 설교' 방법으로 역사상 많은 설교자들이 선호했던 방식으로 잘 알려져 있다.

이 설교를 무조건 비성경적이거나 강해설교와는 상관없이 수준 낮은 설교

---

[2] 한진환, 『설교, 그 영광의 사역』 (서울: 프리셉트, 2013), 10.

라고 부정적으로 평가하는 이들이 많다. 왜냐하면 이 설교는 설교자가 자신이 정한 주제에 본문을 들러리 세울 가능성이 다분하기 때문에 그리 보는 것도 무리는 아니다.

그뿐 아니라 이 설교에서 사용하는 삼대지의 주제들이 한 본문에서 나오기 보다 구약과 신약 전체에서 동원된다는 점에서 또한 문제로 지적되기도 한다.

하지만 이는 잘못된 편견과 고정관념에서 비롯된 오해이다. 본문이 반드시 하나의 본문에서 나와야 한다는 절대 법칙은 없다. 하나의 본문에서 설교의 내용이 나올 필요가 있지만, 신구약 66권 전체가 본문이 되어서 한 본문에서는 등장하지 않는 소중한 내용들을 끌어오는 방법 역시 무시되어선 안 될 것이다.

예를 들어보자. 어느 주일에 직접 들은 설교이다. 그때 그 설교자는 창 30:8절 한 절을 본문으로 해서 다음과 같이 설교를 하였다. 참고로 본문의 내용은 다음과 같다. "라헬이 이르되 내가 언니와 크게 '경쟁하여 이겼다' 하고 그의 이름을 납달리라 하였더라."

이 설교자는 '무한경쟁 시대에 성도들은 이겨서 상을 받아야 한다'라는 주제를 미리 세워놓고선 그에 맞는 성경 구절들을 억지로 끼어 맞춘 경우에 해당한다. 본문이 주가 되어 그 본문에 설교자가 들러리로 따라가야(exegesis) 하는데, 도리어 설교자가 주가 되어 그가 정한 주제와는 전혀 상관이 없는 구절들을 자기 마음대로 연결시켜버린(eisegesis) 것이다. 주객이 전도된 대표적인 케이스이다.

계시록에서 언급하는 '이기는(νικάω, overcome) 사람'을 자기가 미리 설정해놓은 '경쟁에서 이기는(conquer) 사람'으로 제 맘대로 연결시켰다. 이게 바로 주제설교의 위험성이다. 창 30:8에서의 '이김'은 언니에 대한 질투심에서 유발된 경쟁에서의 이김을 뜻하는 지극히 부정적이고 인간적인 내용인 반면, 계시록에서의 세 가지 '이김'은 말씀을 순종함으로 승리하는 아주 긍정적이고 선한 의미이다. 의미상 결코 연결되지 않는 내용들이다.

이처럼 주제설교는 설교자가 본문 자체보다는 자신이 정한 주제를 가지고 설교의 내용을 이끌어 가려고 할 때가 많기 때문에 본문이 들러리 서거나 무시될 위험성이 많은 설교라는 점을 꼭 기억을 해야 한다.

(2) 주해설교(Commentary Sermon)

이것은 본문의 구절을 하나씩 읽고 설명하고 해석해나가는 방식을 말한다. 17세기 '화란식' 설교가 그 대표적인 예이다.

주해설교는 성경 구절 중심적이며 본문을 떠나지 않고 철저히 해석하고 적용한다는 점에서 장점이 있긴 하지만, 본문의 큰 흐름과 통일성을 밝혀주지 못한다는 점에서 치명적 결함을 갖고 있다. 즉 이 방식은 청중들에게 본문의 중심 사상이나 메시지가 무엇인지를 드러내주지 못하는 약점을 갖고 있다.[3] 본문의 단어단어와 구절구절을 상세히 설명하긴 하지만 정작 중요한 핵심 메시지가 무엇인지를 청중에게 전해주지 못한다는 말이다.

주제설교가 신구약 전체를 종합적으로 소개하는 것이라면, 주해설교는 지나치게 분석적이어서 나무는 보고 숲은 보지 못하는 우를 범할 가능성이 다분하다.

이 설교는 본래는 장과 절이 없던 성경이 편의상 장절을 구분해서 나누다 보니 전체의 큰 흐름이 깨지고 단편적인 지식만 얻게 되는 경우와 흡사하다고 보면 된다.

(3) 본문설교(Textual Sermon)

본문설교는 설교의 내용이 본문에서 나오는 것으로 1~2절 혹은 2~3절 정도

---

3. 한진환,『설교, 그 영광의 사역』, 85.

의 짧은 분량을 본문으로 선정하여 설교하는 형태를 말한다. 많은 설교자들, 특히 부흥사들이 이 설교를 성경적인 설교라 생각한다.

하지만 이 설교는 보통 짧은 성경 구절을 본문으로 하기에 근시안적인 설교가 되며, 설교자가 본문의 전후 문맥을 고려하지 않고 해석하므로 본문을 오용할 위험이 있다. 즉 전후 문맥에 상관없이 짧은 본문에만 집중하므로 통일성 있는 말씀 전달이 아니라, 파편적이고 단편적인 지식에 머물게 된다. 결과적으로 청중에게 편협하고 제한된 성경 지식을 전하게 되어 진리를 왜곡시킬 가능성이 아주 높다.

본문을 선정할 때는 반드시 하나의 큰 주제(one big idea)가 내포된 단락을 본문으로 선정하는 것을 원칙으로 한다. 그렇게 하려면 적어도 본문이 8절 이상은 되어야 정상이다.

(4) 강해설교(Expository Sermon)

본문설교와 강해설교는 설교의 내용이 본문에서 나온다는 점에서 공통점이 있다. 하지만 본문설교가 저자의 핵심 메시지가 포함되는 구절까지를 포함하지 못하는 반면, 강해설교는 저자가 의도한 큰 흐름과 메시지를 포괄하는 내용까지를 본문으로 선정한다는 점에서 차이가 있다.

이제 강해설교가 무엇인지를 살펴보기 전에 강해설교에 대한 오해부터 알아보기로 한다.

① 강해설교에 대한 오해

강해설교에 대한 오해들이 많다. 대표적으로 몇 가지를 소개해보자.

첫째로, 강해설교는 따분하다는 생각이다. 전통적 강해설교에 대한 오명이 '지겹고 따분한 설교'(dull and boring preaching)이다.

둘째로, 강해설교는 '귀찮은 훈계'(tiresome admonition)나 '성가신 잔소리'(nag)라는 생각이다. 바이런의 얘기를 들어보자.

'설교조의 훈계'(preachy)를 하는 설교자를 성경적이라고 생각하는 교인이 얼마나 많은지 모른다. 단지 '전통적' 설교처럼 들린다고 성경적 설교는 아니다. 성경적 설교는 뚜렷한 울림이 있다. 들어보면 금방 안다.[4]

강해설교는 결코 훈계조의 잔소리나 사람을 귀찮게 만드는 류의 설교가 아니다. 오히려 흥미도 있고 활기차고 감동을 주는 설교가 강해설교이기 때문이다.

셋째로, 강해설교는 '연속설교'를 의미한다는 생각이다.[5] 설교자들 중 성경을 한 권씩 처음부터 끝까지 떼나가는 것을 강해설교로 생각하는 이들이 적지 않다. 물론 그런 방식의 설교가 강해설교이긴 하지만, 그런 방식이 아니라 매주일 본문이 달라지거나 아니면 주제별로 매주 다른 설교를 연속으로 설교해 나가는 것도 강해설교가 될 수 있음을 기억하라.

② 일반적 정의

흔히 강해설교로 자주 오해되고 있는 몇 가지와 강해설교에 대한 오해에 관해서 살펴보았다. 이제 강해설교가 무엇인지를 제대로 살펴볼 때가 무르익은 것 같다. 우선 일반적으로 알려진 강해설교의 정의에 대해 알아보기로 한다.

강해설교의 정의들이 많지만,[6] 그 가운데 가장 널리 알려진 것 두 가지를 소개해보자.

---

4. Ibid., 31-32
5. 권호, 임도균, 김대혁, 박현신, 『새강해설교』 (서울: NEP, 2016), 49; Mark Dever, Greg Gilbert, *Preach [Theology Meets Practice]*, 이대은 역, 『설교』 (서울: 개혁된 실천사, 2019), 46.
6. John A. Broadus, *On the Preparation and Delivery of Sermons* (New York and San Francisco: Harper & Row, 1979), 58-59; Walter L. Liefeld, *New Testament Exposition*, (Grand Rapids: Ministry Resources Library, 1984), 6-7; James Braga, *How to Prepare Bible Messages* (Portland, OR: Multnomah Press, 1981), 53; J. Daniel Baumann, *An Introduction to Contemporary Preaching* (Grand Rapids, MI: Baker Book House, 1972), 102.

다음은 브라이언 채플(Bryan Chapell)의 정의이다.

강해설교를 전문적으로 정의하자면 다음과 같은 조건을 갖추어야 한다. 즉 성경을 올바로 해석함으로써 설교의 대지와 소지를 구체적인 본문에서 이끌어내야 하고, 이 대지와 소지는 저자의 사상을 담고 있을 뿐만 아니라 본문의 전체 내용을 포함해야 하며, 청중의 삶에도 그대로 적용될 수 있어야 한다.[7]

이 정의가 본문의 메시지와 청중에의 적용을 포함하고 있다는 점에서는 훌륭하나 본문에서 설교의 대지와 소지를 이끌어내야 한다고 한 점에 대해서는 큰 결점을 갖고 있음을 지적하고 싶다. 3대지(three points)의 설교도 문제 있는 설교라 비판받고 있는 상황에서 소지(sub-points)까지 거론한다는 것은 강해설교에 맞지 않기 때문이다.

다음은 해돈 로빈슨 교수의 정의이다.

강해설교란 성경 본문을 그 자체의 정황(context) 속에서 문법적이고 역사적이며 신학적으로 연구하여 찾아낸 성경적 개념(biblical concept)을 오늘의 상황에 전달하는 것으로서, 이 성경적 개념을 성령 하나님께서는 먼저 설교자의 인격과 경험 속에 적용시키시며 그다음에 설교자를 통하여 그의 청중들에게 적용시키신다.[8]

보다 쉽고 간단한 정의로선 스티븐 D. 매튜슨(Steven D. Mathewson)의 것이 단연 최고다. 그는 강해설교를 '성경본문의 의미를 제시하고 그 의미를 청중의 삶 속에 적용시키는 설교'[9]라고 말했다. 한 눈에 쏙 들어오는 간결한 개념으로 강해설교의 의미를 가장 이해하기 쉽게 정의한 것으로 보인다.

---

7. Bryan Chapell, *Christ-Centered Preaching: Redeeming the Expository Sermon* (Grand Rapids: Baker, 1994), 129.
8. Haddon W. Robinson, *Biblical Preaching: The Development and Delivery of Expository Messages*, 2d ed. (Grand Rapids: Baker, 2001), 130.
9. Steven D. Mathewson, *The Art of Preaching Old Testament Narrative*, 이승진 역, 『청중을 사로잡는 구약의 내러티브 설교』 (서울: CLC, 2002), 24.

본문 저자의 핵심 메시지를 추출하는 작업도 중요하지만, 그것을 오늘의 청중들이 맛있고 게걸스럽게 잘 먹을 수 있도록 적용하고 전달하는 작업 또한 무시되어서 안 된다. 이게 바로 가장 '성경적이면서 효과적인'(Biblical & effective) 강해설교를 의미하는 것이다.

신성욱

계명대학교영문학(B.A.)
총신대학교 신학대학원 (M.Div. Equiv.)
Trinity Evangelical Divinity School (구약학 Th.M. 수학)
Calvin Theological Seminary (신약학 Th.M.)
University of Pretoria (설교학 Ph.D.)
(전) 남가주 한아름교회 담임
(전) 미 중부개혁장로회 신학대학교(학감 및 교수)
(전) 총신대학교 신학대학원과 일반대학원(외래교수)
(현) 아신대 설교학 교수
(현) 한국복음주의 실천신학회 부회장

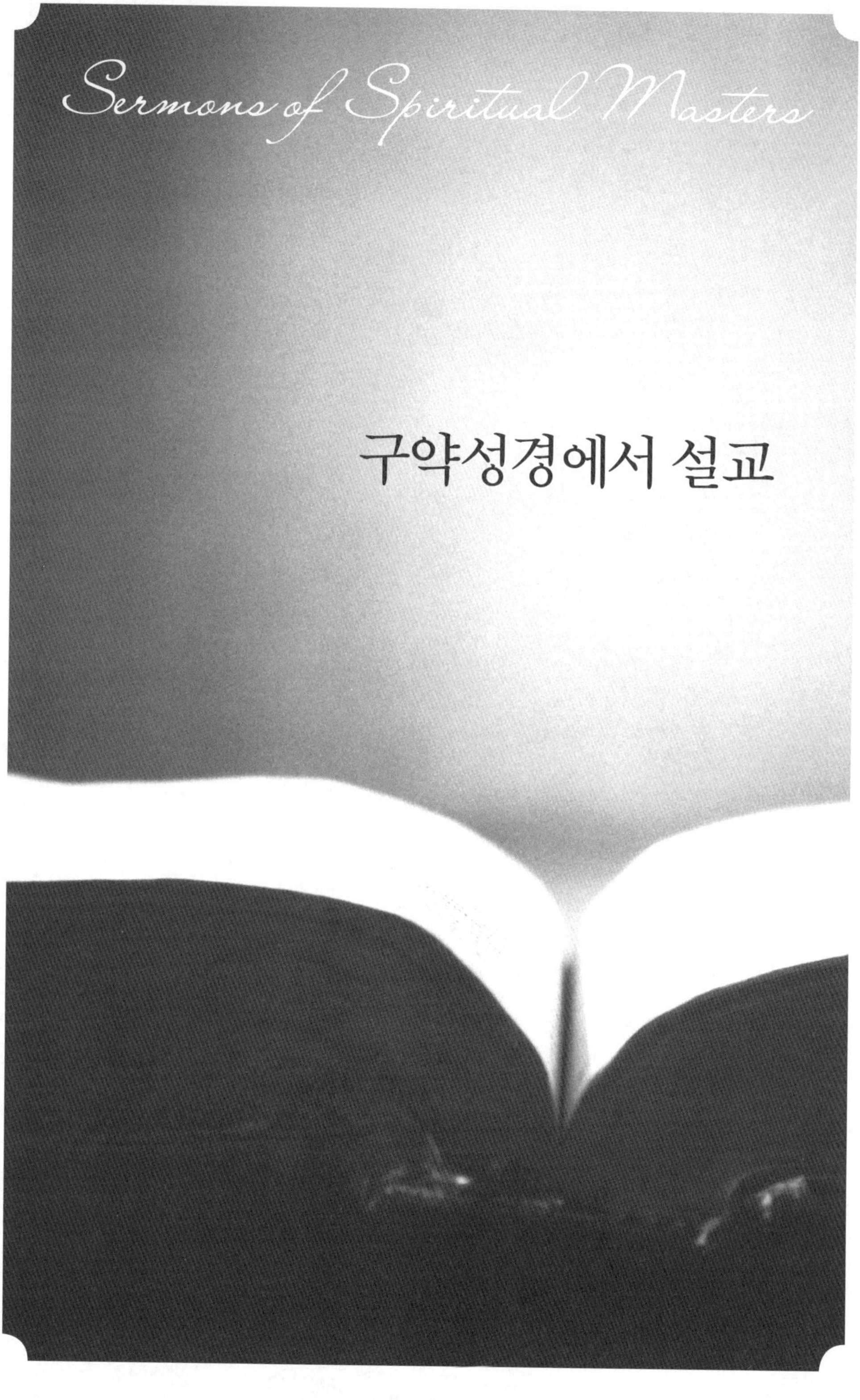
Sermons of Spiritual Masters
구약성경에서 설교

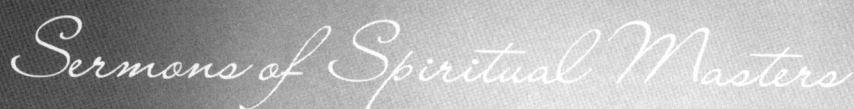

모세의 설교

강성열

1. 모세의 설교집인 신명기

　출애굽의 지도자인 모세는 이스라엘 백성을 압제와 속박의 땅에서 이끌어낸 이스라엘 역사상 최고의 민족 지도자들 중 한 명이다. 변화산에서 기도하실 때 예수께서 구약 시대의 율법을 대표하는 인물로 모세를 만나셨다는 사실만 봐도, 그가 얼마나 위대한 신앙의 지도자인지 금방 알 수 있다. 실제로 그는 하나님의 명을 따라 시내산에 올라 십계명을 비롯한 다양한 율법 규정들을 받았으며, 40년 동안의 광야 유랑 생활을 이스라엘 백성과 함께 하면서 그들과 생사고락을 같이 했던 사람이기도 하다. 비록 약속의 땅 가나안에 들어가지는 못했지만, 하나님께서 새로운 지도자 여호수아를 통해 세대 교체를 이루셨기 때문에, 출애굽의 지도자로 시작한 그의 구원 사역은 40년 동안 광야에서 이스라엘 백성을 인도한 것으로 충분한 것이었다.

　파란만장했던 그의 인생 역정과 사역은 신명기에 잘 정리되어 있는 모압 평지 설교에서 훌륭하게 마무리되고 있는 바, 구약성경의 다섯 번째 책인 신명기는 처음부터 끝까지 모세를 통하여 이스라엘 백성에게 주어진 하나님의 말씀을 담고 있다. 신명기 전체가 모세의 설교집인 셈이다. 한글성경의 "신명기"(申命記)라는 제목은 명령(命), 곧 하나님의 말씀(또는 율법)을 되풀이(申)하여 기록(記)하고 있는 책이라는 뜻이다. 이것은 신명기가 창세기에서 민수기에 이르기까지의 모든 율법을 다시 반복하고 있는 책임을 의미한다. 그러나 엄밀하게 말하자면, 신명기는 앞에 있는 책들에 기록되어 있는 율법을 그대로 반복하거나 되풀이하고 있는 책이라기보다는, 율법뿐만이 아니라 율법과 관련된 이스라엘의 과거 역사까지도 포함하고 있는 책이라 할 수 있다. 그렇다고 해서 신명기가 앞의 내용들과 전혀 다른 새로운 율법이나 역사를 소개하고 있는 것은 아니다. 오히려 신명기는 앞의 책들에 있는 내용들에 기초하여 율법과 역사를 새롭게 해석한 설교집이라고 보는 것이 더 정확할 것이다.

2. 신명기 설교집의 구조와 주요 내용

신명기에는 출애굽 제2세대라 할 수 있는 광야 세대를 향한 모세의 설교가 세 편 정도가 실려 있는 것으로 알려져 있다. 첫 번째 설교는 1장 1절에서 4장 43절까지로서, 이스라엘 자손이 호렙산(시내산)을 떠나 가데스 바네아를 거쳐 아모리 왕 시혼과 바산 왕 옥을 멸하기까지의 여정에 대해서 이야기하고 있다. 그리고 모세의 두 번째 설교는 4장 44절에서 26장까지로, 십계명을 비롯한 여러 율법들에 대해서 설명하고 있으며, 세 번째 설교는 27장에서 마지막 31장까지로, 언약 갱신 의식의 구체적인 내용을 가지고 있다. 부록적인 성격을 갖는 나머지 내용(32-34장)은 모세의 노래와 그의 축복 기도 및 죽음에 대하여 기록하고 있다.

신명기는 이처럼 크게 세 편의 설교로 이루어져 있지만, 사실상 고대 이스라엘의 헌법에 해당하는 책이라고 할 수도 있다. 신명기는 또한 이스라엘의 사회 질서와 성문화된 법률 원리들 및 재판 절차들, 하나님의 통치 하에서의 이스라엘의 자기 이해 등을 정의해 놓은 책임과 동시에, 하나님과의 언약 관계 속에 있는 이스라엘의 삶을 총괄하는 책이기도 하다. 정경으로 완성되어 있는 현재 형태의 신명기는 그 서두에서 이스라엘이 40년 동안의 광야 생활을 거의 마치고 이제 가나안 땅을 목전에 둔 채로 모압 평지에 진을 친 것으로 묘사한다(1:1-5). 그리고 모세는 가나안으로 들어갈 이스라엘 자손에게 이전의 역사와 율법을 새롭게 가르치고 있다. 일종의 언약 갱신 의식이 행해진 것이다. 신명기 자체의 내용에 의한다면, 언약 갱신의 의식은 이스라엘이 이집트를 탈출한 지 40년째 되던 해의 11월 1일(신 1:3)에 시작되어 모세가 같은 해에 120세의 나이로 죽을 때까지 계속된다. 신명기가 갖는 이러한 기본 특징은 신명기가 모압 평지에서 행해진 언약 갱신 의식을 통하여 출애굽 제2세대로 하여금 광야 생활을 마치고서 약속의 땅 가나안으로 들어가서 성공적인 신정 공동체의 삶을 살 수 있게 하려는 목적을 가진 설교집임을 암시한다.

이렇듯이 신명기는 이스라엘이 이미 가지고 있던 율법과 그들의 지난 역사를 가나안의 상황에 맞추어 새롭게 해석한 설교집으로 소개되고 있기 때문에, 신명기가 말하는 율법은 이스라엘 자손이 약속의 땅에 들어가서 지켜야 할 새로운 공동체의 삶의 원리로 이해된다. 달리 말해서 새 땅에서 하나님의 백성으로서 어떻게 살아야 하는지를 가르치는 것이 율법이라는 얘기다. 아울러 신명기에 있는 모세의 설교는 단순히 이스라엘의 지난 역사를 회고하거나 추억하는 것으로 끝나지 않고, 가나안에 들어갈 새 세대에게 과거 역사의 의미를 새롭게 해석해 주는 일을 겸해서 하고 있다.

이러한 성격을 갖는 신명기 설교집의 주요 내용을 순차적으로 살펴본다면, 맨 먼저 모세의 첫 번째 설교는 1장에서 4장 43절까지 이어지는 것으로서, 지나온 40년 동안의 광야 유랑 여정과 그 과정에서 겪었던 일들을 되돌아보는 내용으로 이루어져 있다. 보다 세분하자면 1장은 호렙산에서 가데스 바네아에 이르기까지의 역사를 회상하면서 하나님께서 이스라엘 자손을 어떻게 인도하셨는가에 대해서 말하고 있다. 아울러 모세는 이스라엘이 가데스 바네아에서 정탐꾼들의 부정적인 보고에 현혹되어 하나님께 반역하고 불평한 나머지, 여호수아와 갈렙을 제외한 어느 누구도 가나안 땅에 들어가지 못하게 되었음을 상기시킨다.

그리고 2장과 3장에서 모세는 이스라엘이 가데스 바네아를 떠나 세일 산지(山地)에서 오랜 세월을 보내다가, 마침내 아모리 왕 시혼과 바산 왕 옥을 멸하기까지 38년간 광야 유랑 생활을 한 것을 상기시킨다. 모세는 여기에서도 역시 하나님께서 그들을 어떻게 도우시고 인도하셨는가의 관점에서 이스라엘의 광야 생활을 설명하고 있다. 마지막으로 4장 1절에서 43절까지는 시내산에서 주어진 하나님의 여러 계명들을 잘 지킬 것을 권면하면서 무엇보다도 우상 숭배의 죄악에 빠지지 말 것을 강조한다.

모세의 두 번째 설교는 4장 44절에서 26장까지 이어지는 바, 이 부분은 시내산 언약법을 회상하면서 십계명을 비롯한 여러 규례들에 초점을 맞춘다. 보다 세분하자면 5장은 시내산 언약의 핵심인 십계명을 출애굽기 20장과는 약간 다른 관점에서 해설하면서(특히 안식일 계명을 지켜야 할 이유), 시내산 언약을 맺을 때의 상황에 대해서 상세하게 이야기한다. 그리고 6-11장은 시내산 언약에 포함되어 있는 여러 계명들과 십계명 두 돌판을 잘 지킬 것을 요구하는 가운데, 그 근거로 하나님께서 이스라엘을 과거에 어떻게 구원하시고 인도하셨는가를 상세하게 설명한다. 그러면서 과거에 선조들이 한 것과 같이 하나님을 거역하지 말 것을 경고한다.

그리고 이른바 "신명기 법전"이라고도 불리는 12-26장은 출애굽기에 있는 언약의 책(20:22-23:33)보다는 더욱 상세하게 종교적이고 정치적이며 사회적인 차원의 여러 율법 규정들에 대해서 언급하고 있다. 이를테면 하나님께서 자기 이름을 두기로 작정하신 한 곳에서만 예배를 드려야 한다는 규정(12장), 우상 숭배 금지와 우상 숭배자에 대한 처벌(13장), 가나안 사람들의 부정한 풍속과 음식을 금하라는 명령 및 십일조에 대한 규정(14장), 노예를 포함한 사회적인 약자들을 위한 법들(15장), 3대 절기에 대한 규정 및 법의 집행과 왕의 임명(16-17장), 제사장과 레위인 및 선지자에 대한 규정들(18장), 도피성 제도(19장) 등이 이에 속한다. 이 외에도 다른 많은 언약 규정들이 소개되어 있다.

세 번째 설교는 27장에서 34장까지이다. 보다 구체적으로 27-28장은 시내산 언약 갱신의 절차와 관련되는 바, 27장이 가나안 땅에 들어가면 에발산에서 언약을 체결할 것에 대해서 규정하고 있는 반면에, 28장은 언약의 법에 대한 순종과 불순종 및 그에 따르는 축복과 저주에 대해서 기록하고 있다. 그리고 29-30장은 시내산 언약이 현재의 이스라엘 자손 및 미래의 모든 이스라엘 백성과 맺은 것임을 강조하면서 언약의 법에 대한 순종을 강조한다. 31장은 담대한 마음으로 가나안 땅을 차지할 일에 대해서, 그리고 여호수아에게로의 지도권 승계에 대해서 기록하고 있다. 32-34장은 설교에 속한다고 할 수 없는 것으로, 이른바 모세의 노래(32장), 모세의 축복 기도(33장), 모세의 죽음과 장사 지냄(34장) 등의 내용을 가지고 있다.

3. 배타적인 야웨 숭배의 강조

신명기는 가나안의 (다신교적인) 상황을 염두에 두고 있는 설교집이기 때문에 무엇보다도 야웨 유일신 신앙을 강조한다. 이를 가장 잘 반영하고 있는 본문이 이른바 '쉐마'(Shema, 히브리어로 '너희는 들으라!'라는 뜻을 가진 명령형 동사)로 알려진 6:4-9이다. 이 쉐마 본문에 의하면, 이스라엘은 마음을 다하고 성품을 다하고 뜻을 다하여 오직 한 분이신 야웨 하나님만을 사랑해야 한다. 그리고 하나님의 말씀을 마음에 잘 간직하고 또 그것을 자녀들에게 부지런히 가르쳐야 한다. 하나님은 세상에 계신 유일하신 참 신이요, 세상에 있는 모든 것들을 창조하신 유일하신 분이기 때문이다(4:39; 10:14, 17). 모세가 반복 서술하고 있는 십계명의 첫 번째 계명과 두 번째 계명(5:7-10) 역시 동일한 사실을 가리키고 있다.

이처럼 하나님만을 섬기고 그의 말씀을 잘 지키라는 명령은 하나님 아닌 다른 것(우상)을 숭배하지 말라는 명령과 우상 숭배와 관련된 각종 주술 행위에 관여하지 말라는 명령으로 확대되어 나타난다(16:21-22; 18:9-14). 이스라엘 자손은 피조물의 어떠한 형상도 만들어서는 안 되며, 하나님께서 창조하신 하늘의 일월성신에게 절해서도 안 된다(4:15-24; 27:15) 또한 이스라엘 자손은 다른 신들을 섬기는 이방 민족들과 혼인 관계를 맺어서는 안 된다. 그들의 종교적인 풍습이 올무가 될 것이기 때문이다. 오히려 이스라엘 자손은 이방 종교와 관련된 것들을 철저하게 제거해야만 한다(7:2-5, 25-26; 12:2-3; 13:6-11; 17:2-7). 이방 민족을 정복할 때에도 그들의 종교에 이끌려서는 안 된다(12:29-31).

모세가 강조하는 이상의 명령들은 하나님께서 이스라엘을 특별히 사랑하셔서 그들을 따로 선택하시고 구원하셨다는 사실-거슬러 올라가 보면 하나님의 이스라엘 선택은 조상들에게 주신 약속에 그 뿌리를 두고 있다(4:31; 6:10, 23; 7:8, 12; 8:1, 18; 9:5; 10:15; 11:9, 21; 26:3, 15)-에 근거하고 있다. 달리 말해서 이스라엘은 하나님의 은혜와 사랑에 힘입어 압제와 속박의 땅 이집트로부터 건짐 받았으며, 시내산 언약에 의해 하나님의 언약 백성으로 세움을 입었기 때문에, 그 선택과 언약 관계에 대한 응답으로 오직 야웨 하나님만을 섬기고 그만을 사랑해야 한다는 것이다(4:32-40; 5:1-6; 6:10-25; 7:6-11; 8장; 10:12-22; 11:1-7; 14:1-2; 26:18-19 등). 시내산 언약이 세대가 바뀔 때마다 늘 새롭게 갱신되어야 하는 성격의 것임을 강조하는 것도 그 때문이다(5:3; 29-30장).

4. 제의 중앙화

신명기에는 "여호와께서 택하신 곳"이나 "여호와께서 택하실 곳" 또는 "여호와께서 그 이름을 두시려고 택하신 곳"에서 제사를 드리라는 명령이 자주 나타난다. 이는 모세가 제의 중앙화(cultic centralization), 곧 예배 장소의 단일화 내지는 통일을 염두에 두고 있음을 보여 준다. 즉 모세는 산당을 비롯한 다른 모든 성소가 우상 숭배의 중심지인 까닭에 오로지 하나님께서 선택하신

한 곳에서만 예배를 드려야 함을 강조하고 있는 것이다.

모세가 염두에 두고 있는 이러한 중앙집권적인 제의 신학은 제의적인 정결함(cultic purity)과 제의적인 통일성(cultic unity)을 목표로 하는 것으로서, 이스라엘 왕정 역사에 비추어 볼 경우, 무분별한 예배 장소의 범람이 결과적으로 우상 숭배를 부채질했고, 그럼으로써 야웨 종교의 이교화(異敎化, paganization)를 촉진시켰다는 사실과 긴밀하게 관련되어 있는 것으로 보인다. 더욱이 가나안 사람들이 자기들의 예배처로 선택한 무수한 성소들과 산당들은 이스라엘의 올무가 되어 오랫동안 그들의 종교적인 탈선을 조장한 바가 있었다. 그 결과 그것들은 마침내 그것들은 질투하시는 하나님(4:24)의 심판을 초래하여, 나라의 멸망과 포로 상황이라는 비극적인 결과를 불러일으키기까지 했다.

그 까닭에 모세는 사람들이 임의로 만든 장소에서가 아니라 하나님께서 선택하신 곳에서만 예배를 드려야 함을 강조했던 것이다. 모세의 이러한 신학적인 입장은 하나님 자신이 직접 성전에 계시는 것이 아니라 그의 이름을 통해 자신을 드러내시고 자신의 이름을 통하여 성전에 임재하신다는 메시지(12:5, 11, 21; 14:23-24; 16:2, 6, 11; 26:2)에 의해서도 간접적으로 암시되고 있다. 제의 장소의 단일화와 이름의 신학을 통하여 이스라엘 종교의 순수성을 보존하려는 신명기의 태도는 또한 이상적인 왕의 제도가 어떠해야 하는가에 대한 상세한 규정(17:14-20)에도 잘 반영되어 있다. 이 규정 역시 왕의 올바른 통치야말로 하나님의 율법에 대한 순종을 가능케 함으로써 종교적인 탈선을 막음과 동시에 이스라엘 종교의 순수성을 보존할 수 있다는 생각에서 출발하고 있다.

5. 인과율의 신학(순종과 불순종)

약속의 땅 가나안은 전적으로 하나님의 은혜와 사랑에 의해 이스라엘에게 선물로 주어진 것이다. 그렇다고 해서 하나님의 선택된 백성인 이스라엘이 약속의 땅에서 아무런 질서나 규범도 없이 제멋대로 살아도 되는 것은 결코 아니다. 주지하는 바와 같이, 출애굽기에서 민수기까지 이어지는 시내산 언약법은 구원받은 이스라엘이 하나님의 구원 은총에 어떻게 응답하면서 살아야 하는가를 규정한 것이다. 모세는 신명기 설교집에서 이 점을 강조한다. 하나님의 구원을 경험하고 약속의 땅을 선물로 받은 이스라엘은 하나님께서 주신 율법에 전적으로 순종하는 삶을 살아야 한다.

모세는 이러한 시각에서 이스라엘이 하나님의 율법을 성실하게 지키느냐 그렇지 않느냐에 의해 복과 저주, 생명과 죽음의 길이 결정된다는 점을 강조한다(4:25-40; 8:11-20; 11:8-32; 28-30장). 만일에 이스라엘 자손이 전심으로 그를 섬기고 그의 말씀을 따르면(순종) 하나님께서 그들에게 풍성한 은혜(복)를 주실 것이다. 그러나 만일에 이스라엘이 하나님의 율법을 잘 지키지 못하고(불순종) 그릇된 길로 나아간다면 하나님은 그들에게 엄한 벌(저주)을 내리실 것이다. 이른바 순종과 불순종 및 그에 수반되는 복과 저주는 시내산 언약의 결론 부분에 해당되기도 하지만 신명기의 중심 메시지들 중의 하나이기도 한 셈이다.

이에 더하여 모세는 이스라엘이 율법을 얼마만큼 잘 지킬 것이냐의 문제가 그들의 마음(히브리어로 '렙' 또는 '레밥')이 할례를 받았느냐 그렇지 않았느냐에 달려 있다고 보아 할례의 의미를 내면화시키고 있다. 마음에 할례를 행하고 다시는 목을 곧게 하지 말라는 말씀(10:16)이나 하나님께서 이스라엘 자손 모두의 마음에 할례를 베풀어서 마음을 다하고 성품을 다하여 하나님을 사랑하게 하실 것이라는 말씀(30:6)이 그 점을 잘 보여 준다. 하나님의 심판과 구원 및 규례와 법도 등을 마음에 새기고 후손들에게 가르치라는 명령도 같은 맥락에 속할 것이다(4:9).

그러면서 모세는 자신을 포함한 일련의 예언자들(18:15-19)에 의해서 선포되는 하나님의 말씀에만 순종해야 함을 강조한다. 거짓 예언자들(13:1-5;

18:20-22)이 선포하는 메시지에 귀를 기울여서는 안 된다. 더 나아가서 신명기는 거짓 예언자들의 메시지와는 달리 하나님께서 참 예언자들을 통해 선포한 말씀이 반드시 성취된다고 본다(18:22). 실제로 여호수아에서 열왕기까지 이어지는 역사서는 이스라엘 역사를 예언과 성취의 시각에서 기록하고 있다. 그 까닭에 이 역사서는 어떤 예언자의 예언이든 그것이 나중에 어떻게 성취되었는가를 반드시 후반부에 언급한다.

신명기 설교집이 갖는 이러한 성격은 신약성서에서 신명기가 구약성서의 어떤 책보다도 자주 인용되게 하는 한 요인으로 작용했을 것이다. 실제로 예수께서는 광야에서 시험 받으실 때에 세 차례에 걸쳐서 모두 신명기 본문을 인용하신 바가 있다. 첫 번째 시험에서는 신명기 8:3을 인용하시고(마 4:4), 두 번째 시험에서는 신명기 6:16을 인용하시며(마 4:7), 마지막 세 번째 시험에서는 신명기 1:4-5을 인용하신 것이다(마 4:10). 또한 구약 율법의 핵심을 하나님 사랑과 이웃 사랑으로 압축한 말씀(마 22:37-40)도 마찬가지이다.

6. 신학적인 인도주의

마지막으로 모세는 가나안 땅에서 이루어야 할 이상적인 공동체의 모습에 대해 규정하면서, 힘없고 약한 자들, 곧 사회적인 약자들을 돌보아야 함을 강조함으로써 약자 보호를 가장 중요한 공동체적인 삶의 원리로 규정하고 있다. 이른바 신학적인 인도주의(theological humanism)가 신명기 율법의 밑바닥에 흐르고 있는 셈이다. 이를테면 매 3년 끝에 그 해 소산의 십일조를 드리되, 그것을 각 지역의 레위인들과 나그네, 고아, 과부 등을 위해 사용하라는 규정(14:28-29; 26:12)이나, 7년마다 면제년(안식년)을 시행하여 가난한 자들의 채무를 면제하고 가난한 형제들을 구제하고 보살피며 종으로 팔린 자들을 자유케 하라는 규정(15:1-18)이 그렇다.

뿐만 아니라 주요 절기들을 지킬 때에 힘없고 가난한 자들, 곧 종들과 레위인들 및 나그네와 고아와 과부 등을 보살필 것이며, 그들로 하여금 기쁨으로 절기에 참여할 수 있게 하라는 규정(16:9-14)과, 신분의 높낮이에 관계없이 모든 사람들, 특히 남종과 여종까지도 안식일을 지키게 함으로써 그들로 하여금 휴일을 뜻 깊게 보낼 수 있게 하라는 규정(5:14)도 신학적인 인도주의의 차원에 속한다. 곤궁하고 빈한한 품꾼을 학대하지 말고 그 품삯을 제때에 주라는 규정(24:14-15)이나, 밭에서 곡식을 벨 때에 고아와 과부와 나그네를 위하여 일부를 남겨두라는 규정(24:19-22) 역시 마찬가지이다.

이 외에도 사회적인 약자들을 위해 꼭 필요한 제도가 있는데, 그것이 바로 공정한 재판 제도와 도피성 제도이다. 이와 관련하여 모세는 각 성에 재판장들과 지도자들을 두어 공의로 재판하게 하되, 그들로 하여금 송사를 잘못 판단하지 말고 사람을 외모로 보지 말 것이며 뇌물을 받지 말고 공의를 좇아 재판하게 하라고 설교한다(16:18-20; 참조. 19:16-20). 또한 모세는 나그네와 고아와 과부의 송사를 억울하게 하지 말고 과부의 옷을 전당 받지 말라고 설교하기도 한다(24:17; 27:19). 하나님이 사람을 외모로 보지 아니하며 뇌물을 받지 아니하고, 고아와 과부를 위하여 정의를 행하시며, 나그네를 사랑하여 그에게 떡과 옷을 주시는 분이라는 말씀(10:17-18)도 같은 맥락에 속한다. 실제로 이어지는 19절은 이스라엘 자손에게 나그네를 사랑하라고 명하고 있다.

그리고 도피성 제도는 살인할 의사가 전혀 없었는데 뜻하지 않게 사람을 죽였을 경우에 그 살인한 자의 불행한 처지를 이해하고 사회가 그를 보호해 줄 것을 명하고 있는 제도이다. 모세는 4:41-43과 19:1-13의 두 군데에서 도피성 제도에 관해 언급하고 있다. 그의 설명에 의하면, 원한이나 고의성(故意性)이 전혀 없이 사람을 죽인 자는 하나님께서 정하신 도피성으로 피하여 생명을 보존할 수 있다. 그곳에는 제사장이 있어 도피한 사람의 과실 여부를 판단하여 그를 보호해 준다. 민수기 35장과 여호수아 20장에도 있는 도피성 제도는 부지중에 살인한 자를 피의 보복으로부터 보호함으로써 무고한 피를 흘리지 않으려는 약자 보호 내지는 인권 존중의 제도로서, 옛날 우리나라의 마한 지역에서 시행되었던 소도(蘇塗)와 매우 유사하다.

그렇다면 이처럼 사회적인 약자들을 보살피고 도와주어야 할 근거는 무엇인가? 그것은 이스라엘의 정체성(identity)과 관련된 것으로서, 이스라엘도 과거에 압제와 속박의 땅 이집트에 있으면서 종살이했다는 것과 종살이하는 그들을 하나님께서 구원하여 주셨다는 데에 그 근거가 있다. 그 까닭에 모세는 여러 차례 이스라엘 자손으로 하여금 전에 그들도 이집트에서 종살이했다는 사실을 기억할 것이며, 하나님께서 그들을 구원하시고 속량하셨음을 기억하라고 명함과 동시에(10:19; 15:15; 16:12; 24:18, 22), 하나님의 그러한 구원 행위야말로 이스라엘이 가난하고 약한 자들을 보살펴 주어야 할 정당한 근거임을 분명하게 밝히고 있다(5:15; 15:15; 16:12; 24:18). 이것은 사회적인 약자들을 돌보는 일이 하나님의 구원 은총에 대한 이스라엘의 정당한 응답임을 의미한다.

강성열

서울대학교 영어영문학과 (B.A.)
장로회신학대학교 신학대학원 (M.Div.)
장로회신학대학교 대학원 (Th.M.)
장로회신학대학교 대학원 (Th.D.)
(현) 호남신학대학교 구약학 교수
(현) 생명의 망 잇기 협동조합 이사장
(현) 농어촌선교연구소 소장
(현) LifeHope기독교자살예방센터 광주전남지부 이사장
(현) 다아트 아카데미 원장

여호수아의 설교

이광호

1. 서론

여호수아는 이스라엘 민족을 요단강 건너 약속의 땅 가나안으로 인도한 믿음의 사람이다. 출애굽 후 시내 광야에 도착한 지 오래지 않아 이스라엘 백성들에게 가나안 땅 정탐을 맡겼을 때 인간적인 판단이 아니라 하나님의 작정에 믿음을 둔 자는 여호수아와 갈렙 밖에 없었다. 그리하여 모세가 죽은 후 여호수아는 모세의 뒤를 잇는 중요한 직책을 부여받게 되었다.

하지만 그 형편은 그리 간단하지 않았다. 그 앞의 지도자였던 모세가 절대적인 지위에 있었으므로 그만한 인정을 받기 어려웠다. 백성들 가운데 다수는 그를 모세와 같이 대우하지 않으려고 했다. 신앙이 어린 백성들은 모세와 여호수아를 통해 일하시는 여호와 하나님의 사역 자체보다 저들이 판단하는 인물에 치중했기 때문이다.

그러므로 모세의 절대적인 권위를 생각하면서 여호수아의 지도를 가볍게 여기는 자들이 있었다. 물론 하나님께서 여호수아에게 민족을 이끄는 지도자의 지위를 부여하셨으므로 백성들은 그에 순종할 수밖에 없었다. 그와 같은 상황에서 여호수아는 하나님의 뜻에 따라 이스라엘 자손을 약속의 땅 가나안으로 인도해 그곳을 정복하고 이스라엘 여러 지파에게 땅을 분배해 주게 되었다.

여호수아를 비롯한 이스라엘 자손들 앞에서는 하나님의 기적이 연속적으로 베풀어졌다. 이스라엘 자손이 애굽에 있을 때와 시내 광야에서 모세를 통해 다양한 기적을 베푸신 여호와 하나님께서 여호수아를 통해 그 일을 지속적으로 행하셨다. 이스라엘 민족 가운데 발생한 당시의 다양한 기적들은 여호수아 시대에 있었던 독특한 사건으로 이해해야 한다. 즉 그 이후 시대에는 그와 사정이 달랐던 것이다.

　이스라엘 자손이 요단강을 건넌 일은 하나님의 기적을 동반한 언약적 사건이었다. 이는 과거 그 조상들이 홍해 바다를 건넌 사건과 동일한 성격을 지니고 있었다. 홍해 바다의 사건이 애굽을 탈출하는 과정에서 하나님께서 모세를 통해 행하신 기적이었던데 비해 요단강을 건너는 사건은 약속의 땅 가나안에 진입하는 과정에서 여호수아를 통해 하나님께서 행하신 기적이었다.

　또한 시내 광야 호렙산의 가시나무 불꽃 가운데 모세에게 나타나신 하나님께서 가나안 땅에 진입한 여호수아에게 이스라엘 자손을 위해 싸우시는 군대 장관으로 나타나셨다. 그 상황은 이제부터 그가 친히 가나안 땅을 정복하실 것이며 이스라엘 백성을 인도하시리라는 선언적 의미를 지니고 있었다. 이는 가나안 땅에 들어간 이스라엘 자손들이 앞으로 숱하게 많은 전쟁을 치르게 되고 여호수아가 그 선두에 서게 되지만 실제는 군대 장관으로 나타나신 여호와 하나님께서 모든 이방 족속들을 물리치신다는 사실을 드러내 보여주셨던 것이다.

　그 후에도 이스라엘 자손들 앞에는 일반적인 자연 현상을 벗어난 다양한 기적들이 많이 펼쳐지게 되었다. 가나안 땅 맨 첫 성인 여리고성을 점령하는 과정에서 일어난 모든 일들은 하나님이 전쟁의 주관자이심을 말해주고 있다. 나중 기브온에서 하늘의 태양과 달이 거의 하루 종일토록 멈추어 선 것 역시 그 점을 보여준다. 이는 이스라엘 백성을 가나안 땅으로 불러 그곳을 주신 분은 여호와 하나님이란 사실을 선언하는 의미를 지니고 있다. 여호수아는 당연히 그에 대한 깨달음을 가지고 있었으며 이스라엘 자손 역시 그러해야만 했다.

하지만 이스라엘 백성들 가운데는 그 역사적 사실을 잊어버리거나 그 의미를 멀리하는 자들이 생겨났다. 여호수아는 가나안 땅을 점령하고 분배하는 모든 과정에서 백성들에게 그 점을 일깨우고자 했다. 당시 그들은 하나님께서 행하신 기적을 동반한 모든 일들을 명확히 깨닫고 있어야 했으며 그것은 언약의 백성들 가운데 지속적으로 상속되어 가야만 했다.

그럼에도 불구하고 배도에 빠진 자들은 나중 여호수아를 통해 계시하고 말씀하신 하나님의 놀라운 뜻을 저버렸다. 그로 말미암아 여호수아가 죽은 다음 사사시대가 도래한 후에는 그 백성이 하나님의 뜻을 더욱 멀리하게 되었다. 그들은 인간의 이성과 경험에 따른 판단을 내세움으로써 끊임없이 하나님께 저항했던 것이다.

2. 여호수아가 전한 메시지의 특성

여호수아는 하나님의 특별한 사명을 부여받은 인물로서 모세의 뒤를 이은 특별한 지도자였다. 그는 모세와 함께 홍해 바다를 건넌 언약의 자손들을 요단강 건너 가나안 땅으로 인도하는 중요한 직책을 맡았다. 그는 하나님께서 자기에게 맡기신 중대한 일을 완수하기 위해 최선을 다해야만 했다.

물론 하나님께서는 그에게 모든 것을 그냥 맡겨 두시지 않고 항상 그와 함께 계셨으며 많은 기적들을 동원해 그를 적극적으로 도우셨다. 여호수아는 하나님의 명령을 듣고 그 모든 내용을 백성들에게 전했으며 그와 더불어 자기를 통해 전달된 것들에 대하여 솔선수범했다. 그리하여 언약의 자손들은 그에 온전히 순종해야만 했다. 그것이 약속의 땅 가나안에서 저들을 위한 유일한 생명선이었기 때문이다.

(1) 이스라엘 자손이 요단강 바닥을 밟고 건넌 사건(수3:8-17)

여호수아가 이스라엘 자손을 가나안 땅으로 인도하고자 했을 때 상류로부터 흘러내리던 요단강물이 위아래로 갈라져 마른 땅을 드러낼 것이라고 상상하거나 기대한 사람은 아무도 없었다. 하지만 하나님께서는 그 백성들에게 기적적인 방법을 통해 요단강을 건너게 함으로써 자신의 존재를 구체적으로 드러내 보여주시고자 했다. 그것은 이제 그들이 가나안 땅에 들어가면 하나님이 항상 저들과 함께 계시게 된다는 사실을 선포하는 의미를 지니고 있었다.

하나님께서는 그것을 위해 여호수아를 향해 명령을 내리셨다. 언약궤를 멘 제사장들이 앞장서 요단강가에 도착하거든 신발을 벗지 말고 신은 채 물속으로 들어가라고 지시하라는 것이었다. 하나님께서 그에 대한 구체적인 상황을 여호수아에게 설명해 주시는 대신 오직 그 명령에 따르라고 요구했을 따름이다. 여호수아가 전하는 명령대로 언약궤를 멘 제사장들이 요단강 안으로 들어서자 흐르던 강물이 즉시 멈추고 마른 강바닥을 드러냈다. 제사장들이 언약궤와 함께 요단강 가운데 서 있는 동안 모든 백성들이 그 땅을 밟고 지나가게 되었다.

(2) 요단강 바닥에 세워진 열두 개의 돌(수4:8,9)과 길갈에 세워진 열두 개의 돌(수4:20)

하나님께서는 이스라엘 자손들이 요단강의 기적을 통해 마른 땅을 밟고 지나가는 동안 강바닥에서 열두 개의 돌을 취해 그 자리에 기념석을 세우도록 명하셨다. 그리고 그곳에서 또 다른 열두 개의 돌을 취해 길갈로 가져가 그곳에도 기념석을 세우라는 명령을 내렸다. 하나님께서 이스라엘 자손들을 약속의 땅 가나안으로 인도하시면서 언약의 열두 지파에 대한 증거와 더불어 기적을 통해 이루어진 그 특별한 사건을 기념하기 위해서였다.

그들이 강바닥에 세운 열두 개의 돌은 얼마 지나지 않아 다시 강물이 차게 되면 사람들의 눈에 띄지 않는다. 하지만 그 돌들은 여전히 그 자리에 굳건히 세워져 있으며 그 역사적 사실을 기념하며 증거하고 있다. 이는 사람들의 눈으로 직접 볼 수 없으나 요단강 물속 그 자리에 세워져 있으므로 항상 증거의 역할을 하게 된다.

오랜 세월이 지난 지금은 그 열두 개의 돌들이 모두 사라져 버렸겠지만 그 기념석들은 여전히 우리의 마음속에 그대로 자리 잡고 있으면서 그 증거 역할을 하고 있다. 우리는 사람들의 눈에 보이지 않더라도 역사 가운데 실증적으로 남아 있는 여러 증거물들을 심령의 눈을 통해 보게 된다. 이는 그 의미를 넓혀 생각해 볼 때 그 전과 후에 있었던 많은 기적들이 사람들의 눈에는 숨겨져 있지만 여전히 그 증거의 기능을 하는 것과 마찬가지다.

또한 길갈에 세워진 열두 개의 돌들은 이스라엘 민족이 가나안 땅 점령을 위한 역사적 전진 기지로서 증거 역할을 하게 된다. 요단강 바닥에서 취한 돌들은 그 자체로서 기적을 간직하고 있으며 이스라엘 자손이 가나안 땅 전역을 점령해 가는 것이 그 기적에 기초하고 있다는 사실을 보여주고 있다. 이는 이스라엘 자손이 항상 마음속 깊이 담아두어야 할 소중한 내용이다. 나아가 오늘날 우리의 심령 가운데도 여전히 요단강 바닥과 길갈에 세워진 그 기념석들이 소중한 증거로 남아 있다.

(3) 여호와의 군대장관(수5:13-15)

여호수아를 비롯한 이스라엘 자손들이 가나안 지역의 여러 이방인들이 지배하고 있는 약속의 땅을 정복하기 위한 교두보로서 길갈에 진을 쳤다. 그곳이 이스라엘 군대를 총지휘하기 위한 전초기지가 되었던 것이다. 이는 그곳에 여호수아를 중심으로 한 최고 사령부가 자리 잡게 되었음을 말해주고 있다.

그 시기에 여호수아는 혼자 여리고 성 부근으로 나아갔다. 이는 이스라엘 자손들이 가장 먼저 점령해야 할 가나안 땅 첫 성이 바로 여리고였기 때문이다. 그는 언약의 자손들을 지휘하는 총사령관으로서 그 주변의 정황을 미리 알아보고자 했을 것이 분명하다.

그때 아무도 예기치 못한 놀라운 사건이 발생했다. 손에 칼을 빼 들고 서 있는 건장한 군인이 갑자기 여호수아 앞에 나타났기 때문이다. 여호수아는 그를 보면서도 그의 신분에 대한 아무런 정보를 알 수 없었다. 그리하여 완전군장을 하고 홀로 서 있는 그를 향해 이스라엘 민족과 가나안 족속 중 어느 편에 속한 자인지 물어보았다.

그런데 그는 자기가 '여호와의 군대 장관'이라는 사실을 언급했다. 여호수아는 그 말을 듣자마자 곧장 그 앞에 엎드려 그에게 경배했다. 그가 하나님의 아들 메시아라는 사실을 깨달았기 때문이다. 그러자 그는 여호수아를 향해 발에 신고 있는 신을 벗으라고 명했다. 여호수아는 즉시 그 말씀에 순종했다. 그 군대 장관은 오래전 모세가 호렙산에 있을 때 떨기나무 불꽃 가운데 나타나신 하나님의 아들과 동일한 분이었다(출3:2-5).

이 사건은 이제부터 가나안 땅을 정복하는 일을 위해 하나님께서 친히 앞장서신다는 사실에 대한 선언적 의미를 지니고 있다. 여호수아는 그 하나님의 지시를 받아 순종하는 직속 부하로서 자기에게 맡겨진 모든 직무를 감당해야 했다. 따라서 여호수아의 신학과 신앙적 배경에는 항상 '여호와의 군대 장관'이 존재하고 있었던 것이다.

(4) 여리고 성 점령(수6:1-21)

이스라엘 자손이 요단강을 건너 정복해야 할 첫 성은 여리고 성이었다. 그런데 그들은 군사 작전을 펼치며 칼과 창과 활을 동원해 공격하지 않았다. 그 대신 하나님의 규례에 따라 제사장들이 멘 언약궤를 앞세워 엿새 동안 날마다 성을 한 바퀴를 돌고 마지막 칠 일째는 일곱 바퀴를 돈 후 제사장들이 양각 나팔을 불어 견고한 성벽을 무너뜨렸다.

이는 이스라엘 군대의 전투력으로 그 성을 함락한 것이 아니라 제사장들과 그들이 멘 언약궤가 승리를 이끈 사실을 말해주고 있다. 이스라엘 백성이 요단강을 건널 때도 그와 동일한 양상을 띠고 있었다. 이는 이제 앞으로 가나안 땅을 정복하는 전 과정에서 군대의 막강한 전투력이 아니라 하나님께서 친히 그들을 물리치신다는 사실을 말해주고 있다. 그들이 취해야 할 중요한 자세는 하나님의 뜻에 온전히 순종하는 일이었다.

(5) 하늘의 태양과 달이 멈추어 서는 사건(수10:12-14)

여호수아가 이스라엘 군대를 이끌고 아모리 족속과 싸우던 날 아무도 예측하지 못한 일이 발생했다. 하나님께서 여호수아의 기도를 들으시고 하늘의 태양을 멈추게 하셨기 때문이다. 이스라엘 자손들은 태양과 달이 기브온과 아얄론 골짜기 위에 거의 종일토록 머물러 서 있을 때 적을 공격해 큰 승리를 거두게 되었다. 즉 여호와께서 직접 이스라엘 백성을 위해 싸우셨던 것이다.

성경은 이와 같은 일이 역사상 전무하다는 사실을 언급하고 있다. 당시 기브온과 아얄론 골짜기에 태양과 달이 멈추어 섰을 때 태양으로 인해 밝은 낮시간이 지속되었으나 하늘의 달과 별은 눈으로 볼 수 없었다. 이는 우주에 자연의 이치를 넘어선 초월적인 현상이 발생했다는 사실을 말해주고 있다.

또한 태양과 달과 별을 비롯한 하늘의 모든 천체가 머물러 섰다는 현실적인 상황은 자전하던 지구가 멈추었다는 의미를 지니고 있다. 즉 하늘에 존재하는 모든 것들은 그대로 있었으나 지구가 멈추어 선 것이다. 사람들의 눈에는 그 상황이 태양과 달이 멈추어 선 것으로 여겨졌다. 따라서 그와 같은 일은 가나안 지역뿐 아니라 전 지구상에 동일한 현상으로 나타나게 되었다.

우리는 이 사건의 내면적 의미를 올바르게 이해할 수 있어야 한다. 하나님께서는 굳이 태양과 달의 운행을 정지시키지 않고도 얼마든지 이스라엘 군대에 승리를 안겨주실 수 있다. 당시 아모리 족속과 맞서 싸우던 때 이외의 많은 경우에 하나님께서는 그런 기적적인 방법을 동원하지 않고 승리를 안겨주셨다. 그렇다면 하나님께서는 당시 왜 그렇게 하셨을까?

그 특별한 기적은 당시뿐 아니라 그 후의 모든 언약의 자손들과 오늘날 우리에게 주는 교훈의 의미가 크다. 우주 만물을 창조하신 하나님께서 그 가운데 지극히 작은 한 부분에 관여하시는 것은 어려운 일이 아니다. 이는 우리 시대에도 그때 우주를 간섭하신 그 하나님께서 동일하게 역사하신다. 따라서 언약의 자손들은 하나님의 승리에 연관된 그 놀라운 기적을 항상 마음속에 담아 두고 있어야 하는 것이다.

3. 하나님의 백성들을 향한 언약적 선포

하나님으로부터 행해진 모든 기적들은 여호수아의 심령에 그대로 각인되어 있었다. 그것은 물론 여호수아뿐 아니라 당시 모든 언약의 자손들에게 동일했다. 요단강을 마르게 하여 그 땅바닥을 건넌 사건, 여리고 부근에서 군대장관으로 나타나신 성자 하나님, 여리고 성을 특별한 방법으로 무너뜨린 사건, 하늘의 태양과 달이 멈춘 사건 등은 하나님의 뜻과 사역을 그대로 보여주고 있다.

그리고 하나님의 명령에 따라 요단강 바닥과 길갈에 각기 세운 열두 개의 돌들은 여호수아와 이스라엘 자손들에게 소중한 증거와 징표가 되었다. 요단강 바닥에 세운 열두 개의 돌들은 금방 사람들의 시야에서 떠나게 되고 길갈에 세워진 열두 개의 돌들도 세월이 얼마 지나지 않아 사람들에게서 멀어져갔으나 여호수아와 이스라엘 자손의 심령에 그대로 남아 있었다.

그것이 하나님께서 친히 행하신 여러 기적들에 대한 중요한 징표가 되었다. 그 가운데 하나님께서는 여호수아에게 이스라엘 자손을 향해 언약의 말씀을 선포하도록 명령하셨다. 그것은 하나님에 대한 초월적이며 실제적인 신앙을 기초로 한 언약적 선포로 나타났다. 물론 여호수아의 선포에는 그가 직접 체험한 기적들과 더불어 직접 체험하지 않았으나 성경에 기록된 과거의 모든 기적들이 자신의 간접 경험으로 녹아 있었다.

여호수아는 이스라엘 자손이 애굽 땅에 있을 때 모세를 통해 보여주신 하나님의 모든 기적을 체험한 인물로서 홍해 바다의 마른 땅을 건넌 사건, 만나와 메추라기, 구름기둥과 불기둥을 직접 체험했다. 그리고 하나님의 창조 사역과 노아 홍수를 비롯한 아브라함과 이삭과 야곱을 특별한 방법으로 인도하신 모든 내용들을 믿음으로 받아들이고 있었다. 여호수아는 그런 가운데 하나님께서 모세를 통해 계시하신 율법을 지키도록 언약의 백성들에게 구체적으로 선포하며 다음과 같은 중요한 명령을 내리게 되었다.

(1) 율법준수 요구(수23:6)

여호수아는 가나안 땅을 정복한 이스라엘 백성을 향해 모세의 율법 책에 기록된 모든 내용을 지켜 행하라는 명령을 내렸다. 그와 더불어 인간의 이성이나 경험적인 판단에 따라 좌로나 우로나 치우치지 말라는 경고를 했다. 이 명령은 당시뿐 아니라 그 이후의 모든 언약의 자손들이 받아들여야 할 내용이며 오늘날 우리 역시 그 말씀에 온전히 순종해야 한다.

(2) 이방인들의 풍조 경계(수23:7ⓐ)

가나안 땅 가운데 남아 있는 이방인들의 세계로 들어가지 말고 그들이 믿는 종교와 신앙을 가까이하지 말라고 했다. 이스라엘 백성이 가나안 땅을 점령하게 되지만 그 중에 남아 있는 이방인의 풍조를 멀리하라는 것이었다. 이는 우리 시대 교회에도 그대로 적용되어야 할 말씀이다. 우리는 이방 지역에서 태어나 살아가다가 하나님의 은혜를 입은 자들로서 자기에게 더욱 친숙하게 여겨지는 불신자들의 사상과 풍조를 멀리해야만 한다.

(3) 종교적 혼합주의 금지(수23:7ⓑ)

여호수아는 백성들에게 거짓 신들의 이름을 가리켜 맹세하지 말고 그것을 섬겨 그에 절하지 말라는 당부를 했다. 여기에는 우리가 매우 주의 깊게 되새겨야 할 중요한 의미가 담겨 있다. 그 전에 이스라엘 자손이 시내산 앞에서 금송아지를 만들어 두고 섬길 때 그들은 금송아지를 섬긴다고 생각지 않고 여호와 하나님을 섬긴다는 생각을 하고 있었다(출32:1-7, 참조). 하지만 그것은 무서운 배도 행위로서 여호와 하나님을 진노케 하는 일이었다. 우리는 그와 같은 어처구니없는 일이 오늘날에도 변형된 모습으로 나타날 수 있는 현상이라는 점을 염두에 두어야 한다.

(4) 여호와 하나님을 향한 삶(수23:8)

여호수아는 언약의 자손들을 향해 오직 여호와 하나님과 그의 뜻을 가까이 하라는 요구를 했다. 그것을 위해서는 저들 가운데 존재하는 더러운 이방신과 거짓 종교 사상을 완전히 제거하고 저들의 마음을 오직 이스라엘의 하나님 여호와께 향해야 한다고 했다(수24:23). 구약시대의 성도들뿐 아니라 신약시대의 역사적 교회들과 현시대를 살아가는 우리 역시 세상의 잘못된 것들을 철저히 제거하지 않으면 안 된다.

여호수아가 선포하는 말씀을 귀담아 들은 이스라엘 자손들은 이제부터 오직 여호와 하나님 한 분만을 섬기며 살아가리라는 고백적 화답을 했다. 그리하여 여호수아는 세겜에서 저들과 언약을 세우고 율례와 법도를 베풀게 되었다(수24:24,25). 우리는 여호수아가 선포한 이 말씀이 특정 시대에 국한되는 것이 아니라 모든 언약의 자손들을 위한 보편성을 지니고 있다는 사실을 기억해야 한다.

4. 여호수아가 소유한 본질적 신앙

하나님께서는 이스라엘 자손을 약속의 땅 가나안으로 인도하기 위해 특별히 여호수아를 선택해 부르셨다. 모세가 죽은 다음 그는 매우 중요한 일들을 구체적으로 실천에 옮겨야 했다. 물론 그 모든 것을 전체적으로 지휘하시는 분은 여호와 하나님이었다.

그런 가운데 여호수아의 심령에는 소중한 진리의 내용들이 담겨 있었다. 계시된 하나님의 말씀과 더불어 역사 가운데 지나간 기적을 동반한 모든 중요한 사건들이 그의 마음에 새겨졌던 것이다. 그리고 그에게는 모세를 통해 허락된 하나님의 언약궤와 성막에 연관된 신령한 실체들이 굳건하게 자리 잡고 있었다.

우리가 여기서 중요하게 생각해야 할 바는 당면한 현실적인 문제를 해결하는 것이 여호수아의 최종 목표가 아니었다는 사실이다. 즉 그가 이방인과의 전투에서 승리하는 것이 전부가 아니었던 것이다. 또한 회복한 가나안 땅을 이스라엘 여러 지파에게 분배해 줌으로써 모든 것이 완성된 것으로 이해하지 않았다.

중요한 사실은 여호수아의 마음은 예루살렘(Jerusalem)을 향하고 있었다는 점이다. 그가 하나님의 인도하심에 따라 약속의 땅 가나안을 정복했지만 그것 자체로서 궁극적인 승리의 기쁨을 누리고자 하지 않았다. 그의 마음이 향하고 있던 대상은 미래에 이루어질 예루살렘에 대한 완전 정복과 장차 그곳에 건립될 거룩한 성전을 통해 하나님의 언약이 성취되는 것이었다. 물론 더 멀리는 그것을 통해 이 땅에 오실 메시아에 관한 소망이 자리잡고 있었다.

이는 여호수아 스스로 자의적으로 그렇게 생각하거나 단정지은 것이 아니라 믿음의 조상들로부터 상속된 언약에 기초하고 있었다. 아브라함이 살렘 왕 멜기세덱에게 십일조를 바치고 그에게 속한 사실은 그에 밀접하게 연관되어 있다. 또한 아브라함이 멜기세덱의 통치영역이던 예루살렘의 모리아 산에 하나님께서 특별히 허락하신 독자 이삭을 산 제물로 바친 것 역시 그와 관련되어 있다. 그 땅을 '여호와 이레'의 약속으로 주신 것은 장차 그곳에서 메시아 사역이 시작되고 완성될 것에 관한 예언적 의미를 지니고 있다.

5. 결론

하나님께서 여호수아를 통해 이스라엘 자손 앞에서 행하신 모든 기적과 그가 선포한 모든 말씀은 지나간 과거의 사라진 이야기에 그치는 것이 아니다. 그것들은 우리 시대의 교회와 성도들의 심령 가운데 그대로 살아 움직이고 있다. 따라서 하나님을 진정으로 경외하는 모든 성도들은 이 말씀을 배워 익힘으로써 천상의 주님을 바라볼 수 있어야 한다.

이 일을 위해 중요한 직분적 사명을 앞서 부여받은 자들은 매 주일 공예배 시간에 하나님의 진리를 선포하며 설교하는 말씀 사역자들이다. 설교자는 여호수아서 뿐 아니라 성경의 모든 진리를 공적으로 선포하면서 마치 지나간 옛 얘기를 다루듯이 전해서는 안 된다. 참된 설교는 인간의 아이디어가 아니라 성경 자체에서 구체적으로 뽑아져 나오게 된다. 그것을 위해서는 하나님의 말씀과 더불어 성령 하나님의 적극적인 도움이 있어야만 한다.

우리가 특별히 주의를 기울여 생각해야 할 바는 설교는 하늘 곧 천상의 나라와 땅 곧 지상의 교회에 맞닿아 있어야 한다는 사실이다. 천상에 계시는 하나님의 뜻이 지상에 존재하는 교회와 성도들에게 그대로 선포되고 실행되어야 하기 때문이다. 이것이 교회를 위한 원천적인 의미를 확정짓게 된다.

그러므로 모든 참된 교회는 항상 천상으로부터 계시된 하나님의 말씀을 중심에 두고 있어야 한다. 교회 가운데 진리를 선포하는 설교자는 인간적인 능력이 아니라 성령의 도우심에 따라 교회 가운데 존재하는 말씀의 교훈을 드러내야 하는 것이다. 이는 지상 교회에서 하나님의 진리를 선포하는 설교자의 마음이 놓여 있는 위치의 중요성을 말해주고 있다.

우리 시대 교회 안에도 역사 가운데 하나님께서 행하신 다양한 기적들과 언약의 돌판들이 존재하고 있어야 한다. 모세를 통해 허락하신 십계명의 두 돌판은 지금 문자로 남아 교회를 통해 직접 전달되고 있으며 요단강 바닥에 세워진 열두 개의 돌들과 길갈에 세워진 요단강 바닥에서 취한 열두 개의 돌들 역시 우리의 심령 저변에 그대로 자리잡고 있다.

　따라서 오늘날의 설교자들도 여호수아 시대에 행해진 특별한 기적들과 더불어 구약에 나타나는 하나님의 모든 사역을 기억하는 가운데 말씀을 선포하여 전해야 한다. 그리고 과거 여호수아를 비롯한 믿음의 선배들의 주된 관심이 예루살렘과 거룩한 성전을 향하고 있었듯이 천상의 예루살렘을 향하고 있어야 한다. 또한 구약 시대 성도들이 장차 오실 메시아를 간절히 기다렸던 것처럼 신약 시대에는 십자가 사역과 더불어 부활 승천하신 주님께서 재림하실 날을 간절히 기다리는 가운데 하나님의 말씀이 선포되어야 한다.

　이에 관한 모든 사실을 구체적으로 증거하는 소중한 방편으로써 하나님으로 말미암은 다양한 기적들이 역사 가운데 허락되었다. 이에 관해서는 구약 시대의 기적들과 더불어 예수 그리스도를 통해 베풀어진 초월적인 기적들이 그 중심에 놓여 있다. 그리고 예수님의 제자들이 행한 기적 역시 그에 포함되어 있다. 이는 우리 시대 교회를 포함한 모든 교회들이 실상은 기적 가운데 존재한다는 사실을 말해주고 있다.

　그러므로 매 주일 언약의 백성들을 향해 선포되는 진리의 말씀 가운데는 하나님의 초월적 속성과 함께 그가 행하신 모든 기적들이 실제적 의미상 존재하고 있어야 한다. 그리고 예수님의 말씀은 물론 구약의 선지자들과 신약의 사도들이 전한 말씀과 더불어 하나님의 진리가 선포되어야 한다. 그 모든 과정을 통해 천상의 나라에 속한 언약의 백성들 가운데 하나님의 존재가 드러나게 되는 것이다.

이광호

영남대학교 법학과
경북대학교 대학원 서양사학과
고려신학대학원 (M.Div.)
아세아연합신학대학원 (Th.M.)

대구가톨릭대학교 종교학과 (Ph.D.)
(현) 한국개혁장로회신학교 교수
(현) 실로암교회 담임목사

다윗의 설교

김종윤

I. 서론

하나님의 자녀로서 인생을 살아가면서 겪게 되는 다양한 경험은 늘 새로운 깨달음을 주고 그런 깨달음은 좋은 설교에 밑바탕이 된다. 그런 면에서 다윗은 가장 훌륭한 설교자가 될 조건을 갖추고 있다.

성경에서 가장 다양한 경험을 한 사람들을 뽑으라면 다윗은 그중에 하나가 될 것은 의심할 여지가 없다. 다윗은 이스라엘 왕정의 토대를 놓은 훌륭한 왕이요 유대인에게는 물론이요 기독교인들에게도 추앙받는 인물 중의 하나이다.

그러나 성경이 전하는 그의 인생은 결코 평탄한 인생은 아니었다. 그는 양 치는 목자로 평범하게 살다가 사무엘에게 사울을 대신할 이스라엘의 왕으로 기름 부음 받은 이후에 그동안 만나지 못했던 경험들을 가지게 된다. 그의 새로운 경험의 실제적인 시작은 골리앗을 죽인 사건으로부터 시작된다. 아이러니하게도 골리앗을 죽인 그의 영웅적인 행동은 그의 인생의 길고 길었던 고난의 시작이었다. 이스라엘 백성들이 자신보다 다윗을 더 지지하는 것처럼 느꼈던 사울은 그때부터 다윗을 정치적인 라이벌로 보기 시작하였고 그를 죽이기 위해 최선의 노력을 다했다.

외모를 보는 사람들의 요구로 인해 아무런 훈련 없이 왕이 된 사울과는 달리 다윗은 하나님의 마음에 합한 자로서 하나님으로부터 장차 이스라엘을 올바로 통치하기 위한 여러 가지 훈련을 받게 된다. 그는 이스라엘 전체를 통치하는 왕이 되기 위해 20여 년에 이르는 훈련 기간을 통과해야만 했다. 그 과정에서 다윗은 때로는 하나님의 마음의 합한 자로서 올바르게 행동했지만 때로는 사울을 피해 블레셋 땅으로 들어가 아기스 왕의 용병이 되었던 것과 같이 인간적인 본성에 의해 판단함으로써 더 큰 위기에 봉착하기도 했다.

이런 훈련과정을 통해서 다윗은 모든 판단에 있어서 먼저 하나님께 물어보고 하나님의 가르침에 순종해야 한다는 깨달음을 얻게 된다. 그리고 이러한 깨달음은 그로 하여금 하나님이 선택한 왕으로서 직무를 올바로 수행하게 만들었다. 물론 왕이 된 이후에도 밧세바와의 불륜이나 인구조사 등 인간으로서의 연약한 모습도 보이긴 했지만, 그는 자신의 잘못으로 초래된 위기 가운데에서도 올바른 회개의 모습을 보여주고 있다.

특히 다윗의 고난은 그로 하여금 어떠한 상황에서도 하나님만을 신뢰하게 만들었다.

비록 다윗은 본격적인 설교를 남기진 않았지만, 시편 등 그가 저술하거나 그를 묘사하고 있는 기록들 가운데서 신앙의 메시지를 남겨주고 있다.

II. 설교의 특징

1. 다윗과 시편

다윗의 설교는 그가 저술한 시편을 통해서 유추해 볼 수 있다. 150편의 시편 중 73개의 시편이 표제에서 다윗의 시라고 묘사하고 있다.

특히 13개 시편(3,7,18,34,51,52,54,56,57,59,60,63,142)들은 다윗의 생애 중 특정 사건과 연관시키고 있다. 특히 성경은 다윗을 시편의 작사가(삼하 1:17), 음악가(삼상 16:16-23; 시 151:2), 이스라엘의 노래 잘하는 자(삼하 23:1)등으로 묘사하고 있으며, 아모스 선지자는 다윗이 악기를 제조하기도 했다고 전하고 있다(암 6:5).

물론 최근 들어 표제에서 다윗 앞에 붙은 전치사 레(le)가 다양한 의미로 해석될 수 있음이 지적되고 있지만, 이 같은 사실들은 다윗이 시편이 형성되는 데 있어서 중요한 역할을 감당했다는 것을 뒷받침해 주고 있다.[1]

2. 예배를 통한 설교

궁켈과 모빙켈로부터 본격적으로 시작된 시편과 제의(祭儀)와의 관련성에 대한 논의에서 시편은 개인의 체험을 시로 쓴 것들도 있지만 결국 일반적인 대중의 제의 성전 예배를 위해 편집되었을 것이라고 예상하고 있다.[2] 다시 말해 시편이 단순히 개인적인 예술 활동으로 탄생되었다기보다는 궁극적으로는 이스라엘 신앙공동체의 예배를 위해 기록되었으며, 많은 시가 예루살렘 성전 예배와 정기적인 종교적 축제를 위해 사용되었음을 알 수 있다.[3]

특히 체계적이고 구체적인 교육기관이 없었던 고대 이스라엘에서 신앙교육을 위한 가장 좋은 도구는 바로 예배였다. 따라서 이스라엘 백성들은 예배를 통해서 하나님이 그들의 조상들에게 베푸셨던 은혜와 가르침을 경험하게

---

1. 시편 23편의 저자를 다윗으로 본 델리취나 류폴드의 주장은 후대에 학자들에 의해 부정되고 있으나 시편이 형성되는데 있어서의 다윗의 중요한 위치에 대해서는 부정할 수 없다. C.F. Keil and F. Delitzsch, 『구약주석 19: 시편(상)』, 최성도 역 (서울: 기독문화사, 1983), 360; H.C. 류폴드, 『시편- 상권』, 명종남 역, (서울: 크리스챤 서적, 1995), 375. 시편 23편의 저자에 대한 보다 자세한 논의는 정학근, "나는 부러울 것 없어라" 『신학전망』 139 (2002, 겨울), 2-31(13-16)을 보라. 특히 본 글의 목적이 시편의 저자에 대한 학문적인 논의가 아니라 이스라엘의 신앙인을 대표하는 다윗의 설교를 살펴보는 것임으로 시편의 가장 대표적인 시인 23편이 시편의 형성에 가장 중요한 역할을 한 다윗의 신앙을 나타내는 것으로 전제하고 글을 전개한다.
2. Hermann Gunkel, The Psalms : A Form-Critical Introduction, (Philadelphia : Fortress Press, 1967); S. Mowinckel, The Psalms in Israel's Worship vol I, II (trans. D.R. Ap-Thomas; Oxford: Blackwell, 1962).
3. 시편과 예배공동체와의 관련성에 대해서는 버나드 W. 앤더슨, 『시편의 깊은 세계』 노희원 역 (서울:대한기독교서회, 1997) 5-34를 보라.

되었다.[4]

이후 다윗 왕조는 끊어지고 예루살렘 성전은 무너져서 더 이상 다윗 왕조와 예루살렘 성전이 중심이 된 예배는 드리지 못하게 되었지만, 이스라엘 백성들은 자신들이 처한 상황 속에서 다양한 방법으로 시편을 읽으면서 메시아 신앙을 키워왔고, 예루살렘 성전의 회복을 기원해 왔다.

그러므로 시편은 단순히 개인의 문학 활동으로 만들어진 것이라기보다는 예배의 사용됨으로써 이스라엘의 신앙교육을 위한 설교들을 포함하고 있다고 할 수 있다.

3. 초역사적인 메시지

구약성경의 내용 중에서 가장 역사적인 배경에 제한을 받지 않는 부분 중의 하나가 바로 시편이다.[5] 즉 시편은 반드시 저술된 시기에서만 의미가 있는 것이 아니라 후대에 시편이 저술된 것과 같은 상황을 경험하고 있는 사람들에게도 유용한 메시지를 주고 있다. 예를 들어 극심한 고난 속에서 부르짖는 절규인 시편 22편은 후대에 참기 힘든 고난을 겪고 있는 사람들에게도 같은 의미로 다가올 수 있다. 더 나아가 예수님도 십자가상에서 시편 22편의 내용을 부르짖고 계신다는 사실은 시편은 초역사적인 메시지를 주고 있었음을 알려주고 있다.

---

4. 예루살렘 성전 예배의 정확한 형태에 대해서는 확실히 알 수 없으나 단편적으로 나타난 증거들을 종합하면 예루살렘 성전 예배는 음악 예배였음을 알 수 있다. 박준서, 『연신 목회자 신학 세미나 자료집』(서울: 연세대학교, 1994), 25-50(34). 베스터만은 "예배는 시편들을 탄생시킨 보금자리"라고 주장한다. C. 베스터만, 『시편해설』, 노희원 역 (서울: 은성, 1996), 25. 고대 이스라엘의 대중예배에 있어서 시편의 역할에 대해서는 이형원, "대중예배를 위한 시편의 제안들", 『복음과 실천』 15 (1992), 232-261(245-252)를 참조하라.
5. 이형원, "대중예배를 위한 시편의 제안들", 249-250.

III. 설교의 실제와 적용

시편 23편 : 여호와는 나의 목자시니

철학자 임마누엘 칸트는 "내가 지금까지 읽었던 다른 모든 책 중에서 성서의 이 말씀만큼 나에게 위로를 준 적이 없다"고 했습니다.[6]

실제로 시편 23편은 다윗의 대표적인 시로 영혼과 정신이 메마른 인생을 사는 사람에게 한 줄기 푸른 초록의 빛을 던져주고 있습니다. 시편 23편 이것은 200자 되지 않는 짧은 시입니다. 그러나 이 짧은 시 속에 인생 속에서 특히 고난 속에 있는 인생들에게 놀라운 능력의 메시지를 주고 있습니다.

오늘은 시편 23편을 통해서 다윗이 경험한 하나님의 인도하심을 살펴보겠습니다.

1절, 여호와는 나의 목자이시니 내게 부족함이 없으리로다.

재미있는 것은 본 구절에 동사 부족함이 없으리로다는 구체적인 목적어가 없이 포괄적 목적어를 내포하고 있습니다.[7] 이것은 다른 말로 어느 것이나 다 대입할 수 있다는 것을 말하고 있습니다. 다시 말해 다윗은 구체적으로 무엇을 받아서가 아니라 여호와 하나님이 목자라는 사실 자체가 나는 부족함이 없다고 고백하고 있습니다.[8]

지금 부족함이 없다고 노래하고 있는 다윗은 인생의 모든 것이 풍부하고 없는 것이 없기 때문에 고백한 것이 아닙니다. 이 시를 쓴 다윗은 자기를 죽이려고 하는 사울 왕을 피해 다니면서 생명의 위협을 받았고, 아들 압살롬의 반역까지 경험했습니다. 그러나 다윗은 그 자리에서 여호와가 나의 목자이심을

---

6. G. Forher, *Psalmen* (Berlin: Walter de Gruyer, 1993), 202. 참조.
7. 차준희, 『시편신앙과의 만남』, (서울: 대한기독교서회, 2004), 178.
8. 김정우, "시편 23편 : 그 아름다움과 은혜", 『신학지남』, 64-2 (1997, 여름), 132-165(145).

고백하면서 나에게 부족함이 없다고 노래했습니다. 믿음이란 보이는 것이 아니라 보이지 않는 것을 확신하고 살아가는 것입니다.

2-3절, 그가 나를 푸른 풀밭에 누이시며 쉴 만한 물가로 인도하시는도다. 내 영혼을 소생시키시고 자기 이름을 위하여 의의 길로 인도하시는도다.

본 절에서 "누이신다"는 동사는 사역형으로 정확하게는 '눕게 하신다'는 뜻입니다.[9] 우선 양들은 겁이 많기 때문에 배를 깔고 눕기가 쉽지 않습니다. 그런데 목자가 모든 악한 것들로부터 지켜주시니깐 그들은 배가 깔고 앉아서 한가로운 시간을 보낼 수 있는 것입니다. 다윗도 하나님이 지켜주심을 믿기에 편히 쉴 수 있음을 고백하고 있습니다.

그런데 이 말은 눕고 싶을 때 좋을 곳을 예비해 주신다는 뜻도 되지만 누워야만 할 때 눕지 않으면 강제로서라도 눕게 한다는 뜻도 됩니다. 다시 말해 목자가 억지로라도 양들을 누여서 쉬게 할 때가 있다는 말씀입니다.

목자들은 더워지기 전에 새벽 일찍이 양들을 이끌어내어 풀을 먹입니다. 이때 양들에게는 부족한 것이 없고 이 세상이 온통 그들의 것인 것처럼 느낍니다.

그런데 한낮이 되어 뙤약볕이 내려 쪼이기 전에 목자는 양떼들을 모아서 쉴만한 냇가나 그늘 밑으로 몰아갑니다. 그러나 어떤 양들은 이러한 목자의 심정을 이해할 수 없습니다. "왜 우리의 목자는 우리가 한창 신나게 풀을 잘 뜯어 먹는데 왜 강제로 우리를 몰아가는가?"하며 원망합니다. 그러나 목자는 그늘이 있는 곳까지 억지로라도 양들을 몰아갑니다.

많은 크리스천들은 마치 양들이 조금만 지나면 뜨거운 태양열에 열사병이 걸릴 것을 모르면서 그냥 이대로가 좋다고 뻐팅기듯이 이 세상이라고 하는 벌

---

[9]. 김정우, "시편 23편 : 그 아름다움과 은혜", 147.

판에서 풀만 뜯는 동안에 이미 자기의 인생이 무슨 병이 들었는지도 모르고, 고통도 모른 채 쫓아다닙니다. 그래서 때로는 하나님은 성도들을 강제로라도 눕히십니다.

그런데 때때로 우리가 당하는 고난이 내던졌던 성경을 다시 펴들게 하고, 우리의 무릎을 억지로라도 꿇게 하여 기도합니다. 그리고 그런 과정에서 우리들은 위대한 삶을 경험하게 될 것입니다.

때때로 하나님께서 우리를 눕히십니다. 내가 알아서 눕지 않고, 내가 알아서 무릎 꿇지 않고, 내가 알아서 찬송하지 않고, 내가 알아서 하나님의 말씀을 읽으며 은혜의 생활을 하지 않고, 우리의 영혼이 깊은 병이 들어도 그 병든 것을 모를 때 하나님께서는 우리에게 고통이라는 것을 주어서 우리를 눕히십니다. 하나님이 눕히시는 곳은 우리가 보면 거기가 고난의 장소요, 역경의 장소요, 병상의 침실이지만 거기가 푸른 초장입니다. 거기서 우리의 영혼이 소생함을 얻습니다.

4절, 내가 사망의 음침한 골짜기로 다닐지라도 해를 두려워하지 않을 것은 주께서 나와 함께 하심이라 주의 지팡이와 막대기가 나를 안위하시나이다.

아이러니하게도 여호와가 목자가 되시니 부족함이 없다고 고백한 다윗은 여호와가 목자가 되셔서 인도하시는 삶에도 고난이 있을 수 있다고 전하고 있습니다.

4절을 보면 여호와를 목자로 모신 이후에도 사망의 음침한 골짜기를 다닌다고 전하고 있습니다. 여호와를 목자로 모신 자들은 음침한 골짜기를 아주 다니지 않는 것이 아닙니다. 음침한 골짜기를 다닐지라도 두려워하지 않는 것입니다. 하나님의 자녀들에게 세상의 어려운 문제가 없어지는 것은 아닙니다. 어려운 문제를 만나도 걱정하지 않는 것입니다.

하나님은 Exterior를 바꾸시는 분이 아니라 Interior를 바꾸시는 분입니다.

즉 하나님은 환경을 바꾸시는 분이 아니라 그 환경을 살아가는 사람을 바꾸시는 분입니다.

예수님은 한 번도 고난을 없애 주시겠다고 약속하지 않으셨습니다. 오히려 고난을 받으라고 하셨습니다. 하지만 예수님은 그 고난 가운데 함께 하시고 고난을 이길 힘을 주시겠다고 약속하셨습니다. 이것을 믿는 자들이 온전한 신앙인입니다.

5절, 주께서 내 원수의 목전에서 내게 상을 차려 주시고 기름을 내 머리에 부으셨으니 내 잔이 넘치나이다.

더 나아가 5절에서 다윗은 자신을 해하려는 원수가 목전에 있음을 고백하고 있습니다. 그러나 하나님께서 그 원수에게 보복해 주신다고 고백하고 있습니다.

그런데 다윗은 하나님께서 자신이 보는 앞에서 원수를 짓밟아주시는 것이 보복이라고 노래하지 않습니다. 다윗의 원수들은 그들이 보는 앞에서 하나님께서 다윗에게 잔칫상을 베푸시고 머리에 기름을 바르고 잔이 넘치게 하는 융성한 대접을 받는 것을 목격함으로써 보복당합니다.[10]

하나님이 하시는 보복의 가장 좋은 예가 요셉을 통해 나옵니다. 요셉은 형들의 시기로 인해 애굽으로 노예로 팔려가게 되었습니다. 요셉은 애굽의 총리가 되었고, 가족들은 다시 상봉하는 기쁨을 누렸지만, 요셉을 애굽으로 노예로 팔았던 형들은 혹시나 요셉이 자신들에게 보복하려고 하면 어떻게 하나 걱정에 싸여 있었습니다. 결국, 올 것이 왔습니다. 그동안 마지막 방패막이라고 생각했던 아버지 야곱이 죽자 형들이 먼저 요셉을 찾아가 과거 자신들의 잘못

---

10. 나그네에 대한 대접이 구약시대에서는 중요한 의무였다는 점에 대해서는 롤랑 드보, 『구약시대의 생활풍속』, 이양구 역 (서울: 대한기독교서회, 2002), 32-33을 보라.

을 고백하면서 이제 요셉의 종이 되겠다고 합니다(창 50:15-18).

그런데 이 같은 형들의 행동에 대한 요셉의 첫마디는 "내가 하나님을 대신하리이까"입니다. 즉 보복은 하나님께서 하시는 것이라는 겁니다. 그리고 형들은 나를 해하려 하였지만, 하나님을 그것을 선으로 바꾸사 오늘과 같이 많은 백성의 생명을 구원하게 하셨다고 고백합니다(창 50:19-20).

이것이 하나님이 하시는 보복입니다. 이것을 알았던 다윗은 하나님이 자신의 원수 앞에서 가장 귀한 손님에 대한 대접인 기름을 머리에 바르고 잔칫상을 베풀어 주신다고 노래하고 있습니다.

여러분에게 해를 끼치는 사람이 있다면 스스로 보복하지 마시고 하나님께 맡기십시오. 하나님이 여러분이 당한 해를 선으로 바꾸사 멋지게 보복해 주실 것입니다.

6절, 내 평생에 선하심과 인자하심이 반드시 나를 따르리니 내가 여호와의 집에 영원히 살리로다.

마지막으로 시편 23편에서 다윗은 고난이 우리에게 유익을 준다고 고백하고 있습니다.

시편 23편의 마지막은 "내가 여호와의 집에 영원히 거하리로다"란 노래로 끝납니다. 그런데 여호와가 목자라면 우리는 양이라고 할 수 있습니다. 그런데 양은 성전에서 영원히 살 수 없습니다. 양은 성전에서 제물로 바쳐져야 합니다. 이것은 시편 23편은 중간에 하나님과 다윗의 관계가 바뀌었음을 암시해 주고 있습니다.

1-4절에서 여호와는 다윗의 목자였고 다윗은 여호와의 기르시는 양이었습니다.

그런데 5절에 와서 다윗은 더 이상 양이 아닙니다. 하나님이 기름으로 머리에 바르는 귀한 손님이었습니다. 하나님은 그동안 양으로 생각했던 다윗을 사망의 음침한 골짜기를 지나오게 하고 원수들을 통해 오는 고난을 극복하는 과정에서 자신의 귀한 손님으로 여기고 극진히 대접하고 계십니다.

여러분 세상에서 환란을 만나시면 기뻐하십시오. 이제 하나님께서 여러분을 양으로서가 아니라 귀한 손님으로 대접하실 기회가 온 것입니다.

그런데 더 중요한 것은 하나님과 다윗과의 관계는 주인과 손님으로 끝나는 것이 아니라는 것입니다. 6절을 보면 다윗은 이제 평생 자신은 여호와의 전에 거하겠다는 기쁨을 노래하고 있습니다. 손님은 주인집에 영원히 거할 수 없습니다. 이제 다윗은 손님을 넘어 하나님의 가족으로서 하나님의 전에서 영원히 같이 살게 됨을 기뻐하고 있습니다.[11]

시편 23편에서 다윗은 고난이 하나님의 자녀들에게도 있을 수 있다는 사실만으로 끝나지 않습니다. 그 고난이 주는 유익에 대해서 분명히 밝히고 있습니다.

1-4절까지는 하나님과 다윗과의 관계가 목자와 양이었습니다. 그러나 5절에 와서는 주인과 손님으로 변합니다. 이제 목자 앞뒤에서 서성거리는 양이 아니라 집주인과 얼굴을 맞대고 식탁 교제를 나누는 귀한 손님으로 대접받고 있습니다.

그리고 6절에 와서는 여호와의 전에 영원히 거하는 가족으로 변하고 있습니다. 잠시 머무를 손님이 아니라 영원히 함께 거하는 가족으로 변하고 있습니다.[12]

어떻게 이런 변화가 가능하게 되었습니까? 바로 고난 때문이었습니다.

---

11. 시편 23편 내에서의 하나님과 시인과의 관계의 변화에 대해서 가장 구체적으로 지적한 것은 테피(R. Tappy)이다. R. Tappy, "Psalm 23 : Symbolism and Structure," *The Catholic Biblical Quarterly I* 57(1995), 255-280(258).
12. 차준희, 『시편신앙과의 만남』, pp. 189; J.C. 맥캔, 『새로운 시편 여행』, 김영일 역 (서울: 은성, 2000), 200-201 참조.

역설적으로 들릴 수 있지만, 고난을 통해 하나님과 우리의 관계가 가까워집니다.

하나님은 어려움을 통해서 이루시고자 하는 뜻이 있습니다.

여러분 고난이 어떻습니까? 좋으십니까? 난 싫어요.

누가 갑절의 축복을 줄 테니 욥의 고난을 받을 사람 있습니까?

전 싫어요. 고난은 받아서 축복이 아닙니다.

고난을 통과하고 있을 때는 정말 싫습니다. 그럼 왜 하나님은 우리에게 고난을 주실까요. 그것을 통해 하나님과 더 가까워질 수 있기 때문입니다. 그러기에 고난은 통과해야 축복으로 다가옵니다.

우리의 고난 가운데는 보이지 않는 하나님의 계획이 숨어 있습니다. 이것을 믿는 사람들은 고난 중에도 하나님의 계획을 믿고 낙심하지 않고 더욱 하나님을 의지하게 되는 것입니다.

어떤 목사님이 이웃 교회에 시무하는 후배 전도사님으로부터 자기 교회의 주일 밤 예배에 설교를 해달라는 요청을 받았습니다. 그러기로 약속을 하고 날짜가 거의 되어갈 무렵이었습니다. 이웃 교회의 전도사님에게서 전화가 왔습니다. 주보를 만들기 위해 설교 제목과 성경 본문을 알려달라는 것이었습니다. 그래서 목사님은 말했습니다.

"본문은 시편 23편 1절부터 6절까지." 그러자 전도사님은 "그러면 제목은요?" 하고 물었습니다. 목사님은 "제목은 여호와는 나의 목자시니" 하고 대답하였습니다. 전도사님이 이를 받아 적으면서 "그다음에는요?" 하고 물었습니다. 아마 그 뒤에 뭐가 더 있다고 생각한 모양입니다. 그런데 목사님은 "그거면 됐지, 뭐가 더 필요해?" 라고 대답해 주었습니다.

약속한 주일 밤 저녁 예배에 그 이웃 교회를 찾아갔습니다. 안내를 받아 강단으로 올라가 자리에 앉아 주보를 펼쳐 보았습니다. 목사님은 깜짝 놀랐습니다. 예배 설교 제목이 "여호와는 나의 목자시니, 그거면 됐지 뭐가 더 필요

구약성경에서 설교

해?" 라고 적혀 있었습니다.

가슴이 철렁 내려앉고 기가 콱 막혔습니다.

"여호와는 나의 목자시니…"란 제목에 핀잔처럼 전도사에게 한 말이 제목으로 붙어 있었기 때문입니다. 고민 끝에 목사님은 "그래, 제목대로 설교하자!" 하고 결심을 했습니다.

목사님은 설교를 시작했습니다.

여러분은 푸른 풀밭의 싱싱한 풀을 원하십니까? 맑은 시냇가에서 시원한 물을 마시고 싶으십니까? 그러나, 여러분! 시편 23편에 나오는 양은 그 풍성한 풀밭에서 풀을 뜯지 않고 물도 마시지 않고 누워 있습니다. 너무 배가 불러서이겠습니까, 아니면 욕심이 없어서이겠습니까? 양은 배가 불러도 몇 시간씩 계속 풀을 뜯고 우물거리며 되새김질을 한다고 합니다. 그 이유는 아주 단순하고도 분명합니다. 목자에게서 오는 참 만족이 있기 때문입니다. 다윗은 고백합니다.

"여호와께서 나의 목자가 되시니 나에게 부족함이 없습니다."

그렇습니다. 여호와 하나님이 나의 목자가 되시고 내가 그분의 양이 되니 참으로 만족할 수밖에 없습니다. 여호와는 나의 목자시니, 그거면 됐지 뭐가 더 필요하겠습니까?

여러분 부활하신 주님이 나의 목자가 되시고 지팡이와 막대기로 이끌고 계시는데 더 이상 무엇이 필요하십니까? 사망까지 이기신 예수님께서 이제 예수님께서 하시던 일을 우리에게 하라고 명령하시는데 더 이상 우리에게 필요한 것이 무엇이겠습니까?

여러분 하나님이 여러분의 목자가 되셔도 사망의 음침한 골짜기로 다닐 수 있고 원수를 목전에서 만날 수도 있습니다. 기독교는 고난을 없애주는 종교가 아닙니다. 예수님은 오히려 고난을 받으라고 하셨습니다. 그러나 우리들이 고난당할 때 우리와 함께하시고 우리가 당하는 고난을 이길 힘을 주신다고 약속하셨습니다.

IV. 결론

시편 23편은 고난의 문제가 해결된 이후에 나온 감사시가 아니라 고난과 박해의 현장에서 토해낸 신뢰시입니다.

시편 23편에서 다윗이 언급된 목자의 인도와 보호(1-4절), 융숭한(융숭한) 대접(5절), 하나님의 가족이 되어 여호와의 전에 영원히 거하는 것(6절)은 다윗이 부분적으로 체험했던 과거의 경험은 될 수 있을지 몰라도 현재의 상태는 아니었습니다.

그는 현재 불안에 떨고 있으며 고난을 당하고 있어서 하나님의 위로가 절실히 필요한 상태에 처해 있습니다. 그는 원수에게 쫓기고 있으며, 죽음의 위험에 노출되어 있었습니다. 지금 다윗이 서 있는 자리는 마치 사망의 음침한 골짜기에 홀로 남아 방황하고 있는 양과도 같았습니다.

그러나 다윗은 이러한 현재의 고난에 무릎 꿇지 않았습니다. 그는 현재의 고난 속에서 미래의 영광을 바라보며 확신에 찬 노래를 우렁차게 부르고 있습니다.

그렇습니다. 이것이 참 신앙인의 모습입니다. 참 신앙인은 현재의 고난이 미래에 나타날 영광과 족히 비교할 수 없음을 깨달아야 합니다(롬 8:18).

그래서 현재의 고난 속에서 미래의 영광을 앞당겨 볼 수 있어야 합니다. 믿음이 이것을 가능케 합니다. 믿음은 바라보는 것들의 실상이요 보이지 못하는 것들의 증거이기 때문입니다(히 11:1).

믿음이 있는 사람은 문제에 부딪혔을 때 문제만 보지 않고 문제를 해결하시는 하나님을 바라봅니다. 이제 여러분을 계속해서 괴롭히고 짜증나게 했던 문제, 여러분을 쉬지 못하게 했던 문제, 그것이 자식이든, 돈이든, 명예이든 이제 하나님 앞에 내어놓는 여러분 되시길 축원합니다.

더 나아가 다윗은 고난의 유익을 전하고 있습니다. 시편 23편에서 하나님과 다윗의 관계는 목자와 양에서 주인과 손님으로 궁극적으로는 영원히 같이 사는 가족으로 발전하고 있습니다. 그리고 이렇게 관계가 변화된 원인은 바로 고난이었습니다. 시편 23편에서 다윗은 자신이 삶에서 직접 경험한 고난의 유익을 알려주고 있습니다.

이제 이 세상을 사시는 동안 당하는 고난 속에서 하나님을 목자로 모시고 더 나아가 하나님의 귀한 손님이 되시고 궁극적으로 하나님의 가족이 되시는 비결을 터득하시는 여러분 되시길 간절히 축원합니다.

김종윤

연세대학교 신학과 (B.A.)
서울신학대학교 신학대학원 (M.Div.)
Harvard University the Divinity School (Th.M.)
University of Sheffield (Ph.D.)
(현) 온석대학원대학교 구약학 부교수
(현) 아름다운교회 담임목사

에스겔의 설교

권혁관

I. 서론

설교자 하면 떠오르게 되는 이미지는 화려한 입담과 확신에 찬 자신감이다. 속된 말로 사람들을 한 방에 훅 가게 하는 약장수 말빨 정도는 있어야 설교자가 말로 벌어먹고 살 수 있다고 생각한다. 구약의 선지자들은 우리의 생각과 크게 다르지 않았다. 하나님께 선지자로 부름을 받았던 인물들은 대부분 자신의 말빨 능력을 걱정했다. 모세는 하나님께 "나는 입이 뻣뻣하고 혀가 둔한 자니이다"(출 4:10)라며 부르심에 주저했고 예레미야는 "나는 아이라 말할 줄을 알지 못하나이다"(렘 1:6)라고 말하면서 그 역시 하나님의 부르심에 주저했다. 선지자들은 자신들의 메시지를 들을 대상의 저항과 위협 때문에 하나님의 선지자 부르심에 선뜻 나서지 못한 점도 있었다. 선지자가 완악한 사람들을 상대하려면 얼굴에 무쇠 철판 깔아야 하는 것은 당연했고 간댕이는 팅팅 불어 있어야 했기 때문이다. 이렇기에 하나님의 선지자 부르심에 "말빨이 부족해서 나는 선지자 감이 아닙니다"라는 답변은, 사실 본인의 두려움을 감추려는 변명에 불과했다. 선지자들의 메시지는 모두 백성들의 죄 고발과 하나님의 심판 선언이 주를 이뤘기 때문이었다.

선지자로 부름을 받은 에스겔은 마동석급 체구의 건장한 사람이 아니었다. 그랬다면 구태여 하나님이 그에게 "사람의 얼굴을 두려워하지 말라"(3:9)는 말씀을 하셨을 리가 없었다. 그저 그 나이 때 보통 사람의 체구였다. 이름만 보고 말할 것 같으면 그는 삼손보다도 강한 사람이었다. 에스겔, "하나님이 강하게 하신다"라는 그의 이름이 말하듯, 그는 하나님이 강하게 하심으로 강하게 된 선지자였다. 그는 메시지를 입만이 아니라 몸으로도 전했다. 그의 메시지 전달 방식은 선배 선지자인 호세아나 예레미야와 동급이거나 그 이상이었다. 가정사가 메시지가 된 것도 그랬고 상징적 행동에서도 그랬다. 그는 무엇보다 하나님의 영에 붙들려 환상을 체험했던 선지자였다.

설교자는 끊임없이 성령에 사로잡혀 청중을 하나님의 말씀인 성경 본문의 세계로 이끌어 하나님을 대면케 하는 일에 부름을 받은 자다. 그래서 설교자는 유익한 것은 무엇이든지 청중에게 거리낌 없이 선포해야 한다. 에스겔은 구약의 어떤 선지자보다 성령에 사로잡혀 하나님의 말씀을 당대의 청중에게 가감 없이 담대히 전한 설교자였고, 전달 방식에서도 평범을 뛰어넘어 비범함을 보인 설교자였다. 에스겔 선지자가 어떤 메시지들을 전했고, 또 어떻게 그 메시지들을 전했는지 살피는 것은 설교자나 청중에게 큰 유익이 될 것이다. 설교자로서 설교자의 자세와 전달 방식을 그에게서 배워보고 또한 청중으로서 그가 전한 메시지에 귀를 기울여 하나님의 부르심에 합당하게 응답해 보자.

II. 시대적 정황과 에스겔서 내용

에스겔 선지자는 요시야 왕 시대 주전 623년경, 제사장 부시의 아들로 태어났다. 그는 유년 시절 요시야의 종교 개혁을 목격했고, 앗수르의 멸망과 바벨론이 국제 질서의 중심에 새롭게 등장하는 변화를 지켜봤다. 주전 598년, 25세가 되었을 때 느부갓네살에 의해 예루살렘이 무너지고 성전 보물이 약탈당할 때 그는 여호야긴 왕과 더불어 바벨론 포로로 끌려간 만 명 중 한 사람이었다. 바벨론 그발 강 근처 델아빕에 머문 지 5년째 되었을 때, 에스겔은 환상 가운데 나타난 하나님을 뵙고 선지자로 부름을 받았다(1:1, 3). 그가 예루살렘에 있었다면 제사장 직무를 시작해야 하는 30세가 되던 때였다(민 4:3). 에스겔이 30세에 선지자로 부름을 받았다는 것은 자신의 선지자 직무가 제사장적 시각이 반영되어 있음을 암시하고 있다. 그의 주된 관심이 율법이나 성전이었다는 것을 감안할 때 이것은 사실로 입증된다. 에스겔의 선지자 사역은 22년 동안 바벨론에서 지속되었다(29:17). 그의 선지자 사역은 당대의 역사적 상황과 밀접하게 관련되어 있다. 선지자 에스겔은 유다가 무엇 때문에 바벨론에 멸망하는 것이며, 또 어떤 마음가짐을 가져야 하며, 하나님의 회복을 어떻게 바라봐야 할 것인지에 대해 메시지를 선포했다. 메시지 선포 대상은 유배지에 함께 있는 사람들이었다. 에스겔은 앞으로 있게 될 예루살렘 멸망이 예루살렘 성전에서 자행되고 있는 우상숭배 때문이라고 전했다(8-11장). 당시 예루살렘에 남아 있는 자들은 포로로 끌려간 자들보다 자신들이 하나님의 사랑을 받고 있는 진짜들이라고 생각하고 있었다(11:15). 주전 586년 예루살렘이 멸망한 후로는 메시지가 구원으로 바뀌었다. 에스겔은 하나님께 돌아오는 자는 산다고 외치면서 하나님께서 이루실 구원을 선포했다. 에스겔서는 다른 예언서와 마찬가지로 크게 심판과 예언의 구조로 되어 있다. 1-24장까지는 예루살렘, 25-32장은 이방 나라들을 향한 심판에 대한 내용이며 33-48장까지는 예루살렘 구원 신탁과 회복에 대한 내용이다.

III. 에스겔 선지자의 설교 특징과 방법

1. 에스겔 선지자의 설교 특징

에스겔 선지자의 설교 특징은 그가 전한 메시지에서 살펴볼 수 있다. 앞서 말했듯이 에스겔은 제사장으로서 선지자로 부름을 받았다. 에스겔서 전체에 나타난 메시지는 그의 제사장적 관점이 반영되어 있다. 죄가 사람들과 땅을 오염시켰고(36:20), 땅은 그것 때문에 사람들을 토해냈으며(레 18:24-30), 회복은 정화로 이뤄진다(36:23-25)는 설명은 이를 입증한다. 그의 설교 모티프는 주로 성전이었다. 그는 유다 지도자들의 성전 안에서 행하는 죄악으로 성전 파괴와 예루살렘 멸망을 선포했으며(4-24장), 심판 이후 훗날 하나님이 성전을 새롭게 하실 것과 예루살렘을 회복시킬 것을 전했다(40-48장). 이와 같은 메시지 선포는 환상을 통해 말씀하시는 하나님의 임재와 능력에 기초했다. 그의 메시지는 상징적 행동과 개인적 고난이 결합되어 있었다. 에스겔은 남유다가 짊어지게 될 심판을 퍼포먼스로 전달했다. 개중에는 일회성이 아닌 390일이나 지속되는 퍼포먼스도 있었고(4:5-6), 쇠똥에 빵을 구워 먹는 굴욕적인 모습도 있었다(4:13-17). 그의 메시지 전달에서의 고난은 제사장 측면을 부각시킨다. 에스겔 선지자의 메시지에는 크게 세 가지 특징을 찾아볼 수 있다.

첫째, 하나님의 임재 사상이다. 에스겔은 하나님의 영광이 부정한 성전을 떠나는 것을 보았고(8-11장), 그 영광이 바벨론 포로에게 와 계신 것을 보았다(1:1, 26-28). 또한, 다시 하나님의 영광이 이전에 떠나실 때 이용하신 바로 그 문, 동문을 통해 새로운 성전으로 되돌아오는 것을 보았다(43:1-2). 훗날 예루살렘은 "여호와가 거기에 계시다"는 뜻의 여호와 삼마로 불린다(48:35). 하나님의 영의 떠나심과 되돌아오심은 에스겔서에서 전하는 주요 메시지다. 그룹 사이에 좌정하시며 빛을 비추시는 하나님이 성전을 떠나신 이유는 유다 백성의 우상숭배 때문이었다(겔 8:6; 참고. 시 80:1). 하나님의 영광의 빛인 쉐키나가 떠나면, 개인이든 나라든 망하게 된다는 것을 의미했다(참고, 삼상 4:21). 유다 백성에게 하나님의 영광이 머물지 않으므로 예루살렘은 망할 것이며, 유배지에 있는 포로 백성에게 하나님의 영광의 빛이 나타났다는 것은(1:28), 잠시 바벨론에서 친히 성소가 될 것임을 말해 주는 것이었다(11:16). 당시 유다는 바벨론에게 괴롭힘을 당하고 있었기 때문에 여호와 하나님이 자신들을 버렸다고 생각했다. 그래서 그들은 많은 신들을 섬기려고 했다. 하나님은 유다의 우상숭배를 매우 가증한 일로 여기셨고(8:17), 성전 안에서 도저히 그들과 함께 있으실 수 없었기에 잠시(70년 동안) 떠나셨다가 돌아오시게 되었다.

둘째, 하나님의 공의와 인간의 개인적 책임을 다룬다. 에스겔서는 유다 백성들의 죄를 우상숭배, 폭력, 하나님의 법 반역으로 다루고 있다. 에스겔서에서 "내가 여호와인 줄을 너희가 알리라"(6:13; 7:4, 27; 12:16, 20 등) 문구는 약 60회 등장하여 하나님이 얼마나 유다에게 무시와 거절을 당해왔는가를 묘사하는 반면, 하나님이 유다를 심판하시는 목적을 나타내고 있다(8:18). 당시 바벨론에 유배된 유다 백성은 자신들이 심판받고 있는 이유를 자신들의 죄 때문이 아니라 선조들이 지은 죄 때문에 무고하게 받는 것이며(18장), 그 기간은 오랫동안 지속되지 않고 조속히 끝나 곧 고국으로 돌아가게 될 것이라는 망상에 사로잡혀 있었다(13:10). 에스겔은 하나님의 심판은 그 누구 때문도 아니며 본인들의 죄 때문임을 분명히 했다. 비록 선조들이 죄를 범했고 그것이 에스겔 시대 사람들에게 영향을 주었을지라도 우상숭배와 폭력, 하나님의 법 미준수는 그들의 선택이었다는 것을 분명히 했다. 당시 풍토는 죄를 가볍게 여기고 있었으며, 개인의 책임을 부정하고 있었다. 에스겔 선지자는 하나님은 행한 대로 심판하시는 공의로운 분이심과 그분은 죄악을 버리고 마음과 영을 새롭게 하면 누구든지 살리는 분이심을 강조했다.

셋째, 하나님의 명예를 강조했다. 에스겔 선지자는 하나님이 자기 백성을 심판하신 후 구원하시는 것은 그분의 거룩하신 이름 때문이라고 말했다(36:22). 하나님의 자기 백성 심판은 언제나 회복을 전제로 했다. 이방 국가들에게 심판 예언이 주어진 때가 예루살렘이 바벨론에게 포위당하고 있을 때였던 것도 이런 이유를 뒷받침한다. 심판 예언 와중에도 하나님은 구원을 약속하셨다(17:1-21; 28:24-26). 에스겔의 메시지는 예루살렘이 완전히 멸망하고 난 뒤 변화가 일어났다. 그의 메시지는 심판에서 희망으로 바뀌었다. 에스겔 선지자는 가망 없는 이스라엘이 마른 뼈 환상을 통해 새롭게 될 것을 보았다. 죽어 있던 자들에게 살이 붙고 숨이 들어간 것은 하나님이 이스라엘을 새로운 존재로 창조하고 있는 모습을 반영한다(37장). 이스라엘의 이와 같은 구원은 언약을 지키시는 하나님 그분의 명예를 바탕으로 하고 있다(창 12:1-3; 신 30:1-10; 삼하 7:12-16; 렘 31:31-34). 이스라엘은 자신의 명예를 소중히 여기시는 언약의 하나님 때문에 다시 예루살렘으로 돌아와(11:17; 20:42; 34:13) 그들 가운데 모든 미운 물건과 가증한 것을 제거한다(11:18). 그뿐만 아니라 하나님께서 주신 새 영으로 마음이 새롭게 되어 하나님의 법을 지키며(11:17; 20:42; 34:13; 36:24; 37:21), 새 성전에서 하나님을 예배한다(40-48장). 성전은 단순히 건물이 아니었다. 성전에서 생명의 강이 흘러나오는 환상은 이스라엘을 다시 회복시키는 것이었다.

2. 에스겔 선지자의 설교 방법

에스겔 선지자의 '메시지 전달 방법'(설교 방법)을 말하기 전에 우리는 에스겔 선지자의 청중이 누구인지부터 알아야 한다. 청중은 바벨론 유배자들이었다. 그들은 에스겔을 존경하여 특정한 일에 무엇인가를 요청하기 위해 찾아온 장로들이었지만(20:1-3), 하나님 말씀에는 순종하길 거부하는 반역자들이었다(2:2-7; 3:7). 에스겔은 그런 그들에게 이스라엘의 파수꾼으로서 말씀을 전했다(3:11, 16-21).

청중의 반응이 없을 때, 설교자는 보통 자신의 메시지 자체에 문제점이 있나를 먼저 돌아보고 다음으로 자신의 메시지 전달 방법을 점검한다. 우리는 에스겔에게서 청중의 무반응이 설교자의 메시지 자체나 메시지 전달 방식 때문이 아닌 경우도 있다는 것을 알게 된다. 즉 아무리 설교가 말씀에 기초하고 있고, 아무리 설득적 방법으로 그 메시지가 전달될지라도 청중의 반응이 없을 수 있다는 점이다. 이와 같은 경우는 청중의 마음이 굳어 있는 경우다. 예수님의 비유에서 말하면, 청중이 길가와 같은 마음을 갖고 메시지를 들을 때 발생한다. 쉽게 이해해 보자. 예수님보다 정확히 하나님 말씀을 전할 수 없고, 그분이 전한 방법만큼 효과적인 방법도 없었을 텐데 당시 유대인들은 그분의 메시지를 거부했다. 에스겔 청중은 에스겔 선지자의 말과 행동을 통해 전해지는 메시지를 진지하게 받아들이지 않았다. 이것으로 우리는 설교의 효과성이 설교자의 메시지 깊이와 전달 방식에 의해 좌우되는 것만이 아니라 청중의 수용성에서도 일부 있음을 인지해야 한다.

에스겔서 자체에서는 메시지 전달을 신탁, 상징적 행동, 환상, 예언적 담화, 네 개로 구성되어 있다. 이중 에스겔이 직접 전한 메시지 방법은 신탁과 상징적 행동이다. 본 글이 설교에 초점을 맞추고 있으므로 신탁과 상징적 행위를 집중적으로 살펴보자.

2.1 언어적 요소: 신탁

설교자는 자신의 견해나 생각이 아니라 하나님 말씀 그대로를 청중이 알아듣게 전해야 한다. 에스겔은 하나님이 보여주신 환상을 선명히 보았고, 그 뜻을 명확히 알았으며, 그것을 왜곡시키지 않고 그대로 전달했다. 그의 설교 첫마디는, "주 여호와의 말씀이 이러하시다"였다(2:4). 그는 효과적인 메시지 전달을 위해 비유, 속담, 예시, 이스라엘 역사 회상 등 다양한 소재를 동원했다. 포도나무(15장), 독수리(17:6-7), 암사자(19:10-14), 심판의 칼(21:1-17), 타락한 자매 오홀라와 오홀리바(23:1-35), 가마솥(24:1-14)의 비유가 있었고, 죄의 심판 이유가 개인에게 있다는 것을 말할 때는 아버지와 아들의 예를 들어 설명했다(18장). 유다와 이스라엘의 죄를 지적하기 위해 그들이 어떻게 하나님을 반역해 왔는지 이스라엘 역사에서 설명했으며(20, 23장), 반대로 하나님이 어떻게 이스라엘을 사랑했는지도 이스라엘 역사에서 설명했다(16장). 당시 팽배하던 "아버지가 신 포도를 먹었으므로 그의 아들이 이가 시다"는 속담을 비판했으며, 자기 마음에서 예언하는 거짓 선지자들을 "황무지에 있는 여우 같다"(13:4)라고 비판했다.

2.2 비언어적 요소: 상징적 행동

말로 하나님의 메시지를 전달하는 행위는 어느 때나 기초이면서 핵심이다. 하지만 에스겔은 설교자로선 치명적일 수 있는 말 못 하는 상태로 한동안 있어야 했다. 하나님은 에스겔을 선지자로 부르시면서 "이스라엘 족속에게 가서 내 말로 전하라"(3:4)고 말씀하셨다. 그런데 무슨 일인지 소명 기사 끝 무렵에서 하나님은 "너는 백성에게 말을 하지 못하는 자가 될 것이다"(3:25)라고 말씀하셨다. 필요한 경우에는 하나님이 에스겔의 입을 열어 예언하게 하실 것이지만 초기 예언 사역은 상징적 행동이 주가 되어야 했다. 에스겔은 예루살렘이 멸망(주전 586)하고 난 뒤 1년 6개월이 지났을 때 예루살렘에서 도망하여 온 자로부터 예루살렘이 함락되었다는 소식을 들었다(33:21; 참고. 렘 39:2).

에스겔은 하루 전날 저녁 아내를 잃었던 상태였다. 그는 아내의 죽음 앞에서도 말뿐 아니라 우는 것도 금지됐다(24:1, 15-17, 25-27). 에스겔에게 실어증 또는 침묵 상황은 딱 그렇게 예루살렘 멸망 소식을 들었을 때까지였다(33:21-22). 에스겔은 이후 말하는 것에 제약받지 않았다. 침묵하던 7년 기간 중 하나님이 심판 예언을 허락하실 때만 에스겔은 입을 열 수 있었다(3:26-27). 이와 같은 에스겔의 모습을 설교의 영역에서 보자면 창조적 파괴에 가깝다. 메시지는 말로만 전달된다는 고정관념을 깨고 상징적 행동이 메시지가 되었고 침묵도 메시지가 되었다.

목소리보단 몸으로 전한 메시지가 주를 이룬 에스겔의 초기 사역은 하나님의 백문불여일견(百聞不如一見) 전략으로 보인다. 에스겔 선지자를 통한 하나님의 불가피했던 이와 같은 전략은 당대 청중이 얼마나 하나님의 메시지에 완악했는지를 날 것으로 보여준다. 에스겔의 낯선 행동은 사람들의 시선을 끄는 데 충분했다. 청중은 비 오는 어느 날 번개 맞고 에스겔이 정신 나가 평소에 하지 않던 이상한 짓거리를 한다고 생각했었을 것이다. 에스겔은 몸짓 하나하나로 예루살렘의 멸망을 선포했다. 토판 그림으로 예루살렘 포위를 예언했고

(4:1-3), 바닥에 눕는 행위로 죄악의 날들이 얼마나 오래됐는지 알렸으며(4:4-8), 예루살렘을 하나님께서 한 방 치실 것이라는 걸 팔을 걷어붙이는 것으로 표현하기도 했다(4:7). 장차 유다 백성이 부정한 빵을 먹게 될 것을 보여주기 위해 쇠똥을 피워 빵을 먹었으며(4:9-17). 예루살렘의 운명을 자기 머리카락과 턱수염을 불에 태우고 칼과 바람에 날리는 퍼포먼스로 보여주었으며(5:1-4), 포로로 잡혀가는 모습을 시현하기도 했다(12:3-7).

상징적 행동을 통한 메시지 전달은 에스겔의 고유 시그니처는 아니었다. 호세아나 이사야 선지자에 의해 부분적으로 이뤄졌던 것을 예레미야 선지자가 꽃을 피웠고(렘 13:1-11, 12-27; 18:1-4; 19:1-13; 27:1-22; 32:1-15), 에스겔 선지자는 그걸 만개하게 했다. 상징적 행동을 통한 예언은 공히 선지자들 본인의 아이디어에서 나온 것은 아니었다. 하나님의 구체적 지시에 따른 명령이었기에 선지자들은 때론 수치스럽거나 이상한 사람처럼 보이는 행동에도 기꺼이 순종했다.

IV. 에스겔 설교의 적용과 교훈

에스겔 선지자의 사역에서 오늘날 설교자의 자세, 메시지, 전달 방식을 생각해 보자.

첫째, 설교자의 자세다. 설교자는 메시지를 전달하기 전에 먼저 하나님의 영에 의해 온전히 본문 연구에 붙들려 있어야 한다. 에스겔 선지자가 하나님의 메시지를 환상 가운데 보거나 메시지를 직접 듣게 되었을 때 그는 항상 여호와의 영의 임재와 권능을 체험했다. 성경은 하나님의 영으로 기록된 하나님의 말씀이기에 하나님의 영이 아니고선 누구도 하나님 말씀을 알 수도 없을뿐더러 그분의 능력을 온전히 전파할 수 없다. 설교자는 전하고자 하는 텍스트에 하나님의 영으로 강하게 사로잡혀 있어야 하고 어떤 청중 앞에서라도 메시지를 담대히 전하는 강함이 있어야 한다. 에스겔은 청중이 거부한다고 해서 메시지 전달을 기피하지 않았다(3:8~9). 그는 청중이 듣든지 안 듣든지 들어야 할 것이라면 하나님 말씀을 담대히 전파했다(3:11). 설교자는 청중이 어떤 위치에 있는 사람이든, 청중이 얼마나 되든 말든, 그들 반응이 좋든 나쁘든 메시지 전달 두려움을 극복해야 한다. 하나님은 선지자직에 두려움을 갖은 에스겔에게 "그들을 두려워하지 말고 그들의 말을 두려워하지 말라"(2:6)라고 말씀하셨다. 에스겔은 자신을 배척할 사람들의 얼굴을 마주할 담대함이 어디서 나오게 되는지 알게 되었다. 그것은 자신의 이름이 가진 뜻대로 하나님이 자신을 강하게 하셨다는 것을 믿는 믿음이었다(2:8-9).

에스겔은 이스라엘 족속의 파수꾼으로서 소명에 충실해야 했다. 만일 그렇지 않을 경우는 유다 백성의 운명에 책임을 져야 했다(3:16-21). 깨우쳐야 할 순간에 깨우치지 않는 것 또한 상황과 대상을 두려워한 것이 된다. 파수꾼이 사는 길은 전해서 깨우칠 때이다(3:16-21). 에스겔에게 두려움은 피할 것이기도 하지만, 역설적으로 가져야 할 것이었다. 그 두려움은 청중이 아닌 하나님 말씀 앞에서 두려움이었다. 이것은 하나님이 에스겔을 부를 때, '벤-아담'(인자)라고 불렀던 것에서도 생각해 볼 수 있다(2:3, 6, 8; 3:1 etc). 여기서 '벤-아담'(인자)는 메시아 의미가 없다. 단지 하나님의 영광에 대조되는 한낱 사람에 불과하다는 사실을 지적한다. 설교자는 하나님의 말씀인 본문을 살피고 연구할 때는 두려움 가운데 있어야 하고 그것을 청중에게 전할 때는 두려움을 갖지 말아야 한다.

다음으로 설교자는 내 말이 아닌 하나님의 말씀으로 설교해야 한다. 하나님은 에스겔에게 "너는 내 말로 그들에게 고할지니라"(2:7)라고 했다. 에스겔은 하나님이 허락하신 것만 말할 수 있었다(3:25-26). 성경에서 전했고 또 청중 반응이 좋았다고 해서 전적으로 하나님의 말씀이 설교 되었고 역사한 것이라고 볼 수 없다. 성경 본문을 제대로 해석하고 이해해서 전달한 것이 아니라면 그건 설교자 개인의 생각이나 견해를 전달한 것이다. 사탄도 광야에서 성경 말씀으로 예수님에게 설교했다. 문맥을 떠난 해석과 이해는 하나님 말씀이 아니다. 에스겔은 환상으로 말씀하시는 하나님의 메시지를 맥락에서 이해했고 그것의 의미를 전달했다. 에스겔의 말씀 선포 첫마디는 "주 여호와의 말씀이 이러하시다"(2:4)였다. 확실히 하나님 말씀이 아니면 아무나 이렇게 말할 수 없는 선포다. 설교자는 자신이 전하는 메시지가 과연 하나님이 전하라고 한 그 메시지인지 두려워해야 한다.

둘째, 설교자의 메시지다. 설교자의 메시지엔 삶의 자리에서 떠나 드리는 예배 못지않게 삶에서 드리는 예배가 강조되어야 한다. 에스겔 선지자는 우상숭배를 버리고 하나님의 영이 함께 하는 예배와 삶을 강조했다. 하나님의 영광은 가장 거룩해야 할 성전이 하나님을 진노케 하는 죄악의 온상이 되었기에 그곳을 떠나셔야 했다. 세상을 변화시키자고 말하는 주체가 실은 변화의 대상인 경우가 많다. 교회 건물 안에서 목회자의 성범죄가 비일비재하게 일어나고 기복적 냄비 신앙이 성도들의 절찬리에 생산되고 있다. 십자가 건물 안에만 있으면 하나님의 보호를 받을 수 있다는 생각을 버려야 한다. 유다 백성에게 새 영과 새 마음을 주시는 분은 하나님이셨다(36:26-28). 설교 메시지가 세상에서 성공이 아닌 거룩하신 하나님과의 관계로 바꿔야 한다. 설교자는 특히 인물 설교를 조심해야 한다. 어떻게 한 인물이 실패에서 성공했는지를 보여주는 칠전팔기 오뚜기 신앙이 아니라 좌절의 순간에도 하나님과 동행했던 관계에 포커스를 둔 설교가 주를 이뤄야 한다. 에스겔은 설교자로서 청중의 반응에선 실패자였지만 하나님이 전하라고 한 말씀에는 끝까지 순종했던 곧 하나님의 관계에서 성공했던 설교자였다.

셋째, 설교자의 전달 방식이다. 에스겔은 메시지 전달을 다양하게 했다. 그의 다양한 전달 방식은 자신에게서 나온 것이 아니라 하나님의 명령에 의한 것이었다. 에스겔은 한쪽으로 오랫동안 누워 있다거나, 빵을 쇠똥으로 구워 먹는 것과 같은 미친 사람이 하는 행동까지 서슴지 않았다. 설교자는 자신의 재능과 상관없이 청중에게 가장 효과적으로 보이거나 들릴 방법을 하나님으로부터 안내받아야 한다. 즉 기도할 때, "메시지를 바로 전달하게 하소서!"를 당연히 기도해야 하지만, "메시지를 어떤 방식으로 전해야 할까요?"도 기도해야 한다. 여기에는 설교자의 의복, 제스처, 원고 유무 설교, 부동형 또는 이동형, 시청각 자료 등 고려해 볼 사항들이 많다.

예를 들어보자. 한국교회에서 설교자의 의복은 양복에 넥타이나 목회자 가운이 정석으로 받아들여지고 있다. 에스겔 선지자는 포로로 끌려가는 백성들의 모습을 자신의 의복에서 생생하게 보여줌으로 백성들을 깨닫게 했다(12:3). 설교자의 의복이 반드시 정장이나 가운이어야 할 이유가 있는지도 생각해 봐야 한다. 설교 본문에 따라 어떤 옷이라도 선택될 수 있어야 한다. 설교에서 전달되어야 하는 것은 설교자가 아니라 본문 메시지다. 어떻게 메시지가 효과적으로 전달될 수 있을지 설교자는 고민해야 한다. 에스겔은 유다의 심판을 선언하기 위해 흙벽돌(4:1), 빵(4:12), 면도칼(5:1)을 활용했다. 짧은 동영상이 설교 중간 중간에 활용되기도 하지만, 에스겔의 메시지 전달 방식에서 볼 때, 설교자 자신이 직접 몸으로 보여주는 것만큼은 효과적이지 못하다. 그러나 여기에 주의할 한 가지가 있다. 에스겔과 같은 메시지 전달 방식을 통해 청중이 "우리 목사님은 얼마나 위대한 설교자인가?"가 아니라 "우리 주 예수 그리스도는 얼마나 위대하신 하나님이신가!"라고 반응해야 한다는 점이다.

V. 결론

에스겔 선지자의 설교 사역만 보고 말하면 그의 설교가 무언극이라는 파격적인 독창성을 가졌다 할지라도 청중의 반응을 크게 이끌어 내지 못했기 때문에 결론적으로는 실패한 설교자였다고 평가하게 된다. 하지만 에스겔은 성공한 설교자 또는 훌륭한 설교자로 평가되어야 한다. 그는 한순간도 청중을 깨우치는 파수꾼의 위치에서 떠난 적이 없었고 청중을 하나님 말씀으로 깨우치기 위해 여러 방법을 시도했기 때문이다. 에스겔은 청중이 아닌 성령이 인정한 설교자였다. 그의 이름 '하나님께서 강하게 하신다'라는 뜻에서 보듯, 설교자는 어떤 청중 앞에서도 메시지를 담대하게 전할 수 있는 강함이 있어야 한다. 설교자의 강함은 "여호와의 말씀이 나 에스겔에게 특별히 임하고"(1:3)에서 보는 것처럼, 하나님 말씀으로 충만할 때 하나님으로부터 주어지는 능력이다. 설교자가 메시지를 선포할 때 청중을 두려워한다면 그것은 자신이 본문 말씀에 깊은 경험을 못했다는 증거가 된다. 설교자의 설교는 자신의 말빨이나 지혜가 아니라 성령의 나타나심과 능력이어야 한다(고전 2:4). 여기서 '성령의 나타나심'은 고린도전서 12:7의 은사로 나타나는 성령의 나타남(manifestation)과는 다른 '입증하다, 옳다고 하다'(vindication)라는 뜻이다. 곧 설교는 '옳은 말'이었음을 성령이 인정하시는 것이 되어야 한다.

에스겔 선지자는 자신을 비롯한 많은 사람이 무엇 때문에 바벨론에 포로로 끌려왔는지와 앞으로 닥칠 예루살렘 멸망이 어떤 이유에서였는지를 하나님의 영의 인도하심을 통해 알게 되었다. 또한, 그는 하나님이 주시는 새 영을 통해 이스라엘이 새로운 존재가 되어 하나님의 법을 따르게 될 것을 알게 되었다. 에스겔의 설교 사역은 하나님에 영에 의해 붙들려 가르침 받아 하나님의 크신 계획을 선포할 수 있었다(참고. 고전 2:12). 설교자는 에스겔 선지자의 말씀 선포에서 보듯, 청중의 죄가 무엇인지 하나님의 영의 가르침을 통해 알 수 있어야 하고 청중에게 그 죄에서 돌이키라고 담대하게 전할 수 있어야 한다. 주의 마음을 알아 주를 가르칠 수 있는 설교자는 성령을 통해 말씀하시는 하나님과 깊은 관계에 충실하다(고전 2:10, 16).

설교자라면 모두 훌륭함을 넘어 위대한 설교자가 되길 꿈꾼다. 청중도 그러한 설교자의 설교를 듣고 은혜를 누리고 싶어 한다. 과연 훌륭한 설교자란 어떤 사람을 말하는 것일까? 훌륭한 설교자는 설교 텍스트에 충실해서 그 말씀을 올바로 해석하고 이해하여 전달했는가와 청중을 분석해서 그들이 잘 알아들을 방법으로 전달했는가로 평가되어야 할 것이다. 에스겔 선지자는 이 둘을 충족시켰다는 점에서 훌륭한 설교자였다. 하지만 그는 비록 훌륭한 설교자였음에도 불구하고 청중의 반응은 미비했다는 점에서 흔히 말하는 위대한 설교자는 아니었다. 우리가 에스겔의 설교 사역에서 배우는 가장 큰 교훈은 청중에게 평가된 위대한 설교자가 아닌 성령에 의해 인정된 훌륭한 설교자가 되어야 한다는 점이다. 하나님이 설교자로 강하게 세우시는 말씀을 들어보자. "인자여 네 발로 일어서라 내가 네게 말하리라"(2:1). 어떤 설교자로 일어서겠는가?

권혁관

강원대학교 전자공학과 (B.E.)
침례신학대학교 신학대학원 (M.Div.)
아세아연합신학대학교 (Th.M./구약학)
아세아연합신학대학교 (Ph.D./구약학)
(전) 아세아연합신학대학교 초빙교수
(전) 침례신학대학교 외래교수
(전) 기아대책 연구원 연구교수
(전) 중동 선교사
(현) 그말씀연구소 대표

요나의 설교

이원재

I. 요나의 생애와 신학 그리고 설교의 중요성

성경에서 요나는 큰 물고기 뱃속에서 삼 일간 살아남은 선지자로 가장 잘 알려져 있다. 요나는 요나서와 열왕기하 14:25에서 '아밋대[1]의 아들'로, 정치적으로 이스라엘이 평화와 번영을 누리던 여로보암 2세 때(주전 793-753년)[2] 이스라엘 영토가 확장될 것을 예언한 선지자로 소개되고 있다. 1장 9절에 요나 스스로 자신을 소개하기를 그는 '히브리 사람이요 바다와 육지를 지으신 하늘의 하나님 여호와를 경외하는 자'이다. 그러나 자신을 하나님을 두려워하는 사람으로 소개하는 그 순간에 '여호와의 얼굴'을 피해 도망가는 아이러니한 모습을 보여주기도 한다. 요나서에서 요나 선지자는 대단히 국수주의적인 사람으로, 특별히 이방인 앗수르의 니느웨 사람들을 향한 적대감을 가진 사람으로 그려진다. 또한 반항적이고 화를 잘 내며 하나님에게까지 목숨 걸고 달려들 만한 고집을 가진 선지자이다.[3] 요나서의 주요 인물은 하나님과 요나 선지자이며, 그 이야기를 이끌어가는 동력은 하나님께서 요나에게 니느웨로 가서

---

1. 나사렛 북동쪽 가드헤벨 출신인 것 외에 아밋대에 관하여 알려진 것은 아무것도 없다(왕하 14:25).
2. 주전 8세기의 앗수르는 9세기에 비해 세력이 약화된 상태로 여로보암 2세의 이스라엘과 특별한 대립관계에 있지 않았다. *The ESV Study Bible*, 1684.
3. Stuart, *Hosea-Jonah*, 431.

설교 하라고 명령하셨으나 요나가 거역하고 도망간 사건(1:1-3)으로 시작하여 하나님께서 원하시는 것(니느웨를 향한 사랑과 긍휼)과 요나가 원하는 것 (니느웨를 향한 요나 자신의 적대감, 이스라엘만을 향한 하나님의 사랑과 긍휼) 사이의 대립과 갈등 구조로 이어진다. 요나서의 저작 연대나 요나서의 저자에 대한 단서는 요나서 자체에서는 찾아볼 수 없다.[4]

요나서는 다른 선지서들과 달리 선지자가 전하는 메시지보다 선지자의 삶에 일어나는 일들에 집중하고 있는데, 이와 같은 요나서의 내러티브를 따라가면서 발견할 수 있는 하나님의 존재와 성품에 대한 주요한 신학적 주제들이 있다. 먼저 자연과 만물을 창조하시고 큰 물고기와 벌레를 포함하여 그가 만드신 모든 피조물을 완벽하게 통제하시는 창조주 하나님에 대한 요나서 저자의 인식이다.[5] 또한 창조주 하나님께서 그가 만드신 모든 것을 얼마만큼 사랑하시는지 또한 이처럼 그의 자비롭고 긍휼한 성품이 단지 이스라엘 민족들(또는 '우리들')에게 국한된 것이 아니라 하나님의 말씀에 반응하며 회개하는 모든 사람과 열방에까지 적용된다는 사실이다.[6] 아직 회개하지도 않았으며,

---

4. 책에서 언급된 '니느웨 왕' (3:6)의 이름도 제시되지 않는다. 일부 역사적/고고학적 자료와 일치하지 않는 듯한 내용 (예: 니느웨 성의 크기와 인구수에 대한 묘사, 3:3; 4:11)이나 불가능해 보이는 사건들 (예: 물고기 뱃속에서 삼 일을 살아남거나 하루 만에 자라서 그늘을 만들고 시들어버리는 박넝쿨 등 1:17; 4:6-7)에 대한 역사성 논란이 있지만 그에 대한 설득력 있는 반론을 제시하는 것 또한 가능하다. Stuart, *Hosea-Jonah*, p. 440-42; *The NIV Archaeological Study Bible*, p. 1289를 보라. 무엇보다 예수님이 직접 요나와 니느웨, 그리고 물고기 뱃속의 사건에 대해 역사적인 사건으로 인식하시며 언급하셨다는 사실은 중요하다 (마 12:39-40; 눅 11:29-30).
5. 참고. '여호와께서 큰 바람을 바다 위에 내리시매' (1:4); '바다와 육지를 지으신 하늘의 하나님 여호와' (1:9); '여호와께서 이미 큰 물고기를 예비하사' (1:17); '여호와께서 그 물고기에게 말씀하시매 요나를 육지에 토하니라' (2:10); '하나님 여호와께서 박넝쿨을 예비하사...하나님이 벌레를 예비하사...하나님이 뜨거운 동풍을 예비하셨고...' (4:6-8). 다른 피조물들과 달리 요나 혼자 하나님의 임재로부터 피할 수 있다고 생각하였다면 그것은 오산이었고, 만약 그렇게 생각했다면 하나님이 일으키신 폭풍 앞에서 하나님이 육지뿐만 아니라 바다까지 만드신 분임을 깨달았을 것이다 (1:9).
6. 하나님의 말씀을 거역한 요나 자신은 물론 요나서에 등장하는 이방인 선장, 선원들 (1:14)과 니느웨 사람들 (3:10) - 나아가 '땅의 모든 족속' (창 12:3; 21:8-21)들이 하나님의 자비와 돌이키심의 은혜를 입었고 또 입을 자들이다.

그에 더하여 '그 악독' (1:2)이[7] 하나님 앞에 상달하여 참을 수 없게 된 이방 니느웨 사람들까지 구원하시기 위해 요나를 부르시는 하나님에 대한 묘사, 그리고 요나의 불순종을 인내하시며 끝까지 설득하시거나 실제로 회개하는 니느웨 백성들을 심판하시기로 한 뜻까지 돌이키시는 사랑과 긍휼의 하나님에 대한 묘사는 요나서에서 특별히 인상 깊다.[8] 물고기 뱃속에서 자신이 받은 긍휼에 대한 요나의 감사 기도 (2:8-9), 니느웨 백성들의 회개와 심판을 돌이키심을 본 요나의 고백, "주께서는 은혜로우시며 자비로우시며 노하기를 더디하시며 인애가 크시사 뜻을 돌이켜 재앙을 내리지 아니하시는 하나님이신 줄 내가 알았음이니이다(4:2)," 니느웨를 향한 하나님의 돌이키심에 대해 죽기까지 고집하며 부당하게 화를 내는 요나를 참으시고 박넝쿨을 예비하시는 하나님의 긍휼(4:3-4), 그리고 요나와 독자에게 던지시는 하나님의 마지막 질문인 "내가 어찌 아끼지 아니하겠느냐(4:11b)" 또한 동일한 하나님의 긍휼과 은혜라는 주제에 그 무게를 더한다. 나중에 요나가 스스로 밝히는 것처럼 요나는 하나님이 긍휼하시고 뜻을 돌이켜 재앙을 내리지 아니하시는 분이신 줄 너무나 잘 알았기 때문에 다시스로 도망갔던 것인데, 아이러니하게 본인이 알고 있는 하나님에 대한 그 이해가 니느웨를 향해서는 작동하지 않기를 바라고 있다. 달리 말하면, 하나님의 말씀을 거역하며 도망가는 자신은 하나님의 긍휼과 구원의 대상이 되지만 진실하게 회개하는 이방인들까지 하나님의 피조물이며 구원의 대상이 된다는 사실을 요나가 받아들이기는 힘들어했다.

물론 요나와 이스라엘 그리고 이방을 향하신 하나님의 자비와 긍휼의 주제는 죄에 대해서 진노하시는 하나님, 죄와 타협하지 않으시며 죄에 대하여 분

---

7. 참조. 나 3:1: "화 있을진저 피의 성이여 그 안에는 거짓이 가득하고 포악이 가득하며 탈취가 떠나지 아니하는도다."
8. 믿지 않는 이방인 선원들의 기도와 주권자 하나님에 대한 인식, 그리고 그들을 향한 하나님의 응답 또한 이방을 향하신 하나님의 은혜와 구원이라는 동일한 맥락에서 이해 가능하다 (욘 1:14-16).

노하시는 하나님이란⁹ 주제를 전제로 하고 있다. 이러한 맥락에서 볼 때 요나서가 보여주는 하나님은 심판과 은혜의 하나님이다. 심판하실 계획을 돌이키셔서 구원을 베푸시는 긍휼과 자비의 하나님이다. 구원은 심판과 회개를 전제로 한다. 그 구원이 이스라엘뿐만 아니라 모든 민족에게 적용되며, 마찬가지로 심판 또한 이스라엘을 포함한 회개하지 않는 모든 민족에게 적용된다.[10]

결론적으로 요나서 신학의 중요성은 구약에서 명쾌하게 정의되지 않았던 이방인을 향한 하나님의 관심과[11] 사랑이라는 주제를 강력하게 드러내는 것에 있다. 하나님께서 베푸시는 은혜와 '심판을 돌이키심'이 요나로 대표되는 이스라엘뿐만 아니라 다른 민족들에게도 적용된다. 실제로 요나서의 이방인 선원들과 니느웨 백성들이 하나님을 두려워하며 심판의 경고를 진지하게 받아들여 회개하는 모습은 요나와 이스라엘 백성들에게도 충격적이었을 것이다. 니느웨 사람들의 회개는 이스라엘 백성들에게 간접적인 하나님의 심판의 경고와 회개의 권유가 되었을 것이고, 그에 더해 많은 선지자들을 통해 수없이 경고를 했음에도 불구하고 그들은 끝까지 반항하며 불순종하여 결국은 앗수르에게 멸망당하여 포로로 잡혀가게 되었다(주전 722). 예수님 또한 이처럼 악독한 니느웨 사람들이 요나의 설교 앞에 즉각적으로 회개했던 역사적 사건 앞에서 '요나보다 큰 이'의 말씀 앞에 회개하지 않는 이스라엘 백성들을 향한 심판의 경고로 니느웨 사람들의 회개를 언급하셨다.[12]

---

9. 참고. 니느웨의 악독'에 대한 심판 (1:2); 하나님을 피해 달아나는 요나를 큰 폭풍을 심판하시는 하나님 (1:3-10); 그 폭풍을 잠재우기 위해서는 자신이 죽어야만 한다는 요나의 인식 (1:12).
10. 참고. 사도행전 10:34-35; "베드로가 입을 열어 말하되 내가 참으로 하나님은 사람의 외모를 보지 아니하시고 각 나라 중 하나님을 경외하며 의를 행하는 사람은 다 받으시는 줄 깨달았도다."
11. 참고. 창세기 12:3; 이사야 42:1,6; 49:6 etc.
12. 참고. 눅 11:32 (마 12:41): '심판 때에 니느웨 사람들이 일어나 이 세대 사람을 정죄하리니 이는 그들이 요나의 전도를 듣고 회개하였음이거니와 요나보다 더 큰 이가 여기 있느니라.'

II. 설교 특징과 설교 방법

요나 설교의 가장 두드러지는 특징으로는 그가 직접적으로 전한 말씀이 단 한 절(3:4b)에 들어있다는 사실이다. 요나는 그 한 절의 설교로 그 악독한 니느웨 사람들의 집단적 회개와 믿음을 이끌어내었다. 앞서도 살펴보았지만, 요나서에 나타난 내러티브를 자세히 따라가다 보면 그 한 절 설교의 배경과 신학, 그리고 설교자 본인의 심리까지 충분히 읽어낼 수 있다. 요나의 설교는 '저 큰 성읍 니느웨로 가서 그것을 향하여 외치라'(1:2)는 하나님의 명령으로 시작한다. 이 설교는 처음 하나님께서 명령을 내리셨을 때는 요나가 전하기를 거부했던 설교이며 두 번째로 명령을 내리셨을 때 전했던 3장 4절의 두 번째 설교가 니느웨 사람들이 돌이킬 수 있는 기회를 주었고 또 그들을 살리는 설교가 되었다.[13] 3장 2절에 의하면 요나가 니느웨로 가서 외쳐야 할 것은 하나님께서 요나에게 명령하신 선언/메시지이고, 요나가 자신에게 임한 '여호와의 말씀'(1:1; 3:1, 3)에 대해 가감 없이 외친 것이 맞다면 그 설교는 3:4의 "사십 일이 지나면 니느웨가 무너지리라"는 메시지이다. 짧은 설교인 만큼 요나는 신속하게, 강단이 아닌 도상에서 삼일 길을 하루에 걸어 다니며 그 말씀을 외쳤다.[14]

---

13. 참고. 3:2; '일어나 저 큰 성읍 니느웨로 가서 내가 네게 명한 바를 그들에게 선포하라.'
14. 요나서에 언급된 니느웨 성의 크기에 대해서는 논란이 있다. 요나 시대의 니느웨 성은 '사흘 동안 걸을 만큼'(3:3)의 큰 성이 아니었기 때문에 크기에 대한 이 표현은 오히려 요나가 니느웨 성의 구석구석을 다니며 최대한 많은 사람들에게 메시지를 전하는데 공을 들여야 할 시간을 가리킨다거나 요나서에서 언급된 니느웨 성읍이 그 성 외곽 전체 마을들을 포함하는 더 넓은 범위의 땅을 의미할 수도 있을 것으로 제시되기도 한다. ESV Study Bible, p.1689. '하루 동안 다니며 외쳐 이르되'라는 표현은 문맥상, 메시지를 전하기 싫어하는 요나의 태도와 '사흘 동안 걸을 만큼 큰 성읍'과 대비되는 것을 볼 때, 성읍의 크기에 비해 급하고 신속하게 어쩌면 무성의했던 요나의 태도에 대한 언급으로 보는 것도 가능할 것이다. 또는, Stuart가 제안하는 것처럼, 니느웨 사람들의 회개가 급속하게 진행되었기 때문에 어쩌면 요나가 그 이튿날까지 설교를 이어갈 필요가 없었을 수도 있다. Stuart, Hosea-Jonah, 488. 3절의 '하나님 앞에 큰 성읍'이라는 표현은 히브리어에서 최상급의 뜻을 나타내기도 하며 (참조. 창 10:9; 시 36:6, 80:10), 니느웨를 향한 하나님의 관심을 나타내는 표현이기도 하다.

요나의 외침에 대한 니느웨 왕의 대답을 통해 그 한 문장의 설교에 함축되어 있는, 요나가 원치 않았더라도 직·간접적으로 외쳤을 가능성이 있는 추가적인 설교의 디테일을 유추할 수 있다: '하나님이 뜻을 돌이키시고 그 진노를 그치사 우리가 멸망하지 않게 하시리라 그렇지 않을 줄을 누가 알겠느냐(3:9).' 즉, 니느웨가 무너지는 것은 하나님의 뜻이며, 하나님께서 니느웨에 대해 화가 나셨기 때문에 니느웨를 멸망시키려 하신다는 사실이다. 다만 니느웨 사람들이 회개하면 하나님께서 심판을 거두실 것이라는 말은 요나가 직접적으로 하지 않은 것으로 보이고, 이스라엘에 많은 고통을 주었고 또 앞으로의 위협이 될 앗수르에게 그런 반전이 일어나는 것은 요나 또한 심적으로 바라는 바가 아니었다. 니느웨가 멸망하기 전 40일이 주어졌다는 사실 자체로 요나는 하나님께서 니느웨 사람들에게 기회를 주시고자 한다는 사실을 알았을 것이고, 니느웨 사람들 또한 40일이라는 시간 안에 아직 회개할 기회가 남아있다는 간접적인 희망을 가졌을 것이다.[15] 요나의 설교를 전해들은 니느웨 사람들의 반응은 요나의 설교만큼이나 빨랐고[16] 니느웨 왕 또한 짐승들을 포함하여 백성 모두에게 금식을 포함한 회개를 명한 뒤, 혹 모를 하나님의 돌이키심과 긍휼을 기대하고 있다: "하나님이 혹시 뜻을 돌이키시고 그 진노를 그치사 우리로 멸망치 않게 하시리라. 그렇지 않을 줄을 누가 알겠느냐?"(3:9). 결과적으로 요나의 설교가 표면적으로 전달하는 메시지, 즉 40일 이후 니느웨가 무너질 것(3:4)이라는 하나님의 말씀은 실현되지 않았고(3:10), 이러한 결과는 요나가 확실히 바라지 않던 바, 실제로 하나님께서 심판의 뜻을 돌이키시는 것을 목격한 요나의 분노를 통해서도 잘 알 수 있다(4:1-3).

---

15. 회개의 시간으로 40일이 주어지는 것에 대하여는 출애굽기 34:28과 신명기 9:18, 25를 보라.
16. '니느웨 사람들이 하나님을 믿고 금식을 선포하고 높고 낮은 자를 막론하고 굵은 베 옷을 입은지라(3:5)'; '하나님이 그들이 행한 것 곧 그 악한 길에서 돌이켜 떠난 것을 보시고...(3:10a).' cf. '그들(니느웨 사람들)이 요나의 전도를 듣고 회개하였음이거니와...' (마 12:41).

눈여겨 볼 것은 요나가 이스라엘에게 적대적이던 니느웨 사람들이 그들의 죄로 인해 심판을 받을 것이라는 메시지를 전하기 싫어 다시스로 도망을 갔다는 사실이다. 그 이유는 4:2에 요나 스스로 밝히고 있는 것처럼 하나님께서 이스라엘의 적인 니느웨 사람들에게 심판을 내리지 아니하시고 뜻을 돌이키실 것을 염려한 요나의 의심 때문이었다. 어차피 멸망할 니느웨라면, 하나님께서 그 결정을 돌이킬 마음이 없으시면서 굳이 그 메시지를 전하라고 하신 하나님의 의도를 요나가 모를 리 없었을 것이다. 심판의 경고를 외치는 설교에는 회개를 권유하기 위한 더 큰 목적이 있음을 요나는 잘 알고 있었다. 어쩌면 요나는 그의 설교에서 의도적으로 회개를 촉구하는 그 어떠한 언급이나 기대를 표현하지 않았을 것이지만, 이스라엘에 적대적이던 니느웨 성읍의 사람들에게 회개하라는 하나님의 뜻을 함축하는 의도가 다분한 심판의 메시지를 전해야 했다. 달리 말하면 요나는 그가 하고 싶지 않았던 설교를 원치 않는 대상에게 해야 했다. 그러나 큰 물고기에 잡혀 오면서까지 어쩔 수 없이 외쳐야 했기 때문에 니느웨를 향한 결코 돌이킬 수 없는 하나님의 심판에 대한 메시지를[17] 확신 있게 전달함으로 니느웨 사람들이 회개를 향한 일말의 기대조차 갖지 못하도록 하고, 그들이 그의 설교를 듣고 나서도 끝까지 죄를 지으며 멸망의 길을 갔으면 하는 바람으로 설교했거나, 요나 자신이 니느웨 사람들로부터 관심을 받을 시간조차 주지 않고 신속하게 다니며 건성으로 외쳤을지도 모른다. 실제로 하나님께서 니느웨 사람들에게 뜻하신 바 그들의 회개와 '삶의 돌이킴'을 촉구하거나, 다른 선지자들처럼 그들의 죄를 고발하는 내용은 요나의 설교에서 발견되지 않는다. 그러나 하나님께서 요나의 설교를 통해 의도하신 것은 그들을 회개였고 그들을 향한 심판의 번복이었다. 니느웨 사람들은 왕과 백성 모두가 하나님 앞에 나와 부르짖으며 회개하기 시작했고 하나님은 '그

---

17. 참조. 나훔 3:1-7; 스바냐 2:13-14.

들이 행한 것 곧 그 악한 길에서 돌이켜 떠난 것' (3:10)을 보시고 뜻을 돌이켜 재앙을 내리지 아니하신다. 요나의 니느웨를 향한 심판의 설교는 니느웨를 향한 하나님의 사랑과 구원의 선포로 끝이 난다. 하나님은 강권적으로 그 뜻을 관철시키셨고, 하나님의 뜻과 반대되는 사람들의 마음과 그 어떤 계획도 하나님의 역사를 멈추게 할 수 없음을 보여주신다. 아니 하나님은 요나처럼 하나님과 동일한 긍휼의 마음 갖기를 죽기까지 싫어하는 사람을 들어 설교자로 세우시고 긍휼의 도구로 사용하신다.

III. 설교의 적용과 교훈

우리는 요나서의 내러티브와 설교에서 하나님은 창조주, 역사의 주권자시며 누구도 그의 뜻을 거스를 수 없다는 사실을 배운다. 하나님은 이스라엘과 이방인 모두의 하나님이며 믿는 자는 물론 믿지 않는 이방인, 불신자까지 사랑하시며, 누구든지 심판의 말씀을 듣고 회개하며 하나님의 긍휼을 구할 때 뜻을 돌이켜 은혜와 자비를 베푸시는 분이시다. 요나를 포함하여 그 누구도 한 영혼을 구원하시고자 뜻하신 하나님의 긍휼을 막을 수 없고, 그 사랑을 독차지할 수도 없다. 특별히 요나처럼 그 긍휼과 사랑을 먼저 받고 누린 사람이라면 더욱 그렇다: "네가 성냄이 어찌 합당하냐(4:9)." 그 사실을 요나와 이스라엘, 이방인 선원들 그리고 니느웨 사람들이 배웠다면, 우리 또한 동일하신 역사의 주권자이신 하나님, 긍휼과 사랑의 하나님에 대해서 배울 수 있을 것이다. 겸손한 마음으로 하나님 앞에서 낮아지며 죄에 대한 심판의 두려움을 알고, 그 경고가 담긴 말씀 앞에 하나님의 참 뜻을 알아 니느웨 사람들처럼 신속하고 진실하게 회개하며 하나님께 돌아와야 할 것이다. 니느웨 사람들이 '힘써 여호와께 부르짖고 각기 악한 길과 손으로 행한 강포'에서 떠난 것처럼 (3:8-10) 우리 또한 죄의 길에서 돌이켜 삶을 바꾸는 회개로 하나님의 부르심에 응답해야 할 것이다. 하나님이 베풀어 주시는 자비와 긍휼, 니느웨 사람들을 아끼는 하나님의 합당한 마음은 니느웨 사람들과 요나, 그리고 우리들에게서 멈출 수 없다. 영혼을 사랑하시는 하나님의 마음을 우리가 가지고 사람을 품고 축복하며 그들에게 하나님을 증거 하는 설교와 삶을 살아야 할 것이다. 그 일을 위해 '요나보다 더 큰 이'가 오셨고(마12:41) 또 우리에게 그 일을 명하셨다.[18]

참고문헌

The ESV Study Bible. Wheaton, Ill.: Crossway, 2008.

McConville, J. Gordon. *A Guide to the Prophets.* Vol. 4, *Exploring the Old Testament.* Downers Grove, IL: InterVarsity, 2002.

The NIV Archaeological Study Bible: An Illustrated Walk through Biblical History and Culture. Grand Rapids: Zondervan, 2005.

Ogilvie, Lloyd J., and Lloyd J. Ogilvie. Hosea, Joel, Amos, Obadiah, Jonah. Vol. 22 of The Preacher's Commentary Series. Nashville, TN: Thomas Nelson Inc, 1990.

Stuart, Douglas. Hosea-Jonah. Word Biblical Commentary 31. Nashville, TN: Thomas Nelson, 1987.

Walton, John H., Victor H. Matthews, and Mark W. Chavalas. *IVP Bible Background Commentary: Old Testament.* Downers Grove, IL: IVP Academic, 2000.

이원재

University of Toronto (H.B.A., M.A. 고대근동학)
Gordon-Conwell Theological Seminary (M.Div.)
University of Edinburgh (Ph.D. 구약신학)
(현) 브니엘신학교 강사
(현) 고신대학교 여신원 강사
(현) 푸른초장교회 부목사
(현) Oxford Commentary on the Dead Sea Scrolls (편집위원)

---

18. 참고. 마태복음 8:10-12; 28:18-20.

학개의 설교

이학재

들어가는 말

설교는 시대를 변화시키고 또한 사람을 변화시키며, 약한 사람을 강하게 하고, 또한 낙심한 자에게 힘을 주기도 한다. 설교의 내용이 바로 하나님의 말씀이기 때문이다. 하나님의 백성이 가장 어려운 시기가 있었다고 하면 구약에서는 당연히 바벨론 포로의 시기이다. 절망과 모든 것을 체념한 시대이었다고 볼 수 있다. 그러한 시기를 마치고 하나님은 그의 백성들에게 회복의 역사를 주신다. 그리고 그러한 회복은 포로 귀환을 통해서 이루어지는데, 역사적으로 1차는 주전 536년에 세스바살과 무리들(에스라 1-3장)에 대해서 성경이 언급하고 있다. 그리고 2차는 학개와 무리들(학개; 스가랴)의 귀환과 또한 성전 건축에 대한 말씀들인데, 이 배경은 주로 주전 520년에 일어나서, 성전을 완성하던 시기 주전 516년에 마치게 된다(에스라 6:15).

학개가 활동했던 시기는 이렇게 유대 백성이 바벨론 포로에서 1차 포로 귀환(주전 536년)하여 예루살렘으로 돌아와 성전 재건을 위해 성전의 기초를 놓고 시작하다가 멈춘 상황이 배경이 된다. 그 때가 바로 주전 536년이다. 그 후 16년이라는 기간 동안 그들은 여러 가지 상황(가뭄, 경제적 상황)으로 성전을 짓지는 못하고 여러 가지 방해를 직면하였는데(에스라 4장), 역사적으로 보면, 농사나 경제적 형편과 여러 가지 일로 인해서 그들은 성전 건축을 멈추고 있었던 때이다.

그 때 주전 520년(즉 다리오 왕 2년)에 설교자 학개가 나타난다. 백성들은 그냥 손을 놓고 있던 시기였고, 학개와 스가랴가 함께 그 시대에 사명을 감당하도록 설교하고 또한 기록하여 남긴 것이 학개서이다. 그리고 그의 모든 말씀은 바로 학개서에서 4편의 설교로 남겨져 있다. 지금부터 2,500년 전 설교이다.

학개서에는 일자가 정확하게 언급되어 있고, 본문을 4편으로 나누어서 생각해 볼 수 있다. 첫 번째 그의 설교는 주전 520년 6월 1일(같은 해 8월 29일)에 있었고 이것이 바로 1장의 내용이다(1:1-15). 그리고 두 번째 설교가 있었는데 7월 21일(같은 해 10월 17일)에 있었던 것이다(2:1-9). 세 번째 설교는 9월 24일(같은 해 12월 18일)에 있었던 설교이다(2:10-19). 그리고 네 번째 설교는 같은 날-9월 24일(같은 해 12월 18일)-에 있었던 설교이다(2:20-23). 이러한 학개의 네 편의 설교가 바로 그의 말씀이고 학개서 전체이기도 하다. 학개서는 바로 학개 선지자의 설교의 책이라고 할 수 있다.

I. 학개의 설교들

1. 학개의 첫 번째 설교(1:1-11)

학개의 설교는 백성들을 움직이게 하는 설교였다. 즉 설교가 사람을 자극하고 특히 일하게 하는 중요한 하나님의 말씀의 입으로 역사는 한 것은 학개의 설교가 얼마나 대단한 것인가를 보여준다. 생각해 보자. 16년 동안 아무것도 하지 않던 사람들이 설교 한편 듣고 그들의 행동과 태도가 바뀌었다고 생각하면 쉽게 이해할 수 있다. 우리는 말씀과 설교를 들어도 변화가 쉽게 되지 않는 경향성이 있다. 그런 사람들이 하나님의 백성인데 이들을 움직이고 일하게 하였던 사람이 학개이다.

1) 청중 중심 파악의 설교(1:2 '때가 아니다')

학개의 설교는 사람의 중심을 간파한 설교였다. 그들이 하는 말, 하는 생각을 잘 파악하고 있었다(1:2). 그들은 '시간이 되지 않았다'는 자신들의 생각이 있었다. 그러나 학개의 설교는 말씀, 특히 신명기의 언약적인 말씀(28장)을 상기시키며 그들로 하여금 자신을 돌아보게 하는 설교를 한 것이다(1:6-7). 그리고 그들이 지금 가지고 있는 현재의 모습을 말씀의 언약에 충실하지 못한 결과라는 것을 지적하고 있다. 그리고 이것이 청중으로 하여금 그들을 보게 하였다.

2) 자신을 살피고, 자기가 걸어온 길을 돌아보게 하는 설교(1:5, 7; 2:15, 18)

학개가 설교에서 반복적으로 강조한 '쉼우 레바브헴 알 다르헤헴' 즉 '너희 상황을 마음으로 두어 보아라' 즉 자신의 걸어온 길과 현재 상황 등을 여러 가지 의미에서 중심으로 반추하고 반성해 보라는 설교이다. 학개의 설교는 이렇게 사실을 직시하고, 하나님의 약속을 다시 상기 시키고, 그 말씀에 대한 반응의 삶에 대한 결과로 어떠한 결과를 청중들이 누리고 있는가?를 생각하게 하는 설교이었다.

3) 하나님의 분명한 뜻을 보여주는 설교(1:8)

하나님이 기뻐하시고 원하시는 것은 성경에 다 기록되어 있다. 그러한 하나님 중심의 사고와 생각, 그리고 지금 우리에게 향하신 그분의 사명과 뜻을 파악하고 행하는 것은 설교의 핵심이고 하나님의 말씀에 대한 핵심이기도 하다. 바로 8절이 핵심이다. 그의 설교는 "너희는 그 산에 올라가서 또 나무를 가져와서 그 전을 건설하라! 그리하면, 내가 그것으로 만족하며, 또 내가 존귀하게 될 것이라." 여호와께서 말씀하셨다.(맛싸역)- 이렇게 하나님의 시대적인 뜻을 설교에서 분명하게 보여 주었다. 설교자는 개인적인 비젼과 사명을 성도들에게 부각시키고, 강조하는 것도 중요하지만, 자칫 자신의 비전을 이루는 목적적인 설교가 될 수도 있다. 학개의 설교가 위대한 것은 시대적인, 보편적인 하나님의 백성의 사명을 말씀을 통해서 분명하게 제시한 것이었다. 그리고 그리고 그들이 경험하고 있는 언약적 저주(신 28장)이 그들이 지금 경험하고 있다고 지적한다(1:9-11).

4) 결과, 행동으로 연결되는 설교(1:12-15)

모든 것에는 결과가 중요하다. 최근에 '타고난 재능'(벤 카슨 스토리)이라는 영화를 보았다. 흑인 의사에 관한 것이었고, 그는 불우한 환경 속에서도 어머니의 격려와 자극으로 존스 홉킨스 대학에 의사로 근무하면서 뇌 부분의 탁월한 성과를 내서, 샴쌍둥이 등 수술 등을 통해서 사람들을 살린 아름다운 이야기이었다. 결과 즉 성과와 업적에 사람들은 감동한다. 그가 비록 흑인 의사이었지만, 자격을 갖추었고, 성과와 업적 즉 결과물을 내었기 때문에 인정하지 않을 수 없었다. 최근에 손흥민의 유럽 득점왕에 온 세계가 열광했다. 결과이다. 설교도 아름다운 감동도 좋고, 영적인 공감도 좋다. 그러나 학개의 설교처럼, 사람들을 말씀대로 살게 하는 결과를 만들어내는 설교야말로 영적인 설교이며, 성령 충만한 설교라고 하겠다. 모든 사람들이 학개의 설교를 듣고

하나님의 성전 건설 스룹바벨을 건설을 주전 520년에 시작하여 4년 후에 마치게 된다. 이러한 결과는 에스라 6장 15절 다리오 왕 6년 즉 516년에 완성하였다고 결과를 보고하고 있다.

2. 학개의 두 번째 설교(2:1-9)

백성들은 설교를 듣고 하나님의 일을 열심히 했지만, 내면적인 실망과 낙심에 일부는 빠져 있었다. 첫 번째 설교 후에 대략 50일 정도 지났으며(같은

해 7월 21일), 일에 많은 진도도 있었을 것이고, 거의 7주 후의 설교라고 할 수 있다. 그들의 행동과 반응 그리고 백성들의 참여가 있었지만, 다음의 문제는 내면적인 낙심의 문제이다.

1) 청중의 심리파악-아무것도 아니냐?(2:3)

설교자는 심리학자는 아니지만, 영적인 문제뿐만 아니라, 심리적인 문제 역시 읽을 수 있어야 하고 그들에게 답을 줄 수가 있어야 한다. '보잘 것 없다'(2:3, 개정)는 말은 '아무 것도 아니다'라는 직역의 의미이다. 내가 하는 일에 대해서 '아무 것도 아니다' 즉 '별 볼일 없다', '별 성과 없다', '별 의미 없다'라고 하는 사람들에게 다시 한번 설교를 통하여 힘을 실어주는 것이 두 번째 설교인 것이다. 자신감을 불어 넣어 주고 그 의미를 되새기는 것이다. 학개의 설교가 대단한 것은 청중들로 하여금 그들이 하는 일에 대한 의미와 가치를 되새기게 한 것이다.

2) 성령이 역사하는 설교(2:5)

설교는 마음의 감동으로 끝나는 연설이 아니다. 연설은 사람에게 감동을 주고, 마음을 뜨겁게 하기도 하지만, 학개의 설교는 하나님의 영, 즉 성령이 함께 머물러 있는 설교이며, 또한 일을 하게 하신 성령님(1:14-15)이 감동도 주시고 그들에게 담대함도 주시고 하도록 하신다. 실제로 일을 하는 것은 '영감'(inspiration) 혹은 '조명'(illumination)을 통해서 인간을 감동을 받고 자신의 능력을 극대화할 수 있다. 내 안에 나의 힘으로만 아니라, 내 속에 계신 하나님의 영이 힘을 주시고 자신을 극대화 시키는 그러한 자극제, 동력이 되셔서 동기와 일할 수 있는 끊임없는 역동력을 주시는 성령 충만한 설교, 그리고 성령 충만의 삶을 가지도록 하는 설교이었다. 특히 크기에 상관없이 이후에 성전(스룹바벨)이 오히려 솔로몬의 화려한 더 큰 규모의 성전보다 더 영광이 크다는 확신과 위로는(학 2:9) 두 번째 설교의 가장 강조점이었다. 이러한 설교를 듣는 백성들은 외적인 것으로만 평가하고 보다가 자신들의 하는 일에 대한 의미와 그리고 하나님의 평가를 통해서 새롭게 동력을 얻어서 일하게 되었다. 바로 학개의 설교는 하나님의 백성으로 일하게 하는 설교이다. 오늘날 설교가 지속적으로 하나님의 백성들에게 힘을 주고 자신의 일에 자신감과 의미와 그리고 힘을 얻게 하는 이런 원리를 적용할 필요가 있다고 본다.

3. 학개의 세 번째 설교(2:10-19)

두 번째 설교 후에 백성들은 열심히 하나님의 일, 즉 성전을 세우는 일에 힘쓰고 있었다. 그러한 상황에 이제는 두 달이 지났다(같은 해 9월 24일). 이렇게 설교가 바로 바로 이어진 것이 아니라, 행동 뒤 그들의 행동과 삶에 대한 방향성과 그것에 대한 상황 체크, 평가 그리고 앞으로 할 일들에 대한 사명을 심어주는 이러한 피드백적인 설교의 특성을 가진다. 이러한 목회자적인 영성과 분석은 성도들의 삶을 분석하고 또한 그 삶에 가장 적절한 답을 말씀을 통해서 주는 대화적이고, 대책을 주는 학개의 세심한 배려와 실제적인 설교자인 것을 또한 보여준다.

1) 오직 거룩함으로(2:10-19)

이제는 진도와 일의 효율성에 대한 설교가 아니다. 이제는 그 내용이다. 얼마나 나갔는가?가 중요한 것이 아니라, 방향성이 중요한 것과 같다. 하나님의 일을 특별히 그러했다. 학개는 이러한 면을 강조하고 세 번째 설교에서는 이 면을 부각시켜서 설교하였다.

설교의 핵심은 정결함과 부정함에 대한 말씀이다. 성물에 닿았다고 거룩해지는 것은 아니다(12절). 그러나 부정한 자를 닿으면 부정하다는 한 예를 설명하신다(13절). 바로 진정한 거룩한 삶, 예배의 삶, 그리고 성도들, 즉 백성들이

하는 모든 일이 하나님께 받아드려지는 거룩함이 되기를 설교하였다.

하나님의 일은 어떠한 업적이나, 대단한 결과도 중요하지만, 하나님의 뜻대로 이루어나가는 거룩한 과정이라고 할 수 있다. 그러한 거룩은 민수기의 거룩한 전쟁에 대해서 말씀하고 또한 여호수아에서도 그러한 거룩함으로 가나안을 정복할 수 있음을 보여주었다. 그리고 학개는 다시금 백성들에게 부정하게 드리는 삶(14절)을 지적하고 이제는 거룩함 정결함으로 드려지는 삶이 되어야 함을 강조하였다. 바로 이것이 세 번째 설교의 핵심이다.

2) 하나님의 약속과 언약적 재결단

하나님은 약속하신다. 언약의 축복이다. 말씀대로 사는 자에게 반드시 성경이 약속하는 복과 하나님의 댓가를 주신다. 반대로 하나님의 뜻대로 산다고 하면서 언약에 신실하게 하지 않은 자에게 주어지는 삶과 결과는 자신이 직접 체험할 수 있다고 지적하였다(18-19절).

설교는 하나님의 백성이 언약적인 의식을 말씀으로 확인하는 작업이라고 할 수도 있다. 특히 여호수아서의 결론에서도 세겜에서 백성들에게 다시금 하나님을 섬기고 하나님께 충성할 수 있도록 그들에게 도전하였고 언약적 의식을 하였다. 말씀 앞에 자신들의 자세와 언약적인 충성을 재다짐하고 결의하는 언약적 결단이기도 하다. 이런 면에서 학개의 설교의 가장 큰 특징 중 하나가 언약적 관계에 대한 백성의 모습을 지적하고 또한 하나님의 언약적 축복을 다시금 상기시킴으로써 그들이 하나님께 충성을 재다짐하는 언약적 재다짐과 결의가 바로 학개서의 설교의 특징이라고 하겠고 세 번째 설교에서 분명하게 나타나 있다.

4. 학개의 네 번째 설교(2:20-23)

마지막 설교는 세 번째 설교와 같은 날에 한 것이다. 이것은 또한 하나님의 메시지를 직접 주신 것이기도 하다. 즉 그달 9월 24일에 마지막으로 이제 약속의 말씀을 주신다.

1) 하나님이 주시는 약속

설교는 하나님의 말씀의 약속을 제시하는 것이다. 하나님의 약속은 복음을 통하여 구원을 주시는 약속이며, 또한 하나님의 뜻대로 사는 자에게 주시는 보장과 축복을 보여주신다. 하나님의 일을 하는 자, 즉 당시에는 바로 '스룹바벨' 총독이었다. 그리고 이러한 앞장서서 일하는 자에게 하나님은 약속을 주셨다. 하나님의 축복을 보증해 주신 것이다. 하나님의 약속은 또한 하나님이 친히 온 세상의 심판자 주인이시며(21절), 그리고 모든 대적을 멸하시는 승리자이심을 다시 확인시켜 주신다. 하나님 앞에서 모든 피조물은 심판의 대상에 불과하다(22절). 하나님은 하나님의 성전을 세우는 자를 기뻐하신다. 그러한 자에게 하나님의 주권과 그리고 많은 특권을 주셔서 일하게 하신다.

2) 하나님의 나라를 세우는 설교

무엇보다 학개의 설교는 하나님의 성전, 즉 스룹바벨 성전을 짓는 일을 하도록 하는 설교를 했다. 그리고 그 반응에 대해서 낙심할 때는 힘을 주고 또한 부정함과 거룩하지 않음에 대해서는 일도 중요하지만, 하나님이 받으시는 중심, 거룩한 일이 되도록 격려했다. 무엇보다도 하나님의 나라를 세우는 이러한 성전 건축의 역사를 앞장 선 자들에게 하나님의 축복과 약속을 보증하는 설교를 했다.

현대적인 설교에서 얼마든지 지식적이고 달변을 내세우는 설교를 할 수 있다. 그러나 학개는 그러한 설교를 한 것이 아니라, 무엇보다 하나님의 나라를 세우는 일, 성전 짓기에 초점을 맞추어 설교하였다. 오늘날도 이러한 부분이 적용이 된다면 우리는 무엇보다도 하나님 나라 건설에 초점을 맞추어 설교하는 이러한 핵심적인 관점이 지속되어야 할 것이다. 학개의 이러한 설교는 마태복음 6:33에서 이어져서, "너희는 먼저 그의 나라와 그의 의를 구하여라!"는 말씀에 일맥상통하는 그러한 설교를 하였다고 볼 수 있다.

평가

설교자로서 학개는 하나님의 주시는 메시지를 전한 순수하고 충성된 설교자이다. 그러한 하나님의 말씀의 입이(입에) 된 그를 통해서 하나님은 놀라운 역사를 일으키셨다. 신약에서 베드로의 설교와 같이, 3,000명, 5,000명이 회개하고 돌이키는 역사의 강력한 복음 전도자적인 설교도 있고, 또한 불신자들에게 감동을 주는 요나와 같은 120,000여 명의 불신자에게 하나님을 소개하는 복음 전도자적인 설교도 있다.

그러나 이러한 자들에 비해서 본다면 학개의 설교는 목회자적인 설교이다. 그리고 그 목회자는 그 대상, 즉 백성들, 청중들이 철저하게 변화를 경험하고 하고, 또한 그들로 하나님의 나라의 일꾼이 되게 하는 그러한 하나님 나라를 세우는 설교이다.

요나처럼 한 번의 설교도 아니고, 적어도 100일 정도, 3개월 정도 지켜보면서 지속적으로 한 그러한 목회적인 설교이라고 평가할 수 있다. 학개는 이런 면에서 임시적이지만, 목회자적인 특징도 가지고 있고, 선지자로서 하나님께 직접 말씀을 받은 하나님의 사역자이기도 했다.

학개서에 대해서는 HOW 주석에도 글을 실었고, 또한 『선지자들의 메시지』와 많은 글들을 통해서 선지자 학개는 조명했다.

그러나 이 글을 통해서 설교자 학개라는 측면에서 새롭게 내용을 조명하고 이해하려고 하였다. 설교자로 학개는 어떤 인물인가?

II. 설교자로서 학개

1. 대화에 탁월한 설교자

선지자 학개는 익숙하지만, 설교자 학개의 말씀을 분석해 보고자 한다. 설교자 학개는 어떤 인물이었는가? 시대에 맞는 설교를 한 시대적인 설교를 한 설교자이었다. 또한 학개는 무엇보다도 피드백을 통해서 백성들과 대화하는 설교를 하였다. 설교가 일방적이기 쉽고 설교자 중심의 설교이기 쉬우나, 학개는 청중들 즉 백성들의 변화와 그리고 그 변화를 통해서 하나님의 일을 하게 하는 그러한 설교를 하였다. 흔히 선지자는 '듣든지 아니듣든지' 즉 에스겔과 같은 일방적인 설교, 즉 선포적인 설교를 하기도 한다. 하나님의 말씀은 그렇게 해야 할 때도 있다. 그러나 학개만큼이나, 백성들과의 반응, 그리고 그들의 변화, 행동으로 열매를 맺게 한 설교자도 성경에서는 드물다. 부흥사처럼 설교를 통해서 사람들이 변화하는 설교는 볼 수 있지만, 지속적으로 삶의 변화를 위하여 말씀을 전하고 설명하는 그러한 대화에 탁월한 설교자는 흔하지 않다.

2. 하나님 나라 건설 중심의 설교자

설교는 회개하고 예수를 믿는 복음적인 부흥사적인 그러한 설교도 많다. 복음적 설교이다. 물론 믿지 않는 자들에게는 이러한 면이 강조되어야 한다. 그러나 학개는 백성들에게 말씀을 전파하였다. 그들은 하나님의 공동체이었다. 그러한 공동체에는 무엇보다 핵심적인 사상, 내용을 증거해야 한다. 성경의 가장 핵심적인 주제, 신학 중에 하나가 바로 하나님 나라이다. 학개서는 바로 이러한 '하나님 나라 건설'을 위해서 일하는 것이 핵심적인 설교라고 해도 과언이 아니다.

3. 성령 충만과 변화를 이끌어 낸 설교자

학개는 그 어떤 설교자 보다도 말씀에 감동을 주는 설교자이었다. 그의 설교를 들은 청중들은 바로 행동으로 돌입하였다(1:12-15). 그리고 하나님의 영이 충만함을 강조하였다(2:5). 설교자 학개는 16년 동안 변화가 없는 사람들을 한번에 그리고 동시에 모든 사람을 변화시키는 강력한 자극적인 설교를 한 설교자이다.

이것은 설교자가 나의 관점만을 가지고 있는 것이 아니라 특히 시대정신, 그리고 오늘날의 흐름, 대세, 트랜드를 잘 읽는 탁월함을 가지고 있어야 한다는 것을 의미한다. 설교자 학개는 그의 청중들의 그러한 맨탈리티(Mentality)를 파악했고, 그 영성과 동향을 정확히 진단한 설교자이었다. 그래서 그들의 문제점을 분석했고, 대안과 방향을 정확하게 제시하였다. 그래서 그 설교를 들은 백성들은 부정하거나, 반발할 수도 없었고, 그대로 순종하게 되었다. 바로 시대를 읽는 눈을 가진 설교자였다는 것이다. 오늘날 우리는 학개같은 설교자를 만난다면 우리의 삶은 변화할 것이며, 행동도 도전을 받을 것이고, 고무되고, 자극되어 하나님의 일을 위해서 교회는 힘있게 나아갈 것이다.

그런 면에서 학개는 성령 충만하여 사람들에게 성령 충만을 받게 하였고, 그리고 감동을 받아서 일하게 하는 변화를 이끌어낸 능력의 설교자이었다고 할 수 있다.

나가는 말

'학개의 설교'를 통해서 학개의 설교의 내용 즉 학개서 전체의 핵심을 분석해 보았다. 네 개의 설교를 통해서 설교의 특징, 설교의 내용들을 분석도 해보았다. 그리고 주로 이제까지 분석한 선지자 학개가 아니라, 설교자 학개로서 그의 설교자의 특징도 살펴보았다. 그가 다른 설교자보다 탁월한 것은 성경에서 그 누구보다도 하나님의 백성들에게 영향을 준 설교자, 선지자라는 사실이다. 사실 예레미야를 설교자라고 한다면, 한 두명 성도를 모아서 설교하는 신실한 말씀 중심의 개척교회 설교자라고도 할 수 있다. 그러나 학개는 모든 성도가 백성이었으니 그는 오늘날 대형교회 적어도 수십만에 해당되는 백성들이 듣는 설교를 한 대형교회 목사와 비교할 수도 있다고 생각할 수도 있다. 그러나 학개는 어쨌든 사람들을 하나님의 뜻대로 일하게 하는 설교자로서 사명을 다하였다고 할 수 있다.

다양한 설교자가 있다. 신실하게 몇 사람들을 대하여 주로 책으로 남겨서 오늘날까지 말씀 속에서 만나는 예레미야 선지자, 설교자도 있고, 학개와 같이 책은 2장에 불과하고, 설교도 4편 밖에 없지만, 그 어느 시대보다 백성들과 대화하고 그 시대를 하나님께 드리는 귀한 설교자라고 할 수 있는 학개도 있다. 학개는 그 시대를 하나님께 드린, 그리고 그 시대 사람들을 하나님의 뜻으로 돌아가게 한 대단한 설교자이며, 성경에서는 전무후무한 귀한 영향력 있는 설교자라고 할 수 있다. 이러한 그의 설교는 성경에 그대로 남아있어서 우리는 어떤 설교를 해야 할지 그리고 각자에게 어떤 설교가 적합한 지를 생각하게 도움을 주는 설교자 학개라고 할 수 있겠다. 끝으로 학개는 전시대를 통해서 가장 영향력 있고, 또한 영적 거장인(거장으로) 설교자임을 다시 한번 이 글을 통해서 동감하게 되었다.

이학재

고신대학교 신학과 (B.A.)
Reformed Theological Seminary (M.Div.)
Biblical Theological Seminary (Th.M.)
University of Stellenbosch 구약학 박사 (D.Th.)
(전) 백석대학교
(전) 개신대학원대학교
(전) 대한신학대학원대학교
(전) 캐나다 Cananda Christian College

(전) 미국 Reformed University
(전) 바른성경 번역 위원
(현) 원문QT 월간 맛싸 대표
(현) 성서공회 개정역 개정위원(고신)
(현) 미국 Cumberland University 신학부 학장

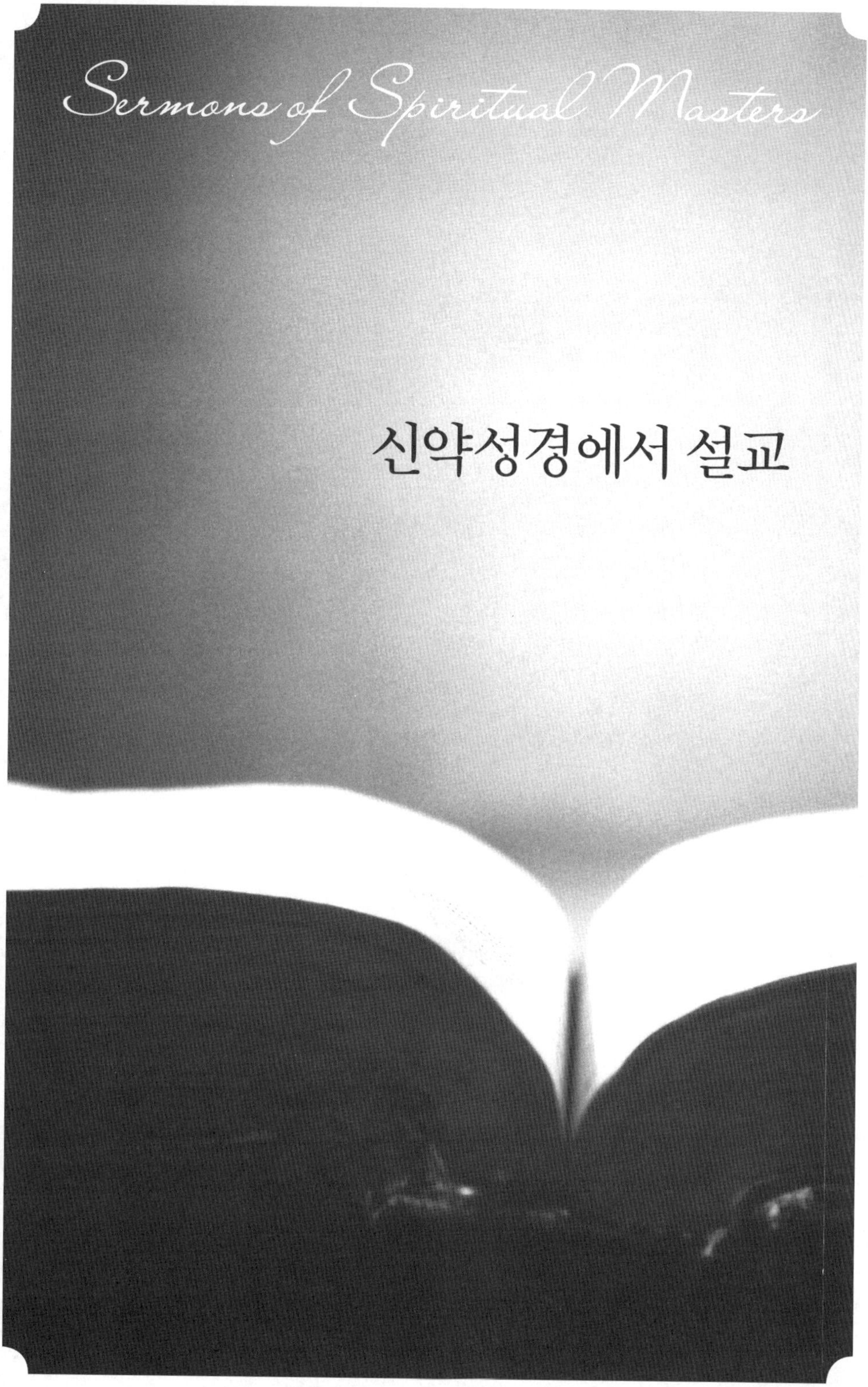
Sermons of Spiritual Masters
신약성경에서 설교

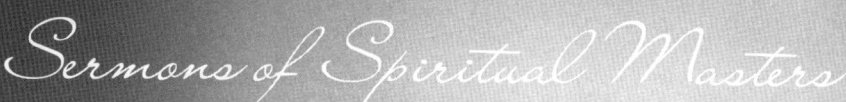

예수님의 천국 비유와 설교

이승진

I. 들어가는 말

예수님의 천국 비유는 설교 사역의 현장에서도 수많은 사이비 이단들의 알레고리 해석의 진앙지처럼 간주되고 있다. 예를 들어 신천지는 성경 해석의 가장 중요한 방법은 '비유 풀이'라고 주장한다. "성경의 하나님 말씀은 육적인 것처럼 보이나 비유를 베푼 것인데, 사람들이 문자에 매여 육적으로 해석함으로 하나님을 모른다."[1] 신천지에서는 '씨 뿌리는 자의 비유'(마 13장 1-9; 막 4:1-9; 눅 8:4-8)에 언급된 알곡과 가라지 두 종류의 씨앗이 뿌려진 밭을 정통교회로 해석한다.[2] 정통 교회 안에는 알곡과 가라지 두 종류의 씨앗이 뿌려진 상태라는 주장이다. 정통 교회의 밭에서는 알곡을 추수하고 가라지는 불태워야 하는데, 그 역할은 열두 지파로 창조된 신천지의 사명이라고 주장한다. "계시록이 성취되는 추수 때는 교회와 목자와 성도가 다 끝이 나기에 오직 천국 곳간인 시온산으로 추수되어 가야 한다. 이 때 추수되어 가지 않고 자기 교회

---

1. 신천지 교육위원회 편, 『성도와 천국』, (안양, 신천지, 1995), 26; 정창균, "신천지 이단의 성경해석과 설교적 대응", 「설교한국」 4/1 (2012, 봄):27-76; 박태수, "복음방 교육에 나타난 신천지 교리에 대한 비판적 고찰", 「조직신학연구」 21 (2014): 169-196.
2. 이만희, 『천국 비밀 요한계시록 실상』 (1998) ; 신천지 교육위원회 편, 『사명자 교육용 성경에 대한 계시와 주석』.

에 남아 있는 자는 가라지 단에 묶여 있는 자이다. 가라지 단에 묶여 있는 자는 목자든 성도든 다 구원 받지 못한다."[3] 이렇게 기독교의 사이비 이단 단체들은 복음서의 비유 본문을 알레고리로 해석함으로 정통 교회 신자들을 미혹하고 있다.[4]

연구자는 이러한 비유 해석의 문제점을 해결하고자 예수님의 천국 비유 본문에 관한 성경적인 해석 전략과 그에 따른 성경적인 설교의 방안을 제안하고자 한다. II장에서는 먼저 비유 해석의 역사를 간략하게 살펴볼 것이다. 초대교회 교부들의 알레고리 해석과 종교개혁자 칼빈의 문법적 및 역사적 해석, 아돌프 율리허의 '하나의 비교점' 해석, C.H. 다드의 비유 해석에서 '삶의 자리'(Sitz im Leben)의 쟁점들을 다룰 것이다. III장에서는 현대 신학자들의 비유 해석 쟁점으로 하나의 신학적인 의미와, 비유에 대한 풍유적 해석, 천국 비유가 달성하는 변혁적인 언어-사건, 구조주의 비유 해석, 역사적인 모형론과 내러티브 모형론을 차례대로 살펴볼 것이다. 마지막 IV장에서는 내러티브 모형론에 따른 천국 비유 해석과 이에 근거한 설득력 있는 내러티브 설교 형식과 전략을 마련할 것이다.

II. 비유 해석의 역사

1. 초대교회 교부들의 알레고리 해석

초대교회 기간 중에는 복음서의 비유에 관한 알레고리 해석 방법이 대세를 이루었다. 그 배경에는 그리스-로마 사회에서 권위적인 문서로 간주되었던 여러 신화들에 대한 상징적인 해석, 또는 알레고리 해석의 풍조도 한 몫을 했다.

---

3. 이만희, 『천국 비밀 요한계시록 실상』 (1998), 36.
4. 김낙경, "신천지 이단을 대처하는 요한계시록 설교의 방향성", 설교학박사학위논문 (천안: 백석대학교 기독교전문대학원, 2014).

뿐만 아니라 모세오경에 등장하는 비도덕적인 구절들을 단지 문자적으로 이해할 경우(ex., 창 38장의 유다와 다말의 행동, 시 137:9, "네 어린 것들을 바위에 메어치는 자는 복이 있으리로다"), 그리스 로마의 도덕과 윤리에 비하여 다소 저급해보임으로 이교도들에게 기독교 복음의 우위를 적극 변증하기에는 한계가 있었다. 이런 배경 속에서 초대교회 교부들은 성경에 대한 문법적 및 역사적 해석 방법보다는 문자 배후의 상징적 의미를 더 적극적으로 추구하였다.[5]

알렉산드리아의 클레멘트(Clement of Alexandria, 150-215)는 선한 사마리아인 비유(눅 10:30-35)를 다음과 같이 알레고리로 해석하였다. 선한 사마리아인은 그리스도를 의미하며, 강도들은 어두움의 통치자들, 강도 만난 자의 상처는 공포와 육욕, 분노, 고통, 사기, 쾌락을 의미하며, 그 상처 위에 부어진 포도주는 다윗의 포도나무의 피, 그 상처에 바른 기름은 성부의 사랑을, 그리고 상처를 싸매서 건강과 구원을 회복한 것은 믿음과 소망, 그리고 사랑의 회복으로 해석하였다.[6]

클레멘트의 후계자 오리겐은 데살로니가전서 5장 23절의 "너희의 온 영(τὸ πνεῦμα)과 혼(ἡ ψυχὴ)과 몸(τὸ σῶμα)이…. 흠 없이 보전되기를 원하노라"에 근거하여 인간이 몸과 혼, 그리고 영으로 구성된 것처럼, 성경 본문도 (σῶμα, 몸에 상응하는) 문자적 의미와 (ψυχὴ, 혼에 상응하는) 도덕적인 의미, 그리고 (πνεῦμα, 영에 상응하는) 영적인 의미로 구분하여 해석할 수 있다고 보았다.[7] 오리겐은 이러한 삼분설의 해석방법론에 근거하여 선한 사마리아인의 비유를 다음과 같이 알레고리화하였다. 여리고로 내려가던 사람은 아담을 의

---

5. Werner G. Jeanrond, *Theological Hermeneutics: Development and Significance*, (New York: Crossroad, 1991).
6. Robert H. Stein, *An Introduction to the Parables of Jesus*, 오광만 역, 『비유 해석학』 (서울: 엠마오, 1988), 69. A. B. Wylie, "알렉산드리아의 클레멘트," Donald K. McKim, ed., *Historical Handbook of Major Biblical Interpreters*, 강규성,장광수 공역, 『성경해석자 사전』 (서울; CLC, 2003), 89-96.
7. B. Nassif, "오리겐," Donald K. McKim, ed., *Historical Handbook of Major Biblical Interpreters*, 129.

미하며, 그가 떠나 온 예루살렘은 낙원을, 여리고는 이 세상, 강도들은 악한 세력들과 인간의 원수들, 상처는 불순종과 범죄를, 지나간 제사장은 율법을, 선한 사마리아인은 그리스도를, 나귀는 그리스도의 몸을 의미하며, 여관은 교회를, 데나리온 두 개는 성부와 성자에 대한 지식을, 여관 주인은 교회를 보호하는 천사들, 선한 사마리아인이 여관으로 다시 돌아오겠다는 약속은 그리스도의 재림에 대한 약속으로 해석하였다. 로버트 스타인에 의하면 초대교회에서 선한 사마리아인의 비유를 알레고리화한 최고봉은 어거스틴(Augustine, 354-430)이라고 한다.[8] 이런 사례들에서 알 수 있듯이 알레고리 해석 방법은 초대교회 주요 교부들 사이에 널리 사용되었다. 물론 안디옥의 교부들과 크리소스톰은 알레고리 해석 방법을 거부하고 문법적이고 역사적인 해석을 주장하였다. 하지만 이들의 주장은 초대교회 안에 큰 영향을 주지 못하였다.

2. 칼빈의 문법적 및 역사적 해석

칼빈은 중세시대의 우화적인 해석을 거부하고 문법적 및 역사적 해석에 근거한 신학적인 해석과 당대 교회를 향한 설교의 적용을 균형 있게 추구하였다. 푸켓(D.L. Puckett)에 의하면, 칼빈은 구약 성경의 모형과 예언을 해석함에 있어서 문자적인 해석을 추구하는 유대인 해석가와 그리스도를 지향하는 신학적인 해석을 추구하는 기독교 해석가 사이의 균형을 추구하였다.[9] 칼빈은 구약 본문의 역사적인 문맥을 무시하거나 본문의 문맥을 무시하고 세부적인 내용을 신학화하는 해석을 우화적인 해석(allegorical interpretation)이라 비판하였다.

존 칼빈은 갈라디아서 4장에서 사도 바울이 이삭과 이스마엘을 각

---

8. Robert H. Stein, *An Introduction to the Parables of Jesus*, 오광만 역, 『비유 해석학』, 72.
9. D.L. Puckett, "John Calvin," Donald K. McKim, ed., *Historical Handbook of Major Biblical Interpreters* (Illinois, InterVarsity Press: 1998):171-79.

각을 따라 난 자와 영을 따라 난 자로 설명하는 부분('이것은 비유니', ἅτινά ἐστιν ἀλληγορούμενα)을 다시 설명하는 중에, 다음과 같이 알레고리 해석을 정당화하는 사람들을 비판하였다: "오리겐과 그 밖에 많은 사람들이 성경을 비유적인 방법으로만 해석함으로써 성경의 순수한 본 뜻과는 거리가 멀게 해석했다. 저들은 문자대로의 의미는 너무 무미건조하다고 생각하면서, 문자의 꺼풀 속에 캐낼 수 없는 보다 깊은 비밀이 숨겨졌는데 그 비밀은 다만 비유적인 방법으로만 인출할 수 있다고 주장한다…이것은 의심할 여지없이 성경의 권위를 약화시키며, 성경을 읽어서 얻는 유익을 빼앗으려는 사단의 속임수다. 하나님은 성경의 순수한 의미가 거짓된 주석으로 매장될 때, 이러한 신성 모독에 대하여 정당한 심판으로 복수하셨다."[10]

3. 아돌프 율리허의 '하나의 비교점' 해석

1888년 이전까지는 복음서의 천국 비유 한 편 속에는 하나 이상의 다양한 신학적인 의미가 내포된 것으로 간주되었다. 초대교회 이후로 오랫동안 표준적인 해석 방법으로 정착된 알레고리 해석의 주류 전통은 이러한 입장을 대변하였다. 하지만 아돌프 율리허(Adolf Jülicher, 1857~1938)가 1888년에 펴낸 『예수의 비유 강설』(Die Gleichnisreden Jesu)은 비유 해석의 역사에 획기적인 전환점을 제공하였다.[11] 아돌프 율리허는 복음서의 천국 비유를 '단 하나의 비교점'(a single point of comparison)을 가진 직유(similitude)로 정의하였다. 각각의 비유는 의도하는 단 하나의 실재(reality)를 가리키는 단 하나의 그림(picture)만이 있을 뿐이고, 그림 이미지로 묘사되는 비유의 세부적인 서술의 소재들(씨앗, 파종, 옥토, 가시밭, 자갈밭)은 단 하나의 실재(천국), 또는 의

---

10. John Calvin, The Calvin Commentary, 신복윤 외 공역,『존 칼빈 성경주석, 19권 갈라디아서』(서울: 성서원, 2003), 609.
11. Robert H. Stein,『비유 해석학』, 85.

도하는 의미(그리스도의 성육신을 통한 구원)를 구성하는 배경 자료나 이미지 배경의 색채만을 제공할 따름이다. 로버트 스타인에 의하면, 아돌프 윌리허가 비유 해석사에 끼친 지대한 공헌은 비유(parables)와 알레고리(allegories)를 하나의 의도된 의미와 여러 의미들로 명확하게 구분한 것이다.[12] 이를 통해서 오랫동안 맹위를 떨쳤던 알레고리 해석을 종식시켰다.

4. 찰스 다드의 '삶의 자리'

20세기에 들어서 비유 연구의 중요한 공헌은 찰스 다드(Charles H. Dodd)와 요아킴 예레미야스(Joachim Jeremias)에게서 이루어졌다. 찰스 다드는 비유 해석에서 아돌프 윌리허가 주장했던 '단 하나의 요점'의 중요성을 인정하면서도, 1936년에 펴낸 『하나님 나라의 비유들』(The Parables of the Kingdom)에서 천국 비유에 대한 역사적인 배경 해석의 중요성을 강조하였다. 즉 예수님의 천국 비유를 그 원래의 역사적이고 문화적인 배경 속에서, 그리고 처음 청중들의 '삶의 자리'(Sitz im Leben, setting in life)에서 이해해야 할 것을 강조하였다.[13] 다드의 주장은 예수님의 천국 비유를 지나치게 현대 독자들에게 적용 지향적으로 해석하려는 경향에 제동을 걸었다.

즉 이 비유가 '오늘날 우리에게 어떤 의미를 주는가?'를 질문하기 전에 먼저 '예수께서 당시 유대인 청중들에게 어떤 의도를 달성하려고 했는가?'를 먼저 질문해야 한다는 것이다.[14] 찰스 다드는 예수님의 비유를 처음 청중들의 '삶의 자리'에서 이해하기 위하여, 당시 유대 청중들의 세계관과 그 기저의 사상

---

12. Robert H. Stein, 『비유 해석학』, 86.
13. C. H. Dodd, The Parables of the Kingdom, (New York: Charles Scribner's Sons, 1961). D. A. Hagner, "C. H. Dodd," Donald K. McKim, ed., Historical Handbook of Major Biblical Interpreters, 478.
14. Robert H. Stein, 『비유 해석학』, 96.

들, 랍비와 같은 교사들로부터 듣고 싶은 교훈들, 이에 대한 예수님의 일반적인 교수법들을 살펴봐야 할 것을 강조하였다.[15]

III. 현대 신학자들의 비유 해석

1. 발화자가 의도한 하나의 신학적인 의미

로버트 스타인(Robert H. Stein)은 『비유 해석학』(An Introduction to the Parables of Jesus)에서 초대교회 이후 지난 2천년의 비유 해석의 역사를 고찰하고 다음 네 단계 비유 해석의 원리를 제시하였다.[16]

① 비유에서 하나의 요점을 찾으라. 절대적으로 필요한 경우를 제외하고는 비유의 세부적인 서술들에서 알레고리적 의미를 찾지 말라.
② 비유가 발언된 삶의 정황을 파악하라.
③ 복음서 저자가 예수님의 비유를 어떻게 해석했는지를 파악하라.
④ 하나님께서 비유를 통하여 오늘날 우리들에게 말씀하는 적용점을 파악하라.

비유 해석 방법론에 관한 로버트 스타인의 공헌은 편집비평의 원리를 비유 해석에 적용한 것이다. 편집비평의 주된 관심사는 마태나 누가와 같은 복음서 저자들이 각자 복음서를 작성할 때 기존의 문서 자료들을 참고하면서도 각자가 독자들에게 전달하려는 독특한 신학적인 의미 전달의 목적을 달성하기 위하여 자신들의 자료를 편집한 방식에 관한 것이다.[17]

---

15. C. H. Dodd, *The Parables of the Kingdom* (New York: Charels Scribner's sons: 1961), 85.
16. Robert H. Stein, 『비유 해석학』, 90-117.
17. Robert H. Stein, 『비유 해석학』, 102-6.

편집비평의 원리를 비유 해석에 적용한다면, '은 열 므나의 비유'(눅 19:12-27)에서 예수님이 당시 유대의 청중들에게 전달하려고 의도한 메시지는 무엇이었을까? 그 실마리는 누가가 비유를 서술하기 직전에 역사적인 배경으로 언급한 '하나님 나라의 지연'에서 찾아볼 수 있다: "그들이 이 말씀을 듣고 있을 때에 비유를 더하여 말씀하시니 이는 자기가 예루살렘에 가까이 오셨고 그들은 하나님의 나라가 당장에 나타날 줄로 생각함이더라."(눅 19:11). 예수님이 상대했던 당시 유대 청중들의 문제와, 저자 누가가 상대했던 초기 독자들의 상황(제 3의 삶의 정황, the third Sitz im Leben)은 무엇이었을까? 유대 청중들의 문제는 예수께서 예루살렘에 가까이 오셨으니 이제 곧 하나님 나라가 당장 큰 능력과 영광으로 성취될 것으로 기대했었다.

이 문제에 관하여 예수님은 므나 비유를 통하여 답변하시는 해답은 다음과 같다. 첫째, 예수님은 하나님 나라 왕권을 가지고 이 세상에 강림하셨다. 둘째, 하지만 온전한 영광과 능력 가운데 임하는 하나님 나라는 지연되었다. 셋째, 지연된 하나님 나라를 기다리는 백성들의 자세는 하나님 나라를 맡은 청지기로서 신실하게 말씀에 순종하는 삶을 사는 것이다. 넷째, 그리스도의 재림으로 성취될 온전한 하나님 나라를 믿지 못하는 자들은, 청지기의 삶에서 실패할 것이고 이들의 불순종은 상응하는 심판을 받을 것이다.[18]

2. 천국 비유에 대한 알레고리 해석과 적실한 적용

1) 크레이그 블룸버그의 입장

크레이그 블룸버그는 비유가 당대 군중들이나 청취자, 그리고 후대의 독자

---

18. John Nolland, *Word Biblical Commentary*, Vol 35C, Luke 18-24, 김경진 역, 『누가복음』 (서울: 솔로몬, 2005), 126-8; Robert H. Stein, 『비유 해석학』, 104-5.

들에게 연관성을 맺고 그들에게 신학적인 의도를 달성하는 단계까지 나아가는 과정에서 알레고리 해석의 가능성을 인정하였다. 즉 예수님의 비유 해석의 목표는 단일한 신학적인 의미를 파악하는 것만으로 충분하지 않고, 당시 제자들과 유대 군중들, 그리고 후대의 독자들에게 의도한 의미를 달성하는 차원을 고려하여 2차적인 의미의 적용이 가능하다는 것이다.

크레이그 블룸버그(Craig Bloomberg)는 예수님의 천국 비유에서 준(準)사실적 기록에 관한 문자적 해석과 2차적인 의미의 해석(또는 적용)을 기다리는 풍유에 관한 은유적 해석으로 구분하였다. 준 사실적 기록을 해석할 때에는 문자적인 해석 방법이 충분하지만, 2차적인 의미의 해석을 기다리는 풍유에 대해서는 은유적 해석이 요청된다는 것이다.[19] "그 비유가 풍유인 것은 비유의 모든 요소들이 다른 어떤 것을 상징하기 때문이 아니라 적어도 각 비유의 몇 부분이 그 이야기에 나오는 2차적 의미를 은유적으로 가리키는 역할을 하기 때문이다."[20] 그래서 그레이그 블룸버그에 의하면 "풍유적 해석은 대스승이 피하신 열등한 예술 양식이 아니라 비유를 설명하는 필수적 방법이며 이론으로 풍유를 부인하는 사람조차도 실제에서는 풍유를 피할 수 없다."[21]

2) 비유의 신학적인 의미와 수신자 상황에 적실한 적용

크레이그 블룸버그가 예수님의 비유를 설명하는 필수적인 방법으로 풍유적인 해석을 인정하는 의미는, 비유의 단일한 신학적인 의미를 인정하는 것과 대립하는 것이 아니다. 그보다는 비유의 메시지가 주도권을 갖고 청취자나 후대의 독자들의 실존적인 세계관으로 돌격해 들어오는 연관성의 차원 또는 설

---

19. Craig, Bloomberg, 『비유 해석학』, 50.
20. Craig, Bloomberg, *Interpreting the Parables*, 김기찬 역, 『비유 해석학』 (서울: 생명의 말씀사, 1996), 171, 212-3.
21. Craig, Bloomberg, 『비유 해석학』, 54, 171

교 메시지 전달과 적용의 차원 때문이다. 즉 블룸버그가 말하는 2차적인 해석은 알레고리 해석이 아니라 비유의 신학적인 의미를 수신자의 독특한 상황에 맞게 적용하는 것이다. 2차적인 의미의 해석을 성경 해석학의 관점에서 설명하는 용어가 알레고리 해석, 또는 은유적인 해석이고, 이를 설교학의 관점에서 설명하자면 적용 지향적인 설득, 또는 적용 지향적인 설교라고 할 수 있다.

비유 해석에서 먼저 준(準) 사실적 기록에 관한 문자적 해석은, 말 그대로 비유 본문의 문법 사항을 고려하고 1세기 삶의 정황을 고려하여 역사적으로 주해하는 것이다. 씨 뿌리는 자의 비유에서 농부는 말 그대로 1세기 팔레스타인의 농부를 의미하며 씨앗은 그대로 곡식 씨앗을, 그리고 옥토는 기름진 토양을 문자적으로 의미하는 것으로 받아들이는 것이다. 하지만 이 단계에서 한 걸음 더 나아가 예수님이 씨 뿌리는 자의 비유를 제자들에게 말씀할 당시 옥토는 제자 베드로와 같은 신실한 이스라엘 백성들을 의도했던 것인지 그 옥토라는 단어에 바리새인들은 배제되었는지의 여부는 비유의 신학적인 의미에 대한 2차적인 설득 과정과 적용 과정에 따라 결정되어야 한다는 것이다.

그래서 예수님의 천국 비유가 당시 제자들과 유대 군중들, 그리고 후대의 독자들에게 의도한 2차적인 의미(또는 수신자의 상황에 맞는 적용적인 의미) 속에는 그리스도의 성육신으로 도래한 하나님 나라 실현의 선포로부터 시작하여, 그 은혜의 구원을 받아들이라는 초청과 그 구원을 거부한 자들에 대한 심판, 이미 임한 하나님 나라와 동시에 아직 임하지 않은 하나님 나라 사이의 긴장, 재림 지연에 대한 경고, 지연된 재림을 인내하며 맡겨진 청지기 직분을 성실하게 감당하라는 여러 교훈과 권면들을 포함한다. 이렇게 예수님의 비유는 천국의 의미에 관한 단 하나의 신학적인 의미를 교훈함과 동시에 그 비유를 듣거나 읽음으로 마주하는 청취자들과 독자들의 실존적인 상황에 연관성을 맺고서 적실한 반응을 요구하는 것으로 이해한다면, 예수님의 비유에서 2차적인 의미의 파생을 배제하기 어렵고 도리어 예수님의 비유에서 2차적인 의미의 파생의 여지를 고려하는 '적용 지향적 해석'을 인정할 수밖에 없다.

3. 역사적인 모형론과 내러티브 모형론

1) 크레이그 블룸버그의 전체론적 모델

크레이그 블룸버그(Craig Bloomberg)는 천국 비유 해석에 관한 기존의 다양한 입장들을 비평한 다음에, 신해석학파가 주장했던 비유 해석과 적용에서의 언어-사건 개념과 구조주의적인 비유 해석 방법을 참고하여 천국 비유에 관한 전체론적 모델(holistic model)을 제안하였다.[22] 그에 의하면, 예수님의 천국 비유를 해석할 때 가장 바람직한 모델은 해석하려는 내러티브 비유의 "한 텍스트의 낱말들을 그 낱말이 들어 있는 좀 더 큰 의미론적 구조의 문맥 안에서 해석하고, 저자가 궁극적으로 독자(또는 청중)에게 전달하려고 의도하는 의미를 찾아내는 것"이라고 한다.[23]

연구자는 크레이크 블룸버그가 제안한 전체론적인 비유 해석 원리를 성경 전체에 관한 내러티브 모형론에 적용하고 내러티브 모형론의 관점에서 예수님의 천국 비유를 해석할 것을 제안하고자 한다. 내러티브 모형론을 천국 비유에 적용하려면 먼저 역사적 모형론을 이해해야 한다.

2) 역사적인 모형론과 내러티브 모형론

① 역사적인 모형론. 역사적인 모형론(historical narrative)은 구약 시대에 진행된 구속의 역사 과정에서 약속의 형태로 주어진 모형의 인물과 제도, 직임과 사건들(모형, type)이 예수 그리스도의 죽음과 부활, 그리고 성령 강림을

---

22. Craig Bloomberg, 『비유 해석학』, 204-5.
23. Craig Bloomberg, 『비유 해석학』, 204-5.

통해서 완성된 하나님 나라의 성취(원형, archetype) 과정을 해명하는 해석 전략이다. 예를 들어 유월절 어린 양의 희생 제사는 그리스도의 속죄 제사를 모형론적으로 예표하며 예루살렘 성전과 그 안에서의 제사 제도들은 참 성전이신 예수 그리스도와 교회를 예표한다. 성전 안의 등불과 진설병은 예수 그리스도께서 공급하시는 영생의 빛과 하나님의 말씀을 예표한다. 이렇게 역사적인 모형론은 구속 역사의 진행 과정에서 발생한 사건들이나 반복적으로 시행했던 제도들을 통해서 예표와 성취의 관계를 확인하는 해석 방법이다. 역사적인 모형론 해석의 핵심적인 조건은 과거 사건과 후대 사건의 상응점이다.[24]

② 내러티브 모형론. 모세오경에 대한 존 세일헤머의 분석에 의하면 모세오경의 내러티브는 하나님이 천지를 창조하시고 이스라엘을 구속하신 사실의 세계를 언어의 형태로 재구성한 것이다.[25] 저자의 의도는 후대의 독자들도 하나님의 구속에 동참하도록 하려는 것이다. 그런데 모세오경 저자는 이러한 수사적 목적을 달성하는 한 가지 전략으로 '내러티브 모형론'을 사용하고 있다. '내러티브 모형론'(narrative typology)이란 모세오경의 시간적인 흐름 안에서 나중 사건들은 독자로 하여금 과거의 이야기들을 기록할 수 있도록 과거 사건(모형, type)의 이야기와 후대 사건(원형 archetype, 또는 대형 antitype)의 이야기가 유사성의 상응 관계를 갖도록 기록된 내러티브이다.[26] 그래서 내러티브 모형론은 역사적인 모형론과 마찬가지로 과거 사건의 모형과 후대 사건의 대형 사이의 상응관계를 갖지만, 그 상응관계는 역사적인 사건의 진행으로 구성되는 것이 아니라 상징적인 이미지와 이야기를 반복적으로 서술함으로써 두 이야기 사이에 상응 관계가 형성된다.

---

24. Grant R. Osberne, 『성경해석학 총론』, 459.
25. John Sailhamer, The Pentateuch as Narrative, 김동진 역, 『서술로서의 모세오경』, (서울: 새순출판사, 1994), 48.
26. John Sailhamer, The Pentateuch as Narrative, 『서술로서의 모세오경』, 91.

존 세일헤머는 모세오경 안에서 발견되는 내러티브 모형론의 사례로 창세기 12장 10-20절의 아브라함 애굽 방문 내러티브가 나중에 창세기 41장 이하 출애굽기 12장까지에서 야곱과 70인이 애굽으로 들어가서 장대한 이스라엘 민족을 형성하여 애굽 바로의 권세를 무너뜨리고 출애굽한 과정 전체를 암시하고 있음에 주목하였다.[27] "만일 두 이야기 사이의 유사성이 우연이 아니라면 이들의 구성 뒤에는 일종의 내러티브 모형론이 분명히 존재하는 것이다."[28] 존 세일헤머에 의하면 모세오경 안에는 다양한 내러티브 모형론이 등장한다. 창세기 13장 5~11에서 아브라함과 롯의 분리 기사는 - 앞서 창세기 4장에서 가인과 아벨의 분리로부터 내러티브 모형론이 상응관계를 가질 뿐만 아니라 - 나중에 창세기 41장~출 12장에서 이스라엘 백성들의 출애굽 과정에서 중다한 잡족들(출 12:38)의 반역과 분리에 대한 의미론의 상응 관계를 형성한다.[29] 또 창세기 1-2장의 창조 기사("그대로 되니라")는 방주 제작에 관한 노아 내러티브를 예시하며 출애굽기 25-31장에서 성막 건축에 관한 묘사와 의미론의 상응 관계를 형성한다. 출애굽기 36장~40장에서 성막 완공에 관한 내러티브에서는 "여호와께서 모세에게 명령하신대로 되니라"는 구절이 거듭 반복되면서 이스라엘 회중에 세워진 성막은 창세기 1~2장의 천지 창조를 재현하고 있음을 내러티브 모형론의 상응관계로 명시하고 있다.

---

27. John Sailhamer, 『서술로서의 모세오경』, 91-92. John Sailhamer, *Introduction to Old Testament Theology: A Canonical Approach* (Grand Rapids: Zondervan, 1995) 295; A. Ross, *Creation and Blessing: A Guide to the Study and Exposition of Genesis* (Grand Rapids: Baker, 1996) 273.
28. John Sailhamer, 『서술로서의 모세오경』, 92. Robert B. Chisholm도 구약성경의 역사서나 지혜문학의 평행법(parallelism)에서 앞선 등장인물의 이미지나 행동이 후대 등장인물의 이미지나 행동과 유사한 패턴을 제공하는 내러티브 모형론(narrative typology)에 주목하였다. *Interpreting the Historical Books: An Exegetical Handbook* (Grand Rapids: Kregel, 2006) 78-80, 80.
29. John Sailhamer, 『서술로서의 모세오경』, 92.

IV. 내러티브 모형론에 따른 비유 해석과 설교

역사적인 모형론에서는 과거 사건의 모형이 예수 그리스도의 구속에 관한 원형(또는 대형)과 상응 관계를 형성한다면, 내러티브 모형론에서는 과거에 서술된 하나님의 구속과 이스라엘의 신앙에 관한 내러티브의 모형이 예수님이 서술하는 천국 비유의 등장인물이나 사건에 관한 서술에서의 원형으로 상응 관계를 형성한다. 이러한 비유 해석의 전략은 예수님의 천국 비유를 성경 전체의 구속 역사 관점에서 확장하여 해석하는 방식과 일치한다.[30]

1. 탕자의 비유에 관한 내러티브 모형론 해석

탕자의 내러티브 비유(15:17-24)를 내러티브 모형론의 관점에서 해석한다면, 모형(type)과 원형(archetype)의 상응 관계는 어떻게 결정할 수 있을까? 앞서 크레이그 블룸버그의 비유 해석 사례에서 확인한 바와 같이 비유 안에 등장하는 주인공(아버지)과 조력자(탕자), 그리고 대항자(큰 아들)는 각각 과거 구약의 구속 역사(내러티브 모형1, narrative type1)를 내러티브 방식으로 다시 진술(내러티브 원형1, narrative archetype1)함과 동시에 앞으로 그리스도 자신이 성취할 십자가 죽음과 부활의 사역(내러티브 원형2, narrative archetype2))을 예고한다.

먼저 탕자(조력자)의 불순종과 방탕에 관한 에피소드(내러티브 원형1-1, narrative archetype1-1)는 구속 받은 이스라엘 백성들의 범죄와 타락, 영원한 언약에 대한 파기와 뒤따른 하나님의 심판에 관한 과거 내러티브를(내러티브 모형1, narrative type1) 이야기 방식으로 재진술함과 동시에 성부 하나님의 마지막 계시인 예수 그리스도의 찾아오심에도 불구하고 이를 알아보지

---

30. G. K. Beal, *A New Testament Biblical Theology: The Unfolding of the Old Testament in the New* (Grand Rapids, Michigan: Baker Academic, 2011).

못하고 여전히 배척하는 현재 유대인들의 패역함에 관한 신학적인 의미(내러티브 원형1-2, narrative archetype1-2)와 비교점의 상응 관계를 형성한다. 탕자가 유산을 청구하는 패역한 언사나 아버지 집을 떠나버린 에피소드(내러티브 원형1-1, narrative antitype1-1)은 출애굽한 이스라엘 백성들이 시내산 언약 체결 직후에 금송아지 우상을 섬기고(출 32:1-6), 사사시대에 하나님의 말씀에 불순종하며 온갖 악행을 저질렀으며(삿 2:11-15), 다윗 언약과 솔로몬 통치 이후 온 이스라엘이 하나님의 계명을 불순종했던 악행들(왕상 11:26-40)에 관한 내러티브 모형(narrative type1)과 비교점의 상응 관계를 형성할 뿐만 아니라 현재 예수 그리스도를 배척하는 유대인들의 불신앙(내러티브 원형1-2, narrative archetype1-2)과도 상응 관계를 형성한다.

둘째로 아버지(주인공)의 풍성한 자비와 사랑, 그리고 돌아온 탕자를 조건 없이 용서하시는 은총의 에피소드(내러티브 원형2-1)는 구약 시대 반복적으로 이스라엘에게 제공되었던 수많은 언약갱신의 사건들(아담 언약, 노아 언약, 아브라함 언약, 야곱 언약, 모세 언약, 다윗 언약, 새 언약의 예언에 관한 말씀(내러티브 모형2)과 최종적으로 예수 그리스도의 성육신을 통한 새언약의 갱신에 관한 신학적인 의미(내러티브 원형2-2)와 비교점의 상응 관계를 형성한다. 셋째로 장자(대적자)의 불평과 이에 대한 아버지의 호소에 관한 에피소드(내러티브 원형3-1)는 구약 시대 반복적으로 이스라엘에게 선포된 회개의 메시지들(내러티브 모형 3)과 신약 시대 사도들의 교회를 향한 성결과 거룩으로의 초청에 관한 메시지들(내러티브 원형3-2)과 의미론적인 상응 관계를 형성한다.

2. 씨 뿌리는 자의 비유에 관한 내러티브 모형론 해석

씨 뿌리는 농부의 모습(원형1)은 성부 하나님께서 구약 시대에 수많은 선지자들을 통하여 자기 백성들을 불러 모으시는 성부 하나님의 모습(모형1)과 비교점의 상응 관계를 형성한다. 옥토밭의 은유(내러티브 원형2-1)는 이사야 선지자의 포도원 내러티브(사 5:1-7, 내러티브 모형2)와 비교점의 상응 관계를 형성할 뿐만 아니라 예수 그리스도의 천국 복음이 하나님의 자녀들의 심령에 오류 없이 선포되고 그들의 심령 안에서 본래 의도했던 효과적인 결실을 거두는 하나님 나라의 성취에 관한 신학적인 의미(내러티브 원형2-2)과도 비교점의 상응 관계를 형성한다. 가시밭이나 자갈밭의 은유(내러티브 원형3-1)는 과거 이스라엘 백성들의 우상숭배와 타락, 언약 파기의 사례들(내러티브 모형3)과 비교점의 상응 관계를 형성할 뿐만 아니라, 천국 복음이 전파되는 이 세상에서 하나님을 대적하는 사탄과 마귀들의 유혹과 핍박에 관한 신학적인 의미(내러티브 원형3-2)와 상응 관계를 형성한다. 이 은유(내러티브 원형3-1)는 또한 사탄 마귀의 유혹과 핍박에 굴복하는 경우들이 있을지라도 하나님의 교회와 신자들은 성령 하나님의 감동으로 고난 중에 인내하며 최종적으로 영적 전쟁에서 승리를 거두도록 하시는 하나님의 절대 주권에 관한 신학적인 의미(내러티브 원형3-3)와도 비교점의 상응 관계를 형성한다.

3. 천국 비유와 개념적 통합

예수님의 천국 비유는 은유의 연결사(~과 같다)를 활용하여 천국의 원관념을 예수님 당시의 사회 문화적인 여러 보조관념들과 연결시켜서 당시 청중과 후대의 독자들 편에서 천국에 관한 새로운 깨달음, 즉 개념적인 통합을 이끌어내고 있다. 그렇다면 예수님의 천국 비유를 설교하려는 설교자들은 예수님이 제자들과 신실한 독자들에게 달성했던 천국에 관한 개념적인 통합을 이끌어내려면 어떻게 설교해야 할까? 이 질문에 대한 한 가지 설교학적인 대안의 실마리는 예수님의 비유가 문제로부터 갈등의 고조를 거쳐 역전의 깨달음으로 진행하는 내러티브 플롯에서 찾을 수 있다. 토마스 롱에 의하면, "좋은 설교는 모호함을 불러일으키고 그것을 해결하는 것으로, 갈등의 시작부터 절정

으로 그리고 대단원에 이르기까지 연속적으로 움직여가는 내러티브의 구조를 갖춘 것"이라고 주장했다.[31]

그렇다면 탕자의 비유에 관한 설교에서 개념적인 통합은 어떤 방식으로 진행될 수 있을까? 앞서 확인한 바와 같이 탕자의 비유는 세 가지 신학적인 의미를 담고 있다. 둘째 아들에게 허락된 하나님의 은총과 이에 대한 언약 파기, 자녀들에게 조건 없이 은총과 사랑을 베푸시는 하나님의 사랑, 불평하는 장자를 향하여 아버지의 마음을 함께 품으라는 하나님의 호소. 이 중에 세 번째 신학적인 의미는 먼저 믿은 신자들이 나중에 믿는 신자들을 향한 하나님의 사랑과 섭리를 불공평한 것으로 불평하지 말고 함께 기뻐해야 한다는 교훈이다. 이 비유(눅 15:11-32) 말미에서 아버지(성부 하나님)는 은혜로 베푸시는 사랑을 불평하는 첫째 아들(바리새인들)에게 다음과 같이 호소하셨다. "너는 항상 나와 함께 있으니 내 것이 다 네 것이로되 이 네 동생은 죽었다가 살아났으며 내가 잃었다가 얻었기로 우리가 즐거워하고 기뻐하는 것이 마땅하도다."(눅 15:31-32).

하지만 탕자의 비유에 관한 설교에서 종종 설교자들은 세 번째 신학적인 의미를 놓치곤 한다. 이 비유 말미는 형이 아버지의 간절한 호소에 어떻게 반응했는지, 집 안으로 들어가서 잔치에 참여했는지 아니면 잔치에 참여하지 않았는지 명시적으로 밝히지 않고 종결하고 있다. 이러한 미완의 종결 방식은 내러티브 진행에 참여하는 수신자들의 관심과 참여를 유도하고 청중과 독자 편에서의 반응과 결단을 호소하는 수사적인 전략이다. "너도 아버지와 함께 탕자의 환영 잔치에 참여해야 하지 않겠느냐?"는 결단을 촉구하고 있는 것이다.

---

31. Thomas Long, *Preaching from Memory to Hope* (Louisville: Westminster John Knox Press, 2009), 3.

4. 반전의 깨달음을 위한 내러티브 설교 형식

유진 로우리는 그의 명저 『이야기식 설교구성』(The Homiletical Plot)에서 모호한 문제점으로부터 갈등 심화, 그리고 복음의 실마리와 깨달음의 반전, 그리고 대단원의 결말로 진행하는 내러티브 설교 형식을 제시하였다.[32] 내러티브 설교 형식의 5단계 과정은 다음과 같다. ① 평형감각을 무너뜨리기, ② 모순을 깊이 분석하기, ③ 해결의 실마리를 암시하기, ④ 복음을 선포하여 경험하도록 하기, ⑤ 긍정적인 결과를 기대하기.

이상의 다섯 단계는 설교 시간의 진행 과정에서 기존의 쟁점에 관한 새로운 통찰을 제공함으로 청중으로 하여금 천국 복음의 변혁적인 능력을 생생하게 경험하도록 하는데 효과적인 설교 플롯을 갖추고 있다. 따라서 예수님의 천국 비유를 설교하려는 설교자들은 이상에서 소개한 내러티브 비유에 관한 내러티브 모형론 해석을 통하여 신학적인 의미를 확정한 다음에 그 신학적인 중심사상(theological main idea)을 유진 로우리의 5단계 내러티브 설교 형식에 맞추어 설교 메시지를 디자인하면 청중 편에서의 효과적인 깨달음의 반전을 거둘 수 있다.

유진 로우리의 대표적인 비유 설교인 "더 이상 무엇을 바라겠는가?"는 포도원 품꾼 비유(마 20:1-16)에 관한 탁월한 내러티브 비유 설교의 사례를 제시하였다.[33]

① 평형감각을 무너뜨리기: 포도원 주인이 나중에 온 일꾼부터 일찍 온 일꾼들에게 동일한 품삯을 지급하였다.

② 모순을 깊이 분석하기: 포도원 주인의 품삯 지급 방식은 노관례에 비추

---

32. Eugene L. Lowry, *The Homiletical Plot* (Atlanta: John Knox Press, 1980), 5-100.
33. Eugene Lowry, "더 이상 무엇을 바라겠는가?", *How to Preach a Parable: Designs for Narrative Sermons*, 이주엽 역, 『설교자여, 준비된 스토리텔러가 돼라』 (서울: 요단출판사, 2001), 175-217.

어 볼 때 매우 불공정한 처사였다. 이런 내용을 말씀하시는 예수님은 과연 이러한 불공정한 처사를 지지한다는 말씀인가?

③ 해결의 실마리를 암시하기. 예수님의 품꾼 비유 말씀에 담긴 차별의식과 부당함에 대한 불평은 오늘날 교회에서 하나님의 은혜에 대한 기대감이 없는 신자들의 말투에서도 종종 발견된다. 나도 그동안 열심히 교회를 섬겼건만 돌아오는 것은 실망스럽다는 것이다. 하지만 이 비유의 핵심은 노동에 대한 정당한 지급도 아니고 차별 없는 대접에 관한 메시지가 아니다.

④ 복음을 선포하여 경험하도록 하기. 이 비유의 핵심은 하나님 나라 한 가족의 이야기다. 하나님 품 안에 온전히 들어오지 못한 이들을 간절히 기다리는 아버지의 사랑 고백이다. 일찍 온 일꾼은 먼저 주님 품 안에 들어온 백성들이라면 나중 온 일꾼들은 나중에 주님 품 안에 들어오려는 초신자들이다.

⑤ 긍정적인 결과를 기대하기. 이 비유의 초점은 나중에 간신히 도착한 이들이라도 놀라운 하늘의 은혜를 베푸시겠다는 하나님 사랑의 고백이다. 이런 아빠 앞에서 내가 먼저 들어왔다고 더 달라고할 것인가?

유진 로우리는 이상의 내러티브 설교 형식을 통하여 예수님이 본래 의도하셨던 천국에 관한 새로운 깨달음의 반전을 시도하였다. 이러한 내러티브 설교 형식은 예수님의 천국 비유가 의도했던 천국에 관한 핵심적인 의미에 해석의 초점을 맞출 뿐만 아니라 다가오는 천국의 통치에 대한 바른 반응을 효과적으로 이끌어내는 수사적인 목표까지 효과적으로 달성할 수 있다.

이승진
한국해양대학교 (B.E.)

합동신학대학원대학교 (M.Div.)
스텔렌보스대학교 (Stellenbosch University, Th.M., Th.D.)
(전) 백석대학교 신학대학원 설교학 교수
(전) 실천신학대학원대학교 예배설교학 교수
(전) 한국복음주의실천신학회 회장 역임
(현) 한국설교학회 회장
(현) 합동신학대학원대학교 설교학, 예배학 교수

스데반의 설교

박영권

I. 서론

누가가 저술한 누가복음과 사도행전에서, 스데반이 고소당하고 고소에 대하여 변호하는 설교를 하고 순교를 하는 내용은 긴 분량을 차지한다(행 6:8-8:1). 몇 가지 점에서 스데반의 설교는 의미가 있다. 첫째, 스데반은 설교를 마치고 초기교회의 최초의 순교자가 된다. 둘째, 스데반은 베드로와 바울 같은 사도의 계열이 아닌 사도들의 안수를 받은 일꾼이었다. 셋째, 스데반의 설교는 이스라엘의 역사를 개괄할 뿐만 아니라, 유대교의 가장 현실적인 이슈인 율법과 성전을 다루고 있다. 넷째, 스데반의 순교 장면은 여러 면에서 예수의 죽음 장면과 유사하다. 다섯째, 스데반의 순교 이후 예루살렘 교회는 유대교로부터 본격적인 박해를 받으면서 사도 외에는 사마리아와 다른 지역으로 흩어지게 된다. 여섯째, 사도행전과 초기교회 신학에 지대한 영향을 끼친 바울이 스데반 죽음의 증인이었다.

따라서 사도행전과 더 나아가 누가-행전을 이해하기 위해서, 더 나아가 신약성경 전체를 이해하기 위해서 스데반의 설교와 순교를 살펴보는 것은 유익하다. 또한, 스데반의 설교를 살펴봄으로써 오늘날 설교를 위한 지혜를 얻을 수 있을 것이다.

II. 스데반 설교의 배경

먼저, 스데반의 설교를 파악하기 전에 그 설교가 자리잡은 배경을 이해할 필요가 있다. 스데반의 설교는 사도행전 7장에 자리 잡고 있기 때문에(7:2-53), 사도행전 1장부터 6장까지 내용 전개를 이해하는 것이 중요하다. 스데반이 설교하기 전에 초기교회는 박해와 핍박 가운데서 성장하고 있었고, 초기교회 내부 갈등을 해결하기 위해 일곱 일꾼을 뽑았는데 그 중의 하나가 스데반이다. 스데반은 지혜와 성령이 충만하여 기독교의 핵심 메시지를 전하고 있었다.

A. 성장하는 초기교회

사도행전에서 예수께서 승천하시기 전에, 사도행전의 주제와도 같은 말씀을 제자들에게 남기신다. 사도행전 1장 8절 "오직 성령이 너희에게 임하시면 너희가 권능을 받고 예루살렘과 온 유대와 사마리아와 땅 끝까지 이르러 내 증인이 되리라" 사도행전 28장까지의 초기교회 역사는 사도행전 1장 8절의 실현이라고 말할 수 있다. 예수께서 승천하신 뒤, 오순절 날에 120명의 제자들 머리 위로 성령이 임하신다. 이를 기점으로 베드로가 설교하면서 삼천 명이나 회심하게 된다(행 2:14-42). 초기교회는 삶과 신앙이 하나되는 공동체를 형성한다(2:43-47; 4:32-35). 베드로가 행한 치유 이적으로 인해 유대교 지도자들로부터의 핍박이 이어진다. 물론 아나니아 삽비라가 죽는 부정적인 사건도 발생하지만(5:1-11) 교회는 더 든든해진다. 여전히 사도들은 표적을 행하며 이에 따른 유대교의 박해는 더 심해진다(5:12-41). 유대교의 박해 가운데서도 초기교회 성도들은 한결같이 예수가 그리스도라고 전파한다. 사도행전 5장 42절 "그들이 날마다 성전에 있든지 집에 있든지 예수는 그리스도라고 가르치기와 전도하기를 그치지 아니하니라" 예수가 그리스도라는 메시지는 초기교회의 절대적인 메시지였다. 스데반의 설교와 죽음도 이 메시지와 직접적인 관련이 있다. 마침내 스데반이 고소당하기 전에 초기교회의 이 메시지는 유대교의 심장부인 제사장들까지 굴복시키고 있음을 보여준다. 사도행전 6장 7절 "하나님의 말씀이 점점 왕성하여 예루살렘에 있는 제자의 수가 더 심히 많아지고 허다한 제사장의 무리도 이 도에 복종하니라" 따라서 예수가 그리스도라고 믿지 않는 유대교는 심각한 위기를 느끼고 이에 대처하게 될 것이다.

B. 스데반은 누구인가?

스데반은 누구인가? 스데반은 사도가 아니다. 초기교회 봉사를 위해 사도들에 의해 안수받은 일꾼이다. 사도행전 5장까지 초기교회는 주로 외부의 박해를 받으면서 성장하고 있었다. 그러나 6장을 시작하면서 공동체 내부의 문제가 현실화된다. 봉사에 있어서 차별이 있다고 판단한 헬라파 유대 그리스도인들이 히브리파 유대 그리스도인들을 원망한다. 사도들은 이 문제를 해결하기 위해 성령과 지혜가 충만하여 칭찬받는 일곱 사람을 택한다(6:3). 그 일곱 사람의 명단 가운데 스데반은 맨 앞에 서 있다(6:5). 다시 한번 믿음과 성령이 충만한 일꾼들을 선택했음을 강조하고 있다(6:5). 사도행전 6장 5절 "온 무리가 이 말을 기뻐하여 믿음과 성령이 충만한 사람 스데반과 또 빌립과 바메나와 유대교에 입교했던 안디옥 사람 니골라를 택하여" 이렇게 누가는 초기교회 일곱 일꾼 가운데 한 사람 스데반을 성령과 지혜와 믿음이 충만하여 칭찬받는 사람으로 이미 독자들에게 소개하고 있다. 따라서 사도행전의 독자들은 이후에 보여주는 스데반의 설교와 행동을 신실하게 받아들이도록 준비되었다.

C. 고소당하는 스데반

봉사를 위해 선택받은 일곱 일꾼들 가운데 스데반의 활약은 두드러진다. 사도행전 6장 8절 "스데반이 은혜와 권능이 충만하여 큰 기사와 표적을 민간에 행하니" 이런 스데반의 선교활동에 심기가 불편한 디아스포라 유대인들이 스데반과 논쟁하게 된다. 우리는 논쟁의 핵심 주제는 "예수가 그리스도인가?"

라는 것임을 예상할 수 있다. 스데반은 지혜와 성령으로 말하면서 예수를 믿지 않는 유대인들의 논리를 이긴다. 사도행전의 독자들은 여기서 스데반의 설교가 얼마나 지혜롭고 성령충만한지 미리 짐작하게 된다.

스데반과의 논쟁에서 이길 수 없음을 판단한 유대인들은 거짓증인들을 매수하여 스데반을 고소하기에 이른다. 스데반과 대적자들이 서 있는 성전에서, 대적자들은 스데반과 초기교회 성도들이 성전에 머무는 것 자체를 싫어하다. 공회에 선 스데반은 거짓증인들의 증언을 통해 고소당한다. 사도행전 6장 13-14절 "거짓 증인들을 세우니 이르되 이 사람이 이 거룩한 곳과 율법을 거슬러 말하기를 마지 아니하는도다 그의 말에 이 나사렛 예수가 이곳을 헐고 또 모세가 우리에게 전하여 준 규례를 고치겠다 함을 우리가 들었노라 하거늘" 초기교회를 대적하는 유대교의 고소 항목은 두 가지로 압축된다. 이 예루살렘 성전(이 거룩한 곳)과 율법을 모독했다는 죄명으로 스데반은 고소당한다. 이는 초기교회가 믿고 있는 나사렛 예수로부터 시작된 죄명이기도 하다는 것이다.

과연 스데반은 이 고소항목에 대해 어떤 변호를 할 것인가? 스스로를 변호하는 이 일은 그를 죽음으로 몰고 갈 수 있음을 잘 알고 있을 터이다. 이 순간 예수를 믿지 않는 유대교 멤버들은 숨죽이며 그의 입을 주시하고 있다. 사도행전 6장 15절 "공회 중에 앉은 사람들이 다 스데반을 주목하여 보니 그 얼굴이 천사의 얼굴과 같더라" 마침내 대제사장은 스데반에게 자신을 변호할 시간을 허락한다. 사도행전 7장 1절 "대제사장이 이르되 이것이 사실이냐"

III. 스데반 설교의 구성

자, 그렇다면 스데반은 이 절체절명의 위기 가운데 어떤 설교를 하는가? 스스로를 변호하기 위해 어떤 메시지를 전하고 있는가? 고소 항목에 대해 구체적으로 답변을 하고 있는가? 이 순간은 그가 확신하는 복음 메시지를 전할 좋은 기회이기도 할 것이다.

먼저, 스데반 설교(7:1-53)의 구성을 살펴보는 것이 필요하다.

이스라엘의 역사(2-47)	아브라함(2-8)	
	요셉(9-19)	
	모세(20-45)	모세같은 선지자 약속(37-38)
		불순종과 우상숭배 타락(39-43)
		증거의 장막(44-45)
	다윗(46)	
	솔로몬(47)	
현실 문제에 대한 견해 (48-53)	성전에 대한 견해(48-50)	
	대적자들 비판(51-53)	

이렇듯 스데반의 설교는 몇 가지로 내용을 구분할 수 있다. 첫째, 스데반의 설교는 이스라엘의 긴 역사를 개괄하고 있다. 둘째, 긴 역사서술은 자연스럽게 성전에 대한 견해로 넘어간다. 셋째, 마침내 스데반은 그들의 조상들처럼 항상 성령을 거스리는 대적자들을 비판한다.

이제 이 세 단계의 내용들을 세부적으로 살펴보자. 먼저 이스라엘의 긴 역사서술의 내용과 특징은 무엇인가? 스데반은 먼저 이스라엘의 시조인 아브라함에서부터 역사서술을 시작한다. 구약성경에서 보여주는 것처럼, 아브라함은 하나님의 부르심에 순종하여 가나안 땅으로 이주하였다. 아브라함을 이어 간단히 이삭과 이삭의 아들 야곱을 언급하면서 요셉의 일대기를 보여준다. 요셉은 비록 형제들에게 팔려 애굽에 노예로 갔지만 하나님은 요셉을 애굽의 통치자로 세우셨고, 요셉을 통해 야곱의 가족들은 애굽에 들어가서 살게 된다. 아브라함으로부터 이삭 야곱 요셉에 이르기까지 하나님의 계획에 대한 대적의 사건들을 언급하지 않고 있다.

요셉을 이어 모세가 등장한다. 이스라엘의 역사 개관에서 모세의 시기에 많은 분량이 할애되고 있다. 20절부터 45절까지 모세의 시대를 말하고 있다.

스데반이 모세의 시기에 발생한 사건들에 관심을 보이고 집중하는 이유는 분명해 보인다. 자신이 고소당하는 죄목은 성전과 율법을 모독한 것인데, 이 두 가지 이슈가 모세의 시대에 포함되어 있기 때문이다. 따라서, 우리는 스데반의 긴 역사 개관이 의미 없는 내용이 아니라, 스데반이 분명히 의도하고 있는 내용임을 확신하게 된다.

따라서 모세의 시대에 발생한 사건들을 살펴보자. 첫째, 애굽의 이스라엘 자손들의 불신에도 불구하고 하나님은 모세에게 나타나셔서 그를 민족의 지도자로 세우셨음을 분명히 보여준다(30-36). 둘째, 하나님은 모세와 같은 선지자를 세우시겠다고 약속하셨다(37). 셋째, 모세가 하나님으로부터 율법(살아있는 말씀)을 받았다. 넷째, 그러나 이스라엘 백성들은 모세에게 복종하지 않으면서 마침내 송아지 형상을 만들어 우상숭배의 죄를 범한다(39-44). 넷째, 모세가 하나님께서 보여주신 양식대로 증거의 장막(성막)을 만들었고 그 증거의 장막이 다윗의 시대까지 이르렀다고 말한다. 다윗은 하나님께 성전 건축 허락을 요청하였고(46), 마침내 솔로몬은 하나님을 위하여 집을 지었다(47).

이렇게 이스라엘의 역사를 개괄한 뒤, 스데반은 현실의 이슈, 즉 자신에게 할당된 성전 모독의 죄명에 대해 답한다. 스데반은 그렇게 말도 많고 탈도 많은 성전에 대해서 자신있게 말한다. 사도행전 7장 48절 "그러나 지극히 높으신 이는 손으로 지은 곳(χειροποιήτοις)에 계시지 아니하시나니" 성전은 사람의 손으로 지은 것이 확실하기에, 하나님은 그 성전에 계실 수가 없다. 스데반은 이사야 66장 1-2절을 인용하면서 다시 한번 쐐기를 박는다. "주께서 이르시되 하늘은 나의 보좌요 땅은 나의 발등상이니 너희가 나를 위하여 무슨 집을 짓겠으며 나의 안식할 처소가 어디냐 이 모든 것이 다 내 손으로 지은 것이 아니냐"

성전은 하나님이 거하시는 집이 될 수 없음이 분명하다. 따라서, 이 예루살렘 성전에 하나님이 거하신다는 생각은 잘못된 것이며, 우상숭배의 죄악이라고 천명하고 있다. 성전을 모독하였다는 유대인들의 고소는 그 자체가 성립될 수 없음을 지적하고 있다.

이어서 스데반은 자신을 고소하고 박해하는 유대 대적자들을 향해 결론적인 메시지를 전하고 있다. "목이 곧고 마음과 귀에 할례를 받지 못한 사람들아 너희도 너희 조상과 같이 항상 성령을 거스리는도다 너희 조상들이 선지자들 중의 누구를 박해하지 아니하였느냐 그 의인이 오시리라 예고한 자들을 그들이 죽였고 이제 너희는 그 의인을 잡아준 자요 살인한 자가 되나니 너희는 천사가 전한 율법을 받고도 지키지 아니하였도다" 예수를 그리스도라고 믿지 않는 유대인들은 지금 성령을 거스리고 있다. 모세의 시대 그들의 조상들처럼 지금 하나님을 거역하며 하나님이 보내신 의인 예수를 죽였고 지금 예수가 그리스도라고 전하고 있는 스데반 자신을 죽이려 하고 있다고 지적하고 있다. 모세가 받은 율법은 예수가 그리스도임을 가리키고 있기 때문에, 예수를 거부하는 유대인들은 율법을 거부하는 것이 된다.

IV. 순교당하는 스데반

조금도 망설임과 주저함이 없는 스데반의 설교는 자신의 목숨을 위태롭게 만들고 있다. 스데반의 설교를 들은 자들은 마음에 찔리면서도 분노로 이를 갈고 있다(54). 그러나 스데반은 성령이 충만하여 매우 특별한 광경을 본다. 하늘에 하나님의 영광과 그의 곁에 서계신 예수를 보면서 자신이 보는 찬란한 광경을 사람들에게 고백한다. 그러자 유대 대적자들은 더 이상 듣지 않으려 귀를 막으며 그에게 달려들어 예루살렘 성 밖으로 내치고 돌로 쳐 죽인다. 증인들이 옷을 벗어 사울이라는 자의 발 앞에 둔다. 돌에 맞아 죽어가면서도 스데반은 기도한다. "그들이 돌로 스데반을 치니 스데반이 부르짖어 이르되 주 예수여 내 영혼을 받으시옵소서 하고 무릎을 꿇고 크게 불러 이르되 주여 이 죄를 그들에게 돌리지 마옵소서 이 말을 하고 자니라" 스데반은 예수처럼 자신을 죽이는 대적자들을 위한 사죄 청원의 기도를 드리고 있다. 스데반의 설교는 목숨을 건 설교이기 때문에 우리는 그 설교에 진정성이 있음을 알 수 있다.

V. 성령과 지혜가 충만한 설교

많은 학자들이 스데반의 설교를 연구하였다. 스데반의 설교는 몇 가지 점에서 학자들의 논쟁을 촉발시켰다. 첫째, 스데반은 왜 고소 내용과 관계없는 듯한 이스라엘 역사 개관을 하고 있는가? 둘째, 스데반은 고소 내용에 대해 어떻게 답변하고 있는가? 특히, 성전 모독 죄명에 대해 어떤 견해를 보이고 있는가? 스데반이 성전에 대한 견해를 말하고 있는 구절들을 어떻게 이해해야 하는가? 스데반이 비판하고 있는 것은 무엇인가? 성전인가? 성전을 바라보는 유대인들의 시각인가? 셋째, 왜 스데반의 설교를 들은 회중은 극도로 분노하여 스데반을 죽이게 되었는가?

누가는 이미 스데반이 설교하기 전에, 스데반에 대한 평판을 내렸다. 독자들은 이미 스데반에 붙은 수식어가 "성령과 지혜가 충만하여 칭찬받는 사람"(6:3), "믿음과 성령이 충만한 사람"(6:5), "은혜와 권능이 충만하여"(6:8)라는 사실을 알고 있다. 마침내 스데반은 유대인들과의 논쟁에서 탁월했음을 누가는 보고하고 있다. 사도행전 6장 10절 "스데반이 지혜와 성령으로 말함을 그들이 능히 당하지 못하여" 따라서 우리는 스데반의 인격의 핵심 특징은 지혜와 성령이 충만하다는 사실을 분명히 인지하게 된다. 그리고 그의 말과 설교가 지혜와 성령이 충만하여 듣는 이들이 논리적으로 거부할 수 없음을 확신하게 된다. 따라서 스데반을 돌로 쳐 죽인 유대인들은 스데반의 설교에 논리적으로 굴복당했지만, 최고의 설교자에게 살인이라는 상을 준 셈이다.

스데반의 설교는 지혜와 성령이 충만한 설교이다. 그 설교의 구성과 내용과 함의하는 바가 충분히 지혜롭다. 우리가 스데반 설교를 충분히 이해하기 위해서 두 가지를 인식할 필요가 있다. 첫째, 스데반의 설교는 표층과 심층으로 흐르는 설교이다. 마치 대양의 표층은 잔물결이 일고 파도가 일지만, 심층은 해류가 흐르는 것과 같다. 이것을 알지 못할 때, 스데반의 설교를 온전히 파악하기 힘들다. 둘째, 스데반의 설교는 누가복음과 사도행전 전체 내용과 맥락 가운데 자리 잡고 있다. 따라서 스데반의 설교를 온전히 이해하기 위해서 스데반 설교의 내용들을 누가복음과 사도행전 전체 맥락과 연결해 보아야 한다.

자, 그럼 표층과 심층 이론을 적용해 보자. 먼저, 스데반을 고소한 유대인들의 표층 고소항목은 성전 모독과 율법 모독이다. 이 두 가지는 하나님 모독과 모세 모독으로 표현되기도 한다. 표층은 성전과 율법 모독이다. 이는 구약 율법에 기초하는 죄명이 될 수 있다. 그러나 심층의 죄목은 이보다 더 심각하다. 독자들은 이미 사도행전 6장까지 읽어오면서 초기교회의 복음의 메시지가 무엇이고, 그 메시지는 유대인들과의 충돌을 불러왔다는 사실을 알고 있다. 사도행전 5장 42절 "그들이 날마다 성전에 있든지 집에 있든지 예수는 그리스도라고 가르치기와 전도하기를 그치지 아니하니라" "예수는 그리스도다"는 메시지는 초기교회의 절대적인 메시지이다. 그러나 믿지 않는 유대교는 이 메시지를 거부한다. 마침내 기독교를 이단이라고 규정한다. 따라서 스데반이 고소당한 심층의 고소 항목은 "예수가 그리스도다"라고 전파하는 죄목이다. 이 죄목으로 스데반을 고소하기에는 부족했다. 이미 사도행전 앞에서 사도들은 예수를 전한다는 죄목으로 심문을 받고 옥에 갇히기도 했지만, 유대교는 그들에게 결정적인 타격을 주지 못했다. 믿지 않는 유대인들도 예수가 그리스도일 수도 있다고 반신반의했기 때문이다. 그들의 내적 상태를 가말리엘이 잘 표현했다. 사도행전 5장 38-39 "이제 내가 너희에게 말하노니 이 사람들을 상관하지 말고 버려두라 이 사상과 이 소행이 사람으로부터 났으면 무너질 것이요 만일 하나님께로부터 났으면 너희가 그들을 무너뜨릴 수 없겠고 도리어 하나님을 대적하는 자가 될까 하노라" 그러나 더 이상 방치했다가는 유대교가 누리던 기득권이 사라지게 될 위기 앞에 서 있다. 유대교의 두 기둥인 율법과 성전이 예수 그리스도 앞에서 상대화되면서, 유대교의 정체성이 흔들리게 된 것이다.

따라서 스데반을 고소하는 자들은 심층적이면서 절대적인 성격의 고소 내용으로 스데반을 정죄하고 있다. 그것은 "예수가 그리스도이다"라는 메시지이다. 지혜가 충만한 스데반은 그들의 고소 이유를 누구보다 잘 알고 있다. 따라서 스데반에게 주어진 임무는 두 가지이다. 표층적으로는 율법과 성전을 모독했다는 죄, 심층적으로는 예수 그리스도를 전했다는 죄이다.

자, 그렇다면 스데반은 어떻게 이 두 가지 죄에 대해 변호를 하고 있는가? 먼저, 성전에 대해 알아보자. 스데반의 성전에 대한 견해는 무엇인가? 첫째, 스데반은 예루살렘 성전 자체를 거절하거나 거부하거나 무시하지 않는다. 스데반이 설교하고 있듯이(46-47), 성전은 다윗의 요청과 하나님의 허락으로 인한 솔로몬의 건축으로 인해 세워졌다. 비록 초기교회에 서 있는 성전은 스룹바벨에 의해 세워지고 헤롯에 의해 개축된 성전이기는 하지만 분명 성전의 전통성을 지니고 있다. 그러나 스데반은 성전에 대한 본질을 명시하고 있다. 성전은 사람의 손으로 지은 건물이라는 사실이다. 온 우주의 창조자이며 주관자이신 하나님이 그 성전에 거하실 수 있겠는가? 이는 구약성경에서도 누누이 강조되어 온 사실이기도 하다. 이것은 스데반이 표층적인 고소에 대한 답변이다.

그렇다면, 심층적인 답변은 무엇인가? 스데반은 예수를 믿지 않기 때문에 성전의 참된 의미와 기능을 오해하게 되었다고 말하고 있는 것이다. 스데반의 주된 관심은 성전에 있지 않다. 주된 관심은 예수에게 있다. 예수를 믿지 않고서 성전을 바라볼 때, 성전은 자칫 우상숭배의 대상이 될 수 있다. 이는 광야에서 우상숭배했던 그들의 조상들이 범한 죄이다. 그들은 모세를 따르지 않고 하나님을 거역했기 때문에 우상을 만들고 섬겼던 것이다. 지금 유대인들도 하나님을 따르지 않고 하나님이 보내신 모세를 통해 예표하신 그리스도인 예수를 믿고 있지 않기 때문에 성전을 우상처럼 바라보고 있는 것이다. 스데반은 지금 성전을 비판하는 것이 아니라, 성전을 우상처럼 바라보고 있는 유대인들의 성전 시각을 비판하고 있다.

이는 누가-행전의 전체 맥락과 연결되어야 한다. 누가-행전에서 성전은 거부되거나 무시되지 않고 있다. 오히려 성전은 성전경건과 연결된다. 시므온과 안나는 성령의 인도를 받았다. 스데반의 설교를 듣는 유대인들은 성령을 거부하고 있지만, 시므온과 안나는 성령의 인도를 받으며 성전에 머물렀다. 그리고 그들은 성전에서 성령의 인도를 받으며 아기 예수가 그리스도이심을 보게 되었다. 따라서 중요한 것은 성전이 아닌, 성전에서 성령의 인도를 받으며 그리스도를 믿는 것이 중요하다. 유년기 예수도 성전을 아버지의 집이라고 표현하셨고, 성인 예수는 성전을 향해 긴 여행을 하며 마침내 성전에 들어가서 성전을 정화한다. 성전을 소중히 여기지 않았다면, 정화행위 자체가 필요 없을 것이다. 뿐만 아니라, 예수가 승천한 뒤 성도들은 매일 성전에서 찬송한다. 초기교회 성도들은 성전에서 모이며 성전의 솔로몬 행각에서 복음을 전하였다. 초기교회 성도들에게 성전이 아닌 예수가 절대적인 존재였다. 하지만 유대교는 성전을 절대화하면서 예수를 이단으로 규정하였다.

따라서 스데반 설교에서 성전을 비판하는 것이 아니라, 예수를 거부하면서 성전을 절대시하며 마침내 성전을 우상처럼 여기는 유대교의 성전 시각을 비판하고 있다. 이는 바울의 이방 신전 비판에서도 볼 수 있다. 바울은 아덴에서 지극히 높으신 하나님은 사람의 손으로 만든 전에 거하지 않는다고 말하였다(17:24). 또한, 에베소에서는 사람의 손으로 만든 것은 신이 아니라고 말하였다(19:26). 이로 보건대 스데반의 설교는 성전을 하나님이 거하시는 집으로 여기면서 우상숭배의 시각을 갖고 있는 유대교의 성전 시각을 비판하고 있다. 심층적으로는 예수를 그리스도로 믿지 않고 있는 그들의 죄를 지적하고 있다.

둘째, 스데반은 왜 관계없는 듯이 보이는 이스라엘의 긴 역사 개관을 하였는가? 이에 대한 답변도 두 가지 면에서 설명이 가능하다. 첫째, 표층과 심층

이론으로 살펴보자. 스데반의 긴 역사 개관은 대적자들의 심층 고소에 답하고 있다. 스데반의 역사 개관에는 아브라함과 요셉 같은 하나님과 성령을 따른 조상들이 등장한다. 그러나 모세의 시대에 모세를 거역하며 하나님을 거역하며 우상숭배의 죄를 범한 조상들이 등장한다(7:40-43). 그들은 지금 스데반을 고소하는 유대교와 동일한 특징을 지니고 있으며, 그들에 대한 스데반의 정죄는 51절에서 분명하게 드러난다. 항상 성령을 거스르는 죄이다. 따라서 스데반이 역사 기술을 하는 이유는 조상들처럼 성령을 거스르면서 하나님이 보내신 그리스도를 거부하는 유대교의 죄를 지적하는 것이다.

누가-행전에는 하나님을 따르는 유대인과 하나님을 거역하는 유대인들로 구분이 되고 있다. 지금 복음을 전해지는 상황에서 이 구분은 더 첨예해지고 있다. 허다한 제사장의 무리도 예수를 믿는 도에 굴복하고 있고(6:7), 여전히 많은 유대인들은 예수를 거부하고 있다. 지혜와 성령이 충만한 스데반은 이스라엘의 전 역사가 이 구분을 보여주고 있음을 설교에서 드러내고 있는 것이다.

셋째, 왜 스데반의 설교를 들은 무리는 극도로 분노하여 스데반을 죽인 것일까? 표층의 차원에서라면, 그렇게 극도의 분노가 나타날 리가 없다. 극도의 분노는 그들이 스데반의 심층의 메시지를 파악했기 때문이다. 따라서 우리는 스데반을 고소한 자들도 스데반의 설교에 담긴 지혜를 파악했음을 알 수 있다. 그들에게 부과된 죄는 바로 성령을 거스르면서 예수 그리스도를 거부하는 죄이다. 예수 그리스도를 믿게 될 때, 그들을 지탱하던 율법과 성전은 상대화되면서 경제적이고 사회적인 지위와 혜택을 상실하게 될 것이다. 이는 그들의 현실의 위기이다. 율법과 성전은 예루살렘 경제의 호황을 떠받치는 기둥이었다. 이는 사회학적인 연구결과들이 증명해주고 있다.

스데반의 설교는 또한 그들의 정체성에 대한 도전이었다. 유대교의 두 기둥은 성전과 율법이다. 이 두 기둥은 이제 예수 그리스도로 인해 상대화되기 시작하고 있다. 당연히 두 기둥이 무너지면 그 아래에 있는 유대교는 멸망할 것이다. 따라서 유대교가 존속하기 위해서는 성전과 율법이라는 두 기둥은 든 든히 서 있어야 한다. 지금 스데반의 핵심 주장은 "예수가 그리스도이다"라는 주장이다. 사도행전 6장까지 사도들과 초기교회 교인들은 그 주장으로 인해, 박해를 당했다. 그러나 이제 더 이상 묵과할 수 없는 단계에 이른 것이다.

이런 믿지 않는 유대인들의 분노는 누가-행전 전체에서 보여지고 있다. 유대지경에서 뿐만 아니라, 이방지역에서도 디아스포라 유대인들은 복음 메시지에 극렬히 반발했다(행 13:45; 14:2, 5, 19; 20:19; 21:27-30; 23:21).

VI. 결론

스데반 설교의 몇 가지 의의를 제시하고자 한다. 첫째, 스데반은 죽음을 불사하고 자신이 믿는 바를 담대히 전했다. 둘째, 스데반은 지혜와 성령이 충만하여 설교하였다. 전달기법 차원에서도 이를 증명할 수 있다. 특히, 표층의 고소 내용에 대해 표층의 메시지로 응하면서, 더 중요한 심층의 고소에 대해 심층의 논리와 주장을 제시하고 있다. 자칫 독자들이 의아해하는 내용들도 이런 차원에서 보면 스데반의 지혜가 탁월함을 알 수 있다. 셋째, 스데반의 설교의 핵심은 초기교회의 핵심주장과 동일한 "예수가 그리스도이다"라는 주장이다. 예수 그리스도를 믿는 초기교회 성도들에게 성전과 율법은 새로워진 의미로 다가오게 되었지만, 믿지 않는 유대인들에게는 여전히 율법과 성전은 우상이 될 위험 앞에 있었다. 넷째, 비록 스데반은 담대히 설교하고 죽었지만, 예수 그리스도의 복음은 스데반의 죽음을 기점으로 더 불처럼 타올라 사도행전 1장 8절의 예고처럼 예루살렘을 넘어 유대와 사마리아와 온 땅까지 뻗어가게 되었다.

박영권

장로회신학대학교 (Th.B.)
장로회신학대학교 (M.Div.)

장로회신학대학교 (Th.M.)
장로회신학대학교 (Ph.D.)
(현) 장로회신학대학교 객원교수
(현) 진성교회 부목사

베드로의 오순절 설교의 특징과 메시지, 현대적 적용

김현광

I. 서론

　그리스도인 중에서 베드로를 모르는 사람은 아마 없을 것이다. 베드로하면 결코 예수님을 부인하지 않겠다고 호언장담하다가 예수님의 말씀대로 닭 울기 전에 세 번이나 예수님을 부인한 사람으로 잘 알려져 있다. 그는 갈릴리 출신의 어부였으나 예수님의 제자가 되어 공생애 기간 동안 예수님의 삶과 사역을 지켜본 자였다. 예수님은 베드로를 특별히 가까이 하셨다. 야이로의 딸을 살리실 때 예수님은 야고보와 요한과 함께 베드로를 데리고 가셨고 변화산에도 그를 데리고 올라가셨다. 겟세마네 동산에서 고민하며 기도하실 때 예수님은 역시 야고보와 요한과 함께 베드로를 데리고 가셨다.

　부활하신 예수님은 베드로를 다시 만나 세 번에 걸쳐 네가 나를 사랑하느냐 물으시고 그에게 목양의 사명을 맡기셨다. 베드로는 실패에서 다시 일어나 신실한 예수님의 제자로 형제들을 굳게 하며 초대교회의 기둥 같은 자로 쓰임 받는다.

　예수님은 빌립보 가이사랴 지방에서 제자들에게 사람들이 인자를 누구라 하느냐 물으신 적이 있다. 그 때 베드로는 주는 그리스도시요 살아 계신 하나님의 아들이라는 고백을 한다. 베드로의 신앙고백은 교회가 가질 신앙의 모델이며 기초가 될 것을 예수님은 말씀하셨다. 그는 실로 초대교회의 기둥으로서 예루살렘교회에서 리더십을 발휘했다.

　이와 같은 베드로는 설교자로서는 어떤 모습을 보여주었을까? 그의 설교의 특징과 메시지는 무엇이었을까? 또 설교자로 부름 받은 우리에게 어떤 교훈을 주고 있는가? 이 짧은 글에서 베드로의 설교를 전체적으로 다 살펴보기는 어렵다. 본 글에서는 사도행전 2:14-40에 기록된 베드로의 오순절 설교를 고찰해 보려한다. 베드로의 오순절 설교는 사도행전에 기록된 신약교회가 선포한 첫 번째 메시지라는 측면에서도 의미가 있다.

II. 베드로 설교의 특징과 메시지

　베드로의 설교는 오순절 성령 강림 후 복음전파의 시작을 보여주는 설교로서 예수님의 승천과 성령강림 후 신약의 교회가 설교해야 할 메시지를 담고 있다는 점에서 중요하다. 먼저 베드로의 오순절 설교의 상황을 생각해보자. 오순절 날 약속된 성령이 임하자 기도하며 기다리던 사람들은 성령의 충만함을 받고 성령이 말하게 하심을 따라 다른 언어들로 말하기를 시작했다. 천하각국으로부터 모인 경건한 유대인들이 자기의 방언으로 제자들이 말하는 것을 듣고 소동했다. 또 어떤 이들은 그들이 새 술에 취하였다고 조롱했다. 이런 상황에서 베드로는 열한 사도와 함께 서서 설교한다. 청중은 "유대인과 예루살렘에 사는 모든 사람들"(2:14)이다. 이 때 행한 베드로의 오순절 설교는 다음과 같은 특징과 메시지를 담고 있다.

조롱과 오해를 바로잡는 설교

　각 언어로 하나님의 큰 일을 말하는 사람들을 새 술이 취하였다고 조롱하는 사람들에게 베드로는 때가 제 삼시인 것을 지적하며 이 사람들이 취한 것이 아니라고 변호한다. 성령충만한 성도들을 조롱하고 하나님의 큰 일에 관한 메시지를 오해하는 자들에게 설교는 변호 또는 변증적 기능을 한다. 잘못 알고 있는 것, 근거 없는 오해와 조롱을 지혜롭게 대처하며 베드로는 때가 제 삼 시, 즉 취하기에 너무 이른 시간인 것을 상기시킨다.

참된 지식을 가르치는 설교

베드로는 성령충만한 제자들의 모습에 대해 당황하는 자들과 조롱하는 자들에게 참된 가르침을 주기 위해 설교한다. "이 일을 너희로 알게 할 것이니 내 말에 귀를 기울이라"(2:14). 참된 가르침을 주는 것은 베드로의 설교의 동기이며 내용이다. 당황과 오해, 조롱으로 교회를 바라보는 자들에게 설교자는 참된 지식으로 그들을 알게 해야 한다. 그리고 이러한 참된 지식이 준비되었을 때 그들에게 베드로처럼 "내 말에 귀를 기울이라"고 그들을 초청할 수 있을 것이다.

예수 그리스도에 대한 설교

베드로의 오순절 설교는 예수 그리스도를 증언하는 것이 핵심을 이룬다. 오순절 성령강림에 대한 사람들의 조롱과 오해를 불식시킨 후 베드로는 바로 예수 그리스도에 대한 설교로 전환한다. 베드로는 예수님에 관하여 다음과 같은 메시지를 선포한다: (1) 그리스도는 큰 권능과 기사와 표적을 행함[2:22]; (2) 십자가에 못 박혀 죽으심[2:23]; (3) 죽음에서 부활하심[2:24,31,32]; (4) 하나님의 우편에 오르심[2:33,35]; (5) 약속하신 성령을 아버지께 받아서 부어주심[2:33,38]; (6) 주와 그리스도가 되심[2:36]; (7) 구원은 예수 그리스도의 이름으로 세례를 받고 죄 사함을 받는 자에게 주어짐[2:38,40].

베드로는 예수 그리스도가 누구시며 어떤 일을 하셨는가를 선포한다. 기독교의 설교는 예수 그리스도에 대한 복음 선포이다. 베드로가 "우리가 다 이 일에 증인이로다"(2:32)라고 말한 것처럼 베드로를 비롯한 초대교회의 설교자들은 예수 그리스도를 증언하는 설교자였으며 특별히 부활의 증인으로서 그리스도의 부활을 선포했다.

베드로의 설교 가운데 나타나는 그리스도에 관한 설교 주제는 매우 다양하다. 즉, 그리스도께서 하신 사역, 그의 십자가 고난과 죽으심, 부활, 승천과 높아지심, 하나님 우편에 앉으심, 성령을 부어주심, 주와 그리스도가 되심, 예수 그리스도의 이름으로 받는 세례와 죄 사함, 그리스도를 통해 드러난 하나님의 뜻 등이다. 그리스도의 삶과 사역에 대한 깊은 연구와 묵상을 통해 그리스도에 대한 풍성한 설교가 이루어질 수 있을 것이다.

그리스도에 대한 베드로의 설교 중에 예수 그리스도가 주님이며 그리스도라는 선포는 함축하는 의미가 크다. 사람들은 예수가 하나님의 아들 그리스도라는 주장을 신성모독으로 간주하며 그를 십자가에 못 박았지만 하나님은 그를 죽음에서 다시 살리시고 높여 오른 편에 앉히심으로 그가 옳았다는 것을 입증하셨다. 하나님 우편에 앉으신 예수님을 하나님은 주가 되게 하셨다. 주님이라는 말은 구약성경에서 하나님을 일컫는 말이었고 베드로가 인용하는 요엘서에서 주의 이름을 부르는 자는 구원을 받는다는 문맥 역시 하나님을 가리키는 것이었다. 부활하고 승귀하신 예수님은 이제 하나님으로 높임 받으시고 구약에서 하나님께 돌려지던 영광과 권위가 그에게 돌려진다. 예수 그리스도의 이름은 더 이상 평범한 유대인의 이름이 아니라 그 이름을 불러 온 세상이 구원 받도록 주어진 권세 있는 이름이 되었다.

따라서 베드로는 예수 그리스도의 이름으로 세례를 받고 죄 사함을 받는 복음을 전하며 결단을 촉구한다(2:38). 세례요한도 회개의 세례를 베풀었지만 베드로의 설교에 등장하는 세례는 예수 그리스도의 이름으로 받는 세례라는 점에서 큰 차이가 있다. 예수 그리스도의 이름으로 받는 세례는 예수를 주와 그리스도로 인정하고 그의 이름으로 주어지는 죄 사함에 대한 믿음을 고백하며 죄를 회개하며 새로운 삶을 살겠다는 결단을 내포한다.

예수 그리스도가 주님이라는 것은 그러므로 예수 그리스도의 이름에 나타난 권위와 더불어 그를 주님으로 고백하는 자들에게 어떤 삶이 요구되는가를 보여준다. 예수 그리스도를 주로 부르는 자는 예수를 주로 인정하며 그의 주인 되심을 삶을 통해 드러내야 한다. 로마 황제를 비롯한 다른 어떤 것도 그리스도를 대신하는 주인이 될 수 없다. 이 패역한 세대에서 구원을 받는(2:40) 유일한 방법은 예수 그리스도를 주와 그리스도로 받아들이고 회개하여 그의 이름으로 세례를 받는 것이다.

그리스도를 설교하는 것은 설교자에게 주어진 가장 중요한 사명이며 특권이다. 예수 그리스도를 설교하는 것의 고귀함을 알 수 있는 한 가지 사실은 예수를 전하는 설교는 하나님의 일에 동참하는 위대한 일이라는 것이다(2:22). 하나님은 예수 그리스도를 세상에 증언하셨고 보증하셨다.

설교자들이 그리스도 중심적 설교를 위해 자신의 메시지를 늘 검토한다면 설교의 방향을 잃지 않을 것이다. 그리스도의 복음을 전하는 가장 강력하고 효과적인 방법은 초대교회에서 뿐 아니라 현재까지도 여전히 설교자들을 통해 전파되는 그리스도에 대한 메시지이다.

성경에 근거한 설교

베드로는 빈번히 성경을 인용한다. 물론 그가 인용하는 성경은 구약성경이다. 요엘 2:28-32, 시편 16:8-11, 시편 131:11, 시편 110:1이 그의 설교 가운데 등장한다. 구약성경의 의미를 풀어 설명하고 구속사적 측면에서 이것이 어떻게 성취되었는가를 제시하며 그리스도를 전한다. 베드로의 설교의 권위는 성경에 근거한 설교라는 점에서 찾을 수 있다. 베드로 개인의 경험이나 언변, 설교 방식은 부차적인 것이다. 특히 구약성경을 잘 알고 있었던 유대인들에게 구약을 통한 설교는 매우 효과적이다. 요엘의 예언을 인용하며 종말론적 성취를 주장하는 것이나 다윗의 시를 인용하며 다윗의 시가 다윗 자신에게서 성취될 수 없었던 것으로서 그리스도를 통해 종말론적으로 성취되었음을 논증하는 것은 매우 탁월하다. 구약성경에 대한 베드로의 지식과 확신이 그의 설교를 강력하게 만든다.

설교자는 성경에 정통해야 한다는 것은 아무리 강조해도 지나침이 없다. 베드로의 설교는 설교자가 성경에 기반을 두어야 함을 강력하게 변호한다. 설교자로 부르심을 받았다면 성경연구에 매진해야 한다. 베드로는 구약의 선지자들조차도 그리스도 중심적으로 구약의 예언들을 연구하고 부지런히 살피고 상고했다고 말한다(벧전 1:10-11). 오늘날 설교자들은 구약성경 뿐 아니라 신약성경이라는 발전된 계시의 빛 아래 있다. 구약의 선지자들이 살펴보기 원했던 계시를 밝히 보고 있다(벧전 1:12). 구약과 신약성경을 부지런히 살피고 연구하고 상고함으로 성경에 근거한 확실한 메시지를 전하도록 힘써야 한다. 성경은 예수 그리스도에 대해 증언하는 책이다. 이 책에 근거함이 없이 예수 그리스도를 바로 전하기는 어렵다.

개인적 적용과 결단의 메시지

베드로의 설교는 회중에 대한 선포와 개인적 적용이 적절히 조화를 이루고 있다. 베드로의 설교의 대상은 일차적으로 청중이다. "유대인들과 예루살렘에 사는 모든 사람들아...내 말에 귀를 기울이라"(2:14)라고 외친다. "이스라엘 사람들아 이 말을 들으라"(2:22)라고 소리친다. "이스라엘 온 집은 확실히 알라"(2:36)고 도전한다. 그럼에도 베드로는 그의 설교를 들은 청중들에게 개인적 적용과 결단으로 나아가도록 촉구한다. "너희가 회개하여 각각 예수 그리스도의 이름으로 세례를 받고 죄 사함을 받으라"(2:38)고 말한다. 이 부분은 베드로 설교의 결론 부분에서 등장하는 메시지이다. 베드로는 회개, 죄 사함과 세례를 '각각,' 즉 각 사람이 결단하고 실행해야 할 메시지로 선포하고 개인적 반응을 기대한다. 개인이 회개하고 예수 그리스도를 개인의 주와 그리스도로 받아들여 믿는 사람이 되어야 한다. 이런 "믿는 사람이 다 함께 있어"(2:44) 공동체를 이루는 곳이 초대교회였다.

베드로의 설교는 개인의 결단을 촉구한다는 점에서 매우 실제적인 설교이다. 성경적이고 그리스도중심적인 설교를 통해 예수 그리스도를 전하는 베드로는 사실을 전달하고 변증하는 이론적 논의에서 멈추지 않고 개인적인 결단과 적용을 요청하는 실천적 영역으로 나아가 세례 받는 수많은 사람들을 만들어 낸다. 사도행전 2:41은 베드로의 오순절 설교를 통해 세례 받은 신도의 수가 삼천이나 되었다고 기록한다.

선교지향적 설교

베드로의 설교는 개인적 결단과 적용을 요구하는 설교이면서 동시에 선교지향적 설교이다. 지금 여기 있는 개인이 구원을 받아야 한다는 것을 직설적으로 선포하면서 온 세상 구원을 염두에 두고 있다. 고넬료 사건을 고려해볼 때 오순절 설교를 할 당시 베드로가 이방인 구원에 대해 어느 정도까지 구체적인 이해를 갖고 있었는지는 논의의 대상이 될 수 있으나 틀림없는 것은 그의 오순절 설교가 선교지향적이며 온 세상 구원에 대한 하나님의 비전을 제시하고 있다는 것이다.

우선 선지자 요엘의 말씀을 주목해 보자. 베드로는 요엘의 예언을 인용하며 "말세에 내 영을 모든 육체에 부어주리니"(2:17)라는 말씀을 언급한다. '모든 육체'는 이방인을 포함한 모든 인류가 성령을 받는 시대가 도래했음을 의미한다. 베드로는 오순절 성령강림을 통해 요엘 선지자의 예언이 성취되고 있음을 확신하고 있다. 성령을 부어주시는 종말론적 새 시대는 '모든 육체,' 즉 모든 인류 구원에 대한 비전이 구체적으로 성취되는 때이다. 베드로는 그의 설교를 통해 이 비전을 보고 있다.

베드로 설교의 선교지향적 특성은 결론 부분에서 강조되고 있다. 사도행전

2:37에서 개인적 세례와 죄 사함을 촉구하며 성령을 주심에 대해 설교한 후 베드로는 2:38에서 "이 약속은 너희와 너의 자녀와 모든 먼 데 사람 곧 주 우리 하나님이 얼마든지 부르시는 자들에게 하신 것이라"고 밝힌다. 구원의 대상은 지금 설교를 듣고 있는 '너희'로부터 다음 세대인 '너의 자녀'로 넓어진다. 1세대만 구원을 받는 것이 아니라 2세대, 3세대로 구원의 영역이 확대되고 있다. 선교는 다음 세대로 복음을 전하는 시간적 측면에서도 고려되어야 한다. 그 뿐 아니라 베드로의 설교는 공간적인 면에서 지금 여기 있는 '너희'에서 '모든 먼 데 사람'으로 확대되고 있다. 공간적인 측면에서도 베드로의 설교는 선교지향적이다. 베드로의 설교는 다음 세대와 모든 먼 데 사람까지 구원으로 초대하고 있으며 설교를 듣는 사람들에게 이러한 선교적 사명을 감당해야 할 당위성을 일깨운다.

하나님의 주권을 드러내는 설교

베드로의 설교는 그리스도 중심적이면서 궁극적으로 하나님의 주권을 드러내는 설교이다.

나사렛 예수가 큰 권능과 기사와 표적을 행한 것은 하나님께서 그를 통해 행하신 것이며 하나님이 궁극적으로 예수를 증언하기 위함이었다고 베드로는 설교한다(2:22). 예수님이 십자가에 못 박히도록 내어준바 된 것은 하나님께서 정하신 뜻과 미리 아신 대로 이루어진 일이다(2:23). 베드로는 이 예수를 하나님이 살리셨다고 선포한다(2:24). 하나님 오른 편으로 예수를 높이신 분은 하나님이시며 예수님은 약속하신 성령을 하나님께 받아서 부어주신다(2:33). 사람들이 십자가에 못 박은 예수를 주와 그리스도가 되게 하신 분은 하나님이시다(2:36). 그 뿐 아니라 사도행전 2:39에서 베드로는 예수 그리스도를 통한 구원의 약속은 "하나님이 얼마든지 부르시는 자들게 하신 것이라"고 밝힘으로서 구원은 하나님의 효과적인 부르심에 따른 결과임을 선포한다.

이와 같이 베드로는 예수 그리스도에 대해 설교하면서 궁극적으로 예수 그리스도를 통해 일하시는 하나님을 증언하며 하나님의 주권과 주도성을 드러내고 하나님께 영광을 돌린다. 예수 그리스도를 통한 구원 사역은 하나님 주권적이며 하나님 주도적이다. 하나님이 구약에서 요엘을 통해 예언하셨을 뿐 아니라 (2:17, "하나님이 말씀하시기를 말세에...") 다윗의 예언을 그리스도를 통해 성취하셨으며 예수 그리스도를 내어 주셨고 다시 살리셨으며 그를 높여 주와 그리스도가 되게 하셨다.

베드로의 설교를 통해 드러나는 하나님의 주권과 하나님 중심성은 오순절 설교 뿐 아니라 솔로몬 행각 설교에서도 그대로 나타난다. 사도행전 3:15에서 베드로는 "하나님이 죽은 자 가운데서 그를 다시 살리셨으니 우리가 이 일에 증인이라"고 말하고 3:18에서는 "하나님이 모든 선지자의 입을 통하여 자기의 그리스도께서 고난 받으실 일을 미리 알게 하신 것을 이와 같이 이루셨느니라"고 말한다. 베드로의 설교는 그리스도에 대한 선포를 통해 하나님을 주목하게 하고 하나님께 영광을 돌리게 만든다. 베드로의 설교를 통해 구원받은 초대교회 성도들은 하나님을 찬미하였다(2:47).

삼위 하나님에 대한 설교

베드로의 오순절 설교에는 예수 그리스도와 아버지 하나님, 그리고 성령이 등장한다는 점에서 삼위 하나님에 대한 설교라고 말할 수 있다. 베드로의 오순절 설교는 위에서 설교의 상황을 설명할 때 언급한 것처럼 오순절에 약속된 성령이 임하자 예루살렘에 일어난 소동과 조롱이 출발점이 된 설교이므로 본질상 성령에 대한 설교가 빠질 수 없다. 그럼에도 베드로의 설교에 드러나는 성령에 대한 메시지는 상황에 따른 부차적인 것으로 평가할 수 없는 본질적 가치를 지니고 있다.

사도행전 2:33에서 베드로는 '예수님'이 '성령'을 '아버지'께 받아서 부어주셨다고 말한다. 성령이 예수 그리스도와 하나님과 연관됨을 드러낸다. 2:33절은 한 절 안에 삼위일체 하나님(하나님, 예수, 성령)이 모두 등장하며 삼위 하나님에 대한 깊은 신학적 의미를 포함하고 있다. 2:38에서 베드로는 '성령의 선물'에 대해 언급한다. 회개하여 '예수 그리스도'의 이름으로 세례를 받고 죄 사함을 받는 것과 '성령의 선물'이 함께 언급되고 있다. 곧 이어 39절에서는 이러한 일들이 '하나님'이 부르시는 자들에게 일어나게 될 일임을 설교한다. '성령의 선물'은 성령이 주시는 여러 가지 은사를 뜻하기보다 오순절 성령강림을 통해 임하신 성령 그 자체를 의미한다고 보아야 할 것이다. 설교자는 이처럼 삼위 하나님에 대한 균형 잡힌 설교를 해야 할 것을 베드로의 설교가 보여주고 있다.

III. 베드로의 설교 방법

사도행전 2:14에 의하면 베드로는 열한 사도와 함께 서서 소리를 높여 설교하였다. 베드로가 다른 열한 사도와 함께 서 있는 광경을 상상해 보라. 설교자는 베드로 한 사람이지만 시각적으로는 마치 열두 사도가 함께 설교하는 것 같은 광경이었을 것이다. 베드로는 자신의 메시지가 자신 혼자만의 것이 아니라 다른 열한 사도가 동의하고 지지하는 설교임을 가시적으로 보여주어 그의 설교의 설득력을 더하고 있다. 설교에서 가시적 효과는 고려해볼 만한 설교의 요소이다.

베드로는 소리를 높여 설교했다. 많은 청중들에게 효과적으로 메시지가 전달되게 하기 위해 목소리를 높이는 베드로의 모습이다. 청중들에게 잘 들리도록 설교하는 것, 그러한 장치를 사용하는 것은 언제나 중요한 일이다.

사도행전 2:40에서 누가는 베드로가 '여러 말로 확증하고 권했다'고 기록하고 있다. 때로는 경고하는 메시지로 때로는 간청하는 식으로 베드로는 청중을 구원으로 이끌기 위해 노력하고 있다. 베드로의 설교시간은 얼마나 되었을

지 알 수는 없다. 사도행전 2:14-40에 기록된 베드로의 오순절 설교는 누가가 제공하는 베드로 설교의 요약본이다. 실제 설교의 원고가 아닌 요약이기 때문에 시간을 가늠할 수는 없지만 40절에 '여러 말'의 원어적 의미는 '여러 많은 말'인 것을 감안하면 상당한 시간 동안 여러 가지 설득의 방법으로 구원을 받으라고 촉구하였을 것이다. 베드로의 설교의 결과인 삼천 명의 회개는 근본적으로 성령의 역사였음이 틀림없지만 설교자 베드로의 소리 높여 외치는 열정과 확신에 찬 설교, 엄중한 경고와 간절한 요청, 그리고 이제는 사람을 두려워하지 않고 죄를 지적하며(2:23, "너희가 법 없는 자들의 손을 빌려 못 박아 죽였으나") 직설적으로 그리스도를 설교하는 담대한 설교법이 가져온 결과임을 부인할 수 없을 것이다.

기타 베드로의 설교 방법은 위에서 다루었던 베드로의 설교의 특징과 메시지 부분에서도 간접적으로 언급되었다. 그의 설교는 성경을 풀어 가르치며 해석하는 설교방식이었음을 알 수 있고 증거를 제시하는 변증적 설교방식도 사용함을 알 수 있다. 마음을 찌르게 하는 매우 직설적 화법을 쓰기도 한다(2:36-37). 그러나 우리가 염두에 둘 것은 베드로의 설교는 어떤 방법론 이전에 개인적 경험과 확신, 기도와 성령 충만함으로 준비된 설교였다는 것이다.

IV. 베드로 설교의 적용과 교훈, 그리고 결론

지금까지 베드로의 오순절 설교를 살펴보았다. 베드로의 오순절 설교의 특징과 메시지를 오늘날 설교자들이 매 설교에 모두 다 반영할 수는 없을 것이다. 그러나 계속되는 설교를 통해 이러한 요소들이 적절히 포함되고 강조된다면 교회를 바로 세우고 세상을 구원하는 좋은 설교를 할 수 있을 것이다.

오순절 설교를 하는 베드로의 모습과 그의 메시지를 보면 이전에 예수님을 부인하던 베드로나 사람들이 두려워 집의 문을 잠그고 숨어있던 베드로의 모습은 온데간데없다. 예수님이 기도하실 때 잠들어 있던 베드로는 이제 기도하기에 힘쓰는 예수님을 닮은 제자로 우뚝 섰으며 예수님처럼 성령의 충만함을 받아 세상을 구원하는 그리스도의 복음을 전하는 사역자로서 설교하고 있다. 어느 설교학자는 설교의 목적은 하나님께 영광을 돌리는 것이라고 했다. 베드로처럼 예수 그리스도에 대해 설교하고 그리스도를 통해 하나님이 하신 일을 선포하며 성령 충만하여 설교를 통해 성령의 구원역사를 이루어 갈 때 하나님은 영광을 받으실 것이다. 하나님의 영광을 위한 일로써 설교는 인간이 할 수 있는 일 중에 가장 거룩하고 귀한 일임에 틀림이 없다. 말씀사역자는 이 일의 소중함과 우선성을 잊지 말고 기도하는 일과 말씀 사역에 더욱 힘써야 할 것이다(행 6:4).

김현광

경희대학교 영어영문학과 (B.A.)
총신대학교 신학대학원 (M.Div.)
Calvin Theological Seminary (Th.M.)
The Southern Baptist Theological Seminary (Ph.D.)
(전) 신약연구 편집위원
(전) 한국성서대학교 대학원장
(현) 한국성서대학교 신약학 교수
(현) 한국복음주의신약학회 부회장
(현) 한국개혁신학회 신약신학회장

바울의 설교

박해경

I. 사도 바울과 설교 자세

피터 와그너(P. Wagner)의 저서 "성령의 은사와 교회성장"(Your spiritual gifts can help your Church grow)에서 사도 바울은 베드로와 달리 사도의 은사와 선교사의 은사를 동시에 받았다고 주장한다. 그래서 바울은 더 효과적으로 선교지에서 복음사역을 잘 할 수 있었다는 것이다. 베드로는 사도의 은사만 받았기에 바울처럼 많은 교회를 설립하거나 이방 선교지에서 열매있는 사역을 하지는 못하고, 주로 유대인 상대의 사역만 했다는 것이다. 그러나 와그너는 바울이나 베드로의 설교에 대해서 분석하지는 않았다. 그의 관심인 성령의 은사적 차원에서만 다루었기 때문이다. 와그너는 하나님이 어떤 사명을 주실 때에는 은사도 함께 주신다는 주장을 하고 있다. 그렇다면 바울은 말을 잘 못하는 사람인데 어떻게 선교사역에서 성공할 수 있었는가? 만약 바울이 선교사의 은사를 받았다고 하면 설교의 은사도 받았다는 것을 포함해야 할 것 같다. 바울의 설교가 사람들의 믿음을 일으키는 설교였다고 하면 충분한 대답이 될 것이다.

바울의 설교는 주로 사도행전에서 찾아볼 수 있다. 사도행전에 나타난 바울의 설교는 주로 전도 목적으로 행해졌고, 설교를 행하는 바울의 자세는 대단히 신중하고 심각하다고 할 수 있다. 한철하 박사는 그의 저서 『21세기 인류의 살 길』에서 "신앙이란 무엇입니까?"라는 주제로 신앙 자세의 중요성에 대해 말한다. 거기서 신앙의 내용이 아무리 좋다고 해도 "신앙의 자세"가 잘못되면 그 좋은 내용이 아무 소용이 없다고 하였다. 칼빈의 신앙론을 말하면서 칼빈은 신앙의 내용보다도 신앙의 자세를 더 중시했다고 본다. 마찬가지로 설교자가 설교 내용을 아무리 훌륭하게 준비했더라도 설교하는 자세가 잘못되면 그 설교는 아무 가치가 없다는 결론이 나온다. 이런 의미에서 한 박사는 사도 바울의 설교 자세를 논한 바가 있다.

1992년 2월 18일 합동신학교 졸업식 설교에서 한 박사는 바울 사도의 에베소 교회에서의 목회 사역이 한 마디로 구원사역이었다고 보고, 바울의 목회 자세에 대해 설교를 하였는데, 바울은 첫째로 "모든 겸손으로"하는 목회였다고 한다. 둘째로는 "눈물의 목회"를 하였다고 한다. 셋째로는 "각 사람, 각 집"을 상대로 사역을 했다는 것이다. 즉 한 사람, 한 사람의 영혼을 귀중히 여기고, 그 각 사람의 신앙을 세우기 위한 설교를 하였다는 것이다.

한 박사는 "목회사역의 심각성"(1988. 12. 13)이라는 글에서 자신은 목회자에 대한 거의 본능적인 존경심을 가지고 있는데, 그것은 교회를 중시하고 교회의 말씀사역을 귀하게 보기 때문이라고 한다. 그러나 목회자들이 너무 "지엽적인 것"에 시달리고 있다고 하면서 "본질적인 것"에 더 심각하게 매어 달리지 못하는 것이 안타깝다고 하였다. 그러면서 설교를 통해서만 하나님께서 그의 행하시는 "엄청난 구원"의 역사를 행하신다는 것은 참으로 놀랍고 놀라운 일이라고 하였다. 동시에 목회사역의 심각성은 교인 구원에 대한 사역자의 자세의 심각성에 달려있다고 하였다. 그런 의미에서 바울이 말씀사역을 할 때 모든 겸손과 눈물로 각 집을 다니면서 말씀을 전했다는 것은 바울의 설교 자세를 잘 보여 준다고 하였다.

모든 목회자들은 강단 사역에서 이와 같은 사도 바울의 설교 자세를 본 받아야 할 것이다. 바울은 말을 잘하는 언변으로서가 아니라 성령의 나타나심으로 사역을 하였다고 간증한다.

> 내 말과 내 전도함이 설득력 있는 지혜의 말로 하지 아니하고 다만 성령의 나타나심과 능력으로 하여 너희 믿음이 사람의 지혜에 있지 아니하고 다만 하나님의 능력에 있게 하려 하였노라

바울의 설교 자세는 자기의 지혜와 능력으로 하지 않고, 성령의 나타나심과 하나님의 은혜를 의지하여 한다는 것이다. 그리고 한 사람 한 사람의 영혼이 귀중하기 때문에, 그리고 사람의 영광이 아니라 하나님의 영광만을 구하기 때문에, 설교를 행하는 마음 자세를 모든 겸손과 눈물로 하지 않을 수가 없었다. 바울은 한 사람 한 사람의 신앙을 바로 세워주기 위하여 순수한 복음의 말씀만을 선포하였고, 많은 사람들에게 인정받기 위한 인위적인 웅변이나 청중들로부터 말 잘한다는 소리를 듣기 위해서 행하는 세속적인 만담을 하지 않았다.

바울은 어디를 가든지 예수 그리스도의 순수한 복음을 설교하였고, 그 말씀사역을 통해서 교회를 세워나갔다. 오늘날 많은 목회자들이 교회성장과 부흥을 위하여 말씀사역 외에 여러 가지 방법들을 쓰는 것이 현실이다. 각양의 목회자 세미나에서는 새로운 방법론을 가지고 목회자들을 유혹하고 있다. 그런데 정작 사역의 본질인 설교사역에서는 핵심을 놓치는 경우가 많다. 목회자들은 설교만 잘 한다고 해서 목회가 되는 것이 아니라고 생각한다. 그러나 칼빈은 교회란 오로지 복음 선포 위에 세워진다고 하였다. 즉 말씀 위에 세워진다는 것이다. 사실상 바울의 설교사역을 통해서 초대교회는 크게 성장하고 부흥하였다는 것을 볼 수 있다. 칼빈은 말하기를 목사가 순수한 복음 선포로써 참된 말씀사역을 하면 그리스도께서 임재하신다고 하였다. 그렇다면 현대 교회가 당면한 교회쇠퇴를 해결하는 길이 바울이나 칼빈이 보여주고 있는 대로 설교자의 자세를 바로잡는 것에서 출발해야 한다는 결론이 나오는 것이다.

II. 바울 설교의 분류

김정훈 교수는 그의 역작인 『사도들의 설교와 신학』(도서출판 그리심, 2003)에서 베드로, 스데반, 바울의 설교들을 분석하고 주해하는 작업을 훌륭하게 해냈다. 이 책에서 김 교수는 바울의 설교를 8가지로 분류하여 설명하고 있다. 즉 비시디아 안디옥에서의 선교설교(행 13:16-52), 루스드라에서의 논쟁설교(행 14:8-18), 아테네에서의 논쟁설교(행 17:16-34), 밀레도에서의 교회지도자들을 위한 설교(행 20:17-38), 유대 군중 앞에서의 변증설교(행 22:1-29), 산헤드린 공회 앞에서의 변증설교(행 22:30-23:11), 벨릭스 초옥 앞에서의 변증설교(행 24:1-27), 헤롯 아그립바 왕 앞에서의 변증설교(행 26:1-32)이다.

필자는 이 책에서 많은 아이디어를 얻고, 감동을 받았는데, 본고에서는 좀 더 간략히 분류하기로 하였다. 즉 바울이 행한 설교의 특성에 따라 교리설교와 변증설교, 그리고 길이가 짧은 설교들은 단편설교로 분류하기로 하였다.

1. 교리설교

1) 행 13:16-41. 비시디아 안디옥 회당에서의 설교

바울은 바나바와 함께 수리아 안디옥 교회의 파송을 받아 1차 세계전도여행을 하는 중에 비시디아 안디옥에 도착하였다. 바울은 안식일에 회당에 들어갔는데, 회당장의 권유로 설교를 하게 되었다. 이곳에는 유대인과 이방인 출신 유대교도들이 있었다. 바울은 먼저 이스라엘의 과거 역사를 설명하는 것으로 설교를 시작하여 세례 요한이 회개의 세례를 베푼 것을 말하면서 이어 예수 그리스도의 죽으심과 부활의 복음을 선교하였다. 그리고 이런 일은 구약성경에 나오는 선지자들의 예언이 성취된 것이라고 한다. 또한 예수 그리스도를 통하여 죄 사함과 의롭다함을 얻는 일이 일어난다고 하고, 청중들에게 믿지 아니함에 대한 경고의 말씀으로 마무리를 하였다. 이 설교에서 그리스도에 대

한 예언 성취와 그의 죽음과 부활의 교리, 그리고 회개와 죄 사함, 이신칭의의 교리가 증거되고 있음을 알 수 있다.

2) 행 17:16-31. 아레오바고 언덕에서의 설교

바울은 2차 전도여행 중에 성령의 인도를 받아 빌립보로 갔다가 암비볼리와 아볼로니아를 지나 데살로니가에 와서 교회를 세우고, 또 베뢰아를 거쳐 아테네(아덴)으로 들어가게 되었다. 거기서 바울은 온 성에 우상이 가득한 것을 보고, 심령이 분하여 회당과 저자(장터)를 다니면서 토론을 하였다. 그 곳의 철학자들은 바울을 향해 말쟁이라고 하거나 이방 종교를 전하는 사람으로 보았다. 바울이 몸의 부활을 전파하였기 때문에 그들의 철학으로는 이해하기 어려웠던 것이다. 바울은 아레오바고(화성 신의 언덕)에 서서 설교를 하였다. 매우 종교적이면서 철학적인 아테네 시민들은 가장 새로운 것이 아니면 들으려고 하지 않았다. 바울은 그들이 "알지 못하는 신에게"라고 써 붙인 것을 기회로 삼아 여러분이 알지 못한다는 그 신을 말하겠다고 하면서 설교를 했다. 그리하여 바울은 하늘과 땅의 주재자이신 창조자 하나님을 증거하였다. 하나님은 손으로 지은 성전에 거하시는 것도 아니요, 사람의 손으로 섬김을 받는 분도 아니라는 것이다. 오히려 하나님은 사람들의 필요를 채워 주시고 공급하시는 분이시라고 하였다. 하나님은 아담으로부터 인류를 한 혈통으로 만드셨고, 인류의 거주와 경계를 만들어 주셨고, 인류는 그 분을 인하여 살고, 기동하며, 그 분을 의존하여 존재를 유지하고 있다는 것이다. 그래서 사람의 기술과 고안으로 만든 금이나 은이나 돌 같은 것으로 생각하지 말아야 한다고 하였다. 하나님이 지나간 날은 간과하셨으나 하나님의 심판 날이 정해져 있으니 이제는 어디서나 회개하라고 촉구하였다. 이 설교에서 바울은 신론, 기독론, 종말론, 구원론을 다 말하고 있으며, 특히 예수 그리스도의 죽음과 부활과 연관하여 심판의 진리를 전하고 있다.

3) 행 20:17-35. 에베소 교회의 장로들 앞에서의 설교

바울은 3차 전도여행 중에 밀레도에 도착하였다. 거기서 그는 에베소 교회의 장로들을 불러오게 하고, 그들에게 설교를 하였다. 여기서 바울은 목회자의 참된 자세를 먼저 고백하면서 목회자의 리더십이 무엇인가를 보여준다. 그것은 겸손과 눈물로(행 20:19) 전하고 가르치는 일이었다(행 20:20). 바울은 이때 교리적으로 매우 중요한 회개와 믿음을 증거하였다. 즉 하나님께 대한 회개와 주 예수 그리스도께 대한 믿음을 증거한 것이다(행 20:21). 그는 성령의 인도를 통해 고난이 기다린다고 해도 자기 생명을 조금도 귀한 것으로 여기지 않겠다고 다짐하면서, 자신이 복음을 전하지 않으면 하나님이 그들의 핏값을 물으신다고 하는 마음으로 복음을 전하였다. 그는 하나님 중심의 태도로서 죄에 대한 심판과 그리스도를 통한 구원의 복음을 힘 있게 전파하였다. 그리고 장로들에게 경고하기를 그들이 영혼의 감독자로서 하나님의 백성들이 바른 길로 가도록 인도해야 한다고 하였다. 이단자들과 거짓 교사들이 나타나서 이단 교리를 전하고, 양을 빼앗아 가려고 할 터이므로 자신이 에베소에서 가르친 교리들을 잘 기억하고 그대로 행하라고 부탁하였다. 그렇게 하면 하나님의 돌보심이 있을 것이며, 성도들에게 하늘의 유업을 상속하게 하시리라는 것이다. 여기서 바울은 교회 지도자들에게 하늘의 상급을 바라보면서 남의 물질을 탐하지 말고, 가난한 자들을 돌보고, 주는 것이 받는 것보다 복이 있다는 말씀을 상기시켰다. 이 설교에서 바울의 목회자로서의 자세와 섬김의 리더십을 보여주고, 복음의 말씀을 전파하는 설교자의 자세가 어떠해야 하는지를 깨우쳐 준다. 그리고 교리적으로는 회개와 죄 사함과 믿음의 교리가 효과적으로 증거되고 있으며, 목회학의 중요 내용 중의 하나인 목회자의 리더십 문제도 잘 가르쳐주고 있는 설교라고 할 수 있다.

2. 변증설교

1) 행 22:3-21. 천부장과 유대인들 앞에서의 설교

바울은 예루살렘에 도착하여 결례일이 만기가 되는 시점에 아시아로부터 온 유대인들이 충동하여 로마군에 체포되고 말았다. 그런데 천부장의 허락으로 군중들 앞에서 설교할 기회를 얻게 되었다. 그 때의 군중은 예루살렘의 유대인들과 아시아로부터 온 유대인들, 그리고 기타 군중들이었다. 바울은 듣는 일들을 고려하여 아람어로 설교하였다. 이 설교에서 바울은 일종의 자기 간증적 설교를 하였다. 즉 자신의 출생과 성장 과정, 교육경력, 그리고 자신이 율법에 열심있는 자로서 기독교를 핍박한 사실과 회심의 체험담을 설명하였다. 또한 눈이 멀었다가 아나니아를 통하여 뜨게 된 경위와 하나님이 주신 소명에 대해서 간증하였다. 즉 하나님이 자신을 택하여 다메섹 도상에서 보고 들은 바의 체험을 통해 깨달은 복음을 선포하라는 소명이었다. 그는 아나니아로부터 세례를 받고, 주 예수께 대한 믿음을 공적으로 선언하였다. 그리고 기도의 응답으로 바울은 이방인의 사도로 소명을 받게 된 것이다. 이 설교에서 설교자의 체험이 예화로 사용될 때 가져오는 설득력의 효과를 보게 된다. 바울의 설교를 통해서 목회자들은 다른 사람의 예화를 통해서보다 자신의 경험을 말하는 것이 더 힘 있게 전달된다는 사실을 알 필요가 있다. 즉 목회자가 매주 설교를 할 때 그 본문에 합당한 자신의 기도 응답 체험, 혹은 말씀을 묵상하는 중에 경험한 영적 깨달음에 대해 자기 자신의 것으로 간증하는 것이 훨씬 좋다는 것이다. 칼빈은 믿음이란 이해라기보다는 확신이라고 하였다. 설교에서 듣는 이들에게 확신을 주는 방법은 자신의 영적 체험을 말하고, 성령께서 감동을 주신 것에 대해 증거하는 것이다. 설교자는 논리로써 이해시키려 하기보다는 성령의 인도로 믿음의 확신을 가지고 선포할 때 가장 효과적인 설교가 된다는 것을 알아야 한다. 기독교를 변호하는 설교에서는 이러한 바울의 접근법이 매우 중요하다고 할 수 있다.

2) 행 24:10-24. 벨릭스 앞에서의 설교

가이사랴로 이송된 바울은 총독 벨릭스 앞에서 심문을 받게 되었다. 그 외에도 대제사장 아나니아, 장로들과 유대인들이 있었다. 바울은 변론가 더둘로에게 고소를 당한 상태였다. 바울은 먼저 자신에 대한 고소가 사실에 근거하지 않았다고 말한다. 그리고 자신의 신앙적 입장을 고백하면서 자신은 하나님과 율법과 선지자들의 글에 기록된 것을 다 믿는다고 하였다. 또한 의인과 악인의 부활을 믿는다고 말했다. 즉 바울은 기독교의 하나님과 유대교의 하나님이 같다는 것과 자신은 구약의 모든 기록을 다 믿는다는 것, 부활의 소망에 대한 확신이 있다는 것을 말하여 유대인들이 자신을 죄로 몰아갈 이유가 없다고 변론한 것이다. 그러나 유대인들은 바울이 이스라엘 백성과 율법과 성전을 더럽혔다고 주장했다. 바울은 자신이 성전이나 이스라엘 백성이나 율법을 더럽힌 적이 없다고 변호하고, 특히 부활의 교리를 믿는다는 점을 강조하여 고소자들을 분열시켜 그들의 힘을 약화시키고자 하였다. 벨릭스는 바울이 죄가 없음을 알고 심문을 연기하고 바울에게 어느 정도의 자유를 주었다. 바울은 벨릭스가 부르면 그에게 의와 절제와 장차 오는 심판에 대해 설교하였다. 벨릭스는 시간이 없다고 핑계를 대고 나중에 부른다고 하였으나 그 후에는 소식이 없는 것을 보면 탐심으로 만날 뿐이었지 회개할 생각이 없었다. 이 설교에서 바울은 자신이 억울하게 고소당한 것에 대하여 변론하면서 복음을 전하고 있다. 선지자들의 글에 약속된 분이 바로 그리스도라는 것과 자기는 부활의 소망을 기다린다는 것, 누구든지 의와 절제와 심판에 대해 알아야 하며 이 심판에는 차별이 없으므로 벨릭스도 피할 수 없다는 진리를 전하였다.

3) 행 26:2-23. 아그립바 왕 앞에서의 설교

벨릭스를 이어 베스도 총독이 바울을 심문하게 되었다. 바울은 가이사에게 호소하였으므로 시간이 필요하게 되었고, 아그립바와 버니게가 베스도를 문안하러 왔는데, 베스도는 아그립바에게 바울을 심문할 자리를 내 주었다. 이에 바울은 자신을 변호할 기회가 생겼고, 이 기호를 타서 변증적인 설교를 행하였다. 바울은 베스도와 아그립바와 버니게, 천부장들 및 가이사랴의 고위 인사들 앞에서 설교하게 된 셈이다. 바울은 양손을 들고, 예의를 갖추어서 말했고, 먼저 자신의 출생 배경과 심문을 당하는 이유에 대해서 언급하였다. 바울은 자기가 심문당하는 이유가 하나님이 유대 민족의 조상에게 약속하신 것을 바라는 까닭이라고 하였다. 이스라엘의 조상들에게 주신 약속이 예수 그리스도 안에서 성취되었다고 하는 믿음으로 인하여 자신이 심문을 받는다는 것이다. 바울은 예수 그리스도의 부활에서 이 약속이 확실하게 성취되었음을 깨달았고, 그가 전파한 부활은 바리새인들이 믿었던 보편적 부활이 아니었다. 부활교리는 유대인들 사이에서 논쟁거리였으므로 의도적으로 언급한 것일 수 있다. 바울은 이어 회심 이전의 활동과 회심에 대한 간증을 통하여 자신이 전파하는 복음의 진정성을 변호한다. 그는 구약성경의 예언 성취의 차원에서 그리스도의 고난받고 부활하셨다는 것을 증명하고, 자신이 증거하는 그리스도가 바로 선지자들이 말한 그 분이라는 것을 증거하였다. 그리고 하나님의 기적적인 간섭을 통해 자신이 정통 바리새인에서 어떻게 그리스도의 사도로 변신하게 되었는지를 간증함으로써 사도직과 복음의 언약적 타당성을 변호하였다. 이 설교에서 바울은 구약성경에서 족장들로부터 약속받은 하나님의 언약과 선지자들이 메시야에 대해서 예언한 내용이 그리스도에게서 완성되었고, 특히 그리스도의 죽음과 부활을 통해서 다 이루졌다는 것을 증거하였다. 그리고 자신이 이 복음을 위한 증인으로 부름받은 사실을 강조하면서 자신이 받은 복음은 하늘에서 보이신 것이라고 주장하였다. 즉 바울은 복음의 천상적 기원에 대해 확신을 가지고 설교한 것이다. 칼빈이 자주 말한 것처럼 복음의 교리는 "하늘의 교훈"(Heavenly Teaching)이라는 사실에 대해 바울은 확고한 태도를 가졌다. 현대의 설교자들도 이런 믿음으로 선포할 필요가 있다.

3. 단편설교

1) 행 17:1-3. 데살로니가 회당에서의 강해설교

바울은 데살로니가에 이르러 거기 회당이 있으므로 자기의 규례대로 들어가 세 안식일에 성경을 가지고 강론하였다. 오늘 날로 말하면 강해설교를 하였다. "규례대로"란 바울이 어느 곳을 가든지 먼저 유대인들에게 복음을 전한다는 뜻이다. "성경을 가지고"란 "성경으로부터"(from the Scriptures)라는 뜻인데, 물론 구약성경을 의미한다. 바울이 구약성경에서 증거자료들을 인용하여 예수님의 메시야되심을 증명하였다는 것이다. "강론하며"라는 것은 "변론한다"는 뜻으로서 바울이 유대인들과 서로 문답을 하면서 변론한 것을 말한다. 바울은 뜻을 풀어 예수 그리스도께서 해를 받고 죽은 자 가운데서 다시 살아나실 것을 증명하고, 자신이 전파하는 예수가 바로 그리스도라고 하였다. "그리스도께서 다시 살아야 할 것"이라고 말한 것은 이 사건이 하나님이 정하신 작정으로 하나님이 친히 예언하셨고, 하나님께서 그의 열심을 다하여 이루실 일이니 그대로 되지 않을 수가 없다는 것이다. 이사야의 예언대로 말하자면 "만군의 여호와의 열심(熱心)이 이를 이루시리라"는 뜻이다. 바울의 이러한 복음전파는 그의 서신서에서 더 충분하게 증명되고 있다. 바울에게 있어서 그리스도의 죽으심과 부활은 복음진리의 핵심이다. 따라서 누가 그리스도에 대해서 다 전하더라도 부활을 말하지 않는다면 기독교를 전한 것이 아니라고 할 수 있다. 고린도전서 15장과 로마서 4장 및 6장은 특히 이 진리를 강하게 증거하고 있다. 바울의 데살로니가 회당에서의 설교는 그 분량이 많을 것이나 성경에 소개된 내용은 아주 간단하다. 우리가 가진 자료는 단편설교이지만 원래 바울이 행한 설교의 내용은 상당히 풍부하였을 것으로 생각된다.

2) 행 14:15-17. 루스드라에서의 변증설교

바울이 루스드라에서 나면서 발을 쓰지 못하는 사람(구역 앉은뱅이)을 고치는 일이 일어났다. 그 사람은 바울이 말하는 것을 유심히 들은 것 같다. 그러니까 바울은 그 사람에게 구원받을 만한 믿음이 있는 것을 보았다고 한다(행 14:9). 박윤선 박사의 사도행전 주석에 보면 여기서 아주 중요한 설명을 하고 있다. 즉 이적에 집중하는 태도보다 하나님의 말씀에 집중하는 태도가 구원받을 신앙자의 태도라는 것이다. 바울은 큰 소리로 이르되 "네 발로 바로 일어서라"하니 그 사람이 뛰어 걸었다. 바울이 큰 소리로 말한 것은 그 사람 개인만이 아니라 루스드라의 모든 듣는 이들로 하여금 치유를 통해 하나님의 권능이 나타남을 깨우치려고 한 것이다. 그러자 무리가 바울과 바나바에게 신들이 강림한 것으로 알고 제사를 지내려고 하였다. 즉 바나바를 제우스(쥬피터)라 하고, 바울을 헤르메스(웅변의 신)라고 한 것이다. 두 사도는 자신들이 신격화되는 것을 막고, 복음을 전하는 이유가 바로 이런 우상숭배에서 벗어나 참 하나님, 곧 천지를 창조하신 하나님을 믿으라는 것이라고 말한다. "헛된 것"이 바로 우상이다. 바울은 우상숭배에서 나와 참되신 창조자 하나님께로 돌아오라고 하였다. 하나님께서 과거에는 자기의 길들을 묵인하셨다고 한다. 즉 우상숭배의 길을 허락하셨다는 것이 아니라 이방인들이 우상숭배를 하는 것에 대해서 그들이 죄악을 행하는 대로 내버려 두셨다는 것이다. 그러나 하나님은 자기를 증거하지 않은 것이 아니라고 한다. 자연계시를 통하여 자신을 알려주신 것이지만 사람들은 눈이 어두워서 보고도 깨닫지를 못한 것이다. 이 설교에서 바울은 적극적으로 복음을 제시하지는 않았고, 자연계시를 통하여 하나님이 자신을 나타내신 점을 말하였다. 기독교변증학적인 측면에서 보자면 구원의 신앙으로 인도하기 위한 일종의 예비적인 신앙 단계로의 초대 같은 것이었다. 자연계시를 통해서 먼저 하나님의 존재를 알리고 이어 특별계시를 말하는 순서인데, 바울이 그런 의도로 말했는지는 알 수 없으나 본문의 내용만으로는 구원의 복음으로 들어가기 위한 예비적인 단계의 설교인 듯하다. 혹은 이 사건 이후로 기회가 오면 구원의 복음을 전했을 것으로 보인다.

3) 행 16:25-34. 빌립보에서의 전도설교

바울은 2차 전도여행 중에 빌립보에 도착하여 기도처가 있는가 하여 길을 가다가 루디아를 만나 그 집이 선교거점이 되고 또 장차 빌립보 교회가 되는 좋은 기회를 얻었고, 감옥에 갇혔다가 간수가 회개하는 기적이 일어나 대대적인 성공을 거두게 되었다. 바울과 실라는 아무 죄도 없이 감옥에 갇히게 되었으나 원망이나 불평을 하지 않고 오히려 하나님을 찬미하니 지진이 일어나고 사슬이 풀리는 기적이 일어났고, 간수는 죄수들이 다 탈옥하는 줄로 알고 자결하려 하였으나 바울이 크게 소리를 질러 만류하였다. 사실 간수가 자살하지 않은 것도 신기한 일이다. 지진이 일어난 것 못지 않게 죄수들이 도망하지 않은 것도, 간수가 죽지 않은 것도 다 이적이다. 상식적으로는 사슬이 풀어지고 옥문이 열리면 죄수들이 도망가는 것이 당연하고, 자기 책무를 다하지 못한 간수는 자살하는 것이 상례이다. 간수가 무서워 떨면서 바울과 실라 앞에 부복하고 "주님들이여(신들이여)! 내가 어떻게 해야 구원을 얻으리이까?"라고 물었다. 그러자 바울은 우리가 신이 아니고 신은 주 예수시니 예수님을 믿으라고 하였다. "주 예수를 믿으라. 그리하면 너와 네 집이 구원을 얻으리라"리는 유명한 설교를 하였다. 간수가 "신들이여!"라고 한 것을 한역에 "선생들아!"라고 한 것은 번역 상으로 맞지 않는 것 같다. 헬라어 원어 상으로도 주(퀴리오스)가 맞고, 또 그 상황에서는 간수가 바울과 실라를 신으로 생각했을 것이다. 바울은 간수 뿐 아니라 그 가족들에게도 전도를 하였으니 기록에는 없어도 분명히 복음전도 설교를 하였을 것이다. 세례를 주었다면 세례식을 하기 전에 복음을 말했을 것이다. 이 설교에서 바울은 예수님을 믿어야 구원받는다는 복음진리를 간단명료하게 전파하였고, 위급한 상황에서 간수가 거의 초죽음이 되어 간구할 때 인간적인 대우를 받으려고 하지 않고 예수 구원의 복음을 선포했다는 점이 중요하다.

4) 행 28:23-28. 로마에서의 변증 및 전도설교

바울은 가이사에게 호소하였으므로 로마로 가게 되었다. 가는 도중에 풍랑을 만났으나 하나님의 은혜로 바울의 선지자적 능력이 나타나고, 배가 파손되어 군인들이 죄수들을 죽이려다가 바울을 인하여 백부장이 살려주었으니 이것도 큰 이적이다. 멜리데를 경유하여 다시 로마로 도착한 바울은 당국자들의 호의를 얻어 감옥이 아니라 가택연금으로 어느 정도의 자유를 가지고 복음사역을 할 수 있었다. 바울은 거기에서 유대인들 중에 고위 인사들을 청하여 자신은 죄가 없으나 할 수 없이 가이사에게 호소하였고, 이스라엘의 소망을 인하여 사슬에 매인바 되었다고 변호하자 그들이 더 듣고자 하여 날짜를 정하였는데, 많은 사람들이 찾아와서 아침부터 저녁까지 하나님의 나라에 대하여, 그리고 율법과 선지자의 글을 가지고 예수를 증거하였다. 즉 바울은 여기서도 일종의 질문과 대답을 포함한 강해설교를 하였다. 무리가 나뉘어서 바울의 말을 듣는 이도 있고, 듣지 않는 이도 있었다. 주로 유대인들이 듣지 않자 이방인들은 들으리라고 하면서 온 이태를 지내며 자기에게 오는 사람들을 따뜻하게 영접하고 하나님의 나라를 전파하고, 주 예수 그리스도에 관한 모든 것을 담대하게 거침없이 전하였다. 로마에서의 설교사역에서 우리가 배울 점은 바울이 기회만 오면 예수 그리스도를 전했다는 것이다. 그는 셋집에 연금된 상태에서도 전도할 수 있는 기회를 얻었는데, 이것은 아마 백부장의 호의로 된 것 같다. 바울의 평소 행동에서 존경심을 가지지 않았다면 이런 일은 가능하지 않았을 것이다. 설교자로서 바울은 순수한 복음의 메시지를 전하기도 하였지만 삶 속에서도 행동으로 전도한 것을 볼 수 있다. 어거스틴의 말을 빌리자면 설교자는 강단에서 내려온 때부터 진정한 설교를 한다는 말이 바울에게 잘 적용된다고 할 수 있다.

III. 바울 설교의 특징

 바울 설교의 특징을 말하자면 먼저 순수한 복음이 들어있는 교리설교라고 할 수 있다. 바울은 언제나 복음을 전할 때 구약예언의 성취로서의 그리스도를 전하였고, 예수 그리스도의 죽으심과 부활의 사건을 반드시 증거하였다. 칼빈이 에베소서와 사무엘서 설교에서 말한 것처럼 설교자가 순수한 복음을 선포할 때 그리스도께서 참으로 임재하신다고 하였는데, 바울의 설교에서 그 좋은 예를 발견하게 된다. 목회자들은 바울의 설교 태도와 그 내용을 보고 자신의 강단 사역에서 적용할 필요가 있다.

 또한 바울의 설교는 어떤 상황에서나 예수님을 영접하게 하려고 노력하는 전도설교이다. 비록 듣는 이들이 율법에 전혀 기초 지식이 없을 때에라도 창조자 하나님에 대해 설명하고 헛된 우상숭배에서 돌이켜 하나님께로 돌아오도록 촉구하고 다음 기회가 오면 반드시 예수 천당의 복음을 선포하는 것이다. 바울은 어떻게 시작된 설교라 할지라도 마무리는 항상 예수그리스도의 죽음과 부활로 끝맺음을 하였다. 한 마디로 바울의 설교는 구속의 진리를 전하는 설교였다. 기독교는 도덕적 교훈으로, 혹은 새로운 사상으로 사람들을 유인하려는 종교가 아니라 예수 그리스도의 보혈의 능력과 부활의 권능을 통하여 회개하고 믿는 자에게 구원을 베푸시는 하나님을 믿는 종교이다. 이 복음 진리를 선포하는 것이 바울 설교의 핵심이라고 할 수 있다. 그리고 바울의 설교는 신앙을 일으키고 세우는 설교이다. 사도행전에 나타난 바울의 설교들은 듣는 이로 하여금 믿음이 발생하도록 하는데 목적이 있다. 그래서 바울 자신의 능력이 아니라 성령의 능력이 나타나는 것을 본다. 믿음은 하나님의 선물이기 때문이다. 바울은 자신의 모든 선교사역이 성령의 은혜로 되었다는 것을 고백한다(롬 15:19). 칼빈은 성령의 으뜸가는 사역은 믿음을 세우는 일이라고 하였다(기독교강요 3권 1장 4절). 그리고 목회사역은 한 마디로 말씀사역인데, 이 말씀사역인 설교는 믿음을 발생시키고 증대시키며 강화하는 사역이라고 하였다. 그런 의미에서 바울의 설교학은 칼빈의 설교학과 완전히 일치한다고 할 수 있다. 성경의 목적은 믿게 하려함이다(요 20:30-31). 무엇을 믿게 하려는가? 예수는 그리스도시며, 하나님의 아들임을 믿게 하여 영생을 얻게 하는 일이다. 이런 목적으로 설교를 하는 것이 바울의 모범을 따르는 길이다.

박해경

안양대학교 (대신)
성결대학교 (Th.B.)
서울신학대학교 신학대학원 (M. Div.)
아신대학교 대학원 (Th.M.)
아신대학교 대학원 (Ph.D.)
(전) 한국칼빈학회 회장
(현) 한국복음신앙학회 회장
(현) 문형장로교회 담임목사

히브리서에 나타난 설교

현경식

I. 서론

히브리서는 수수께끼와 같은 서신으로 알려져 있다. 바울을 비롯해서 바나바와 아볼로 등, 여러 저자가 제시되었지만, 전혀 알 수 없기 때문이다. 다만 복음의 2세대인 것으로 추측된다(히 2:3-4).[1] 그래서 대부분 주석에서 히브리서 저자라는 익명의 이름을 사용하는 것이 관례가 되었다. 신약의 다른 책들과 마찬가지로 히브리서도 하나의 설교라 해도 무방하다. 신약의 모든 책이 예수 그리스도를 전하는 전도자의 위치에서 그리고 교회의 문제를 해결하려는 목회자의 입장에서 집필되었다는 것을 가정한다면 복음서나 서신의 형태를 가졌다 할지라도 설교인 셈이다. 특히 히브리서는 마지막 문안 인사 외에는(13:24) 서신의 형태를 찾아볼 수 없으며 저자는 히브리서를 "권면의 말"로 (히 13:22) 동일화 했다는 점에서 서신의 형식상으로 더욱 설교의 관용적 형태를 보여주고 있다.[2]

---

1. R. Williamson, *Philo and Epistle to the Hebrews* (Leiden: E. J. Brill, 1970); R. W. Thurston, "Philo and the Epistle to the Hebrews," *EQ* 58(2, '86), 133-143. Thurston은 히브리서가 1세기 말 메르카바 신비사상(Merkabah Mysticism)과 연관이 있다고 주장한다.
2. Willliam L. Lane, 『히브리서』, WBC 47상, 채천석 역 (서울: 솔로몬, 2006), 103; Otto Michel, 『히브리서』, 국제성서주석 43 (서울: 한국신학연구소, 1984), 43.

설교의 상황은 설교자가 있고 청중이나 독자가 있어야 한다. 히브리서 저자가 설교자라면 히브리서를 받고 읽는 교회 즉, 교인들이 있음을 가정해야 한다. 히브리서 안에는 독자들의 상황이 내재되어 있다. 그들은 첫 박해와 (10:32-34) 두 번째 박해에(12:4) 직면해 있었고 배교의 위험에 처해 있었다(6:4-6, 10:26, 12:3). 교인들 가운데 구원의 길을 포기하는 자들도 있었고(2:3) 모이기를 힘쓰지 않는 자들과(10:25), 믿음의 인내가 부족한 자들도 있었다(3:6, 13, 10:36-39).[3] 이런 상황에 근거하여 그들은 믿음의 위로와 용기가 필요했고 말씀의 가르침과 권면이 절실했다. 이와 같이 히브리서의 설교는 교회와 독자의 상황에 기인한다고 볼 수 있다. 이런 점에서 설교는 교인을 위한 설교가 되어야 한다.

히브리서 저자의 신학을 다양하게 설명할 수 있지만 가장 대표적인 것을 한마디로 말한다면 "대체의 신학"(Alternative Theology)이라 할 수 있다. 좁게는 선지자들에 의해 언급된 구약의 모든 가치들과 넓게는 세상 철학에 의해 제시된 핵심적인 가치들이 예수님으로 대체되었다는 것이다(히 1:1-2, 9:9, 24, 10:1, 11:1). 생명과 구원, 회개와 죄사함, 제사와 안식, 그림자와 실체, 약속과 완전 등, 인간을 위한 가장 소중한 가치들의 중심에 예수님으로 대체되었다.

이런 점에서 대체의 신학은 그리스도 목적(Christo-telic)의 신학이며 그리스도 중심(Christ-centered)의 신학이다. 이 신학이 복음의 내용이고 동시에 설교의 핵심이다. 이러한 신학을 근거로 히브리서에 나타난 설교의 특징을 살펴보기로 한다.

---

3. 히브리서 독자들은 구약에 익숙한 유대인들과 헬라철학에 익숙한 이방인들이 섞여 있을 가능성이 크다: N. Perrin, *The New Testament: An Introduction* (Chicago: University of Chicago, 1974), 138; G. Kümmel, *Introduction to the New Testament* (Nashville: Abingdon, 1973), 401. 참조.

II. 히브리서에 나타난 설교의 특징

1. 그리스도 중심의 설교

히브리서에 나타난 설교의 첫 번째 특징은 그리스도 중심의 설교다. 서론에서 언급한 바와 같이 그리스도를 전하는 것이 설교의 목적이기 때문이다. 히브리서뿐만 아니라 신약성경 전체가 그리스도 중심의 설교로 이루어져 있지만 히브리서는 더욱 핵심적이고 독특한 모습을 보여 준다. 히브리서에 나타난 예수님의 칭호를 살펴보면 아들(1:2, 3:6, 4:14, 5:8, 6:6, 7:28), 맏아들(1:6), 그리스도(3:6, 14, 5:5, 9:11, 14, 28, 10:10, 13:8), 주(1:8, 10, 7:14, 8:2, 8, 9, 10:5, 12:6, 14), 대제사장(3:1, 4:14, 15), 사도(3:1), 중보(8:6, 9:15, 12:24), 목자(13:20), 등이 있다. 이 가운데 사도, 대제사장의 호칭은 신약성경 가운데 히브리서에만 나타나는 이름이다. 예수님에 대해 초대교회의 기본적인 고백은 부활 후 신앙이라 일컬어지는 "하나님의 아들 우리 주님 예수 그리스도"이다(롬 1:4 참조). 히브리서는 예수님에 대해 더 풍성하고 충만한 고백을 하고 있다고 본다.

예수님이 누구인가에 대한 설교 중 하나님의 아들에 관한 설교는 히 1:1-4:13에 집중되어 있다. 여기서 하나님의 아들이신 예수 그리스도는 하나님 아버지와 동일하신 하나님의 영광의 광채시며 본체의 형상임을 강조한다.[4] 이는 아들이 만물보다 먼저 존재하셨다는 선재성을 강조하는 것으로 선재하신 아들은 만물의 창조자임을 먼저 증거한다(1:2-3; 요 1:3, 골 1:16 참조). 그러므로 선재하시는 아들은 천사보다 우월하신 존재이다(1:5-14). 천사들은 바람에 불

---

4. 영광의 광채(ἀπαύγασμα 아파우가스마)와 본체의 형상(καρακτήρ 카라크테르)은 아버지와 아들이 동일함을 주는 아들의 존재론적 특성을 보여주는 용어이다. 이는 빌 2:6의 하나님의 본체(μορφή 모르페)와 골 1:15의 하나님의 형상(εἰςκών 에이콘)과 동일한 의미이다. 모든 용어는 아들의 존재가 아버지와 동일하다는 삼위일체론적 표현이다.

과하며(1:7) 섬기는 영에 불과하다(1:14). 아버지의 선재하는 아들이며(1:5) 만유의 상속자이신(1:2) 맏아들(1:6)과 천사는 비교할 수 없는 존재이다. 더 나아가 예수 그리스도는 유대교의 대표적인 예언자며 영웅으로 칭송받는 모세와도 비교할 수 없는 존재이다(3:1-4:13). 모세는 하나님의 집의 한낱 종에 불과한 자이며(3:5) 하나님의 아들은 집의 상속자로서 절대적인 존재이다(3:6). 참으로 예수님을 깊이 생각하는 설교이다(3:1).

대제사장이신 예수 그리스도를 설교하는 부분은 4:14-5:10과 7:1-28에 집중되어 있다. 대제사장이란 칭호는 예수 그리스도의 십자가를 우리를 위해 단번에 드린 영원한 그리고 완전한 제사로 보기 때문이다(7:27-28; 10:12 참조). 대제사장은 구약의 제사 용어이며 레위족들이 맡은 직책이다(7:4-10). 그러나 예수님의 대제사장직은 레위가 아닌 멜기세덱과 같은 불멸의 생명의 능력을 따른 직책이다(7:16). 대제사장의 용어를 사용하는 이유는 그 직책의 기능 때문이다. 실질적인 동물제사의 제사장직을 말하는 것이 아닌 하나님과 백성 사이의 중보의 역할에 중점을 두는 것이다. 그러므로 예수님의 대제사장직은 레위의 반차와 같이 매일, 매달, 매년 동물의 피를 드리는 제사가 필요하지 않다(7:27). 영원한 예수님이 드리는 제사는 단번에 드린 영원한 제사이기 때문이다(7:24).

다음으로 예수님에 대한 설교 중 "새 언약의 중보자이신 그리스도"(히 8:6, 9:15)가 있다(8:1-10:18). 이 부분에서 예수님의 십자가 사건은 새 언약이고 율법은 옛 언약 혹은 첫 언약이다. 첫 언약은 새 언약의 모형과 그림자에 불과하고(8:5) 사람을 완전케 할 수 없기 때문에(9:9) 흠이 있는 언약이다(8:7). 이제 사람을 구원하려면 하나님을 섬길 수 있는 새로운 길, 새 언약이 필요하다(9:14) 그것이 흠 없고 죄 없으신 예수 그리스도의 새 언약이다(9:14; 4:15 참조).

예수님이 누구인가를 드러내는데 이런 설교를 듣는다면 온전한 이해에 도달할 수밖에 없다고 본다. 논리적으로 완벽하고 언어의 선택과 표현하는 방법은 설득의 효과를 극대화하고 있다. 위에서 언급한 것 외에 히브리서를 통해 그리스도 중심의 설교를 더 많이 제시할 수 있을 것이다. 어떤 것을 설교한다 할지라도 히브리서의 설교는 그리스도를 잘 선포하고 있다. 설교에 있어서 예수님을 설교하는 것이 핵심이고 복음의 중심이다. 예수님 설교를 하지 않는다면 그것은 기독교의 설교가 아니다. 예수님을 배척하는 유대교 랍비도 구약의 인물을 통해서 우리보다 훨씬 잘 설교할 수 있을 것이다. 우리의 설교는 윤리 도덕적 설교보다 예수님이 누구인가를 깊이 있게 전할 때 진정한 설교의 본분을 지키게 된다. 히브리서가 설교는 예수님의 우월성, 절대성, 완전성을 선포한다는 점에서 그리스도 중심의 설교의 좋은 본을 보이고 있다.

2. 새 용어를 사용하는 설교

히브리서에 나타난 설교 중 특이한 점은 히브리서 저자가 새로운 신학적 용어를 사용한다는 것이다. 새로운 용어란 복음서나 신약성경의 가장 많은 비율을 차지하는 바울 서신에 나타나는 단어들과 다른 용어를 의미한다. 이 용어들은 단순하게 비슷한 개념의 단어를 제시하는 것이 아니라 신학적으로 더 세밀하고 깊이 있는 단어들임을 알 수 있다. 이런 점에서 히브리서가 바울 서신보다 희랍어 표현 능력이나 단어의 선택이 더 고상하며 넓고 깊다고 주석가들은 판단하고 있다.[5]

히브리서에서만 나타나는 가장 대표적인 새 용어는 "완전"($\tau\epsilon\lambda\epsilon\iota\acute{o}\tau\eta\varsigma$ 텔레이오테스)이라는 용어다. 히브리서의 주제로서 취급되는 완전은 바울 서신의 하나님의 의와 의롭게 됨의 개념과 상응하는 용어이다. 히브리서 저자는 먼저 그리스도의 완전을 설교한다. 그다음에 그리스도인의 완전을 다룬다. 그리

---

5. Otto Michel, 『히브리서』, 31-32.

스도의 완전은 그의 고난 즉 그의 십자가의 죽음을 통해 이루어진다(히 2:10, 5:9). 하나님의 아들 됨은 그의 죽음에 의한 완전으로써 성취된다(5:7-12, 7:27-28). 그의 완전의 필요충분조건인 죽음은 모든 사람의 죄를 위한 완전한 제사이며(7:27, 9:26) 동시에 단번에 드린 영원한 제사이다(10:10-12).

그리스도의 완전은 그가 완전한 장막이 되었음을 의미하며(히 9:11) 성소에 들어갔음을 의미한다(9:12). 더 나아가 그의 완전은 많은 자녀들을 영광으로, 즉 그리스도인의 완전으로 인도한다(2:10, 5:14, 6:2, 7:25). 그리스도인의 완전은 온전히 그리스도의 완전에 기인한다. 이것은 그리스도인의 완전이 그리스도를 향한 성숙한 믿음에 이르는 것을 말하며(5:13), 성숙한 믿음은 그리스도의 가르침에 대한 깊은 이해와 연관이 있다(6:1-2). 그리스도의 완전은 새로운 구원의 길을 만들었을 뿐만 아니라(10:20), 그리스도 자신이 믿음의 창시자요 완성자가 된 것이다(12:2).

이와 같이 그리스도의 완전과 그리스도인의 완전은 로마서에서 증거하는 복음에 나타난 하나님의 의와 복음을 영접한 그리스도인이 의롭게 되는 것과 신학적 틀을 같이 하고 있다(롬 1:16-17, 3:21-22 참조). 히브리서에는 의롭게 됨이라는 바울 신학적 용어를 사용하지 않는다. 반면에 바울의 신학적 용어를 대체할 수 있는 용어를 제시하면서 신학적 깊이를 더하고 있다고 해도 과언이 아니다. 예수님을 설명하는 의미 있는 새로운 용어는 새로운 설교의 감동을 줄 수 있는 하나의 방법이 될 수 있다.

그 외에도 히브리서에는 새로운 기독론적 용어를 찾아볼 수 있다. 히 2:9에 완전과 함께 등장하는 "구원의 창시자"라는 용어이다. 여기서 구원의 창시자(ἀρχηγός 아르케고스)라는 용어는 히브리서에만 사용하는 단어이다. 이 용어는 히 12:2에 "믿음의 주요 온전케 하시는 이인 예수"에서 사용되었다. 이 번역은 실제로 믿음의 창시자(ἀρχηγός)요 완성자(τελειωτής 텔레이오테스)이신 예수님으로 번역되어야 한다. 구원의 창시자는 믿음의 창시자이며 구원의 완전자는 믿음의 완전자라는 의미이다. 이러한 용어는 예수님을 설교하는 데 도움을 주는 새로운 용어라 할 수 있다.

히브리서는 "안식"이라는 단어를 구약의 안식과 전혀 다르고 새롭게 신학적으로 조명하고 있다(히 3:7-4:13). 그리스도인의 안식, 이 땅 혹은 유대교의 안식이 아니라 영원한 안식인 다른 날로서의 안식을 강조한다. 히브리서의 안식은 하나님 나라의 개념과 같이 이중적 즉, 현재와 미래의 개념을 갖고 있다. 이미 안식에 들어간 자가 있는가 하면(4:10) 미래의 안식은 하나님의 백성에게 남아 있는 안식이다(4:9). 그러므로 모든 믿는 자들은 이 안식에 들어가기를 힘써야 한다(4:11). 하나님 나라에 들어가는 것과 미래의 안식에 들어가는 표현은 안식의 장소와 공간을 전제하고 있다. 또한 안식에 들어가기를 힘쓰는 것은 불순종의 삶을 멀리하는 것이며 살아있는 말씀에 순종하며 심판을 준비하는 것이다(4:12-13). 이런 새로운 안식의 개념을 가진 그리스도인은 이 땅의 안식을 추구하지 않는다. 구약의 십계명에 있는 안식일을 거룩하게 지키라고 하지 않을 것이며 안식일을 지키는 교파를 만들지 않을 것이다. 교회의 지도자는 주일이나 특정한 하루를 안식일이라 강조하며 설교하지 않을 것이다(골 2:16 참조). 우리의 안식은 그리스도께서 주시는 영생이기 때문이다.

히브리서에만 나오는 새로운 신학적 개념이 있다. 먼저 "회개 무용론"이라 불리는 신학이다(히 6:6). 예수님을 영접하고 믿음의 생활을 하다 타락한 그리스도인은 다시 새롭게 하여 회개케 할 수 없다는 것이다. 회개 무용론과 더불어 비슷한 개념의 제사 무용론이라는 것이 있다(10:26). 이것도 믿는 자가 예수님을 배반하고 그의 십자가의 피를 부정한 것으로 여기는 자들에게 더 이상 속죄의 제사가 없다는 것을 증거하는 것이다. 두 가지 공통적으로 믿다가 믿음을 떠난 자들을 대상으로 한 신학적 개념이다. 모두 다른 신약성경에서는 찾아볼 수 없는 새로운 개념의 용어들이다. 이것은 히브리서의 독자들이 배교의 위험에 처한 것과 연관이 있으며 극단적인 경고를 통해 권면하는 것으로 보인다(3:13 참조). 한편으로 믿다가 타락한 자들이 다시 돌아오는 것이 매우 힘들고 어렵다는 것을 반증해 주고 있다.

한 가지 더 제시할 수 있는 새로운 개념은 히 9:22에 나오는 "피 흘림이 없은즉 사함이 없느니라"는 신학적 서술이다. 이 서술은 신약의 다른 부분에서 얼마든지 있을 것이라 예측할 수 있다. 죄 사함은 예수님의 흘리신 보혈에 의한 은혜이기 때문이다. 그러나 이 서술은 신약성경 가운데 여기 밖에 없다. 이 서술의 중요한 의미는 "왜 속죄를 위해서 예수님의 피가 필요한가요?"라는 질문에 필요한 신학적 대답이다. 예수님의 보혈의 결과를 고백하지만 왜 반드시 피흘림이 있어야 하는가에 대한 성경적 증거가 필요하다. 예수님의 고난에 대한 예고는 있지만(막 8:31, 9:31 참조) 왜 죄 사함을 위해 피를 흘리셔야만 하는가에 대한 말씀이 필요하다. 히브리서의 이 증거를 통해 속죄와 죄 사함의 전제가 피흘림이기 때문에 하나님의 뜻이 독생자 예수 그리스도의 피흘림이라고 설교할 수 있다.

3. 구약을 인용하는 설교

히브리서에 나타난 설교의 특징 중 하나는 어떤 설교를 하든지 반드시 구약을 인용한다는 것이다. 구약은 그리스도인들에게 옛 예언으로서 자리매김하고 있다. 구약은 모세의 율법(Torah)과 선지의 글(Neviim)과 시편과 같은 성문서(Kethubim)로 이루어져 있다(눅 24:27, 44 참조). 예수님을 영접하지 않은 유대인과 유대교는 구약이라 하지 않고 책들의 첫 단어를 이용해 TaNaK(타낙)이라고 부른다. 구약을 예수님에 대한 예언이라고 믿는 그리스도인들에게만 타낙은 구약(Old Testament)이 된다. 구약의 예언 중에서 예수님에 관한 예언을 예표(豫表 Prolepsis)적 예언이라 하고 그와 기독교 신앙의 논제들과 연관된 예언을 예시(豫示 Adumbration)적 예언이라고 한다. 히브리서에는 구약의 구절들을 명시적으로 직접 인용한 횟수가 37번이나 된다.[6] 그 외에도 구약에 대한 암시적 단어들이나 지역, 이름과 같은 간접적 인용을 포함하면 히브리서 전반에 걸쳐 엄청난 숫자의 구약 인용을 사용하고 있다.

하나님의 아들의 우월성을 강조한 히 1:1-4:13에서는 17개의 구약 구절이 인용되었다.[7] 하나님의 아들이 천사와 모세보다 우월한 존재임을 구약의 예언을 통해서 증명하는 것이다. 이런 점에서 설교는 논증의 형태를 가지면서 비교와 대조의 방법을 사용하고 있다고 보아야 한다. 여기서 구약의 구절들은 이러한 논증을 증명하기 위한 하나의 범례로서의 역할을 하고 있다. 이 가운데 히 2:12(시 22:22), 2:13a(사 8:8:17b), 2:13b(사 8:18a)에서 사용된 구약 구절들은 예수님을 향한 예표적 예언으로서 메시야 구절(messianic passages)이라고 부른다. 그리스도의 죽으심으로 마귀를 없이 하시며(2:14) 죄 가운데서 종노릇 하는 자들을 놓아주시며(2:15), 그들의 죄를 대신 구속하셨다(2:17). 구약의 인용된 구절들은 이러한 그리스도의 예표적 말씀으로 사용된다.[8]

히 4:14-11:40에서는 주로 그리스도의 대제상직을 설교하고 있다. 구약의 레위 제사장직이 아닌 멜기세덱의 반차를 따른 새 언약의 대제사장직을 강조한다. 여기서도 모든 예수님과 연관된 논제들을 증명하기 위해서 구약을 인용한다.[9] 새로운 안식의 개념, 새로운 대제사장직, 새로운 언약의 필요성, 부활,

---

6. 히브리서에서 구약의 인용의 회수는 학자마다 조금씩 다르다; Westcott(29개), Kistemaker(34), Spicq(36), Michel(32), K. J. Thomas(29), Howard(35), M. Barth(38); H. J. B. Combrick, "Some Thoughts on the Old Testament Citations in the Epistle to the Hebrews," *Neo Testamentica* 5(1971), 23 참조.

7. 다음 구절들과 구약의 인용구를 참조하라: 히 1:5a(시 2:7b), 1:5b(삼상 7:14), 1:6(신 32:43), 1:7(시 104:4), 1:8-9(시 45:6-7), 1:10-12(시 102:25-27), 1:13(시 110:1), 2:6-8(시 8:4-6), 2:12(시 22:22), 2:13a(사 8:8:17b), 2:13b(사 8:18a), 3:7-11(시 95:7b-11), 3:15(시 95:7-8), 4:3(시 95:11), 4:4(창 2:2), 4:5(시 95:11b), 4:7(시 95:7-8).

8. 현경식, 『수사학과 성경해석』 (서울: 옥토와소리, 2014), 231-231.

9. 다음 구절들을 참조하라: 히 5:5(시 2:7), 5:6(시 110:4), 6:14(창 22:17), 7:17(시 110:4), 8:5b(출 25:40), 8:8-12(렘 31:31-34), 9:20(출 24:8), 10:5-7(시 40:6-8), 10:16-17(렘 31:33-34), 11:18(창 21:12).

믿음 등과 같은 초대교회의 신앙을 위한 근거로서 구약의 예언들을 사용하고 있다. 뿐만 아니라 히브리서 설교의 권면부인 12:4-13:17에서도 구약을 사용하며 권면하고 있다.[10] 히브리서의 권면적 설교는 그리스도의 재림의 소망 가운데 박해와 고난 가운데 있는 독자들을 위로하는 종말론적인 권면의 형태를 띠고 있다. 그러므로 독자들은 하나님의 은혜에 이르지 못할 것을 두려워하며(12:14-17), 경건함과 두려움으로 섬기며(12:18-29), 그리스도인으로서 지켜야 할 윤리적 의무를 감당해야 함을 설교한다(13:1-17).

이와 같이 히브리서는 모든 설교의 내용에 구약의 특정한 구절들을 인용하며 사용한다. 설교의 내용은 의심의 여지 없이 그리스도와 그와 연관된 신앙의 논제들이다. 구약의 내용이 중요해서 구약을 설교하는 것이 아니라 그리스도 신앙을 증명하기 위한 근거로서 혹은 범례로써 사용하는 것이다. 이런 점에서 교회의 설교의 내용과 목적의 우선성을 어디에 두어야 하는지를 히브리서의 설교를 통해서 알 수 있다.

III. 히브리서 설교의 방법

히브리서에 나타난 설교의 문학적 방법은 여러 가지가 있을 수 있다. 다만 여기서 제시하는 것은 연역적 설교와 비교의 설교, 경고의 설교를 제시하고자 한다. 먼저 히브리서 저자가 설교하는 방법의 한 가지는 연역적 설교라 할 수 있다. 설교하는 메시지를 먼저 제시한 후에 그 메시지를 증거하는 여러 가지 자료와 논제들(topics)은 추가하는 방법이다. 여기서 메시지라 함은 설교의 목적과 연관된 가장 중요한 주제(stasis)를 의미한다. 예를 들어 설교의 주제 즉 메시지가 "천사보다 뛰어나신 예수님" 혹은 천사보다 뛰어나신 하나님의 아

---

10. 다음 구절들을 참조하라: 히 12: 5-6(잠 3:11-12), 12:20(출 19:12-13), 12:21(신 9:19), 12:26(학 2:6), 13:5(신 31:6), 13:6(시 118:6).

들이라고 한다면(히 1:4) 이 주제를 증거하기 위해서 설교의 자료들을 정리하는 방법이다(1:1-14). 이 주제를 증거하기 위한 논제로서 아들의 선재성, 아버지와의 동등성(1:2-3), 창조자로서의 아들(1:10), 주의 나라의 통치(1:8) 등이 있다. 또한 천사에 관하여는 천사는 바람이나 불꽃과 같은 덧없음(1:7) 섬기는 영으로서의 위치(1:14) 등을 논제로 사용한다. 그리고 아들과 천사에 관한 구약의 구절들을 인용하여 아들의 우월성과 절대성을 설명한다.

연역적 설교에서 주제를 정하는 것이 가장 중요하다. 그리고 주제와 연관된 논제들을 적절하게 잘 선택해야 한다. 이것이 연역적 설교의 효과를 결정하는 가장 중요한 요소이다. 앞서 논제들과 함께 제시된 구약의 구절들 역시 설득력 있는 적절한 구절들을 선택해야 한다. 여기서 구약의 구절들은 주제와 논제들을 두드러지게 하는 하나의 범례(example)로써 사용된다. 그 외에도 저자의 실질적 경험이나 삶의 체험을 추가할 수 있다. 이러한 요소들을 잘 배열해서 증거하고자 하는 주제를 가장 효율적으로 설교해야 한다.

다음으로 히브리서의 설교는 비교의 설교라 할 수 있다. 히브리서에서는 주로 비교의 언어를 통해서 그리스도의 우월성을 논증한다. 저자는 천사, 예언자, 모세 등과 그리스도를 비교하며, 그리스도에 의한 제사와 레위 지파의 제사와도 비교를 한다. 동시에 언약, 제사장, 안식, 부활, 믿음 등과 같은 논제들을 사용하며 "더 나은"(κρείττων 크레이톤),[11] 혹은 "더 큰"(μείζονος 메이조노스)과[12] 같은 비교급 용어들을 사용하여 그리스도의 절대성과 우월성을 증명한다.

히 4:14-11:40에서 비교의 대상은 멜기세덱과 아론의 제사(5:5, 6, 7:17), 땅의 장막과 하늘의 장막(8:5), 첫 언약과 두 번째 언약(10:5-7, 16-17) 등이 있

---

11. 히 1:4, 6:9, 7:7, 19, 22, 9:23, 10:34, 11:16, 35, 40, 12:24, 등.
12. 6:13, 16, 9:11, 등을 참조하라.

다. 제사의 비교는 그리스도의 완전한 그리고 영원한 제사와 레위 지파의 불완전한 제사가 비교된다. 그리스도의 제사와 그리스도의 하늘 장막, 그리스도의 언약만이 영원하며 율법의 제사를 폐기한다(10:8-14). 그러므로 땅에 있는 제사와 성소, 장막은 하늘에 있는 것의 모형과 그림자에 불과하며(8:5) 완전한 것은 이 창조에 속하지 않은 것이요(9:11) 영원한 하늘에 속한 것이 참 형상이다(10:1).

12:4-13:7 권면부에서도 비교의 언어들이 사용된다. 저자는 구약의 시내산과 하늘의 시온산을 비교시키고 있다(12:24). 그리스도인이 이르는 곳은 하늘의 도성이며 하늘의 예루살렘이다. 이 땅에 속한 제사가 무의미하듯 이 땅에 보이는 도성과 예루살렘도 영원한 것이 아닌 그림자에 불과하다(13:14).[13] 우리가 장차 미래에 받을 나라는 진동하는 나라가 아닌 진동치 않는 영존하는 나라이다(12:26-28). 이와 같이 히브리서의 설교는 전반적으로 비교 혹은 대조라는 문학적 기술을 통해서 이루어져 있다. 비교를 통해서 더 좋은 언약, 더 좋은 구원의 길을 설교하고 있다(8:6).

히브리서의 설교에서 경고의 설교를 빼놓을 수가 없다. 신약성경 다른 어떤 곳에서도 찾아볼 수 없는 강력한 경고가 히브리서에 나타난다. 앞서 히브리서 설교의 특징에서 언급했듯이 저자는 회개 무용론(히 6:6)과 제사 무용론(10:29)을 통해서 극단적인 경고를 하고 있다. 경고의 대상은 예수 그리스도를 영접했다가 의도적으로 배반한 자들을 향하고 있다(6:4-8, 10:29). 이 외에도 히브리서는 큰 구원의 말씀을 등한히 여기는 자들에 대한 심판(2:3)과 하나님의 경고를 무시한 자들이 마지막에 하나님의 심판을 받을 것이라는 경고의 설교를 하고 있다(12:25).

---

13. 바울도 표면적 유대인과 이면적 유대인, 육의 할례와 마음의 할례, 진정한 아브라함의 자손(롬 2:28-29, 갈 3:7 참조) 등에 대해서 강조하였다. 오늘날 개신교회와 목회자들이 눈에 보이는 성소와 장막(장막신학)을 강조하고 땅의 예루살렘을 강조하는 것은 전혀 성경적이지 않은 것이다.

이러한 경고의 설교는 연약하고 불신하는 교인들을 위한 경고로서 사용되었다. 이 경고는 독자들의 현재와 미래에 대한 두 가지 차원을 포함한다. 하나님의 심판에 대한 경고는 미래에 있을 하나님의 보상에 대한 소망을 내포하고 있으며 이는 인내를 요구한다(10:35-36). 그들은 현재 극심한 박해 아래 있으며(10:33-34) 배교의 위험에 빠져 있다(10:38). 특히 10:38의 "뒤로 물러가면"의 의미가 유대교로 돌아가는 배교인지, 단순히 교회를 떠나가는지에 대해서는 확실하지 않다. 다만 그리스도에 대한 믿음을 떠나는 것은 분명하다.[14] 저자는 독자들에게 첫 번째 박해를 언급하면서 다시 올 박해를 인내할 수 있는 확신을 가지라고 권한다(10:32). 예수 그리스도의 재림은 박해 아래 있는 그리스도인들에게 희망이 된다.

IV. 히브리서 설교의 교훈

히브리서의 설교가 주는 교훈 중 가장 먼저 강조해야 할 것이 있다. 그것은 설교를 위한 오직 하나의 주제는 예수 그리스도가 되어야 한다는 것이다. 히브리서뿐만 아니라 신약의 모든 책들이 이 해석의 원칙에서 벗어나지 않는다. 히브리서에 나타난 완전의 주제 역시 이 점을 벗어나지 않는다. 히브리서 본문이 생겨난 원인은 분명히 히브리서 교인들의 상황에 기인한다. 교회의 상황이 서신의 목적을 만들었고 이 목적을 설득하기 위해서 설교가 만들어졌다. 이러한 목적이 히브리서 본문 안에 내포되어 있다. 이러한 해석학적인 원칙이 오늘날 믿음의 공동체에게 그대로 적용되어야 한다.

공동체의 상황은 말씀을 원하며 해석된 말씀을 통해서 그들의 목적을 이룰 수 있다. 다시 말해서 히브리서의 설교는 교인들의 상황에서 출발한다. 이를 "상황의 본문화"(Textualization of Context)라고 부른다. 설교라는 본문

---

14. T. W. Lewis, "...and if he shrinks back (Heb 10:38b)," *NTS* 22(1975-6), 94.

이 있기 전에 교인과 교회 그리고 저자의 상황이 있게 마련이다. 상황의 본문화는 오늘날 우리에게도 적용되는 해석학적 순환이 된다. 우리의 설교라는 본문도 이러한 상황에 기인하기 때문이다. 다만 우리에게 히브리서와 같은 성경의 본문이 존재하기 때문에 설교의 본문화가 용이할 수 있다. 그러나 성경 말씀에 근거한 설교 본문을 만드는 것은 성경 연구가 전제되어야 한다.

교회의 상황에 근거한 히브리서 설교의 목적은 그리스도의 완전(히 2:10, 5:8-9)을 통해서 그리스도인의 완전(5:14, 6:2)을 향하고 있음을 보여준다. 그리스도인의 완전은 종국적으로 교회를 위한 관심을 가져오게 한다; 회중(2:12), 형제들을 위한 그리스도의 희생(2:10-18, 4:14-16, 5:1-10), 하나님의 집(3:6, 10:21), 하나님의 백성(4:9, 8:10, 11:25), 장자들의 총회와 교회(12:23) 등. 그리스도인의 완전이라는 신학적 개념은 결국 교회와 교인들의 삶을 향한 목회적인 관심으로 나타나게 된다. 그래서 서신은 교인들의 불순종을 경고하고(3:7-11, 15, 4:3, 7, 10:30, 12:20, 21, 26), 박해 가운데 있는 그들을 인내하라고 권면하며(6:14, 10:37-38), 위로와 확신으로 그들을 격려하고 있다(12:5-6, 13:5-6). 그리스도인의 완전을 위한 이러한 삶의 대부분은 교인들이 따르고 순종해야 하는 윤리적 권면의 형태로 나타난다.[15]

그러므로 히브리서의 설교는 권면의 설교가 되어야 함을 말해주고 있다. 히브리서에 나타나는 권면은 매우 다양하게 나타난다. 그중에서 예수님을 깊이 생각하고(3:1), 그를 견고히 붙들고(3:6), 그의 은혜의 보좌에 담대히 나아가며(4:16), 믿음의 창시자며 완성자이신 예수님을 바라보라(12:2)는 권면은 기독론적 설교와 함께 배교의 상황에 빠져 있는 교인들을 향해 동반되는 위로와 격려의 권면이다. 그 외에도 교회의 지도자들을 조심하고(13:7) 다른 교훈에 미혹되지 말라는 권면은(13:9) 다른 서신에서도 자주 발견되는 권면이다

---

15. 현경식, 『수사학과 성경해석』, 240.

(고후 11:3-4, 갈 1:8-9 참조). 또한 하나님이 기뻐하시는 제사를 드리라는 권면으로서 예수님을 증거하는 찬미의 제사, 선을 행하고 나눔을 실천하는 제사를 강조한다(13:15-17). 이런 제사는 그리스도인들의 일상적인 삶 즉, 공동체의 지체로서의 삶을 의미한다. 여기서 제사(θυσία 쒸시아)는 신약성경에서 그리스도인들의 예배와 동의어로 사용된다.[16] 저자는 마지막으로 자신이 강조한 권면의 설교를 잘 용납하기를 바라면서 서신을 마치고 있다(13:22).

IV. 결론

히브리서 자체가 하나의 설교라 할 수 있다. 다만 히브리서에 나타난 주제와 논제들을 분류한다면 히브리서 안에서 수많은 설교를 찾을 수 있을 것이다. 또한 히브리서의 설교를 오늘날 상황에 적용해서 설교를 만든다면 수백, 수천의 설교가 만들어질 수 있다. 신약성경의 본문이 그 본문을 원하는 교인들과 교회의 상황이 먼저 존재했다. 이는 본문보다 상황이 앞선다고 할 수 있다. 다시 말해서 설교의 본문보다 교인의 상황이라는 것이 먼저 존재한다는 것이다. 이것은 어느 시대, 어느 사회에서도 동일하다. 오늘날의 설교 상황도 다르지 않다. 교인들이 무엇을 원하는지 교회가 무엇을 원하는지 설교자는 알아야 한다. 그래야 올바른 설교 본문이 만들어 질 수 있다.

교인과 교회의 상황은 예나 지금이나 비슷하다. 박해의 상황, 배교의 상황, 세상 철학의 공격, 복음의 변질과 왜곡의 문제, 인간 본능의 문제, 교회의 사명 등, 이러한 모든 상황이 신약성경 본문 안에 내재되어 있다. 만일 신약성경의 본문 연구를 통해서 당시 교회와 교인들의 상황을 연구한다면 오늘날 교회의 상황과 일치된 점을 얼마든지 발견할 수 있다. 이 말은 우리의 상황을 해결하

---

16. 예배로 번역되는 희랍어는 θυσία외에도 προςκύνεω(프로스퀴네오 요 4:23)와 λατρεία(라트레이아 롬 12:1) 등이 있다.

기 위해 히브리서 본문을 통해서 설교할 수 있다는 말이다. 중요한 것은 히브리서는 교회의 상황을 극복하기 위해 오직 그리스도와 그의 십자가의 신학을 근거로 설교했다는 것이다. 이것은 바울을 비롯해 모든 신약성경의 책들이 동일하다. 예수님의 말씀이 우리의 문제를 해결하지 못한다고 생각하면 그것은 진정한 설교자의 태도가 될 수 없다. 예수님의 말씀은 인간의 모든 문제를 다 해결하고도 남음이 있는 능력의 말씀이기 때문이다.

이 글을 마치면서 한국의 신학생들과 목회자들이 그들의 설교를 위해 성경 연구에 더 시간을 투자하기를 소망한다. 신학이 없이는 신앙이 있을 수 없고 신학이 없이는 올바른 설교를 할 수 없다. 우리의 신학은 그리스도와 그의 말씀에 근거한 신학이 되어야 한다. 이런 점에서 우리의 설교는 성경적 설교가 되어야 한다. 설교에 대한 다양한 이론들에 치우쳐서 성경에도 없는 예화 찾기나 유머 찾기, 세상의 원리나 윤리 도덕에 치우쳐서 예수님의 복음이 없는 설교를 한다면 그것은 성경적 설교가 아니다. 이런 점에서 히브리서의 설교는 하나님의 아들이신 우리 주님 예수 그리스도의 말씀을 통해서 성경적 설교가 무엇인지 우리에게 가르쳐 주고 있다고 믿는다.

참고문헌

현경식, 『수사학과 성경해석』, 서울: 옥토와소리, 2014.
Combrick, H. J. B., "Some Thoughts on the Old Testament Citations in the Epistle to the Hebrews," *Neo Testamentica* 5(1971), 21-39.
Kümmel, G., *Introduction to the New Testament*, Nashville: Abingdon, 1973.
Lane, Willliam L., 『히브리서』, WBC 47상, 채천석 역, 서울: 솔로몬, 2006.
Lewis, T. W. "...and if he shrinks back (Heb 10:38b)," *NTS* 22(1975-6), 88-94.
Michel, Otto 『히브리서』, 국제성서주석 43, 서울: 한국신학연구소, 1984.
Perrin, N., *The New Testament: An Introduction*, Chicago: University of Chicago, 1974.
Thurston, R. W., "Philo and the Epistle to the Hebrews," *EQ* 58(2, '86), 133-143.
Williamson, R., *Philo and Epistle to the Hebrews*, Leiden: E. J. Brill, 1970.

현경식

한양대학교 공학사 (B.S.)
감리교신학대학교 대학원 (M.Th.)
달라스 Southern Methodist University (M.Div.)
Chicago Theological Seminary (Ph.D.)
(전) 전주대학교 신학과 교수
(현) ACA 신학대학원 총장
(현) 서울 상립교회 담임목사

Sermons of Spiritual Masters

영적 거장들의 설교

아타나시우스의 설교

전대경

I. 서론: 아타나시우스의 생애

아타나시우스(Athanasius, 296?-373)[1]는 (예수 그리스도의 신성을 부정하고 그리스도를 피조물이라고 보는) 아리우스파(Arians)에 대항했던, 삼위일체 교리의 열렬한 수호자로 잘 알려져 있다. 비범하고 대범하며 강직한 성격을 가진 이 신학자는 안타깝게도 자신의 사상이 기독교 정통 교리로 비준되는 것을 살아생전에 직접 목도하지는 못했다.[2]

아타나시우스는 이집트 북부에 있는 알렉산드리아에서 태어났다. 그의 가족 배경에 대한 자료는 거의 알려지지 않았지만, 그렇게 부유하지는 않았던 것으로 보인다. 자료의 부족으로 인하여 그의 탄생 연도에 대해서도 의견이 분분하여 대략적으로 약 주후 296년경으로 추정할 뿐이다. 아타나시우스는 막시미누스 다자(Maximinus Daza) 황제에게 핍박을 받던 교수들에게 주후 311년부터 신학 교육을 받기 시작했다. 그리고 주후 318년부터 첫 신학 저술을 내놓기 시

---

1. 태어난 시기를 295년으로 보는 이도 있으며, 더 빠르게 293년으로 보는 이들도 있지만, 296년에서 298년 사이가 가장 설득력이 있다는 의견이 가장 유력해 보인다. 다음을 참조하라. Johnathan Hill, *The History of Christian Thought* (Oxford: Lion, 2003), 61; Cornelius Clifford, "CATHOLIC ENCYCLOPEDIA: St. Athanasius," accessed on August 10, 2020, available at: https://www.newadvent.org/cathen/02035a.htm.
2. Hill, *The History of Christian Thought*, 60f.

작했다.³ 그는 30살 남짓이었던 주후 326년에 신부 서품을 받았으며, 325년에 있었던 제1회 니케아 공의회(the Council of Nicea)에 참가하기도 했다.⁴ 당시 아타나시우스는 알렉산드리아의 총대주교(Patriarch of Alexandria)인 알렉산더(Alexander I)⁵의 개인 비서로 함께 참여했다. 아타나시우스가 16세 정도였을 때인 주후 313년에 알렉산더가 총대주교에 취임했다.⁶

알렉산더의 알렉산드리아 선임⁷ 주교였던 베드로 1세(Peter I of Alexadria, 311년에 순교)를 기념하는 예배를 마치고, 알렉산더는 부하 성직자들과 바닷가가 보이는 한 가옥에서 식사를 하고 있었는데, 마침 창 밖에서 한 무리의 아이들이 교회 예전 의식들(liturgical ceremonies)을 흉내 내는 놀이를 하는 것이 보였다. 그런데 아이들의 놀이는 결국 세례식까지 흉내 내는 것이었다. 알렉산더는 아이들의 장난이 너무 멀리 간다 싶어, 아이들을 가옥 안으로 모두 들어오게 했다. 아이들에게 물어 보니, 아이들은 이 역할놀이에서 주교와 신부들, 그리고 집사들 등의 직분들을 모두 갖추었고 세례식에서 행하는 모든 말도 완벽하게 행한 것을 확인하고 놀라움을 감출 수 없었다. 알렉산더는 이 아이들을 혼내는 대신, 당시 주교 역할을 하며 세례를 베풀었던 아타나시우스에게 오직 '주교의 안수와 도유(기름부음)'를 통해서만 그 세례가 유효하다

---

3. Athanasius, *The Orations of St. Athanasius against the Arians: According to the Benedictine Text*, ed. William Bright (Cambridge University Press, 2014), ii.
4. Robert W. Smith, *The Art of Rhetoric in Alexandria: Its Theory and Practice in the Ancient World* (The Hague, Netherlands: Martinus Nijhoff, 1974), 101.
5. "Pope Alexander I of Alexandria," in *Wikipedia*, accessed on August 10, 2020, available at: https://en.wikipedia.org/wiki/Pope_Alexander_I_of_Alexandria.
6. Athanasius, *The Orations of St. Athanasius against the Arians*, iii.
7. "Pope Achillas of Alexandria," in *Wikipedia*, accessed on August 10, 2020, avaiable at https://en.wikipedia.org/wiki/Pope_Achillas_of_Alexandria. 실제로는 알렉산더와 베드로 1세 사이에 아킬라스(Achillas, 312-313 재임)가 있지만, 그는 역대 최단기간을 재임하고 불명예스럽게 주교에서 파면되었다. 그 이유는 바로 그의 선임인 베드로 1세가 했던 '결코 아리우스파를 교회 내에 받아들이지 말라'는 명령을 어겼기 때문이었다.

는 것을 직접 보여주고는 아타나시우스가 놀이에서 베푼 세례를 유효한 세례로 선포했다. 어린 아타나시우스 비범함을 알아본 알렉산더는 아타나시우스의 부모에게 '앞으로 주님께서 높이 들어 쓰실 인물이니 어릴 때부터 성직자가 될 교육을 시켜줘야 한다.'고 권면했다. 당시 교육기관으로부터 교육을 거의 받지 못하고 있었던 아타나시우스는 사무엘이 성전에서 살면서 교육받았던 것처럼, 알렉산더의 사택에서 성직자가 될 훈련을 받게 되었다. 알렉산더는 아타나시우스를 집에 들여 아들처럼 대해주었으며, 자신의 개인 비서로 고용했다.[8]

주후 328년 알렉산더의 서거 이후, 그 알렉산드리아의 주교 자리를 아타나시우스가 맡게 되었다. 이후에 있을 황제들로부터의 수많은 핍박(총 5차례에 걸친 파면과 추방)[9]과 아리우스파와의 혈투를 이 때 아타나시우스가 미리 알았더라면, 아마도 주교직을 맡지 않았을지도 모르지만 말이다. 아타나시우스는 그의 선임인 알렉산더가 갖고 있던 알렉산드리아의 모든 문제들까지도 함께 물려받았다. 특히, 당시 알렉산드리아에 있던 이교도의 분리주의 분파인 멜리시우스파(Militians)는 아타나시우스에게 극심히 반기를 들었다. 이들이 각양각색의 불만을 제기한 끝에, 아타나시우스는 결국 주후 330년 콘스탄티누스 대제 앞에 불려가 자신을 변론해야만 했다. 다행히도 아타나시우스는 스스로를 잘 변호하여 그 고발 혐의가 기각되었다. 하지만 머지않아 334년에 아타나시우스의 직권남용 위법 행위를 조사하기 위해 가이사랴(Caesarea, 당시 이스라엘 서북부에 있던 로마령의 주도主都)에 의회가 소집되었다. 당시 아타나시우스의 혐의 명목은 단순한 세금 부당 징수에서부터 살인이나 마술

---

8. Athanasius, *The Orations of St. Athanasius against the Arians*, ii-iii.
9. 조금 더 자세한 내용을 위해서는 다음을 참조하라. George Dion Dragas, *Saint Athanasius of Alexandria: Original Research and New Perspectives* (Rollinsford, New Hampshire: Orthodox Research Institute, 2005), 198-204.

(witchcraft)까지 매우 다양했다. 그런데 당시 아타나시우스를 제거하려던 반대파들에게는 아주 골치 아프게도, 아타나시우스가 살해했다는 사람이 멀쩡히 살아 있을 뿐 아니라 아주 잘 살고 있다는 것이 밝혀짐으로써 결국 무혐의 처리되었다. 하지만 바로 다음 해인 335년에, (아타나시우스를 가장 강력히 반대했던 아리우스파와 멜리시우스파의 주도로) 앞에서와 비슷한 이러 저러한 잡다한 혐의들로 기소된 티레(Tyre, 레바논에 있는 도시)에서 있었던 재판에서 결국 유죄판결을 받게 되었고, 결국 콘스탄티누스 대제는 아타나시우스를 알렉산드리아의 총대주교에서 파면하게 되었다.[10] 이로써 아타나시우스는 제1차 추방을 당하게 되어, 오늘날 독일에 있는 트리어(Trier)로 유배를 가게 되었다. 거기에서 당시 트리어의 주교였던 막시미누스(Maximinus)[11]의 보살핌 아래에 지냈다.[12]

그로부터 몇 년 후, 아타나시우스에게는 다행스럽게도 주후 337년에 콘스탄티누스가 사망함으로써 알렉산드리아로 다시 돌아오게 되었지만, 반대파들의 거센 저항으로 339년에 제2차 추방을 당하게 되었고, 로마로 유배를 갈 수밖에 없었다. '아타나시우스가 바로 진정한 알렉산드리아의 적법한 주교'라며 옹호해 주었던, 당시 로마의 주교이자 교황이었던 율리우스 1세(Julius)[13]의 보호 하에, 아타나시우스는 당시 알렉산드리아에서 그의 자리를 대체했던 아리우스파의 그레고리(Gregory of Cappadocia) 주교가 서거했을 때인 주

---

10. Hill, *The History of Christian Thought*, 61.
11. "Maximin of Trier," in Wikipedia, accessed on August 10, 2020, available at: https://en.wikipedia.org/wiki/Maximin_of_Trier.
12. "Athanasius of Alexandria," in *Wikipedia*, accessed on August 10, 2020, available at: https://en.wikipedia.org/wiki/Athanasius_of_Alexandria.
13. 교황 율리우스 1세는 주후 350년경에 예수 그리스도의 탄생 기념일을 오늘날의 크리스마스인 12월 25일로 공표한 사람으로 알려져 있다. "Pope Julius I," in *Wikipedia*, accessed on August 10, 2020, available at: https://en.wikipedia.org/wiki/Pope_Julius_I.

후 345년까지 로마에 있었다.[14] (공동)황제[15] 콘스탄티우스 2세(Constantius)와 원만한 관계를 유지함에 따라 - 사실은 콘스탄티우스 2세의 동생인 콘스탄스(Constans) (공동)황제의 비호 아래에서 - 아타나시우스는 다시 한번 자신의 고향 알렉산드리아로 돌아올 수 있었다. 당시 알렉산드리아 시민들은 자신들이 사랑하던 주교의 재입성을 온 도시에 축제가 열린 것처럼 열렬히 축하했으며, 알렉산드리아는 다시금 종교의 부흥기를 맞게 되었다. 하지만 아리우스파와의 전쟁은 이제 그 서막에 지나지 않았음을 아타나시우스는 아마도 아직 잘 몰랐을 것이다. 325년에 있었던 제1차 니케아 공의회에서 공식적으로 패배한 아리우스파는 로마의 동쪽 편을 중심으로 콘스탄티누스 대제와 콘스탄티우스 2세를 포함한 광범위한 우군들이 있었다. 이들에게는 자신들의 반대파에서 가장 눈엣가시처럼 여겨졌던 인물이 바로 아타나시우스였을 것이다. 아리우스파는 수단과 방법을 가리지 않고 아타나시우스를 제거하고자 했고, 아타나시우스도 여기에 맞서 남은 평생을 아리우스파에 대항하는 데에 온 힘을 바쳤다.[16]

주후 350년에 콘스탄스가 부하에게 죽임을 당한 후, 아리우스파였던 콘스탄티우스 2세는 아타나시우스를 제거하려고 수차례 시도했지만, 번번이 군중들의 항거에 막혀 성공하지 못했다. 그러던 중, 356년 2월 8일 미사를 드리

---

14. 조나단 힐(Jonathan Hill)은 그의 책 *The History of Christian Thought*, 61에서 346이라고 하지만, 위키피디아에는 345년이라고 나온다. "Athanasius of Alexandria," in *Wikipedia*.
15. 디오클레티아누스(Diocletianus) 황제는 주후 293년 5월 1일부터 사두정치체제(tetrarchy)를 시작했다. 즉 로마를 동로마와 서로마 두 개로 분할해서 통치하는 공동황제 체제로서, 동서에 각각 정제(正帝, Augustus) 한 명씩을 선임으로 두고, 그 정제들 밑에 독립적인 구역을 다스리는 부제(副帝, Caesar)를 각각 두었다. 그래서 사실상 4명의 공동황제가 함께 다스리던 사두정치체제는 20년 동안 지속되었으나, 313년에 서로마의 황제 콘스탄티누스 1세와 동로마의 황제 리키니우스(Licinius) 단 2명만 남게 되면서 종식되었다. 그리고 324년 콘스탄티누스 1세는 리키니우스를 죽이고 동서로마를 다시 통일하면서 단독 황제로 올라서게 되었다. 다음을 참조하라. "List of Roman Emperors," in *Wikipedia*, accessed on August 12, available at: https://en.wikipedia.org/wiki/List_of_Roman_emperors.
16. Hill, *The History of Christian Thought*, 61.

고 있는 도중에 아타나시우스를 제거하러 콘스탄티우스 2세가 파견한 군대가 들이닥쳤고, 많은 군중이 이를 저지하려다 목숨을 잃었으며, 아타나시우스는 그곳을 피해 이집트 사막으로 피신하여 6년간 수도사로 도피 생활을 함으로써, 제3차 추방을 당하게 된다. 그러던 중 361년 11월 4일, 아타나시우스를 핍박하던 콘스탄티우스 2세가 죽고, 그 뒤를 율리아누스 황제가 잇게 된다. 새 황제는 자신의 전임자(콘스탄티우스 2세)가 추방했던 모든 주교들이 제자리로 돌아갈 것을 공표했고, 마침내 362년 아타나시우스는 고향 알렉산드리아로 돌아가게 된다. 아타나시우스를 환영하는 (그리고 전임 주교에게 성난) 군중은 조지(George of Cappadocia) 주교를 낙타에 태워 함께 불살라 죽게 했다.[17] 하지만 만 1년도 되지 않아, 기독교에 적대적이었던 율리아누스 황제는 아타나시우스를 파면했다. 결국 아타나시우스는 제4차 추방을 당하게 되었고, 363년 6월 26일 율리아누스 (공동)황제가 죽을 때까지 이집트 북쪽에 있는 사막 교부들(Desert Fathers: 사막에서 금욕주의를 표방하며 지냈던 은둔 수도사들)[18]과 함께 지냈다. 그리고 율리아누스 황제의 뒤를 이은 요비아누스(Jovianus, 332-364) 황제로부터 알렉산드리아의 주교로 복직을 받게 되었다. 하지만 그 다음 해인 364년 10월에 요비아누스 황제가 죽게 되자, 아타나시우스는 다시 한번 그 후임인 (아리우스파를 더 선호했던) 발렌스(Valens) 황제로부터 제5차 추방을 당하게 된다. 아타나시우스는 이번에는 알렉산드리아 바로 외곽으로만 피신해 있었으며, 이로 인한(아타나시우스의 파면 및 추방으로 인한) 민중의 봉기로 알렉산드리아의 지방 관료들은 발렌스 황제를 설득하며 아

---

17. 다른 기록에는 이것이 "이방 건달들이 행한 것이며, 이들은 조지 주교를 죽일 때까지 발로 걷어찼으며, 주검을 온 도시 이리저리로 끌고 다니다가 낙타에 올려 같이 불살랐다."고 기록한다. 다음을 참조하라. "George of Cappadocia," in *Wikipedia*, accessed on August 10, 2020, available at: https://en.wikipedia.org/wiki/George_of_Cappadocia.

18. "Desert Fathers," in *Wikipedia*, accessed on August 10, 2020, available at: https://en.wikipedia.org/wiki/Desert_Fathers.

타나시우스의 추방을 철회하도록 해달라고 요청했다. 그리하여 발렌스 황제는 366년 아타나시우스를 복권시켰으며, 아타나시우스는 알렉산드리아에서 이제는 더 이상 그 누구의 눈치도 보지 않고 아리우스파를 비판하는 설교와 저서를 출판할 수 있게 되었고, 373년 5월 2일 고령의 나이로 생을 마감할 때까지 알렉산드리아의 주교로 지냈다.[19]

II. 아타나시우스의 설교와 그 신학적 특징

가톨릭이나 동방정교, 성공회 등에서는 그를 성인으로 부르며, 개신교에서도 그를 정통신학의 수호자로 여긴다. 하지만 이렇게 그를 영웅화(hero-worship)하는 것은 자칫 그의 생애 전체에 걸친 처절한 씨름의 과정을 가릴 수 있다. 따라서 그의 생애와 더불어 신앙인격이 녹아 있는 그의 설교를 재조명해 보는 것은 아타나시우스를 진정으로 기념하는 첫 발걸음이 될 수 있을 것이다.[20]

아타나시우스의 설교는 교육적이었고 실제적이었다. 존 칼빈이 교부의 전형이라고 존경하는 것처럼, 아타나시우스는 보수신학자들을 잇는 긴 계보에 있어서 가장 앞쪽에 위치한다. 그래서인지 에드윈 팩스턴 후드(Edwin Paxton Hood)는 "칼빈에게서 아타나시우스가 보이고, 아타나시우스에게서 칼빈이 보인다."고 고백한다.[21]

앞에서 언급한 것처럼, 아타나시우스는 일생을 바쳐 삼위일체를 열렬히 수호했기에 정통주의 신학의 아버지라고도 불린다. 그래서 그의 설교들은 그 핵심에 아리우스파의 일신론(unitarianism)과 양태론(sabellianism)에 대한 비

---

19. Hill, *The History of Christian Thought*, 61 & "Athanasius of Alexandria," in *Wikipedia*.
20. Athanasius, *The Orations of St. Athanasius against the Arians*, i-ii.
21. Edwin Paxton Hood, *Lamps, Pitchers, and Trumpets; Lectures Delivered to Students for the Ministry on the Vocation of the Preacher* (London: Jackson, Walford, and Hodder, 1867), 100f.

판이 자리하고 있다. 윌리암 브라이트(William Bright)가 편저한 《아타나시우스의 아리우스파 비판 설교》 *The Orations of St. Athanasius against the Arians* (Cambridge University Press, 2014)에서 보는 것처럼, 아타나시우스의 공적 연설(혹은 설교)은 그 전체가 '아리우스파를 비판하는 그의 신학'이라는 큰 구조 안에 있다고 볼 수 있다. 이 설교집의 목차에서 제1부는 '아리우스파의 정체'에 대해서 논한다. 제2부는 성자의 '낳음 받으심'이 피조물들의 '창조됨'과는 본질적으로 다름을 논한다. 제3부는 성부와 성자가 신적 본질에 있어서 '하나 되심'을 논한다. 제4부에서는 사벨리아니즘(양태론)을 비판한다.

아타나시우스는 주교이자, 신학자이자, 금욕주의자이자, 목회자(신부)로서 그리스 동방 전통과 라틴 서방 전통 모두에 큰 영향을 미쳤다. 총 5번 알렉산드리아의 주교 자리에서 파면을 당하고 복권되는 과정 속에서 사막 교부들에게로 도피하여 함께한 것이 그의 금욕주의에 영향을 미쳤을 것이며, 그의 신학은 단연 아리우스파를 비판하는 삼위일체론적 성격을 지닐 것이다. 그리고 이는 그의 설교 전체에 잘 녹아 있다. 따라서 아타나시우스의 여러 역할들을 모두 굳이 구분해서 이해하는 것보다는 아타나시우스라는 한 인물의 신앙인격 안에 녹아 있는 이러한 역할들과 특징들을 그의 설교를 통해 파악해보고자 하는 것이 본고의 목적이다. 따라서 주교이자 신부(목회자)로서 교회의 성례전과 설교 그리고 성경공부, 심방 등을 담당했던 아타나시우스의 역할 중 특히 설교자로서의 역할에 집중하는 것이 가장 타당해 보인다.[22]

에진하르트 마이어링(Eginhard P. Meijering)에 따르면, (주후 약 318년경에 쓰였을 것으로 잠정적으로 학계에서 합의된) 아타나시우스의 *Contra Gentes*(이교도 비판)은 논문이나 책이라고 볼 수도 있지만, 이교도의 이단적

---

22. David M. Gwynn, *Athanasius of Alexandria: Bishop, Theologian, Ascetic, Father* (Oxford: Oxford University Press, 2012), ix-x; 79; 135. 아타나시우스의 생애와 사상과 관련한 선행연구들의 목록을 위해서는 이 책의 서문(preface)을 참조하라.

신앙에 대해 경고하는 '회심자들을 향한 변증적 성격의 설교집'이라고 보는 것이 더 정확할 것이다. 비슷한 시기에 쓰인 아타나시우스의 *De Incarnatione Verbi Dei*(줄여서, *De Incarnatione*)(성육신에 대하여)와 더불어, 이 두 책은 그의 신학의 바탕에 깔린 큰 두 정초석이라고 할 수 있다. 아타나시우스는 이 두 책에서 전혀 새로운 것을 논하는 것이 아니다. 이미 전임자들(교부들)이 잘 논증한 것을 아직 잘 모르는 독자들에게 다시 설명해 주는 것이다. 아타나시우스는 계시(revelation)에 4가지 방법(혹은 단계)이 있다고 본다.

1. 인간이 하나님의 형상으로 지어졌기 때문에 인간은 하나님을 알 수 있다.
2. 인간은 우주(자연)의 조화를 통하여 하나님을 알 수 있다.
3. 인간은 (구약)성서를 통해 하나님을 알 수 있다.[23]
4. 인간은 말씀의 성육신(예수 그리스도)을 통해 하나님을 알 수 있다.

여기에서 첫 3개는 아타나시우스의 *Contra Gentes*(이교도 비판)에, 마지막 하나는 *De Incarnatione*(성육신에 대하여)에서 잘 논증되어 있다. 특히 전자는 기독교 변증 설교집으로서 아타나시우스는 '회심자들'을 주 독자로 염두에 두고 기록했지만, 철학자들과 이교도인들 역시 염두에 두었다. 물론, 후자(철학자들 및 이교도인들)가 얼마나 많이 그리고 잘 설득되어 기독교 신앙으로 돌아오게 되었는지 여부는 장담할 수 없지만 말이다. 하지만 분명한 것은 회심자들로 하여금 이교도의 이단적 신앙에 흔들리지 않게 하기 위해서, 아리우스파의 정

---

23. 신약성서의 정경화는 아타나시우스의 사후인 주후 383년 교황 다마수스(Damasus) 1세의 주도로 정경으로 인용(認容)되었다. 아타나시우스는 마지막 추방이었던 5차 추방으로부터 복권된 다음 해인 367년 부활절에 알렉산드리아 교구에 있는 교우들에게 보낸 편지를 통해 우리가 오늘날 가지고 있는 신약성서 27권의 목록을 가장 처음 편지에 적었다. "Athanasius of Alexandria," in *Wikipedia*.

체를 성경적으로 그리고 신학적으로 잘 소개해 놓았다는 것이다.[24]

III. 아타나시우스의 설교 방법의 한 예와 그 특징

다른 교부들에 비해서 아타나시우스의 설교문은 그래도 그 자료가 비교적 많이 남아 있는 편이다.[25] 설교자로서 아타나시우스는 4세기의 다른 어떤 설교자들보다도 더 두각을 나타냈다. 그는 오리겐(Origen)을 포함하여 알렉산드리아의 전임자들이 땅바닥에 떨어뜨려 놓은 말씀의 횃불을 다시 집어 들어 그 위상을 높이 치켜세웠다. 아타나시우스는 젊은이들에게 따뜻한 멘토였으며 가난한 자들에게는 한없이 약한, 타고난 목회자의 심성을 지닌 부드러운 사람이었다. 하지만 상식에 벗어난 불손한 사람들이나 체제 전복적인 이단 사상에는 사자처럼 거칠고 맹렬한 사람이기도 했다.[26]

젊은 시기의 아타나시우스의 설교는 화려한 수사학보다는 철학적이고 논증적인 형태를 더 많이 보였다. 그의 설교 모음집 중에 엄청난 걸작들이 있다. 그 가운데 대표작이 바로, 그가 서른 살도 되기 전에 썼던 *De Incarnatione Verbi Dei*(성육신에 관하여)[27]이다. 아리우스파와의 씨름을 통해 보인 그의 전

---

24. E. P. Meijering, *Athanasius, Contra Gentes: Introduction, Translation, and Commentary* (*Philosophia Patrum: Interpretations of Patristic Texts*, vol. 7) eds. J. H. Waszink & J. C. M. Van Winden (The Netherlands, Leiden: E. J. Brill, 1984), 154-5.
25. Smith, *The Art of Rhetoric in Alexandria*, 100.
26. Smith, *The Art of Rhetoric in Alexandria*, 100f.
27. 본 설교집을 포함한 다른 아타나시우스의 설교문들을 위해서는 다음을 참조하라. "Text Sermons: ~ Other Speakers A-F: Atahanasius," in *Sermon Index.net*, accessed on August 17, 2020, available at: http://www.sermonindex.net/modules/articles/index.php?view=category&cid=728. 아타나시우스의 책들을 위해서는 다음을 참조하라. "St. Athanasius: Patriarch of Alexandria," in *Christian Classic Ethereal Library*, accessed on August 17, 2020, available at: https://ccel.org/ccel/athanasius; "Online Books by Saint Athanasius," in *The Online Books Page*, accessed on August 17, 2020, available at: http://onlinebooks.library.upenn.edu/webbin/book/lookupname?key=Athanasius%2C%20Saint%2C%20Patriarch%20of%20Alexandria%2C%20%2D373.

(全) 생애를 볼 때 우리가 어렵지 않게 알 수 있는 것처럼, 그의 설교 "그리스도, 영원한 하나님"(Christ the Eternal God)[28]은 이러한 그의 논증적 의도가 그 제목에서부터 잘 드러나 있다. 그가 설교할 때에 아웃라인만 가지고 즉흥적으로 설교를 했는지, 아니면 설교문을 모두 작성해서 했는지는 정확히 알 수 없다. 하지만 분명한 것은 아타나시우스가 성경을 인용할 때에는 예화(네러티브)로 인용했을 때보다는 논증을 위해서였던 경우가 훨씬 더 많았다는 것이다.[29]

아타나시우스는 특히 설교의 양식(스타일)과 내용에 있어서 대단히 훌륭했다. 마태복음 20장 1-16절을 본문으로 한, 그의 "포도원 품꾼에 대한 설교"(Homily on the Laborers in the Vineyard)는 그의 젊은 시절을 대표할만한 가장 좋은 예일 것이다. 설교에서, 아타나시우스는 먼저 본문을 낭독한다. 그는 포도원의 등장인물들을 단순히 설명하는 데에만 머무르지 않고, 거기에 대응되는 성경 인물들을 상정한다. 즉, 포도원의 주인은 하나님이시고, 청지기는 예수 그리스도이시며, 최초의 품꾼들은 청지기에게 고용된 모세, 아론, 여호수아이다. 그리고 제 삼시에 청지기에게 고용된 품꾼들은 이스라엘의 사사들이며, 제 육시에 고용된 품꾼들은 사무엘, 다윗, 그리고 선지자들이다. 그리고 마지막 제 십일시에 마지막으로 들어온 품꾼들이 바로 그리스도의 제자들이다. 물론, 가룟 유다도 등장시키며 장황하게 비판한다.[30] 아타나시우스가 가룟 유다를 장황하게 비판하는 것은 아마도 그를 아리우스파로 상정해서일 것이다. 이를 증명하듯, 실제로 아타나시우스는 설교(들)에서 "아리우스파들"을

---

28. 본 설교의 전문을 위해서는 다음을 보라. Athanasius, "Christ the Eternal God," in *The Great Sermons of the Great Preachers: Ancient and Modern; with an Historical Sketch of the Greek and Latin Pulpit* (London: Ward and Lock, 1858), 35-41.
29. Smith, *The Art of Rhetoric in Alexandria*, 100f.
30. Smith, *The Art of Rhetoric in Alexandria*, 100f.

다음과 같이 원색적인 수사학적 표현으로 비판한다.

"악마들", "적그리스도들", "미치광이들", "유대인들", "다신론자들", "무신론자들", "개들", "늑대들", "사자들", "토끼들", "카멜레온들", "히드라들", "장어들", "오징어들", "깔따구들", "풍뎅이들", "거머리들".[31]

이처럼, 정통 사상과 상식에 어긋난 행동을 하며 사회 체제를 전복하려고 했던 아리우스파에 대한 맹렬한 비난을 강단에서 설교할 때에 참지 않았던 탓에, 아타나시우스는 당시 아리우스파 쪽에 있었던 교황이나 황제가 집권했을 시에 이들을 매우 분노케 했다. 그래서 앞에서 기록한 것처럼 5차례에 걸쳐 알렉산드리아의 주교에서 파면 당하고 알렉산드리아에서 추방을 당하게 되었다. 그래서 당시 이러한 황제나 교황의 핍박으로 인해 안타깝게도 아타나시우스의 설교도 대부분 유실되었다.[32]

오늘날의 우리가 볼 때에는 다소 흥미롭게도, 아타나시우스는 설교할 때에 그 자리에 있지도 않는 사람을 마치 그 자리에 있는 것처럼 가정하고 설교하는 양식(스타일)이 특징적이다. 한 예로, 그의 설교 "포도원의 품꾼"에서 그는 "오 가룟 유다여, 당신은 도대체 무슨 짓을 한 겐가? … 그대는 평생의 수고를 헛되이 되게 만들었고 그리스도의 제자 됨으로서의 영광을 발로 걷어차 버렸구려."라고 한다.[33] 여기에서 아타나시우스는 수사학적으로 돈호법, 영탄법, 설의법을 사용한다. 또 다른 설교 "영과 육"(Soul and Body)[34]에서, 아타나시우

---

31. Hood, *Lamps, Pitchers, and Trumpets*, 100.
32. Smith, *The Art of Rhetoric in Alexandria*, 104.
33. Smith, *The Art of Rhetoric in Alexandria*, 104.
34. 본 설교의 전문을 위해서는 다음을 보라. Athanasius, "Homily on Soul and Body by Athanasius," trans. & ed. Anthony Alcock, accessed on August 17, 2020, available at: https://suciualin.files.wordpress.com/2013/11/soul-and-body.pdf.

스는 "오 죽음이여, 그대는 아이나 어른이나, 노인이나 젊은이 할 것 없이, 그
들이 처한 여건이나 나이에 상관없이 모두 데려가는 구려"라고 하며 돈호법과
영탄법을 사용한다.[35]

설교에 있어서 예수님이나 베드로, 바울에게서 발견되는 것처럼 2인칭 화
법을 통해 청중에게 강력하게 내지르는 화법을 아타나시우스는 꺼리는 것처
럼 보인다. 이는 아마도, 예수님이나 그 제자들은 자신들에게 적대감을 갖고
있었던 다수의 회중들 앞에서 설교를 했기 때문이었고, 아타나시우스는 반대
로 자신에게 깊은 감성적(혹은 신앙적) 호감을 갖고 있는 이들이 청중들 대부
분이었기 때문일 것이다. 혹자가 여기에 동의하든 그렇지 않든 분명한 것은,
아타나시우스를 포함한 당시 교부들의 설교는 가급적 2인칭 화법을 피하고,
그 자리에 없는 사람을 등장시켜 그 자리에 있는 것처럼 부르며(돈호법으로),
영탄법과 설의법을 활용하고 직설적 화법을 피했다는 점이다.[36]

IV. 결론: 아타나시우스 설교의 적용과 교훈

위에서 살펴본 아타나시우스의 설교에 있어서 특징을 오늘날의 입장에서
비판적 관점이라는 현미경으로 들여다본다면, 다음과 같이 약 5가지로 요약할
수 있을 것이다.

1. 화법으로 인한 2인칭 청중에 대한 언급의 부재:[37] 오늘날 (당시 다른 교부들
과 더불어) 아타나시우스의 설교를 연구하는 사람들은 당시 그 설교의 청중이
누구였는지를 파악하기가 매우 어렵다. 오늘날 설교는 상식적으로, 그 청중들

---

35. Smith, *The Art of Rhetoric in Alexandria*, 104.
36. Smith, *The Art of Rhetoric in Alexandria*, 104.
37. 비록 설교문은 아니지만, 그 독자(혹은 청중)가 명확한 아타나시우스의 글들을 위해서는 다음을 보라. 이들은 모두 특정 수신자에게 보냈던 편지이다. Athanasius, *Historical Tracts of S. Athanasius, Archbishop of Alexandria*, trans. Miles Atkinson, contrib. John Henry Newman (Oxford: John Henry Parker, 1843).

의 연령, 지역, 신앙 수준, 직급, 성별, 집회의 성격 등에 따라 같은 본문이나 같은 주제(혹은 제목)의 설교도 예화나 설교를 전달하는 표현의 양식 전체가 달라지기 마련이다. 그래서 오늘날의 설교는 설교문만으로도 그 청중을 어느 정도 파악해 낼 수 있다. 하지만 아타나시우스의 설교에서는 이러한 오늘날의 (설교에 대한) 기준에서 볼 때에 그 청중을 파악하는 것이 거의 불가능하다.

2. 설교문에서 일정한 형식 등의 절차에 있어서의 결핍: 오리겐은 성경 본문을 한 절씩 강해식으로 설교했던 데에 반하여, 아타나시우스의 설교에는 일정한 체계가 없었다. 그래서 오늘날의 기준으로 볼 때에는 다소 두서가 없거나, 덜 준비된 설교처럼 보이기도 한다.

3. 하나의 명확한 대지(thesis)의 결핍: 하나의 명확한 주제(주장)를 관철시키기 위해서 집요할 정도로 일관성 있게 밀고 가기보다, 다소 논지가 산으로 가기도 했다.

4. 깊이 있는 학문적, 영적 성찰의 부재: 특정 주제나 본문에 대해서 깊이 있는 연구나 성찰도 잘 보이지 않으며, 그 설교를 완성한 후에 어떤 신적 기름 부으심을 간구하는 (골방 등에서의) 개인적 기도가 거의 보이지 않는다. 오히려 당시의 제1 그리고 제2 소피스트들에게서 만연하게 보였던, 청중의 귀를 만족시켜주는 화법의 연설에서 크게 벗어나지 못한 것으로 보이는 점이 특징이다.

5. 대화체 및 구어체 수준에서 머무름: 설교문이 하나같이 구어체 및 대화체로 되어 있다. 이는 마치 청중들이 신학적으로 어려운 설교를 잘 알아듣지 못했기 때문이라기보다는, 청중들을 더 높은 지적(신학적 및 철학적 차원에서) 수준에 올라가지 못하게 누르고 있으려고 하는 듯 보인다. 그렇기 때문에 설교들이 매우 얕은 피상적 수준에서 더 깊이 들어가지 않고 있는 것들이 만연하게 보인다.

하지만 그럼에도 불구하고, 당시(주후 약 4세기 정도까지) 청중들은 이방

종교보다 기독교의 메시지(단순한 복음)를 더 선호했던 것으로 보인다. 당시 그리스-로마의 다신교적인 문화 속에서 대중들은 자신들이 소모품처럼 여겨졌다고 느꼈다면, 기독교의 설교로부터 이들은 희망과 안도 그리고 평안을 얻었다. 기독교는 그 설교에서 대중 자신들을 유일신인 하나님의 창조물들이며 자녀들이라고 하기 때문이다.[38]

비록 그의 설교가 오늘날의 설교와는 사뭇 달랐을지라도, 아타나시우스는 기독교 정통신학의 선구자로서 우리들에게 징검다리를 놓아 주었다. 다시 말해서, 아타나시우스의 설교(그리고 신학)는 마치 금문교(Golden Gate Bridge)에서처럼, 이성과 신앙의 깊은 골을 메우기 위한 하나의 큰 상징적 가교를 먼저 세워주었다는 것이다. 우리가 기독교 사상사에서 보는 것처럼, 기독교 변증은 단 한 번에 끝나지 않는다. 오히려 점진적으로 계속되어야 하는 지구력을 요하는 씨름이다. 이러한 의미에서, 아타나시우스의 변증 설교집은 영구적인(그리고 닫힌) 것이 아닌 계속 유지 보수(즉 保守하고 補修)해야 하는 (신앙과 이성, 그리고 성과 속 사이의) 현수교(懸垂橋)라고 할 수 있다.[39] 아타나시우스의 설교집은 마치 금문교를 건조할 때에 연을 날려 얇은 실 한 올 한 올을 강 건너편에 연결했던 것처럼, 우리로 하여금 계속해서 증축하고 보강해야 하는 역사적으로 상징적이면서도 실용적인 튼튼한 삼위일체라는 금문교를 우리에게 남겨주었다.

참고문헌

Athanasius. "Christ the Eternal God." in *The Great Sermons of the Great Preachers: Ancient and Modern; with an Historical Sketch of the Greek and Latin Pulpit*. London: Ward and Lock, 1858.

---

38. Smith, *The Art of Rhetoric in Alexandria*, 105.
39. Meijering, *Athanasius, Contra Gentes*, 154-5.

_____. *Historical Tracts of S. Athanasius, Archbishop of Alexandria*. Trans. Miles Atkinson. Contrib. John Henry Newman. Oxford: John Henry Parker, 1843.

_____. "Homily on Soul and Body by Athanasius." Trans. & Ed. Anthony Alcock. Accessed on August 17, 2020. Available at: https://suciualin.files.wordpress.com/2013/11/soul-and-body.pdf.

_____. *The Orations of St. Athanasius against the Arians: According to the Benedictine Text*. Ed. William Bright. Cambridge University Press, 2014.

Clifford, Cornelius. "CATHOLIC ENCYCLOPEDIA: St. Athanasius." Accessed on August 10, 2020. Available at: https://www.newadvent.org/cathen/02035a.htm.

Dragas, George Dion. *Saint Athanasius of Alexandria: Original Research and New Perspectives*. Rollinsford, New Hampshire: Orthodox Research Institute, 2005.

Gwynn, David M. *Athanasius of Alexandria: Bishop, Theologian, Ascetic, Father*. Oxford: Oxford University Press, 2012.

Hill, Johnathan. *The History of Christian Thought*. Oxford: Lion, 2003.

Hood, Edwin Paxton. *Lamps, Pitchers, and Trumpets; Lectures Delivered to Students for the Ministry on the Vocation of the Preacher*. London: Jackson, Walford, and Hodder, 1867.

Meijering, E. P. *Athanasius, Contra Gentes: Introduction, Translation, and Commentary* (*Philosophia Patrum: Interpretations of Patristic Texts*. Vol. 7) Eds. J. H. Waszink & J. C. M. Van Winden. The Netherlands, Leiden: E. J. Brill, 1984.

Smith, Robert W. *The Art of Rhetoric in Alexandria: Its Theory and Practice in the Ancient World*. The Hague, Netherlands: Martinus Nijhoff, 1974.

"Athanasius of Alexandria." in *Wikipedia*. Accessed on August 10, 2020. Available at: https://en.wikipedia.org/wiki/Athanasius_of_Alexandria.

"Desert Fathers." in *Wikipedia*. Accessed on August 10, 2020. Available at: https://en.wikipedia.org/wiki/Desert_Fathers.

"George of Cappadocia." in *Wikipedia*. Accessed on August 10, 2020. Available at: https://en.wikipedia.org/wiki/George_of_Cappadocia.

"List of Roman Emperors." in *Wikipedia*. Accessed on August 12. Available at: https://en.wikipedia.org/wiki/List_of_Roman_emperors.

"Maximin of Trier." in *Wikipedia*. Accessed on August 10, 2020. Available at: https://en.wikipedia.org/wiki/Maximin_of_Trier.

"Online Books by Saint Athanasius." in *The Online Books Page*. Accessed on August 17, 2020. Available at: http://onlinebooks.library.upenn.edu/webbin/book/lookupname?key=Athanasius%2C%20Saint%2C%20Patriarch%20of%20

Alexandria%2C%20%2D373.

"Pope Achillas of Alexandria." in *Wikipedia*. Accessed on August 10, 2020. Avaiable at https://en.wikipedia.org/wiki/Pope_Achillas_of_Alexandria.

"Pope Alexander I of Alexandria." in *Wikipedia*. Accessed on August 10, 2020. Available at: https://en.wikipedia.org/wiki/Pope_Alexander_I_of_Alexandria.

"Pope Julius I." in *Wikipedia*. Accessed on August 10, 2020. Available at: https://en.wikipedia.org/wiki/Pope_Julius_I.

"St. Athanasius: Patriarch of Alexandria." in *Christian Classic Ethereal Library*. Accessed on August 17, 2020. Available at: https://ccel.org/ccel/athanasius;

"Text Sermons: ~ Other Speakers A-F: Atahanasius." in *Sermon Index.net*. Accessed on August 17, 2020. Available at: http://www.sermonindex.net/modules/articles/index.php?view=category&cid=728.

전대경

한양대학교 공과대학 지구환경공학과 공학사 (B.Sc.)
미국 Hyles-Anderson College 교육학석사(M.Ed.)
미국 Hyles-Anderson Seminary 목회신학석사 (M.P.Th.)
서울대학교 자연과학대학 과학학과 과학철학 전공 이학석사수료
평택대학교 피어선신학전문대학원 조직신학 전공 철학박사 (Ph.D.)
(전) 성서침례대학원대학교 시간강사
(전) 서울대학교 평생교육원 강사
(전) 한국외국어대학교 교양대학 특임강의교수
(현) 한국외국어대학교 철학과 객원강의교수
(현) 명지대학교 방목기초교육대학 객원교수
(현) 차의과학대학교 교양대학 강사
(현) 평택대학교 신학과 강사
(현) 성결대학교 신학부 강사

암브로시우스

조병하

1. '황금 입'의 설교자와 그의 명성

교부학자들은 교부들의 설교 평가에서 라틴교부 암브로시우스(334-397)와 헬라교부 요한네스 크리소스토모스(349-407)를 최고의 설교자로 든다.[1] 암브로시우스는 로마 달변의 전통의 설교의 유형을 형성하고 있다. 요한네스 크리소스토모스는 아티카풍의 궤변적인 논법을 사용하여 설교하였다. 둘 다 수사학이 그들의 설교에 깊이 침투되어 있다. 요한네스는 이미 5-6세기경에 "황금 입"의 사람이라고 하는 뜻의 이름 "크리소스토모스"가 사후별명으로 붙여졌고, 이 이름은 그의 설교의 영향력에 따라서 붙여진 이름이다. 암브로시우스는 설교에 있어서 자주 이러한 요한네스에 견주어진다.

암브로시우스가 살던 시기는 역사적으로 이미 그리스도교가 로마제국 백성들의 삶의 중심을 이루고 있었다. 그리고 암브로시우스는 이교도가 아닌 그리스도교 가정에서 태어난 첫 번째 교부였고, 아우구스티누스(354-430), 히에로니무스(347-420), 대 그레고리우스(540-604)와 함께 로마제국의 서쪽 라틴

---

[1] 본 글은 본인의 연구 글들을 중심으로 출판하는 책의 목적에 맞게 가결하게 정리한 것이다. 좀더 자세히 알기를 희망한다면, 1) "성경의 해석자이며 설교자 암브로시우스",『교부들의 신학사상』I, 서울: 그리심, 2005, 184-199, 2) "로마종교의 쇠퇴와 그리스도교", 200-223, 3) "예배당의 양도와 관련한 아욱센티우스에 대한 반박", 344-365를 참고하면 된다.

교회의 4대 스승으로 알려졌다.

2. 아에밀리아-리구리아의 총독

암브로시우스는 밀라노 감독으로 제직 중 거의 유사한 '죽음과 전쟁의 위협'[2]을 두 차례 겪었는데 이러한 위협은 황제 찬탈자 막시무스(387), 에우게누스(392)에 의해 일어났다. 암브로시우스 자신의 이러한 기록에 근거하여 334년(혹은 339년)경에 트리에르에서 태어났다고 추정한다. 당시 그의 아버지는 로마제국 갈리아 지방의 태수[3]이었다. 이른 그의 아버지의 죽음으로 그의 어머니는 자녀들을 데리고 도시 로마로 이주(340)했고 암브로시우스는 로마에서 그의 형과 누나와 함께 로마 귀족 자녀들이 배우는 교육과정을 통하여 철학, 수사학, 문헌학 등을 배웠다. 암브로시우스는 헬라어를 사용하는데 어려움이 없었다.[4] 그는 공직에 발을 들여놓았고 제국의 관료조직 안에서 빠르게 승진하였다. 그는 시르미움에 소재한 지방태수의 법정변호사(365년 초)로 그리고 370년에 이미 밀라노에 관청 소재지가 있는 아에밀리아-리구리아의 총독이 되었다. 밀라노는 당시 서쪽 로마제국의 황제관저가 있던 곳이었다.

3. 밀라노교회의 감독으로!

암브로시우스가 지역의 행정책임자로 있는 동안 밀라노교회의 감독인 아

---

2. 편지 49,3-4, CSEL 82/2, 55.
3. praefectus praetorio Galliarum은 갈리아 지방 최고위직으로 재판을 위한 전권이 주어진 관리직으로 당시 제국은 15개 지역으로 분할되어 있었다.
4. 로마가 헬라제국을 점령하면서 문화적으로 뒤쳐져 있었던 로마제국은 일상의 언어가 헬라어가 되고 철학사상을 받아들여 사회가 헬라화 되는 현상에서 로마제국의 언어이었던 라틴어가 일상화되는 데에는 흥미롭게 암브로시우스와 아우구스티누스와 레오의 헬라어 활용능력에 근거하여 역사특성을 구성하듯이 헬라어에 익숙해 있었고, 아우구스티누스는 헬라어의 어려움(특히 헬라어의 뉘앙스에 대한 고려)이 있었고, 레오(400년경 - 461; 440년부터 로마의 감독, 1대 교황)는 451년 칼케돈회의에서 통역을 세워 연설해야 했다.

욱센티우스가 죽었다. 아욱센티우스는 355년 콘스탄티우스 황제에 의해 유배되었던 정통신앙의 유산을 지녔던 디오니시우스감독의 뒤를 이은 아레이오스주의자 감독이었다.[5] 아욱센티우스는 죽을 때까지 북부 이탈리아와 갈리아 지역까지 아레이오스주의의 영향력을 확대하려고 힘썼다. 그가 죽은 후 밀라노교회는 후임 감독 선출문제로 혼란에 빠졌다. 니카이아 신앙고백을 고백하는 자들과 아레이오스주의를 따르는 사람들 사이에서 감독선출 문제로 일어난 밀라노교회의 소요를 해결하고자 지역 총독인 암브로시우스는 교회에서 연설했는데 어린아이 하나가 "암브로시우스를 감독으로!"라고 외쳤고[6], 양쪽 정파가 이를 받아들여 그는 감독으로 선출되었다.

암브로시우스는 처음에는 감독직 수락을 거부했으나 밀라노교회의 간곡한 요청에 결국 그는 황제 발렌티니아누스의 허락[7]을 받아 밀라노의 감독직을 수락하였다. 그러나 로마의 관료들이 배교의 염려로 자연스럽게 세례받기를 연기하는 동시대의 습관에 따라 아직도 암브로시우스는 세례를 받지 않았었다. 그러나 암브로시우스는 어려서부터 정통 니카이아 신앙고백에 근거한 교육을 받았었기에 정통감독(사제)에게 세례받기를 원했고 감독교육을 받기를 원했다. 당시 로마교회가 밀라노교회의 정통신앙 신자들을 대표하고 아욱센티우스감독 사후 지도자로 삼기 위하여 보냈던 심플리키아누스가 암브로시우스에게 세례를 베풀고 감독교육을 했다. 그는 암브로시우스가 죽은 다음에는 그의 뒤를 이어 밀라노 감독이 되었다. 암브로시우스는 후에 『의무에 대하여』라는 성직자의 자세에 대한 그의 글에서 당시를 회상하며 자신이 감독직을 수행하

---

5. 아욱센티우스는 '아버지와 성경대로 비슷하다'라 주장하는 유사론 주장자의 부류에 속했다.
6. 암브로시우스 목회 때에 집사로 봉직했던 파울리누스가 아우구스티누스의 부탁을 받아 『암브로시우스의 생애』를 썼는데 감독으로 선출된 과정을 생생히 기록하고 있다.(Paulinus, vita Ambrosii, 6)
7. 황제는 암브로시우스가 총독으로 나갈 때 '감독들처럼 총독의 일을 수행하라!'고 권했던 것을 상기시키며 로마제국의 총독직을 내려놓는 것을 허용했다.

기 위하여 가르치며 '동시에' 배워야했다[8]고 회상하여 기술한다.

4. 삼위일체 신앙논쟁과 중심교리서들

암브로시우스는 373년 12월 감독으로 세움을 입었다. 당시에 역사적 상황은 감독이 됨과 동시에 서방교회에서 진행되던 삼위일체 신앙논쟁을 마무리 지어야 하는 자리로 그를 내몰았다. 뿐만 아니라 377년 말 고텐족과 삼촌인 발렌스황제의 싸움을 돕기위해 시르미움에 이르렀던 서쪽황제 그라치아누스는 그곳에서 아리우스주의자들의 감독이었던 팔라디우스와 제쿤디아누스의 자극을 받아 암브로시우스에게 신앙의 도움이 되는 글을 요구했다. 황제 발렌스가 아드리아노플에서 전사한 후 378년 8월 9일에 암브로시우스는 교리적인 글『믿음에 대하여』I-II권을 집필하여 그라치아누스황제에게 헌정했다. 이글을 받았던 황제는 이어서 암브로시우스가 '성령에 대하여' 집필해 줄 것을 요청했다. 이에 암브로시우스는『믿음에 대하여』의 후속으로 III-V권을 추가로 기록하고 뿐만 아니라 아울러『성령에 대하여』I-III권을 집필하여 모두를 381년 1월경에 그라치아누스황제에게 헌정하였다. 이 두 권은 그의 교리적인 글로서 늦어도 383년경에 쓴 것으로 추정되는『주의 성육신의 신비에 대하여』라는 글과 함께 암브로시우스의 대표적인 세 권의 교리적인 글들이다.

암브로시우스의『믿음에 대하여』III-V권은 설교를 위하여 선택된 성경 구절을 본문으로 그간 행했던 적어도 10여 편 이상의 설교로 구성되었다. 특별히 3권은 1-2권처럼 순수 교리적인 글들로 구성되어 있으나 4-5권은 이미 행했던 교리적인 설교들을 중심으로 정리하고 있다. 즉 페리코페로 시 23:7(LXX)(IV 9-26장), 고전 11:3(27-32), 요 17:22-23(33-37), 요 5:19(38-76), 요 6:57(117-137), 고전 8:6(138-156), 요 15:1(157-168), 요 17:3(V 16-48),

---

8. Ambr., de officiis I, 4. Aug., conf. VIII 2,3.

요 4:22(49-54), 마 20:23(55-88), 요 17:3(89-145), 고전 5:28(146-149), 마 24:36(193-277) 등이 포함되어 있다. 물론 이 설교의 본문과 주제들은 모두 삼위일체 신앙과 관련이 있는 내용들이다. 암브로시우스는 삼위일체 신앙논쟁의 마무리 과정은 "성경대로 아버지와 아들이 비슷하다"는 유사론 주창자들인 아레이오스주의자들과 "성경대로 아버지와 아들, 성령은 동일본질이시다"는 정통교부들과 싸움에서 정통성을 보존한다. 암브로시우스는 381년 9월 2일에 아크뷔레이아에서 열린 회의를 주도하고 제국의 서쪽 지역에서 아레이오스주의 이단을 몰아내는 데 중요한 역할을 한다.

5. 삼위일체 신앙논쟁과 목회

암브로시우스가 아레이오스주의자들 지지 세력과 싸운 마지막 싸움은 신학적인 것이 아니라 목회적인 것이었다. 382/3년 겨울 그리치아누스 황제는 원로원 쿠리아로부터 다시 승리의 여신 제단을 항구적으로 제거했다. 황제는 승리의 여신을 '진정한 가르침의 보호자'로 인정할 수 없었고 그리스도인 원로들이 신의 희생제물을 통해 더럽혀지는 것을 용납할 수가 없었다. 이러한 황제의 조치에 당시 로마시의 프라이펙투스(지방장관)이었던 쉼마쿠스[9]가 이교도 원로들을 위해 사절단을 보내 승리의 여신을 위한 제단을 제거한 일에 이의와 회복을 요청했으나 암브로시우스의 황제에 대한 조언과 황제의 입장을 담아 대신 쓴 편지를 통하여 반박되고 쉼마쿠스의 노력은 성공할 수 없었다.[10]

그러나 안타깝게도 그라치아누스황제는 383년 8월 말 황제 찬탈자 마그누스 막시무스(383-388)의 군사령관에게 체포 살해되었다. 황제 찬탈자 막시무

---

9. Q. Aurelius Symmachus(345-402). 당시 로마시 집정관은 황제에 이어 로마제국신전에서 부대신관장이었다. 그의 세 번째 relatio(의회에서의 연설문: 청원서)가 역사적으로 중요하다. 암브로시우스의 답변은 이 청원서를 중심으로 반박하였다.
10. 본인의 글 "로마 종교의 쇠퇴와 그리스도교"를 참고! 『교부들의 신학사상』 I, 10장, 200-223.

스는 최종적으로 388년 8월 테오도시우스 대제에 의해 처형되었다. 물론 그라치아누스황제를 뒤이어 황제가 된 그라치아누스의 이복동생 발렌티니아누스 2세(-392)는 384년 8월 테오도시우스 2세를 만났고 로마제국 서쪽에서의 그의 황제 자리를 지속할 수 있었다. 발렌티니아누스 2세가 황제가 된 후 나이어린(12세) 그를 아레이오스주의자들의 후견인이었던 그의 어머니 유스티나가 섭정하였고, 두 차례[11]에 걸쳐 황제 가족의 예배처소로 밀라노 성벽 가까이에 위치한 포르티아나 예배당을 양도할 것을 암브로시우스에게 요구하였다. 이 일로 암브로시우스는 위기를 맞게 되었고 이에 대항한 설교가 그의 필사되어 전승된 글들 중에 유일하게 "예배당의 양도와 관련하여 아욱센티우스에 대한 반박"이라는 제하에 단편 설교글로 우리에게 전승되었다.

6. 암브로시우스와 황제들(교회와 국가의 관계 정립)

로마의 귀족 신분으로 밀라노 감독이 되었던 암브로시우스는 그가 397년 4월에 세상을 떠날 때[12]까지 네 명의 로마 황제들을 상대해야 했다. 총독이었던 그는 감독이 되기 위하여 황제 발렌티니아누스의 허락을 받아야 했다. 황제는 암브로시우스에게 자신이 그를 총독으로 파송할 때 "가라! 그리고 재판관처럼 행동하지 말고 감독처럼 행동하라!"[13]라 했던 말을 환기시키며 총독을 떠나 감독이 되는 것을 허용했다.

그리고 암브로시우스는 후에 발렌티니아누스 2세에게 쓴 편지에서 그의 아버지 발렌티니아누스 황제가 썼던 그리스도교에 대한 정책을 환기시킨다.[14]

---

11. 385년 386년 연이어서 부활절 전후로 발생했다.
12. 암브로시우스의 임종 때 한 남긴 말 중에 하나를 파울리누스가 암브로시우스의 생애에 대하여 쓴 글에 담고 있다. "나는 죽는 것을 두려워하지 않는다. 왜냐하면 우리들은 선하신 주님을 모시고 있기 때문이다."(Paul. Medio., vit. Ambr., 45,2.)
13. Paul. Medio., vit. Ambr., 8.
14. "믿음과 혹은 그 어떤 교회적인 질서의 이유에서 직제와 권리에 따라 차이가 없고, 그리고 동일한 자인

암브로시우스가 깊은 신앙지도를 아끼지 않았던 사람은 황제 그라치아누스이다. 암브로시우스의 삼위일체신앙과 관련된 교리적인 글 세 종류가 그라치아누스에게 헌정되었고, 그라치아누스황제에게 그는 신앙의 아버지였다. 암브로시우스의 신앙지도 아래 그는 이제까지 그리스도교를 신앙했던 황제들이 그대로 유지했던 옛 로마제국의 종교의 최상의 사제칭호인 폰티펙스직을 내려놓았다.

신앙을 지도했던 황제들 중에 암브로시우스에게 가장 긴장이 깊었던 황제는 테오도시우스 대제이다. 388년 유대교회당이 파괴된 것 때문에 에우프라트연안의 칼리니콘의 그리스도인들을 처벌하라는 칙령을 내렸던 것을 암브로시우스의 신앙지도로 취소해야 했다. 뿐만 아니라 테오도시우스황제는 역시 390년 데살로니키에서의 유대교 성전과 관련한 징벌의 학살 때문에 죽은 많은 그리스도인들 일로 암브로시우스의 지침에 따라 교회 회중 앞에서 공식적으로 참회해야 했다. 테오도시우스 대제는 황제의 의복을 벗고 교회에 나아와 바닥에 엎드려 눈물을 흘리며 죄를 고백했다.[15]

7. 교회의 정책가, 찬송가의 소개, 성경해석

암브로시우스는 교회의 정책가로, 동쪽 로마제국교회들에 영향을 받아 찬송가를 지어 서쪽로마제국교회에 널리 소개한 자[16]로, 아우구스티누스와 관련하여 수사학자로 잘 알려져 있다. 암브로시우스의 찬송가 역시 당대 시대적 특성에 따라 교리적이고, 윤리 도덕적인, 영적인 내용과 가르침들이 중심을 이루고 있다.

짧은 신학교육과 더불어 주요 신학적인 글들을 집필해야 했고 목회에 집중

그[감독]가 재판해야만 한다."라고 쓴 황제의 칙령은 오늘날 보존되어 있지 않다.
15. Ambr., De obitu Theodosii, 34, CSEL 73, 388-.
16. 한글 찬송가 130장 "찬란한 주의 영광을"을 암브로시우스가 지은 것으로 알려져 있다.

해야만 했던 암브로시우스는 그에 대한 현대 연구가들의 평가에 많은 오해를 남기고 있다. 그의 신학적인 평가를 위해 어떤 이들처럼 신학적인 글 세 종류가 일부 설교 내용을 포함하고 있지만, 단순히 그의 저술들이 설교로 구성되어 있다고만 평가한 것은 옳지 않다. 뿐만 아니라 창조에 대한 성경해석서인 『헥사메론』은 신학의 용어 차이나 내용에 있어서도 카파도키아의 바실레이오스의 『헥사메론』을 번역했다고 가볍게 평가하는 오류도 범하고 있다. 같은 제목의 책 『성령에 대하여』는 그 분량에 있어서 4배 이상 많은 양을 암브로시우스가 쓰고 있고 삼위일체 3권 중 한 곳에서 바실레이오스의 글을 보고 한 단락 정도 요약하고 있는 부분이 있는 것으로 보일 정도이다.

그러나 설교의 중요한 바탕이 되는 암브로시우스의 성경해석의 글들은 대다수 자신의 설교로부터 유래했고, 정리되었고, 보충되었으며, 편집되었다. 그의 글 36권의 단행본과 93편의 편지들이 전승되었는데 단행본 중에 성경주석서들 20권이 포함되어 있다. 그럼에도 불구하고 단지 한 권 『누가복음해설』만 신약성서의 내용이다.

암브로시우스는 당시 다른 감독들처럼 구약성경의 해석법에 있어 유대교 랍비였던 알렉산드리아 필로[17]의 영향을 깊이 받고 있다. 사람들이 잃어버리고 훼손된 필로의 글을 암브로시우스의 글로부터 재구성할 정도이다. 암브로시우스는 당시 알려졌던 알렉산드리아, 소아시아, 팔레스타인 등의 교부들의 글들에 깊은 영향을 받고 있다. 때로는 여러 동료 교부들의 신학을 넓게 섭렵하고 있다고 볼 수 있다. 암브로시우스는 알렉산드리아의 성경해석 모형에 따라 알레고리와 유형론을 성경해석에 적용한다. 그러나 그는 기계적으로 받아

---

17. 그의 생애에 대한 연대가 아직도 학자들 간에 큰 차이를 보이지만 기원전 20/13년에 태어나서 기원 후 45년이 되기 전에 죽은 자료를 사용한다.(TRE 26, 523-531). 필론의 중기 플라톤적인 사상의 영향이나 알레고리적인 성경해석은 기원후 400년이 될 때까지 그리스도교 교부들의 구약성경해석과 신학에 큰 영향을 끼쳤다.

들이는 것이 아니라 신구약성경의 구속사적인 일치에 대한 이해의 적합한 방법에 따라 수용하였다. 그의 글 『누가복음해설』[18]은 389년경부터 잘 알려져 있었다. 389년에 쓴 히에로니무스의 글에 이미 여러해 전에 암브로시우스의 『누가복음해설』을 읽었다고 기술하고 있다.

8. 설교와 사례소개

암브로시우스의 글들 중에는 세 편의 교리적인 글들이 있지만 앞에서 살펴본 대로 그 글들의 일부도 설교에 토대를 두고 있고, 나머지 신구약성경해석서들 역시 그가 행한 설교에 바탕을 두고 있음을 잘 알 수 있다. 목회자로서 암브로시우스는 철저하게 성경의 해석자요 설교자라고 말할 수 있다. 그러나 이제 본 집필자는 암브로시우스의 글들 중에 순수 설교문으로 전해진 글 "예배당의 양도와 관련하여 아욱센티누스에 대한 반박"을 소개하여 글을 마무리 하고자 한다.

"예배당의 양도와 관련하여 아욱센티누스에 대한 반박"

1) 설교의 역사적인 배경:

그라티아누스황제가 죽은 후 밀라노에는 그의 이복동생 어린 나이의 발렌티니아누스 2세가 황제가 되고 자신의 어머니의 섭정 아래 놓이게 되었다. 383년 그라치아누스가 죽은 후 시르미움에 있던 아레이오스주의자들이 밀라노로 이주해 왔다. 이들의 후원자이었던 유스티나는 그들의 예배처소를 마련하기 위하여 밀라노 성벽 가까이 있는 포르티아나교회를 양도하도록 암브로시우스에게 요구하였다. 예배당 양도를 거부하는 암브로시우스를 385년과

---

18. 암브로시우스가 377년부터 378년 사이에 행한 설교에 바탕을 두고 있다.

386년에 각각 사순절과 부활절을 중심으로 군사력을 동원한 박해가 있었는데 이 설교는 386년 시기에 설교한 내용이다.[19]

황제는 암브로시우스와 아레이오스주의자 아욱센티우스-메르쿠리누스의 신앙논쟁이 황제의 콘지스토리움(황제의 조언자들의 회의체)에서 행해질 것 요구한다. 그러나 암브로시우스는 신학적인 문제는 교회에서 논의되어야 한다는 이유로 이를 거부하였다. 386년 1월 23일 황제 발렌티니아누스 2세는 암브로시우스를 박해하기 위하여 칙령을 발표하였다. 전 해의 박해와는 달리 아욱센티우스[20]는 태후 유스티나에게 영향력을 행사했다. 최종적으로 암브로시우스는 황제로부터 예배당 양도 유무와 상관없이 밀라노를 떠날 것을 명령받았다. 이러한 과정에서 유스티나는 왕궁의 역사기술자 베니볼누스에게 니카이아신앙에 반하는 칙령작성을 명했다. 그는 모태부터 정통교회의 신앙유산을 이어받은 자이었기 때문에 높은 관직의 약속을 거부하고 관직을 사퇴했다. 이때에 재세례를 주장하는 아레이오스주의자들의 감독 아욱센티우스-메르쿠리누스가 밀라노에 와 칙령을 작성하여 황제의 명령으로 내렸다.[21] 그 칙령의 내용이 명확히 암브로시우스를 향했으나 그는 전혀 개의치 않았다. 칙령에 근거해 황제는 386년 부활절 며칠 전 다시 '포르티아나교회'를 요구했다. 암브로시우스는 종려주일 설교를 포르티아나교회에서 행했고, 이 설교는 황제에게 전달되었다. 후에 이 설교를 암브로시우스는 그의 편지 75번에 이어 편집했다.[22] 이 설교 내용을 여기에서 다룬다.

---

19. 유스티나의 박해를 알 수 있는 자료는 편지 75, 76, 77 세편과 한편의 설교(75a)이다.
20. 암브로시우스 관련 연구에서 서로 다른 세명의 아욱센티우스를 만난다. 즉 Auxentius von Mailand, Auxentius von Dorostorum, Auxentius-Merkuninus.
21. Ambr., ep. 75a,37, CSEL 82/3, 92.
22. 젊은 프리니우스처럼 암브로시우스는 그의 모든 편지를 필사해 두었다가 그의 말년에 테마와 쓰인 순서에 따라 분류하여 10권의 책으로 남겼다.

2) 설교의 특성과 교훈:

이 설교는 군대가 '포르티아나교회'를 에워싸고 있는 동안에 그 교회에 성도들과 함께 갇혀 암브로시우스가 종려주일에 행한 설교이다. 암브로시우스는 감독으로서의 신앙적 각오와 교회 내에 그와 함께 있는 성도들이 두려워할 이유가 없음을 권면한다. 그리고 그리스도인 황제와 감독 사이의 소유권에 대한 대립을 통하여 감독이 지녀야 할 자세를 보여준다. 자연스럽게 설교는 교회정치적인 내용을 담고 있다.

그리고 이때부터 처음으로 암브로시우스 찬양이 불렸다.[23] 이 찬양은 동방교회의 찬양을 받아들인 것으로 신속히 라틴교회로 퍼져나갔다.[24] 그리고 이 찬양은 격앙된 상황 속에서 교회 내에서 파수를 섰던 성도들에게 큰 힘이 되었다. 그들 중에 아우구스티누스의 어머니 모니카도 있었고, 이 내용을 그의 『고백록』에 기록한 아우구스티누스는 시내에 있었다.[25] 암브로시우스의 황제 발렌티니아누스와 갈등은 교회와 국가에 대한 그의 입장을 분명히 드러내었다. "율법이 교회를 일치시키지 못했고, 오히려 그리스도의 믿음이 일치시켰다."[26]

역시 암브로시우스는 교회양도의 문제에 대하여 예수 그리스도의 세금 논쟁의 예를 들면서, "황제는 세금에 대한 권리를 갖지만, 교회에 대한 권리는 갖지 않는다. 세금의 동전에는 황제의 모양이 새겨져 있으나, 교회는 보이지 않는 하나님의 형상이 새겨져 있다."[27] 그러므로 '황제의 것은 황제에게, 하나님의 것은 하나님에게' 속한다. "하나님의 전은 황제의 권리에 속한 것이 아니다."[28]

---

23. Ambr., ep. 75a, 34, CSEL 82/3, 105.
24. Paul. Medio., vit. Ambr., 13, 68; Aug., conf., IX 7,15, CCSL 27, 142.
25. Aug., conf., IX 7,15, CCSL 27, 142.
26. Ambr., ep. 75a, 24, CSEL 82/3, 98.
27 Ambr., ep. 75a, 10, 78.
28. Ambr., ep. 75a, 32, 103.

그리고 암브로시우스가 결론적으로 반문하기를 "사람들이 황제가 교회의 아들이라고 말하는 것보다 더 명예로운 말은 무엇인가? .... 이는 황제가 교회 안에 있고 교회 위에 있지 않기 때문이다. 선한 황제는 교회에 도움을 청하고 (교회는) 그것을 거절하지 않는다."[29]

3) 설교의 분석, 시사점, 적용:

전승된 이 설교에는 페리코페가 드러나 있지 않다. 그러나 본문을 읽어보면 그것을 분석해 낼 수 있다. 우선 설교 4장에서 욥 1:1-2:10까지의 가능성을 볼 수 있으나 "읽습니다!"라는 말에 근거하여 평범한 성경 지식을 지적한다고 볼 수 있어서 가능성이 배제된다. 다음으로 왕상 21:1-13을 17장을 근거로 들 수 있으나 "오늘 읽혀진 것을"이라고 말하고 있어 역시 설교 도중에 읽혀졌다는 것을 알 수 있다. 세 번째는 24-25장에서 갈 2:16, 29; 3:13; 4:4 등이 인용되고 있으나 "오늘 읽었습니다."라 말하고 있어서 종려주일 중심예배 이전에 이미 갈라디아서를 읽으며 교회 내에 머물고 있는 성도들을 위한 집회에서 읽고 설교했었음을 환기시키고 있음을 알 수 있다. 그러나 본문으로 8장과 19장을 살피면 처음에 눅 19:28-44을 페리코페로 택했었으나 본문을 읽으면서 지나쳐 읽게 되었는데 오히려 그것이 유익했다고 설명하고 있는 것에 근거하여 이 설교의 본문은 눅 19:28-46이라고 말할 수 있다.

설교 내용은 1-14장 서론, 15-32장 본론, 33-37장 결론으로 대별할 수 있다. 좀 더 구체적으로 살펴보면 다음과 같다.

---

29. Ambr., ep. 75a, 36, 106.

서론>

1-2장 무장한 군인들이 포르티아나 교회를 둘러쌈으로 당황해하는 백성들을 위로

3장 종교문제는 황제의 콘지스토리움(황제의 조언자들의 회의체)에서가 아니라 교회 내에서 논의해야 함을 역설

4-14장 사제의 싸움을 허용하라!

본론>

15-18장 박해의 내용과 암브로시우스의 답변[15장 '황궁으로 불려가 밀라노를 떠나라는 명령받음, 16장 황제의 칙령을 통한 박해, 17장 교회의 양도를 강요, 18장 그리스도의 유산(교회)도 선조들의 유산(신앙고백)도 양보할 수 없음을 밝힘]

19-25장 아욱센티우스의 정체와 그에 대한 반박

26-28장 콘지스토리움에서 종교 회담

29-32장 교회 하나님의 형상이 있음으로 하나님의 교회는 양도할 수 없음

설교결론>

33-37장 교회와 황제의 관계

본 설교에서 암브로시우스는 진리를 성도들에게 소개하고 깨닫게 하고 신앙의 결단을 할 수 있도록 전반적으로 알레고리적인 기술방법을 활용하고, 반복법(4, 31), 대조법(8, 13-14, 17, 23, 30-31), 점층법(20), 반어법(37)을 구사하고 있다.

더욱이 이 설교가 힘이 있는 것은 현장성에 있다. 암브로시우스의 설교를 듣고 있는 청중들은 황실 군대에 둘러싸여 있고, 여러 날째 문이 잠긴 채 출입이 통제되고 있고, 그들이 머물고 있는 포르티아나교회를 황제에게 양도하도

록 강요를 받았다. 그러나 교회를 포위하고 있는 병정들이 교회에서 들이는 기도와 찬양의 소리를 듣고, 무기를 내려놓고 예배의 자리에 나아옴으로 박해는 그치게 되었다.

9. 결론

교회를 세우고 시대를 이끈 설교자들, 그들은 교회의 중심에 있었다. 그들은 자기 시대의 역경들을 굴함 없이 하나님의 종으로서의 사명을 잘 감당하였다. 그리스도교가 시작되면서부터 70인역이 구약성경이 되었다. 그로부터 라틴어로 번역된 구약성경 불가타역은 적어도 종교개혁 시기까지 중요하게 사용되었다. 영어로 번역되면서 기원후 95/6년 경 유대인들이 결정한 구약성경 내용을 받아들여 프로테스탄트교회는 구약에서 8권 정도의 경외경을 제외하여 39권으로 정하여 활용하고 있다. 신약성경이 완전히 경전화 된 연대는 367년이지만 이미 중심교회들에서는 180년경에 21권이 확고하게 결정되었고 나머지 부분은 교회마다 차이는 있었지만 이때부터 성경 중심의 신학이 형성될 수 있었다. 모아진 성경을 중심으로 우선적으로 성경해석이 진행되었고 4세기에는 그를 활용하여 행한 풍부한 설교들을 만날 수 있다. 뿐만 아니라 대부분의 교부들이 성경해석과 관련된 글들을 써서 그들이 남긴 글들의 절대 다수를 이루었다. 특별히 감독이 된 지 얼마지 않아 삼위일체와 그리스도 신앙이해에 대한 교리적인 글을 써야했던 암브로시우스는 이미 앞선 교부들의 가르침을 깊이 탐독하고 자신의 글들을 구성하는데 풍부하게 활용하면서 자신의 것으로 기술할 수 있었다. 목회자로서 암브로시우스는 영향력 있는 설교를 행했다. 아우구스티누스가 그것을 입증한다.

조병하

서울신학대학교(신학석사, Th.M.)
독일 튀빙엔대학교(신학박사, Dr. theol.)
육군 군목 예편(대위)
(전) 서울신학대학교 강사
(전) 한영신학대학교 전임강사
(현) 백석대학교 책임교수

아우구스티누스의 설교

우병훈

1. 아우구스티누스의 생애와 성경

　신학자들 가운데 아우구스티누스(354-430)만큼 그 생애와 사상이 밀접하게 연결되어 있는 사람은 드물 것이다. 그는 젊을 때에 네 가지를 추구했다.[1] 성(性), 명예, 지식(수사학, 철학), 종교(마니교)였다. 그러나 그는 그런 것으로 인생이 만족할 수 없다는 것을 깨닫게 되었다. "주를 향하도록 우리 영혼을 지으셨으니, 주님 안에서 안식하기까지 내 영혼 쉬기를 못하나이다."(『고백록』 1권 1장)라고 적었듯이, 그의 영혼은 오직 주님 안에서만 안식을 얻을 수 있었다.

　지적으로 그리고 영적으로 방황하던 아우구스티누스가 회심하게 된 계기는 네 가지가 있다. 어머니 모니카의 기도, 암브로시우스의 설교, 친구들의 권고, 로마서를 읽었던 것이 그것이다. 특별히 아우구스티누스는 로마서 13장 13-14절 부분을 읽다가 회심했다고 『고백록』 8권 12장에서 적고 있다. 이런 사

---

[1] 아우구스티누스의 생애에 대해서는 Peter Brown, 『아우구스티누스』(*Augustine of Hippo: A Biography*, 정기문 역, 서울: 새물결, 2012)를 보라. 이 책의 제1판에서 브라운은 아우구스티누스를 상당히 엄격했고 교회 정치에 민감했던 사람으로 묘사한다. 그러나 2000년에 나온 제2판에서는 아우구스티누스가 목회적인 마음으로 이해심 있게 사람들을 대한 것으로 묘사한다. 그 사이에 '돌보(F. Dolbeau) 설교집'과 '디브야크(J. Divjak) 편지들'이 발견되면서, 아우구스티누스의 새로운 면모에 대해 피터 브라운이 이해하기 시작한 것이다. 사실상 젊은 시절 피터 브라운이 아우구스티누스를 오해했었다고 봐야 할 것이다. 우리말로 번역된 책은 제2판이기에 이런 수정 사항을 읽을 수 있다.

실을 살펴볼 때에 아우구스티누스의 사상을 깊이 있게 이해하기 위해서는 적어도 세 가지 차원 즉, 기독교와 마니교와 그리스-로마의 고전문화를 고려해야 한다는 것을 알게 된다.

아우구스티누스가 로마서를 읽음으로써 회심하게 된 배경에는 그 당시에 지중해 연안에 있었던 "바울 르네상스"(Paulusrenaissance)와 무관하지 않을 것이다.[2] 라틴교부들은 다른 지역 교부들에 비해서 늦게 바울 주석서를 쓰기 시작했다. 4세기 중반까지 바울 서신서 주해는 주로 헬라 교부들과 시리아 교부들에 의해 이뤄졌다.[3] 하지만 4세기 중반 이후부터는 라틴 교부들이 쓴 바울 주석서들이 많이 쏟아져 나오기 시작했다. 약 360년부터 409년에 이르기까지 적어도 52개의 바울 주석서가 여섯 명의 저자들에 의해 작성되었다.[4] 이를

---

2. Wolf-Dieter Hauschild, *Lehrbuch der Kirchen- und Dogmengeschichte*, vol. 1, Alte Kirche und Mittelalter, 2nd ed. (Gütersloh: Gütersloher Verlagshaus, 2000), 224. 이 역사서는 1판(1995년)과 2판(2000년)은 하우쉴트가 썼으나 그의 사후(死後) 드레콜이 개정하여 새로운 판을 2016년에 내놓았다. Wolf-Dieter Hauschild and Volker Henning Drecoll, *Lehrbuch der Kirchen- und Dogmengeschichte*, vol. 1, Alte Kirche und Mittelalter, 2nd ed. (Gütersloh: Gütersloher Verlagshaus, 2016), 371-72.
3. J. Lightfoot, *The Epistle of St. Paul to the Galatians* (London, 1874), 218-26; C.H. Turner, "Greek Patristic Commentaries on the Pauline Epistles," in J. Hastings (ed.), *A Dictionary of the Bible, Supplement* (Edinburgh, 1898), 484-531. Andrew Cain, "Jerome's Pauline Commentaries between East and West: Tradition and Innovation in the Commentary on Galatians," in *Interpreting the Bible and Aristotle in Late Antiquity: The Alexandrian Commentary Tradition between Rome and Baghdad*, ed. Josef Loessl and John W. Watt (Farnham, Surrey, England; Burlington, VT: Routledge, 2011), 91-110(이 각주는 이 책의 91n1을 참조했다.)
4. 순서대로 아래와 같다. 마리우스 빅토리누스(Marius Victorinus)가 360년대 초중반에 작성한 갈라디아서, 빌립보서, 에베소서, 로마서, 고린도전서, 고린도후서 주해; 암브로시아스터가 370년대와 380년대 초에 작성한 전체 바울 서신서 주석; 히에로니무스가 386년에 작성한 빌레몬서, 갈라디아서, 에베소서, 디도서 주해; 아우구스티누스가 396년 이전에 작성한 로마서(미완성)와 갈라디아서 주해; 부다페스트 익명의 저자가 396년부터 405년 사이에 작성한 전체 바울 서신서 주석; 펠라기우스가 406년부터 409년에 작성한 전체 바울 서신서 주석. Cain, "Jerome's Pauline Commentaries between East and West," 91n2에서 재인용.

"바울 르네상스"라고 부른다.⁵ 아우구스티누스의 회심은 이러한 풍토에서 이뤄진 것임이 분명하다.

이 글은 아우구스티누스의 설교론을 다룬다. 그는 자신의 중요한 작품인 『기독교의 가르침』(*De Doctrina Christiana*, 이하 '*doc. Chr.*'로 약칭)에서 설교론을 상세하게 다뤘다. 따라서 이 글도 『기독교의 가르침』에 나타난 아우구스티누스의 사상을 중심으로 그의 설교론을 다루되, 그의 편지들(이하 '*ep.*'로 약칭)과 설교들(이하 '*s.*'로 약칭)도 필요한 경우 참조하겠다.⁶

---

5. "바울 르네상스"라는 표현은 프뢸리히에 의해 만들어진 용어이다. K. Froehlich, "Which Paul? Observations on the Image of the Apostle in the History of Biblical Exegesis," ed. Bradley Nassif, *New Perspectives on Historical Theology* (Grand Rapids, MI: Eerdmans, 1996), 279-99 (특히 285쪽). 후기 고대 서방 신학에서 바울 연구에 대해서는 아래 문헌들을 보라. Maria Grazia Mara, "Ricerche storico-esegetiche sulla presenza del corpus paolino nella storia del cristianesimo dal II al V secolo," in M. G. Mara, *Paolo di Tarso e il suo epistolario* (L'Aquila: Japadre, 1983), 6-64; J. Lössl, "Augustine, 'Pelagianism,' Julian of Aeclanum, and Modern Scholarship," *Zeitschrift für antikes Christentum* 10 (2007): 129-50, 특히 129-33. 교부신학에서 바울에 대한 수용에 대해서는 아래 문헌을 보라. M. Wiles, *The Divine Apostle: The Interpretation of St. Paul's Epistles in the Early Church* (Cambridge, 1967); Andreas Lindemann, *Paulus im ältesten Christentum. Das Bild des Apostels und die Rezeption der paulinischen Theologie in der frühchristlichen Literatur bis Marcion* (Tübingen, 1979); F. Cocchini, *Il Paolo di Origene: Contributo alla storia della recezione delle epistole paoline nel III secolo* (Rome, 1992). 이상 Cain, "Jerome's Pauline Commentaries between East and West," 91n3에서 재인용.

6. "De Doctrina Christiana"라는 작품은 아래와 같이 우리말 번역이 있다. 아우구스티누스, 『그리스도교 교양』(*De Doctrina Christiana*, 성염 역, 왜관: 분도출판사, 2011). 하지만 책의 제목을 『그리스도교 교양』이라고 번역하는 것은 책의 내용을 잘 담아내지 못한다. 아우구스티누스는 이 책에서 기독교의 가르침을 담고 있는 '성경'을 주석하는 방법과 그것을 설교하는 방법에 대해 논하고 있기 때문이다. 그래서 나는 『기독교의 가르침』이라는 번역이 더 나은 번역이라고 생각한다. 이 작품에 대한 소개와 거기에 나타난 아우구스티누스의 해석학과 설교학에 대한 설명은 아래 졸고를 참조하라. B. Hoon Woo, "Augustine's Hermeneutics and Homiletics in *De doctrina christiana*: Humiliation, Love, Sign, and Discipline," *Journal of Christian Philosophy* 17.2 (2013): 97-117. 아우구스티누스의 작품에 대한 약어들은 학계에 가장 널리 사용되는 것을 기준으로 하겠다. 아래 문헌들을 참조하라. Allan D. Fitzgerald, ed., *Augustine through the Ages: An Encyclopedia* (Grand Rapids, MI: Eerdmans, 1999), xxxv-xlii; Possidius, 『아우구스티누스의 생애』(*Vita Augustini*, 이연학, 최원오 역주, 왜관: 분도출판사, 2008), 170-81.

2. 설교자의 사역에 대한 아우구스티누스의 요약[7]

아우구스티누스가 목회자로 서품받았을 때에 그는 목회자를 "백성들에게 성례와 하나님의 말씀을 집례하는 사람"으로 정의내렸다(ep. 21.3). 4년 뒤에 그가 감독으로 수임될 무렵에 그는 "진리를 말하는 것이 얼마나 힘든 일인가"를 강조했다(29.7).

히포의 주교는 설교자와 그 직무에 대해 두 가지를 강조하여 가르쳤다. 첫째로, 그는 설교자가 누구인지 가르쳤는데, "우리는 우리 자신이 아니라 하나님의 말씀의 사역자이며, 우리 주님의 말씀의 사역자이다(s. 114.1)."라고 가르쳤다.

둘째로, 그는 설교자의 임무에 대해 8가지를 제시했다. 여기에는 그가 40년의 목회 사역을 어떻게 감당했는지 나타나 있다(doc. Chr. 4.4.6).[8] 그 8가지는 아래와 같다.

(1) 거룩한 말씀을 해석하고 설교한다. (2) 올바른 신앙을 수호한다. (3) 선한 것은 모두 가르친다. (4) 악한 것은 아무것도 가르치지 않는다. (5) 진리에 적대적인 사람들을 설득하여 이기고자 노력한다. (6) 생각 없는 사람들에게 자극을 준다. (7) 무지한 사람들에게 어떤 일이 일어나고 있는지를 알려준다. (8) 사람들이 무엇을 소망해야 하는지 각인시킨다.

---

7. 아우구스티누스의 설교론에 대해서는 아래의 문헌들을 참조하라. Peter T. Sanlon, *Augustine's Theology of Preaching* (Minneapolis: Fortress Press, 2014); George Lawless, "Preaching," Fitzgerald, ed., *Augustine through the Ages*, 675-77; George Lawless, "Augustine of Hippo as Preacher," in *Saint Augustine the Bishop: A Book of Essays*, ed. Fannie LeMoine and Christopher Kleinhenz (New York and London: Garland, 1994), 13-37; G. Lawless, "Augustine of Hippo (354-430)," in *Concise Encyclopedia of Preaching*, ed. W. H. Willimon and R. Lischer (Louisville, 1995), 19-22; Van der Meer, 1961, 405-67; P.-P. Verbracken, "Lire aujourd'hui les Sermons de saint Augustin. A l'Occasion du XVIe Centenaire de sa Conversion," *NRTh* 109 (1987): 829-39, ET, "Saint Augustine's Sermons: Why and How to Read Them Today," *Augustinian Heritage* 33 (1987): 105-16.

8. Lawless, "Preaching," 65.

3. 설교자의 정체성과 사역

아우구스티누스의 설교론은 『기독교의 가르침』, 제4권에 잘 나타나 있다. 그가 "일반 성도들을 향해 전했던 설교(sermones 또는 sermones ad populum)"는 총 562편 가량 남아 있는데, 이 숫자는 위작 판단 여부에 따라 학자들 사이에 약간씩 차이는 있다.[9] 하지만 지금으로부터 약 1600년 이전에 살았던 사람의 설교가 이렇게 많이 남아 있는 것은 아주 희귀한 일이다. 설교 외에 아우구스티누스의 저술은 134권 정도이다. 그의 작품들이 이렇게 많이 남아 있는 것은 어느 시대에든지 깊은 통찰을 주기 때문이다.

아우구스티누스는 거의 40년 정도 매주 주일과 토요일에 설교를 전했다. 그가 설교에 대해 비유한 표현들을 보면 그가 설교와 설교자에 대해 어떻게 생각했는지 알 수 있다.[10] 그는 설교의 말씀은 성도들에게 음식을 나르는 접시와 같다고 했다(s. 339.4).[11] 설교자는 성도들을 섬기는 웨이터로서 그들과 같은 식탁에서 식사를 한다(260D.2; 296.5, 13). 설교자는 절대 집주인이 아니다. 오히려 접시를 놓는 사람인데, 접시를 놓으면 하나님께서 빵을 그 접시 위에 올려주신다(126.8). 예수님이 가정의 머리가 되신다. 설교자는 집의 하인이다(90.3-4).

또한 설교자는 의사이다. 물론 설교자 자신이 환자이기도 하다. 그러나 그리스도께서 치유를 베풀어 주신다(9.4; 10.11). 아우구스티누스의 설교론에서 의사로서의 설교자 이미지는 매우 중요한 모티프이다. 고대 교부들의 신학과 설교론에 아주 광범위하게 이런 요소가 들어간다. 아우구스티누스도 그 점에

---

9. "sermo"나 그것의 복수형인 "sermones"라는 용어 외에도 "enarratio"나 "tractatus" 등의 용어도 그의 설교를 지칭하기 위해 사용되는 용어이다.
10. Lawless, "Preaching," 675.
11. 이하에서 아우구스티누스의 여러 설교들을 이어서 인용할 시에는 "s."라는 약어마저 생략하고 설교문의 번호와 단락만을 기입하겠다.

있어서 예외가 아니다. 설교는 사람의 영혼을 치료한다. 그리고 치료받은 사람은 사회에 선한 영향을 끼치게 된다.[12] 설교자는 사업할 때 중간 상인이라고 할 수도 있는데, 그때 설교자는 자기 자신을 사용하여 그 거래가 성사되도록 한다. 사실 이런 표현들은 언약적 표현들임을 기억해야 한다. 이런 언약적 관계 속에서 설교자 자신은 매우 부족하게 그리스도를 닮아가는 자이며 겸손해야 한다고 아우구스티누스는 지적한다(37.20).

설교자들은 가수들이기도 하고, 악기를 연주하는 자들이기도 하다. 그들의 하프나 기타(lute)는 십계명이며, 그들의 새 노래는 하나님께서 직접 작사, 작곡하신 것이다(9.5-6). 설교자는 회중을 형성하는 자이다. 이것은 마치 토기장이의 가마와 같다. 고난의 화덕이 성도들을 빚어내듯이 설교자는 말씀으로 성도들을 빚어낸다. 하나님께서 토기장이시다(256.3). 설교자는 매와 회초리를 든 선생이라기보다는 아버지와 같다(213.11). 그들이 아버지라는 점에서 그들은 아들이나 형제가 아니다(255A.1). 설교자와 청중 모두 오직 그리스도께서 스승이 되시는 학교에 다니는 자들이다(270.1; 298.5; 261.2; 278.11). 아우구스티누스는 우리의 내적 스승은 그리스도라고 주장했다(『교사론』, 14.46).[13]

하나님의 창고에서 하나님의 선물을 가져오는 설교자는 주님의 자본을 나눠주는 자들이지 절대 모으는 자들이 아니다(319A; 229E.7). 그것은 주님의 돈이다. 아우구스티누스는 자신이 보다 더 관대하게 성도들에게 베풀지 못해서 늘 성도들에게 빚을 지게 된다고 고백한다(260D.2).

하나님은 설교자가 아니지만 매우 관대하게 베풀어 주시는 분이시다

---

12. 이에 대해서는 Paul R. Kolbet, *Augustine and the Cure of Souls: Revising a Classical Ideal*, 1 edition (Notre Dame, Ind: University of Notre Dame Press, 2009), Part Three를 보라.
13. 여러 작품에서 아우구스티누스는 그리스도를 "스승" 혹은 "내적 스승"이라고 부른다. 『교사론』 10.32-35, 14.46; 『기독교의 가르침』, praef. 8.16-17; 『고백록』, 13.31.46을 보라. 그리고 Karla Pollmann, "Hermeneutical Presuppositions," Fitzgerald, ed., *Augustine through the Ages*, 426도 보라.

(259.6). 그리스도는 내적인 스승이시다. 말들이 귀에 닿지만 오직 내적 스승만이 마음을 조명하실 수가 있다(*Jo. ev. tr.* 26.7). 설교는 읽을 줄 모르는 사람들에게 책이 된다(s. 227). 모세와 엘리야는 물을 담는 그릇에 불과하고 오직 주님만이 샘이 되신다(78.4). 설교는 사람들을 꾸짖고 올바르게 지도하는 유쾌하지 못한 사역을 반영하는 거울이기도 하다(82.15). 마지막으로, "복음의 설교자들은 주님의 발이 된다."라고 아우구스티누스는 말하는데, 이는 이사야 52:7을 반영한 설명이다(99.13).

4. 설교자의 임무

아우구스티누스의 설교론에 따르면, 설교자의 임무는 "성도들이 자신의 삶을 성경의 언어로 설명할 수 있도록 도와주는 일"이다.[14] 그렇게 되기 위해서는 설교자 본인이 자신의 삶을 말씀으로 채워야 한다. 말씀의 세계를 실제적으로 경험하는 자만이 올바르게 전할 수 있다. 아우구스티누스는 청중들이 하나님의 진리를 배우는 길은 설교자 자신이 성경의 실재성을 경험한 것을 나눔을 통해서 이뤄진다고 믿었다.[15]

그는 성경의 핵심이 믿음-소망-사랑이라고 했다. 따라서 어떤 성경 구절을 해설할 때에 이 기본 덕목들을 강조하길 원했다. 심지어 특정 성경 구절에 대한 해설이 좀 틀렸어도, 믿음-소망-사랑의 삼주덕(三主德)을 강조한다면 그렇게 나쁘지 않은 설교라고 생각할 정도였다.[16]

---

14. 이것은 내가 아우구스티누스의 설교론을 연구하면서 발견한 것을 필자의 문장으로 표현한 것이다. 이에 대해서는 아래의 연구들을 참조하라. Pollmann, "Hermeneutical Presuppositions," 426-429(특히 426-27을 보라); Sanlon, *Augustine's Theology of Preaching*, 66-67; Williams, "Language, Reality and Desire in Augustine's *De Doctrina*," 138-50.
15. Sanlon, *Augustine's Theology of Preaching*, 67.
16. 아우구스티누스의 생각을 보다 정확하게 표현하자면, 그는 어떤 설교가 주석에 있어서 좀 틀렸더라도 사랑을 더 증진시켰다면 좋은 주석이라고 생각했다는 것이다.

아우구스티누스의 설교의 또 다른 특징은 "마음"을 강조한다는 사실이다. 그는 "나의 중심은 곧 나의 사랑"이라고 말했다(『고백록』, 13.10). 사람은 자기가 사랑하는 것을 향해 마음의 무게가 이끌려간다는 것이다. 그는 "바로 너의 욕망이 곧 너의 기도이다."라고 생각했다(『시편강해』, 37.14). 아무리 입으로 거룩한 기도를 하더라도 마음속의 욕망이 사실상 자신이 기도하는 바를 보여 준다. 욕망은 거짓말을 할 줄 모른다. 따라서 설교자는 무엇보다 성도들의 마음에 호소하는 설교를 해야 한다. 마음이 바뀌면 욕망이 바뀌고, 욕망이 바뀌면 삶이 따라온다.

그렇다면 마음을 바꾸는 설교란 무엇인가? 설교 시간에 마음이란 단어를 자주 사용하는 것인가? 물론 그것도 중요하다. 아우구스티누스는 387-88년 작품들에서 "마음(cor)"이란 단어를 32번 사용했고, "정신(mens)"이란 단어를 143번 사용했다. 그런데, 388-91년 작품들에서 "cor"는 43번, "mens"는 115번 나온다. 그러다가 『고백록』에서는 "cor"가 187번 나오고, "mens"가 78번 나온다. 생애 후반부로 갈수록 "마음"을 "지성"보다 더 자주 언급했다는 뜻이다.[17]

설교자가 단순히 마음이란 단어를 설교 시간에 자주 언급하는 것보다 더 중요한 것은 "성도들의 마음을 분석하고 설명하고 움직이고 말씀과 성령으로 채우도록 돕는 것"이다. 바로 그 점에 있어서 아우구스티누스는 매우 탁월했다고 볼 수 있다. 그는 설교자의 직무 중에 하나가 성도들의 내면세계를 넓혀 주는 것이라고 생각했다.[18]

성경은 마음이란 단어를 매우 자주 사용한다. 구약과 신약에서 마음이란 단어가 877번 이상 나온다. 성경에서 마음은 지, 정, 의를 관할하는 중심이다.

---

17. Sanlon, *Augustine's Theology of Preaching*, 76.
18. Sanlon, *Augustine's Theology of Preaching*, 73-74.

따라서 성도들로 하여금 마음을 잘 지키도록 설교하고 세상 문화나 죄의 세력에 마음이 빼앗기지 않도록 돕는 것이 설교자의 임무이다.

따라서 참된 설교자는 언제나 설교를 통해서 청중들의 마음 안에 있는 세상성과 싸운다. 그렇기에 설교는 영적 전쟁이다. 아우구스티누스의 설교는 사람의 내면을 중요하게 다룬다. 다시 말해서 자기 자신을 돌아보게 만든다는 것이다. 아우구스티누스는 인생에서 만나는 일들을 자신의 영혼의 문제로 여기고 씨름했다. 그리고 그 문제에 대한 답을 말씀 가운데 찾았다. 그리고 다시 세상으로 나아간다. 아우구스티누스의 설교는 인간의 "영혼"을 주목하게 만드는 힘이 있다. 그 영혼으로 하여금 내적 스승이신 그리스도와 성령을 만나도록 돕는 것이 설교자의 임무이다.[19]

5. 설교자 아우구스티누스[20]

아우구스티누스는 설교자로서 자기 자신에 대해서 종종 고백한다. 그는 설교 안에서 자신이 지금 어떤 상태인지 허심탄회하게 쏟아놓기도 했다. 설교할 때 그는 앉아서 했고, 성도들은 서서 들었다(s. 17.2; 95.2). 북아프리카의 도시인 히포는 때로 너무나 더워서 아우구스티누스가 땀을 뻘뻘 흘려가면서 설교하기도 했다(183.18; *en. Ps.* 41.13). 그는 동료 설교자들에게 억지로 뭘 시키는 것을 좋아하지 않았다. 하지만 나이가 70세가 되고 노쇠해진 아우구스티누스는 게으른 동료 주교를 꾸짖기도 했다(마 25:24-30의 비유 참조). 그들은 가령 성 스데반의 날에 설교하기를 싫어했기 때문이다(s. 94).

아우구스티누스 자신이 나이가 들고 건강이 악화된 것을 설교 시간에 언급하기도 했다(42.3; 355.7; s. Dolbeau 28.11). 아우구스티누스는 자신이 대중 연

---

19. Sanlon, *Augustine's Theology of Preaching*, 74-75.
20. Lawless, "Preaching," 675-76.

설에 늘 불만족 한다고 했는데, 왜냐하면 발음이 분명하게 나오지 못해서 자신의 생각과 감정을 정확하게 전달하지 못한다고 느꼈기 때문이다(*cat. rud.* 2.3; *Jo. ev. tr.* 5.10). 아우구스티누스는 주기적으로 목이 쉬곤 했다. 분명히 후두염이 심했던 것 같고, 아마도 늑막염도 있었던 것 같다(*s.* 37.1; 68.1). 그는 어떤 설교에서 자신이 그 전날 설교해서 목이 더 약해졌다고 고백한 적도 있다(*en. Ps.* 50[51].1). 하지만 며칠을 연속해서 설교하는 일은 아우구스티누스에게 드물지 않은 일이었다.

한번은 성경봉독자가 다른 본문을 읽은 적이 있었는데(*s.* Dolbeau 5.1), 그 성경봉독자는 연이어서 아우구스티누스가 원래 준비했던 시편을 읽었다(*en. Ps.* 138[139].1). 아우구스티누스는 성경봉독자가 잘못 읽은 그 본문까지도 고려해서 설교를 하기도 했다.

"트락타투스(*tractatus*)"라는 말과 "에나라티오(*enarratio*)"라는 말이 둘 다 설교를 가리키는데, 특히 "에나라티오"는 에라스무스가 아우구스티누스의 시편 설교에 붙인 이름이다. 이 두 단어는 칼로 무 자르듯이 그렇게 분명하게 구분할 수는 없다. 보통 "에나라티오"는 성경 구절을 따라 설교한 것이다. "일반 성도들을 향해 전했던 설교(*sermones* 또는 *sermones ad populum*)"는 언제나 "성경일과표"에 따라 준비되었고, "예전적 순서"에 맞게 전해졌다.

아우구스티누스는 원고 없이 즉석에서 전했고, 그것을 비서들이 옮겨 적었다. 그래서 지금까지 전해진 설교문들 가운데에는 온전하지 못한 설교문들이 있다. 아우구스티누스는 죽기 전에 자신의 모든 설교를 다 손질하고자 했으나 그렇게 하지는 못했다. 그래서 오히려 현장의 모습을 더 잘 남겨놓은 설교도 있다. 따라서 아우구스티누스의 설교 원고들은 한편으로는 오류도 있지만 다른 한편으로는 현장성이 있다.

때로는 설교문 곁에 성도들이 아우구스티누스가 장기간 설교단을 비운 것에 대해 불평한 것이 적혀 있기도 했다. 예를 들어 아우구스티누스는 카르타고 지역으로 설교를 갔다가 아프리카의 수석 주교인 아우렐리우스의 요청으로 한 주간 더 머물기도 했기 때문이다(s. 163B.6). 아우구스티누스는 여러 교회에서 설교 요청을 받은 매우 바쁜 설교자였음을 기록들이 우리에게 전해 준다.[21]

아우구스티누스의 설교에 대한 청중들의 반응은 적극적이었다. 시편 68:20에 대한 설교를 듣다가 성도들이 박수를 치기도 했다는 기록이 남아 있기도 하다(19.4). 한번은 아우구스티누스가 갈라디아서 6:14을 인용하는데, 많은 성도들이 함께 인용을 따라하며, 환호성을 지르기도 하고 박수를 치기도 했다. 아우구스티누스의 회중은 조용히 앉아서 설교를 수동적으로 듣는 사람이라기보다는 적극적으로 설교에 반응하고 표현하는 사람들에 가까웠다. 그런 여러 반응들에 대해서도 설교 기록자가 남겨놓았기에 우리는 그 당시 설교 현장을 보다 생생히 알 수 있다(289.6).

6. 설교자 아우구스티누스의 청중

아우구스티누스의 설교 기록자들이 남겨 놓은 청중에 대한 기록들 중에 어떤 내용은 청중을 꾸짖는 내용이다.[22] 가령, 부활 주일 아침에 전한 두 편의 설교들(s. 225.4; 229B.1)과 축일 지난 후 8일에 축제하던 때에 전한 두 편의 설교들(230; 252.12)을 보면, 아우구스티누스가 예배 참석자들 가운데 술에 만취한 사람들이 있어서 슬퍼했다는 기록이 나온다. 어떤 신임 사제들은 자신들의 흰 망토를 부활 주일 8일이 지난 어느 날 땅바닥에 펼쳐놓기도 했다. 마치 그들이 술 취하는 일보다 맨발로 땅을 밟는 일이 더 책망 받을 일인 것처럼 생각했기 때문이다. 아우구스티누스는 그에 대해서도 비판한다(ep. 55.35). 교회 오는 사람들은 예배 마치자마자 집에 가서 밥 먹으려고 재빨리 사라져 버리곤

---

21. Sanlon, *Augustine's Theology of Preaching*, 63.
22. Lawless, "Preaching," 676.

했다(s. 264.1). 어떤 사람들은 설교 듣는 것보다 축제를 즐기는 것을 더 좋아하기도 했다(*Jo. ev. tr.* 8.13). 어릿광대나 익살극이 설교보다 사람들에게 더 큰 감흥을 불러일으키기도 했다(*en. Ps.* 30.3.11; 32.1.1). 아우구스티누스는 이 모든 일을 답답하게 여겼다.

한번은 설교 듣는 사람이 너무 적은 것을 아우구스티누스가 지적하기도 했다(*s.* 19.6). 어떤 경우에는 경기장에 구경 가는 것보다 교회 나오라고 권면하기도 한다(51.2). "평화의 바실리카(Basilica of Peace)"에 구경 가기 위해 많은 사람들이 모여든 것을 지적하기도 했다(5.2; 179.10). 교회 내에 문제가 생겼거나 어떤 오해가 발생했을 때에 더 많이 예배 시간에 참석하라고 아우구스티누스는 요청하기도 했다(355.1). 아우구스티누스는 우상숭배 행위나 점치는 일을 금지시켰다(*Jo. ev. tr.* 8.10; 9.16; 8.11; s. 9.3; 15A.4). 특히『시편 강해』99(100).12-13을 보면, 당시 교회의 모습을 아주 생생하게 알 수 있다.

아우구스티누스는 "참된 기독교인들"과 세상 사람들을 물리적으로 구분하는 것이 불가능하다고 생각했지만, 그래도 참된 크리스천은 "삶의 방식과 행동과 정신과 마음에 있어서" 구분되어야 한다고 주장했다. 그리하여 그들은 새해를 맞이하기 위해 극장이나 마차경주, 원형경기장의 후원자들이 될 수는 없다고 주장했다(198.2-3).

아우구스티누스에 따르면, 성숙한 기독교인은 이방인, 유대인, 심지어 세례준비반 사람들과는 달라야 한다. 기독교인은 십자가의 표시가 있어야 하며, 자신 앞에 있는 경주를 끝까지 달려야 한다(*en. Ps.* 50[51].1). 특히 아우구스티누스는 "여기 내 형제 중에 지극히 작은 자 하나에게 한 것이 곧 내게 한 것이니라."는 마태복음 25:40에 나오는 말씀을 매우 중요하게 여겨서, 그 말씀을 꾸미지 않고 그대로 설교했다. 그리고 자신의 설교에서 자주 그 말씀을 반복했다(*s.* 389.5). 성숙한 신자의 중요한 태도로서 지극히 작은 자를 섬기는 것을 강조한 것이다.

7. 설교 내용상의 특징

아우구스티누스의 설교는 언제나 영적인 깊이가 있었고, 신앙의 원리를 잘 설명했다. 때로 그는 자신의 신학 작품들을 설교에 담기도 했다. 예를 들어, 『신국론』 22권을 4번의 설교에 나눠서 설교하면서 인간의 몸에 대해서 다루었다(240-43). 그 설교들에서 그는 육체의 부활 사상을 거부하는 플라톤주의를 비판했다. 이 설교들은 『신국론』의 복잡한 표현을 쉽게 고치면서도 그의 신학적 추론이 가지는 설득력과 변증적 의도를 잘 살려내고 있다. 다른 예로, 설교 52번은 아우구스티누스의 『삼위일체론』을 23개의 항목으로 나눠서 보다 쉽게 다루고 있다.

자신의 시대가 가진 문제의식들을 담은 설교들도 있었다. 당시 로마 사회는 여성을 일반적으로 폄하하는 분위기였다. 그리고 성(性)을 부부 사이로 제한하기보다는 혼외 성관계를 얼마든지 가능한 것으로 인정하는 사회 분위기였다. 그러나 아우구스티누스의 설교 9번은 그런 사회 분위기를 비판하면서, 여성의 사회적 지위에 대해서 강하게 긍정하는 내용을 담고 있다.

아우구스티누스는 설교 13.8에서는 사형 제도를 통렬하게 반대한다. 왜냐하면 사형은 회개할 기회를 앗아가 버리기 때문이다. 그는 모든 그리스도인들에게 미치는 하나님의 희망을 십자가상의 한편 강도를 가지고 강조하기도 했다(232.5-6; 236A.4; 285.2; 327.2; 328.1, 7; 335C.12).

아우구스티누스의 편지나 다른 책들과 비교해 볼 때에, 아우구스티누스의 설교는 아래와 같은 특징이 있다.

첫째, 하나님의 진노보다는 하나님의 자비를 강조한다.

둘째, 그리스도는 겸손한 의사이시며, 그분의 겸손과 순종의 사역으로 말미암아 인간의 교만을 치유하심을 강조한다.

셋째, 하나님의 자비와 사랑이 모든 사람들에게 퍼져나가는 것을 강조한다.

넷째, 그리스도의 용서하시는 은혜를 강조한다(en. Ps. 32.2.29).

이상의 내용을 요약하자면, 아우구스티누스는 전적 타락이나 예정론만 일방적으로 강조하는 설교자가 아니었다. 펠라기우스 논쟁에서 그런 이미지가 생겼지만 사실은 그의 신학과 설교는 은혜와 사랑으로 가득 차 있었다.[23] 이것은 사랑을 강조했던 그의 주석법의 원리와 일맥상통하는 지점이다.

8. 설교의 수사학적 특징과 설교에 사용한 비유들

아우구스티누스는 아주 탁월한 수사학자였다. 그러다 보니 그의 문체는 매우 유려하다. 하지만 그는 자신의 말이나 글의 대상에 따라 다른 문체를 보여 주었다. 신학적 책들은 라틴어 문장이 상당히 복잡하고 정교하다. 수사법도 자주 나타난다. 학식 있는 사람들을 대상으로 기록되었기 때문이다. 반면에 교리 문답을 위한 책들은 문체가 쉽고 어휘도 단순한 경우가 많다. 아이들이나 초심자들을 교육하기 위해서이다. 설교도 역시 단문들이 많으며, 문장이 어렵지 않다. 구어체로 쉽게 전달한다. 이처럼 아우구스티누스는 대상에 따라 다른 문체를 구사했다. 하지만 그는 언제나 화술보다는 내용이 더 중요하다고 가르쳤다(*doc. Chr.* 4.28.61). 기독교 메시지는 전달되는 방식보다 전달되는 내용이 훨씬 더 중요하기 때문이다.[24]

아우구스티누스는 설교의 전달 기술에 대해서도 중요한 가르침을 남겼다. 그는 키케로를 따라 "언변 있는 사람은 가르치고 만족을 주고 설득하기 위하여 발언한다."라고 주장한다.[25] 키케로는 가르침은 필요에서 오는 문제이고 만족을 줌은 쾌감의 문제이며 설득함은 승패의 문제라고 하였다. 이 셋 중에서 맨 먼저 나오는 것 즉 가르칠 필요성은 말하는 내용에 의해 좌우되고, 나머지

---

23. George Lawless, "Preaching," 677.
24. Lawless, "Preaching," 677.
25. Cicero, *Orator* 21,59. 아우구스티누스, 『그리스도교 교양』, 성염 역, 4.12.27(p. 405n69)에서 재인용.

둘은 말하는 방법에 달려 있다.[26]

아우구스티누스는 설교의 전달 방식을 세 가지로 나눴다. '진술체'와 '완만체'와 '장엄체'이다.[27]

'진술체'(*stilus tenuis, humilis, genus submissum, loqui submisse, intellegenter audiri*)는 진리와 사실을 설명하기 위한 방식이다. 이때는 명료성이 제일 중요하다.

'완만체'(*stilus medius, mediocris, genus temperatum, loqui temperate, libenter audiri*)는 사실과 사건을 제시하지만 청중의 심경을 유쾌하게 하고 관심을 일으키는 데 사용되는 방식이다. 이때는 우아함과 미사여구가 중요하다. 주로 권고문에 사용된다.

'장엄체'(*stilus sublimis, gravis, genus grande, loqui granditer, persuasive audiri, oboedienter*)는 진지한 어휘와 거창한 문장과 웅혼(雄渾)한 제스처로 청중을 설복시키기 위해 사용하는 방식이다. 이것은 설득과 호소인데, 장중함이 있어야 한다.

아우구스티누스의 설교들에는 장엄체가 많이 나오는데, 이것은 청중의 마음을 움직여서 실제로 그 일을 실천하도록 만들기 위함이다. 단지 무엇을 해야 하는지 알려주는 것이 끝이 아니라, 그 해야 하는 바를 실제로 행하도록 만드는 것이 설교의 목표가 되어야 한다.[28]

아우구스티누스는 설교에서 다양한 비유와 은유를 사용했다.[29] 예를 들어 그는 성경이 낚시 바늘과 닮았다고 한다. 입질하도록 만들어서 실제로 낚아

---

26. 아우구스티누스, 『그리스도교 교양』, 성염 역, 4.12.27(p. 405).
27. 아우구스티누스, 『그리스도교 교양』, 성염 역, 4.12.27(p. 406n70)에서 이하의 라틴어 용어들과 설명들을 인용했다.
28. 아우구스티누스, 『그리스도교 교양』, 성염 역, 4.12.27(p. 407). Cicero, *Orator* 21.69; *De oratore* 2.27.115를 참조하라. George Lawless, "Preaching," 677.
29. Lawless, "Preaching," 677.

올리는 것이다(Jo. ev. tr. 42.1). 창조는 하나님의 약혼반지와 같은데 인간들이 타락하여 그 약혼을 깨뜨려 버렸다(ep. Jo. 2.11). 아우구스티누스의 성탄절 설교에서 성육신은 아주 절묘하게도 "말씀 없는 말씀(speechless Word; *infans, ineffabile Verbum*)"에 비유된다(s. 184.3; 188.2). 삶의 여행은 여관에서 잠시 머무는 안 좋은 밤에 비유된다(en. Ps. 34; s. 1.6). 여기 이 땅에서 교회와 기독교인들은 환도뼈를 다친 야곱처럼 절뚝거리며 걸어간다(s. 5.8). 주교좌에 앉아 있다고 다 주교인 것은 아니다. 어떤 주교들은 짚으로 만든 허수아비가 들판에 서 있듯이 그렇게 있을 뿐이다(340A.6). 이처럼 아우구스티누스의 설교에는 비유, 은유, 직유 등 여러 수사법이 등장한다.

9. 삶 속에서 전해지는 설교

아우구스티누스는 성도의 일상 속에서 설교가 실천되도록 노력했다. 그는 마태복음 6:12에 대해 주석하면서, 상호 간의 끊임없는 용서를 매우 강조한다. 아우구스티누스는 "여러분, 거룩한 주교들 역시 빚진 자들이오."라고 말한다(56.11). 그리고 그는 또한 평교인들에게 말한다. "제가 하는 일을 여러분 집에서 여러분도 하시오(94)." 이것은 집에서는 모든 남자들과 여자들이 목회자라는 루터의 가르침과 일맥상통한다. 사실 루터의 이 말은 평교인들도 목회사역을 자신들의 집에서 감당해야 한다는 아우구스티누스의 말을 따라 한 것 같다.

아우구스티누스에 따르면, 한 집안의 가장은 주교와 성직자의 역할을 공유한다(Jo. ev. tr. 51.13). 성직자들과 신자들 모두 난파(難破)의 위험이 있다. 사실 주교들이 위험성이 더 큰데, 그들은 교각에 서 있거나 아니면 키를 잡고 있기 때문이다(en. Ps. 106.7).

아우구스티누스는 삶 속에서 말씀이 경험되기 위해서 주기도문과 십자가를 매일 기억하도록 요청했다. 주기도문은 배 밑바닥에 있는 물을 빼내어 가라앉지 않게 한다(s. 56.11). 주기도문은 기독교인들이 "날마다 목욕"을 할 수 있도록 도와준다(56.12; 261.10). 그리스도의 십자가는 다양하게 묘사되기도 한다. 그것은 승객들을 태우고 있는 배(*Jo. ev. tr.* 2.16), 사다리(*s.* 70A), 교사의 의자나 강단, 학교, 교실(234.2), 사탄을 잡는 쥐덫(130.2; 263.2; 265D.5 등등) 과 같다.

아우구스티누스의 40년 지기였던 포시디우스는 아우구스티누스의 첫 번째 전기를 썼다. 거기서 그는 후세인들에게 이렇게 정당하게 말한다.[30]

> 아우구스티누스는 마지막 병환 때까지 끊임없이 하나님의 말씀을 기쁘고 힘차게 맑은 정신과 건전한 판단력으로 교회에서 설교했다. ... 진리의 빛으로 그가 보는 것이 허락된 만큼이나, 아우구스티누스의 저술은 그가 하나님께 받아들여진 소중한 사제(sacerdos)였으며 보편 교회의 올곧고 건전한 믿음과 소망과 사랑으로 살았음을 드러내 준다. 거룩한 주제들에 관해 그가 쓴 것을 읽어서 그것으로부터 유익을 얻은 사람이라면 이 사실을 알게 된다. 그러나 그가 교회에서 말씀 전하는 것을 직접 듣고, 직접 볼 수 있었던 사람들, 특히 그가 사람들 사이에서 살아가는 방식을 모르지 않았던 사람들이야말로 훨씬 더 많은 유익을 얻을 수 있었다고 나는 생각한다(*v. Aug.* 31.4와 9).[31]

---

30. Lawless, "Preaching," 675-77. 참고로, 포시디우스의 『아우구스티누스의 생애』는 그의 사역과 인격에 대해서 귀중한 내용들을 많이 담고 있는 유익한 전기이다. 우리말로는 아래와 같이 번역되어 있다. 포시디우스, 『아우구스티누스의 생애』, 이연학, 최원오 역주(왜관: 분도출판사, 2008).

31. 포시디우스, 『아우구스티누스의 생애』, 이연학, 최원오 역주, 152-57에 나오는 우리말 번역을 라틴어 원문에 맞게 여러 군데 수정했다. 번역에 있어서 다음 영문번역을 참조했다. Possidius, "Life of St. Augustine," in *Early Christian Biographies*, ed. Roy J. Deferrari, trans. Mary Magdeleine Muller, vol. 15, The Fathers of the Church (Washington, DC: The Catholic University of America Press, 1952), 123-24.

10. 아우구스티누스 시대의 예전과 설교[32]

초대 교회의 설교는 성찬식과 함께 이뤄졌다. 먼저 성경을 읽고, 시편 찬송을 부르고, 그것에 대해 코멘트가 주어졌다. 그리고 설교가 행해졌다. 본문은 세 군데를 읽었는데, 구약과 서신서와 복음서에서 각각 본문을 뽑았다. 이때 전하는 교훈들이 아직 고정되지는 않았다. 아우구스티누스 시대에 이제 막 그 교훈들이 고정되려는 시점이었다. 그는 교훈들을 스스로 뽑아서 언급하기도 했다. "여러분들이 읽은 이 본문의 내용에 따르면..."(s. 93.1)이라는 표현이나, "내가 약속한 바를 기억하여, 내가 복음서와 사도로부터 취한 읽기들은..."(s. 362.1) 등과 같은 표현이 그것을 말해준다. 그는 본문 설명이 다 안 끝난 경우에는 다음날 전날의 교훈을 반복해서 읽을 때도 있었다(cf. en. Ps. 90.2.1; Jo. ev. tr. 46.8).[33]

아우구스티누스 이전에 이미 교회에는 특정 절기를 위해 고정된 교훈들의 순서가 있었다. 그중에 하나가 부활절 8일 절기이다(ep. Jo. prol.; Jo. ev. tr. 9.1).[34] 하지만 성경일과표를 벗어날 자유도 있었다. 본문을 읽고 설교했던 증거들이 있다. "거룩한 복음서 읽기를 들었습니다."(s. 233)라는 표현이나, "복된 사도 바울이 말하는 것을 우리는 들었습니다."(s. 174)라는 표현, 그리고 "거룩한 복음 읽기가 우리에게 제시하는 문제는..."(s. 66), "우리는 거룩한 말씀의 읽기가 낭송될 때에 들었습니다."(s. 48)라는 표현이 나온다.

설교하기 전에 아우구스티누스는 성도들이 기도하도록 요청했다(ep. 29). 설교자는 성도들이 이해하도록 기도하고, 성도들은 설교자가 잘 전하도록 기도했다(s. 153.1). 아우구스티누스는 설교 말미에 "주님께로 향하오니

---

32. Éric Rebillard, "Sermones," Fitzgerald, ed., *Augustine through the Ages*, 773-90.
33. Rebillard, "Sermones," 790.
34. S. Poque, "Les lectures liturgiques de l'octave pascale a Hippone d'apres les traites de s. Augustin sur la Premiere Epitre de Jean," *RevBen* 74 (1964): 217-41.

(Conversi ad dominum)"라고 말하면서 회중이 기도하도록 초청하곤 했다. 이 기도는 설교와 깊이 연결되어 있었고, 또한 그것의 한 부분이기도 했다.[35] 때로는 물리적으로 동쪽을 향해 서서 기도를 하기도 했다.[36] 이렇게 보자면, 아우구스티누스의 설교는 기도와 기도 사이에 들어가 있는 하나의 기도 안내자 역할을 했다고 표현할 수도 있다.

설교 끝에 따로 송영을 부르기도 했다. 삼위일체 문구가 들어가 있는 찬양을 불렀다. 삼위일체 문구는 항상 같은 것은 아니었고 때로 축약되기도 했는데, 계속 반복되었기 때문이다. 어떤 경우에는 설교문 작성 이후에 나중에 첨가되기도 했다.

설교는 주로 주일에 행해졌다. 아우구스티누스의 설교문에 보면, "가장 높은 주님의 날에(superiore dominico die; s. 159.1; 112A.1)"라든가, "가장 첫 번째 주님의 날에(priore dominico; s. 49.5) 등의 표현이 나온다. 그렇지만 우리는 아우구스티누스가 토요일에도 정기적으로 설교한 것을 알고 있다. 사순절에는 매일 설교했고, 부활절을 위해 하루에 여러 번 설교를 하는 주간도 있었다.[37]

---

35. F. Dolbeau, "Sermons inedits de saint Augustin preches en 397 [5eme serie]," *RevBen* 104 (1994): 34-76, annexe "Conuersi ad dominum …," 72-76.
36. 동쪽을 바라보는 것은 천체(天體)가 거기에서부터 뜨기 때문이라고 아우구스티누스는 말한다. 그렇다고 해서 하나님께서 거기에 계시는 것처럼 생각해서는 안 된다고 그는 주장한다. 다만 천체를 생각하면 하나님의 위엄을 더 잘 느낄 수 있게 되며, 또한 이 땅의 것을 생각하기보다는 하늘의 것을 생각하는 데 도움이 되기 때문에 그렇게 천체가 뜨는 동쪽을 바라보면서 기도할 수 있다고 가르친다(『우리 주님의 산상설교』 2.5.18; NPNF 1.6:39-40).
37. Rebillard, "Sermones," 773; S. Poque, *Augustin d'Hippone, Sermons pour la Pâque*, Sources Chrétiennes 116 (Paris: Cerf, 1966).

10.1. 아우구스티누스의 설교 전달법[38]

설교는 감독의 의무이자 특권이었다. 우리가 아는 한, 아우구스티누스는 전임자 발레리우스의 부탁으로 처음 사제로서 아프리카에서 설교를 했다. 그 자신은 사제들이 그가 없을 때 설교하도록 시켰다. 때때로 특히 말년에는 그가 있는 앞에서 사제들이 설교하도록 하기도 했다. 사제 에라클리우스(Eraclius)의 두 편의 설교가 그것을 증언해 준다.[39]

아우구스티누스는 다른 곳으로 가서 설교하기도 했다. 그중에 특히 카르타고가 있다. 그곳의 감독 아우렐리우스는 자신이 출타할 때면 언제나 아우구스티누스를 초청하여 설교하도록 시켰다. 아우구스티누스는 매우 유명하여 여행 중에 다른 감독들이 설교를 부탁하는 일이 다반사였다. 그는 교회당의 동쪽에 있는 반원 부분의 엑세드라(exedra)에서 설교를 했다. 거기에 감독의 자리와 다른 성직자들의 자리가 있었다. 그는 높은 곳에서 설교하는 것을 자주 언급했다.[40] 그는 앉아서 설교를 했고, 사람들은 서서 들었다.[41]

아우구스티누스는 원고를 미리 기록하여 설교하지는 않았다. 그렇다면 즉석에서 지어낸 것(free improvisation)일까? 그렇지는 않다. 그는 설교에 대해 구상하고 설교단에 섰음을 언급한다.[42] 그의 설교는 속기사들(*notarii*; stenographers)에 의해서 상당히 정확하게 기록되었다.

아우구스티누스는 설교 본문을 미리 선택하고 주제를 거기에 맞췄다. 어떤 경우에는 낭독자가 예정된 것과 다른 시편을 낭독하였지만, 그는 바뀐 본문을 즉석에서 설교하기도 했다. 그 설교 주제는 회개의 가치에 대한 것이었다.[43]

---

38. Rebillard, "Sermones," 790.
39. P.-P. Verbarken, "Les deux sermons du pretre Eraclius d'Hippone," *RevBen* 71 (1961): 3-21.
40. *civ. Dei* 22.8; s. 151.4.
41. s. 355.2.
42. s. 225.3.
43. s. 352 서문 부분.

이런 사례는 아우구스티누스가 미리 설교 준비를 해 왔음을 보여준다. 아우구스티누스의 설교는 그럼에도 불구하고 즉흥적으로 이뤄진 부분도 많았을 수 있다.

그는 성경 본문을 써서 가기도 했다. 그의 설교는 자연스러웠다. 대화식의 어조였고 활력이 있었으며, 그래서 구문이 다소 불규칙적이었다. 우리는 그의 설교가 모든 문장을 다 써서 전달한 것이 아니라, 대지만 작성하고 미리 암기한 내용들을 현장에서 각 상황에 맞게 풀어낸 것이라고 볼 수 있다.[44]

11. 아우구스티누스의 설교론 요약

아우구스티누스의 설교론에서 중요한 것은 다음과 같다.

첫째, 하나님과 성경과 교회를 향한 아우구스티누스의 태도가 설교에 영향을 미쳤다. 아우구스티누스에게 성경은 영감받은 하나님의 말씀이었다. 성경의 모든 구절이 신자의 삶에 도움이 되는 말씀들이다. 아우구스티누스는 자신의 영혼을 위해 성경을 묵상했다. 그는 한때 성경을 우습게 여겼지만 성경을 실제로 설교로 듣고, 스스로 묵상하고, 자신이 설교를 하면서 성경의 가치를 제대로 알게 되었다. 그의 성경관은 그의 인생 여정과 연결되어 있었다.

둘째, 주석은 반드시 설교로 이어지고, 설교는 반드시 실천으로 이어진다. 아우구스티누스의 『기독교의 가르침』을 보면 성경해석학과 설교학이 한 권에 묶여 있다. 이것은 그가 가진 생각을 잘 보여주는 구성이다. 그는 성경주석은 설교와 연결되어야 한다고 생각했다. 반대로 설교는 반드시 올바른 주석에 근거해야 한다. 그리고 설교는 그 적용까지 이어져야 한다. 다시 말해서 설교의 열매가 드러나야 제대로 된 것이라고 볼 수 있다. 초대 교회의 설교의 내용은

---

44. Rebillard, "Sermones," 790; R. J. Deferrari, "Saint Augustine's Method of Composing and Delivering Sermons," *American Journal of Philology* 43 (1922): 97-123, 193-220.

성도들의 신앙을 성장시키고 어떻게 살아야 하는가를 알려주는 설교였다. 신자들이 복음으로 무장하여 교회와 세상 가운데서 어떻게 섬길 것인가를 가르쳐 주었다. 때때로 그들은 이방인을 위한 전도 설교를 하기도 했다.[45]

셋째, 살아낸 만큼 설교할 수 있다. 아우구스티누스의 삶은 그의 설교에 반영되어 있다. 교부들에게 설교와 삶은 분리되지 않았다. 초대 교회의 문서에서는 설교자가 돈을 좋아하거나 얻어먹는 것을 좋아하면 절대로 그 사람은 참된 설교자가 아니라고 못 박고 있다.[46] 초대 교회 문헌을 보면, "설교자가 검소하고, 진실하고, 구제에 힘쓰면 그 사람은 참된 사람이다"라고 적고 있다.[47] 아우구스티누스는 "훌륭한 삶이 웅변적인 설교가 된다."라고 하였다.[48] 목회자의 삶이 받쳐줄 때, 그의 설교는 세상에서 가장 강력한 감화력을 가질 것이다. 별로 보잘것없는 언변을 가졌다 할지라도, 깨끗하고 진실한 삶을 통해 예수 그리스도의 모습을 보여주는 설교자의 설교는 심령을 파고들어 변화시키는 힘을 갖고 있다.

넷째, 아우구스티누스는 설교를 듣는 성도들의 태도도 강조했다. 『디다케』를 보면, "하나님의 말씀을 설교하는 이를 밤낮으로 기억하고, 그를 주님처럼 존경하라. 주님의 주권이 설교되는 자리에 바로 주님이 계시기 때문이다"라고 하고 있다.[49] 설교가 하나님의 말씀인가, 사람의 말인가? 종교개혁자 루터에게 이 질문을 했다면 그는 이렇게 대답했을 것이다. "설교가 하나님의 말씀을 대언하는 한 그것은 하나님의 말씀이다." 설교자가 진실하게 하나님의 말씀을 선포할 때 듣는 성도들은 그 말씀을 온전히 주의해서 들어야 한다. 그리고 하

---

45. Ferdinand Hahn, 『원시 기독교 예배사』(The Worship of the Early Church, 진연섭 역, 대한기독교서회, 1988), 44-45.
46. 『열두 사도들의 가르침-디다케』(Didache, 정양모 역, 왜관: 분도출판사, 1993), 11.6, 11.9.
47. 『열두 사도들의 가르침-디다케』, 11.6, 11.9.
48. 아우구스티누스, 『기독교의 가르침』, 제 4권, XXIX, 62: "copia dicendi forma uiuendi."
49. 『열두 사도들의 가르침-디다케』, 4장 1절.

나님의 말씀을 참되게 선포하는 이들을 존경해야 한다. 특별히 성도들은 설교자를 위해 기도를 많이 해야 한다. 설교자를 위해 기도를 많이 할수록, 그 설교자의 설교가 더 은혜롭게 들린다.

다섯째, 아우구스티누스의 설교는 인간의 영혼과 내면세계를 주목한다. 그는 인간의 영혼이야말로 하나님의 형상이 가장 빛나는 곳이라 생각했다. 그래서 영혼의 만족이 있어야만 참된 행복에 도달할 수 있다고 보았다. 설교자는 성도들의 영혼을 풍성하게 해 주는 사람이다. 그러기 위해서 설교자 자신이 먼저 영적 세계를 깊게 하고 넓혀야 한다. 아우구스티누스의 『고백록』은 하나님과의 내면적인 대화를 통해서 영적 세계가 얼마나 깊어질 수 있는지를 잘 보여준다.[50]

여섯째, 설교는 영적 실재(實在)를 보여주어야 한다. 아우구스티누스는 성경이야말로 영적 실재를 그대로 보여주는 책이라고 생각했다. 따라서 설교자는 성도들의 현실을 잘 이해할 뿐 아니라, 그들이 겪고 있는 것을 성경의 언어로 표현해 줄 수 있어야 한다. 성경의 가르침을 받는 것을 넘어서, 성경이 제시하는 하나님 나라를 실제로 경험하고 살아갈 수 있도록 도와주어야 한다.

일곱째, 아우구스티누스의 설교론은 철저하게 하나님 중심적이다. 그는 설교자가 주인이 아니라 종이라는 것을 아주 강조했다. 설교자는 말씀을 장악한 자가 아니라, 말씀의 전달자이다. 그렇기에 설교자는 늘 기도해야 한다. 자신이 드러나지 않고, 오직 그리스도의 십자가와 복음, 하나님의 영광이 드러나도록 기도해야 한다. 아우구스티누스의 설교는 기도로 한 줄 한 줄 채워간 주님의 종의 메시지였다. 그에게 설교란 그리스도를 전파하며, 성령의 도우심을 바라보게 하며, 하나님 아버지께로 인도하는 영적 도구였다.

이상에서 우리는 아우구스티누스 설교론을 다양한 측면에서 살펴보았다.

---

50. Sanlon, *Augustine's Theology of Preaching*, 73.

그의 설교론의 원칙들은 오늘날 신학자들이 제시하는 것과 사뭇 다르기도 하지만, 현대 한국 교회와 신학, 그리고 설교 강단이 잊고 있었던 기독교적 가르침의 본질을 다시금 깨닫게 해 준다. 1600년의 시간적 간격을 뛰어넘어 우리들의 가슴에 생생한 울림을 주는 이유가 바로 거기에 있다.

우병훈

서울대학교 자원공학과 (B.Eng.)
서울대학교 서양고전학 대학원 (M.A.)
서울대학교 서양고전학 대학원 (Ph.D.[수학])
고신대 신학대학원 목회학 석사 (M.Div.)
Calvin Theological Seminary (Th.M.)
Calvin Theological Seminary (Ph.D.)
(현) 고신대학교 신학과 교의학 교수
(현) 한국개혁신학 편집위원
(현) 개혁신학 편집위원
(현) 생명과말씀 편집위원
(현) 중세철학 편집위원
(현) 갱신과부흥 편집위원

존 위클리프

이상은

I. 종교개혁의 '새벽별'

세계 각처에서 종교개혁의 후손을 자처하는 이들에게 그 이름은 종교개혁의 서막을 비추어주었던 새벽별로 알려져 있다. 유럽 대륙의 종교개혁의 물꼬를 터 주었던 보헤미아의 순교자 후스(J. Huss)는 누구보다도 위클리프로부터 가장 큰 영향을 입은 인물이었으며, 그는 누구보다도 열렬한 위클리프 저작의 애독자였다.[1] 모국어로 하나님의 말씀을 전해야 한다는 주장과 실천은 1517년 95개조 반박문을 통해 루터가 종교개혁의 포문을 열었을 때, 무엇보다도 큰 영향을 끼치는 동인으로 작용했다. 수없이 많은 인물들이 그의 이름과 더불어 영감을 얻었고 투쟁했고 목숨을 걸었다. 종교개혁의 역사가 명맥을 이어가는 한 영원히 지워지지 않을 이름의 주인공이 곧 존 위클리프라고 할 수 있다.

다만 위클리프 자신은 자신의 개혁적 성향과 운동으로 말미암아 목숨을 잃

---

1. 오늘날 위클리프의 전기를 다루고 있는 저작들의 수는 적지 않다. Hourly History ed., *John Wycliffe: A Life From Beginning to End* (Scotts Valley: CreateSpace 2018). Ch. River ed., *John Wycliffe: The Life and Legacy of the English Theologian. Who Preceded the Protestant Reformation.* (Scotts Valley: Independently published 2019). 위클리프 성서에 대해서는 다수의 저작들이 나와있다. CrossReach ed., *The Complete Wycliffe Bible: Old Testament, New Testament & Apocrypha: Text Edition* (Scotts Valley: Independently published 2017) 위클리프에 대해서는 우리 문학사에서도 그의 이름은 1956년 『사상계』에 발표되었던 김성한의 소설의 주인공 바비도에게 목숨을 걸고 신앙의 양심을 지키고 순교의 길로 이끌어 주었던 인물로 언급된 바 있다.

지는 않았다. 그는 평생에 교권과 정치권의 투쟁 한가운데에서 교회가 나아가야 할 바른 방향에 대해 모색했으며, 학자로서 교회의 지도자로서 충실한 역할을 감당하고자 노력했다. 그의 사후 묘지가 파헤쳐지고 부관참시를 당하는 운명을 겪었던 것은 개혁의 험로를 예상하는 것으로 받아들여졌다. 그런 의미에서 그에게 '종교개혁의 새벽별'(The Morning Star of the Reformation)이라는 이름을 부여하는 것은 절대로 과도한 일이라 할 수 없다.[2] 종교개혁의 아침을 여는 빛나는 별의 역할을 감당했던 주인공 위클리프는 영국의 국왕 에드워드 2세가 통치하던 시기, 영국의 요크셔 지방의 한 소영주 가문에서 태어났다.[3] 그가 활동하던 시기는 유럽 대륙에서 인쇄술이 발명되기 100년 전, 루터가 태어나기 100년 전에 해당하던 시기였다. 그가 16세가 되던 무렵 옥스퍼드 대학에 진학했으나 부친이 사망하고 귀향하여 가정을 돌보기 위해 잠시 학업을 중단한다. 1356년 학사학위와 1361년 석사학위를 마치고 1361년부터 필링햄(Fillingham) 교구의 사제로 사목활동을 시작했다. 4년이 지난 후 당시 캔터베리 대주교 시몬 이슬립(Simon Islip)으로부터 캔터베리 칼리지 학장으로 임명되었으며, 1368년 옥스퍼드 근교 러저샬(Ludgershall) 교구를 맡았고, 1374년 루터워스(Lutterworth) 주임사제로 부임했다. 그의 사목활동은 죽을 때까지 이어져 나갔다.

1372년 그는 피터 롬바르두스(Peter Lombard)의 성육신 해석을 주석하여 박사학위를 수여 받았으며, 신학자이자 철학자로서 학문적 분야에서도 많은 성과를 남겼다. 중세철학의 논쟁사에 비추어볼 때 그의 사상은 중세 후반

---

2. L. Walker, *John Wycliffe: The Morning Star of the Reformation*, (Scotts Valley: CreateSpace 2017). 위클리프에게 새벽별, 종교개혁의 별이라는 이름을 붙이는 것은 매우 흔한 일이다.
3. 워커(W. Walker)를 비롯한 여러 연구자들은 위클리프의 탄생연도를 특정하기 어렵다는 점을 언급하며, 대략 1320년에서 30년 사이의 시기에 탄생했을 것이라고 추정한다. W. Walker/송인설 역, 『기독교회사』, (서울: CH Books 2018), 429. 오주철 역시 여러 연구를 살펴보며 그의 탄생시기에 대한 많은 논란이 있었음을 언급한다. 오주철, 『종교개혁자들의 삶과 신학』, (서울: 한들출판사 2017), 45.

유럽의 여러 대학에 큰 영향을 끼쳤던 옥캄의 유명론을 추구하기보다 실재론을 주장하는 경향을 보여준다. 이는 그가 옥스퍼드에서 수학하던 당시 큰 영향을 받았던 학자들이 보다 플라톤적 경향에 기울어져 있던 그로스테스트(R. Grosseteste), 브래드워딘(Th. Bradwardine), 랄프(R. FitzRalph) 등이었다는 사실과 관계를 맺고 있다. 하나님의 주권과 은혜의 사상을 추종하던 위클리프가 개혁의 서막을 열게 된 원인은 당시 교회정치적 부패상과 관계가 있다. 그를 루터워스 사제로 임명했던 에드워드 3세의 아들로 랭카스터의 공작이었던 존과 그를 따르던 귀족무리들이 교회의 재산을 몰수하여 치부하기를 원했을 때, 위클리프는 이들에 대항해서 서게 되었다. 간교한 이들 무리는 당시 태만함에 물들어 있던 교회의 재산을 몰수하는데 평민들이나 수도회나 별 관심을 기울이지 않고 있던 현실을 악용하여 부를 늘리고자 술수를 쓰고 있었다. 이들과 맞서는 과정에서 위클리프는 자신의 견해를 더욱 굳건히 하고, 결국 중세교회의 전통적인 구조 자체에 대해 거부의 입장을 피력하기에 이른다. 싸움이 계속되는 가운데 위클리프는 교회정치의 장으로부터 물러서서 신학연구와 저술에 전념하고자 시도한다.

    1378년 그는 유명한 '성경의 진리에 대하여'(On the Truth of the Holy Scripture)를 통해 모든 그리스도인을 위한 최고의 권위는 성경에 있고, 성경이야말로 신앙의 기준이자 인간적 온전함의 기준이라는 입장을 피력한다. 또한 같은 해에 저술된 논문 '교회에 관하여'(On the Church, 1378)을 통하여 참된 교회란 예정된 자들의 총체이며, 그리스도만이 그 머리가 되는 영원하고 순수하며 영적인 교회가 참된 교회이며, 로마교회의 교황은 단지 로마지역의 수장일 뿐이라는 입장을 피력한다. 교황에 대한 위클리프의 공격은 이듬해 출판된 '교황의 권세에 관하여'(On the Power of the Pope, 1379)에서도 이어져, 교황제도란 콘스탄틴에 의해 창안된 인간적 제도일 뿐이며, 따라서 그 제도는 폐지될 수 있고, 교황의 재산은 몰수될 수 있다는 주장을 제기하기에 이른다. 로마 가톨릭의 교리체계에 대한 위클리프의 비판은 이듬해 출판된 '성찬에 관하여'(On the Eucharist, 138)에서 정점에 이르러, 그는 중세교회가 가지고 있던 화체설의 교리를 성경적이지 않고 논리성이 없으며, 신앙적이지도 않다는 이유에서 비판하기에 이른다.

    로마 가톨릭을 배경으로 구성된 중세교회에 대한 위클리프의 이어지는 비난 속에 1380년대 이후 연이어 일어난 정치적 혼란 속에서, 그리고 흑사병의 만연을 통한 혼돈 속에서 위클리프는 본의 아니게 국가적 혼란의 원인으로 지목되어 고발과 비난에 휩쓸리게 된다. 그러나 위클리프의 저작과 주장들이 정죄되는 가운데에도 막상 그 자신이 소환되거나 정죄되지는 않았다. 1381년 루터워스 사제직을 사임한 위클리프는 이후 종교개혁에 기틀을 제공한 일련의 저술들을 편찬하던 중 병환을 얻어 쓰러지고 마비 증세를 얻었으며, 1384년 미사에 참석 중 쓰러져 일어나지 못함으로써 지난했던 투쟁의 삶을 마치게 된다. 말년의 그는 영어로 된 소책자를 비롯해 신학적, 철학적 주제를 다룬 여러 저작들을 출간했으며, 복음을 전파하던 사제들을 위해 저술된 설교집을 저술하기도 했다. 그가 도움을 주기를 원했던 설교자들은 프란체스코파에서 활동하던 초기의 복음 설교자들과 비슷한 사역을 행하던 사람들이었다. 그가 사망한 후 거의 반세기가 지난 1428년 그의 유해는 묘지로부터 파헤쳐져서 시체는 불태워지고 그 재는 강에 뿌리어졌다. 그러나 그의 영향은 결코 줄어들지 않고 더욱 강한 불길로 유럽 전역으로 퍼져 나갔다.

II. 성서의 불꽃을 지켜 나가는 설교자의 자세

    이와 같은 그의 생애와 투쟁은 그의 설교의 방향 설정에도 그대로 반영되어 나타난다. 라일(Ryle)에 따르면, 위클리프는 성서에 믿음과 실천의 유일한 원칙으로서의 탁월성을 부여했던 첫 번째 영국인이었다. 그에 따르면 참된 그리스도인은 모든 것을 하나님의 말씀에 따라 증거하도록 그리스도에 의해 부름을 받았다. 그 정신에 따르면 어떠한 교회든, 목사나 가르침이든, 설교나 교리이든, 실천이든 성서의 불꽃을 지키는데 이바지할 수 없는 것이라면 폐지되어야 한다. 라일은 위클리프가 영국 교회를 향해 제시한 정신은 바로 이러한 방향의 설정이라고 강조한다. 이러한 분명한 방향에 따라 위클리프는 로마교회가 가지고 있던 모든 오류와 신학적 왜곡을 공격해 나갔다. 미사와 성찬의 교리적 오류, 그리스도 이외에 다른 중재자들의 존재, 이러한 모든 내용들이 비판의 대상이 되었다.

또한 위클리프는 설교에 있어서 사도적 원칙을 되살려내고자 시도했던 인물이었다. 그는 '청빈한 사제들'을 말씀의 종으로 세워 나라의 구석구석으로 보내고자 노력하였다. 이러한 사역을 위해 그는 성서를 모국어인 영어로 번역하였으며, 수백 권의 책으로 편찬 출판하였다. 최근까지도 이중 최소한 170개 이상의 판본이 발견되고 있는데, 인쇄술이 채 갖추어지기 전에 한 나라의 교회에서 행해진 편찬 사역으로는 기록할만한 사건으로 받아들여질 수 있다. 설교에 관한 한 위클리프의 저작들은 비교적 많은 수의 저작 형태로 오늘날까지 남아있으며, 영국 각지의 대학과 도서관에서 판본의 형태로 보존되고 있다. 19세기 말 옥스퍼드의 연구자들은 그의 설교문들을 비평적 편찬 작업을 통해 3권으로 엮어 전집으로 출판하기도 했는데, 아놀드(Th. Arnold)를 비롯한 이들 편찬자들은 14세기에 저술된 이들 설교문들이 모두 위클리프 자신의 저술인지에 대해 논란의 여지가 남아있으며, 다양한 판본들을 비교 대조하는 가운데 위클리프 자신의 저작을 찾아내는데 어려움이 있었다는 점에 대해 언급하고 있다.[4]

---

4. Th. Arnold, "Introduction,", *Select English Works of John Wyclif, Volume 1* ed., Th. Arnold (Charleston: Nabu Press 2010), i 아래에서 인용되는 아놀드 편집의 위클리프 전집은 출판연도와 판본의 차이는 있지만 모두 19세기 말 편찬된 저작들의 영인본으로서 동일한 시리즈의 저술들을 가리키고 있다.

어쨌든 연구자들은 영국 전역을 비롯하여 전 세계 각지에 흩어져 있는 다양한 판본들을 분석하여 위클리프의 설교집을 세 권으로 출간해 낸 바 있는데 그 중 첫째 권은 '주일과 축일을 위한 복음 설교'(Sermons on the Gospels for Sundays and Festivals)라는 부제가 붙은 수십 권의 설교로 구성되어 있다.[5] 두 번째 책은 평일 복음과 주일 서한에 대한 설교문과 논문집(Sermons on the ferial Gospels and Sunday epistles ; Treatises)이라는 제목이 붙어있다.[6] 3권은 주로 라틴어 설교집들을 담아내고 있다.[7] 아놀드에 따르면 위클리프의 설교문은 주로 영어와 라틴어로 구성되어 있지만, 라틴어 저술로 이루어진 설교문이 수적으로 훨씬 많다. 예컨대 당대의 수집가이자 연구자였던 셜리(Shirley) 박사의 문헌목록에 따르면 96편의 라틴어 설교집이 남아있으며, 그에 비해 영어 설교문은 65편 정도로 소개되고 있다.[8] 물론 다양한 판본의 수집과 분석에 따라 다른 연구결과를 얻을 수 있겠지만, 중세의 신학자였던 위클리프에게 라틴어 저술이 보다 쉬웠을 것이라는 사실은 어렵지 않게 이해할 수 있을 것으로 보인다.

한편 다양한 로마 가톨릭의 축일을 중심으로 저술된 설교문의 특성으로 볼 때, 위클리프는 아직 중세교회의 영향 하에 남아 있었던 신학자였던 것은 분명하다. 아놀드는 위클리프의 설교의 특징에 대해 다음과 같이 언급하고 있다. 우선, 서두 부분이 14세기 가톨릭의 미사 제의체계에 대해서, 그리고 11세기 이래 솔즈베리 대성당에서 개발된 영국식 라틴전례의식인 사룸 미사(Sarum Missal)의 형식과 연관이 되어 있다는 사실이다. 주일 설교의 형식에 있어서는 서방교회의 다양한 축일에 강독되었던 복음서의 설명을 담은 40여

---

5. 위의 책.
6. Th. Arnold ed., *Select English Works of John Wyclif, Volume 2* (Charleston: Nabu Press 2010)
7. Th. Arnold ed., *Select English Works of John Wyclif, Volume 3* (Kiel: Alpha edition 2000).
8. Th. Arnold "Introduction," *Select English Works of John Wyclif, Volume 1*, ii

편의 저술을 작성했던 그레고리 대제로부터 유래한 설교형식의 양식과 연관을 갖고 있기도 하다. 물론 그레고리 대제의 설교형식은 그 자체로 볼 때에 유익하고 흥미로운 강독방식을 가지고 있는 장점도 있었으며, 이러한 방식에 위클리프가 익숙했다는 사실을 굳이 비판적으로 볼 필요는 없을 것이다. 위클리프의 설교에 있어서 주목할 만한 한 가지 특징은 그가 설교문을 완전한 원고로 작성하는데 관심을 가지기보다 순회 설교자를 위한 초안으로 작성하는데 역점을 두었다는 사실이다. 아놀드는 여는 설교에서 위클리프가 보여주고 있는 몇 개의 문구들은 그가 설교자들로 하여금 자신의 설교를 바탕으로 임의대로(ad libitum) 편찬하여 사용할 수 있는 골격이나 초고를 제공해 주고자 하는 관심을 보여준다는 점에서 주목할 만한 특징을 가진다고 언급한다. 또한 어떤 판본들의 경우에는 위클리프가 주일 복음 설교문을 전체적 형태로 제공하면서, 이를 확장해 사용하도록 권고적 언급을 남겨놓기도 한다는 점이 주목을 끈다. 여기에 대해서는 같은 주일을 위한 서한문으로부터 텍스트에 기반을 둔 짧은 도입문이 주어지기도 했는데, 이러한 형식들은 위클리프가 완성된 설교문을 작성하는데 관심을 두기보다 설교의 실행의 방향을 제시하고자 하는 목회적, 실천적 특징을 보여주었던 예로 언급할 수 있다. 그러한 면에서 본다면, 위클리프의 설교 작업은 오늘날의 관점에서 볼 때 설교주석집의 작성 혹은 설교지침서의 작성과 같은 면을 보여주는 것으로 볼 수 있다.

그러한 면에서 위클리프는 철저하게 참된 목회자를 세우는 일에 관심과 정열을 기울이고 있던 목회실천을 위한 신학자였다. 이와 같은 위클리프의 목회 사역에 대한 관심은 그가 저술한 목회직론에 드러나고 있다. 대략 1378년을 전후로 출판된 것으로 보이는 그의 목회직론에서 위클리프는 교회의 결실을 맺기 위해 목회자에게 요구되는 두 가지 핵심 요소로 목회자의 거룩성과 설교의 건전성을 언급하고 있다.⁹ 목회자의 거룩성에 있어서는 특히 물질적 거룩성에 대해 강조하며, 세속의 화려함과 탐욕으로부터 스스로를 지켜야 한다는 점이 부각된다. 물질적 탐욕 뿐 아니라 세속적 권력도 목회자는 탐해서는 안 된다. 목회자란 모름지기 그리스도의 형상을 닮은 성직자로 살든지 혹은 세속의 주권자로 살든지 둘 중 하나를 선택해야 한다. 이러한 거룩성과 함께 목회자에게 요구되는 또 하나의 부분은 건전한 가르침에 헌신하는 것이다. 위클리프는 목회자의 직무 중 가장 특별한 직무는 양들에게 하나님의 말씀을 전하는 직무라고 강조한다. 한편으로 하나님께서는 목회자에게 말을 통한 설교 뿐 아니라 삶과 함께 어울려진 설교를 요구하는 까닭에 설교만큼 중요한 것이 삶과 직무를 통한 사역이라고 하는 사실은 분명하다. 그러나 그럼에도 설교의 직무가 가장 중요한 일이라는 사실은 변할 수 없는 사실이다. 따라서 영국인들에게는 영국의 모국어로 된 설교가 요청된다.

위클리프가 초기부터 지속적으로 강조했던 다른 한 가지 주제는 성찬론에 대한 그의 관점이다. 그는 성찬에 대한 설교를 통해 성찬을 통해 주목해야 할 중심은 인간은 '빵'이 아닌 '하나님의 입에서 나오는 모든 말씀'으로부터 살아가야 한다는 사실이며, 다른 그 무엇도 아닌 그리스도께서 하늘로부터 내려온 '생명의 떡'이라는 사실이라고 강조한다.¹⁰ 생명의 떡이신 예수는 물질로 가둘 수 있는 분이 아니다. 그런데도 라틴어 문구 '이것이 나의 몸이다'(hoc est corpus meum)라고 말을 한다면, 그리고 이에 기반을 두고 화체론적 설명을 제시한다면, 그것은 어떻게 설명되어야 하는 말일까. 위클리프는 이에 대해서

---

9. J. Wycliffe, "Christ's Real Body not in Eucharist: This is my Body Mt 26:26," *The World's Greatest Sermons Vol 1*, ed. G. Kreisler, (Waterford: CrossReach Publications 2018), 36. 원본 설교집 모음은 1908년 편집되었다. 또한 다음을 참조. 두란노 아카데미 편/백충현 역, 『개혁의 주장자들: 위클리프부터 에라스무스까지』, (서울: 두란노 2011), 46.

10. J. Wycliffe, "Christ's Real Body not in Eucharist: This is my Body Mt 26:26," 36.

이 말의 의미는 라틴어가 아닌 영어로 들려질 때 더 명확하게 이해될 수 있다고 언급한다. 이 말은 빵을 '만드는' 말씀이 아니라 빵을 나누어 줄 때 하시는 말씀이다. 또한 성서 안에 예수 그리스도를 빵으로 물질로 만드는 어떠한 말씀도 담겨 있지 않다. 성서 안에 담겨 있는 말씀은 창세기로부터 계시록에 이르기까지 그리스도는 하나님 아버지의 아들이며, 성령으로 잉태되었고 동정녀 마리아를 통해 몸과 피를 받았으며, 장사된 지 삼일 만에 부활하여 참된 하나님이자 인간으로 승천했고, 다시 오실 것이라는 사실 뿐이다. 그리고 산자와 죽은 자를 심판하러 오실 예수께서 왕이자 구원자이며, 창조의 시작부터 하나님과 동행했으며, 말씀으로 모든 것을 만드셨다는 사실일 뿐이다. 그리스도는 빵이 될 수 없다. 또한 빵은 경배의 대상이 될 수 없다. 빵과 포도주를 경배하는 것은 예수의 신성과 인성을 모독하는 일이며, 죽음으로부터 부활을 통해 삼일 만에 다시 세우셨던 성전을 유대인들이 그러했던 것처럼 눈에 보이는 옛 성전으로 바꾸는 일일 뿐이다. 그것은 다니엘이 이야기했던 것처럼, 그리고 마태복음 24장에서 말씀하셨던 것처럼 거룩한 장소에 멸망의 가증한 것을 세우는 일에 다름 아니다. 위클리프는 이러한 악이 택하신 백성을 위해 멈추어지고 성서에 의해 열려지는 복되고 좁은 길이 찾아질 수 있도록 하나님을 향해 진심어린 기도를 올리는 것으로 마무리하고 있다.

III. "성경이 말씀하시니.." 복음적 선포의 뿌리

출판된 설교문 선집을 비롯한 몇 가지 설교문을 놓고 살펴볼 때 위클리프의 설교문은 분명한 신학적 주장, 성서의 말씀에 기반을 둔 분명하고 간결한 성서적 증언을 추구하는 특징을 보여준다. 분량으로 볼 때, 어떤 설교는 단순하고 분명하며 어떤 설교문은 적지 않은 양으로 이루어져 있다. 아놀드가 편집한 선집 1권에 담겨 있는 축일 및 기념일 설교문들은 호흡을 천천히 해서 읽어 내려간다면 10분에서 15분 분량을 넘어가지 않을 만큼 간결한 내용으로 작성되어 있으며, 매 주일 정해진 복음서의 본문에 따라 "이 복음은 ...라고 말씀하십니다"라는 도입과 더불어 시작하고 있다. 예컨대 "이 복음의 말씀은 비유를 통해 사람들로 하여금 어떻게 스스로를 의롭게 여기지 않고 형제를 멸시하지 않아야 하는지를 말씀해 주고 있습니다"와 같은 형식으로 서론을 여는 것이다. 훨씬 후에 20세기의 복음 설교자들이 종종 인용하곤 했던 '성서는 말씀하십니다'라는 형식의 전형적 도입부를 보는 것처럼 느껴진다.

이에 뒤이어 본문의 주해와 설명, 배경의 설명 등이 이어지고, 자신의 시대를 살고 있는 사람들은 이를 어떻게 받아들이고 삶으로 실천해야 하는지 적용의 길을 제시하는 것으로 마치거나 혹은 하나님께서는 어떤 뜻을 가지고 계시며, 그리스도께서는 어떻게 성도를 인도하시는지, 자신들의 교회를 어떻게 굳건하게 세우시고 능력과 축복을 주시는지 확신에 찬 결론을 내리는 가운데 마치고 있다. 전반적으로 그의 설교문들은 도입-주해-적용의 순서로 이루어져 있다고 볼 수 있으며, 신학적 주석으로부터 삶과 실천의 원리를 도출해 내고자 하는 형태가 부각되고 있다. 짧지만 분명한 이들 설교를 통해 살펴볼 수 있는 위클리프의 설교원리의 특징은 14세기, 중세교회의 분위기 속에서 사목활동을 했던 개신교적 복음주의적 정신에 비추어 말씀이 선포되는 20세기의 현장에서 볼 때에도 낯설지 않은 표준적 설교 양식을 제시했다는 점이다. 그러한 면에서 위클리프는 이후 수백 년 동안 이어져 내려온 영미 복음주의 전통의 설교 양식의 기초를 세웠던 인물이라고 해도 과언이 아닐 것이다.

목회직이나 성례전에 대한 원고나 성만찬에 대한 설교문들을 통해 살펴볼 수 있는 위클리프의 설교의 특징은 대단히 정련된 신학적 주장의 발산이 이루어지고 있다는 점이다. 그는 런던에 머물면서 수많은 설교와 저술, 논쟁을 통해 신학적 입장을 개진하곤 했지만, 다만 그가 어떻게 건전한 종교개혁적 관점의 신학적 관점을 얻게 되었는지에 대해서는 여전히 미스터리하게 남아있다.[11] 다만 그가 사용하는 어휘나 설득적 어조, 그가 쌓아왔던 학문적 격조가 오랜 기간에 걸쳐 다듬어진 신학적 성찰을 통해 설교의 본문으로 스며 나오고 있다는 것은 확실하다. 위클리프는 종종 신자의 '마음'에 대해서 언급하고 있는데, 이는 신자가 가진 믿음의 거울이라는 말로 설명될 수 있는 말이기도 하다.[12] 화체설적 관점이 지배하고 있던 당시 영국에서 믿음의 중요성에 대해 언급하고 있는 점은 특히 주목을 끄는데, 이는 위클리프가 참된 하나님의 말씀에 비추어 볼 때 받아들일 수 없는 일체의 가식적인 주장과 방향을 거부했음을 보여주는 예라고 할 수 있다.

IV. 우리는 위클리프로부터 무엇을 배울 수 있을까

위클리프의 설교로부터 배울 수 있는 가장 중요한 원칙은 설교에 있어서 수사학이나 기교의 추구가 아닌 성경의 말씀을 있는 그대로 주석해 내고자 하는 노력, 말씀을 있는 그대로 전하고자 노력하는 설교자의 자세에 대한 것이라 할 수 있다. 신학자이자 철학자로서 그의 관심은 늘 설교의 주석적 작업을 지향하고 있었다. 명확하게 표명되어 있는 예수 그리스도를 향한 집중, 사도신경에서 고백하는 그리스도의 성육신과 부활, 그리고 재림에 대한 신학적 언설을 말씀에 담아내는 작업이 주된 관심을 이루고 있었다. 또한 교회를 향한 열정, 조국에 대한 사랑, 양심을 따르는 삶, 청빈과 충성된 삶으로의 실천적 주장이 설교의 주를 이루고 있었다. 교회사적으로 볼 때, 그는 교부들의 신학과 성서의 해석에 늘 관심을 기울이고 있었고, 교회가 어떻게 하면 교회다워질 수 있는가라는 주제에 집중해 나갔다. 교회정치적인 측면에서 중심의 자리로

---

11. 존 라일의 위클리프에 대한 설교 해설은 다음 주소의 인터넷 설교인덱스 사이트에서 열람할 수 있다. J. Ryle, "John Wycliffe," https://www.sermonindex.net/modules/articles/index.php?view=article&aid=38991
12. 두란노 아카데미 편/백충현 역, 『개혁의 주창자들: 위클리프부터 에라스무스까지』, 79.

올라갈 수 있는 기회가 있었음에도 불구하고 정치적 교권 다툼과 같은 일에 휩쓸리기를 원하지 않았다.

　목회자로서 위클리프는 어떻게 하면 형식보다 양심을, 목회의 중심을 지켜 나갈 수 있는가 분투해 나갔다. 목회직론을 통해 그가 피력했던 정신은 신자는 잘못된 싹을 제거하고 올바른 열매를 맺는 교회를 이루어나가야 하는 일 이외에 다른 관심을 두어서는 안 된다는 중심에 집중하고 있다. 성서에 나타나있는 사도적 규율을 어떻게 실천할 수 있을 것인가, 그리스도의 가르침에 어떻게 더 온전한 순종을 바칠 수 있을까, 교회는 어떻게 가식적이고 허영적인 껍데기를 벗어버리고 하나님의 말씀에 집중할 수 있을까, 성직자는 어떻게 말씀과 기도에 전무하면서 직책과 권위 따위의 일에 관심을 두지 않을 수 있을 것인가, 무엇보다도 말씀에 집중하는 가운데 복음서에서 말씀하고 있는 바와 같이 예수 그리스도를 사랑하고 그리스도의 제자로 온전히 설 수 있을 것인가, 믿음의 거울에 비추어 자신을 살피면서 하나님의 명령에 집중할 수 있을 것인가. 종교개혁 전야의 '새벽별'로 떠올랐던 위클리프가 고민하고 담아 냈던 이와 같은 주장들이 200여년이 흐르고 종교개혁의 핵심원리로 자리잡 았으며, 다시 500년의 세월이 지난 오늘도 여전히 교회의 가장 중요한 고민과 성찰을 담아내는 목소리로 울려 퍼지고 있는 현실을 우리는 어떻게 이해해야 하는가. 위클리프의 설교가 담아내고 있는 신학적 성찰과 실천의 고민은 800여년의 세월을 가로질러 오늘도 여전히 살아 숨 쉬는 신학적 정신으로 승화되기에 충분한 선포를 담아내고 있다.

　무엇보다도 교리의 설명을 위한 교리의 고찰, 교리를 설명하기 위한 신학적 설교가 아닌, 실천적 성찰과 신학적 사유를 연결하는 가운데 복음을 향한 열정과 시대를 향해 애통하는 마음을 담아내는 선포자의 음성이 그의 설교를 통해 울려 퍼지고 있다는 사실이 오늘의 설교를 위해 고민하는 심정들에 반향을 일으키고 있다. 세례는 죽음으로부터 우리 주 예수 그리스도를 다시 세우는 일을 통해 하나님 안에서 선한 양심을 일으켜 세우는 길이며, 우리를 영원한 생명의 상속자로 세우는 일이고, 그 밖에 어떤 신학적 사변에 따른 논쟁도 받아들일 수 없다는 분명하고 강렬한 선포에 우리는 귀를 기울이게 된다.

참고문헌

전기저작

CrossReach Ed. *The Complete Wycliffe Bible: Old Testament, New Testament & Apocrypha: Text Edition*. Scotts Valley: Independently published 2017.

Hourly History Ed. *John Wycliffe: A Life From Beginning to End*. Scotts Valley: CreateSpace 2018.

Murray, Thomas. *The Life of John Wycliffe*. Kessinger Publishing 2009.

River, Charles Ed. *John Wycliffe: The Life and Legacy of the English Theologian. Who Preceded the Protestant Reformation*. Scotts Valley: Independently published 2019.

Walker, Luke. *John Wycliffe: The Morning Star of the Reformation*. Scotts Valley: CreateSpace 2017.

Walker, Willistine/송인설 역. 『기독교회사』. 서울: CH Books 2018.

오주철. 『종교개혁자들의 삶과 신학』. 서울: 한들출판사 2017.

설교문

Kreisler, Greenville. *The World's Greatest Sermons Vol 1*, Waterford: CrossReach Publications 2018.

Thomas, Arnold. *Select English Works of John Wyclif, Volume 1* ed., Th. Arnold. Charleston: Nabu Press 2010.

-----. *Select English Works of John Wyclif, Volume 2*. Charleston: Nabu Press 2010.

-----. *Select English Works of John Wyclif, Volume 3*. Kiel: Alpha edition 2000.

두란노 아카데미 편/백충현 역. 『개혁의 주창자들: 위클리프부터 에라스무스까지』. 서울: 두란노 2011.

인터넷 발간물

Ryle, J. C. "John Wycliffe," https://www.sermonindex.net/modules/articles/index.php?view=article&aid=38991

이상은

단국대학교 독어독문학과 (B.A.)
장로회신학대학교 신학대학원 (M.Div.)
장로회신학대학교 대학원 (Th.M.)
하이델베르크 대학교 (Dr.Theol.)
(현) 한국개혁신학회 총무
(현) 서울장신대학교 조직신학교수
(현) 서울장신대학교 교무처장

얀 후스의 설교

서혜정

I. 후스의 생애와 신학 그리고 설교

종교개혁의 여명을 밝혔던 15세기의 사제이자 신학자였던 얀 후스(Jan Hus, 1370? ~ 1415)[1]는 당대 최고의 설교가였다. 그는 보헤미아인들에게는 민족주의의 르네상스 운동을 일으킨 독보적인 인물이었고 동시에 사회혁명가로 평가된다.[2] 그의 사상은 근대의 정치·사회 분야에 큰 영향을 미쳤다.[3] 100년 후 종교개혁의 꽃을 피웠던 루터(Martin Luther, 1483-1546)가 후스를 처음으로 발견했을 때 이렇게 기록하고 있다. "내가 에르푸르트에 초년생으로 있을 때, 수도원의 도서관에서 얀 후스의 책을 발견했다. 나는 표지를 읽고 이 책에 어떤 이단적 교리가 있었기에 불태워 없애려 했는지 호기심이 생겼다. 그러나 글을 읽어가면서 놀랐다. 이토록 진중함과 능숙함으로 성경을 설명하는 위대한 사람의 책들이 왜 불에 태워졌는지 이해할 수가 없었기 때문이다."[4]

---

1. 후스의 출생일에 대해서는 학자마다 견해가 다르다. 대략 1368-72년 사이로 추정한다.
2. František Šmahel, "Literacy and Heresy in Hussite Bohemia," *Heresy and Literacy, 1000-1530*, (Cambridge: Anne Hudson and Peter Biller, 1994), 243.
3. Deniel S. Larangé, *La Parole de Dieu en Bohem et Moravie*, (Paris: L'Harmattan, 2008), 214.
4. Luther, *Historia et Monumenta*, In *Letters of John Huss*, trans., Campbell MacKenzie (Edinburgh, 1846) 9 and *The Letters of John Hus*, eds., Herbert B. Workman and R. Martin Pope (London, 1904) 1. I cite from the second edition. In Thomas A. Fudge, "Ressentez ça ! Jan Hus et la prédication de la Réforme", Académie des sciences de la République tchèque, (Prague:

후스(1370?-1415)는 보헤미아 남부의 작은 마을 후시네크(Husinez)의 가난한 농부의 가정에서 태어났다. 정치적 정황으로는, 후스의 유년기에는 보헤미아 왕인 카를 4세(Karel IV, 재위 1346-1378)가 신성로마제국의 황제직을 겸하였고[5] 후스가 본격으로 교수로서 설교가로서 활동할 당시에는 카를 4세의 아들 바츨라프 4세(Václav IV)가 보헤미아의 왕(재위 1378-1419년)으로 통치했다. 프라하에는 1344년에 대주교구가 세워졌고, 1348년에는 프라하 대학이 최초의 독일 대학으로 세워졌다. 후스는 1386년에는 프라하 대학에 입학하여 학사를 거쳐 석사 과정을 마쳤고, 1398년부터 본교에서 신학을 가르쳤다.[6] 그는 사제 서품을 받고 구시가지에 있는 성 미카엘 예배당(Kostel sv. Michala)에서 설교를 시작했는데 1년도 못 되어 이미 설교가로서의 명성을 얻었다. 1401년 프라하 대학 철학부의 학장이 된 후스는 당시 프라하 대학과 연관이 있었던 성 베들레헴 예배당(Betlémská kaple)의 주임사제로 임명되어 1402년부터 본격적인 설교 사역을 했다.[7] 이 예배당은 프라하에서 세 번째로 개혁적인 성향이 강한 교회였다.[8]

후스가 주임 사제로 설교사역을 했던 이 베들레헴 예배당(Betlémská kaple)은 1374년 프랑스 아비뇽(Avignon)의 궁내 대신이었던 뮬렘(Hanuš de Mühlheim)과 자기의 땅을 기부한 부유한 상공인 크리즈(Jan Kříž)에 의

Bibliothèque principale, 2002), trad. "Feel this, Jan Hus and the Preaching of Reformation", 210307 European History (excl British, Classical Greek and Roman), 126. https://hdl.handle.net/1959.11/13799

5. Matthew Spinka, *John Hus: A Biography*, (New Jersay: Princeton University Press, 1968), 4.
6. 후스는 프라하 대학에서 1393년에 학사학위(BA)를 취득했고, 1396년에 석사학위(MA)를 취득했다. David Schaff *John Huss- His Life and Teachings After Five Hundred Years* (New York Charles Scribner's and Sons 1915), 20
7. Deniel S. Larangé, *La Parole de Dieu en Bohem et Moravie*, 215.
8. Thomas A. Fudge, "'Ansellus dei' and the Bethlehem Chapel in Prague," *Communio Viatorum*, XXXV [35](2), (Prague: Université Charles de Prague,1993), 127-61.

해 건축이 시작되어 1391년에 완공되었다.[9] 이 예배당은 설립자의 의도에 따라 처음부터 대중들을 위해 모국어인 체코어로만 설교하도록 봉헌된 곳이었다. 여기서 행해진 설교는 엄숙한 미사 시에 행해지는 강론과는 다른 형태로 12세기부터 중세 유럽에서 시작된 대중설교의 형태를 띤다.[10] 보헤미아에는 후스 이전에 이미 대중 설교가들이 활동했다. 이 베들레헴 예배당의 선임 사제들은 뛰어난 설교가들이었다. 그들의 뒤를 이은 후스도 청중들의 많은 호응과 존경을 받아 설교가로서 큰 명성을 떨치게 된다. 당시에 불렸던 노래 중에는 성경을 알기 원한다면, 베들레헴 예배당에 가서 후스의 설교를 들어야 한다는 노래가 있을 정도였다.[11] 청중들은 후스의 설교에 나타나는 단순성(simplicité)과 진실성(sincérité)을 높이 평가했다.[12] 그의 설교는 열정적이고 개성이 강하며 호소력이 뛰어나 청중들을 감동시키기에 충분했다.[13]

후스는 이 예배당에서 1402년 3월부터 추방당하기 전인 1412년 10월까지 설교했다. 그는 매 주일과 축일에 두 번 정규적으로 설교했고 니콜라(St. Nicolas) 예배당 등 다른 장소에서도 네다섯 차례 설교했다. 그는 1년에 대략 200번, 10년간 2천여 번을 설교한 것으로 추정되는데 그의 설교는 2년마다 설교집 형태로 만들어졌다.[14] 그는 체코어뿐만 아니라 라틴어와 독일어로도

---

9. Deniel S. Larangé, *La Parole de Dieu en Bohem et Moravie*, 216-17. 크리츠는 베들레헴 예배당 옆에 '설교 학교'를 건립하여 설교를 장려했으나, 그의 사망과 함께 이 설교 학교는 문이 닫혔다.
10. Thomas, A. Fudge, "Feel this, Jan Hus and the Preaching of Reformation", 108. 이미 9세기 샤를마뉴 시대에는 모국어로도 설교했다.
11. Jiří Daňhelka, ed., *Husitské písně* [Hussite Songs] (Prague, 1952) 133. In *La Réforme bohème et la pratique religieuse*, v.4: Documents du IVe Symposium international sur la Réforme bohème et la pratique religieuse, p. 107-126.
12. Deniel S. Larangé, *La Parole de Dieu en Bohem et Moravie*, 219.
13. Šmahel, "Literacy and Heresy in Hussite Bohemia", (Cambridge: Anne Hudson and Peter Biller, 1994), 243.
14. Václav Flajšhans, ed., *Sermones de sanctis*, In *Mistra Jana Husi Sebrané spisy*. volume 7:iv-vi. 후스의 9개의 라틴어 설교 모음집은 보관되어 있다.

설교했는데 그의 설교와 목차, 참고 자료들, 노트 등은 모두 라틴어로 작성 되었다.[15] 후스는 먼저 라틴어로 설교를 작성한 뒤에 베들레헴 예배당에서는 모국어인 체코어로 설교한 것으로 추정된다.[16] 후스는 새 찬송을 만들어 부르게 했는데, 새 찬송은 기존의 민속 음악의 곡조에 성경적 가사를 붙여 만들었다. 이것은 보헤미안의 전통적인 찬송이 만들어지는 계기가 된다. 찬송의 열기와 열정적인 말씀 선포가 이루어졌던 이 베들레헴 예배당에는 무려 3천여 명의 청중들이 모여들었는데 이들은 장인, 노동자, 소상공인 등의 서민층이 주류였고 지식층, 정치 인사와 여왕에 이르기까지 다양한 계층으로 이루어졌다.[17] 이처럼 후스는 교수로서 학문의 중심지인 대학에서 후학을 양성했을 뿐만 아니라, 설교자로서 문맹의 대중들에게도 영적이고 사회적인 각성을 일으켰다. 겸손하게 경청할 줄 알며, 거짓 없는 진실한 신앙과 열정을 지녔던 후스는 학생들, 대학 동료 교수들, 귀족층, 대중의 존경과 사랑을 받았다.[18]

그는 설교 때마다 말씀 속에서 자유롭게 역사하시는 하나님의 은혜를 강조하며 "사람들 가운데 있는 하나님의 말씀의 자유(la liberté de la Parole de Dieu au milieu du peuple)"를 계속 강조했다.[19] 후스는 사제에게 가장 중요한 임무로 설교를 꼽았다. 이 설교 사역이야말로 하나님의 은혜로 나아가는 '성화의 길(chemin de sanctification)'이라고 했다.[20] 당시 가톨릭교회가 구원과 관련하여 미사와 성찬에 큰 비중을 두는데, 후스는 이에 설교의 중요성을

---

15. Deniel S. Larangé, *La Parole de Dieu en Bohem et Moravie*, 219.
16. František Svejkovský, "The Conception of the 'Vernacular' in Czech Literature and Culture of the Fifteenth Century," in *Aspects of the Slavic Language Question*, eds., Riccardo Picchio and Harvey Goldblatt (New Haven, 1984) 1: 333.
17. František Šmahel, "Literacy and Heresy in Hussite Bohemia," in *Heresy and Literacy, 1000-1530*, Cambridge: Anne Hudson and Peter Biller, 1994, 248.
18. Jiří Daňhelka. ed., *Husitské písně* [Hussite Songs], 143.
19. Aemedeo Molnar, *Jean Hus*, Trad. Emile Ribaute, (Paris: Les bergers et les mages, 1978), 36.
20. Deniel S. Larangé, *La Parole de Dieu en Bohem et Moravie*, 227, 215.

추가했다. 믿음은 들음에서 나며 하나님의 말씀에서 오기 때문이다. 후스는 설교는 죄를 없애는데 중요한 무기 중 하나로 보았다.[21] 그는 "만약 하나님이 신학을 통해 계시하기 원하셨다면, 우리는 모두 박사학위를 갖고 태어나야 한다."라고 말하며 하나님의 계시와 복음을 전하는 것이 비단 성직자나 학자들에게만 국한된 것이 아니라 일반 신자들도 열려 있는 중요한 사명이라고 가르쳤다. 당시 라틴어 성경 번역을 고집하며 모국어 성경 번역을 금지하고 성경을 읽고 연구하는 것을 성직자들의 특권으로 가둬두려고 했던 중세시대에 후스는 위클리프(John Wycliffe, 1320?-1384)와 같이 개혁주의적인 사상을 갖고 있었고, 또한 성경을 모국어로 번역하는 일에서 힘을 썼다.

후스의 설교는 '기도'와 '신앙 고백'을 근간으로 한다.[22] 그리고 설교를 준비할 때 가장 중요한 것은 '기도'라고 강조한다.[23] 설교는 자신의 신념이나 생각을 피력하는 것이 아니라 하나님의 뜻을 구하며, 하나님의 뜻을 전해야 하기 때문이다. 후스는 설교에 대한 애착이 남달랐는데, 그가 위클리프의 신학에 동조하고 가르친다는 이유로 로마 교회로부터 경고를 받고 설교 금지명령을 받았음에도 불구하고, 이에 불복하며 설교를 지속했다. 그는 주님의 구원 사역을 위해 부름을 받은 종에게 가장 핵심적인 사명을 설교라고 믿었다. 후스에게 설교는 자신을 나타내는 정체성이자 생명과 같은 것이었다. "나는 교황이나 대주교가 나에게 설교하는 것을 금지하는 명령에 복종할 수 없다. 왜냐하면, 그것은 하나님의 구원과 반대되는 것이기 때문이다."[24] 1411년 종려 주일의 설교에서 후스는 로마 교회가 후스의 신학을 정죄하며 설교 정지 명령을 내린 것에 대하여, 그것은 단순한 교권의 문제가 아닌 하나님의 일을 방해하

---

21. Deniel S. Larangé, *La Parole de Dieu en Bohem et Moravie*, 239.
22. Deniel S. Larangé, *La Parole de Dieu en Bohem et Moravie*, 215.
23. Ezra H. Gillett, *The Life and Times of John Huss*, (London: Wentworth Press, 2019), 21
24. Aemedeo Molnar, *Jean Hus*, 36.

는 영적인 문제로 이해했다. 후스는 마귀는 할 수만 있다면 말씀 선포와 찬양하는 일을 방해하기 때문에, 진정한 그리스도의 종이라면 설교하고 찬양하는 일을 게을리 해서는 안 된다고 거듭 강조했다.[25]

그는 진리의 문제에 대해서는 매우 단호하여, 그리스도의 계명을 어기는 것보다 순교하는 편을 택하겠다고 자주 말했다. 이러한 '신앙 양심의 자유'에서 기초한 신앙과 비진리와 타협하지 않는 신앙의 지조는 '진리의 배반'이냐 '순교'냐의 갈림길에서 의연하게 순교의 길을 택하게 했다: "죽음은 진정한 진리를 만나게 한다."[26], "잘못 사는 것보다 잘 죽는 게 낫다."[27] 후스에게 진리(그리스도의 명령)는 최고의 가치를 지니며, 그 진리에 모든 행동을 복종시켜야 한다고 믿었다.[28] 이러한 진리를 향한 후스의 완전성은 그를 따르는 후스파 개혁 운동의 선봉이자 귀감으로 자리 잡게 했다. 후스가 위클리프의 사상을 계승한 이단자라는 명목으로 콘스탄츠 공의회(Konstazer Konzil 1414~1418)의 판결 때문에 1415년 7월 6일 화염 속에 사라지며 순교하기까지 진리에 대한 자신의 신념을 굽히지 않았던 것도 바로, 자신이 평생에 추구하고 외치고 가르쳤던 "진리를 사랑하고, 진리를 말하고, 진리를 지키라"라는 신념을 배신할 수 없었기 때문이다.[29] 그는 십자가상의 예수님처럼 의연하게 죽음을 받아들였다. 그는 마지막 설교에서 다음과 같이 말한다. "내가 교부들의 전통에 따라서 설교한 것은 바로 복음의 진리를 위해서였다. 나는 기꺼이 죽고자 한다. 나

---

25. Jan Hus, *Postilla* 151-3. 참조하라 http://www.etf.cuni.cz/library/Hus-Postilla/Thomas, In A. Fudge, "Feel this, Jan Hus and the Preaching of Reformation", 123.
26. Ota Pavlíček, "La figure de l'autorité magistrale à travers Jean Hus et Jérôme de Prague", *Revue des Sciences Relisieuses*, 85/3(2011), 371-389.
27. V. Novotný, *M. Jana Husi korespondence*, p. 170.
28. Kejř, Jan Hus sám o sobě, 15-17, 39-40, In Ota Pavlíček, La figure de l'autorité magistrale à travers Jean Hus et Jérôme de Prague", 371-389.
29. Schwanda, Tom. "The Legacy of John Hus", Knowing & Doing, C. S. Lewis Institute, 2015. https://www.cslewisinstitute.org/The_Legacy_of_John_Hus_FullArticle

는 요동함 없이 나의 주님을 믿는다. 오늘날 나는 그와 함께 다스리게 될 것이다.[30]"

III. 후스의 설교의 특징과 방법

후스의 설교에 나타나는 전반적인 특징은 크게 네 가지로 요약된다. 첫째, 성경해석에 있어서 성경 자체의 권위를 강조한다. 후스는 처음 설교를 시작할 때부터 진리의 유일한 규범과 원천인 성경 이외에는 어떤 조항이나 규례도 자신의 삶에서 참조와 모델이 될 수 없다고 강조했다.[31] 후스는 당시 교회의 전통이나 교황의 성경해석에 권위를 두던 시대에 오직 성경만이 최고의 절대적인 권위를 갖는다고 했다. 성직자의 제1의 의무는 이런 성경의 진리를 제대로 선포하고 가르치는 일이라고 했다. 그래서 후스는 중세시대 교회 자체의 권위와 교황의 권위를 강조하며 권력을 행사하는 종교 지도자들을 과감하게 비판한다. 소위 비진리와 싸움이다. 후스의 교회론은 위클리프의 영향을 많이 받았는데, 교회의 권위와 본질에 대해서는 정통적인 견해를 갖지만, 교회의 권위는 그 제도에서 나오는 것이 아니라, 교회가 얼마나 그리스도의 법을 준수하느냐에 달려있다고 여긴다. 교회가 성경의 말씀과 어긋난 모습으로 나간다면 더 이상 교회로서의 권위는 갖지 못한다. 반대로 교회가 말씀을 원칙으로 삼고 말씀 위에 선다면 교회는 권위를 갖는다. 또한, 교회의 반석은 베드로가 아니라 그리스도라고 주장했다.[32] 진정한 교회는 시간을 초월하여 하나님의 예정된 자들로 구성되며, 교회의 머리는 교황이 아니라 그리스도요, 교회의 몸

---

30. Blandenier, Jacques, "Un précurseur de la Réforme : Jan Hus (1370-1415)", https://lafree.ch/info/dossiers/figures-evangeliques/un-curseur-de-la-reforme-jan-hus-1370-1415
31. Deniel S. Larangé, *La Parole de Dieu en Bohem et Moravie*, 215.
32. Jan Sedlák, *M. Jan Hus*, (Prague: Dědictví sv. Prokopa, 1915) 116-26, 156. In Thomas, A. Fudge, "Feel this, Jan Hus and the Preaching of Reformation", 114.

도 추기경이 아니라 예정받은 신자들이다.[33] 후스는 '교황 무오설'에 대해 동조하지 않았다. 죄가 없는 분은 오직 주님 한 분뿐이시기 때문이다. 그런데도 교황은 삶에서 그리스도를 본받아 살아야 하며, 청빈과 겸손과 온유를 실천해야 하지만, 교황이 자행하는 교만, 성적 타락, 위선과 탐욕은 적그리스도(그리스도를 거스르는 자)의 행태라고 비판했다. 교황의 진정성에 대한 기준은 성경이고, 성경대로 살지 않는다면, 교황은 하나님의 대리자라고 할 수 없고 오히려 적그리스도의 봉사자라고 간주했다. 이러면 교황은 교황직에서 충분히 박탈당할 수 있다.[34] 후스는 특히 1412년부터 교황과 그리스도를 대조하면서 설교했다. 교황은 입을 맞추는데, 그리스도는 제자들의 발을 씻기시고, 그리스도는 작은 당나귀를 타시는데, 교황은 큰 백마나 군마를 타며 그 말은 화려하게 장식되어 있다. 그래서 사람들은 오히려 그리스도에게 주의를 기울이지 못하고 대신 교황 앞에 무릎을 꿇고 경배한다고 비난했다. 그래서 그리스도는 무시당하고 굴욕감을 느끼며 울며 지나가셨다고 설교했다.[35] 또한, 후스는 마가복음 16:1-7을 본문으로 유월절 설교를 하는데, 영적인 무지에 빠진 성직자들보다 주님의 말씀을 받은 여성이 더 낫다고 말한다.

"사제들이여! 만약 당신들이 예수님을 닮는 데 실패한다면, 여자들이 그것을 당신들에게 상기시킬 것입니다. 그것을 기쁨으로 인정하십시오. 나, 후스는 할머니가 나에게 내 삶을 개선할 수 있는 좋은 것들을 가르쳐 주셨다는 것을 기꺼이 인정합니다. 그런데도 다른 사람들은 거룩한 여

---

33. Jan Hus, *De ecclesia* 51-2. 참조 https://en.wikisource.org/wiki/De_Ecclesia._The_Church ; Aemedeo Molnar, Jean Hus, 96.
34. *Sermo in Dominica infra Octavam Nativitatis Domini*, Opera Omnia 7:92. In Fudge. Thomas, A.,"Feel this, Jan Hus and the Preaching of Reformation", 115.
35. Jeschke, *Postilla* 146-7. In Fudge. Thomas, A.,"Feel this, Jan Hus and the Preaching of Reformation", 118.

성들이 그리스도에 대해 그들에게 들은 것을 제자들이 어리석은 것으로 간주하는 것과 같이, 선한 여성들이 선한 것을 판단하거나 가르칠 수 있다는 것을 미친 짓이라고 생각합니다."[36]

후스는 이 설교를 통해 성직자들의 진리에 대한 무지와 영적인 무감각을 비판했지만, 중세시대 경시받는 여성들에 대한 하나의 '르네상스(Renaissance)'라 할 수 있는 혁명적인 사상이었다. 그는 교회와 사회의 여성의 본질적인 역할을 인정해야 한다고 힘주어 강조했다.[37] 1411년 유월절에 요한1서 5:4-10의 본문으로 한 설교에서도 하나님의 눈으로 볼 때 여자와 남자는 동등하다고 했다.[38] 후스는 1411-1412년 사이에 마르다, 마리아, 예수님을 만난 우물가의 사마리아 여인, 막달라 마리아와 같이 성경에 나오는 여성들에 대해 설교하면서 믿음을 갖고 그리스도의 교훈으로 자녀들을 양육하는 여성들에게 경의를 표했다.[39]

또한, 후스는 전통 교회가 주장하는 화체설, 즉 미사 시에 사제들의 기도로 떡이 성체가 된다는 가르침을 거부한다. 그는 성찬 시에 포도주는 그리스도의 피가 된다는 점에 대해서는 동의하지만, 사제들의 기도로 포도주가 피로 바뀐다는 것에는 반대한다. 이 행위는 창조행위로 사람에게 속하는 것이 아니라 하나님께만 속하는 것이기 때문이다. 그는 다음과 같이 설교했다.

---

36. Jan Hus, Postille tchèque, p. 157 In Deniel S. Larangé, *La Parole de Dieu en Bohem et Moravie*, 235.
37. Deniel S. Larangé, *La Parole de Dieu en Bohem et Moravie*, 236.
38. Jan Hus, *Bethèmské poselstvi (Les messages de Bethéem)* In Deniel S. Larangé, *La Parole de Dieu en Bohem et Moravie*, 236.
39. Jan Hus, *Sermon du 15, XI. 1411; Sermon du 20, III. 1411; Sermon du 22, VII. 1411.* In Deniel S. Larangé, *La Parole de Dieu en Bohem et Moravie*, 236.

"사제들은 참으로 어리석은 일에 빠지게 되는데, 바로 미사 가운데 자신들이 하나님의 몸을 만드는 창조자들이라고 말할 때입니다. 그것은 거짓말입니다. 왜냐하면, 그들은 동정녀 마리아가 세상에 낳은 자를 창조하지 않았기 때문이고, 그들은 그리스도 이외의 다른 몸도 만들지 않았고, 만들지도 못할 것이기 때문입니다. '창조'는 이전에 존재하지 않은 것을 만들어 내는 것입니다. 그래서 하나님만이 무에서 유를 만들어 내신 유일한 창조자입니다. 그래서 우리는 사제들이 창조자들이라고 자청하는 것은 거부하지만, 하늘과 땅을 만드는 전능하신 하나님을 믿습니다."[40]

둘째, 후스의 설교는 강해식 설교이다. 그는 성경의 본문을 읽고, 본문을 중심으로 설명하고 주해를 한 뒤에, 본문을 적용할 수 있는 실천적이고 교훈적인 사항을 찾아 설교한다(exgético-pratiques).[41] 후스는 체코의 설교 역사에서 성경 주석을 도입한 최초의 사람으로 평가된다.[42] 그는 또한 신약 성경을 통해서 구약 성경을 해석하는데, 그 이유는 옛 언약은 새 언약을 알리기 위한 것이기 때문이다.[43] 그는 성경 본문의 이해를 돕기 위해 성경 본문뿐만 아니라 어거스틴(Augustin, 354-430), 그레고리(Gregory the Grreat, 540-604), 베다(Beda Venerabilis, 672-735), 시릴(Cyrille d'Alexandrie, 376-444), 제롬(Saint Jerome, 347-420), 요한 크리스소스톰(John Chrysostom, 347-407), 위클리프(John Wycliffe, 1320-1384) 등 그들의 가르침을 많이 인용했다.[44] 그는 특히 크리스소스톰에 대한 경의를 표했는데, 이유는 그가 거대한 세상의 권력 속에서도 굽히지 않았던 용기를 지닌 사람이었기 때문이다.[45] 후스는 또

---

40. Aemedeo Molnar, *Jean Hus*, 207.
41. Deniel S. Larangé, *La Parole de Dieu en Bohem et Moravie*, 237.
42. Thomas, A. Fudge, "Feel this, Jan Hus and the Preaching of Reformation", 125.
43. Deniel S. Larangé, *La Parole de Dieu en Bohem et Moravie*, 235.
44. Thomas, A. Fudge, "Feel this, Jan Hus and the Preaching of Reformation", 111.
45. Aemedeo Molnar, *Jean Hus*, 191-194.

한 마태, 세례 요한, 막달라 마리아 등 신앙의 인물들에 대해 설교했고, 77편 정도의 절기 설교와 나머지는 보헤미아의 역사를 다루는 설교도 있다.

셋째, 후스의 설교는 진리뿐만 아니라 삶의 실천을 강조한다. 특히 산상수훈의 가르침대로 그리스도를 따르는 자가 되라고 가르쳤다. 후스는 사도신경의 서문에서 자신이 하나님이 보낸 종이기 때문에, 사람들에게 믿음, 하나님의 계명을 실천하는 것, 기도하는 법을 가르치고 싶다고 밝혔다.[46] 그는 신앙과 삶이 일치하지 않는 것은 거짓된 신앙이라 비판하며 위선과 부도덕에 회개를 촉구한다.[47] 후스는 당시 종교 지도자들의 모습에서 나타나는 위선과 부도덕성을 비난하며, 문맹의 대중들이 성경의 진리에 대해 무지한 것을 깨우며 개혁을 시도한다. 후스는 이 세상이 사제들로 가득 채워진다고 해도 정작 추수할 날에 추수할 일꾼은 드물다고 한탄했다. 왜냐하면, 사제가 되면 교회의 질서(ordre ecclésiastiques)에는 들어가지만, 사역을 완성하지 못하기 때문이다.[48] 이처럼 중요한 것은 성직에 있느냐 아니냐가 아니라 얼마나 진리의 말씀대로 사느냐에 있음을 강조한다. 설교자의 능력은 말에 있는 것이 아니라 선포한 말씀대로 얼마나 삶으로 실천하느냐에 따라 평가받아야 한다고 강조했다. 후스는 물러서지 않고 1410년부터는 당시의 교회 제도와 관행을 강도 있게 비판하며 개혁을 위한 목소리를 높였는데 특히 면죄부 판매에 대해서는 이것은 속임수 혹은 신학적인 오류나 교회의 권력 남용이라고 거세게 비판했다. 그는 1410년의 "사제들은 돈이 아니면 아무것도 주지 않지만, 돈이라면 죄는 용서되고 모든 형벌에서 면죄된다."라고 말하면서 이런 악한 관행들에 종

---

46. Karel J. Erben, ed., *Mistra Jana Husi: Sebrané spisy české* (Prague, 1865) 1: 1-52. In *La Réforme bohème et la pratique religieuse*, v.4: Documents du IVe Symposium international sur la Réforme bohème et la pratique religieuse, 111.
47. Ota Pavlíček, La figure de l'autorité magistrale à travers Jean Hus et Jérôme de Prague", 2.
48. Deniel S. Larangé, *La Parole de Dieu en Bohem et Moravie*, 219.

지부를 찍어야 한다고 설교했다.⁴⁹

후스의 실천적인 삶에 대한 설교에서는 크게 개인의 신앙의 경건 생활과 종교 지도자들의 부패와 사회개혁을 촉구하는 설교로 요약된다. 후스는 무엇보다 하나님 앞에서 '책임'감을 느꼈는데 이것은 성경의 진리를 선포하는 설교자로서의 서약에 기초했기 때문이다. 후스는 1405년과 1407년에 프라하의 교회 총회에서 설교자로 초청되어 설교했는데, 성직자들의 말씀 선포에 대한 '책임'과 그리스도를 따르는 삶을 강조했다. 그는 성적인 죄, 탐욕, 탐식, 술 취함, 부유와 교만, 유흥을 즐기는 삶을 비난했는데, 특히 사제들은 도덕적인 개혁을 위해서 탐욕, 탐식, 교만, 증오를 버리고, 용기, 겸손, 정의, 신중함이라는 네 기둥을 세워야 한다고 역설했다. 말씀에 부응하는 삶을 살아야 하나 그렇지 못해서 발생하는 죄의 문제는 근본적으로 그리스도의 보혈의 공로만으로 가능하다고 보았다. 죄를 정결케 하는 것은 그 어떤 것도 아닌 오직 그리스도의 구속의 은혜라고 강조한다.⁵⁰ 다음은 후스가 고린도전서 13장을 설교한 내용의 일부이다.

"여러분들은 모두 우리 주님 예수 그리스도 앞에 서게 될 것입니다. 그러니 파렴치한 일들과 무자비한 죄악들을 멈추십시오…. 백성들의 군주들(princes)은 아브라함의 품에 있지 않을 것입니다. 오히려 주님과 고통의 비명을 질렀던 그리스도를 대적하는 편에 모일 것입니다. 오, 여러분들이 그들과 닮지는 않았는지 주의하십시오…! '내가 질고를 당할 때, 그

---

49. Wider Hans Worst", 1541, in *Luthers Werke* 51: 538. In Fudge. Thomas, "Feel this, Jan Hus and the Preaching of Reformation", 113.
50. Jan Sedlák, ed., *Studie a texty k životopisu Husovui* [Studies and texts toward a biography of Hus], 3 vv. (Olomouc, 1914-19) 2:394-9. In Fudge. Thomas, "Feel this, Jan Hus and the Preaching of Reformation", 114.

들은 자색 옷을 입고 거드름을 피우고 있었으며…. 내가 최후의 고난의 피를 흘리고 있을 때, 그들은 좋은 욕조에 몸을 담그며 쾌락을 즐겼다. 치욕을 받고 모욕을 당한 나는 그들의 방탕과 사치로 가득 찬 밤에 지나갈 것이다. 나는 십자가에서 죽기까지 지쳐있으나, 그들은 안락에 빠져 있었다. 나는 십자가에 매달려 신음하지만, 그들은 푹신한 침대 위에서 쉬고 있다. 나는 절대적인 사랑의 행동으로 그를 위해 내 영혼을 내어 주지만, 그들은 '너는 네 마음을 다하여, 네 영혼을 다하여, 네 생각을 다하여 너의 하나님을 사랑하라'라고 명령하는 사랑의 의무조차도 실행하지 않는다."[51]

이처럼 후스는 서기관과 바리새인들이 아비 마귀에 속하고, 회칠한 무덤과 같다고 책망하신 예수님처럼 당시의 지도자들을 그들과 비교하며 비판했다. 후스는 정치와 결탁하여 부를 추구하고 세속적 탐욕을 갖기 위해 진리를 왜곡하고, 온갖 타락의 길을 걷는 당시의 성직자들의 모습을 목격하고 1407년에는 비판의 강도를 한층 더 높였다. "악인들은 진정한 믿음을 얻지 못합니다. 그들은 이단자들입니다. 오직 진실한 그리스도인은 하나님의 계명을 준수하며, 자기의 행동이 예수님과 닮은 사람입니다."[52] 이처럼 후스에게 있어서 신앙은 피상적인 교리를 받아들이고 인식하는 것이 아니라, 삶에서 믿음의 열매를 맺는 것이다. 사도 요한이 강조하는 것처럼 '하나님을 사랑하는 자는 그의 계명을 지키는 자'이다. 다음은 후스가 1411년에 성직자들의 타락을 비판했던 설교의 발췌문이다.

---

51. Paul de VOOGHT, *L'hérésie de Jean Huss*, (Louvain: Universitaires de Louvain, 1960), 69, In Aimé Richardt, *Jean Huss précureur de Luther* (1370-1415), (Paris: François-Xavier de Guibert, 2014), 37.
52. Paul de VOOGHT, 70. In. Aimé Richardt, 38.

"사제들은 설교하지 않고 가방만 채웁니다…. 그들은 지옥에 가는 것이 마땅합니다…. 그들은 더위에 황소처럼 떠들며, 부엌에서 자기 배만 채웁니다…. 어떤 사제의 음성은 마귀와 같아서 자찬하며 음행하고 선포되는 말씀과 다른 삶을 삽니다…. 사제들은 기생충과 같은 존재이며, 교회에서 아무 일도 하지 않으니 영적인 아버지가 아닙니다…. 그들은 돈을 위해 신자들을 섬기고, 돈을 위해 도박도 합니다. 그들은 돈을 탐내는 자들입니다…. 그들은 살진 돼지가 됩니다…. 그들은 술 취한 자들이며, 술을 많이 마셔서 배가 으르렁거리고, 이중 턱을 가질 때까지 배를 채우는 자들입니다."[53]

후스는 탐욕적인 사제들은 '살진 자들'이라고 비유하면서 사제들의 타락을 비판하는 일에는 거침이 없었다. 그는 탐욕에 뿌리를 내리고 음행하는 사제들을 '시몬(simony)'과 같은 사람으로 비유하면서 이들이 회개하지 않는다면 교회에서 파문해야 마땅한 사탄의 아들들이라고 했다.[54] 후스는 자신의 가르침대로 금욕적인 삶을 추구했고 검소한 복장으로 먹고 마시는 것에 매우 검소하고 엄격했다.

넷째, 후스의 설교는 청중의 눈높이에 맞춘 설교이다. 자신을 드러내기 위한 설교가 아닌, 청중을 먹이고 가르치고 교육하기 위한 설교였다. 후스의 설교는 표현법이나 어휘가 현학적이지 않고, 청중이 이해할 수 있는 쉽고 단순하고 간결한 표현으로 구성된다. 또한 체코어의 음율에 맞춘 시적인 형식을 취하기도 하는데, 이점에서는 미학적인 특징도 갖는다.[55] 그가 성경 본문을 인

---

53. 이 설교는 1411년 11월 28, 4월 26일, 6월24, 6월 2일, 6월5일, 6월 7일 등에 행해졌다. Fudge. Thomas, A. "Feel this, Jan Hus and the Preaching of Reformation", 113.
54. Jan Hus, *De la Simonie*, In Aemedeo Molnar, *Jean Hus*, 143-142.
55. Spinka, John Hus' Concept of the Church, 57.

용할 때는 문어체보다는 청중이 이해하기 쉬운 구어체로 했고, 후스는 청중의 수준에서 그들을 이해하려고 노력했다. 후스는 설교할 때 자신의 설교가 지나치게 추상적이지 않도록 노력했고, 청중들의 이해를 돕기 위해 일상의 삶에서 나오는 예화들을 사용했다. 후스의 설교에는 학생들을 가르치고 이해시키기 위한 교육가로서의 면모도 잘 나타난다. 또한, 그는 비유적, 은유적, 풍자적인 표현을 많이 사용하는데, 그것은 주로 부패한 종교 지도자들을 빗대어 설명할 때 주로 사용되었다. 그가 죄인들을 인용할 때는, '죄인인 우리'와 같이 죄인들과 자신을 동일시하는 것이 특징이다. 그리고 후스는 무엇보다 청중에 대한 남다른 "사랑을 갖고 하나님의 영광을 위하여, 인류를 위하여, 인류의 구원을 위하여" 설교한 사람으로 평가된다.[56] 바울이 한 사람이라도 더 얻기 위해, 유대인에게는 유대인처럼, 헬라인에게는 헬라인이 된다는 말과 같이 후스는 한 명의 청중이라고 진리의 말씀을 깨닫고 이해할 수 있도록 강한 쉬운 언어와 강한 호소력을 갖고 청중을 깨웠다. 후스는 예수님께서 베드로에게 부탁하신 말씀처럼 목자가 자기의 양들을 먹이는 심정으로 진실한 사랑으로 양들을 목양한 사람이라 할 수 있다.

IV. 설교의 적용과 교훈

후스의 설교가 우리에게 주는 교훈은 무엇인가? 첫째, 설교는 무엇보다 성경 말씀에 기초를 두어야 한다는 것이요, 오직 성경만이 절대적인 진리의 기준이 된다는 것을 상기시킨다. 후스가 격동기의 시대 가운데 목숨을 불사르면서까지도 포기하지 않았던 것은 '진리' 그 자체였다. 후스에게 있어서 진리는 그의 존재 이유였고, 소명의 자리였다. 로마 가톨릭의 전통이나 해석, 교권 중심의 교리보다 앞서는 것은 성경 자체이다. 종교개혁의 전통대로 끊임없

---

56. Deniel S. Larangé, *La Parole de Dieu en Bohem et Moravie*, 219.

이 '성경'으로 돌아가는 일이 필요할 것이다. 후스가 생존했을 당시는 중세 말기 소위 격동의 시대였다. 정치, 사회, 종교적으로 새로운 재정비와 질서가 필요했던 시대였다. 그리스도를 향한 뜨거운 열정과 불굴의 의지로 세상 한복판에 후스가 서 있던 것은 우연이 아니었을 것이다. 성경 연구를 통해 발견한 진리가 기존 교회 가르침과 전통과 일치하지 않았을 때, 그는 단호하게 성경을 진리를 붙잡았고, 거짓을 가르치고 있는 교회의 권위에 대항하며 개혁을 촉구했다. 오늘날 교회도 각 교단의 신학만이 정통교리라 주장하며 독선과 아집의 태도로 교권주의를 강조하는 자세를 지양해야 할 것이다. 루터도, 칼뱅도, 웨슬리도, 그리고 후스도 성경 자체의 절대 권위를 넘어서지 못할뿐더러 그들의 성경해석조차도 완전할 수 없다. 모든 교회와 교단이 자신들이 몸담은 교단을 높이고 자랑하는 데 급급하기보다 성경 자체에 더 집중하며 그리스도의 가르침을 중히 여기며 성경 연구에 더 집중한다면, 한국 교회는 더 진리에 가까운 모습으로 발전하며, 교회와 교단 간에도 겸손한 자세로 화합과 연대를 이룰 수 있을 것이다.

둘째, 후스가 강조하는 신앙과 삶의 일치이다. 후스는 하나님의 값없이 주어지는 전적인 은혜와 믿음과 성경의 권위와 더불어 산상수훈으로 대표되는 '믿음의 삶'을 강조한다. 그에게 사랑과 선행의 실천이 없는 믿음은 죽은 믿음과 같다(fides caritate formata). 그래서 아무리 권위를 지닌 주교나 교황도 이 진리의 말씀에 어긋난 삶을 살아간다면, 그것은 거짓 믿음이라고 단호히 선포한다.[57] 오늘날 한국 교회의 가장 큰 문제는 바로 교회가 교회답지 못하고 신자가 신자답지 못하다는 데 있다. 다시 말해서 교회와 세상이 구별되지 않는다는 점에 있다. 교회와 성도가 갖는 성장과 성공의 논리가 세상 사람들이

---

57. Schmidtová, *Magister Johannis Hus, Sermones de tempore qui Collecta dicuntur* 189. In Thomas, A., "Feel this, Jan Hus and the Preaching of Reformation", 125.

추구하는 부와 명예의 추구와 별반 다르지 않다는 것이다. 세상은 더 큰 집을 소유하려 하며, 더 큰 재산을 증식하려 하며, 명예를 위해 더 높은 자리에 앉으려고 하고, 사람들을 섬기기보다는 그 위에 군림하려 하고, 힘없고 가난한 자들을 멸시한다. 어른에게 아이에 이르기까지 집과 자동차는 그 사람의 신분이라 할 정도로 물질주의가 팽배한 안타까운 현실을 본다. 후스는 화려하게 장식한 교회를 보며 이렇게 말했다. "교회의 성벽은 빛나고 있지만, 가난한 성도들은 굶주리고 있습니다. 돌은 금으로 입히고, 자식은 벌거벗은 채로 방치합니다…. 예수 그리스도로 옷을 입는 것 외에 그 어떤 것으로도 도덕적인 미덕을 덧입을 수 없습니다."[58] 오늘날 누가 그리스도로 옷 입은 것을 자랑하려 하겠는가? 오늘날은 어쩌면 후스가 살던 시대보다 그리스도의 가르침대로 살기 위해서 더 큰 믿음과 더 많은 노력과 용기가 필요한지도 모른다. 오늘날 세속주의와 물질주의와 경쟁주의 쇄도 속에 성경이 강조하는 사랑과 용서, 겸손, 검소, 섬김의 미덕은 골동품으로 전락해 버린다. 이러한 시대 풍조 속에 누가, 어떤 교회가 믿음의 승자로 남을 수 있는가? 신앙과 삶의 이분화 현상은 갈수록 심해지고, 결국 신앙을 등지고 교회를 떠나는 현상들이 증가하고 있다. 물질적 풍요와 쾌락주의가 팽배할수록 신앙은 결국 '맘몬이냐 하나님이냐'라는 양자택일의 문제가 될 것이다.

그러나 오늘날 세속주의와 쾌락주의가 만연한 사회 속에서 많은 목회자들이 진리의 편에 서기를 주저하며, 성도들의 안일주의와 편의주의에 편승하고 있다. 강단의 설교는 점점 교인들의 구미에 맞는 설교 주제로 바뀌고 있고, 교인들의 눈치를 보며 설교의 양은 계속 축소되고 예배시간은 1시간 이내로 단축되고 있다. 공동체가 모여서 드리는 경배와 예배의 속에서 진정한 안식을 누리며 공동체 간에 사랑의 연합과 교제를 이루는 예배는 점차 사라져가고,

---

58. Gillett, Ezra H. *The Life and Times of John Huss*, 285.

미신적 태도로 때우기 식의 예배가 끝나면 산으로 들로 나가 '안식'을 찾기에 급급하다. 한국 교회가 죽어가는 유럽의 교회를 걱정했지만, 지금 한국 교회에는 더 빠른 속도로 세속화와 고령화 현상을 나타내고 있다.

V. 결론

　예수님이 승천하시고 복음이 세상 가운데 선포된 것은 바로 예수님을 만나고 성령을 체험했던 사도들과 그의 제자들을 통해서였다. 말씀 선포, 즉 설교는 복음이 전파되는 강력한 도구였다. 따라서 설교는 인간의 구원을 위한 통로이며 설교를 통해 하나님 나라를 준비하게 한다. 교회의 생사 여부는 설교의 생명력에 달려있다고 해도 과언이 아닐 정도로 설교가 갖는 비중은 참으로 크다. 중세시대 주류의 교회는 미사의 형태로 진행되며 말씀의 강론보다는 성찬을 중심으로 한 제의적 형태의 예배가 만연했다. 거룩한 의식에 거룩한 언어라고 여겼던 라틴어로 드려진 미사들은 성직자들의 전유물이지 대중들에게는 소의 귀에 경을 읽는 격이었다. 예수님께서는 진정한 예배는 진리와 성령으로 드려지는 예배라 하셨는데, 진정한 진리가 왜곡되고, 그 진리를 이해하도록 선포되지 못한다면 신자들이 어떻게 진정한 예배를 드릴 수 있었을까! 12세기에 탁발(托鉢) 수도사들, 위클리프의 영향을 받은 롤라드(Rollard)파와 알프스 산을 중심으로 발도(vaudoise)파가 거리에서 대중의 언어로 복음이 전파되는 대중 설교가 활기를 띠기 시작했다. 대중들에게 성경이 부분적으로나마 번역되어 읽어지고 가르쳐졌을 때, 그들은 진리에 눈을 떴고 진리를 통해 세상을 분별할 수 있는 영적인 식견을 갖게 되어 각성과 개혁을 물결을 일으켰다. 성경의 진리와 삶의 일치가 일어나는 그 근본에는 성경의 진리의 발견과 진리에 대한 순종의 자세가 필수적이다. 후스를 비롯한 많은 종교개혁가들이 교회의 개혁을 이룰 수 있었던 것도 바로 그들이 어떤 죽음을 불사하고서라도 진리에 귀를 기울이고, 진리를 사랑하며, 진리대로 살며, 진리를 지키고자 하는 열정이 있었기 때문이었다. 성경은 마지막 날에 미혹을 받아 배도하는 일이 있다고 말한다(살후2:3). 과연 누가 마지막 날에 믿음을 지킬 수 있을 것인가?

교회의 강단이 살아야 한다. 말씀을 선포하는 설교자들의 영성이 깨어나야 한다. 사람의 종이 아닌, 세상의 정욕과 탐욕의 종이 아닌, 하나님의 종이 그 어느 때보다 절실한 요구되는 시대이다. 교회사를 통해 볼 때, 올바른 복음의 진리가 선포되고, 세상 권력의 부정과 부패에 대항하여 목소리를 내며, 죄에 대해 회개를 촉구하는, 소위 영적인 각성을 촉구하는 메시지가 살아 있을 때, 죽어가던 교회가 살아난 것처럼, 한국 교회와 성도들에게는 이러한 영적인 각성이 절실히 필요하다. 이런 점에서 거대한 기류에 맞서 싸워 칠흑 같은 어둠을 밝혔던 후스의 삶과 그의 설교는 우리에게 교훈하는 바가 크다고 할 수 있다. 후스는 그 누구보다 진리에 대한 확신과 하나님의 부름이 확고했던 사람이었다. 철옹성과 같은 견고한 진리를 토대로 한 믿음을 지닌 후스였기에 다윗과 골리앗과 같은 거대한 싸움에서도 기가 죽지 않고 당당하게 자신의 신앙양심의 목소리를 높일 수 있었다. 그의 죽음도 불사하는 신앙은 역사 가운데 길이 빛난다. 마지막으로 후스의 고백을 상기하며 글을 마감하고자 한다. "나는 발람의 나귀처럼 되고 싶소. 발람의 고위 성직자가 내 등 위에 앉아 있다 하더라도, 나는 주님의 명령을 어기고 싶지 않소…. 나는 그들의 말을 듣지 않을 것이오. 주님의 천사가 내 앞에 서 있으므로, 자유와 정직으로 범사 가운데 하나님께만 복종할 것이오!"[59] 사람을 기쁘게 할 것인가? 하나님을 기쁘게 할 것인가?

---

59. Flajšhans, ed., Mag. Io. Hus Sermones in Bethlehem 1410-1411 2:100-104 at 102. In Thomas, A., "Feel this, Jan Hus and the Preaching of Reformation", 124.

참고문헌

Blandenier, Jacques. *Un précurseur de la Réforme : Jan Hus* (1370-1415), https://lafree.ch/info/dossiers/figures-evangeliques/un-precurseur-de-la-reforme-jan-hus-1370-1415

Castellan, Georges. "Jean Hus ou l'échec d'une réforme catholique" https://www.clio.fr/bibliotheque/pdf/pdf_jean_hus_ou_l_echec_d_une_reforme_catholique.pdf

De Bonchose, Emile. *Letters of John Huss, Written during his exile and imprisonement*, trans., Campbell de Mackenzie, Edinburgh: Willam Whyte & Co. 1846.

Fudge, Thomas A., "'Ansellus dei' and the Bethlehem Chapel in Prague," *Communio Viatorum*, XXXV [35](2), Prague: Université Charles de Prague,1993.

Fudge, Thomas A., *Jan Hus: religious reform and social revolution in Bohemia*, London: I.B. Tauris, 2017.

Fudge, Thomas A.,"Ressentez ça !" *Jan Hus et la prédication de la Réforme*, Académie des sciences de la République tchèque, Prague: Bibliothèque principale, 2002. trad. trad. "Feel this, Jan Hus and the Preaching of Reformation", 210307 European History (excl British, Classical Greek and Roman), https://hdl.handle.net/1959.11/13799

Gillett, Ezra H. *The Life and Times of John Huss*, London: Wentworth Press, 2019.

Larangé, Daniel S.. *La Parole de Dieu en Bohem et Moravie*, Paris: L'Harmattan, 2008.

Molnar, Aemedeo. *Jean Hus*, Trad. Emile Ribaute, Paris: Les bergers et les mages, 1978.

O'Reggio, Trevor. John Huss, Andrews University, toreggio@andrews.edu

Pavlíček, Ota. "La figure de l'autorité magistrale à travers Jean Hus et Jérôme de Prague", *Revue des Sciences Relisieuses*, 85/3 (2011),371-389.https://journals.openedition.org/rsr/1717

Richardt, Aimé. *Jean Huss, précureur de Luther (1370-1415)*, Paris: François-Xavier de Guibert, 2014.

Schaff, David. *John Huss- His Life and Teachings After Five Hundred Years*. New York: Charles Scribner's and Sons, 1915.

Schwandais, Tom. "The Legacy of John Hus", Knowing & Doing, C. S. Lewis Institute, 2015. https://www.cslewisinstitute.org/The_Legacy_of_John_Hus_FullArticle

Šmahel, František. "Literacy and Heresy in Hussite Bohemia," Heresy and Literacy, 1000-1530, Cambridge: Anne Hudson and Peter Biller, 1994,

Soukup Pavel. *Jan Hus: The Life and Death of a Preacher*, IN: Purdue University Purdue e-Pubs, 2019. https://docs.lib.purdue.edu/cgi/viewcontent.cgi?article=1043&context=purduepress_previews

Spinka, Matthew(Ed.). *Library of Christian Classics*, vol.14. *Advocates of Reform From Wyclif to Eramus*, Philadelphia: Westminster press, 1953. https://books.google.co.kr/books?id=ZJMrDgAAQBAJ&pg=PA40&lpg=PA40&dq=hus+jako+student&source=bl&ots=FiPJjAw9hM&sig=ACfU3U0OQMEm39NLz_IgCvZk4w4v3n7BSQ&hl=fr&sa=X&ved=2ahUKEwjH8o3-5Mr2AhWesVYBHUGnCgoQ6AF6BAgKEAM#v=onepage&q=hus%20jako%20student&f=false

서혜정

대전대학교전자계산학과(B.Sc.)
총신대학교 신학대학원 (M.Div.)
총신대학교 일반대학원 (Th.M. 역사신학)
Faculté de théologie protestante de Paris (Dr. en Théol. 철학&윤리)
Faculté de théologie protestante de Paris (M. en Théol. 역사신학)
(현) Globe Covenant Seminary 조교수(철학&역사)

루터의 설교

김선영

프로테스탄트 개혁의 창시자 루터의 설교는 특별할 수밖에 없다.[1] 인류 역사와 교회사에서 유일무이한 위상을 차지하는 16세기 프로테스탄트 개혁을 이끌어간 설교요, 그 개혁에서 나온 설교이기 때문이다. 그래서일까? 슈나이더는 루터, 설교, 프로테스탄트 개혁에 대한 글에서 "루터, 설교자의 프로테스탄트 개혁"과 더불어 "루터, 프로테스탄트 개혁의 설교자"라는 소제목을 사용한다.[2] 두 제목의 선택은 각 주제의 중요성은 물론, 두 주제를 함께 고려해야 할 필요성도 알려준다. 루터의 설교를 다룰 수 있는 관점은 다양하고 많다. 본 글에서는 이 두 제목에 크게 공감하면서 루터가 설교를 통해 설파한 설교 개혁에 초점을 맞춰보고자 한다. 여기서 가장 주목할 부분은 설교직의 본질 및 설교의 핵심 메시지의 재정립이다.

마르틴 루터는 1512년 10월부터 사망일인 1546년 2월 18일까지 비텐베르크 대학교 교수로 활동했다. 1517년부터는 면벌부 반박 95개조 논제가 예기치 못한 폭발적 호응을 불러일으키면서 프로테스탄트 개혁도 주도했다. 이런

---

1. 본 글은 김선영, "루터의 설교개혁과 설교신학: 요한복음 20장 19-23절 설교를 중심으로," 「한국기독교신학논총」, 119(2021), 35-76을 대폭 줄이고 재정리한 것이다.
2. Stanley Schneider, "Luther, Preaching, and the Reformation," in *Interpreting Luther's Legacy*, ed. F. Meuser & Stanley Schneider (Minneapolis, MN: Augsburg, 1969), 120, 127.

저런 병으로 죽을 고비도 누차 넘길 정도로 분주하고 격렬한 삶을 살았다. 그가 맡아야 할 역할은 참으로 많았다. 그런데 놀라운 일은 그 와중에도 설교를 멈추지 않았다는 사실이다. 그는 비텐베르크 시(市)교회를 중심으로 설교가로서 상당한 역량을 발휘했다. 1510년부터 사망 3일 전까지 대략 4천 편이 넘는 설교를 했다. 설교 중에는 새로이 양성해야 할 프로테스탄트 설교자들을 위한 표준 설교 또는 설교 도우미 역할을 하는 포스틸(postils)도 있었다.[3] 루터는 비텐베르크 설교에 대해『독일 미사』에 기술해 놓았다.[4] 시교회 예배는 기본적으로 주일 오전 5시, 10시, 오후에 있었다. 새벽에는 서신, 오전에는 복음서, 오후에는 구약이나 카테키즘을 다루었다. 주일에는 성구집에 따라 설교를 했다. 월요일과 화요일에는 카테키즘, 수요일에는 마태복음, 목요일과 금요일에는 사도서신을 다루며 연속 설교를 했다. 토요일 늦은 오후 설교 때는 보통 요한복음을 취급했다. 루터는 한 해에 100회 넘게 설교했고, 1522년에는 46번, 1540년에는 43번 설교했다.[5] 루터는 구술 설교가 기록된 말씀에 우선한다는 신념을 갖고 있었다.

---

3. 이 용어는 당시 성경 강해가 보통 "성경의 이 말씀에 의하면"(post illa verba sacrae scripturae)으로 시작된 데서 나왔다.
4. *D. Martin Luthers Werke*, Kritische Gesamtausgabe, 73 vols., J. F. K. Knaake et al. eds. (Weimar: Hermann Böhlau, 1883-2009), 19:79-80(이후로는 WA 19:79-80과 같이 표기); *Luther's Works*, American edition, 75 vols., Jaroslav Pelikan, Helmut T. Lehmann, and Christopher Boyd Brown eds. (St. Louis, MO: Concordia Publishing House, 1955ff.; Philadelphia, PA: Fortress Press, 1955-1986), 53:68-69(이후로는 LW 53:68-69와 같이 표기).
5. Fred W. Meuser, *Luther the Preacher* (Minneapolis, MN: Augsburg, 1983), 37-38.

I. 설교직의 본질

1. 설교직의 정의

루터는 요한복음 20:19-23을 "설교직"에 대한 가르침이라 명명한다.[6] 요한복음에만 나오는 "아버지께서 나를 보내신 것 같이 나도 너희를 보내노라"(20:21)는 말씀을 통해 그리스도는 설교직이 무엇인지를 선포한다. 설교직이란 "그리스도의 복음을 설교하고, 짓눌린 채 두려워 떠는 양심의 죄를 용서하는 일이다. 하지만 뉘우치지 않고 안심하고 있는 자들의 죄는 그대로 놔두고 매는 일이다." 복음을 설교하는 사역은 "사람들이 그들의 죄를 인정하고, 의롭고 정의롭게 되게 하기 위해서"인 만큼, 설교직은 사람의 "생명과 구원이 달린 직"이다.[7]

2. 설교직의 신학적 근간

1) 성부의 성자 파송: 영적 왕국 설립

설교직의 가장 기본적인 신학적 근간은 성부가 영적 왕국을 세우기 위해 성자를 이 땅에 보냈다는 사실이다. 이 왕국의 설립 취지와 진수는 "너희가 누

---

6. 일반적으로 루터는 바울을 선호했고 로마서와 갈라디아서를 중시했던 만큼 성경의 나머지는 소홀히 했다는 지적을 받는다. 하지만 이것은 오해요 잘못된 편견이다. 루터의 설교를 보면 로마서에 대한 설교는 서른 편 정도가 있지만, 공관복음에 대한 설교는 천 편이 넘고, 요한복음에 대한 설교는 수백 편이 넘는다. Fred W. Meuser, "Luther as Preacher of the Word of God," in *The Cambridge Companion to Martin Luther*, Donald K. McKim ed. (Cambridge: Cambridge University Press, 2003), 138. 루터는 독일어 "신약성경서문"에서 요한복음을 바울 서신, 특히 로마서 및 베드로전서와 함께 성경 전체의 "진정한 핵심이요 골수"라고 하면서 요한복음에 대한 특별한 애정을 표현한다. 그 이유로 루터는 요한복음이 그리스도의 행위와 기적들을 많이 기술하고 있기보다는 어떻게 그리스도를 믿는 믿음이 죄와 죽음과 지옥을 극복하고 생명과 의와 구원을 주는지를 잘 묘사하고 있기 때문이라고 설명한다. WA DB 6:10; LW 35:362.

7. WA 52:268; LW 69:383, WA 52:274; LW 69:397, WA 28:466; LW 69:353.

구의 죄든지 사하면 사하여질 것이요 누구의 죄든지 그대로 두면 그대로 있으리라"(요 20:23)는 말씀에 잘 나타난다. 이 왕국은 "죄와 죽음을 집어삼키고 말살할 왕국"이요, "[죄가] 사함을 받거나 그대로 유지되는 왕국"이다. 그래서 루터는 이 왕국을 "영적" 왕국, "하늘 왕국", 특히 "죄 사함의 왕국"이라 부른다.[8] 이 왕국이 영적인 이유는 비가시적 세력인 악마와 죄와 죽음의 권세에 맞서 싸우고, 이를 관할하고 통치하기 때문이다. 악마는 죄와 죽음과 지옥의 주(lord)로서 사람의 지배 아래 있지 않다. 그리스도만이 죄를 용서함으로써 인간을 이 권세에서 해방할 수 있다.

이 설명에 따라 영적 왕국의 토대, 목적, 특성을 다음과 같이 정리할 수 있다. 영적 왕국의 토대는 그리스도의 죽음과 부활이다. "죄 사함"이야말로 그리스도의 "부활의 목적이요 열매요 능력"이기 때문이다. 영적 왕국의 목적은 "사람들을 부자로 만들기 위해서가 아니라 죄와 죽음이 제거되고 의와 생명이 그것들을 [대체하게] 하고", "인간을 죄의 권세와 악마의 왕국에서 구해"주고, "인간이 그리스도의 부활을 통해 의롭게 되고 살아가며", 이 왕국으로 "오는 자들이 영생을 얻게[요 20:31]"하는 것이다. 영적 왕국의 특성은 죄와 죽음과 악마의 권세에 대항하고, 하늘의 영원한 축복을 가져다주는 것이다. 그리스도는 "죽음과 생명을 지배하는 주가 되고자" 이 왕국의 "왕"이 되었다.[9] 이것은 죄인인 인간이 죄 사함을 받고 죽음과 지옥과 악마의 권세에서 벗어나 영적 왕국으로 들어가게 해 주기 위해서다. 이런 점에서 루터에게 모든 설교는 영혼을 위한 전쟁이요, 천국과 지옥을 가르는 종말론적 사건이요, 하나님과 사

---

8. WA 49:140; LW 69:433, WA 41:545; LW 69:416, WA 41:542; LW 69:410, WA 45:461; LW 69:422, WA 49:139; LW 69:431, WA 20:368; LW 69:348. 참조, 김선영, "루터와 두 왕국론",『루터의 프로테스탄트 개혁: 신학·교회·사회 개혁』, (서울: 대한기독교서회, 2019), 72-112.

9. WA 41:545; LW 69:416, WA 49:140; LW 69:433, WA 28:476; LW 69:367, WA 49:142; LW 69:436, WA 41:541; LW 69:410, WA 49:142; LW 69:436, WA 49:138; LW 69:429.

탄이 충돌하는 장이다. 이 우주적 차원에서의 전쟁에서 하나님의 말씀은 검이며 이를 통해 그리스도의 능력이 현재의 삶 속으로 꿰뚫고 들어온다.[10]

2) 성자의 제자 파송: 영적 왕국으로의 초청

설교직의 신학적 근간의 두 번째 차원은 성자의 제자 파송과 그 의미다. 그리스도는 제자들을 향해 '내가 너희를 보내노라'고 말하지 않고, "아버지께서 나를 보내신 것 같이 나도 너희를 보내노라"고 말했다. 이 파송의 말씀은 성부의 파송과 성자의 파송이 서로 연결되어 있음을 보여준다. 그리고 성부가 자신을 보낸 이유와 목적을 성자가 분명히 인식하고 그에 따라 행했듯이, 제자들도 그리스도가 보내는 이유와 목적을 분명히 분별하고 그에 상응하여 사명을 수행해야 함을 알려준다. 그 이유와 목적은 구체적으로 다음과 같다.

첫째, 설교자는 그리스도가 세운 영적 왕국을 섬기기 위해 보냄을 받았다. 하나님은 그리스도를 통해 "왕국을 세우셨고 그것을 위해 제자들을 보내셨다." 그리스도는 설교직을 통해 사람을 위로하고 "이 방법[설교직]으로 죄와 죽음에 대항하여 왕국이 확장되어 감을 확신시키기 위해" 제자들을 보냈다. 따라서 설교자에게는 "통치할 [왕국이] 있다."[11] 둘째, 영적 왕국을 섬기라고 보냄을 받았다는 것은 핵심적으로 천국 열쇠의 사역(마 16:19, 18:18)을 수행하라고 보냄을 받았다는 것이다. 열쇠의 사역은 설교자가 그리스도의 이름으로 죄 사함을 선포할 때 그것을 믿고 받아들이고자 하는 모든 이에게는 하늘 문을 열어주고, 믿고 받아들이고자 하지 않는 이들에게는 하늘 문을 잠그는 일이다.

셋째, 설교자는 그리스도를 믿는 모든 사람이 그의 죽음과 부활이 죄 사함

---

10. 모이저는 이런 점에서 루터에게 설교는 "구원 사건"(a saving event)이라고 표현한다. Meuser, "Luther as Preacher of the Word of God," 137, 143-144.
11. WA 41:545; LW 69:414, WA 49:139; LW 69:431, WA 34/1:319; LW 69:380.

을 위한 것이었음을 알게 하기 위해 보냄을 받았다. 넷째, 설교자는 죄의 용서를 구하는 자가 양심의 가책에서 벗어나 떳떳한 양심을 가질 수 있게 하기 위해 보냄을 받았다. 다섯째, 설교자는 죄 사함을 하나님의 공짜 선물로 베풀기 위해 보냄을 받았다. 따라서 "[목회자는] 그것들[죄 사함과 설교]을 팔려고 내놓은 물건으로 둔갑시켜서는 안 되며, 무상으로 주어야 한다."[12] 이처럼 루터는 설교자란 하나님이 그리스도를 통해 세운 영적 왕국, 즉 죄 사함의 왕국을 위해 부름 받고 보냄 받은 자임을 명심해야 한다고 역설한다. 따라서 설교자의 핵심 본분은 죄의 용서를 선포하고, 용서받은 자가 영적 왕국에 들어가게 하는 일이다. 이 일을 위한 "유일한 무기는 말씀"이다. 여기서 루터는 설교자가 죄의 용서를 원하는 자 앞에 서면, 그때 실제로 서 있는 분은 하나님이라고 말한다. 왜냐하면 설교자는 "그리스도의 이름으로 그 자신의 말이 아닌 하나님의 말씀을 전하기 때문이다. 그 말씀은 그에게 위탁된 것이고, 그는 그 말씀을 위해 보냄을 받았다." 따라서 설교자가 죄 사함을 포함해 말씀을 선포할 때 그것은 곧 하나님의 말씀이요 그리스도의 말씀이다.[13]

---

12. WA 49:141; LW 69:435.
13. WA 20:367; LW 69:347, WA 49:142; LW 69:436. 루터는 설교자가 자신의 입을 통해 하나님이 말씀하고 있다는 확신이 없으면 설교를 하지 말아야 한다고까지 말한다. 왜냐하면 그러한 불확신의 자세는 하나님을 부인하고 모독하는 것이기 때문이다. WA 51:517. 그리고 이러한 확신과 함께 얼마나 많은 사람이 자신의 설교에 귀를 기울이고, 말씀이 열매를 맺는지도 하나님께 맡겨야 하며, 설교자는 설교하는 사명을 충실히 감당하는 것에 집중해야 한다고 말한다. WA 10/1/2:51. 하지만 설교자가 자신의 말이 곧 하나님의 말씀이라는 확신을 오용하거나 남용하면 교만해지고, 듣는 자들에게 독재적이고 오만한 태도를 취할 수 있다. 이에 대해 루터는 그리스도만을 선포하는 설교자는 자신이 그리스도를 위해 하나님의 말씀과 듣는 자들의 종으로 섬기고 있다는 사실을 늘 명심하고 처신할 경우 자신이 하나님의 말씀을 대언하고 있다고 해서 자신이 하나님인 양 신성모독적인 행동을 취하지는 않을 것이라고 말한다. WA 10/3:361.

II. 설교의 핵심 메시지

1. 죄와 죄의 용서

설교직의 핵심 본분이 죄 사함임을 언급할 때 루터가 강조하는 바가 있다. 죄가 무엇인지 제대로 아는 일이다. 죄를 올바로 알지 못하면 죄 사함의 영적 권한은 양심을 해방하기는커녕 오히려 억압하는 형태로 오용되고 남용되기 때문이다. 그리고 무엇보다 잘못된 설교가 되기 때문이다. 이 문제를 다루기 위해 루터는 죄를 크게 두 종류로 분류한다. 하나는 조작된 가짜 죄요 다른 하나는 진짜 죄다. 조작된 가짜 죄의 예로는 교황과 그의 추종자들이 정한 죄와 같이 인간이 고안해 낸 전통이 있다. 이들은 금식을 안 했다거나, 금지된 날에 고기를 먹었다거나, 수도사가 성의를 착용하지 않았다거나, 수녀가 베일을 안 썼다거나, 이런 것들을 죄로 규정하면서 사사건건 온갖 작은 일도 죄로 만든다. 루터는 하나님이 이런 것들을 금한 적이 없기에 하나님의 눈에 이것들은 죄가 아님을 단호히 못 박는다. 루터는 양 떼를 먹이는 사역은 하나님의 말씀 선포를 통해 영혼을 돌보고 양심을 자유롭게 하는 일인데, 교황과 그의 추종자들은 오히려 그들이 만든 법과 규정을 가지고 영혼에 부담을 주고 양심을 더 옥죄고 있다고 규탄한다.[14]

반면에 진짜 죄는 하나님이 준 계명과 법을 어기는 죄다. 이것은 하나님의 계명과 법에 불응하는 죄이기에 "하나님 앞에서 마음과 양심을 짓눌러 당신이 하나님의 진노를 두려워하고 영원한 저주를 각오하게 만드는 짐"이다. 이것이 하나님이 죄로 여기는 진짜 죄이고, 영원한 죽음을 받아 마땅한 죄다. 이 죄는 인간의 육과 피 안에 숨어 있고, 인간은 이 죄와 함께 태어났고, 이 죄를 가

---

14. 루터의 양심 개념에 관해서는 다음 글 참조, 김선영, "루터의 양심 개념: 법과 복음, 자유와 자발적 구속, 믿음과 사랑의 관점에서," 「한국교회사학회지」 48(2017), 37-85.

지고 살면서 하나님께 대항한다. 이것이 죄임을 증언하는 것은 인간의 계명이 아닌 하나님의 계명이다. 그리스도가 제자들에게 죄를 용서하거나 그대로 놔두라고 명령했을 때 그 죄는 바로 이런 진짜 죄다.[15]

2. 율법과 복음

루터는 진짜 죄란 하나님이 정한 법을 어기는 것인 만큼 하나님의 법이 무엇이며, 그 법의 역할이 무엇인지 바로 알아야 할 중요성도 부각한다. 이러한 루터의 입장은 그의 신학에서 율법과 복음이라는 주제로 잘 알려져 있다.[16] 율법은 죄가 무엇인지를 알려주고, 인간의 죄성을 드러내고, 인간이 죄인임을 거울처럼 비춘다. 그래서 루터는 "죄를 알리려면 이것은 율법의 역할"이라고 하면서 인간의 이성은 죄를 알아볼 수 없다고 언급한다.[17] 루터의 표현에 의하면 율법은 교만하고 스스로 의롭게 여기는 자가 죄를 인식하고 양심의 가책을 느끼며, 하나님의 분노를 두려워하게 하여 피할 곳을 찾게 만든다. 그때 이들이 발견하는 피난처는 바로 복음이다. 살길을 갈망한 만큼 이들은 복음의 가치를 절감한다. 복음이 빛이요 생명임을 안다.

율법과 복음의 관계에 대한 이런 신학적 관점에서 볼 때 율법은 복음으로 이끌기 위해 나름대로 중요한 역할을 갖고 있다. 그렇기에 루터는 율법을 무가치하게 여기며 설교하지 않는 자들의 주장을 문제시하면서 다음과 같이 외친다. "죄가 없는 자들, 즉 율법은 설교해서는 안 된다고 가르치는 율법 폐기

---

15. WA 52:268; LW 69:385, WA 28:477; LW 69:368, WA 52:269; LW 69:385, WA 45:460; LW 69:422.
16. 슈미트(Schmit)는 루터의 설교신학의 특징은 율법과 복음에 대한 예민함, 십자가 신학에 초점 맞추기, 그리고 설교를 그리스도의 살아 있는 임재를 전달하는 것으로 보는 성례적 이해라고 설명한다. Clayton J. Schmit, "Preaching," in *Dictionary of Luther and the Lutheran Traditions*, ed. Timothy J. Wengert (Grand Rapids, MI: Baker Academic, 2017), 611.
17. WA 49:137; LW 69:429. 루터는 이러한 용법을 법의 제2용법이라 부른다. 이것은 "신학적 또는 영적" 용법이다. 법의 제1용법은 "시민적" 또는 "정치적" 용법이다. 참조, 김선영, 『믿음과 사랑의 신학자: 마르틴 루터』 (서울: 대한기독교서회, 2014), 182-189.

론자처럼 죄를 모르는 자에게는 은혜에 대해 많은 것을 가르칠 수 없다. 율법을 설교하지 않으면 나는 죄에 대해 아무것도 모른다." 율법이 없으면 우리는 "죄의 심각성과 하나님의 분노"를 알 수 없다.[18] 이런 이유로 루터는 율법주의자도 율법 옹호론자도 아니지만 율법 폐기론자도 아니다. 율법과 복음이라는 이 한 쌍의 신학적 주제는 루터의 핵심적인 설교 메시지에서 믿음과 사랑이라는 또 다른 한 쌍의 주제와 연결되어 있다.[19]

3. 믿음과 사랑

1) 믿음: 죄 용서에 대한 확신

죄의 용서를 위해, 즉 예수 그리스도가 세운 영적 왕국에 들어가기 위해서는 그리스도의 죽음과 부활은 물론, 설교자를 통한 죄 사함의 선포가 필요하다. 하지만 이와 함께 죄 사함을 갈망하는 자의 믿음도 요구된다. 설교자가 "당신의 죄가 용서되었습니다."라고 선포하면 죄 용서를 원하는 자는 그 말씀을 믿음으로 받아들여야 한다. "목사가 그리스도를 대신하여 우리에게 선포하는 말씀을 믿는다면, 이 직과 말씀을 통해 우리는 죄에서 해방되고, 하나님 앞에서 의롭고 복을 누리는 자"가 된다."[20] 죄를 용서받기 위해 믿음이 있어야 한다는 것은 다음과 같이 여러 차원에서 중요한 의미를 지닌다. (1) 죄 사함의 선포를 들을 때 그것을 하나님의 목소리로 믿고 죄가 용서되었음을 확신해야 한다. (2) 죄 사함의 말씀 또는 복음을 믿음으로 받아들일 때 이것은 곧 말씀과 예수 그리스도가 믿는 자의 마음속에 자리 잡는 것을 뜻한다. (3) 하나님이 선

---

18. WA 49:137; LW 69:428, WA 49:137; LW 69:429.
19. 루터 신학에서 "믿음과 사랑"이라는 주제에 관해서는 다음 글 참조, 김선영, 『믿음과 사랑의 신학자: 마르틴 루터』 (서울: 대한기독교서회, 2014).
20. WA 28:479; LW 69:372, WA 41:544; LW 69:414.

물로 준 죄의 용서를 '내가' 믿음으로 받아야 그 선물이 효력을 발휘할 수 있다. (4) 죄의 용서는 믿음으로 받아야 할 하나님의 선물이지 인간이 자신의 행위나 공로로 교환하거나 획득할 수 있는 것이 아니다. (5) 믿음 역시 하나님의 선물이요, 사랑이라는 열매를 맺는다.

2) 사랑: 죄 용서를 받은 자의 삶

루터는 죄의 용서가 있고, 성령으로 마음이 정화되면(행 15:9), 선한 마음으로부터 잘 익은 좋은 열매가 맺힐 것임을 강조한다. 믿음은 자발적으로 선행을 하고 이웃을 섬기기 때문이다. 개혁 초기부터 믿음에 대한 가르침이 많은 오해를 받고 있음을 의식한 루터는 1522년 4월 27일에 보르나(Borna)에서 요한복음 20:21-29를 놓고 설교하면서 다음과 같이 시작한다. "우리가 믿음에 대해 설교할 때 선행은 금한다고 말합니다. 우리는 그런 설교를 한 적이 결코 없습니다. 그리스도는 살아 있는 동안 의롭게 되기 위해 선행을 한 적이 없습니다. 하지만 그분은 항상 선행을 했습니다. 그리스도가 지상에서 한 모든 일은 우리를 섬기기 위해 행한 것이었습니다."[21] 곧이어 루터는 그리스도가 "아버지께서 나를 보내신 것 같이 나도 너희를 보내노라"고 말할 때 그것은 마치 아버지는 "내가 법과 죽음과 지옥과 죄 등을 취하도록 나를 보내셨다. 나는 그럴 이유가 없었지만 너를 위해 그렇게 했다. 너희도 내가 한 것처럼 하라"고 말하는 것과 같다고 설명한다. 그러면서 루터는 만약 그렇게 행하지 않으면 그것은 믿음이 아직 없다는 표시라고 지적한다. 믿음의 열매인 사랑은 의롭게 하거나 구원하지 못한다. 하지만 그 믿음이 진짜인지 가짜인지 보여준다.[22]

루터는 프로테스탄트 설교에서 믿음과 사랑이라는 한 쌍의 신학적 주제를

---

21. WA 10/3:94; LW 69:329.
22. WA 10/3:95; LW 69:329.

강조하면서 다음과 같이 권면한다. "사랑으로 인해 아버지께서 세상을 섬기도록, 세상이 기뻐하고 위로받도록 나를 보내셨다. 그리고 나는 나의 몸과 생명을 내놓았다. 너희도 이대로 하라." 특히 루터는 "모든 섬김 중 죄와 악마와 지옥에서 자유롭게 하고 풀어주는 것이 가장 위대한 일"이라고 역설한다.[23] 이것은 복음을 통해 일어난다. 즉 그리스도를 설교할 때 일어난다. 이야말로 이웃에 대한 가장 위대한 섬김이다.

III. 설교 개혁

루터에 의하면 설교직의 핵심은 회개와 그리스도의 이름으로 죄 사함을 선포하는 일, 즉 사람들이 설교를 들음으로써 죄를 깨닫고 인정하고 뉘우치게 하는 일이요, 동시에 예수 그리스도를 통해 죄에서 해방될 수 있음을 알게 하는 일이다. 이런 관점에서 루터는 중세 로마 가톨릭교회의 설교에 문제가 있음을 발견한다. 교황과 그 추종자들은 하나님의 계명과 법이 아닌 인간적으로 고안해 낸 새로운 법과 계율을 설교하고 그리스도인에게 준행을 강요함으로써 가짜 죄를 만들어내고 불필요하게 양심을 옥죄기 때문이다. 그리고 교황은 자신이 고안한 죄를 마치 대단한 혜택을 베푸는 듯 용서하는 어이없는 상황이 벌어지기 때문이다. 교황은 양심의 가책에 시달리고 하나님의 분노에 두려워하는 이들에게 복음을 선포하고, 죄 사함의 선포를 믿음으로 받아들이고, 자유롭게 사랑하는 삶을 살 수 있게 해야 한다. 그런데 오히려 정반대로 죄가 아닌 것까지 죄로 만들어 그리스도인의 양심을 억압한다. 루터는 이를 강력히 비판한다. 그리고 이런 설교와 행위는 성부가 성자를, 성자가 제자들을 파송하면서 위탁한 사명을 거스르는 것이라고 일갈한다.

더 나아가 루터는 죄 사함의 효력과 관련해 교황과 추종자들은 사람들이

---

23. WA 10/3:97-98; LW 69:331.

자신의 통회에 집중하게 함으로써 하나님의 죄 용서의 말씀을 무력화했다고 한탄한다. 이에 대해 루터는 하나님이 죄 사함의 토대로 삼은 것은 인간의 통회와 슬픔이 아니라 그리스도의 말씀임을 분명히 못 박는다. 물론 통회와 슬픔이 있어야 하지만 용서에 관한 그리스도의 말씀과 명령, 그리고 죄를 용서받았음을 확신하는 믿음을 다루지 않으면서 선행과 공로로서의 통회를 강조하는 것은 잘못된 일이다. 그런데 교황과 추종자들은 성지순례를 가고, 통회하고, 보속행위를 하도록 설교했다. 죄와 죄의 용서에 대한 설교는 하지만 결정적으로 중요한 그리스도의 말씀은 잊은 것이다. 루터는 이처럼 당시 로마가톨릭교회 설교자들이 사람들에게 복음을 선포하는 대신 선행을 하고 공로를 쌓도록 가르쳤다는 점에서 잘못된 설교를 했다고 지적한다. 그뿐만 아니라 당시 참회 제도가 죄를 고백하는 자에게 죄 용서의 확신을 주지 못했다고 언급한다.

이러한 문제점들을 직시하면서 루터는 성경으로 돌아가 설교자들은 하나님이 예수 그리스도를 통해 세운 영적 왕국, 즉 죄 사함의 왕국을 섬기도록 부름 받고 보냄 받은 자들임을 다시 강조한다. 그리고 올바른 핵심적인 설교 메시지로서 죄와 죄 용서의 개념, 율법과 복음, 믿음과 사랑이라는 신학적 주제의 중요성을 부각한다.

IV. 나가는 말

위의 내용은 설교의 본질 회복을 위한 한국 개신교회의 노력에 많은 시사점을 던진다. 그중 세 가지만 정리하면 다음과 같다. 첫째, 한국 개신교회 설교자들은 어떤 정체성을 갖고 있으며, 설교자의 본분이 무엇이라 생각하는지 질문하게 된다. 설교자는 무엇을 위해 부름을 받고 보냄을 받았다고 생각하는가? 설교자는 자신이 하나님이 예수 그리스도를 통해 세운 영적 왕국, 즉 죄사함의 왕국을 섬기도록 보냄을 받았음을 확신하는가? 설교자는 자신의 왕국을 세우고 확장하는 일에 전력하고 있지는 않은가? 또한 설교자는 자신이 그리스도가 선택하고 부르고 보낸 설교자로서 하나님 말씀의 대언자라는 건전한 자부심을 갖고 있는가? 둘째, 한국 개신교회 설교자들은 설교직을 어떻게 이해하고 있는지 질문하게 된다. 그들은 설교직의 핵심이 죄를 깨닫게 하고, 회개하게 하고, 죄를 용서하고, 죄 사함의 선포를 믿음으로 받아들이게 하고, 죄를 용서받은 자로서의 삶을 살도록 촉구하는 일임을 분명히 인식하고 있는가? 과연 얼마나 많은 설교자가 진짜 죄와 참된 죄 용서의 문제를 진지하게 다루고 있는가? 성도들이 죄에 대한 이야기를 꺼리고 부담스러워한다는 이유로, 자신이 죄인이라는 말을 듣기 싫어한다는 이유로 재미있고 듣기 좋은 설교를 하기 위해 애쓰고 있지는 않은가? 셋째, 한국 개신교회 설교자들은 설교를 무엇이라 생각하는지 질문하게 된다. 하나님의 말씀, 그리스도의 복음을 선포하는 것이 아니라 자신이 하고 싶은 말을 하고 있지는 않은가? 이와 함께 설교란 무엇인가라는 질문과 관련해 루터는 중세 설교자들이 하나님의 말씀 대신, 또는 하나님의 말씀과 섞어서 많은 우화와 성인들에 대한 전설, 그리고 도덕적 일화를 이야기하는 것을 문제 삼았다. 한국 개신교회 설교자들의 설교도 이런 문제점을 갖고 있지는 않은가? 더 나아가 한국 개신교회 설교자들이 주로 다루는 성공 신학이나 양적 부흥과 같은 주제들이 과연 성경적인지도 질문해야 하지 않은가? 루터의 설교 개혁은 무엇보다 교리적 차원에서 그 이전의 설교와 근본적으로 달랐다는 점에 있다는 사실을 기억해야 할 것이다.

추천 문헌

권진호. 『루터, 구원을 설교하다: 믿음과 사랑 안내서』. 대장간, 2020.
김윤규. "루터의 개혁 설교에 관한 연구." 「신학사상」, 183 (2018), 13-48.
김주한. "마르틴 루터의 설교신학 이해: 그의 초기 설교들(1513-1522)을 중심으로." 「대학과 선교」, 17 (2009), 39-67.
* 루터 설교의 특징인 강해설교와 그의 설교 준비 방식

Baue, Frederic W. "Luther on Preaching as Explanation and Exclamation." *Lutheran Quarterly* 9 (1995), 405-418.

Meuser, Fred W. "Luther as Preacher of the Word of God." In *The Cambridge Companion to Martin Luther*, 136-148. Ed. Donald K. McKim. Cambridge: Cambridge University Press, 2003.

* 수사학적 관점에서 분석한 루터의 설교 기술

O'Malley, John W., S.J. "Content and Rhetorical Forms in Sixteenth-Century Treatises on Preaching." In *Renaissance Eloquence: Studies in the Theory and Practice of Renaissance Rhetoric*, 238-252. Ed. James J. Murphy. Berkeley, LA: University of California Press, 1983.

____. "Luther the Preacher." In *The Martin Luther Quincentennial*, 3-16. Ed. Gerhard Dünnhaupt. Detroit: Wayne State University Press, 1985.

김선영

이화여자대학교 (B.A.)
이화여자대학교 대학원(M.A.)
연세대학교 대학원(M.A.)
연세대학교 대학원(Ph.D.)
프린스턴신학대학원 (M.Div.)
프린스턴신학대학원 (Ph.D.)
(전) 한국교회사학회 회장
(전) 한국기독교학회 국제교류위원장
(현) 실천신학대학원대학교 교수
(현) 한국루터학회 부회장

잊혀진 종교개혁자 마르틴 부처에게서 설교의 중요성

최윤배

I. 잊혀진 종교개혁자 마르틴 부처

한국개신교(한국기독교)에게 모든 종교개혁자들이 다같이 중요하지만, 특히 스트라스부르(Strasbourg; Straßburg)의 종교개혁자 마르틴 부처(Martin Bucer = Butzer, 1491-1551)는 그가 교회와 신학에 공헌한 것에 비하면 역사적으로 가장 많이 "잊혀진 종교개혁자"임에 틀림없다.[1] 왜냐하면, 루터는 독일에서, 칼뱅은 제네바에서는 물론 그의 전통을 잇고 있는 다양한 국가나 여러 도시에서, 츠빙글리와 불링거는 스위스에서, 존 녹스는 스코틀랜드에서 영웅처럼 존경을 받았지만, 부처는 그의 사후(死後) 어느 나라나 어느 도시에서도 집중적으로 기념되거나 연구되지 않았기 때문이다. 그러므로 종교개혁 연구에서도 부처는 항상 뒷전으로 밀려났다. 그러나 사실상 그가 개혁교회의 원조(元朝)로서 칼뱅에게 끼친 영향은 절대적인 것으로 알려져 있다. 한국개신교에서 질적으로나 양적으로 큰 비중을 차지하고 있는 한국장로교회가 2009년 칼뱅 탄생 500주년을 맞이하여 칼뱅에 대한 연구를 진행하여 상당한 칼뱅 르네상스를 맞이했다고 볼 수 있지만, "칼뱅의 영적인 아버지"로 알려진 마르틴

---

1. 참고, 최윤배, 『잊혀진 종교개혁자 마르틴 부처』(서울: 대한기독교서회, 2012); 최윤배, 『한국교회의 신학과 목회: 성령 안에서 예수사랑·교회사랑 – 향목 최윤배 교수 정년은퇴기념특집』(서울: 장로회신학대학교출판부, 2020).

부처에 대한 연구는 국내적으로 매우 열악한 상황이다.[2]

토마스 아퀴나스, 에라스무스, 루터, 츠빙글리, 재세례파와 열광주의 운동, 쾌락·자유주의파, 기타 당대의 다른 사상과 종교 등은 마르틴 부처에게 부정적으로 또는 긍정적으로 중요한 의미를 지니고 있다. 그럼에도 불구하고, 부처는 "말씀의 신학자, 성령의 신학자, 교회의 신학자"로서 자신의 독특한 신학적 입장을 항상 견지했다.

마르틴 부처는 1491년 11월 11일에 그 당시 남부 독일이었던 엘자스(Elsaß) 지방의 쉴레트쉬타트(Schlettstadt; Sélestat)에서 태어났다. 마르틴 부처는 이곳에 있는 유명한 고전 라틴어 학교를 다니면서, "현대경건 운동"(devotio moderna)과 "인문주의"의 영향을 받았다. 그는 15세 때 쉴레트쉬타트에 있는 도미니칸 수도원에 들어갔다. 여기서 그는 토마스 아퀴나스를 철저히 연구했다. 그는 곧 인문주의자 에라스무스(Desiderius Erasmus)의 저서들을 접하게 되었는데, 그가 접한 에라스무스의 작품들 중에 하나가 『비평신약성서』(Novum Instrumentum)인데, 이것은 공식적인 라틴어 성경인 불가타(Vulgata)로부터 벗어난 이탈(離脫)을 정당화하기 위해서 헬라어 텍스트와 함께 실린 에라스무스의 새로운 라틴어 번역본이다. 1515년 말경에 그는 하이델베르크에 있는 수도원으로 옮겨갔다. 여기서 그는 그가 이미 어릴 때부터 관심을 갖고 배웠던 인문주의에 다시 관심을 기울였다. 이곳에서 하이델베르크에 있는 도미니칸 수도원으로 옮긴 후에 부처는 루터가 1518년 4월 이 도시의 동료 어거스틴파들과 논쟁할 때 여기에 참석하고 있었다. 에라스무스의 지지자였던 부처는 이때부터 루터의 『갈라디아서 주석』에 특별히 심취하면서 루터의 제자, 소위 '마르티안'(Martian)이 되었다.

---

2. 참고, 최윤배, "한국에서 마르틴 부처에 대한 연구사," 『한국조직신학논총』 제51집(2018): 159-199.

마르틴 부처가 1523년 5월 중순 스트라스부르에 왔을 때, 이 도시에서는 이미 종교개혁의 불길이 번지고 있었다. 3주 만에 그는 시의회로부터 라틴어로만 요한복음서를 강해할 수 있도록 보장받았다. 8월 중순경에 그는 스트라스부르 교회당에서 설교하기 시작했다. 그 해에 그는 그의 최초 작품에 해당되는 『사람은 자기 자신을 위해서 살 것이 아니라, 다른 사람들을 위해서 살아야 한다. 우리는 어떻게 거기에 도달할 수 있을까』(Das ym selbs, 1523)를 출판했다.[3] 부처는 유명한 대부분의 국제적 종교 간의 대화모임(가령, Regensburg, 1541)에 참석하는 것은 물론 울름(Ulm), 쾰른(Köln), 특히 헤센(Hessen) 지방 등에 초청되어 종교개혁의 프로그램들을 제공하고, 조언했지만, 그는 특별히 교회에 대한 사랑을 가지고 영국에 망명한 해인 1549년까지 내내 스트라스부르에서 사역했다.

스트라스부르에서 사역을 시작한 지 사반세기가 지나서 부처는 1549년 4월에 스트라스부르로부터 추방당하게 되었다. 왜냐하면, 쉬말칼텐 전쟁에서 개신교(종교개혁 진영)를 패배시킨 황제 칼 5세에 의해서 제안된「아욱스부르크 임시안」(Augsburger Interim, 1549)에 대해 부처가 결사적으로 반대했기 때문이었다. 이 문서는 사제에게 결혼을 허용하고, 평신도에게 떡과 잔을 나누어주는 이중 배찬을 허용한다는 점에서만 종교개혁 진영 입장과 일치하고, 이외의 모든 예배의식과 교리에서는 로마천주교회의 입장을 담고 있었다. 그러므로 부처에 의하면, 이 임시안의 해결방법은 개신교에 대한 지엽적인 허용에 불과했다. 여러 곳에서 온 망명 초청장들 중에서 부처는 영국 왕 에드워드 6세와 토마스 크랜머(Thomas Cranmer) 주교의 초청장을 선택했다.

그는 생애 마지막 2년간을 캠브리지 삼위일체 왕립대학교의 명예교

---

3. *Das ym selbs*(1523), in: R. Stupperich(Hrg.), *Martin Bucers Deutsche Schriften*, I, Gütersloh 1960(= MBDS), 27-67; 황대우 편저, 『삶, 나 아닌 남을 위하여: 마르틴 부쩌의 기독교윤리』(서울: SFC, 2007), 13-57.

수(Regius Professor)로 지냈다. 여기서 부처는 『공동기도문』(Book of Common Prayer, 1552)의 개정에 공헌하였고, 교회와 사회의 개혁을 위한 탁월하고도 포괄적인 청사진으로서 『그리스도 왕국론』(De regno Christi, 1550)을 써서 어린 왕 에드워드 6세에게 새해 선물로 헌정했다.[4] 이 책은 영국교회의 그 당시와 그 이후의 지도자들 중에 많은 사람들, 예를 들면, 존 브래드포드(John Bradford), 메튜 파커(Matthew Parker), 에드문드 그린달(Edmund Grindal) 등에게 큰 영향을 끼쳤고, 임종을 얼마 앞둔 상태에서 진행된 그의 에베소서 강의는 영국의 성경주석의 발전과 부흥에 크게 이바지했다. 남부 독일 스트라스부르의 출신인 부처는 조국으로 돌아오지 못하고, 마침내 1551년 2월 28일 타국인 영국에서 하나님의 부르심을 받았다.

프랑스인 칼뱅이 타국 스위스 제네바에서 묻혔듯이, 부처도 타국 영국 캠브리지의 "성 마리아 대교회" 묘지에 묻혔다. 그의 시체는 무덤 속에서도 편히 쉬지 못하고 수난을 당했다. 나중에 로마천주교 교도로서 악명 높았던 "피 묻은 메리 여왕"은 많은 종교개혁운동 옹호자들을 처형할 때, 부처가 종교개혁자였다는 이유만으로 그의 무덤을 파헤쳐 다른 곳에 이장시킴으로써 부처는 무덤 속에서도 모욕을 당했다. 그 후 영국에서 종교개혁신앙이 꽃이 피었을 때, 엘리사베드 여왕이 부처의 무덤을 원래 위치에 복원시킬 뿐만 아니라, 그의 명예도 회복시키는 비문도 세웠다.

---

4. 최윤배 공역, 『멜란히톤과 부처』(서울: 두란노아카데미, 2011), 219-496; F. J. Taylor (ed.), *The Library of Christian Classics Ichthus Edition XIX: Melanchthon and Bucer* (Philadelphia: The Westminster Press, 1969); *Tomus Anglicanus*, pp. 1-170; Martin Buceri Opera Latina, Vol. XV. De Regno Christi Libri Duo 1550. ed. F. Wendel, Paris/Gütersloh 1955, Vol. XV bis Du royaume de Jésus-Christ, édition critique de la traduction française de 1558, texte établi par F. Wendel, Paris/Gütersloh 1954.

II. 잊혀진 종교개혁자 마르틴 부처의 주요사상

16세기의 마르틴 부처의 주요 사상은 코로나 19 이후의 한국교회에게도 다양한 측면에서 적용될 수 있는 현실성과 접합성을 가지고 있다.

첫째, 성경과 복음을 신앙과 목회와 신학에서 가장 기초적인 출발점으로 받아들이는 한국기독교(개신교)는 성서해석학을 절대로 비껴갈 수가 없다. 마르틴 부처는 "렉티오 콘티누아"(lectio continua) 전통에서 "오직 성경으로"(sola Scriptura)를 뛰어넘은 전(全) 성경읽기와 주석(tota Scriptura)에 큰 애착과 원칙을 가졌다. 그는 본문비평, 문법적 역사학적 해석을 기초로 중세의 알레고리적 성서해석 방법을 비판하면서 랍비적 주석을 비판수용하고, 기독교적 고유의 주석 방법으로서 "신앙의 유비"(analogia fidei)를 중요시하면서 구속역사적, 기독론적, 성령론적 방법을 사용하였다. 그의 주석 방법론은 칼뱅에게 그대로 계승되었다. 성경 본문을 사랑하고, 성경주석을 중요시하는 부처의 성서해석학 정신은 말씀 부재의 한국강단과 그리스도인의 삶으로 하여금 말씀의 근원으로 돌아갈(ad fontes) 것을 강력하게 촉구한다.

둘째, 마르틴 부처는 구속사신학자로서 구약과 신약의 일치성과 차이점을 분명히 했다. 구약과 신약은 내용과 본질에서는 동일하나, 형식과 하나님의 경륜의 방식에서 차이가 있다. 다시 말하면, 구약과 신약의 차이는 정도 면에서 비교급적인 차이다. 신약이 구약보다 더 풍성하고, 더 분명하다. 또한 부처는 그리스도의 사역과 성령의 사역을 구속사적으로 밀접하게 잘 연결시켜, 그의 신학을 그리스도론 중심, 성령론 중심으로 전개했다.

셋째, 어느 종교개혁자들보다도 부처의 탁월한 점은 그가 교회연합과 일치의 신학자이며, 에큐메니칼 운동가이며, 개혁교회의 예배, 직제, 디아코니아, 영성(경건), 선교의 창시자라는 점이다. 사실상 에큐메니칼 신학자와 운동가로서 칼뱅의 특징은 부처로부터 물려받은 유산이다. 부처의 교회론 자체가 비상시에 "교회 안에 있는 작은 교회"라는 사상으로부터 정교일치 상황에서 "국가교회" 사상에 이르기까지 시대에 따라 매우 다양하다. 그는 직접적으로 헤센에서 재세례파와, 기독교 종교 간의 대화에서는 루터와 츠빙글리와 중세 로마천주교회와의 교회일치운동을 너무나도 적극적으로 전개함으로써 상대편으로부터 협상자나 타협가로 오해받기도 했다. 심지어 그는 퀼른의 로마천주교회 주교(Hermann von Wied)의 교회재건을 위해 고문역할을 했고, 말년에 영국에 망명하여 궁정목사와 왕립대학교수로서 그는 영국의 전(全) 교회와 사회에서 그리스도 나라의 실현을 위한 청사진이 담긴 『그리스도 왕국론』(De Regno Christi, 1550)을 에드워드 6세에게 헌정하였다.

넷째, 마르틴 부처는 개혁교회의 예배와 직제의 창시자이다. 그의 예배 양식이 개혁교회의 예배 양식의 기초이며, 그가 창안한 4중직(목사, 장로, 교사, 집사)과 외콜람파디우스로부터 받아들여 보급한 교회 치리는 개혁교회의 교회정치 기본 구조를 형성했다는 사실은 너무나도 잘 알려진 사실이다.[5]

다섯째, 마르틴 부처의 사랑 실천의 적극적인 윤리학자와 실천가로서 디아코니아를 강조했고, 경건주의의 아버지라는 말을 들을 정도로 그는 경건과 영성신학자로서 사랑의 실천가였다. 부처의 경건 개념 속에는 하나님에 대한 신앙과, 하나님과 이웃에 대한 사랑이 결합되어 있어서, 경건은 신앙과 사랑이라는 한 동전의 양면과 같다. 신앙과 사랑의 균형을 이루고 있는 부처의 영성사상은 오늘날 한국교회의 목회와 선교 현장에서 귀담아 들어야 할 내용이다. 신앙이 없는 사랑은 자칫 윤리주의나 도덕주의로 전락할 위험이 있고, 사랑이 없는 신앙은 자칫 신앙주의에 빠져 열매 없는 무화과나무가 될 수 있다. 바로 이 점에서 한국교회는 어느 때 보다도 더욱 강하게 기독교이단들과 안티기독교와 일반시민들의 비판에 직면해 있다.

---

5. 참고, M. Bucer, *Von der waren Seelsorge und dem rechten Hirtendienst*, 1538, 최윤배 역, 『참된 목회학』(용인: 킹덤북스, 2014).

여섯째, 더구나 부처의 강한 선교사상은 루터나 칼뱅을 비롯하여 선교사상이 부족하다는 일부 잘못된 로마천주교회나 일부 개신교 신학자의 주장을 완전하게 불식시킬 수 있다. 최근의 선교신학자들은 루터에게는 선교사상이 좀 약한 것이 사실이지만, 칼뱅에게서는 선교사상이 전혀 약하지 않고, 부처에게서는 선교사상이 종교개혁자들 중에서 가장 강하다고 말한다. 마르틴 부처의 선교 비전은 넓고, 그의 선교 열정은 뜨겁다.

III. 잊혀진 종교개혁자 마르틴 부처에게서 설교의 중요성

주지하다시피 모든 종교개혁자들, 특히, 마르틴 부처는 "오직 성경으로"라는 신앙으로 살았기 때문에, 하나님의 말씀으로서의 기록된 성경을 기초로 교리와 신학을 형성하고, 기록된 성경을 체계적으로 정확하게 설명하기 위해 주석서를 집필하고, 이미 연구된 교리와 신학과 성경주석에 기초하여 하나님의 살아계시는 음성(viva vox)으로서의 설교, 특히 복음적 설교를 가장 중요하게 생각했다. 마르틴 부처의 신학사상에 따라 전통적으로 개혁교회와 장로교회는 설교를 절대적으로 강조하여 설교를 참된 교회의 세 가지 표지들(말씀선포, 성례 집례, 치리 시행) 중에 하나로 간주했고, 설교를 예배의 네 가지 요소들(말씀선포, 성례 집례, 찬송·기도, 헌금) 중에 하나로 간주했다.

우리는 본고에서 마르틴 부처의 설교를 직접 분석하고, 그 설교의 특징들을 연구하는 작업은 다음 기회로 미루고, 다만 그의 사상과 활동 속에서 설교가 얼마나 중요한 위치를 차지하고 있는지를 그의 처녀작 『자신이 아닌 이웃을 위한 삶』(Das ym selbs niemant sonder anderen leben soll, 1523)에[6] 한

---

6. 독어 원문: Robert Stupprich(Hrg.), *Martin Bucers Deutsche Schriften Band I: Frühschriften 1520-1524*(Gütersloh: Gütersloher Verlaghaus Gerd Mohn, 1960), 27-67; 한글번역본: 황대우(편저), 『삶, 나 아닌 남을 위하여: 마르틴 부써의 기독교 윤리』(서울: SFC 출판부, 2007), 13-57. 본고에서는 16세기 독일어에 익숙하지 않는 독자들을 고려하여, 한글번역본을 자료로 삼아 연구를 진행하였다.

정하여 살펴보고자 한다.

1523년 8월에 젤(Zell)은 자신이 해야 할 설교 차례에 자기 대신 마르틴 부처를 대성당 안에 있는 나무로 만든 설교단에서 설교를 하도록 마르틴 부처를 초청하였다. 스트라스부르에서 마르틴 부처가 설교하는 것을 처음에는 강력하게 저지하던 시의회가 이제는 그가 설교하는 것을 금지지도, 허락하지도 않고, 소극적인 자세를 취하고 있었다. 그의 청중들 중에 몇 사람의 요청으로 부처는 그의 설교들 중에 한 가지 곧,『자신이 아닌 이웃을 위한 삶』(Das ym selbs niemant sonder anderen leben soll, 1523)을 최초로 출판했다. 이 설교는 인간은 모름지기 자신을 위해서가 아니라, 다른 사람들을 위해서 살아야 하고, 하나님의 영광을 위해서 살아야 한다는 매우 익숙한 진리에 대한 간단한 명제였다. 그러한 삶에 대한 힘은 그리스도에 대한 참 신앙으로부터 얻을 수 있게 된다는 확신과 신비한 경건과 실천적 봉사 사이의 통합은 오늘날 모든 개신교(기독교)로부터 들을 수 있는 내용이다.

1. 오직 성경으로!

마르틴 부처는 "마르틴 부써가 그의 독자들에게"라는 서문에서 그리스도의 나라와 참된 교회는 하나님의 말씀, 그리스도의 말씀, 성경 말씀을 열심히 경청하고 실천함으로써, 자신을 위해서가 아니라, 남을 위해서 살아야 한다고 다음과 같이 주장한다.

"그는(하나님은, 필자 주) 당신들 속에 자신의 말씀에 대한 사랑과 열망의 불을 밝히시고, 그래서 그것을 열심히 찾고 구하도록 하십니다. 그것이 믿음의 말씀이며, 이 믿음의 말씀으로 의와 구원이 우리에게 도달합니다. … 의심의 여지없이 제국에 속한 도시가 황제의 말을 순종하고 그의 명령을 지키는 것처럼, 확실히 그리스도의 나라와 참된 교회는 그와 같이 열심히 그리스도의 말씀을 듣고 그 열심을 보존하는 곳에 있습니다. 그의 말씀은 헛되이 그분께로 돌아갈 수 없으며, 항상 무엇인가를 사로잡아야 합니다. 그 말씀은 결단코 당신들을 놓치지 않을 것입니다, … 우리가 우리 자신이 아니라 이웃을 위해 살아야 한다는 점과 어떻게 하면 이 땅에서 그런 완전한 상태에 도달할 수 있는지에 대해, 그들에게 성경에 근거하여 기록된 소논문과 권면을 보내기로 결심했기 때문입니다."[7]

마르틴 부처의 『자신이 아닌 이웃을 위한 삶』은 두 장(章), 곧 "제1장 누구든지 자기 자신을 위해서가 아니라 다른 사람들을 위해 산다는 것과, 어떻게 그렇게 할 수 있는 지에 관하여"와 "제2장 어떻게 하면 자신이 아닌 다른 사람을 위해 사는 이상적인 삶에 이를까?"로 구성되어 있다. 칼뱅은 "우리가 갖고 있는 거의 모든 지혜(sapientia), 곧 참되며 건전한 지혜는 두 부분으로 구성되어 있다. 그 하나는 하나님에 대한 지식(cognitio)이요, 다른 하나는 인간에 대한 지식이다."라고 말했는데,[8] 마르틴 부처는 인간의 타락으로 말미암아 이 두 지식을 상실했는데, 하나님과 이웃을 위해 살아갈 때, 이 두 지식이 회복될 수 있다고 주장한다. "우리는 하나님에 대한 지식과 더불어 피조물에 대한 지식도 잃어버렸습니다."[9] 그러나 마르틴 부처는 이 두 지식의 완전한 회복을 종말론적으로 기대하고 있다. "피조물 전체가 다시 인간의 선과 행복을 위해 섬길 겁입니다. 그 때에는 사람도 창조주 하나님의 영광을 위해 그 모든 것들을 사용하고 다스리게 될 것입니다. 그리고 하나님은 만유 가운데 만유가 되실 것입니다(고전 15:28)."[10] 마르틴 부처에 의하면, 이 모든 것이 가능해지기 위해 우리는 하나님의 말씀과 율법을 잘 알아 가르치고, 선포하고, 설교해야 한다. "왜냐하면 율법의 완성인 사랑이란 자신의 것을 추구하는 것이 아니라, 적이

---

7. 황대우(편저), 『삶, 나 아닌 남을 위하여: 마르틴 부써의 기독교 윤리』, 15-16.
8. 칼빈, 『기독교 강요』(1559), I i 1.
9. 황대우(편저), 『삶, 나 아닌 남을 위하여: 마르틴 부써의 기독교 윤리』, 26.
10. 황대우(편저), 『삶, 나 아닌 남을 위하여: 마르틴 부써의 기독교 윤리』, 27.

든 친구든 항상 타인의 경건과 안녕을 추구하기 때문입니다(고전13:5). 이것은 성경 전체의 가르침인데 … 하나님의 말씀을 통한 영적인 선행과 가르침과 훈계와 징벌을 받아들이는 믿음의 동료들에게 먼저 이 사랑을 실천하는 것은 당연한 일입니다(갈6:10)."[11]

마르틴 부처에 의하면, 하나님께서 공공의 유익을 위해 두 가지 질서, 곧 영적 지도자와 정치 지도자를 세우신다. "하나님께서는 더 나은 공공의 유익을 증대시키기 위해 영적인 지위와 세속적인 지위라는 두 가지 질서를 세우셨습니다. 이 두 가지는 자신의 임무에 충실하기만 하면 눈에 띨 정도로 공공의 유익을 가져올 수 있습니다. 반대로 그들이 자신의 이익만을 추구한다면 돌이킬 수 없는 치명적인 피해를 입히게 될 것입니다."[12]

죄인을 구원하는 사역은 예수 그리스도의 고유한 사역인데, 설교를 통해 이 사역의 도구로 부름받은 16세기 당시 교황과 주교들과 많은 영적 지도자들은 이 사명을 잘 감당하지 못했다고 마르틴 부처는 강력하게 비판한다. "영적인 지도자들은 너무나도 높고 가치 있는 위치에서, 그리고 그들 스스로 자랑스러워하고 즐거워하던 아주 경건한 직무에서 떨어져 버렸습니다. … 그들은 지금 사탄과 같은 존재가 되었습니다. … 영적인 지도자들의 직무가 요구하는 것은 그리스도와 동행하면서 각자 자신의 이익을 추구하지 않고 복음 설교를 통해 성도를 모으는 것입니다. … 슬프게도 오늘의 상황이 보여주듯이 그들은 복음 설교 때문에 부자가 되기를 원하고 세상의 힘 있는 군주가 되었지만 그 복음을 설교하기는커녕, 오히려 복음 설교와 설교의 전파를 부지런히 방해하고 있습니다."[13]

한 걸음 더 나아가 마르틴 부처는 하나님의 말씀을 공동체에게 공급하는

---

11. 황대우(편저), 『삶, 나 아닌 남을 위하여: 마르틴 부써의 기독교 윤리』, 29.
12. 황대우(편저), 『삶, 나 아닌 남을 위하여: 마르틴 부써의 기독교 윤리』, 41.
13. 황대우(편저), 『삶, 나 아닌 남을 위하여: 마르틴 부써의 기독교 윤리』, 34.

영적 지도자의 직무 다음으로 정치 지도자의 중요성도 강조한다. "하나님의 말씀을 충실히 공동체에게 공급하는 목사의 직무 다음으로 세속 권력이나 판사의 직무가 중요합니다."[14] "비록 그 위치가 하나님의 말씀을 가르치는 것과 같은 영적인 일과 직접적인 관련은 없을지라도 세속 권력의 자리는 목회와 가장 가까이에 있는 직분입니다. 거기에는 참된 질서와 외부의 평화를 유지하는 것, 경건한 자를 보호하는 것, 그리고 불경건한 자에게 벌을 줌으로 그들이 경건한 자에게 잘못을 저지르지 못하도록 하는 것들이 포함되어 있습니다. 그러므로 시민 권력의 섬김은 전 교회 위에 세워지는 것입니다. 즉 그것은 공공의 평화와 법을 지킴으로 안녕을 교회에 제공하는 것입니다."[15]

마르틴 부처에 의하면, 말씀을 전할 권한을 직접 갖고 있지 않은 정치 지도자 역시 하나님의 말씀에 따라 하나님의 말씀을 위하여 자신의 지도력을 행사해야 한다. "세속 권력이 공동체에 제공해야 하는 봉사는 하나님의 말씀과 율법을 가르치는 것을 포함하지는 않지만, 위정자란 하나님의 말씀에 따라 다스려야만 하며 그들의 권력으로 하나님의 말씀이 이루어지도록 도와야 합니다. 왜냐하면 하나님으로부터 오지 않는 권력은 없으며 어느 곳에서든지 하나님에 의해 현재의 권력이 성립되기 때문입니다(롬13:1). 따라서 이런 권력을 당연히 하나님의 질서와 뜻에 따라 행사되어야 합니다."[16] "따라서 관료는 매일 하나님의 율법에 따라 하나님의 백성을 다스리고 대해야만 합니다."[17] "오직 하나님의 법만이 우리를 살게 할 수 있습니다."[18] "실제로 하나님의 법에 의하면 그런 것들은 기독교 정부의 의무인데, 모세, 여호수아, 다윗, 히스기야, 그리

---

14. 황대우(편저), 『삶, 나 아닌 남을 위하여: 마르틴 부써의 기독교 윤리』, 35.
15. 황대우(편저), 『삶, 나 아닌 남을 위하여: 마르틴 부써의 기독교 윤리』, 35.
16. 황대우(편저), 『삶, 나 아닌 남을 위하여: 마르틴 부써의 기독교 윤리』, 36.
17. 황대우(편저), 『삶, 나 아닌 남을 위하여: 마르틴 부써의 기독교 윤리』, 36.
18. 황대우(편저), 『삶, 나 아닌 남을 위하여: 마르틴 부써의 기독교 윤리』, 38.

고 다른 하나님의 왕자와 왕들이 이미 보여주었습니다."[19] "영생으로 가는 길은 오직 하나님의 말씀을 지킴으로만 가능합니다. 젊은이들을 말씀에 위배되는 길로 가도록 권면하는 것은 그들을 죽음으로 이끄는 것입니다. 모든 율법은 형제 사랑이라는 한 가지 율법으로 완성됩니다. 형제 사랑이란 항상 자신의 유익이 아닌 이웃의 유익만을 추구합니다."[20]

2. 오직 믿음으로! 그리고 사랑과 소망으로!

우리는 "오직 성경으로"라는 관점에서 마르틴 부처의 처녀작의 서문과 제1장을 설교와 연결하여 살펴보았다면, 이제는 그의 처녀작의 제2장에서는 "오직 믿음으로"라는 관점에서 설교와 연관하여 연구작업을 진행하고자 한다. 마르틴 부처는 "제2장 어떻게 하면 자신이 아닌 다른 사람을 위해 사는 이상적인 삶에 이를까"라는 제목을 붙인 다음, "이제 우리는 어떻게 하면 처음 창조되었던 때, 즉 나의 이익이 아닌 다른 사람의 유익과 하나님의 영광을 위해 창조되었던 당시의 삶으로 돌아갈 수 있을까를 이야기해야만 합니다."라고 시작한 다음 바로 여기에 대해 "간단히 말해서 오직 믿음만이 그러한 삶을 우리에게 줄 수 있고 알려 줄 수 있습니다."라고 대답한다.[21] "진정한 신자의 나타남은 다른 피조물을 유익하게 할 것입니다(사11:6). 사람들로부터 피조물이 태초의 의로운 본성으로 돌아가는 우주적인 회복이 시작되어야 합니다."[22]

마르틴 부처의 경우, "믿음"은 자기 홀로 있지 않고, 하나님의 말씀과 사랑과 선행과 소망과 직접 밀접하게 연결되어 있다. "하나님의 말씀은 믿음을 낳고 믿음은 사랑을 낳고 사랑은 그 열매로 선한 행실을 낳습니다. 그 열매를 따

---

19. 황대우(편저), 『삶, 나 아닌 남을 위하여: 마르틴 부써의 기독교 윤리』, 39.
20. 황대우(편저), 『삶, 나 아닌 남을 위하여: 마르틴 부써의 기독교 윤리』, 41.
21. 황대우(편저), 『삶, 나 아닌 남을 위하여: 마르틴 부써의 기독교 윤리』, 43-44.
22. 황대우(편저), 『삶, 나 아닌 남을 위하여: 마르틴 부써의 기독교 윤리』, 44.

라 하나님께서 우리에게 완전히 거룩하고 복된 생명을 영원한 유업으로 주시기 때문입니다. 아멘."[23] 참된 믿음은 하나님의 말씀과 밀접하게 연결되어 있다. "더 나아가 참된 믿음은 하나님의 모든 말씀을 믿을 수 있도록 만듭니다. 성경 전체는 우리의 구세주 예수 그리스도를 그의 피로 말미암아 우리를 어둠의 권세에서 구속하신 분으로, 그리고 아버지의 은혜로 말미암아 우리를 그의 나라로 옮기신 분으로 묘사합니다."[24] 믿음은 성령으로 우리를 하나님의 자녀가 되게 만든다. "아버지께서는 실제로 우리 가슴에 자신을 '아바 아버지'라고 부를 수 있는 성령을 보내주셨습니다. … 그러므로 분명한 사실은 믿음을 통해 우리가 하나님의 자녀가 되어 양자의 영을 받았다는 것입니다."[25] "모든 신앙인들은 이것을 쉽게 행할 수 있습니다. 왜냐하면 우리가 보았듯이 믿음은 양자의 영과 성령을 가져오는데, 이 성령께서는 우리가 하나님의 자녀인 것을 증거합니다."[26]

마르틴 부처에게서 하나님의 말씀과 성령으로부터 파생된 믿음은 참된 사랑과 선행과 하나님의 영광과 밀접하게 연결되어 있다. "참된 믿음이 우리 이웃에게 선한 일을 행하는 진정한 사랑이 우리에게 넘치게 하여 우리 자신이 아닌, 하나님의 영원한 영광을 위해 살도록 하는 것이라면, 그리고 이 믿음이 하나님의 은혜로 하나님의 말씀을 들음으로 생기는 것이라면(롬10:17), 그렇다면 분명 우리는 무엇보다 하나님의 말씀을 붙잡고 듣고 읽으며 부지런히 묵상하고 말씀에 따라 행동해야 합니다. 아무도 우리를 말씀에서 떼어놓게 해서는 안 됩니다."[27]

---

23. 황대우(편저), 『삶, 나 아닌 남을 위하여: 마르틴 부써의 기독교 윤리』, 57.
24. 황대우(편저), 『삶, 나 아닌 남을 위하여: 마르틴 부써의 기독교 윤리』, 57.
25. 황대우(편저), 『삶, 나 아닌 남을 위하여: 마르틴 부써의 기독교 윤리』, 46.
26. 황대우(편저), 『삶, 나 아닌 남을 위하여: 마르틴 부써의 기독교 윤리』, 47
27. 황대우(편저), 『삶, 나 아닌 남을 위하여: 마르틴 부써의 기독교 윤리』, 57.

IV. 결론

우리는 본고에서 마르틴 부처의 생애와 주요 신학 사상을 먼저 다루고, 하나님의 말씀과 설교의 주요성을 그의 처녀작을 중심으로 살펴보았다. 우리는 각주로 참고문헌을 대신하고, 결론을 마르틴 부처가 첫 작품 마지막에서 드리는 다음의 기도문으로 대신하고자 한다. "그러므로 우리는 모든 열심을 다해 하나님께 이렇게 기도합시다. '하나님의 말씀이 신실하고 열심히 선포되지 못하기 때문에 믿음이 소멸되었을 뿐만 아니라, 슬프게도 사랑조차 사라져버린 이 위험한 시대를 살아가는 우리에게 순수한 하나님의 말씀의 단비를 내려주시고, 이것을 받아들이는 은혜를 주옵소서. 그래서 회개하게 하소서. 아니면 너무나 미쳐서 말씀을 거역하는 자들을 끝장내어주소서. 아멘.'"[28]

최윤배

한국항공대학교 항공전자공학과 학사
연세대학교 대학원 전자공학과 공학석사
장로회신학대학교 신학대학원 교역학석사(M.Div.)/대학원 신학석사(Th.M.)
De Theologische Universiteit van de Gereformeerde Kerken in Nederland 철학석사 (Drs.)
De Theologische Universiteit van de Christelijke Gereformeerde Kerken in Nederland 철학박사 (Dr. theol.)
(전) 장로회신학대학교 교수
(전) 한국개혁신학회 부회장
(현) 한국개혁신학회 자문위원
(현) 장로회신학대학교 객원교수

---

28. 황대우(편저), 『삶, 나 아닌 남을 위하여: 마르틴 부써의 기독교 윤리』, 46.

칼빈의 설교

전형준

1. 서론: 칼빈의 생애와 신학, 설교의 중요성

사람들은 요한 칼빈을 가리켜 조직신학자라고 명명한다. 그의 불후의 명작인『기독교강요』[1](*Institutio Christianae Religionis*)와 그의 성경주석과 신학 논문집을 보면 그는 조직신학자요 주경신학자인 것이 분명하다. 그러나 칼빈 자신은『기독교강요』보다 그의 설교들이 가장 중요한 공적이라고 생각했다.[2]

요한 칼빈은 강해설교자이다. 16세기 종교개혁은 강단의 개혁이요 설교의 개혁이라고 할 수 있다. 요한 칼빈은 제네바의 생삐에르 교회에서 일생동안 목회자로 삶을 살면서 설교했던 강해설교자라는 사실을 강조하지 않을 수 없다. 칼빈은 주일마다 설교했고 더 나아가서 매일, 성경 전체를 순서에 따라서 강해설교를 하였다. 설교가 행해지지 않고서는 제네바에서 자신의 사역이 정당하게 여겨진다는 것은 불가능한 것이라고 판단한 그는 대부분의 시간과 에너지를 설교하는 일에 쏟았다. 물론 칼빈은 신학논문을 쓰고 성경주석을 집필하며 신학 강의를 하였으나 칼빈의 주된 사역은 바로 설교였다. 칼빈은 루터처럼 열정적인 설교가가 아니고 웅변가도 아니었으나 그의 성격처럼 차분하

---

1. 2021년은 칼빈의『기독교강요』출판 485주년의 해이다. 1536년『기독교강요』초판 발행이후 현재까지 라틴어판, 불어판, 영어판, 독일어판, 화란어판으로 각각 수십 번의 번역판이 나왔다.
2. 정성구,『개혁주의 설교학』(서울: 총신대학교출판부, 1991), 513.

면서도 논리적이고 확신에 찬 설교는 사람들을 감동시키기에 충분한 것이었다.[3]

칼빈의 설교의 인기는 대단했다. 그의 설교들은 종교개혁 시대의 모든 나라에 알려지고, 그의 설교집은 다른 나라말로 번역되어 읽혀졌다. 칼빈의 설교 집들은 특히, 영어와 독일어로 번역되었고, 목사가 없었던 교회의 강단에서 사용되었다.[4]

요한 칼빈은 "하나님 앞에서"(Coram Deo)의 확실한 교리를 붙들었을 뿐 아니라, 그와 같은 신전의식이 그의 목회 생활 전반에 나타났고 특히, 설교에 나타나고 있다.[5]

본고에서는 요한 칼빈의 설교 특징과 설교 방법, 그리고 설교의 적용과 교훈을 중심으로 서술하고자 한다.

2. 설교자로서의 칼빈과 설교 특징

칼빈은 신학자이기 전에 목회자이며 설교자였다. 해롤드 덱커(Harold Dekker)는 "요한 칼빈이 먼저 설교자로 간주되어야 함에도 불구하고 조직신학자로 알려지게 된 것 자체가 역사의 이례 중에 하나"라고 지적하였다.[6] 그의 말은 옳다. 칼빈은 심방을 소중히 여겼던 목회자요, 성경을 그대로 설교하는 성경적 설교자였다.

종교 개혁자 칼빈은 교회개혁의 도구로 하나님의 말씀을 진실하게 설교하였고 성경강해를 통하여 하나님의 말씀을 바르게 전하는 성경적 설교의 모범

---

3. John Calvin, *Sermons from Job*, Introduction by Herold Dekker, Selected and translated by Leroy Nexon (Baker Book House, 1979), ix.
4. 정성구, 『개혁주의 설교학』, 514.
5. 정성구, 『개혁주의 설교학』, 137.
6. Calvin, *Sermons from Job*, Introduction by Herold Dekker, ix.

을 보였다. 설교 학자들은 칼빈을 가리켜서 "말씀의 종으로서의 칼빈"이라고 표현하였는데, 매우 적절한 표현이라고 평가할 수 있다. 정성구는 칼빈을 가리켜서 4세기의 어거스틴이나 크리소스톰 이후 천년 만에 나타난 가장 유능하고 가장 건전한 성경강해 설교자였다고 평가하였다.[7]

  종교개혁 당시는 성경에 대한 정확한 지식이 가장 관심을 끌었던 시기였으므로 칼빈과 같이 건전한 성경해석과 연속 강해설교를 하는 설교자는 아름다운 열매를 거둘 수밖에 없었다. 그러나 설교자로서의 칼빈은 마틴 루터에 비교하면 더없이 연약한 사람이었다. 루터는 체격이 당당한 독일 사람의 기질을 가진 열정 있는 설교자였다고 한다면 칼빈은 불란서 사람의 성격을 지녔고 체격이 작고 선천적으로 약하였고 항상 연구생활과 바쁜 일정에 쫓기는 연약한 사람이었다. 더 나아가 루터는 감수성과 상상력이 풍부한 열정의 사람이었으나 칼빈은 지성적이고 의지가 충만하며 유머 감각도 부족한 사람이었다. 그렇지만 그들은 모두 위대한 설교자였음에 틀림없다. 칼빈은 청중을 압도하는 힘이 있었으나 하나님 앞에서는 항상 겸손하였다.[8]

  칼빈의 설교는 표현이 직설적이었고 단순하면서도 설득력이 강하였다. 칼빈은 제네바에서 수백 명의 학생들에게 강의하면서, 제네바의 통치자로서 스위스와 프랑스, 화란, 영국과 스코틀랜드의 종교개혁의 고문으로서 저술활동에 몰두하면서도 거의 매일 설교하는 데 집중하였던 것이다. 칼빈은 하나님의 말씀을 깊이 연구한 후 원고 없이 강단에 올라가 뛰어난 기억력을 통해서 하나님의 말씀을 선포하였다. 그는 일 년에 286번의 설교를 하였고 186번의 신학 강의를 한 것으로 알려져 있다. 여기서 칼빈의 설교자로서의 열정을 확인할 수 있다. 칼빈의 설교는 단순한 주석이 아니었고 청중들에게 강한 인상을

---

7. 정성구, 『개혁주의 설교학』, 136-137.
8. 정성구, 『개혁주의 설교학』, 137-138.

주었을 뿐 아니라 그의 어투는 활기차고 확신에 찬 것이었다. 칼빈은 당당한 체구나 풍부하고 낭랑한 음성이나 유창한 웅변력을 갖추지는 못했으나 강력한 의지와 확신을 가지고 있었다.[9]

칼빈은 설교에서 하나님의 영광을 강조하였다. 칼빈은 헌신의 한계에 대해서 교인들에게 다음과 같이 훈계했다.

> 성경이 우리의 구원에 대하여 말할 때, 그것은 우리에게 세 가지 목적을 요구한다. 첫째로, 하나님께서 받으시기에 합당한 영광을 받기 위해서, 그분은 측량할 수 없는 사랑을 우리에게 보이신다는 사실을 깨닫는 것이다. 둘째로, 마땅히 우리는 어느 정도 죄에 속박되어 있다는 것과 하나님의 위대하심 앞에 우리 자신을 꿇어 앉히지 않을 수 없도록 우리가 불쌍함에 처해진다는 사실을 깨닫는 것이다. 셋째로, 우리는 세상과 이 연약한 삶에 속한 모든 것을 버릴 정도로 우리 구원의 소중함을 알고 상으로 받은 것에 넘치도록 기뻐하게 됨을 아는 것이다. 따라서 우리는 무엇보다도 우선적으로 하나님께서 받으시기에 합당한 찬양을 돌리는 것을 배워야 한다.

따라서 칼빈이 그의 교인들에게 요구하고 있는 모든 것은 "경건"이라는 한 마디로 요약될 수 있다. 칼빈에게 있어서 신학적 교리와 윤리적 훈계는 그의 설교에서 서로 적절하게 배합되고 있다. 설교에 나타나는 신학은 교인들의 삶에 적용될 때에만 최상의 목적과 실제적인 가치를 지니는 것이다. 설교를 통해서 칼빈이 추구했던 중요한 목적은 구원에 대한 어떤 추상적이거나 지적인 이론이 아니었고 모든 교인들이 바로 지금 여기서, 구원에 합당한 삶을 살 수

---

9. 정성구, 『개혁주의 설교학』, 138.

있도록 돕고자 하는 것에 있었다.

칼빈의 설교 가운데 히브리서 13장 13절의 '핍박"에 대한 설교를 살펴보자.[10] 칼빈의 설교는 대부분 성경강해설교였기 때문에 제목을 거의 말하지 않았다. 설교의 내용은 '그리스도를 위해서 받는 핍박을 견디라'는 것이다.

> 예수 그리스도와 그의 복음을 위하여 고난을 달게 받으라는 귀한 교훈도 우리가 왜 이런 고난을 받게 되는가에 대한 명확한 신앙이 없으면 실천할 수가 없습니다. 우리가 고난으로 말미암아 죽을지라도 무엇보다 먼저 알아야 할 것은 우리는 어떤 기초 위에 서 있는가 하는 문제입니다.[11]

이 설교의 서문을 살펴볼 때 칼빈은 현재, 로마 카톨릭과 투쟁에서 핍박을 당하고 있는 성도들에게 왜 핍박을 당하며, 왜 그것을 견디어야 할 것을 가르치고 용기와 소망을 주려고 하고 있다. 칼빈의 설교는 논리적일 뿐 아니라, 말이 상당히 빨랐던 것으로 짐작할 수 있다.

이 설교의 도입부에서 어떤 신앙의 기초 위에 핍박과 고난을 받는가에 대해서 주의를 환기시킨다.

> 우리가 고난을 능히 이기며 나아가려면 우리의 믿는 교리의 확실성을 바로 앎과 동시에 또 천국 생활에 대한 소망과 동경, 즉 우리가 땅 위에서 싸울 바 선한 싸움이 끝난 후 천상에서 받을 약속의 면류관에 대해서 확실한 믿음을 가져야 하겠습니다. 이 두 가지는 결코 나눌 수 없는 것입니다. 그러므로 우리가 고난을 견딜 수 있는 신앙을 기르기 위한 첫 공

---

10. A. E. Garvie, *The Christian Preacher* (New York: Charles Scribner's Sons, 1921), 133-147.
11. Garvie, *The Christian Preacher*, 133.

작은 기독교란 무엇인가에 대한 지식을 가져야 하겠습니다. 그래서 모든 바른 신앙과 옳은 훈계를 바로 깊이 이해하고 받는다면 우리는 하나님의 교회를 부패케 하는 사단의 손으로 말미암은 온갖 허위와 거짓과 미신 등에 대하여 용감하게 정죄할 수 있을 것입니다. 오늘날의 신자들은 믿음이 미지근해서 작은 핍박에도 쓰러지니 이는 필시 믿음의 체계가 분명치 못하기 때문이라고 할 수 있습니다. 동시에 세상에는 교리를 참 잘 알면서도 주님의 복음을 위해서 열심과 애정이 없는 사람이 많이 있습니다. 그 이유는 무엇이겠습니까? 그것은 저들은 알기는 알지만 실제로 성경의 권위에 대해서는 깊은 느낌과 통찰이 없기 때문입니다. 경건히 살려는 노력이 없기 때문입니다. 하나님의 말씀으로 우리는 두렵고 떨리는 마음으로 순종하여야 할 터인데 그렇지 못합니다.[12]

이 말씀에서 칼빈은 핍박을 견디기 위해서는 믿음의 내용을 분명히 알아야 되며 교리와 신앙은 따로 구별해서 이원론적으로 생각해서는 안 된다는 것이다. 칼빈은 설교에서 항상 복수 일인칭 대명사인 '우리'란 말을 즐겨 쓰고 있는 것을 확인할 수 있다. 칼빈은 목사의 설교는 하나님이 목회자를 통하여 예수 그리스도의 교회에 말하는 것이라고 생각했다. 자기 자신이 설교자로서 청중들에게 군림하거나 왕적인 존재로 나타나지 아니하고 자기 자신도 하나님 앞에서는 한 마리의 양인 것임을 강조하였다. 칼빈의 설교에서 설교의 대상은 자기 자신과 청중을 동시에 포함하려는 특징을 발견할 수 있다. 칼빈은 청중과 설교자 사이를 우리란 말로 묶으면서 그것은 설교자 자신이 하나님 앞에서 자기 자신을 보려는 태도인데 이것은 칼빈의 설교와 그의 신학에서 보는 것처럼 하나님 앞에 인간을 세우려는 태도라고 볼 수 있다.

---

12. Garvie, *The Christian Preacher*, 137.

이제 우리들은 그리스도를 위하여 고난을 견디려는 자가 가져야 할 몇 가지 기초적 진리를 말씀하겠습니다. 첫째로, 우리가 믿는 기독교 진리에 대한 참된 의미를 깨닫고 절대적이고 영원한 객관적인 토대 위에 믿음의 기초를 쌓을 것과 둘째로, 이 진리를 안 다음에 우리의 싸움은 나 자신을 위한 싸움이 아니요, 하나님의 나라와 그의 의를 위한 싸움이라는 확신을 갖게 되는 것임과 동시에 하나님께서는 그의 나라를 위하여 고난받는 성도에게는 영원한 약속의 면류관을 주실 것이라는 소망을 잃지 말 것이며 셋째는, 성경을 잘 해석해서 그 거룩한 권위 앞에 머리를 숙여 두려운 마음으로 하나님의 말씀 앞에 절대로 순종하려는 경건한 태도를 가져야 된다는 것입니다.[13]

이 부분의 설교에서는 우선 어떻게 핍박과 고난을 이길 수 있는가를 제시한다. 그것은 객관적 진리를 믿는 믿음을 갖고 우리 싸움의 목적이 하나님의 의를 위한 것임을 지적하고 결국 성경의 권위 앞에 순종하고 믿음으로 된다는 것이다. 칼빈은 언제나 자기 자신을 성경 해석자로 자인하였을 뿐 아니라 교회의 봉사자와 복음 증거자로 알았다. 칼빈은 언제나 자기 자신이 말씀의 종으로 나타나기를 원하였다. 그러므로 칼빈은 설교할 때 청중의 욕구를 만족시켜주려는 것이 아니라 하나님께서 전하기를 원하는 진리만을 설교하려고 하였다. 칼빈은 단지 자신을 성령의 도구로 쓰임 받기를 원하였다. 칼빈은 성경을 하나님의 말씀으로 알았다. 그러므로 칼빈은

"우리가 설교할 때 하나님이 우리 앞에 계신 것을 인식하고 이 왕 되신 주인을 대신해서 말하는 것으로 높은 권세를 가진 분의 종이 말하는 것임을 자각해야 한다"고 생각하였다. 또한, 칼빈은 "설교하는 이마다 거짓 없이 예수

---

13. Garvie, *The Christian Preacher*, 147.

그리스도가 나를 통하여 말씀한다"고 생각하였다.

칼빈 설교의 신학적 특성은 철저한 '하나님 중심' 사상과 하나님께 영광을 그 주축으로 한다. "하나님 면전"(Coram Deo) 사상은 설교에서 구체적으로 나타났다.[14] 또한 칼빈은 알기 쉽게 삼위일체이신 구주 하나님을 나타내고 있다.[15]

3. 칼빈의 설교 방법론

칼빈의 설교는 성경 강해설교였다. 칼빈은 성경의 원문에 충실하면서도 그 시대에 적용시키는 예민한 시선을 가지고 있었다. 그의 설교는 단순히 성경 구절을 해석하는 정도가 아니라 신속한 지각, 능력 있는 표현, 현실에 대한 센스가 잘 조화롭게 어우러져 성경의 깊은 뜻을 드러내었고 설교자의 기교를 사용하지 않고도 청중들에게 깊은 인상을 심어주곤 하였다. 칼빈은 강해설교가이면서도 즉석 설교가였다. 그는 탁월한 성경원어 지식, 라틴어 지식, 해박한 성경 지식이 성경 본문을 주의 깊게 연구하는데 결정적인 역할을 하였다. 칼빈은 설교는 미리 준비된 원고를 읽어서는 안 되며, 설교는 언제나 살아계신 하나님의 말씀으로써 선포되어야 하며, 성령의 감동으로 선포되어야 할 것을 역설하였다. 칼빈은 교회력에 따르는 설교를 하지 않고 성경을 차례로 설교하는 형식을 취하였다. 그의 강해설교는 단순했고 목회의 현장에 적용시키려고 노력했다.[16]

칼빈은 강해설교를 할 때, 연속적인 문장을 각 절씩, 각 구절씩 설명과 주를 달면서 본문을 설교하였다. 칼빈은 원문대로 설교하면서도 성경 각 권과 각 장의 중요성을 철저히 고려하였다. 그의 강해설교는 성경은 성경으로 강해되

---

14. Carl G. Kromminga, *Man Before God's Face in Calvin's Preaching*, Calvin Theological Seminary Monograph Series, Ⅱ. (Michigan: Grand Rapids, 1961), 5f.
15. Calvin, *Sermons from Job*, Introduction by Herold Dekker, ⅹⅹⅷ.
16. 정성구, 『개혁주의 설교학』, 139.

고 해설되어야 한다는 것이다. 그의 설교는 주제 설교자들처럼 자기의 목표를 미리 설정하고 그 입장에 맞추어 가는 방법이 아니었다. 이런 점에서 칼빈은 순수한 강해설교자였다. 칼빈의 설교는 교리설교와 윤리설교를 구분하지 않았고 언제나 교리적이면서도 실제적인 것이었으며 양자를 모두 포함한 것이었다. 그래서 정성구는 칼빈의 설교는 개혁파 설교학의 모델을 제시했다고 평가하였다. 칼빈의 강해설교는 "오직 성경만으로"와 "성경 전부"를 증거 한 셈이 된다.[17]

칼빈의 설교의 형식과 특징은 어떤 것이었는가? 칼빈의 설교는 명쾌하였다. 그의 설교는 잘 이해되도록 짜여졌고 가능한 한 쉬운 말을 사용하였다. 무엇보다 칼빈의 설교의 스타일은 진지함과 솔직함, 그리고 단순하고 명백하였다. 그의 예화는 일상적이고 평범한 것이었고 비유를 사용할 때도 장황하게 늘어놓지 않았다. 칼빈이 설교에서 언어를 선택할 때, 하나님의 말씀을 청중들에게 잘 이해되도록 가르치기 위한 목표로 단어를 선택하였다. 칼빈의 설교의 특징은 어떠하였는가? 그것은 칼빈의 신학적인 확신 가운데 하나님 중심 신학의 틀 위에 세운 것이 설교 전편에 흐르고 있다. 하나님의 절대주권에 대한 분명한 고백이 설교가 하나님 앞에 있는 것처럼 행하게 된 것이다. 칼빈이 『기독교강요』에서 말한 신전의식이 구체적으로 그의 설교의 행위에서 신전의식을 가지고 강단에 서는 것으로 나타나게 되었다. 또한, 그는 일인칭 단수인 '나'라는 말을 쓰지 않고 일인칭 복수인 '우리'를 씀으로써 자신도 하나님의 말씀을 들어야 하는 죄인인 것을 고백하였다. 이러한 모습이 설교가로서의 칼빈의 모습이었다.[18]

이렇듯 칼빈은 설교를 통하여 종교개혁을 이끌었던 강단의 사람이었고 진

---

17. 정성구, 『개혁주의 설교학』, 139-140.
18. 정성구, 『개혁주의 설교학』, 140.

실한 강해설교자였다. 그의 종교개혁은 순수한 하나님의 말씀을 선포하는 설교를 통해서 교회를 교회되게 하였던 것이다. 그의 설교는 하나님 말씀 자체를 강해하는 설교였다. 그러므로 오늘날의 교회가 교회다운 모습을 회복하기 위해서는 칼빈이 힘 있게 외쳤던 강해설교를 재발견하는 것이 오늘의 교회개혁을 위한 가장 올바른 방법이라 할 수 있다.[19]

칼빈의 설교는 그 표현이 상당히 직접적이고, 단순하면서도 설득력이 있는 것이었다. 워커(W. Walker)의 주장을 보면 칼빈의 설교 준비 시간은 항상 쫓긴 상태였다고 한다. 그는 신속하게 일했고, 심지어 강해설교를 하려고 강단에 올라갔을 때도 성경 본문만 가져갔다. 그는 설교의 원고를 작성하는 일이 없었으며 뛰어난 기억력을 통해서 진리를 선포했다.[20] 베자가 쓴 칼빈 전기를 보면, 칼빈은 일 년에 286번 설교를 했고, 일 년에 186번의 신학 강좌를 담당했다고 한다.[21] 이러한 기록에서 칼빈의 설교자로서의 정열을 엿볼 수 있다. 조직적이고 냉철한 그의 의지, 천재적인 암기력, 하나님의 말씀에 철저하고자 한 그의 열정은 그를 강해설교자로 세웠을 뿐만 아니라, 그가 외친 종교개혁은 하나님의 말씀 선포를 통하여 이루어진 것임을 알 수 있다.

칼빈의 설교 방법을 정리해보면, 칼빈은 강해설교가인 동시에 즉석 설교가였다. 칼빈이 설교 본문을 선택할 때는 교회력에 있는 대로 따르지 않았다. 그는 성경 전체를 차례로 설교하였다. 그의 설교는 주제설교라기보다는 강해설교였고 자유롭게 흘러가는 설교였다. 그의 설교는 종합적이라기보다는 분해

---

19. P. Biesterveld, *Calvijn also Bedienaar des woords* (Kampen: J. H. Bos, 1897), Biesterveld는 화란의 캄펜신학교의 실천신학 교수였다. 이 책은 설교자로서의 요한 칼빈을 학문적으로 다룬 책이다. 그는 그의 책 제목을 『말씀의 종으로서의 칼빈』이란 표현을 사용하고 있다. 그의 책 가운데 칼빈의 대표적 설교 3편을 게재하고 있다.
20. W. Walker, *John Calvin, the organizer of Reformed Protestantism* (N.Y.: Scrib, 1906), 432.
21. JOANNIS CALVINI NOVIODVNENSIS OPERA OMNIA, in Novem Tomas Digestra, Theodoro Beza "Joannis Calvini Vita" (Amsteldami: joannis Jacobi Schipperi, M DC, I x xi), I f.

적이었으며 논리적으로 난해한 설교가 아니라 평범한 표현으로 진리를 말했고 수사적 정확성보다는 회화적인 방법을 택한 설교였다. 칼빈은 강해설교 할 때, 연속적인 문장을 각 절씩, 각 구절씩 설명과 주를 달면서 본문을 대하곤 하였다. 그의 강해설교의 원리는 성경은 성경으로 강해되고 해설되어야 한다는 것이었다.[22] 강해설교자로서의 칼빈은 설교를 전개해 갈 때, 본문 자체의 구조 외에는 특별한 구조를 취하지 않았다. 이렇게 볼 때 칼빈은 최대의 강해설교자요, 순수한 강해설교자라 할 수 있다.[23]

칼빈의 설교 방식은 매우 단순하고 선명하고 매혹적이리만큼 명백하다. 또한, 진지함과 솔직함과 함께 명확함과 단순함에 있다고 볼 수 있다. 칼빈의 설교 방법을 정리하면, 첫째, 말씀 속에서 하나님과 인간의 만남을 추구하였다. 둘째, 설교자의 역할은 설교를 통해 하나님과 인간을 만나게 하였다. 셋째, 설교에 대한 칼빈의 노력은 다양한 수사학적 방법과 교리와 생활의 문제를 제시하면서 실행을 강조하였다. 실행은 교리를 확실히 깨닫는 것에 기초를 두었다.[24]

4. 설교의 적용과 교훈

칼빈의 설교는 성경 본문 그 자체를 밝히 드러내는 것이었다. 그에게 있어서 설교는 성경에 대한 설명일 뿐만 아니라, 성경을 삶에 적용시키는 것이었다. 칼빈은 성경을 한마디 한마디 설명하는 것 만큼이나, 성경의 한 문장 한 문장을 교인들에게 적용시키려고 힘을 기울였다. 따라서 그의 설교는 항상 현실의 색채를 강하게 보이고 있었다. 칼빈은 목사의 설교는 하나님이 목회자를 통하여 예수 그리스도의 교회에 말하는 것이라고 생각하였다. 자기 자신이 설

---

22. Calvin, *Sermons from Job*, Introduction by Herold Dekker, x vii.
23. 정성구, 『개혁주의 설교학』, 532-533.
24. 정성구, 『개혁주의 설교학』, 539-587.

교자로서 청중들에게 군림하거나 왕적인 존재로 나타나지 않고 자기 자신도 하나님 앞에서는 한 마리의 양인 것임을 강조하였다. 설교의 대상은 자기 자신과 청중을 동시적으로 포함하고자 하였다. 칼빈은 청중과 자기 사이를 '우리'란 말로 묶었다. 그것은 설교자 자신이 하나님 앞에서 자기 자신을 보려는 태도인데, 이것은 칼빈의 설교와 그의 신학 전체에서 보는 것처럼 하나님의 면전에로 인간을 세우려는 태도이다.[25]

칼빈이 설교에서 강조했던 것은 성경의 해석과 적용이었다. 설교자로서 칼빈은 오로지 왕성한 연구와 강력한 해석적 방식에 의존했다. 리드(John H. Leith)는 칼빈의 설교가 『기독교강요』에서 표현된 신학적 입장을 해명하고 보충하고 있다[26]고 주장했는데, 이러한 평가는 공감할 수 있는 주장으로 여겨진다. 칼빈의 설교는 기독교강요와 떨어뜨려 놓고서는 제대로 이해될 수 없고, 『기독교강요』 또한 설교와 무관하게 이해될 수 없는 것이다.

칼빈의 설교는 가르침에 강조를 두고 있다. 리드는 말하기를 "칼빈은 설교와 가르침을 구분하지는 않았지만, 칼빈의 설교는 적용에 강조점이 맞추어져 있다는 점에서 가르침과 구분된다."[27] 칼빈의 가르침의 개념은 '설교'인 동시에 '복음 선포'였다.

칼빈이 설교한 중심 주제는 "하나님의 주권"이었다. 이것은 칼빈의 모든 설교의 기초였다. 인간의 타락, 예정, 말씀의 능력, 구원, 성령의 사역, 기도의 의무, 하나님께의 순종 등은 모두 하나님의 주권에서 도출되는 것들이다. 칼빈은 우리가 세상에서 핍박과 환란을 당하면서도 기뻐해야 할 이유를 인생의 목적이 '오직 하나님께만 영광'을 돌리는데 있음을 강조한다. 인간의 최종 목적이 먹고 마시는 데 있지 않고 하나님의 영광에 있다는 점에서 그의 신학을 볼

---

25. 정성구, 『개혁주의 설교학』, 143.
26. John H. Leith, *Introduction to the Reformed Tradition* (John Knox Press, 1978), 96.
27. Leith, *Introduction to the Reformed Tradition*, 96-97.

수 있다.[28]

성도는 그리스도의 지체이므로 고난 당하는 것이 당연하다고 강조한다. 칼빈은 하나님 앞에서의 인간은 '벌레' 혹은 '해충' 다른 곤충과 같다고 비유를 사용한다. 이것은 하나님 앞에서 인간은 죄인이요, 무가치한 존재임을 깨닫게 하는 것이다. 하나님 앞에서 인간은 전적 타락한 존재임으로 소망은 하나님께만 있음을 강조한다.[29]

칼빈은 고난과 핍박의 의미를 성도를 훈련시키는 하나님의 사랑과 긍휼이라는 사실이라는 사실을 교훈한다. 그는 하나님의 주권을 강조하면서 하나님의 오묘한 섭리를 깊이 깨닫고 믿도록 교훈한다. 칼빈은 성경을 하나님의 언약의 입장에서 고찰하고 개혁신학을 언약신학이라 강조하고 하나님의 약속을 든든히 믿을 때에 고난 가운데서도 위로와 평강과 기쁨을 얻게 된다는 것이다.[30]

칼빈은 지상의 교회를 전투적인 교회임을 강조하면서 교회는 최후에 승리하기 때문에 일시적으로 교회가 시험이 올지라도 낙심하지 말 것을 교훈하였다. 칼빈은 설교할 때 회중에게 감동을 주기를 힘썼다. 성경의 해석을 지식적으로만 전달하는 것이 아니라, 듣는 회중의 마음을 성경의 진리를 통하여 감화·감동하도록 힘썼다. 칼빈은 설교자가 성경 말씀을 해석만 하고 회중의 구속에 대하여 집중하지 않으면 그 설교는 죽은 설교이며, 쓸데가 없는 설교라고 하였다. 또한, 설교자가 철학자와 같이 도덕적 성질과 원리만을 말하려면 이것을 실천할 사람도 없고 들을 사람도 없을 것이므로 하나님은 우리를 사랑하신다는 말씀을 강조하고 그에게 나아오라고 강조한다. 칼빈은 설교에서 하나님의 주권을 강조하며 회중을 하나님 앞에 서게한다. 결론적으로 칼빈은 죄인인 인간과 하나님을 만나게 한다는 것이다. 칼빈의 설교를 듣는 자마다 누

---

28. 정성구, 『개혁주의 설교학』, 145.
29. 정성구, 『개혁주의 설교학』, 145-146.
30. 정성구, 『개혁주의 설교학』, 146.

구든지 그의 설교 중에서 인간이 하나님 앞에 서 있다는 확신 없이는 교회를 나서지 않았다고 한다. 칼빈은 종교개혁의 시대에 환란과 핍박을 받고 있는 개혁신앙을 가진 자들을 위로하고 격려하면서 하나님의 주권적 은혜를 강조하였다.[31]

5. 결론

이상에서 강해설교자로서의 칼빈의 설교의 특징과 방법을 살펴보았다. 조직신학자로서, 주경신학자로서, 그리고 종교개혁자로서의 칼빈의 이미지가 너무 부각된 나머지 설교자로서의 칼빈의 모습은 상대적으로 가리워졌던 것이 사실이다. 그러나 칼빈 자신이 말한 것처럼 그는 강단의 사람이었고 탁월한 강해설교자였다. 그가 이룩한 종교개혁은 순수한 하나님의 말씀을 선포하는 설교를 통해서 교회를 교회되게 하고 구원의 복음, 위로의 복음을 증거하는 것이었다. 개혁교회가 개혁교회다운 모습을 발견할 수 있는 길은 바로 설교의 현장에서인 것이다. 칼빈의 설교는 순수한 하나님의 말씀을 강해하는 설교였다. 그러므로 오늘날 개혁의 후세대인 우리가 개혁교회로서의 바른 모습을 회복하는 첫걸음은 개혁자 칼빈이 이루어 놓았던 강해설교의 방법을 재발견하는 데 있다고 볼 수 있다.

오늘날 설교자가 강단에 오르는 것은 오직 살아 계신 하나님의 말씀을 선포하는 것이요, 설교자 자신의 비전과 환상을 증거하는 것이 아니다. 이제 요한 칼빈이 깨달았던 단순한 복음, 순수한 복음 증거를 위한 성령의 도구로 쓰임 받을 우리들은 종교개혁시대, 개혁자 칼빈의 설교 철학과 방법에 다시 눈을 떠야 할 것이다. 한국교회와 세계 교회 강단에서 하나님의 말씀이 온전히 선포되기를 열망한다. 그 능력의 말씀을 통하여 날마다 교회가 갱신되고 새롭

---

31. 정성구, 『개혁주의 설교학』, 147-148.

게 되기를 소망한다.

참고문헌

정성구. 『개혁주의 설교학』. 서울: 총신대학교출판부, 1991.
Biesterveld, P. *Calvijn also Bedienaar des woords*. Kampen: J. H. Bos, 1897.
Calvin, John. *Sermons from Job*. Introduction by Herold Dekker. Selected and translated by Leroy Nexon. Baker Book House, 1979.
Garvie, A. E.. *The Christian Preacher*. New York: Charles Scribner's Sons. 1921.
JOANNIS CALVINI NOVIODVNENSIS OPERA OMNIA, in Novem Tomas Digestra. Theodoro Beza. "Joannis Calvini Vita". Amsteldami: joannis Jacobi Schipperi, M DC, Ⅰ x xi.
Kromminga, Carl G.. *Man Before God's Face in Calvin's Preaching*, Calvin Theological Seminary Monograph Series, Ⅱ. Michigan: Grand Rapids, 1961.
Leith, John H. *Introduction to the Reformed Tradition*. John Knox Press, 1978.
Walker, W.. John Calvin, the organizer of Reformed Protestantism. N.Y.: Scrib, 1906.

전형준

총신대학교 문학사 (B.A.)
총신대학교 신학대학원 목회학석사 (M.Div.)
고려대학교 대학원 교육학석사 (M.Ed.)
총신대학교 대학원 신학석사 (Th.M.)
총신대학교 대학원 철학박사 (Ph.D.)
Westminster Theological Seminary 목회상담학박사 (D.Min.in P.C.)
(전) 샬롬을 꿈꾸는 나비행동(샬롬나비) 사무총장
(전) 육군 군목(대위)
(전) 충현교회 부목사
(전) 창신제일교회 위임목사
(전) 한인성서교회 위임목사
(현) 고려대학교 교우목회자회 부회장
(현) 성경적상담학회 회장
(현) 과천약수교회 협동목사
(현) 백석대학교 실천신학 교수

존 녹스의 설교

서창원

녹스의 설교 내용은 그의 신관과 구약성경의 강조에 바탕을 두고 있다. 하나님의 불변성과 하나님의 완전성은 녹스의 사상 전반에 걸쳐 깊게 깔려있는 사상이었다. 구약에서 정죄하고 있는 우상숭배, 부도덕성, 불의 등 모든 것이 16세기 당시에도 통용된 정죄의 대상이었다. 그렇기 때문에 녹스는 강단에서 그러한 죄를 여과 없이 지적하였다.

존 녹스는 구약의 하나님의 율법과 공의를 지켜야 하는 의무가 있었던 이스라엘처럼 스코틀랜드와 잉글랜드도 마찬가지라고 굳게 확신하였다. 그리하여 하나님의 언약을 어기면 이스라엘에게 내렸던 하나님의 형벌(전염병이나 자연재해 및 침략)이 국가에 내릴 것이라고 믿었다.

녹스의 구약성경 주해의 핵심은 신명기 12:32로서 성경과 삶을 조명하는 핵심 구절이었다.

그가 신약보다 구약을 더 많이 설교한 이유가 무엇인가? 그는 구약에서 대부분 발견되는 내용들과 당시 스코틀랜드가 처한 상황과 병행되는 것들이 많이 있다는 생각으로 가득했기 때문이다. 즉 종교갱신, 언약갱신, 국가적 수준에 입각한 종교개혁, 가톨릭을 없애고 개신교주의의 법적 조항들을 세우는 것, 그리고 우상숭배를 조성하는 당국자들에 대한 저항 사상 등을 다 구약성경에서 즉각적으로 찾아질 수 있는 것들이었기 때문이었다(Kyle, 89).

그런 의미에서 녹스는 자신을 구약의 선지자와 동일시하듯 활동했다. 선지자 녹스는 목사 녹스였고 전도자 녹스였다. 그는 백성들에게 회개를 촉구하며 그리스도 안에 있는 신앙을 강조하였다. 목사로서 그의 설교들과 서신들은 영적인 문제들을 다루었다. 그는 낙심 중에 있는 성도들을 위로하였으며 경건한 삶을 살도록 격려하였다. 그리고 기독교 교리를 가르쳤다.

녹스 설교의 샘플들

Kyle교수는 녹스의 설교의 샘플들을 성 앤드류스, 잉글랜드, 스코틀랜드 중부, 스털링 및 에딘버러에서의 설교한 것들에서 찾아 설명하였다.

녹스는 1547년 늦은 4월에 사역자로 부름을 받았다. 그리고 얼마 안 되어 성 앤드류스의 교구 교회당에서 주인의 나팔을 부르기 시작하였다. 그의 첫 설교는 다니엘 7:24-25이었다. 이 설교에서 녹스는 로마 가톨릭 교회에 총을 쏘았다. 그들의 교리와 실천들이 성경과 충돌되는 것들이라고 공격한 것이다. 이신칭의의 교리를 가르치지 않는다고 공격했다. 그러면서 로마교를 '죄의 사람', '적그리스도' 또는 '바벨론의 창녀'로 불렀다(Works, 1, 189-91). 이 첫 설교는 그의 남은 사역의 틀이 어떤 것인지를 예표한 것이었다. 그는 성경에 닻을 내리고 성경이 하나님의 말씀이라는 큰 확신을 가지고 성경을 선포하였다. 그는 이신칭의 교리를 선포하였고, 교회의 주이시요 구세주시며 목사이신 그리스도를 드높였고, 로마 가톨릭을 통렬하게 채찍질하였다. 그것이 곧 다른 사람들은 로마교의 가지치기를 했다면 녹스는 전체를 다 멸망시키는 뿌리를 내리쳤다고 말하는 이유이다. 그의 첫 설교는 성도들의 반응을 통해서 하나님이 그를 설교자로 부른 것이 분명함을 확신한 근거가 되었다.

두 번째 설교는 마태복음 4:1 예수님의 시험에 대한 것이었다(1555-56, 제네바에서 돌아온 후 한 설교). 그는 이 설교를 로마교의 Lent(사순절을 공격하는 구절로 사용했다. 성경적 근거가 없다는 것 때문이었다. 그는 여기서 그의 설교

요약을 남겨주었는데 그것은 그의 성경 강해 형식의 실제를 제공해 주는 것이었다. 시험에 대한 정의를 내린 후 그것이 성경에서 어떻게 사용되었는지를 설명하였다. 그리고는 시험을 받는 자들에게 시험이 언제 오는지를 말했다. 그리고 그리스도께서 이 시험을 어떻게 당했는지를 설명하고 그리고 마지막으로 왜 그리스도께서 이 시험으로 고난을 당하셨는지 그리고 그 시험을 통해서 얻은 축복이 무엇인지를 설명하였다. 그리고 적용을 통해서 설교를 마무리 지었다. '인간의 생명과 행복은 물질의 많음에 있지 아니하다'고 결론지었다.

　1559년 스털링에서의 설교는 스코틀랜드의 종교개혁의 전환점으로 간주된다. 1559년 5월에 귀국한 그는 1559년 11월에 스털링에서 낙심하고 침체되어 있는 성도들에게 설교하였다. 이 설교는 영적인 것이기도 하지만 정치적인 의도가 담긴 것이었다. 혹자는 이 설교를 녹스의 최고의 설교로 간주하는데 그 내용은 그의 역사책에 기록되어 있다. 여기서 한 그의 설교는 그의 설교 스타일에 있어서 한절씩 강론한 샘플이기도 하다. 에딘버러 성 자일래스 교회에서 시편 80:1-4을 설교했는데 스털링에서는 4-8절을 설교한 것이었다. 가톨릭의 세력으로부터 승리를 얻기 위하여 하나님을 신뢰하는 것 대신에 성도들은 개신교도 귀족들, 그 중에 하밀톤 공작에게로 향했다. 녹스는 이것을 정죄했다. 구약의 여러 성경구절들을 제시하면서 회개하고 하나님께로 돌이키면 승리를 얻게 될 것이라고 했다. 성도들은 크게 고무되었고 승리를 얻는 계기가 된 것이다.

　1565년 8월 19일 녹스는 이사야서 26:13-21을 가지고 설교하였는데 이것이 녹스 설교 전문이 남아 있는 유일한 설교였다. 여기에서 그는 그의 설교 방식에 대한 자신의 이론적 근거를 서문에서 제시하였다. 여기서 그는 한 구절씩 강론하는 스타일을 보여 주었으며 당대의 삶에 밀접한 적용을 제시하고 있다. 그는 이 설교에서 청중들에게 강조하기를 왕들은 절대적인 권력을 지닌 자들이 아니라고 하였다. 그들의 권력은 언제나 하나님의 말씀에 의해서 제한적인 것이라고 했다. 그러므로 왕은 왕이 즐겨하는 대로 할 수 있는 것이 아니라 하나님의 계명에 순종해야만 한다고 했다. 그리고 하나님의 충실한 자들을 핍박하는 자들에게 경고의 메시지를 전하였다. 그는 이 설교에서 구약의 비유들을 들어서 우상숭배와 교황의 교시를 반박하였다. 하나님은 아합에게 벤하닷을 이기게 하였으나 그가 우상숭배자 이세벨을 우상 섬김으로부터 돌아서게 하였는가? 아니다. 그리하여 녹스는 우상 섬김을 위해서 싸우거나 지지하는 자들을 하나님이 반드시 심판하실 것을 언급하며 설교를 마무리하였다(Works, 6:229-73).

이 설교는 메리 여왕이나 그녀의 남편에 대하여 전혀 언급한 것이 없음에도 불구하고 왕을 화나게 한 것은 메시지가 평소보다 길었기 때문이었다. 그리하여 왕은 추밀원에게 이야기하여 자기들이 에딘버러에 있을 때 녹스에게 설교하지 말 것을 명령하게 했다. 그러나 에딘버러 시의회는 녹스가 원할 때는 언제든지 설교할 수 있다고 선언하면서 그렇게 명령하기를 거절하였다. 녹스가 설교문을 인쇄하게 된 것은 설교에서 왕과 왕비를 공격한 것이 아님을 증명하기 위함이었다. 그는 이 설교 서문에서 자신의 설교철학과 스타일을 설명하였다. 그는 설교문을 작성하지 않았는데 그 이유는 하나님께서 그를 설교하도록 부르셨지 미래 세대를 위하여 책들을 쓰라고 부른 것이 아니었기 때문이었다.

도리어 그는 설교준비를 사전에 철저하게 하였고 설교하는 동안 성령께서 인도하시며 표현력을 위하여 그의 감정을 다뤄주시는 은혜를 굳게 신뢰하였다.

그렇다면 그의 혀의 예리함은 어떻게 설명할 것인가? 그는 선언하기를 설교할 때 어느 특정인을 공격하고자 설교하는 것이 아니라고 하였다. 그러나 설교와 관련하여 그는 말하기를 '내가 백성들에게 전할 것에 대하여 혈과 육과 상의하지 아니하고 나의 모든 일에 대하여 반드시 셈을 해야 하는 오직 나를 보내신 나의 하나님의 영을 의지하며 나는 설교합니다...'(Kyle, 94).

1571년 5월에 그는 성 앤드류스로 돌아와 마지막 1년을 보냈다. 그는 병들어 허약한 몸을 지닌 상태였으나 그의 설교 열정은 여전히 강렬하였다. 그는 여기서도 계속해서 적용이 딸린 성경 강론을 계속하였다. 여기서 한 설교 대부분은 다니엘서를 강론한 것이었다. 허나 불행하게도 그의 설교는 기록으로 남아있지 않다. 그러나 당대의 동료들 중 몇 사람들이 그의 설교를 들은 회중들의 반응을 기록한 것들이 있다. 녹스는 늙고 병든 자였지만 그는 매일 설교하였다고 한다. 그는 지팡이를 짚고 걸었고 강단에도 도움을 받아 올라갈 수 있었다. 한번은 매우 힘을 얻어서 30분 동안을 본문에 대하여 차분하게 설명했다. 그러다가 그가 당대의 사건들에 대하여 본문을 적용하는 대목에 이르자 그의 목소리는 커지기 시작하였다. 녹스는 정치 지도자들의 이름을 여러 명 열거하면서 공격하였다(그란지, 하밀톤가 사람들, 카스틸리안과 심지어 메리 여왕까지). 녹스의 설교를 받아 적은 어린 제임스 메빌은 말하기를 '그의 설교를 도저히 받아 적을 수 없을 정도로 무지하게 떨리게 만들었다'고 하였다(James Melville, The Autobiography and Diary of Mr James Melville, Edinurgh: Printed for the Wordrow Society, 1842, 26). 제임스 멜빌은 같은 일기에서 녹스의 설교 자세를 기록하기를 설교할 때 마치 강단으로부터 날아오르는 것과 같이 담대하게 설교하였다고 한다(ibid. 33).

녹스 설교의 영향

스코틀랜드의 종교개혁은 스코틀랜드에 개신교주의를 확립하고 개혁주의 신앙을 세운 결과를 낳았다. 그 모든 결과는 과연 녹스 자신의 활약에 기인한 것인가? 물론 그의 역할은 다가 아니라 할지라도(혹자들은 사회개혁운동의 결과라니, 녹스 이전에 이미 지방의 여러 도시에서 개혁운동이 활발하게 일어났었다느니 하면서 녹스의 역할을 폄훼하고자 하는 논리들을 제시하였다, Kyle, ibid., 95) 그는 스코틀랜드의 변화를 주도한 인물이라는 점을 누구도 부인할 수 없다. 그렇다면 녹스는 그 일을 어떻게 이루었는가? 저술활동을 통해서, 외교적 활동을 통해서? 아니다. 그의 설교를 통해서이다. 그는 무엇보다 설교자였다. 16세기는 우리 시대와는 전혀 다르다. 당시 대다수의 사람들이 문맹이었기 때문에 새로운 가르침이나 사상을 전달하고 사람들을 움직이는 무기는 설교뿐이었다. 문맹인 사람들이 대부분인데 글을 쓰는 것보다 설교라는 성경적 전달 수단을 녹스는 최대한으로 활용한 것이었다. 그렇다고 현대에는 설교라는 수단의 중요성이 덜한 것이 아니다. 알파와 오메가이신 하나님이 죄인들의 구원과 하늘나라 백성으로서의 양육을 위하여 제정하시고 사용하는 방편은 여전히 말씀선포 사역이다.

녹스가 미친 영향은 무엇보다 설교 사역의 중요성 때문에 자질있는 설교자들을 배양해야 한다는 교육적 책임의식이 강하게 형성되게 하였다는데서 찾아볼 수 있다. 종교개혁 시대만이 아니라 지금도 좋은 설교자가 올바른 신학과 신앙을 체계 있게 전달하고 확산시키는데 중심 역할을 감당한다. 법제화시킨다고 해서 될 일이 아니다. 스코틀랜드 사람들이 개혁사상을 기쁨으로 받아드릴 수 있었던 것은 탁월한 설교 사역을 통해서였다. 그런 의미에서 녹스는 스코틀랜에서만이 아니라 장로회주의를 따르는 개신교도들 내에서 설교를 위한 하나의 표준을 제시한 사람이라고 말할 수 있다. 특히 철저한 설교 준비와 견고한 강론, 건전한 복음적인 교리 교육 및 강력한 전달 방식은 스코틀랜드 전역을 통해서 설교자들이라면 본받고 싶어하는 실천사항들이었다.

녹스의 당대 동료들은 녹스를 단연코 위대한 설교자로 간주하였다. 그의 날카로운 혀 놀림을 저주한 반대자들도 있었지만 녹스의 지지자들은 한결같이 그의 변사적인 기술들을 높이 평가하였다. 의심의 여지가 없이 녹스는 열정적이고 권세있는 설교자임이 틀림없다. 제임스 멜빌이 지적한 것처럼 '조지 휘스하르트는 결코 명백한 설교를 하지 못하였으나...강단에서의 녹스는 그렇게 활기차고 격렬한 모습으로 설교를 하되 마치 강단을 두들겨 부서 버릴 것

같은 모습이었다'고 했다(Melville, ibid., 26, 33). 녹스의 비문을 쓴 리젠트 몰튼 경은 '누구에게도 아첨하거나 누구도 두려워하지 않은 한 사람이 누워있다'고 적었다. 물론 녹스는 강단을 탕탕 내리치는 정도의 격렬함을 보인 것이 전부가 아니다. 그의 설교 능력은 탁월함 자체였음을 당대의 역사가인 조지 부카난이 기술하고 있다(kyle, 96).

녹스의 설교관(Hugh Cartwright)

실로 녹스는 설교 사역을 하나님께서 제정해 주신 예전으로 간주하였고 설교자들은 하나님이 보내신 사자들로 여겼다. 설교자들은 단순히 자신들이 전하고자 하는 주제들을 놀라운 웅변력으로 설파하는 변사들이 아니라 하나님께서 계시하신 성경의 가르침을 잘 풀어 증거하되 성령의 능력으로 감당하는 자들이다. 녹스는 죽기 일주일 전에 섬긴 교회의 장로들과 집사들을 오게 한 자리에서 다음과 같이 말을 남겼다:

> '나로 하여금 누구도 두려워하지 않고 전하라고 주께서 내입에 넣어주신 것은 무엇이든지 그렇게 담대하게 증거할 수밖에 없었던 것은 나의 하나님에 대한 두려운 경외심이었습니다. 그 분이 나를 부르시고 그의 은혜로 임명하사 하나님의 신비를 수종드는 자가 되게 하셨습니다. 그리고 나를 믿고 맡겨주신 내가 받은 이 사명을 그의 심판대 앞에서 서게 될 때 반드시 정산해야 할 것이라는 믿음 때문이었습니다.'(The selected Practical writings of John Knox, Edinburgh: Banner of Truth, 2011, 150).

하나님은 설교자를 통해서 말씀하신다. 과거에 주신 말씀으로부터 오늘에 사는 청중들에게 메시지를 보내시는 것이다. 그것이 녹스에게 설교의 권위와 담대한 용기를 가져다 준 근거였다. 그리하여 녹스는 성경에 기록된 말씀을 정확하게 전달하기 위해 말씀 준비에 철저하였다. 그가 강단에 선 것은 자신의 지혜나 능력을 과시하고자 함이 아니요 하나님의 지혜를 나타내고자 함이었다. 그는 <스코틀랜드에서 진리를 고백하는 귀족들에게 보내는 서신>에서 그의 설교관을 이렇게 피력하였다: '심령에 하나님의 진리를 두려워하는 일종의 섬광은 사람을 하나님의 사자들을 공경하는 자리로 이끕니다. 온 마음을 다하여 받게 하며 그들이 가르치고 부여하는 일에 손중함을 배우게 합니다.'(Ibid., 150). 녹스는 청중들에게 자신의 교훈을 잘 듣고 순종하기를 원한 것이 아니라 오직 하나님의 아들에 의하여 세상에 계시된 구원의 도리를 인내하며 순종하는 것이었음을 강조하였다.

존 녹스는 복음을 전하기 위해 살았다. 심지어 그가 노예로 갇혀 지내는 동안에도 하나님께서 그를 다시 살려서 하나님이 처음으로 자신의 입을 열어 하나님의 영광을 선포하게 한 그 곳에 다시 서서 복음을 전하게 될 것을 굳게 확신하였다. 실로 그의 진술대로 성 앤드류스에서 다시 복음을 전하게 되었고 스코틀랜드의 종교개혁의 선봉장이 된 것이었다. 이것은 그가 하나님의 부름을 얼마나 굳게 확신하고 그리고 그 부름에 합당한 길을 가고자 한 그의 의지와 뜻을 분명하게 엿보게 하는 것이다. 그는 사도들과 마찬가지로 편안하게 육신적인 삶을 연명하기 보다는 복음 때문에 고난당하는 것을 더 만족스럽게 여겼다.

녹스는 에딘버러에 있는 성 자일래스 교회에서 목회하면서 주일에 두 번 설교, 주중에는 세 번 설교를 하였다. 그리고 온 나라를 다니면서 설교와 강의를 종종 감당하였다. 그의 사역의 중심엔 언제나 설교사역이 자리잡고 있음을 보여주었다.

녹스의 설교 내용

일반적으로 사람들은 녹스의 설교 내용이 로마 가톨릭을 공격하는 것으로 점철되었다고 생각한다. 그리하여 모두가 다 그의 견해를 받아들인 것이 아니요 그 당시의 당국자들이 그들의 업무들을 어떻게 수행해야 할지를 다룬 것이 대부분이라는 잘못된 인식을 가지고 있다. 물론 녹스의 위치에서 그리고 그 당시 교회가 처해있는 상황과 국가의 입장에서 볼 때 그런 면이 확연하게 드러나고 있음도 사실이다. 그가 그리스도의 충실한 사자로서 당대의 여러 가지 일들에 대하여 성경 말씀에 비춰서 적용해 가도록 이끄는 일을 어찌 피할 수 있었겠는가? 당시 그가 처해있던 상황에서 그런 면이 그의 사역의 주된 것으로 비쳐지기에 충분한 근거들이 많이 있다(메리 여왕에게 한 설교, 특히 결혼 문제를 강력하게 반대하면서 결국 왕궁에 소환당하여 논쟁을 벌이는 일이 그 좋은 예이다).

그러나 그의 설교 내용은 단지 시국 선언문이라든지 혹은 정치적 선동가 기질을 드러내는 것이 아니라 철저하게 성경에 기록되어 있는 말씀에 한정된 것이었다. 그가 주도적으로 작업한 스코츠 신앙고백서에 보면 모든 성경이 다 하나님의 감동하심으로 된 것임을 믿고 교훈과 책망과 바르게 함과 의로 교육하기에 유익한 것임을 받아들이고 있다. 즉 하나님의 말씀만이 우리가 살고 있는 삶의 현장에 적용되기에 충분한 가르침으로 풍성함을 확신한 것이다. 그렇기 때문에 그가 스코틀랜드를 떠나 대륙으로 망명가 있는 동안 국내에 있는 개신교도들에게 보낸 편지에서 이렇게 언급하였던 것이다:

하나님의 말씀이 영적 생명의 시작임과 같이 그 말씀이 없이는 모든 육체는 하나님 앞에서 죽은 자들입니다. 하나님의 말씀은 우리 발의 등이요 그 등불이 없이는 아담의 모든 후손들은 다 어둠 가운데 거하는 것입니다. 하나님의 말씀이 신앙의 원천인 것과 같이 그 말씀이 없이는 누구도 하나님의 선한 뜻을 깨달을 수 없습니다. 마찬가지로 하나님께서 약한 자들을 강하게 하시고 고난 중에 있는 자들을 위로하시며 넘어진 자들이 회개하여 돌이켜 주님의 자비를 받게 하며 모든 공격과 유혹들로부터 영혼의 생명을 보존하고 지키는 일을 위하여 하나님이 사용하시는 유일한 도구요 방편이 하나님의 말씀입니다. 그러므로 여러분들의 참 지식을 더욱 풍성하게 하고자 하며, 여러분이 믿음이 보다 확고해지기를 원한다면, 그리고 여러분의 양심이 보다 안정되고 위로가 넘치는 것이 되기를 원한다면 또한 여러분의 영혼이 생명 안에서 보존되기를 원한다면 여러분의 하나님의 율법을 진지하게 그리고 부지런히 탐구하기를 바랍니다(Ibid., 123-4).

녹스는 그의 동료들과 함께 작성한 스코츠 신앙고백서에서도 설교는 반드시 하나님의 말씀과 일치되는 것이라야 함을 명시하고 있다:

만일 누구든지 우리의 신앙고백서 중 어떤 한 문장이라도 하나님의 말씀에 위배되는 내용을 발견하면 온유함과 그리고 그리스도의 사랑의 마음으로 우리에게 글을 써서 알려주시면 우리의 명예를 다하여 그에게 하나님의 은혜로 말미암아 하나님의 입으로 부터 나온 말씀, 즉 성경을 가지고 정중하게 만족스러운 답을 드릴 것임을 약속합니다. 또 요청자의 주장이 잘못된 것임을 발견하게 되면 역시 같은 방식으로 답할 것입니다.

녹스는 이처럼 그의 설교와 강의의 모든 내용이 하나님의 전 경륜을 전파하는 것임을 분명하게 하였다. 스코츠 신앙고백서가 그에 대한 강력한 증거이다. 그런 면에서 존 녹스는 분명 칼빈주의 학자요 설교자인 것이다. 사실 그가 제네바에 가기 전에 이미 이와 같은 확신을 지니고 있었다. 물론 그 스스로 깨달은 것이 아니라 그의 스승인 조지 휘스하르트의 영향이 컸고 그리고 제네바에 기거하면서 칼빈과의 교류를 통해서 더욱 공고히 다진 것이었다.

그의 설교의 주된 주제는 성경의 주제와 마찬가지로 그리스도의 사역과 인격에 집중된 것이었다. 그리스도의 인격과 삼중직 및 구원사역에 나타난 복음의 영광이었다. 그는 주 예수 그리스도의 이름 외에는 달리 구원얻을 이름이 없음을 분명히 하였다. 그리고 다른 사람들 혹은 다른 공로들을 의지하는 것은 헛되고 기만당하는 것이라고 믿었다. 오직 구세주이신 그리스도께서 친히 대속의 제물이 되어서 죄인들을 성결케 하고 하나님과 화목되게 하였으며 그를 믿는 자만이 하나님의 약속된 기업을 상속받게 됨을 분명히 설파하였다. 그러므로 우리의 죄를 위한 다른 희생제물을 제시하는 것은 모조리 신성모독죄를 범하는 것이라고 했다. 하나님은 죄를 몹시 역겨워하시기 때문에 성도들도 죄를 미워해야 하는데 우리의 죄는 오직 하나님의 아들의 대속의 죽음으로만이 씻겨지며 하나님의 공의한 진노를 만족시킬 수 있는 것이다. 이처럼 아들도 아끼지 아니하시고 내어주신 하나님을 지극히 높여드리는 것이 인생의 목적이다. 이처럼 죄에서 사함을 받은 자들은 이제는 하나님을 따라 의와 진리로 지음을 받은 거룩한 새 사람인 것이다. 이들은 육체의 욕망을 죽이고 선행으로 말미암아 하나님께 더욱 큰 영광을 돌리는 삶을 살아가야 한다.

녹스는 임종 직전까지 설교하기를 원하였다. 그의 마지막 설교는 마태복음 27장이었는데 그의 전기를 쓴 맥크리 박사에 의하면 그가 그의 사역을 마무리 짓기를 언제나 갈망하였던 주제로 설교하였다고 한다. 그 주제는 이신칭의였으며 그 이유는 이 교리야말로 로마 교회의 뿌리를 뽑아내는 도끼역할을 한다고 믿었기 때문이었다. 그와 같은 강경한 태도가 종종 메마른 사람으로 오해받기도 한다. 실지로 녹스는 목자의 심정은 없는 존재로 비판을 받기도 한다. 개인적인 영적 필요들에는 무관심하였고 오로지 스코틀랜드와 잉글랜드에 개혁교회를 세우는 일에 최우선적이었다는 것이다(그의 전기를 쓴 사람

중 Eustace Percy가 그러함, '그는 녹스는 목자다운 면모는 거의 없었다. 영혼들에 대한 개인적인 돌봄은 그에게 주요한 것이 아니었다. 자신에게든지 아니면 국가 교회 설립 목적에 있든지 개개인의 영혼 돌봄은 뒷전이었다'고 했다-John Knox, Richmond: John Knox press, 1966, 52).

그러나 Kyle이 주장하는 것과 같이 그가 보낸 여러 개인적인 서신들이 녹스는 참으로 목자의 마음을 지닌 목사였음을 알 수 있다. 목자직 기능을 지닌 목사의 역할은 양들을 먹이고 돌보는 일을 감당하는 것이다. 카일의 논지에 따르면 16세기의 목사직은 세 가지 중요한 기능을 가지고 있는데 첫째는 하나님의 말씀을 선포하는 것이요, 둘째는 성례를 거행하는 것이며, 셋째는 교회 권징을 시행하는 것이다. 이러한 직무들을 수행하는 가운데 양들을 돌보는 역할을 수행하는 것이다. 사실 존 녹스의 설교를 통해서 수많은 구교 신도들이 개신교도들이 되었다. 그들에게서 고민되는 문제들은 항상 오직 믿음으로만 하나님과 화목케 되는 것인가? 가톨릭 교회의 모든 의식들과 예전들을 이제 무시해도 되는 것인가? 등 구원문제와 성도의 삶의 문제에 대한 많은 고민들을 가지고 있기 때문에 개신교 설교자들은 그러한 성도들의 고민거리들을 적절하게 풀어주어야 했다. 그렇기 위해서는 당연히 목자적 기능을 수행하지 않을 수 없는 것이다. 녹스에게 있어서 설교가 제일 우선되는 사역이지만 영적 조언과 상담을 해주는 일 역시 중요한 사역으로 간주하였다.

녹스는 그러한 문제들을 어떻게 대처해 나갔는가? 완벽하게 처리한 것은 아니지만 그는 대다수의 문제들을 다 영적으로 접근하였다. 본질적으로 고민거리 대다수가 신학적인 요소들을 지닌 것들이었지만 개인적이고 정치적인 문제들도 내포되어 있었다. 그래서 녹스는 가능한 한 성경적으로 성실하게 답변하고자 하였다. 성도가 제기한 문제가 성경 이해에 대한 것이라면 그 본문을 성실하게 풀어 설명하거나 신학적으로 규명해 주곤 하였다. 영적인 상담 역시 목양의 한 형태임을 인식하고 있었다. 그의 영적 조언은 늘 격려와 훈계로 이루어졌다. 절망 중에 있는 자들과 함께 아파하고 기뻐하는 자들과 함께 기뻐하였다. 그러나 타락과 배교 혹은 우상숭배의 길을 가는 자들에게는 냉엄한 경고를 가했다. 그러한 상황에서 그는 언제나 긍휼이 여기는 마음을 잃지 않았다. 명령하기보다 권고하였다. 문제를 가지고 나아오는 자 위에 군림하거나 우월감을 드러내는 일이 없었다. 서로 교감하면서 종종 자신의 나약함과 죄성을 나타내기도 하였다. 자신도 의심의 길을 걷기도 하였으며 영적 교만에 빠지기도 했고 때로 죄로 인해 슬퍼하지도 않았을 때도 있었으며 자신이 저지른 악을 불쾌하게 여기기는커녕 도리어 자신에게 아첨하기까지도 했다고 털어놓기도 하였다(Kyle, ibid., 117). 이처럼 녹스는 강단에서는 불을 뿜는 설교자요 선지자로서 힘차게 나팔을 불었어도 개개인 성도들을 대할 때는 매우 온유하고 친절한 목자의 심성을 결코 잃지 않았다.

그 모든 사례들을 어디서 찾을 수 있는가? 실로 낙스는 그가 사역한 곳 어디에서도 목회적인 활동들을 기록한 적이 없다. 그러나 직접적인 것은 없어도 간접적으로 영적인 상담자로서의 역할을 한 것들을 발견할 수 있다. 그 자료들은 그가 섬기던 교회 성도들에게 보낸 서신들과 핍박을 받고 있는 개신교 성도들에게 보낸 서신들, 그리고 개별적으로 여성들에게 보낸 서신들에서 찾을 수 있다. 예를 들면 카일은 엘리자베스 보웨스(훗날 녹스의 장모가 되었음)에게 보낸 30통의 편지, 앤 로크 여사에게 보낸 14통의 편지, 에딘버러에 살고 있는 여동생들에게 보낸 5통의 편지들을 언급하였다(Ibid, 118). 그러나 불행하게도 그 여인들로부터 녹스에게 보낸 서신들은 남아있지 않다. 그러나 녹스가 여성 통치자에 대하여 엄청 분노한 글을 보면서 사람들은 여성차별주의자 혹은 적개주의자라고 비판하는데 녹스에게 영적 도움을 요청한 사례들 상당수가 여성들로부터 온 것들이었다. 물론 녹스만 그런 것이 아니라 루터나 불링거 및 칼빈 등 많은 개혁자들에게 여성들이 편지를 보내 조언을 구하였다.

그와 같은 사례는 녹스가 반여성주의자가 아니라 여성들을 매우 귀하게 여긴 사람임을 반영하는 것이다. 앞에서 소개한 것과 같이 녹스도 여성들에게 많은 편지들을 썼다. 그는 결혼도 두 번이나 하였으며(1555년 잠시스코틀랜드에 귀국했을 때 마조리 보웨스와 결혼하였고 그녀는 560년에 세상을 떠났다, 어린 두 아들은 1564년 두 번째 결혼할 때까지 장모가 돌보았다) 여성들과 함께 하는 것을 매우 좋아한 사람이었다. 사실 녹스가 피의 여왕 메리의 통치를 향해서 여성의 괴물 같은 통치에 대한 비판의 목소리를 힘껏 높였지만 여성이라서가 아니라 그녀가 우상숭배를 조성하고 개신교도들을 핍박한 것들에게 대한 비판의 나팔소리였던 것이다. 그리고 그가 여성 통치를 반대한 것은 그것이 성경적이지 않기 때문이었다.

녹스는 목자로서 당대 수많은 사람들이 고민하는 문제들, 그동안 구원의 수단으로 여긴 미사나 성인들에게 향한 기도나 공적 쌓기 등이 다 우상숭배로 여겨야 할 때 오는 혼란과 갈등, 오직 믿음으로 구원받는다고 하는데 내가 믿음 가운데 있음을 어떻게 아는지, 구원받았는데 왜 유혹은 끊이지 않고 죄는 반복적으로 범하는지 등등의 문제거리들을 가지고 도움을 청한 것이다. 장모 엘리자베스 보웨스와 나눈 많은 편지들은 그런 문제들을 다루고 있다(Kyle의 글 122-25을 보라).

녹스는 개별적인 성도들을 대하면서 동정심과 돌봄과 긍휼의 마음을 나타냈다. 환자들을 심방하고 약한 자들을 돌아보고 위하여 기도하는 것 역시 목회자의 길을 가는 것이다. 양심의 번민에 휩싸인 자들을 인내하며 성경 말씀의 가르침을 따라 조언하였다.

그의 사역 전반에 걸쳐서 녹스는 철저하게 성경 강론자가 되기를 원했고 또 그렇게 실천하였다. 기록된 말씀 속에 담긴 성령 하나님의 뜻이 무엇인지를 펼쳐보이고자 힘을 다했다. 카트라이트 교수가 소개한 윌리엄 테일러가 녹스의 설교 방법을 보면 녹스는 설교 원고 전문을 가지고 설교를 한 적이 없다. 단지 몇 문장을 그의 성경책 여분에 적어놓고 설교하는 것이 그의 습관이었다고 한다. 그럼에도 불구하고 원고 전문이 앞에 놓여 있는 것처럼 논리정연하게 구사되었다. 그는 사전 준비 없이 즉흥적으로 말하는 법이 없었다. 그렇기 때문에 원고가 없어도 논리적으로 명확한 내용들을 전달할 수 있었던 것이다. 그는 행동가이면서도 책상 앞에 앉아서 연구하는 일을 게을리하지 않는 근면한 학생이었기 때문에 그렇게 설교할 수 있었다고 보여진다.

그의 설교 시간은 종종 보통 2시간이 넘었다고 한다. 설교 내용은 일반적으로 두 부분으로 나뉘게 되는데 전반부는 원문 성경에 근거한 본문 강론으로 채워졌고 후반부는 그 설명된 내용으로 성도들의 상황에 적용시키는 것이었다. 성경책별로 차례대로 강론하는 것이 그의 습관이었고 종종 시리즈로 강론하기도 했다. 요한복음을 강론하고 다니엘서나 학개서를 강론하였다.

제일 치리서에서 지적한 대로 성경을 명백하게 낭독하고 해석하는 본을 따랐던 것이다. 성경읽기는 선호하는 본문에만 머무르지 말고 구약에서 그리고 신약에서 골고루 선택하여 읽고 강론하도록 하였다. 그 방법이 권장되었던 것은 대다수의 성도들이 문맹이었기 때문에 설교자의 생생한 목소리를 통해서 구원의 복음이 정확하게 전달되게 하기 위함이었다. 이것은 오늘날 대다수가 성경을 읽을 수 있고 성경이해를 돕는 책들이 수없이 많아도 강단의 주된 역할은 성도들로 하여금 성경을 충분히 이해하고 진리의 맛을 깊이 맛보며 더 사랑하는 진리의 사람들이 되게 하는 것임을 결코 망각해서는 안 된다. 또 분주한 현대인들이 교회에서라도 성경을 읽고 듣게 하는 것이 필요하다.

물론 녹스는 시기와 상황에 따라 성경본문을 달리 정하여 설교하는 것도 잊지 않았다. 그럴지라도 성경을 이해하고 전달하는 측면은 달라지지 않았다. 청중들의 심령 속에 진리를 심고 집에까지 가지고 가서 그들의 삶의 현장에서 실천하게 하였다. 하나님의 말씀의 강론자로서 성경 원저자의 의도를 충분히 살리고 그 의미를 듣는 청중들의 현장에 접목시키는 일을 모범적으로 감당한 설교자였다.

녹스 설교의 매너

　제임스 멜빌이 쓴 일기에서 십대 청소년이었던 그가 성 앤드류에서 처음으로 녹스의 설교를 들을 때의 소감을 이렇게 표현하였다:

　나는 그가 여름철에서 겨울에 이르도록 다니엘서를 강론하는 것을 들었다. 나는 펜과 작은 노트를 가지고 내가 이해하는 바를 받아 적었다. 본문을 펼쳐 보임에 있어서 그는 30여분의 시간을 부드럽게 설명해 갔다. 그러나 그가 적용부분에 들어섰을 때 그는 나로 하여금 무지하게 떨게 하였다. 그리하여 나는 펜을 들어 적을 수가 없었다. 그는 매우 병약해 있었다. 나는 그를 보았다. 매일매일 그의 가르침을 보고자 갔다. 그의 모습은 점점 야위어갔다. 그의 목은 털목도리를 하였고 한 손에 지팡이를 짚고 착하고 경건한 그의 종 리차드 발렌타인이 다른 손을 부추기어 걸었다. 그가 강단에 올라설 때는 리차드와 또 다른 종이 거들어서 겨우 강단에 올라서곤 하였다. 그러나 일단 그가 설교를 시작하게 되면 그는 엄청 활기차고 격렬하게 전하여 마치 강단을 산산조각내기라도 할 듯이 강단을 내리쳤으며 날아오르듯 설교하였다.

　그는 이처럼 성경을 살아있는 책으로 만들었다. 하나님이 그의 입을 통해서 지금 생생하게 말씀하고 있음을 청중들이 느끼게 하였던 것이다. 그는 설교할 수밖에 없었다. 하나님이 전하라고 불렀기 때문이었다. 그의 입을 통해서 증거된 말씀은 사람들의 심장을 파고들었다. 마치 현대 미사일들이 사람이 쳐놓은 장벽을 뚫고 들어가 폭파되듯이 그의 입에서 증거되는 하나님의 말씀은 심령들 속에 들어가서 폭발하였다. 회심의 불길이 타오르게 되었고 삶의 놀라운 변화를 일으켰다. 따라서 그의 설교를 듣는 자들은 윌리암 테일러가 지적한 것과 같이 적개심을 품는 자가 되든지 아니면 전적으로 동의하는 자가 되든지 둘 중의 하나였다(카트라이트, 10).

녹스는 그의 뒤를 잇는 로우슨 목사에게 임종 시에 이렇게 당부하였다: '나의 가장 사랑스러운 로우슨, 믿음의 선한 싸움을 싸우게, 여호와의 일을 기쁨으로 그리고 단호하게 수행하게나!'

멕크리 박사의 글을 보자:

> 그의 목회적인 역할들은 매우 근면하게 성실하게 열정적으로 수행되었다. 그는 강단에 다른 일로 혹은 연약함 때문에 빈 적이 한 번도 없었다. 설교는 그가 가장 기뻐하는 일이었다. 성경에 익숙한 자요 그 진리를 사람들에게 놀라운 방식으로 교회와 사람들이 처해있는 상황 속에 예리하게 전달하는 자질을 갖춘 사람이었다. 양심을 깨우고 열정을 불러 일으키는 그의 능력은 종종 칭송을 듣는 것이었다. 그러나 복음의 위안들을 펼쳐 보이는 그의 능력 역시 놀라운 것이었다. 죄인들의 분노를 잠재우고 일반적인 삶의 아픔들로부터 고통을 당하는 자들을 위로하는 일에 탁월하였다. 그가 슬픔과 기쁨을 강론할 때 진실한 성도들의 갈등과 환희를 묘사하는 것은 마치 그 모든 것을 자신이 다 경험한 것과 같이 묘사하였다(카트라이트, 10).

그가 사람들에게 죄를 버리고 의를 행하라고 촉구하는 것은 그의 삶 속에서 자신도 늘 경험하고 아는 생생한 사실로부터 증거된 것들이었지 자기 의로움을 내세우고 뽐내고 싶어한 것이 아니었다. 녹스는 설교할 때 자기 자신을 잊고 있는 듯이 하였다. 아니 성경 말씀이 그를 사로잡고 말하는 것 같았다. 말씀에 사로잡혀서 전할 때(sermon-possessed) 그가 지금 무엇을 하고 있는지 전혀 자각함이 없이 설교자를 통해서 말씀이 말하는 것이다. 즉 말로만이 아니라 전 인격적으로 전달되는 것이다. 마치 홍수가 나듯 입에서 말씀이 차고 넘쳐흐르는 것이다.

녹스는 성령 하나님을 의지하여 설교하였다. 하나님은 단순한 사람들에게 그의 성령을 한량없이 부어주셨다. 존 칼빈은 스코틀랜드에서 날아든 성공적인 소식을 들으면서 1559년 11월에 녹스에게 편지를 보내 이렇게 말했다:

> 그와 같이 짧은 시간에 믿을 수 없을 정도의 진보를 이룬 사실에 놀라움을 금치 못하오. 그리하여 우리는 그의 축복이 그 땅에 놀랍게 펼쳐진 것을 인해서 하나님께 감사드리오. 이것은 당신에게 미래를 위한 분명한 확신을 가지게 하기에 충분하오. 그리고 모든 반대를 극복할 힘을 가지게 할 것임이 분명하오(John Calvin, Tracts adletters, vol. 7, Edinburgh: Banner of Truth, reprint. 2009, 73).

칼빈은 덧붙여 말하기를 '내가 당신이 다른 사람들을 격동시킴에 얼마나 열정적인 사람인지를 잘 아는 터, 그리고 하나님께서 당신에게 이 임무를 수행하도록 필요한 능력들과 힘을 공급해 주심을 알기에 형제들을 자극하기에 충분한 것으로 여기오'라고 하였다. 그렇다고 녹스의 타고난 재주로 그렇게 한 것이 아니었다. 하나님의 도움이 없이는 불가능한 일이었던 것이다.

녹스 설교의 결과

그의 사역의 결과는 그가 목회하고 활동했던 무대의 사람들에게서 나타나는 것이다. 마치 데살로니가 교회 성도들이 하나님의 말씀을 사람의 말로 받지 아니하고 하나님의 말씀으로 받아 그 말씀이 믿는 자들 속에서 살아 역사함과 같이 스코틀랜드 사람들의 삶 속에서 그의 가르침이 그대로 녹아내렸던 것이다. 녹스는 성경에 기초한 교회를 그의 조국에 심었다. 그 뒤를 이은 후배들이 하나님의 말씀에 의한 설교와 실천을 이어받는 개혁주의 설교 사역의 모델을 제시하였다. 오늘날까지 스코틀랜드에서 복음 사역자들이 죄인들을 일깨우고 회심시키며 가르치고 세워가는 일들은 녹스의 사역에 뿌리를 두고 있는 것이다.

녹스는 하나님께서 영혼들의 필요를 채우도록 세워주신 하나님의 도구였다는 사실을 늘 깊이 인식하며 사역하였다. 종교개혁은 로마교회의 속박에서 스코틀랜드와 교회를 건져낸 것만이 아니라 수많은 개개인 성도들을 죄의 속박으로부터도 건짐을 받게 하였다.

Randolph가 잉글랜드에 있는 Cecil에게 보냄을 받아 1561년 0월에 한 고백이 이것이었다: '나는 당신에게 분명히 말하오, 500명의 나팔수들이 계속해서 우리 귓가에 불어대는 것보다 한 사람의 외침이 우리 안에 더 많은 생명을 불어넣고 있소이다'(카트라이트, 12). 이것이 녹스였다. 그가 남긴 유산은 강해설교의 모범과 말씀 전달 방식의 생생함과 격렬함, 그리고 누구도 무서워하지 아니하는 불굴의 용기를 말할 수 있을 것이다. 그는 말년에 목사들에게 다음과 같은 말을 남겼다: '목사들이여, 자주 (성경을) 읽으라, 간절히 기도하라. 우리에게 맡겨준 양 무리를 근면하게 살피라, 우리의 근신과 온유한 사람이 악한 자들을 부끄럽게 하고 경건한 자들에게 본이 되게 하라(존 녹스, 전집, 6권, 425).

서창원

총신대학교 및 신학대학원 졸업
런던신학교 졸업
에든버러신학교 (Dip.Th.)
에든버러 대학교 뉴 칼리지 (Th.M.)
웨스트민스터 신학대학원대학교 (Ph.D.)
(현) 한국개혁주의설교연구원 대표

리처드 십스의 설교

박태현

I. 들어가는 글

한국 개신교의 역사적 뿌리는 16-17세기 청교도와 맞닿아 있다. 특히 청교도 시대는 설교의 황금기로서 그리스도의 복음이 왕성하게 전파되었고 수많은 영혼들이 구원의 유익을 누렸다. 게다가 성도의 거룩한 삶을 지향했던 성화 교리는 청교도 시대에 더욱 실천적으로 완성된 모습을 드러냈다. 이처럼 소중한 역사적 전통을 이어 받음에도 불구하고 21세기 한국교회는 주일에 한 번만 회집하여 예배하는 것으로 만족하는 예배와 설교 사역의 퇴조를 보이고 있으며, 이에 따른 성도들의 거룩한 삶도 덩달아 뒷걸음질 치고 있다. 이것은 한국교회의 마이너스 성장, 소위 가나안 성도의 증가, 그리고 대사회적 신뢰도의 점차적인 감소에서 뚜렷하게 확인할 수 있다. 설교 사역의 퇴조는 성도들의 거룩한 삶의 뒷걸음질을 더욱 재촉한다는 사실은 명확하다. 더구나 지난 2년간 지속된 코로나 방역으로 인한 초유의 비대면 예배와 4차 산업혁명 시대가 초래한 디지털 문명은 성도들의 모임을 너무도 쉽게 와해시켰을 뿐만 아니라 편의주의에 물든 회중을 성도의 교제와 교회공동체를 위한 헌신과 봉사에서 더욱 멀어지게 만들었다. 게다가 절대 진리를 부정하고 기존의 전통과 권위를 무시하는 21세기 포스트모던 문화는 개인주의, 상대주의, 다원주의를 내세워 교회의 가르침을 거부함으로써 교회의 존립마저 위협하는 시대가 되었다. 이런 환경 속에서 과연 말씀의 종교인 한국교회는 설교에 있어서 어떤 방향으로 나아가야 할 것인가? 이때 우리는 한국교회의 역사적 뿌리가 되는 청교도 설교를 기억하는 것이 유익할 것이다. 물론 우리는 청교도와 현대 사이에는 거부할 수 없는 역사적, 문화적 거리가 있음을 지혜롭게 유의하면서 '영혼의 의사'인 청교도 설교자 리처드 십스(Richard Sibbes, 1577-1635)가 주장하는 설교를 추적해 보자. 이를 이해 필자는 먼저 리처드 십스의 간략한 생애를 살펴본 뒤, 그의 설교집에서 강조한 설교 이해를 살펴보고자 한다. 그리고 마지막으로 십스의 설교론이 21세기 한국교회에 주는 시사점을 살펴봄으로써 교훈을 얻고자 한다.

II. 리처드 십스의 간략한 생애[1]

리처드 십스는 영국의 엘리자베스 1세(Elizabeth I)의 치세 중반인 1577년 서포크(Suffolk) 토스톡(Tostock)에서 폴(Paul)과 조앤(Joane)의 아들로 태어났다.[2] 리처드는 어려서부터 책 읽기를 좋아하여 학교로 오가는 길에 책을 읽곤 했다. 그의 아버지 폴은 당시에 중요한 직업 가운데 하나였던 수레바퀴를 제작, 수리하는 기술자였다. 하지만 그는 리처드의 책값과 교육비를 마련할 수 없어서 리처드를 자기의 직업을 잇게 하였다. 다행스럽게도 리처드는 열여덟 살 되던 해 1595년에 공부하기 위해 캠브리지(Cambridge)로 떠났다. 리처드가 가슴에 품었던 추천서는 그의 성격과 재능을 보여주었다. 그는 1599년에

---

1. 이 글의 항목 II와 III은 필자의 박사학위 논문 중 일부를 수정, 번역한 것임을 밝힌다. Tae-Hyeun Park, 'The Sacred Rhetoric of the Holy Spirit: A Study of Puritan Preaching in a Pneumatological Perspective,' Th.D. Diss. Theologische Universiteit te Apeldoorn, 2005. 203-211.
2. Mark E. Dever, *Richard Sibbes: Puritanism and Calvinism in Late Elizabethan and Early Stuart England* (Macon, 2000). 마크 데버의 저술 첫 번째 부분은 십스의 생애를 역사적 맥락에서 훌륭하게 재구성하였다. Alexander B. Grosart, 'Memoir of Richard Sibbes, D.D.' in ed. A. B. Grosart, *The Complete Works of Richard Sibbes* (= *WRS*), 7 vols. (1862-64, rep. Edinburgh/Carlisle, 1973), 1:xix-cxxxi.

세인트 존스 칼리지(St. John's College)의 학사학위(B.A.)를 받았고, 1601년 4월 3일에 칼리지의 '펠로우'(Fellow)가 되었으며, 1602년에 105명의 다른 학생들과 더불어 석사학위(M.A.)를 받았다.

리처드 십스의 커다란 회심 사건은 1602년 혹은 1603년에 청교도 설교자인 폴 베인스(Paul Baynes)의 사역을 통해 일어났다. "하나님께서 그 기쁘신 뜻대로 캠브리지 세인트 앤드류(St. Andrew) 교회의 강사였던 '마스터'(Master) 폴 베인스의 사역을 통해 그를 회심케 하셨다."[3] 십스는 1608년 2월 21일에 노르위치(Norwich)의 주교에 의해 루드햄(Ludham) 교구 교회의 사제로 임직을 받았으며, 1609년에는 '칼리지 설교자'로 선출되었다. 동시대 인물이었던 자카리 캐틀린(Zachary Catlin)에 따르면, 십스는 이맘때쯤 이미 유명한 설교자였다.[4] 십스는 1610년에 캠브리지 홀리 트리니티(Holy Trinity) 교회의 강사직(lectureship)에 임명되었다. 1617년 2월, 십스는 "박식한 법률가들, 시민들을 비롯한 많은 귀족과 상류층"으로 구성된 런던의 그레이스 인(Gray's Inn)의 강사가 되었다.[5] 1626년에 대주교 제임스 웃셔(James Ussher)는 십스를 더블린(Dublin)의 트리니티 칼리지(Trinity College) 총장직에 추천하였다. 십스는 이 추천을 겸손히 거절하고, 런던의 설교자 직분을 유지하는 동시에 캠브리지의 세인트 캐더린 홀(St. Catherine Hall)의 '마스터'(Master)로 선출되었다. 1627년에 신학박사가 된 뒤에 십스는 1633년에 왕 찰스 1세(Charles I)에 의해 캠브리지의 홀리 트리니티 교회의 목사가 되는 영예를 얻었는데, 이는 토마스 굿윈(Thomas Goodwin)의 사임에 따른 것이었다. 십스는 1635년 그의 생애 끝까지 이 직분들을 충성스럽고도 성공적으로

---

3. Samuel Clarke, "The life of Doctor Sibs" in *A General Martyrologie*, ······ (London, 1677), 143, Dever, *Richard Sibbes*. 34에서 재인용.
4. Zachary Catlin, 'Memoir of Richard Sibbes' in *The Complete Works of Richard Sibbes*, 1:cxxxv.
5. Benjamin Brook, *The Lives of the Puritans* (London, 1813. Pittsburgh, 1994), vol. 2. 417.

수행하였다.

십스의 생애의 특징은 청교도 개혁을 추구하는 목회로의 온전한 헌신이었다. 청교도 개혁은 결국 '영적 형제애'(spiritual brotherhood) 그룹을 형성했다. 십스의 설교는 존 코튼(John Cotton)의 회심의 도구가 되었으며, 존 코튼의 설교는 차례로 존 프레스톤(John Preston, 1587-1628) 박사의 회심의 도구가 되었다.[6] 설교에 관한 한 십스와 존 프레스톤[7]은 "캠브리지의 위대한 영향을 발휘하는 두 근원지였다." 그들은 '죽어가는 사람이 죽어가는 사람에게 하듯이' 예수 그리스도와 그의 십자가의 복음을 전했다. 그로사트(A. B. Grosart)는 그들의 우정을 "초기엔 다윗과 요나단처럼, 후기엔 루터와 멜랑흐톤처럼" 묘사했다.[8] 십스는 비록 캠브리지와 런던에서 사역했지만 청교도주의 대의를 진작하기 위한 '영적 형제애'를 성공적으로 형성할 수 있었다. 그는 자기 주변에 존 프레스톤과 윌리엄 가우지(William Gouge, 1575-1653)와 같은 목회자들, 존 핌(John Pym)과 나다니엘 리치 경(Sir Nathaniel Rich)과 같은 법률가들과 국회의원들, 그리고 메리 모어 부인(Mrs. Mary More), 엘리자베스 브루욱 여사(Lady Elizabeth Brooke), 워릭(Warwick)의 백작 로버트 리치(Robert Rich)와 같은 후원자들로 소중한 친구들의 그룹을 형성했다.[9]

복음 전파를 위한 십스의 관심은 특히 그의 '영적 형제애' 그룹 안에 있는 '피오피즈'(Feoffees) 활동에 의해 드러난다. '피오피즈'는 1625년에 시작된 비자발적 위원회로서 각각 4명의 목회자와 법률가, 그리고 부유한 시민으로 구성된다. 이 위원회의 목적은 압류물을 사서 그 수익을 사용하여 복음 전파를 위하여 자격을 갖춘 설교자들을 강사직에 임명함으로써 청교도 대의를 지

---

6. Grosart, 'Memoir of Richard Sibbes, D.D.' in *WRS*, 1:xxxvii.
7. Irvonwy Morgan, *Puritan Spirituality*. (London, 1973).
8. Grosart, 'Memoir of Richard Sibbes, D.D.' in *WRS*, 1:li.
9. Dever, *Richard Sibbes*, 69.

원하는 것이다.[10] '피오피즈'의 한 멤버로서 십스는 1632년에 스타 챔버(Star Chamber)와 고등 위원회(High Commission)에 소환되었다. '피오피즈'는 그들의 자산을 몰수당했고, 그 구성원들은 '범죄자와 반역자'로 정죄되어 그들은 홀란드와 뉴잉글랜드로 피난해야만 했다. 하지만 십스는 그레이스 인과 캐더린 홀에서 사역을 계속했는데, 이는 브룩스(the Brooks)와 베레스(Veres)와 같은 권세 있는 친구들이 그를 도와주었음에 틀림없다.

게다가 복음의 진전을 위한 십스의 관심은 자기 나라에만 제한된 것이 아니라 개신교 자매 국가들에까지 확장되었다. 이것은 '영적 형제애'가 실제적으로 완성된 것이다. 시드니 로이(Sidney H. Rooy)는 자신의 박사학위 논문에서 십스가 "선교의 신학적 토대"를 놓은 인물이라고 바르게 지적한다.[11] 1620년에 십스는 팔츠의 핍박받는 자들을 언급하였고, 보헤미아의 개신교 그리스도인들에 대한 동정심이 드러난 1627년의 '회람 서신'(Circular Letter)'에 십스는 토마스 테일러(Thomas Taylor), 존 데븐포트(John Davenport), 그리고 윌리엄 가우지와 더불어 서명했다. 하지만 이 일은 왕실 정부를 자극했고, 그들은 고등 위원회에 소환되어 견책을 받았다.[12]

십스는 국가와 교회에 충직한 인물로 머물렀다. 비록 분쟁이 많은 시대에 살았을지라도, 평화를 사랑하고 부드러운 마음의 소유자인 십스는 서로 헐뜯는 일을 피하라고 조언하였다. "우리의 불화는 우리 원수의 멜로디입니다." 하지만 십스의 평화로운 마음은 거짓 교리를 용인할 수 없었고, 하나님의 영광과 사람들의 유익을 위해 행악자들과 타협할 수 없었다. 십스는 교황주의와

---

10. Dever, *Richard Sibbes*, 82.
11. Sidney, H. Rooy, 'The Theology of Missions in the Puritan Tradition: A Study of Representative Puritans: Richard Sibbes, Richard Baxter, John Eliot, Cotton Mather, and Jonathan Edwards' (= 'The Theology of Missions in the Puritan Tradition'). Th.D. Diss. Vrije University, Amsterdam 1965. 15-65.
12. Dever, *Richard Sibbes*, 78.

윌리엄 로드(William Laud)의 알미니안주의에 반대하여 단호하고도 굳건하게 서서 칼빈주의를 견지하였다.[13]

전도자가 "범사에 기한이 있고 천하 만사가 다 때가 있나니"(전 3:1)라고 말한 것처럼, 이것은 십스에게도 적용된다. 그레이스 인에서 요 14:1-2에 대한 마지막 설교를 한 후, 십스는 병이 들었고, 자신의 집과 영혼을 정돈하였다. 1635년 7월 5일, 여전히 총각이었던 그는 58세의 나이로 죽었다.[14] 그는 겸손하고 거룩하게 살았으며, 하나님의 영광과 사람들의 유익을 위해 수고로운 삶을 살았다.

십스는 비록 '죽었으나' 그의 영적 후손들에게 '여전히 믿음으로 말한다'(히 11:4). 인쇄된 그의 많은 설교문들은 "가장 따뜻한 복음적 경건을 숨 쉬고 있다."[15] 남아 있는 십스의 모든 설교문들은 1627년부터 1635년까지에 해당한다. 다음의 인용문이 보여주듯이, 십스는 윌리엄 퍼킨스(William Perkins), 윌리엄 에임스(William Ames), 존 프레스톤과 더불어 뉴 잉글랜드에서도 막대한 영향력을 미쳤다. 그들은 "초기 메사추세츠(Massachusetts)의 저술들과 설교문들에서 가장 많이 인용되고, 가장 존경받고, 가장 영향력 있는 동시대 작가들이었다."[16]

III. 십스의 설교 이해

1. 영적 결혼을 위한 하나님의 보편적 수단으로서의 설교

십스는 설교에 관한 논문을 쓰거나 윌리엄 퍼킨스처럼 설교학 교재를 쓴

---

13. Dever, *Richard Sibbes*, 72.
14. Grosart, 'Memoir of Richard Sibbes, D.D.' in *WRS*, 1:cxxx.
15. Brook, *The Lives of the Puritans*, vol. 2. 419.
16. Perry Miller, *Errand Into the Wilderness* (Cambridge/London, 1956), 59.

것도 아니다. 하지만 그의 많은 강해 설교집은 그의 설교에 대한 이해를 보여준다.

1576년, 대주교 그린달(Grindal)은 엘리자베스 여왕에게 "인류의 구원을 위한 유일한 수단과 도구는 설교입니다"라고 말했다.[17] 크리스토퍼 힐(Christopher Hill)이 명명하듯, 이 '청교도 십볼렛'은 십스에 의해서도 메아리친다. "권한을 부여받은 목사에 의해 설교된 말씀은 믿음의 일반적 수단이다. … 그래서 설교된 말씀은 믿음의 유일한 토대가 아닐지라도 보편적 토대이다."[18] 십스는 설교를 그리스도의 복음을 여는 것일 뿐만 아니라 청중들의 양심에 적용하는 것으로 이해했다. '열린 샘'(The Fountain Opened)이라는 제목의 설교에서, 십스는 이방인들에게 그리스도를 설교한다는 것이 무엇인지 설명한다.[19]

첫째, "설교한다는 것은 그리스도의 신비를 여는 것이며, 그리스도 안에 있는 것은 무엇이든지 여는 것이다. … 설교한다는 것은 그리스도의 본성과 인격을 여는 것이며 그리스도의 직분들을 펼치는 것이다."[20] 십스는 그리스도의 인격과 직분들을 열어 보이는 것으로 충분하지 않으며, 그리스도는 반드시 하나님의 백성들의 사용을 위해 적용되어야 한다고 생각했다. "설교하는 것은 사랑을 호소하는 것이다." 여기서 설교자들은 신랑의 친구들로서, 그리스도와 그의 교회 사이의 결혼을 주선하는 사람이다. "그들은 단지 남편인 그리스도의 부요함을 열어 보일 뿐만 아니라 마찬가지로 결혼을 간청하며, 그리스도와 그의 교회를 함께 모으기 위해 그들에게 주어진 하나님의 모든 은사들을 사용

---

17. W. Nicholson, ed. *The Remains of Edmund Grindal*, 1843. 379, cited in Christopher Hill, *Society and Puritanism in Pre-Revolutionary England*. (London, 1969), 32. 강조는 필자의 것.
18. *WRS*, 6:526.
19. *WRS*, 5:505-14.
20. *WRS*, 5:505.

해야 한다."²¹ 더 나아가 십스는 설교란 사람들이 그리스도를 반역하는 상태에 있기 때문에 그들의 자연적 상태를 드러내기 위해 율법으로 시작해야 한다고 설명한다. 복음 안에서 그리스도의 신비를 열고 적용함으로써, 사람들은 그리스도의 필요성을 볼 수 있게 된다. 복음을 설교하는 것은 율법을 설교하는 것을 함축하는데, 율법의 모든 것이 "복음 안에 싸여 있기 때문이다."²²

둘째, "그리스도를 설교한다는 것은" 설교자가 그리스도 한 분만을 설교해야 하며, 청중들은 반드시 그것을 들어야 한다는 것을 의미한다.²³ 십스에게 설교란 "그리스도를 세상 위 아래로 실어 나르는 마차이다."²⁴ 설교는 그리스도의 인격과 그의 왕, 제사장, 그리고 선지자의 삼중직에 관한 모든 것이다.34 "이제 그리스도는 전체적으로 그리고 유일하게 설교되어야 한다. 우리는 그리스도에게서 어떤 것을 빼거나 어떤 것을 덧붙여선 안 된다."²⁵ 그러므로 설교는 반드시 다름 아닌 그리스도를 전하는 것이며, 그리스도 중심적이어야 한다.

셋째, 그리스도에 대한 설교는 반드시 그리스도 밖에 있는 사단의 왕국에 속한 "이방인들에게" 전해져야 한다. 여기에 하나님의 신비가 있다고 십스는 주목한다. 왜냐하면 지혜자들은 그리스도를 보지 못한 채 자기들의 길을 가도록 허락되었기 때문이다. 또 다른 신비가 있는데, 하나님께서 이방인들 가운데 더 나은 자들을 한 쪽에 버려두고, 가장 악한 자들에게 그리스도를 계시하시기 때문이다.²⁶ 이것이 하나님의 주권을 나타낸다. 이방인들에게 그리스도를 설교를 하는 것은 차별 없이 모든 사람에게 설교하는 것을 의미한다. 그러므로 아마도 누군가는 왜 목사가 복음을 택자와 유기된 자 모두에게 설교해야

---

21. *WRS*, 5:506.
22. *WRS*, 5:506.
23. *WRS*, 5:510.
24. *WRS*, 5:508. 강조는 필자의 것.
25. *WRS*, 5:509.
26. *WRS*, 5:510-11.

하느냐고 물을 수 있다. 하나님께서 자기 자녀들을 부르시는 것이 하나님의 뜻이기 때문이라고 십스는 대답한다.[27]

사람들이 믿음이 순종에 이르는 길은 설교를 통해서이다.[28] 믿음은 들음에서 나며, 설교의 열매이다. "진실로 '설교'는 하나님의 정하신 수단인데, 지성을 열고, 의지와 감정을 그리스도께 이끌어 믿음을 낳기 위한 거룩한 수단이다. 믿음이란 영혼이 그리스도께 결혼하는 것이다."[29] 목사는 그리스도의 복음의 신비를 펼치고, 하나님은 설교로써 사람들의 마음에 믿음을 일으키신다. 이 펼쳐진 복음은 '믿음의 말씀'이라고 불린다.[30] 그러므로 복음은 복음 설교를 통해 오는 믿음에 의해 영혼에 적용되는 것이 절대적으로 필요하다.[31] 하나님께서는 자기 편에서 자신의 약속을 주시고, 우리는 우리 편에서 하나님의 은혜로 일으켜진 믿음으로 그 약속들을 믿는다. 하나님의 약속이 없이 믿음이란 아무것도 아니며, 믿음 없이 하나님의 약속이란 아무것도 아니다.[32] 그러므로 결국 사람들은 설교를 통해 믿음 안에서 그리스도와 결혼 관계에 이르게 된다.

십스에게 설교란 점점 더 발전되는 하나님의 구원 계획을 수행하기 위한 일반적이고 보편적인 신적 수단이다. 첫째, 하나님은 구원을 정하시고 구원의 약속을 주시며, 그 다음에 이 약속된 구원은 그리스도에 의해 수행되어 획득되고, 그 다음에 그리스도의 구원은 반드시 모든 사람에게 전파되어야 하며, 마지막으로 하늘에서 구원의 완전한 완성이 있다.[33] 설교란 예수 그리스도 안에 있는

---

27. *WRS*, 5:389.
28. *WRS*, 5:504.
29. *WRS*, 5:514.
30. *WRS*, 5:514.
31. *WRS*, 3:421.
32. *WRS*, 3:422.
33. *WRS*, 5:512.

구원의 신비에 관한 지식을 계시하기 위한 하나님의 정하신 수단이다.

만일 하나님께서 복음 안에서 자신의 가슴을 열어 보이지 않으셨다면, 자신의 감추어진 빛을 드러내지 않으셨다면, 그리고 신인(God-man)이신 그리스도 안에서 자신을 보여주시지 않으셨다면, 그리스도에 대한 그 어떤 지식이 어디에 있을 수 있었겠습니까? 그리고 복음을 공표함에 있어서 이 목적을 위해 설교라는 수단을 세우지 않으셨다면 그리스도 안에 있는 구원의 지식이 어디에 있을 수 있었겠습니까?[34]

십스에 따르면, 복음을 설교하는 것은 사람이 고안한 것이 아니라 하나님에 의해 시작된 신적 수단이다. 그리스도의 복음은 우리의 구원을 위한 신비로운 신적 진리로서 펼쳐지고 계시되어야 한다. 그러므로 하나님은 이 복음을 정하실 뿐만 아니라 또한 교회 안에 이것을 설교하도록 직분을 설립하신다.[35]

2. 설교의 탁월성

설교는 하나님의 놀라운 사랑의 대상인 죄인들의 구원을 그 주된 목표로 삼는다. 하나님은 그의 위대한 사랑 가운데 자신을 낮추시어 그들이 그리스도께 나아오도록 간청하신다.[36] 십스는 설교를 매우 귀한 것으로 생각하는데, 이는 하나님께서 보편적으로 설교라는 수단을 통해 구원과 은혜를 베푸시기 때문이다.[37] 47 "설교라는 수단은 은사들 중의 은사이다. 하나님께서 그렇게 여

---

34. *WRS*, 4:156.
35. *WRS*, 4:354, 116, 300, 5:504.
36. *WRS*, 2:64.
37. *WRS* 5:507.

기시고, 그리스도께서 그렇게 여기시므로 우리도 그렇게 여겨야 한다."[38]

십스에게 있어서, 설교란 하나님께서 그리스도 안에서 자기 자신을 나타내시며, 자신의 거저주시는 위대하고 측량할 수 없는 놀라운 사랑을 나타내시는 것이다. 십스는 설교에 관해 토마스 굿윈(Thomas Goodwin)에게 다음과 같이 조언했다. "이보게 젊은이, 자네가 선한 것을 하고자 한다면, 반드시 복음과 그리스도 예수 안에 있는 하나님의 거저 주시는 은혜를 설교하게나."[39]

십스의 시대에 설교에 대한 다른 견해들도 있었다. "성공회주의는 언제나 성례전을 우선시하였고, 청교도주의는 복음적 대결이 갖는 초월적 중요성을 강조했다"고 존 뉴(John F. H. New)는 결론지었다.[40] 홀란드로 이민갔던 청교도 윌리엄 에임스(William Ames, 1576-1633)는 설교가 갖는 엄청난 중요성을 확신하고 설교자의 의무를 다음과 같이 설명한다. 그의 의무는 청중의 건덕을 위해 말씀으로부터 하나님의 뜻을 제시하는 것이다.[41] 십스 역시 설교의 수위성을 견지했다. 한편으로 영국에서 1589에서 1640년 사이에 증가하는 성사주의(sacramentalism)에 반대하고, 다른 한편 설교자가 부족한 기간 동안 문맹자들 가운데 복음의 진전을 위해 십스는 윌리엄 가우지(1575-1653)와 함께, 1625년에 복음 설교를 위한 '피오피즈'를 설립했다.[42] 기본적으로 '피오피즈'는 일반적 목표로서 '설교연구회'(prophesyings)와 '강사직'(lectureships)을 갖고 있었다. '설교연구회'는 두 가지 구체적인 목표를 가졌는데, 첫째, 성직자

---

38. *WRS* 5:509.
39. Grosart, 'Memoir of Richard Sibbes, D.D.' in *WRS*, 1:xxxviii. J. I, Packer, *Among God's Giants: The Puritan Vision of the Christian Life* (Eastbourne, 1991), 376.
40. John F. H. New, *Anglican and Puritan: The Basis of Their Opposition*, 1558-1640 (Stanford, 1964), 71.
41. William Ames, *The Marrow of Theology*. 1629. trans. John D. Eusden, Durham, 1968. 191. 1 Tim. 1:5.
42. Christopher Hill, *Society and Puritanism in Pre-Revolutionary England*, (London, 1969), 52-3. 56-8.

의 설교 능력을 향상시키는 것이며, 둘째, 청중들의 건덕을 훈련하는 것이다.[43] 크리스토퍼 힐(Christopher Hill)에 의하면, '강사직'은 설교를 강조했던 청교도의 산물이었다. 따라서 강사들은 소위 자발적인 기여를 통해 재정지원을 받았던 프리랜스 성직자로서 감독의 지배를 교구 목사들보다 덜 받았다.[44] 궁극적으로 이 세 가지 기관들, 즉 '피오피즈', '설교연구회', 그리고 '강사직'은 모두 사람들의 회심과 기독교적 경건한 삶을 목표로 했다.

설교의 기능과 관련하여 십스는 퍼킨스가 가르쳤던 것과 동일한 견해, 즉 교회적 관심과 지향성을 갖는다. 첫째, 설교는 사람들의 회심을 위한 거룩한 수단이다.[45] 십스는 퍼킨스처럼, 설교를 그리스도의 원수인 사단의 왕국을 무너뜨리는 수단이자 도구로 여긴다. 복음이 설교될 때, 하나님은 하나님의 약속을 믿을 때 사람에 의해 영광을 받으시고, 그 약속들을 믿는 사람은 하나님에게서 위로를 받는다.[46] 둘째, 하나님이 정하신 설교 사역은 단지 교회를 구성할 뿐만 아니라 교회의 건덕을 위한 것이다.[47] 따라서 십스는 복음을 설교함으로써 한편으로 로마교회의 거짓 교리들을 대결하고, 다른 한편 죄와 연약함으로 고통 받는 그리스도인들을 위로한다. "이제 복음 설교는 이러한 여리고(교황주의)의 벽들을 무너뜨리는 수단이다." 성령이 수반된 복음 설교는 "하나님 아는 것을 대적하여 높아진 것을 다 무너뜨리고 모든 생각을 사로잡아 그리스도에게 복종하게" 하는데 효과적이다.[48] 십스는 건전한 복음 설교가 참된 교회의 표지들 가운데 하나라고 믿는다.[49] 십스에 의하면, 참된 교회의 표

---

43. Patrick Collinson, *The Elizabethan Puritan Movement* (London/NewYork, 1967), 168-76.
44. Hill, Society. 79. '강사직'을 광범하게 취급한 다음을 참조하라. Paul S. Seaver, *The Puritan Lectureships: The Politics of Religious Dissent*, 1560-1662 (Stanford, 1970).
45. *WRS*, 4:387.
46. *WRS*, 3:420.
47. *WRS*, 2:228. Eph. 4:11-12.
48. *WRS*, 1:186. cf. 2 Cor. 10:5.
49. *WRS*, 1:cxv.

지들은 (a) 건전한 복음 설교, (b) 성례의 정당한 분배, (c) 종교적으로 실행된 기도, (d) 바르게 수행된 교회의 권징, 그리고 (e) 주님께 영적 자녀를 낳는 것이다.

3. 설교의 최고 목적

구원을 분배하는 설교의 탁월성은 그 자체에 영광을 지닌 것이 아니다. 궁극적으로 설교의 최고 목적은 그리스도 안에서 죄인들의 구원을 통한 하나님의 영광이다.[50] 하나님의 영광은 웨스트민스터 교리문답(Westminster Catechisms)의 첫 번째 문답을 형성하도록 안내하는 원칙이다. 십스는 고후 4:6을 강해하면서 설교의 중추적 핵심인 하나님의 영광, 송영(doxology)을 파악했다. 여기에 주요한 목적에 대한 주요한 원인이 존재한다. 첫째, 우리가 말씀의 사역 가운데 갖는 모든 구원의 빛의 주요한 원인은 하나님이신데, 그분은 복음 사역으로 우리 마음에 빛을 비추시는 분이다. 둘째, 주요한 목적은 예수 그리스도의 얼굴에 있는 하나님의 영광을 아는 빛을 비추는 것이다.[51] 십스는 설교의 원인과 목적 모두를 하나님에게서 찾았다. 하나님은 우리가 다른 사람들에게 그리스도를 아는 지식을 비추도록 성령을 통해 내적으로 우리를 밝혀주신다. 설교는 하나님의 영광을 드러내는 것이며 모든 것은 하나님의 영광을 위한 것이다. 시드니 로이(Sidney H. Rooy)는 "십스의 일차적인 동기는 하나님의 영광으로서 일반적으로 청교도주의와 같은 것이다"고 바르게 관찰했다.[52]

---

50. *WRS*, 4:314.
51. *WRS*, 4:314.
52. Rooy, 'The Theology of Missions in the Puritan Tradition,' 64-65.

4. 설교에서의 두 행위자

1) 신적 행위자

십스에게 있어서, 삼위일체 하나님은 구원을 위한 설교의 근원, 토대, 그리고 효과와 관련하여 설교에서 주요한 주체이시다.[53] 성부 하나님은 우리의 구원을 위해 모든 것을 작성하시고 제정하시며, 성자 하나님은 화목을 위해 모든 것을 수행하시고, 성령 하나님은 모든 것을 우리에게 적용하시고 인치신다.[54] 십스는 그리스도와 성령의 관계는 우리의 구원을 위한 상호적 관계라고 해설한다. 그리스도는 성령으로 일하시고 성령은 모든 것을 그리스도에게서 취하신다. 그들 모두 자신의 효과를 지니신다. "그리스도는 공로적 원인을 갖는 반면, 성령은 적용적 원인을 갖는다."[55] 그리스도는 자신의 속죄의 죽음으로써 성부 하나님으로부터 성령을 취하시며, 우리를 위해 성령을 값 주고 사셨으며, 그의 성령을 우리에게 주신다.[56] 동시에 성부와 성자로부터 오신 성령은 우리에게도 자신을 주신다. "왜냐하면 삼위일체 가운데 동의와 본성의 일치가 있어서 비록 성부와 성자가 성령을 보내신다 할지라도 성령께서 스스로 오시기 때문이다."[57] 성령은 그리스도께서 행하신 것을 성령에 의해 일으켜진 믿음을 통해 우리에게 적용하신다. 우리는 그리스도와 연합함으로써 성령을 우리의 것으로 삼는다.[58] 성령은 구원의 전체 과정에서 처음부터 끝까지, 즉 부르심, 칭의, 성화, 그리고 영화까지 우리를 위해 일하신다.[59]

---

53. *WRS*, 5:432, 4:513, 7:72.
54. *WRS*, 6:351-2. cf. WRS, 4:326.
55. *WRS*, 4:217. 강조는 필자의 것.
56. *WRS*, 4:208.
57. *WRS*, 4:209.
58. *WRS*, 4:217.
59. *WRS*, 4:218.

2) 인간 행위자

구원에 관해 십스는 단지 설교에서의 성령의 사역만 아니라 설교자의 사역의 필요성도 주장한다. 비록 설교 사역이 '하나님의 팔'이 사람을 사단의 왕국에서 이끌어 내는 신적 사역일지라도,[60] 설교 사역은 동시에 인간 행위자, 설교자의 사역이다.[61] 십스에게 있어서, 하나님께서 설교란 사람에 의해 사람에게 자신의 은혜를 나누어주시는 가장 적합한 방법으로 여기신다.[62] (a) 사람에 의해 전달되는 것은 사람의 연약한 본성 때문이다. 하나님께서 사람에 의해 사람을 가르치는 방식은 가장 적합하고 비례적인 수단이다. 사람은 천사의 현존을 견딜 수 없기 때문이다. (b) 이것은 복음에 대한 우리의 순종을 알아보는 시험이기 때문이다.[63] 우리가 복음을 존중하는가 아니면 전달자를 존중하는가? 만일 천사가 복음을 전한다면, 복음은 그 자체의 중요성 때문에 존중받는 것이 아니라 전달자 때문에 존중받을 것이다. (c) 사람에 의해 전달되는 것은 신적 방식이다. 하나님은 청중과 목사와의 관계를 만드시는데, 그 안에서 한쪽은 다른 한쪽을 하나님의 선물로써 즐기도록 하신다.[64] 목사는 청중의 순종 가운데서 자신에 대한 그리스도의 사랑을 볼 수 있고, 그의 청중은 목사 안에서 자신들을 향한 그리스도의 사랑을 볼 수 있다. (d) 게다가 사람에 의한 전달은 특히 영광이 하나님께 속한 것임을 보여주기 위한 것이다.[65] 하나님께서는 외적인 탁월성을 바라보는 세상의 방식과는 반대의 길을 취하신다. 하나님께서는 자신의 은혜를 전하기 위해 평범한 것들을 사용하기 즐거워하신다.[66] 십스는 목

---

60. *WRS*, 4:361, 367. Isa. 53:1.
61. *WRS*, 4:365.
62. *WRS*, 5:507, 355,4:287, 359, 372, 3:318.
63. *WRS*, 3:68.
64. *WRS*, 3:318.
65. *WRS*, 5:355. 7:466.
66. *WRS*, 4:349.

사가 신적 진리를 외적으로 설교하고 나타내는 동안 그리스도는 자신의 성령을 통해 하나님의 뜻을 내적으로 계시하신다고 확신한다.[67] 하나님은 단지 목회만 제정하신 것이 아니라 신비의 베일을 벗기기 위해 또한 자신의 성령으로 목사들을 축복하신다.[68] 그러므로 우리는 하나님께서 하나의 규례를 세우실 때마다 특별한 축복으로 함께 하신다는 것을 알아야 한다. 그리고 우리는 그 규례 가운데 있는 사람들을 고려할 것이 아니라 규례를 고려해야 하는데 이는 하나님의 것이기 때문이다. 하나님의 것이기에 목회를 통한 말씀의 분배에는 특별한 축복이 수반한다.[69] 처음에 매개 없이 성경으로 말씀하신 하나님은 교회나 목사를 통해 매개적으로 그리스도의 복음을 말씀하신다.[70] 하나님은 "말씀의 외적 사역을 그의 성령의 내적 능력으로" 축복하신다.[71] 설교 사역에는 성령에 의해 주어진 믿음의 은혜가 있다. 복음, "영혼 구원의 진리"는 성령의 사역으로 일컬어진다.[72] 성령은 복음이 포함하고 있는 것, 측량할 수 없는 그리스도의 풍성함을 사람들의 영혼에 전달하신다.[73] 십스는 설교 사역을 위한 성령의 복된 사역을 강조한다. 왜냐하면 사람은 자신의 본성적 고안이나 훈련을 통해 복음으로 나아올 수 없기 때문이다.[74] 십스에게 있어서, 복음은 그리스도의 천상이 신비이며 본성적으로 획득할 수 없다.[75] 복음은 자연적 감각으로 획득될 수 없다. 그러므로 설교 사역에서 성령의 사역이 필수적이다.

요약컨대, 복음 사역을 위해 하나님께서는 단지 복음의 사역자만 사용하시

---

67. *WRS*, 5:112.
68. *WRS*, 4:367, 5:460-70. cf. Rom. 10:14, Eph. 3:6-8. *WRS*, 2:333.
69. *WRS*, 5:508.
70. *WRS*, 3:374-5.
71. *WRS*, 7:513.
72. *WRS*, 7:437, 513.
73. *WRS*, 5:514. cf. 2 Cor. 3:8.
74. *WRS*, 4:156.
75. *WRS*, 4:164.

는 것이 아니라 사역과 더불어 자신의 성령도 주신다.[76] 그리고 복음을 전하는 데 있어서, 특히 말씀을 설교하고 열어 펼치는 데, 그리스도 안에 있는 하나님의 풍성함이 펼쳐질 뿐만 아니라 성령께서 그 풍성함의 의미, 확신, 그리고 설득력을 우리에게 전달하신다.[77]

IV. 십스의 설교 이해가 한국교회에 주는 시사점

17세기 영국 청교도 설교자 리처드 십스가 이해하고 견지했던 설교론은 불확실한 미래를 향해 항해하는 21세기 한국교회 설교 사역에 나침반처럼 가야 할 방향을 가르쳐준다.

첫째, 목회자들은 현대교회에서 설교 사역은 결코 다른 것으로 대체될 수 없다는 확신을 회복해야 한다. 왜냐하면 설교는 본질상 인간이 고안한 제도가 아니라 죄인들의 구원을 위해 하나님께서 친히 제정하신 보편적 방도이기 때문이다. 교회의 정규 예배에 회집하는 교인들의 숫자가 실제적으로 줄어들기에 설교 아닌 다른 프로그램으로 대체하거나 보충하려는 시도는 하나님의 정하신 보편적 수단을 무시하는 행위이기 때문이다. 하나님은 죄인들의 구원을 목적으로 정하신 것처럼, 그 목적을 성취하기 위한 도구와 방편도 정하셨음을 잊지 말아야 한다. 만일 한국교회의 설교에 문제가 있다면, 설교 자체에 문제가 있는 것이 아니라 설교 사역을 위한 목회자들의 연구와 기도, 경건한 삶이 뒷받침되지 못하기 때문임을 인식할 필요가 있다.

둘째, 목회자들은 구원을 위한 보편적 수단으로서의 설교의 탁월성을 인식하고 재확인해야 한다. 십스가 이해했던 것처럼, 설교는 은사들 중의 은사이므로 부지런하게 활용하여 청중들의 회심과 교회의 건덕을 세워야 한다. 특히

---

76. *WRS*, 4:246.
77. *WRS*, 4:247, 5:420.

한국교회는 예배 참석자들을 이미 믿는 신자로 간주하는 오류에 빠져 있는데, 이를 바르게 인식하고 청중들의 회심을 위한 전도 설교에 힘써야 할 것이다. 특히 설교자는 율법을 통해 하나님의 의에 이르지 못한 회중들의 자연적 상태를 지적하고 그리스도의 복음을 통해 구원의 길을 제시해야 한다. 설교자는 인간의 철학이나 경험을 가르치는 것이 아니라 오직 그리스도의 복음만을 전해야 한다. 한편, 설교 사역의 탁월성은 이중적인데, 한편으로 설교 사역은 청중들의 회심과 교회의 건덕을 세우는 것이며, 다른 한편 설교 사역은 사단의 왕국을 무너뜨리는 것이다. 따라서 설교자들은 설교를 통해 영적 전쟁에 임하는 것임을 깨달아야 할 것이다.

셋째, 목회자들은 설교의 최고 목적인 하나님의 영광을 추구해야 한다. 설교가 지향하는 궁극적인 목적은 죄인들의 구원을 위한 보편적 은혜의 수단으로서의 설교의 탁월성 자체에 있는 것이 아니라 죄인들의 회심과 교회의 건덕을 통한 하나님의 영광에 있다. 혹여나 한국교회가 여전히 대형교회를 지향하는 성장제일주의 환상에 빠져 있다면 돌이켜 회개해야 할 것이다. 특히 하나님의 계시인 성경 말씀을 강해하고 가르치는 설교자들은 그 누구보다도 설교 사역이 하나님의 영광을 목적으로 한다는 것을 확신해야 한다.

마지막으로 목회자들은 자신의 설교 사역에 성령 하나님께서 함께 일하고 계심을 확신해야 한다. 하나님께서는 자신의 복음이 전파되는 곳에 언제나 은혜로 함께 하시고 확증하시기 때문이다. 청교도들이 확신했던 것처럼, 인간 설교자가 그리스도의 복음의 말씀을 청중들의 육신의 귀에 들려줄 때, 성령 하나님께서 그 육신의 귀에 들려진 복음을 청중들의 영혼의 귀에 들려주시고 인치시어 구원의 은혜를 베푸시기 때문이다. 따라서 설교자는 그리스도의 복음에 익숙한 말씀의 사람이 되어야 할 뿐만 아니라 설교 속에 함께 일하시는 성령 하나님의 은혜를 구하는 기도의 사람이 되어야 할 것이다.

박태현

건국대학교 전자계산학과 (B.Sc.)
고려신학대학원 (M.Div. Equiv.)
St. John's College (M.A.)
Apeldoorn Theological University (Drs. Theol.)
Apeldoorn Theological University (Dr. Theol.)
(현) 총신대학교 목회신학전문대학원 설교학 교수
(현) 한국복음주의실천신학회 회장

토머스 굿윈의 설교론

우병훈

1. 청교도 설교자 토머스 굿윈의 생애

청교도는 설교의 사람들이었다. 그들 가운데 가장 영향력이 컸던 설교자 중 하나가 토머스 굿윈이다. 굿윈은 1600년 10월 5일에 태어났다.[1] 그의 고향

---

1. 토머스 굿윈의 생애에 대해서는 아래 문헌들을 참조하라. Thomas Goodwin [junior], "The Life of Dr Thomas Goodwin; Compos'd from his own Papers and Memoirs," *The Works of Thomas Goodwin D. D.* vol. V (1704); Robert Halley, "Memoir of Thomas Goodwin, D.D.," vol. II, *The Works of Thomas Goodwin* (12 vols, Edinburgh, 1861-66); Edmund Calamy, *The Nonconformist's Memorial*, ed. Samuel Palmer (London: Alex Hogg, 1778), 1:183-87; James Reid, "Life of Thomas Goodwin," in *Memoirs of the Westminster Divines* (1811; reprint Edinburgh: Banner of Truth Trust, 1982), 319-43; Sir Leslie Stephen and Sir Sidney Lee, eds., *The Dictionary of National Biography* [DNB], vol. 22 (1890; reprint Oxford: Oxford University Press, 1922), 148-50; Alexander Whyte, *Thirteen Appreciations* (London: Oliphant, Anderson and Ferrierr, 1913), 157-76; Joel Beeke, 'Introduction', vol. I, *The Works of Thomas Goodwin* (12 vols, Edinburgh, 1861-66, repr. Reformation Heritage Books, 2006), 1-23; P. Ling-Ji Chang, 'Christian Life', 1-34; T. M. Lawrence, "Goodwin, Thomas (1600-1680)," *Oxford Dictionary of National Biography* (Oxford University Press, Sept 2004; online ed., Jan 2008); Michael T. Lawrence, "Transmission and Transformation: Thomas Goodwin and the Puritan Project" (Ph.D. diss., Cambridge University, 2002); Paul Edward Brown, "The Principle of the Covenant in the Theology of Thomas Goodwin" (Ph. D. diss., Drew University, 1950), 5-29; Stanley P. Feinberg, "Thomas Goodwin, Puritan Pastor and Independent Divine" (Ph.D. diss., University of Chicago, 1974), 266-360; Joel R. Beeke and Randall J. Pederson, *Meet the Puritans: With a Guide to Modern Reprints* (Grand Rapids, MI: Reformation Heritage Books, 2006), 265-79. 제일 마지막 책은 아래와 같이 번역이 나와 있으나, 이 글에서는 영어본을 참조했다. 조엘 비키, 랜들 페더슨, 『청교도를 만나다』, 이상웅, 이한상 공역(서울: 부

은 정부의 박해에 대한 청교도적 저항이 거세었던 곳인 롤스비(Rollesby)였다. 굿윈의 부모는 리처드와 캐서린이었다. 그의 부모는 굿윈이 목사가 되기를 원했으며 자신들이 직접 모범적인 삶을 보여줄 뿐 아니라, 아들에게 훌륭한 교육을 제공함으로써 그를 적극적으로 지원했다.

굿윈은 6살 때 이미 성령을 체험했다. 그는 13세에 "청교도의 요람"이라 불리던 캠브리지 대학의 크라이스트 칼리지에 입학했다. 그가 대학에 입학했을 때 퍼킨스는 이미 죽었지만 리처드 십스가 트리니티 교회에서 정기적으로 설교하고 있었다.

14살 되던 해에 굿윈의 영적인 여정에서 중요한 사건이 발생한다. 그는 성만찬에 참여하기를 원했다. 하지만 그의 지도 교사였던 윌리엄 파워는 아직 어린 나이와 영적인 미성숙을 이유로 성찬 참여를 만류했다. 안타깝게도 굿윈은 이 사건 때문에 영적으로 깊은 침체에 빠졌다. 그는 더 이상 십스의 설교와 강의를 듣지 않았다. 이제 통속적 설교자가 되기로 결심했기 때문이다. 그리고 점차 아르미니우스파로 기울어졌다. 1616년 굿윈은 크라이스트 칼리지를 졸업하고 학사학위를 받았다. 1619년에 그는 캠브리지의 캐서린 홀에서 계속 학업을 이어갔고, 그 이듬해에 석사학위를 받았다. 그는 강사가 되었는데, 동료 강사들은 나중에 굿윈과 함께 웨스트민스터 총회에 참석할 존 애로우스미스, 윌리엄 스펄스토, 윌리엄 스트롱이었다.

굿윈은 주변에서 계속 청교도들의 영향을 받게 되었으나 성찬식이 찾아오면 옛날 기억 때문에 힘들어 하곤 했다. 하지만 리처드 십스의 설교와 존 프레스톤의 설교는 그에게 지속적인 감화를 주었다. 그는 결국 회심했으니 그때가 1620년 10월 2일이었다(20세 생일 직후). 회심 이후부터 굿윈은 퍼킨스, 폴 베인스(Paul Baynes; 약 1573-1617), 십스, 프레스톤의 신학을 적극적으로 수용

홍과개혁사, 2010).

한다.² 그의 설교 스타일은 언어만 조탁하는 성공회식 설교가 아니라 영적인 감화가 녹아있는 진정성 있고 경험적이며 목회적인 설교였다. 회심 이후에도 1620년부터 1627년까지 굿윈은 신앙의 개인적 확신을 추구하였다. 한때 믿음이 있는 줄 알았지만, 오랜 침체를 경험한 이후에야 진정한 믿음을 갖게 된 굿윈은 자신의 경험 때문에 일평생 믿음이란 주제를 가지고 씨름했다.³

1625년에 굿윈은 설교자 자격을 획득했다. 그는 1628년에 27세의 나이로 트리니티 교회의 강사가 되었고, 1632-34년에는 그 교회의 교구목사로 사역했다. 하지만 그는 대주교 윌리엄 로드의 "일치 조항(articles of conformity)"을 거부했기에 그 자리에서 물러나야 했다. 그는 캠브리지를 떠났다. 1630년대 중반에 굿윈은 존 코튼의 영향을 많이 받아서 교회론에 있어서 회중교회주의를 택하게 되었다.

굿윈은 1634년부터 1639년 사이에 런던의 회중교회에서 설교자로 봉직했다. 네덜란드로 피신을 가기도 했는데, 아른헴에서 사역했다. 그때 굿윈은 네덜란드의 "더 진전한 종교개혁(Nadere Reformatie)"의 내용이 자신의 신학과 유사함을 깨닫게 되었다.⁴ 비록 영국의 청교도와 네덜란드의 "더 진전한 종

---

2. 리처드 십스의 성령론에 대해서는 아래 글을 참조하라. 우병훈, "청교도의 성령론: 리처드 십스를 중심으로," 『종교개혁과 성령』, 개혁주의 신학과 신앙 총서, 14 (2020): 9-41.
3. 토머스 굿윈의 신앙론에 대해서는 아래 박사논문이 잘 다루고 있다. Hyo Nam Kim(김효남), "Salvation by Faith: Faith, Covenant, And the Order of Salvation in Thomas Goodwin (1600-1680)" (Ph.D. diss., Calvin Theological Seminary, 2015).
4. 네덜란드의 "더 진전한 종교개혁(Nadere Reformatie)"이란 17세기에 네덜란드의 푸치우스(1589-1676), 빗치우스(1636-1708), 아 브라켈(1635-1711) 등을 중심으로 일어난 운동으로서, 16세기 종교개혁의 원리들을 교회생활과 신앙생활과 사회생활에 더욱 철저하게 적용시키려는 운동이다. 아래 문헌들을 참조하라. W. van 't Spijker, K. Exalto, and Cornelis Graafland, eds., *De Nadere Reformatie: Beschrijving van Haar Voornaamste Vertegenwoordigers* (The Hague: Uitgeverij Boekencentrum, 1986); C. A. Vander Sluijs, *Puritanisme En Nadere Reformatie: Een Beknopte Vergelijkende Studie* (Kampen, Netherlands: Degroot Goudriaan, 1989); H. David Schuringa, "Puritanisme En Nadere Reformatie: Een Beknopte Vergelijkende Studie," *Calvin Theological Journal* 30, no. 2 (November 1995): 493-94; Gregory D. Schuringa, "Orthodoxy and Piety in the Nadere Reformatie: The

교개혁"에서 회중교회주의는 소수였지만 굿윈은 그것을 계속 추구했다. 나중에 웨스트민스터 총회에서도 역시 굿윈은 회중교회주의를 집요하게 주장했다.[5] 그는 필립 나이, 시드락 심슨, 윌리엄 브리지, 제러마이어 버로우스와 함께 5명의 "비국교도 형제들"이라고 불렸다. 굿윈은 웨스트민스터 총회에서 가장 대표적인 5대 발언자들 가운데 들어간다.[6]

1650년에 굿윈은 옥스퍼드 모들린(Magdalene) 칼리지의 학장이 되었다. 그리고 호국경 크롬웰의 가까운 조언자가 되었다. 굿윈의 첫 번째 아내는 1640년대에 세상을 떠났다. 그는 1649년에 재혼하였는데 당시 그의 나이는 49세였고, 아내인 메리 해먼드(Mary Hammond)는 17세였다. 이들 부부는 2남 2녀를 두었으나 아들 하나만 청년기를 넘어서 생존했다. 그의 이름도 토머스 굿윈이었는데, 아버지의 작품을 정리하여 출간하는 일을 했다.[7]

1653년, 굿윈은 옥스퍼드 대학에서 신학박사학위를 받았다. 1658년 9월 3일에 크롬웰이 세상을 떠나기 전까지 그는 옥스퍼드 대학의 신학부와 목회자 배출을 관장하는 사람이 되었다. 크롬웰 사후 얼마 지나지 않은 1658년 9

Theology of Simon Oomius," *Mid-America Journal of Theology* 20 (2009): 95-103; Joel R. Beeke, "The Dutch Second Reformation (Nadere Reformatie)," *Calvin Theological Journal* 28, no. 2 (November 1993): 298-327.

5. Beeke and Pederson, *Meet the Puritans*, 270.
6. Beeke and Pederson, *Meet the Puritans*, 270에서는 웨스트민스터 총회에서 굿윈이 가장 많이 발언한 사람이라고 한다. 하지만 이것은 정확하지 않은 것이다. 오히려 전체를 면밀하게 조사한 밴 딕스호른(Van Dixhoorn)에 따르면, 웨스트민스터 총회의 대표적 발언자들은 스티븐 마샬(Stephen Marshall), 라자루스 시맨(Lazarus Seaman), 코넬리우스 버지스(Dr. Cornelius Burges), 헐버트 파머(Herbert Palmer), 토머스 굿윈(Thomas Goodwin), 찰스 허를(Charles Herle), 필립 나이(Philip Nye), 윌리엄 가우지(Dr. William Gouge), 토머스 템플(Dr. Thomas Temple), 리처드 바인스(Richard Vines), 에드먼드 칼라미(Edmund Calamy), 토머스 가타커(Thomas Gataker)의 순서였다. Chad B. Van Dixhoorn, "Reforming the Reformation: Theological Debate At the Westminster Assembly 1643-1652" (Ph.D. diss. University of Cambridge, 2015), 155.
7. 아들 토머스 굿윈의 아르미니우스주의적 성향에 대해서 아래 논문을 보라. David Parnham, "Knowers by Nature and Their Burdens and Blessings: On John Goodwin's Arminian Turn," *Church History* 87, no. 1 (2018): 63-98.

월 29일에 굿윈은 오웬, 필립 나이, 윌리엄 브리지, 조셉 카릴, 윌리엄 그린힐과 더불어 "사보이 선언(Savoy Declaration of Faith and Order)"을 발표했는데, 이것은 웨스트민스터 신앙고백서를 회중교회주의에 맞추어 수정하고 각 내용들을 보다 신학적으로 분명하게 표현한 것이다.[8] 사보이 선언의 작성에 굿윈은 오웬과 함께 가장 큰 영향력을 미쳤다. 1660년에 찰스 2세가 즉위하고 청교도의 영향력이 감퇴하자, 굿윈은 옥스퍼드를 떠나 런던으로 가서 교회를 새롭게 세웠다. 찰스 2세는 엄격한 일치 시행령을 공표했다. 그럼에도 굿윈은 1680년 2월 23일, 런던에서 세상을 떠날 때까지 계속해서 설교하고 저술하고 목회했다. 그는 죽을 때까지 그리스도의 설교자였다.

2. 청교도 토머스 굿윈의 설교론

2.1 토머스 굿윈의 설교 작품들

토머스 굿윈의 많은 작품이 설교로 되어 있는데, 너무나 탁월하여 지금까지도 널리 사랑을 받으며 계속해서 읽히고 있다. 어떤 작품은 47쇄나 넘게 인쇄되었다. 가장 신뢰할 만한 전집은 1681-1704년에 나온 전집이다.[9] 그 이후에 1861-1866년에 다시 전집이 편집되어 나왔는데 앞서 출간된 전집보다는 신뢰도에 있어서는 좀 떨어지지만 더욱 많이 보급되어 있다. 굿윈의 설교에서 드러나는 성경주해 실력은 타의 추종을 불허할 정도이다. 오웬의 주석이 더욱 세부적이고 철저하다는 평가가 있지만, 제임스 패커가 말하듯이 굿윈은 더욱

---

8. Beeke and Pederson, *Meet the Puritans*, 272.
9. Thomas Michael Lawrence, "Transmission and Transformation: Thomas Goodwin and the Puritan Project 1600-1704" (Ph.D. diss., University of Cambridge, 2002), 125; Mark Jones, *Why Heaven Kissed Earth: The Christology of the Puritan Reformed Orthodox Theologian, Thomas Goodwin (1600-1680)* (Göttingen: Vandenhoeck & Ruprecht, 2010), 19-21.

깊이가 있다.[10]

굿윈의 설교들이 가지는 중요한 특징은 기독론 및 성령론이 설교에 풍성하게 드러나면서 진행된다는 점이다. 굿윈의 작품들 가운데 기독론을 본격적으로 다룬 작품은 『중보자 그리스도(Of Christ the Mediator)』[11]이며, 성령론과 관련하여 가장 중요한 작품은 『성령의 사역(The Work of the Holy Spirit)』이다.[12] 특히 그의 대작인 『믿음의 본질』은 그의 신학의 깊이와 너비가 총체적으로 잘 드러나 있다.[13]

2.2 굿윈의 설교적 특징

청교도들은 개인이 혼자서 묵상하는 말씀에서도 하나님의 은혜가 주어지지만, 그보다 더욱 분명하게 설교자들의 설교를 통해서 하나님의 은혜가 주어진다고 보았다. 그렇기에 청교도들이 은혜의 방편에서 생각했던 "말씀"은 바로 "정식으로 임명 받은 설교자를 통해 공적 예배 시간에 선포되는 말씀"을 뜻했다.

청교도들은 설교를 매우 중요하게 여겼다.[14] 과연 청교도들의 시대는 설교의 황금 시대였다. 청교도들의 작품들 가운데 오늘날 여전히 가장 많이 읽히는 것은 그들의 설교들이다. 청교도들은 정말 목숨을 걸고 설교한 사람들이다. 국교회의 온갖 핍박 속에서도 그들은 설교했다. 청교도 토머스 홀(1610-1665년)은 "목사는 설교자가 되어야 한다. 목사는 설교할 수 있을 뿐만 아

---

10. Beeke and Pederson, *Meet the Puritans*, 279.
11. Thomas Goodwin, *The Works of Thomas Goodwin*, vol. 5 (Edinburgh: James Nichol, 1863), 1-436에 나와 있다. 이하에서 이 전집은 Goodwin, *The Works of Thomas Goodwin*로 약칭하고 권수와 페이지를 적겠다.
12. Goodwin, *The Works of Thomas Goodwin*, vol. 6으로 출간되어 있다.
13. 토머스 굿윈, 『믿음의 본질』, 전2권, 임원주 역 (서울: 부흥과개혁사, 2013).
14. 서창원, 『청교도 신학과 신앙』 (서울: 지평서원, 2013), 5장과 6장을 보라.

니라 설교하지 않으면 안 된다. 그렇게 하지 않으면 반드시 화가 있다(고전 9:16). 그러므로 목사는 설교하든지 아니면 멸망하든지 해야 한다."라고 말했다.[15]

굿윈도 설교직을 매우 존엄하게 여겼다. 그는 이렇게 말할 정도였다. "하나님은 세상에 오직 한 아들을 갖고 계시는데, 그분을 목사로 삼으셨다."[16] 청교도들의 설교는 국교도들의 설교와 매우 달랐다. 국교도들의 설교는 내용보다는 수사학에 집중했다. 그들은 미사여구를 사용하길 좋아했다. 하지만 청교도들은 단순하게 설교하면서도 복음의 정수를 전하길 원했다. 그들은 인간의 지성과 양심과 마음에 하나님의 말씀을 전하는 설교자들이었다.[17] 굿윈은 청교도 존 프레스톤(1587-1628)의 영향을 받아서 "단순한 설교"(plain style) 스타일을 추구했다.[18] 그는 화려한 미사여구보다는 그리스도와 그의 복음을 온전히 드러내는 설교를 추구했다.[19]

2.3 굿윈의 설교가 가지는 구조적 특징

굿윈의 설교는 청교도들이 일반적으로 가졌던 설교적 특징을 드러내면서도 약간씩 변주를 주었다. 일반적으로 청교도들의 설교는 본문 "강해(exegesis)"와 "교리(doctrine)" 제시와 "적용(use)"으로 이뤄지는 경우가 많

---

15. Thomas Hall, *A Practical and Polemical Commentary ··· upon the Third and Fourth Chapters of the Latter Epistle of St. Paul to Timothy* (London: E. Tyler for John Starkey, 1658), 329. 조엘 비키, 마크 존스,『청교도 신학의 모든 것』, 김귀탁 역(서울: 부흥과개혁사, 2015), 779에서 재인용.
16. Goodwin, *The Works of Thomas Goodwin*, 1:563, "God had but one Son in the world, and he made him a minister."; Goodwin, *The Works of Thomas Goodwin*, 6:415, "God had but one Son, and he made him a minister." 비키, 존스,『청교도 신학의 모든 것』, 780에도 나오지만, 굿윈의 출처가 제시되어 있지 않다(영어판에도 마찬가지이다).
17. 비키, 존스,『청교도 신학의 모든 것』, 782, 785.
18. Goodwin [junior], "The Life of Dr Thomas Goodwin," xiii.
19. Mark Jones, *Why Heaven Kissed Earth: The Christology of Thomas Goodwin (1600-1680)*, Dissertation (Göttingen: Vandenhoeck & Ruprecht, 2010), 39.

았다.[20] "강해"는 본문을 자세히 설명하는 것이다. 이때 그들은 관련된 성경 구절들과 성경 사건들을 서로 연결시키면서 해설한다. "교리"는 본문에서 도출되는 핵심 가르침들을 모두 말한다. 이때 말하는 "교리"는 어떤 신앙고백문이나 신조에 나오는 교리를 말하는 것이 아니라, 넓은 의미의 교리(doctrina)를 뜻한다. 말 그대로 성경의 가르침 전체를 뜻하는 것이다. 설교자는 여러 가르침들 중에서 본문에 나오는 중요한 가르침들을 다른 교리들과 연결 지어 설명한다. "적용"은 구체적으로 본문을 어떻게 삶에 적용할 지를 설명하는 것이다. 특별히 그들은 적용을 매우 중요하게 생각했는데, 그것은 그들이 믿는 바를 삶에 실제로 적용하여 그것이 경험적으로 맞는지 아닌지를 정말 실험해 보기를 원했기 때문이다. 그렇기 때문에 학자들은 청교도들의 신학을 "경험적 신학(experiential theology)" 혹은 "실험적 신학(experimental theology)"이라고 표현한다.

굿윈의 설교적 특징을 가장 잘 드러내는 작품은 에베소서 1장을 주로 설교한 『에베소서 강해』이다.[21] 이 작품에서도 역시 "강해"와 "교리"와 "적용"이 두루 드러난다.

이 작품에서 드러나는 특징은, 첫째로 각각의 절을 깊이 있게 "주해"했다는 점이다. 에베소서 1장만 다루는데 무려 564쪽에 걸쳐 설교하고 있다. 굿윈은 매 구절을 헬라어에 근거하여 자세히 주해한다. 아울러 관련된 성경 구절들을 두루 인용한다. 예를 들어 에베소서 1장 3절 한 절을 설명하면서 성경 전체에서 122구절 이상을 인용한다. 때때로 피스카토르나 칼뱅과 같은 다른 주석가

---

20. 청교도 설교에서 적용적 측면과 경험적 측면에 대해서는 아래의 글을 보라. 조엘 비키, 『개혁주의 청교도 영성』, 김귀탁 역(서울: 부흥과개혁사, 2009), 제 19장("개혁파의 경험적 설교의 영속적 힘"). 비키는 경험적 설교는 성경적 설교라고 주장한다(앞 책, 723).
21. Goodwin, The Works of Thomas Goodwin, vol. 1로 출간된 이 책은 에베소서 1장만 다루고 있다. 참고로 이 시리즈의 vol. 2는 에베소서 2장을 390쪽에 걸쳐서 주로 강해하고, 나머지 장들에 대해 선택적으로 강해하고 있다.

가 주해한 내용을 인용하여 다루기도 한다.²²

『에베소서 강해』의 두 번째 특징은 "묵상"(Meditation) 부분에 있다. 이 부분이 다른 청교도 설교와 비교했을 때에 약간의 변주가 이뤄지는 부분이다. 여기에서 굿윈은 그 절에 나타나는 "교리"와 그에 따른 "적용"을 함께 제시한다. "교리"를 제시할 때에는 청교도의 전형적인 방법론인 "관련구절 연결과 병치의 기법"(cross-referencing and collation)이 나타난다.²³ 이것은 하나의 교리를 증명하거나 도출할 때에 하나의 구절에만 의존하지 않고, 그 교리와 관련된 신학개념들과 연결된 구절들을 성경 전체에서 찾아서 주석하면서 교리적 결론을 내는 기법이다.²⁴ 그렇게 함으로써 굿윈은 하나의 교리가 가지는 성경적 근거를 분명히 제시하고, 그 교리가 가지는 포괄적 의미를 드러내고 있다.

2.4 굿윈의 설교가 가지는 경험적 특징

굿윈 설교의 또 다른 특징은 적용이 매우 구체적이고 목회적이라는 데 있다. 청교도들은 설교를 주해나 교리 단계에서만 끝내지 않았다. 이것은 그들이 가지고 있는 신학에 대한 견해에서 비롯된다. 탁월한 청교도 윌리엄 에임스는 그의 대표작, 『신학의 정수』(The Marrow of Theology)에서 신학이란 "하나님을 향해 사는 것에 대한 가르침"이라고 정의한다.²⁵ 이처럼 청교도들은 실천

---

22. 가령, Goodwin, *The Works of Thomas Goodwin*, 1:103(피스카토르; Piscator), 107(칼뱅), 560(루터파와 칼뱅파 비교) 등이 그러하다.
23. 이에 대해서는 필자의 학위논문을 출간한 아래 작품을 보라. B. Hoon Woo, *The Promise of the Trinity: The Covenant of Redemption in the Theologies of Witsius, Owen, Dickson, Goodwin, and Cocceius* (Göttingen: Vandenhoeck & Ruprecht, 2018), 2.2.8(특히 59쪽).
24. 이에 대해서는 우병훈, "개혁신학에서의 구속언약," 「re」 통권25호(2015년 3월호): 7-16에 보다 자세히 설명되어 있다.
25. 영어로는 "Divinity is the doctrine of living to God."이다. W. Ames, *The Marrow of Theology*, ed. John D. Eusden (Grand Rapids: Baker, 1997 [1968]), I, 1 (pp. 77-79).

을 중요하게 여겼다.

청교도의 설교를 경험적 또는 실험적 설교라고 부른다. 이것은 그리스도인이 자신의 삶 속에서 성경적인 진리를 어떻게 경험하고, 그것을 개인과 가족과 교회와 세계 속에서 어떻게 적용하는지를 다룬 설교이다. 폴 헬름(Paul Helm)은 경험적 설교를 하는 설교자는 자기 시대의 상황을 충분히 파악해야 하며, 또한 그리스도인들의 실제적 경험과 소망과 두려움에 충분히 공감할 줄 알아야 한다고 했는데, 청교도들의 설교가 그런 특징들이 매우 잘 드러낸다.[26]

청교도들이 대거 참석했던 웨스트민스터 총회에서 신학자들은 적용을 다음과 같이 여섯 가지로 세분했다.[27]

첫째는 '가르침'인데, 교리를 잘 알려주는 것이다.

둘째는 '논박'인데, 잘못된 오류들을 반박하는 것이다.

셋째는 '권면'인데, 말씀 가운데 제시된 명령을 순종하게 하고 그 순종 방법을 알려주는 것이다.

넷째는 '경고'인데, 죄를 미워하는 마음을 갖게 하고, 죄의 두려운 결과를 보여주며, 죄를 피하는 방법을 제시하고, 죄를 책망하는 것이다.

다섯째는 '위로'인데, 여러 가지 환난과 고통을 이기도록 독려하는 것이다.

여섯째는 '시험'인데, 스스로를 돌아보도록 하고 교정하도록 은혜의 기준과 표지들을 제시하는 것이다.

이처럼 청교도들은 매우 상세한 적용을 강조했는데, 오늘날 설교 강단에도 여전히 큰 도움이 되는 지침이 아닐 수 없다.

---

26. 비키, 『개혁주의 청교도 영성』, 718-19.
27. *Westminster Confession of Faith* (Glasgow: Free Presbyterian Publications, 1994), 380. 비키, 존스, 『청교도 신학의 모든 것』, 790에서 수정 인용함.

3. 그리스도를 전파하는 설교자

청교도 설교의 핵심에는 언제나 그리스도와 그의 복음이 있었다. 청교도 오웬은 그리스도가 사실상 성경의 모든 페이지에서 발견되기 때문에 신자들은 성경 속에 기록된 그리스도의 인격과 사역에 대한 모든 것을 전력을 다해 깊이 숙고해야 한다고 가르친다. 그는 "그리스도의 인격과 그리스도의 직무에 대한 계시와 교리는 교회의 교화를 위한 선지자와 사도들의 다른 모든 가르침 위에 있고 모든 문제를 해결하는 기초다."라고 선언하였다.[28]

굿윈도 예외가 아니었다. 그에게 그리스도의 성육신은 "하늘이 땅에 키스를 하신 사건"이다.[29] 그는 그리스도를 "영광의 주"라고 자주 불렀다. 굿윈에게 그리스도는 언약의 그리스도이시다.[30] "하나님의 아들"이시며, "부활의 주님"이신 그리스도는 영원한 언약의 피로서 우리의 구원에 필요한 모든 것을 획득하시고 나눠주신다.[31] 굿윈의 설교는 매 페이지마다 그리스도와 그의 복음으로 가득 차 있다. 굿윈은 이렇게 적고 있다.

> 그리스도는 "나를 보라"고 말씀하신다. 믿음이란 무엇인가? 믿음이란 도움을 얻기 위해 그리스도를 바라보는 것이다. 마치 광야에서 놋뱀을 바라보았던 것처럼 하는 것이다. ... 영혼이 그리스도를 바라보고 그리스도의 탁월성을 바라보며 그리스도를 추구하고픈 본능을 품고 오직 그리스도를 향해 눈을 뜰 때, 그 바라봄의 의미는 "주님으로부터, 오로지 주님으로부터만 도움받기를 원합니다."라는 뜻이다. 여기에 믿음의 사선이

---

28. John Owen, *The Glory of Christ*, in *The Works of John Owen*, D.D. (Edinburgh: Johnstone & Hunter, 1850-1855), 1:314-15. 비키, 존스, 『청교도 신학의 모든 것』, 47에서 재인용.
29. Goodwin, *Works*, II (1681-1704), "Of the Knowledge of God the Father," 82.
30. Jones, *Why Heaven Kissed Earth*, 13.
31. Goodwin, *The Works of Thomas Goodwin*, 1:462.

있다. 믿음이란 그리스도를 바라보는 것이며 오직 그리스도에게만 시선을 한정하는 것이다.[32]

오늘날 우리가 청교도 굿윈의 설교 순서나 그 양식을 그대로 모방할 필요는 없을 것이다. 하지만, 굿윈의 설교에서 중요하게 나타나는 강해적 요소, 교리적 요소, 적용적 요소는 모든 탁월한 설교에는 반드시 있어야 하는 것이다. 무엇보다 우리의 시선을 오로지 그리스도께로 집중하게 만드는 굿윈의 설교는 세월이 지나도 늘 감동을 준다. 굿윈의 설교를 읽는 사람은 영혼의 자양분을 얻을 것이며, 더욱 풍성한 삶을 갈망하며 그리스도께 더욱 붙어있게 될 것이다.

우병훈
서울대학교 자원공학과 (B.Eng.)
서울대학교 서양고전학 대학원 (M.A.)
서울대학교 서양고전학 대학원 (Ph.D.[수학])
고신대 신학대학원 목회학 석사 (M.Div.)
Calvin Theological Seminary (Th.M.)
Calvin Theological Seminary (Ph.D.)
(현) 고신대학교 신학과 교의학 교수
(현) 한국개혁신학 편집위원
(현) 개혁신학 편집위원
(현) 생명과말씀 편집위원
(현) 중세철학 편집위원
(현) 갱신과부흥 편집위원

---

32. 굿윈, 『믿음의 본질』, 2:17.

리차드 박스터의 '회심' 설교

강종경

I. 리차드 박스터의 생애와 사상

리차드 박스터(Richard Boster, 1615-1691)는 탁월하고 유익한 많은 저술로 아주 잘 알려져 있는 사람으로서, 그는 거룩한 성직자였다. 그는 1615년 11월 12일 영국의 쉬류스베리(Shrewsbury) 근처에서 태어나 1691년 런던에서 하나님으로부터 소명을 받았다. 박스터는 법률가가 되기 위해 대학에 가기를 원했지만, 실상 경제적인 어려움이 있어 정규 교육을 받지 못했다. 그래서 그는 주변의 도움으로 인근 사립학교 교장인 리차드 웍스테드(Richard Wicktead)에게 개인 수업을 받게 되었다. 박스터는 탁월한 지식으로 1639년부터 3년 동안 브리시노스의 윌리엄 메드스타드(William Medstad)로 가면서 영적으로 죽어가고 있는 사람들에게 열정적인 설교를 하였다. 또한 그는 키더민스터(Kiddermister)의 교구를 맡아 수많은 청중을 회심시키는 놀라운 설교를 하였다. 그는 죽음을 앞둔 시기에 "나는 죽어도 복음은 죽지 않는다, 그리고 내가 뿌린 씨앗이 자라서 세상에 유익이 되리라고 굳게 믿으면서, 교회 역시 죽지 않는다"라는 말을 남겼다.

책 읽기를 좋아한 박스터는 특히 윌리엄 퍼킨스(William Perkins)의 『회개』(*Repentance*)와 『잘 살고 죽는 것』(*Living and Dying Well*),

『입술의 다스림』(The Government of the Tongue)을 읽었고, 컬버웰 (Culverwell)의 작품인 『믿음』(Faith)과 리처드 십스(Richard Sibbes)의 『상한 갈대』(The Bruised Reed & Smoking Flax)로부터 상당한 영향을 받았다.[1]

청교도의 설교가 그렇게 인기가 있었던 이유 가운데 하나는 그들이 설교에 대해 보였던 투철함에서 나온 결과라고 할 수 있다.[2] 박스터는 1691년 죽음을 맞기 전까지 영국에서는 '영국 시민전쟁', '찰스 1세의 처형', '크롬웰의 공화정', '왕정복고', '청교도 목회자들의 대 추방', '1689년 신교 자유령'을 위한 신교의 투쟁 등의 목격자였다. 그는 아버지 리차드와 어머니 베트리스 사이에 태어났다. 박스터는 그의 아버지가 도박으로 가산을 탕진해 외갓집에서 10세까지 초등학교를 다녔지만 담임선생님들은 다 술주정뱅이 무식쟁이였다. 그 후 아버지는 개인적으로 성경을 읽어 회심하였다. 그래서 박스터는 다시 집으로 오게 되었지만, 교구의 목사 대신 데려온 설교자가 일당 노동자, 희극인, 술주정뱅이들이었다. 왜냐하면 그 당시 교회나 교구는 대부분 목회자가 부족한 상황이었기 때문에 청교도들의 국교회에 대한 불만은 나날이 증가하고 있었다.

박스터는 대학 진학을 하고자 개인지도를 러들로우(ludlow)성의 리차드 웍스테드(Richard Wicktead)에게 받았지만, 그가 박스터를 무시했기 때문에 혼자 공부를 하였다. 그는 러들로우 성에 있는 도서관을 이용하여 많은 책을 읽었다.[3] 그 후 그는 그곳에서 많은 책을 읽음으로 자신의 신앙에 중요한 발전을 하게 되었다. 특히 경건 서적인 리차드 십스(Richard Sibbes, 1577-1635)의 『상한 갈대』는 그에게 많은 영향을 주었다.

---

1. 김홍만, 『청교도 열전』, (서울: 솔로몬, 2009), 355.
2. Lyland Ryken, 『청교도-이 세상의 성자들』, 203.
3. 이은재, "리차드 박스터: 하나님의 손에 들린 펜", 「신학과 세계」, 57 (2006): 99-137.

가난했던 십스는 그를 아끼는 많은 이웃들의 도움으로 캠브리지의 세인트 존 칼리지에 진학했고, 서른두 살의 나이에 그는 모교의 교목이 되었으며, 훗날 신학 박사학위까지 받게 되었다. 이 책을 읽은 로이드 존스(David Martyn Lloyd-Jones, 1899-1981)는 감격에 젖어 "리차드 십스는 내 영혼을 치료하는 향유이다"라고 경탄했다.[4]

회심 설교의 일인자로 꼽히는 청교도 거장 리차드 박스터는 어릴 적부터 책 읽기를 좋아했는데, 그러한 그에게 아버지가 사 준 한 권의 책 때문에 그의 인생이 바뀌었다. 그 책이 바로 십스의 '꺼져 가는 심지와 상한 갈대의 회복'이다. 박스터는 "이 책을 통해 하나님의 사랑과 구속의 신비, 그리고 내가 그리스도께 얼마나 큰 빚을 지고 있는지를 깨닫게 되었다"라고 고백한다. 키더민스터에서 16년 동안 머물렀지만, 그러나 그곳에 가기 전의 상황은 무지와 불경스러운 태도로 가득 차 있었다. 하지만 하나님께서는 그에게 복을 내리셔서 지혜롭고 충실한 교육의 결과로 의의 풍성한 열매가 맺혀지게 하셨다.

박스터는 왕정 복고 직후에 찰스 2세의 상임 기관 목사로 임명되어 설교하였는데, 그것은 박스터가 목회자로서 명성이 높았기 때문인 것으로 보여진다. 박스터는 그의 건강이 악화되었지만 다시 펜을 들어 『성도의 영원한 안식』을 발간하였다. 박스터는 『성도의 영원한 안식』을 스스로 자주 읽어 자신의 신앙을 향상시켰다. 이후 그는 건강이 회복되어 다시 키더민스터(Kiddermisster) 교구로 되돌아 왔다. 그곳에서 그는 계속 책을 썼는데 그렇게 쓴 책이 『참된 목자』『회심』등, 그 외 저서를 포함하여 많은 책을 저술하였다.[5] 박스터는 『자기 부인론』(Treatise of Self-Denial)」에서 이렇게 말한다. "분명히 말하지만, 나

---

4. Richard Sibbes, The Bruised Reed & Smoking Flax, 전용호 역, 『꺼져가는 심지와 상한 갈대의 회복』 (서울: 지평서원, 2009), 25.
5. 이은재, "리차드 박스터: 하나님의 손에 들린 펜", 「신학과 세계」, 57 (2006): 99-137.

는 매일 활동하는 영혼의 유익을 위해서 내가 쓴 모든 책 가운데서 『신앙의 생활』(Life of Faith)』과 「자기 부인론」, 그리고 「성도의 영원한 안식」처럼 자주 숙독하는 책은 없다."고 스스로 고백했다.[6]

박스터의 복음 선포와 죄의 책망, 그리고 중생의 필요성 강조는 영국 국교회로부터 이단 취급을 받아 법정에 서게 되는 원인이 되기도 했다. 그러나 그의 목회는 결실을 맺게 된 이유가 있었다. 그 후 1642년 시민전쟁이 일어남으로 우세스터 주(州)의 대부분은 왕당파이었으나 박스터는 의회파에 속하였기에 의회군의 종군목사가 되었다. 이것은 그에게 있어서 복음을 전할 수 있게 된 하나님의 섭리였다. 그러나 동시에 그로 인한 건강 악화는 그에게 찾아온 시련이었다. 죽음 직전까지 갔던 박스터는 소생하여 다시 키더민스터로 돌아왔다. 키더민스터로 돌아온 박스터는 1647년에서 1660년까지 담임 목사로서 비록 연약한 건강이었지만 그에 굴하지 않고 열정적으로 목회를 했다.[7] 그의 설교는 회중들에게 커다란 반향을 불러일으켰으며, 시무하던 키더민스터 교회에서는 한 달에 한 번씩 지역 목회자들이 모여서 교리와 권징을 토론하고 연구하였다. 그는 그러한 모임에서 청탁받는 강의를 다하지 못한 것을 책으로 출판하게 되었는데, 그것이 바로 『참된 목자』(The Reformed Pastor)이다. 그 후 1657년에 『회심』(A Call to the Unconverted)를 출간하였다.[8]

박스터는 자신의 회개 지침서인 『회심』을 통하여 첫째, 회개하지 않은 성도와 미성숙한 성도들이 회심할 수 있도록 계기를 줄 것이며, 둘째, 회개하려는 의지가 조금이라도 있거나 혹은 회개를 시작하려는 성도들을 위한 지침서가 될 것을 믿으며, 셋째, 어리고 약한 성도들이 믿음 위에 안전하게 세워지는

---

6. Richard Boxter, *The Saints' Everlasting Rest*, 김기찬 역,『성도의 영원한 안식』(서울: 크리스챤 다이제스트, 2006), 10.
7. 오덕교,『청교도 이야기』, 180.
8. 오덕교,『청교도 이야기』, 181.

데 도움을 줄 수 있는 지침서, 그리고 마지막으로 죄에 빠져 타락한 사람들이 회복할 수 있도록 설득하기를 원하여 썼다.[9] 패커는 박스터가 천부적인 교사이기도 하며, 그의 목회자적 설교는 목사들의 중요한 과업에 대한 것이었다고 말한다. 또한 패커는 박스터가 한 사람의 청교도 목회자로서 하나님의 진리를 풍부하게 이해하고 하나님을 향한 열심으로 온 정성을 다하며 살아간다는 것이다. 그리고 헌신과 사랑의 목회자로서 철저한 회개와 건전한 신학 노선을 걸어가는 박스터를 향해 "참된 목자(The Reformed Pastor)"라 칭한다.[10] 박스터는 성도들을 회심 이전의 삶처럼 멸망의 길로 가지 않도록 하나님의 말씀에 청종하고 거룩하고 경건한 삶으로 인도하였다. 특히 신앙이 자라도록 권면과 초대를 강조하고, 일시적 신앙과 다른 거짓 신앙 형태를 일소함으로써 신앙이 연약한 자들을 돕는 목회 사역으로 그들이 그리스도 안에서 하나님과 교제하는 것을 얼마나 즐거워했는지를 보여준다. 물론 영국 사회에서 청교도라는 말은 경멸의 뜻으로 또는 다른 한 편으로는 이 말이 적용되는 대상은 누구든 비방 받는 대상으로 욕을 먹었던 것이다.[11] 이처럼 비난과 조롱을 받아도 청교도들은 교회를 개혁하여 회심시키기를 원했다.[12]

II. 박스터가 '회심'설교를 중요하게 생각하는 이유

1. 사역자를 통해 회심하지 않은 자를 부르시는 하나님

오늘날 하나님께서 직접 계시를 통해 말씀을 받았던 예언자들과 사도들을

---

9. Richard Baxter, *The Reformed Pastor*, 25.
10. Ryken Leland, *Worldly Saints-The Puritian*, 김성웅 역, 『청교도-이 세상의 성자들』 (서울: 생명의 말씀사, 2009), 17.
11. Joel R, Beeks, *The Putitian Spiritualy of Reformed*, 김귀탁 역『개혁주의 청교도 영성』, (서울: 부흥과 개혁사 2009), 493.
12. Joel R, Beeks, 『개혁주의 청교도 영성』, 503.

보내시지 않는 대신에 그리스도와 사도들이 처음 전했던 것과 동일한 복음을 전하도록 경건한 목회자들을 사용하신다. 박스터는 하나님의 이름으로 주신 말씀으로 회심시키든지, 변화시키든지 해야 한다는 것이다. 지금 이 세상에서 번영을 구하느라 모든 인생을 소비하고 있는 죄를 짓고 있다면 앞으로도 죄를 지을 것임을 알아야 한다는 것이다.[13] 그리고 하나님과 영원한 삶을 살고자 한다면 신속히 죄를 버려야 한다고 강조한다.[14] 박스터는 복음이 풍성한 영국에서 하나님의 말씀이 쉽고도 일상적으로 가르쳐지고 있는데도 불구하고 회심하지 않은 사람들이 넘쳐나서 목회자들을 슬프게 만든다고 말한다. 한편으로는 경건한 목회자들을 찾아가서 도움을 받고, 하나님께 그 모든 죄를 용서받으며, 성령님께 순종하는 기쁜 마음으로 살아야 한다.

하나님께서는 사람을 존귀한 피조물로 만드셨으며, 또한 매우 놀라운 능력들을 주셨다. 사람들은 하나님 없이는 아무것도 할 수 없다고 말하면서 아무것도 하지 않으려는 사람들은 자유의지가 있음을 주장한다. 어거스틴(St. Augustine)과 칼빈(John Calvin) 역시 인간에게 자유의지가 있다는 데 동의한다. 어떤 사람은 하나님의 형상을 상실했다고 말할 것이고, 또 어떤 사람은 하나님의 형상을 상실하지 않았다고 말하는 것은 우리의 이성이나 자유의지가 상실되지 않았고, 반면 다른 하나는 윤리적 특성을 가진 것으로서 거룩성이 상실되었으나 하나님의 은혜로 회복되는 것이므로[15] 신실한 목사들을 찾아가서 자신의 영적 상태를 알리고, 조언과 도움을 받으라고 한다. 왜냐하면 몸이 아프면 의사를 찾아가듯이 목회자는 사람들 영혼의 건강을 돌보아 줄 수 있기 때문이다. 사람들이 속히 죄된 삶을 버려야 함은 심판 날에 소돔과 고모라 사람들보다 더 비참하게 되지 않기 위해서이다. 신실한 목회자들은 사람들

---

13. Richard Baxter, *A Call to the Unconverted*, 23.
14. Richard Baxter, *A Call to the Unconverted*, 24.
15. Richard Baxter, *A Call to the Unconverted*, 50.

이 하나님께로 돌이켜서 순종할 때 기쁨이 넘치게 된다는 것이다.[16]

2. 회심하지 않는 사람에게는 죽음이 뒤따른다.

박스터는 회심하지 않는 성도들에게 회개 아니면 멸망하는 양자택일만이 있을 뿐 선택이 없다고 강조한다. 이러한 교리의 진리 됨에 대한 성경의 증언처럼 "이르시되 진실로 너희에게 이르노니 너희가 돌이켜 어린아이들과 같이 되지 아니하면 결단코 천국에 들어가지 못하리라"(마 18:3)."진실로 진실로 네게 이르노니 사람이 거듭나지 아니하면 하나님의 나라를 볼 수 없느니라"(요 3:3). 이렇게 명백한 본문들을 살펴보기 위해서 더 시간을 들이거나 이와 동일한 내용의 수많은 본문들을 더 찾아볼 필요도 있을 것이다. 그러나 하나님의 말씀을 믿는다면, '악인은 반드시 회개해야 한다. 그렇지 않으면 심판을 받으리라'라는 본문의 교리만으로도 설득하기에 충분할 것으로 보여진다.[17] 우리의 죄를 위해 그리스도의 죽으심이 필요한지 그리고 얼마나 악한지 그것을 속량하기 위한 정도라면, 그 죄에 대한 대가로 우리가 영원히 형벌을 받아 마땅하다.[18]

박스터는 죽은 사람들은 들을 수 없는 것처럼 회개하지 않는다면 죽는다는 사실을 기억해야 한다고 강조한다. 만일 이렇게 말하지 않는다면, 속이는 자가 될 것이고, 이러한 사실을 감춘다면, 파멸시키는 자가 될 것이다. 박스터는 에스겔서에 기록된 대로 "가령 내가 악인에게 이르기를 악인아 너는 반드시 죽으리라 하였다 하자. 네가 그 악인에게로 말로 경고하여 그의 길에서 떠나게 하지 아니하면 그 악인은 자기 죄악으로 말미암아 죽으려니와 내가 그의 피를 네 손에서 찾으리라"(겔 33:8). 박스터에 따르면 목회자들은 이 말씀을 반드시 설교해야 하며, 교인들은 반드시 들어야 한다. 왜냐하면 지옥에 대한

---

16. Richard Baxter, *A Call to the Unconverted*, 53.
17. Richard Baxter, *A Call to the Unconverted*, 63.
18. Richard Baxter, *A Call to the Unconverted*, 63.

설교를 듣는 것이 지옥을 체험하는 것보다는 설교를 듣는 편이 훨씬 쉽기 때문이다.[19]

3. 악인이 회심하여 사는 것을 기뻐하시는 하나님

회심하지 않은 사람은 출세를 지상 최대약속으로 하면서 세속적인 목표들을 달성해 가는 것을 인생의 가장 중요한 일로 삼는다. 그들은 혹여나 성경을 읽거나 말씀을 들을 때, 형식적이나마 신앙의 의무들을 행하고, 부끄러운 죄를 짓지 않을 수도 있지만, 이것은 모두 형식적인 것일 뿐, 그는 결코 하나님을 영화롭게 하거나 영원한 영광을 얻는 것을 자기 자신의 삶에서 가장 중요한 일로 삼지 않는다. 그러나 회심한 사람은 하나님을 기쁘게 해드리고, 구원받는 것을 자기 삶의 가장 중요한 관심사와 과업으로 삼는다.

악인들은 이 세상의 모든 복들을 취하면서도 그것을 다른 세상을 향해 가는 여행에 요한 것으로 간주하고는 피조물을 하나님께 복종하는 수단으로 사용한다. 회개한 자는 거룩한 삶을 사랑하며 거룩하게 되기를 열망한다. 또한 죄를 짓지 않으려고 노력하며, 죄를 회개하고, 한편으로는 죄를 짓지 않으려고 노력하면서 소망하고 기도한다. 그리고 하나님을 위하여 살려는 경향을 가진다. 그러하기에 그는 죄를 짓더라도 다시 일어나서 회개하며, 기꺼이 알고 있는 모든 죄에서 떠나려고 노력한다.[20]

회개하지 않은 사람은 구속의 신비를 분별하거나 맛보지 못한다. 왜냐하면 악인은 이 세상에 오신 구주를 감사함으로 영접하지도 않고, 사랑도 받아들이

---

19. Richard Baxter, *A Call to the Unconverted*. 71.
20. Richard Baxter, *A Call to the Unconverted*, 82.

지도 않는다. 또한 그는 자기 죄의 형벌과 세력으로부터 구원받고 하나님께로 회복되기 위해 자기 영혼의 의사인 하나님에게 기꺼이 순복하지도 않는다. 그러나 회심한 영혼은 스스로 죄인이라고 느끼면서, 영원한 지옥 형벌을 받을 위험에 처해 있음을 깨닫고, 구속 사역을 받아들인다. 그리고 주 예수를 자신의 유일한 구주로 믿으며, 지혜와 의와 성화와 영화를 위해서 자신을 그리스도에게 위탁하는 것이다. 그리스도를 믿는 마음 안에는 그리스도가 내주하고 계시므로, 자기 목숨을 내어 주신 하나님의 아들을 믿는 믿음으로 살아가야 한다. 이제 내가 사는 것을 그가 아니라 그리스도께서 그 안에 사시는 것이다.

박스터는 악인은 반드시 회개해야 하며 그렇지 않으면 죽는다는 말씀을 선포해도, 이 말씀이 악인들은 자기에게는 전혀 해당되지 않는다고 생각한다. 왜냐하면 자신들은 악하지 않으며 이미 회개했다고 생각하기 때문이다.

성례들이 제정되어 그것을 받아들이는 자들에게 제안된 자비를 분명하게 전달하도록 사용된다. 또 성령은 마음을 열어 그것을 받아들이도록 하며, 성령 자신이 전체 소유의 보증이시기도 하다. 따라서 이 사실의 진실성은 더 논쟁할 필요도 없다. 회개하기만 한다면 여러분 가운데 가장 악한 자까지도 모두 구원받게 될 것이다.[21]

자신의 죄를 회개하고 자비의 길로 나아올 때에 비로소 하나님의 자비가 여러분을 맞이할 것이다. 구원을 위해서 확신을 가지고 담대하게 하나님을 신뢰한다면, 하나님께서는 여러분을 구원해 주겠다는 자신의 약속을 반드시 지키시는 신실한 분이시다. 그러므로 하나님께서는 자기의 자녀들에게만 아버지가 되십니다. 그러나 아무나 구원하시는 것이 아니라 세상과 마귀와 육신 등을 버

---

21. Richard Baxter, *A Call to the Unconverted*, 109.

리고 하나님의 가족 가운데 들어와서 하나님의 아들의 지체가 되어 성도들과 함께 교제를 나누는 사람들만 구원하신다. 만일 사람이 그 속에 들어오지 않는다면, 그것은 그 사람의 책임이다. 하나님께서는 절대 여러분 가운데 어느 누구에게도 "이제 너무 늦었다. 너희가 회개하더라도 너희를 받아 주지 않겠다"[22]라고 말씀하시지 않는다. 하나님께서는 여러분이 거짓 없이 마음을 다하여 회개하기만 한다면 언제든지 여러분을 받아들일 준비를 하고 계신다.

III. '회심'설교 적용과 교훈

박스터 당시 영국 사회는 간통, 도박, 사기, 술 취함, 싸움 등은 악한 것으로 간주되지 않았다는 것이다.[23] 성도들 스스로 구원을 받을 수 없는 비참함에 놓여있기 때문에 진정으로 하나님을 기쁘시게 할 만한 사역에 동참해야 하며, 성도들은 왜 회심해야 하는지에 대하여 반드시 이해해야 한다. 왜냐하면 성도들은 그리스도의 지체로서 살아가게 될 때, 하나님의 형상을 따라 새로워질 것이며, 하나님의 모든 은혜를 입고, 하나님의 의로우심으로 의롭다 칭함을 받을 것이기 때문이다. 그리고 성도들은 평생동안 지었던 죄도 용서를 받게 될 것이며, 하나님의 자녀로서 담대하게 하나님을 아버지로 부르는 자유를 누리게 된다.

성도들의 모든 필요를 기도로 하나님께 아뢰면 성령님의 도우심으로 채워주시고, 죄의 지배에서 해방되어 복된 삶을 살아갈 수 있는 것이다. 또한 믿음으로 영생을 맛보며 평안히 살고 지옥에 가지 않으며 평화와 행

---

22. Richard Baxter, *A Call to the Unconverted*, 111.
23. J. C. Ryle, *Christian Leaders of the Eighteenth Century*, 송용자 역, 『18세기 영국의 영적 거장들』 (서울: 지평서원, 2005), 28.

복을 누리게 될 것이며,[24]

이제 고의적으로 지은 모든 죄는 버려야 한다. 다시는 그런 죄를 짓지 않아야 한다. 탐욕을 버리고, 저주나 거짓 맹세는 하지 말아야 한다. 그리고 회개하여 살고자 한다면 속히 회개해야 한다. 왜냐하면 성도들의 삶은 너무나 짧고 앞날이 불확실하므로 사소한 것에 매달리지 말고 철저하게 회개를 해야 한다. 오랫동안 지체할수록 죄의 뿌리가 깊어질 것이다. 박스터는 청교도와 개혁주의 즉 칼빈주의적 신학을 그대로 인정하고 그 위에 자신의 사상을 정립할 뿐 아니라 매우 실천적이라고 할 수 있다. 그런 의미에서 박스터의 설교관은 "설교자의 삶이 곧 설교"이다.

설교를 잘하기 위해서 노력하듯이 생활을 잘하기 위해서도 노력해야 한다. 그러므로 설교는 설교 강단에서 회중들에게 정중한 말로 설교를 했으면 강단을 내려와서 일상생활 속에서도 그런 말을 사용하면서 살아야 한다는 것이다. 박스터는 회심 설교로 인해 자의적인 마음이 누그러지고, 불경건하고 이교적인 삶의 양식이 그리스도인의 믿음과 회개하는 삶으로 전환된다.[25]

박스터의 '회심' 설교는 그의 삶과 무관하지 않다. 그러므로 그의 인생 여정과 견주어 연구해야 할 것이다. 박스터 연구가인 패커는 "박스터 신학은 연구하려면 그의 글을 직접 읽고 판단하라. 그렇지 않으면 칭찬이든 비판이든 자기 판단의 오류에 빠지게 될 것이다."라고 말했다.[26] 이것은 박스터를 이해하려

---

24. Baxter, *A Call to the Unconverted*, 231.
25. 황성철, "리차드 박스터의 목회신학 연구" 「신학지남」, 259 (1999): 177-202.
26. J, I. Packer, "An Essay on the Genius, Works, and Times of Richard Baster" in R. Baxterm A

면 그의 환경을 이해해야 한다는 말인데 옳은 평가라고 생각한다. 사실 박스터의 신학 체계를 이해하기는 쉽지 않다. 그러기 때문에 그의 신학 형성에 영향을 미친 몇 가지 사랑을 알아보는 것이 좋을 것이다. 청교도의 설교가 그렇게 인기가 있었던 이유 가운데 하나는 그들이 설교에 대해 보였던 투철함에서 나온 결과라고 할 수 있다. 존 프레스톤(John Preston, 1587-1628)은 "설교는 듣는 것이 아니다. 설교는 우리를 하늘나라 아니면 지옥 근처로 데려간다"[27]라고 말한 그에게서 청교도들이 지녔던 회심의 태도를 단적으로 볼 수 있다.

1. 설교자의 삶이 곧 설교

박스터는 청교도와 개혁주의 즉 칼빈주의적 신학을 그대로 인정하고 그 위에 자신의 사상을 정립할 뿐 아니라 매우 실천적이라고 할 수 있다. 그런 의미에서 박스터의 설교관은 "설교자의 삶이 곧 설교"이다. 설교를 잘하기 위해서 노력하듯이 생활을 잘하기 위해서도 노력해야 한다. 그러므로 설교는 설교 강단에서 회중들에게 정중한 말로 설교를 했으면 강단을 내려와서 일상생활 속에서도 그런 말을 사용하면서 살아야 한다.[28] 박스터는 영국의 당시 상황에서 회심 설교에 대하여 많은 어려움이 있었다고 말한다. 그 이유는 성도들이 강퍅한 죄인들이고 겸손히 배우고 순종하기보다는 경시하는 나이 어린 목회자들이 있었기 때문이다. 그러나 이러한 힘든 상황이라도 목회자들은 하나님으로부터 사명을 받은 자들로써 생사를 걸고 열정을 품고 양 떼를 돌보자고 다음과 같이 외쳤다.

목회자들에게 권면하고 싶은 것이 있다고 말하면서 하나님께 충성스러

Christian Directory (London: Soli Deo Gloria, 1996), 28.
27. Ryken Leland,『청교도-이 세상의 성자들』, 203.
28. 황성철, "리차드 박스터의 목회신학 연구"「신학지남」, 259 (1999): 177-202.

운 종으로 인정받으며 늘 최선을 다해달라고 부탁을 한다. 물론 육체적 수고가 있지만 고귀한 사명인 만큼 잘 감당하자고 목회자들을 향해 외친다.[29]

박스터는 교회 개혁에서 교회 목회자들이 개혁하는 설교에서부터 시작해야 된다고 강조한다. 그렇게 될 때 교회도 개혁할 수 있으며, 이러한 설교를 매우 중요하게 생각한다. 박스터의 영국 정부에 대항하는 설교를 하였기에 영국 정부는 그를 더 이상 방관할 수 없는 지경에 이르자 예배법으로 그를 6개월간 구속하였다. 그는 출소 후 다양한 교회에서 다시 하나님의 말씀을 전했다. 그는 열정이 강한 성직자였다. 그 후 제임스 2세가 로마 가톨릭을 선언하므로 그는 다시 감옥에 수감되어 18개월을 지냈다. 그 이유는 그가 신약을 다음과 같이 주해하여 가톨릭을 위협했다는 말을 하였기 때문이다. "성경은 사실 단순하고 간결한 것이다."[30]

2. 목회자 자신부터 회개

박스터는 목회자들 역시 죄를 회개하지 않고는 자신의 책에 담긴 경고의 메시지를 받아들이기 힘들지만 성도들 개개인을 중심으로 가르치는 것이 중요하다고 인정한다.[31] 박스터는 어린 시절부터 영성훈련을 통하여 어른이 되어 영원토록 남아있도록 개인적인 교리문답을 중요하게 여겼다. 이러한 교리문답에 대한 관심으로 『참된 목자』가 출간되게 되었던 것이다. 자신의 교구 인접 교회의 목회자들을 일깨우고자 하였다. 왜냐하면 그들은 목회자로서 겸손하지 않았고 가르침을 설교하는 일에도 각성이 없었다는 것이다. 그렇게 중

---

29. Richard Baxter, *The Reformed Pastor*, 최치남 역, 『참목자상』(서울: 생명의 말씀사, 2012), 31.
30. 이은재, "리차드 박스터: 하나님의 손에 들린 펜", 「신학과 세계」, 57 (2006): 99-137.
31. Baxter, *The Reformed Pastor*, 22.

요하고 필요한 의무를 그들은 오랫동안 방관해 온 것에 대하여 박스터는 교구 목회자들과 함께 그들이 가르쳐야 하는 많은 사람들을 돕는 일의 성공을 위해 기도드렸다.[32]

VII. 결론

박스터의 '회심' 설교를 통전적으로 이해할 때 비록 영국의 사회와 정치의 요소가 아니더라도 청교도들은 크롬웰 공화정의 짧은 기간을 제외하고는 항상 비성경적인 것들과 싸웠다. 청교도 신앙적 상황이 전개되는 17말-18세기 초에 부흥의 배경으로 강력한 회심 설교가 나타나게 되었는데 바로 조나단 에드워드의 설교사역이었다.[33] 에드워드는 회심 과정에 대하여 성화를 부르는 것으로 결론을 내린다. 성화란 회심 과정을 통해 미국이 청교도 2세들에게 사회에 새로운 교회와 사회의 전기를 마련해주는 계기를 제공하게 된 것이다.[34] 칼빈주의에 뿌리박은 청교도 신학을 통한 박스터의 '회심' 설교처럼 에드워드의 설교 역시 청교도 신앙'회심'에 있었다, 물론 16세기 청교도와 21세기 한국 교회 사이에는 역사적, 시대적 문화적, 정치적 간격이 크게 존재한다. 그럼에도 불구하고 청교도 목회자 박스터는 정치적 사회적 소용돌이 속에서 강력한 '회심' 설교를 하였다. 왜냐하면 당시 청교도들은 골목, 골목마다에서 사회적으로 교회적으로 비성경적, 비윤리적인 사람들과 건달패, 부랑자들을 많이 만났을 정도로 사회 정의가 혼란한 시기였기 때문이다. 오늘날 한국 교회 목회자들 역시 박스터의 강력한 '회심' 설교가 필요하다고 보여진다.[35]

---

32. Baxter, *The Reformed Pastor*, 지상우 역 『참된목자』 (서울: 크리스챤 다이제스트사, 1989), 44.
33. Jonathan Edwards, *A Faithful Narrative*, 백금산 역 『놀라운 부흥과 회심이야기』 서울: 부흥과 개혁사 2011, 120.
34. 조명은, "J. Edwards의 설교에 나타난 신학사상", 「신학지평」 15 (2002): 289-314.
35. 김성기, "조나단 에드워즈의 성화론-지속적 회심의 과정으로서의 성화", 신학박사학위, 계명대학교대학원, 2013, 173.

이와 같은 회심 설교의 존재론적 측면에서 청교도 수련의 아버지인 퍼킨스는 요리문답집을 배우는 이유에 대하여 하나님께로 돌이키고 그리스도를 본받는 성도들이 하나님께 새롭게 순종하며, 회심에 합당한 일을 하라는 것이다.[36] 박스터는 회심에 합당한 일을 하고자 할 때 조금도 망설이지 말고 결단을 내리라고 강권한다. 이전의 세상적인 성공이나 즐거움의 삶을 분명하게 버리라는 것이다. 또한 죄와 거룩 중에서 어느 쪽이 나은 길인지를 흔들리지 말고, 지금 당장 분명하게 결심하라고 말한다. 통전적인 회심을 해야지 몇 가지 죄는 버리고 자신이 필요한 죄는 계속 지으면서 하는 회개는 기만이라는 것이다. 지금 이 순간도 하나님께서는 한국 교회들에게 천국이 가까이 왔으니 회개하라고 말씀하신다. 한편 김홍만은 "한국 교회는 청교도 운동과 부흥과의 연관성에 대한 연구는 미약하므로, 청교도 영향을 받은 선교사들이 한국에서 회개 설교를 통한 참된 부흥을 기대했던 것에 대한 평가도 반드시 교정되어야 한다고 주장한다.[37] 한국 교회는 현재 사회적 신뢰도가 심각할 정도로 낮고, 도덕적으로도 무기력한 상태에 처해 있음에도 불구하고 교회는 성장하기 위해서 교인들에게 끊임없는 성공을 강조함으로써 교회가 변질되었다는 것이다.[38]

청교도의 신앙에 대하여 패커는 "17세기 영국의 청교도 속죄론의 핵심을 제공하였던 존 오웬의 "제한 속죄론"은 철저한 성경적인 논증과 입증과정을 통해 형성된 대표적인 개혁주의 신학의 명제였다"라고 지적한다. 그러나 박스터를 긍정적으로 평가하는 학자들과 신율법주의적 경향에 따른 평가를 하는

---

36. William Perkins, *A Golden Chaine*, 김지훈 역, 『황금 사슬: 신학의 개요』, (서울: 킹덤북스, 2016), 엘리자베스 시대 청교도 신학자로서 "청교도 신학자의 왕자", "가장 중요한 청교도 저술가", "가장 조용한 시대의 이상적인 청교도 성직가", 등 퍼킨스를 칼빈을 이은 스콜라 개혁신학자의 출발점으로 평가한다. 그는 리차드 십스(Richard Sibbes, 1577-1635), 존 프레스톤(John Preston, 1587-1628) 등과 같은 탁월한 청교도 신학자들에게 많은 영향을 끼쳤다. 21.
37. 김홍만, "한국장로교회의 신학적 뿌리에 대한 논쟁들", 「개혁신학회」 22 (2012): 197-232.
38. 신원하, "초월과 진리, 주변에서 중심으로: 한국 교회 위기의 본질과 극복을 위한 신학 윤리학적 분석", 「한국기독교사회윤리학회」 26 (2013): 179-215.

학자들에 대하여는 시대적으로 긴박한 사회적 상황에서 회심을 강조할 때 나타나는 현상으로 보고자 한다. 본 논고를 쓰면서 다시 한번 하나님 앞(Coram Deo)에서 평신도로 '회심'의 열매를 맺으며 거룩한 삶을 살았는지 되돌아보고자 한다.

강종경
방송통신대학교 교육학과
숭실대 (M.A.)
숭실대학교 대학원 기독교학 석사
숭실대학교 대학원 기독교학 Ph.D. 과정

존 플라벨의 설교

박태현

I. 들어가는 글

21세기 포스트모던 사회와 제4차 산업혁명 시대를 살아가는 한국교회 성도들은 소용돌이치는 변화 속에 기독교의 소중한 전통을 상실한 채 표류하듯 살아간다. 특히 한국사회는 포스트모던 사회의 특징들인 다원주의, 상대주의, 허무주의 등이 보여주듯 하나님과 기독교 신앙을 등진 채 인간 중심적 성취와 성공 속에 삶의 의미와 만족을 추구하고 있다. 하지만 한국교회는 구약 선지자 예레미야가 외쳤듯이 '옛적 길'(렘 6:16)로 돌이켜야 비로소 구원과 평안을 얻는다는 가르침을 기억해야 한다. 약 150여 년의 역사적 청교도주의 시대[1] 중·후반기에 살았던 존 플라벨은 고난의 시기에 사역했던 목회자였다. 플라벨은 한국교회에 잘 알려져 있지 않지만, 17세기 중반 그가 목회 사역을 시작한 이래 그는 하나님의 영광과 교회와 성도들의 영혼의 복지를 위해 크게 수고했던 목회자이다. 특히 그의 설교 사역은 탁월하였으며, 성도들을 위해 기도했던 영적 지도자였다. 필자는 먼저 플라벨의 간략한 생애를 살펴보고, 설교에

---

1. 필자는 역사적 청교도주의 시대를 1558년 영국의 엘리자베스 1세의 왕위 등극으로부터 1688년 '명예혁명'까지로 엄밀하게 한정한다. 아마도 조엘 비키와 마이클 리브스 역시 필자와 같은 견해를 갖는 것으로 보인다. Joel R. Beeke & Michael Reeves, *Following God Fully*, 신호섭 옮김, 『청교도, 하나님을 온전히 따르는 삶』(서울: 지평서원, 2021), 30-33.

대한 그의 확신과 이해를 짚어보고, 마지막으로 플라벨이 한국교회에 주는 교훈을 요약해보고자 한다.

II. 존 플라벨의 간략한 생애(1628-1691)[2]

존 플라벨은 청교도 시대의 중반인 1628년에 월스터셔(Worcestershire)의 신실한 목회자였던 리처드 플라벨(Richard Flavel)의 장남으로 태어났다. 청교도 가정에서 자라난 존은 그의 아버지의 목회직을 잇기 위해 옥스퍼드(Oxford)에서 공부했다. 그의 학업 기간은 다소 불안했는데, 이는 영국 교회가 감독제를 제쳐두고 장로회 정치체제를 채택했기 때문이다. 학업을 마친 후 그는 딥트포드(Diptford)의 목사였던 월플레이트(Mr. Walplate)의 조사가 되었다. 1650년 10월, 플라벨은 솔즈베리(Salisbury) 장로회에서 장로교 교회법에 따라 안수를 받아 그의 전임자를 계승하였다. 플라벨은 경건한 여인이었던 조앤 랜들(Joan Randall)과 결혼했으나 부인은 1655년 출산 중에 죽고 말았다. 아기 역시 죽었다. 1656년, 애도의 기간이 지난 1년 뒤 엘리자베스 모리스(Elizabeth Morries)와 결혼한 플라벨은 데본(Devon) 지방의 크고 유명한 해안도시 다트머쓰(Dartmouth)로부터 청빙을 받았다. 당시 다트머쓰의 노회장이자 목회자였던 고(故) 하트포드(Mr. Hartford) 목사는 플라벨의 사역의 출

---

2. 이 글의 항목 II와 III은 필자의 박사학위 논문 중 일부를 수정, 번역한 것임을 밝힌다. Tae-Hyeun Park, 'The Sacred Rhetoric of the Holy Spirit: A Study of Puritan Preaching in a Pneumatological Perspective,' Th.D. Diss. Theologische Universiteit te Apeldoorn, 2005. 303-310. 단지 플라벨의 생애에 대한 정보만 드문 것이 아니라 그의 설교에 대한 연구 역시 거의 없었다. 필자는 전집에 수록된 정보에 의존하여 생애를 다룰 것이다. John Flavel, *The Works of John Flavel* (= *WJF*). 6 vols. (Edinburgh/Carlisle 1982), 1:iii-xvi. 플라벨의 전집은 1820년 런던에서 W. Baynes and Son 출판사에서 처음으로 출간되었다. Thomas Hamilton, 'John Flavel,' in *DNB*. vol. 7, 253-54. Michael Boland, Introduction to *The Mystery of Providence* (1678) of John Flavel, Banner of Truth Trust ed. (London, 1963), 7-14. Hughes Oliphant Old, *The Reading and Preaching of the Scriptures in the Worship of the Christian Church*. vol. 4. (Grand Rapids/Cambridge, 2002), 317-26. Beeke & Reeves, 『청교도, 하나님을 온전히 따르는 삶』, 89-92.

중함을 보고 플라벨을 교회의 큰 빛과 같다고 말했다. 플라벨의 설교를 여러 차례 들었던 그 도시 사람들은 그가 자신들의 교회에서 사역해 주기를 긴급하게 요청했다. 오랜 기도 후 플라벨은 이웃 지역 목회자들의 결정에 순응하여 1656년에 다트머쓰로 갔다. 그는 처음에 얼라인 기어(Mr. Allein Geere) 목사와 동역하였는데 기어 목사는 얼마 후 죽었다. 플라벨은 혼자였기에 힘겨운 사역이었지만 기쁜 마음으로 성도들을 돌보았다. 다트머쓰에서의 플라벨의 사역은 하나님과 인간에 대한 많은 지식과 재능을 지닌 설교와 기도 사역으로 인해 많은 회심자를 얻어 성공적이었다. 그의 청중 가운데 분별력 있던 한 사람은 플라벨의 설교에 대해 다음과 같이 말했다.

나는 그의 설교가 탁월하다는 것을 충분하진 않지만 많은 것을 말할 수 있습니다. 그의 설교는 시기적절하고 적합하며 영적인 문제를 다루고, 성경을 평이하게 강해하고, 그가 취한 방법은 순수하고 자연스런 추론이며, 확신에 찬 논증, 명확하고 강력한 제시, 마음을 꿰뚫는 적용, 양심의 가책을 받는 자들을 편안하게 만드는 것이었습니다. 요약컨대, 그의 사역 아래 있으면서도 영향을 받지 않았다면 그 사람은 틀림없이 머리가 나쁜 사람이든지 아니면 마음이 돌 같은 사람이든지 혹은 둘 다이든지 할 것입니다.

단지 그의 설교만 뛰어났던 것이 아니라 그의 기도 역시 다른 형태의 놀라운 설교였다. 그는 언제나 상한 심령으로 기도했고 사람들의 정서를 감동시켰다. 그는 성령의 도움을 받아 제단에서 나온 숯불에 댄 혀로써 기도했다.

플라벨은 종교적 격동과 갈등의 세계 속에 살았으며, 또한 사역하는 동안 '일치령 혹은 통일령'(the Act of Uniformity, 1662년) 제정으로 극심한 어려움을 겪었다. 비국교도 목사로서 플라벨은 강요된 공동기도서(the book of common prayer) 서약에 반대하여 2천여 명의 청교도 목회자들과 더불어 공식적으로 강단에서 쫓겨났고(대추방, the Great Ejection, 1662) 다트머쓰를 떠나야만 했다. 그럼에도 불구하고 그는 기회가 있을 때마다 자기 회중들을 지속적으로 돌보았다. 1672년, 플라벨은 영국 왕 찰스 2세(Charles II, 1630-1685)가 소수파인 비국교도의 목회 사역을 인정하는 '1차 관용령'(the first Declaration of Indulgence)을 선언했을 때 다트머쓰로 돌아와 설교 사역을 담당했다. 비록 그 자유가 얼마 후 사라졌을지라도 플라벨은 복음을 설교할 수 있는 모든 기회를 이용하였다. 이 기간에 그는 그의 두 번째 부인을 잃었다. 나중에 그는 엑스터(Exeter)의 목사인 토마스 다운(Thomas Downe)의 딸인 앤 다운(Mrs. Ann Downe)을 세 번째 부인으로 맞이하여 11년을 지내며 두 아들을 낳았다.

    1682년 플라벨은 런던으로 이주하기로 결정하였는데, 이는 비국교도에 대한 핍박으로 인해 다트머쓰에서의 신변 안전이 보장을 받지 못했기 때문이었다. 런던에서 그는 킹스 브리지(King's-Bridge)의 목사인 조오지 제프리스(George Jeffries)의 딸을 네 번째 부인으로 맞이했다. 1684년 다트머쓰로 돌아온 플라벨은 가택 구금을 당했다. 이 기간 동안 그는 런던의 두 곳으로부터 청빙을 받았다. 많은 기도 후에 그는 다트머쓰에 머물기로 결심했다. 영국 왕 제임스 2세(James II, 1685-1688)의 관용령(Declaration of Indulgence, 1687) 발표로 인해 플라벨은 다시금 공적으로 자유롭게 복음을 설교할 수 있게 되었다.[3] 그리고 그 이듬해인 1688년의 '명예혁명'(the Glorious Revolution)[4] 후에 플라벨은 더욱 더 복음을 설교할 수 있는 자유를 많이 누렸다. 그는 주님의

---

3. 제임스 2세의 1687년 관용령은 '양심의 자유령'(Declaration for Liberty of Conscience)으로 일컬어지기도 한다.
4. '명예혁명'(1688)은 제임스 2세의 딸 메리(Mary)와 결혼한 네델란드 오렌지 공의 윌리엄 3세가 영국 왕이 됨으로써 무혈혁명이 이루어졌기에 '명예혁명'이라 일컬어진다.

영광과 백성들의 유익을 추구하며 사역했다.

그는 자신만 아니라 그의 회중들에게 열정적인 설교자였다. 그는 스스로 사도 바울의 권면, 즉 "내가 내 몸을 쳐 복종하게 함은 내가 남에게 전파한 후에 자신이 도리어 버림을 당할까 두려워함이로다"(고전 9:27)라는 말씀을 부지런히 적용했다. 그는 영생을 확보하기 위한 중요하고 위대한 일 여섯 가지를 자신의 일기장에 나열했다. (1) 성령의 도우심을 위한 간절한 기도, (2) 자기부인, (3) 마지막 심판에 대한 철저한 의식, (4) 결정하기 전에 반드시 기도, (5) 가장 고요하고 진지한 마음 유지, 그리고 (6) 의심의 근거로서의 죄와 오직 겸손의 근거로서의 죄 사이의 주의 깊은 분별. 플라벨은 이런 정신으로 삶의 마지막까지 조심스럽게 자신의 마음을 지켰다.

플라벨에게 주어진 마지막이자 특별한 과제는 장로교 목사들과 회중교회 목사들이 모인 회합에서 두 그룹의 연합을 이루기 위한 중재자로서 지도력을 발휘하는 것이었다. 그 회의에서 도출된 합의는 플라벨에게 만족스러운 것이었다. 플라벨은 1691년 6월 21일 공적 금식과 겸손의 날에 애쉬버톤(Ashburton)에서 고린도전서 10:12의 본문으로 마지막 설교를 했다.[5] 그로부터 5일 뒤 플라벨은 엑스터에서 갑작스럽게 죽음을 맞이했다.

존 플라벨의 작품은 그의 사후 18-19세기에 커다란 영향을 미쳤다. 예를 들어, 조오지 휫필드(George Whitefield, 1714-1770)와 조나단 에드워즈(Jonathan Edwards, 1703-1758)은 플라벨의 작품에 영감을 받았고, 프린스톤 신학교 초대교장인 아치발드 알렉산더(Archibald Alexander, 1772-1852)는 플라벨의 『은혜의 방식』(*Method of Grace*)을 통해 회심하였다. 19세기에는 스코틀랜드 로버트 머리 맥체인(Robert Murray M'Cheyne, 1813-1843)과 앤

---

5. 설교 본문인 고전 1:10, '그리스도의 교회에 권고하는 복음의 일치'는 그리스도인들 사이에서 지녀야 할 플라벨의 '보편적 정신'(catholic spirit)을 드러낸다. WJF, 3:592, 608.

드류 보나(Andrew A. Bonar, 1810-1892)도 플라벨의 작품을 칭송했다. 게다가 플라벨의 저작 전집은 18세기에 5번, 19세기에 3번 재판되어 출판되었다.[6]

이런 플라벨의 생애에 대한 스케치를 그의 인품과 사역을 기술함으로써 마무리하는 것이 좋을 것이다. 플라벨은 사랑이 많은 목회자였다. 그는 가난한 사람들에게 매우 자선을 베풀었으며, 특히 교인들에게 자애로웠다. 그는 또한 자신을 욕하고 험담하는 자들에 대해서도 우리 주님께서 "아버지여 저들을 사하여 주옵소서 자기들이 하는 것을 알지 못함이니이다"라고 기도하신 것처럼 그들을 위해 기도함으로써 그의 특징적인 사랑을 보여주었다. 그는 그의 특징적인 사랑으로 빚어진 청중의 마음을 살펴 꿰뚫는 설교자였다. 성령께서 그를 들어 복음을 설교하게 하셨다. 그는 사람들의 마음에 초점을 맞추어 분별하였고, 구원을 위해 그리스도를 그 마음에 적용하였다.

III. 존 플라벨의 설교 이해

1. 그리스도를 적용하기 위해 제정된 신적 수단으로서의 설교

플라벨은 설교나 설교학에 관한 어떤 책도 쓰지 않았다. 그럼에도 불구하고 설교 사역에 관한 그의 견해는 6권으로 구성된 전집에서 명확하게 드러난다.

설교에 관한 그의 정의는 명확하다. "그리스도의 대사에 의한 복음 설교는 죄인을 그리스도와 화목하게 하고 그리스도께로 인도하기 위하여 세우신 수단이다."[7] 그는 설교가 삼위일체 하나님으로부터 나온 은혜의 수단으로 여긴다. 설교는 특히 구원론, 구원의 적용 교리에서 볼 수 있다. 하나님께서는 죄인들을 위하여 자신의 독생자 그리스도를 보내심으로써 구속의 토대를 마련하

---

6. 김홍만, 『청교도 열전』 (서울: 솔로몬, 2009), 420-21.
7. *WJF*, 2:50. 고후 5:20, *WJF*, 4:188, 201. 롬 10:14, 고전 1:21.

셨는데, 그리스도는 구속 사역 가운데 하늘에 이르는 길을 만드셨다. 이런 구속은 반드시 설교를 통해 죄인들에게 적용되어야 한다. 그렇지 않으면 설교는 아무런 소용이 없다.[8] 그리스도의 이런 효과적 적용을 위해 하나님께서는 우리에게 그의 말씀의 설교, 즉 구원을 위하여 자신이 친히 제정하신 보편적 수단을 제공하셨다. 하나님께서는 이런 전도의 미련한 것(고전 1:21)으로 자신의 택한 자들을 구원하기를 기뻐하셨다.

이것은 『복음 구속 안에 있는 은혜의 방식』(Method of Grace in the Gospel Redemption)에서 보다 자세하고 충분히 취급되었다. 특히 플라벨은 그리스도와 그의 모든 유익들이 죄인들에게 주어지는 것은 성령의 특별하고도 효과적인 적용에 의한 것이라고 지적한다.[9] 따라서 성령의 효과적 사역은 효과적 적용의 주요 부분인 믿음을 통해 죄인들을 신비적으로 그리스도와 하나가 되게 한다.[10]

플라벨은 복음 사역을 신자의 그리스도와의 연합을 위해 그리스도를 적용하는 외적 수단으로 취급한다.[11] 그는 또한 성령의 사역을 영혼의 그리스도와의 복된 연합을 위한 내적이고 가장 효과적인 수단으로 취급한다.[12] 플라벨은 성부 하나님께서 자신의 특별한 능력으로 한 영혼을 자신에게 이끄신다고 주장한다. 그는 또한 사람이 제 힘으로 그리스도께 나아올 수 없다고 전적 불가능을 단언한다.

성령은 그리스도와의 연합을 위해 자신의 초자연적 능력으로 죄인의 마음에 생명을 불어넣는 믿음의 행위를 창조하신다.[13] 이후에 죄인은 성령에 의해

---

8. *WJF*, 2:15.
9. *WJF*, 2:15-33. 본문: 고전 1:30.
10. *WJF*, 2:33-49. 본문: 요 17:23.
11. *WJF*, 2:49-66. 본문: 고후 5:20.
12. *WJF*, 2:67-84. 본문: 요 6:44.
13. *WJF*, 2:84-102. 본문: 엡 2:1.

소생된 믿음에 의해 그리스도를 영접하고 자신의 영혼에 적용시킬 수 있게 된다.[14] 플라벨은 모든 참된 신자들은 믿음으로 그리스도와 신비적으로 연합함으로써 그리스도와 참된 교제 혹은 친교를 갖는다고 주장한다.[15]

플라벨에 따르면, 복음은 두 가지 목적을 갖는다.[16] (1) 천사들과 사람들 앞에서 하나님의 거저 주시는 은혜의 영원한 영광. (2) 사람들을 그리스도께로 인도하여 그리스도 안에서 세움으로써 영혼의 영원한 구원과 축복. 이 위대한 구원의 계획을 위해 모든 복음 규례와 직분들이 수립되고 지명되었으며, 세상 끝날까지 지속될 것이다.[17] 플라벨은 윌리엄 퍼킨스(William Perkins, 1558-1602)처럼 하나님께서 제정한 수단은 끝까지 그 두 가지 목적을 성취할 것이라고 주장한다.

웨스트민스터 회의(Westminster Assembly)가 고백한 외적, 보편적 신적 수단은 세 가지이다: 말씀, 성례, 그리고 기도.[18] 그리스도는 수단들을 통해 구속의 유익들을 우리에게 전달하신다. 모든 신적 수단들은 구원의 방편이라 불린다. 이 수단들에 의해 그리고 이 수단들을 통해 주의 성령께서 사람들의 영혼에 영적 은혜들을 전달하신다. 즉, 수단들이 지닌 모든 유익은 그 자체 안에 혹은 그 자체로부터 나오는 것도, 그 수단들을 수행하는 자의 은사나 재능에 있는 것도 아니며, 주님의 축복과 성령으로부터 비롯된다(고전 3:7).[19] 플라벨이 궁극적 원인인 성령의 축복을 설교의 방편 혹은 설교자와 구별한 것은 주목해야 한다. 왜냐하면 하나님께서 제정하고 지명하신 신적 규례들은 성령의

---

14. *WJF*, 2:102-40. 본문: 요 1:12.
15. *WJF*, 2:141-56. 본문: 시 45:7.
16. *WJF*, 4:199-200. 눅 19:9.
17. *WJF*, 4:201. 엡 4:12. *WJF*, 5:532, 2:479.
18. *WJF*, 6:268. *The Westminster Shorter Catechism*, Question and Answer 88. Philip Schaff, *The Creeds of Christendom* (Grand Rapids, 1988), 3:695. *The Westminster Confession of Faith*, Chap. 14. 'Saving Faith,' Schaff, *The Creeds of Christendom*, 3:630.
19. *WJF*, 6:268. 고전 1:21, 3:5.

초자연적 영향으로 인해 언제나 실패하지 않고 그 목적을 이루기 때문이다(사 55:10, 고후 2:15, 16).

신적 규례들이 구원의 유일한 수단은 아니지만 그것들은 그리스도께서 승천하신 이후로 상존하는 보편적 수단이었다.[20] 비록 하나님께서 그 수단들이 없이 사람들을 구원하실 수 있을지라도 그의 정하신 것들을 존중하는 그의 목회자들을 통해 그들을 구원하시길 선호하셨다.[21] 게다가 모든 규례들은 오직 모든 택자들의 구원에 효과적이다.[22] 여기서 플라벨은 퍼킨스와 17세기 영국 청교도들과 공통된 예정론을 나타낸다.

플라벨은 하나님께서 이 규례들 가운데 특히 설교를 크게 사용하신다고 지적한다.[23] 그리스도께서 자신의 대사들을 통해 "우리의 구원을 위한 하나님의 뜻을 그의 말씀과 성령으로 우리에게 계시하심으로써" 자신의 선지자 직분을 수행하신다.[24] 이 말은 그리스도께서 하나님의 뜻을 보여주는 외적 계시와 내적 조명으로 사람의 자연적 무분별과 무지를 밝히심을 의미한다. 이 두 가지는 그리스도께서 사람의 마음을 여시는 주된 방법이다.[25] 영혼이 그리스도께 이르는 두 문이 닫혀있는데, 그것은 무지에 의한 지성과 완고함에 의한 마음이다. "전자는 복음을 설교함으로써 열려지고, 후자는 성령의 내적 작용을 통해 열려진다."[26] 플라벨은 하나님의 말씀과 성령의 불가분리의 관계를 바르게 꿰뚫어 보고 있다. 그리스도는 인내하심으로 서 계시고, "외적으로는 말씀으로, 내적으로는 성령의 설득, 움직임, 충동, 노력, 그리고 감동으로" 강력하게 문을 두드리

---

20. *WJF*, 6:269. 롬 10:14-15. *WJF*, 2:49. 1:125.
21. *WJF*, 6:269. 행 9:4, 5. *WJF*, 1:125, 136.
22. *WJF*, 6:268-69. 행 13:48. 요 10:26.
23. *WJF*, 6:270.
24. *WJF*, 6:182.
25. *WJF*. 6:182. 1:136-37. 고전 2:14, 고후 4:6-7, 행 3:22, 눅 24:45.
26. *WJF*, 1:132.

신다.[27] 플라벨은 이 진술로써 설교가 갖는 두 측면을 선명하게 이해하고 있다. 설교는 그리스도를 내적으로 그리고 외적으로 적용하는 수단이다.

2. 그리스도를 적용하는 외적 수단으로서의 설교

『복음 구속 안에 있는 은혜의 방식』에서 플라벨은 설교를 성도들의 그리스도와의 연합을 위해 그리스도를 적용하는 외적 수단으로 여긴다. 그리스도를 효과적으로 적용하는 것은 근본적으로 우리의 그분과의 연합에 있다. 그러나 보편적으로 "복음 전파 없이는, 그리고 우리 영혼에 그분을 제시하지 않고서는" 연합이 있을 수 없다.[28] 『복음 구속 안에 있는 은혜의 방식』의 세 번째 설교문, '그리스도를 적용하는 외적인 수단으로서의 복음 사역의 속성과 사용, 고후 5:20'이라는 제목에서 플라벨은 설교 사역과 연관된 세 가지, 즉 의미, 사명, 축복을 보여준다.

첫째, 플라벨은 그리스도께서 자신의 사역자들을 통해 죄인들을 다루시는 것과 관련하여 여섯 가지 함축된 의미를 펼쳐 보인다.[29] (1) 하나님의 은총과 교제의 신분에서 유기되고 타락한 인간. 하나님의 복음은 인간의 타락을 전제하기에 복음 설교는 하나님의 인간을 향한 은혜롭게 다루시는 것이다. (2) 죄 많은 인간에 대한 하나님의 특별한 은혜와 경탄할 만한 낮추심. 하나님께서는 타락한 천사보다 타락한 인간과 화목하기를 원하신다. 게다가, 하나님께서는 단지 죄인들을 다루실 뿐만 아니라 화해하도록 간청하는 것은 더욱 놀라운 일이다. (3) 복음 사역의 위대한 위엄과 영광. 복음 사역자들은 그리스도의 대사들이다. 대사들은 자신들을 보내신 왕을 대표하고 대신한다(눅 10:16). (4) 그들의 사역에 충실해야 하는 엄격한 의무(딤전 1:12, 히 13:17). 그들은 그리스

---

27. *WJF*, 4:19.
28. *WJF*, 2:49. 참조. 롬 10:14.
29. *WJF*, 2:51-53.

도의 본을 따라야 한다. "내 교훈은 내 것이 아니요 나를 보내신 이의 것이니라"(요 7:16). (5) 복음 사역의 제거는 사람들에 대한 매우 심각한 심판이다. 만일 영혼이 하나님과 화해하는 것이 위대한 사역이라면, 그 화해의 수단과 도구의 제거는 가장 가혹한 심판이다. (6) 죄인들을 향한 하나님의 지혜와 자신을 낮추심은 그들과의 평화 조약을 맺으실 때 '은혜 언약'에 표현되었다.[30] 조약 없이는 그 어떤 화해란 없을 것이며, 이와 같은 조약을 수행할 방법도 없을 것이다. 하나님의 은혜와 지혜는 단지 은혜 언약만 아니라 연약한 인간을 자신의 대사(大使)로 사용하심 가운데 드러난다. 하나님은 감정적으로 그리고 경험적으로 우리의 그리스도와의 연합에 대해 말할 수 있는 우리와 같은 사람을 자신의 대사로 임명하심으로써 은혜롭게 자신을 우리의 약함에 적응하신다.[31] 이는 인간의 연약함을 다루시는 하나님의 지혜를 보여준다. 만일 하나님께서 직접 말씀하시거나 천사를 보내어 말씀하신다면, 사람의 연약한 본성은 설득되기보다는 오히려 압도당할 것이다.[32] 대사는 그리스도를 대신하여 구원의 복음을 친숙한 방식으로 전할 수 있다.[33]

둘째, 플라벨은 그리스도의 대사의 사명을 다룬다. 설교자의 일은 영혼들을 그리스도께 중매하는 것이다(고후 11:20).[34] 그들의 사명은 세상을 하나님께 화목하게 하는 것이다. 이로서 그들은 그리스도의 피로 산 유익들을 수용할 수 있게 된다. 이것은 세상을 위한 하나님의 위대한 프로젝트와 계획이다(엡

---

30. 플라벨은 은혜 언약을 그의 '고통받는 성도의 피나는 상처에 바르는 언약의 향유'(Balm of the Covenant applied to the Bleeding Wounds of Afflicted Saints'에서 충분히 다룬다. *WJF*, 6:83 119. 그는 은혜 언약이 복음의 모든 약속과 위로가 함께 모이는 바다와 같다고 생각한다. *WJF*, 6:94. 행위 언약은 그의 논쟁적 논문, '율법과 언약의 입증'(Vindiciae Legis et Foederis)에서 상세하게 취급된다. *WJF*, 6:318-78.
31. *WJF*, 2:49, 53, 4:119.
32. *WJF*, 2:53.
33. *WJF*, 4:119.
34. *WJF*, 2:50.

4:11-12).³⁵ 죄인들의 하나님과의 화목을 성취하기 위해 하나님께서 친히 그리스도의 교회에 규례들과 직분자들을 세우셨다. "그리스도의 모든 규례와 직분자들에 대한 위대한 목표와 범위는 사람들을 그리스도와 연합하게 하는 것이며 그리스도 안에서 그들을 완전하게 세우는 것이다."³⁶ 이 목적을 위해 직분이 수립되어야 한다. 목회자들이 복음을 설교할 필요만 아니라(고전 9:16), 그리스도처럼 그 일, 방식, 목적에 충실하여 자신들의 사명에 충실해야 할 필요성도 있다.³⁷ 목회자의 임무는 사람을 기쁘게 하는 것이 아니라 하나님을 기쁘시게 하는 것이다. 하나님의 말씀은 사람을 기쁘게 하는 부패로부터 지켜져야 한다. 목회자의 관심은 사람을 그리스도의 제자로 만드는 것이지 자기 제자들을 만드는 것이 아니다(고후 12:14). 그들은 교회를 위해 존재하는 것이지 자신들을 위해 존재하는 것이 아니다. 그들의 사역의 범위와 목적은 교회의 유익을 위한 것이다.³⁸ 게다가 그리스도는 자신의 사역자들이 사명을 수행하고, 바울과 디모데처럼 그들의 믿음에 충실하기를 기대하고 요구하신다.³⁹

우리는 왜 설교자를 필요로 하는가? 사람들이 스스로 성경을 읽고 묵상하는 것으로 충분하지 않은가? 플라벨에 따르면, 하나님의 말씀을 읽고 듣는 것은 구원의 수단이며, 성경이 읽혀지고 들려질 때 하나님께서 때때로 사람들의 회심을 위해 자신의 성령으로 오신다.⁴⁰ 신자에게 있어서 성경 읽기는 그리스도와 사도들이 명령한 의무이다.⁴¹ 그럼에도 불구하고 플라벨은 그리스도께서 자신과의 복된 연합에 관하여 하나님의 기록된 말씀을 주신 것을 충분한 것으

---

35. *WJF*, 2:19.
36. *WJF*, 2:20. 참조. 1:126.
37. *WJF*, 2:52.
38. *WJF*, 5:21.
39. *WJF*, 2:52. 고전 11:2, 딤후 1:14.
40. *WJF*, 6:270. 신 17:19, 사 55:3, 고전 1:21, 행 8:27-29.
41. *WJF*, 6:271, 3:446-47. 요 5:39, 행 17:11.

로 여기지 않으시고, 교회 안에 율법과 복음의 약속을 강해하는 항존 직분을 수립하였다고 지적한다.[42] 게다가 어떤 난해한 본문은 설교자의 지속적인 섬김을 요구할 뿐만 아니라 그 본문을 매우 심도 깊게 부지런히 연구할 것도 요구한다.[43] 더 나아가 그리스도께서 친히 죄인의 마음을 열기 위해 사용된 다른 모든 도구들보다 설교된 말씀을 선호하신다. 플라벨은 사도 바울이 사역할 때 주님께서 리디아의 마음을 여셨다고 반복해서 지적한다.[44]

셋째, 플라벨은 그리스도의 사역자가 지닌 이 사명을 특별한 축복으로 여긴다. 이것은 화목의 대상과 성격과 관련하여 화목 때문이다.[45] 먼저, 화목의 대상과 관련하여 하나님은 의로운 사람이나 천사가 아닌 타락한 인간과 화목하게 된다. 둘째, 이 화목은 전체적이며, 자유로운 것이며, 최종적인 성격을 지닌다. 전체적으로 우리에 대한 그 어떤 하나님의 진노도 남아 있지 않다(사 27). 이 화목은 하나님의 은혜로 말미암아 그리스도 안에 있는 구속의 방식으로 어떤 비용도 지불되지 않고 거저 주시는 것이다. 그리고 최종적으로 하나님과 인간 사이에 더 이상 결코 새로운 단절이 없을 것이다. 이것은 은혜 언약과 하늘에 계신 그리스도의 중보기도에 의해 확증된다.[46]

복음 설교는 성령의 은혜 아래서 믿음을 낳는 명시된 방법이다.[47] 구원하는 믿음은 복음이 설교되고 알려지는 곳에서 산출될 수 있다.[48] 복음 설교는 단지 그리스도를 믿는 믿음만 산출하는 것이 아니다. 그 믿음을 보존하기도 한다.[49]

---

42. *WJF*, 2:50.
43. *WJF*, 3:444-45. 잠 2:3-5, 느 8:8, 엡 4:11-13.
44. *WJF*, 3:299. 4:94. 1:136.
45. *WJF*, 2:53-56.
46. *WJF*, 2:56, 1:117. 그리스도의 중보기도는 하나님과 신자 사이의 평화의 상태를 확보하고 미래의 모든 새로운 단절을 예방한다.
47. *WJF*, 4:199.
48. *WJF*, 6:144-45. 롬 10:14-15, 17.
49. *WJF*, 6:45. 벧전 2:2.

복음은 약속과 위협이라는 두 가지 다른 측면을 지니지만 믿음 안에서 그리스도께 마음을 열기 위해 계획된 것이다.[50] 따라서 사람들은 그리스도를 믿는 믿음으로 구원받기 위해 복음 사역 아래 있어야만 한다.[51]

요컨대, 복음 설교는 죄인들이 하나님과 화목하기 위한 외적 수단이다. 하나님께서는 자신의 신적 지혜 가운데 죄인들의 그리스도와의 연합을 위해 복음이라는 보편적 도구로서의 설교를 지명하셨다. 하나님은 보편적으로 말씀의 설교를 통해 죄인들을 구원하신다.

3. 그리스도를 적용하는 내적 수단으로서의 성령의 사역

1) 설교의 구원하는 효과로서의 성령

설교가 죄인들의 하나님과의 화목을 위해 그리스도를 적용하는 외적 수단인 것처럼, 마찬가지로 성령의 사역은 화목을 위한 내적인 수단이다. 『복음 구속 안에 있는 은혜의 방식』의 네 번째 설교는 "그리스도를 적용하는데 가장 효과적인 내적 수단"으로서의 성령의 사역을 소개하는데 전적으로 할애된다.[52] 플라벨은 복음 설교에서 성령 하나님께서 주요하고 효과적으로 사역하심을 굳게 확신한다. 외적 수단으로서의 설교는 부차적인 것이다.[53] 비록 성령이 하나님에 의해 주어진다 할지라도, 이것이 하나님의 말씀이나 그 말씀을 설교하는 것을 폐지하지 않으며 오히려 그리스도에 대해 닫힌 딱딱한 마음을 연다. 따라서 칼빈과 같은 맥락에서 플라벨은 성령이 우리에게 주어졌을지라

---

50. *WJF*, 4:201. 4:95.
51. *WJF*, 4:199. 1:136.
52. *WJF*, 2:67-84. 2:56-59. 또한 열 번째 설교문을 보라. 'The second Branch of Christ's Prophetical Office, consisting in the Illumination of the Understanding.' *WJF*, 1:131-43.
53. *WJF*, 4:198-99. 고전 3:5.

도 이런 사실이 사람으로 하여금 성경을 읽고, 연구하고, 부지런히 찾는 것을 빼앗기 위해 계획된 것은 아니라고 주장한다.[54] 영혼이 그리스도와 연합하는 위대한 축복은 절대적으로 마음에서 믿음을 일으키시는 성령의 사역에 달려 있다.

> 그리스도의 인격과의 연합 없이는 그리스도에 의한 구원하는 유익을 얻을 수 없고, 믿음 없이는 그의 인격과의 연합이 없으며, 그리스도의 대사들의 복음 설교 없이는 일반적으로 믿음이 생겨나지 않으며, 하나님의 이끄심이 없이는 그들의 설교는 구원하는 효과가 없다.[55]

이 진술에 대해 플라벨은 하나님께서 이끌지 아니하시면 아무도 내게 올 수 없다는 그리스도의 성경 말씀(요 6:44)에 확신을 가지고 호소한다. "우리가 감동 받을 때 우리는 움직이고, 그리스도께서 우리에게 오시는 것처럼, 마찬가지로 우리가 그에게로 가는 것은 순전히 은혜의 결과다."[56] 하나님께서 죄인을 이끄실 때, 그 죄인은 기꺼이 그리스도께 나아간다(빌 2:13). "만일 우리가 은혜의 도움과 지원을 바란다면, 그 바람조차도 은혜에 속한 것이라고 풀겐티우스(Fulgentius)가 말했다. 우리가 은혜를 바랄 수 있기 전에 그 은혜가 먼저 우리에게 비춰져야만 한다."[57] 다트머쓰 항구의 설교자로서 플라벨은 설교에서의 성령의 효과적 사역을 묘사하기 위해 항해의 은유를 훌륭하게 사용했다. "규례들은 선박의 돛과 같다. 목사들은 이 돛을 관리하는 선원과 같다. 닻이 올려지고, 돛이 펼쳐지고, 이 모든 것이 끝났다 할지라도, 바람이 불기 전에

---

54. *WJF*, 1:132.
55. *WJF*, 2:67.
56. *WJF*, 2:69.
57. *WJF*, 2:69.

는 항해란 있을 수 없다."⁵⁸ 영혼이 그리스도께 열려지기 위해 성령께서는 모든 복음 규례들을 축복하신다.⁵⁹ 그리스도의 힘 있는 목소리는 그를 영접하도록 영혼의 문을 여는 열쇠라고 플라벨은 주장한다.⁶⁰ 따라서 설교자들은 사람들의 구원을 위해 절대적으로 하나님의 성령을 의존해야 한다.

우리가 설교하고 기도하고, 여러분이 듣습니다. 하지만 (요 3:8에 비교된) 하나님의 성령께서 그들에게 불기 전에는 그리스도께 나아갈 수 없습니다. 그가 신적 빛으로 지성을 비춰주시며, 전능하신 힘으로 의지를 굽히기 전에는 하늘을 향한 영적 움직임이 있을 수 없습니다.⁶¹

요컨대, 성령 없이는 모든 규례들, 섭리들, 혹은 목사들이 영혼의 마음을 열 수 없다. 그는 주님이시며 거룩하고 은혜로운 모든 영향력은 그의 손 안에 있다. 설교가 지닌 커다란 효능은 죄인들이 죄를 깨닫고 겸손해지고 마음을 바꾸어 그리스도와 화목하게 한다.⁶² 이러한 위대한 효과는 말씀 자체나 그것을 설교하는 사람에게서 나오는 것이 아니라 하나님의 성령에게서 나온다.⁶³ 설교자나 청중의 자연적 힘이나 능력, 혹은 설교된 말씀이 탁월하게 발휘되었을 때조차 죄인의 마음을 열 수 없다. 사람의 의지를 열고 복음 설득을 효과적으로 만드는 것은 다름 아닌 그리스도의 효과적인 내적 음성이다.⁶⁴

복음 설교의 위대한 효과는 하나님의 성령으로부터 도출된다. 오로지 그의

---

58. *WJF*, 4:198.
59. *WJF*, 4:201.
60. *WJF*, 4:193.
61. *WJF*, 4:198.
62. *WJF*, 2:56-57. 참조. 고후 10:4-5. 행 2:37.
63. *WJF*, 2:57, 298.
64. *WJF*, 4:169.

축복만이 설교가 열매를 맺게 한다. 목사들은 바람이 불기 전까지 소리가 나지 않는 트럼펫과 같다. 혹은 성령께서 움직이게 하지 않는다면 움직이지 않는 에스겔의 수레바퀴와 같다.⁶⁵ 성령께서는 협력하시고 당신의 뜻대로 목사들의 사역을 축복하신다. "이 성령은 사람의 은사나 어떤 부분에 제한되지 않는다. 그는 탁월한 은사를 가진 자들의 수고에 함께 작용하시고, 종종 천하고 보잘 것 없는 은사를 훨씬 위대한 성공으로 축복하신다."⁶⁶ 성령은 자유로운 사역자로서 어떤 수단이나 시간에 매이지 않는다. 성령은 하나님의 말씀, 영혼, 회심의 시간에 대해 일하심에 있어서 주권자이시다.⁶⁷ 그는 그리스도를 영접하도록 자신의 기뻐하는 뜻대로 축복하고 마음속에 역사한다. 그러므로 플라벨은 그의 청중들에게 그 어떤 복음 규례에도 모든 축복과 효과가 달려있는 성령을 생각지 않고서는 결코 나아오지 말기를 조언한다.⁶⁸

2) 성령의 사역의 특징

플라벨은 영혼의 마음에 말씀하시는 그리스도의 내적 음성이 지닌 특징을 다음과 같이 소개한다.⁶⁹ (1) 그것은 은밀하고 조용한 음성이다. 그것은 복음을 영혼에게 힘 있게 말씀하시는 성령의 음성이다. (2) 그것은 마치 그리스도께서 그들의 이름을 부르시는 것처럼(요 10:5) 영혼의 상태와 형편에 명확하고 구체적으로 말씀하는 인격적이고 특정한 음성이다. 목사들이 일반적으로 복음을 말할 때 하나님의 성령은 특정한 마음들에게 말씀하신다. 오직 성령에 의해 특정하게 음성을 들은 청중들만 그 말씀을 들을 수 있고, 성령의 효과를 느

---

65. *WJF*, 2:58.
66. *WJF*, 2:58.
67. *WJF*, 2:58, 299.
68. *WJF*, 4:198.
69. *WJF*, 4:172-77.

낄 수 있다. (3) 성령께서 말씀하시는 특정한 영혼들은 그리스도의 내적 음성을 다른 목소리들과 구별할 수 있다(요 10:4). 이 그리스도의 영적 음성은 놀라운 빛을 지니는데, 이로써 마음의 모든 비밀들이 벌거벗은 듯이 다 드러난다. 이 음성은 또한 복음의 신적 인상을 영혼에 새기는 놀라운 능력을 갖는다(고후 4:6, 살전 1:5). (4) 그것은 영혼이 그 음성을 들으리라고 전혀 기대하지 않았기 때문에 놀라운 음성이다. (5) 그것은 그 음성을 듣는 영혼의 마음을 꿰뚫는 위대한 능력을 갖는다(히 4:12). 그것이 지닌 새롭게 창조하는 능력은 첫 번째 창조와 비교된다(고후 4:6). (6) 그것은 죄인의 양심을 깨닫게 하는 음성으로 영혼이 이리저리 회피하지 못하게 한다. (7) 하나님의 음성은 일반적으로 그리고 보편적으로 전달을 위해 선택된 기관 혹은 도구인 설교된 말씀을 통해 사람의 영혼에 전달된다. (8) 그것은 영혼에 지속적인 영향과 인상을 미친다(시 119:93).

그리스도의 효과적이고 구원하는 내적 음성은 소수 사람들을 향하는데, 그들 대부분은 하류층이다.[70] 비록 그리스도께서 모든 계층의 사람들이 자신의 음성을 듣게 할지라도 이 세상의 위대하고 지혜로운 대부분의 사람들은 그 음성을 받아들이지 않는다. 그리스도께서 한 사람을 다른 사람보다 주목하시는 것은 신적 의지가 갖는 기뻐하는 선한 뜻에서 나온 것이지 사람의 어떤 외적 혹은 내적 위엄에서 나온 것이 아니다.

그리스도의 음성은 사람의 영혼에 몇몇 효과를 지닌다.[71] (1) 죄와 비참함에 대한 특정한 양심의 깨달음. (2) 죄에 대해 마음의 겸손과 참회. (3) 구원 받은 후 부주의하고 나태한 마음에서 가장 큰 고독과 사려 깊은 마음으로의 영적 각성. (4) 격려와 희망. (5) 이끄는 효과(요 6:44-45). (6) 속사람에게 달콤한 안

---

70. *WJF*, 4:178-80.
71. *WJF*, 4:181-82. 요 16:9.

식과 위로(히 4:3).

 그리스도의 효과적인 내적 음성은 언제나 들려지는 것이 아니라 오로지 특정한 계절이나 시점에 들려진다. 그리스도의 영은 하나님의 말씀, 규례들, 혹은 섭리와 연계하여 일하시되 특히 말씀과 함께 일하시며 이 시간을 축복하신다.[72] 말씀 하나만으로 죄인을 구원하지 못한다. "하지만 주님께서 잠 1:33의 약속에 따라 자신의 성령을 말씀과 함께 부어주실 때, 그리스도께서 마음에 말씀하신다. 말씀과 성령의 이 위대한 결합이 그 구원의 복된 시간과 계절을 사랑의 시간, 생명의 시간으로 만든다."[73] 플라벨은 의심 없이 하나님의 말씀과 성령의 사역의 필연적 결합을 믿는다.

 요컨대, 복음이 설교될 때 그리스도는 두 음성, 즉 외적 혹은 목회적 음성과 내적 혹은 영적 음성을 갖고 계신다.[74] 그리스도의 외적 음성은 복음에 대한 설교이다. 그리스도의 내적 혹은 효과적 음성은 소리가 아니라 능력에 있다. 그리스도의 외적 음성은 그리스도의 내적 음성을 영혼에게 전달하는 하나의 도구이다. 오로지 내적, 영적 음성이 목회적 음성과 함께 할 때만 성공적이다. 그리스도의 효과적, 내적 음성의 생명력 있는 소리는 죄인들의 영적 생명인 성령의 축복을 의미한다.[75] 다시 말하면, 설교 청취에 있어서, 두 가지 종류의 청취, 즉 외적 청취와 내적 청취가 있다.[76] 외적 청취는 설교된 복음의 소리를 육체의 귀로 듣는다. 내적 청취는 단지 복음의 소리만 아니라 또한 영혼이 그 소리를 이해하고 사랑과 순종으로 수용한다.

---

72. *WJF*, 4:184. 요 5:25, 고후 6:2.
73. *WJF*, 4:184. 강조는 필자의 것.
74. *WJF*, 4:170.
75. *WJF*, 4:170. 요 5:25.
76. *WJF*, 4:169. 계 2:17, 욥 12:11, 살후 2:10.

IV. 플라벨의 설교 이해가 한국교회에 주는 시사점

플라벨의 목회 사역은 자신의 생애 동안만 아니라 자신의 저작들을 통해 그 이후 세대에게도 큰 유익을 끼쳤다. 특히 그의 설교관은 한국교회에 다음과 같은 시사점들을 제공한다.

첫째, 설교 사역은, 거의 모든 청교도들이 공통적으로 고백하듯이, 하나님의 은혜로운 구원의 방편이다. 특히 설교는 신자와 그리스도와의 연합을 위해 그리스도를 적용하는 외적, 보편적 수단이다. 따라서 한국교회는 설교를 단순히 성경에 대한 목회자의 견해쯤으로 여기는 태도는 지양되어야 한다. 이는 설교하는 설교자와 설교를 듣는 회중 모두에게 요청된다. 게다가 설교 대신 다른 것들, 예를 들어 연극이나 간증으로 대신하는 일이 없어야 한다. 설교는 신자가 그리스도와 신비적 연합을 이루기 위해 하나님께서 제정하신 보편적 은혜의 방편이기에 목회자는 '때를 얻든지 못 얻든지 말씀을 전파'해야 한다(딤후 4:2).

둘째, 플라벨은 설교 사역엔 반드시 성령의 내적 조명과 사역이 필요함을 깨우쳐준다. 성경의 외적 계시는 반드시 깨우침을 위한 성령의 내적 조명과 완고한 마음을 여는 성령의 강력한 사역이 필요하다. 따라서 설교를 위한 성령의 사역을 요청하기 위하여 설교자와 회중은 반드시 기도해야 한다. 성령의 바람이 불지 않는 한, 돛단배는 결코 항해할 수 없기 때문이다.

셋째, 한국교회는 설교사역을 통해 구원하시는 하나님의 적응하심에 대해 감사하고 찬양해야 한다. 다시 말하면, 하나님께서는 연약한 인간을 자신의 대사(大使)로 세우심으로써 청중들의 약함에 적응하심으로써 자신의 지혜와 은혜를 드러내셨다. 그리스도의 대사는 구원의 복음을 친숙한 방식으로 전달할 수 있기 때문이다. 이것은 하나님의 영광의 위엄이나 천사의 찬란함에 압도당하지 않게 하시고, 오히려 우리와 성정(性情)이 똑같은 사람을 통해 구원하시기를 기뻐하신 하나님의 지혜와 은혜이다. 따라서 청중은 설교를 들을 때에 사람의 말이 아니라 하나님께서 친히 말씀하시는 것으로 받아야 한다(살전 2:13).

박태현

건국대학교 전자계산학과 (B.Sc.)
고려신학대학원 (M.Div. Equiv.)
St. John's College (M.A.)
Apeldoorn Theological University (Drs. Theol.)
Apeldoorn Theological University (Dr. Theol.)
(현) 총신대학교 목회신학전문대학원 설교학 교수
(현) 한국복음주의실천신학회 회장

슈페너의 설교

김은진

Ⅰ. 서론

슈페너[1]는 1635년 1월 13일에 알사스 지방의 라폴츠바일러(Rappoltsweiler, 현재는 프랑스의 Ribeauville)에서 아버지 요한 필립 슈페너(Johann Philipp Spener), 어머니 아가타 잘쯔만(Agatha Saltzmann)을 부모로 하여 출생했다. 총 8명의 형제자매 가운데 네 번째 아이였고 아들로서는 맏이였다. 슈페너는 자기의 매제 요아킴 슈톨(Joachim Stoll)에게서 경건한 루터교 교육을 받았다. 또한 슈페너는 자기 아버지의 서재와 매제의 서재에 있던 책들로부터 많은 영향을 받았다. 슈페너의 신앙의 성장에 많은 유익을 준 책들로는 『성경』, 요한 아른트의 『참 기독교』(Wahres Christentum), 루이스 베일리(Lewis Bayly) 의 『경건의 실천』(Praxis pietatis)과 에마뉴엘 손톰(Emanuel Sonthom)의 『금보석』(Güldenes Kleinod), 그리고 니콜라우스 훈니우스의 『신앙개요』 (Epitome credendorum) 등이었다. 슈페너는 이와 같은 책들을 항상 손에 쥐 고 읽었다고 술회하였다. 슈페너는 어린 시절에 금욕적인 청교도적 경건성과 루터파 정통주의 속에 있던 신앙적 열정을 배우며 성장했다. 슈페너의 매제가

---

1. 김문기, "Ph. J. Spener의 설교를 통한 17세기 독일 루터 교회의 개혁" 「복음과 신학」 제3권 1집(2000) 통권 제3호), Peter Schicketanz, "경건주의(1675~1800)" 「KGE 교회사전집」 Ⅲ-1. 김문기 역(천안: 호서 대학출판부, 2015), 지형은, 『갱신, 시대의 요청-경건주의 연구』(서울: 한들출판사, 2003)를 주로 참고함.

되는 요아킴 스톨은 라폴츠바일러의 궁정 설교자로 사역하면서 슈페너에게 참된 기독교를 가르치고 그의 삶 속에 뿌리 내리도록 많은 영향을 주었다.

슈페너는 1651년에 슈트라스부르크 대학에서 철학과 신학을 공부하였다. 1663년에 목사 안수를 받았고 1666년에 프랑크푸르트에 목회 청빙을 받았다. 그는 프랑크푸르트 도시 전체의 루터파 교회 목사단의 대표인 수석목사로 부름을 받고 바퓌써교회(Barfüßerkirche)의 담임목사로 목회를 했다. 프랑크푸르트에서 20년간(31세-51세) 목회를 하였다. 그 다음으로 1686년 7월 11일에 작센 선제후국의 궁정 수석목사(Oberhofprediger)로 드레스덴(Dresden)에서 목회를 하였다. 드레스덴에서의 목회를 마치고 슈페너는 1691년 베를린으로 초청을 받고 니콜라이 교회(Nikolaikirche)에서 마지막 목회 사역을 하였다.

이 세 개의 목회지 가운데 프랑크푸르트에서의 목회가 슈페너에게 있어서는 가장 중요한 시기였다고 할 수 있다. 왜냐하면 슈페너를 특징지을 수 있는 경건주의 운동의 모태인 '경건의 모임'(Collegia pietatis)이 이곳, 프랑크푸르트에서 목회할 때 시작되었기 때문이다. 이 모임으로 인해 슈페너는 경건주의의 창시자라고 불리게 되었다. 그러면 경건주의자 슈페너와 설교는 무슨 연관이 있는가?

슈페너의 설교를 살펴보기에 앞서 경건주의라는 용어가 무엇인가를 살펴볼 필요가 있다. 1689년 독일 라이프치히대학교의 한 학생의 장례식에서 그 학교의 시학 교수이며 도서관장인 요아힘 펠러(Joachim Feller)가 다음과 같은 시를 발표한다. "경건한 사람이란 누구일까? 그는 하나님의 말씀을 연구하며 하나님의 말씀에 따라서 거룩한 생활을 하는 사람이다" 이때부터 경건주의의 개념이 생기게 되었다. 이와 같이 '경건'은 하나님의 말씀을 듣고 이 말씀대로 살아가는 것이다. 즉 경건주의 운동은 말씀과 그 말씀에 대한 실천이 결부된 믿음을 말한다. 이는 하나님의 말씀이 올바로 선포되어야 함을 전제로 한다. 경건주의자들은 이렇게 하나님의 말씀을 올바로 선포하는데 심혈을 기울였다. 그러므로 경건주의 운동은 설교 개혁 운동이라고 할 수 있다. 그리고 그 중심에 서 있는 사람이 바로 슈페너이다. 이처럼 슈페너에게 있어서 설교는 신앙의 핵심과 같았다. 이것은 이미 슈페너 앞서 1세기 전에 종교개혁자 마틴 루터가 천명한 것이다. 루터는 가톨릭교회가 숨겨온 하나님의 말씀을 성도들에게 회복시켜 주려고 노력했다. 루터는 자신의 모든 글이 설교의 일환이라고 하였다. 또한 루터는 당시 가톨릭 성직자들의 전유물이었던 성경을 자신의 모국어인 독일어로 번역하여 성경을 일반 평신도들도 읽을 수 있도록 했다. 루터의 후예인 슈페너도 하나님의 말씀인 성경과 그 말씀을 선포하는 설교를 매우 중요하게 여겼다. 슈페너가 1670년 자신의 목사관에서 주일예배 외에 일주일에 두 번 모이는 '경건의 모임'(Collegium pietatis)을 가진 것도 말씀을 올바로 선포하고 이 말씀을 성도들에게 되새기고자 하는 열정의 일환이었다. 슈페너는 당시 선포되는 설교의 문제점을 다음과 같이 말한다. "하나님의 말씀이 풍성한 듯 합니다……하지만 여기에 여러 가지 문제가 있습니다." 이처럼 슈페너는 당시 강단에서 선포되던 설교의 문제점을 진단하였다. 그렇기 때문에 그가 가장 역점을 두었던 것은 설교였고 바른 설교를 통해 교회를 변화시키며 성장시키는 데 사력을 다했다. 이 글에서는 교회 개혁의 중심으로 삼았던 그의 설교에 관해서 살펴보고자 한다.

II. 슈페너의 설교의 특징

1. 성경 말씀을 중심으로 단순하고 쉽게 설교하기

슈페너는 당시 루터교 정통주의의 설교가 너무 사변적이고 지식적임을 지적하였다. 당시 설교자들은 주로 학자들에게 초점을 맞춰 설교했다. 당연히 평신도들은 당시에 선포되던 설교를 잘 알아들을 수 없었다. 당시 설교자들은 자신들이 주장하는 교리를 변증하기 위해 루터가 버렸던 아리스토텔레스의 철학을 다시 활용하기 시작했다. 자신들의 교리를 합리화하고 설득하려고 논리학과 철학적 사변을 사용하였다. 슈페너가 이러한 설교의 폐단을 지적하는 이유는 이런 사변적인 설교가 목회 현장에서는 전혀 쓸모가 없기 때문이었다. 설교는 듣는 사람으로 하여금 하나님의 사람으로 변화시킬 수 있어야 한다. 그렇게 하려면 설교가 알아듣기 쉬워야 했다. 그래야만 성도들이 그 말씀을 알아듣고 삶이 변화될 수 있기 때문이다. 그런데 목회 현장과 동떨어진 사변적 설교는 그가 보기에 심각한 문제점을 내포하고 있었다. 그래서 슈페너는 신학을 가르치는 교수들에게 다음과 같이 호소한다. "신학을 하는 신학도들이 성경 지식이 부족한 평신도들을 가르치거나 몸이 아픈 환우들을 찾아가서 위로하도록 가르치십시오. 특별히 설교하는 훈련을 시키십시오. 모든 설교의 목적은 오직 하나, 성도들의 신앙을 함양하는데 집중해야 함을 가르치십시오." 삶으로 이어주지 못하는 설교는 신앙에 전혀 영향을 주지 못한다고 그는 생각했다.

2. 성경 전체를 골고루 본문으로 삼아 설교하기

첫째로, 일 년 동안 교회력에 따라 본문 말씀을 정하고 설교하는 당시의 교회력중심의 설교방식에 대해 슈페너는 문제점을 느꼈다. 이런 방식의 설교는 성도들에게 하나님의 말씀을 풍성하게 접하게 할 수 없다고 그는 여겼다. 슈페너는 당시 자신이 속했던 루터교 정통주의의 설교가 성도들에게 성경 전체가 아닌 성경의 일부만을 먹여주는 폐단이 있음을 지적한다. 슈페너에게 있어서 설교는 성경 전체를 다루어야 하는 막중한 임무이다. 당연히 성도들이 설교를 통해 성경 전체를 들을 수 있어야 한다고 여겼다. 둘째로, 설교자들이 설교 본문의 문맥을 면밀하게 살피지 않고 자신이 하고 싶은 말에 설교 본문을 단지 도구로 사용하는 것에 대해 슈페너는 문제를 제기하였다. 이런 방식의 설교는 본말이 전도된 설교가 될 수밖에 없다. 이런 설교는 성경이 말씀하고 있는 의미보다 설교자 자신의 말을 성경을 빌미로 전하는 것 밖에 되지 않는다. 당연히 이런 설교는 성경과 동떨어져서, 단지 설교자 자신의 의중만을 전달하는 심각한 위험을 내포한다. 셋째로, 자신이 속한 교파를 옹호하기 위해 설교자들이 수사학이나 논리학을 동원하여 성도들이 이해하기 어려운 현학적인 설교를 하게 되는 문제점을 그는 지적한다. 슈페너는 이러한 문제점들을 제기하면서 설교는 하나님의 말씀을 하나님의 말씀으로 단순하면서도 순수하게 그리고 강력하게 전달하는 것이어야 한다고 강조한다. 그는 이와 같이 당시의 비성경적인 설교행태들을 비판하면서 성경 중심의 설교를 해야만 한다고 역설하였다.

3. 교리문답을 통한 성경 교육을 강화하기

슈페너가 목회할 당시에는 성경이 귀했으며 보통 성도들이 성경을 교회에 갖고 오지 않았다. 하지만 슈페너는 성도들이 성경을 꼭 교회에 가져와서 설교와 교리문답 교육이 성경에 근거하고 있는지 확인하기를 권고하였다. 그에게 있어 설교도 교리문답도 성경 말씀에 기초하고 있어야 했기 때문이다. 또한 이렇게 해야만 신앙이 성장할 수 있다고 그는 믿었다.

슈페너는 강단에서 선포되는 말씀 이외에 성경요약본이라고 할 수 있는 교리문답을 통한 성경의 가르침을 중요시하였다. 루터가 직접 『대교리문답서』와 『소교리문답서』를 저술하여 성도들에게 성경을 가르치려고 노력한 것처럼 슈페너도 자신이 직접 1677년에 『쉬운 기독교 교리해설』(EinfältigeErklärungDerChristlichenLehr), 1689년에 『교리문답설교』(Catechismus-Predigten)라는 제목으로 두 권의 교리문답에 관한 책을 저술하였다. 그는 다음과 같이 말한다. "설교자가 성경에서 증거를 찾아가며 이 교리문답을 가르치면 아주 유익할 것입니다……그러므로 자신들의 믿음이 성경에 기초하고 있다는 것을 확신하게 될 것입니다." 이처럼 슈페너는 성경에 기초한 설교와 성경을 전반적으로 가르쳐주는 교리문답 교육을 통해 하나님의 말씀이 성도들에게 풍성하게 역사하도록 힘썼다.

III. 슈페너의 설교의 방법

1. 슈페너의 설교구조

슈페너 당시 루터교 정통주의의 설교 방식은 '서론', '본문에 대한 설명', '주요 교리'의 순서로 선포되었다. 그리고 복음서를 중심으로 하는 교회력 설교를 준수했다. 그러다 보니 성도들은 1년 동안 성경 전체를 들을 수 없었다. 슈페너는 이러한 설교 방식의 문제점을 지적하고 신약의 서신서도 설교 본문으로 사용해야 할 것을 주장하였다. 그리고 설교의 구조 가운데 '본문에 대한 설명'을 '설명'과 '본문의 적용'으로 구분하여 말씀을 구체적으로 성도들이 알아듣도록 힘썼다. 그는 본문의 설명을 '교리'와 '권면'과 '신뢰'의 구조로 세분화해서 설교하였다. 그리고 '주요 교리'에서도 '교리'와 '권면'과 '신뢰'의 구조를 사용하기도 했다.

슈페너는 자신의 설교 방법을 다음과 같이 활용하였다. ① 성경 본문에 숨어 있는 진리를 가르쳐야 함 ② 오류에 대한 반박 ③ 생활의 변화 ④ 말씀을 마음으로 받아 확고하게 믿음. 이러한 방식을 사용하여 슈페너는 설교했는데 그의 목적은 오직 듣는 성도들의 경건을 위한 것이었다.

2. 설교의 서론 중에 교리문답을 교육함

슈페너가 프랑크푸르트에서 목회할 때 그 도시에서는 주일 오후에 청소년들이 의무적으로 청소년 교리문답 수업에 참석해야만 한다는 법이 있었다. 그 법에 의하면 설교자가 설교 시에 교리문답의 한 항목을 설명하고 그다음에 교사들이 청소년들에게 그 교리문답을 가르치도록 하였다. 그러나 이것이 제대로 시행되지 않는 것을 보고 슈페너는 설교의 서론 부분에서 교리문답의 한 항목을 설명하고 자신이 친히 오후에 있는 교리문답 수업을 맡아 가르쳤다. 처음에는 교리문답 수업에 청소년들만 참석했으나 후에는 어른들도 참석하고 여러 부류의 사람들도 참여하면서 전 독일에 퍼져 나갔다. 후에 슈페너는 자신이 행한 교리문답에 대한 설교를 모아 책으로 펴냈다. 그의 교리문답 수업은 성경 중심적이었고 각 성도의 믿음의 삶을 고양시키는데 목적을 두었다.

IV. 슈페너의 설교의 적용과 교훈

1. 실천 지향적인 설교를 추구해야 한다

슈페너는 루터와 마찬가지로 기독교 신앙에 있어서 설교의 중요성을 부각시켰으며 또한 성경적인 설교의 필요성을 강하게 피력하였다. 그는 기독교 신앙에 있어서 설교가 필수불가결한 것이지만 성경적인 바른 설교가 선포되어야 함을 강조하였다. 그러므로 당시에 설교에 횡행하던 지식적인 내용을 지양하고 성경을 중심으로 하나님의 말씀을 바르게 설교해야 한다고 주장하였다. 또한 그는 성도들이 말씀을 이해하기 쉽게 설교해야 한다고 말한다. 그러면 슈페너가 그토록 설교의 중요성을 강조하는 이유는 무엇인가? 답은 간단하다. 설교는 성도들을 경건하게 살도록 이끄는 견인차가 되어야 하기 때문이다. 설교를 듣기만 하고 행함이 없으면 그 설교가 무엇이 유익한가? 그러므로 슈페너는 설교의 개혁을 힘들여 주장한 것이다. 설교는 성도들을 자극하여 그 말씀대로 살도록 인도해야 한다. 이것이 바로 말씀과 실천을 강조한 슈페너의 설교관이었다.

2. 경건의 모임을 통하여 말씀을 풍성하게 나누고자 하였다

슈페너는 프랑크푸르트에서 목회할 때 독특한 제안을 한다. 예배 때에 말씀을 선포하는 것만으로는 성도들이 성경 말씀을 풍성하게 들을 수 없기 때문에 하나님의 말씀을 풍성하게 듣기 위한 경건의 모임을 갖자고 주장한 것이다. 그는 "무엇보다도 경건한 책을 읽고 예배 시에 들었던 설교를 다시금 묵상해 보고 설교에서 유익한 것을 얻기 위해 한 사람이 다른 사람에게 무엇인가를 남겨주고 또 다른 사람이 다시 다른 이들에게 도움을 주면 유익할 것입니다."라고 설교하였다. 더불어 그는 다음과 같이 제안한다. "옛날 사도 시대에 했던 것과 같은 모임……바울이 고린도전서 14장에 말씀한 바와 같이……을 다시 가지는 것이 하나님의 말씀을 풍성하게 하는 데 도움이 된다고 생각합니다.……선택한 본문을 가지고 자신의 신앙적 견해를 말하고 다른 이들은 이 견해를 듣는 것입니다" 이것이 바로 '경건의 모임'(Collegia peitatis)으로 이어졌다. 일주일에 두 번(초기에는 주일과 수요일 저녁에, 후에는 월요일과 수요일) 슈페너는 자신의 목사관에서 이 경건의 모임을 가졌다. 이 모임의 목적은 단 하나, 성도들이 하나님의 말씀에 풍성해져서 참된 믿음의 사람들이 되도록 하는 것이었다. 이 경건의 모임으로 인해 슈페너는 경건주의의 창시자라고 불리게 되었다.

V. 결론

파울 그륀베르크(Paul Grünberg)는 슈페너의 저작을 총 340개의 항목으로 정리하면서 그의 설교에 관한 항목을 12항목에서 136항목으로 묶어 놓았다. 무려 124항목이 슈페너의 설교에 관한 것이다. 그만큼 슈페너가 설교를 매우 중요하게 여겼음을 그륀베르크는 증명하고 있다. 슈페너가 왜 설교를 중요시하고 있는가? 그 이유는 다음과 같다. 슈페너가 목회할 당시 루터파 정통주의의 설교에 문제가 있었던 것이다. 성도를 대상으로 하지 않고 지식층을 대상으로 하는 지식적이고 사변적이고 외국어를 남발하는 어려운 설교, 성경을 기반으로 하지 않고 설교자 자신의 하고 싶은 주장을 성경을 빙자하여 하는 인본주의적 설교, 성도의 경건과 신앙의 성숙을 위한 실천의 자극을 주지 못하는 비성경적 설교가 슈페너에게는 참을 수 없는 문제였던 것이다. 그는 1675년에 자신이 저술한『경건한 열망』(Pia desideria)에서 당시 교회의 여러 가지 문제점을 지적하는 가운데 특별히 설교의 개혁을 주문한다. 교회가 타락하는 근본적인 이유는 참되고 살아 있는 믿음이 없는 데서 연유한다고 그는 보았다. 참되고 살아 있는 믿음이 왜 없는 것인가? 그것은 참다운 설교가 강단에서 선포되지 못하는 데 있다고 슈페너는 진단했다. 이에 대해 교회 개혁을 위한 여러 제안가운데 슈페너는 설교의 개혁을 강조한 것이다. 그는『경건한 열망』제3부에서 교회를 올바른 상태로 개혁하기 위한 여섯 가지 방법을 제안한다. 그 여섯 가지 방법 가운데 여섯 번째 제안이 설교 개혁이다. 그 제안의 요지는 성도들이 못 알아듣는 설교자 자신만의 비성경적이고, 교리적이고, 사변적이고, 철학적이고, 외국어를 남발하며 유식한 척하고 내 믿음, 내 교단만 최고라고 하는 설교를 하지 말아야 한다는 것이다. "설교 강단은 자신의 설교 기법을 그럴듯하게 포장하는 기술을 보여주는 곳이 아니다. 오히려 하나님의 말씀을 단순하지만 강력하게 선포하는 곳이 되어야만 한다"고 슈페너는 간절하게 열망하였다. 이는 현재 한국교회 설교자들에게도 그대로 적용해야만 할 외침이 아니겠는가? 참된 설교는 인간을 회심시키는 능력의 말씀이어야 하며 사람을 변화시키고 말씀대로 살도록 하는 것이어야 한다고 슈페너는 간절하게 소원한다. 그래서 말씀의 개혁이 시급하다고 한 것이었다.

   설교에 대한 슈페너의 간절한 열망(Pia desideria)은 지금 한국교회에 필요한 외침이다. 다음의 말로 마치고자 한다. "설교자는 적극적이면서도 독단적이어서는 안되고 진지하면서도 위협적이어서는 안되며 온유하면서도 감상적이어서는 안되고 학자적이면서도 유식한 체 해서는 안되며 소박하면서도 진부해서는 안되고 대중적이면서도 저속해서는 안된다"

참고문헌

김문기, "Ph.J.Spener의 설교를 통한 17세기 독일 루터 교회의 개혁" 「복음과 신학」 제3권 1집. 2000.
지형은, "갱신,시대의 요청-경건주의 연구" 서울: 한들출판사. 2003.
Peter Schicketanz, "경건주의(1675~1800)" 「KGE 교회사전집」 III-1. 김문기 역. 천안: 호서 대학출판부, 2015.

김은진

충남대학교 독어독문과 (B.A.)
장로회신학대학교 신대원 (M.Div.)
장로회신학대학교 대학원 역사신학 석사 (Th.M.)
평택대학교 대학원 역사신학 박사 (Ph.D.)
(현) 이원장로교회 담임목사

토머스 보스턴

스데반 황

1. 서론

토머스 보스턴은 1676년 스코틀랜드 변경의 던스(Duns)에서 태어나 1732년 56세로 생애를 마감한다. 그의 아버지 존 보스턴 목사는 비국교도가 된 이유로 감옥에 갇혀 고통스런 삶을 살았다. 토머스 보스턴 역시 죽는 그 날까지 많은 고통을 겪었다. 캐더린 브라운(Catherine Brown)과 결혼한 이후 아내는 초기 6주간을 제외하고는 거의 아픈 몸으로 살았고 열 명의 자녀 중에 여섯 명은 미리 하나님께 보내야 했다.

토머스 보스턴에게 가장 먼저 큰 변화를 준 사건은 11살 정도부터 아버지와 함께 듣게 된 헨리 어스킨(Henry Erskine)의 설교였다. 유명한 설교가 헨리 어스킨 역시 비국교도에 속한 이유로 많은 제약을 받지만 예배 금지령이 풀리던 1687년부터 힘차게 활동하였다. 그의 설교는 그리스도 중심적이었는데 인간의 죄악의 무한한 흉측함을 드러내며 하나님의 완전한 은혜인 그리스도를 제시하였다. 특히 어스킨의 두 편의 설교는 어린 보스턴에게 회심 및 참 믿음을 소유하게 하는 계기가 되었다. 그 설교는 누가복음 3장 7절에 근거한 "독사의 자식들아 누가 너희를 가르쳐 장차 올 진노를 피하라 하더냐"는 것과 요한복음 1장 36절에 근거한 "보라 하나님의 어린 양이로다"였다. 보스턴은 그 이후로 어스킨의 설교를 들으려 약 8킬로미터나 떨어진 위트썸(Whitesome)

을 끊임없이 드나들었다. 비가 오나 눈이 오나 바람이 부나, 어떤 날이든 예외 없이 예배에 참석했다. 이러한 모습을 본 그의 아버지 존 보스턴은 아들을 목회자로 주께 드려야겠다는 생각을 했다.[1]

우여곡절 끝에 토머스 보스턴은 결국 에딘버러에서 공부할 수 있었다. 그는 대학 생활 중에 헬라어와 히브리어와 라틴어에 뛰어난 실력을 갖추게 되었는데 이는 그가 목회를 하면서 성경을 더욱 풍성하고 깊고 정확하게 보는데 큰 도움이 되었다. 그는 1697년에 천사이드(Chirnside) 장로 교단 노회에서 설교자 인허를 받은 후 1699년에 심프린(Simprin)의 작은 교구의 목사가 된다. 목사가 된 보스턴은 처음에 율법으로 사람들을 정죄하는 설교를 많이 하였다. 하지만 사탄의 역사를 무너뜨리고 죄 문제를 해결하는 데는 율법을 통한 정죄로는 어림없었다. 이에 좌절을 느끼고 있던 보스턴에게 경험이 많은 목사 다이사트(Dysart)가 "그리스도를 설교할 때 큰 기쁨의 좋은 열매가 넘칠 것입니다"라는 진정어린 조언을 하였다.[2] 그 후 보스턴의 설교 방향은 크게 바뀌었다. 그는 설교를 통해 율법으로 죄를 자각시킨 후에 언제나 "여러분! 예수님을 바라보셔야 합니다"라고 외쳤다. 그의 그리스도 중심적인 설교는 그의 생애동안 계속 유지되었다.[3]

토머스는 심프린에서 7년을 섬기게 되는데 그가 사역 중에 가장 크게 영향을 받은 책은 우연히 지인의 집에서 발견한 [현대 신학의 정수](The Marrow of Modern Divinity)이라는 에드워드 피셔(Edward Fisher)의 책이었다. 그는 이 책을 읽은 후 그동안 칼빈주의에 대한 풀지 못했던 하나님의 뜻을 분명히 알게 되면서 하나님의 예정론과 함께 맘껏 복음을 증거할 수 있게 되었다.

그 후 하나님의 강권적인 인도하심에 의해 1707년에 에트릭(Ettrick) 교구

---

1. 토마스 보스톤, [언약의 사람 토마스 보스턴], 홍상은 역 (서울: 지평서원, 2007), 35-38.
2. Ibid., 10, 53.
3. Ibid., 149.

의 목사가 되었다. 보스턴이 에트릭 교구를 맡을 때는 4년 동안 목사가 없던 곳이라 도덕적으로나 영적으로 무질서하게 버려진 상태에 있었다. 그 교구에 남아있는 자들은 신앙과 복음에 무관심하고 냉담했고 세상에 깊게 물들어 있었다. 보스턴은 그들을 변화시키려고 많은 노력을 했다. 하지만 그들의 관심은 여전히 세상에 있었다. 더욱이 여러 교구 사람들이 맥밀란(Macmillan)이라는 목사를 중심으로 뭉치면서 보스턴의 영적인 지시와 훈련을 거부할 때 보스턴의 심적 고통은 대단히 깊었다. 그런 와중에 보스턴은 하나님의 능력만이 목회를 가능하게 할 수 있다는 사실을 알았다. 나아가 청중을 변화시킬 수 있는 것도 오직 성령의 능력 외에 다른 것이 없음을 철저하게 고백하게 된다. 이에 그는 오직 하나님만을 의지하게 된다. 이후로 신기한 소식들이 생겨나기 시작했다. 보스턴의 설교가 청중의 마음을 변화시킨다는 소식이었다.

이런 상태에서 보스턴은 설교를 통해 [인간 본성의 4중 상태](Human Nature in its Fourfold State)를 만들어가기 시작한다.[4] 이 책은 보스턴이 자신을 포함한 인간들이 어떤 상태에 있는지, 복음을 통해 어떤 상태가 되는지, 그리고 죽음 및 부활과 함께 어떤 상태로 들어가는지를 성경적으로 철저하게 파악하여 정리한 내용이다. 이는 그가 목회를 하면서 사람들의 상태가 어떤 것인지를 성경으로 확인하고 그들이 복음으로 변화되었을 때 어떤 상태가 되는지를 직접 확인함으로써 복음과 인간의 성품과 삶의 관계를 철저하고 규정하고 그 진리를 사람들의 삶에 적용할 수 있도록 해 놓았다. 물론 이런 설교들이 최종적으로 책으로 정리되어 출간된 것은 보스턴이 에트릭에서 10년의 사역을 마치고 다시 청빙 문제를 이기고 동일한 교구에서 섬기게 된 이후였다. 그때는 1720년 11월이었다.

---

4. 토머스 보스턴의 [인간 본성의 4중 상태]는 2015년에 부흥과 개혁사를 통해 스데반 황 역으로 한국에 출판되었다.

또한 보스턴은 그의 성도들과 함께 에트릭에서 반란군과 현 왕조 사이의 군사 대력의 위험을 지나게 된다. 반란군 측에서의 요청, 그리고 왕조로부터의 요청 가운데 보스턴은 언제든지 임할 수 있는 죽음 앞에서 하나님께 충성하는 길을 찾는다. 이러한 상황에 대처하는데 가장 큰 지혜는 언제라도 죽음을 준비하는 것이었다. 그 이후 그의 설교는 죽음이라는 것에 대한 준비가 자주 선포되었다. 이 역시 인간의 죽음 이후에 대한 상태에 대해 하나님의 말씀으로부터 정리하여 설교로 선포할 이유가 되었다. 그는 항상 그리스도의 심판을 미리 내다보는 것이 안전하고 지혜로운 것이라고 강조했다. 따라서 그는 항상 주 앞에서 받게 될 심판을 마음에 두고 있기 때문에 주기적으로 자신이 하나님 앞에 온전한지 점검하는 시간을 가졌다. 또한 그러한 점검을 설교를 통해 주의 양들에게 권하며 전하였다. 보스턴은 철저하게 하나님 앞에서 자신을 점검하기 위해 금식을 하면서 말씀과 기도에 집중하곤 하였다.[5]

한편, 보스턴은 막내 캐서린의 죽음을 겪게 될 때 결국 열 명의 자녀 중에 여섯 자녀를 잃게 되는데 그는 아버지 입장에서 부활의 때에 죽은 여섯 자녀를 다 다시 만나게 보게 될 것을 소망한다. 따라서 죽음 이후와 주께서 재림하실 때의 인간의 상태를 소망하면서, 보스턴은 "나는 네 후손의 하나님이다"(창 17:7)라는 언약의 말씀을 늘 기억하며 위로를 얻곤 했다.

II. 설교 특징

보스턴의 설교의 가장 큰 특징은 그리스도 중심적이라는 것이다. 물론 철저한 개혁주의에 서 있기 때문에 영원부터 시작되는 하나님의 경륜에 설교의 바탕을 두고 있다. 무엇보다 보스턴은 많은 고통을 겪은 삶을 살았기 때문에

---

[5] 토머스 보스턴의 [금식의 영성]은 2010년에 지평서원을 통해 이태복 역으로 출판되었다. 원작은 [A Memorial concerning Personal and Family Fasting]이다.

하나님의 성품과 섭리에 대한 부분이 대단히 정교하다. 말씀으로부터 하나님의 성품과 그분의 섭리를 알지 않고서는 마음의 평안과 확신을 얻을 수 없었기 때문이다.

무엇보다 그의 설교는 자신이 직접 겪은 개인적인 사건들과 맞물려 있는 때가 많았다. 고난 가운데 어떻게 평강을 유지할 수 있는지, 자녀들을 잃었을 때 어떻게 끝없는 좌절에 빠지지 않을 수 있는지, 10년 정도의 정신병 증세와 만성 질환을 겪는 아내와 지내면서 어떻게 인내할 수 있는지, 가난과 궁핍 가운데 어떻게 평강과 기쁨을 유지할 수 있는지, 그는 친히 자신이 처한 상황에서 성경으로부터 복음의 교훈을 찾아내어 적용함으로써 모든 것을 초월하는 주의 평강을 누릴 수 있었다. 그는 모든 사건들이 합력하여 선을 이루는 것을 확인하면서 설교를 만들었다.

이러한 특징은 무엇보다 그의 유명한 작품인 [자기 몫에 태인 십자가](The Crook in the Lot)에서 잘 나타난다. 삶의 고난에 대한 보스턴의 설교를 묶은 이 책은 전도서 7장 13절부터 고난을 풀어나간다. "하나님께서 행하시는 일을 보라. 하나님께서 굽게 하신 것을 누가 능히 곧게 하겠느냐." 즉, 보스턴은 신자들의 인생 가운데 주어지는 모든 고난은 하나님의 손에서 나온다고 알려준다. "그 처방 자체는, 우리가 보기에 어려움을 느끼게 하는 모든 것 속에서 지혜롭게 하나님의 선하심을 생각하고, 하나님의 행하시는 일을 보는 것입니다"[6] "그 문제 속에서 일하시는 하나님의 손을 보아야 합니다. ... 우리의 몫에 들어 있는 '그 구부러진 것'의 첫 번째 원인, 곧 하나님의 행사와 그 뜻하심이 무엇인지 생각해 보라는 것입니다."[7] "굽게 하신 하나님의 주권 – 사람의 몫에 '굽은 것'이 있으면 그것이 우연의 소산이 아니라 그리 되게 하신 하나님의

---

6. 토마스 보스턴, 『고통 속에 감추인 은혜의 경륜』, 서문 강 역 (서울: 청교도신앙사, 2017), 21).
7. Ibid., 22.

주권적인 행사의 결과다"[8] "그 굽은 것이 하나님의 주권적인 행사라면 그것이 그리스도인다운 성품을 유지하게 유도하는 독특한 방편으로 작용하게 하실 분도 하나님이시다."[9] 즉, 죄로 인하든, 이유를 알 수 없든, 신자가 어떤 상태이든 그들에게 임하는 고난은 하나님의 주권 하에서 일어난 일이며 그 목적은 성도에게 유익을 주기 위한 것이라고 알려준다.

그러면서 보스턴은 고난당하는 신자에게 하나님이 가지신 가장 선한 목적은 신자의 겸손이라고 말한다. 따라서 보스턴에게 있어서 겸손은 인생 가운데 얻을 수 있는 최고의 덕이다. 그리고 겸손의 덕을 얻은 자에게는 하나님께서 반드시 이 땅에서든 혹은 내세에서든 영구적인 복과 영광을 안겨주신다. 그러므로 궁극적으로 신자에게 임하는 고난은 신자로 하여금 믿음 안에서 인내와 겸손을 배우게 하면서 그리스도의 성품을 닮게 하고, 이에 하나님은 그런 믿음의 신자를 영화롭게 하신다는 것이다.

그런데 보스턴은 굽은 것을 우리 자신에게 유익하게 만들 수 있는 제안을 하는데 그 중 가장 강력한 것은 그리스도께 피하는 것이다. "첫째, 우리 몫에 들어 있는 그 굽은 것을 만든 요인이 그것 자체에 있는 것이 아니라 하나님께 있음을 알고 그리스도께 피하십시오. ... 당신의 오른팔을 그리스도께 뻗치어 그리스도를 모시고 영접하십시오. 세상에 속한 어떤 것과 결별하는 대신 우리는 그리스도와 친밀해지는 것을 얻을 수 있습니다."[10] 즉, 보스턴은 바울의 고백처럼 자신의 삶에서 겪는 고난과 슬픔과 연약함을 그리스도 안에서 능력으로 삼는 법을 배워가며 그것이 가장 복이라고 인정한다. "(주께서) 나에게 이르시기를 내 은혜가 네게 족하도다 이는 내 능력이 약한 데서 온전하여짐이라 하신지라 그러므로 도리어 크게 기뻐함으로 나의 여러 약한 것들에 대하여

---

8. Ibid., 23
9. Ibid., 23
10. Ibid., 118. (부분적으로 스데반 황이 원본에서 약간 수정하였다.)

자랑하리니 이는 그리스도의 능력이 내게 머물게 하려 함이라. 그러므로 내가 그리스도를 위하여 약한 것들과 능욕과 궁핍과 박해와 곤고를 기뻐하노니 이는 내가 약한 그 때에 강함이라"(고후 12:9-10).

그러므로 보스턴은 하나님의 아들 그리스도의 십자가와 부활의 능력 안에서 자신의 모든 고난과 역경을 승화시키는 비결을 얻는다. 이는 사실 바울처럼 아픔이든 슬픔이든 기쁨이든 형통이든 그 어떤 상황에 대해서도 그리스도 안에서 누리는 복음의 능력으로 대처할 수 있는 일체의 비결을 배웠다고 하겠다. "내가 궁핍하므로 말하는 것이 아니니라 어떠한 형편에든지 나는 자족하기를 배웠노니 나는 비천에 처할 줄도 알고 풍부에 처할 줄도 알아 모든 일 곧 배부름과 배고픔과 풍부와 궁핍에도 처할 줄 아는 일체의 비결을 배웠노라 내게 능력 주시는 자 안에서 내가 모든 것을 할 수 있느니라 그러나 너희가 내 괴로움에 함께 참여하였으니 잘하였도다"(빌 4:11-14). 따라서 보스턴 입에서 나오는 설교는 청중들에게 하나님의 선한 주권을 인정하게 하고, 주의 주권은 그리스도 안에서 그들에게 가장 큰 유익이 되도록 복음의 역사로 인도한다. 따라서 그 설교를 듣고 믿는 자들은 하나님의 선하심을 믿게 되고 나아가 그리스도를 믿는 믿음 안에서 능력을 얻어 많은 고통을 도리어 영원한 가치의 아름다운 성품과 열매로 빚어내게 되는 것이다. 이는 보스턴의 설교는 실제 그가 고통 가운데 인내하며 믿음으로 주를 붙듦으로 나타난 하늘의 평강과 기쁨과 충성 가운데 나온 하늘의 음성과도 같다고 할 수 있겠다.

한편, 그의 모든 설교의 최고봉은 [인간 본성의 4중 상태]다. [인간 본성의 4중 상태]는 토마스 보스턴 전집[11]의 8권에 담겨 있다. 이 책 역시 토머스 보스턴의 설교를 모아서 인간의 본성에 대해 4가지 상태로 정리해 놓은 것이다. 죄

---

11. 사무엘 엠 밀란(Samuel M. Millan)은 토머스 보스턴의 모든 설교와 글들을 모아서 편집하여 12권의 전집(『The Whole Works of the Late Reverend Thomas Boston』)을 내어놓았는데, 그 중 우리 주제와 관련한 일부 유명한 설교들을 참조하였다.

가 들어오기 전의 처음 상태는 무흠의 상태로서 순수한 상태이고 둘째 상태는 죄가 들어온 이후의 상태로서 전적 타락의 상태이며, 셋째 상태는 새생명으로 거듭난 상태로서 은혜의 상태이다. 마지막으로 네 번째 상태는 죽음 이후 및 주의 재림과 함께 하는 영원한 영광의 상태, 즉 완성의 상태이다.

무엇보다 신자는 복음을 듣고 거듭나게 되면서 은혜의 상태에 있게 되는데 그 상태에서 신자는 내면의 갈등을 겪는다. 즉, 옛사람과 새사람의 갈등이다. 이에 대해 토머스 보스턴이 주는 해결은 그리스도와의 연합이다. 부흥과 개혁사에서 출간한 [인간 본성의 4중 상태][12]를 보면 은혜의 상태는 중생과 신비적인 연합으로 구성된다. 무엇보다 중생한 신자에게 가장 중요한 것은 신비적인 연합 부분이라고 하겠다. 이 부분은 창세로부터 택함을 받은 성도가 중생한 후에 어떻게 하나님께서 뜻하신 그리스도의 장성한 분량까지 성장할 수 있는지를 알려준다. 보스턴은 신비적인 연합을 자세히 설명하기 위해 요한복음 15장 5절로부터 강해한다. "나는 포도나무요 너희는 가지라." 아담으로부터 물려받은 자연적인 줄기는 부패한 본성이고 형벌을 받아야 할 속성이다. 따라서 영원한 저주에 떨어질 수밖에 없다. 그러나 중생에 의해 초자연적인 줄기에 접붙임을 받는다. 이는 하나님의 주권적인 사역에 의해 이루어진다. 그 설교에서 보스턴은 "나를 보내신 아버지께서 이끌지 아니하시면 아무도 내게 올 수 없도다"(요 6:44)를 강조하며 접붙임을 받은 가지들은 "하나님의 밭"(고전 3:9)이요 "주께서 심으신 것들"(사 61:3)이라고 한다.[13] 이제 하나님의 주권에 의해 그리스도와 믿음과 성령 안에서 연합된 자들에게 요구가 있다. 이를 답변하기 위해 보스턴은 "당신은 어떻게 영양분을 전달받아 성장하고 풍성한 열매를 맺게 되는가?"라는 질문을 던진다. 그리고 이에 대한 답변으로 보스턴은

---

12. 토머스 보스턴, [인간 본성의 4중 상태], 스데반 황 역 (서울: 부흥과 개혁사, 2015).
13. Ibid., 275.

네 가지를 제안한다. 첫째, 줄기와 연합하여 영양분을 전달받는 것은 "진실한 믿음에 의해 이루어진다."[14] 둘째, 하나님의 진리를 배우고 지키기 위해 힘을 다해 수고하라. 셋째, 당신 안에 있는 죽지 않은 정욕들을 죽이라. 넷째, "순전한 말씀을 젖을 사모함으로"(벧전 2:2) 구원의 생수를 마시라. 성만찬에 힘쓰고, 기도에 힘쓰라. 은혜의 방편을 최대한으로 사용하라.[15] 즉, 인간의 부패의 깊이를 너무나 잘 아는 보스턴은 그리스도와의 연합을 유지하기 위해 성도가 기도와 말씀과 성찬의 은혜의 수단을 통해 쉬지 않고 그리스도를 믿음으로 붙들며 바라보아야 할 것을 가르친 것이다.

이처럼 토머스 보스턴의 삶은 복음의 능력이 없이는 감당할 수 없는 삶이었다. 그는 그의 삶에서 죄와 마귀와 세상을 향해 승리하기 위해 성경을 연구하고 자신의 삶에 복음을 적용하였다. 그리고 그러한 결과로 그는 하나님이 기뻐하시는 목회를 할 수 있었으며, 깊은 체험에서 흘러나오는 신학적인 깨달음을 계속 설교로 선포할 수 있었다.

따라서 그의 설교는 삶의 가장 본질적인 부분인 고난과 분리되지 않았고, 이를 다루는데 있어서 심오한 신학 체계가 세워짐으로써 지금도 그의 설교는 개혁주의 내에서 성도의 삶에 지대한 영향을 끼치고 있다.

이미 우리가 간략하게 확인한 바와 같이 토머스 보스턴의 복음의 깊이는 십자가의 고난에 동참하는 아픔에서 나오는 체험적인 깨달음으로써 진주처럼 고귀한 교훈을 담고 있다. 그러므로 그의 모든 신학과 목회는 설교로 집중되었고, 우리는 보스턴의 설교를 읽고 묵상하고 배움으로 그가 어떤 심성과 믿음을 가지고 살아갔는지 많이 찾아낼 수 있다. 또한 하나님께서 그를 많이 사랑하셔서 기독교 역사에 길이 남을 주옥같은 설교들을 남기셨음을 뚜렷하게

---

14. Ibid., 312.
15. Ibid., 313.

알 수 있다.

III. 설교 방법

보스턴은 청교도 고유의 설교 스타일을 따랐다. 청교도는 앞부분에서 성경을 강해하고, 그 다음 강해된 내용에서 교리(교훈)를 끄집어낸다. 그리고 본문에서 추려진 교리를 신자의 삶에 적용한다. 이 부분에서 말씀을 실천하도록 은혜를 제시하고 이에 어린아이 같은 마음으로 복음의 말씀을 받으면 경건함에 이르도록 되어 있다.

보스턴의 설교 역시 주로 강해 설교다. 물론 개혁주의 신앙 고백을 다룰 때와 심방을 통해 짧게 실제적인 권면을 할 때는 간단하게 강해하였지만 주일 설교는 본문의 배경과 원본의 의미를 철저하게 연구한 후 교리를 끄집어내었다. 예를 들어, 보스턴의 설교들을 잘 모아서 위대한 작품으로 출판된 [인간 본성의 4중 상태]를 보면 가장 먼저 본문의 배경 및 원어 등을 연구하여 본문의 의미를 정확하게 살핀다. 그 후 그 본문의 의미로부터 "교리"(교훈)를 하나씩 정리해 나간다. 이 부분에서 보스턴은 교리를 확증하기 위해 증거를 제시하거나 이의 제기가 있을 경우 그 이의에 답변한다. 그 후 확증된 교리를 삶에 적용한다. 적용에는 권면이 있고, 동기 부여가 있고, 복잡한 상황에 어떻게 적용해야 하는지 여러 사례에 대해 지혜로운 답변이 있다.[16] 이러한 설교 방법은 보스턴 당시 대부분의 청교도 목사들의 설교 방법이었다.

우리는 토머스 보스턴의 설교 방법의 예로 그의 설교 시리즈인 [회개][17]에서 첫 번째 설교를 살펴보도록 하자. 토머스는 설교 제목을 "회개의 필요성"이라고 하고 본문을 누가복음 13장 5절로 잡았다. "너희에게 이르노니 아니

---

16. [인간 본성의 4중 상태]의 설교 구조를 보면 거의 이 순서를 따르고 있다.
17. 토마스 보스턴, [회개], 조계광 역 (서울: 생명의 말씀사, 2014), 11-57. (영어로는 책 제목이 [Repentance]이다.

라 너희도 만일 회개하지 아니하면 다 이와 같이 망하리라." 그는 이 본문에서 "모든 이들을 향한 경고"라는 사실을 주지시킨 후 예수님의 선언에 대해 강해한다. 즉, 예수님의 선언에 따르면 "회개하지 않으면 멸망을 피할 수 없다", "회개하면 생명을 얻는다"라고 하고 일반 불행에 대한 진리를 알려준다. 그 진리로는 "불행이 죄의 척도는 아니다", "모든 재앙은 경고의 의미를 담고 있다", "재앙은 우리의 회개를 촉구한다"라는 것이다. 그 후 곧바로 보스턴은 회개가 무엇인지 성경 전체를 통해 교리를 가르친다. 그것은 지속적인 은혜이며, 영광에 이를 때까지 피를 흘리는 싸움이다. 따라서 참된 회개는 오직 그리스도 안에서 허락된 하나님의 특별한 은혜에 의한 것임을 피력한다.[18]

그는 회개에 대한 성삼위 하나님의 역사를 바라보게 한다. 회개의 시작은 성령님이시고 회개의 수단은 말씀이다. 성령께서는 복음의 말씀으로 강퍅한 마음을 깨부수고 불처럼 녹인다. 이때 복음과 함께 율법의 기능은 회개에 있어서 대단히 중요하며 회개하는 마음이 바라볼 수 있도록 하는 것이 그리스도 안에서의 죄 사함이다.[19]

그 다음으로 보스턴은 강해된 본문에서 끄집어낸 교리(교훈)를 신자의 마음과 삶에 적용한다. 적용 부분에서는 참 회개가 아닌 거짓 회개에 대해 자세히 알려주고 오직 참된 회개는 성령의 사역임을 강조한다. 따라서 참된 회개는 하나님의 관점에서 보는 죄악이라는 사실을 깨우치게 되는데 이러한 깨우침은 사람의 양심에 역사한다. 즉, 성령께서 사람의 양심에 율법을 적용할 때 사람의 양심은 깨우치면서 회개하는 것이다. 이러한 깨우침은 고통스런 죄의식을 갖게 되고 결국 그리스도께 나아오게 된다. 그러므로 깨우침이 없는 죄인은 회개하지 않은 죄인이다. 이 부분에서 보스턴은 성령의 역사에 의한 죄

---

18 Ibid., 13-28.
19. Ibid., 29-34.

책감과 양심의 가책으로 인해 그리스도를 붙든 상태에서 은혜로운 하나님을 마음으로 깊이 사랑하는 상태를 회개에 넣는다. 그 후 죄를 짓는다는 것이 은혜로우신 아버지께 얼마나 무서운 죄인지를 알고는 지은 죄에 대해 슬퍼하고, 앞으로 지을 수도 있을 죄에 대해 엄중하게 경계하게 되는 것이다. 그리고 스스로 죄를 이길 수 없음을 알기에 그리스도를 계속 의지하며 믿게 된다.

이러한 상세한 적용 부분이 있은 후 청중은 그의 설교로부터 회개는 주 예수 그리스도를 알아보지 못한 것이 가장 큰 죄이고 심판을 두려워하지 않음이 죄의 방종임을 알게 된다. 나아가 주 예수 그리스도를 의지하는 것 외에는 참된 회개 상태를 유지할 수 없다는 것을 인식하게 된다.

이처럼 이러한 강해 설교, 교리, 적용의 설교 과정을 통해 보스턴은 선포되는 복음의 교리와 청중의 삶을 접목시킨다.

또 다른 설교 방법은, 청교도의 설교들의 거의 비슷하겠지만 토머스 보스턴의 설교 역시 대단히 지적이고 논리적이라는 것이다. 하지만 그의 설교는 죄를 지적하는 부분에 있어서 탁월하며 이에 청중의 마음을 그리스도께로 향하게 하고 죄를 끊고자 다짐하게 만든다. 이러한 특징은 그의 책 [인간 본성의 4중 상태]에서 뚜렷하게 볼 수 있는데, 전반적으로 그의 대부분의 설교는 인간의 상태에 대한 깊은 이해가 전제되어 있다. 즉, 이 땅에 진행되는 아담 이후의 죄악과 그로 인한 고난을 정확하게 집어준다. 그러나 이러한 죄악과 저주는 하나님의 주권과 섭리에 의해 철저하게 다스려지고 있다. 즉, 무엇보다 아담의 원죄로 인해 이 땅에 들어온 죄와 그로 인한 모든 인류 가운데 흐르는 고난은 피할 길이 없지만 하나님의 아들 그리스도 안에서 신자가 고난을 대할 때 죄를 멀리하게 되고 그리스도를 닮게 된다. 이때 신자에게 요구되는 것은 하나님의 말씀과 그 말씀이 지시하는 그리스도에 대한 믿음이다. 그러므로 보스턴에게 있어서 이 땅에 사는 동안 모든 상황 가운데 주의 구원의 뜻을 이루어 드리는 비결은 그리스도를 믿는 믿음에 있다. 보스턴은 설교를 통하여 청중들이 한없는 믿음 가운데 그리스도와 연합하여 성령의 이끄심을 따라 살아가도록 인도한다.

IV. 설교의 적용과 교훈

토마스는 자기 백성을 절대적으로 사랑하는 하나님의 작정과 섭리를 믿게 하고 그리스도의 십자가의 속량을 하나님의 사랑의 객관적인 증거로 제시한다. 그는 성령의 역사로 나타나는 은혜와 생명을 설교를 통해 전할 수 있었다. 이러한 성경 전체에 대한 그의 복음적인 통찰력은 각 사람의 상황에 대해 하나님의 뜻이 무엇인지 하늘의 지혜를 드러내며 설교로 선포되었다.

그의 설교를 대하면 어떤 설교이든 그리스도를 아는 지식과 통찰력이 탁월한 것을 볼 수 있다. 그는 복음의 신비를 쉽게 설교할 수 있는 탁월한 은사가 있었다. 이러한 복음적인 탁월함은 그의 『언약들에 관한 논문』(Treatise on the Covenant)와 『종의 형체를 입은 그리스도에 관한 설교』(Sermons on Christ in the form of a Servant)에서 더욱 분명하게 드러난다.

그는 심지어 고난 가운데 거룩하게 하시는 하나님의 사랑을 확신하였기에 언제나 그리스도께로 나아갔다. 아마도 그가 이러한 비결을 배우는데 가장 큰 역할을 한 것은 [최근 신학의 정수](The Marrow of Modern Divinit)일 것이다.

그는 그 책을 한 교구민의 오두막집에서 발견했는데 복음의 값없는 은혜로 말미암는 성화의 교리가 그를 사로잡았다. 물론 이 책은 스코틀랜드 장로교회에서 정수 논쟁(the Marrow Controversy, 1717-1722)의 대상이 되었지만, 결국 칼빈주의의 핵심인 은혜 교리를 지지하는 것으로 드러났다.

보스턴은 그 책을 통해 성도의 전 인생이 하나님의 사랑에 근거한 그리스도의 속량에 서 있다고 본다. 즉, 그리스도 안에서 주어지는 은혜를 받아 주의 요구를 이루어 나가는 삶이 복음적인 신앙생활이다. 그는 삶의 참된 만족은 오직 은혜의 능력에서 오는 것임을 확신하고 그 확신은 그의 평생의 설교에

늘 함께 하였다. 그는 하나님의 주권 가운데 허락된 모든 상황에서 그리스도만을 의지하고 나아가는 것이 은혜로 삶을 이끌어갈 수 있는 비결임을 확인한 것이다. 이에 바울의 고백과 보스턴의 설교는 전혀 저촉되는 것이 없다. "할례자도 믿음으로 말미암아 또한 무할례자도 믿음으로 말미암아 의롭다 하실 하나님은 한 분이시니라 그런즉 우리가 믿음으로 말미암아 율법을 파기하느냐 그럴 수 없느니라 도리어 율법을 굳게 세우느니라"(롬 3:30-31).

이를 위해 보스턴의 설교에는 언제나 행위 언약 및 은혜 언약의 두 축이 함께 하고 있다. 율법에 의해 우리의 죄 됨을 지적하고 은혜 언약의 근원이신 그리스도께 나아가게 한다. 그 후 보스턴은 그 틀 안에서 그리스도의 지침을 받아들이게 하여 믿음 안에서 순종하게 한다. 이 부분이 보스턴 설교의 적용 부분이라고 하겠다. 따라서 그의 설교의 목적은 교리 전달도 있지만, 그 교리의 내용 속에 있는 주의 명령을 은혜로 실천하게 함으로써 비로소 영적으로 성장하여 그리스도를 닮으며 많은 하나님 나라의 열매를 맺게 만든다.

V. 결론

필자가 볼 때 보스턴의 설교 깊은 곳에는 [현대 신학의 정수]가 있다. 사실 그 책을 우연히 발견했던 보스턴은 "나는 그 책이 내가 그토록 찾고 있었던 논점들에 매우 근접해 있다는 사실과, 예전에는 도무지 해결할 수 없었던 모순들을 일관성 있게 설명하고 있다는 사실을 발견했다. 나는 그 책을 읽는 내내 마치 주님께서 더움 속에 있던 나에게 시의 적절하게 밝혀 주신 한 줄기 빛을 얻은 것처럼 뛸 듯이 기뻐했다."[20] 그는 하나님의 작정과 섭리는 무한한 주의 사랑에서 진행되는 것이며 그 사랑의 은혜의 능력은 그리스도 안에 있음을 그

---

20. 토마스 보스톤, [언약의 사람 토마스 보스턴], 홍상은 역 (서울: 지평서원, 2007), 84. (원작은 Thomas Boston by Andrew Thomson)이다.

책에서 보았던 것이다.

이로써 보스턴은 설교는 지식 전달이 아니라 친히 복음을 믿음으로 삶에 적용하며 그리스도의 형상을 닮아가는 자가 전하는 하나님의 비밀이라는 것을 알려준다. 죄악된 세상에서 사는 죄된 인간에게 그는 언제나 그리스도의 십자가를 보며 붙들게 만들었던 것이다.

우리는 보스턴의 설교를 통해 항상 그리스도 안에 있는 무한하신 하나님의 은혜를 보게 된다. 또한 그리스도 안에서 흐르는 은혜를 믿음으로 붙드는 것이 어둔 세상에서 빛과 소금으로 살아가는 비결임을 배운다. "이는 그들로 마음에 위안을 받고 사랑 안에서 연합하여 확실한 이해의 모든 풍성함과 하나님의 비밀인 그리스도를 깨닫게 하려 함이니 그 안에는 지혜와 지식의 모든 보화가 감추어져 있느니라"(골 2:2-3).

스데반 황

연세대학교(전자공학과)
필라 Westminster Theological Seminary 목회학 석사
펜실베니아 Biblical Theological Seminary 석사
(현) 그리스도의 보혈교회 담임
(현) 웨스트민스터 신학원 객원교수
(현) 개혁 총회 개혁 신학 연구원 객원교수
(현) 개혁복음주의회 대표
(현) 그리스도 중심의 성경 연구원 대표

헨델의 메시아의 설교적 적용

김성욱

1. 메시아에 대한 소개

근대 음악사에 있어서 유명한 음악가들이 많다. 그 중에 음악의 아버지라 불리는 바흐(Johann Sebastian Bach, 1685-1750)와 음악의 어머니로 불리는 헨델(Georg Friedrich Händel, 1685-1759)은 음악적으로도 대단하지만, 음악이 담고 있는 신학적 내용에서도 탁월하다. 같은 해에 태어나 동시대를 살면서 그 이전시대와 대비되는 놀라운 음악으로 대단한 영향을 끼쳤는데, 그 음악이 표현하는 내용의 기초를 이루는 성경 이해에 있어서도 역시 신학자나 목회자 못지않다. 그리하여 독일에서는 루터의 신학을 잘 이해하고 있는 신학자로 바흐를 설명하는 연구서도 볼 수 있다. 헨델의 경우 신학적으로 탁월한 성경의 내용을 음악적으로 잘 표현한 것이 그의 대표작인 <메시아 Messiah>인데, 성경 이해와 설교 그리고 음악적 연주가 삼위일체처럼 멋지게 어우러진 최고의 작품으로 평가된다.[1]

헨델의 메시아는 그의 삶에 있어서 주님의 은혜를 체험한 사건과 직접적으로 연결된다. 그는 1737년 8월 21일 뇌졸중으로 쓰러지면서 큰 절망과 좌절에 빠지게 되었고, 그럼에도 열심히 활동하려고 노력하였으나 영국과 스

---

1. 김성욱, 『헨델의 메시아』 (서울: 나눔과 섬김, 2022).

페인 전쟁으로 온 나라가 혼란 가운데 있었다. 국내외 정세로 인해 음악회가 열리지 못하였기에, 신체적인 절망과 경제적 어려움으로 자포자기하며 지내던 헨델은 어느 날 잘 알려지지 않은 성공회 목사인 제닌스(Charles Jennens, 1700-1773)로부터 서류 뭉치와 편지를 받았다. 그 속에는 성경의 내용으로만 연결된 메시아의 대본이 있었는데, 헨델은 그 대본이 "위로하라 위로하라 내 백성을!"이란 표현으로 시작하는 것을 발견하였다. 이것은 이사야 40장의 말씀이지만, 헨델은 다름 아닌 자신에게 주어진 말씀으로 여기면서 큰 위로를 받아서 밤낮으로 곡을 써내려갔다. 외부와도 완전히 연락을 끊고 식사도 제대로 하지 않은 채 성경 말씀을 음악으로 표현하여 마침내 24일 만에 곡을 완성했다.[2]

1742년 4월 12일에 더블린(Dublin)에서 초연되었는데, 이 일로 모든 것들이 회복되고 놀라운 명성까지 얻게 되면서 헨델은 메시아를 통하여 절망에서 완전히 재기했다. 메시아가 절망 가운데 있는 자신을 위로하신 하나님의 은총으로 만들어진 작품이라고 믿었던 헨델은 초연 때부터 모든 수익금을 병원 환자와 죄인을 위한 자선기금으로 기부하였다. 그 이후에도 헨델은 34차례나 <메시아>를 공연하였고, 심지어 죽기 전에 들은 음악도 메시아였으니, 이것은 단순한 음악 혹은 오라토리오를 넘어서는 귀한 작품이다.

2. 메시아의 전체적인 흐름

한국교회에서 성도들이 찬양하는 모습은 전 세계의 많은 교회와 성도들이 부러워하는 것 중의 하나이다. 어느 학자에 따르면 21세기 세계 곳곳에서 일어나는 K-Pop 열풍의 기저에는 1990년대 한국교회에 있었던 경배와 찬양의

---

[2]. Stefan Zweig, 『광기와 우연의 역사 - 인류 역사를 바꾼 운명의 순간들』 안인희 역, (서울: 휴머니스트, 2004). 85-116.

운동이 그 기초가 된다고 한다. 그 후에는 다양한 찬양들이 만들어지고 소개되면서 곡의 스토리와 그에 맞는 설교가 전해지기도 하고, 때로는 설교에 따라서 찬양이 만들어지기도 한다. 특히 예배시간에 설교와 찬양이 연결되면, 성도들은 더 큰 은혜를 받는다. 또한 들은 설교도 특별히 오래 기억하며 그에 따른 결심도 하게 된다. 예배에서 설교와 찬양이 조화를 이루며 함께 진행되는 것은 너무나 중요하다. 더 나아가 훌륭한 찬양도 좋으나, 기존에 부르던 곡도 설교에 맞게 빠르기나 리듬이 조절된 연주를 듣거나 찬양을 부르면 모든 것이 조화를 이루어 금상첨화일 것이다.

설교의 기초는 성경주해이다. 목회자는 여기에 책상 위에서 작성된 설교가 아닌 주님으로부터 받은 설교를 하되 하나님의 마음을 담아 전하는 것이 중요하다. 독일의 경우 오르간 연주자는 목사님의 설교에 따라 그 내용을 잘 전한 찬송을 정하고 심지어는 빠르기도 조절한다. 때로 마땅한 찬송이 없을 경우에는 작곡까지도 가능하다면 더 좋을 것이다. 이러한 대표적인 예들을 헨델의 메시아에서 어렵지 않게 발견할 수 있다.

'과연 헨델의 메시아로 어떤 설교가 가능할 것인가' 라는 질문을 던질 수 있다. 그러나 이러한 우려는 헨델의 메시아 서곡을 들으면 조금 사라질 것이고, 1부 첫 곡인 "위로하라 내 백성을~!(Comfort ye my people)"을 감상하면 다음 내용이 궁금할 정도로 음악과 성경에 몰입하게 될 것이다. 하나님을 만나기 위하여, 하나님 앞에 높아진 자신의 교만을 꺾는 것을 잘 묘사하는 모든 골짜기가 있다. 더구나 심각한 죄를 지어서 혹은 너무나 깊은 절망에 주님을 만날 용기조차 없을 때, 그 깊은 절망을 주님께서 친히 메우시고 굽은 길을 곧게 펼치며, 주님께서 찾아오시는 내용을 이사야 40:3의 말씀을 통하여 잘 묘사한다. 이런 찬양은 철저하게 성경 본문을 바탕으로 하기 때문에, 메시아의 찬양과 설교 그리고 주해는 결코 분리할 수 없는 것이다.

제닌스가 구약성경의 43절과 신약성경에서 30절을 선별하여 연결하고 정리한 내용을 헨델이 53곡의 오라토리오(Oratorio)로 작곡한 것이 헨델의 메시아이다. 이것의 제1부는 예언과 탄생(1.서곡-22.합창)이란 주제로 전개되고, 제2부는 수난과 속죄(23.합창-44.합창)란 주제로 이사야 53장과 시편22편을 중심을 펼쳐진다. 그리고 제3부 부활과 영생(45. 소프라노 영창-53.합창)으로 구성되는데, 일반적으로 연주시간이 2시간이 넘게 걸리는 대곡이다. 따라서 메시아의 본문으로 설교를 한다면, 70회 이상의 설교가 가능하다. 더구나 기독론적인 통일성을 갖고 있어서 설교의 방향이나 내용도 풍성할 것이다. 여기에 음악적인 내용을 가미하여 찬양대가 곡을 직접 부르거나 혹은 기존의 음악을 곁들여 설교한다면, 청중들은 평생 잊지 못할 설교와 음악을 맛보게 될 것이다.[3] 그리고 나중에 성경을 읽을 때나 음악을 감상할 때에도 심령의 깊은 울림을 느끼게 될 것이다. 이 가운데 쉽게 접근할 수 있는 곡으로 설교에 적용할 대표적인 세 가지 예를 다루고자 한다.

3. 위로하라 내 백성을 (Comfort ye my people)

서곡이 끝나면, "너희 하나님이 이르시되 너희는 위로하라 내 백성을 위로하라"(사 40:1)는 이사야서의 말씀을 테너가 애절하게 부른다. 이사야 40장은 장차 바벨론의 포로가 되어 절망과 고난 가운데 처하게 될 이스라엘 백성들을 향하여 하나님께서 주시는 위로를 선지자가 전하는 내용이다. 본문에 나타나는 "내 백성"이라는 표현을 통하여 구약성경 전체에 흐르는 언약사상을 먼저 떠올릴 수 있다. 본문을 살펴보면 한글 성경은 "너희 하나님이 이르시되"로 시작하지만, 원문에서 강조하는 것은 "위로하라"는 명령문이다. 그리고 이 명령문의 히브리어나 영어 표현을 보면 그 의미에 관하여 고민이 생기게 된다. 왜냐하면 여기서 위로받는 대상은 이스라엘 백성이지만, 위로를 전하는 즉 하나

---

3. 한기채, 『헨델이 전한 복음』 (서울: 예영커뮤니케이션, 2006).

님을 대신하여 위로를 주는 주체가 2인칭 복수(Comfort ye)로 되어 있기 때문이다. 그냥 읽을 때는 하나님께서 이사야 선지자를 통하여 자신의 백성들에게 주는 위로로 생각할 수도 있다. 만약 그렇다면 복수가 아닌 단수 명령형으로 표현되어야 하기 때문이다. 하지만 본문에는 하나님의 위로를 전하는 주체가 2인칭 복수이기에, 이는 이사야가 아니라 이사야를 비롯하여 예레미야, 에스겔, 그리고 그 후의 많은 선지자들을 통하여 위로를 전하는 것으로 설명되어야 한다. 이런 맥락에서 본문을 보면 "하나님이 이르시되"라는 표현 역시 시대와 대상을 넘어 오고 오는 모든 시대에 적용되는 히브리어의 계속적인 표현인 미완료로 되어 있어서 강조된 말씀인 것을 알 수 있다.[4]

더 중요한 것은 위로의 내용이다. "그 노역의 때가 끝났고 그 죄악의 사함을 받았느니라 그의 모든 죄로 말미암아 여호와의 손에서 벌을 배나 받았느니라 할지니라"(사 40:2). 이 말씀은 포로된 이스라엘에게 주는 위로로, 표면적으로는 바벨론 포로에서 돌아오도록 인도하시는 것으로 보인다. 하지만 반복되는 표현에는 모든 죄악의 용서함이 나타난다. 이것은 바벨론 포로에서 놓임을 받는 것을 넘어 그것이 상징하는 바 죄와 사망의 권세에서의 해방으로 보아야 한다. 따라서 이 말씀의 본질적인 성취는 이스라엘 백성이 포로에서의 귀환을 넘어 하나님께서 예수 그리스도를 메시아로 보내시겠다는 것이다. 따라서 이사야서 본문을 읽고 묵상하며, 아니 원문이나 영어를 조금만 분석한다면, 이러한 의미들을 쉽게 발견할 수 있을 것이며, 그리고 이를 토대로 훌륭한 설교를 전개할 수 있을 것이다.

헨델의 메시아는 첫 곡부터 철저하게 메시아에 대한 약속으로 전개된다. 절망 중에 있는 이스라엘 백성들에게 많은 선지자들을 통하여 메시아를 보내실 것이라는 약속으로 계속 말씀하시는 내용이다. 이 내용을 조금 더 확대하

---

4. 김성욱, 『헨델의 메시아』, 34-39.

면, 메시아이신 예수 그리스도가 이 땅에 오심으로 그 모든 약속이 성취된 것으로 정리되는 것을 넘어서, 이 시대에도 절망 중에 있는 성도들에게 위로를 전하기 위하여 찾아오시는 하나님의 말씀으로 적용할 수 있을 것이다. 바로 이런 하나님의 뜻과 마음을 담아서 연주자는 노래를 불러야 할 것이다. 그리고 "위로하라 위로하라 내 백성을"이라고 하여 위로한다는 표현 때문에 기쁜 소식을 전하는 것처럼 보여 기쁘고 신나게 불러야 할 것 같지만, 그 소식을 들어야할 대상이 절망과 포기 속에 있기 때문에 그들의 마음에 닿도록, 하나님의 마음을 전하는 종으로 위로를 전하는 것처럼 노래가 들려져야 한다.

4. 한 아기 (For unto us a child is born)

메시아 1부의 전개는 다양한 본문들이 기독론적으로 서로 정확하게 연결된다. 순서가 바뀌면 이상하게 여겨질 정도로 조화를 이루는데, 그것은 순서만이 아니라 음악적으로 그리고 신학적으로도 너무나 완벽한 조화 속에 구성된 것이다. 한 예로 하나님의 영광을 모든 육체가 볼 것이라는 이사야의 예언(사 40:5)과 그 예언이 구체적으로 실현되는 스룹바벨과 여호수아의 제2의 성전이 완성되는 시기 사이(학 2:6-9)에는 분명하게 시간적 간극이 존재한다. 하지만 메시아의 순서는 바로 이어지기 때문에, 이것은 시간적 간격을 넘어서는 내용상의 연결로 영적으로 깊은 관계가 있음을 느낄 수 있다. 이스라엘이 바벨론 포로에서 돌아오는 것도 중요하지만, 주님의 영광이 드러나는 것은 단순하게 포로에서 귀환이 아니라 주님의 임재의 상징인 제2성전의 건축이다. 그렇기 때문에 당시 포로에서 돌아온 이스라엘 백성이 많은 어려움들로 인하여 성전 건축을 포기할 때, 하나님께서는 선지자를 통하여 그들에게 다시금 용기를 주시며 스룹바벨과 여호수아를 중심으로 그들이 힘을 모아 성전을 건축하도록 격려하신다. 이렇게 세워질 성전에 대하여 하나님은 장차 온 세상이 흔들리고 변동될 것이며, 그 가운데 초라해 보이는 성전이지만 바로 그곳에 만국의 보배이신 메시아를 보내시겠다는 약속을 선포하신다. 결국 주님의 놀라운 영광과 지상에서의 성전의 건축이 연결되는데, 그것은 초라한 외형적 모습이 아니라 만국의 보배이신 메시아로 풍성할 것을 약속하신다. 이러한 해석에 맞게 헨델의 메시아는 음악으로 표현한다. 온 세상이 지진으로 흔들리고 변동되는 중에 반전으로 주님의 영광의 임재를 성전의 건축으로 표현하는 음악으로 나타내는 이 곡은 마치 청중들의 눈앞에서 펼쳐지는 모습으로 느낄 수 있도록 음악으로 훌륭하게 표현하고 있다.

이러한 내용을 한층 더 전개하여 임마누엘의 예언과 그 예언의 구체적인 내용이 한 아기를 주신다는 약속이다. 본문은 "이는 한 아기가 우리에게 났고 한 아들을 우리에게 주신 바 되었는데 그의 어깨에는 정사를 메었고 그의 이름은 기묘자라, 모사라, 전능하신 하나님이라, 영존하시는 아버지라, 평강의 왕이라 할 것임이라"(사 9:6)로 모든 악기와 찬양대가 함께 연주하는 곡이다. 이 말씀을 이해하기 위하여 그 시대적 상황을 이사야 7-9장과 열왕기하 16장의 본문을 함께 살펴야 할 것이다. 시기는 남조 유다의 아하스 왕 때의 일로, 북조 이스라엘과 아람 연합군의 침공으로 풍전등화의 상황에 처한 남조 유다의 왕과 백성들에게 구원의 약속을 임마누엘(사 7:14)[5]로 약속하셨고, 이 약속의 구체적인 성취로 본문의 한 아기가 소개된다.

여기서 중요한 표현은 "한 아기가 우리에게 났고, 한 아들을 우리에게 주신 바 되었다"는 것이다. 유다가 처한 상황에 대하여 미래에 전개될 약속에 대한 내용이기에 "장차 한 아기가 태어날 것"이라고 미완료의 미래적 표현을 사용해야 할 것으로 여겨진다. 하지만 이사야서는 완료시제(完了時制)를 사용한다. 이러한 표현은 여기에만 나타나는 것이 아니라 성경에 가끔씩 등장하는 중요한 표현으로 성도의 운명 곧 성도의 특징과 하나님의 인도에 관하여 가장

---

5. 김성욱, 『헨델의 메시아』, 134-148.

잘 나타내는 표현으로도 사용된다. "또 미리 정하신 그들을 또한 부르시고 부르신 그들을 또한 의롭다 하시고 의롭다 하신 그들을 또한 영화롭게 하셨느니라"(롬 8:30) 이것은 문장의 구조상 문법적인 오류가 아니라 성경 저자의 의도가 분명하게 녹아있는 표현이기에 특별히 "예언적 과거"라고 한다.[6] 특별한 약속의 경우 그것이 장차 미래에 성취될 것이지만, 그것이 너무나 확실하고 분명할 경우에 미래로 표현하지 않고 완료시제를 사용하는 것이다. 여기에는 시간과 공간을 초월하여 영원하시고, 또한 능력적으로도 완전한 하나님의 특성과 능력이 전제된 표현이다. 즉 하나님께서 계획하시고 약속하신 것은 반드시 이루어질 것인데, 이것보다 더 정확하게 표현하자면 "이루어졌다"라고 사용한다. 그 근거는 하나님이 계획하신 것을 막을 존재가 없으며, 전능하신 하나님이시기에 이런 표현을 사용하는데, 정확하게 메시아에 대한 예언에 이 기법이 사용되고 있어서 그 의미를 더 강조하고 있다.

하나님께서 약속하신 메시아가 인간들의 눈에 외형적으로는 평범한 한 아기로 보일 수 있다. 그러나 영적인 눈을 뜬다면 평범한 한 아기가 하나님께서 주신 선물이다. 따라서 그 아기를 대할 때 인간들 사이에 태어날 한 아기가 아니라 신성을 지닌 분 즉 "하나님께서 우리에게 주신" 분으로 정사와 권세를 지니고 사용하실 분이다. 더구나 아기로 오는 메시아지만 그분의 능력이나 특징에 관하여서는 이어지는 표현에서 잘 드러난다. 먼저 "기묘자(wonderful)"는 신성(神性)을 가리키며(삿 13:18), 신묘막측하신 능력을 가진 자이다. 또한 "모사(counsellor)"는 어두움이나 간사함이 전혀 없는 지혜의 모습인데(잠 8:1-31; 고전 1:30), 그 놀라운 지혜를 인간을 구원하시는 일에 사용하신다. "전능하신 하나님"이란 전 우주만물을 창조하실 뿐 아니라 자신의 뜻대로 섭리하고 자신의 계획대로 전개하시는 하나님의 특징이 그 아기를 통하여 드러날

---

6. E. J. Young, 『이사야 53장』 윤영탁 옮김, (서울: 성광문화사, 1992), 11-19.

것이다. 창조주요 섭리자로 엄한 하나님 같으나 이스라엘 백성에게는 변함없이 따뜻하신 "영존하시는 아버지"이다. 이는 "영생의 근원되시는 아버지"와 "영생을 주시는 자(an author and bestower of eternal life)"로 해석되면서도 이스라엘 백성과 친근한 관계임을 보여준다. 여기에 "평강의 왕(Prince of Peace)"의 의미는 왕으로 다스리는데 진정한 평화를 이루며 평화를 나누어주는 사랑과 인애와 은혜의 통치적 성격을 보여준다.[7]

이를 신약적으로 이해하자면 죄인들을 하나님과 화목하게 하시는 중보자(仲保者) 되신 그리스도로 오시는 메시아를 보여준다(고후 5:19). 더 나아가 이런 특징은 하나하나 구분되는 것이 아니라 종합적으로 구원의 기쁨과 영적 평안을 주시며, 그 능력은 무한하고 그 관계는 영원한 아버지로 마침내 영광의 나라 그리고 영원한 하나님의 나라를 이루되 진정한 평화를 이루실 메시아임을 보여준다(살전 2:7, 5:23; 벧후 3:14). 따라서 이러한 내용을 성취하는 한 아기는 아하스 시대에 태어날 한 아기가 아니라 700여년 후에 세상사람 눈에는 의미 없어 보이는 목수의 아들로 베들레헴의 말구유에서 태어나시지만, 구약의 모든 역사를 이루며 당신의 백성을 죄에서 구원할 예수 그리스도를 가리키는 것임이 분명하게 드러난다.

5. 죽임 당하신 어린 양 (For unto us a child is born)

메시아의 53곡 가운데 "할렐루야"가 가장 유명하다. 그러나 설교와 음악에서 정말로 깊은 내용을 담고 있는 것은 마지막 전의 곡인 "죽임 당하신 어린 양"이며, 내용상으로는 다음 곡인 "아멘(Amen)"과 연결된다. 이 곡은 요한계시록 5장의 내용을 음악으로 표현한 것이기에 이를 이해하기 위해서는 요한계시록 5장까지의 전체적인 흐름도 함께 살펴야 한다.

---

7. 김성욱, 『헨델의 메시아』, 202-205.

요한계시록은 마지막 사도인 요한이 밧모섬에서 하나님의 계시를 받은 내용을 정리하는데, 2-3장은 땅에 있던 일곱 교회들에 대하여 소개하고 있다. 당시 소아시아에 있던 에베소교회로 시작하여 라오디게아 교회에 이르기까지 지상의 교회들에게 보내는 말씀이다. 그 교회들은 각각 다양한 모습과 신앙의 상태를 보여주는데, 어떤 교회는 빈약하고 초라하여 보기가 민망하고 힘도 없어 보임에도 주님께서는 그 교회를 향하여 "네가 환란 가운데 그리고 심히 궁핍한 가운데 있다마는 실상은 부요한 교회이다!"라고 위로의 말씀을 하신다. 그러나 라오디게아 교회는 도시의 특성상 은행도 있고, 사업체들과 병원도 있으며 갖출 것을 거의 다 갖춘 곳, 즉 대단히 부유한 도시에 부유하고 물자가 풍성한 그런 교회였기에 부요하며 풍성하기에 자신의 입으로 부족함이 없다고 말하지만, 실상은 "네가 가난한 자로다! 벌거벗은 자로다! 눈먼 자로다!"라고 말씀하셨다.

요한계시록 4-5장에는 땅에 있는 교회의 현실과 대비되는 천상적 존재를 보여준다. 이는 2-3장의 교회현실이 끝난 뒤에 전개되는 것이 아니라 땅에서는 핍박과 고난의 현실 가운데 있으나, 동시에 천상의 세계에서 전개되는 일을 보여준다. 구체적으로 하늘에 열린 문이 있고, 그 하늘에는 보좌가 있는데, 보좌에 앉으신 분, 보좌 앞에 네 생물, 그리고 그 보좌 앞으로 24장로들의 보좌와 거기에 장로들이 앉아 있다(4장). 본문에서 강조하는 내용은 이 세상을 창조하신 하나님이다. "우리 주 하나님이여 영광과 존귀와 능력을 받으시는 것이 합당하오니 주께서 만물을 지으신지라 만물이 주의 뜻대로 있었고 또 지으심을 받았나이다"(계 4:11) 온 천하 만물이 주님의 창조물임을 보여주며 창조자이신 하나님을 선포하는 중요한 내용을 담고 있다. 당시 지상의 교회를 박해하고 있는 이들, 로마의 악독한 권력자들, 사악한 무리들, 로마의 권력조차도 하나님이 지으신 존재임을 분명하게 표현하는 혁명적인 선언과 같다.

5장에서는 구속주인 예수님을 묘사하는데, 그 사이에 하나님께서 지으신 창조세계가 인간의 범죄함으로 말미암아 총체적으로 타락한 내용이 전제된다. 죄와 사망에서 빠져나올 수 없는 인간과 만물이지만 하나님께서는 예수 그리스도 안에서 또한 예수 그리스도로 말미암아 새롭게 하시는 구원의 주님을 선포하고 있다. 그 존재가 바로 유다 지파의 사자(Lion, 창 49:9-10)이며 다윗의 뿌리라고 소개한다.[8] 교회를 핍박하는 자들에게는 이러한 내용이 이상한 비유처럼 들리지만, 구약의 메시아를 기다리며 사모하는 자에게는 너무나 분명한 내용이다(히 7:14). 유다 지파의 사자, 다윗의 뿌리인 그가 이겼는데, 힘이나 무력으로 상대방을 제압하거나 그들을 죽임으로 이기는 것이 아니라 자신이 십자가에 달려 죽임당하므로 이기셨기에(계 17:4, 골 2:15),[9] "죽임을 당한 어린 양"이라는 놀라운 역설로 선포하는 것이다. 한 알의 밀알처럼 땅에 떨어져 썩어가는 것이 많은 열매를 맺는 길이듯, 자신의 삶을 살다가 십자가에 죽으신 예수 그리스도를 보여준다.

지상의 교회가 아무리 환란과 핍박 가운데 있으며, 시련과 연단으로 마치 이 지상에서 교회들이 사라져버리는 듯한 현실(계시록 2-3장)일지라도 눈을 들어 하늘 세계(계시록 4-5)를 보며 교회의 미래와 하나님의 역사를 소망하도록 요구하신다. 이런 소망의 구체적인 모습으로 하나님은 보좌 위에 앉아계시고, 그 보좌 우편에는 하나님의 영광을 드러내는 네 생물이 있으며, 그리고 보좌 좌우에 24장로들의 보좌와 그 자리에 앉은 장로들이 있다. 또한 그 앞에는 천군천사들이 있는데, 여기에 앞서간 성도들이 함께 있다. 이런 전체적인 상황을 보여주면서, 구속 사역을 완성하신 예수 그리스도, 죽임 당한 양이지만 승리하시고 그 승리를 나누며 영광과 존귀와 권세를 가지시고 또한 친히 성

---

8. "다윗의 뿌리"라는 표현은 이사야서에서 메시아는 악을 징계하고 평화로운 이상 국가를 이루시며 다스리시는 왕으로 나타나기에(사11:1-10), 다윗의 후손으로 오신 예수 그리스도를 지칭한다.
9. "이기었으니" 단회적으로 '이기었음'을 강조하는 부정과거시제로 단번에 결정적인 승리를 쟁취한 것을 시사한다. 이것은 승리에 대한 역사적 사실을 상기시키며 동시에 그러할 것임을 암시한다(Swete).

령을 보내어 성도들을 지키신다. 결국 이것은 당시의 성도들에게 눈앞에 있는 박해와 핍박 시련만 보지 말고 눈을 들어 천상세계를 보면서 땅에 있는 교회들이 위로받기를 권하는 장면이다. 그러므로 낙심하지 말고 인내하면서 소망 중에 자신들에게 남아있는 날을 굳건하게 걸어갈 것을 교훈하는 것이다.

더 나아가 천상세계에 있는 찬양 소리에 성도들의 마음과 귀를 기울이도록 요구하는데, 특별히 세 번이나 반복되어 찬양이 기록되어 있다. "새 노래를 노래하여 가로되 책을 가지시고 그 인봉을 떼기에 합당하시도다 일찍 죽임을 당하사 각 족속과 방언과 백성과 나라 가운데서 사람들을 피로 사서 하나님께 드리시고 저희로 우리 하나님 앞에서 나라와 제사장을 삼으셨으니 저희가 땅에서 왕노릇 하리로다 하더라"(계 5:9-10) 죽임 당하신 어린 양을 찬양하고 있는데, 이 찬양은 종말론적인 찬양이면서 시간 속에서 실현될 미래를 미리 보고 부르는 찬양이다. "각 족속, 각 방언, 각 백성, 각 나라 가운데서" 피로 값 주고 사셔서 나라와 제사장으로 삼으신 자들의 찬양을 이어서, 천천만만 천사들의 찬양이 나타난다. "큰 음성으로 가로되 죽임을 당하신 어린 양이 능력과 부와 지혜와 힘과 존귀와 영광과 찬송을 받으시기에 합당하도다 하더라"(계 5:12).[10]

여기에서도 죽임을 당하신 어린 양에게 능력과 부와 지혜와 힘과 존귀와 영광과 찬송을 돌리고 있다. 그리고 이어서 천상천하의 모든 만물들의 찬양으로 보좌에 앉으신 이와 어린 양에게 찬송과 영광과 능력을 세세토록 돌리고 있다. "내가 또 들으니 하늘 위에와 땅 위에와 땅 아래와 바다 위에와 또 그 가

---

10. 사도 요한은 예수의 죽음이 인류 구원을 위한 대속적 죽음임을 나타내는 의미로 '일찍 죽임을 당하사 각 족속과 방언과 백성과 나라 가운데서 사람들을 피로 사서'라는 표현을 사용한다. 피로 산다는 것은 구속을 의미하며 그리스도께서 자신의 희생과 죽음으로 단번에, 결정적으로 택한 자들을 사신 것을 나타낸다(Johnson, Vincent, Morris). 또한 그리스도의 구원이 차별 없이 모든 사람들에게 보편적으로 적용됨을 시사한다(12절; 1:5; 7:14; 12:11; 13:18; 14:4; 15:3; 19:7; 21:9; 22:3, Johnson, Mounce, Ladd).(참고 엡1:5)

운데 모든 만물이 가로되 보좌에 앉으신 이와 어린 양에게 찬송과 존귀와 영광과 능력을 세세토록 돌릴지어다"(계5:13). 보좌에 앉은 24 장로들과 네 생물의 찬양! 그리고 천군 천사들의 찬양! 하늘과 땅 가운데 있는 만물들의 찬양! 이 모든 찬양이 바로 예수 그리스도에게 집중된다. 이 말씀을 읽으며 대하는 모든 성도들의 찬양들은 죽임 당하신 어린 양 예수 그리스도로 집중돼서 이 찬양에서 제외될 수 없다. 땅에 있는 주님의 교회의 성도들은 바로 이 내용을 소망하면서 살아가도록 권면한다. 이러한 웅장하며 놀라운 모습을 찬양으로 담아내는 것이 죽임 당하신 어린 양이다. 그리고 이에 대해 모든 만물이 화답하는 것이, 이어지는 합장이며 헨델의 메시아의 마지막 곡인 "AMEN"이다.

6. 적용과 정리

헨델의 메시아는 한국교회에서 성탄절이나 부활절을 맞이하여 합창을 중심으로 주로 칸타타 형식으로 연주된다. 그리고 매년 연말에는 세종문화회관에서는 규모 있는 교회의 찬양대 중심으로 오랫동안 준비하여 기념 연주회를 개최한다. 규모가 작은 교회에서는 주로 합창곡을 중심으로 연습하지만, 쉽게 소화할 수 있는 곡이 아니어서 많은 노력과 연습이 요구된다. 이때 대부분의 경우 찬양 연습에는 많은 신경을 쓰며 노력하지만, 정작 중요한 그 곡의 내용과 기초가 되는 성경에 대해서는 관심이 덜하며, 그것을 이해하려는 노력은 거의 없다. 음악 감상과 음악적 내용에 대한 소개는 있지만, 헨델의 메시아에 대한 설교나 신학적인 연구가 소개되는 경우는 드물다. 이 글을 통하여 더 많은 연구나 설교가 나오기를 바란다. 이와 아울러 헨델의 메시아처럼 바흐의 마태수난곡이나 요한수난곡에 대한 신학적 해설과 설교가 나오기를 기대한다. 바흐 음악을 좋아하는 사람들이 많기 때문에, 이것 역시 가능할 것으로 보이며, 이를 토대로 음악과 신학 그리고 설교가 종합적으로 조화를 이루는 작품들이 한국교회에서 많이 만들어지기를 바란다.

훌륭한 음악을 소개받고 감상하는 것도 중요하지만, 어려운 곡임에도 직접 불러보면 더 큰 위로와 기쁨이 있을 것이다. 실례로 규모있는 교회에서 여러 찬양대가 함께 연습하면, 성도의 교제를 위해서도 좋을 것이다. 실례로 대학 선교단체에서 많은 지부에서 연습하여 그 결과를 성탄찬양으로 드리는 경우를 직접 경험하였다. 어린 아이로부터 시작하여 노년에 이르기까지 약 2000여명의 회원이 각자의 지부에서 연습하다가 마침내 함께 모여 연주하는 모습은 참으로 감개무량한 장면이었다. 여기서 더 나아가 가까운 지역교회들의 연합 혹은 노회적으로도 함께 준비하여 발표한다면, 흩어진 교회의 하나 됨을 위하여서도 귀한 발걸음이 될 것이다. 독일교회에서는 부활절이나 성탄절을 맞아 이런 연합의 모습을 볼 수 있다. 한 교회가 주축이 되고, 다른 여러 교회의 관심있는 성도들이 함께 참여하여 연주하는데, 처음부터 함께하는 이들도 있고 오래전부터 잘 준비하여 발표 며칠 전에는 지휘자와 동료들을 확인하며 보조를 맞추어 연주하기도 한다.

이런 모습을 통하여 죽임 당하신 어린 양에 대한 찬양에 천상천하의 만물들이 참여하듯이, 이 땅에 함께 사는 각국의 다양한 성도들과의 연합도 꿈꿀 수 있을 것이다. 그리고 이런 연합에 말씀에 대한 바른 선포가 전제된다면, 특별히 기억에 남는 연주가 될 것이다. 또한 말씀은 성도들의 실제적인 삶에도 힘 있게 펼쳐지며 이 땅에서 천국의 맛을 느낄 수 있을 것이다. 그리고 눈앞의 현실만 보고 있지 말고 그 현실과 동시에 하늘 세계를 바라보는 것, 진정한 영적인 세계를 바라보면서 소망 가운데 나아가야 할 것이다. 풍요와 만족 가운데 자만할 것도 아니고 고난이란 현실만 보면서 한숨을 쉬거나 나약한 모습 가운데 있지만 말 것을 권면한다. 적극적으로 진정한 위로를 받아 누리며 또한 하나님의 능력과 섭리를 바라며 살아가도록 하는 힘과 능력을 하나님의 말씀과 그것을 음악으로 담아내는 헨델의 메시아를 통하여 얻을 수 있을 것이다.

김성욱

서울대 종교학과
합동신학대학원 (M.Div.)
독일 뮌스터 신학박사(역사신학)
(현) 웨스트민스터신학대학원대학교 역사신학 교수
(현) 아가페열방선교회 이사장

존 웨슬리의 설교

김영선

1. 들어가는 말

존 웨슬리는 1703년 영국 국교회의 목사 사무엘 웨슬리의 15번째 아들로 출생하였다. 옥스퍼드 대학에서 공부한 뒤, 아버지의 목회 업무와 욥기 연구를 돕고 있다가, 1726년부터 옥스퍼드 대학의 링컨 칼리지 교수(Fellow)로 활동하면서 동생 찰스 웨슬리가 옥스퍼드 대학의 크라이스트 처치 칼리지에 입학하여 활동하면서 결성한 '신성클럽'(Holy Club)을 지도하였다.

1738년에 독일 경건파 모라비아 교도들이 모이는 작은 집회에 참석하여 마음이 뜨거워지는 체험(회심)을 하게 되었다. 이후 모라비안의 본거지인 독일의 '헤른후트 형제단'을 방문하고 돌아와 본격적인 전도활동을 전개하였다. 존 웨슬리는 살아있는 믿음과 성결한 삶을 강조하며, '그리스도인의 완전'을 설교하면서 대규모의 신앙운동을 전개하여 영국의 개혁을 견인해 내었다. 이러한 그의 신앙 운동은 그가 죽은 뒤 메소디스트(감리교)로 정착되어 웨슬리는 감리교회의 설립자가 되었고, 전 세계에 퍼져 있는 웨슬리 계통의 많은 교회들의 영적 아버지가 되었다.

웨슬리의 신앙 운동의 가장 큰 원천은 그의 설교였다. 웨슬리의 설교는 당시 사람들의 구원은 물론 사회를 개혁하는 데 지대한 역할을 담당하였다. 이러한 웨슬리의 설교의 중요한 측면들과 특성들을 살펴보는 것은 웨슬리 신학은 물론 건강한 그리스도인의 삶을 조명하는 데 큰 도움이 될 것이다.

2. 구원과 양육의 방편으로서 설교

웨슬리의 소명과 신학을 분명하게 보여주는 것은 그의 설교이다. 웨슬리에게 설교는 사람을 구원의 길로 인도하는 도구요 영성 수양과 가르침의 도구였다. 웨슬리에게 설교는 회심자들을 그리스도의 교제 안으로 모으고 그들을 양육하는 중요한 방편이었다. 웨슬리는 설교를 중요한 은총의 수단으로 간주하였다. 웨슬리는 복음 사역을 하면서 여러 번에 걸쳐 설교집을 출판하였다. 그의 첫 번째 설교집(SOSO, Sermons on Several Occasions)은 1746년에 출판되었다. 85세가 되었을 때 웨슬리는 8권으로 편집된 설교집을 발행하였다. 웨슬리의 사후에도 그의 설교들이 수집되어 발행되었다. 지금까지 출판된 웨슬리의 설교는 무려 151편이 된다. 151편의 설교는 웨슬리 신학자 알버트 아우틀러(Albert Outler)가 웨슬리 설교를 30여 년간 연구한 것으로 미국감리교회 200주년 기념사업의 일환으로 출판되었다.

웨슬리는 그의 첫 번째 설교집 머리말에서 그가 설교집을 발행하는 목적은 그가 "참 기독교의 본질이라고 믿고 가르친 교리들을 제시하는 데에 있다."고 하였다. 이는 웨슬리가 신학적인 설명을 하기 위하여 설교를 주된 도구로 택하였다는 것을 의미한다. 웨슬리의 설교들은 복음 운동과 신학적 논쟁을 통하여 순화된 그의 신학적 시각과 교리들을 드러내고 있다. 이런 점에서 웨슬리의 설교는 그의 신학적 유산의 중심이 된다. 그러나 이 설교들은 단지 그의 교리적 관심만이 아니라 그가 긴 세월 동안 영적으로 성장하면서 체험한 성서적 구원의 길을 말하고 있다.

웨슬리는 사도행전과 초대 교회 역사를 읽는 가운데서 설교의 중요성을 발견하였다. 그리고 초대 교회 지도자의 주된 임무는 하나님의 말씀을 설교하는 것으로 보았다. 그래서 웨슬리는 설교하는 것을 자신의 주된 임무로 삼았다.

웨슬리는 그의 청중들에게 될 수 있는 대로 직접적으로 말하는 사람이었다. 이것은 그의 편지와 논쟁에 대한 답변, 그리고 논설에서도 그러했지만 특별히 설교에서 그러했다.

3. 사람들의 필요와 청중을 배려하는 설교

웨슬리의 설교 본문들과 설교들은 장소에 따라 변화가 많았다. 설교란 하나님의 말씀으로 사람들의 필요에 응답하는 것과 같다고 보았기 때문이다. 설교는 결코 고착된 참된 교리의 선포나, 청중의 동의만을 구하는 것이 아니었다. 웨슬리의 설교를 위한 출발점은 사람들과 그들의 필요였다. 웨슬리는 각 모임 또는 집회에서 사람들의 필요를 매 설교의 출발점으로 사용하였다. 웨슬리는 가난하고 스스로를 하찮게 여기는 사람들과 함께 할 때는 그들에게 용서와 은혜 그리고 사랑을 말하였다. 또한 부유하고 자기 만족감에 사는 사람들과 함께 있을 때는, 스스로 의롭다하는 그들의 마음을 찌르는 말씀으로 복음을 전하였다. 그는 모든 경우에 사람들과 그들의 필요로부터 시작하였다.

웨슬리는 미사여구로 설교하는 사람들에게 현혹되지 말라고 조언하면서 (Journal, 1742, 5,1 이후 연월일만 표기), 항상 바르게 예의를 갖추어 설교하였다. 웨슬리가 조지 휫필드와 같은 웅변 능력이 없음에도 불구하고 능력 있는 설교자가 될 수 있었던 것은 청중에 대한 깊은 관심과 존중 때문이었다. 웨슬리는 설교할 때 바른 예의를 갖추었다. 예의 바른 언어는 청중들을 충분히 고려하는 것이다. 웨슬리 설교의 장점은 설교의 '간결함과 간소함'에 있다고 할 수 있다. 설교를 간소하게 하는 것은 가장 간단한 언어로 적절한 제안을 하고, 더럽혀지지 않는 언어의 영향력을 신뢰하는 것이다. 웨슬리는 설교 매너와 내용을 통해 청중을 하나님의 자녀로서 존중하였다.

웨슬리에게 사람들은 결코 교리의 대상물이 아니었고, 교리 자체를 확신시키기 위해 존재하는 것도 아니었다. 사람들이 신학을 섬기는 것이 아니라, 신학이 하나님의 자녀들을 섬기는 것으로 이해하였다. 어떤 것이 참된 신학인지를 먼저 결정한 후 그것을 복음으로 정리하여 사람들에게 전하였다. 그리고 사람들이 "아멘. 옳습니다. 동의합니다."라고 말할 때까지 기다렸다. 웨슬리의 설교는 사람들이 메시지를 어떻게 경험하거나 또는 듣는가에 관해서는 거의 상관하지 않고 다만 내용에만 주의를 기울이는 그런 설교를 선호하는 것에 경고를 준다. 우리가 특별한 때와 장소에서 신실한 관심을 눈물로 호소하는 실질적인 필요들보다 설교자의 목표와 가치에 더 주목하는 설교에 경고를 준다.

웨슬리는 청중을 배려하여 설교 시간을 엄수하였다. 다음과 같은 그의 말에서 이런 사실을 파악할 수 있다. "수요일 저녁에 내 생각이 광대해져서 어떻게 설교를 끝내야 할지 알지 못했다. 누군가가 이렇게 말한다. "마음이 허황되면 평소보다 더 길게 설교한다." 그러나 나는 정반대이다. 나는 어떤 문제에 집중할 때조차 결코 시간을 넘기지 않는다. 그리고 어떤 문제가 나에게 중요할지라도 청중에게는 그렇지 않을 수도 있다는 점을 여전히 고려한다. 그러므로 내가 정해진 시간보다 15분 이상을 초과한다는 것은 이상한 일이다."(1770, 7,23).

사람들의 필요와 청중을 배려하는 설교를 중시하여 웨슬리는 설교자들에게 다음과 같이 권면한다. 첫째, 설교자들은 험담, 남의 말 퍼뜨리기, 악담 등을 금할 것. 둘째, 설교자들은 악담에 악담으로 대응하는 것을 금할 것. 셋째, 설교자들은 결코 논쟁적인 설교를 하지 말고, 평범하고 실제적이며 체험적인 종교를 설교할 것(1767, 9,1).

4. 단순성과 명료성을 중시하는 설교

웨슬리는 평범한 사람들을 위해 설교를 평이하게 하려고 애썼다. 그래서 설교에서 메시지의 단순성과 명료성을 중시하였다. 웨슬리 당시의 설교는 대부분 다양한 수사학적 방법들과 새로운 표현과 상상을 많이 사용하고 때로는 내용을 압도할 정도로 화려한 어법을 현란하게 사용하였다. "웨슬리가 평이한 문체의 설교를 지지하며 행한 것은, 아버지의 평이한 문체의 설교들을 존경하고, 옥스퍼드에서 벤자민 칼라미(Benjamin Calamy), 윌리엄 틸리(William Tilly), 존 틸롯슨(John Tilotson)의 설교에서 영향을 받았기"(Cf. 아우틀러, 『웨슬리 설교해설』, 54) 때문이다. 웨슬리는 메소디스트 설교자들이 취할 태도와 자세에 대해서 다음과 같이 충고하였다[Cf. 1747년 6월 18일의 의사록(Minutes)].

1) 될 수 있는 대로 쉬운 본문을 택하라.
2) 본문에서 벗어나지 않고 본문 위에 근거하도록 조심하여, 작성하도록 하라.
3) 늘 설교의 제목은 청중에게 어울리도록 하라.
4) 너무 우화식으로 설명하거나 영적으로 해석하는 일을 주의하라.

웨슬리는 설교집(SOSO) V-VIII(1788) 서문에서 다음과 같이 말하고 있다.
"나는 유명한 휴 블레어 박사(Dr. Hugh Blair)만큼이나 화려하게 꾸민 글을 지금이라도 쓸 수 있다. 그러나 나는 쓰지 않는다. … 나는 화려한 옷을 입지 않으려는 것과 같이 화려한 문체로 쓰지 않으려 한다. 나는 프랑스적 웅변술을 좋아하지 않는다. 나는 그것을 마음으로부터 경멸한다. … 나는 아직도 평이하고 건전한 영어를 좋아한다."(the Works of John Wesley 2:355-357).

웨슬리는 할 수 있는 한 쉽게 많은 사람에게 접근하는 언어를 사용하여 말씀을 전하였다(1748, 4,6). 웨슬리는 대단한 지성과 학문성을 지니고 있었지만, 그가 상대하는 평범한 사람들이 평범한 진리를 잘 알아들을 수 있도록 하였다. 그의 학문성을 들어내는 설교가 독자들을 멀어지게 할 것을 염려했기 때문이다. 그의 설교에는 그가 많은 것들을 읽은 것들이 드러나고 있다. 그는 전 생애 동안 폭넓게 독서를 하였다. 그가 폭넓은 독서를 통하여 비축한 지식은 기독교 전통과 고전적 전통을 만들 수 있었고 또한 평범한 사람들과 함께 나눌 수 있는 메시지를 찾는 데 이바지하였다. 이러한 그의 노력은 그가 "한 책의 사람"(homo unius libri)이 되게 하였다. 웨슬리의 설교들은 그 내용에 있어서 그가 특별한 신학자였음을 드러내 준다.

5. 즉흥 설교와 야외 설교

웨슬리는 옥스퍼드에서 즉흥적인 설교를 했다. 그는 설교가 효과적으로 되기 위해서는 설교자와 듣는 자 간에 인격적인 만남이 있어야 한다는 것을 깨달았다. 그리고 구두 설교가 설교의 기준이라고 믿었다. 글로 쓰는 설교는 단지 구두 설교의 효과를 내기 위한 준비 또는 그 산물이라고 보았다. 웨슬리는 구두 설교는 선포와 초청을 위한 것이고, 문서 설교는 주로 양육과 성찰을 위한 것으로 보았다. 그는 구두 설교를 위해서 본문과 함께 암기하고 있는 설교를 어느 정도 가지고 있었고, 그것을 여러 다른 청중들에게 반복해서 설교했다.

웨슬리는 기회가 주어지는 곳에서는 어디에서나 설교해야 한다는 충동을 받고 야외로 나갔다. 그래서 시장 한 가운데서 교회 뜰이나 교회 앞 묘지 또는 벌판 등에서 설교했다. 그는 야외 설교에 대한 두 가지 정당성을 가지고 있었다. 첫째, 그는 어디에서나 설교할 수 있는 권리가 있다. 둘째, 교구를 초월하여 설교할 수 있다고 보았다. 사역을 교구사역과 특별사역으로 구분할 수 있으며, 자신의 순회사역을 특별사역이라고 생각하였다. 이러한 특별사역(웨슬리의 순회전도 시스템)은 사회의 변두리로 밀려난 사람들, 사회 최하층의 사람들, 일반 대중들이 복음을 접할 기회를 제공하였고, 그들은 이를 통해서 복음을 받아들이게 되었다.

웨슬리는 야외 설교의 유익성을 발견하고 이를 적극 활용하였다. 야외 설교는 장소적 제한을 받지 않고 많은 사람을 수용할 수 있는 장점이 있다. 웨슬리가 야외 설교를 한다는 소식이 전해지자 사람들이 여러 곳에서 떼를 지어 몰려들었다. 웨슬리도 처음에는 구령 사업을 하는 데는 매사를 철저하게 질서와 품위를 지켜야 한다고 고집을 해온 터였기 때문에 설교를 교회 밖에서 하는 것은 거의 죄가 되는 것으로 생각하였다(1739, 3, 29, 이후 저널은 괄호로 표기). 그러나 야외 설교의 장점을 경험하고 야외 설교에 대해 다음과 같은 고백을 하였다.

"야외 설교는 사단의 왕국을 전복시키는 가장 효과적인 방법이다. 이것은 틀림없는 사실이다."(1765, 6,18). "야외 설교는 유용하다. 야외 설교 없이 하나님의 사역은 크게 확장되지 못했을 것이고, 점차적으로 시들어졌을 것이다."(1764, 6,24). "반복적인 경험을 통해 지붕 밑에서보다 야외에서 하는 것이 세 배나 많은 사람을 통솔할 수 있다는 것을 알게 되었다."(1759, 9,23). "야외 설교에서, 다른 어떤 수단보다도 더 많이, 하나님이 자신을 찾지 않았던 사람들에게도 나타나신다."(1767, 9,30). "부자와 빈자를 막론하고, 수천의 청중이 새로운 광장에서 가장 깊이 집중해서 말씀을 들었다. 이것이 떨리는 지옥의 문을 흔드는 방법이다. 여전히 나는 야외 설교만큼 효과적으로 이것을 할 수 있는 방법을 알지 못한다."(1768, 8,21). "말씀듣기를 갈망하는 사람들이 많았음에도 불구하고 야외에서 설교를 못 한 것이 아쉬웠다."(1788, 6,1).

야외 설교는 훨씬 많은 사람이 참여할 수 있으며, 야외 설교를 통해 죄를 깨닫고 회심하게 하시는 하나님의 능력이 나타나고 있기에 웨슬리는 야외 설교를 적극적으로 지지하고 활용하였다.

6. 폭거와 진압으로 방해받는 설교

웨슬리는 야외 설교를 통해서 대중설교의 전통을 만들었고, 대중을 위한 신학자의 길을 택했다. 이러한 웨슬리의 설교사역은 기존체제와 세력의 미움을 받게 되었다. 그러나 웨슬리는 야외 설교와 순회 전도사역을 지속하였다. 그래서 그의 사역은 기존 교회와 여타 사람들에 의해서 심하게 진압당했고 방해를 받았다. 웨슬리는 그의 저널에서 이 같은 사태를 다음과 같이 말하였다.

어떤 사람이 설교를 방해하려고 약간 떨어진 곳에서 싱싱한 연어를 사라고 외쳐댔다(1770, 7,31). 한 신사가 썩은 달걀을 호주머니에 가득 넣고 있었다. 그런데 한 청년이 그것도 모른 채 이 신사에게 다가와 양손으로 주머니를 치는 바람에 달걀이 모두 깨졌다. 순식간에 그는 썩은 달걀을 뒤집어썼다(1769, 9,19). 다수의 폭도가 사주를 받고, 성난 황소 한 마리를 데리고 와서는, 사람들 사이로 밀어 넣었다(1742, 3,19). 한 불쌍한 물방앗간 주인이 우리가 서 있는 연못 근처에서 내 목소리를 압도하려고 물을 애써 쏟아 부어 큰소리를 내며 떨어지게 했다(1745, 4,28). 거의 쉴 새 없이 거의 1시간 동안 돌과 흙덩이가 사방에서 날라 왔고 극소수의 사람만 그 자리를 피했다(1745, 5,5). 술 취한 바이올린 연주자를 조력자로 세워 설교를 방해하였다(1746, 8,18). 어떤 사람이 폭도를 데리고 나타나 청중을 향해서 돈을 뿌렸다(1748, 8,22). 거친 사람들이 설교하는 웨슬리를 떠밀었다. 그때 돌들이 날아와 그들의 턱과 안면 그리고 손가락을 맞추었다(1748, 8,28). 폭도들이 시끄러운 소리를 내어 설교 듣는 것을 불가능하게 했다. 그리고 폭도들 몇 사람이 발전기를 끌어다가 회중에게 많은 물을 퍼부었다(1752, 5,25). 설교가 끝나갈 때쯤에 1~2개의 달걀이 날아왔고 조금 후에는 돌들이 날아왔다(1758 6,11).

이와 같은 극심한 폭거와 방해에도 불구하고 웨슬리의 설교는 시도되었고 하나님의 능력이 나타나 많은 사람이 은혜를 받고 구원을 받았다. 웨슬리에 따르면, 당시의 "박해자들 대부분은 그들 인생의 절반도 살지 못했다. 그들은 하나님의 뜻을 거역하고, 1시간도 채 안 되어 숨을 거두곤 했기 때문이다."(1772, 9,18).

7. 설교의 내용

웨슬리가 부흥 운동의 시초부터 매우 중요하게 여긴 것은 그의 설교하는 방식보다는 그의 메시지였다. 웨슬리의 설교들은 청중의 귀를 즐겁게 하는 청각적 효과보다는 성서 안에 있는 원천에서 흘러나온 말씀에 청중들이 호응하도록 하였다. 사람들은 웨슬리의 웅변에 의해서가 아니라 그가 외치는 그리스도인의 삶의 비전과 모든 사람을 구원하는 복음에 의하여 감동을 받았다. 다른 어떤 것보다도 사람들에게 결정적인 감동을 준 것은 웨슬리의 메시지였다. 웨슬리의 설교에서 중시되는 주제와 내용은 "주 예수를 믿으라 그리하면 네가 구원을 얻으리라."(1739, 9,9). "지금은 은혜받을 만한 때요 보라 지금은 구원의 날이로다."(1788, 6,16). "너희는 은혜에 의하여 믿음으로 말미암아 구원을 받았다."는 것이다(1788, 2,25, 1787, 10,29).

웨슬리가 설교를 통해 주장하는 교리는 회개하고 믿음으로 받는 구원, 그리고 성결로 나아가는 구원이었다. 웨슬리의 설교는 성결(holiness)의 본질을 하나님에 대한 사랑과 이웃에 대한 사랑이라고 보는 견해와 더불어 성화(sanctification)를 하나의 상태로 보기보다는 진전하는 과정으로 보는 견해를 나타내 보이고 있다. 곧 성결과 진정한 행복은 상호 관련이 있으며 하나님은 이것을 특별히 계획하셨다는 확신을 담고 있다. 믿음과 성결과 선행은 마치 뿌리와 나무와 열매가 나누어질 수 없음같이 사람이 나눌 수 없다고 하였다(1739, 8,29). 웨슬리의 설교의 중심에는 값없이 주시는 하나님의 은총에 대한 교리가 깔려있다. 그 교리는 무엇보다도 먼저 하나님을 사랑하고 이웃을 사랑해야 한다는 메시지를 제시하고 있다.

웨슬리의 설교는 회심자들을 메소디스트 공동체와 연관지어 훈련받도록 하는 목회와 양육에 초점을 두었다. 그의 설교는 그리스도인의 삶의 지속적인 목표란 성화(그리스도인의 완전 또는 온전한 사랑)이며, 그것을 조직하는 원리는 언제나 구원의 순서(order of salvation)이고, 그 안에서 역사하시는 하나님은 성령이시라는 관점을 제시하고 있다. 웨슬리는 우리가 다루고 있는 교리가 성서 전체에 흐르고 있는 의미와 전통으로부터 나온 지혜와 일치한다고 생각하는 한, 진리에 대한 표현이 똑같지는 않을지라도 그 진리로 인도하시는 분은 바로 성령이라고 확신한다. 웨슬리의 설교는 이러한 그의 확신을 일관성 있게 말하고 있다.

8. 설교의 힘과 효력

웨슬리의 설교에는 성령의 역사에 따른 많은 능력이 나타났다. 많은 사람이 새롭게 죄를 깨달았고, 하나님을 떠난 많은 사람이 마음에 찔림을 받았다(1760, 9,15, 9,27). 웨슬리가 사도행전 12장을 강해하고 있을 때, 한 청년이 설교가 끝나자마자 사람들 앞에서 자신이 밀수꾼이라 자백했고, 더 이상 이런 짓을 하지 않겠다고 말했다(1740,9,30). 수년간 설교를 못 들을 정도로 청력을 상실한 한 사람이, 웨슬리의 설교를 처음부터 끝까지 모든 말을 듣고 이해했다(1767, 9,25). 공예배에 30여 년 이상 전혀 참석해 본 적이 없었던 신사가 웨슬리의 설교를 듣고 죄인이라고 고백하고 눈물을 머금고 집으로 갔다.(1742, 6,12) 웨슬리가 설교하는 동안, 사람들이 죽은 듯 뒤로 넘어갔고, 믿음의 의를 위한 죄인들의 탄식 소리가 엄청나게 커서 웨슬리의 목소리가 들리지 않을 정도였다. 유명한 무신론자가 설교를 듣고 떠날 때, 가난한 자를 위해 쓰라고 반 기니(guinea, 21실링에 해당함)를 남겼다(1743,1,24). 웨슬리가 설교를 시작할 때쯤 처음에는 설교를 비웃었던 자들이 설교를 듣는 중 눈물을 흘리게 되었고, 그런 자신의 모습이 부끄러워 얼굴을 숨겨야 했다(1747, 12,14).

영혼과 육체의 치유 역사가 나타났다. 설교를 듣는 청중 가운데 몇몇 사람은 죽은 듯이 쓰러졌지만, 곧 말할 수 없는 기쁨으로 즐거워하였고, 어떤 사람에게 심한 경련이 일어나기도 하였다. 집회가 끝난 후 웨슬리가 그녀에게 갔을 때, 그 여자는 머리부터 발끝까지 심한 진동을 겪고 있었으며, 무시무시한 자세로 비명을 질러댔다. 악한 영이 그녀를 괴롭혔지만 악한 영의 지배는 그리 오래가지 않았다. 아침에 그녀의 영혼과 육체는 치유되었다(1764, 4,4).

9. 웨슬리 설교의 자료들

웨슬리의 설교 자료는 웨슬리 신학의 4대 원리(the Wesleyan Quadrilateral) 로 명명되고 있는 성경, 전통, 이성, 경험의 측면을 중시하고 있다. 무엇보다도 웨슬리 설교의 주된 자료는 성서이다. 성서 인용이 설교의 주된 자료다. 그가 신약성서의 본문으로 즐겨 사용한 것은 마가복음, 고린도후서, 에베소서, 갈라디아서, 마태복음이었다. 구약성서에서 그가 즐겨 사용한 본문은 이사야, 예레미야, 호세아, 시편 순이다. 웨슬리는 헬라어에 정통하여 자신의 경건과 성서 연구를 위해 원어 성서를 읽었다. 그의 언어 실력으로 인해 스스로 독자적인 번영과 주석을 할 수 있었다(Cf. 아우틀러, 『웨슬리 설교해설』, 125-126).

웨슬리의 설교의 자료는 성서에만 국한되지 않고 고전문학도 동원되었다. 웨슬리에게 있어 고전에 대한 지식은 겉으로 보이는 것 이상이었다. 설교에서 웨슬리가 즐겨 사용하던 고전적 자료는 호레이스(Horace)였다. 최고의 권위인 성서의 바른 해석을 위하여 초대교부들의 저작들 소중히 여기고 이들이 기독교 진리를 고수하기 위하여 존경받을 만한 자료라고 하였다.

웨슬리는 여러 세기를 지나면서 기독교 공동체가 가진 거친 경험 속에 일관성이 있다는 것을 강하게 의식하였다. 그는 자기 시대에 필요한 보화를 얻기 위하여 기독교 과거의 경험을 연구하였다. 웨슬리는 일생 동안 교부들을 훌륭한 지도자들이요 동료로서 모시고 살았다.

웨슬리는 경험과 전통은 비판적 이성의 훌륭한 역할이 없이는 그 빛을 충분히 발휘하지 못한다고 생각하고 그의 모든 언급들이 성서와 이성에 의해 검증되기를 바랐다. 그래서 "이성은 이해와 판단과 논술의 도구이다. 그러므로 이성을 버리는 것은 곧 종교를 버리는 것이 된다." "나는 이성도 성서도 떠나지 않으며 이 둘 모두에게 복종할 준비가 되어 있다"고 말하였다.

10. 나가는 말

웨슬리의 설교는 복음적인 설교였다. 웨슬리에게 설교는 구원과 양육의 도구였다. 그는 설교를 기독교의 본질(교리)을 설명하는 도구로 삼았다. 그가 설교를 통해 주장하는 교리는 회개하고 믿음으로 받는 구원, 성결로 나아가는 구원, 그리스도인의 완전이었다. 웨슬리는 고교회주의자로서, 설교할 때는 언제나 심지어 야외에서도 성직자의 옷을 입는 것을 중요시했다. 자신을 대중을 가르치는 특별한 사명을 가진 영국 교회의 신학자로 이해했다. 성서, 이성 그리고 초대교회의 전통을 중시했다. 전 세계를 그의 교구로 생각하고 청중이 있는 곳에서는 어디서든지 설교했고, 그의 설교를 듣고 회심한 사람들을 통해 메소디스트 단체를 조직하고 그들을 상호 격려하는 소그룹에 등록시켜 양육을 지속하였다. 그는 사람들의 필요와 청중을 배려하는 설교를 하였고, 설교 메시지의 단순성과 명료성을 중시하였다.

일부 웨슬리 비판자들에게 웨슬리 신학이 칼빈주의, 알미니안주의, 몬타니즘, 퀘이커주의, 정숙주의 등을 혼합한 것으로 보일지 모르지만 사실 웨슬리는 그 모든 것을 복음적으로 훌륭하게 통합 또는 종합하는 데 탁월한 능력을 보였다. 웨슬리의 설교는 이러한 통합의 진수를 보여준다.

김영선

목원대학교 신학사
감리교신학대학교 신학석사
영국 University of London (M.Th.)
영국 University of London (Ph.D.)
(전) 한국개혁신학회 회장
(전) 한국 조직신학회 회장
(현) 웨슬리신학연구소 소장
(현) 협성대학교 명예교수

조나단 에드워즈의 설교[1]

조현진

조나단 에드워즈(Jonathan Edwards, 1703-1758)는 "성경의 사람"으로 목회자로 살면서 성경을 읽고 묵상하며 설교를 준비하는 시간을 가장 행복해하고 즐거워했다. 그는 노스햄턴(Northampton) 교회에서 23년 목회생활과 교인들과 성찬 문제로 갈등으로 인해 해임당한 후 스톡브리지(Stockbridge)에서 7년 인디언 선교사역을 통해 많은 설교를 감당했다. 현재 대략 1,200여편의 설교가 남아있다. 에드워즈는 하나님의 말씀을 묵상하며 정리한 자신의 신학적 개념들과 내용들을 불같은 열정을 가지고 설교로 쏟아내었으며 이는 1차 대각성운동의 풍성한 영적 열매로 드러났다. 이 시대 하나님 말씀의 부흥을 꿈꾸는 이들에게 에드워즈의 설교는 많은 도전을 준다.

1. 에드워즈의 설교 형태(본문-주해-교리-적용)

에드워즈 설교가 지니는 형식적 특징으로는 정형화된 구조인 성경 본문(Text)-짧은 주해(Exegesis)-교리(Doctrine)-적용(Application)의 순서로 구성된다는 점이다. 이는 청교도의 일반적인 설교 형태였다. 먼저 에드워즈는 성

---

1. 이 글은 2012년도 본인이 「목회와 신학」에 기고했던 "조나단 에드워즈의 설교"에서 내용을 발췌하여 일부 수정·보완한 글임을 밝힙니다.

경 본문을 짧게 선택한다. 이렇게 그가 짧은 본문을 선택한 이유는 그의 설교가 주로 하나의 주제를 중심으로 내용을 풀어나가는 주제설교였기 때문이다. 즉 설교를 위한 중심 주제를 선택하면 본문을 통해 그 주제를 신학적으로 어떻게 연결시킬지 고민하였으며 여기에 논리적 추론을 통해 설교를 풀어나갔기에 본문을 굳이 길게 선택할 필요가 없었던 것이다.

이어 에드워즈는 성경 본문(text)에 대한 간략한 주해(exegesis)로 설교를 시작한다. 에드워즈의 설교가 주제설교의 범위에 들어간다 해도 그는 성경 주해의 필요성과 중요성을 인지하고 있는 성경해석자였다. 그는 성경 본문을 말씀 내에서 그리고 역사적 문화적 정황 안에서 이해하려고 노력하였다. 이 부분에서 에드워즈는 자신이 정한 성경 본문을 위한 역사적 설명이나 짧은 주해를 통해 본문에 대한 이해를 돕는다. 이를 통해 그는 본문이 가진 문자적 역사적 의미가 무엇인지를 청중이 이해하도록 도왔던 것이다. 그의 대표적인 구속 설교인 "인간의 의존으로 영광 받으시는 하나님"(God Glorified in Man's Dependence, 1730)을 살펴보면 고린도전서 1장 29-31절을 본문으로 택한 후에 고린도전서의 역사적 배경을 설명한다. 그의 대부분의 설교가 이와 같은 방식이다. 본문을 택하면 그 본문의 역사적 배경을 설명하고 설교 본문으로 채택한 말씀의 초점이 무엇인지에 대한 설명을 제공한다. 여기에 더하여 에드워즈는 추론을 통해 이 본문에서 우리가 생각하고 고민해야할 점이 무엇인지도 언급한다. 이처럼 에드워즈는 설교의 첫 부분에서 본문이 기록된 당시 역사적 상황과 주해적 의미를 살펴봄으로 설교가 가야할 전체적인 방향을 제시하고 설교의 주제와 내용을 선택했던 것이다.

이어서 에드워즈는 교리(doctrine)를 기술한다. 교리는 본문을 주해하면서 연관되는 신학적 내용을 말하는 것으로 설교의 주제가 되는 부분이다. 그의 설교 중 교리 부분은 하나의 정리된 명제로 제시되고 이에 기초하여 정해진 교리를 추론하고 입증하기 위해 성경적인 논증과 논리적 추론을 여러 항목들을 설정하면서 진행한다. 사실 조직신학적 교리라고 보기 보다는 설교를 이끌어가는 하나의 대주제를 선택하고 이에 따른 소주제를 정리하여 풀어나가는 방식으로 볼 수 있다. 주제설교의 위험성은 보통 설교 본문을 어떤 주제로 향하기 위한 도약대로 삼거나 성경을 시대적 상황이나 문맥과 상관없이 왜곡되게 사용하는 경우를 들 수 있다. 하지만 에드워즈는 이미 성경 본문에 대한 주해를 통해 설교의 전체 방향을 본문 내용에 충실하도록 설정하였기에 그의 주제 설교는 임의적이라기보다는 성경 저자의 의도에 충실한 주제를 설정하려고 노력하였음을 확인할 수 있다.

마지막은 설교 주제의 적용 부분으로 에드워즈는 이제까지 이론적 신학적으로 논증된 교리 부분을 성도의 생활을 위한 구체적인 적용을 통해 그들의 삶의 변화를 추구하고 도움을 준다. 이 적용 부분은 에드워즈가 자신의 설교에서 가장 많은 시간과 분량을 할애하고 있는 곳이기도 하다. 더글라스 스위니(Douglas A. Sweeney)의 분석에 따르면, 당시 개혁파 목회자들은 『웨스트민스터 예배모범』(Westminster Directory, 1644-1645)이 권장하는 대로 교구 내 성도들의 삶에 적용할 수 있는 말씀의 실제적인 적용점들을 강조했다.[2] 에드워즈도 이를 따르며 성도의 삶에 초점을 맞추었던 것이다.

2. 에드워즈의 설교 내용 분석

1) 거룩한 감정에 호소하는 설교

에드워즈의 설교가 지니는 특징들은 무엇일까?

먼저 그의 설교는 인간 내면의 거룩한 감정에 호소하고 있다는 점이다. 에

---

2. Douglas A. Sweeney, *Jonathan Edwards and the Ministry of the Word* (Downers Grove: IVP, 2009), 74.

드워즈는 '기독교 신앙'에서 거룩한 감정은 필수적 요소라고 믿었다. 그래서 그는 자신의 『신앙감정론』(Religious Affections, 1746)에서 "감정은 사람이 행동하는 원천"[3]일 뿐 아니라 "참된 신앙은 대체로 거룩한 감정 안에 있다"[4]고 단언한다. 신앙과 거룩한 감정은 밀접한 관계가 있다는 것이다. 따라서 에드워즈는 설교가 성도들이 지니는 이 거룩한 신앙 감정을 불러일으키는 역할을 해야 한다고 생각했다. 그리고 신앙은 지적인 요소도 포함하기에 신학적 주제를 담은 자신의 교리 설교를 통해 성도들의 신앙 감정을 일깨울 수 있다고 믿었다. 일례로 에드워즈는 자신의 대표적 설교인 "진노하는 하나님의 손 안에 있는 죄인들"(Sinners in the Hands of an Angry God, 1741)에서 먼저 교리 부분에서 설교 주제인 "오직 하나님의 뜻만이 언제든 지옥에 떨어질 수 있는 악인을 붙잡고 있다"[5]고 정리하여 서술한다. 이렇게 진리에 대한 명확한 언급 후, 에드워즈는 이제 누가 죄인이며 지옥은 어떤 곳인지를 생생한 이미지를 동원해서 설명한다. 사람은 추상적인 개념보다는 이미지에 더 잘 반응한다고 생각했기 때문이다. 이에 대해 윌리엄 칼 3세(William J. Carl III)는 "교리 설교에서 효율적으로 강조하기 위한 좋은 방법 중의 하나는 교리를 뒷받침할 이미지를 사용하는 것"[6]이라고 한다. 이처럼 에드워즈는 회심 이후 자신이 죄인이라는 사실을 깨달은 성도들의 불안해하는 모습에 생생한 심판의 이미지를 활용하여 그들의 신앙 감정에 호소한다. 그리고 마지막 심판에 대해서 묘사하기를, "하나님의 진노는 악인들에 대해 불타고 있고, 악인들의 멸망은 언제든

---

3. Jonathan Edwards, *Religious Affections*, ed., John E. Smith, *The Works of Jonathan Edwards*, vol. 2 (New Haven and London: Yale University Press, 1959), 101.
4. Edwards, *Religious Affections*, 95.
5. Jonathan Edwards, "Sinners in the Hands of an Angry God" in *Sermons and Discourses 1739-1742*, eds. Harry S. Stout and Nathan O. Hatch, *The Works of Jonathan Edwards*, vol. 22 (New Haven and London: Yale University Press, 2003), 405.
6. William J. Carl III, *Preaching Christian Doctrine*, 김세광 역, 『감동을 주는 교리 설교』 (서울: 새세대, 2011), 53.

지 일어날 수 있습니다. 지옥은 준비되어 있고, 불은 예비되어 있으며, 용광로는 지금 뜨겁게 달구어져 그들을 받을 준비를 하고 있고, 불꽃은 지금 엄청나게 이글거리고 있습니다. 번쩍이는 칼은 뽑혀져서 악인들의 머리를 겨누고 있으며, 지옥은 악인들 아래에서 입을 벌리고 있습니다."[7] 에드워즈는 죄인들의 심판을 위해 지옥의 불타는 모습을 생생한 이미지로 제공한다. 이는 당시 성령의 역사를 통해 자신이 죄인임을 깨닫고 통회 자복하는 이들에게 엄청난 영향을 미쳤으며 이로 인해 회중 전체가 깊은 하나님의 은혜를 체험하였던 것이다. 이어 에드워즈는 "천국, 사랑의 나라"(Heaven is a World of Love, 1738) 설교에서도 천국의 실재를 생생한 언어로 이미지화하고 있다. "천국에서는 사랑의 원천이 흘러넘쳐서 사랑과 기쁨의 시내와 강을 이루어 모든 사람이 마시며 수영할 수 있습니다. 그렇습니다. 사랑은 흘러넘쳐 사랑의 바다를 이루게 될 것입니다."[8] 천국이 사랑의 나라이며 이를 추상적으로 설명하지 않고 물이 풍부한 강이나 바다의 이미지에 비유해서 천국생활을 사랑의 바다에서 수영하는 모습으로 그리고 있는 그의 창조적 설명은 매우 인상적이다. 이처럼 에드워즈는 자신의 설교에서 생생한 이미지를 제공함으로 성도들의 신앙감정을 불러일으키는 것이 설교자로서의 중요한 역할이라고 생각했다. 그래서 그는 고백하기를, "나는 청중들의 감정을 최대한 불러일으키는 것이 나의 임무라고 생각한다... 오랫동안 간절하고 감동적으로 설교하는 방식이 무시되어왔다... 이런 설교는 인간의 본성을 충분히 고려하지 못한 설교라고 생각한다"[9]고 한다. 에드워즈의 설교에 대한 청중들의 반응은 대단한 것이었다. 지옥불 설

---

7. Edwards, "Sinners in the Hands of an Angry God," 406.
8. Jonathan Edwards, "Heaven is a World of Love" in *The Sermons of Jonathan Edwards: A Reader*, eds. Wilson H. Kimnach, Kenneth P. Minkema, and Douglas A. Sweeney (New Haven and London: Yale University Press, 2003), 245.
9. Jonathan Edwards, *The Great Awakening*, ed. G. G. Goen, *The Works of Jonathan Edwards*, vol. 4 (New Haven and London: Yale University Press, 1972), 387.

교를 듣고 난 청중들의 반응을 기록한 글을 보면, "그[에드워즈]가 설교를 마치기 전부터 회중들 사이에는 탄식과 울음소리가 가득했다. 사람들은 '저마다 오 나는 지옥불에 떨어질 것이다. 구원받기 위해 무엇을 해야할까?'하고 소리치는 것이었다... 이 과정에서 놀랍고도 경이로운 하나님의 능력이 우리에게 나타났다."[10]

2) 삶의 변화를 강조하는 설교

에드워즈의 설교는 삶의 변화(행위)를 강조한다. 그의 설교가 가진 형식적 특징을 분석하면서 적용 부분이 가장 긴 분량을 차지하고 있음을 언급했던 것처럼 에드워즈는 목회자의 설교를 통해 성도들의 삶이 변화되어야만 한다고 생각했다. 이는 성화를 강조하던 청교도 신학 전통을 이어받은 모습으로 이해할 수 있다. 에드워즈는 설교자를 의사에 비유하곤 했다. "각성운동의 영향을 받은 사람들을 즉시 위로해주는 대신 진실을 선포하는 목회자를 비난하는 것은 마치 환자에게 메스를 대서 큰 고통을 주었다는 이유로 의사를 비난하는 것과 같다... 의사는 메스를 든 손을 멈추지 않고 상처의 근원까지 더 깊이 찔러 넣는다. 환자가 움찔한다고 해서 바로 손을 거두는 마음 약한 의사는... 환자의 상처를 가볍게 만진 다음 '평강이 없는데도 평강하다 평강하다'(렘6:14; 8:11)고 외칠 것이다."[11] 이처럼 설교자는 영적인 의사로서 성도들의 삶에 메스를 가지고 병든 부분들을 도려내어 새 생활을 하게 해야 하는 것이다. 일례로 에드워즈는 "거룩의 길"(The Way of Holiness, 1722)을 설교하면서 구원받은 성도들은 거룩한 행실로 살아가는 사람들임을 증명한다. 그는 단언하기

---

10. Ian H. Murray, *Jonathan Edwards: A New Biography* (Edinburgh: Banner of Truth Trust, 1987), 169.
11. Edwards, *The Great Awakening*, 390-391.

를, "거룩하지 못한 사람은 천국으로 가는 길을 걷고 있는 사람이 아닙니다"[12]고 한다. 이처럼 에드워즈는 구원의 문제를 거룩한 삶과 실천의 문제로 직접적으로 연결시키고 있다. 그래서 그는 고린도전서 13장의 말씀을 기초로 해서 다음과 같이 성도의 거룩한 삶을 강조한다. "사람들이 행하는 종교적 외적 행동이 무엇이든 아무리 공식 예배나 가정 예배에 잘 참석하고 겉으로 윤리적인 삶을 살거나 또한 사람의 방언과 천사의 말을 할지라도 예언하는 능력이 있어 모든 지식과 비밀을 알고 있다 해도, 산을 움직이는 믿음이 있다 해도, 모든 재산을 가난한 사람들에게 나눠주고 심지어 자기 몸을 불사르게 내어준다 해도 사랑이나 거룩함이 없으면... 그것은 아무 것도 아닙니다."[13] 이처럼 에드워즈 설교의 대부분은 성도의 삶과 행위의 문제로 귀결된다. 심지어 "하나님 진리에 대한 지식의 중요성과 장점"(The Importance and Advantage of a Thorough Knowledge of Divine Truth, 1739)이라는 설교에서는 교리부분에서 "모든 성도는 신학 지식이 성장하도록 노력해야만 한다"[14]고 설교 주제를 선택하면서 적용 부분에서 성도들은 하나님을 아는 지식의 보물창고인 성경을 가지고 있기에 이를 열심히 읽고 연구하며 기회가 되면 경건서적까지 탐독할 것을 구체적으로 권면하면서 배운 지식의 실천까지 언급하고 있다. 이처럼 에드워즈는 대부분의 설교에서 다른 교리나 주제를 어떻게 적용시키며 살아야 할지에 대한 구체적인 방법들까지 고민하면서 제시하였다.

---

12. Jonathan Edwards, "The Way of Holiness" in *Sermons and Discourses 1720-1723*, ed., Wilson H. Kimnach, *The Works of Jonathan Edwards*, vol. 10 (New Haven and London: Yale University Press, 1992), 475.
13. Edwards, "The Way of Holiness," 474.
14. Jonathan Edwards, "The Importance and Advantage of a Thorough Knowledge of Divine Truth" in *Sermons and Discourses 1739-1742*, eds. Harry S. Stout and Nathan O. Hatch, *The Works of Jonathan Edwards*, vol. 22 (New Haven and London: Yale University Press, 2003), 85.

3) 하나님의 주권과 영광을 선포하는 설교

에드워즈의 설교는 하나님의 주권과 영광을 선포한다. 그는 개혁신학 입장에서 강단에서 하나님의 하나님 되심을 선포하는 설교자였다. 그는 신학논문인 "하나님이 세상을 창조하신 목적"(The Dissertation Concerning the End for Which God Created the World, 1765)에서 주장하기를, "성경에서 하나님이 행하시는 일의 궁극적인 목적으로 언급되는 것은 하나님의 영광이라는 한마디 말에 모두 포함되어 있다… 그 빛은 창조물 위를 비추고 그 속에까지 들어간 뒤 발광체 쪽으로 다시 반사된다. 그 영광의 광채는 하나님에게서 나오고 하나님 속성을 반영하고 있으며 그 광채의 원주인에게로 되돌아간다. 그래서 만유가 하나님에게서 나오고 하나님의 속성을 반영하고 있으며 그 광채의 원래 주인에게로 되돌아간다. 그래서 만유가 하나님으로부터 시작되었고, 하나님 안에 있고, 하나님께로 돌아가며 이모든 과정에서 하나님은 시작이요 중간이요 끝이 되시는 분이다."[15] 에드워즈의 이해로는 "하나님의 영광"이 하나님이 이 세상을 창조하신 목적이요, 원인이며 인간 구원의 목적과 구속사를 진행시키는 이유도 하나님의 영광에서 찾을 수 있었다. 따라서 에드워즈는 인간을 구원하시기 위해 허락하시는 성도의 회심, 성령의 역사로 인한 대각성운동은 오직 하나님의 주권임을 믿었다. 그래서 에드워즈는 선언하기를 "회심은 하나님의 능력이 나타나는 위대하고 놀라우신 역사"[16]임을 선포하였고 이렇게 하나님의 주권에 대한 선포의 결과에 대해 언급하기를, "하나님은 죄인의 구원에 대해 절대적 주권을 가지고 계시며 하나님이 중생하지 않은 사람의 기도를 응답하시든 그의 고통을 지속하게 하시든 그것은 당연히 하나님의 절대적

---

15. Jonathan Edwards, "The Dissertation Concerning the End for Which God Created the World" in *Ethical Writings*, ed. Paul Ramsey, *The Works of Jonathan Edwards*, vol 8 (New Haven and London: Yale University Press, 1989), 526, 531.
16. Edwards, *The Great Awakening*, 177.

주권이라는 교리를 전하는 설교보다 더 하나님의 복이 눈에 띄게 임한 설교는 없었던 것 같다"[17]고 회고한다. 이처럼 에드워즈는 회심을 강조하면서 인간의 운명은 철저히 하나님 앞에 달려있음을 선포하였던 것이다. 하나님의 주권을 선포한 대표적 설교로는 에드워즈가 보스턴 지역 목회자들의 초청을 받아 목요강연에서 설교했던 "인간의 의존에 영광 받으시는 하나님"이다. 목요강연에 참석하는 대부분의 목회자들은 하버드 출신으로 예일에서 개혁주의로 하나님의 절대 주권교리로 훈련받았던 에드워즈와는 다른 신학적 성향을 가진 이들이었다. 하나님의 절대 주권에 대해 자유로운 생각을 가진 목회자들을 향하여 에드워즈는 단호히 다음과 같이 비판하였다. "창조물을 창조주 하나님보다 우선순위에 두는 행위... 인간을 하나님, 독생자, 혹은 성령을 대신해 구속의 힘을 가진 위치에 두는 행위, 하나님의 구속을 의지하면서도 그 구속이 절대적이고 우주적임을 인정하지 않는 제한적 행위, 하나님께 대하여 삶의 일부만 의지하고 다른 부분에서는 의지하지 않는 행위... 이런 모든 행위들은 우리를 하나님에 대한 절대적 의존에서 벗어나게 하는 행위이며, 구속의 계획과 목적에 대한 반항이요, 하나님의 영광을 가로채는 행위입니다."[18] 이처럼 에드워즈는 자신의 모든 설교에서 하나님의 주권과 권위를 강조하면서 모든 것이 하나님께로부터(of God), 하나님을 통해(through God), 하나님 안(in God)에 있다는 것을 청중들이 깨닫도록 부르짖었던 것이다.

4) 교리 중심적인 설교

에드워즈의 설교는 교리를 중심으로 풀어나간다. 이에 대해서는 두 부분으

---

17. Edwards, *The Great Awakening*, 168.
18. Jonathan Edwards, "God Glorified in Man's Dependence" in *Sermons and Discourses 1730-1733*, ed. Mark Valeri, *The Works of Jonathan Edwards*, vol. 17 (New Haven and London: Yale University Press, 1999), 212-214.

로 나누어 생각해 볼 수 있다. 먼저 우리가 설교의 형식적 특징에서 살펴보았던 것처럼, 에드워즈는 모든 설교에서 교리를 중심으로 설교를 적용하고 풀어나간다. 여기서 교리 중심이라는 것은 에드워즈의 설교 내용이 교리 설명에만 치중하고 있다기보다는 본문을 통해 얻은 하나의 신학적 주제나 아이디어를 중심으로 이를 풀어나가는 방식으로 설교가 구성된다는 점이다. 그리고 에드워즈 교리 설교의 또 다른 측면은 원죄론, 칭의론, 성화론 등을 포함하는 신학적 교리에 대해 성도들에게 교육의 필요가 있을 때에는 강의식으로 연속설교를 하였다는 것이다. 그 대표적인 예가 바로 "오직 믿음으로 인한 칭의"(Justification by Faith alone, 1734)라는 설교이다. 에드워즈는 당시 인본주의적 교리가 자신이 목회하던 성도들을 매우 혼란스럽게 하고 있다고 진단했다. 그는 서술하기를, "최근 일어나기 시작한 신학적 논쟁으로 인해 많은 사람들이 구원의 문제에 대한 교리를 혼동하게 되면서, 그들이 어릴 때부터 배우고 믿어왔던 이신칭의의 교리에 대해 의구심을 갖게 된 것은 정말 심각한 상황"[19]이라고 한다. 에드워즈는 성도들이 구원의 교리에 대한 지식의 부족으로 영적 혼란이 왔다고 생각했기에 그 필요성을 인식하고 이신칭의 교리를 선포하였던 것이다.

사실 에드워즈는 1723년 자신의 예일대학 석사논문에서 이미 이신칭의 교리를 다루었던 적이 있었으며 이후 자신의 "신학묵상집"(Miscellanies)을 통해 이신칭의에 대하여 지속적으로 묵상하고 사고를 발전시켜왔었다. 결국 세월이 지나면서 무르익은 이신칭의 교리에 대한 사상을 자신의 설교를 통해 목양하던 교인들을 신학적으로 무장시켰던 것이다. 이 설교에 대해서 그는 평가하기를, "강단에서 칭의 교리를 가르친다는 이유로 많은 비판이 있었지만 우

---

19. Jonathan Edwards, "Appendix A: Preface to Discourses on Various Importance Subjects" in *Sermons and Discourses 1734-1738*, ed. M. X. Lesser, *The Works of Jonathan Edwards*, vol. 19 (New Haven and London: Yale University Press, 2001), 795.

리를 주관하는 놀라우신 하나님의 역사가 있었고 오직 그리스도의 의로움만이 드러나기를 원하는 많은 영혼들이 오히려 주님께로 더 많이 돌아오게 되었다. 이신칭의의 교리를 가르치며 하나님의 역사가 시작된 것은 분명하며 그분의 역사는 이 모든 과정 가운데 분명하게 드러났다."[20] 여기서 하나님의 역사는 바로 이 설교 후인 1734년부터 그 다음해까지 지속된 영적 부흥이었다. 이처럼 교리와 진리에 대한 명확한 설교는 당시 이단적 주장으로 인해 혼란스러워하는 성도들을 깨닫게 하고 다시 진리 위에 서게 하는 역할을 감당하면서 영적 부흥으로까지 이어졌던 것이다.

5) 청중을 고려한 설교

에드워즈는 청중의 눈높이에 맞춘 설교를 하였다. 그는 1750년에 23년간 목회하던 노스햄턴 교회에서 해임되고 나서 인디언 선교를 위해 스톡브릿지(Stockbridge)에서 사역했다. 설교를 듣는 청중이 영국인들에서 인디언들로 바뀐 것이다. 물론 에드워즈가 사역한 인디언 정착지에 소수의 영국인들도 살고 있었지만 그래도 영국인들과는 완전히 다른 인종적 언어적 문화적 차이를 가진 청중에게 설교해야했다. 이런 목회 환경의 변화 속에서 에드워즈는 인디언을 대상으로 하는 설교에서는 본문, 교리, 적용으로 이어지는 설교의 형식적 구분을 없애고, 내용도 원래 나누던 항목과 소항목의 구분도 하지 않는다. 설교의 내용이 하나의 주제를 통해 단순하게 전달되도록 했던 것이다. 또한 통역의 제약을 받았기에 에드워즈는 설교의 효과를 위해서는 말을 짧게 하면서 요점 위주로 설교하였다.[21] 이외에도 그는 필요에 의해서 동일한 설교를 반

---

20. Edwards, "Appendix A: Preface to Discourses on Various Importance Subjects," 795.
21. Wilson H. Kimnach, Kenneth P. Minkema, and Douglas A. Sweeney, "Editor's Introduction" in *The Sermons of Jonathan Edwards: A Reader* (New Haven and London: Yale University Press, 2003), xxxv.

복하기도 했는데 새로운 청중인 인디언들에게는 그들의 생활에 맞도록 내용이나 예화를 일부 수정하여 전달했다. 즉 원본 설교에서 당시 영국인들이 하던 평상시의 농사일이나 사업상의 일에 대해 예화를 드는 부분들은 인디언들의 일상인 자연이나 사냥, 부족의 관습에 대한 언급으로 변경하여 설교했던 것이다.[22] 이처럼 에드워즈는 설교를 듣는 청중이 누구이냐에 따라 자신의 익숙한 설교형태와 내용에 변화를 주어 복음을 전하고자 노력했던 것이다.

3. 에드워즈 설교의 교훈

18세기 에드워즈의 설교는 오늘날에도 많은 교훈을 준다. 그는 진정으로 하나님께서 말씀사역을 통해 역사하신다는 믿음을 가진 목회자로 그의 이런 신념은 하나님 말씀을 깊이 묵상하고 신학적으로 정리한 기반 위에서 충실한 설교를 하도록 했다. 그리고 그 열매는 하나님의 말씀으로 인한 풍성한 은혜 체험과 부흥의 역사로 이어졌다. 오늘날 한국교회는 에드워즈처럼 신앙의 선조들이 쌓아놓은 설교의 전통들을 다시 상기하고 기억해야 할 필요가 있다. 설교를 준비하며 기교적 언어의 사용이나 의사전달방법 등의 부차적인 문제로 시간을 사용하기보다는 설교자로서 준비하고 시간을 할애해야 할 일이 무엇인지를 심각하게 고민해야 한다. 에드워즈가 설교자로서 보여주었던 모범은 하나님 말씀을 매일 13시간 이상 깊이 묵상하고 이를 주해한 기초 위에서 성도들이 필요로 하는 부분을 고려하여 이를 주제나 교리 설교로 신학적인 주장들을 함께 전달하였다는 점이다. 그리고 메시지 전달 자체로 만족하지 않고 성도들의 삶의 변화에 초점을 맞춘 설교였다. 이처럼 하나님 말씀의 바른 선포만이 하나님의 놀라운 능력이 나타나는 데에 가장 중요하다. 이제 하나님이

---

22. Wilson H. Kimnach, "설교의 개념과 실행", 이용중 역,『조나단 에드워즈의 신학』(서울: 부흥과 개혁사, 2008), 444.

맡기신 말씀 사역을 통해 에드워즈가 18세기 영적 부흥을 이끌었던 것처럼 성실히 하나님 말씀을 묵상하고 열정적으로 설교하는 사역자들을 통해 한국교회가 다시 일어나는 놀라운 생명의 역사가 일어나길 간절히 소망한다.

참고문헌

Edwards, Jonathan. *The Works of Jonathan Edwards*, Vol. 2, Religious Affections, Ed. John E. Smith. New Haven and London: Yale University Press, 1959.

_____. *The Works of Jonathan Edwards*, Vol. 4, Great Awakening, Ed. G. G. Goen. New Haven and London: Yale University Press, 1972.

_____. *The Works of Jonathan Edwards*, Vol. 8, Ethical Writings, Ed. Paul Ramsey. New Haven and London: Yale University Press, 1989.

_____. *The Works of Jonathan Edwards*, Vol. 10, Sermons and Discourses 1720-1723, Ed. Wilson H. Kimnach. New Haven and London: Yale University Press, 1992.

_____. *The Works of Jonathan Edwards*, Vol. 17, Sermons and Discourses 1730-1733, Ed. Mark Valeri. New Haven and London: Yale University Press, 1999.

_____. *The Works of Jonathan Edwards*, Vol. 19, Sermons and Discourses 1734-1738, Ed. M. X. Lesser. New Haven and London: Yale University Press, 2001.

_____. *The Works of Jonathan Edwards*, Vol. 22, Sermons and Discourses 1739-1742, Eds. Harry S. Stout and Nathan O. Hatch. New Haven and London: Yale University Press, 2003.

_____. *The Sermons of Jonathan Edwards: A Reader*. Eds. Kimnach, Wilson H. and Kenneth P. Minkema, and Douglas A. Sweeney. New Haven and London: Yale University Press, 2003.

Carl III, William J. *Preaching Christian Doctrine*. 김세광 역. 『감동을 주는 교리설교』. 서울: 새세대, 2011.

Lee, Sang Hyun. *The Princeton Companion to Jonathan Edwards*. 이용중 역. 『조나단 에드워즈의 신학』. 서울: 부흥과 개혁사, 2008.

Murray, Ian H. *Jonathan Edwards: A New Biography*. Edinburgh: Banner of Truth Trust, 1987.

Sweeney, Douglas A. *Jonathan Edwards and the Ministry of the Word*. Downers Grove: IVP, 2009.

조현진

총신대학교 신학과 (B.A.)
총신대학교 신학대학원 (M.Div.)
서울대학교 대학원 (M.A.)
Trinity Evangelical Divinity School (Ph.D.)
(전) 한국복음주의 역사신학회 회장
(현) 한국성서대학교 교수

조지 휫필드의 설교

김현배

18세기 초 영국교회의 영적 상황은 에스겔 골짜기의 마른 뼈처럼 암울했다

　16세기 종교개혁자들과 17세기 청교도들의 생명력 있는 설교를 통해 영국교회는 놀랍게 부흥했다. 하지만 2-3세기가 지나면서 18세기 초 영국교회는 에스겔 골짜기의 마른 뼈처럼 암울하고 절망적이며 소망이 없었다. 그리스도인들은 하나님이 존재하는 것은 믿었으나 예수 그리스도의 신성과 동정녀 탄생, 대속의 교리, 구원, 기적 등을 거부하고 배격했다. 또 성경의 권위가 크게 도전받았다. 기독교의 핵심 교리와 신앙은 생명과도 같다. 그러나 인간의 이성이 성경의 위치를 차지하면서 성경의 영감성과 무오성이 흔들렸고 결국 성경의 권위가 무너졌다. 설교자들은 설교의 논리나 구조적 형식에 집중한 반면 그리스도의 복음과 성령의 능력은 강조하지 않았다. 그들은 할 수만 있다면 영적 교리는 피하고 단순히 도덕적 가르침을 반복하여 가르쳤다. 강단으로부터 점점 기독교적인 색채를 탈색시켜 가고 있었다. 그리스도에 대한 사랑도 고갈되었다.

　당연히 사람들은 예배를 등한시했고, 교회에는 명목상의 교인들이 대부분이었다. 더 나아가 교회 지도자들이 주일 밤에 크리켓 경기를 하는 것은 다반사였고, 심지어 음악 파티를 열기도 했다. 모두 다 세속적인 일에 방치되어 있었고 술 취함과 방탕함과 쾌락주의에 빠져들었다. 전반적으로 형식적이며 생명이 없고 영적인 무관심과 회의론이 팽배했다. 이처럼 교회는 부패하여 영성과 능력을 상실하면서 영적인 암흑기에 접어들었다. 어디선가에서 복음의 불빛을 담대하게 선포할 수 있는 참된 설교자가 필요했다.

거듭남은 휫필드의 설교를 불꽃처럼 타오르게 했다

하나님은 위기의 시대에 참된 설교자를 보내셨다. 영적으로 암울한 시기에 조지 휫필드(George Whitefield, 1714-1770)는 잉글랜드 글로스터(Gloucester)에서 태어났다. 이 도시는 윌리엄 틴데일, 존 후퍼, 마일즈 스미드, 로버트 레이크스 등 탁월한 복음주의 인물들을 배출했던 유서 깊은 동네이다. 어려운 환경에서 자란 휫필드는 방탕한 청소년기를 보냈지만 하나님의 인도하심이 있었다. 1735년 봄, 20세인 휫필드는 존 웨슬리 및 찰스 웨슬리와 함께 옥스퍼드의 홀리 클럽(Holy Club)의 일원이 되었다. 그는 하나님을 갈망하면서 엄격한 규율 생활과 일주일에 두 번 금식과 기도 생활을 하면서 선한 삶을 통해 천국에 이르고자 했다.

그 때 휫필드는 17세기 스코틀랜드 신학자인 헨리 스쿠걸(Henry Scougal, 1650-1678)의 『인간의 영혼 안에 있는 하나님의 생명(*Life of God in the Soul of Man*)』을 읽었다. 이 책을 통해 휫필드는 교회에 가서 기도하고 성례에 참여하면서도 그리스도인이 아닐 수 있다는 사실을 깨닫게 되었다. 마틴 로이드 존스는 목회자들에게 "교회에 나오는 사람이 다 거듭난 사람이 아닐 수 있다"고 경고했다. 휫필드는 그 책을 손에 꼭 쥔 채 하나님께 기도하기 시작했다.

> "주여, 제가 만일 그리스도인이 아니라면, 참된 그리스도인이 아니라면, 예수 그리스도를 위해서라도 제게 기독교가 무엇인지 보여주셔서 제가 마지막에 멸망 당하지 않게 하소서."

기도하는 순간, 하나님의 은혜가 휫필드에게 넘치도록 임했다. 그는 새로운 생명과 빛과 힘을 받았고 인간의 영혼 안에 있는 하나님의 생명을 깨달으면서 기쁨으로 충만했다. 휫필드는 하나님의 영광으로 내 영혼을 가득하게 채운다고 고백했는데, 그의 심령 속에 놀라운 능력이 주어졌다. 이것이 휫필드의 거듭남이다. 휫필드는 거듭남을 통해 하나님께서 부어주시는 새 생명의 실재에 대해 눈을 뜨게 되었다. 하나님, 죄, 사탄, 십자가, 그리스도의 죽으심, 속죄, 구원하는 은혜, 하나님과의 화해, 사랑 등 바로 그런 것들이다. 휫필드는 그동안 읽었던 청교도 저서 등 모든 책들을 제쳐 놓고 무릎을 꿇고 성경을 읽기 시작했다. 한 구절 읽고 기도하고, 또 한 구절 읽고 기도를 했다. 성경 자체에 대한 집중은 휫필드의 영혼에 진정한 살이 되고 피가 되었다. 그때 성령이 그를 인치셨고 하나님께서 강력하게 부어주시는 성령을 체험했다. 휫필드의 거듭남은 그가 일생동안 불꽃같은 설교를 할 수 있게 된 원동력이 되었다.

불같은 말씀 선포를 통해 영국에 부흥이 일어나다

1736년 21세, 조지 휫필드는 잉글랜드 국교회(Church of England) 목사로 안수를 받았다. 16세기 종교개혁자들이 코람데오(Coram Deo), 즉 하나님 앞에서 살았던 것처럼 휫필드 역시 신전의식의 삶을 끊임없이 의식했다. 그는 하나님 앞에 서게 되는 심판의 날을 가슴에 새기면서 하루하루 부끄럽지 않게 살려고 노력했다. 휫필드는 새벽 4시에 일어나서 한 시간 동안 하나님과 은밀한 교제를 하면서 말씀을 읽고 기도했다. 휫필드의 첫 설교는 그가 태어난 글로스터의 세인트 메리 크립트교회(St Mary Crypt)에서 전해졌다. 성령의 불로 충만했던 휫필드는 복음의 권위를 담대하게 선포했다. 몇 사람이 비아냥거리기도 했으나 대다수 청중은 감동을 받은 것 같았다. 그는 사람의 마음의 어둠과 죄악성을 들춰내었고, 그들은 영혼의 고뇌를 느꼈다. 어떤 청중은 '하늘의 음성을 직접 듣는 것 같았다. 천둥소리를 듣는 것 같았다'고 말했다. 그 중

15명은 완전히 딴 사람처럼 변해버렸다고 한다. 이처럼 그의 첫 설교는 곧 수천수만의 영혼들을 구원하시려는 하나님의 신호탄임을 암시했다.

그 후 횟필드는 런던에서도 설교했고, 영국 브리스톨 인근의 킹스우드 탄광 광부들에게는 첫 야외 설교를 했다. 설교를 들은 광부들은 눈물을 흘렸고 석탄 먼지로 검게 칠해진 그들의 얼굴에 흰 줄기가 생겨났다고 한다. 이것이 바로 설교이다. 그의 설교 무대는 교회 강단뿐만 아니라 야외인 정거장, 돌담, 승마대, 빈들, 경마장, 장터, 공원이 되기도 했다. 횟필드가 설교할 때마다 어디서든지 사람들은 사방에서 몰려와 가득 찼다. 안개가 자욱하거나 비가 오나 눈이 오나 항상 군중들이 모였다. 수천 명 앞에서 설교하는 것이 일반적이었고, 때로는 그의 설교를 듣기 위해 모인 사람의 수가 2만, 3만, 심지어 5만 명에 이르기도 했다. 잉글랜드, 스코틀랜드, 웨일즈, 아일랜드 등 그의 발길이 닿지 않는 곳이 없었다. 그는 영국 전역과 웨일즈 전 지역을 다니면서 설교했고, 아일랜드는 2번, 스코틀랜드는 14번이나 갔다. 횟필드가 가는 곳마다 그의 설교를 듣기 위해 수백 명의 사람들이 교회당을 가득 메웠다. 그는 권위와 능력과 확신을 가지고 하늘의 진리를 불꽃처럼 선포했다.

횟필드의 설교는 영적으로 암흑기인 교회와 성도들을 깨워 생명력으로 가득 차게 했다. 그의 설교를 들은 수많은 사람들은 하나님의 사랑을 깨달았고, 술 취함과 방탕 속에서만 살았던 자신들의 죄를 깨닫고 흐느껴 울기 시작했다. 회개의 증거는 분명했다. 어떤 사람들은 예수님의 아름다움을 보고 쓰러지기도 했고, 어떤 이들은 무릎 꿇고 온 밤을 새워 기도했다. 교회 밖에 있던 사람들이 교회에 속하려고 열심을 내었고, 핍박하는 자들이 변하여 복음의 일꾼이 되었다. 또 다수의 청년들이 목회자가 되었다. 이처럼 잉글랜드와 웨일즈와 스코틀랜드에 미친 횟필드의 영향력은 헤아릴 수 없을 정도이다.

부흥의 영향은 나라 전체를 바꿀 정도였다. 정치, 경제, 사회, 문화, 교육, 교회 등 모든 영역에서 놀라운 변화가 일어났다. 사회 도처에서 술주정과 도박,

범죄가 크게 줄어들었고, 감옥이 개선되었다. 또 노동시간은 법정 기준을 충족하도록 변경되었고, 미성년자들의 노동이 중단됐다. 학교와 고아원, 여러 교육기관들, 기독교 신문, 대영 성서공회 등이 창설되었다. 런던 선교회, 스코틀랜드 선교회, 웨일즈 선교회 등 각 도시별로 선교회가 조직되었고 윌리엄 캐리(William Carey, 1761-1834) 등 수많은 선교사들을 전 세계로 파송했다. 부흥의 주요한 특징이 있다. 교회 지체들이 회심하고 새로운 생명의 힘을 얻고 교회는 생기가 넘치고 활기찬 모습으로 다시 소생하고 회복되는 것이다. 이것이 하나님의 주권을 드러낸 18세기의 위대한 영적부흥이다.

조지 휫필드의 불꽃같은 설교가 미국을 바꾸었다

모든 부흥 운동에서 가장 두드러진 특징은 설교자의 권위였다. 설교자가 하나님의 대리자로서 설교할 때에는 무언가 새롭고 저항할 수 없는 어떤 것이 있었다. 18세기 순회 복음전도자 휫필드는 영국뿐만 아니라 미국을 7번 다녀왔고, 대서양만 13회 횡단했다. 횡단 횟수가 짝수가 아닌 홀수인 이유는 그가 영국이 아닌 미국에서 죽고 묻혔기 때문이다. 그는 미국으로 항해하는 배에서도 설교했고, 미국에 도착해 보스톤과 뉴욕, 찰스턴, 조지아, 버뮤다, 뉴잉글랜드 등 여러 도시에서 말씀을 선포했다. 8천 명에 가까운 청중에게 육성으로 거의 매일 설교했다. 그가 설교 할 때마다 많은 회심자들이 나왔고 놀랍게도 그 도시에 큰 변화가 일어났다.

1740년 10월에 조나단 에드워즈(Jonathan Edwards, 1701-1758)는 휫필드를 자신의 교회에 초청하여 설교하도록 했다. 이때 휫필드는 노샘프턴에 4일 동안 머물면서 네 차례에 걸쳐 설교했다. 조나단 에드워즈는 휫필드가 설교하는 시간 내내 눈물을 흘렸다. 에드워즈 아내 사라는 "천 명 이상의 청중이 숨을 죽여 그가 하는 말에 귀를 기울였고, 가끔 소리 죽여 억누른 채 흐느껴 우는 소리만 청중 속에서 들려왔다."라고 평가했다. 휫필드가 떠난 후에 성도들의 마음이 말씀에 더 몰입되어 신앙을 대화의 주제로 삼는 일이 부쩍 늘었다고 한다. 이처럼 미국에서 엄청난 열매가 맺혔다. 1740년 이후 휫필드가 미국 교회에 끼친 영향은 1735년 제1차 대각성(the Great Awakening)을 능가하는 제2차 대각성 운동이었다. 그의 설교는 수많은 지역에 부흥의 불을 지폈다. 휫필드는 여러 나라에서 수많은 사람들에게 하나님 은혜의 복음을 전파함으로써 많은 영혼들에게 값진 생명을 심어 주었다. 그러다가 1770년 9월 30일, 55세의 휫필드는 미국 매사추세츠 주 뉴베리포트(Newburyport)에서 주님의 품에 안기었다.

조지 휫필드의 설교에 나타난 특징

휫필드는 설교에 삶 전체를 쏟아 부었다. 그는 일생동안 어둠에서 빛으로, 사단의 권세에서 하나님께로 수많은 사람들을 인도했으며 마지막까지 거의 매일 설교하는 삶을 살았다. 휫필드는 34년 동안 공식적인 설교만 무려 1만 8천여 차례 했으며, 그 외에 여러 모임에서 한 권면까지 포함하면 무려 30,000회 이상 이른다고 한다. 그는 하루에 거의 6시간-8시간 동안 평균 5-6회 설교를 했다. 1년에 약 1천회 이상 설교를 한 것이다. 무엇이 그로 하여금 그토록 많은 사람들을 회심케 하고 주님께로 돌아오게 하는 위대한 설교자가 되게 했을까? 무엇보다도 그의 경건 생활 덕분이었다. 휫필드는 말씀 읽고 기도하고, 또 말씀 읽고 기도하면서 성령의 능력으로 충만했다. 설교는 말씀과 기도 그리고 성령의 강력한 역사가 절대적이다. 그는 성령의 능력과 기름부음을 느끼지 못하고 설교한 적이 거의 없는 사람이다.

또한 휫필드의 설교는 간결하고 쉽고 명료했다. 그의 생각을 분명하고도 생생한 발음으로 전달했고 성인들뿐만 아니라 어린 아이들도 듣고 이해할 수 있을 정도로 쉬웠다. 그의 설교는 한 번만 들으면 기독교의 진리를 금방 이해할 수 있게 해 주었다. 화살이 시위를 떠나 과녁에 돌진하는 것처럼, 그는 청중에게 말하려는 핵심을 쉽고 분명하게 전했다.

휫필드의 설교는 철저히 복음적이고 성경 교리적이다. 설교 핵심 주제들은 "이신칭의, 중생, 칭의, 성화, 그리스도의 영광과 십자가, 그리스도의 전가된 의, 하나님의 절대 주권적 예정, 선택과 성도의 견인 교리, 하나님의 불가항력적 은혜, 제한 속죄 교리, 경건의 능력" 등이었다. 그는 신앙의 기본 요소들을 강하게 견지했다. 그리고 구원은 행위에 의해서가 아니라 믿음에 의해서라고 믿었다. 그는 이 진리들을 시종일관 선포했기에 엄청난 회심이 따랐다. 그의 설교는 신학적이었지만 강해적이지는 않았다. 제목설교였으며 설교 원고는 전혀 없었다.

휫필드의 설교는 개혁주의 신앙과 성경적인 교리 위에 굳건히 서 있었고, 은혜의 교리들 속에 뿌리를 내렸다. 청교도 존 오웬이나 찰스 스펄전은 자타가 인정하는 개혁주의 설교자였다. 개혁주의 신앙과 교리는 18세기뿐만 아니라 오늘 이 시대에도 매우 중요하다. 현대인들의 필요를 채워주고 심령을 편안하게 해주는 설교로는 회심과 헌신을 기대할 수가 없다. 18세기와 21세기가 다를 것은 하나도 없다. 시대는 변했지만 신학과 교리와 십자가는 변함이 없다. 타락한 인간의 죄의 성품도 그대로이다. 설교자들은 성경에 나타난 주요 교리를 붙잡고서 가르치고 설교해야 한다. 그래야 교회가 살고 영혼이 살게 된다.

휫필드의 설교는 감동적이며 연민의 눈물이 있었다. 로이드 존스는 "설교는 항상 감동적이어야 한다"고 말했다. 그의 불같은 말씀 선포는 청중들의 마음속에 많은 감동을 주었다. 코넬리우스 윈터(Cornelius Winter)는 휫필드의 젊은 동역자요 그의 전도 여행에 자주 동행했다. 윈터는 "그가 눈물을 흘리지 않고 설교한 적은 거의 없었다. 때로는 너무 심하게 울며 발을 격정적으로 큰 소리가 나게 구르다가 지치기도 했다."고 말했다. 휫필드는 또 회심하지 않은 영혼들의 처지를 생각하면 견딜 수 없어 눈물을 흘렸다. 여기서 조나단 에드워즈는 "사람들은 눈물을 많이 쏟으면서도 내적인 영혼을 새롭게 하는 생명을 주는 향기에 대해서는 완전히 무지할 수 있다"라고 경고했다. 눈물과 함께 마음의 구조에 지속적인 변화가 일어나야 한다는 것이다. 그는 예레미야처럼 눈물이 많은 설교자로서 청중들에게 큰 영향을 끼쳤다.

횟필드의 설교는 담대했고 열정적이었다. 그가 토하는 설교는 그 자체가 생명이고 불이었다. 그러한 그의 설교에 돌 같은 심령들이 깨어졌다. 마틴 로이드 존스는 "설교는 불같은 진리"라고 말했다. 횟필드의 설교는 말 그대로 불같은 진리로 가득한 열정적 설교였다. 그는 고단한 자신의 육체에 그렇게 부르짖었다. "주님의 일로 지쳐 있기는 하지만, 조금도 싫증을 느끼지는 않는다." 그의 건강을 염려하는 사람에게 횟필드는 이 말로 안심을 시켰다. 그의 삶은 설교를 위해 다 소진되었다. 횟필드는 "녹슬어 없어지느니 닳아서 없어지리라"고 고백하면서 설교에 목숨을 걸었다. 17세기 청교도 리처드 박스터는 "죽어가는 사람들에게 죽어가는 사람처럼 설교한다"고 고백했다. 이 말을 가장 잘 실천한 사람 중 하나가 횟필드일 것이다.

사도시대 이후에 가장 위대한 설교자

조지 횟필드는 18세기 영미권에서 가장 탁월한 설교자요, 영국이 낳은 가장 위대한 복음 전도자요, 칼빈주의자요, 가장 확신있고 가장 위력적인 설교자이다. 그는 정말 비상한 설교자이다. 자기 시대뿐 아니라 오랜 기독교 설교의 역사에서 가장 탁월한 설교자 중의 한 사람이다. 사도 바울 이후 기독교가 낳은 최대의 설교자이자 전도자라 평가를 받았다. 값없는 은혜를 목숨 걸고 선포했던 횟필드를 하나님께서 높여 주셨다. 횟필드는 평생을 날마다 어디든지 가서 설교하고, 설교하고, 설교했다. 그의 삶은 설교가 전부였다. 횟필드의 끊임없는 설교 여정은 그가 인생 전체를 설교에 바치며 자신을 소진시켰음을 말해준다.

휫필드와 동시대 인물인 어거스터스 토플레디(Augustus Toplady, 1740-1778년)는 그를 "대영제국의 사도"로 기억했다. 또 18세기 잉글랜드 목회자 헨리 벤(Henry Venn, 1724-1797)은 "휫필드가 설교자로서 입을 열자 하나님은 그의 말에 비범한 복을 내리셨다"고 말했다. 존 라일(J.C. Ryle, 1816-1900)은 휫필드의 삶을 다음과 같이 정리했다. "18세기 위대한 전도자로서 단순하고 가식이 없이 오로지 한 가지, 그리스도만을 설교하기 위해서 달려간 사람이었다. 그는 거의 쉬지 않고 그리스도를 설교했고, 세계를 돌면서 사람들에게 회개하고 그리스도께 돌아와 구원을 받으라고 간청했다." 찰스 스펄전은 휫필드를 자신의 영웅이자 설교 모델로 삼았다. "휫필드의 모든 삶은 불이었고 날개였으며, 힘이었다. 주님께 순종하는 데 있어 나에게 모델이 있다면 조지 휫필드다"라고 했다. 마틴 로이드 존스는 조지 휫필드를 "사도 바울과 휴 라티머(Hugh Latimer, 1485-1555) 이후 영국이 낳은 가장 위대한 설교자"라고 칭찬했다. 그는 수많은 사람들을 구원하는 일에 사용된 하나님의 도구였다.

오늘날 설교가 점점 약화되고 있다. 특히 코로나 사태로 인해 이 시대는 불도 없고 열도 없고 너무나 냉랭하다. 진리에 목숨을 거는 불같은 설교자의 모습이 안 보인다. 강단의 영광마저 흔들리고 있다. 교회사에서 보면 설교의 권위가 하락할 때 교회는 어김없이 쇠퇴의 길을 걸었다. 반면에 설교가 살아있고 강단의 영광이 가득할 때 교회는 부흥했다. 이제 교회가 살려면 프로그램보다 먼저 설교가 살아나야 산다. 개신교의 특징은 말씀과 성령이요 불같은 설교다. 설교의 권위와 강단의 영광이 다시 회복되어야 한다. 휫필드가 받았던 성령의 능력을 구해야 한다. 설교 없이 부흥 없다. 부흥이 없는 이 시대에 하늘의 진리를 불꽃처럼 토해낼 21세기의 휫필드는 어디에 있는가? 사자와 같은 심장으로 담대하게 설교하여 잠들어 있는 영을 흔들어 깨울 제2의 휫필드는 어디에 있는가? 말씀과 성령으로 충만하여 십자가의 그리스도를 외쳤던 휫필드와 같은 설교자가 어디에 있는가? 부패한 사회와 영적으로 메말라 가는 교회와 성도들의 마음의 어둠과 죄악성을 들춰낼 능력 있는 설교자가 필요하다. 참된 설교자들을 통해 이 땅과 온 열방에 또 다른 부흥이 일어나게 될 것이다. 참된 설교자가 이 시대에 부흥의 주역이다.

참고 문헌

Arnold Dallimore, *George Whitefield vol.1*, The Banner of Truth Trust, 1989
Arnold Dallimore, *George Whitefield vol.2*, The Banner of Truth Trust, 1990
Brian H. Edwards, *Revival*, Evangelical Press, 1984
George Whitefield, *George Whitefield's Sermons*, Volume.1, Pietan Publications,1991
George Whitefield, *George Whitefield's Journals*, The Banner of Truth Trust, 1992
Joseph Tracy, *The Great Awakening*, The Banner of Truth Trust, 1989
Richard Owen Roberts, *Revival*, Roberts Publishers, 1982
George Whitefield, 정영식 역『조지 휫필드』, 새순출판사, 1986
George Whitefield, 오현미 역『조지 휫필드』, 두란노서원, 1991
George Whitefield, 엄경희 역『조지 휫필드의 일기』, 지평서원, 2002
J.C, Ryle 송용자 역『18세기 영국의 영적거성들』, 지평서원, 2005
James Gordon, 임승환 역『복음주의 영성』, 기독교문서선교회, 1999
Martin Lloyd-Jones, 서문 강 역『, 청교도 신앙; 그 기원과 계승자들』, 생명의말씀사, 1992
William B. Sprague, 서문 강 역『, 참된 영적 부흥』, 엠마오, 1984
서창원『조지 휫필드의 생애와 사역』, 킹덤북스, 2016
송삼용『영성의 거장들』, 기독신문사, 2002

김현배

단국대학교 (B.E.)
총신대학 신학대학원 (M.Div.)
영국 London Theological Seminary (M.Div.)
영국 The Evangelical Theological College of Wales (M.Phil. 수학)
(현) 베를린비전교회 담임목사
(현) GMS 독일 선교사
(현) 쥬빌리 유럽대표
(현) 베를린 역사와 통일연구소 소장

찰스 스펄전의 설교

박재은

I. 들어가며

찰스 스펄전(Charles H. Spurgeon, 1834-1892)[1]처럼 설교와 관련된 많은 애칭을 지니고 있는 영적 거장도 드물 것이다. 예를 들면 "설교의 황태자," "위대한 설교자들 중 가장 위대한 설교자," "불붙은 떨기나무," "사도 시대 이후 가장 영향력 있는 설교자," "사도 바울 이후 가장 유능한 설교자"와 같은 주옥같은 애칭들이 늘 스펄전의 뒤를 따라 다녔다.

스펄전은 1850년 겨울 16세의 나이로 "믿는 너희에게는 보배이나"(벧전 2:7)라는 본문으로 계획에 없던 첫 설교를 거의 한 시간 동안이나 했다.[2] 설교의 황태자로서의 삶의 시작이었다. 스펄전은 1년 뒤 케임브리지 근교에 소재한 워터비치 침례교회(Waterbeach Baptist Church)의 설교자로 부임해 2년 넘게 설교 사역을 지속했다. 20세 되던 1854년 스펄전은 런던 남부에 위치한 뉴 파크 스트리트 교회(New Park Street Church)의 담임목사로 부임해 설교

---

1. 개략적인 전기적 자료로는 Charles H. Spurgeon, *C. H. Spurgeon: Autobiography*, 2 vols. (Edinburgh: Banner of Truth Trust, 1962-1973); W. Y. Fullerton, *Charles H. Spurgeon: London's Most Popular Preacher* (Chicago: Moody Press, 1966); George C. Lorimer, *The Puritan Preacher in the Nineteenth Century: A Monograph* (Boston: James H. Earle, 1892) 등을 참고하라.
2. 찰스 스펄전, 『찰스 스펄전의 위대한 설교: 예수』, 김주성 역 (서울: 두란노, 2017), 331.

자로서의 명성을 본격적으로 쌓기 시작했다. 뉴 파크 스트리트 교회에서 스펄전의 첫 예배에 참석한 인원은 80여명 정도였지만 얼마 지나지 않아 스펄전의 설교가 명성을 얻기 시작하면서 청중의 숫자는 급속도로 늘어나기 시작했다. 결국 1861년에 5,000-6,000명 이상을 수용할 수 있는 메트로폴리탄 태버너클(Metropolitan Tabernacle)을 건축한 후 매주 10,000명 이상의 청중 앞에서 은퇴할 때까지 설교했다.[3]

스펄전은 류머티즘, 통풍, 신장염을 오랫동안 앓았고 결국 1892년 1월 31일 다소 젊은 나이인 58세의 나이로 하나님의 부르심을 받았다.[4] 스펄전의 유해가 메트로폴리탄 태버너클로 옮질 때는 6만 명 이상이 모여 참관했으며, 몰려드는 장례 인파를 수용하기 위해 수요일에 4번의 장례식을 거행하기도 했다. 스펄전의 관 위에는 "땅의 모든 끝이여 내게로 돌이켜 구원을 받으라 나는 하나님이라 다른 이가 없느니라"(사 45:22)라는 성경 구절이 펼쳐져 있었다.

스펄전은 살아생전 3,600편 이상 되는 설교문을 남겼으며, 그의 그리스도 중심적 복음 설교를 통해 수많은 사람이 회심해 세례를 받았다. 1890년 5월 26일 기도회에서 스펄전은 메트로폴리탄 태버너클 실내를 돌아보며 다음과 같이 외쳤다. "여기서 얼마나 많은 수천, 수만명이 회심했던가! 둘, 셋, 혹은 네 명이 회심했다고 듣지 않은 날이 단 한 번도 없었다. 그리고 그것도 1, 2, 3년이 아니라, 지난 10년간 그랬다!"[5] 이처럼 스펄전은 그리스도 중심적 복음 설교를 통해 수많은 사람들을 하나님께로 돌이키게 만들었던 위대한 영적 거장이었다.

---

3. 찰스 스펄전, 『스펄전의 설교학교』, 헬무트 틸리케 해설·엮음, 김지혁 역 (서울: 새물결플러스, 2013), 15.
4. 스펄전, 『찰스 스펄전의 위대한 설교』, 338.
5. 스펄전, 『찰스 스펄전의 위대한 설교』, 338.

II. 스펄전의 설교 특징

스펄전이 외쳤던 설교의 특징은 '복음과 신앙의 본질(本質)에 대한 추구'이다. 스펄전은 비본질인 것에 대해 집중하는 설교를 꺼려했다. 오히려 스펄전에게 있어 설교의 메시지가 되어야만 했던 것은 복음과 신앙의 본질, 즉 '예수 그리스도'와 그의 사역인 '십자가'였다. 그러므로 스펄전의 설교 특징은 기독론적(基督論的, Christological), 즉 그리스도의 인격과 사역에 집중하는 특징을 보인다고 평가할 수 있다.

스펄전의 설교의 특징을 광의의 차원에서 이해할 때 기독론적 특징을 가진다고 말할 수 있다면, 협의의 차원에서 이해할 때는 그리스도의 4중 비하(낮아지심)와 4중 승귀(높아지심)의 틀 속에서 설교가 진행된다고도 말할 수 있다. 스펄전은 그리스도의 4중 비하, 즉 성육신, 고난 당하심, 십자가에서 죽으심, 무덤에 들어가심과 그리스도의 4중 승귀, 즉 부활, 승천, 하늘 보좌 우편에 앉으심, 재림과 같은 주제 모두를 구체적으로 설교했다.

지금부터는 스펄전의 설교 본문을 직접 살펴보며 스펄전 설교의 색과 결을 직접적으로 느껴보도록 하겠다. 모든 설교 본문에 그리스도의 피 묻은 십자가의 도가 여실히 드러나며 언약의 성취자요 구속주 메시아인 그리스도의 인격과 사역이 찬란하게 드러나고 있다는 사실이 밝게 드러나게 될 것이다.

오, 나는 그리스도를 설교하고 전파하기를 좋아한다. 내 마음을 기쁘게 하는 것은 칭의의 교리가 아니라, 의롭게 하시는 그리스도다. 그리스도인의 마음을 즐겁게 하는 것은 용서 그 자체가 아니라, 용서하시는 그리스도시다. 내가 사랑하는 것은 세상 시작 전에 내가 그리스도 안에서 선택되었다는 것이지 일반적 선택 교리가 아니다. 내가 사랑하는 것은 최후 인내보다 그리스도 안에 내 생명이 감춰졌고, 그가 양에게 영생을 주시므로, 그들이 결코 멸망하지 않고, 아무도 그의 손에서 그들을 빼앗을 수 없다는 것이다 [본문: 고전 5:7, 1855년 12월 2일 주일 뉴 파크 스트리트 교회 채플 설교 중].⁶

이처럼 스펄전의 설교 내용은 '그리스도에 대한 교리'(the doctrine about Christ)가 아니라 '그리스도 그 자체'(Christ Himself)였다. 그리스도에 대한 교리를 건조하고 피상적으로 전하는 설교가 아닌 그리스도 그 자체에 대해 전하는 스펄전의 설교의 톤과 논조는 절대 차분할 수 없었다. 오히려 그리스도라는 영광스러운 이름이 선사하는 존엄한 희열에 사로잡힌 채 스펄전은 다음과 같이 격정적으로 그리스도를 드러낼 수밖에 없었다.

> 그리스도를 사랑하는 자여, 그 앞에 절하라. 예수를 갈망하는 너희여, 그 앞에 절하라! 그분께 면류관을 드리라. 그것을 받으시기에 합당하신 영원한 권능의 분이시다. 그에게 변함없는 지혜가 있다. 그의 이름을 송축하라. 그를 높이라. 너희 스랍들이여, 너희의 날개를 마주쳐 소리를 내라. 너희 그룹들아, 외치라. 저 위 천국에 있는 구속된 무리들이여, 그를 찬양하며 외치라, 외치라, 외치라. 그리고 너희, 오 그의 은혜를 아는 사람들이여, 그를 높여 영원히 노래하라. 그리스도는 하나님의 능력과 하나님의 지혜이시다 [본문: 고전 1:24, 1857년 5월 17일 주일 뮤직 홀에서 한 설교 중].⁷

스펄전은 그리스도의 십자가에 대해 선포하길 즐겨했다. 그리스도의 인격은 그의 사역인 십자가 사역으로 응축되기 때문이다. 그리스도의 십자가 사역

---

6. 스펄전, 『찰스 스펄전의 위대한 설교』, 66.
7. 스펄전, 『찰스 스펄전의 위대한 설교』, 102.

에 대한 스펄전의 설교는 깊이 있는 신학적 고찰 위에 세워졌다.

> [십자가에서의 그리스도의 외침인] 어찌하여 나를 버리셨나이까? [라는 질문을 떠올려보십시오]. 쓰라리지만, 이 축복된 질문이 평생 여러분의 공부가 되게 하십시오. 구세주께서는 자신을 위해서가 아니라 우리를 위하여 이 질문을 던지셨습니다 … 잠깐 동안, 가장 광범위하고 무제한적인 의미에서, 하나님께서 자신의 가장 순종적인 아들을 결코 버리실 수 없을 것임을 숙고해보십시오. 하나님은 구원의 원대한 계획 안에서 주님과 함께 계셨습니다. 하나님은 주 예수를 향한 무한한 사랑의 관계 속에 늘 계셨음에 틀림없습니다. 심지어 유일한 독생자께서 결코 십자가상에서의 죽음까지도 감내하며, 죽기까지 순종했을 때보다 아버지께 더 사랑스러운 적은 없으셨습니다. 그러나 우리는 여기에서 하나님을 지상의 모든 존재에 대한 심판주로 간주해야 합니다. 나아가 우리는 주 예수의 공식적인 역할이, 언약의 보증이자, 죄를 위한 희생 제물임을 알아야 합니다. 그러므로 모든 이에 대한 위대한 재판관께서는 범죄자들을 위한 대속제물이 되신 그분을 향하여 결코 미소 지을 수 없었던 것입니다. 죄는 하나님께 역겨운 것입니다[십자가 메시지: 라마 사박다니?].[8]

이처럼 스펄전은 십자가 사건 속에 내포되어 있는 깊이 있는 신학적 의미들, 예를 들면 죄를 향한 성부 하나님의 무한한 진노, 대속 제물의 의미, 죄의 본질, 성부 하나님과 성자 그리스도 사이의 관계성 등을 짙은 농도로 녹여내고 있다.

---

8. 찰스 해돈 스펄전, 『찰스 해돈 스펄전의 십자가 메시지』, 스펄전 메시지 시리즈 4, 왕인성 역 (서울: 기독교문서선교회, 2017), 144-145.

스펄전이 복음의 본질인 그리스도의 인격과 사역에 대해 주로 설교했던 궁극적인 이유는 십자가의 복음을 통해 죄인들을 회심시키기 위함이었다. 그러므로 그리스도의 인격과 사역에 대한 설교 마지막에는 전인(全人)으로부터 끓어오르는 격정적인 호소와 외침이 주를 이룬다.

저 비참한 지옥에 떨어지면 다시는 되돌아오지 못한다. 천국 문이 당신에게 활짝 열려 있는데 죽음의 길로 들어서고 싶어하는 까닭이 무엇이냐? 예수께서 자기를 신뢰하는 모든 사람에게 주는, 대가 없이 주는 죄 용서 즉, 완전한 구원을 거절하지 말라. 주저하지 말라. 뒤로 미루지 말라. 결단하면 된다. 행동으로 옮겨라. 지금, 충분하고 즉각적인 결단으로 예수를 믿어라. 말씀을 받아들이고 당장, 바로 지금 당신의 주께 나와라. 오, 영혼아! 명심하라. 지금이 마지막 기회이다. 지금 기회를 잡아라. 앞으로는 전혀 기회가 없다고 생각해봐라. 정말 소름끼치도록 무서운 일이다. 한 번 더 권고하겠다.[9]

스펄전의 설교는 앞에서 봐도 예수 그리스도, 뒤에서 봐도 예수 그리스도, 옆에서 봐도 예수 그리스도, 즉 복음의 본질에 충실한 특징을 지니고 있다. 이런 특징 하나만 봐도 왜 모두 다 소리 높여 스펄전을 '설교의 황태자'라고 칭하는지 그 이유가 분명해진다.

III. 스펄전의 설교 방법

스펄전은 자신의 이름을 본 따 스펄전 단과대학(Spurgeon College)이라는 목회자 학교를 세웠고 금요일 오후마다 목회자 후보생들에게 목회자의 기본

---

9. 찰스 스펄전, 『찰스 스펄전의 하나님의 구원』, 임원주 역 (서울: 도서출판 예루살렘, 2005), 189.

소양에 대해 가르쳤다. 남아 있는 원고(Lecturers to My Students)에는 목회자로서 어떻게 설교해야 할지에 대한 설교론도 구체적으로 남아 있다.[10] 핵심 사항을 요약 정리해보도록 하겠다.

첫째, 스펄전은 설교에 있어 가장 중요한 점을 '소명'으로 보았다. 만약 목회자로서 소명을 받지 않은 채로 설교를 한다면 그것이야말로 재난 중에도 재난이라고 보았다. "복음을 전하는 사자 자신이 영적으로 고장 난 상태라면, 그것은 정말 그 자신은 물론 그 사람의 사역에 대해서도, 엄청난 재난이 아닐 수 없습니다. 그러나, 형제 여러분, 그런 악한 상태가 얼마나 쉽게 만들어지는 모릅니다."[11] 그러므로 스펄전은 설교자로서의 '자기 점검'이 근본적으로 필요하다고 보았다. "목사직에 대한 소명에 대해서 잘못 실수를 함으로써 야기되는 무한한 해악을 생각하면, 우리 자신의 소명의 신빙성을 점검하는 데에 절대로 게을리 해서는 안 되겠다는 두려움에 휩싸이게 됩니다."[12]

둘째, 스펄전은 설교 본문을 정하는 일을 결코 가볍게 대하지 않았다. "만일 제게 '가장 적합한 본문을 어떻게 하면 얻을 수 있겠습니까'라고 묻는다면, 저는 '하나님께 그것을 달라고 부르짖으십시오'라고 대답할 것입니다 … 기도를 드린 후에는, 우리는 적절한 수단을 진지하게 사용하여 우리의 생각을 집중시키고, 이끌어가야 할 것입니다 … 여러분의 교회에서 번지고 있는 죄들이 무엇인지 생각하십시오 … 교인들의 영적 처지에 합당하게 설교하는 것은 중요하지만, 그러나 그들에게 잔소리를 하는 식이 되지 않도록 해야 합니다."[13] 이처럼 스펄전은 설교 본문을 정할 때 필요한 행동 지침들을 구체적으로 제시해

---

10. 이에 대한 한글 번역본은 찰스 스펄전, 『목회 황제 스펄전의 목사론』, 이용중 역 (서울: 부흥과개혁사, 2005); 찰스 스펄전, 『목회자 후보생들에게: 스펄전 설교론』, 원광연 역 (고양: 크리스챤다이제스트, 2009) 등이다.
11. 스펄전, 『목회자 후보생들에게』, 9.
12. 스펄전, 『목회자 후보생들에게』, 39.
13. 스펄전, 『목회자 후보생들에게』, 134, 135, 136, 137.

주고 있다.

셋째, 스펄전은 설교의 내용뿐만 아니라 설교의 형식이나 스킬 향상에도 관심을 기울였다. 예를 들면 설교자의 목소리에 대해 다음과 같이 강의했다. "목소리에 주의를 기울이면서, 오늘날 흔히 볼 수 있듯이 습관적으로 목소리를 꾸며서 가성을 사용하는 잘못에 빠지지 않도록 주의하시기 바랍니다 … 그 다음으로, 여러분의 말투에 사람들의 귀에 거슬리는 특이한 점들이 있을 때는 가능한 대로 교정하십시오."[14] 스펄전이 이토록 설교자의 목소리와 논조, 톤, 스킬에 관심을 기울였던 이유는 설교자는 영광스럽고도 존엄한 하나님의 말씀을 대언(代言)하는 도구요 수단이라고 생각했기 때문에 하나님 앞에서 좋은 도구가 되고 싶은 갈망 때문이었다.

넷째, 스펄전이 설교를 하는 궁극적인 목표는 죄인들의 회심이었다. 스펄전은 죄인들을 감정적으로 끌고 가서 자의적으로 회심을 시키는 형태의 주관주의적 회심을 추구하지 않았다. 오히려 스펄전은 바른 설교를 통해 회심에 대한 올바른 지식을 선포하는 일에 더 큰 관심을 가지고 있었다. "영혼들을 구원하고자 하는 강렬한 소망이 우리에게 있다면 그 목적을 이룰만한 진리들을 전해야 함은 물론, 영혼들을 구원으로 인도하는 데 도움이 될 만한 방식을 사용하여 그 진리들을 다루어야 할 것입니다. 그것들이 무엇인지 궁금하십니까? 첫째로, 교훈(혹은, 가르침) 방식을 통한 것입니다 … 영혼이 지식이 없는 것은 좋지 않습니다. 사람이 자기 자신에 대해서, 자기의 죄에 대해서, 자기의 타락에 대해서, 자기의 구주와 구속과 중쟁 등에 대해서 가르침을 받아야 합니다."[15] 이처럼 스펄전의 설교는 객관적인 진리 말씀에 근거해 바른 신적인 지식을 통한 회심으로의 방향성을 옳게 취하고 있었다.

---

14. 스펄전, 『목회자 후보생들에게』, 175, 179.
15. 스펄전, 『목회자 후보생들에게』, 539.

다섯째, 스펄전은 설교 때 사용하는 예화에 대해서도 건전한 입장을 견지하고 있었다. "예증법을 사용하는 것만이 아니라, 그것을 본래의 목적에 합당하게 지혜롭게 사용하는 법을 그대로 본받으십시오 … 사람들을 즐겁게 해 주는 것이 그들의[예화를 사용했던 복음 설교자들의] 목표가 아니었습니다. 그들의 목표는 사람들을 회심시키는 데 있었습니다. 그들은 자기들이 모아 놓은 이야기를 자랑하고 싶어서 질질 끌며 이야기를 늘어놓지 않았습니다. 그들이 사용한 예화들에 대해서, 그 누구도 '빛을 가로막는 창문들이요 아무 데로도 통하지 않은 통로라'고 말할 수 없을 것입니다. 적절한 분량을 잘 지키시기 바랍니다. 그렇지 않으면 모든 수고가 허사가 되고 맙니다. 건전한 교리를 가르치려다가 오히려 사람들에게 온갖 이야기만 전해 주는 것으로 그치고 말 것이니까요."[16] 이처럼 스펄전은 예화 사용을 통해 주객이 전도되지 않도록 지극히 경계했으며 예화의 바른 사용은 오로지 '본질'을 제대로 투영시킬 수 있는 방식뿐이라고 생각했다.

스펄전은 설교의 본질인 예수 그리스도의 인격과 사역을 바르게 전하기 위해 설교의 형식, 방식, 설교자의 목소리, 본문 선택 방법, 예화 사용 등 설교 사역에 필요한 모든 영역들에 대해 깊이 있게 연구해 목회자 후보생들을 가르쳤다. 이런 스펄전의 가르침은 수십 년 동안 수많은 청중 앞에서 담대히 복음을 선포해왔던 베테랑 설교자의 현장감 어린 경험에서부터 나오는 가르침이었기 때문에 여전히 우리 모두에게 큰 울림이 있다.

IV. 실천적 고찰

스펄전의 설교 특징과 설교 방법에 대한 고찰을 통해서 최소한 한 가지 사실만큼은 분명해진다. 이 한 가지 사실은 설교의 궁극적 내용과 목적이 무엇

---

16. 스펄전, 『목회자 후보생들에게』, 599.

인가에 대한 사실과 깊이 관련된다. 그것은 바로 '주 예수 그리스도'시다. 이를 세 가지 실천적 지점으로 요약해 볼 수 있다.

첫째, 스펄전처럼 그리스도를 설교해야 한다. 스펄전은 평생 그리스도만을 설교하기를 원했다. 그리스도만이 설교 내용의 본질이며 적용이며 실천적 지향점이다. 하지만 현재 일선 교회 강단에서 행해지는 안타까운 사실은 설교를 통해 그리스도 자신(Christ Himself)이 드러나기보다는 목회자, 교회, 교단, 특정 신학, 특정 정치, 특정 이념이 설교를 통해 더 짙게 드러난다는 점이다. 이 지점은 오롯이 그리스도만을 드러내길 원했던 스펄전의 설교 내용과 방식에 의해 반드시 교정되어야 하는 지점이다. 본질과 비본질이 칼로 무 자르듯 날카롭게 분리될 수는 없겠지만, 그럼에도 설교는 본질, 즉 주 예수 그리스도의 인격과 사역이 드러나야 한다. 본질이 제대로 드러날 경우에 비로소 비본질도 아름다운 형태로 본질적 옷을 입은 채 효과적으로 드러나게 될 것이다.

둘째, 스펄전처럼 그리스도를 설교하게 되면 죄인들이 회심하게 될 것이다. 믿음은 그리스도를 믿음을 통해 선물로 받기 때문에(롬 10:17, 엡 2:8) 그리스도를 전하지 않는 교회에서는 그 어떤 중생자도 탄생될 수 없다. 교회는 '영적 어머니'이다. 어머니가 하는 역할 중 가장 존엄하며 가장 영광스러운 역할은 임신·출산·양육이다. 영적 어머니인 교회 역시 영적인 임신·출산·양육의 사역이 반드시 필요하다. 만약 본질상 진노의 자녀로 태어나는 죄인들이 하나님의 자녀로 거듭나지 못한다면, 그런 죄인들이 모인 교회는 더 이상 어머니로서의 역할을 다하지 못하는 '영적인 불임' 교회이다. 스펄전이 강조한 대로 설교의 궁극적인 목적은 죄인을 회심시키는 것이다. 물론 회심의 주체는 인간 설교자가 아닌 성령 하나님이시다. 하지만 인간은 도구로 역할을 할 수 있다. 바른 말씀을 전하는 도구의 역할을 통해 성령 하나님은 역사하실 것이다. 그러므로 하나님 앞에 '좋은 수단'이 될 수 있도록 갈망하고 노력하는 일이야말로 모든 설교자가 꿈꿔야 할 이상향이다.

셋째, 스펄전처럼 설교에 대해 철저히 연구해야 한다. 스펄전은 스펄전 단과대학에서 목회자 후보생들에게 금요일 오후마다 설교자로서의 기본 소양과 덕목에 대해 전심전력으로 가르쳤다. 스펄전의 가르침은 설교의 본질과 속성, 설교 스킬, 설교 방식, 설교의 논조와 톤 등에 대한 스스로의 깊이 있는 연구로부터 비롯된 현장감 어린 가르침이었다. 의사들도 수술을 도맡는 집도의가 되기 위해서는 최선을 다해 공부해야만 한다. 단 한 순간이라도 잘못된 위치를 수술한다거나, 메스의 날카로운 칼날을 잘못 놀린다거나, 엉뚱하게 진단하고 처방한다면 아픈 사람은 더 아프게 될 것이고 안 아팠던 사람도 아픈 사람이 되고 말 것이다. 영혼의 의사인 목회자 역시 마찬가지이다. 회심의 수단인 말씀을 맡은 자로서 아무런 연구 없이 설교에 임한다면 죄로 인해 영혼이 병들어 허덕이는 수많은 환자들을 죽이고 말 것이다. 설교의 알파부터 오메가까지 부단히 연구하고 노력하고 연습하지 않는 한 훌륭한 영혼의 의사가 될 가능성은 희박하다. 환자를 죽이느냐, 살리느냐, 이 시급한 문제를 시급한 문제로 진정으로 인식하는 설교자가 좋은 영혼의 의사가 될 수 있는 시작점에 선 설교자다.

V. 나가며

스펄전의 설교를 분석하고 그 특징을 파악하고 그 방식을 고찰해 보는 이유는 스펄전의 맹목적 추종자가 되기 위함이 절대 아니다. 아무리 뛰어난 신학자, 설교자라 하더라도 추종의 대상이 되면 곤란하다. 그 이유는 아무리 훌륭한 신학자, 설교자도 하나님 앞에선 모두 다 죄인이며 연약한 자들이기 때문이다. 오히려 스펄전의 설교를 분석하고 그 특징을 파악하고 그 방식을 고찰할 필요가 있는 이유는 스펄전이 우리보다 좀 더 앞서 그리스도를 깊이 사랑했고, 그리스도에 대해 더 깊이 연구했으며, 그리스도에 대해 어떻게 전해야 할지를 더 깊이 고민했고, 그리스도를 온전히 전했을 때 맺을 수 있는 열매들을 우리보다 조금 더 일찍 맛보았기 때문에 스펄전의 설교를 '반면교사' 와 '거울'로 삼아 설교를 대하는 현재 우리의 마음의 태도와 자세와 실력을 가늠해보고 반성해보기 위함이다. 스펄전의 설교를 통해 더 많은 것을 반성하고 깨닫는 설교자가 향후 발전 가능성이 더 높은 설교자일 것이다.

가장 좋은 설교는 설교자는 쇠하고 그리스도만이 흥하게 되는 설교일 것이다. 스펄전의 설교의 특징과 설교 방식을 통해 이런 좋은 설교의 한 예를 목도할 수 있게 된다. 이제 우리가 할 일은 스펄전의 설교를 통해 깨달은 반성 지점들을 제대로 묵상하고 소화해 그리스도만이 드러나는 설교를 하나님의 은혜로 실행하고 누리고 즐기며 맛보는 일이다. 이 일을 위해 스펄전의 설교가 귀한 마중물이 될 것은 자명한 사실이다.

박재은

총신대학교 신학과 (B.A.)
총신대학교 신학대학원 (M.Div.)
Calvin Theological Seminary (Th.M.)
Calvin Theological Seminary (Ph.D.)
(현) 총신대학교 신학과, 조직신학 교수
(현) 총신대학교 교목실장 및 섬김리더교육원장
(현) 한국개혁신학회 조직신학 분과학회장

벤자민 워필드의 설교

김상엽

I. 들어가는 글

벤자민 워필드(Benjamin B. Warfield, 1851-1921)는 19세기 말부터 20세기 초반에 활동했던 신학자로, 무엇보다도 성경의 권위에 관한 논쟁에서 가장 중요한 신학자입니다. 독일에서 시작된 자유주의 신학이 미국에 유입되어 성경의 권위를 깎아내리고자 했을 때, 성경의 권위를 지켜낸 대표적인 신학자이기 때문입니다. 그렇기에 오늘날에도 어떤 신학·철학 사상이 성경의 권위를 깎아내리려고 할 때, 우리는 워필드의 신학을 통해 큰 도움을 얻을 수 있을 것입니다.

성경 권위 논쟁과 관련하여 워필드의 신학적 가치를 높이 평가하는 사람들은 오늘날에도 세계 곳곳에 퍼져 있습니다. 현재 영국에서 활동하고 있는 개혁주의 신학자 폴 헬름(Paul Helm)은 성경의 영감과 무오성을 둘러싼 논의에서 워필드의 이름이 영원히 기억될 것이라고 말합니다.[1] 개혁신학을 21세기 포스트모던 사회에서 자리매김하기 위해 노력하는 미국 신학자 케빈 밴후저(Kevin Vanhoozer)는 워필드의 성경론을 "공인된 견해"로 표현하며 워필

---

1. Paul Helm, "B. B. Warfield's Path to Inerrancy: An Attempt to Correct Some Serious Misunderstandings," *Westminster Theological Journal* 72 (2010): 23.

의 성경론이 복음주의 성경론에서 핵심적인 역할을 했다는 것에 동의합니다.[2] 네덜란드의 개혁신학을 이어가고 있는 헨드릭 판 덴 벨트(Hendrik Van den Belt)에 따르면 워필드는 성경 무오성과 관련하여 19세기뿐만 아니라 오늘날까지도 큰 영향을 미치는 신학자입니다.[3] 우리나라의 역사신학자인 박용규 박사는 성경론에 대한 워필드의 공헌이 타의 추종을 불허한다고 평가하며, 워필드를 "보수적이면서 학문적일 수 있음"을 보여준 대표적인 신학자로 묘사합니다.[4]

이처럼 워필드는 성경에 관한 논의에서 매우 중요한 신학자임을 알 수 있습니다. 더욱이 개혁신학을 공부하고, 종교개혁자들의 신앙을 계승하려는 성도들에게 있어서 성경에 관한 워필드의 신학은 더없이 중요하다 할 수 있습니다.

그렇다면 성경에 관한 신학적 논쟁에서 매우 중요하게 평가되는 워필드는, 실제로 자신의 삶에서 성경을 어떻게 대했을까요? 다시 말해서 워필드는 성경에 기록된 하나님 말씀을 어떻게 받아들였을까요? 그의 삶에서 성경 말씀은 어떤 의미였을까요? 워필드의 설교문을 살펴봄으로써 성경 말씀을 대하는 워필드의 태도를 알아보고자 합니다.

II. 실존적 경험을 담아낸 설교

우리가 먼저 살펴보고자 하는 것은 로마서 8장 28절에 대한 워필드의 설교입니다. 워필드는 이 본문을 중심으로 《모든 일이 서로 협력해서 선을 이룬다》라는 제목의 설교를 전했습니다.[5] 워필드는 이렇게 말씀을 전하기 시작합니다.

---

2. Kevin J. Vanhoozer, *First Theology*, 김재영 역, 『제일신학』 (서울: IVP, 2017), 197.
3. Hendrik van den Belt, *The Authority of Scripture in Reformed Theology: Truth and Trust* (Leiden: Brill, 2008), 179.
4. David F. Wells, ed. *Reformed Theology in America*, 박용규 역·해제, 『개혁주의 신학: 현대 개혁주의 역사』 (서울: 한국기독교사연구소, 2017), 11.
5. Benjamin B. Warfield, "All Things Working Together for Good," in *Faith and Life: 'Conferences'*

우리가 필요한 도움을 얻는 데 실패할 위험은 없습니다. 우리가 우리 자신의 필요를 알지 못할지라도 하나님께서는 우리의 필요를 아시기 때문입니다. 하나님은 우리의 고통과 갈망의 신음 소리를 사랑과 지성의 관점으로 읽으실 수 있고, 읽으실 것입니다. "하나님을 사랑하고 그분의 계획대로 부르심을 받은 사람들에게는 결국 모든 일이 유익하게 된다는 것을 우리는 알고 있"기 때문입니다. 하나님께서 지시하지 않고서 우리에게 닥치는 일은 하나도 없습니다. 그러므로 하나님을 사랑하는 이들에게, 하나님께서 그들의 유익을 위해 지시하는 일이 아니고서는 아무 일도 일어나지 않습니다.[6]

사실 로마서 8장 28절은 우리에게 너무도 친숙한 본문입니다. 우리 역시 하나님의 섭리 가운데 우리 삶에서 "모든 일이 서로 협력해서 선을 이룬다"고 고백합니다. 우리 그리스도인들 중에서 하나님의 그러한 주권을 부정하려는 사람은 아무도 없을 것입니다. 그런데 우리가 워필드의 삶을 살펴보고 그의 설교를 듣는다면, 이처럼 당연해 보이는 고백이 실로 얼마나 위대한 고백인지 다시 생각할 수 있습니다.

1. 아내 애니 워필드의 사고

벤자민 워필드와 그의 아내 애니 워필드(Annie Pearce Kinkead Warfield, 1852-1915)는 신앙과 학식, 재력을 모두 갖춘 집안에서 자랐습니다. 워필드는 종교의 자유를 찾아 버지니아에 정착한 영국 청교도의 후손으로, 어릴 적부터

---

in the Oratory of Princeton Seminary (New York: Longmans, Green, and Co., 1916), 202-210. 프린스턴 신학교 학생들은 주일 오후에 함께 말씀을 나누었다. 이 책에 포함된 설교들은 워필드가 그때 전했던 설교들이다.

6. Warfield, "All Things Working Together for Good," 204.

웨스트민스터 표준문서들을 읽고 암기하며 신앙교육을 받았습니다. 아버지는 농부였지만 낙농 관련 책을 두 권이나 저술할 정도로 학식을 갖춘 농부였습니다.[7] 워필드의 외가 역시 유력한 가문이었습니다. 외조부는 제퍼슨 대학의 총장으로 켄터키주 공교육 시스템을 확립한 사람이었습니다. 외증조부는 미국 법무부 장관이었고, 외삼촌은 미국 부통령을 역임했습니다. 워필드의 외가인 브레킨리지 가문(the Breckinridge)은 가문의 3분의 1이 미국 의회에 입성할 정도로 명망있는 가문이었습니다.[8]

애니 워필드 역시 유력한 집안에서 좋은 교육을 받으며 자란 여성이었습니다. 그의 조부는 미국 독립전쟁의 영웅인 조지 클라크(George R. Clark)였습니다. 오늘날 미국에 조지 클라크 기념관과 국립역사공원이 있을 정도로 유명한 독립운동가입니다. 그녀의 아버지는 1855년 재판에서 아브라함 링컨의 변호를 담당했던 명망있는 변호사였습니다.[9]

워필드와 애니는 워필드가 프린스턴 신학교를 졸업한 직후인 1876년 결혼을 했습니다. 그들은 워필드의 신학 공부와 신혼여행을 위해 유럽행에 올랐습니다. 그러나 신혼여행 중에 아내 애니가 낙뢰 사고를 당하게 됩니다.

이 사고에 대한 역사가들의 기록에는 다소 차이가 있습니다. 어떤 사람은 이 사고 직후에 애니가 완전한 불구가 되었다고 기록하고 있고,[10] 어떤 사람은 16년에 걸쳐 점진적으로 악화되었다고 기록하고 있습니다.[11] 그러나 애니의 사

---

7. Fred G. Zaspel, *Warfield on the Christian Life: Living in Light of the Gospel* (Wheaton: Crossway, 2012), 25-27.
8. Bradley J. Gundlach, "'B' is for Breckinridge: Benjamin B. Warfield, His Maternal Kin, and Princeton Seminary," in *B. B. Warfield: Essays on His Life and Thought*, ed. Gary L. W. Johnson (Phillipsburg, NJ: P & R Pub., 2007), 13-53.
9. Zaspel, *Warfield on the Christian Life*, 28.
10. Oswald T. Allis, "Personal Impressions of Dr. Warfield," *The Banner of Truth* 89 (Fall 1971): 10-14.
11. Zaspel, *Warfield on the Christian Life*, 28.

고와 관련하여 우리가 기억해야 할 중요한 사실 두 가지가 있습니다.

첫째, 워필드는 일평생 집을 오래 비우지도 않았고, 집에서 2시간 이상 떨어진 곳을 가지도 않았습니다. 그만큼 아내 애니가 간호를 필요로 하는 상태였음을 암시합니다. 25세에 결혼하여 낙뢰 사고로 인해 몸이 불편해진 아내를, 워필드는 일평생 간호하며 옆을 지켰습니다. 둘째, 둘 사이에는 자녀가 없었습니다. 일부 역사가들은 그 원인을 신혼여행에서 겪은 낙뢰 사고에서 찾습니다. 그 사고로 인하여 애니에게 자녀를 가질 수 없을 정도의 문제가 발생했다는 것이죠.

2. 하나님의 주권과 섭리

워필드는 25세에 결혼하여 69세에 하나님 품으로 돌아갔습니다. 아내 애니가 6년 일찍 하나님 품에 안겼으니, 둘 사이의 결혼생활은 38년 이어졌습니다. 워필드는 이 시간 동안 항상 아내 곁을 지켰고, 매일 정해진 시간에 아내에게 책을 읽어 주었습니다. 아내 애니의 상태에 대해 역사적 기록이 다소 상이하더라도, 분명한 사실은 워필드가 아내의 회복을 기대하고 기다렸으나, 결국 아내는 회복되지 않았다는 사실입니다. 그러한 가운데 워필드는 이렇게 선포합니다.

하나님의 전능하신 팔 아래에 피난처가 있습니다. 우리는 여기에서 위로를 찾을 수 있습니다. 우리는 연약하고 미래를 알지 못합니다. 그러나 하나님은 강하시고 지혜로우십니다. 우리는 너무 연약하여 우리 자신을 도울 수 없고, 우리는 너무 무지몽매하여 우리에게 필요한 것을 알지도 못합니다. 우리는 알지 못하는 갈망 속에서 신음할 뿐입니다. 하나님이 바로 이러한 갈망들의 원천이십니다. 그 갈망이 무엇을 의미하는지 아시기 때문이죠. 하나님께서는 모든 것들을 통치하셔서, 우리가 우리에게 닥친

모든 것에서 좋은 것만 얻도록 하십시오.[12]

워필드가 이른 나이에 결혼하여 신혼여행에서 사고를 당했고, 평생 아내 곁을 지키며 아내의 회복을 기대했습니다. 하지만 결국 그의 아내는 회복되지 못한 채 하나님 품으로 돌아갔습니다. 그런데도 워필드는 자신에게 닥치는 모든 것이 하나님의 주권과 섭리 가운데 발생하는 "좋은 것"이라고 고백합니다. 워필드의 마지막 선포는 우리를 더 숙연하게 합니다.

지금 보기에 모든 것이 고통스러울 수도 있습니다. 모든 것이 우리의 죄 때문이라는 생각이 들 수도 있습니다. … 하지만 예외는 없습니다. 하나님께서는 모든 일 가운데 우리와 그렇게 협력하시고, 우리에게 좋은 것만 허락하십니다. 영원의 관점에서 볼 때 분명 우리에게 선한 것만 주어집니다. 그것은 우리 영혼에게 좋은 것을 통해서, 그리스도 안에서의 영원한 구원이라는 좋은 것을 통해서, 증거로 나타납니다.[13]

워필드는 성경 말씀을 통해서 자신의 상황을 뛰어넘을 수 있었습니다. 자신이 겪은 고통스러운 상황 속에서, 그 모든 것을 주관하시고 이끄시는 하나님의 주권을 볼 수 있었습니다. 워필드는 성경 말씀을 통해서 '지금'을 바라보지 말고 '영원'을 바라보자고 선포하고 있는 것입니다.

III. 시대정신에 저항하는 설교

워필드 설교의 또 다른 특징은 시대정신에 저항하는 설교라는 점입니다.

---

12. Warfield, "All Things Working Together for Good," 204.
13. Warfield, "All Things Working Together for Good," 204-205.

사실 워필드의 신학 자체가 변증적이라는 평가를 많이 받습니다. 그가 그 당시 교회가 직면했던 주요 도전들에 대해 신학을 전개했다는 의미입니다. 그의 설교에도 그러한 변증적 성격이 잘 반영되는 경우가 많았습니다. 워필드가 활동했던 19세기 말과 20세기 초반에는 하나님과 인간에 관하여 성경과 다른 생각들이 유행하고 있었습니다. 이것이 그의 설교에서 어떻게 반영되는지 살펴보고자 합니다.

1. 하나님의 초월성과 내재성

그 당시 사람들은 하나님을 둘 중의 하나로 생각하는 경향이 짙었습니다. 한 편에서는 하나님의 초월성을 지나치게 강조하는 이신론(deism)을 따라 하나님과 이 세상을 분리시켰습니다. 이신론의 하나님은 이 세상에서 발생하는 일에 더 이상 관여하지 않는 방관자에 불과하신 분으로 여겨졌죠. 다른 한 편에서는 하나님의 내재성을 지나치게 강조하는 범신론(panentheism)이 등장했습니다. 범신론자들은 하나님과 자연 세계를 동일시하는 데까지 나아갔습니다.[14]

하지만 성경이 말하는 하나님은 초월성과 내재성, 둘 다를 갖고 계신 분입니다. 성경의 하나님은 초월적인 분으로서 자연 세계 너머에 계시며 모든 일을 계획하시고, 동시에 내재적인 분으로서 자연 세계 안에서 그 일들을 이루신다는 것이죠. 그러면서 우리의 모든 것들을 하나님 자신의 주권과 목적에 따라 다스리시고 통치하십니다. 이것이 바로 성경이 말하는 하나님의 초월성과 내재성입니다. 워필드는 "하나님의 구원 활동"을 설명하며 하나님의 초월성과 내재성을 우리에게 자세히 나타냅니다.

워필드는 에베소서 1장 3-14절을 본문으로 《바울의 감사》라는 제목의 설교

---

14. Zaspel, *Warfield on the Christian Life*, 134.

를 전했습니다. 그는 여기에서 초월적인 삼위 하나님을 잘 강조합니다.[15] 그는 이 설교에서 바울의 감사 이유를 인간에게 구원을 허락하시는 삼위 하나님의 구원 활동에서 찾고 있습니다.

사도 바울은 수신자들의 특별한 상황과 성취로부터 감사라는 주제를 가져오는 경우가 많았습니다. 그러나 이 편지는 다른 편지들과 달랐습니다. 이 편지는 바울이 자신의 개인적인 친구나 동역자, 개별 교회를 염두에 두지 않았습니다. … 여기에서 바울이 하나님께 감사를 드리는 이유는 다름 아닌 그리스도 안에서의 구원에 있습니다.[16]

워필드는 설교에서 "그리스도 안에서의 구원"에는 "삼위 하나님의 구원하시는 활동"이 포함된다고 계속 선포합니다. 워필드는 이 점을 좀 더 분명하고 자세히 설명하며, 하나님의 초월성과 내재성을 강조합니다.

바울은 우리에게 그리스도 안에서의 구원이 이루어지는, 영원부터 시작되는 완벽한 역사를 제시합니다. 그것은 성부 하나님의 사랑하시는 마음에서 형성되는 영원한 목적(eternal purpose)로부터 시작되어, 하늘과 땅의 모든 것이 그리스도 안에서 한 머리 아래에 있는 것처럼 종합되는 영원한 완성(eternal consummation)으로 이어집니다.[17]

이처럼 워필드는 인간을 향한 하나님의 구원 역사가 초월적이며 내재적인

---

15. Benjamin B. Warfield, "Paul's Great Thanksgiving," in *Faith and Life: 'Conferences' in the Oratory of Princeton Seminary* (New York: Longmans, Green, and Co., 1916), 259-266.
16. Warfield, "Paul's Great Thanksgiving," 259-260.
17. Warfield, "Paul's Great Thanksgiving," 261.

측면에서 이루어진다고 선포합니다. 성부 하나님의 영원한 목적이라는 의미에서 초월적이고, 그것이 그리스도를 통해 이 땅에서 완성된다는 의미에서 내재적입니다.[18] 그리고 워필드는 그것이 우리를 향한 축복이라고 선언합니다. 이 구속 역사라는 축복에서 드러나는 하나님의 초월성과 내재성이 바로 바울의 감사 내용이자, 우리 그리스도인의 감사 내용인 것입니다.

2. 인간의 타락

하나님을 성경과 다르게 이해했던 만큼이나 인간에 대해서도 그릇된 생각이 만연했던 것이 워필드가 활동했던 19세기였습니다. 무엇보다도 인간에 관한 낙관적인 생각이 지배했고 인간의 가능성에 대해 자긍심이 높은 시대였습니다.[19] 이것은 인간에 대한 기독교적 이해에도 도전을 야기했습니다. 바로 인간의 "죄"를 부정했던 것입니다.

하지만 워필드는 인간이 타락한 죄인임을 설명합니다. 이에 대한 워필드의 생각은 디모데전서 1장 15절에 대한 설교에서 잘 드러납니다. 워필드는 《구원자 그리스도》라는 제목의 말씀을 전하며 인간이 죄인임을 너무도 분명하게 선포합니다.[20]

---

18. 하나님의 내재성을 그리스도의 성육신 사건에서 찾는 것은 성경의 진리 그대로를 선포하는 동시에 그 당시 미국에 영향을 미치는 또 다른 시대정신에 저항하는 것이었습니다. 여러 철학자들이 하나님의 내재성을 다른 방식으로 추구했기 때문입니다. 가령, 임마누엘 칸트는 하나님의 내재성을 인간의 도덕적 경험 속에서 찾으려고 했고, 헤겔은 인간의 이성 안에서 찾고자 했습니다. 특히 그 당시 미국에서 개신교 자유주의 신학의 큰 흐름을 형성하고 있었던 리츨의 합리주의는 윤리와 문화 안에 내재하는 하나님을 강조했습니다.
19. Zaspel, *Warfield on the Christian Life*, 134.
20. Benjamin B. Warfield, "The Saving Christ," in *The Power of God unto Salvation* (Philadelphia: Presbyterian Board of Publication and Sabbath-School Work, 1903). 이 책에는 프린스턴 신학교의 채플에서 선포된 8편의 설교가 실려 있다.

다시 말해서 성육신 사건의 뿌리는 죄입니다. 그리고 성육신 사건의 목적은 죄로부터의 구원입니다. 이 사실들을 '작정'(decree)이라는 측면에서 다시 말할 수 있습니다. 하나님의 경륜(counsel of God) 안에서, 성자를 이 땅에 보내시기로 한 성부의 결정과 이 땅에 오시기로 한 성자의 결정은, 죄라는 사실을 숙고하고 죄에 대한 해결책을 주려는 의도에 기초하고 있습니다.[21]

이와 관련하여 또 다른 설교에서 워필드는 기독교 자체가 "구속의 종교"이자 "죄인의 종교", 또는 "죄인을 위한 종교"라고 강조합니다. 《오직 예수》라는 제목의 설교는 기독교에 있어서 '죄'라는 개념의 중요성을 잘 보여줍니다.

기독교의 가장 깊은 핵심과 중심을 살펴보면, 구원이란 죄로부터의 건져냄입니다. 기독교는 죄에 뿌리를 둔 모든 악으로부터의 건져냄입니다. 인간의 삶의 영역에 들어온 모든 종류의 악은 죄의 결과로 생긴 것이고, 인간 안에 죄가 존재하고 힘을 발휘한다는 것을 드러낸 것입니다.[22]

이처럼 워필드에게 있어서 기독교의 핵심은 바로 "인간의 죄"였습니다. 워필드는 인간의 죄가 기독교의 가장 근본적인 출발점이라고 선언하고 있는 것입니다. 그는 설교의 거의 마지막 부분에서 이렇게 다시 한번 선포합니다.

여러분 자신의 영혼이 위험에 처해 있음을 기억하시기 바랍니다! 예수

---

21. Warfield, "The Saving Christ," 37-38.
22. Benjamin B. Warfield, "Jesus Only," in *The Saviour of the World: Sermons Preached in the Chapel of Princeton Theological Seminary* (New York: Hodder and Stoughton, 1915), 46. 이 책에는 프린스턴 신학교 채플에서 선포된 9편의 설교가 실려 있다.

그리스도께서는 죄인들을 구원하시기 위해 세상에 오셨습니다. 그리고 여러분을 부르십니다. 죄의 무게로 인해서 지쳐 있는 여러분을 부르십니다. 예수께서는 자신의 찢긴 손과 발, 갈라진 옆구리를 여러분들에게 보여주십니다. 예수께서는 자신이 흘리신 보혈로 여러분들을 데려가십니다. 예수께서는 완성된 희생 제사와 아버지의 위대하심을 보여주십니다. 그것으로 충분합니다![23]

이처럼 워필드는 예수께서 이 땅에 오신 실재적인 이유를 인간의 죄에서 찾고 있습니다. 예수 그리스도께서는 죄인들을 구원하시기 위해 이 세상에 오셨기 때문입니다.

IV. 나가는 글

우리는 워필드의 설교를 통해서 그리스도인이 어떻게 자기의 시대를 살아내야 하는지 알 수 있습니다. 그리스도인은 성경을 통해 '지금'의 고통스러운 상황이 아니라 '영원' 속에서 펼쳐지는 하나님의 섭리에 시선을 고정해야 합니다. 지금 당장 회복되지 않고, 지금 당장 열매가 나타나지 않더라도, 그 모든 것이 하나님의 통치와 섭리 가운데 발생하는 일임을 신뢰하고 고백할 수 있어야 합니다. 더 나아가서 그리스도인에게 성경 말씀은 시대정신에 저항하는 원리가 되어야 합니다. 시대정신이 성경의 진리를 거스르고 반대할 때, 그리스도인은 성경의 진리를 성경이 전하는 그대로 선포할 수 있어야 합니다. 워필드의 설교를 통해, 이 글을 읽는 모든 성도들의 영혼이 회복되고 새 힘을 얻기를 소망합니다.

---

23. Benjamin B. Warfield, "Jesus Only," 62.

참고문헌

설교집

Warfield, Benjamin B. *Faith and Life: 'Conferences' in the Oratory of Princeton Seminary*. New York: Longmans, Green, and Co., 1916.

_____. *The Saviour of the World: Sermons Preached in the Chapel of Princeton Theological Seminary*. New York: Hodder and Stoughton, 1915.

_____. *The Power of God unto Salvation*. Philadelphia: Presbyterian Board of Publication and Sabbath-School Work, 1903.

2차문헌

Johnson, Gary L. W. Ed. *B. B. Warfield: Essays on His Life and Thought*. Phillipsburg, NJ: P&R Pub., 2007.

Zaspel, Fred G. *Warfield on the Christian Life: Living in Light of the Gospel*. Wheaton: Crossway, 2012.

김상엽

침례신학대학교 (B.A.)
백석대학교 신학대학원 (M.Div.)
백석대학교 기독교전문대학원 (Th.M.)
백석대학교 기독교전문대학원 (Ph.D.)
(현) 백석문화대학교·백석예술대학교 강사
(현) 한국개혁신학회 편집간사

헤르만 바빙크의 설교

박태현

I. 들어가는 말

20세기 3대 개혁주의 신학자들 가운데 한 명인 네덜란드 신학자 헤르만 바빙크(1854-1921)는 그의 걸작인 『개혁교의학』(Gereformeerde dogmatiek)을 통해 한국교회를 비롯한 전 세계 기독교회에 지대하고 영속적인 영향력을 끼쳤다. 일찍이 한국교회에서는 1세대 신학자인 박형룡 박사와 박윤선 박사를 통해 바빙크의 개혁신학이 전수되었고,[1] 바빙크의 『개혁교의학』은 한국 개신교회의 나아가야 할 바른 길을 비추어주었다. 물론 『개혁교의학』이 2011년에 이르러서야 비로소 한글로 번역, 출판되었기에 그 이전에는 대중적이기보다는 단지 신학교에서만 교의학자들에 의해 가르침이 전수되었다.[2] 예를 들어, 교의학자들인 이근삼, 차영배, 서철원, 최홍석, 유해무 등은 모두 네덜란드에서 유학하여 개혁신학에 정통한 신학자들로 바빙크에 관한 글들을 저술하여

---

1. 바빙크의 『개혁교의학』에 대한 박윤선 박사의 남다른 애착은 전설처럼 내려오는 이야기 속에 잘 드러난다. 한국전쟁 중 부산 용두산 공원에 천막을 치고 지내던 피난시절에 화재가 발생하였다. 불길이 천막들 사이에 번질 때 박윤선 박사는 황급한 마음에 당신이 가장 소중히 여기던 바빙크의 『개혁교의학』 원서만을 들고 천막에서 뛰쳐나왔다. 이 전설 같은 이야기는 필자의 스승인 허순길 교수님으로부터 확인된 내용이다.
2. Herman Bavinck, *Gereformeerde dogmatiek*⁴, 박태현 역, 『개혁교의학』 전 4권 (서울: 부흥과개혁사, 2011). 『개혁교의학』에 대한 간략한 소개는 『개혁교의학』 제 1권에 실린 필자의 '편역자 서문'을 참고하라. 1:17-53.

한국교회 개혁신학의 지평을 확산시켰다.[3]

바빙크의 『개혁교의학』의 신학적 중대성은 제임스 패커(James I. Packer) 박사의 평가에서 잘 드러난다. 패커는 "벌콥(L. Berkhof)의 교과서와 헤리트 벌카우어(Gerrit Berkouwer)의 『교의학 연구』은 작은 언덕과 변방의 것에 지나지 않는 반면, 바빙크의 명작, 『개혁교의학』은 세계 최고봉인 에베레스트 (Everest)"라고 평가한다.[4] 게다가 바빙크의 『개혁교의학』은 존 칼뱅의 『기독교강요』와 더불어 100년 이상 지속적으로 재출판된 "유일무이"한 국제적인 교의학 서적으로, 네덜란드의 많은 목회자들뿐만 아니라 전 세계 저명한 개혁주의 신학자들과 진지한 신학생들의 고전적 교의학 교과서로 애용되고 있다.

이처럼 바빙크는 19세기 말과 20세기 초 개혁신학의 왕자로서 그의 주된 관심은 교회를 위한 실천적 신학을 지향하는 교의학이었다. 이는 개혁신학이 지닌 고유한 특징으로서 교의학은 이론신학으로 머무는 것이 아니라 언제나 실천신학으로 꽃피워야 했기 때문이다. 바빙크는 1883년 깜픈(Kampen) 신학교 교수직 취임 강연인 '거룩한 신학의 학문'(De wetenschap der Heilige Godgeleerdheid)에서 "실천신학은 신학의 면류관"이라고 진술한다.

> 이것은 참으로 실천적이며, 탁월하게 윤리적이며 삶을 지향하는 개혁신학의 특징이었습니다. 실천(praxis)은 건강한 이론에 매우 확실하게 기초해야 했고, 이 이론은 반드시 좋은 실천에 이르러야 했습니다. 신학의 이 실천적 성격 때문에 신학의 주기(cyclus)는 비로소 실천신학에서 마

---

3. Herman Bavinck, 차영배 역, 『일반은총론』 (서울: 총신대학출판부, 1979). 최홍석, "신비적 연합(Unio Mystica)에 대한 헤르만 바빙크의 견해", 「신학지남」 67/2 (2000): 38-63. 유해무, 『헤르만 바빙크: 보편성을 추구한 신학자』 (서울: 살림출판사, 2004).
4. James I. Packer, 추천, in H. Bavinck, *Reformed Dogmatics*, Gen. Ed., John Bolt, trans., John Vriend, vol. 1 (Grand Rapids: Baker Academic, 2003).

무리되고 함께 연결됩니다. 실천신학은 신학의 면류관입니다(Practicale Theologie is de krone der Theologie).[5]

다시 말하면, 개혁신학의 특징은 언제나 실천적 성격을 지니고 있기 때문에 교의학은 반드시 설교로 이어져야 한다. "만약 신학이 선포로 이어지지 않는다면, 낙태 혹은 사산과 같은 것이다."[6] 따라서 제임스 에글린턴(James Eglinton) 박사가 지적하듯이 설교는 바빙크의 인생에서 중요한 사역이었다.[7]

이제 우리는 우리의 시선을 교의학자 바빙크가 아닌 설교자 바빙크에게 돌려보자.[8] 기독개혁교회의 목사인 얀 바빙크(Jan Bavinck, 1826-1909)의 맏아들로 태어난 헤르만 바빙크가 자연스레 교회에서 설교하는 아버지의 모습을 보고 성장했으리라 기대하는 것은 당연하다. 설교자로서의 바빙크는 그의 생애 가운데 특정 사건들에서 잘 드러난다.

첫째, 바빙크는 1880년 7월 기독개혁교회 목회자 후보생 시험을 치렀다. 그 시험 가운데 하나는 후보자에게 주어진 성경 본문에 대한 짧은 설교를 시연하는 것이었는데, 바빙크에게 주어진 본문은 바빙크의 스승이던 레이든 대학의 교수들을 겨냥한 "그냥 두어라 저희는 소경이 되어"(마 15:14a)이었다. 바빙크는 이런 의도적인 시험 앞에서 "사람들이 이 본문에서 즐거이 추론하고 싶은

---

5. H. Bavinck, *De wetenschap der Heilige Godgeleerdheid* (Kampen: G. Ph. Zalsman, 1883), 42. 바빙크의 취임연설 원고와 그 신학적 의의를 살펴보고자 한다면 다음을 참조하라. 박태현, "헤르만 바빙크의 깜픈 신학교 교수직 취임연설, 거룩한 신학의 학문", 「신학지남」 85/1 (2018): 277-334.
6. Donald Macleod, "설교와 조직신학", in Samuel T. Logan Jr., ed., *The Preacher and Preaching*, 이덕신 역, 박태현 감수, 『개혁주의 설교와 설교자』 (서울: 솔로몬, 2016), 305.
7. James P. Eglinton, *Herman Bavinck on Preaching & Preachers*, 신호섭 역, 『헤르만 바빙크의 설교론』 (군포: 다함, 2021), 13-14. 이 책은 '웅변술', '설교와 예배', '세상을 정복하는 믿음의 능력', '미국의 설교에 관하여', 그리고 부록으로 '언어에 관하여'를 포함하고 있다.
8. 이하의 글은 필자가 「한국개혁신학」에 기고한 소논문을 중심으로 보다 대중적으로 기술되고 있음을 밝힌다. 박태현, "헤르만 바빙크(Herman Bavinck)의 설교 연구", 「한국개혁신학」 71 (2021): 174-226.

것이 아니라 성령께서 그 말씀을 통해 우리에게 말씀하시는 것"을 설교했다.[9] 게다가 바빙크가 1881년 3월 13일 프라네커 교회의 목사 임직을 받은 후, 선택한 오후예배 설교 본문은 오직 하나님만을 기쁘시게 하려는 마음이었음을 알 수 있다. "오직 하나님의 옳게 여기심을 입어 복음 전할 부탁을 받았으니 우리가 이와 같이 말함은 사람을 기쁘게 하려 함이 아니요 오직 우리 마음을 감찰하시는 하나님을 기쁘시게 하려 함이라"(살전 2:4).

둘째, 바빙크의 프라네커(Franeker) 교회 사역은 일반 목회자들의 사역과 크게 다르지 않았다. 하지만 그가 목회 사역 가운데 가장 중요하게 관심을 가졌던 것은 하나님의 말씀을 설교하는 일이었다.[10] 바빙크는 성도들의 영적 성장에 관심을 갖고 성령 하나님께서 원하시는 진리만을 전하려고 노력하였다. 매 주일 오전 예배에는 목회적 상황에 필요한 성경 본문을 택하여 설교하였고, 오후예배는 하이델베르크 요리문답(*Heidelbergse Catechismus*, 1563)을 강해하며 설교하였다. 이렇게 하나님의 말씀을 가르치는 일의 중요성은 매주 청소년을 위한 네 번의 교리문답 교육으로 이어졌다. 성도들의 가정 혹은 병자 심방을 포함한 바빙크의 이와 같은 목회 사역은 학자로서의 연구시간을 내기 힘들 정도로 바빴지만[11], 그는 목회 사역을 통해 겸손을 배워 더욱 더 개혁주의적 입장에 서게 되었다. 목회를 시작한 지 약 3개월이 지난 후 바빙크는 단짝이었던 크리스티안 스눅 후르흐론녀(Christiaan Snouck Hurgronje, 1857-1936)에게 다음과 같이 편지하였다.

---

9. J. H. Landwehr, *In memoriam Prof. Dr. H. Bavinck* (Kampen: J. H. Kok, 1921), 21.
10. Ron Gleason, *Herman Bavinck: Pastor, Churchman, Statesman, and Theologian* (Phillipsburg: P&R, 2010), 84.
11. J. de Bruijn en G. Harinck, red., *Een Leidse vriendschap* (Baarn: Ten Have, 1999), 86-87. 1881년 6월 16일자 편지.

솔직하게 말하자면, 나는 점점 더 '개혁주의자'가 되었다네. 이제는 과거에 성급하게 판단했던 많은 것들을 더 이상 말하지 않는다네. 나는 오랜 역사의 신앙과 신앙의 노력에 대해 더 많은 존경과 경외심을 가지고, 나의 의견을 개진하는데 더 겸손하게 되어, 모든 것을 나의 지성과 나의 이성에 시험해보는 교만한 입장에서 어느 정도 낮아졌다네. … 내가 그 어느 때보다도 확고하게 믿는 것은, … 그리스도의 교회가 모든 종류의 삶과는 아주 다른 고유한 삶을 가지며, 따라서 고유한 신앙고백, 세계관과 인생관, 또한 최소한 고유한 학문을 원리적으로 지닌다는 사실이네.[12]

이처럼 바빙크의 목회 경험은 서재의 책이 줄 수 없는 유익, "무시될 수 없는 인간 마음에 대한 지식"을 얻었다.[13] 그의 신학은 한 마디로 회중의 도가니 속에서 더욱 섬세하게 형성되었다.[14] 바빙크의 제자였던 란트베어(J. H. Landwehr, 1864-1930)는 바빙크의 프라네커 목회사역을 다음과 같이 요약한다. "프라네커 교회는 바빙크라는 주님의 귀한 선물을 받았다. 젊은 설교자는 그들의 마음을 사로잡았다. 그의 설교 사역 아래 엄청난 군중이 밀려들었다. 그들은 영감이 깃든 그리고 영감을 불러일으키는 그의 주일 설교를 듣기 위해 심지어 멀리서조차 찾아왔다."[15]

셋째, 아쉽게도 우리는 바빙크의 설교 전달의 실제를 육성으로나 그 어떤 방식으로도 확인할 수 없기에 다만 목격자들의 증언을 참조하는 것이 유익할 것이다. 먼저, 바빙크의 설교를 직접 들었던 란트베어는 바빙크가 교수들 가

---

12. De Bruijn en Harinck, red., *Een Leidse vriendschap*, 88-89. 1881년 6월 16일자 편지.
13. De Bruijn en Harinck, red., *Een Leidse vriendschap*, 92. 1881년 9월 23일자 편지.
14. Gleason, *Herman Bavinck: Pastor, Churchman, Statesman, and Theologian*, 90.
15. Landwehr, *In memoriam Prof. Dr. H. Bavinck*, 22.

운데서도 탁월한 설교자였다고 소개한다.¹⁶ 그는 당시 캄펜 교수들이었던 판 펠젠(Van Velzen), 브룸멀캄프(Brummelkamp), 드 콕(de Cock)의 훌륭한 설교를 소개한 뒤, 바빙크가 설교자로 등장했을 때, 이들 모두는 바빙크의 먼 그림자 발치에 서게 되었다고 지적한다.¹⁷ 란트베어는 자신이 직접 들은 바빙크의 감동적 설교를 다음과 같이 묘사한다.

> 그는 교리적으로, 주해적으로, 역사적으로, 그리고 심리학적으로 설교하지 않았다. 이 모든 것은 서재에서 다루었던 예비적 작업이었다. 그것들은 감추어진 기둥들이었으되, 건물은 우리 영혼의 눈앞에 높이 치솟았다. 처음엔 인상적인 서론, 그 다음엔 진리의 조용한 전개가 뒤따르고, 그 다음엔 물밀듯이 점점 더 불어나는 생각의 물결, 거룩한 열정, 강력하게 사로잡는 것이 있었다. 그 다음엔 모든 것이 조용했다. 그리고 설교자가 "아멘"이라고 말하자, 많은 사람들의 가슴 속에서 "할렐루야"가 울려 퍼졌다.¹⁸

깜픈의 신학생들에게 흥미로운 웅변술 강연을 전했을 뿐만 아니라 관찰의 은사를 지녔던 히스펀(Gispen)은 바빙크의 웅변술에 대해 다음과 같이 요약했다.

> 바빙크 교수에게 있어서 형언할 수 없을 정도로 사로잡는 매력은 단순

---

16. Landwehr, *In memoriam Prof. Dr. H. Bavinck*, 30. "BAVINCK was een prediker bij uitnemendheid."
17. Landwehr, *In memoriam Prof. Dr. H. Bavinck*, 30-31.
18. Landwehr, *In memoriam Prof. Dr. H. Bavinck*, 33. 란트베어는 신학생 시절 자신이 직접 들은 바빙크의 설교들을 다음과 같이 열거한다. 마 5:8, 요 8:23, 고후 3:3, 겔 16:14, 마 20:28, 그리고 하이델베르크 교리문답 주일 4 그리고 41.

성, 선명함, 정확한 개념적 정의, 논리적 논증이다. 그의 스타일은 바닷가에서 솟구쳐 오른 파도 같은 거품이 아니라 잔잔하고 선명하며, 투명하고, 오히려 생각이 부드럽게 흐르는 물결 위에서 뱃놀이하는 것과 같다. 왜냐하면 그는 자신이 다루는 주제의 근원과 범위를 꿰뚫어보아 다른 사람이 그 주제를 이해할 수 있도록 아주 쉽게 말할 수 있기 때문이다.[19]

우리는 지금까지 간략하지만 탁월한 설교자로서의 바빙크의 발자취를 살펴보았으므로, 이제 본격적으로 그의 설교관을 살펴보기로 한다.

II. 바빙크의 설교 이해

1. 말씀의 봉사로서의 설교

바빙크는 그리스도께서 베드로와 교회에게 주신 열쇠권은 말씀과 성례의 봉사로 나타난다고 지적한다.[20] 특히 교회의 모든 권세는 영적 성격을 지닐 뿐만 아니라 그리스도 말씀에 매여 있다고 지적한다.

> 그리스도 교회의 모든 직분은 '섬김'(διακονια, ministerium)으로 그 스스로 법을 제정하거나 재판하거나 권세를 행사하는 것이 아니라, 단지 그리스도의 말씀 가운데 담겨 있고 포함된 것을 봉사할 수 있을 뿐이다. 그러므로 사실상 교회 안에는 열쇠권, 말씀과 성례의 봉사 외에 다른 권세가 존재하지 않는다.[21]

---

19. 1921년 7월 30일자 *Standaard* nº. Landwehr, *In memoriam Prof. Dr. H. Bavinck*, 31에서 재인용.
20. Bavinck, 『개혁교의학』, 4:479.
21. Bavinck, 『개혁교의학』, 4:480.

즉, 바빙크에 의하면 교회의 권세란 성격상 '지배'(magisterium)가 아니라 철저하게 그리스도의 말씀에 매인 '섬김'(ministerium)과 봉사로서 영적 성격을 지닌 것이다.

바빙크는 설교란 그리스도의 선지자 직분에서 비롯된 권세로서 그리스도께서 친히 자신의 말씀과 성령으로 행사하시며, 이 권세를 그 누구에게도 이양하지 않으시고, 지금도 계속 우리의 대선지자로서 자신의 교회를 가르치신다고 이해한다.[22] 하지만 그리스도는 일반적으로 사람들을 통해 자기 교회를 가르치시는데, "특히 구별된 방식으로, 공적으로, 명백하게 주어진 사명과 권위로 하나님 백성의 공개적인 모임에서 말씀의 봉사자를 통해 교육한다. 이제 교도권은 일차적으로 이러한 공적인 말씀의 봉사를 의미한다."[23]

2. 은혜의 방편으로서의 말씀

바빙크는 은혜의 방편으로서의 말씀을 세 가지 측면에서 관찰한다.

첫째, 바빙크는 16세기 종교개혁의 가르침을 따라 그리스도의 은혜가 방편에 매이지 않는다는 신비주의자들의 주장과 성찬이라는 방편에 매인다는 로마교의 주장을 모두 거부한다.[24] 즉, 하나님은 외적인 수단들 없이도 죄인들의 마음 가운데 자신의 은혜를 영화롭게 할 수 있지만, 말씀과 성찬이라는 일반적 수단을 통해 자신의 성령과 은혜를 나누어 준다는 것을 확고한 규칙으로 삼았다. "말씀의 설교를 통한 중생과 믿음의 역사는 '흔히 자신의 소유로 부르고자 하는 주님의 일반적인 경륜과 처분이다.' 주님은 일반적으로 사람들을 직접 부르지 않는다."[25] 따라서 바빙크는 은혜의 방편인 말씀과 성례의 봉사가

---

22. Bavinck, 『개혁교의학』, 4:492.
23. Bavinck, 『개혁교의학』, 4:492.
24. Bavinck, 『개혁교의학』, 4:525.
25. Bavinck, 『개혁교의학』, 4:527.

"그리스도의 인격과 사역으로부터 분리될 수 없고, 또한 유기체와 제도로서의 교회로부터 분리될 수도 없다"고 지적한다.[26] 은혜의 방편으로서의 하나님의 말씀은 "오직 목사가 공개적으로 설교할 때"이며, "그래서 하나님의 이름으로 그리고 하나님의 보냄으로 인하여 설교된 말씀이 강조된다."[27]

둘째, 바빙크는 하나님의 말씀이 율법과 복음으로 구별되지만, 종교개혁은 재세례파에 대항하여 신구약시대의 은혜언약의 통일성을 견지하는 한편, 율법과 복음의 첨예한 대조를 통찰하여 은혜의 종교로서의 기독교의 독특성을 회복하였다고 지적한다. "비록 율법과 복음이 넓은 의미에서 은혜언약의 옛 시대와 새 시대에 사용될 수 있을지라도, 참된 의미에서 율법과 복음은 본질적으로 서로 다른 하나님의 뜻을 보여 주는 두 계시를 지시한다."[28] 특히 바빙크는 설교 내용과 관련하여, 개혁파 율법관을 따라 율법의 가장 중요한 용법인 교훈적, 규범적 용법은 복음이 선포된 이후에도 남아 있기에, 율법은 언제나 복음과 연관되어 선포되어야 한다고 강조한다. "율법과 복음, 말씀 전체, 하나님의 완전한 뜻이 설교의 내용이다."[29]

셋째, 바빙크는 하나님의 말씀의 능력에 관하여, 즉 말씀과 성령의 관계에 있어서 율법주의와 반율법주의의 극단적 대립을 소개한다. 즉, 성령의 특별하고 초자연적 능력을 불필요한 것으로 여기는 율법주의와 모든 외적인 말씀과 구원의 객관적, 역사적 중재를 반대하고, 모든 것을 성령의 작용으로부터 기대하는 반율법주의가 있다.[30] 이에 대해 종교개혁자들은 말씀과 성령의 연관성을 주장하였다고 바빙크는 지적한다.

---

26. Bavinck, 『개혁교의학』, 4:529.
27. Bavinck, 『개혁교의학』, 4:530.
28. Bavinck, 『개혁교의학』, 4:535.
29. Bavinck, 『개혁교의학』, 4:538.
30. Bavinck, 『개혁교의학』, 4:539.

이런 율법주의와 반율법주의의 두 경향에 대해 종교개혁자들은 성령이 일으킬 수 있지만 일반적으로 말씀 없이 일으키지 않는 믿음과 회개를 오직 말씀만으로 초래하기는 불충분하고, 따라서 말씀과 성령은 그리스도의 구원을 적용함에 있어서 서로 연관된다는 점을 공통적으로 주장했다.[31]

바빙크는 개혁파가 말씀의 효과와 열매를 하나님 말씀 속에 담겨진 "비인격적이고, 마술적인 능력으로 여기지 않고, 이 말씀을 항상 그 저자와 연관하여, 성령을 통하여 말씀을 사용하는 그리스도와 연관하여 생각했다"고 지적한다.[32] 즉, 개혁파는 설교에서의 성령의 자유로운 사역을 강조하였다.

성령은 언제나 말씀을 통해 사역하시지만, 언제나 동일한 방식으로 일하는 것은 아니다. 그래서 만일 성령이 말씀으로 사람을 믿음과 회개에 이르도록 일하고자 한다면, 그는 객관적으로 말씀에 아무것도 더할 필요가 없다. ... 하지만 말씀의 씨앗이 좋은 열매를 맺기 위해서 이 씨앗은 반드시 잘 준비된 땅에 떨어져야 한다. 밭도 역시 씨앗을 받기 위해 잘 준비되어야 한다. 그러므로 성령의 이런 주관적인 활동은 반드시 객관적인 말씀에 더해져야 한다.[33]

이와 같이 바빙크는 설교 사역에 있어서 종교개혁의 경첩이라 할 수 있는 '말씀'과 '성령'이라는 두 요소의 연관성을 정확하게 지적하고 있다.

결론적으로 바빙크는 은혜의 방편으로서의 말씀에서 매우 신중한 균형을

---

31. Bavinck, 『개혁교의학』, 4:540.
32. Bavinck, 『개혁교의학』, 4:543.
33. Bavinck, 『개혁교의학』, 4:544. 강조는 필자의 것.

유지하고 있다. 하나님의 말씀이라는 방편을 무시하는 것과 그 방편에 매는 것, 율법과 복음의 통일성을 깨뜨리는 것과 대조적 연속성, 성령의 사역을 무시하는 율법주의와 하나님의 말씀과 상관없는 성령에만 치우치는 반율법주의 사이의 성경적 균형을 주장한다.

3. 『하나님의 큰 일』

바빙크의 사후에 출판된 『하나님의 큰 일』(*Magnalia dei²*, 1931) 수정판은 '봉사와 직분'이 추가되어 있다.[34] 바빙크는 교회에서 수행되는 모든 봉사와 섬김이 말씀의 봉사에 초점을 두고 있다고 명확하게 지적한다. "교회가 은사들과 직분들을 통하여 수행했던 이 모든 봉사들은 그리스도께서 자신의 성령으로 성경에 기록하신 말씀으로부터 그 내용을 차용한 것이며, 말씀 가운데 그 중심점을 두고 있다. 모든 봉사는 본질상 말씀의 봉사이다."[35] 하지만 로마교는 여기서 벗어나 변질되었던 반면, 종교개혁은 로마교와 단절하고 성경으로 돌아가 말씀을 다시금 전면에 내세웠다. 그리스도께서 교회에 주신 권세는 말씀의 권세 외에 다른 것이 없으며, 따라서 말씀은 그리스도의 교회가 식별되고 교회의 진실성과 순수성이 시험될 수 있는 유일한 표지이며, 진실로 "교회의 영혼"이다.[36]

바빙크에 의하면, 종교개혁자들의 가장 큰 기여는 사제들만의 성경책을 회중들의 손에 돌려 준 것이다. "종교개혁자들은 신자들이 성경에 따라 참 교회에서 거짓 교회를 구별하여 참 교회에 속하게 하려고 모든 사람의 손에 성경을 주었다. … 종교개혁은 성경을 백성들의 책으로 만들어 날마다 가정과 학교

---

34. 박태현, "H. Bavinck의 『하나님의 큰 일(Magnalia Dei)』에 나타난 직분론과 한국교회", 「복음과 실천신학」 38 (2016): 68-109.
35. Bavinck, *Magnalia Dei²*, 525.
36. Bavinck, *Magnalia Dei²*, 525-26.

에서 값으로 헤아릴 수 없는 영적 축복들을 퍼뜨렸다."[37] 사실상 이 모든 일은 하나님께서 행하신 일이다. 하나님께서는 자신의 말씀을 결코 단지 직분자들, 제도로서의 교회에게만 주신 것이 아니라 전체 교회, 모든 신자들에게 주셔서 성경을 연구하고, 서로 권면하고 가르치도록 하셨기 때문이다.[38] 하나님께서는 신자들 개인의 성경 연구와 더불어 직분자들을 통한 말씀의 공적인 봉사를 제정하셨다. 이렇게 하신 까닭은 신자들의 개인적인 성경 연구의 의무를 제거하기 위함이 아니라 그와 정반대로 그들의 의무를 유지하고 강화하며 잘 인도하기 위함이었다.[39]

바빙크는 교회 예배에서 진리를 가르치고, 성찬을 시행하며, 기도하고, 시와 찬송과 신령한 노래들을 부르며, 가난한 자들을 위한 헌금이 있었을지라도, 그 가운데 말씀의 봉사가 핵심적 요소이자 가장 중요한 사역이었다고 지적한다. "우리는 진리의 교육이 처음부터 교회의 예배 가운데 핵심적 요소, 진실로 가장 중요한 사역이었음을 보게 된다. 기독교회는 일차적으로 말씀과 가르침의 교제였다. … 말씀의 봉사가 예배 전체의 중심점을 차지했다."[40]

4. '설교와 예배'(De Predikdienst, 1883)[41]

바빙크는 자신의 소논문 '설교와 예배'에서 성도들이 시대사조의 영향을 받아 설교에 대한 열망이 줄어들었다고 지적한다.[42] 바빙크는 이런 경향에 대

---

37. Bavinck, *Magnalia Dei*², 528.
38. Bavinck, *Magnalia Dei*², 528-29.
39. Bavinck, *Magnalia Dei*², 529.
40. Bavinck, *Magnalia Dei*², 530.
41. 이 글은 바빙크가 깜픈 신학교 교수로 취임한 1883년 1월에 *De Vrije Kerk* (no. 1, IX): 32-43에 'De Predikdienst'라는 제목으로 기고한 글이다. 바빙크는 1881년 8월 이후 기독개혁교단의 신학잡지인 「자유 교회」(*De Vrije Kerk*) 편집장으로 사역했다. 나중에 이 글은 다시금 Herman Bavinck, Kennis en leven (Kampen: J. H. Kok, 1922), 78-85에 게재되었다.
42. H. Bavinck, "De Predikdienst", in Bavinck, *Kennis en leven*, 78.

한 책임이 회중들보다 설교자에게 더 있다고 지적한다. 왜냐하면 설교가 예배 가운데 유일하거나 주된 것이 아니라 할지라도, 제사장적 모임과 섬김에서 설교가 매우 중요한 요소이기 때문이다.

> 엄청나게 많은 것들이 설교에 좌우됩니다. 설교는 우리 예배의 가장 위대하고 중요한 부분입니다. 로마교회가 미사의 교회로 일컬어지는 반면, 개신교회는 말씀의 교회입니다. 예수님께서 오로지 말씀과 성령으로 다스리기 원하신다는 것은 아름답고 영광스런 사상입니다. ... 특히 읽거나 노래된 말씀이 아니라 선포된 말씀, 설교된 말씀을 통해 다스리십니다. 믿음은 들음에서 납니다.[43]

따라서 바빙크는 하나님의 감추인 것들을 나누어 주며, 영생의 말씀을 선포하는 '하나님의 말씀의 봉사자'(verbi divini minister)가 된다는 것은 세상의 그 어떤 직무와도 비교될 수 없다고 지적한다. 그럼에도 불구하고 바빙크는 설교자들이 자신에게 주어진 은사를 낭비하고 오용함으로써 설교의 형식과 내용에 있어서 많은 결핍을 초래했다고 지적한다.

> 그들의 설교에는 종종 형식에 있어서 상투적이고 진부한 용어와 어조, 그릇된 스타일과 상투적 표현, 부자연스런 자세와 몸짓이 있습니다. 내용에 있어서는 자주 진지한 준비가 부족하고 단순성과 진실성이 결핍되고, 진행과 사상, 믿음과 영감, 무엇보다도 헌신과 기름부음이 결핍되어 있습니다.[44]

---

43. Bavinck, "De Predikdienst", 82.
44. Bavinck, "De Predikdienst", 83.

바빙크는 당대의 설교가 지닌 가장 주요한 결핍은, 설교가 성경으로부터 나오지 않으며, 성령의 세례를 받지 않은 것이라고 지적한다.[45] 따라서 이런 결핍을 해소하기 위해선 설교자는 무엇보다도 기도하는 마음으로 성경을 연구해야 한다고 강조한다.[46] 성경 연구의 부실은 결국 설교자가 하나님의 말씀을 빙자하여 자신의 의견을 제공하는 불행한 '모토-설교'에 빠지게 된다.[47] 따라서 바빙크는 성경연구가 최상의 고상한 의미에서 설교자들에게 명성을 얻게 할 것이라고 지적한다. 즉 성경연구는 한편으로 설교자가 모든 단조로움, 거칠고 상스러운 것에서 벗어날 수 있으며, 다른 한편으로 회중의 마음을 감동시키고 그들의 영혼을 전율케 한다는 의미에서 명성을 얻게 한다는 것이다. 왜냐하면 설교자의 언어가 최상의 설교자, 유일한 교사, '교회의 교사이자 위로자'(Doctor et Consolator Ecclesiae)이신 성령의 언어인 성경의 언어와 하나가 되기 때문이다."[48]

5. 『웅변술』(De welsprekendheid, 1889)

바빙크의 성경 연구에 대한 강조는 그의 소책자 『웅변술』에서도 반복된다.[49] "말씀의 봉사자들이 사람들의 양심을 사로잡는 대가(meester)가 되길 원한다면, 말씀의 대가(meester)가 되도록 노력해야 합니다."[50] 물론 바빙크는 그리스도의 복음이 인간적 지혜로 꾸며진 감동적인 말들을 필요로 하지 않

---

45. Bavinck, "De Predikdienst", 83.
46. Bavinck, "De Predikdienst", 83.
47. Bavinck, "De Predikdienst", 83-84.
48. Bavinck, "De Predikdienst", 84-85.
49. H. Bavinck, *De welsprekendheid, Eene lezing voor de studenten der Theol. School te Kampen, 28 November 1889* (Kampen: G. Ph. Zalsman, 1889, 수정판 1901²). 이 강연은 1889년에 출간된 이후 1901년 제 2판 수정판이 있은 뒤, 1909년 3쇄, 1918년 4쇄에 이르기까지 계속 신학생들과 목회자들의 설교를 돕는 유익한 책이었다.
50. Bavinck, *De welsprekendheid*², ix.

는다고 지적한다. 왜냐하면 복음 자체가 진리이며 아름답고 부요하기 때문이다. 그럼에도 불구하고 바빙크는 영광스런 복음을 제시하고, 성령의 나타남과 능력으로 증거하기 위해 설교자에게 지속적 훈련, 끊임없는 노력, 사랑으로 가득한 헌신이 요구된다고 지적한다.[51] 바빙크는 『웅변술』에서 크게 세 가지, 즉 웅변술의 원리, 본질, 그리고 형식을 취급한다.

(1) 웅변술의 원리.

바빙크는 웅변술의 원리 밑바탕에 하나님의 말씀이 있으며, 하나님의 형상으로 지음받은 인간의 언어에서 그 최상의 형태가 나타난다고 지적한다.

> 만물이 우리에게 하나님의 발자취를 보여주는데, 인간은 하나님의 형상입니다. 인간은 특히 그의 언어를 통해 하나님의 형상을 보여줍니다. 언어 자체는 하나의 기적입니다. 그 기원은 헤아릴 수 없으며, 그 본질은 추적할 수 없으며, 그 작용은 말로 다 설명할 수 없습니다.[52]

하지만 여기서 바빙크는 하나님의 형상으로 지음 받은 인간이 타락하여 언어가 부패함으로써 우리의 말은 생명도 빛도 없는 공허하고 텅 빈 것이 되고 말았다고 지적한다.[53] 그러므로 바빙크는 말을 잘하는 웅변의 원리가 다름 아닌 온전한 사람이 되는데 있다고 지적한다. "말을 잘(wel) 하기 위해서 사람은 온전해야(wel) 합니다. 그러면 우리의 말은 마땅히 그래야 하는 것처럼 다시금 우리 자신의 모양과 형상이 될 것이며, 우리 자신은 다시금 하나님의 모양

---

51. Bavinck, *De welsprekendheid*², x.
52. Bavinck, *De welsprekendheid*², 16.
53. Bavinck, *De welsprekendheid*², 18-19.

과 형상이 될 것입니다."[54] 바빙크는 결국 웅변의 비밀이 영혼의 정서에 있으며, 열정적으로 말할 때 웅변이 태어난다고 지적한다.[55] 바빙크는 결론적으로 웅변의 근원이 사람의 마음에 있음을 선언한다.

참된 웅변이 무엇이든, 은사나 예술, 혹은 그 두 가지 모두, 오직 사람의 마음에서만 그 원천을 발견할 수 있습니다. 여기에 그 기원이 놓여 있습니다. "마음에 가득한 것을 입으로 말함이니라"(눅 6:45). 따라서 웅변은 "열정적 이성"(la raison pasionnée)이라고 올바르게 일컬어집니다.[56]

(2) 웅변술의 본질

바빙크는 모든 웅변은 본질적으로 세 가지, 즉 논증, 묘사, 설득으로 이루어진다고 여긴다.[57] 논증은 지식과 연결되어 웅변은 철학이나 학문과 연관되고, 묘사는 사람의 마음에 감동을 주어야 하므로 웅변은 시문학과 연관되며, 마지막으로 설득은 청중의 의지를 꺾어야 하므로 웅변은 덕목과 연관된다. "이 세 가지 가운데 그 어떤 것도 없어서는 안 됩니다. 말이 웅변이 되기 위해선 전인으로부터 나와야 합니다. 그의 형상과 모양을 드러내야 하며, 사람의 지성과 마음과 의지, 즉 전인을 겨냥해야 합니다."[58] 특히 바빙크는 설득과 관련하여 참된 웅변술은 지성과 마음을 통해 사람의 의지도 꺾는 것이라고 지적한다.[59] 여기서 바빙크는 놀랍게도 기도의 중요성을 일깨운다. 왜냐하면 사람의 의지란 이리저리 바람이 부는 대로 방향을 바꾸어 돌아가는 풍향계가 아니라 인간 본성의 기질에 깊이 박혀 있기 때문이다.

---

54. Bavinck, *De welsprekendheid*², 22.
55. Bavinck, *De welsprekendheid*², 22-23.
56. Bavinck, *De welsprekendheid*², 30.
57. Bavinck, *De welsprekendheid*², 30.
58. Bavinck, *De welsprekendheid*², 31.
59. Bavinck, *De welsprekendheid*², 48.

그러므로 복음 설교자는 반드시 그의 청중들이 하나님과 화목하도록 기도해야 합니다. 웅변술은 하나의 탄원이며, 하나의 연극이자 행동입니다. 결국 웅변술은 이 모든 것을 합친 것 이상입니다. 웅변술은 하나의 투쟁이요 씨름입니다. 웅변가는 자신의 청중과 전투를 치러야 합니다. 그는 반드시 그들을 설득해야 합니다.[60]

하지만 바빙크는 개혁주의 관점에서 설교자 홀로 청중을 설득해야 한다고 말하지 않는다. 인간의 의지는 결코 웅변술로 꺾이지 않으며, 오로지 하나님의 성령에 의해 정복되기 때문이다.[61] 따라서 웅변술이 요구하는 설득력은 설교 가운데 하나님의 성령의 동행을 믿는 것이다. "왜냐하면 성령의 사역은 말씀의 설교와 동반하며, 설교자의 말은 단지 성령의 전능하신 손 안에 있는 도구이기 때문입니다."[62]

(3) 웅변술의 형식

바빙크는 웅변술의 형식이 웅변술의 내용에 비교해서 부차적인 것임을 잘 알고 있음에도 불구하고, 그 내용에 상응하는 형식과 언어와 표현을 사용해야 한다고 지적한다.[63] 바빙크에게 있어서 좋은 전달은 우리 자신과 분리될 수 없다고 예리하게 지적한다. "좋은 전달은 우리 자신과 격리된 어떤 것이 아닙니다. 거칠고 미개한 사람이 연사로 등장하여 훌륭하게 전달한다는 것은 불가능합니다. ... 우리는 가시나무에서 포도를 엉겅퀴에서 무화과를 거둘 수 없다는

---

60. Bavinck, *De welsprekendheid*², 49.
61. Bavinck, *De welsprekendheid*², 50.
62. Bavinck, *De welsprekendheid*², 50-51.
63. Bavinck, *De welsprekendheid*², 56.

말씀을 읽습니다."⁶⁴ 여기서 바빙크는 좋은 웅변술의 형식이 설교자의 인격적 삶과 연관되어 있음을 지적한다. 따라서 바빙크는 인격 함양을 위해 네 가지를 제안한다.⁶⁵ 첫째, 성경을 읽으며, 선지자와 사도들, 우리 주 예수님과 교제하며, 둘째, 하나님의 섭리 가운데 우리 문명의 발전의 기초를 이룬 고대 민족들과 교제하며, 셋째, 우리 민족과 우리 주변국들의 가장 아름답고 고상한 정신들과 교제하며, 마지막으로 우리들 가운데 개화된 이들과 교제하며, 무엇보다도 보석 같은 아름다움과 은혜의 비밀을 맡은 남녀와 교제하는 것이다.

바빙크는 연설의 내용과 그 전달 사이에 긴밀한 조화를 강조한다. "영혼과 몸, 화법과 목소리, 말과 몸짓, 그리고 그가 무엇을 말하는지와 그가 어떻게 말하는지 사이에는 반드시 조화가 있어야 합니다."⁶⁶ 더 나아가 바빙크는 좋은 웅변은 청중을 존중해야, 즉 청중을 얕잡아 보거나 무시하는 태도를 피해야 한다고 지적한다.⁶⁷

III. 바빙크의 설교의 실제

레이든 대학에 재학 중이던 바빙크는 1878년 7월 26일 마지막 주일에 삼촌과 이모가 살고 있던 엔스헤이더(Enschede)에서 학생 설교자로서 자신의 첫 번째 설교, 『세상을 정복하는 믿음의 능력(요일 5:4b)』을 전하였다.⁶⁸ 불과 24세의 나이에 전했던 바빙크의 이 첫 번째 설교는 바빙크의 신학과 신앙, 그리고 그의 삶에서 가장 중요한 믿음의 능력을 선포한 것이었다. 그로부터 약 23

---

64. Bavinck, *De welsprekendheid²*, 61.
65. Bavinck, *De welsprekendheid²*, 62.
66. Bavinck, *De welsprekendheid²*, 64.
67. Bavinck, *De welsprekendheid²*, 65.
68. 바빙크는 이미 오래 전에 삼촌과 이모에게 자신의 첫 설교를 엔스헤이더에서 하리라고 약속했었고, 또한 이모의 건강상태가 좋지 못하여 더 이상 뒤로 미루지 않고 설교하게 되었다. De Bruijn en Harinck, red., Een Leidse vriendschap, 45. 바빙크는 설교문 작성이 자신에게 작은 일이 아니었으며, 설교 후 느낀 점으로서 자신이 생각했던 것보다 영감을 주지 못한 부족한 설교였다고 고백한다.

년 후 신학 교수로서 절정에 이르렀던 바빙크는 중대한 계기를 맞아 다시금 동일한 성경 본문으로 설교하였다. 즉, 1901년 6월 30일 남아프리카 공화국의 폴 크루거(Paul Kruger, 1825-1904) 대통령과 그의 일행이 깜픈(Kampen)의 부르흐 교회(Burgwalkerk)를 방문하여 예배에 참석했을 때 바빙크가 설교한 것이다.[69] 이 설교는 곧 『세상을 정복하는 믿음의 능력(요일 5:4b)』(1901)이라는 제목으로 출간되었는데, 바빙크가 남긴 유일한 설교문이다.[70]

이 설교문의 특징은 크게 네 가지로 요약할 수 있다.

첫째, 이 설교문은 구조상 전형적인 삼대지 설교로 이루어져 있다. 서론에서 본문이 지닌 맥락을 소개하고 주제를 부각시킨다. 본론의 세 가지 대지들은 주제인 세상을 정복하는 믿음의 능력을 배타적으로 잘 소개한다. 즉, 믿음이 마주하는 저항으로서의 세상이 무엇인지, 죄의 권세가 지배하는 세상을 정복하는 믿음의 특징, 그리고 이 믿음에 약속된 승리를 논리적으로 차분하게 강해한다. 특히 결론은 지금까지 본론에서 소개되고 해설된 것들을 기반으로 도전적 질문과 권면으로 청중들의 믿음의 결단을 호소한다.

둘째, 바빙크는 아무리 시대가 변한다 할지라도 교회와 그리스도의 제자는 믿음으로 살아야 한다고 강조한다. 비록 인류가 많은 세상 제국들과 나라들, 학문과 예술, 과학기술문명을 눈부시게 발전시켰다 할지라도, 이 모든 것이 사람의 속마음까지 변화시키지 못했다는 한계를 바빙크는 분명하게 지적한다. 오직 믿음만이 사람 속에 새로운 삶의 원리를 심어 하나님의 정의를 대적하는 악한 세상을 이길 수 있기 때문이다.

셋째, 이 설교문의 특징은 시종일관 철저하게 성경적이다. 먼저 성경 본문

---

[69]. H. Bavinck, *De Wereldverwinnende Kracht des Geloofs* (Kampen: Ph. Zalsman, 1901).
[70]. 이 항목은 필자의 2017년 신학지남에 기고한 소논문의 일부를 수정하여 인용한 것임을 밝힌다. 박태현, "헤르만 바빙크의 첫 번째 설교문이자 유일한 유작 설교문, '세상을 이기는 믿음의 능력'(요일 5:4b)", 「신학지남」 84/3 (2017): 139-173.

의 맥락을 살피고, 주어진 본문에서 설교의 주제를 이끌어낸다. 게다가 설교의 주제를 전개하는 과정에서 바빙크 자신이 명시적으로 성경구절을 언급하지는 않지만, 성경구절이 암시되는 것은 최소한 60회 이상에 이른다.

넷째, 이 설교문은 신학적으로 매우 깊고 광대하다. 바빙크는 성경 전체를 꿰뚫는 안목으로 구속사적 전망 속에서 세상을 이기는 믿음의 능력을 잘 보여준다. 과연 바빙크는 교의학자로서의 면모를 설교 속에 잘 녹여 내고 있다. 하지만 바빙크는 무엇보다도 모든 성도가 익히 알아들을 수 있는 쉬운 표현으로 어렵지 않게 설교한다. 심오한 진리이되 신자라면 누구라도 이해할 수 있는 언어로 쉽게 설교한다.

IV. 바빙크의 설교론이 한국교회에 주는 시사점

우리는 위의 연구들을 통해 21세기 한국교회의 갱신과 회복을 위한 최소한 다섯 가지의 시사점을 발견할 수 있다.

첫째, 설교의 성격과 관련하여, 한국교회는 교회에 주어진 열쇠권, 즉 하늘나라를 열고 닫는 영적 권세로서 그 성격은 언제나 지배권이 아닌 섬김과 봉사의 권세임을 기억해야 한다. 따라서 설교자는 말씀 봉사자라는 직분의 '권위'를 갖되, 그 권위는 오로지 '하나님의 말씀의 봉사와 섬김'을 통해서만 실현되기에 설교자는 설교 비평에 열려 있는 자세로 자의적 권위주의의 위험에서 벗어날 수 있다.[71]

---

71. 설교자는 청중들의 설교 비평에 열려 있어야 하며, 청중들 역시 자신들이 들은 말씀을 베뢰아 성도들처럼 성경을 상고함으로 분별하도록 노력해야 한다(참고, 행 17:11). Rudolf Bohren, *Predigtlehre* (Zweiter band), 박근원 역, 『설교학 실천론』 (서울: 대한기독교출판사, 1992), 287. 박태현, "설교비평을 통한 개혁주의 설교실습교육에 관한 연구: 종교개혁과 청교도의 전통을 따라서", 「개혁논총」 39 (2016): 229-282. 특히 설교자의 권위주의를 견제하기 위하여 네덜란드 개혁교회 당회의 장로들은 설교자의 설교가 하나님의 말씀에 가합한 것인지를 분별하여 설교자와 더불어 당회에서 정기적으로 논의하고 있다.

둘째, 웅변가로서의 설교자의 정체성과 관련하여, 설교자는 웅변의 원리, 본질, 그리고 형식에 있어서 온전한 사람이 되어야 한다. 즉, 설교자는 거룩한 인격을 지녀야 한다.[72] 웅변의 원리는 인간의 타락으로 언어가 부패한 데서 회복되어 온전한 사람이 되는 데 있다. 웅변의 본질은 전인으로부터 나와 전인을 겨냥하는 논증, 묘사, 설득으로 이루어진다는 것을 기억해야 한다. 웅변의 형식은 웅변의 내용에 부합해야 하는데, 좋은 전달은 온전한 인격으로부터 나오기 때문이다.

셋째, 설교자의 직무와 관련하여, 영생의 말씀을 설교하는 '하나님의 말씀의 봉사자'(verbi divini minister)는 세상의 그 어떤 직무와도 비교될 수 없는 영광스런 직무이다. 따라서 설교자는 자신에게 주어진 은사를 불일듯하여 자신의 재능을 낭비하거나 오용하지 않도록 주의해야 한다. 설교자는 온전히 하나님의 말씀만이 증거되도록 설교의 형식과 내용에 있어서 최선의 노력을 경주해야 한다. 오늘날 한국교회에서 언급되는 설교 표절 문제는 설교자의 게으름을 보여주는 증거라 할 수 있다. 하나님의 말씀의 봉사를 맡은 설교자는 하나님의 부르심을 기억하고 자신에게 주어진 은사와 직분에 부끄럽지 않도록 하나님 앞에서 두려움과 떨림으로 충성해야 할 것이다. 이런 맥락에서 바빙크의 조언은 참되고 지혜로운 말이다. "말씀의 봉사자들이 사람들의 양심을 사로잡는 대가(meester)가 되길 원한다면, 말씀의 대가(meester)가 되도록 노력해야 합니다."

넷째, 바빙크에 의하면, 참된 교회의 표지로서의 설교와 관련하여, 참된 교회의 표지들인 "복음의 순수한 선포, 성례의 순수한 시행, 그리고 교회 권징의 유지"를 이 땅에서 완전하게 드러내는 교회는 하나도 없다. 오늘날 그리스도의

---

72. 류응렬, "인격을 통한 진리의 선포: 박윤선의 설교 신학", 「한국개혁신학」 25 (2009): 152-181. 박태현, "칼빈의 설교자 이해: 『교회법령』(1541)과 목회서신 강해설교를 중심으로", 「한국개혁신학」 55 (2017): 153-191.

지상 교회의 순수성을 의심하고 교회를 떠나가는 한국교회의 소위 '가나안' 성도들이 증가하는 이때에 교회의 중요성을 다시금 되새길 필요가 있다. 비록 교회가 순수성을 많이 상실했다 할지라도 교회를 섣불리 곧바로 떠나서는 안 된다. 왜냐하면 지상교회는 이상적으로 완벽하고 순수한 교회가 존재할 수 없기 때문이다. 이 땅의 모든 교회는 단지 순수성의 정도 차이가 있을 뿐이다.

다섯째, 설교의 능력과 관련하여, 교회와 설교자는 '말씀과 함께' 일하시는 성령의 자유로운 객관적, 주관적 사역을 기억하고 설교 사역 가운데 성령의 임재와 기름부음을 위해 기도해야 한다. 구원의 은혜를 나누어주는 설교의 능력은 설교자의 재능이나 다른 주변적 환경이나 여건에 달려 있지 아니하고 오직 성령의 은혜에 있음을 기억해야 한다. 특히 사람의 의지를 꺾는 설득은 사람의 본성을 다스리시는 성령 하나님의 은혜가 아니고서는 불가능한 일이다. 그러므로 설교자는 언제나 기도하는 사람이어야 한다. 하나님은 능력 있는 설교자보다 거룩한 설교자를 기뻐하신다.

박태현

건국대학교 전자계산학과 (B.Sc.)
고려신학대학원 (M.Div. Equiv.)
St. John's College (M.A.)
Apeldoorn Theological University (Drs. Theol.)
Apeldoorn Theological University (Dr. Theol.)
(현) 총신대학교 목회신학전문대학원 설교학 교수
(현) 한국복음주의실천신학회 회장

클라스 스킬더의 설교[1]

손성은

이 글은 2021년 3월 29일 부산의 '교회를 위한 신학포럼'에서 "스킬더의 설교"라는 제목으로 이미 발표되었던 글을 요약한 것이다.

I. 서론

클라스 스킬더의 그리스도의 수난 3부작 설교집의 서문에서, 보스톤의 파크 스트리트 교회의 유명한 설교자였던 해롤드 오켕카 목사는, "그의 표현상의 아름다움, 고상함과 화려함은 나의 표현 방법과 스타일에 대한 실망감을 조성하는 효과가 있습니다. 그것을 도저히 흉내 낼 수 없다는 생각의 나의 창의성 또한 한동안 숨 막히기도 했다"[2]라고 하였다. 이 설교집은 청중을 대상으로 설교된 것이 아니고, '속기사에게 기술하는 방식으로' 이루어졌다.[3] 그가 실제로 설교하였을 때는, 이렇게 구체적으로 설교 원고를 마련하지 않았고, 몇 마디 노트해놓은 쪽지를 보고 하였고, 심지어 그런 노트조차도 없을 때가 다

---

1. 이 글은 2021년 3월 29일 부산의 '교회를 위한 신학포럼'에서 "스킬더의 설교"라는 제목으로 이미 발표되었던 글을 요약한 것이다.
2. 해롤드 J. 오켕카, '서문', 『수난 당하시는 그리스도』, 손성은 역, 서울: 크리스챤 르네상스, 2020: 13.
3. 이상웅, '추천사', 『수난 당하시는 그리스도』, 6.

반수였다.[4] 그럼에도 불구하고, 그렇게 현장에서 선포되었던 그의 설교를 속기한 설교문들은, 그가 속기사를 통해서 작성된 설교집의 설교들과 거의 차이가 없을 정도로, 논리적 순서가 분명해서, 그 전달되는 메시지가 현장성을 가지면서도 아주 강력하였음을 그들의 설교를 들은 자들이 증언한다. 심지어 그를 신학적으로 반대하였던 자들조차도 이런 강력함을 자주 증언하고 있다.

이러한 그의 강력한 메시지는, 그의 전달력이 아주 뛰어났거나 표현력이나 발음 등이 분명하였던 것에서 나오는 것이 아니었다. 그의 발음은 때로 분명치가 않았고 또한 속도도 무척 빨라서 대단한 집중력을 가지지 않고서는 그 중심 메시지를 따라잡기가 쉽지 않았고, 거의 완벽하게 그 메시지의 조목조목을 따라잡기가 힘들어 "너무 어렵다"는 평들도 있었다. 하지만, 그럼에도 불구하고, 그런 어려움들 속에서도 확실하게 다가오는 인상은 지금 "하나님의 말씀"이 선포되고 있다는 강력한 임재감이었다고 한다.[5] 이것은 그가 오직 성경에 대한 깊은 이해와 그로 말미암은 "하나님 말씀"의 선포에 대한 깊은 사명감에서 우러나온다고 하겠다.

그의 성경, 곧 하나님의 말씀에 대한 이해를 특별히 구속사적 이해라고 하겠다. 물론, 그 이전에도 성경의 역사에 관심을 갖고, 계시의 역사를 숙고함에 있어서 강하게 관심가졌던 이들이 있는데, 아브라함 카이퍼와 헤르만 바빙크가 그들이다.[6] 그럼에도 불구하고, 그는 선배들의 전통을 단순히 모방한 것이 아니라, 창조적으로 이어받으면서 자신의 당대의 문제들에 적용하면서 독특한 그 자신만의 관점과 스타일을 가졌다. 이에 대해서 반대하거나 비판하는 경향들이 있게 된 것은 어쩌면 당연하다고 하겠다.

---

4. Rudolf van Reest, 『Schilder's Struggle for the Unity of the Church』, trans.by Theodore Plantinga, Inheritance Publications: 1990, 126.
5. Rudolf van Reest, 126.
6. C.트림프, 『구속사와 설교』, 박태현 역, 서울: 솔로몬, 2018, 97.

II. 스킬더의 구속사적 설교에 대한 배경

C. 트림프의 『구속사와 설교』라는 책을 번역한 박태현은, 그 역자서문에서, 스킬더를 홀베르다와 판 엇 피어와 함께 '구속사적 설교의 삼두마차'라고 표현한다.[7] 그 책의 내용에서 트림프는, 홀베르다와 판 엇 피어를 제대로 이해하려면, 먼저 스킬더를 살펴보아야 한다고 한다. 삼두마차의 그 첫 번째 말은 스킬더라는 것이다. 그래서, 스킬더로 인하여 야기되었던 구속사적 설교 대 모범론적 설교의 논쟁의 역사를 기술하면서 그 나름대로의 대안을 제시하고자 하는 시드니 흐레이다누스는, 스킬더를 설교 분야에 있어서 '구속사적 접근의 창시자'라고 표현한다.[8] 하이젤은 "개혁주의 설교학에서의 이 새로움의 '원조'(정신적인 아버지)"라고 하기도 하지만, 이 새로움이란 단어는 절대적인 의미에서 사용하면 안 될 것이다.[9]

역사, 특별히 구속의 역사에 대한 관심은, 초절정이고 몰아적인 황홀경에서 의미를 찾고자 하였던 시대적 경향에 대한 실망으로서 자연스럽게 전환하게 되는 것이다. 이에 대해서 박종칠 교수는, "오늘(1990년경)의 한국교인들이 성경을 연구할 때 과거에 있었던 교리학적 구원 자체에 대한 관심이 이제는 그 구원이 어떻게 나에게와 미래에로 연관되는가 하는 '역사'에 대한 관심으로 바뀌고 있다"라면서, "현재와 과거 그리고 미래에 대해서 그 신학활동과 신앙생활 전반에 걸쳐서 체계 잡힌 반성을 함으로써 건전한 성경적 체계를 찾아 구성하려는 의지를 갖게 된 것"이 "구속사에 대한 관심의 지평을 열게 된 것"[10]이라고 평한다. 이와 비슷하게 흐레이다누스도 스킬더를 중심으로 하는 구속사적 설교에 대한 관심의 부흥과 격렬한 논쟁을, 1차 대전과 2차 대전 사

---

7. 박태현, '옮긴이서문', 『구속사와 설교』, p.6.
8. S.흐레이다누스, 『구속사적 설교의 원리』, 권수경역, 서울: SFC, 1989: 88.
9. S.흐레이다누스, 88.
10. 박종칠, "구속사적 성경해석", 『고려신학보』, 제13집(1987년5월), 137-138.

이에 있었던 시대적 상황과 연관을 시킨다. 곧, S.A.포프마의 말을 빌려서, 첫째, 진정한 칼빈주의 철학을 세우고자 하는 투쟁으로서, 창조, 타락, 그리고 예수 그리스도를 통한 구속이라는 성경적 기초와 동기를 올바로 취급하고자 노력하였던 것과, 둘째, 참된 교회 생활을 위한 투쟁이 그 배경에 있었다고 한다.[11] 이런 동기가 설교자들에게 미친 영향이 구속사적 설교에 대한 관심으로 표명되었다고 하는 것이다. 곧, "그 '새로운 사조'는 철학과 신학에서의 새로운 사조에 자극을 받아, 그 해답을 새로운 해석 및 설교 방법에서 찾았는데, 그것이 곧 구속사적 방법"[12]이라는 것이다. 이런 배경 가운데서라도, 특별히, 스킬더 중심의 구속사적 접근 방법은, "설교학적 지평에서의 새로운 접근으로 인식되어야"[13] 한다. 스킬더 중심의 구속사적 설교 방법이 비판했던 것은, 외부적으로는 칼 바르트 중심의 변증법적 신학이었고, 내부로는, 그 당시 개혁 교회 내에 팽배하였던 신비주의적, 경건주의적 경향들이었다. 이 경향들은 성경의 역사적 본문들을 설교할 때, 주로 도덕화와 심리화의 과정을 거쳐서 성도들의 모범을 제시하는 것을 주목적으로 삼았다.[14] 그래서 '모범'적 설교라고 하는 설교에 대한 비판을 '구속사적 설교'라고 한다.[15]

---

11. S.흐레이다누스, 61.
12. Ibid., 69.
13. Ibid., 70.
14. 호체스, "성경의 역사적 본문에 대한 구속사적 해석", 고려신학보, 제16집(1988년 11월), 26-27. 호체스는 설명하기를, 도덕화는 인간의 행동에 초점을 맞추는 것으로서, 성경의 어떤 인물의 행동 중에서 좋은 행동이나 나쁜 행동을 성도들의 '모범/반모범'으로 삼는 것이며, 심리화란, 외적 행함이 아닌, 인간의 내적 상태, 그의 감동과 경험을 집중적으로 생각하는 것이라 한다.
15. 이 논쟁에 대한 주제들 가운데에 하나가 '모범'에 대한 이해에 대해서인데, 실상, 소위 구속사적 설교도 모범을 인증하고, 모범적 설교도 구속사를 무시하고 있다는 면에서 그 논쟁의 핵심이 무엇인지를 제대로 이해하는 것이 필요하다. 이것에 대해서 호체스의 "성경의 역사적 본문에 있어서 기능의 기능", 『고신대학보』, 제14집(1987년11월), 115-131과 C.트림프, 『구속사와 설교』가 '모범'이란 용어에 대해 균형 잡힌 평가를 제공해 준다.

논쟁의 과정에서 분명하게 드러나는 것은, 소위 모범적 설교 측에서도 구속사를 인정할 뿐만 아니라 소위 구속사적 설교 측에서도 모범을 인정한다는 것이다.[16] 그러므로, 이 논쟁을 소개할 때, '구속사적 설교 대 모범적 설교'라는 식으로 대립시켜서 제시하게 되면 더 큰 오해가 양산될 것이다. 논쟁에 있어서 양편 모두 가지고 있는 공통점인 관심은, 오히려 구약(과 신약)의 역사적 본문을 오늘날 우리들에게 어떤 원리에 기초해서 성경의 역사적 본문이 우리들에게 적실성(relevancy)이 있는 것으로 설교하느냐 하는 것이다. 그러면서 이 역사적 본문에 대한 관점들의 양상이 소위 모범론 측에서는 구속사 측의 모범에 대한 이해에, 소위 구속사 측에서는 모범론 측의 구속사에 대한 이해에 불안감을 느끼고 서로를 향하여 비판의 화살을 쏘아대고 있는 것이다.

III. 스킬더의 구속사적 설교론의 핵심

최근(2019년) 드 용(Johannes Marinus de Jong)박사는 그의 박사학위논문 『The Church is the Means, the World is the End』[17]에서 잊혀져 가고 있는 스킬더의 총체적 관점을, 구원의 현재성(Praesentia Salutis)으로서 제시하면서, 그 관점에서 스킬더의 생애와 신학을 설득력 있고 흥미진진하게 재조명한다.[18] 이 점을 드 용은 그의 논문 전체에서 개진하면서 특별히 각주 79에서

---

16. 이 점에 대해서는 흐레이다누스가 그 책의 이곳저곳에서, 이 점을 자주 언급할 뿐만 아니라, 양편 모두 '오직 성경'의 원리를 고수하고 있다고 한다. 또한 호체스도 마찬가지이다.
17. Johannes Marinus de Jong, 『The Church is the Means, the World is the End: The Development of Klaas Schilder's Thought on the Relationship between the Church and the World』. 2019년 캄펜신학교에 제출된 학위논문. 이 논문은 총신대학신대원의 이상웅 교수가 필자에게 보내주어 읽을 수 있었다. 이 자리에서 고마움을 표한다.
18. 스킬더의 생애와 신학을 '항상순종'이라는 개념으로 압축소개하고 있는 『항상순종』에서는 흥미롭게도 이 '구원의 현재성'이라는 용어를 딱 한 번 소개하고 있다(p.64). 마리누스 드 용의 논문을 접하기 전에 탈고하여 원고를 넘겼기 때문에, '현존하는 구원'으로 번역하였다. '구원의 현재성'이라고 번역하는 것이 더 좋았겠다고 생각된다. 사실, 캄프하이스의 '천국론'도 구원의 현재성의 관점에서 읽을 수 있겠지만, 그의 글에서는 아쉽게도 이 표현이 한 번도 나오지 않는다. 하지만, 그 개념은 충분히 나온다.

Koert van Kekkum이 '구원의 현재성'이라는 개념이 "스킬더 신학의 핵심"이라고 하며 Van Ruler가 "그에게 있어서 구원의 현재성에 대한 것이 모든 것"이라고 한 말을 인용하면서 스킬더 자신의 글 가운데서는 『하이델베르그강해』 4권(p.33)을 언급한다.

이러한 '구원의 현재성'에 대한 관심과 강조는, 스킬더의 신학 전반에 있어서만 아니라, 특별히 그의 구속사적 설교를 이해하는데 있어서 너무나도 중요하다. 이에 대하여 흐레이다누스가 그의 『구속사적 설교의 원리』의 pp.248~299에 요약하여 소개하고 있는 구속사적 설교의 본질과 특징은, 바로 스킬더의 것이라고 해도 무관할 것입니다. 주로 그곳을 참고하여 '구원의 현재성'과 연관되는 점들을 중심으로 아래와 같이 간략하게 요약하면서 강조하고자 한다.

구속사적 설교론에 있어서 가장 중요한 것들 중의 하나는, 구속사가 성경의 기록이 끝나는 곳에서 멈추지 않았다는 것입니다. 페인호프의 말처럼 "설교는 단순히 구속사의 몇몇 순간들에 관한 이야기가 아니다 - 아니, 설교 자체가 그리스도께서 만드신 구속사 안에 있는 한 순간인 것"이다.[19] 흐레이다누스 자신도 이 견해를 요약하기를, "설교는 하나님의 구속적 활동의 계속이다. 그 활동의 계속인 설교는 그 자체가 하나의 구속사적 사건이다"[20]고 한다. 구속사적 사건으로서의 설교 그 자체는, 항상 점진하는 구속사의 한 순간인 것이다. 그래서, 스킬더는 "베들레헴에 있는 구유를 한 번 보는 것은 설교 한 편을 주의 깊게 듣는 것보다 못하"[21]고, 심지어는 "1927년의 매 주일은 그리스도가 탄생하신 그 순간이 했던 것보다 더 위대한 것들을 선포하고 있다"[22]고까지

---

19. S.흐레이다누스, 272. no.167.
20. Ibid., 272. 재인용.
21. Ibid., 273. 재인용.
22. Ibid., 273. 재인용.

한다. 물론, 이 말은 그리스도의 성육신의 사건 그 자체와 절대적으로 비교된다는 뜻은 결코 아닐 것이다. 그리스도가 탄생한 그 순간에 있었던 사람도 어쩌면 그렇게 바라봄으로써 아무런 변화도 일어나는 것이 없다면, 설교 한 편을 듣고 그로 인하여 변화되는 역사가 있다면, 어느 쪽이 더 위대한 사건이라고 할 수 있겠는가? 실상, 그리스도의 공생애 사역에는 일들이 얼마나 수없이 발생하였던가! 이런 점들을 고려한다면, 설교의 구속사적 중요성이 참으로 중요한 것이라는 스킬더의 약간은 과장된 표현의 의미들을 충분히 받아들일 수 있을 것이다. 지금 바로 설교하는 이 현장이 하나님의 위대한 구속사건의 점진적인 과정임을 의식한다면, 홀베르다의 다음과 같은 말은, 구속사적 설교의 핵심을 표현하는 것이라고 할 수 있을 것이다: "설교를 한번 할 때마다 앞으로 설교할 기회가 더 줄어들고 있다는 사실을 의식하고 하는 설교, 하나하나의 설교가 종말을 더 가깝게 만든다는 사실을 의식하고 하는 설교, 오직 그 설교만이 현대적인 설교이다."[23] 곧, 적실성이 있는 구속사적 설교라는 뜻이다.

설교를 이렇게 대할 때, 하나님의 지금 현재 임재하시는 구원의 현재성을 경험하게 되고, 그것 자체로서 적실성을 갖는 것이기 때문에 역사적 본문을 설명하고 또한 그 설명에 적용을 덧붙일 필요가 없다.[24] 흐레이다누스가 소개하는 홀버다의 설교론은 적실성의 문제에 있어서 구속사적 입장의 정곡을 찌르고 있다: "설교는 오직 말씀이 당신의 백성을 향한 하나님의 말씀으로, 천국에 대한 기쁜 소식이요 선포로 이해될 때만이 가능하다...메시지란 것은 결코

---

23. Ibid. 273. 재인용.
24. 흔히들 스킬더의 구속사적 설교가 '적용'을 무시한다는 근거로서, 스킬더의 숭배자라고까지 할 수 있는, Rudolf Van Reest의 책, 『Schilder's Struggle For The Unity Of The Church』 p.130에 나오는 "Nor did he(i.e. Schilder) believe in 'applications', recognizing their uselessness."를 인용하는데, Reest는 동일한 책, p.137에서, "...in fact, his entire sermon was application, for when he preached he simply let the Word speak."라고 하는 점을 고려한다면, 스킬더가 설교에서 '적용'을 무시한 것이 아님이 분명하다. 부정적이고 기계적인 의미에서의 '적용'을 반대하는 것이라고 하겠다.

우리 밖에 있는 객관적인 진리가 아니다. 메시지는 언제나 우리의 삶에 다가오고 우리의 삶을 지향한다. 우리가 말씀이 우리 바깥에 머물러 있지 않기 위해서는 우리에게 적용되어야만 한다고 말할 수 없는 이유가 바로 이것이다. 말씀은 적용되어진다. 하나님께서는 우리가 살아가고 있는 모든 관계들과 환경 안에서 우리에게 말씀하시는 것이다."[25]

스킬더의 구속사적 설교론의 '구원의 현재성'적 특징을 강조하기 위해서 (흐레이다누스의 책에서 인용된) 홀버다의 말을 재인용하였지만, 홀버다의 이 말을 스킬더의 설교들에 적용해도 무방하겠다고 여기는 것은 스킬더의 전기를 쓴 Rudolf Van Reest의 평가가 다음과 같기 때문 이다. 그는 『Schilder's Struggle for the Unity of the Church』에서 요한계시록의 소아시아 일곱 교회를 향하여 요한이 전하였던 "귀 있는 자는 성령이 교회에 하시는 말씀을 들을지니라"는 말씀이 주는 엄청난 심포니와 같은 효과를 언급하면서, 이렇게 말하고 있다: "만약 그 말씀이 그것을 할 수 있도록 우리들에게 가르쳤던 사람이 있다면 그 사람이 바로 스킬더입니다. 설교자로서 봉사할 수 있는 사람은 그 말씀을 주석하고 설명하면서, 성경의 어떤 구절을 회중에게 선포하면서 하나님께서 하시는 말씀을 명쾌하게 해주는 것입니다(필자번역)."[26]

이런 Van Reest의 평가는 필자에게도 적용됩니다. 모두 80편의 설교들로 구성되어 있는 1000페이지 분량의 그리스도의 수난 삼부작을 끝까지 필자가 번역해 낼 수 있었던 동인(動因)은, 무엇보다도 그의 설교 한편 한편이 나의 영혼을 사로잡는 일종의 마력 같은 힘이었다. 너무나도 잘 알고 있다고 여겨졌던 예수 그리스도의 복음서에 나오는 수난의 이야기들을 풀어가는 그 방식과 호소력이, 마치 한 편 한 편 탐정소설을 읽어가는 것 같은 흥미진진함으

---

25. Ibid. 276. 재인용.
26. Rudolf van Reest, 『Schilder's Struggle for the Unity of the Church』, trans.by Theodore Plantinga, Inheritance Publications: 1990, 130. 필자번역.

로 다가왔던 것이다. 그리스도의 수난의 그 점진적인 과정을 상고하면서, 그 다음 단계에서는…., 그 다음 단계에서는, 하는 손에 땀을 쥐게 하는 호기심과 또한 그 수난의 의미들, 곧 그리스도의 영혼을 파고드는 아픔과 고통, 외로움과 고독이 바로 나 자신이 것인 양 다가왔고, 바로 나의 사랑하는 주님의 것이 당하셨던 그 고통이었음을 깨닫고 탄식하면서 십자가의 그 주님을 바라볼 때, 나 자신의 고통이 사라지고 나의 외로움과 고독이 해소되는 것을 느낄 수 있었다. 바로 이것, 구원의 현재성을 경험하는 것이 바로 이것이구나 하고 체험할 수 있었다. 이전에 한 번 경험하였던 그 구원의 현재성이 다시금 살아나서 생생하게 다가오는 것이 그의 설교집을 번역하면서 가졌던 저의 경험이었던 것이다.

홀버다의 구속사적 설교에 대한 설명이나, 스킬더의 설교에 대한 Van Reest의 체험이나 나 자신의 체험이 모두 '구원의 현재성'이란 개념에 일치가 되는 것입니다.

IV. 결론

'해방파'에 속해 있던 C.트림프는 『구속사와 설교』라는 제목의 책 속에서, 역사 속의 지나간 논쟁들 중에 있어서 오해들을 정리하면서, 역사의 점진이 반드시 직선적이지만은 않은 것으로 강조하고, 또한 교제(omgang)를 보다 더 강조하였다면, 구속사 측의 약점으로 지적되는 것들이 더욱 균형을 잡았을 것이라고 한다. 구속사적 설교는 하나님이 중심이 되는 설교, 삼위일체적-역사적 자기 계시에 일치한 살아계신 하나님에 관한 설교인 것이다.[27]

트림프는 특별히 그 책의 마지막 부분인 '회고와 전망'에서 화란개혁교회에서의 설교에 대한 투쟁이 화란개혁교회 내에 면면히 흘러오고 있었던 주관

---

27. C.트림프, 『구속사와 설교』, 182-183.

주의, 인본주의에 대한 투쟁이었다고 한다.²⁸ 이런 주관주의, 인본주의에 대항하여 스킬더, 홀베르다, 판 엇 피어의 구속사 측의 입장은 '모범에 대한 것이었다기 보다는, "사실상 모범의 주관적 사용에 반대하는 것"이었다.²⁹ 이런 주관주의에 대한 경계는, 반대편의 입장에 선 사람 편에서는 주관주의의 반대편에 있는 객관주의의 함정에 빠져든 것처럼 보이기 십상이다.

이 주관주의에 매몰되어 가는 포스트모던 사회 속에서 우리는, 객관주의라는 오해를 받을 지언정, 하나님의 말씀의 객관성을 강조하는 것은 무척 필요한 일임에 분명하다. 그러나, 그럼에도 불구하고 객관주의의 위험을 간과하는 것은 또 다른 위험임이 분명하다. 트림프에 의하면, 홀베르다는 "자신의 구체적인 설교 가운데 이런 객관주의와 주관주의의 불행한 딜레마를 훨씬 초월하였다"고 한다.³⁰ 이런 홀베르다의 입장을 인용하고 있는 것이, 흐레이다누스의 솔라 스크립투라에도 나온다: "우리가 객관적-주관적 도식의 결함을 극복할 수 있는 것은, 오직 우리가 설교가 주님과 당신의 백성 사이의 살아있는 교제의 순간임을 충분히 인식할 때뿐이다. 그렇다면 설교자는 더 이상 신학적 문제들에 대한 전문가, 즉 인기있는 객관주의적 신학이나 주관주의적 신학을 갖고 강단에 서는 그런 전문가가 아니다. 설교자는 다만 말씀의 사역자일 뿐이다."³¹

사실 이런 점을 감안한다면, 스킬더의 신학 전체와 특별히 그의 설교가 "구원의 현재성"을 핵심적으로 강조하였던 것이 바로 이 딜레마를 해결할 수 있는 열쇠라는 것이 분명하다. 스킬더의 신학과 설교가 결코 객관주의에 빠졌던 것이라고 오해되어서는 안되고, 오히려 객관주의-주관주의의 딜레마를, 홀베르다와 함께 강조하고, 또한 그것을 극복하기 위해서 "이미" 힘썼다고 하는 것

---

28. C.트림프, 183.
29. C.트림프, 184.
30. C.트림프, 185.
31. S.흐레이다누스, 275.

이다. 이 "구원의 현재성"(the presence of salvation)에 대한 강조야말로 홀베르다가 강조하였던, "오직 말씀이 당신의 백성을 향한 하나님의 말씀으로, 천국에 대한 기쁜 소식이요 선포"[32]로 이해된 것이며, 트림프가 강조하였던 "교제"(omgang)를 모두 포괄하고 있는 개념이다.

그래서, 바로 이 "구원의 현재성"이란 개념이 스킬더의 신학 전반을 이해하는데 너무나도 중요한 열쇠 개념인데도 불구하고 자꾸만 잊혀져가고 있는 것은 참으로 안타까운 일이다. 우리 교계에 스킬더의 신학과 설교가 부족한 필자를 통해서라도 소개되는 것은 참으로 기쁜 일이고 또한 감사할 일이지만, 그의 신학의 소개로 인하여 어떤 새로운 논쟁거리가 생기는 것이 아니라, 오히려 스킬더의 이 중심 관점, 곧 "구원의 현재성"이 1차 대전이나 코로나19 팬데믹과 같은 삶의 지옥과 같은 질곡 속에서나, 기술과 과학에 의해서 개진된 유례없는 현대문명의 발달 가운데서도 강조된다면, 그리고 그렇게 설교가 선포되어진다면, 사도바울이 빌립보교회를 향하여 선포하였던 아래와 같은 선포가 우리들 시대에도 다시금 강력하게 선포되어지고, 이 신앙으로 우리의 분열된 교회들이 연합하고 그리스도 안에서 통일되어지는 놀라운 비전을 가지는 것이 가능할 수 있게 될 것이다:

"나는 비천에 처할 줄도 알고 풍부에 처할 줄도 알아
모든 일 곧 배부름과 배고픔과 풍부와 궁핍에도
처할 줄 아는 일체의 비결을 배웠노라
내게 능력 주시는 자 안에서
내가 모든 것을 할 수 있느니라"
(빌4:12-13).

---

32. S. 흐레이다누스, p.275.

손성은

부산대학교 심리학과
서울대학원 사회심리학 수학
고려신학대학원 신대원 (M.Div.)
런던침례신학교 (Cert.Th.)
런던신학교 (M.A.)
(현) 천국제자들교회 개척담임

마틴 로이드 존스와 그의 강해설교

서문 강

시작하는 말

우리는 교회사 속에서 하나님께 쓰임을 받아 하나님의 이름의 영광과 그 복음의 능력을 광포하는데 큰 영향력을 나타낸 걸출한 사람들이 있다. 그 사람들의 사역을 통하여 하나님은 당신의 백성들을 구원하시고 세우시고, 당신의 나라와 그 영광을 위하여 일하셨다. 지금도 그러한 일을 계속하고 계신다. 그러므로 그들의 사역을 통하여 나타난 하나님의 영광을 알아보기 위하여 관심을 기울이는 것은 하나님의 복음 사역자들에게 있어서 정말 중요하기 그지없는 일이고, 우리 소명과 사역을 검증하고 평가하는데 있어서 아주 필요한 도움을 준다.

그런 관점에서 하나님의 사람이요 하나님의 복음 사역자로서의 로이드 존스(D. Martyn Lloyd-Jones)의 영성과 사역을 주밀하게 탐사하여 보는 일은 합당한 일이다. 그의 사역의 본질과 열매와 영향력은 가히 우리의 관심을 촉발할 만한 것이다. 그의 사역 당시 그의 사역지에서 끼친 영향력뿐만 아니라, 그의 사역 가운데서 증거된 것들이 책으로 출간되어 나왔을 때 나타난 영적 감화력은 대단한 것이었기 때문이다. 영어를 말하거나 읽을 수 있는 지역뿐만 아니라, 그렇지 못한 지역에서도 여러 방언으로 번역되어 반포된 그의 책들은 하나님의 사람들에게 큰 영적 파장을 일으켰다. 32년 전에 필라델피아의 제10

장로교회 목사 제임스 보이스(James M. Boice)가 한국복음주의 주최 케직 사경회의 주강사로 온 적이 있었는데, 거기서 본인과 개인적으로 만나는 기회가 있었다(제임스 보이스의 『요한복음 강해』를 번역한 자로서 개인적인 면담을 가졌음). 그는 역시 유명한 강해설교가로서 자신의 강해설교 사역에 있어서 로이드 존스가 끼친 영향에 대하여 증거하였다. 그리고 미국의 존 맥아더도 자기가 가장 추천하고 싶은 책은 역시 로이드 존스의 책들이라고 말하는 것을 들은 적이 있다(1988년 5월로 기억되는 두란노서원 주최 목회자를 위한 세미나에서). 우리 한국교회 강단에서 섬기는 주의 많은 종들과 많은 신실한 그리스도인들에게 있어서 그의 책들은 가장 지속적인 반포율을 보이고 있다고 기독교 출판 및 서점 관계자들이 이구동성으로 말하고 있다. 7년여 전에 본인이 부목사로 시무하고 있을 때에 수요예배를 마치고 강단에서 내려오니 어느 젊은 분이 기다리고 있었는데, 그 분은 침례교회 소속의 목사로서 다음날 개척교회 설립예배를 드리려 하는데, 로이드 존스의 책을 읽고 큰 도전을 받아 그 원리를 따라서 목회를 하려고 하노라고 하면서 번역하여 좋은 책을 읽게 해준데 대하여 감사하다는 말을 하였다.

　이처럼 그의 책들은 진정 시대를 초월하여 영향력을 끼치는 능력을 지니고 있음에 틀림없다. 한국교회사에 있어서 강해설교의 필요성과 강해설교의 능력을 일깨워주어 많은 사역자들에게 강해설교에 눈을 뜨게 해준데 대한 그의 책들의 영향력은 아주 중요한 의미를 가질 것이다. 그의 책들을 읽고 나서 강해설교에 대한 관심이 높아지고, 강해설교의 정형이 무엇인지를 인식하게 되었다고 해도 과언이 아닐 것이다. 우리는 그런 의미에서 그의 영성과 그의 사역의 원리와 사역의 실제 등을 생각하여 보는 것은 유익한 일이다.

1. 로이드 존스의 약전(略傳)[1]

그는 1899년 웨일즈에서 태어났고, 그의 부모들은 신앙심 있고 견실한 보통 사람들이었다. 부모들의 따뜻한 사랑과 보살핌 속에서 어린 시절을 보냈고, 그의 학교 성적은 우수하였다. 그의 어린 시절 만난 선생님들은 그에게 또한 좋은 감화력을 깨쳤다.

그는 의과대학에 진학하여 의학도가 된다. 1921년부터 왕실주치의였던 토마스 호더 경 밑에서 조수로 일하기 시작한다. 그는 거기서 일을 접근하여 처리해 나가는 방식을 아주 잘 연마한다. 호더 경은 신자는 아니었으나 그에게 사물을 파악하고 분석하고 종합하는 대단한 접근방식을 알게 해 준 영향력 있는 인사였다. 나중 그가 복음 사역자로 설 때에 그 접근방식은 그의 전 말씀강해에서 아주 명백하게 드러난다.

1925년, 그러니까 그의 나이 만 26세에 왕립내과의대 학회가 주는 영국 최고의 의학박사 학위(M.R.C.S와 L.R.C.P)를 받았다. 그러니까 의사 또는 의학자로서의 전도가 정말 촉망되는 길에 들어선 것이다. 그는 그가 공부하며 근무하던 성 바돌로매 병원에서뿐만 아니라 의학계에서 아주 촉망받는 젊은 인사가 되어 있었고, 그의 흉부내과의적인 식견과 통찰력은 그의 선배들이나 지도교수들이나 동료들에게서 다 알려진 때였다.

그러나 하나님은 그를 향하여 다른 계획을 가지고 계셨다. 그는 의학을 연구하고 내과의로서의 실력을 쌓아 가면서도 그는 교회출석을 하였고, 대학 내의 연설회 및 토론회에서 그의 영적 관심을 나타내기 시작하였다. 당시의 영적인 상황에 대하여 대단한 불만을 가지고 있었으며, 거기서 영적인 각성에 대한 강렬한 소원을 가지고 있었다. 그리고 영적인 면에서의 변화가 있어야

---

1. Iain Murray, 머레이의 (David Martyn Lloid-Jones: The First Forty Years. 『마틴 로이드 존스의 초기 40년』(서문 강 역). 청교도신앙사간. 이 cofr에서 얻은 자료를 토대로 작성한 것으로 일일히 각주는 달지 않겠음.

인간 삶에 대한 전반적인 변화가 가능하다는 복음적인 확신을 점점 가지게 되었다. 그것이 바로 그 속에서 역사하고 계시던 하나님의 거룩하신 일하심의 조짐이었던 것이다. 곧 그는 복음 사역자로서 소명을 받고 있었다. 급기야 그를 지도하던 호더 경을 포함한 많은 동료들과 의학계와 저널리스트들의 놀라움과 충고와 비평을 한 몸에 받으면서 하나님의 거룩한 소명에 순응하기 위하여 샌드필즈란 해안을 낀 탄광촌의 작은 교회로 떠나게 되었다. 그 때가 1927년이다. 저널리스트들은 그가 받는 한 달 봉급이 450파운드임을 상기시키면서 복음이 아무리 중요하다 해도 교회를 위해서 의학계를 떠나는 것은 너무 큰 손실이요, 희생이 아니냐는 투로 비아냥거렸다. 그러나 그는 그런 비평을 들을 때마다 그리스도가 우리를 위하여 한 희생을 생각하면 우리의 희생이란 아무리 해도 지나친 것이라고 할 수 없다고 일축해 버렸다.

그가 처음 부임한 그 교회는 당시의 사회적인 배경을 반영하듯이 영적으로 죽어 있었고, 사회주의적인 사상 쪽으로 기울어지는 사람이 교회의 당회서기를 맡고 있을 정도였다. 그러나 그는 거기 있는 11년의 기간 동안 참으로 살아있고, 복음적인 교회가 되었다. 모이는 회집도 140여 명으로 시작하여 3년여 만에 310여 명으로 증가되었다. 수많은 술주정뱅이, 부두 근로자들 까지도 회심을 하고 진정한 그리스도인이 되는 놀라운 일이 거기서 일어나고 있었다. 나중에 그가 캠벌 모간(Cambell Morgan)의 웨스트민스터 채플로 부임하기 위하여 거기를 떠날 때에는 목회자 사택에서 나온 술병이 트럭으로 하나 가득했다고 한다. 회심한 술꾼들이 회심한 후 술 버릇에 또 빠져들까 보아 목사에게 가져와 보관을 요청하였기 때문이다.

그는 1938년 유명한 캠벌 모간에 의하여 지목받아 그의 후임자로 웨스트민스터 채플의 청빙을 받는다. 그의 영향력은 그 시로부터 런던으로, 영국 전역으로, 나아가서 미국과 캐나다에까지 확산된다. 그리고 거기 그 교회에서 1968년 은퇴하기까지 30년간을 하나님의 말씀의 사역자로서 하나님을 섬긴다.

2. 그의 영성과 확신

로이드 존스가 소명을 받고 사역을 시작하던 때는 신학적으로 좌경화되고 있었고, 복음의 능력과 영적 각성의 영광에 대하여 망각하고 있던 때였다. 그 당시 교회 사람들은 성경과 성경적인 복음의 가치와 능력에 대하여 회의적이었다. 과연 성경적인 복음이 다원화되고 복잡해진 사회구조와 그 이전에는 경험되지 않은 인생의 난제들을 대처할 능력을 지금도 가졌는가? 현대라는 거대한 골리앗을 복음이라는 고대의 산물이 이겨낼 수 있을 것인가? 하는 의문이 기독교회와 신학계에 파급되어 있었고, 강단의 설교자들이나 회중들 모두 그런 의문을 아주 지당한 것으로 수납하고 있었던 때였다. 아울러 사회의 정치적, 경제적인 개편이 정신 차릴 수 없이 일어나던 때였다. 1차 세계대전이 끝나고 연이어 2차 세계대전의 발발을 위하여 전운이 두껍게 유럽 전역과 전 세계를 뒤덮고 있을 때였다.

그런 와중 속에서 교회의 강단에서는 성경을 강해하거나, 성경적이고 개혁주의적인 전통에 입각한 설교사역과 목회사역이 시대를 따라 잡지 못하는 구시대적인 것으로 치부되어 버리고 있었던 것이다. 그래서 설교자들이 사람들에게 매력을 끌고 사람들을 교회로 이끌어 들이기 위하여는 새로운 형태의 목회를 도입해야 한다고 생각하고 있었다. 그러한 간절한 바람 속에서 설교자들마다 현대적이라는 말을 듣기 위하여 성경 안으로 들어가는 것이 아니라 성경 밖으로 나가기에 급급하였고, 일반 학문이나 정신의학적인 연구 성과나 심리학적 처방이나 문학적인 관점이나 사회과학의 이론들을 도입하여 인간난제를 치유하려고 하였다.

그런 판국에서 로이드 존스는 인간의 근본 난제가 창조주 하나님과의 관계의 어그러짐에서 온 사실을 성경에서 확인하고, 모든 인간의 난제들을 접근하는 것은 그런 성경의 종교적 기반 위에서야 한다고 확신하였다. 그리고 사도적인 복음은 초대교회 시대뿐만 아니라, 소위 다변화되고 복잡한 난제들로 가득한 현대에 사는 인간을 구원하고 치유하는 오직 유일한 길이요, 그것이 인간을 구원하시는 하나님의 유일한 방식임을 역설하였다. 하나님은 예나 지금이나 불변하시며, 인간들도 근본은 여전히 사도시대나 아니 그 이전 시대의 인간들과 결코 다르지 않으니, 사람을 구원하시는 하나님의 방식도 현대라고 해서 바뀐 것이 아니라는 것이다. 그는 그런 확신을 그의 설교사역과 목회사역에 과감히 적용하였다. 그래서 그는 성경을 뒷전으로 버려둔 강단에 성경을 회중들 앞으로 들고 그것을 외치고 강론하고 그 성경에서 모든 신앙과 행위의 원리와 본을 찾을 것을 촉구한 것이다. 다시 말하면 사도적인 복음은 인간의 어느 시대고 뒤떨어진 구시대적인 것이 될 수 없다는 것이다. 언제나 그 복음은 하나님의 영광을 선포하고 하나님의 백성들을 불러내어 구원하는 "언제나 최신(最新)"의 복음이라는 것이다.

그래서 그는 언제나 성경에 관하여만 아는 것이나, 신학을 위한 신학적인 류의 논쟁에만 머무는 것은 아무런 의미가 없음을 말한다. 성경을 읽고 성경을 배우고 성경을 삶의 원리로 적용하는 실제를 강하게 강조한다. 그가 제도적인 신학교에 입학할 것을 포기한 것은 바로 그 이유에서이다. 당시 신학교들이 너무 사변화되어 있었고, 복음의 영광과 능력을 위한 사역자들을 길러내기에 부족하다는 생각을 하였던 것이다(그는 신학교를 나오지 않았지만 1929년에 그의 영성과 목회자로서의 소양이 인정되어 장로교 목사로 안수 받음).

그의 그런 확신은 종교개혁자들과 퓨리탄(Puritan)들과 영적 각성자들의 사역과 거기에 나타난 하나님의 영광과 능력을 확인하고서 더욱 강화되고 깊어진다. 그는 언제나 그런 말하기를 좋아하였다. "200여 년 전으로 돌아가라! 거기서 하나님의 사람들을 만나 그들이 한 사역을 보라!"고 늘 강조하였다. 그 이후의 설교들은 설교가 아니라 에세이에 지나지 않는다고 하였다(『목사와 설교』에서 그 점을 자주 지적한다).

그러므로 퓨리탄들, 오웬이나 리챠드 백스터나 그밖에 유명한 퓨리탄들의 저작, 존 칼빈의 저작, 루터의 저작 등은 언제나 그에게 영적인 도전을 주고 그의 확신을 더욱 깊고 넓게 하여 주는 것들이었다. 그리고 웨슬레 형제나 휫필드와 죠나단 에드워즈는 그의 훌륭한 선생들이었다. 그는 또한 워필드나 그레샴 메이첸이나 핫지 부자의 책들 등 개혁주의적인 고전들을 빼놓지 않고 섭렵한다. 거기서 그는 칼빈주의적인 신학적 체계를 확립한다. 그것은 그런 책들을 통해서 자기의 어떤 말거리를 찾으려고 하기 보다는 하나님의 일하시는 방식과 하나님의 말씀인 성경의 진리를 더욱 깊이 알기 위한 것이었다. 그의 신학적인 지식은 참으로 방대하고 깊었다. 그것은 성경의 권위에 입각한 바른 영성에 그 원인을 찾을 수 있다.

3. 그의 소망

그의 소망이 무엇인가? 그는 성경이 제시하는 대로의 소망을 가지고 있었다. 특히 사도들을 통하여 나타난 복음의 능력과 그로 인한 진정한 회개와 믿음과 구원이 현대에도 일어나기를 간절하게 바랐던 것이다. 그는 진정한 영적 부흥에 대하여 남다른 열정을 가지고 있었다. 그것을 통하여 하나님의 이름과 그 영광이 나타나는 은혜가 부어지기를 간절히 바랐던 것이다. 그런 의미에서 그를 가히 부흥신학자라고 해도 과언이 아니다. 하박국 선지자의 간절한 소망을 그도 가지고 있었던 것이다. 그런 그의 소망과, 성경적인 사도적 복음의 능력과 영광에 대한 그의 확신은 별개의 것이 아니고, 한 영성(靈性)의 양 측면이다.

4. 강해설교

위에서 본 바와 같이 그의 강해설교는 단순한 한 설교자로서의 기법이나 한 설교방식으로 나타난 것이 아니라, 확실한 영적 기반 위에서 필연적으로 나온 열매이다. 많은 이들이 그의 강해설교를 본받으려 하고 모방하려고 한다. 그러나 그의 강해설교는 하나의 단순한 설교형태나 기법으로서만 따내려고 할 때 그런 사람에게는 아주 따분하고 답답하고 지루하게만 보일 것이다. 그것의 진면목을 감추어 버리고 만다. 다만 하나님의 은혜와 진리를 알고 하나님 앞에서 진실로 서기를 바라는 자들 앞에서만 그 강해설교의 능력이 본 모습을 드러낸다. 어떤 이들은 본인(필자)에게 그의 분량 많은 강해설교를 다 읽기가 거북하니 요약하여 책으로 내라는 요청을 하기도 한다. 그럴 때마다 본인은 아주 매몰차게 거부해 버린다. 그것이 이 사람 로이드 존스가 가장 싫어하던 직업적 목회관이다.

그의 강해설교의 목적은 하나님의 말씀인 성경이 말하는 바를 가감 없이 잘 밝혀 하나님의 사람들을 구원하고 거룩하게 하고 교회를 정결케 하는 하나님의 뜻을 이루기 위한 것이다. 그는 그가 바라는 진정한 영적 각성과 부흥과 하나님의 영광은 바른 설교, 바른 성경적인 설교를 통해서 나타난다는 것을 누누이 강조한다. 그래서 그는 그의 명저『목사와 설교』에서 "모든 설교는 강해적이어야 한다"고 말한다.

그의 강해는 먼저 강해하려는 대목에서 하나님께서 말씀하시려는 의도를 보편적으로 밝히는 일로부터 시작한다. 물론 거기에는 그 말씀이 기록된 역사적인 배경과 영적인 상황과 문맥적인 의도를 면밀하게 검토하는 일을 수반한다. 그런 일을 하기에 충분한 준비가 되지 않으면 그 대목을 강해하지 않는다. 그의 <로마서 강해>(13년에 걸쳐 행한 강해)를 시작하기 전에 그가 그 강해를 위하여 얼마나 철저하게 준비하였는가를 보여주는 유명한 일화가 있다.

어떤 성도가 어느 날 예배를 마친 뒤에 그의 방을 찾아와서, 목사님은 언제나 로마서를 강해하려느냐고 물었다. 그 때 로마서 6장의 위치와 문맥적인 의도를 완전히 이해하고 파악하여 모든 의문이 사라진 후에 하겠다고 대답하였다고 한다(그의 로마서 6장 강해서 서론에서 그가 한 말임). 그는 그러한 그의 자세를 나무만 보느라고 숲을 보지 못하면 헤맨다는 말로 표현한다.

그러나 그는 그런 일을 한 뒤에는 말씀을 따라서 나가되, 현미경적으로 아주 세밀하게 나아간다. 접속사나 조사, 문장구조나 낱말 등 모든 필요한 것을 다 파악하여 그 구절을 통하여 말씀하시는 하나님의 말씀을 풀어내는 일에 아주 섬세하다. 그런 그의 접근방식을 의사로 있을 때에 호더 경에게서 배웠다고 후년에 술회한다.

그런 다음에 그는 그 구절에 대한 모든 유수한 주석가들이나 선진들의 관점을 참고하고 비교하고 분석한다. 그는 아무리 유명한 개혁주의적인 사람이 한 말이라도 그대로 받아들이지 않는다. 성경적인 근거를 가지고 있는 주장인가를 묻는다. 그리고 나서 적용한다. 그러나 이미 그가 하나님의 말씀인 성경을 강해하는 것을 들은 사람들은 자기들이 그 진리를 확신에 넘쳐서 자기들에게 적용하고 있음을 발견한다. 우리가 그의 강해서들을 읽어 나가면서 항상 느끼는 것이다. 바른 강해는 적용이라는 대목을 따로 정하지 않고도 그런 목적에 바르게 도달할 수 있음을 우리에게 가르쳐 준다. 그리고 그 대목과 관계되는 모든 영적인 난제와 문제들을 전부 예상하고 그 진리에 비추어서 지적한다. 그래서 그의 설교를 들은 사람들이나 책을 통하여 그 말씀 사역을 대한 사람들은 하등의 의문도 없이 확신에 차서 그 자리를 뜰 수 있다.

물론 로이드 존스가 반복이 많고 지루해 보인다는 말을 많이 하고, 그 설교를 하던 당시에도 너무 논리적이라서 이해하기가 어렵다는 말을 들었다. 그때마다 그는 자기의 방식이 성경적임을 아주 강력히 논증하고 변호하였다. 그리고 논증적이라 이해하기 어렵다는 동역자들이나 성도들에게 어느 어린 남매의 이야기를 들려준다. 그리고 반복에 대하여 지적하는 자는 그것이 성경적이라고 말한다. 성경은 부단히 반복적인 교육방식을 견지한다는 것이다. 이처럼 그는 자기의 사역의 세밀한 부분에까지 성경에서 그 원리를 찾는다.

4. 결론

짧은 지면으로 그의 영성과 소명과 사역 원리를 알아본다는 것은 무리이다. 다만 그를 윤곽적으로 이해하는 것으로 족할 뿐이다. 이 자리를 빌어서 자신 있게 말씀드리고 싶은 것은, 그를 알려면 그의 책들을 겸손한 성도의 자세로 돌아가서 하나님 앞에 서려고 읽을 때만 가능하다는 것이다. 그의 책을 읽는 수고를 두려워하는 자는 하나님께서 그를 통하여 일하신 것이 무엇인지 모를 것이고, 따분하고 지루한 무수한 말들 앞에 진력이 나버리고 말 것이다.

서문 강

고려대학교 (신문방송학과)
총신대학교 신학연구원
Reformed Theological Seminary (D.Min.)
(현) Global Reformed Seminary 객원교수
(현) 중심교회 원로목사
(현) 계약신학대학원 대학교 강사 및 초빙교수
(현) 한국 개혁주의 설교연구원 연구실행전문위원
(현) 칼빈대학교 전임대우

빌리 그레이엄의 설교

배춘섭

I. 서론

    18~19세기에 개신교회는 이루 말할 수 없는 선교의 부흥을 경험했다. 그러나 20세기에 이르러 개신교회는 예기치 않은 사회적 변화를 겪게 되었다. 1-2차 세계대전으로 말미암은 사회적 변화는 선교의 위기감을 고조시키며 선교의 패러다임에 상당한 영향을 끼쳤다. 1960년대에 공산주의의 비서구권에서는 반서구주의를 비롯한 개신교회 선교사에 적지 않은 반감을 드러냈고, 서구권 내에서는 이신론과 진화론에 영향을 받은 세계관의 격변으로 인해 자유주의 신학의 기운이 절정을 향해 치닫고 있었다. 이런 정황 속에 1910년 에딘버러 대회 세계선교운동(International Missionary Movement)의 조직체인 IMC(The International Missionary Council)는 1961년 WCC(World Council of Churches)에 흡수되면서, 선교는 복음전도를 통한 개인구원의 강조보다 교회의 조직적인 연합(organizational unity)과 정치적인 정의구현이나 경제적 회복 등의 사회적 책임의 문제에 보다 열중하게 되었다.

    이상과 같은 선교의 격변기 속에 빌리 그레이엄은 성경의 권위와 무오성을 주장함으로써 하나님 구원의 선교를 설파했다. 그리고 성경의 권위를 바탕한 복음전도를 통해 자유주의 신학의 위기 속에서 벗어나 본질적인 선교의 회복을 추구했다. 그는 1966년 서베를린(West Berlin)의 세계전도대회(The

World Congress on Evangelism)에서 "한 인종(One Race), 한 복음(One Gospel), 한 과제(One Task)인 오직 전도만이 있을 뿐이다"[1]라고 외치며 복음 전파를 통한 하나님의 선교에 전력을 다할 것을 촉구했다. 이 같은 그의 선교적 헌신과 더불어 차후 보수적인 복음주의 선교운동은 1968년 싱가폴 대회, 1969년 남아메리카의 보고타(Bogota) 대회, 1970년 프랑크푸르트(Frankfurt) 대회 등으로 이어지며 복음전도의 선교적 불길이 점점 불타올랐다. 이런 점에서, 20세기 복음주의 선교운동에 상당한 영향을 끼친 빌리 그레이엄에 관한 연구는 매우 가치 있게 평가된다. 그러므로 본고는 빌리 그레이엄의 생애와 성경관 그리고 성경해석을 비롯한 설교에 관해 전반적으로 논의하고자 한다.

II. 빌리 그레이엄의 생애

빌리 그레이엄(Billy Graham)의 본명은 윌리엄 프랭클린 그레이엄 주니어(William Franklin Graham Jr.)이다. 그는 1918년 11월 7일에 노스 캐롤라이나(North Carolina) 주의 샬럿(Charlotte) 부근 농촌에서 태어났다. 그는 스코틀랜드-아일랜드 혈통으로서 모로우 코우피(Morrow Coffey)와 윌리엄 프랭클린 그레이엄(William Franklin Graham)의 4남매 중 장남으로 성장했다.[2] 그는 개혁주의 장로교회 성도였던 부모님의 신앙적 영향을 많이 받았는데,[3] 어릴 적부터 독서하기를 좋아했고, 그의 장난기 있고 모험적인 성격은 유쾌한 사역을 위한 좋은 바탕이 되었다.[4]

그런 와중에 1934년 그레이엄은 그의 나이 16세 때 샬럿에서 모르데카이

---

1. "복음주의 선교대회," https://drchomissionstroy.tistory.com/317/ 2022년 3월 22일 접속.
2. Roger Bruns, "A Farm Boy Becomes a Preacher," (Billy Graham: A Biography. Greenwood biographies. Greenwood Press. Roger, 2004), 5-14.
3. D.G. Mullan, *Narratives of the Religious Self in Early-Modern Scotland* (Ashgate Publishing, Ltd., 2010), 27.
4. Bruns, "A Farm Boy Becomes a Preacher," 10-14.

함(M. Ham) 목사가 전한 복음을 듣고 부흥집회에서 회심한다. 그리고 1937년 빌리 그레이엄은 밥존스 대학(Bob Jones College)에 입학해 공부하다가 커리큘럼과 규칙이 너무 율법주의적임을 깨닫고, 플로리다 성서신학교(Florida Bible Institute)에 진학해 신학을 공부한다. 그러나 그는 이 학교에서도 근본주의 신학을 접하고 목사안수를 받아 설교사역을 시작한다.[5] 이후 그는 1940년에 휘튼대학(Wheaton College)에 진학하여 성경이 하나님의 말씀으로서 무오하고 권위가 있음을 받아들인다. 이런 과정에서 캘리포니아 할리우드 제일장로교회의 목사였던 헨리에타 미어스(Henrietta Mears)는 그레이엄이 성경의 권위를 인정하도록 하는데 결정적인 역할을 한다. 그리고 그는 초빙을 받아 휘튼의 태버너클 교회(Tabernacle church) 목사로 부임한다.

1943년 그레이엄은 휘튼대학에서 인류학 학위를 수여받는다. 그에게 휘튼대학에서의 배움은 상당히 보수적인 복음주의 신학을 제공받는 기회였다. 휘튼대학의 복음주의 신학은 그레이엄에게 선교의 열정과 함께 모든 교파에 대한 수용적인 태도를 갖도록 그의 세계관을 확장시켜 주었다. 흥미로운 사실은 그가 휘튼대학에 다니던 시절 아내 루스 벨(Ruth Bell)과 결혼식을 올렸다는 것이다. 그의 아내는 장로교 중국 선교사의 딸로서 신앙이 신실하고 용모가 매우 아름다웠다. 그들은 1943년 8월에 노스 캐롤라이나 주의 한 교회에서 식을 올렸는데, 이후 그레이엄은 1948년 그의 나이 29세에 미니애폴리스(Minneapolis)에 있는 노스웨스턴 바이블 대학(Northwestern Bible College)의 최연소 총장으로 취임한다. 그리고 그는 친구 토리 존슨(Torrey Johnson)과 찰스 템플톤(Charles Templeton)과 함께 '십대복음선교회'(YFC: Youth for Christ)를 설립하여 복음 전도사로서 미국과 유럽을 두루 다니며 사역을

---

5. Bill Adler, *Ask Billy Graham: The World's Best-Loved Preacher Answers Your Most Important Questions* (USA: Thomas Nelson Inc, 2010), 8.

감당한다.

    1949년 캘리포니아 로스앤젤레스에서 그레이엄은 가장 큰 규모의 대 전도집회를 계획한다. 그런데 몇 주 동안 연속되는 전도집회 가운데 유명 연예인 스튜어트 햄블런(S. Hamblen)과 악명 높은 도청범죄자 짐 바우스(J. Bouhs)가 회심하는 사건이 나타난다. 그러자 집회의 규모는 이루 말할 수 없이 확대되었다. 전도집회에서 그레이엄은 수많은 사람들을 죄로부터의 회개를 불러일으켰고, 그는 일약 최고의 부흥강사로 떠오르게 되었다. 놀라운 점은 집회 가운데 그레이엄 자신이 먼저 변화를 받았다는 사실이다. 그는 마음 한 편에 지워지지 않았던 성경에 대한 의심을 완전히 떨쳐 버렸다. 그리하여 "성경이 말씀하신다"를 거듭 외치며, 하나님 말씀으로서 성경의 권위를 확신하게 되었다. 이런 영적 확신을 통해 그는 1950년에 미네소타의 미네아폴리스에서 '빌리 그레이엄 복음 전도협회'를 설립하고, '결단의 시간'이라는 방송 프로그램을 개설하여 전도 설교자 겸 매스컴 선교로 활기차게 사역을 감당했다. 이후 그는 세계적으로 많은 집회를 인도하게 되었다. 1956년 인도와 극동, 1959년 오스트레일리아와 뉴질랜드, 1966년 베를린 대회, 1972년 나갈랜드 집회, 1973년 한국과 남아프리카 집회, 1974년 로잔대회, 그 이후로도 수많은 전도집회와 선교대회에서 성경의 권위와 무오를 강조하며 복음을 증거하며 선교의 물결을 일으켰다.

III. 빌리 그레이엄의 신학과 삶

1. 성경관

    빌리 그레이엄의 성경관은 성경이 하나님께서 숨을 불어 넣으신 기록된 말씀이라는 이해에 달려있다. 그는 성경에 관해 다음과 같이 진술한다. "어느 정도 하나님이 사람에게 생명을 불어 넣으셔서 사람을 살아있는 영혼으로 만드신 것처럼, 하나님은 기록된 하나님의 말씀에 생명과 지혜를 불어넣으셨다."[6] 이처럼 그레이엄에게 있어서 성경은 어떤 부분도 거부될 수 없는 권위있는 하나님의 말씀이었다. 이어서 그는 이렇게 고백한다. "나는 성경이 하나님의 말씀임을 믿습니다. 내가 말하고자 하는 바는 성경의 완전한 언어적 영감입니다. 나는 성경의 가르침과 관련해 그 어떤 것도 타협하여 수용할 수 없습니다."[7] 이에 더해 그레이엄은 "하나님이 구두로 말씀하셨고, 이 말씀은 인간의 펜 한 획까지도 모두 살아있습니다"[8]라고 믿었다.

1940년대 미국은 성경이 하나님 말씀이라는 사실에 회의적인 반응을 보였던 자들이 적지 않았다. 이런 시대적 정황 속에서 그는 성경의 권위에 관해 외쳤다: "우리 세대, 특히 서구의 세대는 성경에 대한 비판에 너무나 몰두했고 그 결과 자주 하나님의 계시에 의문을 제기했습니다. 여러분은 그런 실수를 범하지 마십시오. 성경을 하나님의 거룩한 말씀으로 받아들이십시오."[9] 이런 성경해석은 하나님이 성경의 모든 기록에 어떤 식으로든 영감을 주셨다는 전제로서 성경의 권위를 강조한 것이었다. 하지만 그는 성경이 언어적으로 영감되었다는 성경의 완전영감설을 주장하면서도, 세대주의자들이 외치는 바와 같이 하나님께서 성경 저자의 마음을 수동적으로 조종하여 성경의 메시지를 기계적으로 각인시켜 기록하게 했다는 주장에는 반대했다. 그럼에도 불구하고, 그는 성경의 완전영감설을 전제로 성경의 권위를 인정하고, 성경이 오류가 없는 '하나님의 말씀'임을 강하게 피력했다.

---

6. Billy Graham, *The Holy Spirit* (Waco: Word Books, 1978), 39.
7. D. A. Waite, "The Evangelistic Preaching of Billy Graham" (Ph.D. Dissertation, Purdue University, 1961), 51.
8. Billy Graham, *World Aflame* (New York: Doubleday, 1965), 99.
9. Billy Graham, *Ambassadors* (Minneapolis: Billy Graham Evangelistic Association, 1977), 3.

2. 성경해석

빌리 그레이엄은 성경의 신해석학을 따르는 자들이 채택한 방법론을 근본적으로 거부했다. 그는 그리스도의 재림은 비신화화의 과정이 아닌 성경에 기록된 바대로 믿는다는 사실을 분명히 밝혔다.[10] 이런 그의 고백은 현대 신해석학을 거부하기 위한 진술이었다. 그가 사역하던 당시에는 그리스도의 신성을 거부하는 현대 성경해석학자들이 상당했다. 그래서 그레이엄은 그리스도의 신성을 강탈한 현대 신학자들에 대해 다음과 같이 언급한다.

> 초자연적인 것은 우리의 믿음에서 제거되었습니다. 이런 자연주의 철학자들은 성경의 기적을 가리켜 '기적의 마술' 그리고 '억압적 부조리'라고 말합니다. 그들은 기독교의 근본적 기초를 훼손하려고 합니다. 그들은 동정녀 탄생을 부정합니다. 그리스도의 육체적 부활은 신화라고 주장합니다. 그들은 그리스도는 선한 인간이지만, 그가 하나님은 아니라고 말합니다.[11]

뿐만 아니라, 그는 성경을 회의적으로 보는 사람들에게 대해서도 이같이 반론했다: "회의론자들은 성경을 공격하고 혼란 속에 후퇴했습니다. 불가지론자들은 그 가르침을 비웃었지만 지적으로 정적힌 논박을 할 수는 없습니다. 무신론자들은 그 타당성을 부인했지만 역사적 정확성과 고고학적 검증에 굴복해야 합니다."[12] 이런 그레이엄의 해석학적 견해는 성경에 관한 본질적 믿음의 기초로부터 비롯된다. 연이어 그는 "진정한 과학과 우리의 기독교 신앙 사

---

10. J. C. Bennett, "Billy Graham in Oakland," *Christianity and Crisis* 31(16) (1971): 195.
11. Billy Graham, *Prepare for the Storm!* (Minneapolis: Billy Graham Evangelistic Association, 1961), 109.
12. Billy Graham, *How to be Born Again* (London: Hodder & Stoughton, 1977), 26.

이에는 결코 충돌이 없습니다. 왜냐하면 우리는 아직 모든 성경을 이해하지 못하고 있기 때문입니다."[13]라고 반론한다. 이와 같은 그레이엄의 성경적인 신앙관은 성령이 각 사람의 마음을 비춘다는 사실로부터 형성된다. 달리 말해, 그는 성경해석의 오류 중 하나가 '성령의 조명'이 부족하기 때문으로 해석한다. 이런 이유로, 그는 사람이 믿음으로 그리스도를 영접할 때 성령께서 성경을 이해하고 해석하도록 도우신다고 주장한다.

> 그리스도를 영접하는 순간, 하나님은 우리에게 성경을 이해할 수 있는 열쇠를 주시고 하나님의 메시지를 풀고 이해할 수 있도록 역사하십니다. 이 때 성령은 우리의 선생님이 되십니다. 성령은 우리가 메시지를 해석할 수 있도록 도우십니다. 그리고 성령은 우리의 마음에 메시지를 적용케 하십니다. 성경은 오류가 없는 삶의 지침서입니다. 성경은 불신자는 눈이 멀었기 때문에 영적인 것을 이해할 수 없다고 분명히 가르칩니다.[14]

이상 판단해 볼 때 그레이엄의 성경해석은 삶과 신앙에서 매우 실제적인 것으로서 특정한 모든 시대의 필요에 대한 응답으로 이해되었음을 알 수 있다. 그는 성경을 하나님 말씀으로 믿었고, 성경 메시지를 하나님의 작정 가운데 나타난 구속적 사역으로 이해했다. 그리고 하나님의 구속적 선교를 위해 성령은 각 시대마다 택한 하나님의 백성에게 역사하신다고 여겼다. 이렇듯 그는 하나님께서 모든 시대의 택한 백성들의 필요를 충족시키고자 성경을 설계하셨다고 주장한다.[15] 그리고 그는 인간이 당면한 모든 문제를 성경으로부터 찾을 수 있다고 보았다. 그는 "하나님의 말씀이 인간의 본성, 세상의 문제, 인

---

13. J. W. Brown, *Day-By-Day With Billy Graham* (Minnesota: Worldwide Publications, 1976), 11.
14. Billy Graham, "Can God Bring Revolution to Your Heart?" *Decision* 22(7) (1981): 2.
15. Graham, *The Holy Spirit*, 41.

간이 당면한 고통에 대해 조명한다"[16]고 믿었는데, 이런 이유로 그는 성경이 조간신문보다 더 최신의 것이고, 우리가 겪는 현대의 모든 문제의 해답을 성경이 지니고 있다고 증거했다. 이같은 그레이엄의 진술은 성경이 역사적 사건을 설명하는 동시에 그리스도인을 위한 신앙의 모범적인 답을 제시한다는 사실을 의미한다.

3. 사회적 책무

빌리 그레이엄은 복음주의 성경해석을 드러내는 위대한 전도 설교자이다. 그는 세상과 사회의 문제에 관해 상당한 관심을 갖는다. 그 이유는 복음전파를 통한 궁극적인 목적이 영혼구원이기 때문이다. 그는 일찍이 인종 관계 문제에 개입했을 뿐만 아니라, 평화 문제에도 관여해 세상과 적극적으로 소통하고자 했다. 예를 들어, 그는 1982년 모스크바를 방문하여 평화회의에 참석했다. 그가 이 회의에 참석한 이유는 우선적으로 복음전파 할 기회를 얻고자 모스크바를 방문했다고 말한다.[17] 그러면서도 그레이엄은 세계의 평화와 사회적 책무를 위해 평화회의에 참석했음을 밝힌다. 물론 그레이엄이 사회문제에 관한 이슈를 부각시킨 최초의 사람은 아니다. 그의 초창기 사역에는 정치, 사회, 경제적 관점에서 비추어 보았을 때 상당히 보수적인 성향의 가치관을 지녔음을 볼 수 있다.[18] 그러나 복음전도 사역이 확장되어 가면서 그레이엄은 개인적인 영혼 구원뿐만 아니라, 사회적 책임으로서 세계 평화를 위한 국제적 이슈에 상당한 관심을 기울였다. 다시 말해, 그레이엄은 사람들의 개인적 도덕성을 중요시했으며, 동시에 사회변혁을 위한 선교적 노력을 게을리 하지 않았다.

---

16. Billy Graham, "Suffering: Why Does God Allow It?" *Decision* 22(8-9) (1981): 2.
17. M. Bailey, "Billy Graham in Moscow: The Media Missed the Story," *Christianity and Crisis* 42(10) (1982): 155.
18. J. M. Wall, "A Few Kind Words for Billy Graham," *Christian Century* 99(19) (1982): 619.

이 같은 그의 사역 변화는 하나님 나라와 삶의 방식이라는 상호적 관계에서 확인할 수 있다. 그레이엄은 미국 자본주의와 상공회의소를 대신해서 가난하고 궁핍하고 억압받는 자들이 편향적으로 취급당하는 것에 대해 상당한 유감을 표했다.[19] 이것은 그의 사역이 하나님의 사랑을 강조하면서도 정의롭지 않은 사회에 상당한 관심을 지녔음을 의미한다. 이렇게 전도자로서 그레이엄은 사역 초기에는 주로 인간의 죄와 하나님의 심판 그리고 진노를 강조했지만, 사역 후기에는 그의 메시지가 하나님의 사랑을 더욱 강조하며 그리스도인의 사회적 책무를 강조했다. 그리스도인의 사회적 책무에 관한 그의 주장은 궁극적으로 택한 백성을 구원하시는 하나님의 선교를 전제하는 메시지였음은 두말할 것 없다.

4. 경건한 삶

빌리 그레이엄의 성경해석에 중대한 영향을 끼치는 다른 요인으로는 그의 경건한 삶에 있다. 그는 전통적인 장로교 신자였던 독실한 부모님의 영향을 받아 경건하게 어린 시절을 지냈다. 그의 어머니인 루스 벨 그레이엄(Ruth Bell Graham)은 기도에 대한 직접적인 응답, 하나님을 향한 헌신의 삶, 개인적인 구원과 경건한 신앙유산을 빌리 그레이엄에게 물려주었다.[20] 이로 인해 그의 신학은 개인의 죄성을 강조하며, 개인이 죄를 회개하는 경건주의적 구원을 상당히 주장한다. 어떤 사람들은 그레이엄의 신앙적 유산이 미국의 오래된 중상층의 생활방식과 개인주의적이자 비지성주의 그리고 가족주의적인 경건주의 신앙을 대변한다고 언급한다.[21] 그러나 빌리 그레이엄의 경건한 삶의 방

---

19. L. I. Sweet, "Critics Corner: The Epic of Billy Graham," *Theology Today* 37 (1980): 91.
20. Billy Graham, "Editorial," *Decision* 1(1) (1960): 2.
21. D. Clelland, "In the Company of the Converted: Characteristics of a Billy Graham Crusade Audience," *Sociological Analysis* 35 (1974): 53-54.

식은 상당 부분 그의 경건주의적 성경해석으로부터 형성되었다. 그는 경건주의 성경해석을 비롯해 다른 성경해석 방법론도 복합적으로 사용했다. 결과적으로 그는 성경에서 문자 그대로의 사실과 역사, 실제적인 기록 등을 찾은 후 자신이 발견한 메시지의 의미를 경건한 삶을 위한 개인적 삶의 모델로 적용시켰다. 이런 이유로, 그는 경건한 삶을 위해서 성경을 해석하고, 성경해석을 위해 성령의 도우심을 간절히 요구했던 것이다.

그러나 경건주의 성경해석 방법론은 삶의 경건성을 위한 도움이 될 수 있지만, 지나치게 성경의 메시지를 주관적으로 해석할 여지가 존재함을 알아야 한다. 세대주의이자 경건주의 성경해석가인 벵겔(Bengel)은 "본문에 온전히 자신을 적용하라. 그리고 본문을 온전히 자신에게 적용하라"고 서술했다.[22] 이런 벵겔의 성경해석은 하나님과 해석자의 영적 조화로움을 위한 강조일 것이다. 그럼에도 불구하고, 벵겔의 해석방법론은 자칫 성경이 전하고자 하는 객관성에서 벗어나 해석자의 지나친 자기주관적인 해석을 생산할 수 있다는 점에서 그 위험성은 적지 않다. 이런 점에서, 그의 경건주의적 성경해석은 성경의 권위와 무오성을 전제한다는 점에서는 개혁주의 신학과 상당 부분 공통점을 지닌다.

IV. 빌리 그레이엄 설교의 특징

성경의 권위와 무오성을 강조하는 그레이엄의 성경해석학은 그의 설교에 상당한 영향을 끼친다. 그의 설교는 보수적인 복음주의 신학을 전제하며 설교 목적은 하나님의 구속사역을 증거함으로써 죄인을 그리스도께로 인도하는 데 있다. 이런 점에서, 그의 설교는 선교적이며 동시에 전도설교라고 말할 수 있

---

22. S. Wood, *The Principles of Biblical Interpretation* (Michigan: Zondervan Publishing House, 1967), 74.

다. 그렇다면 그레이엄의 설교는 실제적으로 어떤 특징을 지녔는가를 살펴볼 필요가 있다.

첫째, 케리그마를 바탕한 복음의 본질적 강조이다. 그레이엄의 설교는 케리그마[23]를 전제한다. 그의 설교는 언제나 청중에게 "예수님께 나아오라!"를 목적으로 했다. 이를 위해 그레이엄은 "그리스도가 고난을 받고 제3일에 죽은 자 가운데서 살아날 것과 또 그의 이름으로 죄 사함을 얻게 하는 회개가 예루살렘으로부터 시작하여 모든 족속에게 전파될 것이다"라는 하나님의 구속 작정 가운데 나타난 예수 그리스도를 설교의 중심에 두었다. 그리고 그는 청중이 예수님의 구속사건에 대해 응답할 것을 요구했다. 이렇듯 그레이엄은 교회에 속하지 않은 사람들과 회심을 통해 교회의 일원이 될 사람들에게 진정성 있게 접근함으로써, 복음을 듣고 예수님을 믿도록 신앙의 결단을 바라는 선교적 설교를 전했다. 따라서 그의 설교에는 언제나 청중으로 하여금 죄로부터 돌이켜 하나님께 회개하고, 예수 그리스도를 구주로 믿음으로써 주님께 나아올 것을 촉구했다. 이것은 전형적인 전도설교이자 설교적 설교임을 의미한다.

둘째, 영감 있는 설교를 위한 성실한 준비이다. 그레이엄은 영감이 넘치는 설교를 하기 위해 언제나 노트를 소지하고 다녔다. 그는 일상생활에서 희로애락의 사건들을 경험하면서 느낀 점들을 성경말씀에 비추어 묵상하면서, 설교를 위한 노트에 요점들을 수시로 기록했다. 그리고 그는 기독교 고전 서적을

---

23. 케리그마(κῆρυγμα)는 신약성경에서 설교(눅 4:18-19; 롬 10:14; 마태 3:1)라는 뜻을 지닌 헬라어 용어이다. 이와 관련해 동사 케뤼쏘(κηρύσσω)는 전달자로서 '선포하다'라는 뜻을 지닌다. 케리그마는 초대교회 당시 예수님에 관해 사도들이 전했던 설교를 지칭한다. 당시 사도들의 메시지는 주로 구약성경에 나타난 메시야의 예언이 예수 그리스도를 통해 성취되었음을 전했다. 다시 말해, 사도들은 구약성경의 언약성취를 위해 하나님께서 예수 그리스도를 이 땅에 파송하셨고, 예수님은 하나님의 나라가 가까이 왔음을 선포하셨고, 죽으셨고, 죽은 자들 가운데서 부활하셔서 하나님의 우편에 앉아계심을 선포한 것이다. 그리고 그들은 교회의 일원이 되기를 소망하는 자들에게 예수 그리스도를 믿고 죄를 회개하여 믿음에 합당한 삶을 살아야 함을 요구했다. 이런 점에서, 케리그마는 선교의 가장 핵심적 내용이자 목적이라고 말할 수 있다.

비롯해 많은 경건한 인물들의 저술들을 독서했다. 뿐만 아니라, 그레이엄은 현실 속에서 청중이 경험하는 삶을 공유하면서 뉴스(News)를 비롯해 유행하는 문화에 관심에 갖고 설교 중에 적절한 예화를 들었다.

설교를 위한 그의 준비는 청중의 이해에 있어서도 돋보인다. 그레이엄은 1955년 케임브리지 대학(University of Cambridge)에서 학생들을 대상으로 설교할 때 학자의 가운을 입고 단상에 올랐다. 그런데 전에 없이 그의 설교는 매우 조용했으며, 설교 음성의 어조(tone)는 중저음으로서 아주 논리적인 논지로 하나님 말씀을 전했다. 이 같은 그의 설교는 흥분되고 야단스러웠던 종전의 설교와는 대비되는 설교였다. 그는 현란하지 않게 조용히 강단에 서서 적은 몸짓으로 매우 진중하고 논리적으로 말씀을 증거했다. 그러나 이런 그의 변화에도 불구하고, 그레이엄의 설교는 여전히 케리그마적이었고, 예수 그리스도의 구원에 초점이 맞추어져 있었다.

마지막으로, 수사학적 접근과 탁월한 전달력이다. 그레이엄의 설교는 상당한 호소력과 탁월한 전달력을 지녔다. 그 이유는 그가 청중을 이해하는 폭이 깊고 그들과 소통하는 법이 탁월했기 때문이다. 그는 청중에 맞추어 메시지를 전달하는 방법이 다양했다. 그러면서도, 그의 설교는 청중에게 상당한 감동과 울림을 안겨주었다. 그는 설교 내내 강렬한 메시지를 증거하면서도 말을 더듬는 일이 거의 없었고, 분절이 뚜렷한 노스케롤라이나 억양과 명확한 어조, 그리고 호소력이 넘치는 음성으로 친근하게 메시지를 전달했다. 이렇듯 그레이엄의 메시지는 역동적이면서도 강렬했다. 그러면서도 청중을 이해한 후 수사학적으로 접근했기에 그는 청중의 마음을 사로잡는 설교를 할 수 있었다.

그레이엄의 설교방식은 간략히 말해 다음과 같다. 그는 설교의 도입에서 무엇 때문에 청중이 복음이 필요한가를 심각하게 열거한다. 이것은 세상 문화와 죄에 빠져있는 청중에 대한 과감한 도전이다. 그리고 본론에서 예수 그리스도를 소개하며 "예수께 나아오라!"는 간절한 호소를 통해 복음을 믿을 것을 촉구한다. 그리고 결론에서 그는 다시금 설교의 전체적인 요점을 요약한 후 복음을 수용했을 때의 얻을 유익함에 관해 청중에게 반복적으로 각인시킨다. 가장 놀라운 점은, 이런 설교방식을 따르면서도 단조롭거나 형식적이라는 생각이 전혀 들지 않을 정도로 그의 설교는 진지하다. 그는 수만 명의 청중 앞에서도 마치 친한 친구와 대화하는 것처럼 메시지를 전하는 수사학에 능통한 설교자인 것이다. 이처럼 그레이엄은 청중과 일심동체(一心同體)가 된 듯한 신뢰를 바탕으로 메시지를 증거하는 전도 설교자였다.

V. 결론

지금까지 본 논고는 빌리 그레이엄의 생애와 신학 그리고 설교의 특징에 관해 살폈다. 그는 자유주의와 근본주의로 인해 신학적 분열과 혼돈이 난무하는 때에 성경의 권위를 강조했다. 그리고 그는 오직 예수 그리스도를 통한 '하나님의 구속적 선교'만이 교회의 나아갈 길임을 제시했다. 다시 말해, 그는 종교개혁자들이 부패해가던 로마 가톨릭 교회의 신학과 성경해석으로부터 종교개혁을 과감히 단행했던 것처럼, 시대적으로 암울하고 혼돈의 시기에 하나님 말씀인 성경의 권위를 주장함으로써 교회가 나아갈 선교의 길을 분명히 제시했다. 이런 그의 신앙적 행보는 그가 20세기의 위대한 복음주의 전도 설교자임을 반증한다. 이 같은 배경에서, 그레이엄의 설교에 나타난 특징들을 살핀 것은 아주 고무적이었다. 첫째, 그는 복음의 본질에 충실하여 케리그마적 설교를 증거했다. 둘째, 그는 영감 있는 설교를 위한 성실히 삶과 말씀을 묵상했으며, 청중을 이해하고자 상당한 노력을 기울였다. 끝으로, 그는 청중과 탁월하게 소통하기 위해 메시지를 수사학적으로 전했다.

그러므로 오늘날 교회가 나아갈 선교와 목회의 길은 명확하다. 이 시대를 살아가는 그리스도인의 사명은 너무도 분명하다. 그것은 성경에서 증거하는 바와 같이 '하나님의 구속 사역'이야말로 교회가 나아갈 선교적 방향이며, 오직 예수 그리스도의 복음에 착념하여 '하나님의 나라'를 위해 충성함이 우리 그리스도인이 취해야 할 교회의 목적이다. 이런 점에서, 빌리 그레이엄의 삶과 신학 그리고 설교가 주는 의미는 오늘날 혼돈의 시대를 살아가는 우리 그리스도인에게 '어떻게 삶을 살아가야 하는가?'에 대한 질문에 확실한 답을 제시할 것이다.

배춘섭
루터대학교 신학과
총신대학교 신학대학원 (M.Div. equiv.)
Universiteit van Pretoria (M.Th.)
Universiteit van Pretoria (Ph.D.)
(현) 한국개혁신학회 선교학회 회장
(현) 개혁신학회 선교학회 회장
(현) 총신대학교 신학대학원 교수 (선교신학)

Sermons of Spiritual Masters

한국의 설교자들

한국교회에서의 설교, 그 역사와 평가
-장로교회를 중심으로-[1]

이상규

1. 시작하면서

　설교란 하나님의 말씀의 해석과 적용이라고 할 수 있다. 웨스트민스터 채플의 설교자였던 캄벨 몰간(Campbell Morgan)은 "설교란 계시된 진리의 말씀의 선포"라고 정의했다. 평양신학교에서 설교학을 가르쳤던 곽안련(Charles A. Clark)은 설교는 "하나님의 말씀에 기초하고 사람을 구원하려는 계획과 목적에서 사람을 감동하도록 권면하는 종교적 강화"라고 정의했다. 그렇다면 한국교회 특히 장로교회 설교자들은 그 시대의 사람들에게 무엇을 어떻게 설교했을까? 이 글에서는 이 점에 대해 정리해 두고자 한다. 이 글에서는 한국교회, 특히 장로교회의 대표적인 설교자들의 일반적 추세 혹은 경향에 대해 검토함으로써 한국(장로)교회의 하나님 이해를 비롯한 신학과 복음 이해에 대해 검토해 보고자 한다.

　이 글에서는 우선 한국 장로교회의 설교 유형을 편의상 몇 시기로 나누어 역사적 측면에서 고찰하였다. 설교는 인간의 삶의 자리에서 성경적 삶을 살도록 하나님의 말씀으로 권고하는 행위이기 때문에 설교자 자신이 의식하든 의

---

1. 이 글은 아상규, 『한국교회역사와 신학』(한국기독교역사연구소, 2015), 109-144쪽의 "한국교회에서의 설교, 그 역사와 신학"을 요약한 것임.

식하지 못하든 설교는 '그 시대'적 상황을 반영하고 있다. 즉 본문(text)은 상황(context) 가운데 주어졌고, 설교는 '그 시대'의 질문에 대한 신학적 응답이기 때문이다. 이 글 후반부에서는 한국교회 강단의 쇄신을 위하여 고려해야 할 몇 가지 점에 대해 주목했다.

2. 한국 장로교회 설교의 역사적 개요

1) 초기 선교사들의 설교

한국에서 첫 개신교회가 설립된 때는 일본의 1872년보다 11년 늦은 1883년이었다. 이때 설립된 소래(松川)교회에 이어 인천, 서울, 부산, 평양 등 주요 도시에 교회가 설립되기 시작하였다. 감리교회의 첫 목사가 배출된 때는 1901년이었지만, 장로교회는 1907년 첫 목사 7인을 배출했다. 이때의 목사선교사는 49명이었다. 한국장로교회는 전국적으로 785개에 달했고, 세례교인은 1만 8천여 명, 전체 교인은 7만 2천명에 달했다. 1912년에는 장로교총회가 조직되었는데, 이 당시 교회는 약 2천여 개였고 신자 수는 12만 7천명에 달했다. 그러나 한국인 (장로교)목사는 69명에 지나지 않았고 목사선교사는 77명이었다. 한 사람의 목사가 한 교회를 담임한다고 가정하면, 목사가 시무 하는 교회는 전체 교회의 오직 7%에 불과했다. 따라서 거의 대부분의 교회가 선교사들의 관할 하에 있었고 선교사는 여러 교회를 관장하고 있었다. 결국 설교자들은 주로 선교사들이었다. 그러므로 선교사들의 설교관이 어떠했는가 하는 점은 그 이후의 한국교회의 설교 형식과 내용을 결정했다고 해도 과언이 아니다.

이 당시 영향력 있는 장로교 선교사들로는 원두우(H. G. Underwood, 1859-1916), 곽안련(C. A. Clark, 1878-1961), 마포삼열(S. A. Moffett, 1864-1939), 배위량(W. M. Baird, 1862-1931), 이눌서(W. D. Reynolds, ?-1951) 등이었다. 이들의 설교가 어떠했는가를 말할 수 있는 자료는 많지 않다. 장로교

의 첫 신학잡지인 「신학지남」이 창간된 때는 1918년이었는데, 이 잡지에 선교사들의 설교가 게재되기 시작하였다. 특히 곽안련은 설교, 설교에 대한 많은 논문과 예화, 그리고 유관 서적을 소개하는 글을 게재하였다. 한국에서 최초의 설교집이 발간된 때는 1920년이었는데, 그것은 언더우드의 『원두우 강도취집』이었다. 그러므로 그 1920년대 이전의 선교사들의 설교에 대해 정확하게 말하기에는 약간의 어려움이 있다. 그러나 여러 가지 상황을 비추어 볼 때 설교 형식은 주로 제목설교(topical preaching)라고 불리는 주제 중심의 설교였다. 이런 설교 방식은 1900년대를 전후하여 미국교회에서 유행하던 설교 방식이었다. 이 설교는 설정된 주제를 강화시켜 가야 했으므로 많은 예화가 도입되었다. 따라서 인간의 경험에 의존하는 경향이 짙은 것이었다. 성경신학적 이해가 크게 결핍된 당시의 이 주제 중심의 제목설교는 상당한 호소력을 지니고 있었다. 제목설교는 예화를 필요로 했으므로 「신학지남」에서는 설교에 필요한 예화들이 "강도에 인용할 만한 비유"라는 제목으로 3호부터 게재되기 시작하였다. 다시 말하면 한국교회 초기부터 다양한 예화가 설교에 사용되었음을 알 수 있고 설교 형식은 제목 중심이었음을 알 수 있다. 또 설교의 내용은 복음과 영생, 속죄, 구원, 하나님의 사랑 등이 포괄적 주제였는데, 그것은 당시의 시급한 요청이었기 때문이다. 선교사들의 설교는 천당과 지옥, 예수와 사탄, 선과 악 등을 대비하여 설교하는 단순한 것이었고, 그 내용은 복음적이었다. 이런 초기 교회적 설교 경향은 1970년대까지 주된 설교 양식이 되었다.

그런데 문제는 이런 설교 방식이 그 이후 오늘에 이르기까지 한국교회 설교에 커다란 영향을 끼쳤고 또 끼치고 있다는 점이다. 초기의 한국의 신자들은 대체적으로 유교적 전이해(前理解)를 가진 이들이었기 때문에 설교는 자연히 도덕적인 혹은 유교적 가르침에서 기독교의 그것과 유사하다고 여겨지는 것을 특히 강조하는 성격이 짙었다. 다시 말하면 설교에서의 도덕적 성격이 짙었다. 초기 한국인 설교 또한 선교사들의 설교 형식에서 탈피하지 못했다.

2) 초기(1920년대까지) 한국인 목회자들의 설교

앞에서 언급했듯이 초기 한국교회는 선교사들의 절대적 영향 하에 있었으므로 설교에 있어서도 선교사들의 설교가 영향을 끼치고 있었다. 따라서 한국인 사역자들의 설교란 선교사들의 그것을 모방하는 경향이 농후했다.

이 당시 주로 활동한 장로교 설교자로는 1907년 목사안수를 받은 7인의 목사인 서경조(1852-1938), 한석진(1868-1939), 양전백(1870-1933), 방기창(1851-1911), 길선주(1869-1935), 이기풍(1865-1942), 송린서(?-1967)와 김익두(1874-1950) 등이었다. 비록 목사안수는 받지 않았으나 한국교회 강단에 영향을 끼친 인물이 있었는데, 대표적인 인물이 첫 한국인 신학도였던 윤치호(1865-1945)였다. 이들의 설교를 헤아려 볼 수 있는 자료는 1920년에 출판된 『백목강연 白牧講演』인데 이 설교집은 한국 최초의 설교집이라고 볼 수 있다. 이 설교집에는 주로 1910년에서 1920년 어간에 교회에서나 기타 모임에서 선포된 설교들이 수록되어 있는데, 이 시기 설교의 내용은 다음과 같은 특징을 지니고 있었다.

1) 영생과 구원, 하나님의 사랑 등 구원에의 초청이 주된 선포였다는 점,
2) 새로운 윤리의 표준으로서 기독교 신앙을 제시하고, 해야 될 일과 해서는 안 될 일을 강조하는 계율적인 요소가 짙었다는 점,
3) 권선징악(勸善懲惡) 혹은 상선벌악(賞善罰惡)과 같은 도덕적 강조에 치우쳤다는 점,
4) 현세적 삶에서의 신앙보다는 내세적인 경향이 짙었다는 점,
5) 충군애국(忠君愛國)적 설교가 많았다는 점이다.

이 당시 설교자들이 본문설교(textual sermon)를 시도하기도 했으나 그것은 한국어 설교의 자구적(字句的) 해석에 지나지 않았다. 성경신학에 대한 이

해나 신학전통에 대한 이해가 결핍되어 있었으며 진정한 의미의 본문설교이지 못했다. 이런 점에서 성경 본문을 exegetish 하기보다는 eisegetisch 하는데 그쳤다. 그래서 설교의 형식은 여전히 제목 중심의 풍유적(allegorical) 설교와 유비적(analogia) 설교가 중심을 이루고 있었다. 이 당시로 볼 때 풍유적 설교는 설교자에게나 청중들에게 매력을 지니고 있었다. 풍유적 설교란 본문보다는 본문 배후에 있는 뜻을 밝혀내는 것을 해석의 중요한 과제로 삼기 때문에, 이런 설교는 설교자의 영적 능력을 과시하는 것으로, 청중들에게는 영적 신비로움으로 받아들여졌던 것이다. 아마도 이런 매력 때문에 오리겐(Origen) 때부터 이런 설교가 유행했을 것이다. 유비적 설교란 성경의 가르침을 한국적 상황에서 비유적으로 설교하는 방식인데 이런 유형은 당시의 지배적인 방식이었다.

  이 시기 설교는 그 내용 면에서 선교사들의 설교와 두 가지 면에서 달랐다. 그것은 설교에서 도덕적 요소가 강했다는 점과 충군애국적(忠君愛國的) 성격이 짙었다는 점이다. 이 점을 이해하기 위해서는 이 당시의 정치적 상황을 고려해야 한다. 1870년대 이후 조선은 더 이상 '은자의 나라'(Hermit nation) 이거나, '조용한 아침의 나라'(Land of Morning Calm) 일 수 없었다. 배외쇄국(排外鎖國)의 이데올로기는 외세에 의해 허물어져 가기 시작하였고, 흥선대원군의 실각(1873)과 운양호사건(1875)으로 조선은 비무장 한 채로 냉엄한 국제질서의 현장에 노출되기 시작하였다. 바로 이런 민족적 위기 앞에서 기독교는 우리나라에 전래되었고, 교회는 민족과 함께 있어 왔다. 또 임오군란(1882)을 전후한 청과 일본의 각축전, 그리고 러시아의 남하정책, 동학혁명, 갑신정변(1884), 청일전쟁(1894-5), 민비시해사건(乙未事變, 1896)의 와중에서 백성들은 어떤 구원의 손길을 갈망하고 있었다. 선교사들이 발간하던 코리안 리포지토리(Korean Repository)에서는 "이 가련한 조선인들은 고난과 불안의 와중에서 두 손을 뻗쳐 하나님을 찾고 있다"고 했다. 이런 상황에서 교회는 「독립

신문」의 시각처럼 충군애국(忠君愛國)과 신앙구국의 길을 걷고 있었다. 따라서 이 시기의 한국인들의 설교는 이중적 성격, 곧 순수한 복음에의 초청과 신앙구국의 소명을 보여주고 있다.

3) 1930년대 이후의 설교

1930년대부터 한국교회에는 신학적 변화가 일고 있었다. 그 변화를 3가지로 말할 수 있는데, 첫째는 자유주의 신학의 대두였다. 한국교회 초기부터 성경적 설교를 했던 분이 사무엘 마펫(Samuel Moffett)인데 그는 1934년 이렇게 말한 적이 있다. "오늘 어떤 신 신학자들은 나를 너무 보수적이라고 비난한다. … 근래에 신 신학이니, 신 복음이니 하는 말을 하며 다니는 사람이 있는 모양인데 우리는 그러한 인물을 삼가야 한다. 조선에 있는 선교사들이 다 죽는다든지, 혹은 귀국하든지 조선교회 형제여 40년 전에 전파한 그 복음을 그대로 전하자." 이것은 자유주의 신학의 출현에 대한 분명한 경고였다. 자유주의 신학이 보다 분명한 형태로 나타나는 것은 1930년대이지만 이미 1920년대 후반부터 이 신학은 태동되고 있었다. 소위 자유주의 신학에 근거한 설교가 함경도 지방을 중심으로 나타나기 시작하였다. 한국 초기의 복음주의적 설교가 1930년대를 거쳐 가면서 비록 제한된 범위 안에서 나타난 현상이기는 하지만 자유주의적 설교가 나타나기 시작한 것이다. 그 첫 인물이 김장호(金庄鎬, 1881-?) 목사였다. 그는 공개적으로 성경의 기적을 부인하기 시작하였다.

둘째는 신비주의 혹은 신령주의(神靈主義)의 대두였다. 이 운동은 주로 원산에서 일어났는데, 비신학적 주관적 성경해석, 예언과 방언, 신림(神臨)을 강조하였는데, 대표적인 인물이 황국주, 백남주, 이용도 등이었다. 이용도는 독일의 에크하르트와 비교되기도 했는데, 그의 부흥집회를 통해 나타난 신비주의적 경향성은 암울한 시기의 영적 탈출구였다. 자유주의가 '교회 없는 신학' 운동이었다면, 신비주의 운동은 '신학 없는 교회' 운동이었다. 결국 신비주의는 신학석 전통을 무시하는 주관주의 운동으로 발전하여 교회에 적지 않는 해악을 끼쳤다.

셋째는 무교회주의의 대두이다. 무교회가 일본의 교회에 큰 영향을 주었듯이 한국교회에도 적지 않게 영향을 주었다. 무교회주의는 경남 일우(특히 김해지방)에서는 신진리파(新眞理派)란 이름으로 나타났다. 1960년대까지만 해도 무찌무라 간조의 책이 없는 목회자들이 거의 없었을 정도로 그의 저작은 한국인 목회자들 사이에 폭넓게 읽혀졌다. 그러면 왜 무교회주의자들의 저술이 그처럼 애독되었을까? 당시 한국인들의 저서나 저작은 많지 못했고, 일본의 기독교 관계 서적은 쉽게 유입될 수 있었기 때문이다. 당시의 한국인 목사들은 서양어 서작은 해독하지 못했으나 일본어는 읽을 수 있었으므로 후지이 다께시(藤井武), 우찌무라 간조(內村鑑三, 1861-1930), 야나이하라 다대오(失內原忠雄) 등의 무교회 인사들의 저작은 요긴한 설교의 안내서였고, 이들의 저작은 소리 없는 영향을 끼쳤다. 또 한국 설교자의 설교에 만족하지 못했던 의식 있는 젊은이들은 보다 차원 높은 가르침으로 인식했던 무교회주의자들의 서적에 탐닉하기 시작하였다. 그래서 무교회주의는 한국교회에 큰 영향을 끼쳤다. 물론 무교회 인사들의 저서 외에도 구로사끼 고기찌(黑崎幸吉), 가가와 도요히꼬(賀川豊彦) 등의 저서들도 한국인 목회자들에게 큰 영향을 끼쳤다.

이상과 같은 한국교회의 신학적 변화와 함께 1930년대를 거쳐 가면서 한국교회의 설교가 그 내용 면에서 다양해지기 시작했다. 그 이전 시대의 설교는 복음적인 성격이 강했고 그 내용이 단순했으나, 이제는 주관주의적인 신비적, 탈교의적 설교들이 나타나기 시작하였다. 어떤 점에서 설교는 설교자의 신학을 반영한다.

이 시기 대표적인 설교자들은 길선주(吉善宙, 1869-1935), 김익두(金益斗, 1874-1950), 오인명(吳仁明, 1893-1976), 주기철(朱基徹, 1897-1944) 등이었다. 이 시기 설교를 헤아려 볼 수 있는 대표적인 자료는『조선의 강단』,『한국

교회 순교사와 그 설교집』 그리고 『희년기념 목사 대 설교집』이다. 『희년기념 목사 대 설교집』에는 당시 목회자들의 170여 편의 설교가 게재되어 있는데, 다소 특이한 점을 말한다면 3가지 사실을 지적할 수 있는데, 첫째, 주관주의적, 신비적, 그리고 탈교의적 성격의 설교가 있다는 점, 둘째, 설교 배후에 민족의식이나 그 성격이 나타나 있다는 점, 셋째, 내세 지향적 성격이 강했다는 점이다. 이러한 특징은 이 시대적 상황과 관련되어 있다. 정치적으로 볼 때 1930년대 이후는 민족적 시련기였고 역사 현실에서의 소망은 기대할 수 없는 상황이었다. 특히 만주사변(1931), 상해사변(1932), 중일전쟁(1937) 그리고 태평양전쟁(1941)에 이르기까지 '15년 전쟁'은 한국인들에게 현실적 허탈감을 안겨 주었다. 역사 현실에서의 구원의 가능성은 무망했던 것이다. 현실이 암담하면 할수록 내세 지향적, 묵시문학적 성격이 힘을 얻게 된다. 또 현실에서 기대할 수 없는 것을 내세에서 구하고자 하는 경향이 나타나 탈 역사적 상황이 나타난다. 그래서 이 시기 설교는 묵시문학적 성격이 강했다.

또 구약의 출애굽기, 다니엘이나 에스겔서, 그리고 신약의 계시록에 대한 설교가 의식 있는 설교자의 중요한 본문이 되었다. 공개적으로 말하지는 않았다 할지라도 출애굽기를 설교하면서 민족해방을 고취하려고 하였고, 에스겔 골짜기를 통해 민족의 소망을 주려고 했다. 후일 총독부가 출애굽기나 에스겔서 요한계시록을 설교하지 못하도록 금지한 사실에서도 설교에 있어서의 민족의식은 분명했음을 보여준다. 그런데 이런 것이 그 당시 설교의 전부였다고 생각하는 것은 옳지 않다. 특히 장로교 목사들의 설교는 자유주의나 신비주의, 그리고 무교회주의에 대항한 변증적 설교도 적지 않았다.

여기서는 1930년대 이전과 이후 교회에 큰 영향을 준 장로교회의 3목사, 곧 길선주, 김익두, 주기철의 설교에 대하여 간단히 정리해 두고자 한다. 장로교회의 길선주 목사(1869-1935)는 29세 때 친구인 김종섭의 인도로 신앙을 갖게 되었고 1907년 한국교회 대부흥운동 기간에는 부흥의 역사를 불러온 한국인 주역이었다. 그의 설교 제목들인, "지옥을 취하랴? 천당을 택하랴?", "마음의 문을 열고 성신을 영접하라" 등이 보여주는 바처럼 그의 설교는 복음적이고 성령의 역사를 구하는 내용이 많다. 그는 설교의 목적을 "죄의 더러움과 마귀의 권세 가운데서 생활하는 사람들을 하나님의 광명한 빛 가운데로 인도하는 행위"로 보았기 때문에 그의 설교는 회개, 중생, 그리스도의 대속이 중심을 이루었다. 그의 신학 중 종말론은 다소 특이한 점이 있다. 그는 전천년설을 주장했는데, 특히 세대주의적인 전천년설을 믿었다. 그리고 그는 예수의 재림을 강조하였다. 재림이야말로 영생세계의 전제이며, 복음의 승리요, 교회의 결론이라고 보았다. 길선주 목사는 회개, 중생, 대속, 곧 영원한 하나님의 나라, 내세적 소망을 강조하면서도 동시의 현세적인 민족의 구원과 해방을 강조한 점이 특이하다. 그는 요한계시록은 1만 독한 것으로 알려져 있다. 그래서 그는 내세적 소망을 강조하는 많은 설교를 했는데 이것은 암담한 현실로부터의 탈출이었다. 그러면서도 그의 설교 속에는 민족 현실에서의 독립과 해방의 메시지를 선포했다. 흥미로운 점은 이런 두 가지 경향성, 곧 내세적인 것을 그토록 강조하면서도 동시에 역사 현실의 문제에 관심을 가질 수 있는가 하는 점이다. 많은 해석자들은 한 사람이 내면적, 영적인 것에 깊이 심취하면 심취할수록 현실적인 것에 무관심하고, 반대로 현실문제에 집착하면 할수록 영적인 문제에 무관심해진다고 주장한다. 그러나 이런 견해가 옳지 않다는 점을 길선주의 삶과 설교를 통해 보여준다. 그는 영적 지도자인 동시에 민족의 지도자였고, 그에게 양자의 동시성이 있었다.

또 한 사람의 설교가인 김익두 목사(1874-1950)는 부흥운동가로 널리 알려져 있다. 그는 1910년 목사안수를 받았고 1920년에는 장로교 제9회 총회장을 역임하기도 했다. 그는 1921년부터 부흥사로 활동하기 시작하였고 곧 상당한 영향력을 행사하는 대부흥사가 되었다. 그가 특별히 강조한 것은 회개와 기도였다. 그리고 십자가와 부활, 천당 등이 설교의 중심 주제였다. 따라서 그의 설교는 복음적인 것이었고 그 내용은 매우 단순했다. 그는 이적을 행했으나 그것을 공개적으로 드러내려 하지 않았다. 이런 이유 때문에 그는 상당한 신뢰와 지지를 얻고 있었고 따라서 큰 영향을 끼치고 있었다. 그의 영향으로 약 200여 명이 목사가 되었는데, 신학자 김재준(金在俊), 순교자 주기철(朱基徹)이 대표적인 인물이다. 그의 설교에는 계몽적인 측면도 없지 않아 미신과 악습을 폐지하고자 시도하였다. 앞서 언급한바 있는 김장호 목사가 자유주의적 설교를 했을 때, 그는 김장호의 신학과 설교에 반대하고 순수한 복음, 곧 구원과 영생의 도를 설교의 중요한 주제로 삼았다.

주기철(1897-1944)은 이 시기에 영향을 끼친 또 한 사람의 장로교 목사였다. 어떤 점에서 그의 영향력은 그가 살아 있을 때보다 그가 순교한 이후에 더욱 컸다고 볼 수 있다. 김익두 목사의 부흥집회에서 목회자의 길을 결심한 주기철은 1922년 3월 평양의 장로회 신학교에 입학하였고 1925년 9월 이 학교를 졸업하였다. 그 후 부산 초량교회(1926-1931), 마산 문창교회(1931-1936), 평양 산정현교회(1936-1944)에서 시무하였고, 신사참배 반대로 1938년 2월 제1차 검속 이후 약 7년간 투옥되었다가 1944년 4월 21일 밤 49세를 일기로 순교하였다.

그의 설교가 어떠했는가를 논함에 있어서 문제점은 그가 직접 쓴 설교원고는 불과 몇 편에 지나지 않는다는 점이다. 그의 설교는 현재 32편이 남아 있으나 그가 직접 쓴 설교는 오직 7편에 지나지 않으며 그가 남긴 설교 요약문을 기초로 김인서(金麟瑞)가 확대한 것이 9편이다. 그 외의 15편 중에서 2편은 김인서가 주 목사의 설교를 듣고 기록한 것이며, 1편은 유기선(劉基善)이 들은 설교를 김인서가 기록한 것, 2편은 이숙경(李淑京)이 들은 설교를 김인서가 기록한 것, 나머지 6편은 밀양읍교회 주남석(朱南石) 장로가 기록한 것이다. 물론 이 설교를 통해서도 주기철의 설교의 내용과 형식을 헤아릴 수 있으나 그의 설교는 그의 삶의 여정 속에서 읽는 것이 중요하다고 본다.

건실한 목회자였던 주기철은 유명한 설교가이기도 했다. 평양신학교를 졸업한 그가 초량교회에 부임하게 된 것은 그가 경남 출신이라는 점 외에도 당시로서는 비교적 정상적인 교육을 받은 인물이라는 점이 고려되었다. 그가 1936년 평양 산정현교회에 청빙을 받은 것은 그의 감화력 있는 설교가 혼란했던 산정현교회를 수습할 수 있을 것으로 인정받았기 때문이었다. 주기철 목사는 산정현교회 담임으로 재직할 당시 한국교회의 대표적인 설교자로 두각을 나타내고 있었다. 이를 반영해 주듯이 1937년 한 해 동안 그의 설교 10편이 설교전문잡지인 「설교」에 게재되었다. 주기철 목사는 문창교회 재직 시부터 부흥사경회 강사로 초청받기 시작했고, 장로교 목사 수양회(1936. 5), 장로회 제26회 총회 당시 강사(1937. 9)로 초청된 점 등은 그가 설교자로 명성을 얻었음을 보여주는 증거라고 할 수 있다.

　주기철의 설교는 이 당시 한국교회의 일반적인 형식과 크게 다르지 않았다. 1920년 이후의 한국교회 설교에 대한 자료가 되는 『백목강연 白牧講演』, 『조선의 강단』, 『희년기념 목사 대 설교집』 등을 보면 한국교회 설교는 형식 면에서 제목설교(topical preaching)가 중심을 이루고 있었다. 평양의 장로교 신학교에서 33년간 설교학을 가르쳤던 곽안련(C. A. Clark)은 주해설교의 중요성을 강조했고, 그것이 가장 좋은 설교 방식이라고 주장했음에도 불구하고 그 자신은 단 한 편의 주해설교도 남기지 않았을 정도였다. 제목설교는 선교사들의 일반적 설교 방식으로 선호되었고 한국교회에도 영향을 끼쳤다. 그래서 한국교회 강단에서 제목설교 선호 현상은 뚜렷이 나타났다. 이호우의 분석에 의하면, 1884년에서 1919년까지 제목설교는 71.7%에 해당했고, 1920년에서 1930년까지는 73%, 1931년부터 1940년까지는 전체 설교의 80%가 제목설교였다고 한다. 이 당시 설교자들이 본문설교(textual sermon)를 시도하기도 했으나, 그것은 한국어 설교의 자구적(字句的) 해석에 지나지 않았다. 성경신학에 대한 이해나 신학전통에 대한 이해가 결핍되어 있었으며 진정한 의미의 본문설교이지 못했다.

 1930년대 주기철 목사의 설교도 이런 큰 틀 안에서 행해졌는데, 3가지 특징을 지적할 수 있다. 첫째, 그의 설교도 제목 중심의 설교로서 설정된 주제를 강화해 가는 방식을 따르고 있고 때로 예화와 비유가 사용되었다. 둘째, 주기철 목사의 설교도 '모범식(範例的) 설교'(examplary preaching)라는 점이다. '모범식 설교'란 성경이 말하는 가르침을 우리가 따라야 할 모범으로 이해하고 선포하는 설교 방식인데, 이런 설교는 도덕적 혹은 윤리적 설교라는 특성이 있다. 이런 설교는 구약보다는 신약에 치중하는 경향이 있고, 성경 본문의 구속사적 관점을 무시하거나 경시하는 약점이 있다. 반대로 이런 설교는 난해하지 않아 수용성이 높고, 강한 도덕적 요구가 있어 한국적 현실에 적용성을 높여주는 장점이 있다. 셋째, 주기철 목사의 설교에서도 구약보다는 신약 본문을 선호했음을 알 수 있다. 확인된 설교 본문을 보면 신약을 본문으로 한 경우가 20회인 반면 구약 본문의 설교는 오직 6회에 지나지 않아 전체 설교의 약 20%에 해당한다. 이 점 역시 제한된 자료에 근거한 통계이지만, 주기철 목사의 경우에서도 신약 본문을 선호한 것은 분명하다. 이 점은 거의 모든 한국인 설교자들에게 나타나는 동일한 현상이다.

 흔히 주기철 목사의 설교에서 '일사각오'로 상징되는 우상숭배에 대한 저항과 투쟁에 강조를 두지만, 이것은 주기철 목사의 설교에 대한 종합적인 판단이라고 볼 수 없다. 그동안 한국교회가 '순교자로서의 주기철'상에 집착하여 '영혼의 목자로서의 주기철'상을 동시에 보지 못했다. 주기철 목사에게는 우상숭배 강요와 같은 국가권력의 탄압에 대해서는 강하게 저항했지만 자애로운 목회자였고 상처 난 영혼을 안고 씨름하는 영혼의 교사였다. 그의 설교에는 4가지 특징이 엿보이는데, 첫째, 그의 설교에서 영적 변화와 성령의 역사를 강조하고 있다는 점이다. 이 점은 그의 설교 속에 나타난 가장 보편적인 특징이다. 그의 설교, "영으로 살자," "성신을 받으라," "성신과 기도"가 이점을 강조한다.

둘째, 주기철 목사의 설교에는 분명한 사생관이 나타나 있다. 사생관은 단지 삶과 죽음의 문제만이 아니라 신앙적 삶에 대한 태도를 총체적으로 보여주는 것이다. 이 점이 그의 순교적 투쟁을 가능하게 했고, 국가 권력의 부당한 간섭에 대해 저항할 수 있었던 힘이었다.

셋째, 주기철 목사의 설교에는 십자가와 부활에 대한 확신으로 가득 차 있다. 그의 설교 속에는 십자가와 부활로부터 오는 희망이 나타나 있고 그것이 그의 신앙을 관통하고 있다. 주기철 목사가 장기간 고난에도 견딜 수 있었던 것은 부활의 주님께 완전히 자기를 의탁했기 때문이며, 그리스도의 부활이 자신의 부활이라는 확신과 희망이 있었기 때문이었을 것이다.

넷째, 그의 설교 속에는 역사 심판사상이 분명히 나타나 있다. 이 점은 신사불참배론자들의 예심종결서에 공통적으로 나타나는 특징이다. 특히 주기철 목사의 설교에는 예언자적 선포와 동시에 역사에 대한 심판사상이 분명하다. 주기철의 설교에서 민족주의적인 특징을 말하는 이도 있으나 민족주의적 동기는 전혀 언급되고 있지 않다. 다시 말하면 주기철의 생애 여정, 곧 삶과 순교를 민족주의적 관점에서 해석하는 것은 부당하다. 이런 해석이 잘못이라는 점은 특히 그가 1936년 평양 산정현교회에서 행한 "3가지 신앙"이란 제목의 설교에 잘 나타나 있다. 그는 길선주나 김익두보다 한 걸음 더 나아가 민족의식과 복음운동을 구별하고 있었다. 그는 순수한 복음주의자였고, 그의 삶과 설교는 하나님의 말씀에 대한 철저한 신뢰와 순종, 그 이상도 그 이하도 아니었다. 그는 가장 민족적일 수밖에 없는 삶의 여정 가운데서도 가장 선명하게 복음의 핵심과 민족적인 것을 구분하고자 했다.

이상에서 언급한 해방 이전까지의 설교를 정리해 보면 내용 면에서 다음의 몇 가지 특징을 지적할 수 있다. 첫째, 순수한 복음적인 설교로서 이교적 문화나 관습을 버리고 복음적인 삶을 살도록 요청하는 내용이다. 이 경우에 성수

주일, 금주, 단연, 조상제사 금지(이런 경우를 보여주는 한 예가 전도책자 「구세론」에 나타나 있다) 등 구습으로부터의 탈피를 요청하는 성격이 강했다. 둘째, 내세 지향적이고 탈 역사적인 설교가 많았다는 점이다. 일부의 의식 있는 설교자의 경우는 예외이겠지만 대체로 설교는 내세 지향적이었고, 역사 현실에 대한 관심이 선명하게 나타나 있지는 않다. 셋째, 민족 현실과 해방, 독립사상을 고취하는 설교도 이 시대 설교의 한 특징으로 볼 수 있고 감리교의 경우가 장로교의 경우보다 더 강했다. 이런 경향의 대표적인 인물이 감리교의 전덕기(全德基)였다. 이런 특징은 그 이전에도 있었지만 여전히 이 시대 설교의 한 유형이었다. 그러나 예상과 달리 이런 설교는 많지 않고, 또 이 당시 출판된 설교에는 분명히 드러나 있지는 않다. 그것은 총독부의 검열 때문에 의도적으로 삭제되었다는 주장도 있다. 어떻든 모세나 여호수아의 생애와 활동이 설교되었고, 에스겔과 다니엘서가 의도적으로 설교되었으나 그것이 보편적인 현상이었다는 증거는 없다. 어떤 이는 성서공회의 부총무였던 허엽(許燁) 목사의 설교, "연중총"(燃中叢)을 민족해방을 고취하는 비유적 설교로 지적하고 있으나 사실 그런 성격의 설교로 보기에는 상당히 미흡하다. 허엽 목사는 출애굽기 3:2을 본문으로 불 속의 가시덤불이란 의미의 이 설교에서 "불속의 가시덤불은 환란 중에 예수교회와 굿다 훌수 잇으니 불노 사를지라도 업셔지지 아니홈니다."라고 하고 있으나 전체적으로 보면 민족 구원을 비유적으로 설교했다고 보기에는 미흡하다.

 설교의 형식 면에서는 해방 이전까지 여전히 제목설교, 보범적 설교가 유행하였고, 도덕주의적 한계를 벗어나지 못했다. 일제 말기 일제의 탄압은 더욱 가중되었다. 예배와 설교, 찬송에 대한 세심할 정도의 간섭은 당시 교회의 설교가 민족해방과 독립을 고취한다고 파악했기 때문이었다. 교회의 공식적인 집회를 제한하였고, 민족해방이나 민족주의 성격이 강한 출애굽기나 다니엘서, 내세사상이 강한 요한계시록 등을 삭제하고 설교하지 못하도록 요구하였다. 찬송 중에는 "내 주는 강한 성이요"나 "믿는 사람들아 군병 같으니," "천부여 의지 없어서" 등은 부르지 못하게 하였다. 일제는 '종교보국'(宗教報國) 혹은 '일본적 기독교'를 의도하였고, 한국기독교회를 소위 '국체(國體)를 밝히는 야소교'로 강제하고자 했던 것이다. 이 시기 한국의 자유주의 신학과 그 설교는 일제의 민족정신 말살에 기여했다는 점에서 '비극적인 지성'으로 전락하였다. 다시 말하면 일제는 우리 민족 밑바닥에 흐르는 민족의식, 독립정신 등을 제거하고자 했다. 그래서 앞서 언급한 바처럼 민족해방의 전거(典據)가 될 수 있는 출애굽기나 에스겔서, 다니엘서 등을 설교하지 못하도록 했다. 보다 구체적으로 말하면 출애굽기의 홍해를 건넌 사건은 민족해방이라는 조선의 현실적 과제 앞에 소망을 주고 있었다. 그런데 자유주의자들은 홍해를 갈대밭으로 설명함으로써 홍해 도강 자체를 무의미하게 만들었다. 말하자면 일제가 그토록 추구했으나 이루지 못했던 민족의식의 기초를 제거하는 일을 자유주의자들이 대신한 것이다.

4) 해방 후 1950년대의 설교

1945년 해방 이후 한국교회에서는 교회 재건, 회개, 자숙이 강조되었다. 해방과 함께 교회 재건운동이 전개되었는데, 이것은 노회나 총회 등 일제하에서 해산된 기구적 재건이 아니라 영적 쇄신이었다. 영적 쇄신이란 바로 회개와 자숙운동이었다. 따라서 이 시기 설교는 교회 재건과 회개, 자숙을 강조하는 경향이 짙었다. 특히 이런 경향은 1952년 총로회의 조직으로 출범한 고신교회는 더욱 그러했다. 고신교단은 일제하에서의 신사참배 죄에 대하여 철저한 회개를 강조하였는데 그것은 해방된 조국에서의 새로운 교회 건설의 기초라고 보았다.

한상동 목사가 「파수군」 2호에 쓴 논설 "현하 대한교회에 (上)"는 사실은 논설이 아니라 설교였다. 우상숭배와 불신앙의 길을 걸어 온 한국교회에 대한 진노를 선포하고 진정한 회개를 촉구한 이 글은 이 당시 설교의 방향을 대변하는 것이라 해도 과언이 아니었다. 1952년 9월 2일 진주 성남교회에서 고신교단의 첫 치리회인 총로회를 조직할 때 설교자인 이약신 목사의 설교 제목이 요한일서 2장 12-17절에 근거한 "하나님 앞에서 자숙하자"였다. 1950년대 고신교회는 이런 기초 위에서 하나님 앞에서의 생활, 하나님의 말씀에 대한 전폭적인 순종을 강조하였다. 비진리에 대한 불 타협적인 생활의 엄격성은 설교의 주된 요구였다. 이런 점 때문에 한국의 다른 교회들로부터 바리새주의라는 비난과 의도적 폄하가 없지 않았다.

이 시기 존경받던 인물이었던 손양원 목사는 "성경대로 살자"는 설교를 즐겨했는데, 이 설교는 1950년대 설교의 주된 주제였다. 이런 경향 때문에 당시 설교가 비블리시즘(Biblicism)으로 흐르는 경향이 없지 않았다. 다시 말하면 성경신학적인 고찰이나 성경의 가르침에 대한 통전적인 이해 없이 문자적 엄격성이 곧 진리 파수라고 믿는 순진함이 바로 그것이다. 어떻든 1950년대 설교자들은 진리 파수와 진리운동의 계지(繼持)를 설교자들의 중요한 임무라고 인식하였다. 그래서 설교에 있어서 성경적 원리 혹은 원칙은 강조되었으나 그것의 실생활에서의 적용은 미흡하였다는 평가를 받았다.

1950년대 설교에서 천국의 소망과 함께 하나님의 통치와 심판을 강조한 것은 특기할 점이다. 이것은 뚜렷한 역사의식을 반영해 주는데, 하나님께 대한 소망과 하나님의 의로운 심판에 대한 확신은 이 땅에서의 신자의 삶의 행로를 결정하는 중요한 의미를 지니고 있었다. 특히 한상동을 비롯한 출옥 성도들의 설교 속에는 하나님의 역사 심판에 대한 의식이 설교와 생활, 그 기저에 확연히 나타나 있다. 따라서 그들의 설교는 하나님에 대한 신뢰와 소망, 신전의식, 거룩한 생활을 강조하였다. 한상동 목사의 설교집 제목, 『신앙세계와 천국』, 『고난과 승리』는 하나님의 경륜에 대한 신뢰와 소망, 그리고 역사통치와 심판에 대한 그의 확신을 대변해 주는 것이었다. 이 당시 목회자들은 본문설교에 치중하였다. 비록 제목 설교라고 할지라도, 본문의 의미를 천착하고자 노력하였고, 예화나 사적 경험보다는 성경을 인용하고 성경의 교훈을 제시하려고 힘썼다. 어떤 점에서는 강해설교에 가까운 설교를 시도하였다고 볼 수 있다.

5) 1960-70년대의 설교

1960년대는 한국사회의 중요한 변혁기였다. 이 새로운 한 시기는 1960년 학생혁명과 이듬해의 5.16 군사혁명으로 시작되었다. 쿠데타로 권력을 잡은 박정희 정권은 경제성장을 제일의적 과제로 추구하였다. 이것은 군사혁명의 당위성을 꾀하는 명분확보로 강조되었다. 경제성장은 궁극적으로 물질적 부요를 추구하는데, 이 시대의 구호 '잘 살아 보세' 철학은 정신적 가치에 대한 관심을 배제한 채 물질적 풍요가 최선의 대안으로 제시되었다. 따라서 1960년대 이후 한국사회에는 물질주의 혹은 성장지상주의(成長至上主義) 이데올로기가 뚜렷이 그 실체를 드러내기 시작하였다. 성장지상주의란 이름 그대로 경제성장을 제일의 가치로 수용하는 사회공동체적인 인식인데, 경제성장을 추구함에 있어서 특히 GNP의 성장에 가장 큰 초점을 맞추는 가치체계를 의미한다. 좀 천박하게 말하면 돈이면 제일이라는 생각이다. 그래서 성장지상주의는 다른 모든 규범에 선행하는 보편적 가치로 추구되었고 1970년대를 거치면서 한국사회의 지배적 이데올로기가 되었다. 문제는 이런 성장제일주의는 '성장' 이외의 가치는 경시하거나 무시한다는 점이다. 다시 말하면 성장만 이룰 수 있다면 다른 것은 무시하거나 경시해도 된다는 사고이다. 그래서 한국에 수많은 '호모 에코노미쿠스'(Homo economicus)를 양산하는 결과를 가져왔다.

바로 이런 한 시대의 지배 이데올로기는 1960년대 이후 한국의 장로교회에도 결정적인 영향을 미쳤다. 1960년대 이후 한국교회가 크게 성장하기 시작하였고, 이 시기 '교회성장'은 최선의 요구이자 최선의 가치였다. 그래서 이 시기의 설교의 가장 주요한 주제는 성장이었다. 그래서 전도운동이 강조되었고 총동원 전도라는 이름의 대중 초청집회가 유행했다. "강권하여 내 집을 채우라"(눅14:23)는 교회의 표어이자 설교의 주제였다. 전도가 강조된 사실 자체는 좋으나 하나님의 나라 건설이라는 넓은 의미의 전도 명령의 수행이라기보다는 개 교회 성장에 보다 큰 강조점을 둔 교회의 수적 확장을 의도한 것이었다.

또 물질적 풍요와 축복이 강조되었다. 기독교 신앙은 물질적 축복을 위한 전거로 강조되었고 현세적 안녕이나 소원성취를 위한 방편으로 강조되었다. 이 시기에 흔한 설교 제목은 '축복의 비결,' '축복받는 생활' 등 이었고, 신명기 28:1-6, 빌립보 4:13, 요3:1-2 등은 인기 있는 설교 본문이었다. 그래서 기복신앙(祈福信仰)은 이 시기의 한국교회의 특징이 되고 있었다. 이러한 신앙 양태는 심각한 문제를 지니고 있었다. 구약은 한국 특유의 기복신앙의 관점에서 축복과 저주라는 맥락에서 이해되었고, 이를 위한 모범으로 그리고 예화로 인용되었다. 특히 이 시기 많은 설교자들의 성경해석은 풍유적(allegorical)이었다.

이 시대의 축복 지향적 설교와 목회 경향성에 영향을 준 것으로 위에서 언급한 박정희 정권의 경제제일주의 정책 외에도 두 가지를 지적하고자 한다. 그 한 가지가 조용기(趙鏞基) 목사의 영향이었다. 그는 세계 최대의 교회를 세운 인물로 널리 알려져 있다. 1958년 5월 서울 서대문구 대조동에서 천막교회를 시작하여 1970년 현재의 여의도로 이전하여 세계 최대의 교회당을 건축하였고 약 50만의 신자를 가진 교회로 성장하였다. 그의 설교는 각종 전파를 타고 전국에 소개되었고, 그의 순복음중앙교회는 성장하는 교회의 모델로 목회자들의 흠모의 대상이 되었다. 장로교회의 목회자들에게도 예외는 아니었다. 비교적 개혁주의적 교리를 강조하는 고신이나 합동 등 보수적 장로교회의 목회자들조차도 교회만 성장한다면 신학은 문제시하지 않는 경향을 보여주었다. 이런 교리 경시 풍조가 1970년대 이후 한국교회와 장로교회를 지배하였다. 우리는 이런 시대적 경향성을 '비교리적 시대'(undogmatic age)라고 말하기도 한다. 이와 같은 이 시대의 경향성은 이 시기 설교에도 뚜렷이 반영되었다.

다른 한 가지 영향은 풀러신학교 교회성장학파(Church Growth School)의 영향이었다. 1970년대 이후 이 학파의 이론이 각종 세미나에서 소개되었고 한국교회 지도자들에게 커다란 영향을 끼쳤다. 이 점을 단적으로 보여주는 한 가지 예는 이 시기에 시작된 아시아연합신학대학(ACTS) 목회학 박사학위 논문 제목에 잘 나타나 있다. 아시아연합신학대학은 1970년대 말부터 미국 풀러신학교와 연계하여 목회학 박사학위과정(DMin Programme)을 개설하였는데, 1983년 첫 학위를 수여한 이후 1997년까지 234명에게 목회학 박사 학위를 수여하였다. 그런데 이들 중에 직접적으로 교회성장의 문제를 취급한 논문이 84편으로 전체논문의 36%에 달했다. 간접적인 논문까지 고려한다면 약 40%의 논문이 교회성장과 관련된 논문이고 그것도 개 교회를 중심으로 한 사례연구이다. 특히 이 논문들은 기본적으로 풀러신학교 교회성장학파의 이론에 근거하고 있다. 이 점을 보면 교회성장이 목회자들의 가장 큰 관심사였고, 풀러신학교의 교회성장학파의 영향이 지대하였음을 알 수 있다.

이러한 시대적 경향성 때문에 이 시기 설교는 물질적 축복을 강조하는 경향이 지대하였고, 흉(凶)과 화(禍)를 피하고 길(吉)과 복(福)의 추구를 신앙의 이상으로 삼기 때문에 차원 높은 생활윤리나 공의(公義), 가치의식, 혹은 삶의 문제를 제시하지 못했다. 결국 이것은 기복신앙이라는 왜곡된 형태의 신앙행태를 불러왔다. 기독교 신앙을 양제(禳災)나 치병(治病) 등과 같은 측면으로만 본다면 본래적 기독교회가 가르치는 이타적(利他的) 성격은 크게 훼손되고 말기 때문이다.

이러한 한국교회 현실에 대해 자성과 비판이 있었다는 점은 매우 다행한 일이었다. 이 비판은 미국 나성한인교회 담임목사로 일하던 교회사학자 김의환 목사에 의해 제기되었다. 그는 한국교회에 풍미하는 그릇된 축복 지향적 설교와 목회형태에 문제를 제기하고, 성경적 축복이 무엇인가를 제시하는

『성경적 축복관』이란 책을 1981년 출판하였다. 이런 책이 출판되었다는 사실 자체가 이 시대의 문제의 심각성을 보여주고 있다. 그는 이 책에서 한국교회는 중병을 앓고 있다고 진단하고, "예수 믿으면 세상에서 잘 된다는 값싼 복음 때문에 복을 받기 위해 몰려든 무리를 보고 부흥되고 있다고 자랑하는 한국교회가 되었다."고 개탄하였다. 그리고 축복 개념이 지극히 물량적인 차원에서 취급되고 있음을 경고하였다. 그리고 이제야말로 번영의 신학(theology of prosperity)을 극복하고 복음의 바른 이해, 곧 건실한 신학운동이 필요한 때라고 지적하였다.

성장지상주의는 종교개혁자들이 참된 교회의 표식으로 일컬어 왔던 정당한 치리(治理)의 시행을 무의미하게 만들었다. 엄격했던 치리가 사라지고 교회의 연대성, 공동체적 성격이 파괴되었고, 결국 개교회주의가 심화되었다. 그래서 이 시대의 설교는 "번영을 위한 설교"(preaching for prosperity)였다고 할 수 있다.

지금까지는 주로 보수적인 혹은 복음주의적 교회를 중심으로 언급했지만 1970년대 이후의 진보적 교회의 설교는 박정희 정권에 대한 저항이었다. 설교는 하나님의 말씀의 선포가 아니라, 저항의 설파였고, 인권과 민주화는 설교의 주제였다. 그래서 인권운동이나 민주화 운동이 강조되었고, 이를 뒷받침해주는 설교가 행해졌다. 이들의 설교는 시사 강연과 같았고, 그 설교는 어설픈 성경 인용과 모범적 강조였다. 이는 마치 다윗의 몸에 드리워진 사울의 갑옷과 같았다. 이미 어거스틴이나 17세기 화란의 아메시우스(Amesius, 1576-1633)가 말했지만 성경만이 설교를 위한 유일한 원천이라고 했으나, 자유주의자는 성경보다는 상황을 더욱 중요한 설교의 원천으로 보았다. 엄요섭은 1970년대의 이런 경향에 대해 "오늘의 어떤 설교자들처럼 성경은 예배 순서의 하나로 읽기만 하고 신문 사설 같은 이야기로 열변을 하고 나서 설교를 하였다고 생각하는" 이들이 있다고 지적했다.

여기서 한 가지 지적해 두지 않으면 안 될 것은 1970년대 이후 한국교회가 보수, 진보계로 양극화되었던 것처럼, 교회의 설교에서도 양극화 현상이 뚜렷했다는 점이다. 흥미로운 사실은 이 당시 설교의 유형은 보수나 진보가 다 같이 모범적(example) 설교였다는 점이다. 비록 설교 내용이나 설교의 목표는 달랐다 할지라도 그 설교의 방식은 모범의 형태를 띠고 있었다. 보수적인 설교자들은 현세의 축복을 말하기 위해서 구약성경을 모범으로 원용하였고, 진보적 인사들은 구원과 해방을 설교하기 위해서 출애굽 사건을 모범으로 해석하였다. 보수와 진보적 설교자들의 차이점이란 '무엇을 모범으로 했느냐'의 차이에 불과했다.

6) 새로운 모색: 1980년대 이후 한국교회 설교

여전히 한국장로교회에서는 제목 설교와 '모범론적' 설교가 유행하고 있지만 1980년대 초반부터는 새로운 변화가 나타나기 시작하였다. 그 변화란 구속사적(heilsgeschichtlich) 설교(Holwerda는 이를 "그리스도 중심적" 설교라고 불렀다)가 소개되고 설교에 있어서 새로운 시도, 곧 강해설교가 강조되기 시작했다는 점이다. 물론 이 시기에 와서 처음으로 강해설교 혹은 성경에 대한 구속사적 접근이 시작되었다는 말은 아니다. 그 이전부터 이런 설교를 하는 이들이 없지 않았다. 김홍전(金弘全) 목사가 대표적인 인물이다. 그는 이미 1940년대부터 강해설교자로 명성을 얻었다. 그러나 1980년대를 거쳐 가면서 비로소 구속사적 설교에 대한 관심과 강해설교가 한국에 폭넓게 소개되고 이런 새로운 방식은 상당한 호기심과 관심을 불러일으켰다.

이러한 새로운 설교에 대한 관심은 화란에서는 이미 1930년대에 전개되었으나 한국교회에서 1980년대에 이 운동이 일어난 것은 격세지감이 없지 않다. 그러나 1980년대 초반부터 강해설교에 대한 외국학자들의 책이 번역되고, 강해설교에 대한 저술 혹은 논문들이 발표되기 시작하였다.

이와 같은 변화는 그동안 설교가 지나치게 제목 중심의 모범 위주의 설교였다는 반성이 가져온 결과였다. 제목설교는 두 가지 위험이 있다. 첫째는 메시지의 내용이 성경 본문에 의해 결정되는 것이 아니라 회중의 요구에 맞춘다는 점에서 인간의 사상을 전할 위험이 있다. 다른 하나는 설교가 성경의 사상을 전하는 것이 아니라, 설교자의 사상을 전하기 쉽고, 성경이 설교자의 사상을 뒷받침해 주는 전거(proof reading)로 전락할 위험이다. 말하자면 성경이 우리를 사용하는 것이 아니라 우리가 성경을 이용하기 쉽다. 그래서 패커(J. I. Packer)는 이 점을 "계시된 하나님의 말씀의 권위가 종교적 전문가에 의해 퇴색, 변조되게 하는 것"이라고 지적했다. 모범설교 또한 두 가지 위험이 있다. 첫째는 성경의 역사성을 무시할 수 있는 위험이 있다. 역사적 본문을 모범으로 볼 때 계시의 진정한 의미는 상실된다. 그래서 스킬더는 역사적 본문을 모범적으로 해석하는 것은 성경의 통일성을 부인하는 것이라 하여 이런 해석법을 "단편적 해석"(fragmentary interpretation)이라고 칭하였다. 이것은 본문을 성경의 전체적인 맥락에서 분리시키기 때문이다. 다른 하나는 성경을 오직 도덕으로 이해할 위험이다. 그래서 구속사적 의미를 간과할 위험이 있다. 이런 점에서 볼 때 이 시기에 와서 제목설교 혹은 모범식 설교가 하나님의 말씀에 대한 적절한 설교 방식일 수 없다는 사실을 인식하게 한 것만으로도 상당한 발전이라고 할 수 있다. 대체적으로 젊은 세대 설교자들이 강해설교를 선호하지만, 여전히 제목설교가 오늘의 한국교회 설교의 주류를 이루고 있다는 점을 지적하지 않을 수 없다.

3. 반성과 평가: 한국장로교회 설교의 문제와 과제

이상에서 우리는 한국장로교회에서의 설교가 어떠했는가를 한국교회가 처한 상황과 관련하여 역사적 맥락에서 살펴보았다. 설교는 그 시대를 반영한다는 전제 때문이었다. 한국교회에는 설교 구성에 있어서 3대지(三大旨) 설교가 지배적이었다. 이것은 설교의 내용을 3가지 항목으로 요목화(要目化)하는 방식이다. 이것은 제목설교이든 본문설교이든 동일하다. 이러한 형식의 설교는 이미 초대교회 때부터 있었던 관행이므로 한국교회의 특징으로 볼 수는 없다. 또 이런 설교 형식이 설교의 내용을 간명하게 정리하여 준다는 점에서 한국교회에 상당한 유익을 주었다고 할 수 있다. 그런데, 이런 설교가 거의 정석으로 이해될 만큼 굳어져 있다는 점에서 한국교회 설교의 특색이라 할 수 있다. 필자는 이런 설교 관행은 이기선 목사와 박윤선 목사의 영향이 크다고 믿고 있다. 충현교회 김창인 목사 등의 은사였던 이기선은 대표적인 3대지 설교자였고, 박윤선은 자신의 성경 주석에 상당한 양의 3대지 설교를 포함시켰다. 이런 방식의 설교 형식이 주석 독자들의 설교 구성에 상당한 영향을 준 것으로 보인다. 이제 종합적으로 한국교회 설교에서의 문제와 과제에 대하여 정리해 보고자 한다.

1) '모범' 설교의 문제

한국교회에 풍미하는 가장 대표적인 설교 방식은 '모범론적' 방식인데, 이것은 성경의 인물, 사건, 제도를 통해 어떤 '모범'(example)을 찾으려는 시도라고 할 수 있다. 이런 설교는 특히 인물 설교에 집중되는데, 성경의 인물을 우리가 본받아야 할 이상적인 모범, 혹은 피해야 할 경고적인 모범으로 제시한다. 즉 성경의 인물이나 사건을 하나의 모델로 사용하여 영적, 도덕적 교훈을 취하려는 설교라고 정의할 수 있다. 다시 말하면 이런 설교는 성경을 통해 우리가 본받아야 할 어떤 모범을 발견하는 것을 가장 중요한 과제로 여기는 설교인데, 이런 방식의 설교를 홀웨다(B. Holwerda)는 '모범론적' 혹은 '모범주의적' 설교라고 명명했다. 홀웨다는 이런 설교는 결국, 성경의 역사를 우리에게 모범이 되는 다양한 독립적인 역사들로 해체시키는 결과를 가져온다고 지적한다. 이런 설교는 구약의 역사적 본문에서 역사적 간격을 고려하지 않고 평면적으로 비교하는 잘못을 범하게 된다. 다시 말하면 구약시대의 사람들과 오늘날의 사람들 사이의 역사적 단절을 간과함으로서 과거와 현재 사이에 역사적 등식부호(historical equation mark)를 그어 준다. 이런 설교가 대체적으로 구약 사건에서 도덕적 귀감을 찾으려고 하기 때문에 도덕적 설교로 흐르기 쉽고 결과적으로 성경의 구속사적 메시지를 상실하게 하는 위험이 있다.

우리가 '모범론적'이라고 할 때, 이 '모범'(example)이라는 단어는 영어의 어의처럼 본받아야 할 모범(example)을 의미할 수도 있고, 어떤 용어나 사건이나 사례를 설명하기 위한 예화(illustration)를 의미할 수도 있는데, 그 지향점이 동일하기 때문에 모범론적인 설교는 그와 유사하거나 동일한 사례나 예화를 필요로 한다. 따라서 이런 모범론적인 설교는 많은 예화를 사용하여 주제를 강화시킨다. 이런 설교가 청중들에게 감동을 불러일으키는 것은 사실이지만 성경 본문의 진정한 의미나 구속사적 의의를 놓치게 하는 경우가 적지 않다. 구약 본문의 경우는 더욱 그러하다. 심지어는 본문의 의미를 완전히 왜곡할 수도 있다.

이런 설교는 성경의 세계와 현대 사이의 역사적 문화적 간격(then and now)을 무시하는 특징을 지니고 있는데, 특정한 역사적 상황에서 일어난 사건의 특수성을 무시하고 평면적으로 보편화하는 특징이 있다. 또 이런 설교는 하나님의 구속 역사 가운데서 나타나는 성경의 인물들에 대한 진술(description)을 오늘을 위한 규칙(prescription)으로 변형시켜, 본문의 진정한 의미를 왜곡하기 쉽다. 성경의 기록자는 그의 독자들에게 어떤 행위의 규칙을 주기 위해 성경의 인물들을 제시하고 있는 것이 아니다. 이런 설교는 하나님 중심적인 초점을 인간 중심적인 초점으로 변질시키는 결과를 가져올 수 있다. 그래서 성경의 인물들이 하나님의 구원역사에 어떤 의미, 어떤 사명을 지니고 있는가가 아니라 반대로 하나님이 성경 인물들에 대해 어떤 의미를 가지게 되는가에 초점을 두게 됨으로서 인간 행동이 성경 본문의 핵심으로 오인

될 수 있다.

근본적으로 이런 설교가 이상적인 설교라고 볼 수는 없다. 성경은 근본적으로 어떤 인물이나 사건, 제도를 우리가 본받아야 할 모범으로 제시하는 것이 목적이 아니기 때문이다. 도리어 구약성경은 인물, 사건, 제도들을 통해 그리스도의 사역을 예표하고, 하나님의 구원역사를 제시하고 있기 때문이다. 구약성경이 하나님의 역사에 대한 인간의 반응을 기술하고 있고, 그것이 오늘 우리에게 교훈과 경고를 주는 것도 분명한 사실이지만 보다 중요한 점은 하나님께서 인간을 통해 무엇을 행하시는가가 더 중요한 것이다. 근본적으로 성경은 하나님께서 이루어 가시는 구원의 역사이며, 인간의 이야기에 관심을 기울이는 것은 성경의 핵심을 놓치기 쉽다.

이런 설교의 문제점 혹은 제한점은 창세기 50장 15절 이하의 요셉과 형들의 대화를 일례로 들 수 있다. 필자가 조사한 창세기 설교에 대한 한국교회 설교자들의 설교집에서 형들의 죄와 허물을 용서한 요셉의 신앙인격을 강조하고, 사랑과 관용의 덕을 강조하는 내용의 설교가 적지 않았다. 창세기 말미에 기록된 이 본문이 과연 요셉의 인격의 어떤 점을 강조하고 그것이 본문의 핵심인가?

물론 이런 '모범론적' 설교가 한국에서만 행해지는 설교 관행만은 아니다. 이미 1세기 말의 로마의 클레멘트에게서 이런 접근의 흔적이 보이고, 알렉산드리아의 교부들에게서도 이런 유형이 있어왔다. 불트만에 의하면 유대회당에서도 이런 유형의 성경해석이 있어왔다고 한다. 화란 개혁교회에서는 이 문제와 관련하여 1930년대에 심각한 토론이 전개된 바 있다.

2) 풍유화(諷諭化, Allegorizing)와 신령화(神靈化, Spiritualizing)

성경의 세계와 현대 사회 사이에 존재하는 역사적이고도 문화적인 차이를 간과하는 설교의 또 다른 한 형태가 성경 본문을 풍유화하거나 신령화하는 경우이다. 이 양자는 본문이 주어진 역사적 맥락을 고려하지 않는다는 점에서 동일하다.

풍유적(諷諭的) 혹은 우의적(寓意的) 해석이라고 일컬어지는 해석법은 성경 문자 배후에 어떤 신령한 뜻(眞意)이 숨어 있다고 보고 그 뜻을 찾아내는 것을 설교의 목적으로 이해한다. 즉 풍유적 해석이란 '진리 이면의 진리'(truth behind the truth)를 찾는 해석법이라고 할 수 있다. 이 방법은 성경의 어떤 구절들은 문자적으로 취급될 수 없고 '영적인' 해석이 필요하다고 보는데 이런 경우, 역사적 문맥을 무시하거나 비역사적인 것으로 보는 특징이 있다. 그 이유는 역사적인 것은 우연적이고 유동적인 반면에 영원한 것은 부동적인 존재로 보아 역사적인 것을 참된 실재성으로 받아들일 수 없다고 보기 때문이다. 또 이 풍유적 해석은 본문에 대한 주관적 해석의 가능성을 열어놓고 있다.

이런 식의 성경해석과 설교는 헬라(특히 플라톤)철학에서 비롯된 것으로서 알렉산드리아의 유대인들에 의해 받아들여지고 오리겐에서 종교개혁 시까지 광범위하게 이용되기도 했다. 오늘의 한국교회에서도 이런 풍조가 편만하다. 영해(靈解)라는 이름의 해석이 이런 범주에 속한다. 이 방법은 3가지 점에서 문제를 지니고 있다. 첫째, 성경의 '역사적' 문맥을 무시한다. 즉 본문의 본래 주어진 상황을 고려하지 않고, 역사적 단절성을 인정하지 않는다. 둘째, 성경을 우의적 내용으로 구성되었다고 보아 우의적 해석만이 성경의 의문을 해결할 수 있다는 잘못된 전제에 기초하고 있다. 셋째, 이 방법은 성경을 주관적으로 해석함으로써 본문의 진의를 곡해할 위험이 크다는 점이다.

이런 설교의 대표적인 경우가 '선한 사마리아인의 비유'이다. 누가복음 10장 25절 이하의 본문은 "누가 우리의 이웃입니까?"라는 질문에 대한 대답으로서 누가 우리의 이웃인가를 교훈하는 것이 일차적인 목적이지만 풍유적 해석은 이 본문의 의미를 완전히 왜곡하고 만다. 종교적인 용어에는 상징적인 뜻이 있고, 우의적 해석을 요하는 본문이 있을 수 있지만 그렇다고 이 방법을 절대시하거나 이 방법에만 의존하면 성경을 자의적으로 해석하거나 임의로 해석하는 잘못을 범하게 된다.

성경해석이나 설교에서 풍류화의 위험성은 일반적으로 인정하지만 신령화의 경우는 간과되기 싶다. 어떤 점에서 이런 식의 설교가 권장되기도 한다. 신령화의 경우는 성경 본문이 주어진 역사적인 실재를 고려하지 않고 그것을 영적으로 유추함으로써 그때와 지금(then and now)의 간격을 해소하려고 한다. 이 방법은 풍유화와 비슷한 방법으로 성경을 이해하지만 보다 광범위하게 받아들여지고(받아드려지고) 있다. 특히 복음(개혁)주의 설교자들이 풍유적 해석은 멀리하지만 신령화의 문제는 거의 인식하지 못하고 있다는 점이다. 풍유화는 본문의 역사적 의미를 완전히 무시하지만 신령화는 역사적 맥락을 완전히 무시하지 않고, 단지 적용을 위해서 몇몇 요소들만 선택하기 때문이다.

이런 경우를 사사기 14장 5-9절을 주해하는 경우에서 보게 된다. 랑게(Lange)는 이 본문에 대한 주해에서 "삼손이 사자의 사지를 찢은 것과 같이 그리스도도 사탄의 왕국과 사망을 찢었다. 그러나 그리스도로부터 우리를 찾아다니는 사자는 지금도 두려움이 대상이다. 사자와의 싸움은 지금에 와서 매일 계속되어야 할 것이다."라고 말하고 있다. 랑게는 본문을 신령화하여 오늘의 독자들에게 적용을 시도하고 있지만 이 본문에서 삼손의 위치와 특별히 여호와의 신이 그에게 임한 이유를 설명하는 일을 그냥 지나치고 있다. 하나님은 삼손에게 능력이 있음을 보여줌으로써 이스라엘의 사사로서의 직무를 수행하도록 하신 것이지만 이 점은 간과되고 있다. 박윤선 박사도 이 본문에서 포도원을 신자의 평안한 생활로, 사자는 마귀로 해석하여 신자는 늘 복음의 전신갑주를 입고 전투해야 할 것이라고 적용하였다. 브니엘에서의 야곱의 육체적인 싸움(창32:13-32)을 우리의 영적 싸움을 강조하는 본문으로 해석하는 경우도 이런 범주에 속한다.

그래서 풍유화처럼 신령화도 본문의 무게를 감당하지 못하는 다리(橋)인

셈이다. 역사적 문맥이나 본문을 정당하게 다루지 않는 신령화는 본문의 메시지를 설교하는 것이 아니라 변형시키는 것이다. 이것 또한 주관주의에 빠질 위험이 있다. 이렇게 볼 때 존 스탓트(John Stott)가 성경해석에서 '역사의 원칙'을 강조한 것은 의미 있는 일이 아닐 수 없다.

3) 구약 본문에 대한 소홀

한국교회에서 구약 본문에 대한 설교는 매우 소홀하다. 이러한 현상은 비단 한국교회만은 아닐 것이다. 미국교회에서도 신약에 비해 구약 본문에 대한 설교가 상대적으로 적다. 그래서 여류 구약학자인 악트마이어(E. Achtemeier)는 "미국교회가 구약을 상실할 단계에 있으며 구약을 상실한다는 것은 신약을 상실한다는 것을 의미한다. 기독교의 복음을 올바로 선포하기 위해서는 구약을 다시 찾아야 한다."고 주장하였다. 그리고 그는 이런 불균형을 해소하기 위해서는 신구약 중 어느 하나의 본문을 택하여 설교할 것이 아니라 성구집(lectionary)을 사용함으로써 구약과 신약의 본문을 하나로 묶어 선포할 것을 제안하기도 했다.

구약 본문에 대한 소홀은 호주교회에서도 동일하다. 그래서 호주장로교신학교 교수였던 나이젤 리(Nigel Lee)는 구약 본문에 대한 설교의 극심한 소홀을 지적하면서 적어도 구약 설교를 신약 본문의 4배 이상 해야 균형 잡힌 설교가 된다고 지적한 바 있다. 한국교회에 강단에서도 구약이 소홀히 취급되었다. 1982년 한국신학대학의 장일선 교수의 조사에 의하면 당시의 대표적인 설교자 20여명이 출판한 설교집에 나타난 설교 본문을 조사해 본 결과 구약이 설교 본문으로 채택된 경우는 전체 설교의 25% 미만으로서 전체 설교의 4분지 1에도 미치지 못하는 것이었다. 그리고 구약 중에서도 주로 창세기, 시편, 이사야, 출애굽기에 크게 편중되어 있다고 지적하였다. 다시 말하면 빈도에 있어서 구약 설교는 전체 설교의 4분지 1에 해당하고 그중에서도 4권의 책이 주로 설교되고 있으므로 다른 35권의 구약 본문은 비록 의도적이지는 않다 할지라도 거의 무시되거나 경시되고 있음을 알 수 있다. 이런 경향은 현재도 동일하며, 보수주의 혹은 개혁주의적 설교자들에게도 동일하다. 이와 같은 현실은 한국교회 설교자들이 구약 본문의 역사적 배경이나 신학적 의미에 대해 무지하거나 무관심하다는 점을 반영하고 있다. 또 역사적 본문을 어떻게 설교할 것인가에 대한 이해의 결핍 때문일 것이다. 그 결과 구약은 주로 기복신앙을 위한 예증이나 모범으로 이해되었고, 구속사적 관점보다는 도덕적, 윤리적 설교에 치중하였다.

4) 신학과 신앙전통에 대한 상대적 무관심

과거와는 대중교통수단의 발전, 자동차의 급격한 보급, 다양한 방송매체에 힘입어 소위 유명한 설교자들의 설교를 자유롭게 들을 수 있는 환경이 되었다. 또 구변에 능한 튀는 설교자들이 쉽게 부상할 수 있는 환경에 살고 있기 때문에 진지하고도 사려 깊은 설교에 대한 관심이 상대적으로 희박해 졌다. 성경 본문에 대한 진지하고도 신실한 관심보다는 청중의 요구와 기호에 부응하려는 경향 또한 심화되었다. 기복주의적인 설교, 비신학적인 설교, 혹은 웃기는 설교가 유행하는 현실에서 이런 환경에서 생성된 설교 경향이라고 할 수 있다. 물론 웃기는 설교나 재미있는 설교가 전적으로 무의미한 것은 아니지만 이런 경향은 성경신학적 관심이나 신학과 교회 전통에 대한 관심을 상대적으로 약화시키는 결과를 가져왔다.

그래서 한국(장로)교회 설교에서 신학적 혹은 교리적 설교나 가르침은 상대적으로 미약했다. 설교에서 건실한 신학 전통이나 신학적 기초가 강조되지 않고 있다. 그래서 장로교회의 설교가 감리교나 성결교의 설교와 다른 점이 없고, 침례교회의 설교가 장로교회의 설교와 다르지 않다. 말하자면 신학이나 신앙전통은 설교에 영향을 주지 못하고 있다. 즉 설교에서 '비교리적 성격'이 강하다는 점이다. 물론 설교 속에 기독교의 기본교리와 구속의 도리가 가르쳐지고 있지만 신자의 삶에서 기독교 교리 체계를 체계적으로 가르치거나 설교하고자 하는 시도가 매우 빈약하다. 구원서정(ordo salutis)에 대한 설교조차도 거의 찾아볼 수 없게 되었다. 물론 설교가 교리나 신학 강의일 필요는 없다. 또 모든 설교가 교리적 설교이어야 할 이유도 없다. 단지 교리적 설교가 결여되어 있다는 점을 지적할 따름이다. 건실한 신학적, 교리적 기초 없는 설교는 주관주의나 신비주의에 빠질 위험이 있고 설교자 자신의 어떤 것을 고양할 위험이 있다. 그래서 설교자에게 교리, 신학적 기초가 매우 중요하다. 신학적 건실성은 설교에 대한 신뢰도를 높여주기 때문이다.

5) 성경 원전에 대한 이해력 재고

한국교회를 갱신하는 최선의 길은 강단의 개혁이며, 강단을 쇄신하는 최선의 길은 성경 원전을 해독할 수 있는 언어적, 신학적 능력이라고 생각한다. 설교자에게와 설교를 듣는 청중 양자에게 있어서 가장 중요한 것은 성경 본문이 말하고자 하는 의미를 해명하는 일이다. 번역 성경의 한계를 극복하는 일은 설교자의 임무이자 특권이다. 성경번역자의 헌신적인 노력에도 불구하고 여전히 해소되지 못한 언어적, 문화적 문법적 한계를 극복하고자 하는 진지한 노력이 있어야 한국교회 설교를 한 단계 높여줄 수 있을 것이다. 거듭 강조하지만 설교자는 성경 언어에 박식해야 하고 이런 훈련이 보다 성경적인 설교(biblical preaching)를 가능하게 한다고 믿는다. 이와 동시에 성경을 바르게 이해하고 해석할 수 있는 소양을 필요로 한다. 성경이 기록될 당시의 그레꼬-로망사회와 역사와 문화를 아는 것도 설교자가 갖추어야 할 소양일 것이다. 이런 점은 바르게 번역되지 못했거나 불분명한 의미로 번역된 성경을 이해하는 데 도움을 줄 것이다.

일례를 든다면, 요한복음 19장 12절의 "가이사의 친구"(φιλος τοῦ Καίσαρος)가

"가이사의 충신"으로 번역된 경우나, 로마서 16장 2절의 "보호자"(προστάτις, 남성의 경우는 προστάτης)라는 단어는 성경 언어에 대한 이해와 더불어 로마 사회의 문화를 이해하지 않으면 그 의미를 바르게 해명할 수 없다. 갈라디아서 3장 28절의 경우도 헬라어에 대한 이해만이 아니라 그 시대의 사회와 문화에 대한 이해를 필요로 한다.

6) 목회자의 과다한 설교 횟수 – 설교 갱신의 장애 요인

오늘 한국(장로)교회에서 목회자의 과다한 설교 횟수는 설교 갱신의 저해 요인이 되고 있다. 일본이나 외국의 교회 목회자의 경우 일주일에 2, 3차례 설교하지만, 절대다수의 한국의 목회자들은 새벽기도회를 포함하여 6-10회 정도의 설교를 하고 있다. 이것은 대단히 많은 수이며 매 경우마다 성경을 깊이 강해하고 석의적(釋義的) 설교를 할 수 없게 하는 요인이 되고 있다. 따라서 과다한 설교 횟수는 설교 갱신의 장애 요인이라고 할 수 있다.

4. 맺는 말: 도전 받는 설교

끌라스 루니아(Klaas Runia)는 이미 1980년에 『도전 받는 설교 The Sermon Under Attack』라는 책을 쓴 바 있다. 이것은 우리 시대가 당면한 현안을 반영하고 있다. 한국에서 설교는 도전 받고 있다. 첫 번째 도전은 소위 '열린 예배'라는 이름의 청중 중심의 여흥적 예배이다. 1980년대 후반기를 거쳐 가면서 한국에서는 교회성장이 둔화되었고 여기에 대한 대안으로 소위 열린 예배라는 청중 중심의 예배, 설교가 유행하고 있다. 열린 예배는 예배의 갱신이 아니라 청중의 기호에 영합하는 운동이라는 비판이 없지 않다. 하나님의 말씀에서 출발하는 것이 아니라 청중의 요구에서 출발하고 있다. 이제는 '설교자'를 요구하는 것이 아니라 '연기자'를 요구하고 있다. 이미 1988년 스탠포드 리드(Stanford Reid)가 지적하였듯이 한국에서도 예배가 하나님께 대한 경배(worship)가 아니라 회중을 위한 여흥(entertainments)으로 변모되는 경향을 보이고 있다. 이런 경향성은 말씀에 대한 진지한 요구가 자리를 잃어 가고 있다.

두 번째 도전은 설교에 대한 저조한 기대감이다. 칼빈은 보통 1시간 이상 설교하였고, 스코틀랜드에서의 교회개혁의 선구자인 조지 윗샤트(George Wishart)는 3시간 이상 설교했다고 한다. 한국에서는 1980년대 초까지만 해도 40분 혹은 그 이상의 설교가 행해졌으나 이제 설교는 25-30분을 이상적으로 보고 있다. 그럼에도 설교에 대한 기대감이 상대적으로 쇠해지고 있다. 이것은 비단 한국의 경우만은 아닌 것 같다. 이미 15년 전인 1988년 미국에서는 『지루한 설교를 듣는 동안 할 수 있는 101가지 방법』이라는 제목의 책이 출판된 바 있다.

결론적으로 말해서 한국교회의 갱신은 한국교회 설교자의 갱신에 있고 설교자의 갱신은 궁극적으로 양질의 신학교육을 실시하는 것이다. 칼빈이 말했듯이 "설교는 교회의 힘줄인 동시에 그 영혼이다." 설교를 성경에 주어진 하나님의 말씀을 섬기는 사역(ministering of the word of god as given in the Scripture)이라고 할 때, 설교에서 가장 중요한 일차적인 과제는 성경 본문의 뜻을 해명하는 일일 것이다. 설교자들이 가져야 할 보다 우선하는 과제는 메시지를 어떻게 잘 전달할 수 있을 것인가 하는 설교학적 문제보다 더 중요한 것은 그 본문의 메시지가 무엇인가를 파악하는 해석학적인 관심이다. 청교도 설교가인 윌리엄 퍼킨즈(William Perkins, 1558-1602)의 말처럼 설교자의 일차적인 목표는 성경이 성경 자체를 말하도록 이끄는 것이다.

오늘의 한국의 현실에서 볼 때, 그것이 좋은 설교인가? 혹은 그 설교가 회중들에게 감동을 주며, 삶의 변화에 도전을 주었는가 하는 점보다 더 중요한 것은 그것이 '정직한 설교인가?'에 대한 질문이다. 이런 논의 자체가 부끄럽기는 하지만 우리 가운데는 미숙한 신학과 정직하지 못한 설교가 엄연히 존재하기 때문이다. 바른 설교자를 양성하는 일은 한국교회의 시급한 과제가 되었다.

이상규

고신대학교 신학부 (B.Th.)
고신대학교 신학대학원 (M.Div.),
고신대학교 대학원 신학과 (Th.M.)
호주빅토리아주 장로교 신학대학 (P.T.C.)
호주신학대학(A.C.T.) 신학박사 (Th.D.)
(전) 고신대학교 신학과 교수
(전) 개혁신학회 회장
(전) 한국장로교신학회 회장
(전) 부산경남 교회사연구회 회장
(현) Uno cum Christo, Editorial Board Member
(현) 백석대학교 석좌교수

일립 강태국의 설교[1]

박성환

1. 강태국의 생애와 신학 사상

1) 강태국의 생애[2]

1904년에 강태국은 제주에서 태어났다. 그의 성장 시기는 한국 역사에서 가장 혼란스러운 시대였다. 왜냐하면 일제 강점기였기 때문이다. 강태국은 청소년기에 제주의 모슬포 교회에서 기독교인으로 입교(강태국의 집안은 천주교인이었다)한 후부터 지속적인 신앙생활과 학교에서의 학업을 지속하고 싶어 했다. 그리고 그는 늦은 나이에 제주도를 떠나 전라도 광주에 있는 숭일학교에서 초등학교 과정을 마치게 된다. 당시 숭일학교는 1908년에 유진 벨 선교사가 광주에 세운 학교로서, 선교적 사명을 추구하던 학교였다. 강태국은 신앙인으로서 숭일학교에서 수학하고, 그곳에서 민족을 위해 헌신하는 삶이 무엇인지 깨달았다. 그 후, 그는 학업에 정진하기 위하여 평양에 있는 숭실중학교와 숭실전문학교에 진학한다. 이 시대에 강태국은 일본에 대항하여 독립 운동을 펼쳤지만 곧 탄압을 받게 된다. 우여곡절 끝에, 강태국은 숭실전문

---

[1] 이 글은 2020년에 본인이 「복음과 실천신학」에 기고한 "일립 강태국의 경건론"과 「설교한국」에 기고한 "강태국의 구약 설교 연구"에서 내용들을 발췌하여 일부 수정·보완했음을 밝힙니다.
[2] 한국성서대학교 편, 『한국성서대학교 60년사』 (서울: 한국성서대학교 출판부, 2012), 60-61.

학교을 졸업하고, 중국 유학을 준비했다. 왜냐하면 독립군으로서의 삶을 살고 싶었기 때문이다. 그러나 그는 일본이라는 적을 구체적으로 알기 위하여 현해탄을 건너 일본의 고베중앙신학교에서 공부하게 된다. 강태국은 고배중앙신학교 유학시절 동안 자신을 향한 하나님의 소명이 목회자라는 사실을 깨닫게 된다. 또한 그는 한반도 복음화를 위해 천국복음화운동을 펼치는 것을 자신의 사명이라 여겼다. 그러므로 그는 고배중앙신학교 유학 이후, 한국복음화운동을 위해서 배움의 터전을 넓혀야 한다고 생각에 미국 유학을 떠나게 된다. 강태국은 미국의 컬럼비아신학대학원(Columbia Theological Seminary)에서 신학석사(Th.M)와 보수신학의 산실이라 할 수 있는 밥존스대학교 대학원(Bob Jones University, School of Religion)에서 철학박사(Ph.D)를 취득하면서, 가르치는 자의 자격을 갖추게 된다. 그리고 그는 서울특별시 노원구에 위치한 한국성서대학교를 설립한다.

2) 강태국의 업적[3]

(1) 교회와 학교 사역

강태국은 일본 유학 시절에 효교현(兵庫☐)에 있는 한인 교회와 오사카 다이니모토쵸우(大仁本町)에 있는 한인 교회에서 전도사로 사역했다. 그 후, 강태국은 잠시 귀국했으나 신사참배에 반대하여 구속된다. 강태국은 석방된 다음에 비교적 신사참배 강요가 약했던 만주 봉천으로 피신했는데, 그곳에서 그는 목사 안수를 받고 개원장로교회의 담임 목사로 사역한다. 또한 거기에서 그는 박형룡, 박윤선과 더불어 봉천신학교에서 신학 교수 사역을 병행했다.

---

3. 박성환의 논문, "일립 강태국의 경건론"에서 강태국의 국내 사역기간을 간략하게 수정하여 정리한다. 박성환, "일립 강태국의 경건론," 한국복음주의실천신학회, 「복음과 실천신학」 54(2020): 80-86.

한국 전쟁 중인 1951년 11월에 강태국은 새문안교회 담임 목사로 사역하면서부터 본격적인 국내 목회사역을 시작한다. 그러나 새문안교회의 목회 사역은 대략 4년 정도로 마무리되는데 그 이유는 다음과 같다. 그 당시, 한국장로교가 신사참배의 신학적 갈등으로 분열로 치닫고 있었다. 그리고 1953년 새문안교회에서 개최된 대한예수교장로회 총회 모임에서 김재준 목사의 파면 결정이 내려진 뒤에 한국장로교는 예장과 기장으로 분열된다.[4] 강태국은 새문안교회의 담임 목사로서 분열된 한국장로교가 하나로 될 때까지 새문안교회는 어디에도 속하지 않는다고 독립을 선언했다. 강태국은 1953년에 이미 종로구 삼청동에 한국성서학원을 세워 '천국운동 50년 계획'에서 가장 중요한 성경 교사 양육을 준비할 발판을 마련했었다. 그리고 한국성서학원이 훗날 한국성서대학교가 된다.

또한 강태국은 1954년 12월에 '천국운동 50년 계획'이란 한반도 복음화 계획을 위한 기금 조성을 마련하기 위하여 도미한다. 그러나 강태국이 도미로 새문안교회의 자리를 잠시 비운 시점에 동사 목사였던 최화정 목사와 당회가 새문안교회를 예장 교단에 가입시킨다. 그리고 이 소식을 접한 강태국은 귀국 후, 1955년 9월에 새문안교회의 담임목사직을 사임한다.[5] 강태국은 새문안교회 사임한 다음 해에 한국 최초의 초교파 독립교회라 할 수 있는 중앙성서교회를 세운 후, 27년간 목회를 감당했다. 또한 그는 계속해서 한국 최초의 초교파 독립교단인 한국성서선교회를 1969년 11월에 창립한다.[6]

---

4. 김영재, 『한국교회사』 (서울: 개혁주의신행협회, 1992), 248, 253-56.
5. 이호우, "일립 강태국(1904-1998) 박사의 생애와 사상," 한국복음주의역사신학회, 「역사신학 논총」 3(2001): 80-86, 212.
6. 이호우, "개신교 전통사(史)에 본 강태국의 '오직 성서' 사상과 그 유산," 한국복음주의역사신학회, 「역사신학 논총」 18(2009): 237-38.

(2) 농촌 계몽 사역

일제 강점기 시대에 선교사들은 한국 선교를 위하여 농촌 계몽에 깊은 관심을 가졌다. 그리고 감리교는 YMCA(Young Men's Christian Association)와 YWCA(Young Women's Christian Association)를 중심으로, 장로교는 교단 중심의 농촌 계몽을 펼쳐 나갔다.[7] 추측하건데, 강태국도 감리교와 장로교가 전개한 농촌 계몽 사업에 상당한 영향을 받았을 것이다. 왜냐하면 그가 숭일학교에 재학할 당시에는 감리교의 농촌전문 선교사였던 고든 에비슨(Gordon W. Avison)이 광주 YMCA를 중심으로 전라도의 농촌 계몽 운동과 사회 체육 운동을 왕성하게 펼치고 있었기 때문이다.

더욱이 강태국은 일본의 고베중앙신학교의 유학 시절에 가가와 도요히코(賀川豊彦)로부터 적지 않은 영향을 받았다. 그 당시 일본에서 도요히코는 작은 예수로 불리며 고베의 빈민과 빈농들과 함께 사회 운동과 농촌 운동을 일으켰다.[8] 그러므로 일본 유학시절 중이었던 강태국은 한국 개신교 선교 50주년이 되던 1934년에 '천국운동 50년 계획'을 수립하고 한국 농촌 복음화를 준비해 나갔다.

시간이 흘러, 강태국은 1951년 11월에 미국 유학에서 귀국하면서 농촌 복음화를 구체적으로 실현해 나갔다. 특히, 강태국은 1952년 11월에 농촌 계몽 운동에 경험을 갖고 있던 김용기, 박대혁, 여운혁 등과 함께 부산에서 '한국복음주의 선교회'를 설립한다. 그리고 강태국은 '한국복음주의 선교회'에서 회장으로 운영 자금을 책임졌으며 김용기 장로는 농촌운동의 책임을 맡았다. 또한 1955년에 강태국은 덴마크의 IPC(International People's College)에서 3개월 동안 루터교 신학자(목회자)며 농촌 계몽 운동가인 리콜라이 그룬투비

---

7. 김영재, 『한국교회사』, 184.
8. 賀川豊彦, 一粒の◯, 한영철 역, 『한 알의 밀알』 (서울: 기독지혜사, 1988), 6.

(Nikolaj Frederik Severin Grundtvig)의 삼애 정신 - '하나님 사랑, 이웃 사랑, 흙 사랑' - 을 배운 후, 복음농민학교에 접목시킨다. 그 당시, 강태국은 복음농민학교를 설립하고 가난한 농촌 학생들에게 무료 숙식을 제공하고 교육시켜 복음을 증거하는 사역자로 양성했다. 그러나 농민복음학교는 1965년 2월까지만 복음농민전수학교란 이름으로 운영되다가 경영난으로 인하여 폐교한다. 하지만 이 전수학교는 미국에서 옥수수 종자를 가져다 번식시켜 전국으로 보급했으며 양계와 양돈의 품종계량을 주도하며[9] 새마을 운동의 전기가 되는 모판 역할을 했다.

(3) 극동 방송 사역

1950년 8월에 미국 플로리다 주의 상업 방송인이었던 톰 왓슨(Tom Watson)은 강태국이 유학생활을 하던 밥존스 대학교에 초청받아 간증을 하게 된다. 강태국은 그의 간증을 들은 후, 왓슨에게 한국의 상황을 설명하며 복음을 전파할 방송국이 한국에 필요하다는 사실을 역설한다. 그리고 둘의 만남은 훗날 한국에 극동 방송국을 설립하는 계기가 된다. 밥존스 대학교에서 간증한 왓슨은 1년 후에, 자신의 가족을 일본에 둔 채 강태국의 집에서 머물며 인천에 극동방송국을 개국한다. 그리고 왓슨은 화도선이란 이름으로 개명하며 한국을 위한 최초의 전파 선교사로서 극동 방송국의 초대국장을 역임한다. 그 가운데 강태국은 인천에 극동 방송국이 개국할 수 있도록 한국성서학원(한국성서대학교의 전신)의 학생들과 함께 적극적으로 도왔다. 또한 강태국은 1954년부터 1968년까지 극동방송국의 이사장으로 한국복음화를 위한 전파선교 사역을 담당했다.[10]

---

9. 강태국, 『나의 증언』 (서울: 한국성서대학교, 1988), 166-74.
10. 극동방송 편, 『극동방송 40년사』 (서울: 그리고크리에이티브센타, 1996), 37-47.

2) 강태국의 신학 사상: 밀알 정신

강태국의 생애는 드라마틱하며 그의 사역은 방대하다. 그렇다면 강태국이 자신의 생애와 사역을 이끌었던 원동력은 무엇일까? 또한 강태국의 엄청난 사역에도 불구하고 대중들에게 그의 이름이 알려지지 않은 이유는 무엇일까? 바로, 그의 신학 사상인 '밀알 정신' 때문이다. 그는 『매일의 묵상 IV』와 『성서의 종교 3』에서 요 12:24를 주해하고 설교함으로 '밀알 정신'에 관하여 다음과 같이 밝힌다.

그리스도의 죽음은 많은 사람에게 생명을 주는 유일한 길이다. 이것은 마치 한 알의 밀이 땅에 떨어져 썩어 없어지는 듯하면서도 오히려 새로운 생명의 싹을 내어 많은 결실을 내는 것과 흡사하다. 한 알의 밀! 이것은 그리스도의 정체이다.[11] ... 이 일을 위하여 우리는 그리스도와 함께 한 알의 밀이 되자. 왜 그런가하니 예수께서 말씀하신 땅에 떨어져 썩어서 새싹을 내는 한 알의 밀은 예수님 자신만을 가리킨 것이 아니요 우리 모든 기독교자들을 포함하고 있는 말씀이기 때문이다.... 그러므로 우리 참된 기독교자들은 땅에 떨어져 썩어서 새로운 생명의 싹을 내고 많은 열매를 맺었다가 우리 주님 다시 오시는 그 날에 '잘 하였도다 착하고 충성된 종아 너희가 적은 일에 충성하였으니 큰 것을 받으라'(마 25:21)라고 하시는 칭찬받는 기독자들이 되기를 주님의 이름으로 축원한다.[12]

강태국은 밀알과 예수 그리스도의 삶, 그리고 신자들의 삶이 다를 수 없다는 사실을 강조한다. 또한 강태국은 밀알의 삶을 사신 예수의 생애를 요약하여 "예수 그리스도의 전 생애가 섬김과 희생이었다는 점을 강조한다."[13] 왜냐하면 예수 그리스도의 밀알 정신은 예수를 주로 고백하는 모든 자들에게 적용

---

11. 강태국, 『매일의 묵상 IV』 (서울: 성서교재간행사, 1976), 157.
12. 강태국, 『성서의 종교 3』 (서울: 성광문화사, 1986), 401-2.
13. 강태국, 『성서의 종교 4』 (서울: 성광문화사, 1986), 81.

되기 때문이다. 즉, 신자가 참된 경건의 삶을 살려면, 자신의 이기적 자아를 내려놔야 한다. 거기에 모범되신 예수를 바라볼 때, 그와 세상을 위한 봉사의 삶을 살 수 있게 된다.[14] 그러므로 강태국은 목회자로서 예수의 가르침인 밀알 정신을 따라 살아가기를 소원하며 목회했으며, 설교자로서 그는 자신의 설교 신학인 밀알 정신을 교회 공동체에게 선포하고 그들에게 하나님 나라를 위한 밀알이 될 것을 요구했다. 그러므로 강태국은 밀알 정신을 잊지 않고 살아가기 위하여 자신의 호를 '일립(一粒)'이라 했으며, 자신의 신학 사상은 종국에 한국성서대학교의 10가지 교육 목표로 구체화된다.

1. 하나님의 뜻에 대한 절대 복종과 봉사적 실천생활을 통하여 생동하는 관계를 가지게 한다.

2. 그리스도를 중심으로 한 모든 봉사에 확고한 신념을 가지고 한다.

3. 성령의 역사에 의하여 영원한 소망의 비전을 볼 수 있는 영안을 뜨게 한다.

4. 성서가 영감에 의하여 기록된 하나님의 말씀인 것을 감사와 순종으로 받아들일 수 있는 신앙의 소유자로서의 건전한 인격자를 찾는다.

5. 생활을 통하여 그리스도의 복음을 전파하는데 영적으로 또한 지적으로 손색이 없는 지도자를 기른다.

6. 성서적인 근본주의 신학에 견고히 서서 모든 이단적인 사이비 기독교 학설에 미혹되거나 타협됨이 없이 순수한 성서 중심의 보수 신앙을 수호하는 진리의 파수꾼이 되고 순수한 복음의 등대가 될 수 있는 역군들을 만든다.

7. 유명한 사람이나 어떠한 교파나 교단이나 재물 따위를 신뢰하지 아니하

---

14. Randolph V. G. Tasker, *The Gospel According to St. John*, 박영호 역, 『틴델 신약주석 시리즈 4: 요한복음서』 (서울: 기독교문서선교회, 1980), 203-4.

고 오직 성서에 입각하여 하나님의 부르신 소망에 따라 복음을 들고 걸어갈 수 있는 그리스도의 인재를 양성한다.

8. 주어진 직장에서 능동적이요 효율적인 책임감을 가지고 충성으로 봉사하는 지도자를 산출한다.

9. 성서에 입각한 순수한 복음 진리로써 정신무장을 하고 예수의 발자국을 따라 조국의 지역사회에서 신음하는 모든 겨레를 영적으로 또한 육적으로 봉사함으로써 조국의 백년대계에 이바지 할 수 있는 개척자를 찾는다.

10. 순교의 정신을 가지고 땅 끝까지 복음을 전파하여 전 세계 인류의 심령에 평화를 수립하는 데 이바지함으로써 하나님께 영광을 돌리고자 하는 소명 받은 한 알의 밀을 찾는다.[15]

2. 강태국의 설교

1) 강태국의 설교 신학

강태국의 신학 사상인 밀알 정신은 곧 말씀에서 출발한다. 또한 그의 신학 사상은 말씀에서 시작되기에 다른 표현으로 설교 신학으로 불러도 무방하다. 왜냐하면 그가 처음 천주교에서 장로교로 입교할 때에도 말씀을 들음으로 참된 회심이 일어난 것을 강조하기 때문이다. 그는 자신의 회심 사건을 이렇게 고백한다.

누님과 매부는 교회에 나가기 시작하였다. 나도 주일 저녁이면 구경삼아 참석하곤 하였다. 나는 어려서 영세를 받았다. 그러나 철없는 나는 부모 따라 천주교회에 갔을 뿐 진리를 발견할 수가 없었다. 하지만 이때에 내 나이는 15세였다. 그러기에 목사님의 설교를 이해할 수가 있었다. 이때 모슬포교회의 목

---

15. 강태국, 『나의 증언』, 213-14.

사님은 윤식명 목사였는데, 그날 저녁 설교 본문은 마태복음 7장 7절이었다. "구하라 그러면 너희에게 주실 것이요, 찾으라 그러면 찾을 것이요, 문을 두드리라 그러면 너희에게 열릴 것이니" 이 말씀을 통하여 하나님은 나를 부르신 것이다.[16]

강태국은 믿음이 오직 하나님의 말씀을 통해 시작되며, 구원은 행위로 얻는 것이 아니라는 사실을 자신의 회심 경험을 통해 통찰한다. 즉, 그는 하나님의 말씀을 믿는 것이 곧 은혜임을 깨달으며[17] 성경만이 구원으로 인도하는 유일한 방편이란 사실을 강조한다.[18] 거기에 강태국은 죄란 말씀을 듣기 싫어하고 하나님의 말씀을 두려워하고, 피하게 만드는 소행으로 설명한다.[19] 그러므로 강태국은 기독교를 가리켜 말씀의 종교이며[20] 설교는 기독교 예배의 충주적인 역할을 감당하는 수단임을 강조한다. 왜냐하면 구원받음의 유무를 떠나 누구든지 설교를 통해 예수를 경험하지 못하면 그 예배는 단순히 종교 행사에 불과하기 때문이다.

강태국은 설교의 중요성을 다음과 같이 말한다. "우리는 수년 혹은 수십 년간 그리스도에 대한 설교를 들었고 또 그를 예배하였다. 그러나 우리가 그 설교를 통하여 또한 그 예배를 통하여 주를 만져보며 또 주로 더불어 접촉한 때가 몇 번이나 있는가 만일 우리 신앙 생황에 이러한 체험이 없다고 하면 우리의 설교는 다만 일종의 수양 강화에 불과하며 우리 예배는 한 종교적 의식에 불과하다."[21] 이러한 강태국의 설교에 대한 가르침은 종교 개혁의 신학적 가치와 맥을 같이한다. 왜냐하면 예배 가운데 설교의 회복이 급선무일 뿐 아니라,

---

16. 강태국, 『나의 증언』, 21.
17. 강태국, 『성서의 종교 1』 (서울: 성광문화사, 1985), 24.
18. 강태국, 『성서의 종교 2』 (서울: 성광문화사, 1985), 382.
19. 강태국, 『성서의 종교 1』, 13.
20. 강태국, 『성서의 종교 2』, 388, 392.
21. 강태국, 『매일의 묵상 I』 (서울: 성서교재간행사, 1976), 96.

설교만이 신앙생활을 이끌어가는 원동력 그 자체이기 때문이다.[22] 이런 면에서, 기독교에서 설교 역할을 가히 절대적일 수밖에 없다.[23]

또한 강태국은 예배 시간에 설교를 듣는 것으로 설교가 끝난 것이 아니라, 설교의 시작일 뿐이라고 다음과 같이 강조한다. "설교는 설교의 순간 그 자체로 시작하거나 종료되지 않는다.... 회중의 아멘은 설교의 끝이 아니라 오히려 새로운 시작이며, 회중 스스로가 복음을 기다리는 세상을 향하여 새로운 설교자로 나서야 한다."[24] 왜냐하면 신앙은 하나님의 말씀을 듣고 준행하는 것이기 때문이다.[25] 즉, 설교를 들은 후에 삶으로 살아내는 것이 설교의 끝이라고 할 수 있다. 이처럼 강태국의 설교 이해는 탁월하다. 결국, 강태국의 밀알 정신에 토대를 둔 설교 신학은 말씀 중심이다. 또한 그는 신자가 설교를 들고 준행함으로써, 예수 그리스도처럼 '밀알 정신'을 지니고 세상에서 살아낼 수 있다고 생각한다.

2) 강태국의 설교들의 특징

첫째, 강태국은 『성서의 종교 1-8권』에 수록된 342편의 설교문을 연도별로 나열하지 않고, 신학적 주제로 분류하여 구성했다. 즉, 그는 『성서의 종교 1-8권』을 나무 비유를 통해 뿌리편(기독교회의 역사적 배경을 구약성서에 근거하여 진술), 줄기편(기독교회의 근본적인 진리를 로마서와 갈라디아서를 중심으로 진술), 가지편(성서의 진리를 보수적인 신학적 요소를 배경으로 하고

---

22. Hughes Oliphant Old, *The Reading and Preaching of the Scriptures in the Worship of the Christian Church Vol 4, The Age of the Reformation* (Grand Rapids: William Eerdmans Publishing Company, 2002), 1.
23. John R. W. Stott, *Between Two Worlds*, 정성구 역, 『현대 교회와 설교』 (서울: 생명의 샘, 1992), 21.
24. Johan H. Cilliers, *The Living Voice of the Gospel: Revisiting the Basic Principles of Preaching*, 이승진 역, 『설교 심포니: 살아있는 복음의 음성』 (서울: CLC, 2014), 270.
25. 강태국, 『성서의 종교 1』, 23.

진술), 잎사귀편(일세기 동안 성장한 교회의 모습을 이모저모로 직시하면서 성서의 진수를 소개함)이라는 신학적 주제로 설교문들을 재구성하여 정리했다.[26] 또한 『성서의 종교 1-8권』을 신학적 주제와 연도에 따라 구분하면 아래와 같다.[27]

	뿌리편(1권)	줄기편(1-2권)	가지편(2-3권)	잎사귀편(3-8권)
1940년대				1
1950년대	17	1		1
1960년대	1	12	4	4
1970년대		43	26	141
1980년대		9		82
설교문 총계	18편	65편	30편	229편

특이한 건, 『성서의 종교 1-8권』에 열매편이 없는데, 강태국은 그 이유를 다음과 같이 설명한다. "열매편은 없다. 그 이유는 본서의 뿌리, 줄기, 가지, 그리고 모든 잎사귀들이 본서의 독자들의 심령에서 소화되어 영적 열매가 풍성하게 맺히기를 기대하기 때문이다.... 한국의 기독성도 여러분의 신앙생활에 이 적은 졸저가 밑거름이 되어지기를 충심으로 기원한다"[28]

둘째, 『성서의 종교 1-8권』을 살펴보면, 설교본문 중에 구약보다 신약이 배이상으로 많다. 물론, 『성서의 종교 1-8권』을 분류했을 때, 확인한 결과일 뿐이다. 강태국은 『성서의 종교 1-8권』의 뿌리편에서 18편의 구약 설교를 먼저 배열했다. 그리고 뿌리편에 수록된 18편의 구약설교 살펴보면, 강태국은 '구약 교회 공동체 - 예수 그리스도 - 신약 교회 공동체(현 교회 공동체 포함)'와 '죄-

---

26. 강태국, 『성서의 종교 1』, 3-4.
27. 허정운, "일립 강태국 목사의 설교 연구: 성서의 종교를 중심으로," (안양대학교 석사학위논문, 2001), 32.
28. 강태국, 『성서의 종교 1』, 4.

심판-은혜'라는 공통된 구조로 설교 내용을 전개된다. 『성서의 종교 1-8권』의 뿌리편에서 나타난 구약 설교의 공통된 특징은 강태국의 설교학적 해석학이라 할 수 있다. 다시 말해, 강태국은 구약 성경을 교회론적-그리스도 중심적으로 해석할 수 없다면, 신약 성경을 해석할 수 없다는 것에 방점을 찍는다. 그러므로 강태국은 구약을 나무의 뿌리로 이해한다.

셋째, 강태국은 『성서의 종교 1-2권』에서 줄기편이라 명시한 후, 로마서(갈라디아서를 인용함) 설교문들을 수록한다. 그런데 특이한 건, 『성서의 종교 1-2권』의 줄기편은 롬 1-8:27까지의 설교문들만 수록했다는 점이다. 롬 1-8장은 주로 구약 성경과 연관성을 갖고 해석할 수밖에 없는 내용들로 구성되어 있다.(인류의 죄와 하나님의 심판과 은혜, 그리고 아브라함의 믿음과 첫째 아담의 실패). 또한 뿌리편에 있는 구약 설교의 유사 내용들이 줄기편에도 부분적이지만 반복되는 경향이 나타난다. 왜냐하면 줄기편에 수록된 강태국의 로마서 설교들도 뿌리편의 구약 설교와 유사하게 그리스도 중심의 '죄로 인한 심판과 은혜'라는 설교 내용적 구조를 지니고 있기 때문이다. 그러므로 강태국은 뿌리편의 18편의 구약 설교와 줄기편의 로마서 설교가 마치 나무의 뿌리와 줄기가 붙어있는 것처럼, 신학적 맥을 같이 해야 한다고 생각한 것 같다.

넷째, 『성서의 종교 2-3권』의 가지편을 살펴보면, 강태국은 기독교의 기본 교리라 할 수 있는 성경론, 신론, 기독론, 구원론(죄와 언약), 성령론을 설명하기 위해 30편의 설교를 배열했다. 그리고 그 가운데 구약 설교가 14편이나 된다. 물론, 가지편에 속한 구약 설교들은 본문 중심의 설교가 아니다. 다시 말해 교리 설교다. 또한 『성서의 종교 3-8권』의 잎사귀편도 구약 설교와 신약 설교의 비중을 비교했을 때에, 대체적으로 대등한 비율로 분포되어 있다.

3) 강태국의 설교 방법

(1) 성경 해석

강태국은 설교 본문을 철저히 '죄-심판-은혜'라는 구조로 해석하며, 하나님은 죄의 결과를 심판으로, 예수 그리스도를 통하여 구원의 은혜를 베푸시는 분으로 설명한다.

하나님 → 죄된 인간 → 심판
↘ 그리스도의 대속 은혜 → 죄된 인간 → 구원

또한 강태국은 성경 해석에서 죄로 인하여 심판받을 자와 은혜로 인하여 구원받을 자로 나눈다. 왜냐하면 강태국은 성령의 역사유무에 따라 죄된 인간이 예수 그리스도를 구원자로 영접하여 은혜 언약의 백성이 될 수 있으며, 구원은 전적으로 하나님의 결정에 달려 있다고 생각하기 때문이다.[29] 게다가 강태국은 성경을 해석할 때에 언제나 개인적 차원의 죄와 심판 혹은 개인적인 구원에 초점을 맞추지 않는다. 즉, 강태국은 한 사람의 죄를 개인적 심판뿐 아니라, 그 사람이 속한 공동체의 심판으로 성경 해석을 확장시킨다. 반대로 마찬가지다. 이러한 강태국의 성경 해석은 옛 언약과 새 언약의 연속성(구약 교회와 신약 교회의 연속성)을 드러내며, 하나님으로부터 시작되는 전적인 은혜 구원을 강조한다.[30]

---

29. 강태국, 『성서의 종교 3』, 260-61.
30. Mark Strom, *The Symphony of Scripture: Making Sense of the Bible's Many Themes*, 오광만 역, 『성경교향곡』 (서울: IVP, 1993), 25-26.

(2) 설교 작성

설교자는 언제나 설교 메시지를 어떻게 효과적으로 전달할 수 있을까를 고민한다. 그 결과 설교자는 자연스럽게 다양한 설교 형태를 생각할 수밖에 없다. 왜냐하면 어떤 재료를 어떻게 요리하여 담아내느냐에 따라 새로운 음식처럼 보일 수 있기 때문이다. 한편, 설교자가 한 가지 간과하는 것이 있는데, 바로, '설교 내용'과 '설교 형식'은 결코 분리될 수 없다는 점이다. 이 사실에 대하여 토마스 롱(Thomas G. Long)은 설교 내용과 형식의 합일의 중요성을 이렇게 설명한다. "미켈란젤로의 조각 작품 '다윗'을 생각해 보라. 이 위대한 걸작품에서 '형식'과 '내용'을 따로 구별할 수 있는가? 피카소의 미술 작품 게르니카도 마찬가지이다. 이 그림의 형태나 색상에 담긴 내용과 형식의 상호작용을 어떻게 구분할 수 있겠는가?... 설교의 형식과 내용을 별도의 실체로 생각하기보다 내용의 형식이라고 말하는 것이 보다 정확한 표현이다."[31] 결국, 토마스 롱은 '설교 본문이 이끄는 설교 형식'과 '설교 해석이 이끄는 설교 형식'이 설교 내용과 형식이 하나를 이룬 좋은 설교라고 주장한다.

이런 점에서, 강태국의 설교 작성은 설교학적 맥을 공유한다. 왜냐하면 강태국의 성경 해석의 틀이라 할 수 있는 '죄-심판-은혜'라는 관점이 설교 내용(해석)과 설교 형식을 일치시키기 때문이다. 물론, 그는 설교 형식으로 한국 교회에서 전통적으로 사용하던 삼대지 강해 설교 형태를 취한다. 그러나 강태국은 설교의 각 대지를 '죄-심판-은혜'의 관점에서 설교 내용과 형식으로 일치시키는 탁월성을 드러낸다.

---

31. Thomas G. Long, *The Witness of Preaching*, 이우제·황의무 역, 『증언하는 설교』 (서울: CLC, 2007), 170.

(3) 설교 적용

강태국은 설교자를 하나님의 말씀을 대언하는 선지자로 인식한다. 선지자란 누구인가? 첫째, 선지자는 하나님과 이스라엘 사이에 언약에 기초를 둔 역사 해석자다. 둘째, 선지자는 하나님께서 언약 백성들에게 죄에서 돌이켜 하나님 나라를 위해 삶을 살도록 질타하고 촉구하는 자다. 그러므로 선지자는 일차적으로 이스라엘 백성을 청중으로 삼는다.[32] 강태국은 설교자로서, 설교를 듣는 대상을 '기독자와 우리' 즉, 믿음의 공동체로 한정한다. 물론, 설교의 대상은 언제나 불특정다수다. 왜냐하면 예배에 설교를 듣기 위해 모인 청중은 자의적이든 타의적이든 신자, 유사 신자 그리고 불신자로 나뉘기 때문이다. 그러므로 설교자는 언제나 예수 그리스도 중심으로 복음(전도) 설교를 선포할 수밖에 없다. 왜냐하면 유사 신자와 불신자도 설교를 통해 그리스도를 알아야 하며 신자도 그리스도의 구원으로 얻은 은혜가 얼마나 큰지 감격하거나, 그리스도의 은혜에 힘입어 자신의 죄를 회개해야 하기 때문이다. 그러나 강태국의 설교는 일반적으로 교회 공동체를 청중으로 지목한다.

또한 강태국은 구약 공동체와 신약 공동체를 하나의 교회 공동체로 인식하며, 설교 도입에서 의도했던 설교 목적을 정확히 마무리한다. 즉, 강태국은 청중인 교회 공동체가 언제나 세상의 빛과 소금의 역할을 감당해야 할 존재이며, 하나님의 나라를 위해 헌신해야 하는 존재라고 밝힌다. 왜냐하면 강태국은 신앙이란 하나님의 말씀을 듣고 준행하는 행위로 단정하기 때문이다.[33] 그러나 강태국은 설교 결론에서 청중에게 결단을 요청할 때에, 청중의 의지력을 발동시키지 않는다. 그는 결론에서 철저히 예수 그리스도의 공로와 중보 또는 하나님의 은혜를 언급한다. 왜냐하면 설교를 듣고 결단하려는 청중은 예수

---

32. 현창학, 『선지서 주해 연구』 (수원: 합신대학원출판부, 2013), 18-19.
33. 강태국, 『성서의 종교 1』, 23.

그리스도의 공로와 중보 혹은 하나님의 은혜를 바라볼 때에만 세상에서 신자답게 살아간 능력을 공급받는다는 사실을 인식하기 때문이다. 결국, 강태국은 설교 대상을 교회 공동체로 못 박는다. 그리고 그는 교회 공동체에게 세상 가운데 하나님의 나라를 세우며 신자다움을 드러내는 헌신을 권면한다. 이러한 단편적인 적용은 아마도 강태국의 신학 사상에서부터 자연스럽게 도출된 듯하다. 왜냐하면 강태국은 신자의 삶을 '밀알의 삶'으로 규정하며 예수 그리스도께서 세상과 제자들에게 '한 알의 밀'처럼 헌신된 삶을 일평생 보이신 것같이 자신과 교회 지체들도 일생 동안 예수 그리스도처럼 살아야 한다고 생각했기 때문이다.[34]

3. 강태국 설교의 교훈

한국 교회는 세상의 입에 오르내리는 조롱거리로 전락했다. 거기에 한국 교회는 정체기를 넘어 급격한 쇠락의 길을 걷고 있다. 한국 교회는 난국에 돌파구를 마련하기 위하여 많은 고민과 노력을 하고 있지만 두 손을 들고 포기한 형국이다. 작금의 한국 교회의 어려움을 해결하는 실마리를 어디에서 찾아야 할까? 우선적으로 작금의 한국 교회는 과거 믿음의 선배들이 선보였던 경건을 신자들에게 소개해야 할 것이다. 왜냐하면 교회 역사는 현재 교회를 위한 신학적 자원이며, 현대 교회를 가르치는 교육적 자원이기 때문이다.[35]

그 다음, 현재의 목회자들이 고난 가운데에도 믿음으로 승리한 신앙의 선배들의 귀감을 본받아야 한다. 그리고 계속해서 경건한 삶을 드러낼 수 있도록 분투해야 한다. 왜냐하면 목회 현장에서 목회자는 그 자체가 메시지이기 때문이다. 결국, 작금의 한국 교회의 근본적인 문제는 신자보다 목회자에게

---

34. 강태국, 『성서의 종교 5』 (서울: 성광문화사, 1987), 408.
35. Alister E. McGrath, *Historical Theology: A History of Christian Thought*, 소기천·이달·임건·최춘혁 역, 『신학의 역사: 교부시대에서 현대까지 기독교 사상의 흐름』 (서울: 知와 사랑, 2001), 35.

있다.³⁶ 지난 세월동안 한국 교회에는 별과 같이 빛났던 경건의 소유자들이 있었다. 그들은 서양의 어떤 경건의 소유자들보다 더 위대한 삶을 살아냈다. 그 가운데 글은 강태국의 설교를 중심으로 그의 생애와 설교 신학(신학 사상)을 소개했다. 이 간략한 글을 접하면서, 과연 우리는 강태국처럼 살 수 있을까? 그리고 강태국처럼 설교할 수 있을까? 한 번쯤 생각했을 것이다. 그러나 우리가 가장 어려운 현실을 살아가는 설교자라면 다시 한번 아래에 요약된 강태국의 설교를 주목할 필요가 있다.

첫째, 강태국은 설교 본문을 해석하고 설교 형태를 구축할 때에 철저히 '죄-심판-은혜'라는 구조를 취했다. 물론, 강태국의 성경 해석과 설교 내용과 형태는 지극히 편향적이라 할 수 있다. 그러나 신, 구약에 나타난 계시-구속사의 통일성, 연속성, 점진성이 드러나는 설교 기술을 막힘없이 해낼 수 있는 능력은 상당한 신학적 노력을 기울이지 않으면 할 수 없는 방식이다.

둘째, 강태국은 역발상적인 그리스도 중심의 설교를 청중에게 선포했다. 바로, 죄에 초점을 두고 죄 문제의 해설 방법으로 예수 그리스도를 부각시킨다. 최근의 설교들을 살펴보면 인간의 죄성을 언급하지 않는다. 아마도 누구나 설교 시간에 죄라는 주제를 듣고 싶지 않은 본성을 지니고 있기 때문이다. 그러나 설교자가 설교에서 죄를 언급하지 않는다면, 그리스도의 대속 사역을 드러낼 수 없게 된다. 그리고 그 설교는 단순히 모범적(도덕적) 설교에 그쳐 윤리적인 신자나 기복적인 신자를 양산해 낼 뿐이다.

셋째, 강태국은 청중의 대상을 교회 공동체로 인식하며, 구약 교회 공동체와 신약 교회 공동체를 언약 공동체로 묶어 이해하고 설교했다. 그러므로 그는 설교 도입과 결론에서 구약 공동체와 신약 공동체를 동일한 언약 공동체로 인식하였기에, 강태국은 언약 공동체 중심으로 성경을 나선형적 해석뿐 아니

---

36. John R. W. Stott, *Preacher's Portrait*, 채경락 역, 『설교자란 무엇인가』 (서울: IVP, 2010), 9.

라, 나선형적 적용도 탁월하게 해낸다.

참고문헌

강태국. 『매일의 묵상 I』. 서울: 성서교재간행사, 1976.
강태국. 『매일의 묵상 IV』. 서울: 성서교재간행사, 1976.
강태국. 『성서의 종교 1』. 서울: 성광문화사, 1985.
강태국. 『성서의 종교 2』. 서울: 성광문화사, 1985.
강태국. 『성서의 종교 3』. 서울: 성광문화사, 1986.
강태국. 『성서의 종교 4』. 서울: 성광문화사, 1986.
강태국. 『성서의 종교 5』. 서울: 성광문화사, 1987.
강태국. 『나의 증언』. 서울: 한국성서대학교, 1988.
극동방송 편. 『극동방송 40년사』. 서울: 그리고크리에리티브센타, 1996.
김영재. 『한국교회사』. 서울: 개혁주의신행협회, 1992.
박성환. "일립 강태국의 경건론". 한국복음주의실천신학회. 「복음과 실천신학」. 54(2020): 71-105
박성환. "강태국의 구약 설교 연구". 한국설교학회. 「설교학」. 11(2020): 11-43.
이호우. "일립 강태국(1904-1998) 박사의 생애와 사상". 한국복음주의역사신학회. 「역사신학 논총」. 3(2001): 207-32.
이호우. "개신교 전통사(史)에 본 강태국의 '오직 성서' 사상과 그 유산". 한국복음주의역사신학회. 「역사신학 논총」. 18(2009): 228-57.
한국성서대학교 편. 『한국성서대학교 60년사』. 서울: 한국성서대학교 출판부, 2012.
허정운. "일립 강태국 목사의 설교 연구: 성서의 종교를 중심으로". 안양대학교 석사학위논문, 2001.
현창학. 『선지서 주해 연구』. 수원: 합신대학원출판부, 2013.
Cilliers, Johan H. *The Living Voice of the Gospel: Revisiting the Basic Principles of Preaching*. 이승진 역. 『설교 심포니: 살아있는 복음의 음성』. 서울: CLC, 2014.
Long, Thomas G. *The Witness of Preaching*. 이우제·황의무 역. 『증언하는 설교』. 서울: CLC, 2007.
McGrath, Alister E. *Historical Theology: A History of Christian Thought*. 소기천·이달·임건·최춘혁 역. 『신학의 역사: 교부시대에서 현대까지 기독교 사상의 흐름』. 서울: 知와 사랑, 2001.
Old, Hughes Oliphant. *The Reading and Preaching of the Scriptures in the Worship of the Christian Church Vol 4, The Age of the Reformation*. Grand Rapids: William Eerdmans Publishing Company, 2002.
Stott, John R. W. *Between Two Worlds*. 정성구 역. 『현대 교회와 설교』. 서울: 생명의 삶, 1992.

Stott, John R. W. *Preacher's Portrait*. 채경락 역. 『설교자란 무엇인가』. 서울: IVP, 2010.

Strom, Mark. *The Symphony of Scripture: Making Sense of the Bible's Many Themes*. 오광만 역. 『성경교향곡』. 서울: IVP, 1993.

Tasker, Randolph V. G. *The Gospel According to St. John*. 박영호 역. 『틴텔 신약주석 시리즈 4: 요한복음서』. 서울: 기독교문서선교회, 1980.

賀川豊彦. 一粒の麦. 한영철 역. 『한 알의 밀알』. 서울: 기독지혜사, 1988.

박성환

건국대학교 식량자원학과
합동신학대학원대학교 (M. Div.)
에스라성경대학원대학교 성경학 (Th.M.)
합동신학대학원대학교 설교학 (Ph.D.)과정 수학
남아공 스텔렌보쉬대학교 실천신학(설교학) (Ph.D.)
(전) 웨스트민스터신학대학원 교수
(현) 한국복음주의실천신학회 부회장
(현) 한국설교학회 부회장
(현) 한국장로교신학회 회계
(현) 한국성서대학교 실천신학(설교학) 교수

성화를 강조한 김석준 목사의 설교

김성욱

1. 목회자로서의 삶과 설교들

　김석준(金錫俊, 1930-1988)목사님의 설교와 삶은 분리되지 않은 하나입니다. 일례로 한동안 가족 전체가 알지 못하던 소식을 최근에 국가에서 알려왔습니다. 6.25 전쟁 때 목사님께서 너무나 큰 공을 세웠다는 사실과 그 결과로 무성화랑 무공훈장을 받았으니, 그 훈장을 받아가라고 국가보훈처에서 연락이 왔습니다.[1] 이 일로 온 가족은 만감이 교차합니다. 사실 이 훈장을 내세웠으면, 자녀들이 가난한 목사님의 자녀로서의 삶이 아니라 국가의 보조와 9남매의 학비 지원을 넘어 직장이나 사회 등에 많은 혜택을 누릴 수 있었음에도, 목사님은 이를 외면하여 목회자의 어려운 삶을 살아가시며, "하나님을 믿는 사람이 자꾸 세상을 의지해서는 안된다"는 교훈으로 평생을 가난하나 정말로 부요한 목회자로 살았습니다. 그 까닭에 자신이 받아도 될 상이(傷痍)군인이나 국가유공자도 거부하고 고생하며 사셨는데, 돌아가신 지 수십 년이 지나 68년 만에 비로소 그 훈장을 후손들이 받게 되었습니다. 하나님만 의지하며 살아가는 목회자의 삶을 보여주신 목사님께서 하신 설교자료들 중에 일부만 녹음테

---

1. 선친은 당시 일병으로 제9보병사단(현 백마부대)에서 백마고지 탈환하는 일에 결정적인 공헌을 하였기에, 일병에서 3계급 특진하여 이등중사로 제대하였습니다.

이프로 남아있고, 특별히 김성봉 목사님과 몇 성도들의 수고로 정리된 설교집이 있습니다.[2]

　젊은 시절에 목사님은 주님께 부름받은 그 감격 가운데 당시 대표적인 부흥사인 이성봉 목사님을 너무나 존경하여, 설교와 행동이나 몸짓도 본받으려 노력하였습니다. 목사님이 부흥사로 뜨려던 즈음에 말씀을 깨닫는 놀라운 은혜를 체험하고 산기도와 설교에 모든 힘을 집중하였고, 성경의 전체적인 내용으로 강하게 선포하였습니다. 그리고 매 월요일 오전에 말씀 나눔 시간을 정하고 많은 목사님들을 위하여 성경 말씀을 강론하며 배경이 되는 신학적인 부분을 강의로 섬기며 교역자들을 섬겼습니다. 그 결과 주일 설교를 비롯하여 많은 설교에 있어서 바로 본문으로 들어가서 설교하는 것이 아니라 조직신학적인 설명을 먼저 진행하며 그 토대 위에 본문 중심으로 강론하였습니다. 목사님의 조직신학적인 사고와 전개에 관하여서는 『체계적 신앙신학』에 잘 녹아나고 있습니다.

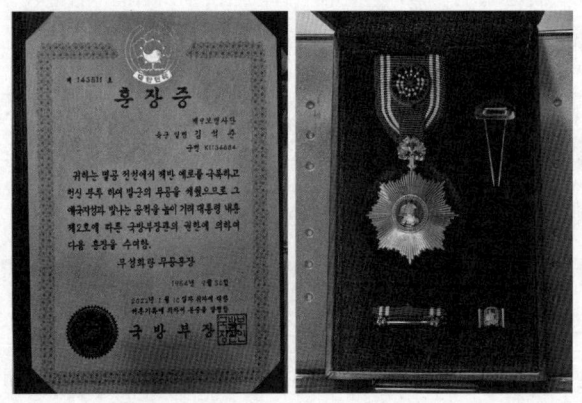

---

2. 『히스기야와 요시아』, 『성경 요해』, 『부활에의 초대』, 『나는 생명의 떡이니』, 『예수님의 생애』, 『말세관 1』, 『말세관 2』, 『요한복음 설교 2』, 『에스겔 (상)·(하)』, 『다니엘 (상)·(하)』, 『체계적 신앙신학』 등.

2. 주일학교 교육과 설교

한국전쟁과 그 이후의 힘든 시기 동안 한국사회의 희망은 교회였다고 말할 수 있을 것입니다. 절망과 한숨이 가득한 사회와 암담한 현실의 국민들에게 교육의 중요성과 미래를 꿈꿀 수 있도록 만든 중요한 삶의 현장이 바로 주일학교 교육이었기 때문입니다. 김석준 목사님이 목회하시던 대동교회를 방문한 사람들이라면 누구나 설교 시간에 전체 성도들이 목사님의 말씀을 노트에 받아 적는다는 사실에 제일 먼저 놀랍니다. 목사님의 설교를 필기하는 대부분의 성도들은 설교에 집중할 뿐만 아니라 실생활에서 그 말씀대로 살려고 노력하는 삶의 모습을 잘 보여줍니다.

이와 아울러 주일학교 교육에서는 교회 전체의 통일성을 위하여 주일의 설교가 다음 주 주일학교 공과교재가 되는 시스템을 사용하였습니다. 따라서 주일학교 교사로 봉사하려면, 일단 설교시간에 집중해야 합니다. 그렇지 않으면 그 다음주에 학생들에게 교육할 내용이 없어지기 때문입니다. 교사로 학생들을 지도하려면 1시간 가량의 설교를 듣고 자신이 소화하여(자체화) 10-15분 정도의 분량으로 정리하여 학생들에게 가르쳐야 합니다. 그 결과 주일학교로부터 성인들에 이르기까지 교회 전체가 신학적으로 그리고 신앙적인 통일성을 가지고 함께 전진하는 분위기였습니다. 또한 중학생 이상의 청소년들은 주일학교의 보조교사로 훈련받으면서 활동하였고, 가르치면서 배운다는 말처럼 사춘기 시절에도 세상에 취하지 않고 신앙적으로 잘 자랄 수 있어서 가정과 교회의 미래를 준비하도록 함께 성장할 수 있습니다.

2. 설교의 방향

1) 성화에 대한 강조- 구원의 확신을 넘어

1970-80년대 한국교회는 놀라운 부흥과 성장이 있었고, 또한 다양한 선교

단체들이 많이 활동하던 때입니다. 이 시기에 중요한 주제 가운데 하나는 구원의 확신이었고, 더 나아가 사회 속에서 빛과 소금으로 살아가려는 성도의 삶과 사회에 대한 기여에 관한 것입니다. 하지만 김석준 목사님의 설교에 있어서 중요한 부분은 구원을 얻는 부분(구원 확신)에 관한 것이 아닙니다. 왜냐하면 목사님은 구원의 세 가지 시제를 구분하면서도 동시에 구원에 관하여 통합적으로 설교하기 때문입니다. 따라서 설교의 중요한 핵심은 성화(聖化)가 됩니다. 마치 아이가 태어나는 것도 무척이나 감격스럽고 기쁜 일이지만, 아이가 여러 가지 일들을 겪으면서 성장하는 것은 더 어렵고 너무나 중요하기 때문입니다. 여기에 더 강조할 것은 그 아이가 장차 펼칠 미래를 전망한다면, 그 미래를 준비하는 과정으로서 현재의 성장을 중요시할 수밖에 없습니다.

이러한 안목으로 성경의 내용을 볼 때, 성도에게 있어서 구원의 확신도 중요하지만 목사님의 설교 대부분에서 하나님의 자녀로서 하나님의 성품을 닮아가는 현재의 삶에 대한 강조를 발견할 수 있습니다. 구체적으로 보면, 먼저 구원을 얻은 상태를 기본구원[3]이라고 표현하며 구원의 감격과 구원의 확신이 여기에 해당됩니다. 그리고 하나님의 성품으로 성장하는 것을 성화구원[4] 혹은 구원을 이루어간다는 면에서 건설구원이라고 표현합니다. 그리고 현실을 살아가는 성도 곧 하나님의 자녀로서 주어진 가정과 사회 속에서 혼자만이 아니라 관계된 사람들에게 영향을 주며 구원을 이루어가는 점을 강조하여 연관구원이라고 표현하는데, 전체적으로 세상 속에서 깨어있는 성도의 삶을 강조합니다. 마지막으로 삼위의 하나님과 함께 영원히 즐거워하며 살아가는 것 즉

---

3. 현재 완료로 칭의의 구원(Justification)을 의미한다. "너희가 그 은혜를 인하여 믿음으로 말미암아 구원을 얻었나니 이것이 너희에게서 난 것이 아니요 하나님의 선물이라. 행위에서 난 것이 아니니 이는 누구든지 자랑치 못하게 함이니라"(엡 2:8-9)
4. 현재 진행형으로 성화(聖化)의 구원(Sanctification)을 의미한다. "항상 복종하여 두렵고 떨림으로 너희 구원을 이루라"(빌 2:12) "그 아들 안에서 우리가 속량 곧 죄 사함을 얻었도다"(골 1:14)- 원문은 현재형.

구원의 완성⁵을 표현하며, 이것으로 성도의 삶에 중요한 방향으로 제시하며 하나님 앞에서 각자에게 주어진 삶을 주님의 인도 가운데 성실하게 살아갈 것을 언제나 권면합니다.

2) 내세지향적 성도의 삶

김석준 목사의 설교와 신학의 핵심은 내세지향적이면서도 동시에 철저하게 현실을 살아가는 성도의 자세로 정의될 수 있습니다. 이 땅에서 성도의 삶은 세상을 떠남으로 끝나버리는 생이 아니기에, 언제나 하나님의 자녀로 그리고 영원히 존재할 존재로서의 자각을 강조하여 "성도의 기본자세"를 항상 강조하였습니다.⁶ 영원의 시간 속에서 현재를 살아가는 존재이며 하나님의 자녀이기에 시대의 부름 속에서 자신에게 부여된 소명과 사명을 강조하는 것은 너무나도 당연합니다.

3박자 구원이 강조되는 시대의 분위기 속에서도, 이 땅의 삶이 전부가 아니기에 이 세상 삶의 모습으로 모든 것을 평가하지 말아야 한다는 의미에서 "아직 승부는 끝나지 않았다"고 표현하며, 나아가 내세를 바라보면서 철저하게 하나님 앞에 있는 성도로서의 삶을 강조합니다. 성도들의 실제적인 생활 즉, 이 땅에 주어진 모든 환경과 사건은 절대로 우연히 된 것이 아니라 하나님의 작정과 계획 가운데 주어진 것이며, 비록 각자가 처한 삶의 환경이 불만족스럽거나 불평이 가득한 현실이 주어진다 하더라도 그것은 지혜롭고 사랑이 많고 아버지 되신 하나님께서 우리의 구원을 위하여 예비하신 것이라는 점을 강

---

5. 미래에 완성될 영화(榮化)의 구원(Glorification)을 의미한다. "그러면 이제 우리가 그의 피로 말미암아 의롭다 하심을 받았으니 더욱 그로 말미암아 진노하심에서 구원을 받을 것이니"(롬 5:9) "또한 너희가 이 시기를 알거니와 자다가 깰 때가 벌써 되었으니 이는 이제 우리의 구원이 처음 믿을 때 보다 가까웠음이라"(롬 13:11)
6. 나는 하나님의 자녀이다. 나는 영존할 자이다. 현세는 나의 영존처가 아니다. 나는 현세에서 조만간 떠나야 한다. 현세는 나의 영적 실력 양성의 교육장이다. 나의 영원히 누릴 곳은 무궁세계(천국)이다.

조합니다. 그렇다고 현실에 대해 안주하거나 때로는 자포자기하는 숙명론으로 나아가는 것이 아니라 그 속에서 하나님의 뜻을 발견하며 그분의 뜻을 이루기 위한 하나님의 섭리임을 강하게 선포합니다. 달리 표현하면 가정과 신체 혹은 부와 가난 그리고 지식과 사건들이나 존재들로 자신을 평가할 것이 아니라, 성도에게 특별히 허락하신 기회들이기 때문에 김석준 목사님은 매 설교에서 그 기회를 잘 선용하여 하나님의 성품을 닮아가는 삶, 훈련하는 삶을 살아갈 것을 목놓아 외쳤습니다. 다시 오지 않는 시간, 그리고 흘러가는 시간과 공간 속에서 주어진 기회들이기 때문에, 무엇보다 먼저 삶의 방향을 정하고, 주님께서 주신 지혜와 힘으로 잘 감당하라고 강조합니다. 그러다 보니 가장 간단하게는 우리에게 주어진 모든 환경과 사건 속에서 하나님과 사람 그리고 물질과 사건에 대한 관계 즉 대신(對神)관계, 대인(對人)관계 그리고 대물(對物)관계를 통하여 구체적인 적용을 권면합니다.

먼저 하나님을 대하여 인격적이며 당신의 독생자 예수까지 주시며 우리를 사랑하시는 하나님, 그리고 무한한 능력과 지혜를 가지신 하나님께서 성도를 향하여 가지신 계획과 섭리를 무엇보다 먼저 염두에 두도록 설교합니다. 우리를 사랑하는 하나님이란 정도를 넘어, 때로는 우리가 이해하기 어려운 말로 설명이 되지 않는 절망의 상황이나 환경에서도 하나님의 계획과 뜻을 생각하며 하나님 앞에서 살아가도록 권면합니다. 하나님 다음으로 생각할 것은 함께하는 사람들에 대한 자세인데, 인간은 하나님의 형상으로 지음받은 존재이기에 정말로 귀하게 여겨야 할 존재이면서도 동시에 영원히 함께할 성도로서 서로를 대하도록 선포합니다. 막상 사람을 대할 때 몇 년 볼 사이가 아니라 영원히 함께할 존재로 여긴다면 그 대하는 자세와 삶이 달라질 것이다. 그리고 서로가 서로에게 힘이 되며 동시에 성화를 이루어가는 존재로서 귀하게 여겨야 할 존재로서의 강조가 있습니다. 마지막으로 대물관계는 하나님 앞에서 사람을 귀하게 여기며 동시에 물질을 잘 활용하는 성도의 자세를 말합니다. 세상의 돈이나 부귀 혹은 학식이나 건강을 포함하여 모든 사건과 환경이나 존재들을 대하면 그것에 얽매이지 않고, 또한 하나님의 자녀이기에 그것들에게 머리를 숙이지 않는 하나님의 자녀이며 사랑의 대상자인 자녀로서의 당당함을 가르칩니다. 하나님의 자녀이기에 세상의 물질과 거대한 시대 정신에 주눅들거나 겁먹지 않고 그 모든 것을 활용할 생각으로 자신에게 주어진 삶을 펼칠 것을 강조합니다.

전체적으로 성도들에게 주신 이 땅에서의 모든 삶이란 전능하시고 무한히 지혜로운 하나님께서 사랑하는 자녀들에게 삶의 기간 동안에 허락하신 기회임을 강조합니다. 따라서 성도가 삶을 대하는 자세는 누구보다 더 성실하며 철저하게 살아야 함을 권면하면서 동시에 성도의 삶이 영원한 천국을 향하기 때문에, 때로는 세상의 것 대하여 아무런 미련 없이 털고 나아가는 삶의 자세도 함께 힘주어 선포합니다.

3) 부활의 신앙

내세지향적이면서 철저하게 현실을 살아가야 하는 성도의 삶의 중요한 근거로 부활을 믿는 신앙을 제시합니다. 이것은 단순히 죽지 않는 것 혹은 죽었다가 부활한다는 소망을 넘어 죽음 이후에 반드시 부활이 있는데, 그 부활은 단지 원상회복이 아니고 죽기 전 상태보다 더 나은 부활이 있음을 강조합니다. 따라서 부활신앙을 가졌다면, 이런 죽음을 죽지 못할까 봐 혹은 죽지 않을까 봐 걱정이지, 세상 사람들처럼 죽을까 봐 걱정하는 것은 아니라고 가르칩니다. 따라서 부활신앙은 죽은 이후에만 적용되는 것이 아니라 성도가 이 세상에서 행하는 모든 신앙생활에도 적용되는데, "현재 물질인 육체로 살다가 죽으면, 신앙으로 인하여 그리고 신앙 때문에 죽으면 신령체로 부활하게 되니, 죽기 이전보다 훨씬 더 나은 상태로 부활한다는 그런 믿음만 가졌다고 하

면, 누가 그 죽음을 두려워하겠습니까?"라고 강하게 외칩니다.[7]

그런데 만일 성도가 부활의 믿음을 갖지 못하면 참으로 어리석은 결과를 초래하게 될 것과 모든 인간은 이 세상에서 살다가 죽으면 정말로 죽음에서 모든 것이 끝나는 것이 아니라 반드시 부활하게 될 것을 강하게 선포합니다. 부활하는 이유와 근거는 예수 그리스도께서 우리에게 부활에 특별한 은총을 입혀 주셨기 때문인데, 부활의 신앙 즉 미래를 준비하는 삶을 살지 못하면, 비록 부활하겠지만 정작 중요한 효력적인 부활, 기쁨의 절정에 이르는 부활 이런 부활은 못하게 된다는 사실을 강조합니다.

한 걸음 더 나아가 부활에 대한 중요한 가르침을 선포한다. "선한 일을 행한 자는 생명의 부활로, 악한 일을 행한 자는 심판의 부활로 나오리라"(요 5:29)의 말씀에 따르면, 신자만 부활하는 것이 아니라 불신자도 부활한다는 사실이다. 즉 성도들은 영광과 생명의 부활로, 그러나 불신자들은 영원한 심판을 받기 위하여 부활한다. 그리고 신자이지만 세상을 두려워하며 세상에 빠져 이 놀라운 부활의 믿음이 없이 산 사람들은 영광과 기쁨의 절정의 부활이 아니라 그냥 부활이다. 그러나 세상을 이기며 주님과 영원히 행복할 것을 기대하며 소망하며 믿음으로 산 사람은 영광과 승리의 부활로 나아가 영원히 기쁘고 즐거움 속에 살게 될 것을 설교마다 강조한다.

3. 역사의식과 성도의 자세

1) 성경적 설교

종교개혁자들에게 있어서 가장 중요한 것은 오직 성경(sola scriptura) 정신입니다. 성경이 가는 곳까지 가고 성경이 멈추는 곳에서 멈추는 것인데, 이

---

7. 김석준, 『요한복음 설교 2』, (서울: 나눔과 섬김, 2022), 164.

사상과 함께 다루어져야 할 정신이 바로 전체 성경(tota scriptura) 즉 성경 전체의 통일성에 관한 내용입니다. 김석준 목사님의 대부분의 설교에서 이 자세가 나타나는데, 특별히 1978-1980년대의 이스라엘의 왕들에 대한 설교에서 잘 보여줍니다. 주일 오전에는 열왕기 중심으로 강해설교가 되고, 오후에는 같은 왕에 대한 역대기의 말씀을 설교하였습니다. 그리고 더 나아가 종합적인 이해와 구약과 신약의 통일성 그리고 그 실제적 적용을 담아서 수요일 저녁 예배에 설교하였습니다. 한 왕에 대한 객관적이며 종합적인 평가를 통하여 성경을 바로 깨닫도록 하며, 성도로서 자신에게 주어진 삶의 현장에서 성실하게 살아가도록 독려하였습니다. 그 대표적인 예가 바로 유다 왕 여호사밧에 대한 설교입니다.

대부분의 설교자나 신학자들은 여호사밧 왕의 업적에 대하여 일반적으로 긍정적으로 높이 평가합니다. 물론 성경의 내용이나 북이스라엘의 왕들의 업적과 비교해보면, 후대의 왕들에게도 귀감이 되며 긍정적인 평가는 타당할 것입니다(오전설교). 그러나 성경의 내용을 종합적으로 살펴보면서 이러한 평가를 넘어서는 안목을 제시하는데, 제일 먼저 북왕조 이스라엘과의 동맹과 그로 인한 부국강병책이 결국 치명적인 실패임을 성경을 통하여 지적합니다. 그 대표적인 예가 자신의 아들인 여호람과 아합가문의 딸 즉 이세벨의 딸인 아달랴를 결혼시킨 평화정책에 관한 것입니다. 이로 인하여 작은 나라 유대가 국제적으로 알려지고 외부적으로는 번창하며 미래를 위해 탁월한 결정이며, 특히 분단국가로서 통일을 위한 큰 디딤돌을 만든 듯이 보입니다. 하지만 그 결과는 남조 유다의 피비린내 나는 숙청과 왕조의 몰락에 가까운 결과가 나타났음을 지적하며, 이 사건을 통하여 신앙의 지조를 지키는 성도의 자세를 보여줍니다(오후설교). 또한 여호사밧이 간과한 아합의 신앙정신과 이세벨의 세상적인 방법의 절정이 아달랴의 통치임을 성경이 잘 보여준다고 강조하며, 그것은 자신이 왕권을 얻거나 유지하기 위하여 왕족들을 다 죽이는 결과로 나타났음을 보여줍니다. 왜냐하면 이런 일은 남유다에서는 볼 수 없는 것이지만, 북이스라엘에서는 자주 볼 수 있기 때문입니다. 여기서 더 중요한 것은 사무엘하 7장의 다윗언약을 통하여 하나님께서 남은 자 곧 하나님께서 남기신 요아스를 통하여 다윗 왕조가 완전히 끝나지 않고 계속 이어져 가도록 하신 하나님의 인도하심을 통하여 하나님의 역사하심과 그 언약의 신실성을 강하게 선포합니다(수요예배).

이런 까닭에 세상 속에 살아가는 성도는 세상적 기준과 가치관에 따라 살아가거나 평가할 것이 아니라 다윗왕의 교훈에서처럼 언제나 하나님 앞에서 살아가야 할 것을 교훈합니다. 구체적인 적용으로 성도가 살면서 선택해야 할 많은 것 중에 가장 힘든 결단과 노력이 필요한 일이 바로 결혼문제와 세상 속에서 일하는 자세를 언급합니다. 세상적인 평가나 인정은 임시적인 것 뿐이기에 그것에 휘둘리지 말고 하나님 앞에서 영원을 바라보며 소망하며 살아가도록 강하게 권합니다. 이렇듯 이스라엘의 왕의 삶과 업적을 평가할 때 성경의 한 부분만을 보는 것이 아니라 종합적이며 객관적으로 살펴보고 더 나아가 신학사상과 성도의 삶에 대한 신약적 교훈까지 함께 녹여내는 것으로 설교를 마무리합니다.

2) 시대의식과 종합적 평가: 히스기야

김석준 목사님의 설교는 대부분 설득이 아니라 선포의 특징을 보여주며, 동시에 성경에 대한 객관적이며 종합적인 조망을 통하여 하나님의 계획과 인도하심을 강조합니다. 그 대표적인 예를 바로 히스기야 왕에 대한 설교에서 잘 볼 수 있습니다. 한국교회에서는 야베스의 기도나 낙타 무릎과 같이 기도를 강조하면서, 가장 위대하고 본받을 기도로서 왕하 20장(이사야 38장)의 히스기야의 기도를 제시합니다. 만약 성도의 삶이 이생뿐이면 이 기도를 그렇게 볼 수 있을 것입니다. 하지만 역사의식과 역사평가는 언제나 종합적으로 살펴

야 하기 때문에, 목사님은 철저히 성경 전체와 분문의 분석을 통하여 설교를 전개합니다.[8]

히스기야가 간절하게 기도하여 마침내 15년 생명 연장받은 것에 대하여 일반적으로 높이 평가하는 분위기이지만, 목사님은 성경의 교훈이 히스기야처럼 기도하라는 것인가 아니면 히스기야처럼 기도하지 말고 그의 잘못을 지적하는 것인가를 물으며 설교를 시작합니다. 성도의 삶이 이 땅에서 병이 낫고 잘 사는 것에 초점이 있다면, 그 기도는 분명히 긍정적일 것입니다. 하지만 성도는 임시적인 존재가 아니라 영원히 주님과 함께 살 존재이기에 영원이라는 관점으로 평가하든지 아니면 최소한 이스라엘 전체의 역사를 두고 이 사건을 평가하기를 원합니다.

하나님께서 병으로 인한 사망선고를 내렸을 때, 히스기야 왕은 두 가지 태도와 함께 기도하기 시작합니다. 먼저는 얼굴을 벽으로 향하는 것인데, 이사야의 선포 곧 하나님의 말씀을 대할 때, 자신의 얼굴을 돌린다는 것은 하나님의 뜻을 수용하지 않고 거부하는 모습입니다.[9] 그리고 기도의 모습을 성경은 "여호와여 구하오니 내가 진실과 전심으로 주 앞에 행하며 주께서 보시기에 선하게 행한 것을 기억하옵소서 하고 히스기야가 심히 통곡하더라"(왕하 20:3)라고 표현합니다. 대부분의 설교자들은 여기에서 "내가 진실과 전심으로 주 앞에 행하며"와 "히스기야가 심히 통곡하더라"에 초점을 맞추어 하나님께 간절하게 기도하도록 권합니다. 하지만 김석준 목사님은 히스기야 왕이 "주께서 보시기에 선하게 행한 것"이란 표현에 주목하며, 그 내용은 앞장에 있는 사건 즉 문맥적으로 볼 때 앗수르 군대 185,000명을 이긴 사건을 언급하는 것으로

---

8. 김석준, 『히스기야와 요시야』, (서울: 나눔과 섬김, 1998).
9. 당시에 얼굴은 중요한 상징적 의미를 내포하였는데, 예를 들어 얼굴을 드는 것은 상대에 대한 사랑과 관심을 나타낸다. 하지만 얼굴을 돌린다는 것은 상대에 대한 경멸이나 무관심을 가리킨다(왕상21:4; 겔 7:22).

로 더 나아가 그 승리에 있어서 자신의 공로로 표현하고 고백한 것으로 평가합니다.

더 중요한 것은 15년 생명 연장을 받은 이후의 삶에 관한 것입니다. 그의 아들 므낫세 왕이 될 때, 나이가 12세이기에, 히스기야가 생명 연장을 받은 결과로 태어난 아들로 므낫세를 평가합니다. 므낫세는 곧 유다의 왕들 중에 가장 오래 통치하였으나, 그것이 자랑스럽지 못하고 오히려 수치와 부끄러움이 가득한 가장 죄를 많이 지은 왕인데, 실제로 그가 보고 배운 롤모델은 병이 나은 후의 히스기야의 삶으로 볼 수밖에 없는 것입니다.

남조 유다의 역사라는 전체적인 틀에서 히스기야 왕의 공적을 평가한다면 (왕하 20장, 사 39장), 가장 중요한 것은 바벨론에서 사자들이 왔을 때 히스기야 왕의 태도입니다. 이사야 선지자가 하나님의 능력을 드러내지 않은 왕의 태도와 자세를 지적하고 또한 장차 백성들이 바벨론의 포로가 될 것이라고 선언합니다. 그러나 히스기야 왕은 그 선포에 전혀 회개하지 않으며 "히스기야가 이사야에게 이르되 당신이 전한 바 여호와의 말씀이 선하니이다 하고 또 이르되 만일 내가 사는 날에 태평과 진실이 있을진대 어찌 선하지 아니하리요 하니라"(왕하 20:19)라고 대답합니다. 이 표현은 유대의 멸망과 포로되는 것은 자신의 시대에 해당되는 것이 아니라 후대에 해당되는 것이며, 다만 자신의 시대에는 평안과 태평함이 있기에 선하다고 대답하는 것입니다. 전체 이스라엘의 역사를 볼 때, 이스라엘의 멸망의 중요한 원인 중의 하나가 여기서 보여주는 히스기야 왕의 태도인데, 특히 중요한 기점은 다름아닌 기도하여 15년 생명 연장 받은 사건이기 때문입니다.

목사님은 히스기야 왕에 대하여 종합적으로 살펴보며 권하기를, 기도하여 병 낫고 때로는 부자되고 10년, 15년, 20년 생명 연장 받는 것이 중요한 것이 아니라는 사실을 강조합니다. 더 중요한 것은 바울사도나 칼빈처럼 때로는 병을 가지고 살면서 주님께서 오라고 하실 때, 세상에 연연하지 않고 감사함으로 나아가는 자세를 교훈합니다. 기독교는 언제나 영원을 두고 평가하기 때문에 세상에서 병 낫고 잘되는 것 못지않게 주님의 뜻을 이루어 드리며, 감사함으로 자신의 전 생애를 후손들에게 교훈으로 살아가는 삶의 중요성을 강조합니다. 기독교는 병이 나아서 또는 병을 얻어서 때로는 재산이 늘어나서 아니면 재산을 잃어도 언제나 영원한 생명에 관심을 두며 그 어떤 환경에서도 신앙적 삶을 살아가도록 권하기 때문입니다.

3) 하나님의 마음과 뜻

설교에 있어서 중요한 내용은 성경의 내용을 알고 적용하는 것도 중요하지만, 김석준 목사님은 그것을 넘어 하나님의 뜻과 계획 그리고 하나님의 마음을 아는 것을 강조합니다. 이 주제와 관련하여 많은 설교들이 있으나, 그 대표적인 예로 룻기를 들 수 있습니다. 룻이 나오미를 따라서 모압에서 떠나는 것은 세상적 순종이나 효가 아니라 하나님의 섭리와 구속사적 흐름을 파악한 결과로 봅니다.

나오미가 두 며느리에게 베들레헴으로 돌아가지 말고 각자의 고향에 머물라고 할 때, 오르바는 그 말에 순종하여 고향에 남고, 룻은 나오미의 권유를 뿌리치고 베들레헴으로 함께 돌아갑니다. 그 과정에 룻이 "어머니의 백성이 나의 백성이 되고 어머니의 하나님이 나의 하나님이 되시리니"(룻 1:16)라고 고백하는 것은 분명히 효성을 넘어서는 신앙고백이며, 동시에 엘리멜렉 가문에 머물러 있는 구속사적 흐름과 모든 것을 이끌어가시는 하나님의 역사하심을 분명히 보았기 때문입니다. 스승의 말에 대한 표면적인 순종이 아니라 진정한 순종, 즉 룻의 신앙적 결단과 같은 예는 엘리야와 엘리사의 관계에서도 분명하게 드러납니다. 엘리야가 하늘로 올라가야 할 시기가 가까웠을 때, 엘리사에게 길갈에서 벧엘로 따라오지 말라고 합니다. 하지만 엘리사는 이를 뿌리치고 따라갑니다. 벧엘에서 여리고로 그리고 여리고에서 요단에 갈 때에도 마찬가지인데, 이것이 불순종 같으나 진정한 순종임을 지적합니다. 스승은 제자인 엘리사를 위하여 따라오지 말고 머물라고 하지만, 그 스승의 본마음을 알고 있는 엘리사는 이를 뿌리치고 끝까지 따라갑니다. 스승과 제자의 관계는 이렇듯 표면적인 말과 그 속에 숨겨진 스승의 뜻을 알아서 그것을 순종해야 함을 강조합니다.

예수님과 제자의 관계에도 마찬가지이다. 주님께서 제자의 편의를 봐주며 쉬라고 할 때, 그 말의 의도가 '쉬라는 것인가 아니면 다른 사람들은 머물러도 너는 나를 따르라는 것인가' 라고 되물으며, 주님의 마음을 언급하며 진정한 순종은 표면적인 말이 아니라 그 이면에 담겨진 하나님의 뜻과 마음을 순종하는 것임을 강조합니다. 그렇기에 성도에게 주어진 어려운 여건과 환경을 불평하며 없애 달라고 하지 말고, 굳이 그러한 것을 허락하신 하나님의 마음을 알아 진정한 순종으로 나아가도록 가르칩니다. 하나님과 성도의 관계는 서로 사랑하며 아끼며 정말로 서로의 본마음을 알아서 행동하는 이러한 사이이어야 함을 선포하면서 특별히 "애정적(愛情的) 수수관계(受授關係)"라고 표현하며, 성도는 하나님을 대하여 이러한 관계로 나아가야 할 것을 언제나 강조합니다.

4. 정리

김석준 목사님의 사역의 대부분은 설교로 모아집니다. 하나님의 말씀을 이해하며 설교를 위하여 새벽기도 후 계속 성경을 읽고 묵상하는 일로 아침을 거르는 일이 많았습니다. 특히 심방이나 교인들을 보살피는 것도 중요하지만, 가급적 오후 시간으로 돌리고 새벽기도 이후 오전 시간의 대부분은 목회자로서 하나님의 말씀을 읽고 깨닫는 그 일을 평생 양보하지 않고 살아가셨습니다. 1982년에 간경화의 판정을 받고, 목회를 쉬면서 자신의 건강을 돌보며 목회와 설교에서 한걸음 물러나 살아갈 수도 있었습니다. 하지만 제한된 생애와 언제 죽을지 모르는 건강상태를 생각할 때, 하나님께서 힘을 주시면 담대하게 말씀을 전하겠노라는 자세로 일관하셨습니다. 그렇기에 병든 이후의 설교는 더 절절할 수밖에 없으며, 성도로서 이 땅을 살아가지만 동시에 영원을 향하는 삶의 자세와 그 실제적인 모습을 자신의 삶을 통하여 친히 보여주셨습니다. 그 결과 주옥같은 선지서들에 대한 설교와 성경 각권에 대한 설교들- 상천리 기도원에서 때로는 3-5시간 동안 말씀을 풀어 설교함-은 성도로서의 삶의 자세와 방향을 분명하게 제시한다.

주일 예배 시에 김석준 목사님의 설교는 거의 1시간 정도 진행됩니다. 그 시작은 언제나 조직신학적인 내용과 그 의미를 20분 정도 소개한 후에, 본문과 성경 전체적인 의미를 강조하는 성경 중심적인 특징을 보여줍니다. 그 내용과 방향성은 내세 중심적이면 성화에 대한 강조인데, 동시에 이 땅에서의 삶을 철저하게 강조하는 하나님의 섭리와 인도를 따라 살되 하나님의 계획과 하나님의 마음 알아가는 성도로서 살아가도록 권하는 설교입니다.

김성욱

서울대 종교학과
합동신학대학원 (M.Div.)
독일 뮌스터 신학박사(역사신학)
(현) 웨스트민스터신학대학원대학교 역사신학 교수
(현) 아가페열방선교회 이사장

김준삼 박사의 설교

장훈태

1. 김준삼 박사의 설교 자세

하나님의 은혜는 다양한 사람들에게 임한다. 하나님의 은혜는 하나님이 천지를 창조하신 것을 알고 있는 자, 자신이 하나님의 섭리 안에 계심을 알고 있는 자, 하나님의 영이 거하는 사람들에게 임한다. 또한 하나님의 계시의 말씀을 믿으며 살아가는 사람에게는 항상 임한다. 그리고 하나님께서 말씀하신 언약의 책인 성경을 믿는 자에게는 다양한 모양으로 은혜를 주신다. 그래서 인간은 하나님의 은혜를 기억하며 살아가야 한다.

이러한 차원에서 보면 김준삼 박사는 하나님의 은혜를 한 없이 받고 살아간 인물이다. 그리고 그는 이 모든 과정에서 항상 하나님의 은혜를 기억하며 활동하였다. 김준삼 박사는 하나님의 은혜 가운데 군대 생활을 무사히 마쳤고, 1969년 군대에서 제대한 후에는 모교인 대한신학교(현 안양대학교)와 방배동 총회신학교 그리고 천안대학교(현, 백석대학교)에서 교리학 담당 교수로 재직했다. 김준삼 박사는 교리학 교수로 봉직하는 동시에 김포 장기리에 위치한 운곡교회, 영등포구 대림동 산성교회, 방배동 총회신학교 내에 있는 총신교회의 당회장을 맡아 설교로 봉사하였다. 그는 여러 교회의 담임목사로 봉직하는 동안 설교하는 일을 즐겁게 여겼고, 종종 하나님의 은혜로 설교하고 있음을 고백하기도 했다.

김준삼 박사는 세 곳의 교회를 섬기는 동안 설교자로서 준비할 때마다 자신의 부족함, 미흡함을 거울삼아 더 기도하는 자세를 가졌다. 그는 설교자로서 준비를 철저히 하는 성품을 지녔다. 먼저 설교의 제목과 본문의 내용을 정한 다음 초고를 작성한다. 설교의 초고는 달력의 뒷면이나 이면지를 활용해 작성했는데, 초고를 작성한 다음에는 교회의 사무직원에게 타이핑을 부탁했다. 타이핑된 원고를 받은 후에는 교정 작업에 들어가 여러 번 교정을 거쳐 설교 원고를 작성한다. 그 다음 아내 한진수 사모님을 통하여 재차 원고 수정을 한 다음, 원고를 암기하기 시작한다. 김준삼 박사는 설교 원고를 읽으면서 색연필로 줄을 그어 놓곤 했는데, 그의 설교 원고를 들여다 보면 붉은 색과 푸른 색으로 밑줄이 그어져 있는 것을 볼 수 있었다.

김준삼 박사는 설교자로서 다양한 모습이 나타나는데, 그 특징은 다음과 같다. 첫째, 설교 원고에 집중한다는 점이다. 둘째, 설교 원고를 보면서 설교하지 않고 원고를 여러 번 읽고 이를 암기한다. 셋째, 삶의 우선순위를 설교 준비에 전념한다. 넷째, 설교를 통하여 십자가의 복음이 더하여지기를 소망한다. 다섯째, 설교를 준비하는 동안 성령의 역사하심을 기대한다. 여섯째, 설교의 힌트를 웨스트민스터 신앙고백과 연결한다. 일곱째, 설교를 통하여 복음 신앙과 개혁 신앙의 골격을 이루려고 노력한다. 여덟째, 개혁교회의 신앙을 근간으로 하여 하나님의 주권적인 신앙과 신학의 기준을 제공하려고 노력한다. 아홉째, 설교의 중심에는 '신적작정 교리'가 담겨 있다.

이상과 같은 특징들은 김준삼 박사가 평소 지녔던 설교자의 태도였다. 그는 설교 준비를 하는 동안 복음전도와 세계 선교에 대한 책무를 다하기 위해 성실한 자세로 임하는 가운데, 에베소서 4장 12-13절을 자주 인용하였다. 그의 설교 준비는 "이는 성도를 온전하게 하여 봉사의 일을 하게 하며 그리스도의 몸을 세우려 하심이라. 우리가 다 하나님의 아들을 믿는 것과 아는 일에 하나가 되어 온전한 사람을 이루어 그리스도의 장성한 분량이 충만한 데까지 이르리니"라는 말씀에 기초한다.

김준삼 박사가 설교자가 될 수 있었던 것은 그가 겪은 성장과정과 학구열로부터 시작되었다. 그는 1929년 9월 15일 평안북도 정주군 대전면 운산리 97번지에서 아버지 김찬빈과 어머니 노찬선 사이에 3남1녀 중 삼남으로 태어났다. 그의 출생지인 평안북도 정주군은 평야지대로 밭을 일구어 고구마와 목화를 재배하는 평화로운 농촌 마을이었다. 평안북도는 한국 개신교회의 최초 선교사인 언더우드가 속한, 북 장로교의 후원을 받고 있던 선교지역으로도 유명하다. 또한 그가 성장했던 마을에서 한 정거장만 가면, 기미독립선언서를 작성한 민족 대표 중의 한 사람인 남강 이승훈이 세운 오산중학교가 있었다. 그러나 평온한 농촌 마을의 바깥은 국가적으로 매우 혼란한 시기에 있었다. 1919년 3월 1일 일본 제국주의에 대항하여 주권을 회복하고자 3·1운동을 일으켰으나 실패했고, 1935년부터는 신사참배 등 일제의 폭압으로 한국교회를 비롯한 전 국민이 고통을 겪어야 하는 시기였다.

김준삼 박사의 부친은 전형적인 선비였고 밭일은 어머니의 몫이었다. 그는 다복한 가정에서 예수를 믿게 되었고, 아버지로부터 천자문을 배웠으며, 소학교와 운전중학교를 졸업하였다. 그러나 1945년 일본으로부터 독립한 이후 북한에는 공산정권이 수립되면서 그의 가정에는 핍박이 시작되었다. 예수를 믿는다는 이유로 큰 형이 감옥에 가면서 형수가 가정예배를 인도하였는데, 그때 김준삼 박사가 처음으로 대표 기도를 하게 되었다. 그가 교회에 나가 읽은 말씀은 마태복음 7장13-14절이었는데, 이 성경말씀을 읽는 동안 그의 삶에 큰 변화가 찾아왔다. 김준삼 박사는 그 후 19세가 되던 해 평양에 있는 감리교단의 성화신학교에 입학해 신현균 목사와 함께 공부했는데, 신현균 목사는 김준삼 박사가 나중에 대한신학교에 입학할 때 추천서를 써주기도 했다. 김준삼 박사는 성화신학교를 졸업한 후 일본의 고베 신학교에 유학하여 공부하는 청년회 헌신 예배 강사로 설교하면서부터 설교자의 길을 걷기 시작했다. 김준삼 박사는 예수 그리스도를 영접한 이후부터 설교자로 생활하는 동안 철저하게 '성경말씀이 자신을 감화시키고 삶의 지표가 되었다'고 간증하며 살았다.

김준삼 박사가 설교자로 활동하기까지 영향을 준 사람 중 가장 인상적인 인물은 대한신학교의 설립자 김치선 박사이다. 김치선 박사는 강한 열정을 가진 복음주의자인 동시에 민족복음화에 초점을 둔 목사였다. 그는 강의 시간에 민족복음화를 위한 300만 구령운동을 펼쳤고, 전국 '2만8천여 동네에 우물(교회)을 파라'는 것을 자신의 사명으로 알고 세상에 선포한 자였다. 한국교회는 그에게 '눈물의 선지자 예레미야'라는 별명을 붙여 주기도 했다. 김치선의 신학은 자유주의와 세속주의에 반대하는 동시에 자신을 스스로 근본주의자라고 말했다. 김치선 박사는 신학에 있어서 세대주의를 반대하는 부분에서는 약간 평가가 나뉜다. 그러나 김준삼 박사가 김치선 박사가 세운 청파중앙교회에 출석하면서 김치선 박사의 영향을 많이 받았음은 부인할 수 없는 사실이다. 김치선 박사는 한국교회에 보수주의를 뿌리내리는 데 큰 역할을 하였고 최순직 박사의 개혁주의 신학을 전수받았다. 김준삼 박사는 성경적 기초 위에 개혁주의신학을 가르치고 선양하는 데 시간을 투자했다. 이것이 김준삼 박사로 하여금 설교자의 자세로 활동하는데 큰 영향을 주었다.

2. 김준삼 박사의 설교에 나타난 신학사상

김준삼 박사의 설교에는 개혁주의 신학과 신앙의 맥(脈)이 흐른다. 대한신학교의 스승이자 김준삼 박사의 동역자였던 최순직 박사의 신학은 오카다 미노루로부터 전수받은 개혁주의 신학과 루이스 벌코프의 조직신학의 영향이 매우 컸다. 최순직은 <신학서설>(1999)과 <6일의 신학>(1987)등의 글을 통해 개혁주의신학을 가진 자로서 현대신학자를 비판하기도 하였다. 최순직의 개혁주의 신학의 전통은 칼빈의 신학과 웨스트민스터 신앙고백서의 신학적 전통과 성령의 역사를 강조하고 교회의 통일과 복음전파를 주요하게 여기는 경건 지향적 특징을 가지고 있다.

김준삼 박사의 신학사상은 이러한 최순직 박사의 영향을 크게 받았다. 1999년10월 최순직의 장례식에서 "주 안에서의 복된 죽음"이란 주제로 설교할 때 최순직의 신학적 입장과 공헌을 언급하면서 '자신이 그 뒤를 잇고 있다'고 말하였다. 이처럼 김준삼 박사는 오카다 미노루로부터의 신학 수업과 최순직 박사의 개혁주의신학 영향 아래 있으면서 자연스럽게 개혁주의 신학 관점에서 성경을 보는 눈과 설교에 대한 신학적 조명을 갖게 되었다.

김준삼 박사는 그의 성장 과정과 학습 과정에서 설교자의 인성이 자연스럽게 형성되었고, 그의 스승과 함께 동역하면서 신학의 깊이를 더해 나갔으며, 그의 영향력은 목회 현장에서 유감없이 발휘되었다. 김준삼 박사의 설교에 나타난 신학 사상, 그의 목회 철학과 신학적 토대는 그의 설교와 삶의 여정에서 여실히 드러난다.

1) 인간의 의지와 노력으로 목회의 밑그림을 그리지 않는다.

김준삼 박사의 설교에 나타난 사상은 '단순함', '소박함', '하나님의 신적작정 강조' 그리고 성경에 충실하려는 태도라 하겠다. 그는 하나님께서 맡겨주신 성스러운 목회를 인간의 행위로 전락시키려는 것에 대하여 경계하고 있다. 그에게 '목회 철학이 있는가'라고 묻는다면 '없다'고 말할 것이다. 목회 철학이 없다는 것은 인간적인 것을 드러내지 않고 "오직 하나님의 은혜" 곧 "불가항력적인 하나님의 은혜"만을 강조한다는 것이다.

김준삼 박사의 삶과 목회는 하나였다. 그의 삶은 목회와 분리되어 있지 않고 항상 연합되어 있었다. 이러한 점은 그가 목양실에 있을 때나 식사를 하는 동안에도 늘 성경을 펴놓고 설교에 집중한 것을 보면 알 수 있다. 그의 목회는 인간의 의지와 노력이 아니라 하나님을 중심으로 하는 밑그림을 그려 나간 것으로, 그는 목회를 할 때 두 가지에 중점을 두었다. 첫째, 개혁주의신학 곧 칼빈의 신학에 충실한 목회였다. 김준삼 박사에게 불가항력적 은혜를 주신 분은 천지를 창조하신 하나님이시고, 인간의 몸을 입고 오신 예수 그리스도, 성령의 임재이다. 그래서 자신의 삶과 목회를 하나님의 말씀을 선포하기 위해 배우는 자세, 기도를 통하여 하나님의 음성을 들으려는 경청의 자세, 배움과 경청을 통한 실천적 삶에 두었다. 이처럼 그의 삶과 목회는 항상 성경을 기초로 하되 개혁주의 신학에 충실한 것과 밀접한 것이었다. 둘째는 하나님을 향한 뜨거운 열정이다. 김준삼 박사의 설교는 항상 하나님을 향한 뜨거운 열정으로 말씀을 선포한다. 하나님 말씀에 근거한 부분 혹은 강조해야 할 부분에서는 행동과 목소리를 크게 하여 사람들을 설교자에게 집중하도록 이끌어낸다. 그의 설교는 하나님 앞과 사람 앞에서 그의 신앙 인격과 심오한 감정을 쏟아놓는다. 그의 설교는 인격적인 동시에 설교자 자신의 모든 것이 집합된 결정체와 같다. 이는 로이드 존슨 목사가 자신의 설교에서 영성을 강조한 것과 같다.

2) 하나님 앞에 서 있는 자로서의 겸손함을 가진 영성

김준삼 박사의 목회 설교는 언제나 힘이 넘치며, 항상 하나님 앞에 서 있는 자세로 복음을 선포한다. 그는 하나님 앞에 서 있는 태도로 성경을 읽고 묵상하고, 설교 원고를 작성한다. 하나님 앞에서 자신을 돌아보기 위해 오랜 시간 기도할 뿐 아니라 성경을 토대로 하여 교리 중심으로 설교한다. 그는 교회와 신학생들 앞에서 설교하는 것은 자신의 인격을 통한 진리의 선포이며, 설교할 때는 하나님 앞에 서 있는 자세로 외쳐야 한다고 외치기도 한다.

김준삼 박사는 설교와 신학 연구는 목회자와 교수로서의 성격과 신앙이 형성되는 시간임을 인지하고 있었을 뿐 아니라, 기도의 시간은 하나님을 향한 열정, 사랑의 고백과 평안을 갈구하는 시간들이었다. 그는 설교 도중에 개인적인 간증을 하거나 일반적인 예화를 하는 경우가 거의 없었으며, 오로지 성경에 기초한 교리 설교에 집중했다. 김준삼 박사는 강단에서 기도할 때를 회상하며 "목회자가 성령의 인도함을 받아 기도하면 1-2시간 기도하는 것은 아무 일도 아니다. 기도 시간에 국가와 민족, 성도들을 위해 구체적으로 기도할 수 있어 행복하다. 기도 시간은 자신의 이야기를 하나님께 펼쳐 놓는 유일한 시간이며, 하나님의 능력을 덧입는 최상의 길은 단연코 기도이다."라고 말한다. 김준삼 박사에게 있어 기도의 시간은 연약한 인간이 하나님 앞에 서는 겸손의 시간이고, 성령의 임재를 통하여 능력을 받는 시간이라고 말한다. 그는 그만큼 기도의 시간을 소중하게 여기고 있다. 기도는 연약한 인간이 하나님과 교통할 수 있는 최상의 수단일 뿐 아니라, 기도를 통해 세계를 품는 열정을 가질 수 있다.

김준삼 박사의 목회 생활을 보면 언제나 하나님의 부르심에 대한 응답과 소명감으로 가득 차 있었다. 그의 목회 사역은 청렴하고 청빈하며, 그의 인격적 목회 뒤에는 한결 같은 영성을 유지하려는 그의 노력을 엿볼 수 있다. 그에게는 단순함과 성실함, 겸손함, 멈추지 않은 신실함이 있었다.

3) 열방을 품는 열정과 섬김

김준삼 박사의 삶은 열방을 품는 소명과 실천, 이웃을 향한 섬김이 있었고, 전 세계에 흩어져 있는 제자 선교사들을 방학 때마다 찾아다니는 열정이 있다. 대한신학교와 방배동 총회신학교 시절에는 교수 사택을 학교 근처에 마련하여 학생들과 함께 생활함으로 섬김의 본을 보여주기도 했다. 그는 많은 제자들과 목회자로부터 교의신학에 집착한 자, 원칙주의자라는 비판을 받으면서도 제자들이 목회하는 교회를 방문하여 자비량으로 설교를 하기도 하였다. 그가 제자들이 사역하는 선교현장과 목회 현장(교회)을 방문한 것은 예수 그리스도를 믿는 자로서 섬김의 자세를 보여주기 위해서였다. 자신의 몸이 불편함에도 제자들을 격려하고, 그들을 통해 세계 복음화가 이루어질 것이라는 기대감을 가졌기 때문이다. 그는 배움의 자세를 지니고 있으며, 하나님을 향한 사랑과 열정을 가졌고 제자들과 성도들을 섬기는 자로 설교하였다. 그는 모든 이들을 향하여 아버지의 마음으로 만나주었고, 때로는 동료와 친구처럼 대화를 하며 설교의 내용을 실천하려는 자세를 지녔다. 목회자, 신학자로서의 삶이 녹록치 않음에도 김준삼 박사는 하나님 앞에서의 기본자세를 가지고 있었던 것이다.

김준삼 박사의 설교는 하나님을 향한 간절함과 그 사랑을 경험하려는 열정을 담고 있다. 그는 언제나 아름다운 주의 이름을 부르고, 어린아이와 같은 순전함으로 하나님의 권능을 사모하며 복음을 전했다. 그는 자신의 삶에서 언제나 창조의 하나님을 믿는 신앙고백을 했고, 하늘과 천체를 창조하신 하나님 앞에 서 있다는 의식을 가졌다. 그는 언약의 하나님, 언약의 말씀은 절대적으로 신실하다는 것을 믿으며 설교했다. 그의 생각은 하나님의 확실한 말씀으로 지배받았기에 순결함(진실함), 완전함을 추구했다. 그러면서도 늘 하나님의 지켜 주심과 영원토록 보존해 주시는 하나님을 신뢰하고, 시편 23편의 말씀을 인용하여 '하나님은 나에게 선한 목자'라고 고백하기도 했다.

3. 김준삼 박사의 설교에 나타난 신학적 토대와 특성들

김준삼 박사의 설교는 언제나 신학적 토대 위에서 선포되었다. 신학적이라는 것은 신조학과 조직신학에 근거한 것을 말한다. 그의 설교가 신학적이라는 것은 그의 설교에 있어 성경에 기초한 온전한 메시지, 하나님의 경륜을 따르려는 자세가 담겨있음을 의미한다. 그는 목회자 이전에 신학교의 교리학 교수였다. 그의 설교는 언제나 성경 중심의 설교를 하되 본문 중심 해석을 기초로 하였고 성경 해석의 토대는 신론, 인간론, 기독론, 구원론, 교회론, 종말론 등에 의해 형성되었다. 그는 설교할 때마다 삼위일체 하나님과 관련된 도표를 그렸고, 종말론을 설명할 때는 성경을 기초로 하여 설명하는 것을 서슴지 않았다. 그는 설교 서두에 "성경을 신앙과 생활에 있어서 유일하고 무오류한 기준으로 받아들였다."라고 말하며, 신의 존재를 신학의 전제로 보고 성경을 통하여 신적 존재를 확인하였다. 그는 유신론 가운데 신과 인간을 동일시하거나 신의 내재와 초월을 구별하지 못하는 범신론, 신의 초월성을 높여 내재성을 부정하는 이신론과 같은 논리들을 부정하였다.

김준삼 박사는 인간론과 관련된 설교를 할 때는 언제나 "인간의 원래 상태, 죄의 상태, 은혜 상태"를 언급하여 인간은 하나님의 형상을 따라 창조되었음을 강조한다. 인간의 죄를 설명하면서 항상 강조하는 것은 하나님의 은혜언약이다. 은혜언약을 통해 신자가 생명을 획득하는 것을 분리시키지 않는 특성이 있다. 그는 하나님의 말씀을 믿는 자는 언제나 은혜로운 언약 안에 있음을 강조한다.

김준삼 박사의 설교는 예수 그리스도의 인격과 사역을 강조하면서도 늘 기독론을 견지하고 있다. 그는 예수 그리스도께서 선지자, 왕, 제사장의 직무를 충실히 수행하는 것을 강조함으로써 예수 그리스도께서 완전한 구원사역을 이루신 것을 강조한다. 그는 구원론과 관련하여 인간이 전적으로 하나님께 의존한다는 인식하에 설교를 한다. 그에게 있어 구원의 경험은 모든 단계가 다 특별 은혜의 공작이며 성령의 특별은혜라고 강조한다. 그러면서 설교 서두에는 구원의 서정을 말하고, 유효소명, 중생, 회개, 믿음, 칭의, 성화, 견인, 영광을 언급한다. 그리고 이 모든 것은 오직 은혜를 드러내는 것이라고 말한다.

김준삼 박사의 설교에는 항상 교회와 관련된 용어들이 등장한다. 교회는 예수 그리스도의 구원사역이 적용된 사람들이 서로 교통하는 곳이고, 교회의 단체적 신앙생활을 지도하는 성령의 사역으로써 건전하고 원만한 향상을 보게 하는 것은 자연스러운 것이라고 선언한다. 그의 교회론과 관련된 설교 내용은 칼빈의 기독교강요에 나타난 교회론을 인용한 것이다. 그는 종말론을 설교할 때 "그리스도의 재림에서 시작하여 죽은 자들의 부활과 최후의 심판으로서 정착하는 제 과제를 포함한다"는 전제 아래 설교를 한다. 특히 천년왕국과 관련해서 설교할 때 전천년설, 후천년설, 무천년설이 있음을 설명하고, 자신은 무천년설 입장에 있음을 밝힌다. 그가 강조하는 무천년설은 초림과 재림 사이에 신체를 떠난 영혼들이 하늘에서 그리스도와 함께 영적으로 왕 노릇한다는 견해를 피력한다. 그가 이러한 신학적 기초 위에서 종말론을 설교하는 이유는 "그리스도의 재림 때까지 선과 악이 혼재하여 전쟁과 같은 긴장이 계속된다. 그렇기 때문에 복음을 힘써 전파하지만 하나님 나라로 개선되지 않을 뿐 아니라 오히려 적그리스도가 나타나 기독교를 박해할 것이다. 이러한 때 예수 그리스도의 재림과 더불어 악이 패하고 선이 승리할 것이기" 때문이다.

김준삼 박사의 설교에 나타난 신학적 토대와 특성들은 하나님과 관련된 신론에 근거하면서 성경에서 언급하는 유일성을 믿고 있으며, 성육신 하신 그리스도로부터 그리스도의 부활과 승천, 보좌 우편에 앉아 계신 예수를 선포하는 특성이 있다. 그러면서 예수 그리스도의 완전한 구원사역을 강조한다. 그리고 교회는 항상 하나님의 통치를 받는 곳이어야 하고, 하나님의 통치를 받아야 천국 백성으로서 삶을 누릴 수 있다고 강조한다.

4. 김준삼 박사의 설교 스타일

김준삼 박사는 강단에 서서 강의를 하는 신학교 교수였고, 목회에 전념한 목회자인 동시에 설교자였다. 그는 김포시 장기리의 운곡교회, 산성교회, 총신교회를 담임하는 동안 총 1,800여 편의 설교를 했다. 그리고 『아! 하나님의 은혜로』라는 설교집을 출판하기도 했다. 그의 회갑 기념으로 출판한 설교집과 교회력에 따른 설교집에는 한 영혼을 사랑하고 구원하려는 열정이 담겨 있다. 그의 설교는 성도 개인과 사회의 변화, 선교 공동체 건설과 건강한 신학, 교회 공동체 구성, 구원받은 백성들의 인격형성을 염두에 둔 설교였다.

그의 설교는 힘이 있었고, 복음과 구원의 부분에서 강한 목소리를 내었다. 설교 도중에 강한 제스처로 성도들의 시선을 집중시킬 뿐 아니라, 성령의 임재와 뚝심으로 밀어붙이는 설교로 잠자던 영혼을 일깨우기도 한다. 원고에 집중하는 그의 설교 스타일은 힘이 있어 성도들을 감화시켰는데, 이에 더해 가끔 칠판 설교를 통해 영적 감화력을 주기도 한다. 그의 설교는 진정성, 호소력, 감화력, 가슴에서 나오는 외침으로 참석자들을 움직이는 강한 에토스(ethos)의 힘을 가지고 있다.

김준삼 박사의 설교 스타일의 특징을 살펴보면 다음과 같다. 첫째, 교리와 변증적 설교이다. 김준삼 박사의 설교는 본문에서 하나의 이슈를 선택하여 교리적, 신학적으로 증명하거나 이를 변증해 나가는 방식이다. 그의 설교는 예수 그리스도의 십자가, 부활, 기독교의 기본진리, 성경적 세계관과 가치체계 등을 구체적으로 설명한다. 둘째, 그의 설교는 신조학과 교의학에 나타난 신학적 용어 등에 맞추어 설교하는 형식을 취했다는 점이다. 그의 교리 설교는 딱딱하거나 청중이 이해하기 어려운 것이 아니라, 현장에서의 이해와 실제 삶에서의 적용을 목적을 두는 설교였다. 셋째, 그의 설교는 영혼구원에 초점을 둔 설교로, 한 영혼을 구원하여 천국백성을 삼으려는 구원초청의 설교였다. 그는 설교 도중에 지나친 논리를 전개하여 반향을 불러일으키는 논증은 피하면서 겸손한 태도로 설교를 통하여 복음신앙을 일으키고 진리를 가르치는 데 전념하였다. 김준삼 박사의 설교는 신학적 기초에 의한 설교였음에도, 설교의 목적을 성경의 교훈들을 삶의 현장에 적용하고 이를 조화롭게 하려는 데 두었다. 그리고 그의 설교는 성도들로 하여금 현상학적 필요, 삶의 현장에서 필요한 지혜 등을 발견하도록 하는 '실제적 필요'의 설교에 초점을 두었다. 실제로 그의 설교는 성도들을 양육하는 방향으로 치우친 면이 많아 보여도 항상 공동체 건설을 통한 신앙 활성화에 집중하였고, 현재와 미래에 대한 종말론적 설교를 하는 데 많은 시간을 투자하기도 했다. 마지막으로 김준삼 박사의 설교는 언제나 한 영혼 전도를 위한 선교와 관련되어 있다. 목회 사역 초기의 설교 원고에는 지역교회 발전과 변화에 초점을 두었지만 총신교회에서 한 설교에서는 북방선교에 관심을 갖고 열정을 쏟았다. 김준삼 박사는 선교와 관련된 설교 이후 러시아를 비롯한 중국 등지를 방문하여 제자들을 격려하기도 하였고, 평안도 정주에 교회를 건축하기 위한 헌금을 모으기도 했다. 그의 선교와 전도 관련 설교는 강력한 선포를 통하여 모든 족속에게 복음이 전파되어야 한다는 긴급성을 지닌다. 언제나 복음 중심적 설교, 복음이 필요한 자들에게 복음을 알려야 한다는 긴급한 마음으로 강론하기도 했다.

김준삼 박사가 선교와 관련된 설교는 고린도전서 1장 18-25절을 중심으로 한 "전도의 미련한 것으로 구원하심"이란 설교에 잘 나타난다. 그의 선교 설교는 "사람들로 하여금 죄를 깨닫도록 하고 회개"하도록 하는 동시에 "하나님의 형상으로 창조된 인간이 왜 복음을 받아들여야 하는가?"를 강력하게 선포하였다. 김준삼 박사의 설교는 '교회력에 따른 설교'를 하되 예수 그리스도의 사역을 근간으로 하고 있다. 김준삼 박사의 설교 스타일은 설교 내용의 핵심을 되풀이 하고, 말씀을 통한 권면과 호소, 성경구절 인용을 통한 확증단계로 하나님께 호소의 기도로 끝을 맺는다.

결론적으로 김준삼의 설교는 성경 중심, 하나님의 은혜, 신적작정을 기초한 설교에 대한 신학적 토대들이 나타난다. 그의 설교는 성경, 신학적 주제와 변증, 성령의 관점으로 바라보기, 자신과 청중들의 반응 그리고 하나님께로 인도하려는 열정을 통한 선교적 삶을 강조한다. 그의 설교는 변증적이면서 공동체를 일으켜 세우려는 열망, 열방을 품는 열정과 예수 그리스도 중심의 구원, 개혁주의 신학에 근거하여 자신의 삶에 적용하도록 이끄는 설교였다. 그는 한 영혼을 구원하려는 목회자였고, 신학생들로 하여금 바른 교훈에 서서 복음을 전하도록 가르친 열정적 설교자였다.

장훈태

안양대학교(구 대한신학교) 신학과
한양대학교 교육대학원에서 교육심리학 (Ed.M.)
아세아연합신학대학교 대학원 선교학 (Th.M.)
아세아연합신학대학교 대학원 선교학 (Ph.D.)
(전) 백석대학교 교수
(전) 한국복음주의선교신학회 회장
(전) 한국로잔연구교수회 회장 역임
(전) 개혁주의생명신학회 회장 역임
(전) 한국복음주의신학회 총무 역임
(전) 한국로잔중앙위원 및 감사 역임
(전) 신현교회 개척 및 담임(1982-1991.12)
(전) 예장(대신) 백석노회 증경노회장
(현) 복음과 선교 편집위원장/중동학회 충청지회장/한국아프리카학회 정회원 및 편집위원
(현) 세계선교위원회 이사(대신),
(현) 선교단체 WEC국제동원이사
(현) 아프리카미래협회(AFA) 대표
(현) 아프리카미래학회 회장
(현) 은혜의 언덕 채플 담임목사

김창인 목사의 설교

전형준

1. 서론: 김창인 목사의 생애와 신학

김창인 목사는 1917년 11월 18일 평북 의주군 의주읍 동부동에서 아버지 김택연 씨와 어머니 김택신씨 사이의 5형제 중 3남으로 출생하였다. 그가 태어난 1917년은 일본이 우리나라에 대하여 본격적으로 식민통치에 들어가던 때였다. 일제의 식민통치 과정에서 나타난 일본의 무리한 행동들, 민비살해사건, 한일합방, 고종황제의 서거 등으로 온 나라의 민심이 뒤숭숭하던 때였다. 개화와 함께 들어온 기독교가 서북지방을 중심으로 그 뿌리를 내려, 곳곳에 우리나라 사역자들로 교회가 세워지고 기독교 포교가 활발하게 일어나던 때였다. 특히, 1907년 평양 장대현교회에서 일어난 평양대부흥운동이 놀라운 영적 바람으로 일반인에게 전달되어 많은 헌신자와 기독교에 대한 새로운 각성이 일어나던 시기였다.[1]

김창인 목사의 부친 김택연 씨는 기도의 사람으로 알려져 있으나 36세에 지병으로 소천하였다. 김창인 목사가 8살 되던 해에 부친을 잃고 말았다. 모친 김택신 씨는 새벽 4시에 목욕을 하고 아들들이 사람 노릇하게 해 달라고 눈물로 기도하였다. 김창인 목사의 순교적 신앙은 그의 부모님의 삶을 보고 자라

---

1. 김창인 목사 성역 60주년 기념 사업위원회 편, 『김창인 목사와 충현교회』(서울: 충현교회, 1997), 19.

면서 자연스럽게 배운 것이기도 하였다.²

김창인 목사는 북한에서 어렵게 월남하여 1949년 장충재건교회를 설립하여 전도사로 시무하였고, 1950년 6.25 전쟁을 맞아 3개월간 서울에서 지내며 많은 고난을 겪다가 1.4 후퇴 시에 부산으로 내려갔다. 부산으로 내려간 김 목사는 초량교회에 출석하게 되었고, 1951년 4월부터 서부교회에서 시무하게 되었다. 이때 교회는 60명에서 400명으로 부흥하게 되었다. 그 후 충현교회의 전신인 부산동일교회를 1952년 6월 28일에 착공하여 11월 22일에 완공하게 되었다. 이러한 부산동일교회는 피난민들의 등불의 역할을 하며 낙심 가운데서도 소망을 주는 길 잃은 자들의 인도자가 되었다. 1953년 9월 6일, 서울 중구 야현동에 동일교회라는 이름으로 충현교회가 설립되었다.³ 그 후 1956년 8월 12일, 충무로의 '충'자와 야현동의 '현'자를 붙여 고개 위에 세워진, '시대를 밝히는 충성된 등불'이란 뜻의 충현교회로 이름을 변경한 이후 현재에 이르고 있다.

김창인 목사는 주로 교회를 중심으로 사역했던 목회자이다. 김 목사의 목회철학은 "모든 일을 하나님의 영광을 위하여"라고 말할 수 있고, 하나님의 주권을 절대적으로 신뢰하였다. 그는 인간의 모든 힘은 하나님에게서 나오고 인간은 열심히 하나님만을 사랑하면 된다는 것이다. 그래서 충현교회의 영구한 표어는 "나의 힘이 되신 여호와여 내가 주를 사랑하나이다"(시 18:1). 또한, 그런 정신 아래서 하나님의 영광을 위한 일이라면 교단, 인종, 국가의 장벽을 넘어 무슨 일이든지 한다는 것이다.⁴

김창인 목사의 목회철학은 교회의 5대 표어에 잘 나타나 있다. 첫째, 신령한 예배, 둘째, 천국 일꾼 양성, 셋째, 민족복음화, 넷째, 세계선교, 다섯째, 지역

---

2. 김창인 목사 성역 60주년 기념 사업위원회 편, 『김창인 목사와 충현교회』, 19-25.
3. 김창인 목사 성역 60주년 기념 사업위원회 편, 『김창인 목사와 충현교회』, 71-76.
4. 김창인 목사 성역 60주년 기념 사업위원회 편, 『김창인 목사와 충현교회』, 393-394.

사회 봉사이다. 즉, 김 목사는 하나님과 만나는 신령한 예배를 중시하였으며, 천국일꾼을 양성하는 기독교 교육에 깊은 관심을 가졌던 교육가였으며, 군 선교와 북한선교를 통한 민족복음화에 헌신하였고, 세계선교의 선구자 역할을 하면서 한국교회 선교 초창기, 선교사들을 해외에 파송했으며, 지역 사회의 봉사를 위해서도 열정적으로 섬긴 인물이다.[5]

김창인 목사의 목회에 있어서 설교는 가장 중요한 사역이었으며, 김 목사의 설교는 감동과 감화가 풍성하여 온 회중의 마음을 사로잡기에 충분한 것이었다.

2. 김창인 목사의 설교 특징

김창인 목사의 설교 특징을 보면, "평생을 하나님 앞에서 부끄럽게 살지 않으려고 애쓴 사람에게서 나오는 감화력 있는 인격과 하나님 앞에서 어느 누구도 두려워 하지 않는 힘과 능력의 설교였다. 그래서 김 목사는 회중 앞에 서면 놀라운 감화력을 끼쳤다. 이것은 그의 설교집의 설교 내용이나 그의 스타일을 모방하려고 해도 할 수 없는 김창인 목사만의 특징이요 강점이다. 충현교회 교우들은 김 목사의 설교를 들으며 눈물을 흘려보지 않은 사람이 거의 없다는 것이다. 그래서 그의 설교집을 통해 분석하고 연구해 보아야 아무런 의미가 없다고 단언한다.[6] 이것은 필자의 경험으로 볼 때 사실이다. 필자가 1996년 12월 1일, 충현교회에 처음 부임했을 때 김창인 목사가 인도하는 첫 예배를 드리며 경험했던 놀라운 감격을 지금도 잊을 수가 없다. 그것은 실로 놀라움과 경이로움 그 자체였다. 설교자의 영성과 말씀의 은혜로 인하여 온 회중은 압도되어 있었다.

---

5. 전형준, "바람직한 목회자의 자질에 관한 연구" 「종교개혁 500주년 기념 제14회 샬롬나비 학술대회 논문집」(서울: 개혁주의이론실천학회, 2017): 49.
6. 김창인 목사 성역 60주년 기념 사업위원회 편, 『김창인 목사와 충현교회』, 394.

그럼에도 불구하고 김창인 목사의 설교 내용 분석을 통하여 그의 설교 세계를 알아보고자 한다. 다음은 장례식 설교의 서론 부분이다.

> 인생이 타락한 이후 옛날부터 있는 지구덩어리는 여관이고, 땅 위에 사는 모든 사람들은 너도 나도 구별 없이 잠시 다녀가는 나그네들입니다. 사람이 이 땅에 나그네로 올 때는 순서 있게 왔지만 갈 때는 순서가 없습니다. 어머님 앞에서 아들이 먼저 가야 하는 것도 출생은 축복이지만 사망은 형벌이기 때문에 질서가 없는 것입니다.[7]

본 장례식 설교는 야고보서 4장 13-17절을 본문으로 "인간의 생명은"이라는 제목의 설교이다. 본 설교에서 김 목사는 인생이 잠시 다녀가는 나그네요, 이 세상은 여관과 같다는 점을 강조하면서 신자들의 본향은 이 땅이 아니라 영원한 천국임을 말씀하면서 천국에 소망을 둘 것을 가르치고 있다. 또한, 인간이 출생하는 것은 순서 있게 왔지만 이 세상을 떠날 때는 순서 없이 가야 하는 존재임을 보여준다.

> 사랑하는 여러분, 그분은 영원한 하늘나라에서 면류관을 받아쓰신 줄 믿습니다. 멀지 아니한 장래 예수님 재림하실 때에 천군 천사와 함께 할렐루야 찬송을 부르며 오실 줄 믿습니다. 남아 있는 저와 여러분이여! 여러분은 분명히 여기 서서 살아있다고 하시겠지만, 그러나 가슴속의 심장은 죽음을 향하여 뛰고 있습니다. 여러분의 심장이 뛰는 소리는 지금 죽음의 정거장을 향하여 끊임없이 달려가는 나그네의 발걸음 소리를 들으라는 교훈의 소리인 줄 압니다. 그러므로 저와 여러분은 생명의 하나님을 경외

---

7. 김창인, 『김창인 목사의 예식과 설교』(서울: 충현 출판사, 1995), 149.

하며 진리 안에서 선을 심고 땀 흘려 가꾸는 일꾼이 되시기 바랍니다.[8]

이 말씀에서 김 목사는 고인이 영원한 하늘나라 면류관을 받아쓰신 것을 믿는다는 말씀으로 유족들을 위로하고 있다. 더 나아가 예수님의 재림을 소망할 수 있도록 말씀을 전하며 예수 그리스도와 연결을 시도하고 있다. 이 말씀에서 그리스도 중심 설교를 지향하고 있는 특징을 발견할 수 있다. 또한, 유족들과 조문객들을 향하여 우리의 인생은 나그네와 같고 결국은 이 세상을 떠날 것이므로 이 땅 위에 사는 동안 하나님을 경외하고 진리 안에서 선을 심으며 땀 흘려 가꾸는 일꾼으로 살아가야 함을 교훈하고 있다.

> 부디 하나님을 높이는 신앙 양심을 가지시고 나와 관계있는 분의 자랑감이 되시고 또한 유익을 안겨주면서 후손들에게 복을 물려주는 조상들이 되시고 여러분 자신도 하나님 앞에 영육의 복을 받으시는 어른이 꼭 되시기를 부탁합니다.[9]

이 말씀은 특히, 유족들과 조문객들을 향한 적용의 말씀이라 하겠다. 첫째는 하나님을 높이는 신앙 양심을 가지고 자신과 관계있는 분의 자랑감이 되라는 것이다. 둘째는 유익을 안겨주면서 후손들에게 복을 물려주는 조상이 되라는 것이다. 셋째는 하나님 앞에 영육의 복을 받으시는 어른이 되라는 부탁이다.

다시 한 말씀 부탁하는 것은 고인은 가셨으나 남아 있는 약한 성도들을 여러분은 눈을 감으실 때마다 유족들을 위하여 축복하여 주시기 바랍니

---

8. 김창인, 『김창인 목사의 예식과 설교』, 151.
9. 김창인, 『김창인 목사의 예식과 설교』, 151.

다. 너그러운 손길로 붙들어 주시기를 바랍니다. 또 저는 사랑하는 미망인과 어린 자녀들에게 한 말씀 드립니다. 하나님은 살아계십니다. 원컨대 그대들을 붙드실 것입니다. 어린 자녀들은 아버지보다 십 배나 훌륭한 일꾼으로 자라도록 성공의 길을 열어 주실 것을 축복하고 싶습니다.[10]

이 말씀은 김 목사의 장례식 설교 결론 부분이다. 먼저, 김 목사는 조객들에게 남아 있는 유족들을 위하여 축복기도하며 붙들어 주기를 부탁하고 있다. 더 나아가 미망인과 자녀들을 위로하며 격려하면서 하나님은 살아 계셔서 유족들을 붙잡아 주신다는 확신을 갖도록 전하고 있다. 끝으로 어린 자녀들이 아버지보다 십 배나 훌륭한 일꾼으로 자라도록 성공의 길을 열어주실 것을 축복하며 장례식 설교를 맺고 있다. 이처럼 김창인 목사는 예식 설교의 대가로 알려져 있다. 실제로 김 목사가 시무하였던 충현교회는 경건한 예식을 통하여 하나님께 영광 돌리며 예식에 참여한 많은 사람들을 전도하였다. 실제로 김 목사의 예식 진행과 설교를 현장에 참여하며 들었던 필자는 많은 감동과 은혜를 받았으며, 예식 진행에 있어서의 서론적 순서와 본론적 순서 그리고 결론적 순서까지 잘 진행해야 한다는 점을 강조하였고 김 목사 자신이 모든 예식 진행에서 이를 실천하였다.

김창인 목사는 주일예배 설교에서 철저한 성경강해설교를 진행하였음을 알 수 있다. 김 목사의 시편 32편 1-11절을 본문으로 "경건한 자가 받는 복"이란 제목의 설교를 살펴보자.

경건한 자가 받는 복이 무엇입니까? 첫째로, 죄의 용서를 받습니다(1절). 죄는 세 가지로 말을 하는데 허물, 죄, 죄악입니다. 허물은 죄인 줄 모르

---

10. 김창인, 『김창인 목사의 예식과 설교』, 151-152.

고 범하는 것입니다. 죄는 습관이 되어서 끊지를 못하고 범하는 잘못입니다. 죄악은 죄인 줄 알면서 자기의 이익을 위해 계획적으로 행하는 죄입니다. 땅 위에 있는 사람 가운데 이 세 가지가 없는 사람은 없습니다. 범한 죄는 어떻게 범했든지 간에 간사함이 없이 정직하게 쏟아놓고 "하나님 아버지 나는 이런 죄인입니다"고백했을 때 하나님이 법정적 선언을 하십니다. 대법원장이 "네 죄를 무죄로 인정하노라"선언을 하고 땅 땅 땅 망치를 두드리면 죄가 용서함을 받는 것이 법정적 선언인데 우리가 죄를 회개하면 "네가 아직은 의인은 못됐지만 용서하고 의인으로 취급해 주겠다"는 것이 하나님의 법정적 선언입니다. 감옥에 갇혀서 고생하던 사람에게 "대법원장이 놓아주라고 하니 나가시오"하면 기쁨이 얼마나 크겠습니까? 회개한 자에게는 용서의 기쁨이 옵니다.[11]

김 목사의 위의 설교에서 그의 설교가 본문의 내용을 바탕으로 강해하고 있다는 것을 발견할 수 있다. "경건한 자가 받는 복이 무엇입니까?"라고 질문을 던진 후, 성경 본문이 대답하게 하는 방법을 사용하고 있다. "허물의 사함을 얻고 그 죄의 가리움을 받은 자는 복이 있도다"(시 32:1)는 말씀을 근거로 "죄의 용서를 받습니다"라고 말씀하는 것이다. 또한, 죄의 용서를 받기 위해서는 하나님 아버지께 정직히 자신이 죄인임을 고백하며 회개해야 한다는 사실을 강조하면서 대법원장의 법정적 선언을 비유하면서 이해하기 쉽도록 설교하고 있다.

둘째로 신음하는 것이 없어집니다(3절). "죄를 범하고 누가 알까봐 숨기고 또 숨길 때에 탄식과 한숨이 나왔는데 그때에 뼈까지 흔들렸다. 영혼

---

11. 김창인, 『시편강해 설교집』(서울: 충현교회 출판부, 1990), 41-42.

에 고통이 왔고 양심에 번민이 왔고 육체에 질병이 왔고 마치 가물 때에 풀이 시드는 것처럼 내 영육이 형편없이 시들어 버렸다" 그러나 회개한 후에 이 모든 고통이 사라졌습니다.[12]

김 목사는 경건한 자가 받는 복의 두 번째를 말씀하면서 "내가 토설치 아니할 때에 종일 신음하므로 내 뼈가 쇠하였도다"(시 32:3)는 본문 3절 말씀을 인용하면서 죄를 토설치 않을 때는 신음하며 뼈가 쇠하였지만 죄를 토설하며 회개할 때는 신음하는 것이 없어지며 모든 고통이 사라지게 된다는 점을 강조하고 있다.

셋째는 육신이 회복됩니다. "하나님이 천지를 지으신 권능의 손으로 죄를 범한 나를 내려 누르시는데 그때에 나의 온몸은 진액이 빠져나가는 것 같고 마치 여름 가물에 풀이 시들어지는 것처럼 내가 시들어졌다." 다윗왕은 무서운 죄를 내어 놓고 괴로워하면서 울고 또 울었더니 하나님이 다윗을 용서해 주셨습니다. 여름 가물의 마름 같이 진액이 마르던 것이 마음의 평안이 오면서 서서히 회복이 되었습니다.[13]

김 목사는 경건한 자가 받는 복의 세 번째를 말씀하면서 "주의 손이 주야로 나를 누르시오니 내 진액이 화하여 여름 가물에 마름 같이 되었나이다"(시 32:4)는 본문 4절 말씀을 인용하면서 죄를 내어 놓고 괴로워하면서 눈물로 회개하면 마음의 평안을 얻고 육신이 회복된다는 점을 증거하고 있다.

이처럼 김 목사는 그의 설교를 진행함에 있어서 본문 중심의 철저한 강

---

12. 김창인, 『시편강해 설교집』, 42.
13. 김창인, 『시편강해 설교집』, 42-43.

해를 하고 있음을 발견하게 된다. 이러한 김 목사의 강해설교는 시편 32편 6절-11절의 말씀에서도 이어진다.

경건한 자를 향한 다윗의 권면이 어떠합니까? 첫째, 기회를 놓치지 말라(시 32:6). 둘째, 거역하지 말라(시 32:9). 경건한 자에게 베푸시는 은혜가 어떠합니까?(시 32:10). 끝까지 회개하지 못하는 사람은 슬픔에 빠지고 망하게 되지만 회개하고 용서를 받은 사람은 자기를 믿던 교만을 버리고 하나님을 믿는 겸손한 사람이 되어 하나님의 사랑에 둘러싸이게 됩니다. 하나님의 사랑이 나를 둘러싼다는 말씀, 너무나 좋습니다.[14]

김 목사는 경건한 자를 향한 다윗의 권면에 대하여 본문 6절 말씀을 인용하여 기회를 놓치지 말 것과 본문 9절 말씀을 인용하면서 거역하지 말 것을 말씀하고 있다. 결론적인 말씀으로서 본문 10절을 인용하면서 악인에게는 많은 슬픔이 있지만 여호와를 신뢰하는 자에게는 인자하심이 두르게 될 것, 즉 하나님의 사랑에 둘러싸이게 된다는 점을 말씀하면서 다음과 같이 회중에게 적용하면서 설교를 맺고 있다.

저와 여러분은 매 맞기 전에 고치고 우물쭈물하다가 매 맞은 적이 있으면 또다시 매 맞지 않도록 빨리 회개하고 하나님의 사랑을 받아서 잃어버렸던 것을 회복하고 더 많은 축복을 받는 저와 여러분이 되시기를 소원합니다.[15]

---

14. 김창인, 『시편강해 설교집』, 43-46.
15. 김창인, 『시편강해 설교집』, 47.

이처럼 김창인 목사는 본문 중심의 강해설교를 하면서 설교의 결론으로 회중을 향하여 본문 말씀을 적용하며 도전하고 있다.

3. 김창인 목사의 설교 방법

김창인 목사의 설교 방법은 한마디로 성경에 근거한 철저한 강해설교를 하였으며, 설교 중에 찬송을 부르면서 감동과 은혜의 시간으로 인도하였다. 예식 설교를 전할 때는 언제나 서론, 본론, 결론을 분명하게 전하였다. 결혼 예식을 주례할 때는 오늘 결혼 예식은 기독교 예식으로 예배로 드려짐으로 온 하객은 경건한 마음으로 예식에 참여해야 한다는 사실을 전하였고 예식을 진행한 후에 신랑 신부가 행진한 후에 원위치로 돌아오게 한 후, 폐회 선언을 하면서 결론적인 대단원을 맺었다. 장례 예식을 집례할 때는 입관식과 발인식과 하관식의 서두에 언제나 서론 격으로 예식의 의미를 말씀한 후 예식을 진행하였다. 입관식을 시작할 때에는 본 예식을 마치고 나면 고인의 얼굴을 더 이상 볼 수 없고 사진으로밖에 볼 수 없음을 말씀하고 예식을 진행하였고, 발인식을 시작할 때는 본 예식이 마쳐진 후에는 고인의 관을 모시고 장지로 출발하게 된다는 점을 말씀하신 후 진행하였고, 하관식을 진행할 때는 고인의 관을 매장하고 산사람들끼리만 하산하게 된다는 점을 말씀하시고 예식을 진행하였다. 설교할 때에도 인생의 참의미를 말씀하시고 본문을 강해한 후 천국을 소망할 수 있도록 감동적으로 말씀을 전하였다.

김창인 목사의 목회방법론을 보면, "효자 신자"로 표현할 수 있는, 하나님 앞에서 전인격적인 변화로 하나님을 진정한 아버지로 섬길 수 있는 자녀의 도리와 자세를 늘 강조해 왔다. 김 목사는 이런 사람을 '천국 일꾼'이라고 보고 충현교회가 세상에 존재하는 한 "천국 일꾼을 기르자"는 표현 아래 교육에 힘써 왔던 것이다. 이를 위해 김 목사는 하나님 앞에서 솔직하고 성실하게 살아온 자신의 모습을 전 교인에게 투명하게 드러내 보이고 또한 전 교인을 위한

교육 프로그램과 교회 학교 교육을 통한 교육에 남다른 열정과 애정을 쏟았다.[16]

4. 김창인 목사의 설교의 적용과 교훈

김창인 목사의 설교의 적용과 교훈은 언제나 설교의 결론 부분에 잘 나타나 있다.

> 저와 여러분은 하나님께 사랑받는 분이 되어야지 용서해 주셨다고 버릇없이 굴다가는 또 다시 매 맞습니다. 하나님의 사랑과 공의를 언제나 머리에 기억하면서 조심하고 거침없이 회개해야 합니다. 하나님의 속성을 생각하니 찬송을 안 할 수가 없습니다. 하나님의 약속대로 주시는 정직하심을 찬송해야 되겠고 하나님의 공의로우신 심판을 찬송해야 되겠고 하나님의 자비하시고 용서하시는 긍휼을 찬송해야 되겠습니다.[17]

위의 설교에서 김 목사는 성도들이 하나님께 사랑받는 분이 되어야 한다고 전제한 후, 하나님의 용서를 믿으면서도 버릇없이 굴어서는 안 된다는 사실을 강조하고 있다. 하나님의 사랑뿐 아니라 공의를 기억하면서 조심하고 회개할 것을 강조하고 있다. 또한, 하나님의 성품에 주목하고 있다. 약속대로 주시는 정직하심, 하나님의 공의로우신 심판, 자비하시고 용서하시는 긍휼을 찬송할 것을 강조하면서 설교를 맺고 있다.

이제 여러분은 돈부터 찾으시겠습니까, 하나님부터 찾으시겠습니까? 여

---

16. 김창인 목사 성역 60주년 기념 사업위원회 편, 『김창인 목사와 충현교회』, 394.
17. 김창인, 『시편강해 설교집』, 58.

호와를 경외하는 자, 받은바 은혜를 감사하고 하나님의 심판이 무서워 조심하는 사람에게는 다윗에게 복을 주신 하나님이 복을 주십니다. 우리는 고생을 조금 하더라도 우리의 자손들은 고생 안 하고 잘 사는 날이 옵니다. 그날을 위해서 고생할지라도 믿음을 지키는 성도가 다 되시기를 소원합니다.[18]

김 목사는 "환란을 면한 자의 찬송과 교훈"(시 34:1-10)이란 설교의 결론을 통해서 성도들이 돈부터 찾을 것인지, 하나님부터 찾을 것인지를 선택할 것을 촉구하고 있다. 성도는 여호와를 경외해야 하는데, 그러한 성도는 은혜를 감사하고 하나님의 심판을 무서워하며 조심해야 한다는 것이다. 그런 사람에게 하나님께서 복을 주신다는 것이다. 그러면서 우리 세대에 고생하더라도 자손들을 생각하여 믿음을 지킬 것을 권고하고 있다.

이처럼 김 목사는 성경 본문 강해설교 후에 설교의 결론 부분에서 적용을 통하여 교훈하고 있다. 그 내용은 하나님께 사랑받는 사람이 되자는 것이며, 하나님 앞에서 버릇없이 굴지 말고 조심해야 하며, 하나님의 사랑과 공의를 생각하며 회개하는 생활을 하며, 하나님의 성품인 정직과 공의로우신 심판과 용서하시는 긍휼을 기억하며 하나님을 찬송할 것을 교훈하고 있다. 무엇보다 돈을 찾지 말고 하나님을 찾으며 하나님을 경외하는 성도가 되어 은혜에 감사하고 심판을 두려워하며 조심하는 성도가 될 것을 강조하고 있다.

5. 결론

김창인 목사의 설교는 철저히 성경에 근거한 강해설교를 전하였으며, 풍부한 영성과 감화력으로 찬송하면서 감동적으로 설교하였다. 김 목사의 리더십

---

18. 김창인, 『시편강해 설교집』, 73.

의 특징을 보면 인격적인 감화와 하나님만 두려워하고 인간을 두려워하지 않는 강인함을 바탕으로 하고 있다. 따라서 하나님의 뜻이라고 판단한 일은 어떠한 반대에 부딪혀도 시행하였는데, 이러한 지도력의 비결은 자신이 하나님 앞에서 늘 성실하게 생활해 왔던 점, 오랫동안 성경을 통독했던 점, 물질과 세상 명예와 인간의 욕망에 대하여 늘 경계하고 조심하며 본을 보였던 일, 세속적인 문제나 비성경적인 문제에 대하여 타협이 없었던 일, 하나님 앞에서의 온전한 경건생활을 추구하였던 점에서 찾을 수 있다. 이러한 김 목사의 리더십의 특징이 그의 설교 세계에서 그대로 나타나고 있다.

이러한 김 목사의 청교도적인 신앙 자세와 태도는 그의 설교 세계에 그대로 드러날 뿐만 아니라, 그가 설립하고 세운 충현교회의 전통으로 그대로 드러나고 있다. 그것은 1. 하나님 중심의 신앙관, 2. 올바른 예배에의 집념, 3. 철저한 주일성수, 4. 십일조 생활, 5. 보수적인 신앙 태도, 6. 교육에의 열정, 7. 성도들의 순종심과 열정, 8. 신행일치의 가르침과 모범이다.

이상에서 살펴본 것처럼, 김창인 목사는 하나님에게서 힘을 얻고 하나님을 뜨겁게 사랑하는 한평생을 사신 목회자였으며, 회중을 감동시키는 영성이 충만한 대설교가였다. 뿐만 아니라, 천국 일꾼을 양성하는 기독교 교육에 깊은 관심을 가졌던 교육가요, 군 선교와 북한선교를 통한 민족복음화에 헌신하였고, 세계 선교에 선구자 역할을 한 인물이며, 지역사회 봉사에도 심혈을 기울였던 지도자였다.

김창인 목사의 설교, 그것은 활자화된 서적으로는 도저히 설명할 수 없는 감동과 은혜, 경이로움 그 자체였다.

참고문헌

김창인. 『김창인 목사의 예식과 설교』. 서울: 충현 출판사, 1995.
김창인. 『시편강해 설교집』. 서울: 충현교회 출판부, 1990.

김창인 목사 성역 60주년 기념 사업위원회 편. 『김창인 목사와 충현교회』. 서울: 충현교회, 1997.
전형준. "바람직한 목회자의 자질에 관한 연구". 「종교개혁 500주년 기념 제14 회 샬롬나비 학술대회 논문집」. 서울: 개혁주의이론실천학회(2017): 40-60.

전형준

총신대학교 문학사 (B.A.)
총신대학교 신학대학원 목회학석사 (M.Div.)
고려대학교 대학원 교육학석사 (M.Ed.)
총신대학교 대학원 신학석사 (Th.M.)
총신대학교 대학원 철학박사 (Ph.D.)
Westminster Theological Seminary 목회상담학박사 (D.Min.in P.C.)
(전) 샬롬을 꿈꾸는 나비행동(샬롬나비) 사무총장
(전) 육군 군목(대위)
(전) 충현교회 부목사
(전) 창신제일교회 위임목사
(전) 한인성서교회 위임목사
(현) 고려대학교 교우목회자회 부회장
(현) 성경적상담학회 회장
(현) 과천약수교회 협동목사
(현) 백석대학교 실천신학 교수

김창인 목사의 설교 세계

신성욱

그저께 장신대 김태섭 교수로부터 슬픈 소식이 문자로 왔다. 김 교수의 부친이자 광성교회의 원로이신 김창인 목사가 3월 12일, 88세의 일기로 하나님의 부르심을 받았다는 소식이다. 순간 가슴이 울컥하고 눈물이 솟구쳤다. 2년 전 어느 날, 그분의 제자이자 거룩한빛광성교회의 원로이신 정성진 목사로부터 자신의 스승이신 <김창인 목사의 설교 세계>를 집필해달라는 부탁을 받고 책을 써서 헌정한 바 있기 때문이다.

김창인 목사는 1933년 7월 5일(음) 황해도 은률군 장련면 붕암리에서 부친 김재성 씨와 모친 정중택 씨 사이의 1남 2녀 중 외아들로 태어났다. 18세 되던 해, 6.25 전쟁이 발발하자 북한에서 남한으로 피난을 떠나온 그는 1966년 1월 23일에 광성교회에 부임함으로써 담임 목회를 시작했다.

그가 광성교회에 처음 부임했을 때는 아주 작은 개척교회 수준이었다. 당시 그곳은 주변에 주민들도 없는 외진 지역에 부흥의 전망이나 가능성이 전혀 없는 곳이었다. 혈혈단신 이북에서 남하하여 고아처럼 어렵고 힘든 삶을 살았지만, 따뜻한 영적 어버이로서 인격과 영성과 말씀으로 김 목사는 4만 5천 명의 성도들을 목양하며 영혼의 꼴을 잘 먹인 위대한 사역자였다.

'설교자 김창인 목사'라고 하면 트레이드마크처럼 그에게 따라붙는 별명 같은 특징들이 있다. '간단명료한 설교의 구성과 논리정연한 설교의 전개', '군

더더기 없이 깔끔한 설교', '누구나 쉽게 알아들을 수 있는 실감나는 설명', '실생활에 잘 적용하도록 떠 먹여주듯 편하게 들을 수 있는 설교', '젊은 설교자들조차 부러워할 정도로 카랑카랑한 음성', '강하고 확신 있는 선포력', '귀에 쏙쏙 들어오는 전달력', '본문에 짝짝 들어맞는 재미있고 맛깔스러운 예화 활용력', '뜨거운 마음으로 가슴이 열리게 하는 설교' 등.[1]

우선 김창인 목사의 설교에 영향력을 준 두 분을 소개한다. 김 목사는 종종 당신의 설교에 도움을 준 분으로 대구제일교회를 섬겼던 故 이상근 박사와 부산 대성교회를 시무했던 故 김린서 목사를 손꼽는다. 그는 자신의 원로 목사 추대 기념문집에서 다음과 같이 밝혔다.

"내가 존경하는 목사님은 이상근 목사님과 김린서 목사님이다. 이상근 목사님께서는 성경을 해석하고 보는 법을 배웠고, 김린서 목사님께서는 설교를 묵상하며 준비하는 법을 배웠다."[2]

김창인 목사는 신학교 시절 이상근 박사로부터 주경신학을 배웠는데, 그게 그의 설교준비에 그렇게 유익했다고 한다. 한마디로 이 박사를 통해 성경 보는 눈을 배운 것이다. 그의 설교 속에서 발견할 수 있는 '건강한 복음주의 신학과 성경 중심', '그리스도 중심으로 성경을 해석하는 법' 등은 모두 이 박사에게서 영향 받은 것이라 보면 된다.

젊은 시절 김창인 전도사가 김린서 목사가 시무하는 교회에서 부교역자로 사역할 때 토요일 밤 늦은 시간까지 성전 뜰을 말없이 묵상하며 거니는 김 목사를 자주 목격했다고 한다. 그렇게 기도하면서 주일날 전할 말씀을 묵상하고 정리하고선 막상 강단에 올라갈 때는 항상 작은 요약문 한 장만 가지고 등단

---

1. 신성욱, 『김창인 목사의 설교 세계』 (용인: 킹덤북스, 2020), 18.
2. 광야선교회, 『광성, 천국 배달부 이야기』, 305.

했다고 한다.

김창인 목사 역시 요약 원고 한 장만 가지고 설교하게 된 것도 바로 김린서 목사의 영향이 컸다고 할 수 있다. 스승을 보면 제자를 알 수 있다. 왕대밭에 왕대 나듯이, 위대한 멘토 목사 밑에 대단한 제자 목사가 나는 법이다.

다음으로는 김창인 목사의 성경관에 대해서 살펴보자.

첫째로, 김창인 목사는 자신의 설교집에서 우리를 향하신 하나님의 사랑하심과 우리와 하나님과의 바른 관계를 매우 중요시함을 볼 수 있다. 우리 신앙인들에게 가장 소중한 것은 '하나님과의 바른 관계'이다. 이것이 제대로 정립되어 있지 않으면 성도의 신앙은 갈팡질팡하는 길을 걸을 수밖에 없다. 그런 점에서 김 목사는 하나님 중심의 가치관에 기초한 설교자로 평가할 수 있다.

둘째로, 김창인 목사의 설교 속엔 원어가 자주 활용되고 있음을 본다. 그는 '좋은 번역본'보다는 원문을 직접 번역하여 설명하는 방식을 즐겨 취함을 볼 수 있다.

셋째로, 김창인 목사는 은퇴한지 20년이 넘은 구세대 목회자에 속하면서도 히브리적 사고와 관습으로 본문을 이해하기 쉽게 설명함을 본다. 그가 1세기의 문화와 히브리적 사고방식 속으로 들어가는 여행길로 우리를 인도하는 실례를 보노라면 감탄하지 않을 수 없다.

넷째로, 김창인 목사는 하나님(예수 그리스도) 중심의 관점과 인물 중심의 관점 중 어느 한쪽으로 치우치지 않은, 균형 잡힌 관점의 성경해석[3]의 능력을 소유했다.

---

3. 균형 잡힌 성경해석의 관점에 대해서는 다음의 저서와 논문을 참조하라. Bryan Chapell, *Christ-Centered Preaching: Redeeming the Expository Sermon* (Grand Rapids: Baker Books, 1994), 199-200; 신성욱, "ACTS 신학-신앙운동을 중심으로 본 구속사적 설교의 한계와 대안", ACTS 신학저널 38권 (2018): 247-293.

다섯째로, 김창인 목사의 설교에서 놀라는 또 한 가지는 그가 구약을 엄청 사랑한다는 사실과 구약에 대한 지식이 신약에 대한 그것 못지않다는 점이다. 특히 그의 설교집 한 권을 조사했을 때 구약으로 91번을 설교하고 신약으로 93번을 설교했음을 확인할 수 있었다. 거의 1:1 비율로 구약과 신약을 균형 있게 설교를 한 셈이다.

2009년 1월부터 2011년 10월까지 12개 교단 27개 교회 주일 오전 설교를 전수 조사한 결과 설교 본문 중 신약은 63.5%, 구약은 35.6%로 집계됐다고 차준희 교수가 밝히고 있다.[4] 이로 보건데 김 목사의 신구약의 균형잡힌 설교는 타의 추종을 불허한다고 볼 수 있다.

여섯째로, 해외유학파도 아니고 국내에서 박사를 한 사람도 아니고 성경신학을 전공하지도 않았음에도 불구하고 김창인 목사의 성경해석의 실력과 깊이는 다른 설교자들의 그것들과 차별화 될 정도로 우수함을 얘기할 수 있다.

일곱째로, 김창인 목사는 본문을 예수 그리스도의 대속의 은혜와 특혜로 연결해서 적용시키는 탁월한 실력자이다.

여덟째로, 김 목사의 설교 속에는 주석에 나오지 않는, 기존의 상식을 뒤집는 반전 흐름이 자주 발견된다. 이것이 그의 설교를 더욱 맛깔스럽게 해주고 다른 강단의 설교와는 근본적으로 차별화 시켜주는 묘미를 더해준다.

어떻게 해서 김 목사의 설교에 이런 장점이 발휘되고 있는지 이유를 알아보자.

"금식하는 것도 좋고 기도하는 것도 좋은데, 말씀 읽고 깊이 묵상하는 것도 중요해! 성경을 깊이 묵상함 없이 주석을 참고하면서 '주석에 이랬습니다, 저랬습니다'라고 전달하는 것은 듣는 청중에게 감동을 줄 수 없고 전하는 본인

---

4. 차준희, "구약의 그리스도, 이렇게 설교하라", <뉴스앤조이> (2019.05.03.); https://www.newsnjoy.or.kr/news/articleView.html?idxno=223275.

에게도 힘이 없어! 그러니 주석을 참고하기 전에 먼저 성경을 잘 읽고 깊은 묵상을 통해 하나님께서 주시는 은혜를 믿고 그것을 전달해야 하는 거야!"⁵

이제는 김창인 목사의 설교학적 특징에 대해서 하나씩 알아보자.

첫째, 김창인 목사는 설교를 시작할 때 설교제목이 무엇인지를 미리 알리고, 결론 부분에서 다시 설교의 제목이 뭔지를 언급하며 설교를 마무리 하는 방식을 활용한다.

둘째, 김창인 목사의 설교개요는 어떤 점에서 볼 때 최근 설교학에서 초미의 관심을 끌고 있는 '원포인트 설교'(One Point Preaching)와 흡사하다는 느낌을 받는다.⁶ 그는 본문에서 한 가지의 큰 주제(one big theme)를 추출한 후에 그것을 기초로 세 개의 선명한 설교개요를 작성한다.

셋째, 하나님의 말씀을 가장 명확하게 성도들에게 전하기 위한 가장 이상적인 방식은 설교를 시작하자마자 본문의 핵심 주제로 바로 들어가지 말고 '유사 주제'와 '반대 주제'를 활용하는 것인데, 김창인 목사의 설교는 이런 방식을 사용한다.

넷째, 김 목사의 설교의 장점 중 하나는 듣는 이들이 알아듣기 쉽게 설교한다는 점이다. 오죽하면 그의 설교를 '밥 먹듯이 떠 먹여주는 설교'라고 특징했을까? 그것이 가능하려면 설교가 '대화식의 스토리텔링형의 스타일'과 '생생한 직접화법'으로 진행되어야 한다. 김 목사의 설교의 장점 중 하나는 듣는 이들이 알아듣기 쉽게 설교한다는 점이다. 오죽하면 그의 설교를 '밥 먹듯이 떠 먹여주는 설교'라고 특징했을까?

다섯째, 김창인 목사의 설교 속에는 일상적으로 사용하고 있는 지방 사투

---

5. 광야선교회, 『광성, 천국 배달부 이야기』, 270.
6. 한진환, 『설교, 그 영광의 사역』, 180.

리나 시골 아낙네의 넋두리, 시장에서 사용되는, 사람 냄새나는 언어가 많이 활용되고 있다.

여섯째, 김창인 목사의 설교는 잘 들리는 설교로 정평이 나있다. '떠 먹여주듯 하는 설교'가 그의 설교의 특징이 된 것은 우연한 일이 아니다. 짧고 간결한 문장을 잘 활용하기 때문이다.

일곱째, 김창인 목사는 성경에만 빠져 있지 않고 시, 소설, 신문, TV, 잡지, 미술, 음악, 신앙서적, 베스트셀러 등 광범위한 독서를 하는 설교자이다.

이 독서력이 그의 '풍성한 상상력'과 '어휘력'의 원천이며, 특히 끝도 없이 강단에서 소개되는 새롭고 차별화된 예화의 근원이다. 그의 한 손에는 성경, 한 손에는 언제나 책이 들려져 있다. 책을 떠나서는 위대한 설교가 불가능하다. 독서는 마른 샘에 생수가 콸콸 솟구쳐 나오게 만드는 원천이다.

여덟째, 김창인 목사의 설교집을 보거나 설교를 직접 들어본 이들은 누구나 다 그의 예화 활용능력에 놀라게 된다. 본문에 짝짝 들어맞는 재미있고 감동적인 예화를 읽고 듣노라면 시간 가는 줄 모르게 그가 전하는 말씀에 빠져든다.[7]

아홉째, 김창인 목사의 설교를 접하다 보면 그가 어휘력에도 발군의 실력을 발휘하고 있음을 확인할 수 있다. 풍부한 어휘력은 설교에 맛을 더해준다.

열째, 김창인 목사를 조금 아는 이라고 하면 그가 유머와는 전혀 거리가 먼 사람으로 생각할 가능성이 많다. 하지만 그의 설교 속에는 유머스러운 이야기가 많이 활용되고 있음을 본다. 유머는 자는 아이도 깨우는 놀라운 도구이다.

열한째, 김창인 목사는 '의성어'와 '의태어' 활용에도 탁월한 재능을 갖고 있다. 그의 설교가 쉽게 들리고 떠먹여주듯 편안하게 이해될 수 있는 이유 중 하나는 바로 이 두 개의 보검이 그의 설교 속에 장착되어 있기 때문이다.

---

7. 광야선교회, 『광성, 천국 배달부 이야기』 (서울: 도서출판 서원, 2003), 268.

열두째, 김창인 목사는 '자기 동일시(Identification) 기법'과 '자기 우선 적용 활용'에도 대단한 특징을 보이고 있다. 존경하는 영적 리더에게 자기네와 똑같은 아픔과 고민과 상처와 약점이 있음을 알게 될 때 놀랍게도, 청중에게 실망이 아닌 공감과 신뢰가 형성된다.

열셋째, 김창인 목사의 설교 속에는 찬송가 가사나 그 가사가 나온 배경에 대한 설명이 적지 않게 등장한다. 설교 시 찬송가 가사나 그 가사의 배경을 소개하면서 설교에 활용하고, 또 성도들과 함께 찬송을 부른다면 큰 유익이 될 것으로 확신한다.

열넷째, 김 목사의 설교 특징 중 하나는 중요한 단어나 문장을 거듭거듭 반복한다는 사실이다. 매 문장마다 적어도 똑같은 주제를 한 번 이상 반복해서 언급하는 그의 모습에 혀를 내두르게 된다. 이런 설교의 내용은 청중의 뇌리와 가슴에 오래 남을 수밖에 없다.

열다섯째, 김창인 목사는 결론에서 본문의 의도와 주제를 아주 분명히 밝히는 설교 방식을 즐겨한다. 보통 결론에 활용되는 구체적인 요소들은 핵심 내용 요약, 질문, 예화, 간증, 인용문, 시, 결단 요청 등으로 나타난다.[8] 그런데 김 목사의 결론을 분석해보면, 설교 서론에서 언급한 설교의 제목을 재언급한 후 3대지를 요약하고 다시 설교의 제목을 언급하면서 매듭을 짓는 방식임을 알 수 있다.

열여섯째, 김창인 목사의 설교에 청중들이 매료되는 주된 이유 중 하나는 그가 풍부한 대조법을 활용한다는 점이다. 대조법 활용은 청중들의 시선을 끌어당기는 매력이 있기 때문이다.

열일곱째, 김창인 목사는 '비교점층법 활용'에도 귀재로 평가된다. 청중들에게 강한 인상을 남기기 위해 활용하는 수사법 중 비교점층법이 있다. 이것

---

8. 김진환, 『설교, 그 영광의 사역』, 310-13.

은 묘사하는 대상 및 내용의 비중을 점점 더 강하고 높고 깊고 크게 강조함으로써 청중의 감정을 고조시키는 고도의 수사기법이다.

열여덟째, 김창인 목사의 설교는 소망과 격려의 내용과 함께 청중이 귀 기울여 듣고 깨닫고 회개하고 변화해야 할 내용을 균형있게 잘 사용하는 장점이 있다.

마지막으로 김창인 목사의 설교 전달에 있어서의 특징을 살펴보자.

첫째, 김 목사는 한 눈에 봐도 미남형의 호감이 가는 얼굴이다. 젊었을 땐 질병으로 인해 바짝 마른 모습이었을 것이나 배우같이 깔끔하게 생긴 외모와 밝은 표정은 설교를 듣는 이들에게 적잖은 기쁨과 청량제가 되었을 것으로 생각한다.

둘째, 외모에 장점이 많은 김창인 목사는 한 편으로는 그 첫인상을 날카롭고 올곧고 꼿꼿한 선비 스타일로 생각하는 이들도 적지 않다. 그는 '공과 사가 분명한 대쪽 같은 이미지, 무섭고 직선적이며 쓴 소리도 주저하지 않는 개성이 뚜렷한 성격, 차갑고 냉랭한 분위기, 권위적이고 절대적인 카리스마를 지닌 사람'으로 평가된다.

하지만 그와 친분이 두터운 목회자들이나 교인들의 얘기에 의하면, 처음엔 친해지기 힘든 스타일이지만 김 목사와 한 번 교제하고 신뢰를 얻기만 하면 인간미가 철철 흘러넘치는 장점을 가지고 있다고들 한다.

셋째, 지인들의 얘기에 의하면 김창인 목사는 '예'와 '아니오'를 분명하게 하고 속에 있는 감정을 억지로 숨기지 않긴 하지만, 약한 자에게는 한 없이 약하고 여린 마음의 소유자임을 알 수 있다. 외모로 볼 때는 차갑게 느껴질지 몰라도 마음이 따뜻하여 성도들을 어버이처럼 품는 목자이자 부교역자들의 살림살이까지 배려하는 선배로서의 다정다감한 모습을 가진 겸손한 분이라는 게 공통적인 얘기들이다.

넷째, 김창인 목사는 은퇴한 지 20년이 다 되어가는 구세대에 속한 사람이다. 하지만 김 목사는 젊은 신세대 목사들 못지않게 매우 진취적이고 개방적이고 융통성이 많은 분으로 유명하다.

다섯째, 김창인 목사와 김기옥 사모, 이 두 사람의 끈끈한 부부애는 성도들이나 가까운 지인들이라면 누구나가 다 아는 내용이다. 김 목사의 아내 사랑과 김 사모의 남편 존경은 남다르다. 지금도 두 사람은 연애 시절과 다름없이 찰떡궁합을 자랑하고 있다. 훌륭한 목회자의 배후에는 위대한 사모가 있다는 얘기가 있다. 바로 김창인 목사를 두고 하는 말이다.

여섯째, 김창인 목사는 누가 들어도 발음이 정확하고, 목소리 또한 중저음 톤의 카랑카랑하고 맑은 음의 소유자이다. 설교자는 음성의 강약과 고저장단은 물론, 빠르고 느린 속도까지 적절하게 잘 조절할 줄 알아야 한다. 처음부터 느린 속도로 끝까지 느리다거나, 처음부터 약한 톤이 끝까지 약한 식의 천편일률적인 설교의 음성이라면 청중들의 관심을 끌 수가 없다.

김 목사의 설교는 속사포처럼 쏜살같이 전개되는 스타일이 아니고, 한 단어 한 단어 느리지도 빠르지도 않게 또박또박 진행되는 케이스이다. 천천히 행진해나가듯이 전달되는 목소리가 리듬(Rhythm)이라는 운율까지 타면서 청중들의 귀에 쏙쏙 들리게 하는 맛이 기가 막히다. 김창인 목사의 발음과 음성과 대화체의 물 흐르듯 자연스럽고 편안하게 전달되는 스토리텔링형의 전달은 천부적으로 타고났다.

일곱째, 김창인 목사의 설교의 가장 큰 장점은 원고를 거의 보지 않고 30분 분량의 설교를 너끈히 해낸다는 점이다. 김 목사는 혹시나 모를 상황을 대비해서 한 페이지로 된 요약본을 가지고 강단에 올라가지만 그야말로 참고용일 뿐, 거의 원고 없이 설교를 전개해나가는 스타일의 설교자이다. 그를 아는 제자들이나 지인들의 얘기에 의하면, 우수한 두뇌와 깊은 묵상과 철저한 준비[9] 없이는 흉내 낼 수 없는 김 목사만의 트레이드마크라고 한다.

철저한 본문 석의에다 수준 높은 설교문까지 겸비했음에도 원고에만 매여 죽을 쑤는 설교자들이 많다. 원고숙지가 안 되어 있기 때문이다. 조셉 파이퍼(Joseph Piper)에 의하면, 칼빈은 성령에 붙잡힌 생동감 있는 설교가 되기 위해 원고를 보지 않았던 것으로 알려졌다.[10]

그렇다. 이 시대의 명설교자는 그냥 타고나기만 하는 것이 아니다. 부단한 땀과 훈련과 기도와 묵상을 통해 만들어지는 것이다. 천부적인 재능을 갖추지 않았다 하더라도 배움과 훈련을 통해 설교 전달에 획기적인 변화를 가져올 수 있음을 놓치지 말아야 한다.

'김창인 목사'

불과 며칠 전 하나님 계신 그 나라에 입성한 그분은 이 땅의 들풀처럼 자라나는 수많은 후배 설교자들이 두고두고 존경하고 우러러보고 닮아가야 할 우리 시대의 모범적 설교가이다. 그의 설교를 배우고 익혀서 김창인 목사보다 더 탁월한 설교자가 많이 나오기를 간절히 바란다.

신성욱

계명대학교 영문학 (B.A.)
총신대학교 신학대학원 (M.Div. Equiv.)
Trinity Evangelical Divinity School (구약학 Th.M. 수학)
Calvin Theological Seminary (신약학 Th.M.)

---

9. 정병태, 『무원고 설교 스피치』 (서울: 한사랑문화대학사, 2014); Clarence Edward Noble Macartney, *Preaching without notes*, 박세환 역, 『원고 없는 설교』 (서울: 개혁주의신행협회, 1998).
10. 조셉 파이퍼, "칼빈, 원고없이 즉흥설교했다", 개혁주의설교연구원 세미나 (2009년 2월 15일); https://www.kirs.kr/index.php?document_srl=6494.

University of Pretoria(설교학 Ph.D.)
(전) 남가주 한아름교회 담임
(전) 미 중부개혁장로회 신학대학교(학감 및 교수)
(전) 총신대학교 신학대학원과 일반대학원(외래교수)
(현) 아신대 설교학 교수
(현) 한국복음주의 실천신학회 부회장

'한국의 예레미야' 김치선 박사의 설교

이정현

들어가는 말

　김치선에 대한 다양한 호칭 중 하나는 그가 목회자면서 설교자라는 사실이다. 이 글에서는 탁월한 설교자로서 그가 남긴 147편의 설교를 분석해 보고 그 특징을 배우고자 한다. 그의 설교 노트는 다양한 언어로 기록되어 있고 흘림체로 되어 있어서 정확하게 판독하기가 쉽지 않다. 또한 온전한 문장으로 기록되지 않은 요약식 원고도 다수 있어서 설교자의 의도를 정확히 파악하기가 어려운 것도 있다. 이런 자료를 근거로 영적 거장으로 불리는 김치선 박사의 설교를 분석, 평가하는 것이 결코 쉬운 일은 아니지만 작은 결과를 만들게 되었다.

　이 글의 목적은 '한국의 예레미야'로 불리는 김치선 박사의 설교를 배움으로 지정의를 고루 갖춘 설교자와 신학생들이 되는 것이다. 한 편의 설교로 청중들의 전 인격에 호소함으로 온전한 그리스도인으로 변화시킬 수 있길 바란다. 그리하여 그 작은 불빛이 조국 강산을 환하게 밝히기를 소원한다.

　이 글은 1, 2차 자료를 근거로 김치선의 생애와 신학을 간략히 서술한 이후 그의 설교를 크게 네 부분, 즉 설교의 구조, 내용 그리고 적용과 반응으로 나누어 살펴본 후 종합적인 면에서 그의 설교의 특징 몇 가지를 고찰하는 것으로 이루어진다.

1. 김치선의 생애와 신학

1) 김치선의 생애

김치선은 1899년 8월 10일(음력)에 김영준과 최현숙의 장남으로 함경남도 함흥읍 서호리에서 태어났다.¹ 10살 때 그 마을의 서당 훈장이며 교회의 영수였던 김응보의 전도를 받고 교회에 출석한다. 16살 때에는 김응보의 소개로 영재형(Luther Lisgar Young) 선교사를 만나게 되고 후에 영 선교사는 김치선을 양아들로 삼아 지속적으로 후원한다.²

김치선은 영생중고등학교 시절에 학생대표로 3.1 만세운동을 하다가 검거되어 형무소에서 1년을 복역한다. 그는 이 기간에 '인생이 무엇인지를 깨닫게 되었고 하나님의 소명과 사랑을 깨달았으며 주님과 국가를 위해 일생을 바치겠다고 하나님께 맹세하였다'³고 한다. 그는 연희전문학교에 입학을 하여 졸업을 7개월 앞두고 이홍순(李洪順)을 만나 교회에서 결혼한다. 다음해에 전문학교를 졸업하고 곧장 평양 조선예수교장로회신학교(평양신학교)에 입학하지만 한 학기를 다니고 일본 고베로 건너가서 고베 중앙신학교(현, 고베 개혁파신학교)에 입학을 하여 1930년 2월에 신학교를 졸업하고 이어 31세의 젊은 나이에 목사안수를 받음으로 옥중생활에서의 서약을 지키게 된다.⁴ 민경배에 의하면 그가 신학을 공부하면서 일본에 거주하는 동족들에게 전도하여 큰 효과를 얻었다고 한다.⁵

영재형의 추천으로 김치선은 도미하여 웨스트민스터신학교에 한국인 최초

---

1. 김동화, 『나에게 있어 영원한 것』(서울: 기독교연합신문사, 1998), 29.
2. 최복규, "기독일보", 2017. 2.11
3. 최정인, "김치선 목사의 생애", 『신학지평』 제13집(2000년 가을, 겨울호, 안양대학교신학연구소), 23.
4. 한성기, "김치선 목사의 신학사상", 『신학지평』 제13집(2000년 가을, 겨울호, 안양대학교신학연구소): 53.
5. 민경배, 『한국기독교회사』(서울: 대한기독교서회, 1948), 44-116.

로 입학하여 신학석사 학위를 받았다(1931-1933년).⁶ 이듬해 달라스신학교에 입학 및 졸업하여(10회) 신학박사 학위를 받았다(The Mosaic Authorship of the Pentateuch, Th.D. 1934-1936년). 이것은 한국인으로서 미국에서 정식으로 구약신학박사 학위를 받은 첫 케이스였다.⁷

귀국하여 잠시 서호리에서 목회를 하다가 영재형의 부름에 따라 고베로 가서 신호중앙교회(神戶中央敎會)에서 목회하게 된다. 이후 도쿄로 이주하여 신주쿠중앙교회(新宿中央敎會)를 섬기다가 1939년 11월에 그 교회의 담임목사로 취임을 한다. 이 교회는 유학생만 200명이 넘게 모이는 크고 영향력이 있는 교회였다.⁸ 그러나 '내선일체'를 어겼다고 체포되어 감옥 생활을 하고, 1944년 2월에 신주쿠중앙교회를 사임하고 메구로교회를 설립하여 목회를 했는데, 신사참배로 인하여 일본에 피난왔던 박형룡 박사가 이 교회에 출석함으로 같이 예배를 드리고 성도들을 가르치기도 하였다.⁹ 김치선은 같은 해 초에 귀국하여 남대문교회 제6대 담임목사로 취임한다.

그는 해방이후 한국교회의 부흥을 갈망하며 1945년 말에 〈부흥〉지를 창간하였고, 그때부터 1947년까지 계속하여 300만 구령운동을 외치며 대형집회에 집중하게 된다. 당시 대형집회의 강사로 함께 사역했던 사람이 박재봉, 이성봉 그리고 손양원 목사였다. 그리고 1947년에는 남대문교회의 지원으로 해방촌교회를 설립하게 된다.

1948년 3월에 남대문교회에서 '장로회야간신학원'을 개교하는데, 원장에 윤필성 목사, 이사장은 김선두 목사, 한양대학교의 설립자인 김연준 박사와 김예진과 김치선 목사는 이사로 섬기게 된다. 1949년에 김치선은 장로회야간

---

6. 김해연, 『한국교회사』(서울: 성광문화사, 1997), 440.
7. 박용규, 『한국교회 인물사: 제4권, 신학자편』(성만: 한조문화사, 1979), 153.
8. 최정인, 앞의 책, 25.
9. 위의 책.

신학원 제2대 교장으로 취임한다. 이듬해에는 이 신학교를 대한신학교로 교명을 변경하고 제3대 교장으로 취임한다. 그리고 남대문교회의 지원으로 흑석동교회를 설립하여 하나님 나라를 확장해 간다.

다음해인 1951년 9월에는 동족상잔의 비극인 6.25 동란 와중에도 장로회총회신학교(현, 총신대학교)가 개교되는 역사적인 해였다. 이때 김치선은 초대 교수 8명 중 한 명이었다.[10]

김치선은 6.25 사변 중에 대한신학교를 문교부 4년제 신학교로 인가받아서 (1952. 9) 초대교장으로 취임한다.

그는 1953년도에 중구 남창동에 창동교회를 세우고 아울러 관악산 자락에 벧엘 기도원을 세워서 신학생과 성도들의 영적 훈련소로 활용한다. 당시 기도원은 삼각산 기도원뿐이었는데 벧엘 기도원의 설립 이후 기도원 운동이 활발하게 확산되어 갔다.

1948년의 장로교야간신학원과 1951년의 장로교총회신학교에 이어 1955년 고려신학교가 개교되는데 그때에 김치선은 설교문으로 '신학과 신조'라는 글을 발표하는데 이것은 지금도 3개 신학교의 신학 사상에 근간이 된다고 본다. 그는 이전에 '복음의 진수'(1940)라는 훌륭한 글을 발표한 적이 있고, '구약사기'(1955), '갈라디아서 강해'(1956)를 출판하였고, '에베소서 강해', '소선지서', '신약개론 강의집'(1-4), '구약개론 강의집'(1-3), '조직신학 강의집' 등등의 책을 등사기로 인쇄하기도 하였다.

이듬해 9월에 창동교회를 한양교회로 개명하고 대한신학교와 함께 남산으로 이전하여 예배와 신학수업을 진행했으나 1957년 교회와 신학교가 원인모를 화재로 전소되었고 또한 중고등부 하계수련회 때 중학생 7명이 익사하는 사고가 이어서 발생함으로 김치선은 큰 고난과 시련 중에 놓이게 된다. 화재

---

10. 김요나, 『총신 90년사』(서울: 도서출판양문, 1991), 350.

이후 국가에서 신학교 자리에 KBS-TV 방송국을 세운다고 하여 김치선 목사가 국가를 상대로 소송을 하였으나, 결국 패소하여 신학교는 그곳을 떠나야만 했다. 이런 상황 중에서 미국의 맥킨타이어(Carl Mcintire) 박사와 ICCC의 한국지부장인 마두원(D. R. Malsbary) 선교사의 도움으로 용산구 서계동의 구 소련영사관 자리를 매입하여 이사를 하게 된다.

그가 한성교회를 시무할 때(1959.2-62.7) 장로교가 합동과 통합으로 분열되는 아픔을 겪었고(1959년) 대한신학교 졸업생들의 목회와 미래를 위하여 교단 설립의 필요성을 느끼고, 마두원 선교사와 함께 1961년 6월 21일 남산동에 있는 대한신학교에서 대한예수교 성경장로회(현, 대신) 창립총회를 개최하고, 초대총회장으로 피선되었다.

신학교가 있던 남산에서 1962년 3월에 용산 서계동 부지와 건물을 매입하여 이전하였고, 그곳에 서울 중앙교회(현, 청파중앙교회)를 설립하여 1962년 8월부터 1967년 3월까지 시무하였다.

1965년에 대한신학교 교장직을 사임하였고 1966년 가을, 암스테르담에서 열린 ICCC 국제대회에서 연설을 하였으며, 건강이 좋지 않아 미국으로 건너가서 뇌암 판정을 받고 수술을 했으며, 1966년 12월에 귀국하였으나 병세악화로 1968년 2월 24일에 소천하였다. 그의 시신은 본인이 평소에 기도했던 장소인 관악산 벧엘 기도원에 안장이 되었고 몇 번의 이장을 거쳐 지금은 시흥시 물왕리 남대문교회 동산에 안장되어 있다. 그의 묘비에는 '이런 사람은 세상이 감당치 못하도다(히 11:38). 목회자요 신학자요 교육자요 애국자인 눈물의 선지 이곳에 잠드시다'라는 글이 있다.

김치선의 생애를 연도별로 대략 더듬어보면서, 그가 교회의 신실한 목자였고 복음주의 신학자였고 헌신된 교육자였고 뛰어난 저술가였으며 투철한 애국자이었음을 알게 된다.

2) 김치선의 신학

김치선은 평양신학교와 고베중앙신학교에 이어 웨스트민스터신학교에서 역사적 개혁주의 신학을 정립할 수 있었다. 이 학교들은 거의 동일하게 웨스트민스터신앙고백이 표명하고 있는 건전한 개혁파 신학교들이다. 특히 신학석사를 마친 웨스트민스터신학교는 당시 자유주의 신학을 반대하여 메이천(Machen)과 알리스(Allis), 윌슨(Wilson), 반틸(Van Til) 등을 포함한 8명의 교수들에 의해 세워진 학교이다. 김치선이 입학할 당시는 이 학교가 설립된 지 3년째 되던 해라 모든 것이 미비한 상태였으나 정통신학을 유지, 계승, 발전시키겠다는 의지만큼은 투철했다. 그러므로 김치선은 여기에서 훌륭한 신학교 스승들을 통하여 많은 신지식을 가졌을 것이고 건전한 신학 체계를 세울 수 있었을 것이다.

그리고 김치선은 최종학위를 텍사스의 달라스신학교에서 취득한다. 달라스의 당시 신학은 현재와 같은 신복음주의적 입장은 아니고 전기 근본주의 신학이었다. 이는 후기 세대주의적 근본주의와는 분명히 구분된다. 그가 쓴 학위논문이나 "신학과 신조"라는 글과 "조직신학 강의안"에서는 세대주의적 근본주의 신학 사상이 나타나지 않음을 알 수 있다.

김치선의 신학사상을 연구한 한성기는 '개혁신학이나 성경적 칼빈주의 신학이라고 단정할 수는 없지만 보수주의적 근본주의자'[11]라는 결론을 내린다. 그가 보수주의권 안에서 종교개혁 신학에 뿌리를 둔 근본주의 신학을 공부했고 또한 그 신학을 평생 후학들에게 가르쳤다는 것이다.

이은선은 김치선의 교육과정을 볼 때 그는 개혁주의자 내지 칼빈주의자라고 본다.[12] 이은선 교수 밑에서 논문을 쓴 김의선은 김치선 목사의 신학 성향

---

11. 한성기, 앞의 책, 75.
12. 이은선, "김치선 목사의 개혁과 부흥운동", 『신학지평』 제23호(2010년): 123.

으로 '강한 반자유주의적인 반면, 합리적 지성의 추구, 말씀의 실천 강조, 초교파주의, 민족주의, 적극적인 사회참여 강조, 하나님의 주권 강조'를 주장하며[13] 김치선을 포괄적 입장에서는 개혁주의자라고 할 수 있으나 엄밀한 기준을 적용했을 때는 근본주의자라고 할 수 있다고 했다.[14] 최근 조성호는 『김치선과 성경』이라는 책에서 세 가지 이유를 들어 그를 근본주의적 개혁주의 또는 개혁주의적 복음주의 신학자라고 말한다.[15]

이 말은 앞 사람들의 주장을 종합하여 결론적으로 표현한 것으로 볼 수 있다. 한편 이종전은 최근에 '김치선 박사는 분명 개혁파 신학의 식견을 가지고 신학교와 교회에 적용했다'[16]고 말했다. 김치선 박사에 대하여 가장 많은 연구 논문을 썼기 때문에 이종전의 주장에 신빙성이 있다고 본다.

2. 김치선의 설교

이 주제에 대한 선행연구는 많지 않다. 가장 이른 것으로는 2000년 가을, 김재규에 의해서 김치선의 설교가 연구되었다.[17] 그는 김치선 목사의 설교를 3기로[18] 나누어 구분을 하고 정성구 목사의 설교분석 차트를 약간 수정, 보완한 것을 근거로 약 130편의 설교 원고를 분석 평가했다. 이 글은 김치선의 설교 전반의 내용을 개괄적으로 이해하는 데 좋은 자료가 된다.

동년 김정길은 안양대 신학대학원의 학위 논문에서, 김치선의 설교를 중심으로 그의 신학 사상을 고찰한 바 있다.[19]

---

13. 김의선, "고봉 김치선 박사의 신학사상과 한국교회에 끼친 영향"(안양대학교 신학대학원 석사학위 청구논문, 1999), 57-73.
14. 위의 논문, 79.
15. 조성호, 『김치선과 성경』(서울: 고백과 문답, 2020), 94-95.
16. 이종전, 『김치선 박사의 생애와 신학』(인천: 아벨서원, 2022), 231, 241.
17. 김재규, "김치선 박사의 설교". 『신학지평』 13집(2000년 가을·겨울호): 131-168.
18. ibid.
19. 김정길, "김치선의 신학사상: 설교를 중심으로"(안양대학교 신학대학원 석사학위논문, 2000).

김치선의 설교집이 출판사를 통해 정식적으로 발간이 된 것은 『한국기독교 지도자 강단 설교: 김치선』(2011)이다. 이 책은 4부로 구성되었는데, 1부는 김치선의 민족 사랑을 보여주는 글이고 2부는 그의 신학을 보여주는 글을 모았고 3부는 기독교인의 삶에 대한 그의 입장이고 마지막 4부는 김치선의 성경 이해에 대한 글이다.[20] 여기에 실린 글들은 몇 편을 제외하고는 전부 설교로 되어있다.

이 외에도 원용국은 "김치선 목사와 나"에서 김치선의 설교를 '제목 설교자, 자기의 학적 실력을 잘 나타내 준다, 설교의 시행일시와 장소를 밝힘으로 당시 국민들과 교회의 영적 상황을 알게 한다, 구약과 신약을 적절히 혼합하여 설교한다'는 말로 간단히 평가한다.[21] 이은선의 "김치선 목사의 회개론과 부흥론"[22]에서 김치선의 설교를 통하여 나타난 회개와 부흥에 관한 고찰을 하고 있다. 논문의 흐름 전체에 그의 설교가 많이 인용되어 논문의 주제를 선명하게 드러냈다고 평가할 수 있다. 그리고 필자가 김치선 포럼[23]에서 발표한 "김치선 박사의 설교 연구"라는 소논문이 한편 있다.

이같은 선행연구들을 참고하여 필자는 설교학적 입장에서 그의 설교 노트만을 근거로 분석, 평가하려고 한다. 현대 설교학에서 설교를 평가하기 위해서는 두 가지 영역을 구체적으로 다루어야 한다.[24] 그 두 가지 중 하나는 '설교문'(sermon)의 영역이고 다른 하나는 실제 '설교 행위'(preaching)의 영역이다.[25] 이 두 영역의 차이점은 분명히 있지만 애석하게도 김치선 목사의 프리칭

---

20. KIATS 편, 『한국기독교 지도자 강단설교: 김치선』(서울: 홍성사, 2011), 16.
21. 원용국, "김치선 목사와 나", 『신학지평』 제13집(2000년 가을,겨울호): 3-4.
22. 이은선, "김치선 목사의 회개론과 부흥론" 『신학지평』 제19집(2006): 100-133.
23. 이 포럼은 2019년 1월 28-29일까지 미국 LA에서 열린 것이다. 필자의 논문은 김치선의 설교 중 1961에 행한 14편의 설교만을 분석, 평가한 것이다.
24. 박태현, "설교비평을 통한 개혁주의 설교실습교육에 관한 연구" 『개혁논총』 제39권(2016년 9월): 250.
25. M. Lloyd-Jones, 『설교와 설교자』, 29-30. 로이드 존스는 '설교문'(sermon)과 '설교행위'(preaching)

은 들을 수 없으므로 설교 원고만을 평가의 대상으로 삼아야 한다.

설교문에 대한 다양한 분석적 도구(tool)도 있으나[26] 현대 설교학적 분석 도구로 60년 전의 설교를 분석, 평가하는 우를 범하기보다는 일반적인 설교의 구조와 본문 해석과 적용 부분을 간단히 논의함이 더 효과적일 것이다.

김치선이 남긴 설교 노트에는 모두 157편이 실려 있으나[27] 판독하기 어려운 것과 설교로서 가치가 떨어지는 것을 제외한 147편을 연구대상으로 했으며 이것 외에도 잡지에 기고한 설교와 성경 강해서도 몇 권[28] 있기 때문에 이것들을 합하면 그의 설교 편수는 적지 않다. 여기서는 그의 설교 노트에 기록된 설교를 중심으로 그의 설교를 아래의 순서에 따라 고찰하려 한다.

1) 설교의 구조

김치선은 그의 설교 노트에 설교를 한 날짜와 장소를 대부분 기록해 두었다. 전체 147편 중에서 22편을 제외하고는 설교의 시행 일자와 장소를 기록해 둠으로 시대적인 배경과 청중들의 상황을 짐작할 수 있게 한다. 자료에 의하면 그의 설교는 1946년 6월 23일에 시작하여 1964년 10월 24일에 마지막 설교를 남기는데, 이 기간에는 우리나라가 겪은 대내외적인 역사적 사건들(신학교 설립, 6.25 동란, 교단 설립, 군사 정변)이 많았으므로, 그의 설교에는 당연히 시대적인 배경이 반영되었다. 설교를 행한 장소도 서울과 지방의 여러 교회, 총신, 고신, 대신, 순복음신학교, 심지어 간호학교와 중학교에 이르기까지 그 범위가 넓었다.

를 구분한다. Rudolf Bohren, 『설교학 실천론』, 288-289. 보렌 역시 '인쇄된 설교'와 '이야기 되는 설교' 사이에는 차이점이 있다고 한다.

26. 해돈 로빈슨(Haddon W. Robinson)과 백(Virginia Vagt)과 에클로브 리(Eclov Lee)의 설교 분석적 기구가 있다. 이정현, 『해돈 로빈슨의 설교학』(시흥: 지민, 2008), 162-171.
27. 본문과 제목을 이 글의 부록으로 실어 둠.
28. 그의 강해서로는 예레미야, 에스겔, 소선지서, 에베소서, 빌립보서 등등이 있다.

그의 설교 중 본문이 없거나 판독할 수 없는 것이 5편이 있고, 제목이 기록되지 않은 것도 1편 있다. 그 외의 설교에는 성경 6구절 이상의 본문 선택이 54편으로 제일 많고, 단 한 구절의 본문을 선택한 것도 41편이나 된다. 그리고 성경 1장 전체를 선택하거나(16편), 다른 성경 두 곳 이상을 선택하는 것도(14편) 있음을 보아 본문 선택을 자유롭게 하나, 한 문단으로 적당한 6-15구절을 본문으로 선택하여 설교하고 신구약을 골고루 선택하여 설교한 것으로 보인다(신 61:구 86).

설교 제목은 본문을 그대로 따왔으며 간결하다(85편). 간결하지만 의미가 있는 신선한 제목들이 많다. 예를 들면 히브리서 7:19을 근거로 '더 좋은 소망'이라는 제목으로, 욥기 42:1-9에서는 '기쁘게 받으셨느니라'로, 시편 31:19을 근거로는 '쌓아두신 은혜'라는 제목을 붙였다.

김치선 박사 설교의 서론은 간단한 몇 문장으로 본문의 핵심 내용을 서술한다. 이런 형식뿐만 아니라 가끔은 다른 형식, 즉 유명인의 말을 인용하거나 예화를 사용함으로 청중들의 주의를 끄는 방식을 취하기도 한다. 그래서 그의 설교문에 나타난 서론은 회중의 주의를 끌만한 요소는 많이 나타나지 않으나 제목을 정한 이유와 핵심 내용을 간단히 밝힘으로 서론의 기능을 충분히 하고 있다고 본다.

김치선은 본문을 해석하면서 당시의 시대적 정황이나 청중들의 지식수준이나 선 학습을 고려할 때 눈높이에 맞지 않을 정도로 원문과 영어와 일어 등의 언어를 사용하여 본문의 의미를 구체적으로 캐내려고 했다. 본문의 내용이 충분히 함축된 소주제를 잡아 그것을 본문의 흐름 순서대로 몇 가지로 나누어 설교한다. 그래서 그의 설교 대부분은 대 주제 몇 가지, 그 밑에 소주제를 몇 가지를 두어 설교하는 전형적인 연역법적 주제 설교를 한 것으로 보인다. 제목 설교를 한다고 해서 조직신학적 입장에서의 설교를 하는 것이 아니라 성경신학적 입장의 본문 설교를 하는데 그 구조가 주제별 설교 형식이라는 것이다.

김치선 설교의 결론 부분은 본문의 내용을 풍성하고 확실히 드러낸 후에 거의 대부분 '그러면 우리는 어떻게 해야 하는가'를 질문하며 적용점을 제시한다. 다시 말해 그의 설교는 단순한 본문 해석으로 끝나지 않고 삶으로의 연결을 시도한다는 것이다.

김치선 박사의 설교구조는 서론, 본론 그리고 결론이라는 분명한 3부 구조로 되어있다. 그의 설교구조는 평범하며 간단한 것으로 신구약을 균등하게 본문으로 선택하고, 가급적 본문에서 간결한 제목을 정하고, 선명한 서론을 제시하고, 구체적이며 깊이 있는 본문 해석을 통하여 하나님의 의도를 드러내고, 그것을 청자의 삶에 적용하는 결론의 순서로 되어있다.

2) 설교의 내용

(1) 서론

김치선 박사의 서론은 간단한 몇 문장으로 본문의 핵심 내용을 서술한다. 전체 147편 중 112편이 세 문장 이하로 짧게 기술되었고 나머지도 4-7개의 짧은 문장으로 서론을 진술하였다. 서론을 기록하는 거의 일치된 형식은 '말씀을 근거로 제목을 잡은 이유를 밝히고 본문의 핵심을 간략히 진술한다.' 이같은 형식으로 기록된 예를 다음의 설교에서 볼 수 있다. 그는 시편 23:6을 근거로 '평생의 소원'이라는 제목의 설교를 시작하면서 다음과 같이 말하고 있다. "이는 우리의 일생에 이보다 더 유익한 말씀은 없다고 생각하면 참다운 연구의 대상이 될 것이다. 그렇다고 하면 본문은 세 가지 조건으로 나누어 생각할 수 있다."

이런 형식뿐만 아니라 다른 형식, 즉 나폴레옹의 말을 인용함으로 청중들의 주의를 끄는 방식을 취하기도 한다. 그것은 사사기 5:7을 근거로 '이스라엘의 어미가 되었도다'라는 설교를 통해 알 수 있다. "드보라가 친히 '이스라엘의 어미가 되었도다'란 말씀을 그대로 제목으로 하여 생각하려 한다. 그런즉 그가, 즉 드보라가 이스라엘 전 민족의 어머니가 되었다는 것을 증거하는 말씀이다. 나폴레옹이 '블란서에 필요한 것은 어머니'라고 하셨다. 한국에 제일 필요한 이는 어머니라고 하면 그는 드보라 같은 한국의 어머니가 필요한데 … 이러한 점에서 이스라엘의 어머니 드보라를 생각하자."

김치선은 고린도전서 16:13-14을 근거로 "깨어"라는 제목으로 설교하면서, 이 제목과 관련된 성구를 인용하며(살전 5:6, 마 24:42, 25:13) 서론을 제시하기도 한다. 이같은 서론의 형태는 전체의 설교 중 여러 편에서 나타난다. 또한 예화로 서론을 시작하는 것은 1편 있으며 가끔은 유명인의 책을 소개하면서 시작하기도 한다.

그의 설교문에 나타난 서론은 회중의 주의를 집중시키는 요소는 많지 않으나 제목을 이렇게 정한 이유와 핵심 내용을 간단히 밝힘으로 서론의 기능을 충분히 하고 있다고 본다. 현대 설교가 너무 의도적으로 청중들의 주의를 집중시키기 위하여 여러 가지 예화나 통계를 인용하다 보면 오히려 산만하여 본론에 집중하지 못하는 경향이 있음을 볼 때 오히려 김치선 박사의 짧고 분명한 서론은 본문 접근에 유익을 준다.

(2) 그의 본문 해석

그는 본문을 해석할 때 그가 선택한 짧은 본문을 단문이나 단어를 중심으로 일련번호를 매겨 순서적으로 설명하는 특징을 보인다. 그의 147편 설교 중 거의 대부분이 이런 형식이다. 그러므로 김치선의 설교에서 중요한 본문 해석 부분은 짧은 본문을 몇 단락으로 나누어서 설명하는 것이다.

본문을 단문으로 나누어 설교하는 형식의 예로는 요한복음 10:28(내가 그들에게 영생을 주노니 영원히 멸망하지 아니할 것이요 또 그들을 내 손에서 빼앗을 자가 없느니라)을 근거로 '내 손에서 빼앗을 자가 없느니라'는 제목으로 설교한 것이다. 그는 이 설교에서 '우리가 주님 손에서 빼앗기지 않는 이유로 주님이 만유보다 크시기 때문이라'고 1대지에서 설명하고 2대지에서는 '어떤 자가 주님의 손에서 빼앗기지 않는 자'인지를 '주님을 믿는 자, 주님이 아는 자, 주님을 따르는 자, 영생을 받은 자'라고 구체적으로 설명한다.

또 김치선은 우리에게 익숙한 본문인 시편 23:5을 설교하면서 너무 멋진 구조와 내용으로 설교한다. 그의 본문 해석은 1대지에서 '승리의 잔치의 주인'에 대하여 말하고, 2대지에서는 '승리의 잔치를 베푸는 곳', 이어서 3대지는 '승리의 잔치를 베푸는 광경'을 '내게 상을 베푸시고, 기름으로 내 머리에 부으시니, 내 잔이 넘치나이다'의 말씀으로 차례로 해석하여 결론에 이른다.

이런 형식뿐만 아니라 본문에 나타난 단어를 중심으로 대지를 나누어 설교하는 형식을 취하기도 한다. 대표적인 예가 시편 23:6(내 평생에 선하심과 인자하심이 반드시 나를 따르리니 내가 여호와의 집에 영원히 살리로다)을 설교한 것이다. 그는 여기서 1대지를 '선하심', 2대지를 '인자하심', 3대지를 '하나님의 집에 거함'으로 잡고 설명하면서, 이것이 곧 우리 평생의 소원이 되어야 함을 말한다.

그의 이같은 실력, 즉 본문 속에서 단문을 근거로 소제목을 끌어내거나 한 단어를 뽑아서 그것을 논리적으로 해석하는 능력은 관련된 서적을 많이 읽거나 기도하며 성경을 깊이 묵상하지 않으면 결코 발견할 수 없는 것이라 본다. 그리고 혹자는 김 목사가 대지를 여러 개 나누어 설교했다고 해서 그를 제목(주제)설교자라고 부르기도 하지만 그것은 오해라고 보고 오히려 그는 본문을 귀납적으로 풀어서 본문의 의도를 부각시키는 본문설교자라고 할 수 있겠다.

이 점은 그가 본문을 정확하면서도 간단히 해석하는 것을 통해서도 확인할 수 있다. 김치선은 설교를 어렵거나 길게 하지 않는다. 복잡하게 하거나 신학적, 교리적 논쟁도 하지 않는다. 단 성경의 1차 독자들에게 하시고자 하셨던 하나님의 의도를 파악하여 그것을 현 청중들에게 이해하기 쉽게 단문으로 전한다. 물론 147편 중 조금은 복잡하고 길게 된 설교도 한두 편 있지만 그 외의 설교는 그렇지 않다.

김치선 박사가 '더 좋은 소망'(히 7:19)이라는 제목으로 설교하면서 더 좋은 소망은 예수 그리스도이며, 그 이유는 우리의 구원이 그에게만 있고 그를 통해서만 진리를 배울 수 있기에 그는 우리의 더 좋은 소망이라고 했고 그만을 바라보는 우리가 해야 할 일은 무엇인가를 물으며, 우리의 몸을 주께 헌신하는 삶을 살아야 한다고 강조한다. 특히 우리의 구원이 그에게만 있다는 사실을 다른 히브리서의 말씀을 근거로 분명하면서도 간단하게 해석한다.

1961년 10월 17일 숭일교회에서 '내 손에서 빼앗을 자가 없으리라'는 설교에서 김치선은 '주님은 만유보다 크신 창조주이시기 때문에 그의 손에 있는 백성을 결코 빼앗기지 않으신다'고 했고 또한 '그 손에서 빼앗기지 않는 우리에 대하여'서도 간단하면서도 명확하게 설명한다.

그는 에베소서 4:13을 강해하면서 '온전한 사람'을 '한 성령 안에서 아버지께 나아가 같이 하나님의 자녀가 되는 유일체이다'라고 했고, '나의 기업'이라는 주제로 설교하면서 하나님이 다윗에게 주신 기업이 무엇인지-그 백성, 그 사람, 그 나라, 그 소유, 그 생의 운(運)-를 몇 가지로 설명하였다.

김 박사는 설교를 하면서 관련 성구를 많이 사용한다. 총 147편의 설교 중 성구를 전혀 인용하지 않는 것도 있지만 성구를 인용한 설교에서는 한 편당 평균 3개의 성구를 사용한 것으로 보인다. 가장 많은 성구를 인용함으로 본문의 각 대지를 풍성히 증명하고 있는 설교는 '비밀히 지키시는 여호와'로 10개의 성경 구절을 인용하였다. 한 편의 설교에 많은 성구를 인용한다고 해서 당연히 성경적 강해 설교라고 말하기는 어렵다 할지라도, 김치선의 성구 인용은 종교개혁자들처럼 '성경은 성경으로 해석한다'는 해석원리에 따라 설교한 것으로 보인다.

김치선 박사는 본문을 해석하면서 원문이나 역본을 참고하여 논리를 전개하기도 한다. 원문 사용은 '나의 기업'에서 기업이라는 단어를 히브리어로 '나하라트'(נחלת)라고 쓰고 그것을 영어 단어 몇 가지로 써 놓은 것과 '완전한 인생의 평화'에서 마음에 해당하는 히브리어 '레브'(לב)와 영광을 의미하는 히브리어 '카보드'(כבוד)를 역시 여러 영어 단어들로 설명하기도 한다. 이것 외에도 이사야 40:1-2를 본문으로 설교하면서 '위로'를 Targum에서 하나님 자신으로, KJV에서는 comfort로, 헬라어에서는 파라클레토스(보혜사)로 표현되었다고 주해하고 있다. 잠언 14:27을 근거로 '경외'에 대하여 잠언 전체에 나타난 경외에 해당되는 단어를 주해한다. 즉, '야레트'와 '마개나', 파캐드와 야레가 사용된 구절을 전부 비교 구분하여 '두려워하는 겁', '두려워서 감히 가까이 설 수 없는 무서움', '경외함'으로 세밀하게 분석하는 것을 엿볼 수 있다. 김치선은 요한복음 16:33을 본문으로 '내가 세상을 이기었노라'는 제목으로 설교하면서 영역본(in me와 in the world)과 헬라어(εν εμοι와 εν τω κοσμω)를 비교하면서 주님 안에는 평안이요 세상 안에는 환란이 있음을 명확히 지적한다. 그는 많은 설교에서 히브리어, 헬라어, 영어, 일어를 사용하여 본문의 뜻을 좀 더 구체적으로 밝히고자 하였다. 특히 그는 영문학을 전공하였기 때문에 여러 편의 설교에서 영역본이나 영문 자료를 참고하여 원고를 영문으로 기록하기도 하였다. 이같은 기록들을 볼 때 현대 우리가 해독하기도 어려운 것이 많은데 당시 성도들에게 어떻게 이해가 되도록 쉽게 풀어서 가르쳤는지, 또는 강단이 그의 지식 자랑이 되지는 않았을까 하는 궁금증과 염려도 없지 않다.

그는 또한 본문을 해석하면서 찬송과 예화를 적절히 사용하여 그 의미를 풍성히 드러낸다. 147편의 설교 중 무려 32편에서 찬송이 불리어졌고 심지어 3곡 이상을 부른 경우도 4편의 설교에서 나타난다. 김재규는 그의 논문에서 김치선 박사는 후기로 갈수록 찬송을 많이 불렀고 1964년 실시한 17편 설교 중 3편을 제외한 나머지 설교에서 찬송이 무려 25곡이 나타난다고 했다.[29] 심지어 그는 예배 중 애국가까지 부른 경우도 있다.[30] 이렇게 점차적으로 설교하면서 중간에 찬송 부르는 횟수를 늘린 것은 그의 성령 충만과 대신 교단 창립으로 인한 기쁨 때문일 것이라고 한다.[31]

김치선은 예화를 147편 중 56편에서 사용하였고 한 설교에 3개 이상의 예화를 사용한 것도 10편이나 되었다. 김재규는 김치선의 설교를 분석하면서 예화 사용의 분류와 그 특징을 놓치지 않고 기록해 준다. 그는 김치선의 130여 편의 설교에 사용된 예화를 전부 조사하여 분류해 보니 다음과 같다고 하였다. '신앙적 모범을 보여준 인물들, 복음전파의 모범을 보여준 인물들, 본인의 체험 및 간증, 성경에서의 예화, 유교적 전통의 이미지를 남기는 예화들, 기타.'[32] 그의 예화를 이같은 몇 가지 범주로 분류를 하고 그 특징을 '각 예화가 설교에 적합하게 사용이 되었으며, 생활 속에서 느끼는 자신의 체험에서 쉽게 발견할 수 있는 것들이며 예화의 초점이 복음전파와 그리스도의 사랑에 맞춰져 있으며 두드러진 것은 부흥사와 선교사와 관련된 예화가 다수라는 점이다.'[33]

예화에 대한 전반적인 분석에 의하면, 서론에서보다 본론에서, 본론에서보다 결론에서 더 많이 사용한다. 이는 설교의 핵심 내용을 청중들에게 적용하는 시점에 예화를 집중 사용하였다고 보인다. 그 예화가 본문의 의미를 부각시키는 데 적실성이 있다고 판단되고 또한 대부분의 예화는 단순히 자연스럽게 설명하는 식이지, 현대 예화 사용법(추리법, 도치법, 충격법)을 쓴 것은 아

---

29. 김재규, "김치선 박사의 설교", 『신학지평』 13집(2000년 가을.겨울호): 150.
30. 1961년 6월 18일에 설교한 '나의 기업'에서.
31. 김재규, 앞의 논문, 150.
32. ibid., 155-156.
33. ibid., 156-157.

니었다.

그의 이같은 예화 사용이 '내 손에 빼앗을 자가 없느니라'에 잘 녹아있어서 소개한다. 첫째 대지에서 그는 내 손에서 빼앗을 자가 없는 이유에 대하여, 주님은 만유보다 크시기 때문이라고 했다. 그러면서 우리도 주의 손의 것이니 아무도 빼앗을 자가 없다고 하면서 몇몇 사람의 간증을 실례로 들었다. 그러다가 이 설교 마지막 부분에 가서 '주님이 우리를 아셔야 한다'는 점을 말하였다. 대부분 목자가 양을 알고 양은 목자의 음성을 알아야 한다고 할 때, 등장하는 동물은 양인데, 여기서 김치선은 양이 아닌 자기 집에서 키우는 좋은 개를 비유로 들었다. 아무리 비슷한 개라 할지라도 그 개가 나의 개라면 주인은 자기 개를 금방 알아본다는 것이고, 그 개도 주인의 음성을 금방 알아차린다는 것이다.

이것뿐만 아니라 그는 자기의 경험을 이야기할 때도 있다. 김치선 박사는 1961년 9월 12일에 설교를 하면서 중하반부에서 한 번, 그리고 설교 말미에 한 번, 한 설교에 도합 두 번씩이나 자기의 간증을 예로 들었다. 설교의 말미에서는 '내가 신사참배하는 죄를 범하였으니 하나님 아버지의 마음이 얼마나 아프시겠느냐'고 말했다. 그러면서 '내가 미국 유학을 할 때 부모님이 죽기 전에 친손자들을 보고 싶다고 하셨으나 오지 못하여 불효막심한 죄인인데, 그럼에도 하나님이 나를 이렇게 버리지 않고 사랑하여 주시니 나는 어떻게 하면 좋겠나'며 '웬일인가 날 위하여 주 돌아가셨나'를 불렀다.

그의 예화 사용과 더불어 설교의 양념이라고 불리는 적절한 인용구 사용을 살펴보자. 김치선은 30편의 설교에서 타인과 주석가의 말을 인용하였고 한 설교에서 2회 이상의 인용구를 사용하는 곳도 7편이나 된다.

이처럼 김치선은 각 구절의 1차적인 의미를 밝히는데 원문과 역본들을 사용하고 또한 관련성구로 본문을 확증하고 더불어 찬송, 예화, 인용구를 사용함으로 본문의 핵심 의도를 부각시켜 회중들에게 감동과 은혜를 끼치는 본문에 충실한 설교자였다.

(3) 설교의 적용과 반응

김치선의 설교 적용은 크게 두 가지 방법으로 이루어진다. 하나는 각 대지를 마무리하며 적용의 메시지를 던지는 것이다. 한 예를 들면 "전쟁 중 부흥"에서 부흥의 방법으로 '하나님께 돌아오라'는 대지에 따라 적용을 하고 '우상을 버리라'를 두 번째 대지 다음에 또 적용을 하고 세 번째 '금식하며 기도하라'는 문단에서도 역시 사무엘이 이런 과정을 거쳐 부흥을 일으켰던 것처럼 오늘 조국의 부흥도 반드시 이래야 한다고 했다. 고봉 김치선은 이같은 형식의 적용방법을 자주 사용했다.

또 다른 한 가지 방법은 설교의 말미에 전체적인 내용을 짧게 적용하는 것이다. 그는 '비밀히 지키시는 여호와'에서 주님께 전부의 전부를 맡기고 그만 바라보는 사람은 다윗같이 은밀히 지켜 주시는 하나님을 알게 될 것이라고 하였다.

'하나 되자'는 메시지에서는 에큐메니컬 운동가들과는 예수님을 믿고 아는 일에 절대로 하나 될 수 없다는 것과 천주교에서 예수 그리스도를 알고 믿는 것이 다르기 때문에 종교개혁자들이 하나 되지 못하고 나왔다고 지적한다. 그러면서 우리는 자유주의와 하나 될 수 없고 오로지 예수를 믿고 아는 일에 하나 된 사람은 예수 그리스도의 장성한 분량의 충만한 데까지 이르게 된다고 하였다.

'평생의 소원'이라는 제목으로 설교하면서 김치선은 결론 이전에 여러 사람의 이야기를 인용하여 감정에 호소를 한 후 마지막 결론에서 우리의 평생소원은 선, 인자, 평생토록 여호와의 집에 영원히 거하면서 주님과 더불어 사귀는 생활이 현실로 이루어져야 한다고 강조한다.

김치선은 설교의 적용점을 대부분 간단히 기술하였는데, 단적으로 말해서 본문 말씀으로 끝맺을 때가 많았고 아니면 몇 줄의 간단하고 힘 있는 메시지로 마무리 한다. 청자들에게 믿음과 헌신과 충성을 강하게 요구하는 적용점이 다수이다. 그리고 말미 동사를 '축원 한다'는 말이나 '..되기를 바란다'는 말투는 거의 나타나지 않고 '...되리라 생각한다', '...알아야 한다', '알게 될 것이다'라는 말과 단순한 선언 형식인 '..복을 받는다'는 형태의 말을 함으로 성도들의 반응을 강요하지 않으며, 회중들에게만 요구하는 차원을 넘어 자기를 포함한 우리 모두가 이렇게 해야 한다는 의미를 주었는데 이는 한 사람의 설교자임과 동시에 말씀을 함께 받으며 지켜나가야 하는 한 사람의 성도임을 인지하고 의도적으로 사용한 말투라고 생각한다.

김치선 목사의 이같은 설교에 성도들의 반응이 어떠했는지는 매우 궁금하지만 설교 원고만을 가지고 확인할 길이 없어 매우 안타까운 마음이다. 그래서 이 부분을 보완하기 위하여 당시 김치선 목사의 설교를 듣거나 강의를 들었던 사람들의 반응으로 대신하고자 한다. 사실 설교의 은혜와 감동과 깨달음은 장소와 시간마다 다를 수 있기 때문에 몇 사람의 증언을 통하여 객관적으로 평가할 수는 없겠으나 그래도 이들의 간증을 통하여 청중들의 반응을 어느 정도는 알 수 있을 것이다. 그의 제자인 최복규 목사는 "나는 김치선 목사로부터 정시 기도에 큰 도전을 받았고 기도만 하면 회개하시고 우신 것과 설교와 부흥 운동 그리고 전도에 열정적이신 분"임을 기억한다고 했다.[34]

정성구는 그의 책에서 "신학교에서 그의 설교는 언제나 뜨거웠다. 그의 설교 시간만 되면 자리가 비좁도록 모여들었다. 학생들은 지식적으로 배우는 것보다 김 박사 시간을 통해 많은 은혜를 받았던 것이다. 김 박사의 학문을 전달하는 시간이라기보다는 은혜를 끼치는 부흥회 시간과 같았다. 처음에는 출석을 부르고 책을 펴놓고 천천히 가르치다가 20여분이 지나면 강의 시간은 바

---

34. 최복규, "기독일보", 2017. 2. 11.

뀌어 부흥회 시간으로 변했다. 가르치는 교수가 울면서 간절한 마음으로 외치면 옆 교실까지 김 박사의 강의 시간인 줄 알게 되었다. 강단에서 설교하면 울면서 설교를 하고…그래서 많은 교인들이 따랐으며 많은 은혜를 끼쳤다. 김치선 목사가 가는 곳에는 언제나 부흥의 불길이 일어났으며 많은 사람들에게 감화와 위로를 주었다."[35]

강변교회 김명혁 원로 목사는 "고등학교 때 김치선 목사님이 담임하셨던 창동교회에서 처음 그분을 뵀다"며 "회개, 은혜 사모, 전도에 전념하시는 모습을 보며 그분의 영성을 조금씩 물려받았다"고 고백했다. 이어 그는 "그분은 매일 새벽기도 때마다 울면서 회개하신 분"이라며 "그분을 생각하면 눈물의 선지자인 예레미야가 떠오른다"고 밝혔다. 또 그는 "그분의 부흥집회에 꼬박 참석하면서, 언제는 김치선 목사가 '피 흘려 사신 교회'란 찬송을 부르는데 은혜를 너무 받아 울었다"며 "그분은 매일 애통하고 회개하시면서 은혜 충만케 하소서라 부르짖었다"고 회고했다.[36]

일본 『신호교회 70년사』에는 "김치선 목사의 설교는 전혀 달랐다. 그러므로 언제나 초만원이요 사명감을 깊이 인식하게 하며 큰 감동을 주며 은혜스러운 시간이 되었다"[37]고 지적한다.

김치선 교수의 강의를 예과 2년 때와 본과 1학년 때 들었다는 원용국 목사는 "강의 시간 15분이 지나면 감격 흥분하여 발판을 구르며 울면서 하나님의 사랑과 주의 죽으심과 구원과 전국 복음화를 외쳤는데, 지금도 그 모습이 눈에 선하다"고 회고한다.[38]

---

35. 정성구, 『한국교회 설교사』(서울: 총신대학 출판부, 1987), 368.
36. 김명혁, "기독일보", 2017. 2. 11.
37. 在日大韓基督教 新戶教會, 『新戶教會 70年 史』(日本: 在日大韓基督教 新戶教會出版部, 1991), 103-104.
38. 원용국, "김치선 목사와 나", 『신학지평』 제13집(2000, 가을·겨울호): 3.

김치선의 설교와 가르침에 대한 이런 반응들을 볼 때 그의 설교를 들었던 청중들이 어떠했겠는지 짐작하고도 남음이 있다. 그의 설교는 솔직 담백하면서 지·정·의에 포커스가 맞춰진 성령의 강한 도전과 역사가 있는 설교이다. 듣는 것으로 끝나는 설교가 아니라 가슴과 눈물로 회개하고 거리로 달려나가 뜨겁게 복음을 전하고 민족의 복음화를 위해 눈물 뿌려 기도하고 교회에 헌신과 충성을 다하게 하는 실천으로 이어지는 메시지이다.

3) 김치선 박사 설교의 특징

그의 설교를 읽으면서 다음과 같은 몇 가지 특징을 알 수 있었다. 첫째, 설교의 구조에서는 기본적인 서론, 본론, 그리고 결론의 명확한 3부 구조를 가진다. 김치선은 설교할 본문을 짧게 정하여 그것의 핵심 내용을 간단히 기술하는 서론에 이어 본론은 본문의 성구를 몇 가지로 나누어 설명하고 결론에서 그 메시지의 적용점을 찾는 구조로 설교한다.

둘째, 그는 성경의 무오성과 유기적 영감을 믿고 성경 중심의 설교를 한다. 그가 쓴 논문인 "오경의 모세 저작권"에서도 밝히고 있는 것처럼 성경에 대한 비판적 자유주의자들의 주장이 옳지 않다고 말한다. 그러면서 그는 성경의 무오성과 완전영감, 유기적 영감을 주장하며 그 이후의 여러 신학적 글과 설교를 통하여서 지속적으로 이 사실을 주장한다. 특히 성경의 무오성을 믿는다고 하면서 사상 영감설을 주장한 김재준과의 논쟁에서도 김치선은 그의 잘못된 점을 밝힌다. 그의 말과 글을 통하여 분명히 알 수 있는 것은 김치선은 성경에 오류가 없다는 것과 영감으로 된 책으로 믿으며 성경 중심의 설교를 했다는 사실이다.

셋째, 본문을 정확하면서 간단히 해석하는 능력이 있다. 그는 원문과 영역본을 근거로 본문을 충실히 해석하되 청중이 알아들을 수 있도록 쉽게 썼고 평균 설교 1편당 3개 이상의 관련 성구를 인용하므로 본문을 더욱더 확장적으로 설명하고 증거 한다. 그래서 그의 설교는 통전적이며 구속사적 관점은 다소 약하더라도 성경 본문에서 벗어나지 않는 복음주의적 설교라고 할 수 있다.

넷째, 그의 설교의 내용은 은혜, 전도, 희망, 회개, 헌신, 기도, 애국이 강조되었다. 우리가 살아가는 모든 것이 하나님의 은혜이지만 특히 그리스도를 통한 구속의 은총이 크나큰 하나님의 은혜이다. 이 은혜를 입은 자들은 복음을 전하여 이 민족이 구원받게 해야 한다. 특히 6.25 동란 때에는 젊은이들에게 그리스도가 희망임을 설교하고 또한 자신이 그리하는 것처럼 이 민족과 교회가 회개해야 살길이 열린다는 메시지를 주며 젊은이들에게 주를 위해 헌신하고 하나님께 기도하며 무엇보다 조국의 파수꾼이 될 것을 강조한다.

다섯째, 예화와 인용구와 찬송을 적당히 사용하여 본문의 의도를 부각시킴으로 메시지를 효과적으로 전달하고 청자의 지·정·의(知情意) 중 지(知)를 바탕으로 정적인 부분에 호소하여 의지적인 결단을 이끌어내는 전형적인 대중 설교 스타일이다. 지금 우리가 그의 언어적 전달을 들을 수 없어서 확인할 수 없으나, 비언어적인 부분들은 당시 청자들의 증언과 기록을 통하여 알 수 있듯이 '그는 흥분하여 발로 발판을 구르며 울면서 외쳤다'는 것과 특히 설교하며 자주 흘린 그의 '눈물'은 이를 증명한다.

여섯째, 이처럼 설교의 적용과 반응이 효과적인 것은 그의 인격, 지적 능력, 경건(영성), 열정과 모범된 헌신 때문이다. 그가 이같은 설교를 할 수 있었던 것은 고매한 인격과 성경 원어와 영어와 성경에 대한 능숙한 지식이 있었고 회개와 뜨거운 기도를 통한 남다른 영성과 사력을 다한 열정적인 복음전파와 헌신적인 마음이 뒷받침되었기 때문이라고 본다. 물론 그를 사용하시고자 하신 하나님의 계획과 때마다 부어주시는 은혜와 사랑이 그가 이런 설교자가 될 수 있었던 근본이라고 본다.

3. 나가는 말

그의 설교를 통하여 배우는 바가 많다. 원고를 읽을 때마다 한마디 한마디 속에 담겨진 김치선 목사의 마음과 열정과 눈물과 목표를 엿볼 수 있다. 각 설교 속에 배어있는 하나님의 은혜, 회개를 통한 진정한 부흥, 그의 애국심, WCC 및 자유주의와 싸우는 단호한 결단, 말씀의 실천화를 위한 처절한 몸부림, 이 민족과 교회의 지도자를 키우기 위한 헌신이 나타난다. 이것은 그가 대신 교단과 한국교회에 남긴 귀한 신앙적·신학적 유산이다.

그래서 교회는 그의 신앙적 유산을 계승하여 강단에서는 성경의 절대 권위를 인정하고 문법적, 문자적, 역사적으로 성경을 바르게 해석하여 성도들의 지·정·의에 호소하므로 삶의 변화를 추구하는 설교를 해야 한다. 무엇보다 설교자는 성경을 깊이 연구하고 묵상하는 것과 엎드려 기도하는 일에 전념하므로 자신을 발전시켜야 하겠다. 아울러 강단에서 애국을 설교하고 자기와 민족의 죄를 고백하며 민족 복음화를 외쳐야 한다.

신학교는 인격과 지식과 경건의 능력을 구비한 자가 교수하고 이단과 자유주의와 타협하지 않고 오로지 개혁주의 입장에서 진리를 고수하며 가르치고 교수부터 말씀실천으로 본을 보여야 하고 신학생 때부터 현장에 뛰어들어 교육, 전도, 기도, 봉사하는 것을 실천하므로 배우게 해야 한다.

특히 그분에 의해서 세워진 대신 교단은 하나 되어 김치선의 신학과 사상을 발전시켜 나가야 한다. 1961년은 이미 합동과 통합이 갈라졌고(1959), 이어서 기성과 예성이 갈라진 해이다. 정치적으로도 1960년 3.15 부정선거로 정치적 부패와 경제적 불안과 민심이탈이 4.19 혁명으로 폭발하였고 이어서 박정희 대통령의 군사정권이 들어선 때이다. 이런 시점에 대신이라는 교단이 세워졌고 그가 이 어간에 외쳤던 메시지가 에베소서 4:13을 근거로 한 '하나 되자'였다. 다른 것으로는 하나 될 수 없고 오로지 '그리스도를 믿고 아는 일'에 하나가 되어야 한다. 이 절규가 있은 지 어언 60년이 지난 이때, 교단은 그분의

'하나 되라'는 외침 앞에 옷깃을 여미며 겸손히 서야 하겠다. 그리하여 한마음 한뜻으로 예수 그리스도의 장성한 분량에까지 자라가야 하겠다.

이정현

안양대학교
합동신학대학원대학교
인천대학교 교육대학원
Universiteit van Pretoria (예배학 Ph.D.)
(전) 서울성경신학대학원대학교 실천신학 교수
(전) 서울성경신학대학원대학교 부총장
(전) 총회 신학위원장
(전) 대한예수교장로회(대신) 부회장
(전) 전 대한예수교장로회(대신) 총회장
(현) 서울성경신학대학원 명예교수
(현) 안양대학교 신학대학원의 겸임교수
(현) 소망교회 담임목사

김현봉 목사의 설교

정규철

김현봉 목사(1884-1965)는 1884년 경기도 여주군 가내면 건장리에서 출생했다. 그 후 서울에서 자랐으며 1906년 동대문 감리교회에 출석하여 신앙생활을 시작하였다. 1912년 양정의숙[1] 법과 졸업 후 일제의 감시를 피해 중국으로 건너가 1923년까지 애국 운동을 하였다. 그 이후 귀국하여서 투옥되었으나 보석으로 석방되었다. 1923년 출옥 후 39세의 나이로 평양신학교에 입학하여 재학 중 평북 정주교회, 관악 보림말교회, 시흥 구읍교회에서 조사로 시무하였다. 1927년에 평양신학교 제23회로 졸업한 후 이듬해에 목사 안수를 받았다. 이후 공덕교회에서 목회를 하다가 1932년 3월 31일 서울 아현교회를 개척하였다.

김현봉 목사는 1950년 6.25 전쟁 때에 삼각산에 피신하여 9일 동안 금식한 일이 있었다. 이 일을 통하여 그의 영성은 놀랍게 신장되었고 그의 영력 있는 설교에 교인의 수는 날로 증가하여 10년 후에는 1,200명이나 되었다.[2] 아현교회는 교회당 건물 미관에 관심이 없었고 다만 위생적이며 예배드리기 편리하

---

1. 양정고등학교의 전신
2. "이렇게 교회가 성장하고 그렇게 잘 훈련된 교회가 되고 보니 당시에는 전국에서 영락교회 다음으로는 김 목사의 아현교회만한 교회는 없었다." 엄두섭, 「좁은 길로 간 사람들」(서울: 도서출판 소망사, 1989), 231.

게 짓는 데 주력하였다. 그러니 없는 것도 많았다. 교회 간판도 없고, 종과 종탑도 없고, 십자가도 없고, 의자와 강대상도 없고, 성가대도 없었다. 그래서 일제가 교회를 핍박할 때 아현교회만은 묵인하였다. 김 목사는 설교를 원고 없이 좌담식으로 하였다. 설교하다 지치면 강대상 위에 올라가 앉아서 설교를 하기도 했다. 그에게는 예배당 건물 그 자체가 신성한 것이 아니었다.

김현봉 목사는 검소한 생활을 하였다. 교인이 1,000명이 넘었을 때도 항상 검정 무명 두루마기에 고무신 신고 머리는 삭발하고 다녔기 때문에 '중 목사'라고 불리기도 하였다. 또한 자기 자신이 절대 남의 신세를 지려고 하지 않았을 뿐 아니라 교인들에게도 자립정신을 길러주려고 노력하였다. 그의 일과는 나이 80의 고령에 이르도록 항상 규칙적이었다. 저녁 6시경에 잠자리에 들어서 한밤중인 12시에 기상하였으며, 냉수마찰하고 묵상 후 새벽 통행 금지가 해제되면 연세대 뒷산에 있는 기도실에서 오전까지 기도하였다. 그리고 낮 12시가 되면 산에서 내려와 교인들을 심방하였다. 그는 평생 '자기를 만들어가는 일'을 중요시하다가 1965년 3월 12일 오전 9시 무렵 자택에서 81세로 소천하였다.

김현봉 목사는 후배를 기르는 일에 무척 애를 써서 그의 감화를 받고 따르던 목회자들과 청년들이 많았다. 이 중에 이병규(신촌), 백영희(부산), 안병모, 이한영, 안길옹(알래스카)과 그의 아들인 안정남 목사(나성성약교회)도 김현봉 목사의 정신을 이어가고 있다.

이병규 목사는 고신총회 경기노회에서 김현봉 목사를 알기 시작했다. 이후 이병규 목사는 명륜교회를 담임하면서 1년에 수차례 삼각산기도원, 임마누엘기도원, 관악산기도원, 대구 주암산기도원 등에서 김 목사를 초빙하여 사경회를 열고 성경을 배웠다. 사경회 때 많이 모일 때는 약 700명이 참석하였다.[3]

---

3. 이병규 편, 「김현봉 목사 강도집(설교집)」 (서울: 염광출판사, 1990), 6.

이병규 목사는 김현봉 목사에게서 "구원을 이루어 나가야 된다는 진리"와 "중생한 영이 자라나야 되고 인격을 건설해 나가야 된다는 도리"를 배웠다.[4] 즉, 성경의 깊은 진리를 깨달아 참 성도가 되는 도리와 참 교회를 세우는 법, 그리고 성도가 사람 노릇을 바르게 하는 방법을 배웠다. 김현봉 목사를 초빙하여 사경회를 매년 개최했던 일은 지금까지도 계신 교단의 연례 사경회가 되었다.[5]

1. 김현봉 목사의 목사에 대한 교훈

김현봉 목사는 택함 받은 일꾼에 대하여 다음과 같은 교훈을 하였다. 교역자는 열심과 힘을 드리며, 양을 자기의 뼈와 살과 같이 사랑하라는 교훈을 하였다. 그래야 교인과 목자가 통하게 된다는 것이다. 참된 일꾼은 어머니가 자녀를 사랑하는 것과 같이 사랑을 쏟고 피땀이 섞이어 나올 정도로 열심을 내야 한다. 그래야 교인들이 목사를 알아서 따른다. 날마다 새로워지는 것을 양들에게 보이어야 한다. 영혼의 키가 장성하는 것을 보이라는 교훈이다. 김 목사는 덕이 자라고 선의가 더욱 자라나는 것을 나타내라고 교훈했다. 묵상, 성

---

4. "나의 개척시대-이병규 목사님과 극동방송과의 인터뷰," 「빛의 소리」, 제5호 (창광교회 제2청년회 편집부, 1996. 8), 16.
5. 정규철, 「성경해석과 복음」 (서울: 도서출판 그리심, 2021), 277-80.

경 보는 일, 기도, 연구하는 일을 하며 하나님을 두려워하고 사랑하는 일을 잘해야 한다고 가르쳤다. 참을 수 없는 것을 참고 견딜 수 없는 것을 견디면 먼저 자기가 은혜를 받고 연단해야 한다는 교훈이다.[6]

김현봉 복사는 목사들에게 강도에 전심전력을 기울일 것을 교훈하였다. 간단히 준비해서 설교하려는 것은 품팔이 일꾼이다. 교인이 온 것은 영의 양식을 먹으려고 왔는데 굶어간다면 무슨 소용이 있는가? 연구가 부족하고 공부가 부족하고 정도가 유치해도 일심 정력을 기울여 공을 들여야 그 강도를 하나님께서 사용하신다. 목사는 강단을 아무나 가르치게 양보해서는 안 된다. 한번 이단을 가르쳐 놓으면 여독이 심하다는 것을 김현봉 목사는 강조했다.

김현봉 복사는 일꾼이 되려면 먼저 말씀을 믿고 사랑하고 자기가 먼저 실행하고 자기를 만들어 정직하고 진실하고 사람이 되어야 함을 강조했다. 그래야 모든 사람이 그 목사를 보고 믿는 자들이 일어나는 것이다. 자기가 실행치 않고 입으로만 가르치면 마귀의 종이 될 수 있다. 자기가 되지 못하고 가르치고 못된 것 가르쳐 놓으면 결단 날 일만 해놓는 것이다.

김현봉 복사는 일꾼이 된 자가 피땀을 흘려야 하고, 그리스도를 믿으려면 피땀을 흘리지 않으면 안 된다고 교훈하였다. 김 목사는 남을 불쌍히 여기고 실행하라고 하면서 자기는 얼마나 실행하는가를 반성하라고 교훈하였다. 앵무새와 같이 가르치고 지식으로만 배워서 가르치면 이런 사람이 도를 가린다는 것이다.[7]

김현봉 복사는 교인의 사정을 함부로 발설하지 말라고 교훈하였다. 유익이 되지 않는 말은 하지 말라는 교훈이다. 목사는 어른이고 인도자인데 함부로 말을 하지 말 것을 강조하였다. 우리가 교회에 나오는 자를 모두 성자를 만들

---

6. http://blog.daum.net/hwanglilia/7155915
7. http://blog.daum.net/hwanglilia/7155915

면 얼마나 좋겠는가? 그러나 다 그렇게 되지 않는다. 김 목사는 너무 다 잘 만들려다 낙심하기 쉬우니까 교인의 처지를 보아서 차차 잘 인도해야 하고, 자라기를 바라고 길러야 함을 강조했다.

김현봉 목사는 하나님께서 불완전하여도 길러가면서 쓰신다고 하였다. 그리하여 자기가 의로운 자리에 있다고 생각하지 말고 회개하여 바로 서게 하시는 하나님의 사랑을 깨달을 것을 강조하였다. 목자는 파수꾼이요 목자이니까 자신보다도 양을 위하여 자기를 바로 세워야 한다는 것이 김 목사의 교훈이다. 목자가 양을 위하여 희생하는 것은 본능이며, 자신이 희생하는 것이 교인을 살리는 것이며 나를 살리는 것이라고 김 목사는 교훈하였다.

김현봉 목사는 강조하기를 교역자는 교회 사역을 할 때 사람을 의지하지 말고 하나님과 손을 잡고 일을 해야 한다고 교훈하였다. 사람을 의지하고 사람이 교회를 세우려 하면 되지 않는 교훈이다. 교역자는 남의 생명을 맡은 자이니까 육신의 오락도 취하지 말고 자신이 희생해야 할 것을 강조하면서 김 목사 자신부터 그렇게 하려 하였다.

김현봉 목사는 자기가 연구해서 가르치는 것이 은혜와 힘이 되고 강도를 할 때 은혜를 받아 신자들이 좋아한다고 가르쳤다.

2. 김현봉 목사의 장로에 대한 교훈

김 목사는 평생 예수님의 청빈과 순결로 목회하였다. 그는 평양신학교를 졸업한 후 아현동에서 기성교회 목회를 했으나 실패하고 마포구 아현동 굴레방다리 근처에 7명 교인과 함께 교회를 개척하였다. 닭장을 집으로 만들어 예배를 드렸다. 계속 가난한 자들과 함께 살았다. 1,000명의 교회를 이루었어도 소천할 때 그는 거지에 가까울 정도로 검소하였다. 송광택 목사가 전하는 김현봉 목사의 장로에 대한 교훈은 다음과 같다.

장로가 교회를 지어서, 쥐고 펴고 하는 것이면 이는 장로가 할 일이 아니다. 장로가 교회의 주인도 아니며 목사도 주인이 아니요, 주인은 그리스도인 것이다. 금일 장로는 주인이요 목사는 품팔이꾼이 되는 것이다. 목사가 만일 장로를 책망하면 받지 않고, 목사를 쫓아내는 것이다. 장로는 목사의 조력자이다. 현재 장로는 권세를 부리고 교회 주인 노릇하여 일꾼 내쫓고 하는 것은 저주받을 일이다. 장로가 장로 일을 못하면 장로가 교회의 분쟁의 근원이 되는 것이다.[8]

김현봉 목사는 장로에 대하여 교회에서 겸손할 것을 강조했다. 장로가 교회에서 주인 노릇하면 교회분쟁의 근원이 된다고 평가하였다. 교회의 주인은 목사도 아니고 장로도 아니고 예수님이심을 강조하였다. 목사와 장로는 주님의 조력자라는 교훈이다.

3. 김현봉 목사의 전도부인(전도인)에 대한 교훈

김현봉 목사의 전도부인에 대하여 이북에서는 권사, 이남에서는 전도사라는 명칭을 교회에서 사용한다고 하였다. 송광택 목사는 이에 대하여 다음과 같이 전하고 있다.

현재 전도 일 안 하는 자를 성직 명칭으로 부르지 말라. 가난한 집에는 더욱 자주 가야 하며 돕는 일을 해야 하는 것이다. 다니되 입이 무거워야 하며 필요 없는 말은 아니해야 한다. 흠점이 보이거든 자기가 권면하여 들을 만하면 하되 못할 것 같으면 목사에게 말해야 한다. 목사의 흠집을 교인에게 말하면 안 된다. 목사의 잘못이 있으면 직접 와서 목사의 잘못

---

8. http://blog.daum.net/hwanglilia/7155915

을 가르쳐야 할 것이다. 자기 마음에 맞지 않거든 자기가 거기 있지 말고 다른 데로 가는 것이 나으며, 목사를 추방하는 것이 성공했다 할지라도 후에는 벌 받고 자기도 쫓겨나게 될 것이다. 충실히 일하지 않으면, 섭하지만 보내야 한다. 정이나 체면을 못 이겨서 두어두면 그 사람 망하고 교회 망하는 것이다. 전도인은 목사의 신앙 사상과 같아야 되는 것이다. 사상이 같지 않으면 진리의 혼란을 갖게 될 것이니 안될 일이다. 그러므로 자기가 그 밑에서 전도 일을 할 마음이 있으면 신앙적 사상과 은혜를 받고 마음으로 주안에서 심복이 되어야 하는 것이다.[9]

4. 김현봉 목사의 신자에 대한 교훈

김현봉 목사는 신자들에 대하여 다음과 같이 교훈하였다. 송광택 목사가 전하는 김현봉 목사의 신자에 대한 교훈은 다음과 같다.

부모는 육신을 기른 자이나 일꾼은 나의 심령을 기르는 자인 줄 알고 영혼의 선생인 줄 알고 고맙고 감사함으로 배워야 한다. 실행하기 위해 배워라, 말씀을 지식으로만 배우게 되면 양심의 자유를 못 누리니, 듣고 실행해야 한다. 예수 믿는 데 폐물된 사람은 아무 데 가나 사람 노릇 못한다. 이 좋은 교훈 배우지 못하는데 어디 가서 사람 노릇 하는 것 배우겠는가? 사람 노릇 하려면 용서하고 참고 견디고 용납하는 마음을 길러야 한다. 이런 마음이 없으면 교회 일 잘 할 수 없는 것이다. 책망과 옳은 말을 해주면, '고맙습니다. 이것을 가르쳐주지 아니했으면 캄캄한 데 행할 뻔하였는데 가르쳐주시니 참 감사합니다' 할 것이다. 옳은 것을 사모하는 마음, 양심 쓰는 마음, 이것 먼저 만들라. 먼저 마음을 돌이키고 자

---

9. http://blog.daum.net/hwanglilia/7155915

기 만들어 나가는 데 힘써라. 자기가 타인에게 좀 낫다는 칭찬을 받는 자, 정신 차려야 한다. 잘못하면 자기의 의만 의지하니 넘어질까 조심해야 할 것이다. 바른 말을 듣지 아니하는 자는 망하고 말 것이다. 음식을 먹되, 덕을 세우기 위해 먹고 유익하려고 먹는데 해되게 먹으면 안 된다. 먹을 때에는 절제가 있어야 한다. 식물에 대한 절제, 이것도 선한 싸움이다. 기술과 지식만 배워 가지고는 안된다. 인격이 없으면 그것은 악하기 때문에 자기를 망치는 것이다.[10]

김현봉 목사는 실제적인 실천으로 한국교회에 모범을 보였다. 그는 학자가 아니기에 본인 스스로 글을 남기지 아니했다. 이병규 목사는 김현봉 목사의 사경회를 따라 다니며 김 목사의 설교를 기록하여 700여 페이지의 설교집으로 남겼다.[11] 엄두섭과 송광택이 김현봉 목사에 관한 글을 비교적 성실하게 제시하였다.[12] 백형희 목사를 추종하는 총공회에서 김현봉 목사에 관하여 작성한 문답 형식의 짧은 글과[13] 노트 형식의 글이[14] 인터넷에서 발견된다. 김현봉 목사는 오직 실천적 관점에서 교회를 이루고 설교를 하였다. 김현봉 목사의 성경해석은 논란되는 부분이 있겠으나 목회자와 설교자로서의 삶은 우리의 모범이 될 만하다. 김현봉 목사의 삶과 설교는 학문적 관점에서가 아니라 실천적 관점에서 성도들과 세상 사람들에게 목회자와 설교자의 삶이 어떠해야 할 것인지를 시사하고 있다.

---

10. http://blog.daum.net/hwanglilia/7155915
11. 이병규 편, 「김현봉 목사 강도집: 설교집」 (서울: 염광출판사, 1990). 이병규 목사는 창광교회를 담임하면서 염광출판사를 설립하고 본인의 강해서들과 설교집들, 그리고 그의 동생 이용규 목사의 설교집들, 그리고 김현봉 목사의 설교집을 간행하였다.
12. 엄두섭, 「좁은 길로 간 사람들」 (서울: 도서출판 소망사, 1989). 송광택의 글은 인터넷에서 볼 수 있다. http://blog.daum.net/hwanglilia/7155915
13. https://pkists.net/qna/?pageid=8&mod=document&uid=10889
14. http://ppkist.net/111/read.cgi?board=jeongi_out&y_number=18&back=1

정규철

총신대학교 (B.A.)
총신대학교 신학대학원 (M.Div.)
총신대학교 대학원 (Th.M.)
총신대학교 대학원 (Ph.D.)
(전) 계약신학대학원대학교 교수
(현) 수도국제대학원대학교 초빙교수 및 이사
(현) 예수인교회 협동목사

김홍전 박사의 설교

김지훈

들어가는 글

  처음 김홍전 박사의 설교집을 대했을 때의 충격을 아직도 잊을 수 없다. 전도사 시절에 창세기 족장들에 대한 설교를 하기 위해서 서점에서 자료를 찾던 중 '하나님의 백성1'이라는 성약 출판사에서 나온 김홍전 박사님의 설교집을 별 생각 없이 사들고 와서 읽기 시작했다. 그리고 그 날에 다 읽고는 다음 책들을 찾았다. 그 이후로는 김홍전 박사님의 설교집을 닥치는 대로 사서 읽기 시작했다. 이 경험은 나에게 있어서 전인적인 충격의 사건이었다. 성경을 해석하는데 있어서 방대한 구약의 역사적 배경과 문화에 대한 이해, 개혁파 신학의 풍성한 교리적 가르침, 그리고 한국 교회와 사회에 대한 진단과 갈 길을 제시하는 안목, 그리고 성도의 삶에서 어떻게 하나님의 백성이라는 것이 드러날 수 있는지에 대한 구체적인 제시 등등. 당시 나는 석사 과정에서 개혁파 신학에 대해서 한참 파고들던 시기였다. 그런데 김홍전 박사님의 안목과 가르침은 그러한 역사 속에 나타난 신학자들의 가르침과는 또 다른 면이 있었다. 왜냐하면 개혁파 신학 위에서 우리가 살고있는 이 시대와 교회를 향한 생생한 가르침과 권면이 있었기 때문이다. 그 분은 탁월한 학자일 뿐만 아니라, 이 시대를 밝히는 설교자, 선지자였다. 이러한 분의 설교를 소개하게 된 것을 영광스럽게 생각한다.

김홍전 박사님의 설교와 신학을 다루는 것을 목적으로 하는 이 글은 먼저 그 분의 생애에 대해서 간략하게 살피고, 다음으로는 그 분의 설교의 형태의 특성, 마지막으로 그 분의 설교에서 드러나는 큰 사상을 살펴보려고 한다.

1. 김홍전 박사의 생애

허암 김홍전 박사는 1914년 11월 15일 충남 서천군 화양면 지사리에서 김영배 선생과 이숙정 여사의 3남 1녀 중 장남으로 출생하였다. 그는 1932년 3월에 서울 경신학교를 졸업하였으며, 1939년 3월 28일에 김가일 여사와 혼인하였다. 김홍전 박사는 독특하게도 신학 이전에 음악에 대해서도 조예가 깊었다. 그는 1934년 4월부터 9월까지 일본 토쿄에서 음악 개인 수업을 받았으며, 1935년 10월부터 2년 간 평양에서 말스베리(Dwight R. Malsbary) 박사에게 작곡학과 피아노를 배웠다. 이러한 음악에 대한 조예로 인해서 1938년 3월 군산 멜볼딘 여학교에서는 음악 강사로 일하였으며, 이 후에도 계속적으로 작곡학을 연구하였다. 그리하여 1944년에는 전주에서 음악 개인교수 및 영생보육학원 음악 강사로 일하였으나, 1945년에 일제의 신사 참배에 반대한다는 이유로 심한 어려움을 당했다. 그러나 어려움 속에서 1945년 8월에 전라북도 관현악단을 조직하고 자신이 직접 작곡한 곡을 두 차례 초연하였다.

김홍전 박사는 1949년 3월부터 12월까지 대한 예수교 장로회가 주관하는 표준성경주석의 번역위원으로서 '이사야서' 주석을 번역하였고, 그 해 12월부터 다음 해 초까지 태국 방콕에서 개최된 국제기독교협의회(ICCC) 지역회에 참석하여 부의장에 피선되었다. 그리고 그는 1950년 9월부터 이듬 해 5월까지 미국 델라웨어 주에 소재한 페이스(Faith) 신학교에서 공부하였다. 그리고 1955년 6월부터 11월까지 이스라엘 정부와 유대인 협회(The Jewish Agency) 초청으로 이스라엘에 가서 이스라엘과 중동의 문화, 사회, 인류학과 언어 등을 연구하였다. 그리고 1955년 11월부터 다음 해 5월까지 미국 버지니아 주 소재 유니온 신학교에서 신학석사 학위를 취득하였는데, 학위 논문은 '다니엘서의 네 가지 환상'(Four visions in the book of Daniel) 이었다. 그리고 1957년 5월에 동일 학교에서 사해 사본을 연구하여 신학박사 학위를 취득하였다. 학위 논문은 '사해 사본에 나타난 메시아 사상'(The Messiah Idea in the Dead Sea Scrolls)이다.

김홍전 박사가 목회 사역을 시작한 것은 그가 50세 되던 해인 1963년이다. 1963년에 성경 공부로 모임을 시작한 김홍전 박사는 1964년 1월 5일 성약교회를 시작하였다. 그는 6월부터 9월까지 일본 토쿄와 쿄토, 홋카이도 등에서 설교와 신학 강의를 하였고, 그의 강의의 일부가 일본어로 출판되었다. 1968년 4월에는 일본에서 영도 교회를 시작하였고, 1974년 11월 8일에는 캐나다로 이주하여 토론토 지역 교회를 시작하였다. 그리고 1978년 11월부터 1998편 1월까지 열 차례 한국을 방문하여 독립개신교회를 돌보았다. 지금까지의 강의와 설교는 성약 출판사에서 계속하여 출판이 되고 있다. 그리고 2003년 7월 6일 주님의 부르심으로 안식에 들어갔다.

그가 안식에 들어갈 때까지 행한 설교 사역은 가히 경이로울 정도이다. 지금까지도 김홍전 박사가 행하였던 설교는 성약 출판사에 의해서 계속 출판되고 있는데 거의 백 여권에 이르고 있고 신구약 전 성경을 망라하고 있다. 앞으로도 그의 설교는 계속해서 출판될 것으로 보인다. 이러한 그의 방대한 설교는 그의 사역의 핵심이 '설교'였음을 보여준다. 김홍전 박사는 교회의 위대한 임무에 대해서 다음과 같이 말한다. "교회의 위대한 임무라는 것은 무엇입니까?

...... 요컨대 하나님의 말씀을 선포하여 복음의 빛을 비추는 것과 말씀을 받고 나온 사람들을 깊이깊이 가르쳐서 신령하고 거룩한 하나님의 산업 혹은 기업 혹은 교회로 세워 놓는 사실들입니다. 이런 것이 말씀의 거룩한 봉사요 그리스도의 거룩한 지체를 확호하게 세워 나가려고 하는 거룩한 노력과 그 목적

을 향한 행진이 되는 것입니다."(예수께서 광야에서 받으신 시험2, 234) 김홍전 박사는 그가 고백하는 대로 하나님의 말씀을 선포하고 가르치는 일에 평생을 다한 말씀 사역자였다.

이 소고에서는 따로 각주를 두지 않고 인용구 뒤에 김홍전 박사님의 설교집의 제목과 페이지를 붙였다. 이렇게 한 이유는 그 분의 설교를 많이 인용하고 싶어서 인데, 그 분의 탁월한 표현과 신학적 내용을 독자들에게 그대로 제시하여 함께 음미하고 싶은 욕심에서 한 것이다. 독자들께 양해를 구한다. 여기서 제시된 자료는 모두 '성약출판사'에서 출판된 것이다.

2. 김홍전 목사의 설교의 특징

김홍전 박사의 설교는 지금 일반적으로 설교자들이 행하는 설교 형태와는 많이 다르다. 그의 설교는 한 편, 한 편이 완성된 형태를 띠기 보다는 어떤 큰 성경의 주제, 혹은 신학적 주제를 가지고 몇 편이든지 상관없이 연속하여 설교하였다. 그리고 그는 설교를 재미있게 하기 위해서 어떤 것을 가미하지도 않았다. 물론 성도들의 이해를 높이기 위한 예화를 쓰기도 하지만 그것은 신학과 성경의 이해를 높이기 위한 수단에 불과한 것이었다. 이런 면에서 그의 설교는 철저하게 말씀 중심적이었다. 이 외에도 그의 설교의 몇 가지 특징을 볼 수 있다.

첫 번째, 본문 순서에 따른 강해 설교와 주제 설교의 형태 : 김홍전 박사의 설교는 크게 두 가지 형태를 띤다.

1) 전형적인 강해 설교의 형태이다. 김홍전 박사의 설교를 기록한 수많은 설교집들은 그가 성경의 본문을 순서대로 강해해 나갔음을 보여준다. 그가 본문을 선택하지 않고 모든 성경 본문을 주해하고자 했다는 것은 그가 개혁 교회의 설교 형태를 따랐음을 보여준다. 동시에 그의 설교는 본문을 주해하고 설명하는 형식인데 '기승전결'의 형식을 따르고 있지 않다. 또한 소위 말하는

'삼대지' 설교와 같이 많은 교훈을 산출하기 위해서 무리하지도 않는다. 그는 본문에서 말하는 교훈을 그대로 드러내고자 한다. 그런데 이 교훈은 그의 풍성한 신학적 내용과 하나님의 구속사를 해석하는 깊은 이해와 맞물려서 방대하게 제시된다. 그리고 충분하게 주제가 설교가 되었다고 생각하면 설교를 마친다. 이것은 힘들여 설교를 뽑아내는 것이 아니라, 마치 큰 수원지에서 끝도 없이 물이 쏟아져 나오는 듯한 인상을 받게 한다.

2) 김홍전 박사는 주제 설교의 형식도 사용하였다. 예를 들어서 인간론, 중생론, 교회론 등의 주제를 가지고 수십 편의 연속되는 설교를 하였다. 이러한 설교를 통하여 그는 성도들의 신앙의 내용을 체계화하고 조직화하였다.

두 번째, 신구약 역사의 문화와 배경에 대한 풍성한 이해 : 김홍전 박사의 설교에서 드러나는 가장 큰 특징은 성경의 배경이 되는 역사와 사회, 문화에 대한 풍성한 이해이다. 김홍전 목사는 다음과 같이 말한다. "우리는 필연적으로 그 배경을 더 알아야겠다는 생각에 이르게 됩니다. 이사야뿐 아니라 모든 예언서를 읽을 때 그 예언자들이 어떤 시대에 났고 어떤 시대에 하나님 말씀에 감응을 받았는지 이런 것들이 다 중요합니다.... 그러한 까닭에 그 안에 있는 내용 뿐 아니라 그런 말씀이 나오게 된 시대적인 형편이나 어떤 이유 이런 것들도 서로 연관해서 생각해야 합니다."(이스라엘 열왕의 역사1, 18). 이러한 특징은 그의 구약 설교에서 나타난다. 특별히 그가 구약의 족장들 중에 아브라함에 대해서 설교한 내용은 백미라고 부를 만하다. 그는 족장 시대의 사회적, 문화적 배경을 몇 편의 설교를 통하여 설명하여 지금 시대에는 이해가 되지 않은 수 있는 족장들의 역사들을 자세히 풀어주고 있다. 이러한 김홍전 박사의 설교는 듣기만 하여도 성도들로 하여금 성경 본문에 대하여 탁월한 이해를 가지게 한다.

세 번째, 견고한 신학적 바탕과 실천적인 성도의 삶 : 김홍전 박사의 설교는 매우 지적이다. 튼튼한 신학적 바탕 위에 강해를 한다. 그는 각각의 교리들을 역사적 근거 위에서 알고 있으며 많은 잘못된 가르침들을 비판한다. 특별히 당시 세를 떨치던 세대주의적 종말론에 대한 비판은 매우 예리하다. 또한 조직신학적인 틀 위에서 풍성하게 교리들을 풀어내고 있다. 또한 그는 역사적 개혁 신학 위에서 설교를 진행한다.

동시에 그의 설교는 매우 실천적이다. 그는 성도들에게 어떻게 그들의 하나님의 백성 됨이 삶 속에서 실증될 수 있는지 고민하도록 촉구한다.

3. 김홍전 박사의 설교에 나타난 신학적 특징들

김홍전 박사의 설교에는 매우 뚜렷한 신학적 특징들이 나타나고 있다. 그리고 이러한 특징들은 그가 성경을 어떠한 관점에서 보며 해석하는지, 또한 그가 성경의 주된 주제로서 무엇을 중심으로 생각했는지를 알 수 있다. 물론 이 짧은 글로 김홍전 박사의 신학의 깊이를 다 알 수 없다. 그러나 이 시간에 부족하나마 그의 설교에서 나타난 중요한 신학적 주제들을 살펴 보고자 한다.

3.1. 개혁 신앙에 대한 추구

김홍전 박사의 설교에서 가장 분명하게 나타나는 특징은 개혁 교회에 대한 추구이다. 그는 개혁 신앙을 다음과 같이 정의한다. "성경을 하나님의 말씀으로 확실히 신봉하면서 그 말씀이 가르친 거룩한 내용에 의해서 인간 만반에 대한 거룩한 하나님의 판단을 가급적 잘 알고 깨닫고 나가려고 하는 구심적인 노력이 현저한 그룹을 개혁교회라, 개혁신앙이라, 또는 개혁신학이라 부릅니다."(교회에 대하여1,19). 그리고 더 나아가서 개혁 신학의 핵심을 다음과 같이 말한다. "늘 주의해서 가르친 것이 하나님의 다스림이라는 사실과 하나님의 나라라는 사상이었습니다. 교회보다도 광대한 의미를 가지고 교회보다도 궁극적인 의미를 가지는 것은 그의 통치 대권의 행사라는 것이기 때문입니다. 하나님의 영광의 나타남이라는 것입니다... 이것은 역사를 통해서 개혁 교회 안에 흐르는 큰 사상들 가운데 가장 중요한 것입니다.'(교회에 대하여2, 298). 이 내용은 역사적 개혁 교회의 신학에 대한 그의 평가 내용이면서, 동시에 그의 신학과 설교의 방향을 몇 가지로 보여준다.

첫 번째로 김홍전 박사는 계시된 말씀을 기반으로 하여 하나님의 뜻을 깨닫고자 하는 것이 개혁 교회, 신앙의 특징이고 한다. 두 번째로 그 깨달음의 지향점은 '하나님의 주권', '하나님의 나라'이며, 그 영역은 '인간 만반'이다. 다시 말하면 성경의 가르침의 목적은 단순히 개인과 교회의 구원이 아닌, 그것을 넘어서 하나님의 주권과 통치가 그 분의 두 나라(은혜의 나라와 권세의 나라), 즉 교회와 성도의 모든 삶, 그리고 그가 있는 사회에까지 영향을 미치는 것이 개혁 신앙이라는 것이다. 그렇기에 그는 곳곳에서 교회가 참된 교회로, 특별히 개혁 교회로 서기 위해서는 단지 성경을 하나님의 말씀으로 인정하는 것뿐만 아니라, 교회의 크리테리아(criteria)인 신앙 고백이 중요함을 강조한다(교회에 대하여2, 75). 그는 교리의 중요성을 다음과 같이 말한다. "성경 제일이라고 성경 숭배적인 감정 가운데 있으면서 소위 교리는 대수롭지 않게 생각하고 신조도 없고 그저 우리는 성경만이 전부올시다 하는 이야기를 하지만, 사실상 그것은 성경 옹호가 되지 못하는 것입니다."(예수께서 광야에서 받으신 시험2, 165). 그는 신앙고백 위에 서서 내적으로는 그리스도와 연합하며, 외적으로 말씀을 바르게 가르치는 교회, 그리고 이 교회를 통하여 하나님의 은혜의 왕국의 모습이 드러나며, 권세의 왕국까지 영향을 미치는 것, 이것이 그의 개혁 신학과 신앙의 큰 틀이라고 가르친다.

3.2. 하나님의 나라와 교회

그의 설교를 이해하기 위해서는 하나님께서 성도, 그리고 세상과 관계하는 방식을 먼저 생각해야 한다. 하나님께서 성도와 관계하시는 방식은 두 가지이다. 교회와 하나님의 나라이다. 이것은 그리스도와 성도의 관계를 어떤 방향에서 보느냐에 따라서 설명되는 것이다. 그는 말하기를 "예수 그리스도와 신령한 일체로서 존재한다는 의미로서 존재의 양상을 말할 때에는 교회라고 하고, 머리되신 그리스도와의 법적인 관계에서 어떤 권리와 의무 하에서 사느냐 하는 것을 이야기 할 때에는 나라라는 말을 쓰는 것"이라고 한다(사무엘 시대 1,193). 즉 성도가 그리스도와 연합하므로 생명으로서 존재하는 생명의 관계를 말할 때는 교회라는 표현을 사용하며, 그리고 그리스도와의 권리와 의무의 관계를 말할 때는 '나라'라고 표현한다는 것이다. 위에서 말한 바와 같이 특별히 김홍전 박사에게서는 이 하나님의 나라라는 관점이 중요하게 자리 잡고 있는데, 이 나라라는 말을 사용할 때에는 성도가 하나님의 백성으로서 하나님의 나라, 제도, 법칙, 목표를 건설해 가는 것을 표현하는 것이다. 그러므로 이 땅 위에 있어서의 하나님 나라의 가장 현저하고 명확한 형태는 교회에 모여 있는 사람들이고, 교회와 하나님의 나라가 꼭 동일한 것은 아니나 여러 가지 면에서 중복되어 있다고 설명한다(사사기 소고2, 279).

이러한 내용은 김홍전 박사의 성경 해석과 설교에 있어서 중요하게 자리 잡고 있다. 그는 창세기의 인물을 해석하는데 있어서, 이 두 가지 틀로서 그들을 해석하고 평가한다. 즉 "그가 하나님 나라의 백성으로서 자기 일생의 임무를 어떻게 했는가 즉 사명을 어떻게 수행했는가 하는 것과 예수 그리스도와의 연결에서 어떻게 신령하고 거룩한 교회의 존재의 양상을 드러냈는가"하는 것이다(하나님의 백성2, 217). 이러한 강조점은 구약의 설교뿐만 아니라, 신약의 설교에서도 계속해서 나타난다. 복음서에 대한 설교에서 말하기를 "인류 역사에서 가장 중요한 문제는 하나님의 부르심을 받은 백성이 지상에서, 그 역사와 문화에서 하나님의 나라를 어떻게 나타내고 있는가 하는 것"이라고 한다(예수님의 행적8, 98). 이러한 내용은 그가 어떠한 관점으로 성경을 보고 평가를 하며, 설교를 하였는지를 보여주는 것이다.

3.2.1. 그리스도와 교회

김홍전 박사에 따르면 하나님께서 성도에게 관계하시는 방법은 교회와 하나님의 나라이다. 이것은 바꿔 말하면 김홍전 박사는 성경 전체를 교회론과 하나님 나라에 대한 사상으로 관통하고 있다는 것이 된다. 교회는 하나님의 눈앞에서는 창세 전에 이미 완전했다. 즉 시간적인 문제를 초월하여 그리스도의 지체인 교회가 불완전할 수 없기에 이미 하나님 눈앞에서는 완전한 존재로 선다(그리스도의 지체로 사는 삶, 89-90). 이런 면에서 교회는 단순히 신약에서 시작된 것이 아니라 세상의 출발과 함께 시작된 것이다. 김홍전 박사는 그렇게 될 수 있는 근거를 예수 그리스도의 속죄의 효력이 구약에서도 발생할 수 있기 때문이라고 설명한다. 속죄의 효력이 신약에서만 발생하는 것은 아니다(예수께서 가르치신 율법의 참뜻, 60). 그리고 이렇게 구약과 신약의 교회가 한 분 그리스도께 연합되어 있는 까닭에 교회의 보편성이 발생한다. "구약의 성도들도 속죄와 중생의 사실이라는 점에서는 우리와 똑같습니다. 그런 까닭에 신령한 그리스도의 생명의 연결체로서 거룩한 교회를 형성한 점은 교회의 보편성이 증거하듯 그 때나 이때나 마찬가지"이다(하나님의 백성2, 215-216). 그러므로 동일한 그리스도가 교회의 머리이시며, 생명의 내용이라는 사실은 곧 교회의 보편성과 항존성을 뜻하는 것이다. 동시에 교회가 반드시 구비해야 되는 모든 속성은 전적으로 그리스도께 의존하고 있다(예수께서 광야에서 받으신 시험2, 139). 그러므로 그리스도와 연합으로 인하여 자연스럽게 교회의 속성이 발생한다. 그렇다면 신약과 구약의 교회의 차이는 없는가? 그렇지 않다. 경륜의 차이가 있다. 당시는 교회가 국가의 형태였으나, 지금은 그렇지 않다. 그리고 더 중요한 것은 '표상'과 '실제'라는 면에서 차이가 있다(나는 네가 핍박하는 예수라, 81). 그러나 이러한 차이도 본질적인 것은 아니라고 말한다.

3.2.2. 그리스도와 신비적 연합으로서의 교회와 성도

김홍전 설교의 중심에는 교회가 있다. 그러나 이 교회는 단순히 우리가 감각적으로 경험할 수 있는 가시적인 교회만을 말하는 것이 아니다. 그 이전에 성도는 본질적인 교회와 접촉해 있어야 한다. 그렇다면 교회 안에 들어와 있다는 것의 실제적인 내용은 무엇인가? 예수 그리스도와의 관계, 즉 그리스도와의 신비적 연합(Unio Mystica)이다. 교회의 머리이신 그리스도와의 연합이 교회와 성도의 성립에 있어서 가장 근본적인 것이다(교회에 대하여3, 32). 그리고 이것은 단순히 교회론의 문제가 아닌 구원론을 포괄하는 것이다. 왜냐하면 구원의 내용은 곧 그리스도와의 신비적 연합에서부터 시작되기 때문이다. "예수 그리스도께서 주신 새생명으로 인하여 우리가 그리스도와 연결되어서 신비한 연합체가 된 데서부터 그리스도의 지체로서 의미를 가지는 것입니다. 예수 그리스도의 생명이 우리에게 공급되지 않았다면 우리는 지금도 죄와 허물로 죽은 것입니다."(교회에 대하여1,167). 이렇게 구원의 서정의 모든 근원은 바로 그리스도와의 신비적 연합이다. 이것이 있은 후에 모든 구원의 은총이 있다. "예수 그리스도는 교회의 가장 중심되는 인물"이면서, 동시에 "존재에서 전체를 포괄하는" 분이시다(교회에 대하여2, 69).

더 나아가서 성도의 가치는 그리스도와의 연합으로부터 발생한다. 김홍전 박사는 이러한 연합에서 나오는 가치가 성도의 삶의 전반을 포괄하는 것이라고 한다. "왜냐하면 이것은 한 개인으로 완성된 인격이기도 하지만 그 생명의 근원은 예수 그리스도이기 때문입니다. 그를 부분으로 삼아 가지고 예수 그리스도의 거룩한 몸이 형성되어 있는 까닭에 필연적으로 그(성도)의 사상은 예수 그리스도의 생명으로 말미암은 사상과 혼연 일체가 되어 있는 것입니다. 그러므로 교회가 포회하고 있는 거룩한 사명과 사상의 내용이라는 것은 각 개인의 사상적인 기저가 될 뿐더러 그 사람의 사명의 부분을 전체적으로 제시하는 것입니다. 크게 말하면 하나님 나라의 사상에서 볼 때 내 자신은 그 전체 안에서 자기를 늘 발견해야 하는 것이라는 것입니다"(하나님에 대한 묵상, 316-317). 성도는 교회 안에서 그리스도와 연결되어서 그 분의 생명뿐만 아니라, 존재의 가치가 부여된다. 그리스도의 생명이 없는 곳에는 가치가 발생하지 않는다. 결국 교회 전체를 통하여 드러나는 것은 예수 그리스도이다. 이런 면에서 김홍전 박사에 따르면 구원이란 단순히 개인적인 영역에 멈추지 않는다. 개인적인 구원은 과정일 뿐, 목적이나 지향점이 아니다. 김홍전 박사는 이러한 교회로서, 산업으로서의 가치를 알지 못하고, 개인의 구원에 안주하는 것은 사사 시대에 보여주었던 이스라엘의 타락을 모습을 재현하는 것이라고 비판한다(사사기 소고2, 45). 성도의 구원은 개인의 지복이 아닌, 전체이신 그리스도 안에서 그 가치를 드러내는 것이다. 이것이 구원이다. 이것을 위해서 하나님께서는 성도를 교회로 두시고, 하나님의 거룩한 산업으로 세우시는 것이다.

그리고 이 구원의 궁극적인 목적은 전 세상, 우주에까지 미친다. 즉 "구원의 큰 내용에는 항상 그리스도의 몸을 이루어서 신령한 몸이 완전해져서 마침내 이 우주의 영광의 충만을 가져"오는 것이 구원의 궁극적인 목적이다. "구원관에 있어서 궁극적인 목표지는 그리스도 당신의 영광이 우주 안에 충만하게 되는 것"이며, 그리스도의 몸인 교회도 함께 영광 가운데 있게 되는 것이다(교회에 대하여1, 140). 김홍전 박사는 계속해서 이렇게 말한다. "성경은 만물이 인간의 목표, 인간의 영광을 최후의 목표로 하고 존재한다고 가르치지 않습니다. 하늘에 있는 것이나 땅에 있는 것이나... 그리스도의 목표와 그리스도의 속성으로 통일시켜서 성격화 하겠다는 말이지 사람이 가지고 있는 이상으로 통일하겠다는 말은 아닙니다."(예수께서 가르치신 참뜻, 138). 하나님의 구원은 우리 개인을 완성시키는 것이 아니라 그리스도의 몸의 거룩한 지체로서 본분을 다하게 하시는 것이다(사무엘 시대2, 47). 이런 면에서 사람의 구원은 머리이신 그리스도, 그리고 그 분의 지체인 교회와 함께 생각해야 한다. 그러므로 성경 전체를 통해서 늘 제목이 되는 것은 예수 그리스도이시다(그리스도의 지체로 사는 삶, 14). 성도의 구원과 가치는 그리스도와 연합함으로써 시작되고, 그 머리이신 그리스도의 영광이 온 우주에 충만해 지는 것이 궁극적인 목적이다. 이렇게 그의 교회론과 구원론의 중심에는 그리스도와의 신비적 연합이 자리잡고 있다.

3.2.3. 교회의 사명

김홍전 박사는 지금 교회가 사명에 있어서 두 가지 오해를 가지고 있다고 한다. 첫 번째 오해는 교회가 단순히 개인의 종교적인 만족, 구원만을 추구하는 것이다. 이것은 영미 쪽에서 주로 보이는 양태이다. 두 번째 오해는 사회 활동과 사회 운동에 뛰어들어서 활동하는 것이다. 이것은 주로 유럽 쪽의 교회, 특히 독일의 교회가 주장하는 것이다(예수께서 광야에서 받으신 시험2, 234). 그러나 이 모두 교회의 바른 사명은 아니다.

그리고 그는 교회의 사명에 대해서 다음과 같이 말한다. "교회는 첫째 교회답게 자기의 속성을 드러내고 존재한다는 것과 주께서 명령하신 큰 임무를 행한다는 이 두 가지가… 사명인 것입니다."(예수께서 광야에서 받으신 시험2, 234). 여기에서 그가 말하는 교회의 사명을 알 수 있다. 교회의 첫 번째 사명은 그 존재의 목적을 드러내는 것인데, 그것은 곧 교회의 속성을 잘 가지고 교회로서 부족함이 없는 상태를 드러내는 것을 말한다(사사기 소고1, 107). 교회가 사명을 잘 감당하는 것은 먼저 어떤 일을 하는 것이 아니라, 하나님께서 내신 그 존재의 방식대로 잘 존재하며 그리스도의 속성을 드러내는 것이다. 두 번째 사명은 '주께서 명령하신 큰 임무'라고 하였는데, 이것은 다시 두 가지이다. "하나님의 말씀의 빛을 선포하여 복음의 빛을 비추는 것과 말씀을 받고 나온 사람들을 깊이 깊이 가르쳐서 신령하고 거룩한 하나님의 산업 혹은 기업 혹은 교회로 세우는" 것이다(예수께서 광야에서 받으신 시험2, 234). 여기서 말씀의 빛을 선포한다는 것은 단순히 복음을 전하여 사람을 구원한다는 의미가 아니다. 오히려 그는 하나님께서 세상에 교회를 두신 존재 목적을 생각한다. 즉 "하나님의 목적과 뜻이 인류 역사상에 어떠한 형식으로 나타나느냐 할 때 하나님의 대표자로서 하나님의 그 거룩하신 뜻을 실증하는 교회를 통해서" 드러나는 것이다. 곧 거룩한 능력의 하나님이시라는 사실을 교회가 인류의 역사 위에서 선포하고 실증하는 것이다(순결하고 능력있는 교회, 324). 이것이 교회의 사명이다. 그리고 이 사명을 위해서 교회는 구원받은 성도들을 가르쳐서 하나님의 거룩한 산업으로 세우는 것이다. 교인의 목적은 예배당에서가 아니라 그의 삶에서 드러나는 것이며, 그것이 '구원의 종말적인 목표'이다(교회에 대하여2, 303).

이로 말미암아 궁극적으로 나타나는 것은 하나님의 나라이다. 즉 "교회가 줄 수 있는 가장 좋은 것"은 "하나님의 나라를 가져다주는" 것이다(순결하고 능력있는 교회, 306). 이렇게 함으로써 교회는 자연스럽게 하나님의 나라와 연결되게 된다. 곧 전체이신 그리스도에게 붙어서 생명을 누리는 자가 단순히 개인의 구원에 남아있는 것이 아니라, 전체인 하나님 나라의 자태를 이루어 가는 것이다(예수께서 가르치신 열매, 130). 김홍전 목사는 이 관계를 이렇게 말한다. "교회란 하나님 나라의 거룩한 영광의 나타남을 위해서 있는 준비적인 단계요 그리로 도달케 하는 방도로서 비치하신 기관"이다(교회에 대하여2, 304).

3.3. 하나님의 절대 대권과 하나님의 나라

앞에서 언급한 바와 같이 그리스도와의 연합체인 교회와 함께, 또 하나의 김홍전 박사의 설교의 출발점이자 종착점은 바로 '하나님의 절대 대권'과 '하나님의 나라'이다. 그는 성경에서 가장 중요한 내용이 바로 그 분의 나라, 즉 하나님의 나라라고 한다(예수께서 가르치신 열매, 75). 이 하나님의 대권과 나라는 교회보다 더 넓은 영역을 가지고 있다. 곧 교회를 포괄하는 더 큰 개념인 '은혜의 왕국'과 세상을 포괄하는 '권능의 왕국'이 다 여기에 속한다. 하나님은 절대 대권을 가지고 이 두 왕국을 다스리시며, 두 왕국의 왕은 중보자이신 그리스도이시다(그리스도의 지체로 사는 삶, 15). 성경은 곧 왕이신 예수 그리스도와 그 분의 왕국을 드러낸다. "이처럼 소위 신정의 형태가 한 개인(아담)으로부터 시작해서 차츰차츰 가정, 그 다음에는 부족, 그 다음에는 더 큰 사회인 한 국가로 발전해 나온 것입니다. 거룩한 통치 대권이 역사적인 발전 현상으로 이렇게 드러난 것입니다. 이렇게 해서 우리는... 예수 그리스도의 왕국을 보게 되는 것이다"(그리스도의 지체로 사는 삶, 16-17). 이러므로 이 하나님의 왕국은 교회와 마찬가지로 신, 구약에 항상 동일하게 존재하는 것이다. 히브리 백성과 신약의 교회는 두 개의 왕국이 아니다. 히브리 백성 역시 하나님의 나라인 동시에 교회로서 존재한 것이다(사무엘 시대1, 193). 그러므로 하나님의 왕국은 통일성을 갖는다. 이것에 대해서 김홍전 박사는 다음과 같이 설명한다. "이 은혜의 왕국은 신정 정치 시대나 그 후의 왕국 정치 시대에라도 자취가 없이 사라져 버린 것이 아닙니다... 다만 구약 시대, 이스라엘의 신정 정치 시대에는 한 민족을 단위로 하고 그 민족의 외면적인 생활에서 하나님의 독특한 다스림을 만방에 증시하게 하신 것입니다. 오늘날에는 내면에서 더욱 풍부한 성신의 능력과 말씀으로 강하게 역사하셔서 내면과 외면에서 하나님의 나라라는 것이 무엇인가를 잘 드러내어 보여 주시되 거룩한 교회라는 형식을 취해서 그것을 잘 드러내게 하신 것입니다... 예수 그리스도께서 하나님의 보좌의 우편에 앉으신 다음부터는 하나님의 나라, 즉 은혜의 왕국이 전 시대보다 훨씬 풍부하고 훨씬 다른 형태를 취하게 된 것입니다."(사무엘 시대1, 196). 이러한 관점은 김홍전 박사가 가지고 있는 성경 해석의 중요한 관점을 보여준다. 하나님의 나라라는 본질은 신, 구약에서 동일하게 흐른다. 그러나 차이가 있다면 단지 그 드러나는 형태와 풍부함의 차이일 뿐이다.

그렇다면 은혜의 왕국과 권능의 왕국은 무엇인가? 권능의 왕국은 하나님께서 "만유를 다 지으시고 창조주뿐 아니라 친히 지배하시는 통치자로 계신다는" 것이다. 또한 은혜의 왕국은 "땅 위에서 현재 우리 주께서 친히 충만한 영광과 권능을 가지고 조금도 덜함이 없이 아주 만전한 통치로써 왕권을 행사하시는 하나님의 나라"를 가리킨다(교회에 대하여2, 203). 김홍전 박사는 두 나라의 관계를 정립하는데, 권능의 왕국은 은혜의 왕국을 잘 전진시키고 인도해 나가시기 위한 것(사무엘 시대1, 17)이고, 은혜의 왕국을 돕기 위해서 존재(하나님의 백성3, 353)하는 것이다. 더 나아가서 권능의 왕국의 생명이 은혜의 왕국(하나님의 백성2, 64)이라고 한다. 그리고 하나님의 백성은 "은혜의 왕국 가운데서 하나님의 다스림을 받되 거룩한 은혜의 법칙과 그 사실 안에서 살고 행동하고 목적을 향하여 전진하게" 된다. 그리고 이 다스림의 가장 강한 성격은 은혜라는 말로 나타난다(하나님의 백성2, 151).

그렇다면 이 왕국의 궁극적인 목적은 무엇인가? 여기서 다시 한번 그리스도가 언급된다. "하나님의 나라는 무엇인가 하면 하나님의 나라는 결국 예수 그리스도가 왕으로 계시면서 그리스도 당신이 모든 가치의 중심이요 전부가 되시는 나라입니다. 그런고로 그의 나라를 구한다는 것은 한마디로 예수 그리스도를 구하고 나가는 것"이다(예수께서 가르치신 열매, 75). 그리스도께서는 교회의 머리이시며, 생명이시면서, 동시에 하나님 나라의 왕이고, 목적이시다. 이런 내용을 통하여 김홍전 박사의 신학적 내용에는 구원자뿐만 아니라, 하나님 나라의 왕이신 그리스도께서 중심에 자리 잡고 계심을 알 수 있다.

3.3.1. 하나님 나라의 경륜(Economy)

앞에서 말한 바와 같이 하나님의 나라는 영원한 것이며 동일한 것이다. 하나님의 나라가 동일하다고 할 때는 단순히 구원의 측면이 아닌 하나님과 그 백성 간의 법적인 관계와 그 사명이 동일하다고 하는 것이다. 즉 신구약에서 그 백성과 동일한 관계를 맺으신, 동일한 하나님의 나라가 있었다. 그러나 또한 동시에 기억해야 할 것은 거기에 하나님의 다양한 경륜이 존재한다는 것이다. 그는 이 경륜에 대해서 다음과 같이 질문한다. "그 이천 년 동안에 한 사람을 중심으로 한 종족 혹은 씨족이 나중에는 차츰차츰 거대한 한 민족을 이루어서 법률을 가지고 한 사회의 기구를 형성해서 조직과 제도를 세우고 적어도 하나의 국가를 형성하고 나중에 왕국으로 발전한 이 전체의 역사를 차례차례 궁구해 나갈 때, 하나님이 하시는 방식이 항상 일양적이고 획일적입니까, 그렇지 않으면 하나님께서 사람의 정도에 따라 다르게 대하십니까?"(나는 네가 핍박하는 예수라, 213) 이렇게 질문하고 김홍전 박사는 하나님께서 거룩한 은혜를 적용하시는 데에는 다양성이 있다고 한다. 그는 설교에서 이러한 다양성 가운데서 하나님의 계시가 어떻게 풍부해지고, 하나님의 나라가 어떻게 발전해 왔는가를 중요하게 다룬다. "옛날의 하나님의 거룩한 경영, 즉 올드 이코노미(old economy)에서는 하나님의 거룩한 계시가 모형과 제도와 여타의 보조적인 교시로써 나타났지만, 이제 새로운 이코노미가 건설되면서부터는 하나님 나라의 충만하고 능력있는 영광의 자태가 역사 위에 확연한 자태와 확연한 능력을 가지고 제시되었는데, 이것은 역사의 마지막 단계를 가리키는 것입니다."(나는 네가 핍박하는 예수라, 335). 이렇게 하나님은 하나의 나라를 다양성으로 통치해 오셨다. 이것은 곧 내용과 형식에 대한 문제라고 할 수 있다. 내용에 있어서는 동일하나, 그 시대에 맞추어 다양한 형식을 가지고 그 나라를 통치해 오셨다고 하는 것이다. 그리고 이러한 형식에 대한 바른 견해를 가질 때, 성경 해석이 바르게 될 수 있다고 한다. "하나님께서 어떻게 역사를 통해서 인류를 다루시는가를 생각할 때, 역사에서는 무엇보다도 시간적인 요소를 주의해야 합니다. 이 시간적인 요소를 통해서 인류를 다루신 사실을 알아야 하는 것입니다."(나는 네가 핍박하는 예수라, 215). 그리고 교회와 성도가 이러한 하나님의 역사의 경륜을 잘 파악하여 하나님의 뜻을 바르게 파악하는 것이 중요하다는 것에 대해서 그는 다음과 같이 설명한다. "하나님은 어떤 원칙만 내리시고 그 원칙 위에서 늘 왔다 갔다 하십니까, 아니면 그 원칙 하에서 적용의 다양성이라는 것이 나타납니까? 만일 하나님이 어떤 하에서만 늘 왔다 갔다 하신다는 식으로 성경을 해석하면 해석도 제대로 못할 뿐 아니라 뜻을 모르는 것입니다."(나는 네가 핍박하는 예수라, 214). 이렇게 김홍전 박사는 하나님의 나라의 큰 내용과 그 시대에 대한 지식을 가지고 성경에 나타난 하나님의 경륜을 풍성하게 해석한다. 더 나아가서 이 다양성이라는 것은 하나님 나라의 성장과 충만을 말하는 것이다. 김홍전 목사는 하나님 나라가 계시의 발전과 더불어 장성해 왔다고 말한다. 그러나 이러한 하나님의 경륜은 과거를 폐하지 않고, 충만함으로 더욱 전진해 나가고 있다고 말한다.

3.3.2. 하나님 나라의 언약과 율법

김홍전 박사는 하나님과 인간의 관계에 있어서 언약을 중요시 한다. "이스라엘의 하나님이라고 할 때는 이스라엘과 언약하신 하나님을 믿는 것"이다(사무엘 시대2, 168). 그러므로 그 언약의 내용을 잘 안다는 것은 곧 그 사람의 신앙의 내용을 말하는 것이다. 이러한 성경 속에서 나타난 언약을 김홍전 박사는 둘로 나누고 있는데, '행위 언약'과 '은혜의 계약'이다. 아담에게 행위 언약은 명령의 형식으로 나타났으나, 그것은 큰 약속이었다. 그리고 타락한 인간에게 창 3:15에서 보이신 최초의 약속이 은혜의 계약이다(교회에 대하여2, 181). 이 은혜의 계약은 노아와의 자연 언약에서는 배경이 되었다고 한다. 즉 노아와의 언약에서는 인간을 어떻게 구원하시겠다는 말씀은 없을지라도 일반 은총으로 보존하심을 보이고 계신 것이다. 그는 노아 언약을 은혜 언약의 한 형태라고 말하며, 이 언약이 구원을 위한 명확한 언어로 표현된 것이 아브라함에게 주신 언약이라고 한다(교회에 대하여2, 207). 그리고 이 아브라함에게 주신 약속이 "그 후에 좀 더 세밀하게 되고 제도화하고 또 내용적으로 여러 가지 심오한 것을 담게 된 때가 언제냐 하면 시내산에서 율법을 내린 때"라고 한다(교회에 대하여2, 181-182). 이러므로 구약 성경의 은혜 언약은 다양한 형태를 가지지만 오직 하나이다. 이러한 은혜 언약은 구약 시대가 지난 지금도 하나님 나라의 백성들에게 여전히 유효하다.

그렇다면 언약과 함께 하나님의 율법은 그 분의 나라에서 어떤 의미를 갖는가? 김홍전 박사는 율법을 이렇게 표현한다. 그것은 "하나님께서 사람들에게 깨닫게 하시려고 법이라는 형식을 취해서 계시하신 내용"이다(예수님의 행적2, 184). 그는 율법의 제3사용에 근거하여 중생된 자에게 율법이 필요하다고 말한다. 이 율법을 통하여 성도는 생활의 표준과 사상을 형성하고 그것을 바탕으로 생활해 나간다(하나님의 백성3, 38). 그러나 그는 율법을 단순히 성도 개인의 삶의 지침으로만 생각하지 않는다. 그것은 하나님의 나라의 법이다. 이러한 면에서 율법은 포괄적인 성격을 가진다. 즉 율법은 하나님의 나라의 지향점과 그 모습을 보여주는 것이다. 앞에서 이미 지적한 바대로 이러한 커다란 방향성이 정립되고 나서야 그 안에 성도 개개인의 삶이 있다. 그러므로 율법의 개개의 조항 이전에 하나님께서 법과 제도를 내신 본의를 알아야 한다. 그리고 그것은 결국 하나님의 형상을 잘 드러내는 것이다(예수님의 일생2, 226). 그리고 성도는 더 나아가서 "율법이 요구하고 있는 세계, 하나님의 그 크신 경륜"을 볼 줄 알아야 한다. 그렇지 않고 "율법의 일점일획만을 가지고 자꾸 다투는 것은 그렇게 중요한 일이 아니다"(사무엘의 시대1, 45). 그리고 이 율법을 해석한 것이 산상 수훈이다. 이 산상 수훈은 다름 아닌 "거룩한 은혜 왕국의 선언(manifesto)으로서 그 왕국의 큰 요체, 요소들을 망라해서" 기록한 것이다(예수님의 행적2, 184). 그러므로 율법이 구상하는 사회를 형성하게 되면 궁극적으로 나타나는 것은 곧 "예수 그리스도의 은혜의 왕국"이다(사무엘의 시대2, 245).

여기서 우리는 김홍전 박사가 가지고 있는 율법에 대한 포괄적인 이해를 보게 된다. 그는 구약의 율법을 볼 때에, 신약의 산상수훈에 입각하여 그 기본 정신이 무엇인지를 집중하게 한다. 현대 시대에 구약의 율법을 자구에 얽매여 지키려고 해서는 안 된다. 오히려 그것보다는 그 정신을 보아야 한다. 여기서 우리는 김홍전 박사가 율법을 가지고 어떻게 성경을 전체적으로 보고 있는지를 이해하게 한다. 그는 다음과 같이 말한다. "(구약의 사람들을) 오늘날 하나님의 자녀들인 신약의 교회에서 하는 것과 꼭 같은 스타일을 취해서 하나님의 나라를 역사 위에 증시하려고 하셨던가 하면 그렇지 않다는 것을 알아야 합니다... 그러나 거기에 공통의 인자, 공통의 명의가 있습니다... 그런 까닭에 그 둘이 다 같이 가지고 있는 공통적인 성격 하에서 그 법이 가지고 있는 성격과 목표하는 바는 공통이고 동일한 것입니다."(예수께서 가르치신 참뜻, 226) 그렇다면 율법이 신, 구약에서 동일하게 추구하는 것은 무엇인가? 그것은 '그리스도의 은혜의 왕국'이다. 그 왕국이 구약에서는 민족을 통하여 드러나고, 지금은 보이는 교회를 통하여 구체적으로 드러나는 것이 다를 뿐이다. 이러한 것을 볼 때, 그가 가지고 있는 율법관은 단순히 개인의 지침으로 뿐만이 아니라, 하나님의 나라의 형태와 목적이라는 관점에서도 이해해야 하는 것임을 알 수 있다.

3.3.3. 하나님 나라와 성도의 목적(사명)

하나님의 나라는 그 분의 목적과 관련되어 있다. 즉 그 분이 이루시려는 목적이 곧 하나님의 나라의 구현이다. 그리고 성도를 두신 목적은 "하나님의 거룩하신 나라를 역사 위에, 즉 시간적으로 공간적으로 구체적으로 사회적으로 나타내시려는 것"이다. 그러므로 성도는 자신의 가치와 역할이 바로 하나님의 영광과 그의 나라를 이 땅에서 나타나는 것과 연결되어 있음을 자각해야 한다(예수께서 가르치신 열매, 76). 이것은 하나님이 이 땅을 창조하신 본래의 목적이며, 그것은 예수 그리스도와 만나는 것이다. 그러므로 성도의 삶이라는 것은 바로 이 하나님의 나라라는 목적과 부합해야 한다(예수께서 가르치신 열매, 199). 이런 면에서 성도의 목적은 전 삶을 포괄하는 것이다.

그렇다면 성도는 먼저 자신이 하나님의 섭리 가운데서 어떠한 위치를 차지하는가를 생각해 봐야 한다. 김홍전 박사는 철저하게 신인협력설을 비판한다. "예수께서 우리에게 당신의 일을 위임하시는 일은 없습니다. 절대로 위임하지 않으십니다. 당신이 하시고 나는 단지 당신이 하시는 그 속에서 한 분자로 한 도구로 쓰이는 것뿐입니다."(사무엘 시대1, 133). 사람은 그 분의 통치 사역 속에서 도구이고, 그 가운데서 움직이는 존재이다. 그러므로 절대로 사람이 하나님의 역사의 주인공이 되지 않는다. 하나님께서 모든 것을 이루시지만 그 하나님께서 인간을 도구로 사용하시는 것뿐이다. 이런 면에서 그는 펠라기우스주의나 알미니안주의를 배격한다(나는 네가 핍박하는 예수라, 284-286). 그리고 그는 하나님께서 어떻게 인간을 통하여 일을 이루시는가를 다음과 같이 설명한다. "그 순서는 먼저 하나님께서 우리에게 알려 주시고, 다음에는 성신께서 우리로 하여금 정신을 차려서 목적을 향해서 나아갈 의욕과 간절한 기대와 소원을 가지게 하시고 기도하게 하시고 또 전진케 하시는 것입니다."(교회에 대하여1, 203). 이러한 하나님과 성도의 섭리적 관계 가운데서 그는 기계적인 예정론도 배격하며, 다른 한편 인간이 하나님을 대신한다거나 협력한다는 견해도 배격한다. 그에게서 나타나는 것은 하나님의 주권에 대한 강조와 동시에 인간의 유기적인 역할이다. 또한 하나님은 인간을 통하여 땅과 접촉하신다(교회에 대하여1, 187). 이 가운데서 성도의 사명이 나타난다.

그러한 섭리의 관점에서 성도는 어떠한 삶을 살아야 하는가? 곧 그것은 하나님의 계획과 경륜 가운데서 자신의 사명을 인식하고 전진해 나가는 것을 의미한다. 첫 번째로 아담은 "자기 의지로써 자기 인생의 길을 정해서 가려고" 하였고, 그것이 큰 죄악이었다(하나님의 백성2, 134). 그렇다면 하나님 나라에 속한 성도의 삶이라는 것은 하나님의 경영에 자신을 맡기는 것이다. "인생에 대한 하나님의 크신 계획, 특별히 하나님의 백성 하나하나에 대한 하나님의 전체적인 경영에 관해서 아무런 믿음이나 확신이 없이 막연히 자기의 공리 종교만 가지고... 한다는 것은" 성도의 원칙이 될 수 없다(하나님의 백성1, 150). 성도는 자신의 종교적 만족에서 머무르는 자가 아니다. 이것에 만족하는 것은 오히려 비기독교적인 모습이다. 김홍전 박사는 "사이비 기독교는 자기 자신의 종교적인 향상과 만족에 중점을 둘 뿐 예수 그리스도에게서 나타난 충만하신 하나님의 영광과 계획과 경영에 대해서는" 알지 못한다고 말한다(나는 네가 핍박하는 예수라, 106).

 여기서 기억해야 할 것은 위에서 말한 대로 이렇게 받는 하나님 나라의 백성의 사명은 신, 구약이 동일한 것이라는 점이다. 그렇기에 출 19:5-6에 있는 거룩에 대한 사명은 구약의 백성에게만 주어진 것이 아니라, 신약의 교회도 그대로 계승하고 있는 것이다(이스라엘 열왕의 역사1, 33). 성도가 구원을 받았다면 하나님으로부터 받은 바 정당한 사명을 자각해야 한다. 이것을 예수님께서는 제자가 져야 할 '자기 자신의 십자가'라고 부르셨다. 그러면 이 사명은 무엇인가? 김홍전 박사는 성도의 성장, 특별히 하나님의 뜻에 대한 통찰과 그에 따라서 사고가 성장하여 하나님의 큰 경영 안에서 자신이 어떤 위치를 갖는가를 깨닫는 것이라고 한다. "하나님은 누구신가를 아는 동시에 나는 왜 사는가, 인생의 목적은 무엇인가, 하나님이 땅 위에 사람을 두시고 그 자녀를 두시고 경영하시는 것은 무엇인가, 나는 그 경영 안에서 무엇을 가지고 있는가 하는 것들을 아는 것"이다(나는 네가 핍박하는 예수라, 265). 즉 하나님의 거룩한 창조의 목적과 재창조의 크신 경륜과 목적에 대한 이해가 있어야 하고 구원의 크신 목표와 크신 경륜에 대한 깨달음이 생겨야 한다. 그리고 동시에 이것은 우리의 본체이신 예수 그리스도를 드러내며, 그 분으로 충만해지는 것이다. 이것이 성도에게 주어지는 구원의 목적이며, 본래 우리의 조상 아담에게 주셨던 사명이다.

그렇다면 이러한 사명에 대한 인식을 성도가 구원받은 후에 바로 할 수 있는가? 그렇지 않다. "신령한 생활이란 새사람의 시작으로 그냥 완결되는 것이 아닙니다. 반드시 건전한 장성이 요구되는 것입니다... 건전한 장성의 과정을 지낸 후, 비로소 장성한 사람이 질 수 있는 하나님 나라의 거룩한 사명을 맡을 수 있는 것입니다."(하나님의 백성2, 59). 이것은 성도가 지적인 성장과 함께 예수 그리스도의 온전한 품격으로 자라나는 것을 말한다. 자신의 사명을 알뿐만 아니라 "그 일을 행할 수 있는 강력한 덕성인 의지력과 목적을 향해서 타협 없이 전진해 나가는 힘과 세상 사람과 접촉할 때에 가지고 있는 그리스도적인 온유하고 거룩하고 아름다운 품성이" 함께 있어야 한다(나는 네가 핍박하는 예수라, 265). 이런 관점에서 성도는 온전한 인격으로 자라가야 한다. 그 인격과 함께 자신의 목적을 바로 인식하여 하나님의 나라를 위하여 전진해 나가는 것이 곧 성도의 바른 사명이다. 그리고 이렇게 성도가 사명을 수행해 나갈 때, 하나님의 나라가 확장되게 된다. 이것은 곧 인간의 모든 면에서, 모든 문화적인 활동이나 사회 활동이나 경제 활동, 정치 활동에서 하나님의 통치 대권이 구체적으로 증시돼 나가는 것이다(사무엘 시대2, 56).

그리고 김홍전 박사는 이런 면에서 모든 성도가 하나님 나라의 공직에 있는 것이라고 말한다. 그는 성도가 항상 역사의 책임자로 서 있어야 한다고 말한다. "신자는 역사에 대한 책임자로서 심판을 받는 줄을 알아야 합니다... 우리가 하나님 나라의 한 백성으로 있을 때에는 절대로 개인으로 끝나고 마는 것이 아닙니다. 우리가... 하나님의 백성으로 하나님의 영광의 대표자로서 서 있는 직은 누가 뺏을 수도 없고 자기가 피할 수도 없는 공직인 것입니다. 따라서 우리는 역사에 대한 책임자로 늘 서 있는 것입니다."(사무엘 시대1, 295). 곧 성도의 사명이라는 것은 개인으로서 주어지는 것이 아니다. 하나님 나라의 백성으로서 주어지는 것이고, 그 역사에 서 있는 자로서 주어지는 것이다.

3.3.4. 한국 교회에 대한 선지자적인 비판과 권고

그렇다면 김홍전 박사가 한국 교회에 대하여 평가하는 내용은 어떠한가? 그는 한국 교회에 대하여 포괄적으로 세 가지 문제를 제시한다. 첫 번째는 신학적 빈곤성이다. "이것이 압도적으로 지배하는 현재의 사회가 근본적인 사회인데, 한국의 교회는 전통적으로 그러한 사회의 영향을 강하게 받아왔습니다. 한국의 교회가 소위 이름은 장로교로서 적어도 칼빈주의적인 신학의 뿌리를 받았다고 말하지만 사실상 그렇지 않습니다. 사실상 칼빈 선생이나 그 후의 개혁 신학자들이 생각하고 나아가던 하나님의 나라와 이 땅의 역사 위에서 하나님 나라를 구현한다는 문제에 대해서 (한국교회는) 별로 관심이 없습니다."(나는 네가 핍박하는 예수라, 171). 그는 한국 교회가 칼빈을 중심으로 한 개혁신학자들이 가지고 있었던 하나님 나라와 역사에 대한 안목을 받지 못했다고 말한다. 한국 교회는 하나님의 나라를 구현하지 못하고 있다.

두 번째는 세대주의의 영향이다. 이로 말미암아 한국 장로교는 온전한 개혁 신학을 계승하지 못하고 극단적인 사고를 가져오게 되었다고 한다. 그는 설교 곳곳에서 세대주의에 입각한 잘못된 성경 해석을 예로 들고 있다. 또한 그의 석사 논문이나, 박사 논문에서도 세대주의 종말론에 대해서 집중적인 비판을 하고 있다.

세 번째로 공리주의 사상이다. 김홍전 박사는 이 공리적인 사고를 교회의 큰 적으로 돌리고 있다. 즉 개인의 행복, 사회의 행복, 더 나아가서 세계의 평화와 행복을 교회가 추구하는 목표로 생각하는 것이다. 곧 교회가 추구해야 할 오직 하나님에 대한 경배를 버리고 사회와 세계의 평화를 위한 목적으로 나아가는 이 사조가 교회에 던져진 큰 도전이라고 말한다. "예배는 그저 종교의식의 하나이고, 중요한 문제는 이 세상을 위해 현실에 참여해서 세상의 경제적이고 문화적인 문제와 여러 가지 정신 상태의 혼란과 괴로움과 고통을 적극적으로 풀기 위해서 노력하는 것이고... (이것을 위해서 교회가 일하는 것으로서) 자유주의적이고 세계교회주의적인(ecumenical) 사상이 얼마나 그릇되었는가"(예수께서 광야에서 받으신 시험2, 87)를 교회가 바로 인식해야 한다. 그리고 더 나아가서 이러한 사조가 교회의 배교로 흘러간다고 지적한다. "그들에게서 사상적인 부패가 교리의 왜곡이라는 사실로 나타나고 교회 전체가 지금 거대한 배교의 사실로 흘러간다는 사실입니다."(예수께서 광야에서 받으신 시험2, 169) 그는 이러한 공리적인 사고의 방향성으로 인하여 교리가 왜곡되고, 그로 말미암아 현 교회가 배교의 흐름으로 가고 있다고 진단한다.

그리고 이러한 문제들 가운데서 한국 교회의 현실의 모습을 진단한다. 한국 교회는 교리의 타락과 공리적인 신앙의 내용으로 인하여, 결국 자신의 중요한 속성들을 잃어버리게 되었다. 그로 인하여 세상에서 존경을 받지 못하고 오히려 세상이 깔보는 시대가 되었다. "교회가 세상에서 볼 때 저것은 아무나 가서 적당히 앉아 있을 수 있는 장소이다. 웬만한 사람은 다 괜찮다. 웬만한 사람은 거기에 가서 무엇이든지 할 수 있다 하는 식으로 소위 깔보이기 시작했다면 그것은 교회의 중요한 속성을 잊어버렸다는 증거입니다... 그것은 교회가 그만큼 타락했다는 증거입니다. 오늘날 사람들이 인지하고 알아볼 만한 교회의 거룩한 속성 혹은 특성이 현저하게 나타난 교회가 없다면 그것은 교회가 대체적으로 타락했다는 말입니다."(순결하고 능력있는 교회, 352) 참으로 정치와 경제 권력자들에게 줄 서려고 하는 일부 한국 교회에 대한 매서운 비판 내용이 아닐 수 없다.

이러한 교회에 대해서 그는 한국 교회가 순전한 말씀과 교리 위에 다시 서야 한다고 비판한다. 그러나 이것은 단순히 전통을 고수한다는 의미가 아니다. "과거에 있던 전통을 변함없이 그냥 쥐고만 앉아 있다면 그것으로써 요지부동하게 휩쓸려 가지 않는 것이냐 하면 휩쓸려 가는 것입니다. 왜냐하면 보수라는 것은 어떤 이론과 어떤 형식을 고수한다는 의미에 불과한 것이지 그 사람 속에 있는 생명이 정상적으로 발전한다는 것을 반드시 의미하는 게 아닌 까닭에 그렇습니다."(교회에 대하여4, 286) 오히려 교회는 전통 위에서 말씀을 현실에 새롭게 전달하는 생명의 능력을 가져야 한다. 교회는 세상이 던지는 문제에 대해서 생명력을 가지고 새롭게 대처할 수 있는 능력을 가져야 한다. 김홍전 박사는 지금 현실에 던져진 문제는 개인과 사회 구원, 죄에 대한 견해, 그리고 그리스도에 대한 잘못된 이론들이라고 한다. 그리고 교회가 이러한 문제에 대해서 바르게 대처할 수 있어야 한다(교회에 대하여4, 296-300)

나가는 글

김홍전 박사의 그 풍성하고 깊은 신학과 설교를 이 짧은 글로 다 표현할 수는 없다. 그러나 대략적인 큰 줄기를 볼 때, 그의 설교에는 하나님의 주권, 그리스도, 교회, 그리고 하나님의 나라가 중심 테마로 자리 잡고 있다. 이 큰 틀에서 그는 언약, 율법, 성도의 구원과 사명을 다룬다. 그는 과거의 펠라기우스주의와 알미니우스주의부터, 이 시대에 가장 교회를 어지럽히는 세대주의와 공리주의까지 폭넓게 비판하며, 하나님의 교회와 나라가 성경에서 어떻게 진행되어 오고, 이 시대에 어떻게 드러나야 하는가를 설교를 통하여 제시한다. 교회와 나라라는 큰 틀에서 성도의 구원을 바라보기 때문에, 그의 구원관은 좁지 않으며, 다시 그리스도와의 신비적 연합을 통한 충만한 영광으로 성도의 시선을 돌리게 한다. 그리고 더 나아가서 교회 안에서만 아니라, 세상, 즉 '하나님의 권세의 나라'에서 어떻게 성도가 살아야 하는가를 가르친다. 그리고 그 중심에는 그 모든 것을 세우신 하나님의 뜻과 목적이 보석처럼 빛나고 있다. 성도는 결국 이것을 위해서 존재하는 자이다. 이러한 그의 설교의 내용은 역사적 개혁주의에 뿌리를 두면서, 동시에 실천적이고, 더 나아가서 예언자적이다.

그리고 그의 설교는 해박한 구약과 신약의 배경에 대한 지식으로 말미암아 단순한 본문 설명이나 교리의 나열에 그치는 것이 아니라, 그 시대에 주시는 하나님의 생생한 말씀과 사명으로 성도에게 전달된다. 더 나아가서 그는 현 시대의 교회의 흐름과 문제점을 파악하고, 그것을 성도에게 경고하며, 자신이 앞장서서 그 흐름에 저항하고자 하였다. 그는 하나님께서 그에게 주신 사명에 따라서 이 땅에 본이 될 만한 개혁 교회를 세워보고자 분투하였다. 그는 성경을 보는 탁월한 지적 능력과 시대를 해석하는 선지자적 안목, 둘 다를 고루 갖춘 보기 드문 설교자였다. 이러한 그의 내용이 현 한국 교회에 바른 교회를 세우고자 하는 사역자와 성도들에게 풍성히 알려지기를 바랄 뿐이다. 마지막으로 그가 성도가 가져야 할 최고의 기쁨의 내용을 살펴보면서, 우리의 삶이 어떠해야 하는지를 가늠해 보고자 한다. "하나님의 인정이라는 것이 가장 위대한 상입니다... 하나님이 이 일을 가납하시고 기뻐하셨다면 그것이 나의 마음 가운데 큰 상이 됩니다. 하나님께서 아브라함에게 '내가 너의 지극히 큰 상급이니라'(창15:1)고 하셨습니다. 이는 '내가 너를 인정해 주었다는 사실로서 네 마음이 족하지 아니하냐' 하는 말씀입니다."(예수님의 행적7, 208) 한국 교회에 하나님의 인정으로 만족하는 성도와 사역자가 풍성해지기를 기도한다.

김지훈

안양대학교 신대원 (M.Div,)
안양대학교 신대원 (Th.M.)
Theologische Universiteit Apeldoorn (Th.D.)
(현) 신반포중앙교회 담임목사
(현) 안양대학교 겸임교수
(현) 한국개혁신학회역사신학회 회장

민노아 선교사의 설교

이정복

1. 민노아 선교사의 생애

민노아(본명:밀러 Miller, Frederick Scheiblim,: 1866-1937) 선교사는 1866년 12월 10일 미국 펜실바니아주 피츠버그에서 출생하였다. 의사인 아버지 W.M.Miller는 미국의 남북 전쟁 시 군의관으로 참여하였고 58년간 의사로 활동하였다. 어머니는 Susan Walker 이며, 민노아 선교사의 형제는 모두 7남매였는데(4남 3녀), 2명은 의사, 2명은 목사로 당시 가족들이 사회에서 소중한 역할을 감당하였다.

민노아 선교사는 피츠버그 공립 고등학교를 졸업하고 YMCA 체육관에서 감독으로 근무하다가 피츠버그대학에 입학하여 1889년 동 대학을 졸업(문학사)하였다. 그 해에 뉴욕 연합신학교육원 신학과에 입학하였고 1892년에 졸업하여 신학석사 학위를 받았다.

같은 해 11월 15일 목사안수를 받은 후 미국 북 장로교회 선교부 외지선교사로 지명을 받아 부인 안나 리네이크와 함께 한국 선교사로 파송을 받게 되었다.

한국에 들어온 민노아 선교사는 1904년 10월 북장로교 선교부의 충청도 책임자가 되어 1905년 청주로 이사하였다. 이후 민노아 선교사는 청주읍교회를 개척하고 청남학교 등 6개 학교를 설립하는 등 충청지역 선교의 초석을 놓았다. 교회 개척에 앞장서고 학원 선교에 열정을 다하였다.

선교의 막중한 사명을 잘 감당하였던 민노아 선교사, 하지만 개인적으로 불행한 일들이 겹쳐서 다가왔다. 양화진에는 민노아 선교사의 첫 아내 안나와 두 아이들이 선교사 묘지에 묻혀 있다. 안나 밀러 선교사는 1865년 출생하여 남편 밀러 선교사와 함께 북장로교 선교사로 내한하여 정신여학교에서 교사로 일했다. 자녀를 기다리던 이들 부부에게 1899년 첫째 아이 프레드가 출생하게 된다 하지만 태어난 지 8개월 만에 세상을 떠나는 아픔을 겪게 되었다. 그리고 1902년 둘째 아들 프랑크도 태어나자마자 세상을 떠났다. 그 후로 세 자녀를 더 낳았지만 이미 두 아들을 잃은 슬픔으로 인해 안나 밀러의 건강이 약해지고 열악한 환경과 풍토병을 이기지 못해서 38세의 젊은 나이로 세상을 떠나게 된다.

민노아 선교사는 1904년 정동여학당 제3대 교장으로 활동하던 도티(Doty, Susan A.)와 재혼하여 청주로 내려가 선교지부를 개설하고 지방 선교에 전념하였으나, 1931년 안식년으로 미국 체류 중 둘째 부인마저 캘리포니아에서 사별하였다. 그 후 1932년 정신여학교 교사 딘(Dean M. Lillian)과 다시 결혼하였다. 민노아 선교사는 가정적으로 볼 때 두 번씩이나 상처하는 등 원만한 가정을 이루지는 못했다. 하지만 수많은 고간 속에서도 그에게 부여된 선교사역은 열정적으로 감당하였다. 중부지역에 수십 개의 교회를 개척하고 학원선교에 열정을 다하였으며 찬송가 보급에도 소중한 역할을 감당하였다. 민노아 선교사는 미국 이름이 아닌 한국 이름 민노아 선교사로 불려지기를 좋아하였다고 한다. 세광학원과 일신학원 그리고 충북 광화원과 청주 맹학교 그리고 청주성서신학원이 현재 운영되고 있다. 민노아 선교사는 의료선교도 함께 진행하였다. 자신이 살던 집에서 소규모 진료활동을 전개하였고 2년 후 청주 자혜의원이 세워졌다.

2. 민노아 선교사의 설교의 특징

1) 성경 중심의 간결한 강해 설교

1900년대 한국에 선교사로 들어온다는 것은 목숨을 건 모험이다. 분명한 사실은 복음의 열정을 가지고 그들이 조선이란 땅에 들어왔다. 흑암의 나라, 무엇 하나 확실하게 보장 받을 수 없는 나라였는데 오직 주님의 명령에 순종하여 조선 땅에 오신 분이다. 흑암의 땅 조선을 보면서 선교사들은 더욱 복음의 불이 활활 타올랐으리라 짐작한다. 선교사들의 설교는 목숨을 건 설교나 다름이 없다. 한국인들이 이해하기 쉽도록, 그리고 정확하게 말씀을 전하려고 노력하였을 것이다. 신학지남에 실려 있는 민노아 선교사의 요약설교 "신령한 대지"에는 하나님이 어떤 분이신가? 에 대하여 간결하고 명확하게 설명한다. 다음과 같이 성경 말씀을 제시하며 핵심을 요약하여 기록하였다.

"하나님은 어떠하심.
하나님은 빛이시라(요1서1:5). 그런고로 빛에 행할 것이라.
하나님은 신이시라(요4ㅣ24). 그런고로 신령한 마음으로 위할 것이라.
하나님은 불이시라(히12:29). 그런고로 잘 섬길 것이라.
하나님은 사랑이시라(요1서4:7-8). 그런고로 자녀 된 우리는
본받아서 만민을 사랑할 것이라."

이와 같이 민노아 선교사는 하나님이 어떤 분이신가? 를 명확하게 선언하면서 성경 말씀을 반드시 언급한다. 이렇게 간결하게 요약해서 설교할 수밖에 없는 첫째 이유는 선교사였기 때문에 현지 언어인 한국말을 자유롭게 구사할 수 없었기 때문이다. 물론 민노아 선교사는 당시에 내한한 선교사들 중에서 한국말을 제일 잘 하는 선교사로 알려져 있기는 하지만 현지인은 아니기 때문

이다. 두 번째 확실한 이유는 당시 복음을 듣는 사람들의 지적인 수준과도 연관이 된다. 복음을 선포하는 것은 가장 간결하고 명확하게 선포해야만 청중들이 듣고 쉽게 이해하기 때문이다. 신앙의 대상을 명확하게 말하지 않는다면 절대로 복음의 핵심을 받아들일 수 없기 때문이다.

민노아 선교사는 하나님과 우리가 어떻게 연결되는지를 이해하기 쉽게 설명한다. 하나님과 우리와의 관계를 다음과 같이 비유하면서 설명한다.

"하나님께서 당신을 대하신 비유.
아버지로서 비유함(시103:13, 마7:11), 어머니로서 비유함(사66:13),
남편으로 비유함(호2:12, 렘3:14), 친구로 비유함(출33:11)"

우리의 삶의 자리에서 항상 함께하는 사람들을 지칭하고 있다. 아주 소중한 사람들을 지칭하면서 하나님이 그런 분이라고 설명하는 것이다. 부모의 사랑을 알지 못하는 사람이 있을까? 충분히 이해할 수 있도록 하나님을 부모와 비교하여 설명할 때 듣는 사람들이 마음에 심기어진다. 남편이 얼마나 소중한 존재인가? 친구 또한 얼마나 중요한 존재인가? 하나님은 우리 인간에게 너무나 소중하신 분, 중요하신 분이라고 핵심을 강조하고 있다.

하나님은 평강의 근원이시며 심판하시는 하나님이라는 사실도 확실하게 강조한다. 이것은 성도들이 경각심을 가지고 신앙생활을 하도록 하기 위함이다. 사랑의 하나님으로 끝난다면 죄 많은 인간은 그것을 이용하며 핑계 대면서 자기 마음대로 세상을 살려고 할 것이다. 하나님은 사랑의 하나님이시면서 심판의 하나님이시다. 또 누구든지 회개하고 돌아오기를 원하신다. 그것이 하나님의 마음이다.

" -하나님은 평강의 근원이 되심(히13:20)

하나님과 화목함(요1서3:21), 양심과 화목함(고전4:3-4),

형제 앞에 화평함(고전4:3-5), 세상 앞에 화평함(요16:33,롬8:28,33-34),

-하나님의 심판이 어떠함(롬2:1-16) / 진리대로 됨(2절)

행실대로 됨(6절), 사람의 외모로 되지 아니함(11절), 복음대로 됨(16절)

-하나님이 사유하실 마음이 있다. = 하나님은 반드시 계산하신다(마18:23)

여호와를 찾는 자(시130:7-8), 하나님의 부르심에 응답하는 자(사1:18), 돌아오게 하시고 용서하신다(렘33:8)"

하나님은 창조주 하나님이시며 세상의 주관자이시다. 모든 나라를 주관하시며 섭리하신다. 열국의 왕들이 하나님의 손에 놓여있다. 세상이 장기판과 같고 하나님이 그것을 움직이신다.

"-열왕의 마음이 하나님 손에 있다.

바로의 마음을 움직여 아브라함을 선대하게 하신다(창12:20).

느브갓네살 왕이 다니엘을 인정하게 하다(단2:46).

여호와께서 고레스의 마음을 감동시킴(스1:1)."

하나님 아버지는 자기의 얼굴을 자녀에게 보일 마음이 있다. 그러면 모든 사람이 하나님의 얼굴을 볼 수 있는가? 그렇지 않다. 하나님을 뵈옵지 못하는 사람이 있다. 하나님을 알되 하나님을 영화롭게 하지 아니하고 감사하지 아니하고 허망한 생각을 하는 사람은 하나님을 뵈올 수 없다. 스스로 지혜 있다 하는 사람과(롬1:21-22) 망하는 자들(고후4:3)은 하나님을 볼 수 없다. 그러면 어떤 사람들이 하나님을 볼 수 있는가?

"마음이 청결한자(마5:8), 섬기는 자(계22:4), 주의 길을 지키는 자(시 17:5), 유아를 보호하는 자(마18:10), 두려워하는 자(시25:14), 겸손한자 (사57:15)"

하나님은 우리 인생을 너무나 잘 아신다. 의로운 자(나1:7)를 아시며, 사랑하는 자(고전8:3)를 아신다. 자기의 양된 자(요10:14)를 확실히 아신다. 우리 인생의 모든 것을 하나님께서는 확실히 아신다. 그러므로 성도들은 징계하시는 하나님을 기억하여 바르게 신앙생활을 하여야 하고, 영광 받으실 하나님을 생각하여 바르게 예배해야 한다.

하늘과 땅의 모든 권세를 가지신 하나님은 능치 못하심이 없으시며(창 18:14) 경영을 막을 수 없다(욥42:2). 성도들은 날마다 그 하나님께 순종해야 한다. 민노아 선교사의 성경을 근거로 한 간결한 설교는 하나님이 어떤 분이신가? 를 확실하게 청중들에게 심어준다. 간결함의 설교가 놀라운 능력을 지닌다.

2) 삶의 자리를 바꾸는 계몽 설교

민노아 선교사가 사역을 감당하던 시기의 대한제국 상황은 너무나 힘들고 어려웠다. 1905년 11월 17일 을사늑약이 일어났다. 당시 고종황제는 이 문제를 해결하기 위하여 헐버트 선교사에게 친서를 써서 미국으로 보낸다. 한시가 급한 상황이다. 하지만 헐버트 선교사는 미국의 대통령을 쉽게 만날 수 없었다. 결국 을사늑약이 체결된 그날에 만났는데, 미국 대통령도 여기에 관심을 기울이지 않았다. 을사늑약은 일본의 협박 속에서 이루어졌다. 헐버트의 인터뷰 내용을 살펴보면 "대한제국 황제는 몇 주 동안 사실상 감금 상태에 있었다. 일본은 대한제국과 일본 간의 조약이 우호적 분위기에서 맺어졌다고 거짓 성명을 발표했지만 이제 일본의 성명이 거짓임이 드러난 것 아닌가. 조약은 협박과 총칼로 위협해 맺어졌다고 밝힌다. 당시 대한제국의 상황은 주권을 빼앗긴 것이나 다름없는 상황이었다. 백성들은 아주 힘든 삶을 살아가는 시기이다.

사악한 일본인들은 세금을 거두기 위하여 홍등가를 설치하고 주막을 허가하여 술을 팔게 하고 담배를 팔게 하여 막대한 세금을 거두어들였다. 그 시기 깨어있는 군민과 선교사들은 절제 운동을 펼쳐나간다. 민노아 선교사도 금주 금연운동에 앞장선다.

민노아 선교사가 충청도에서 처음으로 복음을 전할 때 있었던 재미있는 주막교회 이야기가 있다. 즉, 처음에 오천보 씨 집에서 예배를 드렸는데 누군가가 좁은 이곳에서 모임을 하는 것보다 사람이 많이 모이는 주막(酒幕, 술을 파는 집)으로 자리를 옮기자고 하여 그때부터 주막에서 광목에 십자가를 그려 걸고 집회를 하였다. 이것이 소문나자 많은 사람이 호기심을 가지고 모였으며, 그러자 주막 주인은 '술손님'이 모이는 것으로 알고 반겼다고 한다. 후에 민노아 선교사가 고마운 표현으로 미소하며 주인의 등을 두드리니까 자기를 좋아하는 줄 알았는데 나중에 설교를 하면서 "술을 먹으면 집안 망하고, 죽어서 지옥 간다."라고 하자 주인이 화가 나서 빗자루를 휘두르며 쫓아냈다는 것이다. 그리하여 최초의 주막교회는 문을 닫고 다시 오천보 씨 집으로 옮겼다고 한다. 민노아 선교사는 금주 금연의 절제 운동을 적극으로 실행하였다. 그 시기에 교회에서 부르던 찬송 '금주가'가 있다. 이화학당에서 공부한 임배세가 작사한 찬송으로 당시 술 때문에 생기는 문제들을 정확하게 표현해 주고 있다. 금주운동에 아주 좋은 영향을 미쳤다.

금주가

1. 금수강산 내 동포여 술을 입에 대지마라 건강지력 손상하니 천치될까 늘 두렵다

2. 패가망신 될 독주는 빚도 내서 마시면서 자녀교육 위하여는 일전한푼

안 쓰려네

3. 전국술값 다 합하여 곳곳 마다 학교세워 자녀수양 늘 시키면 동서문명 잘 빛내리

4. 천부주신 네 재능과 부모님께 받은 귀체 술의 독기 받지말고 국가위해 일 할지라

후렴

아! 마시지 말라 그 술아! 보지도 말라 그 술 우리 나라 복 받기는 금주함에 있느니라.

민노아 선교사는 금주에 관한 전도지를 만들었는데 전도지가 아직 남아있다. 여기에는 금주하는 방책을 설명하면서 술을 파는 사람과 술을 사는 사람들이 술을 양식이라고 말하는데 술은 양식이 아니라고 강조한다. 그것은 몸을 채찍질하는 독약이라고 설명하고 있다. 실제로 군인들을 둘로 나누어 한 그룹에 술을 먹이고 술을 먹지 않은 그룹과 행군을 진행하면 첫날은 술을 먹은 부대가 훨씬 바르게 가는 듯 하지만 이틀 후부터는 술을 먹지 않는 부대가 빠르다는 논리를 말하면서 술을 금해야 한다고 주장한다. 술을 마셔서 얻는 결과는 지혜가 감하여 속기 쉽고 판단을 흐리게 하여 잘못된 결정을 한다는 것이다. 술을 먹으면 음탕한 욕심을 품게 되는데 기생집에 가는 것도 술 때문이라고 말한다. 특히 술 파는 사람들을 향하여 말하길 사람들에게 술을 판매하는 것도 하나님이 심판하시고, 술을 마신 자들의 죄까지 술 파는 사람에게 물으신다고 말한다. 술을 마시면 짐승과 같이 변하고 아내를 때리고 이웃과 싸울 뿐 아니라 질병으로 죽게 된다고 경고한다.

금주의 결과도 말한다. 금주하면 처음에는 몸이 약해지는 듯 하나 좋은 기운과 맑은 정신이 생긴다. 가족을 불쌍히 여기는 마음이 생기고 지혜가 생겨서 술값으로 자녀들을 먹이고 입히게 된다고 말한다. 동네 사람들에게 칭찬받

는 가정이 된다고 한다.

　　금주하는 방법도 알려준다. 술 마시던 사람이 금주하려면 실망이 생기니 이 글대로 따르라고 한다. 먼저 하나님 앞에 죄인인 것을 깨닫고 다음 자기 몸이 귀중하다는 사실을 알고, 하나님이 사랑하신다는 것을 알아야 한다. 아무리 허랑방탕하여도 부모가 자녀를 받아들이는 것처럼 하나님을 우리를 받으시니 회개하고 돌아오라는 것이다. 더 자세한 사항을 알기 위하여 가까운 교회당에 찾아가라고 당부하며 그가 개척한 수십 개의 교회의 이름을 전도지에 넣었다.

　　신학지남에도 '술은 천치가 되게 함', '술은 무효함'이라는 글을 실었다. 민노아 선교사가 여러 종류의 전도지를 제작하였는데 복음 전도와 계몽운동 교육에 관한 내용들이다. 그는 이민족 계몽운동에 앞장선 깨어있는 일꾼이었다.

3) 문학적 특징을 보여주는 설교

　　민노아 선교사는 문학을 전공하였다. 여러 가지 문서들을 만들어 계몽 활동을 진행하였고 미국에 한국을 소개하는 역할도 감당하였다. 민노아 선교사는 특히 음악적 재능이 있어 찬송가를 많이 작사하였다. 한국어의 음절, 운율, 강약 등의 특성을 이해하고 있어 한국인에게 맞는 찬송가 편집에 큰 역할을 했다. 그가 작사 또는 편집한 찬송가는 주로 성경을 토대로 이루어졌으며, 1905년 26편이 수록되고, 현재 한국찬송가 공회가 발행한 찬송가 책에는 5곡이 실려 있다. 너무나도 잘 알려진 곡들이다. "예수님은 누구신가", "주의 말씀 듣고서", "맘 가난한 사람", "예수 영광 버리사", "공중 나는 새를 보라" 그가 작사한 곡들이다.

　　설교 이해를 위하여 예화를 작성하여 사용하였다. 신학지남에 소개된 '곰의 계책' 이라는 예화이다. 내용을 보면 "곰의 다리에 붙어서 피를 빨아먹는 거머리에게 곰이 계책을 말하는데, 피를 빨아먹는 것을 허락할 테니 반씩 나누자는 것이었다." 얼마나 어리석은 일인가? 술장사를 거머리로 비유하고 세금을 받으며 술장사를 허락하는 것을 어리석은 일이라 말한다. 술장사를 허용하는 것은 곰과 같이 미련한 일이라는 것이다.

민노아 선교사는 위트와 유머도 있고, 문학에 조예가 깊으며 한국에 들어온 선교사 가운데 가장 성실하고 꾸준하게 문학 부문에서 활동해 온 선교사로 전해진다. 그의 저서는 40여 종에 이르며, 조선(한국) 선교 역사상 어떤 선교사보다 많은 문서를 남겼다. 그는 조선(한국) 이야기를 많이 쓰고 간행했는데, 그 중 영문판인 "우리의 친구들(Our Korean Friends)", "한국의 젊은이들(Korean Young People)"이 미국 뉴욕에서 출간되었다. 그리고 신학지남에 여러 편의 글을 기고하였다. 특히 민노아 선교사는 순수 한글로 된 금주, 금연, 사회 계몽 및 문맹 퇴치를 강조한 전도지를 많이 제작 배포하였다. 그래서 그는 '전도지의 왕', '소책자의 사도', '문서 전도의 창시자'라는 별명을 가지고 있다.

3. 설교 방법

1) 예수그리스도의 생애와 연결된 설교

민노아 선교사는 다수의 찬송가 작사를 남겼다. 대부분 예수님의 산상수훈과 연관된 내용 들이다. 이것은 민노아 선교사가 예수님 중심의 복음을 강조한 것으로 평가된다. 선교사들의 공통된 부분이 예수 중심의 복음을 선포한다고 여겨지는데 민노아 선교사도 예수 중심의 말씀을 선포한다.

민노아 선교사도 개인적으로 두 자녀의 죽음으로 고난의 시간을 보낼 때 아내마저 세상을 떠나는 안타까운 사건이 발생하였다. 가족의 죽음으로 겪는 아픔은 이루 말할 수가 없었다. 또한 이 사건을 바라보는 조선인들의 조소와 비아냥은 견디기 힘든 고통이었을 것이다. "당신이 믿는 예수가 누구입니까? 당신의 아들도 죽고 아내도 죽었는데 당신은 어떤 예수를 우리에게 말합니까?" 여기에 대한 대답으로 민노아 선교사는 찬송가 96장 예수님은 누구신가? 를 그의 고백으로 그들에게 명확히 선포한다.

> 예수님은 누구신가 우는자의 위로와 없는 자의 풍성이며
> 천한 자의 높음과 잡힌 자의 놓임되고 우리 기쁨 되시네
> 예수님은 누구신가 약한 자의 강함과 눈먼 자의 빛이시며
> 병든 자의 고침과 죽은 자의 부활되고 우리 생명 되시네
> 예수님은 누구신가 추한 자의 정함과 죽을 자의 생명이며
> 죄인들의 중보와 멸망자의 구원되고 우리 평화 되시네
> 예수님은 누구신가 온 교회의 머리와 온 세상의 구주시며
> 모든 왕의 왕이요 심판하실 주님되고 우리 영광 되시네

이 찬송가 가사가 민노아 선교사의 창작이 아니라 조셉 하트의 곡을 번역한 것이라는 교수의 주장도 있지만 같은 곡에 연결되어 오해를 부른 것일 뿐 확실히 민노아 선교사의 창작으로 나타난다. 시대 상황과 백성들의 삶을 자세히 파악한 민노아 선교사는 오직 예수님만이 그들에게 필요함을 느끼며 자신의 신앙고백으로 드린 것이다. 고통 가운데 울어야만 했던 자신과 그 시대 사람들, 가난 가운데 힘들어했던 백성들에 구구절절 와 닿는 내용 들이다. 민노아 선교사는 예수님이 누구인가를 당시에 수많은 사람들에게 명확하게 설교한 선교사였다. 지금도 우리에게 예수님이 누구신가를 확실하게 기억하게 하는 고백이다.

민노아 선교사는 예수님의 가르침 산상수훈 팔복의 내용을 요약해서 복 있는 사람을 설명한다. 맘 가난한 사람, 애통을 하는 이, 온유한 사람, 의 사모하는 이, 긍휼히 여기는 자, 맘 청결한 사람, 화평케 하는 이, 핍박을 받는 이가 복

이 있다고 전제하면서 소개한다. 그리고 마지막 절에서는 "주 위해 욕보면 복이 있나니 하늘의 큰 상을 받으리라 성부와 성자와 성령께 영광 영원히 돌리세 할렐루야"

예수님의 산상수훈의 내용은 또 다른 찬송가에서도 나타난다. 마6:25절 말씀을 근거하여 "공중 나는 새를 보라 농사하지 않으며 곡식 모아 곳간 안에 들인 것이 없어도" 찬송을 작사하였다. 당시 살기 어려운 세상인데 하나님이 먹이시고 입히신다는 사실을 설명하며 성도들에게 소망의 메시지를 선포한 것이다.

민노아 선교사는 산상수훈 마지막 부분도 고스란히 찬송 가사로 남겼다. 마7:24절 이하의 말씀이 찬송가 작사 내용이다.

1. 주의 말씀 듣고서 준행하는 자는 반석 위에 터 닦고 집을 지음 같아
비가 오고 물나며 바람 부딪쳐도 반석 위에 세운 집 무너지지 않네
2. 주의 말씀 듣고도 행치 않는 자는 모래 위에 터 닦고 집을 지음 같아
비가 오고 물 나며 바람 부딪쳐도 모래 위에 세운 집 크게 무너지네
그리고 마지막 3절은 우리에게 당부하는 말씀이다.
3. 세상 모든 사람들 집을 짓는 자니 반석 위가 아니면 모래 위에 짓네
우리 구주 오셔서 지은 상을 줄 때 세운 공로 따라서 영영 상벌 주리
잘 짓고 잘 짓세 우리 집 잘 짓세 만세 반석 위에 다 우리 집 잘 짓세

민노아 선교사는 예수님의 마지막 십자가 대속의 사역을 빼놓지 않고 선포한다. 예수그리스도는 만인의 스승이며 삶에 모범을 보이신 주님이시다. 예수님처럼 사는 것이 성도들의 목표이다. 특히 십자가의 사역은 주님만이 감당하실 수 있는 유일하신 사역이다. 이 예수님 십자가의 사건을 소개하면서 우리의 삶을 결단하게 한다.

1. 예수 영광 버리사 사람 되신 것 보고 너도 고난 당하나 길이 참아라
2. 예수 친히 십자가 지고 가신 것 보고 너도 주의 십자가 지고 따르라
3. 예수 너를 위하여 죽으 심을 본 받아 너도 남을 위하여 몸을 바쳐라
4. 예수 부활 하셔서 승리 하신 것 보고 너도 승리할 줄을 믿고 싸워라
5. 예수 승천 하셔서 영광 받으 심 보고 너도 영광 받을 줄 믿고 섬겨라
6. 예수 다시 오셔서 상을 주실 줄 믿고 너도 상을 얻도록 참고 참아라

이와 같이 민노아 선교사의 설교 방법은 예수그리스도의 삶을 선포하면서 성도들의 신앙을 이끌어주었다. 유일하신 예수님이 복음의 핵심인 것을 모든 사람 들에게 알게 하였고 오래도록 기억하며 고백하도록 하려고 찬송가 작사로 남긴 것이다.

2) 하나님의 사랑을 행함으로 보여 준 설교 - 교육·계몽 운동

1892년 11월 15일에 민노아 선교사는 부인 Anna Reeinecke와 함께 복음 전하는 선교사로 한국에 입국하였다. 입국 후 2개월 동안 한국어 공부를 하였고 1893년 1월부터 예수교학당의 교장인 마펫(S.A. Moffett) 목사가 평양으로 사역지 이동을 하였고, 민노아 선교사가 그 후임으로 제3대 예수교학당(현 경신중고등학교)의 교장으로 취임하였다. 그는 예수교학당 교명을 민노아 학당으로 고치고 학제를 보통반과 특별반을 두어 효과적인 교육을 실행하였다. 문맹인을 위하여 한글을 가르치고, 성경과 서양 교육을 가르쳤다. 이때 안창호와 같은 걸출한 인물을 길러내는 등 기독교 교육에 열정적으로 힘을 썼다. 안창호는 이곳에서 2년 동안 공부하였고, 이 시기에 예수를 영접하였으며 교사로 봉사하였다. 하지만 교육등한정책에 따라 민노아학당이 폐지되었다. 민노아 학당의 전신은 언더우드학당, 예수교학당, 구세학당, 민노아학당, 경신학당 등으로 이름이 바뀌었다. 이 학교는 1890년대 말에 동료 선교사들의 몰이해와

반대로 3년간 폐쇄되기도 했다. 선교에 대한 열의가 부족하고 선교의 열매가 적은 것이 폐쇄의 큰 이유였다. 그 일 후에 민노아 선교사는 청주지역에 내려와서도 교육에 열정을 보였다. 세광학원을 만들고 일신학원을 세웠다. 그리고 충북 광화원과 청주 맹학교를 설립하여 전인적인 교육에 앞장서게 되었다.

계몽운동에 앞장선 민노아 선교사에게 소중한 일화가 있다. 당시 학생들에게 금주가를 가르쳐 주었다. 그리고 청주 서문동에 있는 청주 양조장(주인:이희준) 앞에서 금주가를 부르기도 하였고, 시가 행진을 하면서 금주 금연 운동을 전개하였다. 당시에 함께 불렀던 금주가는 다음과 같다.

"우리나라 동포여 이말을 들어보오 술을 먹는 사람은 자세히 들어보오.
개인이나 사회나 망하는 것은 술로 인해 그렇다 하는 말일세
보기좋고 맛좋은 술일지라도 마시는자 얼굴은 홍농지 같다.
제아무리 점잖다 하는 자라도 비틀비틀 하는 꼴 못 보겠구나
예로부터 이제까지 사업하는 자 술로인해 성공한 사람 없도다.
우리나라 복 받는 길이 있으니 여보시오 동포여 금주합시다."

수많은 전도지를 만들어서 나누어주면서 복음을 전하며 민족 계몽운동에 앞장섰다.

1936년도에는 청주제일교회에서 '면려회 전국 연합회' 주최로 금주에 관한 전국 웅변대회를 실시하였다. 이때 2천여 명이 참석하여 웅변대회가 진행되었고 웅변할 때 사진찍는 소리가 꽝 꽝 울렸다고 한다. 안창욱씨가 일등을 하였는데 당시 동아일보 신문에 게재되었다고 한다. 금주운동이 청주를 넘어서 전국으로 확산 되는 계몽운동이 되었다. 1906년 병오년 대홍수가 나서 200여 명이 선교관에 묵게 되면서 전도의 길이 열리게 되었다. 이때 도목수로 일하던 이동욱이 교인이 되었고 후에 청주제일교회 장로가 된다. 민노아 선교사는

소민병원 병원사역과 민노아 성경학원을 개설하여 지도자 양육에 앞장선다,

4. 적용과 교훈 - 결론

　선교사역을 감당하는 것이 얼마나 힘든 일인가? 모든 것이 어설픈 상황인데 그러나 민노아 선교사는 뜨거운 열정으로 사역을 감당하였다. 그는 언어로 복음의 말씀을 선포하였고 행함으로 복음을 증명한 소중한 일꾼이다. 하나님이 어떤 분이신가? 그리스도가 누구인가? 를 설명하면서 그리스도의 사랑이 무엇인지를 몸으로 보여주었다. 하나님의 말씀대로 실행하려고 부단히 노력한 설교가이다.

　민노아 선교사는 그 가난했던 시절, 1900년 김홍경 조사와 함께 청주 육거리 시장을 돌면서 말씀을 선포하며 전도하였고, 가난에 시달리는 사람들, 질병에 시달리는 사람들을 위해 교회뿐 아니라 학교와 병원을 세우고 말씀을 선포하였다. 그러나 백성들의 마음 문이 쉽게 열리지 않았다. 늘 가난에 시달린 이들은 오늘 하루를 사느라 급급해서 영생의 말씀에 귀를 기울이지 못했고 거룩한 꿈을 꾸지 못했고 귀한 일을 계획하지 못하였다. 복음 앞에 바로 서지 못한 그들을 보면서 한탄스러웠다. 민노아 선교사는 직설적인 내용들로 설교를 하였다. 진정한 회개를 촉구하며 믿기로 작정한 사람들에게 확실한 회개와 용기를 주는 설교를 하였다.

"그리스도 예수 안에서 당당히 서십시오. 예수님께서도 말씀하셨지 않습니까? 먼저 그의 나라와 그의 의를 구하면 이 모든 것을 너희에게 더하실 것이라고. 그대들이여, 그리스도 예수님의 은혜를 믿고 거룩한 배짱을 가지고 사시오. 신명기에서 모세도 말한 바 있었습니다. 이스라엘 백성들은 40년 내내 불평이었습니다. 모세는 말합니다. 그렇다면 지난 40년 동안 지금까지 굶고 살았느냐. 아니지 않느냐. 늘 죽겠다 죽겠다,

힘들다 힘들다. 말했지만 실제로는 다 살 만큼 살아 왔습니다.[신8:4] 이 사십 년 동안에 네 의복이 헤어지지 아니하였고 네 발이 부르트지 아니하였느니라.

그런데 불평과 불만이 죄였습니다. 죄의 삯으로 그들은 다 죽었습니다. 하나님께서 죽이셨습니다. 그들의 성격이 변화되지 않고 언어가 변화되지 않자 그들을 죽이셨습니다. 불평이 그렇게 죽음에 이르는 무서운 죄인 줄 그들은 몰랐습니다. 성격이 개조되지 않고 언어가 개조되지 않으면 죽을 수밖에 없습니다."

그 후 또 한 번의 청주시장에서의 전도설교를 하였는데 많은 사람들이 호응하였다. 수요일 아침에 청주읍 장터를 방문하면서 2,000장의 전도지를 준비하였다. 전도지 내용은 돌아온 탕자 이야기와 설명과 적용이다. 그들이 시장 중심부에 도착하기도 전에 600장을 나누어주었다. 참으로 놀라운 반응이다. 청주읍 장터만큼 전도지를 많이 요구하는 곳을 보지 못했다. 시장에 모인 무리들이 3천 명 정도는 된다고 말한다.

"어떻게 하면 기근의 날에서조차 근심으로부터 자유로울까?"복음전도지를 통하여 은혜받은 윤홍채가 근심으로부터의 자유는 예수를 통해 발견했다고 모인 사람들에게 간증하였다."하늘 아버지께서 모든 것을 다 아시는데 내가 열심히만 살면 그 뒤는 하나님께서 책임지실 것인데 우리 마음속에 세상 걱정 세상 염려가 너무 많습니다.

누가복음도 그 염려와 그리하여 둔해지는 마음을 경고합니다[눅21:34]. 너희는 스스로 조심하라 그렇지 않으면 방탕함과 술취함과 생활의 염려로 마음이 둔하여지고 뜻밖에 그 날이 덫과 같이 너희에게 임하리라."

민노아 선교사의 설교의 핵심은 성경 중심, 삼위 하나님 중심이다. 또 간결함의 특징을 가진다. 그리고 하나님의 말씀을 순종하면서 행함으로 강력한 메시지를 선포하였다. 개인의 구원을 넘어선 사회계몽 활동에 앞장서서 사명을 감당하였다. 복음으로 영혼을 살리고, 사회를 변화시키며 의료 활동을 통해 전인적인 구원 활동을 진행하였다. 삶으로 보여진 그의 설교는 놀라운 결실들로 남게 되었다.

지금 우리 시대는 입으로 선포되는 말씀은 풍성한데 행함으로 선포되는 말씀이 너무 빈약하다. 멋진 언어들을 구사하여 말씀이 선포되는데 복음의 능력이 연약한 실정이다. 많은 사역자들이 설교의 대부인 것처럼 자신 있게 말씀을 선포하지만 행함이 없는 졸부들이 많은 상황이다. 언어보다 행함으로 먼저 말씀을 선포하려 했던 선교사들의 열정을 배우는 것이 설교자의 지혜가 아닐까?

이정복

한경대학교 (B.L.)
평택대학교 (M.Div.)
강남대학교 (Th.M.)
평택대학교 (Ph.D.)
장로회신학대학교 (Th.D.)
(현) 옥천동성교회 위임목사
(현) 대전신학대학교 겸임교수
(현) 대륙선교회 사무총장

박희천 목사의 설교

임원택

I. 서론

　오정현(사랑의교회), 송태근(삼일교회), 김남준(열린교회), 오정호(새로남교회), 박경남(수지제일교회), 박성규(부전교회), 화종부(남서울교회), 임계빈(중앙단대교회), 이관형(내일교회), 박지웅(내수동교회)…. 현재 한국교회를 이끌어가고 있는 목회자들이다. 이들의 공통점이 무엇일까? 바로 내수동교회 출신이거나 내수동에서 부교역자로 섬겼다는 것이다. 이외에도 내수동교회 출신 목회자들은 매우 많다. 그런데 이들이 거의 한결같이 사표(師表)로 여기는 목회자가 바로 박희천(朴熙天) 목사다.

　박희천 목사의 목회 여정에는 두 번의 큰 전환점이 있었다. 첫째는 한국전쟁 때 고향과 가족을 떠나 남한으로 온 것이고, 둘째는 내수동교회 담임목사가 된 것이다.

　박희천은 1927년 평양에서 50리 정도 떨어진 평안남도 대동군 김제면 외제리에서 태어났다. 5남 1녀 중 막내였는데, 걸어 다닐 무렵부터 교회에 나가기 시작했다. 가족 중 유일하게 교회에 다녔는데, 막내아들에 대한 사랑이 각별했던 어머니는 교회에 가면 좋은 말을 많이 들을 수 있다고 하여 어린 그를 매주일 교회에 보냈다.

　박희천은 1945년 평양공립상업학교를 1등으로 졸업하고 금융조합에 서기로 취직했다. 거기서 소학교 1년 선배인 신복윤과 함께 근무했는데, 상업학교 다니며 떠났던 교회를 그의 권유로 다시 나가게 되었다. 1947년 2월 인민학교 교사가 되었지만, 행사로 인한 보충수업을 주일에 하라는 공산당국의 지침을 따르지 않아 오지로 좌천되었고, 얼마 후 사직했다. 교사로 일하던 1947년 5월 말 박희천은 최원초(崔源初) 목사님을 뵙고 앞으로 목사가 되고 싶다고 했다. 최 목사님은 "네가 앞으로 신학 공부하고 목사가 되려면 본문부터 많이 읽어라"라고 당부하셨다. 그때 스무 살 청년이었던 박희천 목사는 75년이 넘도록 성경 본문 읽기에 주력해왔다.

박희천은 1948년 9월 평양신학교에 입학했다. 3개월 후 공산당이 건물을 빼앗아가서 인근 교회에서 공부해야 했고, 1949년 12월 공산당이 학교를 폐쇄할 때까지 다녔다. 공산당이 교회를 마구 핍박해 살벌한 상황이었지만, 박희천은 교인이 30명 남짓인 하차리교회에서 1948년 11월부터 전도사로 일했다. 20리 떨어진 집에서 지내다가 토요일 저녁에 교회로 가서 주일 새벽 예배와 낮 예배, 저녁 예배를 드리고 집으로 돌아왔다. 기독교에 대한 공산정부의 본격적 탄압이 시작되어 평양 시내부터 시작해서 리 소재지까지 모든 목회자가 기독교연맹에 가입하도록 지침이 떨어졌지만 박희천 전도사는 결심하고 가입하지 않았다.

1950년이 되어 인민군으로 강제 징집 당할 상황에서 성경 보다가 굶어 죽을 각오를 하고 집을 떠나다가, 성경이 든 보따리를 챙기러 돌아갔기 때문에 순경들을 피할 수 있었다. 두 달 반 넘게 하차리교회 근처 산에 숨어 지내다가 국군이 북진해 고향 동네까지 올라왔을 때 집으로 돌아왔다. 한 달 후 국군과 미군이 중공군에 밀려 내려온다는 소식에 공산당이 다시 들어오면 전도사인 자신은 물론 가족까지 피해를 볼 수 있어 평양 조금 아래까지라도 피난하려고 온 가족이 나섰다. 젖먹이와 겨우 걸음마를 뗀 조카들도 있어 25인 가족의 피난길은 더딜 수밖에 없었다. 중공군에 따라 잡히게 되어 박희천 전도사 혼자 먼저 가기로 했다. 1950년 12월 5일이었다. "어머니, 아무래도 제가 먼저 가야겠습니다. 조심해서 빨리 내려오세요." 처음에는 남쪽으로 조금만 내려왔다가 상황이 호전되면 가족에게로 돌아갈 생각이었지만, 그것이 영영 이별일 줄은 꿈에도 몰랐다.

박희천 전도사는 여러 번 위기를 넘기고 사리원을 지나 신막이라는 곳에서 북에서 남쪽으로 오는 마지막 열차를 타고 12월 9일 서울역에 도착했다. 전세가 불리해지면서 서울에서도 피난을 해야 해서, 화물열차 지붕에 올라탄 채 대구까지 갔다. 미군 육군병원에서 화장실 청소를 하던 중, 대구 서부교회 전도사로 채용되었다. 신학 공부를 더 하고 싶었는데, 1951년 9월 말 박윤선 목사를 만나 바람이 이루어지게 되었다. 부산으로 가서 고려신학교에 입학했고, 1952년 1월부터 부산 남교회 유년부 전도사로 섬겼다. 처음 맡을 때 200명 정도 되는 학생 수가 하나님 은혜로 배가 되는 체험을 했다.

박희천 전도사는 1956년 고려신학교 졸업 후 한상동 목사님이 담임하시는 삼일교회에서 2년 7개월 간 부교역자로 섬기며 많은 것을 배웠다. 박희천 목사가 기억하는 한상동 목사는 교회를 위해서라면 그 어떤 고생, 멸시, 희생, 망신, 모욕도 달게 받을 수 있는 분이었다.

고려신학교 본과 2학년 1학기를 마친 후 성경을 제대로 배우고 싶어 유학을 마음에 품었다. 재정과 영어가 문제였다. 한상동 목사가 서울에 있는 교회를 소개해 주어 1959년 1월에 부임했고, 3월에 숭실대학교 영문과 3학년에 편입했다. 1961년 3월 숭실대 영문과를 졸업하고, 1962년 11월 말 인천항을 떠나 한 달 걸려 태평양을 건넜다. 로스앤젤레스에서 그레이하운드 버스로 사흘만에 필라델피아에 도착했다. 웨스트민스터 신학교에서 등록금과 기숙사비를 면제 받았고, 학생 식당에서 웨이터로 일해 번 돈을 송금해 한국에 남겨둔 가족의 생활비로 쓰게 했다.

1968년 6월 유학을 마치고 돌아와, 당시 총신대학교 교수로 가르치던 박윤선 목사의 소개로 동대문구에 있는 교회에서 목회를 시작했고, 총신대학교에서 헬라어 강사로도 강의했다. 1971년 4월 말 신학교에서 교내 부흥집회를 인도했다. 강사로 예정되어 있던 박윤선 목사가 갑자기 입원하면서 대타로 선 것인데, 한 주간 금식하며 준비하고 화요일 저녁부터 토요일 새벽까지 금식하며 설교했다. 박희천 목사는 이 집회가 가장 기억에 남는 집회라고 회고한다.

1975년 4월 첫 주일, 내수동교회 6대 목사로 부임했다. 내수동교회가 없었다면 자신의 목회는 실패로 돌아갔을 것이라고 말할 정도로, 내수동교회는 박희천 목사와 떼려고 해도 뗄 수 없는 교회다. 실제로 유학 후 몇몇 교회에서 시무했지만 별다른 성과가 없었기에, 박희천 목사는 부임할 때 "내수동교회에 뼈를 묻겠다"라는 각오를 다졌다. 1998년 5월까지 23년간 내수동교회에서 시무했다. 박희천 목사가 부임했을 때 출석 교인이 140명이었는데 은퇴할 때는 875명이었다.

목사마다 목회의 특징이 있는데, 박희천 목사는 무엇보다도 설교에 중점을 두었다. 설교를 잘하고 못하는 건 성경을 얼마나 봤느냐에 따라 판가름 난다고 여겼기에, 성경을 열심히 읽으며 설교에 주력했다. 박희천 목사는 내수동교회 성도들이 교회에 오는 주일 하루를 다른 곳에 가는 천 날보다 나은, 영적으로 복된 날로 만들어드려야겠다는 마음으로 설교에 최선을 다했다. 내수동교회를 담임하면서 1976년부터 1995년까지 20년간 총신대학교 신학대학원에서 설교학을 강의했다. 내수동교회 출신 목회자들은 물론이고 총신대학교 신학대학원에서 배운 수많은 목회자들이 박희천 목사의 설교와 신앙, 그리고 설교 방법에 큰 영향을 받았다.

II. 설교 특징

1. 성경 본문에 충실한 설교

박희천 목사 설교의 첫 번째 특징은 성경 본문에 충실하다는 점이다. 설교자가 성경 말씀을 전하고 가르치는 것은 당연한 일이다. 성경 본문을 읽고 그것을 기초로 설교하니, 언뜻 생각하면 모든 설교자가 성경 말씀을 전하고 가르치고 있다. 하지만 실제 내용을 보면, 성경 말씀을 제대로 전하고 있는 설교자가 많지 않다. 성경 말씀이 중심이 되기보다 설교자 자신의 견해나 경험, 때로는 예화가 중심이 된다. 많은 설교자들이 그렇게 하는 이유는 성경 내용을 좀 더 설득력 있게 전하고 효과 있게 가르치기 위해서일 것이다. 의도는 이해할 수 있으나 방법과 내용에 문제가 많다. 이와 달리, 박희천 목사는 청중에게 성경 본문을 풀어 설명하고 그 가르침에 순종하도록 이끄는 데 집중하는 성경 본문에 충실한 설교자다.

박희천 목사의 설교에 가장 큰 영향을 끼친 분은 박윤선 목사다. 박희천 목사에게는 네 분의 스승이 계신다. 목회 정신을 전수해주신 한상동 목사, 설교를 가르쳐주신 박윤선 목사, 성경 읽기가 중요함을 깨우쳐주신 최원초 목사, 헬라어를 가르쳐주신 존 해밀튼 스킬톤(John Hamilton Skilton) 교수. 이분들은 『내가 사랑한 성경: 박희천 자서전』에서 박희천 목사 스스로 자신에게 끼친 영향을 중심으로 구분해 언급한 분들이다. 성경 읽기와 헬라어, 그리고 목회, 따져보면 설교와 무관한 내용은 하나도 없다. 하지만 박희천 목사는 자신의 설교에 가장 큰 영향을 끼치신 분은 박윤선 목사라고 분명히 말한다.

박윤선 목사가 박희천 목사의 설교에 끼친 가장 큰 영향은 문자적 해석법이다. 박희천이 평양신학교에서 배운 설교는 풍유적 해석(allegorical interpretation)에 따른 설교였다. 성경을 문자 그대로 해석하지 않고, 여러 비유와 예화를 들어 풀이하는 식이다. 성경 본문을 읽기만 하고 그 다음에는 본문과 동떨어진 얘기를 하는 것이다. 평양신학교에서 풍유적 해석에 따른 설교를 배워 줄곧 그렇게 설교하던 박희천 전도사가 자신의 설교 방법을 완전히 바꾸게 된 것은 박윤선 목사의 설교를 듣고부터다. 고려신학교에 입학하여 박윤선 목사의 설교를 들으면서 문자적 해석법을 깨닫게 되었다. 그 후로는 철저히 문자적 해석법에 맞추어 설교했다.

박희천 목사는 문자적 해석법에 따라 설교하는 것은 물론이고, 신학교에서 설교학을 가르칠 때 신학생들에게 문자적 해석법을 충실히 전수했다. 한국 교회 목사들 중에 본문과 상관없이 풍유적 설교를 하는 사람들이 너무 많다고 여겼기 때문이다. 박희천 목사는 과거 자신이 풍유적 설교를 했기 때문에 그런 식의 설교를 바로 가려낼 수 있다고 말한다.

박희천 목사에 따르면, 설교자는 하나님 말씀과 예수 그리스도의 증거만을 전하는 증인이다. 박희천 목사의 설교를 듣고 나면 성경 본문의 내용이 기억에 남고 그에 따른 도전이 가슴에 남는다. 설교자 자신의 견해나 경험 사례, 또는 설교자가 사용한 예화가 성경 말씀보다 더 기억에 남는 경우는 거의 없다. 설교 본문 외에 다른 것들은 반드시 필요한 경우 외에는 가급적 사용하지 않는 성경 본문에 충실한 설교이기 때문이다. 박희천 목사는 성경 본문에 충실한 설교를 하므로, 그가 제시한 설교자의 이상대로, 하나님 말씀과 예수 그리스도의 증거만을 전하는 증인으로 살아왔다.

2. '성경적 예화' 또는 '본문 예화'

설교자들이 성경 본문을 설명하기 위해 흔히 사용하는 것이 예화다. 설교에서 예화가 차지하는 비중이 크다 보니 어떤 설교자들은 예화 거리를 먼저 잡고 그에 맞는 성경 본문을 고른다는 말까지 있다. 그러다 보니 예화가 중심이 되고, 성경 본문은 보조 역할을 하는 경우가 많다. 이런 설교들이 성경 본문에서 점점 더 벗어나게 됨은 자연스러운 귀결일 것이다.

박희천 목사가 설교 때 사용하는 예화는 거의 대부분 성경에서 끌어 온 예화다. 그는 이것을 '성경적 예화' 또는 '본문 예화'라고 부른다. 박희천 목사가 설교 때 '성경적 예화'를 사용하는 것은 '성경을 성경으로 해석한다'는 종교개혁자들의 이상과 맥을 같이 한다고 볼 수 있다.

박희천 목사는 성경적 예화를 구약과 신약 구석구석에서 끌어와 사용하지만, 시가서와 지혜서 그리고 구약 역사서 내용을 많이 인용한다. 매일 성경읽기 때 잠언 한 장을 포함하기에 잠언 내용을 매우 적절하게 예화로 인용하며 시편도 설교 본문은 물론이고 예화 거리로 즐겨 사용한다. 구약 역사서 중에서 특히 사무엘 상·하와 열왕기 상·하, 그리고 역대기 상·하의 세세한 내용을 예화로 자주 사용한다. 박희천 목사가 2005년부터 최근까지 출간한 성경강해서가 『사무엘상』, 『사무엘하』, 『다윗과 솔로몬의 통일 왕국』, 『북국 이스라엘』, 그리고 『남국 유다』인 것은 이런 사실을 반증한다.

성경적 예화의 장점은 설교가 성경 본문에 충실한 설교가 되도록 돕는다는 것이다. 예화로 성경 외의 내용을 들 경우 예화 자체가 강한 인상으로 남아 성경 본문의 내용을 지워버릴 수 있다. 설교자 자신의 체험을 예화로 쓰는 경우 설교자 자신이 성경 본문 내용보다 더 주목을 받을 수도 있다. 이와 달리, 성경적 예화는 청중으로 하여금 성경 본문을 더 잘 이해하게 하고 설교를 통해 전달하고자 하는 교훈에 집중하게 한다. 설교자들이 성경적 예화의 유익을 알면서도 사용에 어려움을 겪는 것은 성경 지식이 부족하기 때문이다. 이런 이유로 박희천 목사는 목회자가 성경 읽기에 있는 힘을 다 쏟아야 한다고 더욱 강조한다.

3. 쉽고 분명한 설교

필자가 7년 동안 청중의 한 사람으로 들은 박희천 목사의 설교는 담백하며 진실했다. 대학 1학년 봄에 내수동교회에 처음 출석했다. 원래는 대학부 성경공부가 좋다고 하여 성경공부와 제자훈련을 배우기 위해 갔다. 박 목사님의 설교는 상당히 짧은 편이었다. 고향 교회 중고등부 예배 때 설교도 30분에서 40분 정도는 되었는데, 박 목사님은 주일 낮 예배 때 20분 정도 설교하셨다. 짧을 때는 15분 정도 하셨던 적도 있다. 1, 2년 동안은 적응이 되지 않았다. 하지만 시간이 지나며 박 목사님 설교의 맛을 알게 되었다. 설교가 짧은 것은 군더더기가 없어서였다. 진실한 설교라 느낀 것은 그분의 삶이 실린 설교였기 때문이다.

박희천 목사의 설교는 쉽고 분명하다. 박 목사님은 예배 청중에 따라 설교 내용이나 수준을 달리 하셨다. 주일 낮 예배 때는 갓 신앙을 가진 사람이 들어도 쉬이 이해하고 공감할 수 있는 설교를 하셨다. 수요예배 때는 주일 낮 예배 설교보다 시간은 더 짧았지만, 내용은 신앙이 어느 정도는 있는 이들을 염두에 둔 설교를 하셨다. 시편의 탄원시 같은 본문을 바탕으로 하나님의 위로를 사모하며 기도하는 성도들의 영혼을 울리는 설교를 하셨다. 시편과 잠언은 박 목사님이 특별히 사랑하는 말씀이다. 시편은 고통으로 눈물 흘릴 때나 낙심하고 실망할 때 위로와 소망과 용기와 힘을 준 말씀이었고, 잠언에 담긴 지혜에는 처세에 많은 도움을 받았기 때문이라고 한다.

박희천 목사는 청중의 눈높이에 맞추어 설교했다. 박 목사님은 매 주일 낮 예배 설교를 하는 외에 교육부서들을 순방하며 설교하셨다. 필자는 3년 동안 고등부 전도사로 섬겼는데, 고등부에는 매월 첫째 주일에 오셔서 설교하셨다. 중등부와 유년부 그리고 유치부까지 순방하셨는데, 매 주 그리하셨으니 매 달 한 주씩 각 부서를 방문하신 것이다. 대학부 3학년 때 유치부 보조교사를 할 때였다. 목사님은 들어 오시자마자 바닥에 함께 앉아 아이들과 가능한 한 가깝게 높이를 맞추시고는 한 아이씩 이름을 부르며, "너는 동원이지? 너는 요한이구나?…"하시면서 순식간에 아이들이 집중하도록 하셨다. 그리고는 큰 눈을 부릅뜬 채 두 팔을 하늘 향해 펴드시고, "하나님께서, 저 높고, 높~고, 높~

은 하늘에서"라고 음성과 동작 모두 크레센도로 말씀하셨다. 유치부 아이들은 마치 목사님의 큰 눈 속과 동작 속으로 빨려 들어가듯 집중하고 있었다. 이어서 이번에는 두 팔을 아래쪽으로 모아 역시 크레센도로 "이 낮고, 낮~고, 낮~은 땅 위에, 우리를 위해 오셨어요"라고 하셨다. 그리고 기도하시고 설교를 마무리하셨다. 아이들 이름을 부르기 시작한 때부터 마무리 기도가 끝날 때까지 3분이나 지났을까? 목사님의 의도적인 느린 말씀 속도를 감안하더라도 길어야 4-5분밖에 안 되는 시간이었다. 그때 필자는 '유치부 아이들의 눈높이에 맞추어 복음을 어떻게 이보다 더 잘 전할 수 있을까?'라는 생각을 했다. 그 생각은 지금도 변함이 없다.

4. 삶이 실린 진실한 설교

박희천 목사는 사는 만큼 설교하고 가슴을 담아 설교하는 진실한 설교자였다. 주일 모든 집회가 다 끝난 후 저녁 무렵 교역자 모임을 가지곤 했다. 각 부서 주요 사안 보고가 주된 일이었는데 모임 중에 박 목사님의 목회 방침이나 목회 철학을 종종 들을 수 있었다. 한번은 설교 본문 선택과 관련해서 설교자는 자신이 소화할 수 있는 본문을 택해야 한다고 하셨다. "내가 선한 싸움을 싸우고 나의 달려갈 길을 마치고 믿음을 지켰으니"(딤후 4:7, 개역성경)라는 본문은 아마 평생 설교를 못할 것 같다고 말씀하셨다. 박 목사님이 다른 누구보다 먼저 스스로에게 진실한 설교를 하기 위해 얼마나 마음을 쓰고 있었는지 짐작케 하는 대목이다.

오늘날 우리 한국교회에 절실하게 요청되는 설교가 바로 설교자의 삶이 실린 진실한 설교다. 일찍이 청교도 목사 리처드 백스터(Richard Baxter, 1615-1691)는 삶이 함께하는 설교가 중요하다고 역설했다. 교회 개혁의 효과적 방법은 설교 강단의 개혁이라 보았던 백스터가 동료와 후배 목회자들에게 한 충고 중에 특히 두 가지가 필자의 가슴에 남아있다. 첫째, 연구해서 준비한 것을 남들에게 설교하기 전에 자신에게 먼저 설교하라. 둘째, 설교와 삶의 균형을 잡으라. 문제는 우리 목사들이 엄밀하게 설교하기 위해서 열심히 연구는 하면서도 엄밀하게 살기 위해 애씀은 거의 없거나 전혀 없다는 것이다.[1] 오늘날 우리는 물론이고 청교도 목사들도 자신이 설교하는 대로 살기는 어려웠으리라. 가르침 그대로 고스란히 살지는 못하더라도, 그렇게 살기 위해 애씀이 설교자들에게 얼마나 절실하게 요청되는지 알 수 있다.

박희천 목사는 박윤선 목사를 학문과 인격을 겸한 신학자로, 신앙과 생활이 여일한 분으로 존경한다. 박희천 목사님 자신은 아마 이 땅을 떠나 주님 앞에 서는 날까지 부정하실 테지만, 성도와 제자 그리고 부교역자로 필자가 옆에서 지켜본 박희천 목사님은 설교와 삶이 여일한 분이다. 남들에게 설교하기 전에 스스로 먼저 실천하는 분이다. 엄밀하게 설교하기 위해 힘쓸 뿐 아니라 엄밀하게 살기 위해 애쓰는 분이다. 내수동교회 출신 목회자들이나 박 목사님께 배운 목회자들이 목사님을 존경하고, 목사님의 설교를 사모하는 가장 큰 이유가 바로 이것이 아닐까 싶다.

대학 1학년 때 처음 뵌 때부터, 고등부 전도사로 동역할 때, 그리고 지금까지 박희천 목사님은 필자에게 하대하신 적이 한 번도 없다. 필자에게만 그러신 것이 아니라 성도들과 제자들을 그리 대하신 것으로 안다. 꾸중하시거나 화를 내실 상황에서도 그리하지 않으셨다. 이따금 열심이 부족한 부교역자로 인해 마음고생을 하더라도 당사자가 스스로 퇴임하기까지 목사님 편에서 먼저 내치신 적은 없었던 걸로 안다. 아는 것과 행하는 것이 다르고, 가르치는 것과 사는 것이 다른 세상에서, 설교 때 가르침과 동일한 삶을 살기 위해 애쓴 박희천 목사님의 행적은 설교자들의 귀감이라 할 것이다.

---

1. Richard Baxter, *The Reformed Pastor*, Puritan Paperbacks (Carlisle, PA: The Banner of Truth Trust, 2001), 61 & 63-64.

박희천 목사는 청중에게 말씀을 골고루 먹이는 설교자다. 성경 66권이 있지만 설교자들이 스스로 익숙한 본문을 주로 택하므로 수 십 년을 설교하면서도 한 번도 본문으로 사용하지 않는 책들이 많다. 그런 점에서 박 목사님은 신약과 구약의 각 책들을 골고루 본문으로 삼아 설교를 하셨다. 설교 말씀을 듣는 것이 영적 섭취라 본다면, 내수동교회 성도들은 영의 음식을 편식하지 않고 골고루 먹을 수 있었다.

청중에게 영적 양식을 골고루 먹이는 설교자인 박희천 목사가 동일한 청중에게 동일한 설교를 하는 경우도 있다. 절기설교들이 그 예인데, 특히 고난주간이 시작하는 주일 설교는 동일한 내용을 거의 매해 반복해 들었다. "십자가"라는 제목의 설교였는데, 다음은 주보에 실린 내용이고 실제 설교 내용의 뼈대다.

십자가
마 27:27-52

1. 말 뜻

십자가는 헬라어로 스타우로스($\sigma\tau\alpha\upsilon\rho\acute{o}\varsigma$)라고 하는데 이 말은 "선다"라는 동사에서 나온 명사로 "서 있는 몽둥이"라는 뜻이다.

2. 십자가 모양

(1) 세워 놓은 몽둥이 그대로의 모양(I)

(2) 안토니(Anthony) 십자가(T)

(3) 안드레(Andrew) 십자가(X)

(4) 예수님께서 달리신 십자가(†)

3. 십자가의 형벌

십자가는 반역죄, 전쟁터에서 이탈한 죄, 해적, 암살, 소요죄 등을 범한 자들을 벌하는 사형틀이다. 십자가형이 선고되면, 먼저 죄수에게 채찍질을 하고, 죄수로 하여금 형장까지 십자가를 지고 가게 한 후, 형장에 이르자 죄수를 십자가에 매달아 굶어 죽기까지 내버려 두든가, 못을 박아 죽이기도 한다.

십자가의 고난은, 특히 유대 나라처럼 날씨가 더운 지방에서는 이루 말할 수 없다. 열대 지방의 열기와, 못 박힌 상처에서의 출혈로, 온 몸에 열이 나는데 몸의 당김과 갈증으로 열은 더 심해 간다. 거친 못에 찔린 상처는 부풀어 오르고, 찢어진 힘줄과 신경은 말할 수 없는 고통을 더한다. 머리와 위장의 동맥은 출혈되어 무서운 두통이 따른다. 정신은 공포로 혼미해지고 온 몸에 일어나는 경련은 상처를 더 크게 찢어 놓으니 실제로 죽기 전에 벌써 여러 차례 죽음을 맛보다가 마지막에는 피와 물이 다 쏟아져 기운이 진하여 죽게 된다. 그러므로 로마 사람들은 십자가 형벌은 커녕, '십자가'라는 단어까지도 그들의 생각에서 사라지기를 바란다고 한다.

4. 예수님의 십자가

예로부터 많은 죄수들이 십자가 형벌을 받아 왔다. 알렉산더 대왕은 두로를 점령한 후 2천 명의 전쟁 포로를 십자가에 못 박아 죽였다. 예로부터 못 박힌 수많은 십자가 가운데 왜 예수님께서 지신 십자가만이 우리 기독교와 관계가 있는가?

그 이유는:

(1) 하나님의 아들이 지신 십자가이므로.

(2) 사랑으로 지신 십자가이므로(갈 2:20, 계 1:5).

(3) 속죄의 십자가이기 때문이다.

▲ 결론: 오늘부터 고난 주간이 시작된다. 고난 주간이 시작되는 첫날 우리는 우리 죄를 위하여 십자가에서 찢어주신 주님의 살과, 흘려주신 주님의 피를 기념하고자 한다. 바로 기념하여 은혜되기 바란다.[2]

처음에는 동일한 내용을 설교하시는 것이 이상했다. 다른 설교자들 중에 그런 예를 본 적이 별로 없어서다. 그런데 몇 해 지나며 실상을 깨닫게 되었다. 십자가의 형벌, 특히 예수님이 고난당하시는 걸 설명하실 때 박희천 목사님은 매번 줄줄 흘러내리는 눈물과 함께 설교하셨다. 마치 고난당하시고 계신 예수님 바로 앞에 있듯이 울면서 설교하셨다. 평소 감정을 잘 드러내지 않으시는 분인지라 고난주간 설교 때 박 목사님의 눈물을 더 또렷이 기억한다.

과거 아테네 사람들이 "가장 새로운 것을 말하고 듣는 것" 외에는 달리 시간을 쓰지 않았다고 하는데(행 17:21), 새로운 걸 좋아하는 그들의 바람이 오늘날 한국교회 신자들이 설교를 들을 때 가진 기대와 유사한 것 같다. 그러다보니 그 기대치에 부응하기 위해 설교자들도 '새로운 것'을 찾고 준비하기 위해 많은 힘을 쏟는다. 하지만 '해 아래 새 것이 없다'(전 1:9)는 말씀처럼, 복음의 힘은 새로움에서 나오는 것이 아니라 진리이기에 나오는 것이다.

성례 때 전하는 말씀이나 절기 설교의 경우, 설교자가 새롭게 하려 애쓰기보다 진심으로 설교하려 힘쓰는 것이 중요하다고 본다. 그런 면에서, 성찬 집례 때 우리를 위해 찢기시고 피 흘리신 예수 그리스도의 고난을 청중의 가슴에 아로새기게 하는 박희천 목사님의 설교는 성례 시행의 목적에 매우 적합한

---

2. 박희천, 『나의 설교론』 (서울: 개혁주의신행협회, 1994), 444-446; 그리고 박희천, 『주제별·절기별 요약 설교』 (서울: 개혁주의신행협회, 1994), 33-34.

설교라 할 수 있다.

박희천 목사의 설교가 능력이 있는 것은 설교자 자신이 제1번 청중이 되어 그 말씀을 받기 때문이다. 또한 자신이 살고 실천할 수 있는 만큼 전하겠다는 각오로 설교자 자신이 말씀에 순종하는 삶을 살기 때문이다. 오늘날 한국교회에 십자가와 부활에 관한 설교가 사라지고 있다. 설교자들 자신이 십자가와 부활을 확신하지 못하기 때문이 아닐까? 이런 한국교회 강단의 현실을 생각하면, 고난당하시는 예수 그리스도 앞에서 "십자가"를 설교하는 박희천 목사님의 설교가 무척 그립다.

5. 대상에 최적화된 설교

박희천 목사가 동일한 내용을 가장 많이 반복한 설교는 결혼식 설교다. 본문은 "의인의 길은 돋는 햇볕 같아서 점점 빛나서 원만한 광명에 이르거니와"(잠 4:18, 개역성경)였고, 제목은 "돋는 햇볕"이었다. 아마 이 설교를 들으며 결혼한 부부 수가 수백 쌍이 될 것이다. 예식장에서 할 때는 물론이고 교회에서 할 때도 결혼식 설교 길이는 5분 정도였다. '세상에는 두 가지 종류의 햇볕이 있습니다. 돋는 햇볕과 지는 햇볕입니다. 신랑 신부는 물론이고 여기에 계신 하객들 모두 지는 햇볕이 아니라 돋는 햇볕과 같은 삶을 살고 싶으실 것입니다. 그러면 어떻게 해야 돋는 햇볕과 같은 삶을 살 수 있습니까? 성경은 의인의 길이 돋는 햇볕 같다고 하십니다. 우리가 어떻게 의인의 길을 걸을 수 있습니까? 바로 예수 그리스도를 믿는 사람이 의인입니다. 오늘 부부가 되는 신랑 신부는 물론이고 여기에 계신 분 모두가 예수 그리스도를 믿어 의인의 길을 걸으시길 바랍니다. 그래서 돋는 햇볕처럼 점점 빛나서 원만한 광명에 이르는 삶을 사시길 바랍니다.' 필자가 기억하는 박 목사님의 결혼식 주례 설교 골자다.

필자가 고등부 전도사 때 교사로 함께하던 친한 선배가 박희천 목사님 주례로 결혼했다. 몇 달 쯤 지났을 때 문득 짓궂은 생각이 들어 선배에게 '매번 듣던 설교였는데 형님 결혼식 때 또 들으니 식상하지 않았는지?' 물었다. 뜻밖의 대답이 왔다. 솔직히 자신도 하객으로 참석했을 때 비슷한 생각을 하곤 했는데, 막상 "돋는 햇볕"을 자기 부부를 위한 말씀으로 들으니 예수 그리스도를 믿으므로 돋는 햇볕처럼 점점 빛나는 삶을 살라는 말씀이 너무 은혜가 되더라고 했다. 게다가 목사님의 간명한 설교는 결혼식 당일 오랜 준비와 긴장감으로 오래 서있기 힘든 신부에게는 더없이 적절한 길이었다고 했다. 그 몇 년 후 필자도 "돋는 햇볕"을 들으며 결혼했다. 선배의 경험담은 하나도 틀리지 않음을 알 수 있었다.

박희천 목사의 설교는 대상을 정확히 잡고 그 대상에 최적화된 설교다. 결혼식 주례 설교의 대상은 신랑 신부다. 그들이 부부로 평생 기억하고 순종할 말씀을 전해야 한다. 양가 가족과 하객은 부차적 대상이다. 박 목사님은 동일한 내용을 설교할 때도 항상 진심을 담아 설교하셨기에 말씀을 받는 청중에게 최적화된 설교를 하실 수 있었다.

III. 설교 방법

설교 방법과 관련하여 박희천 목사는 자신이 설교한 기간을 둘로 구분한다. 먼저는, 1948년부터 1968년까지인데 "고난의 20년"이라고 한다. 다음은, 1968년 이후인데 "태평성대"라고 한다. 1968년을 기점으로 전과 후로 나누는 것인데 1968년은 그가 미국 웨스트민스터 신학교 유학을 마치고 우리나라로 돌아온 해이다.

박희천 목사가 갖은 고생을 하며 스스로 터득한 설교 비결은 자료 발굴과 전개라는 두 기둥을 사용하는 것이다. 설교는 자료를 어디서 어떻게 발굴하느냐와 함께 그 재료를 어떻게 전개하느냐가 중요하다. 박희천 목사가 터득한 비결은 『성경의 설교론』에 상세히 나와 있다. 박희천 목사의 설교 방법에 대한 원론적 관심이 있는 독자들은 『성경의 설교론』을 참고하시기 바란다.

여기서는 박희천 목사의 설교 방법을 요약하기보다 설교 준비와 실행에서 그가 특히 강조하는 것을 소개하려 한다.

1. 성경 읽기를 통한 기초 자료 마련하기와 성령님의 도우심 간구하기

박희천 목사는 설교를 "하나님의 말씀을, 조리있게 잘 표현하여, 양떼들의 마음에 깊은 감동을 끼치는 것"이라고 정의한다. 효과적인 설교를 위해 박희천 목사가 제시하는 방법은 성경 읽기를 통한 기초 자료를 마련하는 것과 성령님께 도우심을 간구하는 것이다.

박희천 목사는 설교 자료의 항구적 근원은 성경뿐이라고 강조한다. 교회 담임이라면 새벽 기도회 설교를 빼도 한 주간에 3번, 즉 주일 오전과 오후, 수요일 저녁에 설교를 해야 한다. 1년이면 150번 정도다. 이렇게 많은 설교의 자료를 어떻게 택할지 고민할 수밖에 없다. 그래서 흔히 설교집을 통해서, 교인들의 말을 근거로, 시사 문제를 통해서, 또는 신학 서적이나 종교 잡지를 통해서 설교 자료를 얻곤 한다. 하지만 가끔 한두 번이라면 몰라도, 이런 것들은 언제나 설교 자료를 취할 수 있는 항구적 근원은 될 수 없다. 설교 자료의 항구적 근원은 성경뿐이다.

성경만이 근본적이며 항구한 설교 자료의 근원이 되게 하는 방법이 무엇일까? 박희천 목사는 먼저 인간적인 면에서 설교자가 할 것은 "성경 본문을 수없이 읽는 일"이라고 한다. 이와 더불어, "은혜 면에서는 성령님의 도우심이 있어야 한다. 우리가 아무리 성경 본문을 많이 읽는다 하더라도 성령님께서 우리들의 영안을 밝혀 본문 속에 숨어 있는 성령님의 숨은 뜻을 우리에게 보여 주시지 않는 한 우리에게는 성경 본문에 인쇄된 글자 밖에는 다른 아무것도 보이지 않는다."

성경 본문을 수없이 읽어 나가다가 성령님께서 우리 영안을 밝혀 보여주시는 말씀, 즉 본문의 인쇄된 글자 속에 숨어 있는 성령님의 숨은 뜻이 바로 우리 설교의 자료가 되어야 한다. 박희천 목사는 이 자료를 '기초 자료'라 한다. 설교를 작성할 때는 이 기초 자료를 토대로 주석이나 신학 서적을 참고하여 살을 붙일 수 있지만, 설교의 기초가 되는 기초 자료, 마치 건물에 비하면 골조 공사에 해당되는 기초 자료는 성경 본문에서 나와야 된다고 강조한다. 박희천 목사는 성경 본문을 읽다가 성령님께서 영안을 밝혀 보여 주시는 이 기초 자료가 나올 때마다 노트에 차례로 적어 놓는다. 나중에 설교를 작성할 때는 이렇게 적어 놓은 것 가운데서 마음에 드는 어느 하나를 골라서 살을 붙여 설교를 작성한다.

그래서 박희천 목사는 말씀을 전파하는 설교자가 할 준비는 바로 말씀을 먹는 것이라고 한다. 평소 말씀 읽기가 다름 아닌 설교 준비인 것이다.

박희천 목사는 스무살 때 최원초 목사님께 성경 읽기에 힘쓰라는 교훈을 받은 후 지금까지 75년이 넘도록 성경 읽기를 실천해 왔다. 매일 구약과 신약을 각각 2시간씩, 합해서 4시간 정도 성경 본문을 읽는데, 눈 건강이 이전 같지 않아 시간을 조금 줄이긴 했지만 95세인 지금도 성경 읽기에 최선을 다한다. 그렇게 살면서도 박희천 목사는 "마치 성경을 태산에 비하면 태산의 지극히 작은 일각을 손가락으로 조금 긁어보다 만 정도밖에는 성경을 깨달았다고 느껴지지 않는다"라고 겸손하게 말한다.

2. 뇌리 성경 일람표

<뇌리 성경 일람표>는 박희천 목사가 만든 용어다. 뇌리(腦裡), 즉 머릿속에 성경이 들어있을 뿐 아니라 일목요연하게 정리되어 있어야 한다는 말이다. "우선 설교자는 성경 말씀을 수없이 많이 읽어야 한다. 설교자가 성경을 수없이 많이 읽으면 한번 눈을 감고 묵상만 해도 창세기 1장에서 계시록 마지막 장까지 모든 성경 구절이 한눈에 환하게 나타난다." 이것을 박희천 목사는 <뇌

리 성경 일람표>라고 한다. 이것은 성경을 많이 읽지 않은 사람은 이해할 수 없는 방법이다. 성경을 수없이 많이 읽으면, "한번 눈만 감으면 창세기에서 계시록까지 모든 성경 구절이 한눈에 환하게 나타난다는 말이 결코 과장이 아니다."

<뇌리 성경 일람표> 활용이 가장 빛을 발하는 것은 박희천 목사님이 성도들을 심방할 때다. 매년 대심방 기간에 박 목사님은 내수동교회 전 교인 가정을 심방했다. 보통 2개월이 걸렸다. 박 목사님은 각 가정을 방문할 때 빈 마음으로 집에 들어가, 백지상태로 방에 앉아 3-4분 대화를 나누면서 그 집의 형편을 파악한다. 의사가 왕진 갈 때와 유사한 상황이다. 갑자기 아프다고 연락이 오면 의사는 허겁지겁 달려가지만, 진찰하기 전에는 확실한 병명을 모른다. 목사 역시 교인 집을 방문하여 사정을 알기 전에는 그 가정에 필요한 말씀을 알 수 없다. 박 목사님은 그렇게 가정을 진단한 뒤 <뇌리 성경 일람표>에서 그 가정에 맞는 성경 구절을 찾아 처방하듯 설교하셨다.

설교자 속에서 <뇌리 성경 일람표>가 작동하려면 그 전제가 성경을 수없이 많이 읽는 것이다. 그래서 박희천 목사님은 신학대학원에서 강의할 때 다음과 같은 말을 매우 자주 또 강조하며 말씀하셨다. "신학을 공부하는 3년 동안 최소한 하루에 구약 3장, 신약 1장은 읽어야 한다. 신대원 3년을 마치면 자동으로 성경 전문가가 된다고 착각하지 마라. 그렇게 생각했다가는 큰코다친다. 신학교 졸업하고 목사 고시 마친 다음 날 여러분은 '성경 유치원'에 재입학해야 한다. 그때부터 목숨 걸고 성경을 연구해야 한다." 박 목사님은 신대원생들에게 최단 기간에 신구약 성경을 100번 읽으라고 주문하셨다. 그것이 당회장이 되기 전에 해야 할 첫 번째 과업이라고 강조하셨다.

IV. 결론

박희천 목사 설교의 특징은 다음과 같다. 첫째, 박희천 목사의 설교는 성경 본문에 충실하다. 그는 문자적 해석법을 기초로 청중에게 성경 본문을 풀어 설명하고 그 가르침에 순종하도록 이끄는 데 집중한다. 그의 설교를 듣고 나면 성경 본문 내용이 기억에 남고 그에 따른 도전이 가슴에 남는다. 둘째, 박희천 목사는 주로 '성경적 예화' 또는 '본문 예화'를 사용한다. 성경적 예화는 청중으로 하여금 성경 본문을 더 잘 이해하게 할 뿐 아니라 설교의 주제나 교훈에 집중하게 한다. 셋째, 박희천 목사의 설교는 쉽고 분명하다. 그는 청중의 눈높이에 맞추어 설교함으로 장년 성도는 물론 유치부 아이들까지도 집중하게 만드는 설교자였다. 넷째, 박희천 목사는 사는 만큼 설교하고 가슴을 담아 설교하는 진실한 설교자였다. 성경 말씀을 바르고 정확하게 전하고 가르치기 위해 힘쓸 뿐 아니라 그 말씀을 순종하며 살기 위해 애썼다. 다섯째, 박희천 목사는 설교의 대상을 정확히 잡고 그 대상에 최적화된 설교를 했다. 동일한 내용을 설교할 때도 항상 진심을 담아 설교함으로 말씀을 받는 청중에게 가장 효과적인 설교를 했다.

박희천 목사의 설교 방법은 자료 발굴과 전개라는 두 기둥을 사용하는 것이다. 그가 말하는 자료 발굴의 기본은 성경 읽기다. 성경 본문을 수없이 읽는 가운데 성령님이 우리 영안을 밝혀 보여주시는 말씀을 적어 '기초 자료'를 준비한다. 설교를 해야 할 때는 이 기초 자료 가운데서 적절한 내용을 골라 살을 붙여 설교를 작성한다. 그러므로 박희천 목사는 설교자가 평소에 할 준비가 바로 말씀 읽기라고 한다. 또한 설교자는 성령님께 영안을 밝혀주시길 간구해야 한다. 필요할 때는 <뇌리 성경 일람표>를 작동해야 하는데, <뇌리 성경 일람표>는 설교자가 성경 말씀을 수없이 많이 읽은 후에야 사용할 수 있는 방법이다.

박희천 목사에게 설교는 성경 읽기의 결과물이다. 그에 따르면, 그리스도인, 특히 목사는 목숨 걸고 성경을 읽어야 한다. 그가 신학생과 목회자에게 성경 읽기를 강조하는 이유는 분명하다. "히말라야에 올라가보지 못한 사람이 히말라야를 말할 수 없고, 성경을 읽지 않으면 하나님 말씀을 전할 수 없다."
"성경 공부에는 '한 방'이 없다. 성경 연구는 뜨개질과 같다. 사업은 잘만 하면 대박이 날 수 있다. 그러나 성경 공부는 사업과 다르다. 한 코 한 코 통과하지 않고는 실력이 늘지 않는다. 일생 한 코 한 코 뜨개질하듯 성경을 알아나가야 한다. 그렇게 하나님을 발견해가다가 이 땅을 떠나는 것이다."

"곱사등이 면할 생각하지 말라." 평생 책상 앞에 앉아 곱사등이가 될 정도로 공부하라며 박희천 목사가 신학생들에게 강조하는 말이다. 여기서 공부는 신학서적 연구가 아니라 성경 공부임을 독자들도 알 것이다.

"성경을 먹어야 성경이 나온다. 누에가 뽕잎을 먹지 않고 명주실을 낼 수 없고, 은행에 예금하지 않으면 출금할 돈이 없다. 성경을 예금해놓아야 성경을 출금할 수 있다. 성경이 들어가 있지 않으면 자꾸 다른 말이 나올 수밖에 없다. 성경이 줄줄 나올 수 있도록 매일매일 성경을 가득 채우는 삶을 살아야 한다. 내가 교인과 후배와 제자들에게 할 말은 '성경을 많이 읽으세요' 밖에 없다." '성경 많이 읽으세요.' 이것이 75년이 넘도록, 아니 이 땅을 떠나 주님 보좌 앞에 서는 그날까지 성경 읽기에 매진하실 박희천 목사가 우리 한국교회 성도들에게, 특히 후배 설교자들에게 가슴을 담아 건네는 최종 권면이다.

V. 박희천 목사 저서

(1) 『나의 설교론』. 서울: 개혁주의신행협회, 1986. 저자가 1976년부터 총신대학 신학대학원에서 강의해 오던 설교학 강의안을 책으로 낸 것이다. "부록: 설교의 실제적 예"에는 내수동교회에서 1975년 4월부터 주일마다 주보에 실었던 설교들을 별다른 보완 없이 약간 수정해서 수록했다. 설교 391편이 실린 이 부록이 저자의 설교집 제1권이라 할 수 있다.

(2) 『주제별·절기별 요약 설교』. 서울: 개혁주의신행협회, 1994. 『나의 설교론』 이후부터 1992년까지 설교를 모아 절기별·주제별로 분류하여 낸 것이다. 설

교 270편이 실린 이 책이 저자의 설교집 제2권이라 할 수 있다.

(3) 『죄를 어떻게 피할 것인가?』. 서울: 개혁주의신행협회, 1994.

(4) 『목사님! 심방 와주세요』. 서울: 요단출판사, 1996. 저자가 1996년 대심방 기간에 각 가정에 전한 설교를 담고 있다.

(5) 『성경에서 방금 나온 설교: 설교의 고통 · 설교의 기쁨』. 서울: 요단출판사, 1997. 저자가 1995년 6월 19-21일 내수동교회 김화수양관에서 전국교회 목회자 초청 설교학세미나에서 강의한 내용이다.

(6) 『손더듬이 성경해석학: 성경이 성경을 해석한다』. 서울: 요단출판사, 1997.

(7) 『앞서 행하시는 하나님』. 서울: 개혁주의신행협회, 1998.

(8) 『사무엘상』. 서울: 생명의말씀사, 2005.

(9) 『사무엘하: 박희천 목사의 성경강해』. 서울: 생명의말씀사, 2007.

(10) 『성경의 설교론』. 서울: 개혁주의신행협회, 2007. 『나의 설교론』을 개제(改題)한 것이다.

(11) 『다윗과 솔로몬의 통일 왕국』. 서울: 생명의말씀사, 2010.

(12) 『북국 이스라엘: 박희천 목사의 성경 강해』. 서울: 생명의말씀사, 2014.

(13) 『내가 사랑한 성경: 박희천 자서전』. 서울: 국제제자훈련원, 2016.

(14) 『남국 유다: 박희천 목사의 성경 강해』. 서울: 생명의말씀사, 2021.

임원택

서울대학교 철학과 (B.A.)
총신대학교 신학대학원 (M.Div.)
Calvin Theological Seminary (Ph.D.)
(전) 푸른교회 동사목사
(전) 개혁주의생명신학회 회장
(전) 한국복음주의역사신학회 회장
(현) 백석대학교 신학교육원 원장(2022년~현재)
(현) 백석대학교 대학원 교학본부장 (2019년~현재)
(현) 한국복음주의신학회 회장

정암 박윤선의 교리설교와 경건한 삶

조봉근

1. 들어가는 말

정암(正岩) 박윤선의 교리설교는 로마서를 비롯한 『바울서신주석』에 집중적으로 수록되어 있다. 정암의 『신구약 성경주석전서』에는 무려 1047편의 설교가 수록되어 있고, 3권의 설교집, 『영생의 원천』,[1] 『주님을 따르자』,[2] 『응답되는 기도』[3] 속에, 240편의 설교가 있으며, 녹음테이프로는 171개가 있다.

2. 그의 약전:

정암 박윤선은 평안북도 장평동에서 1905년 12월 11일 박근수와 김진신의 5남매 중 차남으로 출생하였고, 1927년 신성중학교를 졸업하고, 평양 숭실전문학교에 입학하였으며, 그 학교에서 4년 동안 순회전도와 기도생활에 전념하는 중 1931년 3월에 그 학교를 졸업한 후 그해 4월에 평양신학교에 입학했다. 그는 평양신학교 시절에도 여름방학에 전도대에 참가하면서, 성령의 도우심을 간구하였고, 농촌을 순회설교하면서 그 전날부터 금식하였다. 그는 1934년 평양신학교를 졸업하였고, 도미하여 1934년부터 1936년까지 웨스트민스

---

1. 박윤선, 『영생의 원천』 (서울: 영음사, 1970).
2. 박윤선, 『주님을 따르자』 (서울: 영음사, 1975).
3. 박윤선, 『성경적 기도생활』 (서울: 두란노, 1987).

터신학교에서 메이첸으로부터 '신약의 해석학'을 배운 후, 귀국하여 모교인 평양신학교에서 죽산과 함께 『표준성경주석』에 참여하게 되었고, 1938년 6월에 『고린도후서주석』을 처음 간행했다. 그해 평양신학교가 신사참배로 폐교되자 그는 다시 웨스트민스터로 도미하여 1938년부터 1940년까지 코넬리우스 반 틸에게서 '화란의 개혁신학'과 『변증학』을 연구했고, 그리고 그해 3월 만주 봉천으로 가서 1941년 4월부터 봉천신학교에서 "헬라어, 히브리어, 신약학"을 가르쳤다.[4] 1953년 가을 화란에서 헬만 바빙크의 『개혁교의학』을 공부하던 중 1954년 3월 그의 아내가 교통사고로 세상을 떠났다는 소식을 받자 유학을 중단하고 귀국했다. 그는 고려신학교를 14년간(1946-1960) 이끌었고,[5] 총신대학에서 17년 동안 가르치다가 결국 수원의 합동신학교를 설립하여 8년간 교수하였고, 그곳에서 1988년 6월 30일 소천했다.[6] 그는 초기에 서당에서 사서삼경(四書三經)을 암송하다가 처음에 근처 동문교회에 출석했고, 나중에 양전백 목사가 시무한 선천북교회에 다녔으며, 길선주 목사의 설교에 크게 감동되었고, 선천중학교와 숭실전문학교 영문과를 졸업한 후, 다시 평양장로회신학교에서 3년을 마쳤으며, 김진홍, 방지일 목사와 함께 「겨자씨」 신앙지(信仰誌)를 출판하였고, 1949년 『요한계시록주석』을 시작으로,[7] 1979년 10월에 『에스라·느헤미야·에스더주석』을 끝내어 신구약 66권 주석을 20권으로 완간하였다.[8] 한편, 그는 신학교육을 위하여 1965년 3월부터 2년 동안 다시 부산에 내려가 그곳에서 신학교를 책임지면서, 수정동의 성산교회를 시무하고 있다

---

4. 심군식, 『박윤선 목사의 생애』 (서울: 영문사, 1996), 75.
5. 김영한, "정암 박윤선 신학의 특성", 「한국개혁신학」 제25호 (2009): 8-33.
6. 서영일, 『박윤선의 개혁신학연구』 (서울: 한국기독교역사연구소, 2000), 310-315.
7. 유영기 편, 『그 날에 족하리라』 (수원: 합동신학원출판부, 2009); 오덕교 편, 『죽산 박형룡과 정암 박윤선』 (수원: 합동신학대학원대학교, 2005); 박용규, 『한국장로교사상사』 (서울: 총신대학교 출판부, 1992).
8. 최윤배, "정암 박윤선의 성령신학", 「한국개혁신학」 제25호 (2009): 34-83.

가 서울 총회신학교에서 청빙을 받고 1967년 3월부터 "성경해석학, 신약석의, 복음사, 사도사, 목회서신, 요한계시록" 등을 가르치면서, 역시 1968년 7월에 상도동에 한성교회를 개척하여 목회도 겸임했다.[9]

3. 펼치는 말

3.1 『로마서주석』[10]에서,

3.1.1 구원에 대한 교리설교(37편)는 전반부(1-11장)에서, "복음에 빚진 자"(1:14-17), "믿음으로 믿음에 이름"(1:17), "하나님의 진노"(1:18-32), "두 가지 죄악"(1:18-32), "하나님을 마음에 두지 않는 앙화"(1:28-32), "남을 판단하지 말라"(2:1-11), "하나님의 인자를 무시하는 죄"(2:1-4), "하나님 심판에 대하여"(2:1-11), "양심"(2:12-16), "사실주의에서 살자"(2:25-29), "의인은 없음"(3:9-20), "하나님의 의의 출현"(3:20-21), "구속"(3:24), "칭의와 믿음의 가치"(4:3), "신자와 그 업적"(4:4-8), "언약과 믿음"(4:9-25), "진정한 아브라함의 자손"(4:13-17), "아브라함의 자손 자격"(4:18-25), "예수님의 부활에 대한 믿음"(4:23-25), "소망"(5:3-11), "구원소망의 확실성"(5:5-11), "내세 구원의 확실성"(5:6-11), "은혜가 풍성하신 그리스도"(5:15-17), "그리스도와의 연합"(6:15), "그리스도와 연합한 자의 헌신"(6:1-18), "그리스도와 연합한 자의 책임"(6:12-14), "순종에 대하여"(6:15-18), "성결을 사모하자"(7:7-25), "몸은 죽고 영은 산다."(8:9-10), "책임감"(8:12-14), "소망을 참아 기다리자"(8:18-25), "바울의 동족애"(9:1-5), "참 동포애"(9:1-5), "구원 받을 믿음"(10:9), "믿음의 출처"(10:14-17), "신자의 가질 2가지 덕"(11:16-24), "위대하신 하나

---

9. 심군식, 『박윤선 목사의 생애』, 163.
10. 박윤선, 『성경주석 로마서』(서울: 영음사, 1954).

님"(11:33-36)에 대해서 설교했다.

3.1.2 "성도의 삶"에 대한 설교(19편)는 후반부(12-16장)에서, "몸을 산 제사로 드리라"(12:1), "구속함을 받은 자의 2가지 사명"(12:1-2), "교회의 통일에 대하여"(12:3-8), "사랑의 4가지 방면"(12:9-10), "주님을 섬기는 2가지 요긴한 덕"(12:11), "주님을 섬기자"(12:11), "신자가 사생활에 가질 3덕"(12:12), "물질로 남을 도와줌에 대하여"(12:13), "핍박하는 자를 축복할 것"(12:14), "교회연합에 대하여"(12:15-16), "원수에게 대한 기독자의 태도"(12:17-21), "신령한 전쟁"(12:21), "신자와 국가"(13:1-7), "피지배자는 권세를 거스르지 말 것이며, 지배자는 선하게 다스릴 것"(13:2-3), "사랑에 대하여"(13:8-10), "하나님 나라"(14:17), "덕을 세워라"(15:1-13), "성도가 잊을 수 없는 형제들"(16:1-8), "내 어머니"(16:13)에 대해서 설교하여, 결국 로마서 전체에서 56편의 설교를 수행했다.

3.1.3 정암은 그의 설교, "믿음으로 믿음에 이름"(1:17)과 "구속함을 받은 자의 2가지 사명"(12:1-2)에서, "구원교리와 성도의 삶"을 아주 균형 있게 다루었으며, 서로 분리시키지 않았다. 40년 동안에 완성한 그의 주석들은 1,047편이 넘는 설교가 있는데, 그의 설교와 주석은 다름이 아니라 동일한 복음 사역이었다.[11] 또 그는 주석학자이면서도 개혁교리[12]에 분명히 서 있었고, 그의 설교는 항상 본문을 떠나지 않았다. 즉, 그의 설교는 어디까지나 본문에서의 하나님의 뜻을 밝히는 데 집중되어 있다. 그는 당시에 유행하던 제목 중심적인 설교의 유행을 타파하고, 성경 원문에 입각하여 본문을 정확히 강해하고 또 교리적으로 바르게 설교했다. 다시 말해서 그는 한국교회에서 최초로 강해설교를 시작한 원조였다.

---

11. 정성구, "목회적 관점에서 본 박윤선의 설교", 『정암 박윤선의 설교』, 21.
12. 박윤선, 『개혁주의 교리학』(서울: 영음사, 2003). 이 책은 후대의 김재성 교수에 의해서 편집되었다.

3.2 『고린도전후서주석』[13]에서,

3.2.1 『고린도전서주석』(1장-16장)에 대한 교리설교(24편)에서, "하나님의 지혜"(1:21), "하나님이 기쁘게 사용하시는 4가지 형편"(1:26-31), "하나님이 선택하시는 기독자의 처세"(1:26-31), "십자가의 도에 대한 지식"(2:1-5), "영적 지식"(2:6-16), "영적 건축자의 두 가지 명심할 것"(3:10-15), "그리스도의 일군"(4:1-5), "천국운동과 능력"(4:20), "적은 누룩"(5:6-8), "몸으로 하나님을 영화롭게 하라"(6:15-20), "전심해 주를 따르자"(7:29-31), "신자의 처세"(7:29-31), "지식과 사랑"(8:1-3), "신앙생활의 2가지 모습"(9:24-27), "우리의 거울"(10:1-12), "시험을 이기는 비결"(10:12-13), "성찬의 의의"(11:23-34), "더욱 큰 은사를 사모하라"(12:28-31), "사랑"(13:1-13), "성도가 되어가는 비결"(14:20-25), "하나님께서 계실만한 교회"(14:26-33), "우리가 어떻게 죽을까?"(15:55-58), "승리자의 생활"(15:57-58), "주를 사랑하지 아니하는 자는 저주를 받음"(16:21-24)에 대해서 설교했다.

3.2.2 『고린도후서주석』(1장-13장)에 대한 교리설교(22편)에서, "고난의 의미"(1:1-6), "환난에 처한 바울"(1:8-11), "사단의 궤계에 대하여"(2:11), "우리는 주를 보므로 주의 형상으로 화하여 감"(3:12-18), "믿음으로 말하자"(4:7-15), "낙심하지 않는다."(4:16-18), "하늘에 있는 영원한 집"(5:1-10), "이 몸을 떠날 수 있는 담력"(5:1-10), "은혜를 헛되이 받지 말자"(6:1-2), "지금은 은혜 받을 만한 때"(6:1-2), "하나님께 대하여 부요한 생활을 가지자"(6:10), "회개에 대하여"(7:10-11), "생명 있는 교회 봉사"(8:1-5), "신약시대의 연보"(8:1-11), "하나님께 연보를 바침"(9:6-15), "하나님께 감사하자"(9:11-15), "자아에 대한 거짓된 측량"(10:12-18), "옳다 인정함을 받는 자"(10:13-18), "진실함과 깨끗함"(11:1-3), "천당에 대하여"(12:1-4), "믿음에 있는가? 스스로 시험하

---

13. 박윤선, 『성경주석 고린도전후서』 (서울: 영음사, 1962).

라"(13:5), "우리는 진리를 거슬러 행하지 못한다."(13:8)라고 설교하여, 고린도전후서에서 총 46편을 설교했다.

3.2.3 정암은 특히 그의 설교, "성찬의 의의"(고전11:23-34)에서, "사도가 전해준 성찬이므로 우리는 이를 행해야 된다. 하나님께서 우리에게 주시고자 하신 것을 사도를 통해 주셨다. 첫째, 성찬은 주님의 죽으심을 기념하는 예식이다. 둘째, 성찬은 우리가 예수 그리스도의 속죄의 죽음을 먹고 마시듯이 믿을 수 있는 원인을 찾는 것이다. 그는 우리를 위하여 내어줌이 되셨을 뿐만 아니라 죽으심으로써 하나님의 백성을 상대로 새 언약을 세우셨다"[14]고 강조하였다. 즉, 그는 "성찬에서 떡과 잔을 먹고 마시는 행위"를 중요시하고 그 의미를 강조하여 설교했다. 그러나 그는 "일주일에 1회 실행하라"는 존 칼빈과 달리 성찬을 자주 실행하는 것이 좋지 않다고 말한 까닭에, 한국장로교회에서 성찬을 자주 실행하지 못하게 된 원인이 되었다.

4. 기타 『바울서신주석』[15]에서,

4.1 『갈라디아서주석』(1-6장)에 대한 설교(6편)에서, "복음을 파수하는 자"(1:6-10), "죽고 또 산다."(2:19-21), "하나님의 계약의 통일성"(3:6-29), "교역자의 수고가 헛되어짐은 어떤 경우인가?"(4:8-20), "기독신자다운 생활"(5:22-26), "심은 대로 거둔다."(6:6-10)라고 설교했다.

4.2 『에베소서주석』(1-6장)에 대한 설교(15편)에서, "우리의 구원의 견고성"(1:3-14), "구원은 은혜의 선물"(2:1-10), "옥고는 바울의 영광"(3:1-13), "하나 되자"(4:1-16), "자라나자"(4:13-16), "새 사람이 되자"(4:20-24), "새 사람을 입으라."(4:22-24), "하나님의 성령을 근심케 말라"(4:25-32), "세월을 아끼

---

14. 박윤선, 『성경주석 고린도전후서주석』, 170-172.
15. 박윤선, 『성경주석 바울서신』 (서울: 영음사, 1964)

라"(5:15-21), "기독자의 사는 길"(5:15-21), "순종하자"(5:21, 6:1), "부모를 공경하라"(6:2-3), "마귀로 더불어 싸워 이기자"(6:10-12), "마귀에 대하여"(6:11-12), "하나님의 전신갑주를 입으라."(6:13-20)라고 설교하면서, 에베소서에서 영적 전쟁을 특히 강조했다.

4.3 『빌립보서주석』(1-4장)에 대한 설교(8편)에서, "죽는 것이 유익한 줄 앎이라"(1:19-21), "성도의 죽음이 유익함에 대하여"(1:20-21), "기독신자의 처세"(2:1-4), "전진"(3:12-13), "세상주의자들을 경계하라"(3:17-21), "기뻐하라"(4:4-7), "염려 말고 기도하자"(4:4-7), "기구와 감사"(4:6)하라고 은혜로운 설교를 선포했다.

4.4 『골로새서주석』(1-4장)에 대한 교리설교(5편)에서, "신실한 일꾼"(1:7), "감사를 넘치게 하여라."(2:6-7), "화평의 중요성"(3:15), "기도를 힘써 하자"(4:2), "기도에 대하여"(4:2-4) 역시 힘주어 외쳤다.

4.5 『빌레몬서주석』에는 그의 설교가 없기 때문에, 『갈라디아서와 옥중서신주석』은 총 34편의 설교가 있다.

4.6 『데살로니가전서주석』(1장-5장)에 대한 설교(7편)에서, "택한 백성 된 증거"(1:4-10), "바울 사도의 교역지침"(2:1-12), "목회자의 심리"(3:1-10), "예수 안에서 자는 자"(4:13-18), "소망의 투구"(5:8), "다스리며 권하는 자들을 알아주라"(5:12-13), "범사에 감사하라"(5:18)라는 설교가 있는데, 여기서 데살로니가전서 5장 16절과 17절을 함께 다루지 못한 아쉬움이 남는다.

4.7 『데살로니가후서주석』(1장-3장)에 대한 설교(3편)에서, "데살로니가교회에 대한 바울의 감사"(1:3-10), "사단의 역사"(2:9-12), "손으로 일하라"(3:6-12)를 합쳐, 『데살로니가전후서』에서 총 10편의 설교를 수행했다.

4.8 『디모데전서주석』(1-6장)에 대한 설교(8편)에서, "옳은 교훈의 방법과 목적"(1:3-7), "남들을 위해서 기도함에 대하여"(2:1), "교회는 진리의 기둥과 터"(3:15), "연소한 교역자의 명심할 것"(4:12-16), "잘 다스리며 가르치는

장로"(5:17-18), "7층의 덕목"(6:11-14), "그리스도의 재림에 대하여"(6:15-16), "나눠 주기를 좋아하라"(6:17-18)고 설교했다.

4.9 『디모데후서주석』(1-4장)에 대한 설교(9편)에서, "만족한 신앙"(1:3-6), "신자의 2가지 힘쓸 것"(2:1-15), "모든 성경은 하나님의 말씀이다"(3:14-17), "성경으로 살자"(3:14-17), "성경에 대하여"(3:14-17), "확신에 이르자"(3:14-17), "사도의 고난과 위로"(4:9-18), "때를 얻든지 못 얻든지 말씀 전파를 힘쓰자"(4:1-8), "대적하는 자에게서 건져주실 것을 확신함"(4:14-18)에 대해서 설교했다.

4.10 『디도서주석』(1-3장)에 대한 설교(2편)에서, "실제적 무신론"(1:16), "세상에서 바로 살자"(2:11-14)라고 설교했으나 3장에는 설교가 없고, 『목회서신』에서 총 19편의 설교를 수행했다.

4.11 정암은 그의 설교, "성경으로 살자"(딤후3:14-17)에서, "1. 성경을 배우자(14절). 2. 그리스도 예수 안에 있는 믿음으로 말미암아 구원에 이르게 함(15절). 3. 성경은 신자를 완전케 함(16-17절)."으로 대지를 나누었다. 그는 '뚜렷한 성경관'을 피력하고 있으니, 그의 설교는 철저히 성경에 근거한 강해설교였다. 그는 "나의 신학과 나의 설교"라는 글에서, 그의 성경관을 다음과 같이 밝히고 있는데, "1. 나는 모든 성경을 하나님의 영감으로 되었다고 믿음. 2. 나는 성경이 하나님의 말씀(계시)이라고 믿음. 3. 나는 성경의 유기적 통일을 믿음. 4. 나는 성경 무오의 진리를 믿음. 5. 나는 성경 말씀은 살아있는 말씀이라고 믿음."이라고 고백했다.

5. 『구약성경주석』[16]에서,

5.1 그의 『이사야서주석』[17]에 대한 설교(57편)는 전반부(1-39장) 30편에서, "사죄의 약속은 구약에도 신약적인 기미를 가졌다"(1:18), "유대인들이 죄로 인하여 벌 받음"(2:12-22), "하나님의 긍휼을 전하는 전도가 아니라 하나님의 진노를 전하는 전도이다"(6:9-10), "두려워 말라"(7:7-9), "고요하고 세력 없어 보이는 여호와를 버린 행동"(8:4-7), "율법과 증거의 말씀을 좇으라."(8:19-22), "기드온 300명의 승리의 비결"(9:4), "위험한 불회개의 고집"(9:8-12), "하나님을 거스리는 자는 망한다."(10:15), "그리스도의 군림이 우리 마음속에 오시도록 하는 비결은 성경이 말씀한다."(11:6-8), "신구약성경이 말하는 구원"(12:4-5), "하나님의 사역 막을 길 없다"(14:27), "고난당한 것이 유익"(17:7-8), "신앙은 단순해야 된다."(17:7-8), "왜 고요히 일하시는가?"(18:3-4), "그가 쬐이는 일광, 가을 더위에 운무와 같다."(18:4), "천국에서 신자들에게 요구하는 순종"(20:2), "파수꾼이여 밤이 어떻게 되었느뇨?"(21:11-12), "유대인들에게 회개의 울음을 촉구한다."(22:12-14), "여호와의 이름을 영화롭게"(24:15), "신앙이란 하나님의 말씀을 그대로 믿으며"(26:2-4), "밀실에 들어가서 기도하라"(26:20), "전도자가 이미 한 말을 되풀이하는 이유"(28:9-10), "아리엘은 하나님의 제단"(29:7-8), "성경을 모르게 만드는 죄악(외식죄)"(29:13-16), "안연히 처신함과 잠잠히 신뢰함"(30:15), "약한 손과 떨리는 무릎"(35:3-4), "사막의 대로"(35:8-10), "히스기야의 기도"(38:2-3), "히스기야의 죄악"(39:2)에 대해서 설교했다.

---

16. 정암(正嵓)의 구약성경 주석들은 『창세기, 출애굽기 주석』, 『레위기, 민수기, 신명기 주석』, 『역사서 주석』, 『이사야서 주석』, 『예레미야서 주석』, 『에스겔, 다니엘서 주석』, 『소선지서 주석』, 『욥기 주석』, 『시편 주석』, 『잠언 주석』, 『전도서, 아가서 주석』등이 있는데, 이 모든 주석들 속에 역시 그의 설교들이 들어 있다.
17. 박윤선, 『성경주석 이사야서』 (서울: 영음사, 1964).

5.2 후반부(40-66장) 27편에서, "징계 아래 있는 저희는 피곤을 느낀다."(40:27-30), "메시야께서 그렇게 고요히 계신 이유"(42:2), "하나님의 말씀을 보고 듣고 지켜야 된다."(42:18-20), "행함이 없는 믿음"(42:21), "괴로움의 종교"(43:22-24), "하나님은 그 말씀을 가지시고 인생을 찾으신다."(44:7-8), "여호와의 위대성"(45:18-19), "구원의 길"(45:20-22), "진리대로 살지 않는 처세"(48:1-2), "하나님의 사랑"(49:15), "교회에 대한 하나님의 보호"(49:16-21), "속죄하여 주시는 구주"(53:7-8), "하나님의 구원과 계약"(55:3), "기독교의 구원은 하나님의 계약 성취이다."(55:3), "그리스도 안에서의 사죄"(55:6-7), "하나님의 용서의 철저하심"(55:8-9), "그리스도 안에서 하나님과 화목케 하심"(55:10-11), "높고 거룩하신 분을 모시는 비결"(57:14-15), "하나님이 받으실만한 참된 종교생활"(58:6-9), "구약 안식일과 유대교 안식일과 신약의 주일"(58:13-14), "선지자의 말씀에 즉응하는 회개"(59:9-15), "천국에서 크게 되는 자의 비결"(60:22), "신약시대에 신자들이 누릴 기쁨"(61:3), "기도를 쉬지 말아야 될 것"(62:6-7), "하나님의 선한 대접을 받는 자"(64:4-5), "우리가 그리스도로 말미암아 하나님을 아버지라고 할 수 있게 되었다"(65:24), "통회의 복"(66:3-4)에 대해서 설교했다.

5.3 정암은 그의 설교, "속죄하여 주시는 구주"(53:7-8)에서, 분명한 '구약에서의 기독론'을 밝혔고, 또 그의 설교, "기도를 쉬지 말아야 될 것"(62:6-7)에서는 기도생활을 역시 설교하면서, '이사야서 주석' 전체에서 올바른 '성도의 삶'을 특히 강조했다.

6. 정암의 설교에 대한 평가

6.1 정성구는 "정암의 설교를, 하나님 중심사상, 오직 성경만의 사상, 오직

은혜의 사상, 오직 신앙의 사상"[18]으로 분석하면서, "성경말씀을 그대로 해석해 전달하려는 것과 하나님 앞에서 설교하고 살아야 한다는 입장은 칼빈의 입장과 동일하다고 볼 수 있다."[19]고 평가한다.

6.2 권성수는 "정암의 설교에서, 그의 성경관과 성경해석의 원리가 바르게 적용되었다."[20]고 평가한다.

6.3 이상규는 "그는 모범론적 설교에서 구속사적 설교에로 개혁을 도모했으며, 풍유적 설교의 위험성을 지적하였고, 성경 원전에 대한 이해력을 숙고하도록 경종을 주었다. 단, 구약본문을 다룸에 있어서는 미흡(未洽)했다."[21]라고 평가한다.

6.4 정창균은 "정암의 설교를, 성경 본문의 경건하고 깊이 있는 해석, 간절한 기도의 결실, 성령의 감화, 말씀대로 순종하는 인격"으로 분석하면서, 그의 능력적 설교를, "성경의 권위에 대한 절대적 신뢰와 하나님의 절대주권에 대한 신학적 확신"에서 찾는다.[22]

6.5 이승진은 "정암의 설교에 나타난 신적 증거는 하나님 앞에서의 거룩함이라"[23]고 평가한다.

6.6 이종경은 "정암의 설교를, 본문 중심의 설교와 언약적인 개념을 가진다."고 분석하면서도, "약점으로 상황적 관점과 다중적인 관점과 실천적 개념이 부족하다."[24]고 평가했다.

---

18. 정성구, 『박윤선 목사의 신학과 설교 연구: 칼빈주의 사상을 중심으로』 (서울: 한국칼빈주의연구원, 1991), 36, 54.
19. 정성구, 『박윤선 목사의 신학과 설교 연구』, 37.
20. 권성수, "박윤선 박사의 성경해석학," 「신학지남」 222호 (1998년 겨울호): 100-137.
21. 이상규, "교회사적 관점에서 본 박윤선의 설교" 『정암 박윤선의 설교』, 70-76.
22. 정창균, "설교학적 관점에서 본 박윤선의 설교" 『정암 박윤선의 설교』, 79-131.
23. Seungjin Lee, *The Divine Presence in Preaching: A Homiletical Analysis of Contemporary Korean Sermons* (Ph.D. diss. University of Stellenbosch, 2002), 48-50.
24. 이종경, "정암 박윤선의 설교연구," 「평택대학교 대학원 석사논문」(1998).

6.7 류응렬은 "정암의 설교를, 성경의 권위에 기초한 개혁주의 설교, 본문해석을 중심으로 하는 설교, 인격을 통한 진리의 선포"[25]라고 호평하면서도, "시대적 상황을 반영하는 점이 비교적 결여되어 있고, 설교에 대한 전달력이 그렇게 효과적이지 못하다."[26]고 지적한다.

6.8 한편, 필자(고산)는 "정암의 설교는 무엇보다도 '하나님의 절대주권사상'이 강조되어 있고, 그의 설교는 '개혁신학의 교리' 위에 선포되었으며, 다른 세상 철학이 없는 '성경 중심적인 삶'으로 일관되게 진행되었다."고 확신한다.

7. 마치는 말

정암은 열정적인 감동적 설교뿐만 아니라 근면하고 성실한 연구생활과 더불어 끊임없는 기도생활로 모범을 보였고, 박진감이 넘치는 강의로 학생들을 매료시켰으니, 누구나 그의 설교시간과 강의시간을 기다렸다. 그의 교리설교와 경건한 삶은 오늘의 후진들에게 엄청난 교훈과 충격을 주었고, 그의 '계시의존적 사색'과 '복음에 대한 올바른 선포'를 분명히 피력하였다.

조봉근

총신대학교 (B.A., M.Div. equ.)
영국 Trinity College, Bristol 수학
영국 Evangelical Theological College of Wales, (M.Ph.)
영국 University of Wales, Lampeter, (Ph.D.)
영국 웨일즈 복음주의 신학대학 Visiting Research Scholar
(전) 광신대학교 대학원장, 교목실장, 도서관장
(전) 한국복음주의 조직신학회 회장
(전) 광신대학교 신학대학원 정교수 및 교목실장
(현) 광주신일교회 (교육담당) 협동목사

---

25. 류응렬, "인격을 통한 진리의 선포-박윤선의 설교신학" 「한국개혁신학」 제25권(2009): 152-177.
26. 류응렬, "인격을 통한 진리의 선포-박윤선의 설교신학" 「한국개혁신학」 제25권, 173-175.

백기환 목사님의 설교

정윤태

I. 서론

하나님께서는 인생들에게 사명과 뜻을 두시고 모든 삶의 과정들이 그 사명과 뜻을 이루시기 위해 신묘막측한 섭리로 인도하시는 것을 보게 된다. 특히 하나님의 말씀으로 사람들의 영적 구원과 성장을 이루고 하나님의 사명과 능력을 받게 하는 설교자들의 삶은 더 더욱이 그러함을 본다.

그러한 면에서 볼 때 백기환 목사의 삶이 바로 그러했다고 할 수 있을 것이다. 그는 그의 아내 박경애 사모와 함께 대한예수교장로회 중앙총회와 서울중앙교회를 설립하여 소천하기 전까지 섬기며 수천의 회원교회를 이루도록 했으며 교단 산하 많은 교육기관들과 신문사를 설립하고 CTS 방송을 적극 후원하며 중앙교단과 한국기독교 교계에 건전한 성경 중심의 보수신학과 신실한 언론을 공급하고자 했다. 또한 그는 경기도 용인에 온석대학원대학교(구 중앙신학대학원대학교)를 설립하여 많은 내외국인 학생들이 신학 뿐만 아니라 다양한 분야의 석. 박사로 양성되게 한 입지적인 인물이다. 그가 소천한 후인 현재도 학교는 계속 성장하고 있으며 비기독교 외국인 학생들을 적극 유치하며 그들을 복음화하고 훈련하는 선교의 전초기지로서의 역할을 하고 있다.

백기환 목사는 경상북도 김천에서 평범한 농가에서 맏아들로 태어났다. 남달랐던 환경이 있었는데 부친이 선비의 삶을 추구하여 집안의 경제를 모친이다 감당해야 했기에 그는 어린 나이에 모친을 도와 집안 경제와 여러 명의 형제를 부양해야 했다. 6.25 한국전쟁 당시에는 만 11살의 어린 나이였음도 불구하고 피난지에서 가족들의 식량을 구하기 위해 매일 뛰어다니기도 했다고 한다. 그러나 이러한 삶의 환경이 그를 목자 되신 하나님의 마음으로 성도들을 목양하고 신학도들과 후배 목회자들을 사랑과 정성으로 섬길 수 있는 인격적 정서적 그리고 은사적 토양이 되었다고 회고하기도 하였다.

그는 그의 조모가 성경을 선물하면서 예수 믿기를 권하여 교회를 다니기 시작하였다. 그러나 얼마 가지 않아 다니던 교회의 부정적인 일들을 보며 교회에 대해 실망을 넘어 분노까지 느끼며 교회를 떠나게 되었다. 어느 날 그 교회에 부흥회가 진행되고 있는 광경을 보고 너무 가증스럽고 외식하는 것에 분노가 끓어올라 친구들과 함께 교회에 테러를 감행하고자 하는 데까지 이르렀다. 그러나 그 교회 앞에 이르렀을 때 자신이 누구보다도 강하고 의롭다고 믿고 있었던 자아의식이 하나님에 의해 일순간 무너지는 강력하고 강렬한 역사를 경험하게 된다. 외식하는 교회를 정죄 하려던 그에게 하나님께서 성령으로 강하게 역사하시며 '너는 깨끗하느냐? 너도 더러운 죄를 품고 살지 않느냐? 그러나 나는 너를 사랑한다. 그런 너지만 나는 너를 구원하여 쓰기 원한다.'라는 음성을 주신 것이다. 거역할 수 없고 가늠할 수 없는 하나님의 크심과 사랑과 부르심에 압도된 그는 그날 이후로 삶이 완전히 중생하여 주를 위하여 모든 것을 다 바쳐 헌신하는 역사가 일어난다. 친구들을 전도하여 19세의 나이에 교회건축을 해내고 드디어 목회자로 헌신하기로 결단하고 대구신학교에 입학하게 되고 또 한 번의 교회건축과 신학교 4학년 때에는 급우들과 함께 교회를 개척까지 하게 된다.

이때의 회심의 경험은 그가 어떠한 순간에도 하나님의 음성에 귀 기울여야 하며 들려주신 음성과 주신 감동에는 무조건 순종하는 계기가 되었고 이는 세상과 내가 기뻐하는 것이 아니라 '하나님이 기꺼워하시는 것'만을 한다는 그의 신앙의 원칙이 세워지는 계기가 되었다. 그래서 그는 아무것도 없고 몰랐지만 하나님께서 명하시고 기꺼워하신다고 믿게 된 교회건축과 개척을 청년기의 어린 나이임에도 여러 어려운 난관을 뚫고 해내게 된 것이다. 이 경험들은 그가 삼십 중반에 되어서 서울중앙교회를 개척하고 중앙교단을 설립한 이후에 중앙교단 소속 목회자들이 어려운 난관 속에서도 교회들을 개척하고 세워가게 하는 탁월한 리더십과 은사가 역사하게 되는 시작점이 되었고 이는 타 교단에 비해 그 빠르고 견고한 성장이 있게 되는 결과를 낳게 되었다.

그러나 그는 군 제대 이후 결혼과 자녀를 양육하는 일과 본가의 동생들을 차례로 출가시키는 일로 인해 목회자의 길을 가지 않고 결국에는 충성스러운 장로로만 헌신하기로 하고 열심히 가정과 교회를 섬겼다. 그러나 하나님께서는 그런 그를 포기하지 않으시고 지속적인 부름을 주셨다. 그러던 어느 날 사단에 의한 강력한 눌림과 시험이 극에 다다랐을 때 그는 영적 사투 가운데 성령의 강력한 임재를 경험하며 '하나님의 나의 왕이시다' 라고 회개하듯 선포했을 때 사단의 공격과 시험이 물러가는 은혜를 체험하게 된다. 이 사건은 하나님이 자신의 왕 되심을 깊이 깨닫고 왕 되신 하나님의 부르심에 철저히 순종하기 위해 좋은 직업과 사업을 정리하고 온전히 목회자의 길을 가게 되는 계기가 된다. 또한 그의 이 체험은 그의 목회와 설교 속에 녹아들어 성도들과 신학도와 목회자들에게 하나님의 왕 되심을 철저하게 가르치게 되고 이것은 '왕 되신 하나님이 우리와 언제나 함께 하시어 결국 우리는 승리하게 한다'는 중앙교단의 핵심정신인 '임마누엘 정신'으로 발전하게 된다. 그는 자주 그의 설교와 강의에서 '하나님께서는 사명만 주시는 것이 아니라 능력도 주시는데 그 능력은 하나님께서 따로 떼어 주시는 것이 아니라 하나님 자신이 함께 하시는 임마누엘의 역사로서 측량할 수 없는 능력이라고 강조하였다. 이러한 '임마누엘 신학'은 중앙교단을 움직이는 원동력이 되었고 중앙교단이 만만치 않은 대내외적인 어려움 속에서도 폭발적인 부흥을 이루게 하였던 것이다.

백기환 목사가 여성 목회자를 선도적으로 양성하게 된 데에는 남다른 배경과 경험이 있다. 그가 많은 환난 속에서도 인내하며 중앙교단을 창립하기까지는 집안의 여성 어른들과 아내인 박경애 사모의 공과 헌신이 지대했었다. 이 경험은 이후에 시대적으로 용납하기 어려웠던 일 즉, 여성들을 목회자로 세우는 비전을 갖게 했다. 그는 이 비전을 뒷받침하기 위해 여성 목회의 당위성을 세우기 위해 성경을 깊게 연구하여 그에 대한 성경적 확신을 얻은 후 이 일을 시대적 사명으로 여기고 실천에 옮기게 되었다. 이는 당시 경직된 한국교회에 목회의 다양성과 섬세함을 교회들 안에 불어 넣으시려는 하나님의 뜻을 이루기 위한 것이었다.

백기환 목사는 목회 초기부터 성경 중심의 신앙과 신학을 지향했다. 이는 그가 교회 개척 이후 하나님께서 주시는 여러 은사를 체험하고 목회에 적용하게 되었지만 결국에는 모든 것이 하나님의 말씀 안에 있음을 깨닫고 말씀 중심의 목회와 설교를 지향하게 된 데에서 기인한다. 이 일은 이후에 중앙교단 안으로 모여든 다양한 영적 체험을 중시하고 은사 목회를 추구하는 신학도들과 목회자들을 말씀 중심의 목회를 지향하게 하여 중앙교단이 복음적이면서도 건강한 성경보수의 교단이 되는 계기가 되었다.

II. 설교의 특징

백기환 목사의 설교와 목회에는 하나님께서 그의 삶을 통해 주신 '임마누엘 정신'이 주도하고 있다. 그의 '임마누엘 정신'은 하나님이 함께 하시는 것을 바라는데 그치지 않고 성도가 힘을 다해 하나님과 함께 하려는 것이 중요함을 강조한다. 인간 중심의 임마누엘이 아니라 하나님 중심의 임마누엘이 되어야 한다는 것이다.[1]

---

1. 문대골,「새 약속의 공동체를 향하여」. (1판; 서울: 쿰란출판사, 2008), 234-262.

그는 그의 설교와 강의에서 임마누엘을 추구하는 목적과 이유도 성도는 하나님을 영화롭게 하고 그를 기꺼워해야 하기 때문이라고 주장한다.[2] 이것은 어떠한 상황 속에서도 하나님의 주권신앙을 붙잡아서(롬9:14-29),[3] '예'만 있는 신앙과 신학으로 살아갈 때 진정한 임마누엘의 삶이 이루어진다고 믿기 때문이었다(고후1:15-22).[4]

또한 그는 진정한 임마누엘을 이루기 위해서는 막연하고 즉흥적인 신앙의 태도를 배척하고 신앙의 분명한 세 단계를 밟아야 할 것을 주장하고 있다. 첫째는 성령 안에서 죄를 회개하고 복음을 믿는다.[5] 둘째는 성경 말씀과 성령 안에서 기도로 거룩함을 얻는다(딤전4:5).[6] 셋째는 성령을 충만히 받아 복음을 땅끝까지 전한다(행1:8)이다.[7]

위에서 언급된 백기환 목사의 '임마누엘 정신'은 12가지 정신으로 요약되며 이것은 그의 설교와 목회 외에도 교단 목회자들과 신학도들에게도 중요한 영향력을 끼치고 있다. 이 중 몇 가지를 요약해 보면 아래와 같다.

1. 제1정신: 하나님과 성경 이외에는 아무나, 무엇이나 의지하지 않는다.[8]

그는 하나님의 말씀을 하나님의 의도대로 설교를 하는 것이 설교자에게 가장 가치 있는 일이라고 주장하고 있다.[9] 그렇기 위해서는 성경 중심의 설교를 해야 한다고 굳게 믿고 있다.

어떤 논리, 어떤 철학, 어떤 주장도 진리일 수는 없으며 오직 성경만이 진리

---

2. 문대골, 「새 약속의 공동체를 향하여」, 235.
3. 문대골, 「새 약속의 공동체를 향하여」, 236.
4. 문대골, 「새 약속의 공동체를 향하여」, 236.
5. 문대골, 「새 약속의 공동체를 향하여」, 244-252.
6. 문대골, 「새 약속의 공동체를 향하여」, 252-259.
7. 문대골, 「새 약속의 공동체를 향하여」, 259-262.
8. 문대골, 「새 약속의 공동체를 향하여」, 267.
9. 백기환, 「백기환 목사 설교 제1집: 지혜로운 성도」, (1판; 서울: 쿰란출판사, 2007), 머리말 1

라고 주장하고 있다.[10]

2. 제2정신: 하나님께만 보이는 생활을 한다.[11]

그는 그의 설교집 '구원을 즐기는 생활'에서 '천국 사람은 그 마음 중심에 하나님을 주인으로 모시고 산다.'고 했고 '천국 사람은 구속의 은혜에 감격하여 고난의 십자가를 지고도 좋아한다.'라고 했다.[12] 그는 인본주의가 아닌 철저한 신본주의의 삶의 본을 보였으며 그러한 백기환 목사의 설교에 그의 성도들과 제자들은 영적 울림이 있는 감동을 받고 아름다운 변화를 있게 한 점은 이 시대의 설교자들에게는 아주 중요한 교훈이 될 것이다.

3. 제5정신: 선인과 악인을 다 사랑하고, 죄를 미워하되, 존경할 자를 존경하고 주의할 자를 주의한다.[13]

백 목사는 그의 설교집 '구원을 즐기는 생활'에서 '섬긴다는 것은 모든 사람들에게 예수님처럼 낮아진 자세에서 생명까지 주는 것을 의미한다'고 했다.[14] 이러한 섬김이 영생을 얻는 자의 축복된 모습임을 그의 설교에서 말하고 있다. 또한 그의 설교집 '지혜로운 성도'에서 '인간의 오염의 요소는 인간의 외부적 요소가 아니라 인간의 내부적 요소인데 이는 부정적인 생각, 믿지 않으려는 불신의 태도, 악한 생각, 남을 미워 해치는 행위, 영적인 간음, 복음을 훼방하는 행위 등은 결국 둘째 사망에 이르게 한다'라고 말하고 있다.[15] 백 목사는 이러한 자들의 영향력을 주의하고 말씀과 사명과 하나님을 붙들고 사는 자와

---

10. 문대골, 「새 약속의 공동체를 향하여」, 267.
11. 문대골, 「새 약속의 공동체를 향하여」, 271
12. 백기환, 「백기환 목사 설교 제2집: 구원을 즐기는 생활」. (1판; 서울: 쿰란출판사, 2007), 294
13. 문대골, 「새 약속의 공동체를 향하여」, 282.
14. 백기환, 「구원을 즐기는 생활」, 171.
15. 백기환, 「지혜로운 성도」, 248.

가까이할 것을 말하며 그 역시 그러한 삶을 살도록 최선을 다했다.

4. 제7정신: 사단과 죄악에 대하여 거룩하게 죽기까지 싸울 것이나 사람과 싸우지 않고, 싸우는 사람들이 나를 욕하고 또 죽일 때 나는 평화와 사랑과 거룩을 잃지 않고, 저들을 위하여 축복하여 마음과 입술과 얼굴을 더럽히지 않는다.[16]

백 목사의 설교집 '천국의 표상'에서 그는 내 영혼이 하나님의 모든 말씀을 기뻐하며 모든 법과 율례를 고분고분하게 듣는 자세'가 필요함을 주장하고 있다. 그는 이어서 이러한 자세는 사단과의 영적 싸움에서 이기는 가장 중요한 작업이며 힘을 기르게 됨을 말하고 있다. 그러나 사람과의 관계에 있어서는 '조급하지 않고, 악의를 품지 않고, 복수하지 않고, 악한 말을 듣지 않아야 함을 말하고 있다. 이어서 이런 능력과 힘이 있는 것이 온유이며 하나님이 기뻐 받으실 성품이라고 말하고 있다.[17] 이러한 설교의 내용은 그의 삶을 통해 이루어졌으며 그의 이러한 삶을 따르려는 그의 성도들과 후학들을 통해 많은 열매를 맺고 있다.

5. 제12정신: 신. 망. 애를 견지한다.[18]

백기환 목사의 설교집 '천국의 표상'에서 '하나님의 존재와 하나님의 말씀, 하나님의 역사하심을 믿고, 하나님을 기쁘게 해 드려야 한다'라고 말하고 있다.[19] 또한 그는 믿음이 있는 말, 믿음 있는 기도는 반드시 이루어진다. 믿음과 소망의 연결(히11:1), 믿음과 복의 연결(히11:20-21), 믿음의 능력과 연결

---

16. 문대골, 「새 약속의 공동체를 향하여」, 303.
17. 백기환, 「백기환 목사 설교 제 3집: 천국의 표상」, (1판; 서울: 쿰란출판사, 2007), 108-109.
18. 문대골, 「새 약속의 공동체를 향하여」, 360
19. 백기환, 「천국의 표상」, 25.

(마17:20)이 되어야 한다. 믿음은 순종, 인내 등 우리의 모든 삶과 연결되어 있다'라고 주장하고 있다.[20]

그는 소망에 관하여서는 '하나님과 따로 떨어져 사는 사람이 아니라 하나님과 밀착되어 한 덩어리로 사는 것을 의미한다. 하나님과의 밀착에 틈과 공간이 없는 상태, 사단이나 유혹이 틈탈 사이를 두지 아니한 상태를 유지해 가는 삶을 여호와를 앙망하여야 한다'라고 말하고 있다.[21]

사랑에 관하여서는 '가정에서도, 학교에서도, 직장에서도, 좋은 일에도, 궂은 일에도 선한 목자의 사랑을 보여야 한다. 이것은 곧 주님의 마음을 가지고 먹이고 돌보고 인도하는 일이다. 우리 안에 있는 양도, 우리 밖에 있는 양도 사랑으로 돌보라는 분부'라고 그의 설교 가운데 말하고 있다.[22]

신·망·애를 견지함 역시 목회와 후학 양성에 있어 자주 강조되고 보여지는 것이었다. 말로 끝나는 설교가 아닌 행동과 삶으로 나타나는 것이야말로 설교의 힘을 더하게 하는 것이다.

백기환 목사의 '임마누엘 정신'은 그의 설교와 목회와 교육 전반에 걸쳐 녹아져 있고 삶을 통해 끊임없이 실천되어야 함을 강조하고 모범을 보이는 것이 큰 특징이라 할 수 있겠다.

III. 설교 방법

1. 설교의 준비
1) 메모의 습관
백기환 목사는 본인이 개척하여 세운 서울중앙교회와 중앙총회신학에서

---

20. 백기환, 「천국의 표상」, 26.
21. 백기환, 「천국의 표상」, 35.
22. 백기환, 「지혜로운 성도」, 118.

목회와 강의를 겸하여 사역을 하였다. 그러므로 그는 설교와 강의를 쉼 없이 준비해야 하는 상황에서 사역을 해야 했다. 거기에 총회장으로 중앙총회를 이끌어야 했으며 총회 산하의 많은 교육기관을 이끌어야 했었다. 교단 신문사를 세워 수많은 기사와 기고된 글들을 편집하고 본인도 신학과 목회에 관한 글들을 실어야 했었다. 이후 교단이 성장하면서는 인재들을 양성하여 일을 분배하여 맡기고 교회와 교단 외에 한국기독교총연합이나 CTS 기독교방송을 위해 큰 힘을 보태며 한국의 복음화에도 많은 헌신을 하여야 했기에 설교와 강의와 기고문 작성 그리고 책 출간 등을 하는 일들이 큰 부담이었을 것이다. 그래서 그는 작은 순간 틈틈이 이 많은 일들을 위해 준비했던 것이다.

늘 옷 안주머니에 엽서만 한 두터운 종이를 준비해서 운전을 하다가도 길을 가다가도 사무행정을 하다가도 사람을 만나고 돌아가는 길에서도 그 상황 속에서 끊임없이 주시는 성령님의 감동과 교훈을 그 종이를 꺼내어 적어두는 것을 습관화했다. 그때 그때 적어둔 교훈은 설교와 강의 및 신문이나 책의 내용으로 쓰였다. 그런 백기환 목사의 글에는 삶에서 배우고 깨달은 실전적이고 생생한 교훈과 내용이 많다. 그 많은 일들을 해 가면서 또 많은 사람들을 만나면서도 항상 성령님을 향해 예민하게 깨어있어 주시는 교훈과 감동을 놓치지 않으려 했다. 그는 성령이 주시는 감동과 교훈을 머리로 기억하는 것으로 끝내지 않고 그것을 메모하는 습관을 가졌는데 이것이 쌓여 큰 자산이 되었고 글을 준비하는 시간을 효율적으로 쓸 수 있게 했던 것이었다. 세계적인 리더들의 공통적인 특징 중 하나는 그들이 메모의 습관이 있었다는 것이다. 그들은 좋은 생각과 교훈을 얻은 당시는 그것들이 오래 오래 기억될 것 같지만 나중에는 그 기억들이 왜곡되거나 정확지 않아져 그 좋은 생각과 교훈들을 제대로 쓰지 못하는 일들이 있다는 것을 알았기에 철저하게 그때 그때 메모한 것이 좋은 결과로 이어지게 된 것처럼 백 목사도 철저한 메모 습관이 다량의 글을 준비해야 하는 그에게 아주 유용하게 쓰인 것이다.

백기환 목사는 이 메모된 내용들을 시간순으로 나열하여 하나님께서 본인을 어떠한 방향으로 이끌어 가시는지를 알 수 있게 하는 영적 지도와도 같았다고 했다. 그래서 단편적인 글을 쓰기보다는 전체적인 영적 흐름을 인지하면서 글을 쓰고 전하였다고 한다. 이는 우리가 성경을 단편적으로 보고 이해하는 것보다 성경을 전체적으로 보고 이해하려 할 때 더 크고 깊은 깨달음을 얻는 것과도 같은 일이라 할 수 있을 것이다. 설교자는 삶을 단면 만을 보고 설교를 준비하지 말고 삶 전체와 시대를 보고 파악하며 영적 흐름과 사인을 파악하고 준비 하는 것이 좋다라는 교훈을 백 목사를 통해 배울 수 있겠다.

2) 적절한 예화

백기환 목사는 삶 속에서 경험한 내용들을 설교나 강의 시간에 적절하게 사용했는데 이는 듣는 이로 하여금 아주 오래 기억되게 하는 효과를 낳았다. 다른 사람의 글 중에서 가져온 예화보다는 본인이 경험한 것을 예화로 쓰니 더 현실감이 있고 생동감이 있었던 것이다. 그리고 그 예화 속에는 하나님께서 주도하시는 상황이 주를 이루었기에 듣는 이로 하여금 더 집중하고 듣게 만들기도 했다. 그러나 듣는 이들에게 보다 효과적으로 듣게 하려고 극적인 표현을 자주 하거나 보태거나 하지 않고 경험한 그대로를 말하고 그 순간 그 순간 성령께서 깨닫게 하시는 감동을 더하니 예화가 하나의 재미나 집중하게 하는 도구로만으로 끝나지 않고 설교나 강의를 오래 기억하게 하는 유익이 있었다.

3) 미리 준비하는 설교

백기환 목사는 한 해가 시작하기 전에 기도원에 들어가 기도하며 그 해에 해야 할 설교를 준비했다. 한 해 교회가 할 일과 그에 맞게 52주 설교의 제목과 중심 내용을 준비하고 때로는 그것을 교회에 발표하기도 했다. 그 이유는 성도들이 설교의 내용을 미리 알고 은혜받을 준비를 하고 설교를 듣게 하기 위함이었다. 보다 적극적이고 능동적으로 설교에 성도들이 임할 때 선포되는 말씀의 감동과 교훈이 더하기 때문이었다. 아울러 미리 설교의 제목과 중심내용을 준비함으로 영적으로 준비할 수 있는 시간과 자세를 미리 갖게 됨으로 더 깊은 영성이 있는 설교가 될 수 있는 유익이 있었던 것이다.

2. 강해설교

백기환 목사는 강해설교에 탁월함이 있었다. 주일 저녁을 포함하여 새벽예배, 수요예배, 금요철야예배에 강해설교를 많이 했다. 그 이유는 그의 신념과 신학이 그러하듯이 성경 중심적인 삶을 가르치기에는 강해설교가 주요했기 때문이었다.

그는 교인들에게 강해설교를 할 때 성경을 분해하듯 쪼개서 단어 하나하나의 의미를 보편적인 시각뿐만 아니라 전혀 생각지 않은 각도에서 가르치려고 노력했다. 특히 성경의 저자는 성령님이기에 하나님의 마음과 입장에서 성경을 해석하는 자세를 견고하게 지키려 했다.

하나의 예를 들면 백 목사는 마태복음 5장 44절에서 48절을 본문으로 해서 선인과 악인에 대해 어떠한 태도를 취할 것인가를 설교한 적이 있는데 이 구절의 보편적인 교훈은 '악인도 선인처럼, 불의한 자도 의로운 자처럼 사랑하라'는 것이다. 그러나 백 목사는 이 본문을 보편적인 해석과 교훈에서 끝내지 않고 48절 '그러므로 하늘에 계신 너희 아버지의 온전하심과 같이 너희도 온전하라'에서 '온전하심'과 '온전하라'에 방점을 찍어 백 목사 나름의 해석과 적용을 제시한다.

아버지 하나님의 '온전하심'이란 하나님께서 인간을 아버지로서 사랑하는 것과 완전하신 하나님의 능력이 어우러져 온전함을 이루는 것을 말하기에 이 '온전하심'은 더할 나위 없고 부족함이 없는 '완전한 사랑'인 것이다. 이 '온전한 사랑'은 인간이 부족함으로 악인이 되고 죄인이 되었지만 하나님의 아버지로서의 사랑과 하나님으로서의 능력으로 그 부족함을 채워 악인을 선인으로 죄인을 악인으로 만들어 주심을 말하는 것이며 이를 따라 먼저 믿고 의인이 된 자들도 모든 것을 다한 사랑과 노력으로 악인과 죄인의 부족을 채워주어 그들을 하나님 앞에 온전한 선인과 의인이 되도록 도와주어야 한다고 했다. 그것은 사람에게는 사람을 정죄할 정죄권도 속죄권도 없기 때문이며 그러므로 우리는 악인도 선인처럼 대하며 그 '온전함을 위한 완전한 사랑을 베풀어야 한다고 가르치고 있다. [23]

IV. 설교의 적용과 교훈

백기환 목사의 많은 설교 중 '성도의 특징' [24] 이라는 제목의 주제설교는 그의 보수적이고 성경적인 신학관이 잘 반영된 것이라 할 수 있다.

제목: 성도의 특징

본문: 로마서 1장 7절

1. 성도는 로마라고 하는 세속도시에 사는 사람들이지만 특별히 하나님의 사랑을 받은 사람입니다. 그 사랑을 입어 성도가 되어 가도록 부르심을 받은 사람들입니다.
2. 성도이기 때문에 부르심을 받은 것이 아니라 성도가 되어 가도록 부르심을 입은 것입니다. 성도가 되는 길은 곧 성화의 길을 걷는 것입니다.
3. 중생은 단번에 되는 길이지만 성화는 계속적인 영의 성장입니다. 교회는 중생한 교인들의 영적 성장을 위해 은혜의 방편으로 세 가지를 요

---

23. 문대골, 「새 약속의 공동체를 향하여」, 283-285
24. 백기환, 「지혜로운 성도」, 181-183

구합니다.
 1) 은혜의 방편으로써의 말씀
 2) 은혜의 방편으로써의 성례
 3) 은혜의 방편으로써의 기도

1) 은혜의 방편으로써의 말씀
(1) 성경 말씀을 믿으면 든든한 사람, 곧 성도가 됩니다.
(2) 성경을 알면 지혜로운 사람이 됩니다.
(3) 성경을 실천하면 거룩한 성도, 하나님의 사람이 됩니다.
우리는 성경을 통해서 하나님의 크신 사랑, 그리스도의 구속의 사랑을 깨닫게 되어 헌신, 봉사, 충성합니다. 또한 성경을 통해 하나님의 약속에 대한 믿음을 가지게 되므로 성경에 기록된 내세에 대한 소망을 갖게 됩니다. 그래서 믿음, 소망, 사랑의 성장을 얻게 됩니다.

적용: 이러한 그의 신념은 중앙총회의 임마누엘 정신 제4항 '하나님과 성경 이외에는 아무나, 무엇이나 의지하지 않는다'라는 신조를 낳게 된다. 백 목사는 소명을 품고 가는 도중에 만난 수많은 역경과 고난 속에서도 이러한 신념과 믿음으로 다 극복할 수 있었다고 고백하고 있고 성도들과 후학들에게 그렇게 가르치고 있다.[25]

2) 은혜의 방편으로써의 성례
성도는 세례와 성찬에 참여함으로 은혜를 받고 영적 성장을 체험합니다.
(1) 성도는 삼위일체 하나님의 이름으로 세례를 받습니다.

---

25. 문대골, 「새 약속의 공동체를 향하여」, 270

① 이는 성부를 통해 하나님의 자녀로 택함을 받고
② 성자 그리스도를 통해 보배로우신 피로 죄 씻음을 받으며
③ 성령의 내주를 통해 성화의 축복을 받게 되는 것입니다.
(2) 성찬에 참여함으로 주님의 속죄의 사랑을 기억하고, 믿음으로 받아 그 영혼이 더욱 강건하여지고 천국 소망이 더욱 새로워집니다.

적용: 백기환 목사는 세례와 성찬을 연례행사로만 행하지 않고 이 성례들을 통해 성도들을 신앙적으로 훈련시키는 기회가 되도록 오랫동안 말씀과 기도로 준비시키고 거룩한 성도로 살아가는 이정표가 되도록 독려하고 점검하며 목양했다. 백 목사가 집전 성례를 통해 신앙의 성장에 계기가 되었다는 성도들이 많았음은 목회적으로 의미가 크다 할 수 있다.

3) 은혜의 방편으로써의 기도
(1) 성도로 만드는 것이 기도입니다. 참 성도가 되면 더욱 기도하기를 힘씁니다.
(2) 기도하기를 쉬면 하나님과 멀어지고, 믿음은 점점 약해집니다. 그리고 형식적인 성도가 됩니다. 결국 죄 짓는 도화선이 됩니다.
(3) 기도를 하지 않으면 죄를 짓게 되고, 죄를 짓게 되면 기도의 문이 막힙니다.

적용: 백 목사는 목사가 되어 가는 과정부터 기도원도 아닌 아무 인가나 인적이 없는 험한 산속이나 굴속에서 기도하며 영성을 쌓아왔고 목회자 된 이후에도 기도생활을 힘써 했었으며 어린 주일학교 아이들로부터 장년 성도들까지 새벽기도회 참여를 독려하고 성도들을 기도훈련의 장으로 항상 인도했으며 그것이 주효하여 성도들의 신앙이 성숙하고 든든히

서며 백 목사 본인부터 많은 기도를 통해 하나님과 깊고 실제적인 인격적인 교제를 했고 응답에 역사가 많았으며 성도들에게도 기도의 응답이 많은 교회가 되게 하였다.

V. 결론

백기환 목사의 목회와 설교는 '성경보수신학'과 '실천신학'을 근간으로 한다. 그의 설교와 목회에 녹아 있는 내용을 몇 가지로 요약하면 아래와 같다.

1. 하나님과 성경 이외에는 아무나, 무엇이나 의지하지 않는다.
2. 하나님께만 보이는 생활을 한다.
3. 모든 일을 신앙 중심으로 한다.
4. 선인과 악인을 다 사랑하고 죄를 미워하되, 존경할 자를 존경하고 주의할 자를 주의한다.
5. 타인의 부족을 보지 않고, 말하지도 않고 듣지도 않는다.
6. 주 안에서 부모, 형제, 처자를 사랑하고, 그보다 주를 더욱 사랑하고, 자기를 이기고 십자가를 지고 주를 따른다.
7. 진리를 위하여 좁고 험한 길, 고독과 곤고, 누명과 수치, 나아가서 죽음을 감수한다.
8. 명·리·색을 멀리하고 완전히 버린다.
9. 정직을 으뜸으로 하며 표리여일하고 근면, 성실, 신실히 산다.
10. 신·망·애를 견지한다.

백기환 목사는 성경을 자신의 유일한 존립 기반으로 하는 신앙적 체험을 설교와 목회에 주요하게 사용했다. 그는 설교, 논문, 강의, 주장 어디에도 타 종교나 타 신앙을 비난한 바 없지만 '신앙은 다 같은 것'이라 절대 여기지 않고 '예수만이 주시오 그리스도'라는 신앙고백으로 살고 가르쳤고 '인권'이나 '하나님의 사랑'이란 논리로 성경의 진리를 흐리려는 것에 대해 단 한 번의 타협이나 방임을 하지 않는 성경보수 신학을 추구했다. 이러한 그의 신학과 목회는 이 영적으로 혼란하고 연약해지는 한국교계에 중심을 잡아 주는 중요한 역할을 하였다고 할 수 있을 것이다.

정윤태

연세대학교 음악대학 졸업
중앙총회신학원 졸업
Oral Roberts Univertsity (미국 Olalahoma State Tulsa City) M.Div.
Oral Roberts University D.Min.Cand.
(전) 중앙총회신학 강사
(전) 털사한인제일침례교회 담임목사
(전) 털사한인교회 교회협의회 회장
(현) 온석대학원대학교(예장 중앙총회) 교목실장 재직

손양원 목사의 설교

권경철

I. 서론

한국에서 정통적인 신학을 공부한 사람이라면 누구나 손양원 목사에 대해서 들어보았을 것이다. 일제 시대 신사참배를 거부하고 옥고를 치른 이야기라든지, 여순 반란 사건 당시 자신의 두 아들들을 죽인 원수를 용서하고 양자로 삼은 유명한 이야기는 이미 여러 권의 책으로 출판되었을 뿐만 아니라, 연극으로 만들어지기 했고, 2013년에는 "죽음보다 강한 사랑 손양원"이라는 성탄절 기념 지상파 방송 다큐멘터리로 만들어져 방영되기도 했다. 오늘날에도 상당수의 신학도들과 목회자들이 손양원 목사의 영웅적이고 희생적인 삶과 신앙에 큰 감화를 받고 있음은 주지의 사실이다.

하지만 그의 유명세에 비하면, 그의 설교를 직접 읽어본 사람의 수는 생각보다 적다고도 할 수 있을 것이다. 실제로 필자는 신학교에 재학하면서 그의 설교를 찾아서 읽는 신학생들을 거의 보지 못했으며, 학교에서 손양원 목사의 설교들이 추천도서 목록에 있는 것을 본 적이 없다. 필자가 유학을 마치고 신학교에 출강하기 시작한 지난 4년간에도 이러한 현실은 크게 변하지 않은 것으로 보인다.

그렇다고 해도, 손양원 목사의 설교는 아직 전혀 잊혀지지는 않았다. 그의 명성에 비해서 상대적으로 주목을 받지 못했을 뿐, 손양원 목사의 설교 원문이나 그의 설교에 대한 연구들을 구하는 것은 그다지 어려운 일은 아니다. 대표적으로 안용준 목사가 1963년에 편집하여 출간한 손양원 목사 설교집과 일부 미출판 설교 원고들이 1994년 손양원 목사 순교기념사업회에 의해 증보되어 세 권으로 출간된 바 있으며,[1] 2009년에는 손양원 목사의 설교와 그 외 글들이 한국고등신학연구원을 통하여 재차 출간되기도 했다.[2] 그리고 정성구,[3] 주승중,[4] 박철희,[5] 정철화,[6] 양낙흥,[7] 류원렬,[8] 조순호[9] 등이 손양원 목사의 설교를 분석하고 평가하는 글을 쓰기도 하였다.

현재 출간된 손양원 목사의 설교는 대부분 해방과 한국전쟁 사이의 기간에 준비되었던 설교들이기에, 손양원 목사 생애 전체를 대표할 수 있는 작품들은 아닐 수도 있다. 그렇지만 해방과 전쟁 사이의 기간이야말로 손양원 목사 일생에 애양원에서 자유롭게 설교할 수 있었던 얼마 안 되는 기간이었다는 점을 고려하면, 이 설교들이야말로 손양원 목사의 설교 세계를 알 수 있도록 해주는 열쇠라고 볼 수 있을 것이다. 따라서 본 기고는 손양원 목사의 해방 이후 설교를 주로 분석하도록 하겠다. 필자는 이러한 분석 과정에서 설교자들에게 실제적인 교훈을 주는 것을 최우선적인 관심사로 할 것이며, 선행연구들 역시도 그러한 관점에서 취사선택하여 활용하도록 하겠다.

---

1. 『산돌 손양원 목사 설교집』 전2권, 안용준 편집 (서울: 신망애사, 1963); 『손양원목사설교집』 전3권, 이광일 엮음 (여수: 손양원목사 순교기념사업회, 1994).
2. 『손양원: 한국 기독교 지도자 강단설교』 (서울: 홍성사, 2009).
3. 정성구, "손양원 목사의 설교론," 신학지남 51/4 (1984): 158-179.
4. 주승중, "한국교회 순교자들의 설교내용과 사상에 관한 연구: 김익두, 김화식, 주기철, 손양원 목사를 중심으로," 석사학위 논문, 장로회신학대학교, 1987.
5. 박철희, "손양원 목사의 설교연구," 석사학위 논문, 장로회신학대학교, 1998.
6. 정철화, "한국 교회의 초기 설교형태에 대한 고찰: 손양원, 한경직, 김창인, 이명직, 김선도 목사 중심으로," 석사학위 논문, 고려신학대학원, 1998.
7. 양낙흥, "손양원 목사의 설교 분석," 한국기독교와 역사 38 (2013): 127-153.
8. 류원렬, "순교자 손양원 목사의 설교 고찰," 복음과 신학 13 (2011): 108-120.
9. 조순호, "손양원 목사 설교 연구," 석사학위 논문, 총신대학교 목회신학전문대학원, 2012

II. 손양원 설교의 특징: 균형 잡힌 성경중심적 상황화

첫째로, 손양원 목사의 설교는 무엇보다도 철저하게 성경 중심적이었다. 손양원 목사는 자신의 설교론에 대해 다음과 같은 말을 남겼다.

> 나의 설교란 강도학 원리에 꼭 '성경 말씀에만 터를 닦고' 한 대로 66권이 본문이요 제목이요 대지도 소지도 이를 기초로 합니다. 성경에서 성경으로 풀고 싶습니다. 성경에 묻고 성경에서 대답하고 싶습니다. 서론도 성경이요 내용도 성경이요 결론도 성경이 되게 하고자 합니다. 즉 성경으로 시작하여 성경으로 마치고 싶습니다. 그래서 십자가의 대도(大道)와 기독교의 교회를 분명히 전하고 싶습니다. 그런고로 나의 설교의 내용은 학술적이기보다는 도리적(道里的), 도덕적 행위 교훈보다는 생명적인 복음으로, 사상보다도 교리적인 것을 가르치고 전하며, 이론보다도 실제적으로, 일시 귀를 즐겁게 하는 감정보다도 의지적인 진리의 내용을 밝히고 싶습니다. 그것은 본래부터 기독교의 본질이 그렇고 성경 내용의 진리가 그렇고 나의 받은 사명이 그런 줄 아는 까닭입니다. 그래서 성경에 기록된 대로 평이하게 명확하게 증거해서 유식 무식 간에 노인도 젊은이도 남자도 여자도 알기 쉽게 하고저 합니다. 쉽게 쓴 것을 왜 어렵게 하겠는가. 이렇게 성경만으로 중심으로 해서 복음을 전하면 전해지는 말씀 여하는 말할 필요도 없고 말씀이 전해지는 강단도 거룩해져서 강단이 순수한 하나님의 제단이 될 것입니다. 성전을 더럽히지 않으려면 강단을 더럽히지 말아야 합니다.[10]

여기서 손양원 목사는 일제 강점기 한국 교회가 일본 제국주의의 시녀로

---

10. 『손양원 목사 설교집』, 1:83.

전락했던 과오를 반복해서는 안된다는 입장을 표명할 뿐만 아니라, 설교단이 세상적인 학식과 사사로운 목적을 위해 사용되지 말아야 할 것을 촉구하고 있는 것이다. 손양원 목사에게 설교단은 성경 말씀만을 초지일관 누구나 알아듣기 쉽게 선포하는 곳이어야만 했다.

그는 성경의 주요 가르침을 있는 그대로 믿지 않는 것이야말로 바로 신신학이요 타락의 지름길이라고 역설하였다. 당시 평양신학교에도 일부 종교다원주의에 호의적인 이들이 있었던 것으로 보이나, 손양원 목사는 자신이 그들의 이론을 배격하고 철저하게 예수님의 십자가와 부활을 있는 그대로 믿고 그에 걸맞은 생활을 하려고 노력한다는 점을 그의 설교에서 강조하였다.[11] 그가 보기에 한국전쟁은 이러한 신신학과 교회의 타락에 대한 하나님의 심판이었다.[12]

성경 전체에 대한 흔들림이 없는 확신은 손양원 목사로 하여금 신약성경과 구약성경을 고루 사용하며 설교를 하도록 했다. 실제로 그는 구약성경과 신약성경 본문을 동시에 설교 본문으로 내세우는 경우들이 많았다. 손양원 목사 순교기념사업회에서 발간한 설교집에서만 해도 신약과 구약을 동시에 본문으로 인용한 설교들이 다음과 같이 많다: 오늘이 내 날이다(히3:1-19; 시95:7), 영적 인격을 완성하자(창1; 엡4:23-24), 롯의 처를 생각하라(창19:1-28; 눅17:32), 룻(룻1:6-8; 마1:5), 사무엘의 사적(삼상3:1-4:1; 눅2:49), 신앙의 원동력(왕상18:16-46; 약 5:16), 지혜의 대왕 여호사밧(대하17:1-12; 마6:33), 기독교는 나환자의 종교이다(눅16:19-21; 시27:10), 추수의 감사(시148:1-14; 롬 8:32; 살전5:18). 신약성경과 구약성경간의 이와 같은 균형으로 미루어 볼 때, 주승중이 일부 설교만을 가지고 손양원 목사가 구약성경을 주로 설교 본문으로 택

---

11. 『손양원 목사 설교집』, 3:110.
12. 『손양원 목사 설교집』, 3:73.

하는 경향이 있다는 평가를 한 것은 수정될 필요가 있다.[13]

이처럼 성경 전체를 진지하게 다루면서 성경적인 설교를 추구하면서도, 동시에 손양원 목사는 설교를 청중에 맞게 상황화시키기 위한 노력을 상당히 기울였다. 그는 성경을 서민적이고 한국적인 언어로 풀어내어 청중의 상황에 맞게 적용하는 일을 게을리하지 않았다. 일례로 손양원 목사는, 하나님께서는 단군 이래로 한민족에게 십계명과 유사한 경천애인의 사상을 주시고 모세오경과 유사한 삼강오륜의 미덕을 주셨으니 이것을 무시해서는 안 된다고 주장한다.[14] 이러한 언급이야말로, 성경을 있는 그대로 믿으면서도 그것을 한민족의 언어로 풀어서 설명하고자 하는 그의 노력을 잘 보여준다고 하겠다.

무엇보다도 그의 철저한 청중분석과 상황화가 가장 빛을 발했던 현장은 나환자촌이었던 애양원에서였다. 손양원은 그는 평양신학교 안팎에서 미국 선교사들에게 영향을 받았음이 분명하다. 실제로 그는 성 프란체스코, 스펄전, 무디, 어거스틴에 대해서 언급할 뿐만 아니라,[15] 월드비전의 설립자로 잘 알려져 있는 "세계적 부흥가 피얼스가 여호수아 1:9, 마태복음 28장을 사인해서 준 것 감사하다"고 하면서 그가 서구 교회로부터 일정 부분의 영향을 받았음을 암시하고 있다.[16] 하지만 손양원 목사는 서구 신학의 용어들을 그대로 설교에 가져오지 않고 당시 한국 청중의 상황, 특히 나환자촌이었던 애양원이라는 특수한 상황에 맞추어 성경을 적용하는 일을 능숙하게 감당하였다. 그의 이러한 면모는 기독교는 나병환자의 종교이며 하나님께서는 거지 나사로와 같은 처지에 있는 나병환자들의 아버지가 되신다는 점을 역설한 시편 27편 설교에서

---

13. 주승중, "한국교회 순교자들의 설교내용과 사상에 관한 연구," 154.
14. 『손양원 목사 설교집』, 3 "67-69.
15. 『손양원 목사 설교집』, 1:74; 3:49.
16. 『손양원 목사 설교집』, 2:90.

잘 드러나고 있다.[17]

이러한 상황화 속에서도 손양원 목사는 성경 전체의 가르침을 타협하지 않았고, 설교 주제 선택에 있어서 균형을 잃지 않았다. 그는 신앙이 주는 달콤한 면, 즉 천국의 영생복락과 기쁨에 대해서만 강조하지 않고, 고통, 고난, 순교 속에서의 신앙 성장 등과 같은 어려운 설교 주제를 청중에게 들려주는 일에도 주저함이 없었다. 그러면서도 그는 암울한 상황 속에서도 자포자기하지 말고 간절한 기도와 구령의 열정을 가질 것을 매우 강조하였다. 이렇게 함으로써 손양원 목사는 믿음과 행함 중에서 한쪽으로만 치우친 설교를 하지 않으려고 하였다.

뿐만 아니라 인물설교와 구속사적인 설교 사이에서도 적절한 균형을 유지하려고 하였다. 룻과 사무엘과 다윗을 다루었던 인물 설교 속에서도 손양원 목사는 청중들이 그리스도를 바라보도록 했다. 그는 룻에게서는 신랑되신 예수 그리스도를 믿음으로써 구원을 얻는다는 진리를 역설하였고, 사무엘에게서는 성전을 떠나지 않으셨던 예수님의 모습이 겹쳐 보이도록 본문을 선택하였으며, 마지막으로 다윗 설교에서는 예수 그리스도를 통하여 받은 만국을 다스리는 성도의 권세에 대해서 언급하고 있다.[18]

또한 손양원 목사는 종말론과 현재를 살아가는 그리스도인의 태도를 균형 있게 다루기 위해서 노력한다. 물론 손양원 목사의 설교는 많은 면에서 타계적이고 종말론적 부분에 초점이 맞추어져 있는 것이 사실이다. 하지만 그렇다고 해서 그가 현재를 무시하는 이원론적인 신앙생활을 추구했다고 폄하하는 것은 옳지 않다. 예를 들면, 그는 자신이 성령을 받았다고 해서 손주보는 일을 경시했던 어떤 할머니의 과오를 지적하면서, "사농공상간에 무슨 직업이던

---

17. 『손양원 목사 설교집』, 1:16-29.
18. 『손양원 목사 설교집』, 3:13-18.

지 직업이 문제가 아니고 그 사람의 중심이 문제"라고 설명하기도 했는데, 이것은 손양원의 설교를 단순히 타계적인 설교로만 보는 것이 옳지 않다는 것을 암시해준다.[19]

마지막으로, 손양원 목사는 시류와 영합하지 않는 예언자적인 설교를 통해 교회의 사회적인 책임을 수행하려고 했다. 이 점은 선행연구들에서 이미 여러 번 언급된 바 있다. 그에게 있어서 "참 애국자가 되는 길은 참 기독자가 되는 것"이었다. 그는 일제 시대의 잔재라고 할 수 있는 충령(忠靈)묵도와, 국기에 대한 경배가 우상숭배의 흔적을 띠고 있다면서 기독교인들은 도덕적으로 모범된 삶을 살면서 이에 강하게 반대해야 한다는 요지의 설교를 하였으며,[20] 한국전쟁 시기에는 신사참배를 강요한 일제의 우상숭배의 죄는 물론이요 미군정과 선교사들의 주일을 경홀히 여긴 과오에 대해서도 분명하게 짚고 넘어가는 등 그야말로 회개를 촉구하는 설교를 하였다.[21]

물론 손양원 목사의 설교가 모든 면에서 완벽한 설교라고 보기는 어려울 것이다. 특히 오늘날 성경해석학의 관점에서 보면, 손양원 목사가 전체적으로는 바른 성경해석을 하면서도 가끔씩 성경 원어의 의미를 정확하게 제시하지 못하거나 풍유적인 해석을 하는 경우를 볼 수 있다. 예를 들어서, 롯의 처에 대한 예수님의 말씀을 설교하면서 손양원 목사는 "천사는 세상 감찰자, 소돔은 세상, 소알 땅은 교회, 아브라함은 교역자, 롯은 신자, 롯의 처는 형식적 신자, 사위는 보통 종교적으로 신자"를 상징한다고 하면서도 각 항목에 대한 구체적인 근거를 성경을 통해 제시하지는 않는다.[22] 또한 나병을 히브리어로 "싸라스"라고 하며 이 단어의 뜻은 "두들겨 맞은 자"라는 뜻이라는 식의 설명은, 오

---

19. 『손양원 목사 설교집』, 3:113-114.
20. 『손양원 목사 설교집』, 3:95-104.
21. 『손양원 목사 설교집』, 3:72.
22. 『손양원 목사 설교집』, 2:65.

늘날 우리가 가지고 있는 히브리어 지식에 비추어볼 때 설득력이 부족하다.[23] 그렇지만 이러한 의문들은 전체적으로 볼 때 사소한 것에 불과하기 때문에, 손양원 목사의 성경 중심적이고 균형잡힌 설교를 헛되게 만들지는 못한다는 것은 그 누구도 부인할 수 없을 것이다.

III. 손양원의 설교 방법: 예화가 있는 성경적 주제설교

류원열은 손양원 목사의 설교를 가리켜 "성경적 주제설교"라는 평가를 내렸다.[24] 과연 그의 평가대로, 손양원 목사의 설교는 주제를 정해놓고 주제에 맞는 본문을 선정하는 경우가 많은 것을 볼 수 있다. 특별히 기도에 관한 설교를 보면, 설교 한 편에 마6:5-13; 요16:24; 눅11:1-14; 벧전4:7을 한꺼번에 본문으로 삼고 기도란 무엇이며 어떻게 해야 하는 것인지에 관한 원칙을 나열하고 있는 것을 볼 수 있는데,[25] 이것이야말로 "주제설교"라는 말에 매우 잘 어울리는 접근법이라고 할 수 있을 것이다.

손양원 목사의 절기 설교에도 그의 주제설교 형식이 자주 드러난다. 손양원 목사는 11월에는 추수감사절 설교를 했고, 12월에는 성탄절 설교를 했을 뿐만 아니라, 5월에는 어머니주일과 6월 어린이주일에도 절기 설교를 했는데, 그때마다 본문은 바뀌었지만 그 내용이 본문주해보다는 각 절기의 주제에 맞게 내용이 구성되어 있는 것을 발견할 수 있다.

손양원의 설교 방법 중에서 중요한 부분을 차지하면서도 선행연구들에서 많은 주목을 받지 못했던 부분이 있다면 바로 그의 예화 사용일 것이다. 성경적인 설교에 대한 손양원 목사의 강조는, 그가 성경 외적인 예화를 전혀 활용하지 않았다는 식으로 곡해되어서는 안 된다. 손양원 목사의 설교 중에서 상

---

23. 『손양원 목사 설교집』, 1:17.
24. 류원렬, "순교자 손양원 목사의 설교 고찰," 109.
25. 『손양원 목사 설교집』, 1:62-63.

당수가 성경 이외의 내용을 예화로 활용하고 있다. 흥미로운 것은, 손양원 목사가 전체적으로는 성경 중심적인 설교를 하면서도 룻소의 자연주의를 비판적으로 인용하면서 자신의 논지를 증명한다든지,[26] 중국의 요 임금과 순 임금 시대의 태평성대보다 더 귀한 것이 천국이라고 한다든지 하는 부분들이 있다는 사실이다.[27] 물론 손양원 목사는 이러한 예화들을 절제해서 활용함으로써 설교의 주요 내용을 해치지 않으려고 한다. 세상살이와 일상적인 문제에 관한 이와 같은 예화 외에도, 손양원 목사는 특히 신앙 위인들의 이야기를 예화로 사용하기를 좋아했다. 대표적인 것이 기도의 사람 죠지 뮬러 이야기이다. 손양원 목사는 죠지 뮬러가 60년간 두 사람을 위해서 기도를 했는데, 한 사람은 그가 죽기 전에 회개했고 다른 한 사람은 그가 죽은 후에 회개했다는 예화를 설교 중에 반복적으로 사용하면서 그의 논지를 펼치고 있다.[28] 가끔씩은 손양원 목사 자신의 간증이 등장하기도 한다. 이와 같은 예들을 통해 우리는, 손양원 목사가 이해한 성경적인 설교란 성경 외적인 예화를 전혀 사용하지 않는 설교가 아니라 성경 외적인 이야기를 가져오더라도 철저하게 성경적인 시각에서 가져오는 것을 의미한다는 사실을 알 수 있다.

현재 남아있는 손양원 목사의 설교 원고들을 보면, 그가 평이한 대화체를 사용하였고 설교 원고에 매이지 않는 형태의 설교를 했을 것이라고 유추해볼 수 있다. 비록 그의 설교 원고들 중에서 설교 전문이 적혀있는 설교들은 극히 일부일 뿐이며, 대부분은 주요 대지와 예화만이 기록되어 있지만, 그 기록들 중에서 어려운 단어나 문어체는 거의 등장하지 않는다. 물론 우리 시대의 언어와 비교했을 때에는 한자말이 많아서 어렵게 느껴지는 부분이 있기는 하지만, 그 당시의 언어를 기준으로 볼 때는 어려운 표현이 거의 없다고 볼 수 있

---

26. 『손양원 목사 설교집』, 1:67.
27. 『손양원 목사 설교집』, 1:40.
28. 『손양원 목사 설교집』, 1:71; 2:64.

을 것이다.

IV. 손양원의 설교 적용과 교훈: 한민족이여, 열심히 천국을 바라보며 간절한 신앙생활을 하라

손양원 목사의 설교에서 적용 부분을 보면, 그 당시 상황이 얼마나 어려웠는지를 짐작하고도 남음이 있다. 해방 이후 추수감사절에 했던 설교 중에서 손양원 목사는 "공출, 징병, 배급"이라는 단어로 일제 시대 말기의 생활을 요약한다.[29] 그때에는 예배의 자유가 사라졌고, 찬송도 통제되었으며, 성경의 가르침을 있는 그대로 믿지 못하고 설교의 자유도 박탈당했던 상황이었으나, 하나님께서 광복을 허락해 주심으로 인해 "성도의 수난을 면케하여" 주셨으니 감사하지 않을 수 없다는 적용으로 감사절 설교를 마무리하고 있다.[30]

하지만 이러한 어려움은 천국 소망에 족히 비교할 수 없는 것임이 손양원 목사의 설교에서 거듭 강조된다. 아무리 대단한 힘과 문명을 가진 나라들이라고 하더라도, 그것들은 멸망하지만 주님의 나라는 영원하기에, 하늘 나라의 백성이 되는 것이야말로 현세의 고난과 족히 비교할 수 없는 것임을 손양원 목사는 그의 청중들에게 계속해서 상기시킨다.[31]

그럼으로써 손양원 목사는 일제 치하와 한국전쟁 사이의 어두운 기간을 보내던 한국민에게 천국 복음을 희망의 원천으로 제시하고 있다.

> 고대에 유명하던 큰 나라 애굽이나 앗수리아나 바벨론이나 헬라나 로마나 동양의 요 임금 순 임금 때 나라들은 그림자도 찾아보기 어려우나 오늘의 우리 천국은 옛날이나 지금이나 똑같은 나라이니 어찌 감사하지

---

29. 『손양원 목사 설교집』, 1:48.
30. 『손양원 목사 설교집』, 1:48.
31. 『손양원 목사 설교집』, 1:40.

않을까요. 한국의 독립도 귀하나 우리 얻은 천국은 더 귀합니다. 야마도 다마시를 자랑하던 일본국도 패망했고 세계를 대상으로 하고 호령하던 독일도 넘어졌으나 오직 우리 민족만은 영원히 망하지 않는 나라 백성이 됩시다. 영국은 국토를 자랑하고 미국은 그 부를 목적으로 하고 서서는 자유와 정치를 자랑하나 우리는 하나님의 나라를 자랑하고 목적하고 나아갑시다.[32]

손양원 목사는 당시 한국 역사의 가장 어려운 시기 중 하나를 함께 경험하던 성도들과, 그 중에서도 더욱 큰 고통을 당하고 있었던 나병 환자들에게 이와 같이 천국 복음을 통한 위로를 제공하려고 했던 것이다. 그리고 한 걸음 더 나아가 그는 그러한 천국의 위로가 공허한 구호가 아니라 삶 속에서 실현 가능하다는 것을 삶 속에서 직접 보여줌으로써, 청중들에게 더 효과적인 적용과 교훈을 줄 수 있었던 것이다.

물론 손양원 목사 설교의 적용과 교훈에 있어서, 당시의 시대적인 한계가 드러나는 부분도 없지 않다. 일례로, 현대의 시각에서 다음 인용구를 읽어보면, 인종차별주의적 표현으로 오해받을 소지가 있을 수도 있다.

세계 각 민족마다 민족적인 우월감을 가지고 있고 따라서 그것을 자랑합니다. 나는 여호와를 왕으로 모시고 있는 천국의 백성된 것이 감사합니다. 나는 남북빙양 극한지대에 낳지 않은 것도 감사하고 적도직하 열대지방 나라에 낳지 않은 것도 감사합니다. 얼굴이 새까만 흑국민이 되지 않고 또 얼굴에 아무 빛이 없는 백인도 되지 않고 노아의 장손이요 지구의 원색인 황인종으로 난 것도 감사한 일입니다. 동방의 오랑캐 국민

---

32. 『손양원 목사 설교집』, 1:40.

으로 낳지 아니하였고 불방의 뙤사람으로 때어나지 아니하고 동방예의 지국 한국인으로 낳게 된 것도 여호와께 감사한 조건입니다. 더구나 여호와 통치 하에 있는 천국 백성이 된 것은 무엇에 비할 수 없는 감사의 조건입니다.[33]

손양원 목사가 언급하듯이, 각 민족과 인종은 각자 자신의 배경에 대한 자존감을 가지고 있다는 점을 고려해본다면, 한국에서 황인종으로 태어난 것에 감사한다는 식의 설교 적용은 그 자체로는 문제가 없을 것이다. 하지만 현대 한국교회에서 위와 같은 적용점을 설교 시간에 공적으로 말했다고 한다면, 교인들 중에서도 거부감을 느끼는 사람들이 적지 않을 것이다. 이런 점 때문에 우리는 손양원 목사의 설교가 아무리 훌륭하다고 하더라도 그것을 오늘날의 강단에 일괄적으로 적용하기에는 때때로 어려운 부분이 있다는 것을 인정하지 않을 수 없다. 그렇지만 이러한 어려움은 전체적으로 볼 때 그다지 큰 것이 아니기에, 우리는 오늘날에도 손양원 목사의 설교를 통해 우리의 설교를 다시 한번 돌아보고 점검할 만한 가치가 있다고 하겠다.

V. 결론

전체적으로 볼 때, "손양원 목사의 설교는 설교학적으로는 특별한 것이 없다"는 양낙흥의 평가는 옳은 것일지도 모른다.[34] 하지만 특별할 것이 없는 손양원 목사의 설교를 특별하게 만든 것은 바로 손양원 목사의 경건하고 헌신적이며 성령 충만한 삶이었다. 기도 생활과 신앙 성장에 대한 그의 특별한 열심, 극한 상황 속에서도 흔들리지 않는 믿음은 그의 삶 자체를 살아있는 설교로

---

33. 『손양원 목사 설교집』, 1:39.
34. 양낙흥, "손양원 목사의 설교 분석," 147.

승화시키며 그의 설교의 설득력을 높였다.

　필자는 손양원 목사가 어려움 속에 있는 한국교회와 애양원의 환우들에게 했던 바로 그 설교가 오늘날 코로나 바이러스 위기 속에 있는 한국교회의 강단에 꼭 필요하다고 생각한다. 코로나 바이러스 사태를 통해 이 세상의 소망이 헛것임을 더 많이 느끼게 된 작금의 상황 속에서, 우리는 손양원 목사처럼 회개와 고난과 천국 소망을 이전보다 더 강조할 필요가 있다. 코로나 바이러스 사태를 통해 인간관계가 깨지고 서로 간의 거리가 벌어지는 상황 속에서 우리에게 필요한 것은, 바로 환자들의 목자요 아버지이신 하나님께로부터 오는 신령한 위로임을 우리의 삶 속에서 증명하면서 가르쳐야 한다. 이러한 위로가 한국교회에 넘친다면, 마치 김구 선생이 손양원 목사를 높이 평가했던 것처럼, 세상은 더 이상 교회를 가볍게 취급하지 않을 것이라고 믿는다. 손양원 목사의 삶과 설교처럼, 한국 교회 전체가 예수 그리스도 안에 소망이 있음을 힘주어 전파하며 정결한 삶을 살고 기도에 열심을 낸다면, 코로나 바이러스로 인한 육체적 심리적 불안감을 호소하면서 코로나 바이러스보다 더 무서운 죄로 인해 죽어가는 많은 사람들에게 진정한 소망의 길이 예수 그리스도 안에 있음을 증명할 날이 앞당겨지지 않을까 기대해본다.

참고문헌

류원렬. "순교자 손양원 목사의 설교 고찰." 복음과 신학 13 (2011): 108-120.
박철희. "손양원 목사의 설교연구." 석사학위 논문, 장로회신학대학교, 1998.
『산돌 손양원 목사 설교집』 전2권. 안용준 편집. 서울: 신망애사, 1963.
『손양원목사설교집』 전3권. 이광일 편집. 여수: 손양원목사 순교기념사업회, 1994.
『손양원: 한국 기독교 지도자 강단설교』 서울: 홍성사, 2009.
양낙흥. "손양원 목사의 설교 분석." 한국기독교와 역사 38 (2013): 127-153.
정성구. "손양원 목사의 설교론." 신학지남 51/4 (1984): 158-179.
정철화. "한국 교회의 초기 설교형태에 대한 고찰: 손양원, 한경직, 김창인, 이명직, 김선도 목사 중심으로." 석사학위 논문, 고려신학대학원, 1998.

조순호. "손양원 목사 설교 연구." 석사학위 논문, 총신대학교 목회신학전문대학원, 2012.
주승중. "한국교회 순교자들의 설교내용과 사상에 관한 연구: 김익두, 김화식, 주기철, 손양원 목사를 중심으로." 석사학위 논문, 장로회신학대학교, 1987.

권경철

총신대학교 신학과 (B.A.)
총신대학교 신학대학원 (M. Div.)
Westminster Theological Seminary (Ph.D.)
(전) 국제신학대학원대학교 강사
(전) 한국성서대학교 강사
(전) 총신대학교 신학대학원 강사
(전) 아신대학교 강사
(현) 열린교회 부목사

안성수 목사의 설교

안인섭

1. 들어가는 글

교회사는 하나님 나라의 이야기라고 할 수 있다.[1] 오늘의 한국교회는 그 이름조차 알려지지 않은 수많은 목회자와 성도들의 눈물겨운 헌신 위에 서 있다. 본 글에서 필자는 한반도에 하나님 나라가 맹렬하게 진행될 수 있도록 하나님의 보이지 않는 손에 의해서 사용된 인물들 가운데 그리 알려지지 않았던 한 명의 설교가를 소개하려고 한다. 그는 안성수 목사다.

안성수 목사는 직접 설교집을 출판하지는 않았기 때문에 그의 설교가 대중에게 알려져 있지 않다. 또한 당시는 오늘처럼 인터넷이 없던 시대였기 때문에 그의 설교 동영상도 남아있지 않다. 따라서 현재의 글은 평소 그의 설교를 직접 들었을 뿐만 아니라, 그의 설교 준비 과정과 그의 삶 자체를 가장 가까이에서 지켜보았던 아들의 기억에 의해서 기록되고 있다.

안성수 목사는 1960년 당시 목회자가 없는 작은 기도처였던 경기도 남양주시에 있는 금곡교회에 목회를 시작했다. 1987년에 현직 담임목사로 사역을 하던 중에 하나님의 부름을 받았다. 안성수 목사는 27년간 한 교회에서만 목회 사역을 담당했는데 그가 세상을 떠날 당시 금곡교회는 주일 예배에 참석하

---

1. 안인섭,『종교개혁역사연구』(용인: 킹덤북스, 2022), 14-15.

는 장년이 510여명이 될 정도로 중형 교회로 발전한 바 있었다.

먼저 그의 생애를 간략하게 살펴본 후에 그의 설교 특징에 대해서 설명하려고 한다.

2. 안성수 목사의 생애[2]

1) 평양에서 태어난 기독 청년, 피난민 되다.

안성수 목사가 태어난 곳은 평안남도 평양 신양리다. 안영덕과 김치동 사이에 1919년에 외동아들로 태어났다. 1945년 일제로부터 해방이 되었지만 국가와 개인의 상황이 모두 많은 좌절 속에 있었다. 이 과정 가운데 그는 당시 평양에 있었던 성화신학교에 입학해서 신학을 공부하게 된다. 그의 가정에서 본인만 예수를 믿는 상황이었기 때문에 그는 쉽지 않게 신학도로서의 길을 가고 있었다.

그렇지만 한반도 이북을 장악하고 있었던 공산당은 성화신학교와 평양신학교를 합병시켜 기독교 연맹신학교로 바꾸었다. 게다가 같은 해에 6.25 전쟁이 발발하게 되었다. 청년 안성수는 기독교인으로서 공산주의자들을 반대하다가 1.4 후퇴 때 홀로 이남으로 떠난 피난민이 되었다.

2) 남한에서 소명을 다시 발견하다.

홀로 피난민이 되어 남쪽에서 갖은 고생을 다하면서 사업가로 성장했던 청년 안성수는 뜻하지 않게 폐결핵을 앓게 되었다. 모든 것을 내려놓고 순례 전

---

[2] 안성수 목사의 생애에 대한 자세한 내용을 위해서는 다음의 두 자료를 참조하시오. 안인섭, "안성수 목사의 '사랑으로 역사하는 교회'", 『그리워지는 목회자들: 백향목처럼 아름다운 이야기』 (서울: 아벨서원, 2020), 231-253; 김요나, "안성수 목사" 『중서울노회사: 21세기를 향한 화합과 전진』 (서울: 대한예수교장로회 중서울노회 역사편찬위원회, 1997). 337-342.

도단의 자원봉사자로 전국을 다니면서 복음을 전하던 중에 폐결핵이 깨끗하게 치유되었으며 그 과정에서 평양에서 받았던 소명을 다시 발견하게 되었다.

3) 늦깎이 신학생

소명을 따라서 총회 야간신학교에 입학했던 안성수는 1957년에 청암교회(이환수 목사 시무) 전도사로 공식적인 사역을 시작했다. 그는 총회 야간신학교가 발전한 칼빈신학교를 졸업(1960)했고 총신 제10회 졸업생이 되었다. 신대원 졸업 회기는 54회가 된다.

만학도 신학생 안성수는 같은 신학생이며 동시에 경기도 파주 광탄교회에서 알고 지내던 김희용 학생을 만나서 결혼한다. 김희용 사모는 경기도 광탄의 유지 김경서 장로의 막내딸이었는데 언더우드 선교사와도 친밀했던 한국교회 초기 기독교 지도자 가운데 한 명이었다.

4) 금곡교회 목회의 시작 (1960년)

안성수 전도사는 총신을 졸업한 후에 전도사로 사역하고 있었던 청암교회로부터 농촌 선교사로 파송을 받아 경기도 남양주의 금곡교회로 가게 되었다. 이때가 1960년 3월 5일이었다. 이 금곡교회는 이미 1947년 8월 15일에 동막 우상순 성도의 개인 집에서 4명이 예배를 드림으로 시작되었던 신앙의 공동체였다. 당시 금곡교회에는 1957년에 장로로 세워졌던 우상옥 장로가 있었다. 안성수 전도사와 우상옥 장로의 아름다운 목양의 파트너십은 참으로 감동적이었다. 안성수 전도사는 1964년에 5월 29일에 금곡교회 위임목사가 되었다.

안성수 전도사가 첫발을 떼었던 1960년 당시의 금곡의 도로는 아직 비포장이었고 전기조차 들어오지 않아서 호롱불을 사용하는 집도 많았다. 성도들은 종일 농사를 짓는 사람들이었다. 안성수 목사는 새벽 3시면 일어나서 자전거를 타고 흩어져 있는 성도들을 새벽기도에 오라고 깨우러 다녔다. 그렇게 해야 농사를 짓느라 피곤한 교인들이 일어나서 새벽기도에 올 수 있었기 때문이다. 새벽기도를 마치면 모두 논과 밭으로 일하러 나갔다. 김희용 사모의 친척들이 살림에 도움이 되라고 보내준 쌀과 고추장 등은 모두 가난한 성도들을 위해서 나누어주고 없어졌다.

5) 교회 토대를 든든하게 세우다 (1967-1980년)

안성수 목사는 1968년 9월 20일에 금곡교회 예배당 준공식을 거행했다. 그 다음해인 1969년 7월 14일에 예배당을 입당했다. 붉은 벽돌과 슬라브로 된 3층의 교회 건물이었다. 1972년 4월 2일에는 예배당의 현관 건축 기공을 하고 5월 27일에 준공을 했다.

지속적인 교회의 성장으로 1975년에는 교육관 부지를 매입하기 시작해서 1977년 10월 1일에 교육관 봉헌예배를 드렸다. 1979년에는 본당도 예배당 안을 2층으로 증축했다.

6) 사랑으로 역사하는 교회를 완성하다 (1981-1987년)

교회 주변에 아파트 단지들이 들어오게 되면서 교회는 더욱 부흥하게 되어 새로운 예배당의 필요성이 대두되었다. 따라서 1981년 4월 16일에 새 예배당 기공 예배를 드리게 되었으며 1983년 10월 12일에 새 예배당 입당예배도 드렸다. 그러나 아직 헌당예배를 드리지도 못한 상황에서 안성수 목사는 1987년 1월 4일에 하나님의 부름을 받았다.

1986년 11월에 교회 차가 두 번의 교통사고를 내게 되었는데, 안성수 목사는 교회의 목양자로서 무한한 책임의식을 느끼게 되었다. 그러던 중 1987년 1월 3일 토요일에 주일 예배 설교 준비를 하다가 갑자기 왼쪽 가슴에 심한 통증을 느껴 병원에 실려가게 되었다. 결국 주일 밤 10시에 영원한 하나님 나라로 가셨다. 안성수 목사는 첫 단독 목회지였던 금곡교회에서 사역을 시작해서

이 교회에서 27년을 담임목사 현직으로 사역을 하던 중 새해 첫 주일에 하나님 아버지의 품으로 돌아간 것이다.

중서울노회 15년사에 의하면 안성수 목사가 마지막으로 남긴 말은 세 가지였다. 첫째는 차량 인사사고 당사자의 책임을 절대로 묻지 말 것을 당부했으며, 둘째 이날 주일 낮 예배에 참석하지 않은 성도들은 누구인지를 장로들에게 물어보았으며, 셋째 교회에 헌신하던 성도 가운데 가정 형편이 아주 어려운 교인의 자녀들에게 장학금을 주라고 부탁했다고 한다. 안성수 목사의 최후 유언 역시 교회와 성도를 향한 사랑이었다.

7) 열정적인 말씀과 기도의 설교자

안성수 목사는 전체적으로 볼 때 천상 목회자요 설교자였다. 그는 새벽예배부터 심방을 다니던 열정적인 목회자였다. 안성수 목사는 다른 한편으로는 교단(예장 합동)과 노회를 위해서 묵묵히 섬기는 목회자이기도 했다. 안성수 목사는 1983년 4월 금곡교회에서 개최된 중서울노회 제7회 정기노회에서 제4대 노회장으로 선출되었다. 그해 가을에 서울 평안교회에서 열린 제68회 총회에서 공천부원으로 총회 총대로 봉사하기도 했다. 안성수 목사는 세상을 떠나기 전까지 두 번에 걸쳐 총회 총대로 참석하며 봉사했다.

그렇지만 안목사는 항상 자신의 정체성을 금곡교회 목회자요 설교자에 두었다. 한 마디로 안성수 목사는 목양일심의 설교자라고 할 수 있을 것이다. 안성수 목사는 말씀과 기도라는 동력을 가진 호소력 있는 설교를 통해서 "사랑으로 역사하는 교회"를 세우기 위해서 끝없이 하나님 앞에, 말씀 앞에 그리고 성도들 앞에 섰던 설교자였다.

3. 안성수 목사의 설교

1) "말씀 묵상과 기도"에서 우러나오는 영성 깊은 설교

필자가 기억하는 안성수 목사의 설교는 매일 새벽 기도와 말씀 묵상에서 시작된다. 새벽기도를 마치고 방에 돌아와서 작은 탁자를 펼치고 쭈그리고 앉아서 아침 식사 전까지 계속 말씀 묵상이 지속된다. 그의 성경은 빨간색과 파란색, 노란색 색연필로 칠해져 있고 이곳저곳에 묵상한 내용을 메모한 내용들로 가득 차 있다.

안성수 목사는 사람들이 붐비는 기도원에 다니는 것을 별로 좋아하지 않았다. 교회 맞은편 동산에 있었던 6.25 때 파 놓은 방공호에서 묵상하며 금식하며 기도하며 설교를 준비했다. 그는 말씀 묵상과 기도 중에 몸이 피곤하면 그곳에 누워 잠을 자면서 말씀이 기도가 되고 기도가 삶이 되는 그런 설교자였다. 그래서 안성수 목사의 감화력 있는 설교의 비결을 "말씀 묵상과 기도"라고 할 수 있을 것이다.

2) 끝없는 수정 끝에 완성한 풀 텍스트를 사용하는 설교

필자가 늘 목격했던 안성수 목사의 설교 준비 모습은 매일 새벽마다 말씀을 묵상하고 기도하면서 설교를 준비하되, 본문을 작성한 후에도 수정하고 또 수정하는 성실한 말씀의 설교자였다. 대충 대지만 적어놓고 생각나는 대로 하는 설교를 들어본 기억이 전혀 없다. 안목사는 항상 완벽한 풀 텍스트를 작성해서 설교단에 올라가서 감동적으로 설교했으며 그래서 그의 설교 후에는 많은 성도들이 은혜를 받곤 했다.

안성수 목사는 설교 본문을 만년필로 직접 기록했다. 오늘날이라면 컴퓨터 작업을 쉽게 할 수 있었겠지만, 당시는 손으로 적을 수밖에 없었다. 그런데 본문을 한 번에 작성하여 완성하는 것이 아니었다. 중간에 묵상이 더 깊어지고 수정할 부분이 발견되면 다른 종이에 수정 내용을 적은 후에 가위로 오려서 설교 노트에 테이프로 붙였다. 그리고 연필과 색연필을 사용해서 줄을 그으면서 읽고 묵상하고 기도하고 또 읽고 묵상하곤 했다. 그래서 그의 설교집은 마치 어린 아이들의 공작 노트처럼 오리고 붙이고 색칠한 흔적이 가득했다.

3) 칼빈의 주석을 연구하는 개혁주의적 설교

안목사는 자유주의적인 신학을 배격하면서 보수적인 신학을 담고 있는 주석들을 활용했는데 그 가운데 최고의 권위있는 주석은 칼빈 주석이었던 것으로 기억된다. 안성수 목사의 서재에 가득한 책 가운데 가장 인상적인 것은 칼빈 주석이었다. 당시 칼빈 구약과 신약 주석은 아름다운 자주색 표지에 비닐 커버가 있었다. 안목사는 흔들리지 않는 마음으로 성경에 근거한 바른 개혁신학 위에 확고하게 서서 성경을 해석했고 이런 개혁주의적인 설교가 그의 설교의 중요한 특징 가운데 하나였다.

4) 교인들의 삶에 대한 깊은 이해에 근거한 공감있는 설교

안성수 목사는 언제나 성도들의 가정에 심방을 가서 그들의 삶을 세밀하게 돌아보았다. 따뜻한 목양의 삶이 돋보이는 목회였다. 이처럼 성도들의 삶의 정황을 파악한 후에는, 그들의 삶의 빈자리에 하나님의 생명의 말씀을 공급했다. 그렇기 때문에 설교를 듣는 성도들은 늘 선포되는 하나님의 말씀이 자신의 삶에 매우 적합한 것을 깨닫고 깊은 공감 속에서 은혜를 받을 수 있었다.

5) 삶이 묻어난 체험적인 설교

안성수 목사의 설교는 사변적인 설교가 아니었다. 진실되고 간절하게 선포되는 그의 설교 안에는 늘 그의 체험적인 삶이 묻어 있었다. 그의 설교에는 자신의 삶의 고난과 그 가운데 하나님께서 베풀어 주셨던 은혜가 녹아 있었다.

개혁주의적인 철저한 본문 분석 위에 자신의 삶에서 치열하게 경험했던 삶의 이야기들이 결합되어 선포되기 때문에 그의 설교는 항상 무미건조하지 않고 감동과 열정이 묻어나는 설교였다.

6) 목숨 거는 마음으로 준비하는 설교

안성수 목사는 1987년 1월 3일 토요일에 주일 예배 설교 준비를 하다가 갑자기 왼쪽 가슴에 심한 통증을 느끼게 되었다. 그는 병원에 잠시 다녀와서 다시 설교를 완성할 것으로 생각하고 설교 준비하던 방을 잠그게 했다. 교회 장로님들이 급하게 찾아와 서울 이대부속 병원에 입원하게 되었는데 결국 심장 혈관계 지병으로 사택에 돌아와서 설교를 마무리하지도 못한 채 주일 밤 10시에 영원한 하나님 나라로 가셨다. 결국 안성수 목사는 목숨 거는 자세로 설교를 준비하던 바로 그 자리가 그의 최후의 자리가 된 것이었다. 그렇기에 그의 설교의 특징을 목숨 거는 마음으로 준비하는 설교라고 말할 수 있는 것이다.

7) "성전 정화" 설교 (마태 21:12~13, 마가 11:15~17, 누가 19:45~46 그리고 요한 2:13~22)

안성수 목사가 담임 목회를 하고 있던 금곡교회가 아니라 외부 교회에 초청을 받아서 설교할 경우, 가장 많이 사용했던 본문은 성전 정화 설교였다. 성전 정화 사건은 마태복음 21:12~13, 마가복음 11:15~17, 누가복음 19:45~46 그리고 요한복음 2:13~22에 등장한다.

이 본문에서 예수님은 예루살렘 성전에서 흩어진 유대인들이 예루살렘에 순례를 왔을 때 성전을 제사용 짐승과 필요한 것들을 살 수 있도록 장사를 하는 시장과 같은 곳으로 타락시킨 것을 엄하게 교훈하고 있다. 심지어 예수님은 돈 바꾸는 사람들의 상과 비둘기 파는 자들의 의자를 둘러 엎으셨다. 그러면서 예수님은 내 집은 기도하는 집인데, 그곳을 강도의 소굴로 만들어버렸다고 엄격하게 꾸중하셨다.

안성수 목사 설교의 초점은 교회의 본래적 정체성이었다. 그의 설교에 의하면 교회는 장사하는 곳이 아니다. 교회는 하나님께 기도하는 집이다. 교회는 우리가 하나님과 만나는 곳이다. 그러나 만약 하나님께 예배하고 말씀을 듣고 기도하는 본래적 교회의 모습이 상실되었다면, 그 교회와 교회 구성원들은 예수님께 호되게 질책을 받게 될 것이다. 그러므로 안성수 목사의 설교의 강조점은 교회는 늘 개혁되고 새롭게 되어야 하며, 그 중심에는 교회의 본질적인 정체성을 지켜야 한다는 것이다.

8) 사랑으로 역사하는 교회를 위한 설교 (갈 5:6)

안성수 목사의 목회의 특징을 한마디로 요약하자면, 그가 바꾸지 않고 항상 교회의 표어로 사용했던 "사랑으로 역사하는 교회"를 세우기 위한 설교요 목회라고 말할 수 있다. 이것은 갈라디아서 5장 6절에 등장하는 말씀이다. 바울 당시 갈라디아 지역에 침투한 거짓 선지자들은 할례를 구원을 얻기 위한 공로주의적 행위로 주장하고 있었다. 그러나 그리스도 안에서 의는 할례가 관계가 없다. 의롭다는 것은 할례와는 관계없이 성령을 통해서 믿음으로 의롭게 되는 것이다. 그러니까 우리가 예수를 믿는 믿음 자체가 성령을 통해서 생기는 것이다. 이 믿음에 근거해서 우리는 의의 소망을 바란다.

그러면서 바울은 6절에서 그리스도 예수 안에서는 할례나 무할례나 아무런 효력이 없다고 말한다. 그러면서 오직 사랑을 통해서 일하는 믿음뿐이라고 정리해 주고 있다. 지금 바울은 진정한 믿음은 율법적인 의식이 아니라, 그 사랑의 실천으로 나타나는 것이라고 강조하고 있는 것이다.

사랑으로 역사하는 교회를 강조하는 안성수 목사의 설교는 실제로 교회 성도들 간의 사랑의 교제로 잘 열매를 맺어 왔다. 교회 안에는 항상 따뜻한 믿음의 교제가 넘쳤다. 이 설교에 감동을 받은 성도들은 새로 온 성도들과 기존의 성도들이 하나가 되어 교회 버스를 타고 한국의 아름다운 자연을 찾아다니며 교제를 하면서 아름다운 사랑의 공동체를 이룰 수 있었다.

참고 문헌

김요나. "안성수 목사". 『중서울노회사: 21세기를 향한 화합과 전진』. 서울: 대한예수교 장로회 중서울노회 역사편찬위원회, 1997: 337-342.
안인섭. "안성수 목사의 '사랑으로 역사하는 교회'". 『그리워지는 목회자들: 백향목처럼 아름다운 이야기』. 서울: 아벨서원, 2020: 231-253.
_____. 『종교개혁역사연구』. 용인: 킹덤북스, 2022.
대한예수교 장로회 금곡교회 홈페이지 (http://www.ggc.or.kr).

안인섭

고려대학교 사학과 (B.A.)
총신대학교 신학대학원 (M.Div.)
네덜란드 캄펜신학대학교 석사 (Drs. Theol.)
네덜란드 캄펜신학대학교 박사 (Dr. Theol.)
(전) 기독교통일학회 회장
(전) 한국칼빈학회 회장
(전) Refo500 Asia Project Manager
(현) 총신대학교 신학대학원 역사신학 교수
(현) 한국개혁신학회 부회장

언더우드의 설교

송예진

1. 언더우드(H. G. Underwood)의 생애

언더우드(Horace Grant Underwood, 1859~1916, 원두우 元杜尤)는 참으로 신실한 하나님의 종이었을까? 어쨌든 언더우드는 한국 교회사에서 빼놓을 수 없는 이름이 되었고, 한국 장로교회 설립을 위해 한국에 온 최초의 목사이자 선교사로 기록되었다. 언더우드의 한국 이름은 원두우(元杜尤)인데, 고종황제가 하사한 이름이라고 한다. 언더우드가 우리나라에 발을 딛는 순간이 한국 교회사의 본격적인 시작이라고 할 수 있을 정도이다. 언더우드와 아펜젤러 선교사(Henry Gerhard Appenzeller, 1858~1902, 미국 감리교 선교사 아편설라 亞篇薛羅)가 조선에 와서 처음 했던 일은 교육과 의료였지만 그래도 그들의 활동 중에 가장 중요한 것은 교회를 세우는 것이었다. 선교사들은 한국인 중에 전도할 사람을 세워서 복음을 전하도록 훈련했고, 조선시대 구한말 우리나라 사람들과 선교사들은 교회를 설립하는 데에 서로 협력하였다.

언더우드의 어린 시절과 성장과정은 어땠을까? 언더우드는 1859년 영국 런던에서 사업가인 아버지 존 언더우드와 어머니 엘리자벳의 여섯 명의 남매 중 넷째 아들로 태어났다. 다섯 살이 되던 해에 모친이 돌아가시고 이후 계모 밑에서 자랐으며 신앙 훈련은 아버지에게 받았다. 그러다가 아버지의 사업 실패로 1872년 미국으로 가게 되었다. 미국에서 초등교육을 받고 1877년 17세의 나이로 뉴욕대학에 입학했다. 어학과 자연과학에 관심이 많았던 그는 1881년 문학사를 받고 졸업하였으며 그해 가을 화란개혁신학교에 입학하여 3년간 공부하면서 선교사로 떠날 결심을 하게 된다. 선교사는 언더우드의 어릴 때 꿈이었다고 한다. 그래서인지 신학을 졸업하고도 의학 공부를 하여 사역할 준비를 해 나갔던 것 같다. 1884년 11월 신학교를 졸업하고 곧이어 목사 안수를 받는다. 목사 안수를 받은 이후 언더우드는 처음에 인도 선교사로 가려 했다가 한국으로 선교지를 바꾸게 된다. 왜냐하면 한미수호조약이 체결되고 한국이 최초로 외국에 문호를 개방하였던 시기와 맞물려 한국이 선교에 있어 중요한 나라라는 생각을 하게 되었기 때문이다. 언더우드는 한국에 파송할 선교사를 대학생들 사이에서 찾기 시작하였지만 마땅한 사람이 지원하지 않자 자신이 직접 한국 선교사로 가기로 결정하고, 자신이 속한 화란개혁 교단에 한국 선교에 뜻을 전달한다. 그렇지만 반응이 미미했기에 북 장로교 선교 위원회에 한국에 파송할 선교사를 보내 줄 것을 요청한다. 그러나 기금이 없어서 기다리던 중 어떤 한 장로를 통해 선교기금이 들어와서 언더우드가 한국으로 파송을 받을 수 있는 기회를 얻게 된다. 1884년 12월 16일 언더우드는 드디어 미국을 떠나게 된다. 그는 1885년 1월 25일 일본에 먼저 도착하였으며, 일본에서 사역하는 미국 선교사인 햅번의 집에 머물면서 한국어를 배우기도 한다. 갑신정변의 실패로 일본에 피신 온 개화파 사람들인 박영효, 김옥균 등도 만나고 한국 선교사를 일찌감치 준비하고 있었던 아펜젤러 선교사 부부도 이때쯤 만나게 된다. 특히 일본에서 이수정을 만나서 그가 루미스 선교사와 함께 번역한 마가복음을 가지고 3월 26일 일본을 출발하여 4월 2일 우리나라 부산에 첫발을 디딘다. 그리고 1885년 4월 5일 오후 3시에 드디어 제물포 항에 도착한다. 때마침 1885년 4월 5일은 부활주일이었다. 그리고 바로 그 날 저녁 서울에 당도하여 알렌과 함께 한국 선교 사역을 시작한다.

언더우드는 알렌과 달리 목사로서의 복음 전파와 교회 설립을 위해 기도하고 준비하고 있었다. 특히 선교사들은 교육을 위한 목적으로 입국 윤허(允許)를 받았기에 조선인들에게 복음을 전하는 일에 있어서 조심스러울 수밖에 없었다. 그럼에도 제중원 내에서 정식으로 예배를 드렸고 1885년 6월 21일부터는 공식적으로 주일예배가 시작되었는데 이곳이 바로 남대문 교회의 전신이다. 10월 11일에는 첫 성찬식이 거행되었으며 1886년 7월 18일에는 알렌의 어학 선생인 노춘경이 한국인으로 첫 세례를 받는다. 처음엔 제중원의 선교사들끼리만 모였었지만, 점차 한국인 학생들, 병원 직원들 그리고 병원과 관계된 사람들이 참여하는 신앙공동체인 교회가 되었다. 제중원 교회에 최초의 한국인 세례를 집례한 사람도 바로 언더우드 선교사다.

언더우드[1]는 이후 1886년 고아들을 모아 고아원(후일 경신학교가 됨)을 설립하였고 1887년에는 벽지 전도부터 시작하였다. 그러던 중 1889년 제중원 여의사였던 릴리어스 호턴 언더우드(Lillias Horton Underwood)와 만나 결혼[2]까지 했는데 건강이 악화되어 미국으로 들어가게 된다. 그는 1892년 다시 조

---

1. 1888년 언더우드 선교사는 매서인 3인을 선정하여 1인은 송천에, 1인은 평양에, 1인은 파송하여 복음을 전하고 교회를 설립하게 하였다. 그즈음 1900년부터 한국교회는 한국인 장로를 세우기 시작했고 1901년 한국인이 참여하는 장로교선교사공의회가 조직되었다. 이후 마포삼열선교사에 의해 "조선예수교장로회신학교"가 평양에 세워졌다. 조선예수교장로회신학교는 1907년 7인의 한국인 목사가 장립하였으며 1907년 대한예수교장로회 독노회가 설립되었는데 이는 한국장로교회의 새로운 출발점이었다. 이때 이 일에 최초 공헌자가 바로 언더우드 선교사다.

2. "그 곳에서는 무얼 먹고 살고 있나요?""모르겠소.""병원은 있나요?""모르겠소.""그럼 당신은 조선에 대해 아는 게 뭔가요?""내가 아는 것은 오로지 그곳에 주님을 모르는 1,000만의 민중이 살고 있다는 것이오." 원래 선교를 인도로 가기로 하였지만, 갑작스런 변경에 당시 약혼자가 질문한 내용들이다. 26살의 언더우드 선교사는 다음의 대화를 나누고 파혼을 당하고 곧바로 구한말 조선 땅으로 향했다고 한다. 그 후 제중원의 8살 연상의 여의사와 결혼하게 된다. Underwood served as a Northern Presbyterian Church missionary in Korea, teaching physics and chemistry at Gwanghyewon (광혜원) in Seoul, the first modern hospital of Korea. Underwood arrived in Korea on the same boat as Henry G. Appenzeller on Easter Sunday (5 April) 1885, and he also worked with Henry G. Appenzeller, William B. Scranton, James Scarth Gale, and William D. Reynolds to translate the Bible into Korean. The New Testament was completed in 1900 and the Old Testament in 1910. Underwood also worked with Horace N. Allen, an American missionary doctor attached to the royal court. In

선으로 돌아왔으며 병든 환자와 고아들을 돌보는데 헌신적으로 노력하였다. 1897년 서울 새문안교회를 설립하였고 1889년에는 기독교서회(基督敎書會)를 창설하였다. 성서번역위원회를 조직했으며 회장 등을 역임하며 성서의 번역 사업을 주관하기도 했다. 1890년에《한영사전》,《영한사전》을 출판하고, 1897년에는 주간지《그리스도신문》도 창간하였다. 그 후 일 년이 지나 정동 언더우드 사택에서 1887년 9월27일 화요일 저녁 14명의 신도와 함께 교회를 세웠으며, 장로 2인을 선출하여 최초의 조직 장로교회를 세운 것이다. 언더우드(이하 원두우 목사)의 복음 전파와 교회를 섬기는 사역은 먼저 제중원의 신앙공동체에서 1886년 한국인에게 세례를 베풀기 시작하여 그 해에 9인에게 세례를 베풀었고 1887년에는 25인에게 세례를 베풀었다(장로교회사 전휘집, 1918년 곽안련 편집). 1887년 9월 27일에는 조선의 최초의 장로교회를 세우고 은밀히 전도인을 양성하여 전국 각지로 파송하되 서울 근교와 고양 김포지역으로 파송하였다. 특히 1893년부터는 교회를 세워서 치리하는 일을 위해 선교사공의회를 조직하였다. 원두우 목사는 선교의 정책을 세워서 1894년 서울 근교는 4명(서상륜, 김흥경, 박태선, 유흥렬)의 매서인을 파송하여 복음 전파와 교회 설립하는 일을 하게 하였고, 고양 김포 지역은 신화순, 도정희, 이춘경 등을 훈련하여 4,5개 처의 교회를 설립하게 이끌었다(조선예수교장로회사기, 1928년, 차재명 발행). 그 당시 세운 교회 이름은 김포읍교회, 서교동교회, 연

1900, Underwood and James Scarth Gale established the Seoul YMCA, and in 1912 Underwood became the president of the Pyeongtaek University established by Arthur Tappan Pierson(평택대학교, 구 피어선기념성경학교). The same year Underwood became the president of the Joseon Christian College(경신학교 儆新學校), the predecessor of Yonsei University. Underwood wrote several books on Korea, including The Call of Korea. 언더우드 선교사는 광혜원(후에 제중원; 언더우드님은 제중원 의사 릴리아스 호턴 언더우드와 결혼함)에서 물리학과 화학을 가르쳤다. 그리고 1900년 신약성서를 동료 선교사들과 번역했다. 그 후 피어선 신학대(현 평택대)를 설립했으며 같은 해, 연세대학교의 전신인 경신학교(조선기독대학)의 학장이 된다. 언더우드 선교사는 한국에 관련한 몇 권의 책(한국의 부르심)을 남겼다.

동교회, 행주교회, 능곡교회 등이다. 그 후 장로를 세워서 선교사와 장로 그리고 조사들을 총대로 참석하여 함께 치리회를 운영하는 조선예수교장회 합동 공의회를 거쳐, 1900년 기독청년회(YMCA)를 조직했고, 1915년에는 자신이 설립한 경신학교(儆新學校)에 대학부를 개설하여 교장으로 취임하였다. 이후 경신학교를 연희전문학교로 발전시켰다. 주요 저서에는 《말본》, 《한국어 소사전 A Concise Dictionary of the Korean Language》(1890), 《한국선교 23년 For Twenty-three Years, a Missionary in Korea》(1908) 등이 있다.

원두우 목사는 1901년부터 1906년까지 장로회 정치에 입각한 치리회 운영의 모든 것을 가르치며 실제 교회에 적용하게 하였다. 1901년 제1회 공의회 참석한 조선인 총대는 장로 3인(서경조, 방기창, 김종섭), 조사 6인(양전백, 송인서, 최명오, 고찬익, 유흥렬, 천광실)이었으며, 선교사는 25인이었고, 회장은 소안론 목사였다. 그러나 원두우 목사는 안식년(1901-1902년)으로 미국 시카고에 있었기에 이 공의회에 참석하지 못했다. 이후 1904년 원두우 목사는 제4회 공의회 때 서울지역 회원목사로 처음 참석하게 된다. 그러나 그는 건강이 좋지 아니하여 다시 1906년 8월 안식년 휴가로 미국으로 갔으며, 1907년에는 유럽으로 요양을 떠나게 된다. 그래서 1907년 제1회 조선예수교장로회 독노회에도 참석하지 못했다고 한다. 원두우 목사는 한국에서의 중요한 회의에 몇 번이나 참석하지 못한 아쉬움을 뒤로한 채 미국에 되돌아갔고, 미국에서도 한국 선교 캠페인을 전개하여 다음 사역을 위한 모금 운동을 했다.

1909년 8월에 돌아온 원두우 목사는 9월 3일-7일까지 평양신학교에서 열린 제3회 독노회에서 독노회장으로 선출되어 조선 장로회 치리회를 이끌어간다. 이때 원두우 목사는 평양신학교 제2회 졸업생 8인(김필수, 윤식명, 정기정, 김찬성, 이원민, 장관선, 최관흘, 최중진)에게 목사 안수를 거행하였으며, 그 중 최관흘 목사를 한국 최초 해외선교사로 임명하여 파송하는 일을 하였다. 그리고 주간지 조선예수교회보를 발간하기로 결의하였으며 노회장인 원두우 목사가 학무국장으로 전국교회 내의 학교에 관한 관리를 총 지휘했다. 그는 노회장 임무를 끝내는 제4회 독노회(선천 염수동교회)가 열렸을 때, 회무를 시작하여 차기 노회장을 선출하는 회무 진행도 못하고 회의에 참석하지도 못한 채 10월 1일부터 한 달 동안 열리는 서울지역 선교사들의 연합전도운동을 준비하게 된다.

한편 원두우 목사는 마펫(Samuel A. Maffet, 마포삼열) 선교사가 평양에 세운 신학교와는 달리 독노회 학무위원장으로 학교를 관리하면서 초등학교나 중등학교가 아닌 2년제 전문대학인 서울 기독교연합대학을 세우려고 오랫동안 준비하였고 1912년 4월 2일 안식년 휴가로 미국에 가서 모금운동을 전개하고 8월에 한국에 돌아왔다. 그리고 그해 9월에 열린 대한예수교장로회 총회 제1대 총회장이 되었다. 총회는 전국의 8개 대리회(북평안, 남평안, 황해, 경기 충청, 북전라, 남전라, 경상, 함경)를 7개 노회(북평안, 남평안, 황해, 경충, 전라, 경상, 함경)로 조직하여 총대를 선정하여 1912년 9월1일-14일까지 평양신학교에서 총회를 개최하였다.[3] 전 회장의 사회로 개회하여 1부 예배를 드리고, 2부 성찬예식은 원두우 목사가 집례 하였으며, 임원 선출에서 한국 최초 선교사인 원두우 목사가 초대 총회장으로 추대되었던 것이다.

원두우 목사는 총회장으로 일 년 동안 국내 모든 교회의 회무를 치리하였으며, 1913년에는 증경 총회장으로 주일학교대회를 서울에서 개최하여 주관했다. 한글의 우수성을 일찍부터 인정하고 성경 번역 사업을 전개하여 『언더우드 누가복음』을 출간(1896년)했으며, 1905년 『공인본 신약전서』를 출간하였다. 특히 원두우 목사는 복음 전파와 교회 설립을 위해 매서인들을 적극 지원하여 수도권에 많은 교회를 세웠다. 서울과 고양 그리고 김포와 파주 지역

---

3. 이때 전국의 각 노회에서 참석한 총대는 외국목사 44명, 조선목사 52명 그리고 장로총대 125명으로 총 참석총대는 221명이었다.

에 많은 교회를 세웠으며 원두우 목사가 매서인과 함께 1887년부터 1907년 사이에 세운 교회는 약 22개라고 한다.[4]

결국 원두우 목사는 한국 개화기에 종교·정치·교육·문화 등 여러 분야에 많은 공적을 남겼다. 역사적인 총회장의 업무를 마친 원두우 목사는 오랫동안 준비한 대학 설립에 박차를 가하며 1915년 4월 2일 연희전문대학을 개교하고 초대 학장이 되었으며, 형이 기부한 5만 달러의 거금으로 신촌 일대 19,320평을 구입하여 연세대학교의 기틀을 마련한다. 그러다가 방학을 이용하여 일본에서 일본어를 공부하기 위해 1916년 1월 일본으로 건너가 공부한 것이 큰 무리가 되어 병을 얻게 된다. 일본에서 얻은 병이 점점 더 악화되자 4월에 치료차 미국으로 건너가게 되는데 그것이 영원히 돌아오지 못하는 길이 되어 1916년 10월 12일 뉴저지 애틀란틱시티에서 57세의 나이로 세상을 떠나게 된다.

2. 원두우(元杜尤) 목사의 설교

원두우(元杜尤, H. G. Underwood, 1859~1916) 목사는 평양 신학교에서 열렸던 제1회 총회에서 빌립보서 3장 8~10절 말씀으로 설교했다. 이 설교는 원두우 목사가 총회장 자격으로 했던 설교였다. 원두우 목사의 설교는 자료가 없진 않지만 그의 영향력과 선교 활동에 비해서는 남아 있는 자료가 빈약하다. 그의 설교 자료가 빈약한 이유로는 설교를 많이 했다기보다는 실천을 많이 해서 설교 자료가 별로 없다는 생각마저 들었다.

본 논고를 통해 필자는 특별히 원두우 목사가 《평양 신학교에서 열린 제1회 총회》에서 했던 설교를 중심으로 연구해 보고자 한다. 그 당시 "모든 것을 해로 여김"이란 제목으로 설교했는데, 원고가 그대로 보존되어 있다. 설교의 영

---

4. 합동: 김포제일교회, 행주교회, 중화동교회, 문산(버지니아)교회, 개곡교회, 상모교회(구미)- 6개/ 통합: 새문안교회, 서교동교회, 김포송마리교회, 영등포교회, 광명교회, 신산교회, 시흥교회, 누산교회, 청천교회, 양평동교회, 갈현교회-11개/ 기장: 능곡교회, 신사동교회, 대원교회, 하안교회, 탄현교회- 5개

상이나 녹음본이라도 있었으면 현장감을 느낄 수 있어서 좋았겠지만 아쉽게도 원두우 목사의 음성이 보존되어 있진 않고, 설교 원고만 그대로 남아있다. 원두우 목사의 음성이 보존된 건 없지만, 그 당시 그가 강단에서 설교했던 그 설교 원고 원본에 맞추어 어떤 분이 읽은 음성 파일이 있다[5]. 주어진 자료가 빈약하기에 원고만으로 연구할 때 그 당시의 역사적 상황과 배경은 더욱 중요해 진다. 그 당시 원두우 목사가 설교할 때의 분위기와 손짓과 표정과 목소리의 높낮이 등을 상상해 보는 것도 좋을 것이다. 때는 1912년이다.

평양 신학교 제1회 총회에서의 원두우 목사의 설교는 - 원본이 보존되어 있는 바 - 그 표지에 이름부터 자신을 "원두우"라고 표기하였다. 그리고 설교 제목은 "모든 것을 해로 여김"인데, 원두우 목사의 설교의 제목은 성경 본문 안에서 제목을 그대로 선택하였음을 발견할 수 있다. 아마도 그는 설교를 준비하면서 먼저 설교의 본문을 정했을 것이고(빌립보서 3장 8-10절), 빌립보서 3장 말씀에서 설교 주제의 포인트를 잡으면서도 설교의 제목을 설정할 때에 스스로 생각하여 다른 제목을 만들어 쓰지 않고, 성경 본문 내에서 설교의 제목을 가져왔다. 빌립보서 3장 8절 "모든 것을 해로 여김은 내 주 그리스도 예수를 아는 지식이 가장 고상하기 때문이라 내가 그를 위하여 모든 것을 잃어버리고 배설물로 여김은 그리스도를 얻고"에서 그 앞부분 네 단어를 그대로 제목으로 사용(설교제목: "모든 것을 해로 여김")한 것이다. 다음은 원두우 목사의 평양 신학교 제1회 총회에서의 설교 첫 부분이다.

데살로니가 전서에 그리스도께서 우리의 표준이 되신 것을 말씀하시었고 또는 우리의 위에 계신 것을 말씀 하셨으니 우리에게 일할 권세를 넉넉

---

[5]. 구글 검색창에 "언더우드의 설교"라고 검색 후 찾아 들어가면, 원두우 선교사의 《평양 신학교 제1회 총회》시의 설교 원고가 화면 오른쪽에 띄워진 상태에서 그 원고를 읽어주는 분이 나타난다. 링크 주소는 https://youtu.be/A7EAo7Vc1Ac 이다.

히 주신 뜻이요 그리스도께서 신자에게 옷과 같이 되신다 하였고 우리
가 그리스도 안에 있고
그리스도께서 우리 안에 계시겠다 하셨으니
이는 그리스도와 신자 사이에 오묘하게 연합되는 법을 보이심이다

한편 원두우 목사의 평양 신학교 제1회 총회에서의 설교는 첫 두 단어가 "데살로니가 전서에"로 시작된다. 설교의 서두에서 성도 사이에의 인사라든가 여러 가지 잡다한 소개들을 하지 않고 바로 관련 구절인 '데살로니가 전서'부터 언급하여 설교를 시작하는 방법이 바로 원두우 목사의 독특한 설교 방법이라 할 수 있다. 아래 최대한 그대로 옮겨 본 설교 원고를 좀 더 살펴보자.

다시 말하면 무한하신 하나님께서 유한한 우리 인생 중에 계시다는 말
씀 처음에는 그리스도께서 우리 앞에 표준으로 계시고 다음에는 우리
안에 생명으로 계신 것이다
이처럼 예수와 신자가 연합하는 오묘한 뜻을 성경으로 분명히 가르쳐
주셨다
예수님은 죄를 덮어주시는 구주시오 죄를 이기시는 구주시오
이 세상에서 죽으셨다가 부활하신 구주로 오늘날 우리와 같이 계신 구
주시다
그런고로 구주 예수 그리스도께서는 교회 앞에 표준만 되실 뿐 아니라
교회 위에 권세 능력이시며 교회 안에 계신 성령이시다
십자가에 죽으심으로 속죄하실 뿐 아니라
부활하사 승천하시었고 승천하시는 일이 마지막이 아니요
세상에 생명을 주시는 구주로 신자 가운데 같이 계신 구주시니
곧 우리의 생명이시오 우리의 소망이시다

그런즉 이 소망은 이 세상에서 둘이 없는 완전한 소망이다
유대 베들레헴에 강림하셨던 예수만 아니시오
오늘날에라도 강림하사 이 세상사람 앞에 계신 주님이시다

또한 원두우 목사의 설교는 반복설교이다. 예를 들어 설교 원고에서 '신자 가운데 같이 계신 구주'는 결국 '오늘날에도 강림하사 이 세상사람 앞에 계신 주님'이라고 했고, 이는 앞서 언급했던 '예수님은 죄를 덮어주시는 구주시오 죄를 이기시는 구주시오 이 세상에서 죽으셨다가 부활하신 구주로 오늘날 우리와 같이 계신 구주시다 그런고로 구주 예수 그리스도께서는 교회 앞에 표준만 되실 뿐 아니라 교회 위에 권세 능력이시며 교회 안에 계신 성령이시다'와 거의 동일한 내용이다. 하지만 반복을 할 때에 완전히 동일한 언어로는 하지 않고 앞서 언급한 내용에 대한 설명이면서도 요약을 하거나 부연 설명을 다소 길게 하면서 설교를 했음을 확인할 수 있다.

한편 교육학 이론에서 듣기와 반복의 중요성은 크게 부각되고 있는데 원두우 목사의 설교는 그런 측면에서도 부족함이 없다. 원두우 목사는 다른 설교에서 다양하게 성경 예화 이외의 예화를 쓰시기도 하셨지만, 평양 신학교 제1회 총회 설교와 다른 설교 원고들을 자세히 살펴 본 결과 전체적으로는 사용한 예화들이 대부분 성경 자체에서 예화를 가져왔다는 것이 특이점이다. 즉 자신의 사생활이나 경험이나 읽은 책이나 유명한 사람의 이야기나 휴먼 감동 스토리를 그다지 언급하지 않고 성경 구절을 예로 들어 설교했다는 점이다. 간결하고 소박하지만 메시지가 강력하고 그러면서도 힘이 느껴지는 설교가 바로 원두우 목사의 설교이다. 그의 설교를 살펴보면 다음과 같다. 실로 우리의 심령을 쪼개는 위대한 설교이지 않은가?

예수를 위하여 고생을 받았느냐

예수께서 고난을 받으셨으니 우리도 고난을 받았느냐?
  예수께서 가시관을 쓰셨으니 우리 머리에 피가 흘렀느냐?

 이렇게 찔림을 주는 설교이자 골수를 파고드는 말씀 직전에 예로 든 것도 바로 성경 베드로전서 4장 12-13절("사랑하는 자들아 너희가 풀무에 연단하는 것같이 시험을 당한 것을 이상한 일 당한 것처럼 이상이 여기지 말고 오직 너희가 그리스도의 고난을 참예하는 것으로 즐거워하라") 말씀인데 이 또한 설교의 예화 관련 구절을 성경 안에서 적절하게 잘 선택하셨음을 알 수 있다.
 고난에 참여할 때 슬픔으로 참여하거나 두려워하지 말고 그리스도의 고난에 참예하는 것으로 즐거워하라는 말씀이다. 그리고 계속 맥락을 이어가다가 다시 중요한 성경 구절을 예화로 들면서 그리스도의 고난에 참예할 것을 강조한다. 특히 원두우 목사는 다음과 같이 로마서 8장 17절을 언급함으로 지금까지 전한 설교의 내용이 통합되고 요약되고 다시 강조되는 방법을 사용했다.

  자녀이면 또한 상속자 곧 하나님의 상속자요 그리그도와 함께 한 상속
  자니
  우리가 그와 함께 영광을 받기 위하여 고난도 함께 받아야 할 것이니라

 평양 신학교 제1회 총회에서 선포한 원두우 목사의 설교 마지막 부분은 절정(climax) 부분이라고 할 수 있다. 설교의 끝부분은 가장 큰 감동을 주고 성령 충만한 내용이다. 다음은 원두우 목사의 설교 끝 부분을 그대로 옮긴 것이다.

  우리 주님이 우리와 함께 계시면 그보다 더 큰일까지 다 할 것이다.
  그리스도께서 우리 안에 계시면 평안한 마음과 사랑하는 마음이 있어
   의심과 공포심이 없어지고 진리를 깨닫고

성령의 권능을 받을 것이다

예수를 봉사하든지 불신자를 인도하여 믿게 하려든지 하려면

불가불 권능이 있어야 할 터인즉

권세는 예수께서 우리 안에 계셔서 주장하시는 외에 다른 방법으로 얻

을 수 없는 것이다

예수를 좇는 자는 이와 같은 세 가지 길이 있나니

같이 고생하고 같이 즐거워하고 같이 다스릴 것이다

원두우 목사의 강도(講道)는 『원두우강도취집』이라는 설교 모음집에 모아져 있다. 비교적 최근인 2016년에 연세대학교 언더우드기념사업회에서 『언더우드의 마지막 메시지 - 그들은 무엇을 말했는가』라는 책을 엮었다. 이 책을 통해 원두우 목사의 선교 열정과 한국에 대한 사랑을 좀 더 심층적으로 알 수 있고 원두우 목사의 설교를 상세하게 접할 수 있다. "제1부 언더우드는 이렇게 말했다"에서는 1. 한국은 내 마음 한가운데 있는 나라입니다! 2. 아시아에 "예수교적 도덕심'을 주입해야! 3. 한국이 순연한 독립국임을 망각하지 말라! 4. 사랑하는 조선 동포여, 조금만 참으면 조선이 독립될 것입니다! 라는 순서로 기록되어 있다. 그리고 제2부 원두우의 강도(講道) 부분에서는 원두우 목사가 설교한 12개의 강도가 요약되어 현대어로 정리되어 있다. 1. 교회의 역사와 하나님이 교회를 위하여 하시는 일 2. 신자의 본분과 행할 일 3. 성찬예식 4. 하나님의 부르심에 응답하는 길 5. 성경이란 무엇인가 6. 예수에 대한 지식과 그의 은혜 안에서 자라가라 7. 마음과 목숨과 뜻과 힘을 다하여 하나님을 사랑하라 8. 이웃 사랑하기를 네 몸 같이 하라 9. 예수를 위하여 모든 것을 해로 여기라 10. 예수와 같이 고생하면 예수와 같이 즐거워하리라 11. 다음 세상 12. 부활절의 의미 이런 순서로 정리되어 있다.

이 책의 특징은 저자인 홍승표 신앙과 지성사 편집주간님께서 원두우 목사

의 설교를 원고의 내용을 바꾸거나 훼손하지 않으면서 요약했음에 있다. 또한 12개의 설교의 순서를 내용이 쭉 이어지도록 배열해 놓았다는 점에 찬사를 보내 드린다. 특히 본 논고에서 심층적으로 살펴 본 결과, 원두우 목사가 평양 신학교에서 열린 제1회 총회 시에 빌립보서 3장 8~10절의 말씀을 가지고 설교하셨던 설교인 "모든 것을 해로 여김"이라는 제목의 설교와 제2부 아홉 번째에 올라있는 "예수를 위하여 모든 것을 해로 여기라"라는 제목의 설교는 본문이 같고 제목도 거의 비슷하다는 것을 발견 할 수 있다. 이런 점에서 원두우 목사도 자신이 했던 설교를 필요에 따라서는 다시 요약해서 설교하기도 했었다는 것을 알 수 있었다. 이 시대 설교자들도 자신이 했던 설교를 한 번 더 하는 것도 또 하나의 설교의 방법임을 배울 수 있는 대목이다. 원두우 목사의 12개의 설교 요약 그 뒤에 이어지는 원두우 목사의 아들인 원한경 목사의 강연(선생님이 들려주는 열두 이야기)이 번역(이혜원 역)되어 있다. 한편 책의 맨 뒷부분에는 『원두우강도취집』 원본을 손상을 최대한 줄여 복사해서 담아 놓았다.

결론적으로 원두우 목사의 설교는 그 제목만 읽더라도 많은 은혜를 받을 수 있는 그런 설교라고 할 수 있다. 원두우 목사의 설교 제목은 짧지 않다. 제목이 간단하지만은 않고 설교 제목으로는 오히려 긴 편이지만, 긴 제목이 오히려 설교의 포인트를 잘 살려주기 때문에 긴 제목이 흠이 아닌 길어서 더 좋은 원두우 목사의 설교 제목의 특징이라고 할 수 있을 것이다.

3. 나아가는 글

원두우 목사는 누구보다도 한국을 사랑한 선교사였다. 그는 한글의 우수성을 알고 한글을 애용하였으며 한영사전과 영한사전을 비롯한 한글 서적들 그리고 한글성경과 문법책 등도 출간하였다. 특히 교육 사업에도 열중하여 1886년 경신학교를 고아원 학교인 경신학당으로 설립하여 학교 교육을 실시하였고, 오늘의 연세대학교의 기틀도 마련하였다. 원두우 목사는 결국 결혼도 하나님의 뜻 안에서 했다. 그리고 훗날 자신의 뒤를 이어 사역을 한 아들 원한경(Horace Horton Underwood, 1890~1951, 元漢慶)을 낳아 훌륭하게 키워 낸 좋은 아버지이기도 했다. 원두우 목사는 희생적이고 실천적인 선교사이자 참 교육자라고도 할 수 있다. 더 나아가서 그는 교회를 세우는 일에도 열성을 다 했던 하나님 뜻에 순종하는 훌륭한 목사였다.

    원두우 목사는 설교를 그리 많이 하지 않았지만 제목만 들어도 설교의 포인트를 금방 알아차릴 수 있게끔 설교의 제목을 잘 선택했었고, 사람의 심령을 쪼개는 말씀 선포를 했던 위대한 설교가라고 할 수 있다. 원두우 목사의 시신은 1999년 그가 진정 사랑하고 그리워했던 한국 땅에 이장하여 양화진 외국인 선교사 묘역 안에 있는 언더우드 가족묘에 안장되어 있다. 원두우 목사는 한국 교회사의 거성(巨星)이다. 그는 우리 마음속에 별처럼 빛나고 영원히 기억될 것이다.

송예진

평택대학교 (B.A.)
이화여자대학교 대학원 (M.A. 구약신학 수료)
평택대학교 피어선신학전문대학원 (M.A. 구약신학)
평택대학교 피어선신학전문대학원 (M.Div.)
피어선신학전문대학원 (Ph.D. 구약신학)
시인 • 수필가(한국문인협회 2014년 등단)
(현) 순복음 목양교회 담임목사

옥한흠 목사의 설교에 대하여

이승구

<사랑의 교회>의 담임 목사님으로서의 사역을 마치고 일찍이 조기 은퇴의 본을 보이시고, 국제제자훈련원 원장으로 섬기면서 합동 측 교단이 가진 여러 문제들을 극복하기 위해 애쓰시고 이제는 하나님 품에 계신 귀한 목사님의 설교를 분석한다는 것은 매우 어려운 일이다. 필자가 이 일을 하게 된 계기는 한국교회의 대표적인 목사님들의 설교를 분석하여 다른 목회자들에게 도움을 주려는 동기에서 기독교학회의 한국조직신학회에서 기획을 하고, 보수적인 장로교회의 대표적인 목회자로 옥 목사님의 설교에 대한 분석을 장로교회의 신학자에게 요청한다는 의도에서 한국조직신학회 임원들이 필자에게 이 일을 부탁한 데서 시작되었다.[1]

지금도 많은 이들에게 여러 영향을 미치시지만, 옥 목사님께서 대학생들에게 큰 영향을 미치시던 때가 있었다. 아마 옥 목사님께서 성도교회 대학부를 지도하시던 전도사 시절부터라고 여겨진다. 성도교회 대학부를 성공적으로 지도하시는 것에 감동받은 여러 교회 대학부에서 옥 전도사님을 대학부 헌신 예배 강사로 초청한 일이 여러 번 있었는데, 당시 고등학생이던 필자도 필자

---

1. 이는 한국조직신학회 편, 《복음과 설교》 (서울: 한들출판사, 2005), 203-49에 실린 원고를 조금 수정하여 제출한 것이다.

의 모 교회인 원남교회 대학부 헌신 예배에 참여하여 설교를 들었던 기억이 있다(1976). 또한 옥 목사님께서 미국 유학을 마치신 후에 지금 <사랑의 교회>의 전신인 <강남 은평교회>를 섬기던 시절에 여러 교회 대학부 수련회를 잘 인도해 주신 일이 있었다. 아마 옥 목사님 자신이 가장 의미 있게 기억하는 것은 내수동교회 대학부 수련회를 섬기신 일일 것이다. 그 당시 내수동교회 대학부 형제들의 활동에 관심을 가지던 조그만 교회 대학부에서 옥 목사님을 수련회에 오시도록 요청하기 위해 어느 수요일 <강남 은평교회>의 수요모임에 참여했던 기억이 있다. 그리고는 합동신학교에서 옥 목사님께서 설교학을 강의하시던 시절(1983)에 그 강의를 듣고 교회의 속성에 대한 논의를 하면서 교회가 사도성을 지닌다고 표현하는 것이 과연 좋을 것인가를 토론하던 학생의 심정으로 귀한 목사님의 설교를 분석해 보고자 한다. 설교학을 강의해 주신 선생님의 설교를 분석하는 이 일은 상당히 어색하기까지 하다).

이와 같이 이미 옥 목사님과 다양한 접촉 경험을 가진 필자의 분석과 평가는 아마 이전에 필자가 받았던 인상을 그대로 유지하고 있을 가능성이 크다. 그런 점으로서는 다음과 같은 점을 언급할 수 있다: (1) 복음주의적 설교. (2) 열정을 지닌 설교, 너무 잘 흘러가는 듯해서 얄미운 설교, (3) 때때로 나타나는 좋은 주해적 통찰을 가진 설교, (4) 연구하는 설교. 그런데 이번에 조직신학 분과로부터 위임받은 이 일을 감당하기 위해 옥 목사님의 설교와 출간 자료들을 살피면서[2] 필자는 이와 같은 요점을 더 분명히 확인하였을 뿐만 아니라, 동시에 새롭게 깨닫게 된 것이 있으니, 그것은 다음과 같은 점이다. (I) 현대적 문제에 대한 관심과 극복 노력, 특히 생태 문제에 대해 주의를 촉구하시면서 강하게 사랑의 교회 교인들에게 도전을 주셨던 것. (2) 고난의 문제를 심각하게 생

---

[2] 이 작업을 제대로 감당할 수 있도록 <국제제자훈련원>에서 옥 목사님의 설교집들과 출간 자료들을 보내주신 것에 대해 깊이 감사드린다.

각하고, 고난 문제와 씨름하는 모습이 새롭게 다가왔다. 이하에서 이 여섯 가지 요점을 중심으로 옥 목사의 설교에 대해서 논의해 보고자 한다.

1. 긍정적 측면: 복음주의적 설교

가장 처음으로 언급해야 할 점은 옥 목사님의 설교는 역시 복음주의적인 설교라는 것이다. 나는 다음과 같은 다양한 측면의 성격을 다 합해서 "복음주의적 설교"라고 언급하고자 한다.

1) 성경과 기독교의 기본적 교리를 잘 드러내는 설교

예를 들어서, 로마서 1:4의 "인정되셨으니"에 대해 설명하면서 이 말이 '선포되다', '확인되다', '알려지다'의 의미를 담고 있다"는 것을 말하면서 예수님은 "부활하시기 전에도 하나님"이셨다는 것을 강하게 드러내고 있다.[3] 이런 점은 그의 설교가 성경과 기독교의 기본 교리를 얼마나 명확히 잘 드러내고 있는지를 잘 나타내 준다. 그리스도의 선재성과 그의 온전한 하나님 되심을 인정하지 않는 사람들이 점점 많아지는 오늘날 정황 속에서[4] 이와 같은 명확한 입장의 표현은 매우 중요하다. 그는 "기독교의 생명은 '예수님이 하나님의 아들 되심'에 있다"고 강하게 외친다.[5] 예수님은 본래 하나님이셨다는 것을 강조한다.[6]

---

3. 옥한흠,《로마서 1》(서울: 국제제자훈련원, 1992, 개정 3판, 2004), 15. 또한 203: "그는 완전하신 하나님입니다. 그 자신으로는 율법을 지킬 의무가 전혀 없는 분입니다…" Cf. 옥한흠,《로마서 3》(서울 국제제자훈련원, 1994, 개정 3판, 2004), 346.
4. 이런 정황에 대한 옥 목사의 인식과 안타까움 표명으로는 옥한흠,《요한이 전한 복음 2》(서울: 국제제자훈련원, 2000; 개정 5쇄, 2002), 99-100을 보라.
5. 옥한흠,《요한이 전한 복음 1》(서울: 국제제자훈련원, 2000; 개정판 2쇄 [6쇄], 2003), 287.
6. 옥한흠,《고통에는 뜻이 있다》(서울: 국제제자훈련원, 1983; 72쇄, 2005). 23; 옥한흠,《요한이 전한 복음 1》, 287, 273. 289, 291, 314, 327f.; 옥한흠,《요한이 전한 복음 2》, 113, 153, 217, 218, 223, 259, 341, 382: 옥한흠,《요한이 전한 복음 3》, 109, 239f.

이런 입장에서 그는 예수님의 동정녀 탄생과 부활의 역사성도 강조하며,[7] 예수님의 하나님으로서의 전지(全知)하심도 분명히 강조하고,[8] 예수님을 "유일한 중보자요,[9] 유일한 구원자"로 제시하면서, "그 누구라도 마음에 예수님을 모시지 않으면 망할 사람이요, 영원히 진노 받을 수밖에 없는 사람"이라고 강하게 주장한다.[10]

그런 뜻에서 그는 사람들을 죄인이라고 부르지 않으려고 했던 노르만 빈센트 필과 로버트 슐러 목사님에 대해 그런 것은 사람에게는 인기가 있는 것일지는 모르나 성경적이지 않다고 비판적인 언급도 한다.[11] 옥 목사님은 "세상의 모든 문제의 뿌리는 죄에 있음을, 그렇기에 십자가는 인생의 근본적 문제를 푸는 유일한 열쇠가" 됨을 지적하며,[12] "그리스도의 죽음이 우리의 죄를 위한 대속의 죽음"임을[13] 강조하는 복음주의자이다. 그에게는 예수님만이 유일한 속죄자이다.[14] 이와 같은 강조점은 종교다원주의적 분위기를 지니고 있는 시대에 매우 필요한 메시지를 그가 전하고 있음을 잘 보여 준다. 그러므로 그는 속죄를 부인한 알버트 슈바이쳐의 사상에 대해서도 바른 비판을 하고 있다.[15]

---

7. 옥한흠, 《로마서 I》, 39; 옥한흠, 《요한이 전한 복음 3》, 121, 122, 354f., 365.
8. 옥한흠, 《요한이 전한 복음 1》, 98f.; 옥한흠, 《요한이 전한 복음 2》, 195, 296f.
9. 옥한흠, 《요한이 전한 복음 3》, 109, 110.
10. 옥한흠, 《로마서 1》, 123: 옥한흠, 《요한이 전한 복음 2》, 37, 39: 옥한흠, 《요한이 전한 복음 3》, 70, 72, 110, 238f., 300.
11. 옥한흠, 《로마서 1》, 168f. 이와 함께 그저 긍정적 사고방식만으로는 인간의 문제의 근본적 해전이 안 된다는 점에 대한 바른 지적으로 옥한흠, 《고통에는 뜻이 있다》, 195를 보라. 그런데도 마치 적극적 사고방식을 장려하는 듯한 인상을 주는 설교도 있다. 그런 설교의 대표적인 예로 옥한흠. "믿음, 불가능은 없다." 《고통을 다루시는 하나님의 손길》 (서울: 국제제자 훈련원, 1987; 개정 35쇄, 2001), 139-54를 보라. 이 설교는 불신자의 적극적 사고방식과 대조시키면서도 결국 그런 방향으로 이끄는 설교를 하고 있다고 여겨진다. 이런 설교가 미칠 수 있는 영향을 좀 더 깊이 생각했었어야 한다고 판단된다.
12. 옥한흠, 《요한이 전한 복음 1》, 79, 81, 194: 옥한흠, 《요한이 전한 복음 2》, 308.
13. 옥한흠, 《요한이 전한 복음 2》, 305, 306, 343; 옥한흠, 《요한이 전한 복음 3》, 15f.. 239f.
14. 옥한흠, 《요한이 전한 복음 3》, 283, 336.
15. 옥한흠, 《로마서 1》, 223f.

왜냐하면 옥 목사님은 다른 복음주의자들과 같이 타락한 인간은 철저하게 무능한 자가 되었다는 것을 인정하기 때문이다.[16] 또한 사단 속상설을 비판하고 우리의 죄 값이 하나님께 지불된 것임을 잘 드러낸 것에도,[17] 그리고 특히 성경을 정확무오한 하나님의 말씀으로 강조하는 점에서[18] 성경적 복음주의에 충실한 입장이 나타나고 있다.

하나님의 구원 계획은 창세전부터 세워졌음을 명확히 천명하는 것,[19] 아담에게 내리신 명령이 "피조물은 하나님 앞에서 반드시 순종해야 하는 신분이라는 것을 가르치기 위한 명령이었다"고 설명하는 것,[20] "성경 본문은 다 하나님의 말씀이고, 살아 계신 하나님의 음성"임을 잘 드러내는 점,[21] 또한 "창세기에 기록된 인간 타락의 이야기는 조금도 거짓이 없는 역사적인 사실입니다"고 주장하는 점,[22] 더 나아가 아담 안에서 우리가 죄를 범했음을 담담히 설명하는 점,[23] 욥도 역사적 인물임을 분명히 하면서 설명하는 점,[24] 그리고 하나님의 진노를 설명하면서 "죄를 조금도 용납하지 못하시는 그의 거룩한 품성 때문에 나타나는 죄에 대한 반응"이라고 고전적으로 설명하는 것,[25] 그리고 "구원자는 예수 그리스도 한 분뿐임"을 강조하며 예수 믿는 것만이 구원의 길이라는 강조하는 데서도 그가 얼마나 복음주의적 신념을 명확히 제시하고 있는지가

---

16. 옥한흠,《로마서 1》, 177.
17. 옥한흠,《로마서 1》, 200.
18. 특히 옥한흠,《요한이 전한 복음 1》, 305, 306, 309를 보라.
19. 옥한흠,《로마서 1》, 33; 옥한흠,《로마서 2》, 178f., 181, 184.
20. 옥한흠,《로마서 1》, 326.
21. 옥한흠,《고통에는 뜻이 있다》, 85.
22. 옥한흠,《로마서 1》, 326f.
23. 옥한흠,《로마서 1》, 328.
24. 옥한흠,《나의 고통은 누구의 탓인가?》(서울: 국제제자훈련원, 1994; 개정 1쇄, 2002), 11. 특히 에스겔 14:14를 통해 이를 잘 드러내려고 하고 있다.
25. 옥한흠,《로마서 1》, 70.

잘 드러난다.[26] 그는 이렇게 선포한다: "예수 외에는 구원의 길이 없습니다."[27] 그러므로 그만이 우리의 문제를 해결할 수 있다는 것을 항상 강조한다.[28]

그리고 그 구원이 몸과 영혼의 전인격적인 구원임을 옳게 강조한다.[29] 또한 믿는 사람들이 죽은 후에 "우리의 영혼은 하늘에서 예수님이 재림하시는 날까지 기다리게 됩니다"라고 정확히 표현하고 있으며,[30] 재림 때에 있을 몸의 부활에 대한 성경적 신념도 분명히 드러내고 있다.[31] 재림 때에 예수님께서 하실 최후의 심판도 강조하고,[32] 우리가 부활한 몸을 가지고 살게 될 "하늘과 새 땅"에 대한 기대도 분명히 표시된다.[33]

또한 성경은 일점일획도 틀림없는 것으로 알고 존중하는 태도가 잘 나타나고 있다.[34] 또한 복음을 믿는 이들에게는 예수님이 인생의 주님이심을 강조하는 것도[35] 성경적 교리를 분명히 하는 측면이다.

더 나아가서, "세례는 죄 사함을 받았다고 확증하는 것"이라고 하면서 천주교회의 세례 중생설을 비판하는 것[36] 등에서도 그의 복음주의자임이 잘 나타난다. 인간의 공로와 공로 의식을 불식시키는 데서도[37] 이런 측면이 잘 나타난다. 더구나 그가 66권의 성경 이외의 것을 만약 누군가 추가한다면 그는 이단

---

26. 옥한흠,《고통에는 뜻이 있다》, 152; 옥한흠,《로마서 1》, 122, 187, 220f., 223; 옥한흠,《요한이 전한 복음 1》, 352;《요한이 전한 복음 2》, 352, 147, 169, 170f., 173, 308, 309;《요한이 전한 복음 3》, 309-11.
27. 옥한흠,《로마서 1》, 221; 옥한흠,《요한이 전한 복음 1》, 369f.
28. 그 대표적인 예로 다음을 보라: 옥한흠,《로마서 1》, 324f.: 옥한흠,《요한이 전한 복음 2》, 369f.
29. 옥한흠,《로마서 3》, 13f.
30. 옥한흠,《로마서 2》, 180.
31. 그 대표적인 예로 옥한흠,《로마서 2》, 148, 1513 180을 보라.
32. 옥한흠,《요한이 전한 복음 1》, 296f.
33. 옥한흠,《로마서 2》, 149f.; 옥한흠,《요한이 전한 복음 1》, 82, 337-40; 옥한흠,《요한이 전한 복음 3》, 51f.
34. 옥한흠,《로마서 3》, 93.
35. 옥한흠,《로마서 1》, 14, 25.
36. 옥한흠,《로마서 1》, 236f.; 옥한흠,《로마서 2》, 19f., 26.
37. 옥한흠,《요한이 전한 복음 1》, 355-57.

입니다"라고 단언하고 있는 데서도,[38] 또한 예수님의 승천 후에는 재림 때까지는 "그 누구도 직접 눈으로 그 모습을 볼 수가 없다"는 것을 분명히 한다는 점에서[39] 그가 복음주의자임이 아주 분명히 드러난다.

더 나아가, 그는 "한 번 용서받으면 영원히 용서받는 것"임을 강조하고, 참으로 믿는 이들은 "흔들릴 수 없는 은혜"를 받았다는 점을 강조하는 점에서,[40] 그리고 참 성도의 경우에는 그 구원의 확신이 흔들릴 수 없음을 강조한다는 점에서,[41] 그리고 하나님께서 영원 전에 구원의 조건을 보시고 선택하신 것이 아니고, 오히려 무조건적인 선택을 강조하는 점에서,[42] 그러므로 다양한 방법을 사용하더라도 "하나님은 자신이 구원하시기로 작정한 사람은 반드시 구원하신다"는 것을 분명히 하는 점에서,[43] 영적으로 소경되고 귀머거리가 된 우리 네 사람들은 "하나님의 절대적 은혜가 있을 때만" 복음을 받아들일 수 있다는 점을 강조하는 데서,[44] 믿음은 완전히 자기를 포기하고 예수를 붙드는 것"이라는 점을 강조하는 데서,[45] 그리고 더 분명하게는 칼빈주의 5대 교리를 강조하는데서[46] 그는 단순한 복음주의가 아닌 참으로 개혁파적인 복음주의를 주장하고 있음을 잘 알 수 있다.

그리고 그가 기도에 대해서 설명하면서 "기도하는 것은 그의 뜻을 이루는

---

38. 옥한흠,《요한이 전한 복음 3》, 150.
39. 옥한흠,《요한이 전한 복음 3》, 359. 그는 여기서 "지금도 예수님의 어떤 형상을 꿈에서든지 환상으로든지 볼 수 있다고 착각하면 큰일 납니다"고 바로 지적하고 있다.
40. 옥한흠,《 로마서 1》, 294. 또한 옥한흠,《로마서 1》, 341; 옥한흠,《로마서3》, 266; 옥한흠,《요한이 전한 복음 2》, 400도 보라.
41. 옥한흠,《로마서 2》, 26f. 특히 27f.을 보라.
42. 옥한흠,《로마서 2》, 178, 179, 241, 245f ; 옥한흠,《요한이 전한 복음 2》, 384-87; 옥한흠,《요한이 전한 복음 1》, 384
43. 옥한흠,《요한이 전한 복음 1》, 84; 옥한흠,《요한이 전한 복음 2》, 208.
44. 옥한흠,《 요한이 전한 복음 2》, 338f.
45. 옥한흠,《 빈 마음 가득한 행복》, 240f.
46. 옥한흠,《요한이 전한 복음 1》, 380-95.

일이 됩니다"라고 설명한 것에서도,[47] 또한 "우리가 믿음으로 기도하고 간구하면 무엇이든지 100퍼센트 응답 받아야 신앙의 절정이라 생각하는 것은 크나 큰 오해입니다"라고 잘 지적하는 것에서[48] 그의 개혁파적 이해가 잘 나타나고 있다. 또한 아담의 대표성을 잘 설명하면서[49] 언약적 이해를 드러내는 데서, 그리고 우리의 최종적 상태는 아담의 원상태로의 회복 정도가 아니라 그 이상으로 진전해 간다는 것을 잘 드러내어 주는 데서,[50] 그리고 성령 세례를 중생으로 잘 이해하고 표현하는 데서도,[51] 그리고 "중생은 하나님이 전적으로 하시는 일임을 강조하시는 데서도,[52] 그리고 진정으로 믿는 자들 안에는 성령님께서 계심을 강조하며 따라서 성령님의 다른 역사를 추구하지 않도록 하는 데서도[53] 이런 특성이 잘 나타난다.

또한 때로는 절충적 언급도 하지만 기본적으로는 "우리는 하나님의 말씀 하나로 충분히 하나님의 뜻을 헤아릴 수 없는 복을 받았습니다"와 같은 태도를 견지하면서 설명하고 있다는 점에서도[54] 그러하다. 더구나 우리는 "피조물이기 때문에 모든 생각을 하나님의 뜻에 일치시키는 예속적인 사고를 해야 합니다"라고 주장하는 것과[55] "그리스도인은 예수를 모르는 사람보다 많은 생각을 해야 합니다. 생각을 하되 건전한 믿음의 생각을 해야 하고 그 모든 생각을

---

47. 옥한흠, 《로마서 1》, 299.
48. 옥한흠, 《그리스도인의 자존심》(서울: 국제제자훈련원, 1997; 8쇄, 2003), 213.
49. 옥한흠, 《로마서 1》, 333.
50. 옥한흠, 《로마서 1》, 353.
51. 옥한흠, 《로마서 2》, 20.
52. 옥한흠, 《고통을 다루시는 하나님의 손길》, 17f.; 옥한흠, 《요한이 전한 복음 1》, 166; 옥한흠, 《요한이 전한 복음 2》, 128:: "영 적인 눈이 열리려면 반드시 하나님이 그 눈을 열어 주셔야 합니다."
53. 옥한흠, 《그리스도인의 자존심》, 49f. 110; 옥한흠, 《요한이 전한 복음 2》, 40f.; 옥한흠, 《빈 마음, 가득한 행복》, 71, 249, 253.
54. 옥한흠, 《로마서 3》, 38.
55. 옥한흠, 《고통에는 뜻이 있다》, 197.

은혜의 기도 방으로 가지고 가야 합니다"라고 말하는 데서,[56] 계시 의존사색에 대한 강조도 어느 정도 나타나고 있다. 또한 <율법의 제3의 용도>를 잘 드러내는 다음과 같은 지적에서도 그의 복음주의의 개혁파적 성격이 드러난다고 할 수 있다: "율법은 하나님이 자기 자녀 된 우리에게 거룩하게 살라고 주신 규범입니다."[57]

이는 믿는 이들이 구원받았음에 대해 감사하는 삶을 살아야 한다는 점을 강조하는 데서도 더욱 분명해 진다.[58] 그는 이렇게 말한다: "좋은 믿음을 가지고 있다면 누구보다도 더 주를 위해서 헌신하고 충성합니다."[59] 또한 성령세례에 대한 개혁파적 이해를 제시하고 있는 데서도 이것이 잘 드러난다.[60] 또한 나는 요한복음 4:21-30을 본문으로 한 "하나님이 찾으시는 예배자"의 내용은 [61] 이런 의미의 성경적 개혁주의의 예배관을 잘 표현하고 있다고 평하고 싶다. 사랑의 교회와 모든 교회들이 예배할 때 참으로 그런 정신을 잘 드러낼 수 있기를 원한다.

2) 복음의 의미를 잘 드러내고 성도에게 자연스럽게 적용하도록 하는 설교

바울이 자신을 그리스도의 종으로 소개하는 것을 감동적으로 그린 후에 옥 목사님은 "물론 우리는 바울이 아닙니다. 우리는 사도가 아닙니다. 그럼에도 불구하고 바울의 이야기가 바로 우리 모두의 이야기라는 사실을 부인할 수 없습니다"고 말하여,[62] 성도들로 하여금 자연스럽게 복음의 의미에 찬동하고 자

---

56. 옥한흠, 《고통에는 뜻이 있다 》, 202.
57. 옥한흠, 《로마서 3》, 117.
58. 옥한흠, 《요한이 전한 복음 I》, 358, 359.
59. 옥한흠, 《요한이 전한 복음 I》, 359.
60. 옥한흠, 《요한이 전한 복음 I》, 63f.
61. 옥한흠, 《요한이 전한 복음 I》, 255-67.
62. 옥한흠, 《로마서 1》, 17.

신을 그 안에 던져 넣게 하고 있다. 로마에 복음을 전하려는 바울의 의도를 설명한 후에 그는 "로마교회에만 복음이 필요합니까? 아닙니다. 복음은 우리 모두에게도 동일하게 필요합니다"고 하면서[63] 자연스럽게 현대 그리스도인들을 복음에로 이끌어 들이고 있다. 그는 "은혜를 아는 사람은 겸손합니다"는 점을 강조한다.[64]

3) 복음에 근거한 소명감을 강조하는 설교

더구나 복음에 헌신하는 것은 "우리의 생업은 예배당만큼이나 거룩한 장소라고 하면서 바른 소명감을 강조하는 데로 나아가고 있다는 점, 장사하는 일이 직업이신 분들은 그것이 주님의 일로 알고 일해야 산다는 것을 강조하는 것,[65] 우리 삶의 모든 것이 주께 드리는 것이라고 하는 것을 잘 가르치는 것,[66] 심지어 "이사하는 것까지도 복음의 동역자가 되는 문제와 연계시켜 생각해 보아야 한다"는 것을 강조하는 것도[67] 아주 건강한 복음주의적 설교의 한 특성을 드러내는 것이다. 또한 그는 선교에 대해 깊은 관심을 가지고 많은 사람들이 선교에 지원할 것을 균형 있게 도진하고 있다.[68]

---

63. 옥한흠, 《로마서 1》, 11, 40.
64. 옥한흠, 《로마서 2》, 252.
65. 옥한흠, 《로마서 1》, 24; 옥한흠, 《로마서 2》, 292; 옥한흠, 《로마서 3》, 19, 25, 145f.; 331; 옥한흠, 《그리스도인의 자존심》, 63f.; 옥한흠, 《요한이 전한 복음 2》, 324; 옥한흠, 《요한이 전한 복음 3》, 97, 242, 249; 옥한흠, 《빈 마음 가득한 행복》, 145; 옥한흠, 《하늘 행복으로 살아가는 작은 예수. 산상 수훈 강해 설교 2》 (서울: 국제제자훈련원, 2005), 62f.
66. 옥한흠, 《로마서 3》, 17; 옥한흠, 《그리스도인의 자존심》, 62-66, 68; 옥한흠, 《요한이 전한 복음 2》, 324; 옥한흠, 《하늘 행복으로 살아가는 작은 예수》, 112f.
67. 옥한흠. 《로마서 3》, 327.
68. Cf. 옥한흠, 《요한이 전한 복음 2》, 284, 322, 327-29.

4) 복음전도적 설교

또한 옥 목사님의 설교는 교회 안에 있는 사람들 중에 참으로 중생하지 않은 분들에게 복음을 전하려는 강한 열망을 보인다: "형제 자매 여러분! 이제 어린아이 같은 심정으로 복음 앞에 나오지 않으렵니까?"[69] 또한 그는 이미 복음을 믿고 있는 사람들에게도 다시 전해 구원의 감격을 회복시키기 원한다.[70] 그래서 신자들에게 이렇게 외친다: "생각이 많은 밤에 복잡한 문제로 말미암아 베개를 안고 새벽을 맞으면 곤란합니다. 빨리 일어나 조용한 골방을 찾아가 하나님께 다 아뢰면 그 마음에 아름다운 은혜를 충만히 주십니다."[71] 또한 이렇게도 외친다: "예수를 믿으려면 바로 믿으십시오 ... 돈으로부터 해방되십시오. 구원받은 그 감격으로 자기 자신에게 있는 것으로 하나님께 헌신하고 다른 사람을 위하여 봉사[하십시오] ... 탐욕을 버리십시오. 참된 회개의 생활을 하십시오."[72] 그리고 그에게는 그들로 복음을 전하게 하려는 열망이 있다.[73] 그래서 그는 외친다: "우리끼리 구원받아 행복할까요? 절대 행복하지 못합니다. 우리에게는 구원을 모르는 자들을 위해 쉬지 않고 근심하는 고통이 있어야 합니다."[74] 그런 뜻에서 그는 성도들이 보냄 받은 선교사들이라는 것을 강

---

69. 옥한흠, 《고통에는 뜻이 있다》, 152f.; 옥한흠, 《로마서1》, 66. 또한 38-40, 130, 164; 옥한흠, 《요한이 전한 복음 1》, 197, 200, 230, 231, 247, 252, 273, 275, 297, 372, 377; 옥한흠, 《요한이 전한 복음 2》, 153, 169f., 174, 215, 220, 306, 309, 343f.; 옥한흠, 《요한이 전한 복음 3》, 72, 135, 282, 289f., 383f.; 옥한흠, 《빈 마음 가득한 행복》, 92f., 95 등도 보라.
70. 옥한흠, 《그리스도인의 자존심》, 97; 옥한흠, 《요한이 전한 복음 1》, 197f., 199f., 247f., 249-51, 252; 옥한흠, 《요한이 전한 복음 2》, 38, 220, 266, 343f., 370f., 407; 옥한흠, 《전쟁을 모르는 세대를 위하여》 (서울: 국제제자훈련원, 2003), 53f.
71. 옥한흠, 《고통에는 뜻이 있다》, 201.
72. 옥한흠, 《고통을 다루시는 하나님의 손길》, 24.
73. 옥한흠, 《로마서 1》, 61f., 64f., 85; 옥한흠, 《로마서 3》, 244ff., 249, 254f.. 265. 266f. 275f. 281f., 284; 옥한흠, 《빈 마음 가득한 행복》, 212, 235.
74. 옥한흠, 《로마서 2》, 229.

조한다.[75]

물론 때로는 이 복음 전도에 대한 열심히 지나치게 나타나기도 한다. 그래서 로마서 1:13의 열매도 전도의 열매라고만 제시할 정도다. 그러나 이는 얼마나 복음 전도에 대한 열심이 그의 생각을 주관하고 있었는지를 느끼면서 넘어가는 것이 좋을 것이다. 그는 어떻게 하면 한 사람이라도 더 구원할 수 있을까 하는 것이 하나님의 거대 관심사라는 것을[76] 잘 의식하고 그에 매우 충실한 것이다. 그래서 그는 이렇게까지도 말한다: "만약 교회가 크다고 해서 예수님을 모르는 자들에 대한 관심이 적어진다면 대교회는 없어져야 마땅합니다."[77]

2. 긍정적 측면: 열정을 지닌 설교, 너무 잘 흘러가는 설교

이렇게 느껴지는 것은 때때로 잘 나타나는 수사적 표현 때문이다. 예를 들어서 다음과 같은 문단을 생각해 보자: "복음을 이해하면 할수록 우리 마음은 하나님을 향하게 됩니다. 우리의 눈은 하나님을 향하여 열리게 됩니다. 우리의 입술은 하나님을 향해 찬양을 드리게 됩니다. 바울은 이 사실을 가장 잘 보여 주고 있습니다."[78] 수사학적으로 잘 정돈되어 사람들을 이끌고 가는 이야기 방식이 잘 나타나고 있다. 다음 문단의 호소력도 생각해 보라: "사랑하는 형제자매 여러분, 로마 교회가 복음을 다시 들어야 했던 것처럼 우리들도 다시 복음을 들어야 합니다. 우리 모두 복음을 다시 들어야 합니다. 다시 태어나야 되고, 다시 감격해야 되고, 잃어버린 구원의 감격을 회복해야만 합니다."[79] 이와 같은 좋은 수사법은 특히 설교의 마지막 부분마다 나타나서 성도들에게 효과적으로 호소

---

75. 옥한흠, 《로마서 2》, 284-87, 291-95; 옥한흠, 《로마서 3》, 265: 옥한흠, 《요한이 전한 복음 I》, 233, 252, 297.
76. 옥한흠, 《로마서 1》, 229f.
77. 옥한흠, 《로마서 2》, 228.
78. 옥한흠, 《로마서 1》, 33.
79. 옥한흠, 《로마서 1》, 47.

하고 있다.[80] 때로 그는 성도들이 깊이 생각할 수 있는 한 가치 수사적 의문문으로 설교를 마무리하는 일이 많다: "이제 어린아이 같은 심정으로 복음 앞에 나오지 않으시렵니까?"[81] "당신은 이 은혜의 손에 붙잡혀 있는 사람입니까?"[82] 또한 어떤 때는 권면으로 마치고, 어떤 때는 송영으로 마치고, 어떤 때는 요절이 되는 성경 구절을 인용함으로 마치는 다양한 종결을 시도하고 있다.

3. 긍정적 측면: 좋은 주해적 통찰을 담고 있는 설교

로마서 1:11에서 바울이 로마 교인들에게 나누어주려고 하는 신령한 은사가 결국 '복음'이라는 것을 잘 밝히는 것,[83] 로마서 5:1은 "화평을 누리자"라고 할 수도 있고 또한 "화평을 누리고 있다"고도 할 수 있다는 것을 설명하고 자신은 "누리고 있다"는 번역을 선택한다는 좋은 설명,[84] 로마서 5:13의 "죄를 죄로 여기지 아니했다"는 구절을 "사람들이 죄를 지어도 죄책감을 크게 느끼지 아니하였다는 것"이라고 보면서 로마서 7:7과 연관시키고 있는 것도[85] 좋은 주해적 통찰을 지닌 설명이라고 할 수 있다. 더구나 예수님의 초림부터 재림 때까지를 "말세라고 부르는 시대 전부"라고 아주 정확히 표현한다.[86] 이것은 매우 큰 기여가 아닐 수 없다. 또한 로마서 12:6 이하의 은사들에 대해서 말하면서 바울은 여기서 몇 가지 예를 들어 설명하는 것이라고 말하는 것도[87] 매우 옳다.

---

80. 대표적인 예로 다음을 보라: 옥한흠, 《로마서 1》, 47f.
81. 옥한흠, 《로마서 1》, 66.
82. 옥한흠, 《로마서 1》, 123. 또한 46, 104도 보라. 옥한흠, 《로마서 2》, 193, 215; 옥한흠, 《로마서 3》. 47, 294.
83. 옥한흠, 《로마서 1》, 43.
84. 옥한흠, 《로마서 1》, 272.
85. 옥한흠, 《로마서 1》, 330.
86. 옥한흠, 《로마서 2》, 141; 조금 애매하긴 하지만 옥한흠, 《로마서 3》, 133도 보라.
87. 옥한흠, 《로마서 3》, 31.

요한복음 17:2을 설명하면서 너무 개괄적으로 설명하기는 했지만 "너희 처소를 예비하는" 것을 "십자가를 지고 부활하고, 승천하심으로 이루시는 일을 지시한다"고 해석하며 제시하신 것은[88] 매우 중요한 요점을 드러내신 것이다. 한국교회 성도들의 이 구절에 대한 상당한 오해의 빛에서 보면 이는 이런 오해를 극복하게 하는 큰 기여라고도 할 수 있다.

또한 예수님께서는 시민법도, 의식법도 그리고 도덕법도 다 이루시고 완성하셨음을 잘 표현한 것도[89] 큰 기여다. 그에 근거해서 "복음의 자유"를 잘 설명하고, 그렇게 믿는 사람은 주님의 뜻에 늘 순종하면서 산다는 것을 잘 강조한 것도 큰 기여이다.

그리고 바울이 말하는 몸의 의미를 잘 드러내고, 이를 바울이 말하는 육체와 구별하면서, 특히 희랍적 맥락에서 바울이 몸을 중시하면서 말하는 그 중요성을 강조한 것도[90] 기독교적 인간관을 잘 드러낸 것이다.

또한 요한일서 3:1의 뜻을 설명하면서 성도들이 그 원의를 잘 알 수 있게 다음과 같이 잘 의역한 것에서도 좋은 주해적 통찰이 드러난다. "[요한은 여기서] '보라!(fidete) 아버지께서 우리에게 얼마나(potapos) 큰 사랑을 폭우 같이 넘치게 부어 주셨는가(shower)]?"라며 흥분해서 말하고 있는 것입니다."[91]

그리고 "신약에는 추수감사주일도 없고 맥추감사주일도 없습니다. 신약에는 범사에 감사가 추수감사주일이요, 항상 감사가 맥추감사 주일입니다. 그러므로 범사에 항상 감사하는 것이 성령의 은혜를 받고 사는 오늘날 신약 시대 성도들의 생활이고, 태도이며 삶의 철학이 되어야 합니다"라고 선포한 것은[92]

---

88. 옥한흠, 《요한이 전한 복음》, 60f.
89. 옥한흠, 《빈 마음, 가득한 행복》, 226-30.
90. 옥한흠, 《그리스도인의 자존심》, 57f.
91. 옥한흠, 《그리스도인의 자존심》, 73.
92. 옥한흠, 《고통을 다루시는 하나님의 손길》, 177.

십자가 이후 신약 시대의 성격을 잘 드러내어 준 매우 중요한 통찰이다.

4. 긍정적 측면: 연구하는 설교

예를 들어서, 로마서 1:4에 대해 "성결의 영으로는"이라는 말과 "육신으로는"이라는 말을 신성과 인성으로 보려는 해석이 있고, 또한 성결의 영으로는 성령으로라고 보는 해석이 있음을 잘 설명하시고 "성령으로 해석하는 입장이 옳다고 생각합니다"와 같이 설교하시는 것에서[93] 그렇게 연구하시며 성도들에게도 탐구하도록 하는 모습이 나타나고 있다.

또 다른 예로 "로마서 전체에서 하나님이라는 말이 총 153회 사용되는데 이는 희랍어 단어 수로 따질 때 46 단어마다 한번 나온 꼴이 된다고 설명하는 것"이나,[94] 이미 믿는 로마인들에게 또 복음 전하기를 원한다는 바울의 말의 의도에 대한 학자들의 다양한 견해들을(이단에 빠지지 않게 하려는 예방적 의도, 유언적 의도, 그의 선교 사역 전체를 위한 전략적 의도 등) 제시한 후에 목회적인 의도로 첫 믿음의 순수성과 열정을 잃어버린 이들을 위해 복음을 다시 전하기 원했다는 자신의 해석을 제시하되 지루하지 않게 논의를 이끌고 가는 것,[95] 로마서 2:1의 사람이 유대인, 헬라인이라는 견해, 또 그 둘 모두를 포함해서 "남을 판단하는 사람"으로 언급했다는 견해들을 잘 소개하면서 포괄적으로 다루는 것이 좋겠다는 논의를 한 것,[96] 그리고 로마서 11:26에 대해서도 일반적으로 학자들 사이에서 제시되는 세 가지 다른 견해를 찬찬히 잘 소개한 후에 자신의 견해를 모호하게 드러내고 있는[97] 것들은 그가 다양한 주석가들

---

93. 옥한흠, 《로마서 l》, 15.
94. 옥한흠, 《로마서 l》, 33.
95. 옥한흠, 《로마서 l》, 36f.
96. 옥한흠, 《로마서 l》, 128.
97. 옥한흠, 《로마서 2》, 343-51. 결국 이에 대해서는 그 중 어떤 해석을 지지하지 않는 듯이 보인다. 겸손한 해석을 하고 계신 것이다. "우리는 하나님께서 알려 주실 때까지 이 정도로 만족하고 기다려야 할

의 견해를 잘 살피고 성도들에게 쉽게 소개하되 그 논의의 핵심을 전달하려고 하는 모습을 잘 보여 준다.

로마서 7:13에 대한 해석에서도 학자들의 견해와 교회에서의 경험을 잘 조화시켜 좋은 설명을 하고 있다.[98] 로마서 8:35의 '환란'이라는 단어가 "원래 로마 시대에 곡식을 타작할 때 사용하던 '트리볼룸'이라는 타작기를 가리키는 말이라는 것을 지적하는 것도[99] 성도들의 이해를 위해 좋은 사실을 드러내어 설명한 예로 언급할 수 있다. 또한 요한복음 1:14의 "거하시며"가 "스케노오" 임을 잘 지적하며 그 의미를 잘 제시하신 것[100] 또한 성경 기록 당시의 배경을 다른 책을 참조하여 잘 제시하려고 노력하는 것도 나타난다. 네로 당시 로마에서 유대인으로 예수 믿은 사람이 2만 명이 넘었다고 하면서 그러니 이방인 신자를 합하면 얼마나 많았겠느냐고 제시하는 것,[101] 로마 시대 배경을 설명하기 위해 베르길리우스를 인용한 것,[102] 로마 초기 황제 15명 중 14명이 동성애자였다는 어떤 연구의 인용,[103] 로마 시대에 하루에 30-40명 되는 신생아 유기의 예,[104] 로마서 15:19의 일루리곤이 오늘날 알바니아와 유고슬라비아 지역임을 제시한 예들,[105] 또한 요세푸스를 인용하면서 예수님 당시 갈릴리 지역에는 204개 촌락이 있었고, 각 촌락에는 약 15,000명 정도의 주민이 살고 있었으니 갈릴리 전체에는 약 300만 명이 있었을 것이라고 제시하는 것,[106] 유대인들을

것입니다"(351).
98. 옥한흠, 《로마서 2》, 73f.
99. 옥한흠, 《로마서 2》, 210.
100. 옥한흠, 《요한이 전한 복음 1》, 19.
101. 옥한흠, 《로마서 1》, 62.
102. 옥한흠, 《로마서 1》, 110.
103. 옥한흠, 《로마서 1》, 112.
104. 옥한흠, 《로마서 1》, 119.
105. 옥한흠, 《로마서 3》, 261.
106. 옥한흠, 《요한이 전한 복음 1》, 70f.

혼인식으로 주로 수요일에 한다는 것을 지적한 것,[107] 예루살렘 성전 뜰의 넓이가 약 14에이커, 즉 18,000평이라고 제시한 것,[108] 그리고 그 중에서 이방인의 뜰이 시장화된 것이라고 지적한 것,[109] 성전세인 반 세겔이 노동자의 임금의 이틀 치에 해당하는 것이므로 오늘 우리 돈의 8만 원 정도 된다고 지적한 것,[110] 또한 성전에서 파는 제물이 어떤 때는 평소 다른 곳에서 살 수 있는 것의 16배에 해당하는 금액으로 매매되었다는 기록도 언급하고 있는 것,[111] 사마리아인은 부활하지 않게 해 달라고 기도한 어느 랍비의 기도문 인용,[112] 수가성 여인과 예수님이 대화 나눈 우물은 수가 성으로부터 2km 정도 떨어져 있다는 정보,[113] 초막절 절기 지키는 방식, 특히 제단을 일곱 번 돌면서 시편 118:25의 말씀을 외치고 실로암 물에서 길어 온 물을 붓는 의식에 대한 정확한 설명,[114] 예수님을 판 돈인 '은 30'은 120 데나리온쯤 된다는 것,[115] 예수님 당시 유월절에는 200만 명 되는 군중이 예루살렘에 모인다는, 그래서 10-20명 단위로 제사를 드려도 매년 25만 6천 마리의 제사를 드려야 한다는 요세푸스의 기록 소개,[116] 겟세마네가 '기름틀'이란 뜻이라고 하면서 아마 감람유를 짜는 기름집이 있지 않았겠느냐는 논의를 소개하는 것,[117] 초대 교회의 성도들이 자신들을 "염려에서 해방된 자"라는 뜻으로 '티데디오스'라고 이름했다는 정보[118] 등은

---

107. 옥한흠, 《요한이 전한 복음 1》, 117.
108. 옥한흠, 《요한이 전한 복음 1》, 137.
109. 옥한흠, 《요한이 전한 복음 1》, 138.
110. 옥한흠, 《요한이 전한 복음 1》, 138.
111. 옥한흠, 《요한이 전한 복음 1》, 139.
112. 옥한흠, 《요한이 전한 복음 1》, 224.
113. 옥한흠, 《요한이 전한 복음 1》, 225.
114. 옥한흠, 《요한이 전한 복음 2》, 30.
115. 옥한흠, 《요한이 전한 복음 2》, 283.
116. 옥한흠, 《요한이 전한 복음 2》, 304; 옥한흠, 《요한이 전한 복음 3》, 275.
117. 옥한흠, 《요한이 전한 복음 3》, 277f.
118. 옥한흠, 《하늘 행복으로 살아가는 작은 예수》, 134f.

모두 연구하는 모습을 보여 주고 있다. 그러나 이런 정보들은 더 논의될 수 있는 것이므로 참조한 문헌을 제시하는 것이 더 유용했을 것이다.

또한 학부에서 문학을 하신 분답게 좋은 문학 작품들을 적절히 인용하며 설교하는 것도 매력적이다. 그가 인용한 작품으로 홉킨스의 〈수녀원〉이라는 시,[119] 《로빈슨 쿠루소》,[120] 테니스의 시집 《용광로》,[121] 웨일즈의 《대주교의 죽음》,[122] 벤디에르의 《요새의 함락》,[123] 셰익스피어의 《헨리 6세》,[124] 《베니스의 상인》,[125] 《오델로》,[126] 톰슨의 시,[127] 벤 다이크의 《대저택》,[128] 오스카 와일드의 《살로메》,[129] 도스토예프스키의 《악령》,[130] 그리고 《까라마조프가의 형제들》,[131] 시엔키에비치의 《쿠오바디스》,[132] 단테의 《신곡》,[133] 월러스의 《벤허》,[134] 아서 밀러의 《세일즈맨의 죽음》이라는 희곡,[135] 모리스 마에터링크(Maurice Maeterlinck)의 《파랑새》라는 희곡,[136] 이해인 수녀의 시들인 '가난한 새의 기

---

119. 옥한흠, 《고통에는 뜻이 있다》, 12.
120. 옥한흠, 《고통에는 뜻이 있다》, 17f.
121. 옥한흠, 《고통에는 뜻이 있다》, 22.
122. 옥한흠, 《로마서 1》, 25.
123. 옥한흠, 《로마서 1》, 59.
124. 옥한흠, 《고통에는 뜻이 있다》, 217.
125. 옥한흠, 《로마서 1》, 151.
126. 옥한흠, 《빈 마음 가득한 행복》, 334.
127. 옥한흠, 《로마서 2》, 187.
128. 옥한흠, 《로마서 3》, 67.
129. 옥한흠, 《요한이 전한 복음 1》, 50.
130. 옥한흠, 《요한이 전한 복음 1》, 103.
131. 옥한흠, 《빈 마음 가득한 행복》, 206.
132. 옥한흠, 《요한이 전한 복음 3》, 34f.
133. 옥한흠, 《요한이 전한 복음 3》, 74.
134. 옥한흠, 《요한이 전한 복음 3》, 367.
135. 옥한흠, 《요한이 전한 복음 3》, 394.
136. 옥한흠, 《빈 마음 가득한 행복》, 26f.

도',[137] '말을 위한기도',[138] 19세기 독일의 단막극인 〈돈불〉[139] 등이 있다.

그리고 자주 인용하는 기독교사의 중요한 인물들로는 칼뱅,[140] 스펄전,[141] 어거스틴,[142] 링컨,[143] C. S. 루이스,[144] 죤 번연,[145] 리쳐드 범브란트,[146] 마르틴 루터,[147] 언더우드,[148] 그리고 평생 이만 오천 번의 기도 응답을 받았다는 죠오지

---

137. 옥한흠,《하늘 행복으로 살아가는 작은 예수》, 72f.
138. 옥한흠,《하늘 행복으로 살아가는 작은 예수》, 151.
139. 옥한흠,《그리스도인의 자존심》, 86f.
140. 옥한흠,《고통을 다루시는 하나님의 손길》, 170; 옥한흠,《로마서 1》, 93, 138, 169f.; 옥한흠,《로마서 2》, 179, 248f., 311, 355; 옥한흠,《로마서 3》, 98, 102; 옥한흠,《희망은 있습니다》, 14, 61f., 115; 옥한흠,《요한이 전한 복음 2》, 76; 215, 216; 옥한흠,《요한이 전한 복음3》, 152; 옥한흠,《빈 마음 가득한 행복》, 234.
141. 옥한흠,《고통을 다루시는 하나님의 손길》, 144, 177f.; 옥한흠,《로마서 1》, 139, 211, 159f.; 옥한흠,《로마서 3》, 188f.; 옥한흠,《나의 고통 누구의 탓인가?》, 190; 옥한흠,《그리스도인의 자존심》, 18f.; 옥한흠,《희망은 있습니다》, 195; 옥한흠,《요한이 전한 복음 2》, 191f.; 옥한흠,《요한이 전한 복음 3》, 337; 옥한흠,《빈 마음 가득한 행복》, 158f.; 옥한흠,《하늘 행복으로 살아가는 작은 예수》, 77.
142. 옥한흠,《로마서 1》, 183; 옥한흠,《로마서 2》, 46, 254, 311; 옥한흠,《로마서 3》, 147-50; 옥한흠,《나의 고통 누구의 탓인가?》, 163; 옥한흠,《요한이 전한 복음 1》, 306; 옥한흠,《요한이 전한 복음 2》, 264, 405; 옥한흠,《요한이 전한 복음 3》, 151f., 298; 옥한흠,《빈 마음 가득한 행복》, 111f., 135f., 225, 232.
143. 옥한흠,《고통에는 뜻이 있다》, 126; 옥한흠,《요한이 전한 복음 1》, 106f.; 옥한흠,《그리스도인의 자존심》, 111f.; 옥한흠,《하늘 행복으로 살아가는 작은 예수》, 93f.; 옥한흠,《희망은 있습니다》, 122; 옥한흠,《전쟁을 모르는 세대를 위하여》, 77-79.
144. 옥한흠,《고통에는 뜻이 있다》, 19, 70; 옥한흠,《로마서 1》, 321; 옥한흠,《나의 고통 누구의 탓인가?》, 72, 108, 166; 옥한흠,《요한이 전한 복음 1》, 21f., 213, 347; 옥한흠,《요한이 전한 복음 3》, 21, 52; 옥한흠,《빈 마음 가득한 행복》, 34f.; 옥한흠,《전쟁을 모르는 세대를 위하여》, 133.
145. 옥한흠,《고통에는 뜻이 있다》, 108; 옥한흠,《고통을 다루시는 하나님의 손길》, 130; 옥한흠,《로마서 1》, 206f.; 옥한흠,《로마서 2》, 68; 옥한흠,《요한이 전한 복음 2》, 93f.
146. 옥한흠,《고통에는 뜻이 있다》, 89, 92, 183; 옥한흠,《로마서 1》, 318; 옥한흠,《빈 마음 가득한 행복》, 196f.; 옥한흠,《하늘 행복으로 살아가는 작은 예수》, 66f.
147. 옥한흠,《고통을 다루시는 하나님의 손길》, 21, 53, 170; 옥한흠,《로마서 2》, 131; 옥한흠,《희망은 있습니다》, 14; 옥한흠,《요한이 전한 복음 1》, 255; 옥한흠,《빈 마음 가득한 행복》, 58.
148. 옥한흠,《로마서 2》, 327; 옥한흠,《로마서 3》, 19, 226f., 287, 293f.; 옥한흠,《요한이 전한 복음 1》, 59f.

뮬러[149] 등이 있다. 그 외에도 존 밀톤,[150] 아더 핑크,[151] 한센병 치료의 세계적 권위자이며 수많은 이를 치료한 분으로 "고통을 만드신 하나님께 감사하라. 나는 그가 그보다 더 좋은 일을 하실 수 있다는 것을 믿지 않는다"고 말했다는 폴 브랜드 박사,[152] 죠오지 휘필드,[153] 터툴리안,[154] 존스 홉킨스 대학을 설립한 윌리엄 오슬로,[155] 종교 개혁자 마르틴 부쳐,[156] 스코틀랜드의 개신교 순교자 헬렌 스토크 부인,[157] 주기철 목사,[158] 칼 힐티,[159] 마틴 루터 킹,[160] 제임스 머펫,[161] 제리 포웰,[162] 자신이 받아들인 생각 중 가장 중요한 생각은 하나님에 대한 생각이었다고 했다는 다니엘 웹스터,[163] 초인간적인 발견과 개발의 능력이 어디서 나오느냐는 미국 상원의 모임에서 성경을 지칭하면서 성경으로부터 나온다면서 "모든 것을 창조하시고 인간과 이 세계를 더 행복하게 만드시려는 하나님께서 이 책을 통하여 나에게 자기와 함께 일하자고 말씀해 주셨습니다"고

---

149. 옥한흠, 《고통을 다루시는 하나님의 손길》, 72; 옥한흠, 《로마서 1》, 288; 옥한흠, 《로마서 3》, 275; 옥한흠, 《그리스도인의 자존심》, 208.
150. 옥한흠, 《고통에는 뜻이 있다》, 20.
151. 옥한흠, 《고통에는 뜻이 있다》, 49; 옥한흠, 《요한이 전한 복음 2》, 364.
152. 옥한흠, 《고통에는 뜻이 있다》, 71.
153. 옥한흠, 《로마서 1》, 41; 옥한흠, 《로마서 2》, 276f.; 옥한흠, 《그리스도인의 자존심》, 128.
154. 옥한흠, 《고통에는 뜻이 있다》, 92, 101.
155. 옥한흠, 《고통에는 뜻이 있다》, 123f.
156. 옥한흠, 《고통에는 뜻이 있다》, 180. 그런데 그에 대해 "중세기에"라고 말한 것은 "종교개혁 시에"라고 표현하는 것이 더 좋지 않았을까?
157. 옥한흠, 《고통에는 뜻이 있다》, 182.
158. 옥한흠, 《고통에는 뜻이 있다》, 184f.
159. 옥한흠, 《고통을 다루시는 하나님의 손길》, 19.
160. 옥한흠, 《고통을 다루시는 하나님의 손길》, 36.
161. 옥한흠, 《고통을 다루시는 하나님의 손길》, 87f.
162. 옥한흠, 《고통을 다루시는 하나님의 손길》, 134.
163. 옥한흠, 《고통을 다루시는 하나님의 손길》, 142.

말했다는 미국의 흑인 농학자 조지 카아버,[164] 헬렌 켈러,[165] 밀라드 에릭슨,[166] 존 헨리 죠웨트,[167] 브에로스 아이레스 교회의 후안 카를로스 오르티즈,[168] 기도의 여인 캐서린 마샬,[169] 파스칼,[170] 폴리캅,[171] 박윤선 목사,[172] 한경직 목사,[173] 워필드,[174] 안이숙 사모님,[175] 조나단 에드워즈,[176] 진젠도르프,[177] 아이작 왓츠,[178] 존 뉴튼,[179] 송명희,[180] 존 로스와 서상윤,[181] 한철하 박사,[182] 크리소스톰,[183] 찰스 콜슨,[184] 최권능 목사,[185] 터툴리안,[186] "할 수 있는 대로 벌어라. 할 수 있는 대로 아껴라. 할 수 있는 대로 남에게 주라"고 했다는 요한 웨슬레,[187] 18세기 영국

---

164. 옥한흠, 《고통을 다루시는 하나님의 손길》, 167.
165. 옥한흠, 《고통을 다루시는 하나님의 손길》, 203f.
166. 옥한흠, 《로마서 1》, 106.
167. 옥한흠, 《로마서 1》, 174.
168. 옥한흠, 《로마서 1》, 283f.; 옥한흠, 《로마서 3》, 115f.
169. 옥한흠, 《고통을 다루시는 하나님의 손길》, 104f.; 옥한흠, 《로마서 1》, 298.
170. 옥한흠, 《고통에는 뜻이 있다》, 18, 193; 옥한흠, 《로마서 1》, 329.
171. 옥한흠, 《로마서 2》, 48.
172. 옥한흠, 《로마서 2》, 87.
173. 옥한흠, 《로마서 2》, 132; 옥한흠, 《빈 마음 가득한 행복》, 190.
174. 옥한흠, 《로마서 2》, 181.
175. 옥한흠, 《로마서 2》, 213, 333; 옥한흠, 《로마서 3》, 18f.; 옥한흠, 《하늘 행복으로 살아가는 작은 예수》, 95f.
176. 옥한흠, 《로마서 2》, 249.
177. 옥한흠, 《로마서 2》, 271.
178. 옥한흠, 《로마서 2》, 313; 옥한흠, 《요한이 전한 복음 1》, 374.
179. 옥한흠, 《로마서 2》, 314.
180. 옥한흠, 《로마서 2》, 314; 옥한흠, 《나의 고통 누구의 탓인가?》, 58-60, 151f., 193f.
181. 옥한흠, 《로마서 2》, 326.
182. 옥한흠, 《로마서 3》, 60.
183. 옥한흠, 《로마서 3》, 78.
184. 옥한흠, 《로마서 3》, 101.
185. 옥한흠, 《로마서 3》, 245-47.
186. 옥한흠, 《로마서 3》, 264. 311f.
187. 옥한흠, 《나의 고통 누구의 탓인가?》, 21.

에서 활동한 찬송 작시자로서 38세에 폐결핵으로 죽은 토플레이디 목사,[188] 유니우스,[189] 빌리 그레이엄,[190] 길선주 목사,[191] 그리고 그를 주께로 인도한 김종섭,[192] 데니스 레인,[193] 헤버걸,[194] 토저,[195] 티모디 텐슨,[196] 김영길 박사,[197] 세대주의 목회자 아이언 사이드,[198] 무디 교회에서 요한복음 3:16을 가지고 한 주간 동안 설교했다는 영국의 설교자 무어 하우스,[199] 제임스 패커,[200] 소설가 김성일,[201] 변증가 조쉬 맥도웰,[202] 로고 떼라피로 유명한 상담학자 빅터 프랭클,[203] 도스토예프스키,[204] 선교사 리빙스턴,[205] 박재봉 목사,[206] 심장마비로 죽어가면서도 신앙과 소망을 표현한 아내의 모습을 기록한 폴 트루니에,[207] WEC 선교

---

188. 옥한흠,《나의 고통 누구의 탓인가?》, 47.
189. 옥한흠,《요한이 전한 복음 1》, 23-26.
190. 옥한흠,《희망은 있습니다》, 75; 옥한흠,《요한이 전한 복음 1》, 90.
191. 옥한흠,《요한이 전한 복음 1》, 90f.
192. 옥한흠,《요한이 전한 복음 1》, 91.
193. 옥한흠,《요한이 전한 복음 1》, 95; 옥한흠,《하늘 행복으로 살아가는 작은 예수》, 209.
194. 옥한흠,《요한이 전한 복음 1》, 99f.
195. 옥한흠,《요한이 전한 복음 1》, 110: "단순과 고독을 기르자. … 매순간 내적으로 기도하는 법을 배우라. 영원의 눈으로 그리스도를 응시하라."134; 옥한흠,《요한이 전한 복음 2》, 161,
196. 옥한흠,《요한이 전한 복음 1》, 144f.
197. 옥한흠,《요한이 전한 복음 1》, 167f.
198. 옥한흠,《요한이 전한 복음 1》, 181f.
199. 옥한흠,《요한이 전한 복음 1》, 187f.
200. 옥한흠,《요한이 전한 복음 1》, 193.
201. 옥한흠,《요한이 전한 복음 1》, 280f.
202. 옥한흠,《요한이 전한 복음 1》, 287f.
203. 옥한흠,《요한이 전한 복음 1》, 296; 옥한흠,《요한이 전한 복음 3》, 80ff.
204. 옥한흠,《희망은 있습니다》, 175; 옥한흠,《요한이 전한 복음 1》, 305f.
205. 옥한흠,《요한이 전한 복음 1》, 308; 옥한흠,《빈 마음 가득한 행복》, 157.
206. 옥한흠,《요한이 전한 복음1 》, 315.
207. 옥한흠,《고통을 다루시는 하나님의 손길》, 105, 166; 옥한흠,《요한이 전한 복음 2》, 264. 또한 옥한흠,《고통에는 뜻이 있다》, 230; 옥한흠,《나의 고통 누구의 탓인가?》,77에 인용된 그의 말도 보라.

회를 창설한 선교사 챨스 스터드,[208] 찬송 작시자 크로스비,[209] 토마스 아 켐피스,[210] 찬송 작시자 액클레이(A. H. Ackley),[211] 과학자 아이작 뉴턴,[212] 김요석 목사,[213] 벵겔,[214] 찬송을 작시한 메리 앤 베이커(Mary Ann Baker),[215] 프란시스,[216] 마이클 그린 목사,[217] 키에르케고어,[218] 맥스 루카도,[219] 주석가 윌리엄 바클레이,[220] 김익두 목사,[221] 손양원 목사,[222] 클레멘트,[223] 크리소스톰,[224] 영국의 복음주의 설교자 아더 월리스,[225] 쟈끄 엘룰,[226] 본 회퍼,[227] 화란의 개혁파 신학자 스킬더,[228] 중세의 수도원장이었던 끄레르보의 버나드,[229] 신약학자 라이트

---

208. 옥한흠, 《그리스도인의 자존심》, 242-44; 옥한흠, 《요한이 전한 복음 2》, 327f.
209. 옥한흠, 《요한이 전한 복음 3》, 65.
210. 옥한흠, 《희망은 있습니다》, 14; 옥한흠, 《요한이 전한 복음 3》, 71.
211. 옥한흠, 《요한이 전한 복음 3》, 132.
212. 옥한흠, 《요한이 전한 복음 3》, 181f.
213. 옥한흠, 《요한이 전한 복음 3》, 201-206.
214. 옥한흠, 《요한이 전한 복음 3》, 233.
215. 옥한흠, 《요한이 전한 복음 3》, 263-65.
216. 옥한흠, 《요한이 전한 복음 3》, 324f.
217. 옥한흠, 《요한이 전한 복음 3》, 334.
218. 옥한흠, 《빈 마음 가득한 행복》, 152.
219. 옥한흠, 《빈 마음 가득한 행복》, 264, 332f.
220. 옥한흠, 《빈 마음 가득한 행복》, 348; 옥한흠, 《하늘 행복으로 살아가는 작은 예수》, 68f.
221. 옥한흠, 《빈 마음 가득한 행복》, 357-59.
222. 옥한흠, 《빈 마음 가득한 행복》, 374-79.
223. 옥한흠, 《하늘 행복으로 살아가는 작은 예수》, 71.
224. 옥한흠, 《고통에는 뜻이 있다》, 184; 옥한흠, 《하늘 행복으로 살아가는 작은 예수》, 74f.
225. 옥한흠, 《하늘 행복으로 살아가는 작은 예수》, 94.
226. 옥한흠, 《하늘 행복으로 살아가는 작은 예수》, 100.
227. 옥한흠, 《하늘 행복으로 살아가는 작은 예수》, 210; 옥한흠, 《그리스도인의 자존심》, 143f.; 옥한흠, 《전쟁을 모르는 세대를 위하여》, 101-102.
228. 옥한흠, 《그리스도인의 자존심》, 63.
229. 옥한흠, 《그리스도인의 자존심》, 73.

푸트,²³⁰ 목회자인 로이드 존스,²³¹ 척 스윈돌 목사,²³² 스코틀랜드의 경제학자 조지 아담 스미스,²³³ 미국 감독교회의 선교사 대천덕 신부,²³⁴ 설교가인 필립스 부룩스,²³⁵ 지미 카아터 전 대통령,²³⁶ 16세기의 설교자요 순교자였던 존 브래드포드²³⁷ 등이 있다.

그 뿐 아니라 그는 현대의 여러 시사적인 것들과 현대 사상가들과 그들의 말도 적절히 인용하여 성도들의 관심을 끌어 설교에 적절히 이용하고 있다. 카루소의 죽음과 그의 아내의 자살로 인하여 호강 가운데서만 자랐고 전혀 준비되지 못한 그 자녀들의 어려움에 대한 일화,²³⁸ 1930년대 금문교 건설 때 5명이나 죽게 되자 안전 그물망을 치고 공사했더니 문제가 없었다는 사례 소개,²³⁹ 깊이 생각하며 걷다가 부딪힌 행인의 힐문인 "당신은 누구요"에 대해서 그것을 생각하는 중이었다고 말했다는 철학자 쇼펜하우어의 일화,²⁴⁰ 실존주의자 마르셀,²⁴¹ 러시아의 소설가 톨스토이,²⁴² 영국의 문필가 서머셋 모옴,²⁴³ 미국 실용주의 철학자 윌리엄 제임스,²⁴⁴ 러시아의 문학자요 저항자였던 솔제니친,²⁴⁵ 1983년 미국에서 올해의 아버지 상을 받은 고아 18명을 입양해 키우

---

230. 옥한흠,《그리스도인의 자존심》, 123-25.
231. 옥한흠,《나의 고통 누구의 탓인가?》, 29; 옥한흠,《그리스도인의 자존심》, 142f.
232. 옥한흠,《희망은 있습니다》, 6.
233. 옥한흠,《희망은 있습니다》, 12f.
234. 옥한흠,《희망은 있습니다》, 117.
235. 옥한흠,《희망은 있습니다》, 122.
236. 옥한흠,《희망은 있습니다》, 175f.
237. 옥한흠,《전쟁을 모르는 세대를 위하여》, 134.
238. 옥한흠,《고통에는 뜻이 있다》, 23f.
239. 옥한흠,《고통에는 뜻이 있다》, 162f.
240.242) 옥한흠,《그리스도인의 자존심》, 23.
241. 옥한흠,《그리스도인의 자존심》, 23.
242. 옥한흠,《그리스도인의 자존심》, 55f., 195f.
243. 옥한흠,《그리스도인의 자존심》, 61.
244. 옥한흠,《희망은 있습니다》, 5.
245. 옥한흠,《희망은 있습니다》, 40.

던 그러나 아이들을 성적으로 학대하던 코도조도부수에 대한 소개,[246] 60세도 안되어 권총 자살을 한 소설가 헤밍웨이,[247] 반항을 높여 이야기하던 실존주의 소설가 까뮈,[248] 유대인 학살 이야기를 쓴 제럴드 라이트링거,[249] 아우슈비츠 이야기를 쓴 엘리 바이젤,[250] 간디가 암살당했을 때 자살한 사람들이 많게는 100만에서 200만으로 적게는 20만에서 60만 명이라는 소개,[251] 나폴레옹과 베토벤의 심포니 <에로이카>에 대한 소개,[252] 아우슈비츠에서 다른 사람 대신 죽음의 길에 자원한 프란시스파의 신부였던 막스밀리안 콜베의 이야기,[253] 이어령 교수의 《아들이여 이 산하를》에 대한 소개,[254] 각국의 행복 지수를 조사한 로버트 우스터 교수의 발표,[255] 미국에서 혼인 가정 절반의 이혼을 예고하는 피터 드러커의 《미래의 조직》,[256] 강도와 마약 복용 혐의로 새크라멘토에 있는 샌프란시스코 주립형무소에 복역 중이던 패터슨이 그 딸에게 자신의 하나 뿐인 콩팥을 기증하기로 했다는 것,[257] 신유 사역을 하던 오랄 로버츠도 신유에 대한 선언을 하면서도 마음속으로는 '낫지 않으면 어떻게 하나'하는 걱정을 하는 경우가 있다는 사실에 대한 소개,[258] 적극적 사유를 강조하던 로버트 슐러가 한국에서 집회하던 중 13세이던 딸 캐롤이 오토바이 사고를 일

---

246. 옥한흠, 《로마서 1》, 137f.
247. 옥한흠, 《요한이 전한 복음 1》, 355; 옥한흠, 《고통을 다루시는 하나님의 손길》, 101f.
248. 옥한흠, 《요한이 전한 복음 2》, 12.
249. 옥한흠, 《요한이 전한 복음 2》, 248.
250. 옥한흠, 《빈 마음 가득한 행복》, 354. 옥한흠, 《고통에는 뜻이 있다》, 74에 언급된 "위젤"은 같은 인물인지 모르겠다.
251. 옥한흠, 《요한이 전한 복음 2》, 288.
252. 옥한흠, 《요한이 전한 복음 2》, 293.
253. 옥한흠, 《요한이 전한 복음 2》, 305.
254. 옥한흠, 《요한이 전한 복음 2》, 305.
255. 옥한흠, 《빈 마음 가득한 행복》, 46f.
256. 옥한흠, 《빈 마음 가득한 행복》, 309f.
257. 옥한흠, 《하늘 행복으로 살아가는 작은 예수》, 170.
258. 옥한흠, 《고통에는 뜻이 있다》, 36.

으켜서 다리를 잃은 일이 있고, 1년 후 부인 아벨라가 유방암에 걸렸다는 사실에 대한 소개,[259] 미국에 수면제 종류가 200종이 넘고 1년 동안 80만 파운드의 양을 소비하는 돈이 25억불이나 되니 미국인들이야말로 세계에서 가장 잠 못 드는 사람들이라는 사실의 소개,[260] 800만 달러, 즉 64억 정도를 자기 통장으로 빼돌린 텔리-에반젤리스트 짐 베이커,[261] 폴 에크먼 교수의 《시장, 정치, 그리고 결혼에서의 거짓말의 실마리》,[262] 1960년대의 시카고 대학교의 심리학자 엘리자벳 쿠블로-로스의 《죽음과 죽는 것에 대하여》과[263] 같이 전혀 기독교와 관련 없는 것도 적절히 인용하여 설교의 요점을 잘 부각시키고 있다.

또한 기독교사의 여러 사건이나 인물들의 예도 아주 적절히 인용하여 감동을 이끌어 내기도 한다. 예를 들어서, 30년 전쟁 기간 동안 성도들이 지은 찬송가가 32,712곡이나 된다는 것을 수집한 17세기의 음악가 환켄 나우어와 몇 년 후 55,000곡으로 늘어난 것을 발견한 웨첼의 수집 이야기,[264] 수혈 때문에 에이즈에 걸려 5년 동안 어려움을 겪고 죽을 때에 영생을 주신 하나님께 감사를 표현한 라이언 화이트,[265] 20세기에 2억에서 2억 5천만에 이르는 그리스도인들이 핍박을 받고 있다는 1997년 10월호 〈리더스 다이제스트〉의 기사,[266] 인도에서 선교하다 아들과 함께 차 안에서 폭도들에 의해 타 죽은 선교사 이야기,[267] 죄수로서 회개하고 목사가 되어 《감옥 생활에서 찬송 생활로》라는 책

---

259. 옥한흠, 《고통에는 뜻이 있다》, 37f.
260. 옥한흠, 《고통에는 뜻이 있다》, 193.
261. 옥한흠, 《그리스도인의 자존심》, 96f.
262. 옥한흠, 《희망은 있습니다》, 174.
263. 옥한흠, 《나의 고통 누구의 탓인가?》, 100.
264. 옥한흠, 《고통에는 뜻이 있다》, 90.
265. 옥한흠, 《요한이 전한 복음 2》, 219f.
266. 옥한흠, 《요한이 전한 복음 3》, 214f.; 옥한흠, 《빈 마음 가득한 행복》, 190.
267. 옥한흠, 《요한이 전한 복음 3》, 215.

을 쓴 멀린 케로더스라는 목사에 대한 소개,²⁶⁸ 미국 오페라계의 힐리니 할버트,²⁶⁹ 선교를 위한 둘로스 호가 필리핀 잠보 앙가에서 당한 회교도의 수류탄 투척으로 순교한 스웨덴의 소피아와 뉴질랜드의 카렌 이야기,²⁷⁰ 난지도 주민들에게 의료 봉사를 하고 방글라데시에 의료 선교를 하는 혜성병원 원장인 임용의 교수의 이야기,²⁷¹ 김성준 선교사,²⁷² 정제순 선교사, 이순임 선교사, 변재창 선교사,²⁷³ 문모세 선교사,²⁷⁴ 구명서 목사 가족,²⁷⁵ 민주화 운동과 노동자 운동을 하다가 후에 복음을 깨닫고 "인간의 구원이 없이는 사회의 구원은 절대 불가능하다"는 점을 잘 지적한 오미란,²⁷⁶ 88올림픽에 참여했던 미국의 흑인 단거리 선수 그리피스 조이너,²⁷⁷ 영국의 핸드라는 화가의 "세상의 빛"이라는 그림과 그에 대한 그린호프의 반응,²⁷⁸ 안요한 목사,²⁷⁹ 시편 1편에 의지해서 사업을 한 글로리아 전자의 김귀형 장로,²⁸⁰ 헨리 나우엔,²⁸¹ 박성수 장로,²⁸² 조선족 박은혜 전도사,²⁸³ 테레사 수녀,²⁸⁴ 다시 사역지인 캄보디아로 돌아가다

---

268. 옥한흠, 《로마서 1》, 242f., 244f.
269. 옥한흠, 《로마서 2》, 136.
270. 옥한흠, 《로마서 2》, 152, 290.
271. 옥한흠, 《로마서 3》, 129.
272. 옥한흠, 《고통을 다루시는 하나님의 손길》, 83.
273. 옥한흠, 《로마서 3》, 305f.; 옥한흠, 《빈 마음 가득한 행복》, 373f.
274. 옥한흠, 《로마서 3》, 309f.
275. 옥한흠, 《로마서 3》, 329.
276. 옥한흠, 《요한이 전한 복음 1》, 80f.
277. 옥한흠, 《요한이 전한 복음 1》, 180.
278. 옥한흠, 《요한이 전한 복음 2》, 73f.
279. 옥한흠, 《요한이 전한 복음 2》, 83-85.
280. 옥한흠, 《요한이 전한 복음 2》, 119f.
281. 옥한흠, 《요한이 전한 복음 2》, 189f.; 옥한흠, 《요한이 전한 복음 3》, 23f., 297, 413f.; 옥한흠, 《빈 마음 가득한 행복》, 19; 옥한흠, 《하늘 행복으로 살아가는 작은 예수》, 24, 123.
282. 옥한흠, 《요한이 전한 복음 2》, 235-37; 옥한흠, 《빈 마음 가득한 행복》, 334.
283. 옥한흠, 《요한이 전한 복음 2》, 348f.
284. 옥한흠, 《요한이 전한 복음 2》, 364; 옥한흠, 《하늘 행복으로 살아가는 작은 예수》, 14f.

가 가족 모두 몰살당한 오형석 선교사,[285] 김준곤 목사,[286] 식도암에서 기적적으로 치유받고 연변 과기대 건축학 교수로 계신 권길중 박사,[287] 오혜령의《당신 없는 인생은 빈 그물이오니》,[288] 오스왈드 샌더스가 소개한 시 <모래 위의 발자국>,[289] 어떤 상황에서도 전도하려는 과천교회의 김기동 집사,[290] 중상모략으로 사형언도를 받고도 스데반과 바울 같은 관계의 사람이 되기를 원했다는 토마스 모어,[291] 노벨문학상을 받았던 프랑소아 모리악,[292] 미국 사회에 소송이 많아져 가는 것을 보고 "가정과 교회가 그 기능을 잃어 가고 있기 때문"이라는 말을 했다는 미국 대법관이었던 워랜 버거,[293] 지난 10년 동안 17차례나 수단을 방문하여 수단의 성도들과 교회를 돌보는 일을 한 영국 상원 부대변인인 캐롤라인콕스(Caroline Cox),[294] 1983년이 재판에서 무죄한데도 백인 여자를 성폭행했다는 혐의로 재판으로 받고 16년 후에 DNA 검사 결과로 1999년 무죄 판결을 받고도 분노와 증오에서 벗어나는 것의 중요성을 이야기한 켈빈 존스,[295] 헨리 비쳐,[296] 40년 동안 7만 명 넘는 결핵 환자를 섬기며 살다가 800억을 결핵 환자들을 위한 기증한 주식회사 영성의 회장인 이정재 장로,[297] 홍

---

285. 옥한흠,《요한이 전한 복음 2》, 369.
286. 옥한흠,《요한이 전한 복음 3》, 136f.; 옥한흠,《하늘 행복으로 살아가는 작은 예수》, 87.
287. 옥한흠,《요한이 전한 복음 3》, 247f.
288. 옥한흠,《요한이 전한 복음 3》, 395-97.
289. 옥한흠,《요한이 전한 복음 3》, 401f.
290. 옥한흠,《빈 마음 가득한 행복》, 121-22.
291. 옥한흠,《빈 마음 가득한 행복》, 134.
292. 옥한흠,《빈 마음 가득한 행복》, 150.
293. 옥한흠,《빈 마음 가득한 행복》, 170.
294. 옥한흠,《빈 마음 가득한 행복》, 194.
295. 옥한흠,《빈 마음 가득한 행복》, 265-67.
296. 옥한흠,《요한이 전한 복음 1》, 257f.; 옥한흠,《하늘 행복으로 살아가는 작은 예수》, 62.
297. 옥한흠,《하늘 행복으로 살아가는 작은 예수》, 111.

해선교회의 거니 박사,[298] 달라스 윌라드,[299] 웨일즈 출신으로 짐바브웨에 선교사로 가서 미션 스쿨에서 가르치다 1978년 7월 무장 강도의 난사로 죽은 피셔,[300] 그리고 사랑의 교회 성도들의 많은 이야기들도 때때로 아주 적절하게 예화로 사용하여 성도들을 감동시키는 것 같아 보인다.

5. 긍정적 측면: 현대적 문제에 적절히 반응하는 설교

성도들은 모두 예수님의 종이고, 예수의 종이면 사치할 수 없고 과소비할 수 없다고, 근검절약해야 한다고 하는 강조는[301] 강남의 대형교회에서 별로 들을 것으로 기대하지 않던 귀한 말씀이었다. 그런데 옥 목사님의 설교에는 이런 강조, 복음에 철저히 헌신된 사람의 삶의 태도에 대한 강조가 많이 나오는 것을 보았다. 아마 의도적으로 이런 점을 지적하시며 과소비를 일소하고 절약하게 하려는 생각이 작용한 듯하다. 이것은 아무리 강조해도 지나치지 않는 점이라고 여겨진다.

또한 기업하시는 분들이 많이 있을 교회에서 "예수의 종 된 기업가가 어떻게 이익 분배를 제대로 하지 않고 들어오는 대로 제 주머니에 집어넣으면서 노동자를 직접 간접으로 착취할 수 있겠습니까? 절대 못하는 것입니다. 내가 싫어서 못하는 것이 아니라, 나의 주인 되신 주님이 좋아하시지 않기 때문에 못하는 것입니다"고 하면서[302] 현대 산업사회에서의 기업 경영자들의 바른 태도를 복음에 근거해서 복음에 헌신된 종의 모습에 비추어 권면하는 것은 매우

---

298. 옥한흠, 《하늘 행복으로 살아가는 작은 예수》, 133f.
299. 옥한흠, 《하늘 행복으로 살아가는 작은 예수》, 169.
300. 옥한흠, 《하늘 행복으로 살아가는 작은 예수》, 189f.
301. 옥한흠, 《로마서 1》, 24, 25; 옥한흠, 《희망은 있습니다》, 72-74, 190-92, 203f.; 옥한흠, 《요한이 전한 복음 1》, 323f.
302. 옥한흠, 《로마서 1》, 25. Cf. 옥한흠, 《고통을 다루시는 하나님의 손길》, 15; 옥한흠, 《희망은 있습니다》, 189f.

중요한 기여라고 판단된다. 또한 우리 사회에서 "가진 자의 횡포, 기득권의 끝없는 욕망"을 지적하는 것도 용감하고 귀한 일이다.[303] 한 곳에서 그는 이렇게 외친다: "여러분 가운데 불의한 방법으로 부자가 된 분이 있다면 그 부를 하나님의 복으로 해석하지 마시기 바랍니다."[304] 그들에게 섬기며 사는 일의 고귀함을 강조하는 것도[305] 중요한 일이다.

그리고 모든 이들이 정직하고 거짓말하지 않아야 한다는 것을 강조하는 것도[306] 귀한 일이다. 예를 들어서, 그는 한 곳에서 이렇게 선포한다: "우리 중에 공인 회계사가 있습니까? 세금을 적게 내려고 재주 피우는 사람에게 동조하지 마십시오. 그것은 하나님의 명령을 거역하는 행위입니다."[307] 부동산 투기 문제를 지적한 것도 그러하다.[308] '유산 안 남기기 운동'을 적극적으로 홍보하며 추천하는 일도 의미 있어 보인다.[309]

특히, 국가와 정치 문제에 대해서 그리스도인들이 깊은 관심을 가지고, 기도하는 일을 촉구하는 일은[310] 매우 중요하고 귀한 일이다. 어떤 때는 설교 한 편 전부를 뇌물 문제를 가지고 설교하면서 이 문제에 대한 그리스도인인 공직자의 태도와 그리스도인의 의식을 새롭게 하는 일도 하고 있다.[311]

또한 동성애의 비성경적 측면을 잘 지적한 것,[312] 사망에 대해 설명하면서

---

303. 옥한흠, 《로마서 1》, 116.
304. 옥한흠, 《그리스도인의 자존심》, 23.
305. 옥한흠, 《요한이 전한 복음 2》, 388f.
306. 옥한흠, 《고통에는 뜻이 있다》, 48f.; 옥한흠, 《로마서 2》, 39ff.; 옥한흠, 《그리스도인의 자존심》, 66, 112f.; 옥한흠, 《희망은 있습니다》, 19, 34f., 36f., 54f., 66f., 71, 103-105, 108-10, 148f. 180-82; 옥한흠, 《빈 마음 가득한 행복》, 339f.
307. 옥한흠, 《로마서 3》, 107.
308. 옥한흠, 《빈 마음 가득한 행복》, 69f.
309. 옥한흠, 《그리스도인의 자존심》, 100.
310. 옥한흠, 《희망은 있습니다》, 61-62, 113, 120-26, 154, 157.
311. 옥한흠, 《희망은 있습니다》, 129-47, 특히, 134-44를 보라.
312. 옥한흠, 《로마서 1》, 112f.

뇌사 문제를 언급하고 뇌사를 사망으로 인정하기 어렵다는 점을 지적하신 점,[313] 산제사를 설명면서 환경오염 문제의 심각성을 지적하고, 과소비의 문제를 지적하고 물 낭비의 문제, 산에 쓰레기 버리는 문제, 전기 낭비 문제를 지적하면서 이 모든 것을 아끼고 환경을 보호하는 일이 이루어져야 함을 강조한 것,[314] 그리스도인이 자연보호에 앞장서야 함을 역설하신 것,[315] 그리고 말씀을 제대로 배워 가는 성도들은 남들을 배려해서 비싼 옷도 사려하지 않는다고 지적하신 것,[316] 인터넷을 통한 음란물에 노출되는 청소년들의 문제에 대한 지적과 그 문제 해결을 위한 제언[317] 등은 큰 기여가 아닐 수 없다.

이 모든 점을 강남 지역의 교회에서 지적하는 설교를 하신 점에서 그는 가히 용감한 설교자라고 할 수 있다. 그는 우리나라 정치의 문제점, 예를 들어서 지역주의와 금권주의, 그리고 유익하면 어떤 것이든지 다 이용하는 문제점을 지적하기도 하고 그리스도인들이 그 문제에 어떻게 대처해야 하는지에 대해서도 때때로 언급하고 있다.[318]

또한 젊은이들에게 앞으로 어떤 일을 하다가 물러날 때에 잘 물러날 것을 강조하시고, 자신도 그런 다짐을 하는 설교를 하시고,[319] 과연 그 말씀대로 실천하신 것도 의미 있는 일로 보였다. 이는 기독교의 영향력이 사회 곳곳에까지 미치기를 원하는[320] 한 설교자의 설교와 실천을 잘 보여 준다. 그런 의미에

---

313. 옥한흠, 《로마서 2》, 22.
314. 옥한흠, 《로마서 3》, 20-22; 자원 고갈 문제를 언급한 옥한흠, 《요한이 전한 복음 1》, 317f.; 옥한흠, 《희망은 있습니다》, 224-26도 보라.
315. 옥한흠, 《빈 마음 가득한 행복》, 212-15; 옥한흠, 《희망은 있습니다》, 215-29, 234-39, 244-49.
316. 옥한흠, 《로마서 3》, 230; 옥한흠, 《빈 마음 가득한 행복》, 215-16.
317. 옥한흠, 《빈 마음 가득한 행복》, 64f, 277-79, 288-90; 옥한흠, 《하늘 행복으로 살아가는 작은 예수》, 78f.; 옥한흠, 《전쟁을 모르는 세대를 위하여》, 38f.
318. 옥한흠, 《빈 마음 가득한 행복》, 77-78, 119; 옥한흠, 《희망은 있습니다》, 134-47.
319. 옥한흠, 《요한이 전한 복음1》, 69.
320. 옥한흠, 《희망은 있습니다》, 143.

서 그의 설교는 대사회적 설교의 특성도 있다고 할 수 있다. 그의 이런 특성은 다음과 같은 말에 잘 나타나고 있다: "우리는 선지자의 목소리를 내야 합니다. 교회는 세상에서 비상벨 역할을 해야 합니다. 나쁜 것은 나쁘다고 말해야 합니다. 위험하면 위험하다고 소리쳐야 합니다."[321]

6. 긍정적 측면: 고난 문제에 과감히 대면하는 설교

옥 목사님 설교의 또 하나의 특성으로 어려운 고난의 문제를 직면하는 설교를 하려고 했다는 점을 들 수 있다. 1983년에 낸 《고통에는 뜻이 있다》로부터, 1987년의 《고통을 다루시는 하나님의 손길》, 그리고 1994년에 낸 욥기 강해서인 《나의 고통, 누구의 탓인가?》에 이르는 고통에 대한 3부작만이 아니라, 그의 많은 저작 곳곳에서 그는 고통의 문제를 가지고 씨름하고 있다. 그는 처음에는 고통을 잘 이해하지 못해도 성경이 가르치는 대로 말해야 한다고 하다가,[322] 마침내 "고통을 이해하지 못하는 사람은 강단에서 설교를 하지 말아야 할 것이다"라고 까지 말한다.[323]

그러나 중요한 것은 예수 믿는 사람에게도 다양한 고난이 있다는 것을 그가 여러 번 강조하고 있다는 사실이다.[324] 그는 "핍박은 정상이다"라고 말하기도 한다.[325] 흔히 예수 믿으면 잘 된다고만 설교하는 사람들과는 다르게 성경적으로 믿는 이들에게도 고난이 있음을 분명히 말하고 있다. 그는 정확히 지적한다: "하나님께서 예수 잘 믿는 사람에게는 어떤 고통도 당하지 않게 해 주

---

321. 옥한흠, 《희망은 있습니다》, 147f.
322. 옥한흠, 《고통에는 뜻이 있다》, 4.
323. 옥한흠, 《고통을 다루시는 하나님의 손길》, 4.
324. 옥한흠, 《고통에는 뜻이 있다》, 80, 86; 옥한흠, 《로마서 1》, 314; 옥한흠, 《나의 고통 누구의 탓인가?》, 50f., 56; 옥한흠, 《요한이 전한 복음 1》, 330-33; 옥한흠, 《요한이 전한 복음2》, 368ff.; 옥한흠, 《요한이 전한 복음 3》, 14, 262f.; 옥한흠, 《빈 마음 가득한 행복》, 198f.
325. 옥한흠, 《빈 마음 가득한 행복》, 186-91.

시겠다는 약속을 하신 적이 없습니다."[326] 이는 성경의 가르침에 충실한 데서 나오는 면이기도 하지만, 또한 현실적으로 목회의 대상이 되는 교우들의 고통에 대면한 목사의 외침이라고 보아도 좋을 것이다. 그래서 그는 이렇게 말한다: "고통이 크면 클수록 하나님의 은혜는 더욱 넘친다는 것을 믿으십시오."[327]

이런 점에서 《고통에는 뜻이 있다》 서문에 나오는 다음과 같은 말은 고통 문제에 대한 성경적이고 기독교적인 이해를 잘 요약하고 있는 것으로 여겨진다: "[하나님께서는] 고통을 아시는 분이며 고통당하는 자들을 위로하시는 분이며 고통을 통해서 자기 자녀를 유익하게 하시는 분이시다."[328] 이 마지막 요점과 관련해서 그는 고난이 결코 가볍게 취급되지 말아야 한다는 것을 잘 제시하면서도 결국 고난은 "변장하고 찾아오는 하나님의 축복"이라고 하며,[329] "고난은 문제가 아니라, 기회이며 훈련이며 축복이다"라고 주장한다.[330] 그러므로 어떤 이유로 고난이 있게 되든지, 고난이 다가올 때 어떤 태도를 그것을 대하는가 하는 것이 훨씬 더 중요하다고 말한다. 신앙의 태도로 고난을 대해야 한다는 것이다.[331]

또한 고통이 어디서 오는 지에 대해서는 단언하기 어렵지만 "고통의 원인이 대부분 자기 자신에게 있다는 사실만은 부인할 수 없다"고 하면서, "특히 하나님과의 관계가 불편하거나 비틀어지는 것이 무엇보다 큰 원인일 수" 있다고 말한다.[332] 그러므로 하나님과의 관계의 변화가 참된 인생의 출발점임으로 강조한다. 그러면서 더 나아가서 그는 성도들로 하여금 "주님이 원하시기

---

326. 옥한흠, 《로마서 1》, 314. 또한 옥한흠, 《고통에는 뜻이 있다》, 80; 옥한흠, 《고통을 다루시는 하나님의 손길》, 5; 옥한흠, 《나의 고통 누구의 탓인가?》, 51, 52, 56도 보라.
327. 옥한흠, 《로마서 1》, 355.
328. 옥한흠, 《고통에는 뜻이 있다》, 4.
329. 옥한흠, 《고통에는 뜻이 있다》, 11.
330. 옥한흠, 《고통에는 뜻이 있다》, 10, 24.
331. 옥한흠, 《고통에는 뜻이 있다》, 11.
332. 옥한흠, 《고통을 다루시는 하나님의 손길》, 11.

때문에 정직하게 살아야 하고, 정직하게 살려다가 수입이 적어서 남처럼 살지 못해도 오히려 그것을 감사할 줄 아는 사람이 되어야 합니다. 우리 주인 되신 예수 그리스도가 기뻐하시는 일이면 그것이 무엇이든지 우리는 만족해야 합니다."와 같은 점을 강조하고 있는 것은[333] 단순히 고난의 문제를 소극적으로 받아들이는 것 이상으로 적극적으로 그리스도를 위한 고난의 감수를 시사하며 강조하는 측면도 가지고 있다.

그래서 성도들이 현재의 고난을 받아야 한다는 것을 강조한다.[334] 그는 말한다: "하나님 편에 서려면 누구나 고통을 감수해야 합니다."[335] 그런 뜻에서 그는 '부와 번영과 형통과 건강의 신학'을 적절하게 비판하고 있다.[336] 그리고 "우리나라가 바로 되기 위해서는 철저한 회개가 필요"하다고 역설하면서, 그것을 위한 구체적인 제안을 하는 것도[337] 매우 중요한 일이다. 이 땅을 위한 애통을 강조하고 있는 것도[338] 매우 중요한 일이다.

II. 아쉬운 점

1. 특히 마지막 두 가지 강조점과 강조해서 그 설교의 효과성에 대한 의문

위에서 살펴 본 것들은 매우 긍정적이고 좋은 점이라고 여겨진다. 그런데도 그의 설교가 사람들에게 과연 들려졌는지를 의문시하게 하는 우리의 현실의 문제는 아마 옥 목사님 한 사람의 설교자만이 아니라, 이 시대의 모든 설교

---

333. 옥한흠,《로마서 1》, 24.
334. 옥한흠,《로마서 2》, 139ff.
335. 옥한흠,《고통을 다루시는 하나님의 손길》, 35.
336. 옥한흠,《고통에는 뜻이 있다》, 70, 86; 옥한흠,《로마서 2》, 306f.; 옥한흠,《나의 고통 누구의 탓인가?》, 52f., 66; 옥한흠,《요한이 전한 복음 2》, 176.
337. 옥한흠,《요한이 전한 복음 2》, 407.
338. 옥한흠,《빈 마음 가득한 행복》, 65-66.

자들이 공통으로 지니고 있는 문제라고 할 수 있을 것이다. 다른 분들의 설교보다 훨씬 건전한 설교를 들은 성도들이, 그것도 그 많은 성도들이 과연 이 사회 속에서 이런 설교를 들은 사람들로서의 영향력을 미치고 있는가가 의문스러운 것이다.

특별히 고난의 문제를 그만큼 강조한 설교자가 적고 그는 때때로 그리스도인들이 자발적으로 당해야 하는 적극적 고난에 대해서도 말하고 있으나, 이와 같이 적극적으로 담당해야 하는 기독교적 고난에 대한 강조가 좀 더 많아야 하지 않을까 하는 생각을 하게 된다.

2. 너무 영향이 커서 미칠 수 있는 위험성?

이런 설교의 장점과는 전혀 별개로 수많은 성도들이 모이는 강남의 대형교회의 설교자라는 점에서 그가 가지고 있는 손해가 있다고 여겨진다. 사실 너무 많은 사람들이 사랑의교회에 모였다는 점 때문에 사람들은 그의 설교 내용보다는 다른 면에서 그의 목회와 설교에 관심을 갖기 때문에 생기는 문제가 있다는 점을 말하지 않을 수 없다.

대형교회이기 때문에 많은 이들이 그의 설교와 목회에 관심을 지닌다고 할 수 있으나, 또 한편으로는 그런 고정 관념 때문에 그의 설교가 마땅히 받아야 하는 바른 주목을 받지 못할 수도 있다고 여겨진다. 그의 설교의 철저히 복음주의적이고, 심지어 구원론과 여러 면에서 상당히 개혁파적이기도 하고, 현대사회문제에 관심에 깊은 관심을 가지고, 특히 우리 사회의 문제와 환경오염의 문제를 극복하도록 하는 좋은 설교와 고난 문제에 대한 성경적 제시 등이 그 내용 자체 때문에 관심의 대상이 되기보다는 그저 대형교회에서 설교된 것이기에 관심의 대상이 된다거나, 또 역으로 그렇기 때문에 일부 사람들은 이런 설교 내용에 대해서 별로 관심을 기울이지 않게 된다면 그것은 사실 안타까운 일이다. 그러나 그것은 그런 형태의 교회를 섬기고, 또 그런 방향으로 나아가게 된 데서 오는, 스스로 형성한 부담감의 일부일 수도 있다.

3. 주해적 아쉬움

그의 설교에는 우리가 이미 의의 나라로 옮김 받았다는 것과 따라서 우리가 지금도 주님의 손에 들려서 이 세상에서 하나님 나라의 일을 하고 하나님 나라적 사역을 한다는 것을 언급한 일이 상당히 있다.[339]

그러나 그런 점들이 좀 더 부각되지 않은 점이 아쉽다. 하나님 나라에 대한 언급이 한국교회의 상당히 많은 다른 목사들의 표현과 비슷하게 타계적 성격을 지니고 나타나고 있는 것이 아쉬운 것이다. 예를 들어서, "장차 하나님 나라에 가서…"와 같이 표현되는 일이 많다.[340] 성경을 열심히 연구한 옥목사님께서 하나님 나라의 현재성을 더 명확히 하며, 그에 근거하여 하나님 나라의 미래성을 강조했더라면 하는 아쉬움이 있다. 이것은 예수님의 초림부터 재림까지를 말세라고 정확히 표현한 분에게서 좀 더 기대되는 부분이기 때문이다.

'마라의 쓴 물'을 고치는데 사용된 나무를 언급한 후에 "베드로전서 2장 24절을 보면 나무는 십자가의 상징입니다. 그리스도인은 광야의 생활을 통하여

---

339. 옥한흠,《고통에는 뜻이 있다》, 44, 96; 옥한흠,《고통을 다루시는 하나님의 손길》, 55; 옥한흠,《로마서 1》, 28; 옥한흠,《로마서 2》, 23; 옥한흠,《로마서 3》, 209f., 211; 옥한흠,《요한이 전한 복음 1》, 251: "이 세상에서부터 주님이 다스리는 천국이 그 마음에 임하면 …"; 옥한흠,《요한이 전한 복음 2》, 28; 47, 242; 323, 387; 옥한흠,《요한이 전한 복음 3》, 300; 옥한흠,《빈 마음 가득한 행복》, 38-39, 192, 193, 195, 199; 옥한흠,《하늘 행복으로 살아가는 작은 예수》, 28, 62.

340. 옥한흠,《고통에는 뜻이 있다》, 96, 182, 185; 옥한흠,《고통을 다루시는 하나님의 손길》, 114; 옥한흠,《로마서 1》, 202, 264, 265, 290, 312, 313, 319, 352, 362; 옥한흠,《로마서 2》, 215, 231f., 278; 옥한흠,《로마서 3》, 320, 335; 옥한흠,《나의 고통 누구의 탓인가?》, 43; 옥한흠,《그리스도인의 자존심》, 19; 옥한흠,《요한이 전한 복음 1》, 65, 81, 156-58, 164, 178, 193, 275, 369; 옥한흠,《요한이 전한 복음 2》, 142, 147, 383, 385; 옥한흠,《요한이 전한 복음 3》, 63, 66-75, 83, 122, 231; 옥한흠,《빈 마음 가득한 행복》, 370.

십자가의 의미를 발견하고 그리스도와 만나게 됩니다"라고 할 때[341] 그 연관성에 대해 주해적 문제를 제기할 사람이 많을 것이다. 그러므로 이런 것과 같은 것에 대한 설교문을 작성할 때 이것을 혹시 알레고리적 해석으로 오해할 연관을 피하도록 했었어야 한다.

로마서 1:18의 '하나님의 진노'를 처음에 설명한 후에 뒤에 하나님 백성에 대한 징계와도 연관시키는데,[342] 성도에 대한 사랑에서 오는 징계는 로마서 1:18의 '진노'와는 다른 성경의 것으로 보는 것이 더 나을 것이다. 사실 이 부분을 설명하면서 뒷부분에서는 앞서 말한 진노를 설명하고 있는데, 그와 같이 여기서는 하나님의 자녀들에 대한 징계와 관련된 부분을 빼는 것이 더 주해적으로도 바르고, 설교적으로도 효과적으로 전달될 수 있을 것이다.

사실 옥 목사님도 그 설교의 뒷부분에서 이 점을 지적하고 있다: "우리가 잘못하면 매를 맞을 수도 있지만 그것은 어디까지나 사랑의 징계일 뿐 하나님의 진노는 아닙니다. 우리가 받을 진노는 예수님이 받으셨습니다."[343]

또한 로마서 3:25의 "전에 지은 죄를 간과하심"에 대한 설명은 좀 더 주해적 고찰을 필요로 한다고 느끼게끔 설명된 점이 아쉽다. 다른 곳에서 아주 좋은 주해적 통찰을 나타내고 계시기에 이런 부분이 애매하거나 잘못 설명된 것이 아쉬운 것이다.

포로기 이후 유대인들의 문제점을 지적하면서 "《토라》라는 책은 결국 하나님이 말씀하신 율법은 조금이고, 사람들의 의견이 대부분을 차지하는 이상한 책이 되어 버렸습니다"라는 표현은[344] 수정을 요한다. '유대인들이 이해하던 율법'이라고 하든지, '탈무드'라고 표현하는 것이 나았을 것이다.

---

341. 옥한흠, 《고통에는 뜻이 있다》, 51f.
342. 옥한흠, 《로마서 1》, 71.
343. 옥한흠, 《로마서 1》, 83. 또한 옥한흠, 《나의 고통 누구의 탓인가?》, 144도 보라.
344. 옥한흠, 《로마서 2》, 161.

이사야 14:14을 사탄의 교만을 표현한 것으로 인용한 것은[345] 일반적으로 이루어지는 일이지만 그 구절이 과연 사탄의 타락을 지칭하는가 하는 문제를 주해적으로 깊이 성찰하면서 수정하는 방향을 가는 것이 더 좋을 것이다.

더구나 창세기 6장과 관련하여 설명하면서 함의 죄를 너무나 단순히 설명한 것은 있을 수 있는 것이지만, 가나안이 "함의 별명"이라고 말하는 것이나 노아의 저주를 흑인들과 직접적으로 연관시켜 설명하는 것은[346] 명백히 잘못된 것이라고 해야 할 것이다.

좀 더 심각한 오해를 불러일으킬 수 있는 표현으로는 "부활하신 후에는 [예수님께서] 우리 눈에 보이지 않고 영으로만 계십니다. 재림하실 때에는 우리가 눈으로 볼 수 있게 영과 육의 온전한 모습을 갖추어서 나타나실 것입니다"라고 표현한 것이다.[347] 이는 아마 지금 여기서 우리가 부활하신 주님을 뵙지 못한다는 것을 중심으로 표현하신 것 같다. 그렇기에 그는 "우리 안에 그리스도께서 계신다, 성령이 계신다는 것을 지나치게 구별하려고 하지 말아야 합니다"라고 지적한다.[348] 그러나 "이제는 영으로 계시며"라는 표현은 잘못 들으면 부활 후에는 영으로만 계신다고 오해할 수도 있으므로 표현을 조금 고치는 것이 좋을 것이다.

바울이 고린도후서 12:1-4에서 말하는 삼층천에 간 경험을 한 것이 사도행전 14장에 묘사된 사건에서 이루어진 것이라는 학자들의 말에 동의하면서 이를 자명한 것으로 제시하는 것에[349] 대해서, 이는 여러 학자들의 추측이므로 있을 수 있는 것이지만, 그렇게 단언할 수 있는 것은 아니라는 점을 분명히 하

---

345. 옥한흠, 《로마서 1》, 211.
346. 옥한흠, 《로마서 1》, 335.
347. 옥한흠, 《로마서 2》, 97.
348. 옥한흠, 《로마서 2》, 98.
349. 옥한흠, 《나의 고통 누구의 탓인가?》, 166f.

면서 논의되었으면 하는 아쉬움도 있다.

요한복음 강해에서 나타나고 있는 주해적 문제를 몇 가지 생각하면 다음과 같다. 성육신의 위대성을 강조하기 위해서 창세기 3:14을 인용한 후에 "흙은 저주받은 뱀에게 먹을 것으로 줄 정도로 천한 것입니다"라고 표현하셨는데,[350] 이는 창세기 본문의 의도를 아주 심하게 오해하도록 하는 표현이라고 여겨진다. 오히려 뱀의 저주받아 낮아짐을 생각하도록 하는 본문을 왜 이와 같이 오해하여 표현하고 있는지 기이하다.

'가나의 혼인 잔치'를 설명하면서 그로부터 끌어내시는 영적인 교훈에 대해서,[351] 그 내용에는 동의하면서도 그 본문의 의미에 대해서는 마음이 편치만은 않다. 특히 이와 관련해서 기도에 대해서 언급한 것은["예수님은 거절하시다가도 허락하시는 경우가 종종 있다는 것입니다."[352] 그런 말이 성도들에게 미칠 악영향을 생각하면 다른 곳에서 기도에 대해 주신 "기도는 하나님의 뜻을 구하는 것"이라는 좋은 교훈을 좀 삭감하는 점도 있다고 여겨진다.

또한 요한복음 18:8의 '내로라'를 설명하시면서 "I Am he"라는 말에서 출애굽기 3:14을 연결시키고, 이때 "예수님은 자신이 하나님이신 것을 그 말속에 담아 증거하신 것입니다"라고 설명하신 것은[353] 옥 목사님의 설교 다른 곳에서 나타나고 있는 자연스러운 설명과는 잘 어울리지 않는 지나친 설명이다.

이와 비슷한 것은 예수님의 옆구리에서 피와 물이 나온 것을 설명하면서 이는 "우리를 용서하시는 피와 우리를 씻는 물을 상징합니다"라고 하고, 이를 스가랴 13:1의 "그 날에 죄와 더러움을 씻는 샘이 다윗의 족속과 예루살렘 거

---

350. 옥한흠, 《요한이 전한 복음 1》, 19.
351. 옥한흠, 《요한이 전한 복음 1》, 125-30.
352. 옥한흠, 《요한이 전한 복음 1》, 125.
353. 옥한흠, 《요한이 전한 복음 3》, 280.

민을 위하여 열리리라"는 말과 연관시키셨는데,[354] 이를 예수님 옆구리에서 나온 그 '물'과 연관시킨 것은 지나친 것이라고 판단되고, "피와 물이 나오니라"는 말은 그 뒤에서 잘 설명하신 것과 같이 영지주의와 같은 이단의 잘못된 가르침을 반박하면서 예수님께서 분명히 죽으신 것을 분명히 하기 위한 표현으로 보는 것이[355] 더 자연스러운 것이다. 자연스러운 해석을 제시하시면서도 때때로 이상한 상징적 해석이 동원되는 것은 안타깝다.

바울이 말하는 "몸"의 뜻을 잘 드러내면서 이를 바울이 말하는 "육신"과 잘 대조시킨 것은 좋으나, 그 "육신"을 "옛 자아 혹은 옛사람"과 동일시한 것은[356] 문제이다. 우리의 옛사람은 죽었으나,[357] 그 잔존 세력이라고 할 만한 것이 남아 있어서 그것이 "육체"라고(옥 목사님의 용어로 "육신"이라고) 언급되고 있기 때문이다.

성령의 "아홉 가지 열매"라고 표현하신 것에 대해서도 안타까움이 있다.[358] 그 다음 쪽에서 잘 설명하신 대로 "이 아홉 가지 요소들이 한 인격을 이루었을 때"와 같은 생각을[359] 더 확장하여 그 의미를 밝혔어야 했을 것이다. 이는 뒤에 성령의 열매가 단수라는 것을 정확히 언급하고 계시다는[360] 데서 안타까움이 더해진다. 처음부터 그렇게 언급하였으면 더 좋았을 것이다.

지나가는 말로 "성지 순례"라는 말을 한 것에도[361] 안타까움이 있다. 같은

---

354. 옥한흠, 《요한이 전한 복음 3》, 340.
355. 옥한흠, 《요한이 전한 복음 3》, 340-42.
356. 옥한흠, 《그리스도인의 자존심》, 58.
357. 이 점은 옥 목사님 자신도 늘 강조하는 성경적 요점이다. Cf. 옥한흠, 《고통에는 뜻이 있다》, 93f.; 옥한흠, 《전쟁을 모르는 세대를 위하여》, 119-22.
358. 옥한흠, 《그리스도인의 자존심》, 122, 127.
359. 옥한흠, 《그리스도인의 자존심》, 123.
360. 옥한흠, 《그리스도인의 자존심》, 125.
361. 옥한흠, 《요한이 전한 복음 1》, 270; 옥한흠, 《요한이 전한 복음 2》, 25, 164.

설교에서 잘 표현하신 대로 "이스라엘 방문" 등의 용어가 더 적절할 것이다.[362]

욥기를 강해하면서 1장에서 37장까지는 하나님의 명칭이 '엘 샤다이'로 나타나고 있고, 38장부터는 여호와 하나님으로 나타나고 있다고 말하고 있다.[363] 그러나 이는 옳지 않은 관찰이다. 1, 2장에 "여호와"라는 이름이 이미 사용되고 있고, 3장 이하에서도 '엘 샤다이'보다는 하나님이라는 뜻의 '엘 로아흐'(3:23; 4:9; 5:17; 6:4; 10:2; 11:5, 7; 36:2 등)나 '엘로힘'(5:8 등)으로 나온 부분이 많이 있기 때문이다. 물론 전능자로 번역된 곳이나 "전능하신 이"나 "전능하신 하나님"으로 번역된 곳은 '사다이'나(6:4 등) 또는 '엘 샤다이'다(8:5; 13:3 등).

아마 여러 곳에서 사용된 "전능자"라는 것에만 관심을 갖다가 이런 표현을 한 것으로 여겨진다. 전체적인 것에 주의하지 않으면 설교자들이 이런 개괄적 설명으로 성도들에게 잘못된 정보를 주기 쉬운 것이다.

4. 예화에서 오는 아쉬움

다른 목사님들의 설교에 많으나 비교적 강해를 중심으로 하는 설교에서는 드물지만 그래도 때때로 나타나는 한 문제를 지적하지 않을 수 없다. 그것은 성경과 기독교의 내용을 잘 설명하다가 혹시 설교자가 보기에 그와 연관된다고 할 때 이 세상의 예를 들어 말할 때, 다른 분들이 보면, 특히 설교의 구체적 맥락을 떠난 입장에 선 사람의 입장으로 보면 그 연관성이라는 것이 때로는 잘 나타나 않는 것 같으며, 따라서 이 세속적인 예가 설교의 흐름을 방해할 수도 있다는 문제점이다.

옥 목사님의 설교에서 이런 예는 드물기는 하다. 그러나 때로 그런 일이 발

---

362. 옥한흠, 《요한이 전한 복음 2》, 21.
363. 옥한흠, 《나의 고통 누구의 탓인가?》, 181f.

생하기도 한다. 예를 들어서, 성도들의 동역(同役)의 중요성을 설명하시면서 경제 평론가인 구영한 씨가 일본 경제 성장 이유를 분석하여 쓴 《인재론》에 대해서 언급하면서 일본의 발전 이유는 사람에게 있으며 "충성심이 없는 자는 전력이 되지 않는다"는 말을 인용하면서 충성을 강조하는데,[364] 성도들 가운데서는 이런 논의에 대해 안타까움을 느낄 수 있는 사람도 있을 것이라고 여겨진다. 이와 연관하여 클린턴의 정책을 연관시키고 인재 교육의 중요성을 말한 후에 "하나님 나라도 그 원리는 동일합니다"라고 말하는 것이[365] 별로 석연치 않게 받아들여 질 수도 있다.

이와 비슷하게 오늘의 중요성을 이야기하면서 로마의 시인 '호라티우스'의 시를 인용한 것이[366] 낳을 수 있는 문제가 있다고 여겨진다. 그리스도인이 오늘의 중요성을 이야기하는 것과 호라티우스가 생각한 것의 차이가 분명한데도, 이런 인용은 그 차이를 모호하게 느끼도록 할 수 있기 때문이다. 또한 그리스도인이 하나님 안에서 적극적일 것을 설명하면서 "할 수 있다고 생각하기 때문에 할 수 있는 것이다"라고 했다는 로마의 시인 '버질'의 말을 인용한 것도[367] 기독교적 사유와 불신자들의 적극적 사고방식을 대조시키려는 자신의 의도를 파괴하는 효과를 낼 뿐이다.

예화가 가져 올 수 있는 문제점의 대표적인 경우가 어려움을 겪다가 결국은 잘된 이들에 대한 예를 들 때이다. 드물지만 이런 예가 옥 목사님의 설교에서도 발견되곤 한다. 예를 들어, 공장을 인수받아 3년 동안 적자를 내다가 회복된 공장을 경영하는 어떤 장로님의 간증에서 "하나님은 그동안 나에게 시련을 주셨습니다. 3년 동안 나는 하나님 앞에서 믿음을 점검 받았습니다. 이제 하나님은

---

364. 옥한흠, 《로마서 3》, 333.
365. 옥한흠, 《로마서 3》, 333.
366. 옥한흠, 《고통에는 뜻이 있다》, 124f.
367. 옥한흠, 《고통을 다루시는 하나님의 손길》, 146.

놀랍도록 축복하고 계십니다"는 말,[368] 또한 "고난이 그치면 하나님이 주시는 형통도 있다는 것을 알아야 합니다"와[369] 같은 말, 또한 "전적으로 맡기고 순종하면 … 하나님이 반드시 복을 주실 것입니다"와 같은 말이[370] 성도들에게 미칠 수 있는 함의와 영향력을 좀 더 생각해 보아야 한다고 여겨진다.

성도들은 이런 말을 들으면서, 잘되는 것은 축복인데, 어려워도 신앙으로 살면 언젠가는 이 세상에서 잘 되는 의미의 축복을 받을 수 있다고 해석하기 쉽기 때문이다. 그렇지 않을 수도 있다는 것을 다른 곳에서 여러 번 언급했지만,[371] 이런 예에 대한 언급을 통해서 성도들은 옥 목사님께서 파괴하여 오히려 바른 관념으로 이끌어 가고 싶어 하는 그 잘못된 관념을 계속 유지하게 되기 쉽다. 따라서 그런 점에 좀 더 유의하는 표현을 했어야 한다고 여겨진다. 또 비슷한 예로 "의로운 자는 저절로 물질의 복이 따라 옵니다. 하나님이 물질의 복을 주시니까 받을 뿐입니다"와 같은 말도 비록 그 앞뒤에 "의로운 자는 부자가 되는 것을 생의 목적으로 삼지 않습니다"라는 말이 있어도[372] 성도들로 하여금 물질 문제와 관련한 오해를 하도록 하기 쉽다고 여겨진다.

역으로, "밤을 지나지 아니하면 하나님이 원하는 인격의 사람이 될 수 없습니다"와 같은 표현은[373] 고난의 밤의 필연성을 강조하는 것 같아 또 다른 오해를 불러일으킬 수 있는 표현이다. 그렇게 표현하기보다 "인생의 밤은 나쁜 것이나, 그것도 우리에게 도움이 될 수 있으니 그 경험을 통해 우리는 하나님이 원하는 인격자가 되는 은혜도 얻을 수 있기 때문입니다. 물로 이 고난의 경험이 주님이 원하는 사람이 되는데 필수적인 것은 아니지만, 고난의 경험으로

---

368. 옥한흠, 《고통에는 뜻이 있다》, 52.
369. 옥한흠, 《고통에는 뜻이 있다》, 80.
370. 옥한흠, 《고통에는 뜻이 있다》, 164.
371. 그 대표적인 예로 다음을 보라: 옥한흠, 《고통을 다루시는 하나님의 손길》, 35.
372. 옥한흠, 《나의 고통 누구의 탓인가?》, 15.
373. 옥한흠, 《고통에는 뜻이 있다》, 66.

주님이 원하는 사람이 된 분들도 많은 것입니다"와 같은 표현이 혹시 오해를 덜 일으키지 않을까?

또한 야곱이 에서에게 새끼양 등을 언급하면서 천천히 가겠다고 한 것이 과연 옥 목사님께서 의도하듯이 선한 목자의 모습을 보여주는 것으로 해석할 수 있는지는[374] 좀 더 생각해 보아야 할 문제라고 여겨진다. 그렇게 말하는 야곱의 의도는 전혀 다른 데 있을 가능성이 높기 때문이다.

그리고 우리의 구체적, 역사적 경험과 관련한 거부감을 살만한 예화들이 곳곳에 나타난다. 대표적인 예로 지방 유지가 대통령과 식사했다는 것의 영예와 의미를 크게 여겼다는 것을 언급하는 예인데, 이 때 언급된 대통령이 독재했던 대통령이다.[375] 혹 그의 독재와 관련해서 상당히 불쾌한 감정을 지닌 분들은 이런 예화가 성경 의미를 새기는 데 큰 걸림돌로 작용하기 쉽다. 그런 분들은 그 대통령과 같이 식사했다는 것이 영예스럽기보다는 상당히 불쾌한 것으로 인식될 수 있기 때문이다. 그러므로 이런 예화는 피하는 것이 더 나았을 것이다.

이와 비슷한 예로 미국 대통령 해리 트루먼이 취임할 때 "지혜로운 마음을 종에게 주사 주의 백성을 재판하며 선악을 분별하게 하옵소서"라고 기도하면서 시작했다는 말을 들을 때,[376] 일면에는 감사와 감동도 있지만, 트루먼의 정치에 대해 반감을 가지는 이들에게는 이런 예화가 오히려 설교자가 말하려는 진정한 의도를 반감시킬 수 있는 것이다.

5. 개혁주의적 아쉬움

교인들 가운데 온전히 중생하지 않는 교인들에 대한 도전에서 나온 것이지

---

374. 옥한흠, 《요한이 전한 복음 2》, 194.
375. 옥한흠, 《그리스도인의 자존심》, 76f.
376. 옥한흠, 《희망은 있습니다》, 156.

만, "다시 중생" 등등의 말이 때때로 나타나는 것은[377] 옥 목사님의 의도는 아니겠지만, 성도들에게 사람이 여러 번 중생하는 것인가 하는 오해를 낳을 수 있다고 여겨진다.

로마서 3:21의 이제와 관련하여 설명하면서 "이전에는 율법을 지켜야만 구원받는 길이 열려 있었는데"라는 표현은[378] 혹시 세대주의적 오해를 낳을 수도 있는 표현으로 되어 있다. 의도하거나 의식하지 않은 표현인 것으로 판단되나 오해를 살 수 있는 부분이다. 특히 "행하면 구원받는 율법시대에서 믿기만 하면 구원받는 복음의 시대로 넘어 온 것입니다"와 같은 표현은[379] 설교자를 세대주의자로 판단하게끔 하는 표현이 아닐 수 없다. 그러나 다른 곳에서 나타내 보이신 것에 의하면 옥 목사님께서 세대주의적 이해를 갖고 계시지는 않은 것 같고,[380] 어떤 곳에서는 세대주의적 주장을 균형 있게 그러나 명확히 비판하고 계시므로,[381] "행하면 구원받는 율법시대"와 같은 표현은 옥 목사 자신의 견해를 오해하도록 하는 표현을 하신 것이라고 판단된다. 그러므로 이런 표현은 마땅히 수정되어야 할 것이다.

또한 나사로의 부활 이야기를 하시면서 "날마다 죽은 우리를 날마다 살게 하시는 이는 하나님이시지만 돌을 옮기는 것은 우리가 해야 하는 것입니다"라고 하시면서 여러 번 우리의 돌이 무엇인가? 불신앙이든지, 따지는 것이든지, 유리한 것만 취하는 것이든지, 세속적인 생각의 돌이든지, 그런 것을 옮기라고 도전하시면서, "그 돌을 옮길 때 주님이 드디어 당신의 심령을 향해서 '나

---

377. 옥한흠, 《로마서 1》, 47.
378. 옥한흠, 《로마서 1》, 195.
379. 옥한흠, 《로마서 1》, 196. 또한 옥한흠, 《로마서 2》, 260도 보라.
380. 예를 들어 다음 같은 주장을 보라: 옥한흠, 《로마서 1》, 214: " 그 누구도 율법을 완전하게 지키지 못합니다." 더구나 옥한흠, 《로마서 1》, 240: " 구약 시대의 성도들이 다 … 믿음으로 구원받았습니다." 또한 옥한흠, 《로마서 2》, 260도 보라.
381. 옥한흠, 《로마서 2》, 321.

사로야 나오라'하고 외치십니다"라고 하실 때,[382] 나로서는 어색함과 불편함이 있다. 설교적으로 좋은 도전이 될 수 있지만 옥 목사의 좋은 의도와 상관없이 이런 표현은 인간 편에서 준비를 해야 하나님이 역사하신다는 일종의 '준비주의'를 말하는 듯하여, 여러 곳에서 그가 드러낸 명확히 개혁주의적 특성을 가리는 듯이 느껴지기 때문이다.

"적절하다고 생각되는 상황에서 뜻을 못 바꿀 하나님이라면 그는 전능한 분이라고 할 수 없다"는 달라스 윌라드의 말의 인용에 대해서도[383] 같은 어려움이 느껴진다. 전체 맥락이 제시되지 않아 정확히 말하기는 어렵지만 하나님에게 그 어떤 변화가 있는 것으로 이야기하는 것에는 문제가 있어 보인다. 이런 말을 인용하여 성도들에게 듣게 하는 생각이 옥 목사가 다른 곳에서 제시하고 있는 개혁파적 사유와 많이 충돌하기 때문이다.

6. 사소한 문제들

예수님께서 갈릴리 바다를 건너신 것에 대해 그 사실을 보여주기 위한 것도 있다고 한 것은 매우 중요하나, 그 뒤에 "그리스도인들이 인생 행로를 건너갈 때에 경험할 수 있는 한 단면을 보여 주기 위하여 기록한 것입니다"와 같이 표현한 것은[384] "이 사실에 대한 기록에서 이런 의미도 찾을 수 있다"고 표현하는 것보다 좀 지나친 표현이어서 잘못하면 알레고리적 해석의 예가 될 수도 있으므로 조금 표현을 달리하거나 제거하는 것이 좋을 것이라고 여겨진다.

그 외에 단순한 오기로 보이는 것들로 수정할 것으로 니케아 공의회의 연대가 352로 나온 것은[385] 325의 오기로 보인다. 또한 아리우스 감독이라는 표

---

382. 옥한흠, 《요한이 전한 복음 2》, 265.
383. 옥한흠, 《하늘 행복으로 살아가는 작은 예수》, 169.
384. 옥한흠, 《고통에는 뜻이 있다》, 27f.
385. 옥한흠, 《요한이 전한 복음 1》, 288.

현은(그가 장로였으니 장로를 감독으로 보는 우리 개혁파의 입장에서는 적절한 말이지만) 당대 교회의 직함에는 맞지 않는 것으로 여겨질 수 있을 것이다. 아타나시우스도 후에 328에 감독이 되었지만 니케아 공의회 때에는 알렉산더의 비서격인 부제로서 참여했었으니 주교라는 표현은 고쳐져야 할 것이다. 그러나 이와 같은 것은 그저 일반적인 의미를 전달하는 설교에서는 용인될 수 있는 일이라고 여겨진다. 그러나 출판물이 되었기에 문제가 된다고 여겨진다. "홀로코스트라고 하는 지방이 있었습니다"와 같은 표현에 대해서도[386] 우리는 같은 말을 할 수 있을 것이다.

비슷하게 《고통에는 뜻이 있다》, 167쪽의 심리학자 빅터 프랭클린은 그가 했다는 말의 의미상 아마도 빅터 플랭클인 것 같아 보인다. 또한 같은 책 196쪽의 심령주의 철학자 윌리엄 제임스는 아마도 실용주의 철학자라는 말의 오기로 보인다. 이런 것들은 아마 출판자들의 실수일 것이다.

III. 마치면서

한 시대에 한국교회를 잘 섬겨 보려고 노력한 설교자의 설교들을 보면서 한편으로는 복음주의적 성격을 유지해 보려고 노력한 것에 감사하면서도, 마지막까지 남게 되는 아쉬움은 과연 그 노력이 효과적이었을까 하는 것이다. 다시 말하자면, 강남의 대형교회를 이룬 그 영향 때문에 내용상 옥 목사님의 설교가 마땅히 받아야 하는 평가를 받지 못했을 수도 있다고 여겨진다. 따라서 실질적이지는 않고 겉으로만 나타나는 영향을 미치지 않았을까 하는 생각이 드는 것이다. 그의 설교에는 그저 강남의 대형교회를 이룬 사람의 설교로만 치부해 버리지 말고, 오히려 우리 모두가 같이 음미해 볼만한 점들이 많이 있다고 여겨지기 때문이다.

---

386. 옥한흠, 《고통에는 뜻이 있다》, 74.

그는 설교자의 언어의 제한성을 잘 알고 있었다. 그래서 우리가 이 논문에서 살펴 본 것과 같이 참으로 열심히 준비하지만, 결국 "설교자의 모자람을 극복하게" 하시는 "성령님의 은혜를 믿고 … 말씀을 전하려고" 하신[387] 옥 목사님과 함께 주께서 과연 20세기 후반의 한국교회 속에서의 이런 노력을 어떻게 평가하실까 하는 생각을 가지면서 이 논의를 마친다.

이승구

총신대학교
서울대학교 대학원 (M.Ed.)
합동신학대학원대학교 (M.Div.)
University of St. Andrews 신학부 (M.Phil.)
University of St. Andrews 신학부 (Ph.D.)
(전) 한국장로교신학회 회장
(전) 한국개혁신학회 회장
(전) 한국키에르케고어 학회 회장
(전) 한국복음주의신학회 회장
(현) 합동신학대학원대학교 조직신학 교수
(현) International Journal of Reformed Theology Asian Editor

---

387. 옥한흠, 《요한이 전한 복음 1》, 187.

이근삼 박사 설교의 신학과 특성

이환봉

들어가는 말

　설교는 성경 본문을 주해하고 전달하는 것으로 끝나는 것이 아니고 설교자의 전 인격과 삶이 투영된 궤적과도 같다. 따라서 한 설교에 대한 바른 분석과 평가는 설교자의 신학과 신앙, 인격과 성품, 사역과 삶에 대한 이해가 요구된다. 필자는 제자와 후배 교수로서 이근삼 교수님의 사역과 설교의 현장에 누구보다도 더 많은 시간을 함께하면서 오랜 가르침과 지도를 받았다. 처음으로 교수님의 설교를 들은 것은 고등학교 학생 시절 고향 교회의 제직부흥사경회에 참석하였을 때이었다. 나아만 장군에게 엘리사 선지자를 소개하였던 이스라엘의 작은 계집아이의 이야기(왕하 5장)를 통해 찬양대에 앉아 있는 나를 마치 정면으로 주시하시듯이 바라보시면서 복음의 증인이 되라고 외치셨다. 당시에 전도자의 꿈을 키우던 나에게 뜨거운 소명과 확신을 안겨주었던 평생 잊을 수 없는 은혜의 시간이었다. 마침내 고신대학교에 입학하였고 때마다 학교의 경건회 시간에 항상 열린 마음으로 교수님의 설교에 은혜를 받을 수 있었다. 또한 처음으로 개설된 대학원 신학석사(Th.M.)과정에서 교수님의 문하에서 교의학(조직신학)을 전공할 수 있었다. 그리고 유학 후에 교수님의 뒤를 이어 교의학 교수로서 신학교육에 함께 할 수 있었고, 한동안은 교수님을 학장으로 모신 교무처장으로서 진정한 기독교대학 건설을 위한 대학교육에도 함께 할 수 있었다. 교수님과의 이러한 관계 때문에 원고부탁을 거절할 수 없었고 또한 교수님의 신학과 설교를 연구하는 것에 대한 책임을 가지지 않을 수 없었다. 이근삼 전집(10권)의 설교문들과 현장 설교 테이프 등을 찾아 정독하고 반복하여 들었고 무엇보다 지난날 설교 현장의 역동적인 분위기와 감동에 대한 기억을 되살리며 정리하였다.[1]

생애와 신학

이근삼 박사는 해방 후에 고려신학교에 입학하고 한상동 목사의 순교적 신앙과 경건을 배우고 그리고 박윤선 박사의 성경연구와 기도에서 나오는 개혁주의 진리를 배울 수 있었던 것을 평생의 은혜로 기억하였다(289). 그 후에 1957년 미국의 카바난트 신학교를 졸업하고 그 후 웨스트민스터 신학교의 코르넬리우스 반틸(Cornelius Van Til) 밑에서 변증학을 연구함으로서 미국 장로교의 개혁주의 신학을 수학하였다. 그리고 1958년부터 약 5년간을 화란의 자유대학교에서 헤르만 바빙크(Herman Bavinck) 이후 당 시대의 대표적인 개혁주의 교의학자인 베르까우워(G. C. Berkouwer)와 존 바빙크(John. H. Bavinck) 밑에서 연구하여 교의학 박사 학위를 받았다. 특히 이근삼 박사는 미국 개혁파 교회들의 노력을 통하여 이미 경험한 바 있는 아브라함 까이퍼(Abraham Kuyper)의 언약 사상과 왕국 사상의 구체적 실현과 그 놀라운 열매를 화란 유학 기간 동안에 직접 확인하고 체득할 수 있었다. 또한 그는 아브라함 까이퍼와 함께 하나님의 나라의 관점에서 인간 삶의 모든 영역을 그리스도의 왕권 아래 순복하는 문화적 구조로 변혁시켜야 한다는 문화적 사명을 강조하였다. 이처럼 이근삼 박사는 미국과 화란의 개혁주의 신학 양자를 모두

---

1. 한국의 개혁주의자 이근삼 전집 제10권, 「오직 하나님의 은혜로」(생명의 양식, 2008), 이근삼 목사 부흥사경회: 설교 테이프 (미국 훼드럴 웨이 중앙장로교회 전도부, 2003), 본문의 괄호 속의 숫자는 전집의 쪽을 표시한 것이다.

소화함으로써 보다 성숙하고 발전적인 개혁주의 신학을 1962년부터 고신대학교의 전신인 칼빈학원의 원장과 고려신학교의 교수로서 한국교회에 전수하기 시작하였다. 이근삼 박사는 박형룡 박사와 박윤선 박사의 뒤를 이어 조직신학(교의학)을 강의하였다. 그리고 칼빈의 신학과 개혁주의 사상에 대한 연구와 강의를 통하여 개혁주의 신학과 사상을 확립하였을 뿐만 아니라 그 원리들을 고신대학교를 통하여 구체적으로 실현하기 위한 모든 노력을 경주해왔다. 이근삼 박사는 많은 저술들과 논문들을 통하여 한국의 칼빈 연구와 개혁주의 신학을 위한 큰 학문적 공헌을 하였으며, 고신교회와 고신대학교의 개혁주의 신학과 사상의 발전을 이룩하는 든든한 초석을 제공하였다.

고신대학교 총장으로서 은퇴하신 후에는 미국에서 에반겔리아 대학교(Evangelia University)를 설립하였고 12년 동안 미국 교포사회를 중심으로 개혁주의 신학교육과 교회건설을 위한 설교사역에 헌신하였다. 미국에서 임종하시기 전에도 환영 속의 강단에서 "저기 뒤에 앉아 계시는 분들도 잘 들립니까!" 외치시며 마지막까지 설교하신 후에 하나님의 부름을 받으셨다고 한다.

신학 있는 설교

이근삼 교수는 평생을 학교를 위한 신학교육과 교회를 위한 설교사역에 매진하였다. 신학교수로서 경건회 시간마다 신학도들의 신앙과 사명 그리고 경건과 생활에 대한 말씀으로 교훈하였다. 또한 고신교회의 초기에 교회를 말씀과 진리의 터 위에 든든히 세우기 위한 교단의 부흥사로서 전국의 교회들과 기독교 단체들을 위한 수많은 집회를 인도하였고, 때로는 지역교회가 담임목사를 초빙하기 전에 수개월씩 설교목사로서 지역교회들을 섬기기도 하였다.

특별히 이근삼 교수는 교의신학자로서 교의신학과 설교의 상호 교류하는 호혜적인 관계를 자신의 신학과 설교의 사역을 통해 잘 구현하였다. 신학을 통해 잘 설교할 수 있고 설교를 통해 신학적으로 잘 가르칠 수 있다. 다시 말하면, 신학을 통해 분명하고 책임 있는 선포가 가능하고 설교를 통해 건강한 교리 형성과 발전을 이룩할 수 있다. 따라서 이 교수는 칼빈을 위시한 개혁자들의 전통을 따라 자신의 사역에서 신학과 설교의 임무를 분리하지 않았다. 교의신학은 설교의 지성과 양심이고 설교는 교의신학의 심장과 영혼이라고 할 수 있다. 비록 신학자 자신은 매주일 마다 설교 강단에 오를 수 없을 지라도 좋은 교리교육을 수행하기 위해 항상 설교의 사명을 마음속에 품고 설교를 목적으로 연구해야 하며, 또한 설교자도 좋은 설교를 위해 신학적 사고와 반성에 참여할 수 있어야 한다. 그리고 신학자가 신학자이기만을 바라고 교회의 실천적 임무에 대한 관심은 목회자에게만 맡긴다면 교회의 좋은 교사는 될 수 없다. 즉 심장과 영혼이 없는 신학자가 될 뿐이다. 또한 설교자도 설교자이기만을 바라고 신학적 사고를 신학자에게만 맡긴다면 좋은 설교자는 될 수 없다. 즉 지성과 양심이 없는 설교자가 될 뿐이다.

이러한 관점에서 볼 때, 현대교회의 설교와 신학의 위기는 신학자의 "설교 없는 신학"과 설교자의 "신학 없는 설교"로부터 발생한 것이라고 할 수 있다. 개혁주의 교회의 역사적 전통이라고 할 수 있는 신학과 설교의 통일성과 연속성이 깨어짐으로써 오늘 현대교회의 혼란과 위기는 더욱 심화되어 가고 있다. 따라서 신학과 설교의 올바른 관계를 새롭게 회복하고 정립하는 일이야 말로 현대교회를 새롭게 하는 근원적 출발점이 될 것이다.

이근삼 교수는 이러한 교의학과 설교의 통합을 가장 실제적으로 또한 효과적으로 이룰 수 있는 교리설교(doctrinal preaching)에 힘을 쏟았다. 그리고 교리의 핵심적인 요소인 웨스트민스터 소교리문답과 십계명과 주기도문에 대한 강해설교를 하였다.[2] 그리고 그의 모든 설교에는 복음과 교회에 대한 열정이 가득하고 성경의 진리에 대한 교리적 또는 변증적 해설의 노력이 역력히

---

2. 한국의 개혁주의자 이근삼 전집 제8권, 「교리문답 해설」.

드러나 있다.

설교의 특징

고신교회는 초기부터 신앙의 정통과 생활의 순결을 강조해 왔다. 교리를 구성하고 있는 두 가지 요소 즉 무엇을 믿고 어떻게 사느냐가 주요한 관심사였다. 따라서 이근삼 교수의 설교도 전반적으로 두 가지 곧 정통 교리와 순결한 생활에 초점이 모아져 있다.

1) 정통 신앙(교리)에 대한 바른 이해와 파수

"이 시점에서 우리의 신앙을 확증하자"(164-169), "21세기를 바라보는 우리들의 각성"(180-186), "2천년대를 위한 교회의 신앙"(193-198), 이근삼 박사는 이 설교들에서 진보적 현대신학과 종교적 다원주의 등의 현대사조에 직면하여 개혁주의 신앙과 교리를 수호해야할 교회의 시대적 사명을 역설한다. 무엇보다 현대교회가 새롭게 확증해야할 그 신앙은 바로 "삼위일체 하나님 신앙"이며, 삼위일체 하나님과의 관계 회복에 있다는 것을 거듭하여 강조한다(166, 181, 194). 창조주 하나님의 실제적 소유권을 부정하는 소위 "실천적 무신론자"를 경계하면서 "인생의 전 영역에 종교적이 아닌 것은 없다. 하나님과의 관계 속에 있을 때만이 그 의미가 살아난다"(167)고 역설한다. "현대인의 방황"(14-22)은 하나님의 상실에 있으며 방황에서의 탈출의 유일한 희망은 하나님께로 돌아와 하나님과의 관계를 회복하는 것에 있다고 한다. "21세기를 바라보는 우리들의 각성"(180-186)에서는 삼위일체 하나님과의 수직적 관계를 회복할 뿐만 아니라 한걸음 더 나아가 사람과 물질세계와의 수평관계도 재확립(재창조)하여 하나님께 영광 돌려야한다는 것을 이렇게 요약한다. "첫째, 하나님과 인간과의 수직적 관계는 믿음과 순종을 요구했고, 둘째, 인간과 인간의 관계는 사랑과 화목, 정직과 친절, 용서와 인내와 같은 것이었고, 셋째, 인간과 물질세계에 대한 관계는 관리와 보전, 정복과 생산으로 문화를 창달하고 그 소산들을 가지고 하나님께 감사하고 영광을 돌리는 것이었다"(180).

하나님의 주권적 사랑과 은혜에 의한 인간의 구원(55, 118, 149, 214)과 오직 믿음에 의한 칭의 즉 이신칭의의 교리(롬1:17)를 거듭하여 강조한다(123, 165, 175, 270, 303). 그 외에도 교회론의 교회(건설)의 기초, 교회의 신앙고백, 교회의 사명, 교회의 박해, 종말론의 죽음, 부활, 연옥 등에 대한 교리적 설명을 담고 있다.[3]

2) 생활의 순결을 위한 삶의 변화

이근삼 박사는 옛 질서를 따라 복음적 새 세대에 반항하는 바리새인들의 "생명 없는 기계적 형식주의"를 행함이 없는 "죽은 정통"으로 비판하였다(29-30). 물론 앞서 확인한 바대로 오직 믿음으로만 구원을 받는다는 것을 거듭 분명히 했지만 동시에 "믿음으로 구원받은 성도들에게는 반드시 행함이라는 열매가 있어야 한다"는 "신행일치"를 주장한다(165, 303). 따라서 삼위일체 하나님에 대한 참된 믿음을 항상 구원받은 의인들의 삶에 나타나는 구체적인 변화와 연결시켜 적용하면서 그러한 "행함이 있는 믿음"을 확실한 증거로 보여줄 것을 요구하고(166-169), 그러한 삶의 변화와 선한 행위를 요구하는 참된 믿음을 확증하기 위해 항상 "너희가 믿음 안에 (살고) 있는가"(고후13:5, 7)를 시험하라고 권고한다(165).

그는 부흥회나 설교목사로 봉사하실 때에 산상수훈의 팔복을 즐겨 설교하시면서 천국백성으로서 합당한 삶을 살아야 한다는 것을 역설하였다(112-145, 224-226). 팔복을 율법의 제3용법처럼 천국백성이 마땅히 행해야할 거룩한 삶의 표준적 규범으로서의 유용한 기능을 하는 것으로 이해한다. 오직 믿음으

---

3. 한국의 개혁주의자 이근삼 전집 제8권 3부(십계명 해설)와 4부(주기도문 해설)는 교리설교에 해당한다.

로 구원받은 하나님의 자녀는 은혜에 감사하여 천국 백성의 규범에 따라 사는 행위를 통해 자연히 자신이 천국에 들어가기에 합당한 자녀임을 보여주는 증거를 드러낸다. 그러므로 이러한 확실한 증거가 필연적으로 뒤따른다는 점에서 "예수님이 전하신 구원의 길"이라는 현장 설교에서는 구원 받은 성도가 팔복을 따라 사는 행위를 천국에 들어가는 조건으로 볼 수 있다고 말한다.[4] 물론 "이신칭의"를 거듭 천명해 온 이 박사님의 이 말이 행위로 구원받는다거나 행위 그 자체가 구원의 전제 조건이라는 것을 주장한 것은 아니다. 다만 오직 믿음으로 의롭다함(칭의)을 받은 자는 그리스도 안에서 반드시 행함으로 거룩하다함(성화)을 이루어 가야 한다는 것을 말하려고 한 것이다. 다시 말하면, 천국 백성은 그리스도께서 내 안에서 친히 우리와 함께 거룩을 이루어 가시는 삶을 살아야 한다는 말씀이다. 이러한 맥락에서 "믿음이 있다하고 행함이 없으면 무슨 유익이 있으리요. 그 믿음이 능히 자기를 구원하겠느냐…행함이 없는 믿음은 그 자체가 죽은 것이니라.…나는 행함으로 내 믿음을 네게 보이리라"(약 2:14, 18)는 야고보의 주장과 더불어 하나님에 대한 우리의 신앙이 행함이 있는 믿음인지를 확증하자고 외치신 것이다(165).

이근삼 박사는 팔복을 강론하면서 그처럼 변화된 그리스도인의 구별된 삶이 세상을 변혁하고 심판할 수 있는 힘이 된다는 것을 이렇게 표현한다. "그리스도인의 생활이 있다는 것이 이 세상의 생활이 어떻게 되어야 된다는 것을 보여주며 또 이 세상을 그렇게 살아서는 안 된다고 죄를 정하게 하는 빛과 소금의 역할을 하는 것이다"(143). 이 박사는 이러한 빛과 소금의 역할을 인간 삶의 전 분야 특히 문화와 교육과 사회에서의 사명과 연결하여 하나님의 주권과 영광을 위한 헌신을 강조한다(196).

---

4. "예수님이 전하신 구원의 길", 이근삼 목사 부흥사경회: 설교 테이프 (미국 훼드럴 웨이 중앙장로교회 전도부, 2003)

이 박사님은 이러한 그리스도인의 삶의 변화를 위한 교회적 봉사에도 앞장서셨다. 한동안 설교 목사와 임시 당회장으로 섬기시던 교회에서는 "설교의 초점이 성도들의 생활이 불신자와 달라져야 한다고 강조하면서 제직회에는 생활 개선부를 두었다"고 한다.[5] 학교에서도 「교회문제연구소」 소장으로서 다년간 신학교의 신학과 교회의 생활의 가교 역할을 수행하기 위해서 각종 세미나를 통한 교회의 생활의 변화를 모색하였다.

설교의 방법

이근삼 박사의 설교 형식은 전통적인 삼대지 설교(a three-point sermon)의 구성에 메이지 않고 대부분의 설교에서 성경 본문의 논리적 흐름을 따라 주해하고 적용하는 강해설교의 형식을 사용한다. 제2부의 「엠마오 도상의 대화」(52-111)는 장년공과(1965)를 목적으로 작성된 설교들로서 각 설교는 본문을 절별 또는 단락별로 묶어 소제목을 달고 순서대로 설명하고 논증 또는 설득하는 형식을 취하고 있다. 그리고 총 14편의 시리즈 설교들에서 각 설교의 주제를 부활의 신앙, 소망, 확신. 사명, 증인에서 시작하여 교회의 시작, 권능, 핍박, 회개, 전도, 통치, 치유, 심판에 이르기까지 연속적으로 다루고 있다. 이는 그리스도의 제자들이 부활의 신앙으로 시작하여 교회의 정착을 이루어 가는 전개 과정을 잘 배열함으로서 헌신을 위한 설득력을 높이기 위한 기획으로 보인다. 물론 설교의 장소와 대상에 따라 다양한 형태의 방식을 도입하기도 한다. 학교의 경건회에서 학생들을 대상으로 한 설교들 중에는 제목설교들(14, 23, 47, 220, 228, 232, 246, 259, 273)도 있다. 그러나 그 설교들도 항상 주제와 관련한 성경적 교훈들에 기초하였고 성경 본문에 호소하는 결론으로 매듭지었다.

---

5. 「하나님의 주권과 은혜 : 이근삼 박사 사역 50주년 기념 논문집」 (총회출판국, 2002), 143.

설교의 도입부에서 때로는 영적인 또는 시사적인 문제점을 제기하거나 현대신학과 현대문화의 문제점을 제기하면서 시작하기도 한다. 그러나 대부분의 설교는 서설에서 간략히 설교할 성경 본문 전체의 개요를 설명하거나 본문의 역사적 정황과 문화적 배경을 소개하였고, 때로는 주제와 관련된 성경적 사상을 개괄한 후에 한 문장으로 본질적인 질문과 과제를 제시하고서 바로 본론적인 본문 주해에 들어간다.

조직신학자로서의 지식과 지혜가 여러 설교에서 자연스럽게 반영되어 있다. 부활과 이적(57-, 74-, 83-) 등에 대한 현대 신학자들의 이해에 대한 비판과 변증적 해설을 통해 오해를 제거하고 구별된 바른 의미를 부각시키는 노력들을 발견할 수 있다. 그 외에도 설교 중에 지적된 비판의 대상은 세속주의, 합리주의, 형식주의, 자유주의, 현대주의, 개인주의, 종교다원주의, 시한부 재림설 등으로써 거짓된 현대신학과 현대사조에 대한 경계를 늦추지 않았다(164, 184, 194, 202, 205).

설교집에 나타난 문장은 간결하고 용이한 설명으로 되어있지만 설교문의 전개에 나타난 신학자로서의 논리성과 설득력을 확인할 수 있다. 사경부흥회에서의 현장 설교들은 일상적 경험에 의한 실제적 적용과 여러 가지 예화들을 자유롭게 사용한다. 특히 목회적인 권면 속에는 이 박사의 고유한 간곡함과 단호함을 담은 음성의 열정적인 호소와 외침이 주는 큰 울림이 있었다.

설교의 적용과 교훈

1) 순교적 신앙

이 박사님의 설교에는 고신교회의 역사적 유산인 순교적 신앙에 대한 강조가 여러 곳에 나타난다. "부인하던 베드로에게 사명을 주심"에서 베드로의 순교를 생각하며 사랑으로 "일사를 각오하고 주의 일을 하자"(73)는 헌신을 권고하고 그리고 "예수의 증인"에서는 스데반과 야고보의 순교를 언급하며 "피흘리기까지의 증인 즉 순교자"(78)의 충성을 다짐을 한다. "사도의 이적과 핍박"에서도 사도들처럼 "우리는 일사를 각오한 자들이니 핍박이 와서 죽는다고 두려워할 것이 없다"(86)고 단언한다. "핍박하던 자가 핍박 받음"에서는 "순교자의 피는 교회의 종자요 핍박의 결과는 교회의 화평과 부흥과 충실의 요인이 되었다.…일사를 각오하고 복음 전선에서 다 같이 매진하자"(95)고 외쳤다. "천국에 들어가는 고난"에서는 "한국교회 역사도 그런 수많은 순교자를 내었고 많은 그리스도인들의 고난을 통하여 주님의 교회가 성장해 온 것"을 회상하면서 하나님의 나라 건설을 위해 "그리스도의 남은 고난을 채우는 일"(144)에 동참하자고 권고한다. "신앙고백과 교회건설"에서 고신의 신학과 교회는 일제 강점기에 "생명을 걸고 순교하면서 그리스도를 증거하고 신앙고백을 반석처럼 확고하게 하신 선배들의 터 위에 세워졌다"(209)는 사실을 확인하고 또한 "2천년대를 위한 교회의 사명"에서는 그러한 "우리 신앙의 선배들이 진리와 교리의 수호를 위해서 순교정신으로 본을 보여 주었던 것을 잊지 말아야 한다"(194)고 다짐한다.

2) 약자에 대한 사랑의 실천

이 박사님은 설교에서 가난한 자와 약자에 대한 깊은 관심과 사랑의 실천을 호소하고 있다. "귀신들린 여종의 구원(행16:16-18)"에서 "예수님의 지상 생활도 권세 있는 부자보다 비천한 자에게 더 관심을 가지셨다. 우리도 이런 자들에게 더욱 깊은 관심과 두터운 사랑을 베풀자"(98)고 호소한다. 산상보훈의 팔복에 나오는 "긍휼의 축복"에서는 그리스도인의 긍휼의 본질은 하나님의 넘치는 사랑을 받아 다른 사람을 같은 사랑과 긍휼로 대하는 것이며, 긍휼히 여긴다는 것은 "자신을 다른 사람과 동일시"하여 하나님과 "같은 마음", "같은 생각", "같은 감정", "같은 행동"으로 대하는 것이라고 규정한다(129).

그래서 긍휼로 남을 도와주는 것은 "하나님의 능력과 자비하심이 나를 통하여 실천"(224)되는 것이며 그 긍휼은 반드시 "손으로 표현"되고 "도움의 행위"(129)로 나타나야 한다는 사랑의 실천을 강조한다. 오늘 우리의 재물과 시간이 하나님의 축복을 받는 일에 사용되고 있는 지를 반성하자면서 설날의 풍성함에 비해 오늘 우리 중에 슬프게도 "가난한 자, 억눌린 자, 병든 자, 괴로워하는 자, 외로운 자들의 수가 얼마나 많은가?"(114)라며 사랑의 실천을 호소하였다. 필자가 신학대학에 다닐 때에 교회봉사로 명절이 되어도 고향에 가지 못하고 기숙사에 남아있는 학생들에게 이 박사님이 사과상자를 보내어 주셔서 우리의 외로움을 달래주셨던 그 사랑을 지금도 기억한다.

손봉호 박사는 「주변으로 밀려난 기독교」(171)에서 "약자에 대한 하나님의 끈질긴 편애"를 실천해야 한다는 이 박사의 말을 인용하면서 그러한 사회적 약자에 대한 이 박사의 관심이 자신이 주도한 기독교윤리실천운동 같은 사회운동의 동기가 되었다고 술회한 바 있다.[6] 팔복 중의 "화평(평화)케 하는 자"는 세상의 행복과 복지를 최상의 상태로 만들기 위해 노력하는 사람들로서 "하나님의 종들"이며 "실제적으로 하나님의 일을 하고 있다"(136)고 주장하면서 화평을 만드는 행복한 사람들이 될 것을 권면한다. 이 박사님은 한국교회들이 오직 영혼구원과 개인적 경건에만 관심을 기울이고 사회적 약자들에 대해 무관심 또는 침묵하는 현상을 안타까워하면서 탕감 받은 긍휼을 잊어버린 일만 달란트 빚진 자가 되지 말자고 권고한다(224).

3) 역사의식

일반적으로 역사의식이 결여되어 있어 선지자적 기능을 상실한 설교들이 많다. 그러나 이 박사님의 설교에는 현대 교회와 사회를 성경에 나타난 역사

---

6. 손봉호, 「주변으로 밀려난 기독교 : 지금은 다시 기본으로 돌아갈 때다!」 (CUP, 2017)

적 사건과 교훈의 관점에서 파악하고 점검하면서 오늘날 교회의 영적 자각과 책임 있는 변화를 촉구하는 외침을 자주 발견한다. "현대인의 방황"에서 하나님을 상실한 현대인들의 방황의 원인구조를 분석하고 평가한 후에 그 방황을 끝내기 위한 "예리한 시대적 관찰과 자신의 확립"(14)을 촉구하면서 하나님과의 관계를 재정립하고 회복해야 할 것을 권고한다. "해방의 노래"(216, 참고 287)에서는 이스라엘의 출애굽의 해방의 노래를 일본제국의 압제에서 벗어난 대한민국의 광복절의 해방의 노래와 한국교회의 자유의 노래를 연결하고 나아가 회개와 감사를 통한 오늘 한국교회의 승리와 소망의 새 노래를 부를 수 있기를 호소하고 있다. "하나님의 새 일을 위하여"(273)에서도 이스라엘 백성에게 주신 하나님의 새 일에 대한 대망을 당시(2002년) 한국의 개방과 신한국 건설 운동과 연결하면서 나아가 한국교회를 향한 하나님의 새 일(재창조)을 소망한다. 그리고 구원의 은혜에만 안주하고서 죄와의 투쟁과 미래지향적 전진을 위한 긴장이 약화되어 가고 있는 현실에 대한 반성을 촉구하고 있다. 그 외에도 "21세기를 바라보는 우리들의 각성"(180), "2천년대를 위한 교회의 사명"(193) 등의 설교에서 설교의 예언적 기능에 충실하기 위한 노력들을 확인할 수 있다. 그리고 국가와 사회의 각종 부조리와 폐단에 대한 비판과 극복을 위한 교훈(20, 24, 114, 151)과 선지자적 분노들(128, 174)을 들 수 있다.

4) 문화적 사명

이 박사님은 하나님의 절대적 주권에 대한 신학적 확신에 기초한 개혁주의 문화관의 이론적 근거 확립과 문화적 사명의 실천을 위해 평생 동안 연구하고 교육하며 설교하고 행동하였다 해도 과언이 아니다. 그러한 문화적 사명의 가장 효과적인 수행을 위해 고신대학교를 진정한 기독교대학으로 확립하기 위한 모든 노력을 경주하였다. 고신대학교가 신학교육을 통한 목회자 양성에만 국한 되지 않고 인간 삶의 모든 영역에서 유능한 기독교 인재를 양성하기 위한 4년제 기독교종합대학교로 발전함에 있어 이론과 실천에 있어 결정적 역할과 기여를 하였다. 그러나 이러한 개혁주의 문화적 사명의 실천에 있어 여러 가지 난관과 반대들이 있었고 이를 해결하기 위해 자연히 교회의 지원과 내부의 단합을 위한 설득을 위해 여러 장소에서 설교를 통해 호소를 해야만 했다. 여러 설교에서 참된 개혁주의 교회의 건설과 개혁주의 세계의 건설을 위한 하나님 나라의 유능한 인재양성의 중요성과 교회적 지원의 필요성을 역설한다(183, 215, 196). 그리고 오늘에 이르기까지의 고신대학교를 위한 하나님의 주권적 역사에 대한 감사와 교회의 지속적인 관심을 호소한다(198, 215, 288).

나오는 말

우리가 살펴 본 바대로 이 박사님의 "신학 있는 설교"는 위기에 처한 현대 교회의 강단이 신학과 설교의 통합을 통해 갱신될 수 있는 귀한 길잡이가 될 수 있다고 믿는다. 그의 설교는 무엇을 믿고 어떻게 살 것인가라는 근본적인 질문에 성경으로 답하기 위한 노력과 열정으로 가득하다. 그리고 성경에 기초한 분명한 역사의식을 가지고 오늘을 진단하고 내일을 바라보면서 시대적 사명과 소망을 품게 하는 성경적인 비전과 이정표를 제공하고 있다. 한 걸음 더 나아가 자신의 시대와 사회 그리고 문화에 대한 선지자적 관심을 가지고 성경적인 신앙을 따라 삶의 모든 영역을 변혁 시켜야 한다는 하나님의 주권에 대한 열심을 보여 준다. 한국의 대표적인 개혁주의 신학자와 교육자로서 강단과 교단에서 외치신 이 교수님의 설교는 세계적으로 그의 수많은 회중과 후학들을 통하여 아름답고 풍성한 열매들로 나타났으며 온 세상에 하나님의 영광을 크게 드러내셨다. Soli Deo Gloria !

이환봉

고신대학교 신학과(B.Th.)
고신대학교 신학대학원(M.Div.)
고신대학교 대학원 신학과(Th.M.)
North West University(Pochefstroom) (Th.D.)
(전) 고신대학교 신학과 교수
(전) 개혁주의 학술원 원장(창립)
(전) Calvin Theological Seminary 연구교수
(전) Vrije Universiteit(Amsterdam) 연구교수
(현) 고신대학교 신학과 명예교수

이명직 목사의 설교

정인교

I. 이명직 목사의 생애와 신학

이명직 목사는 한국 성결교회의 상징과도 같은 인물이다. 그는 성결교회 내에서 '성결교단을 이룩한 성결의 기수요 남녀 교역자를 양성한 유일한 사부'[1]로 추앙받아왔다. 다른 교단에서도 이 목사는 '일생을 바쳐 많은 그리스도의 일꾼을 양성하여 한국교회의 건설과 발전에 기여했으며 특별히 한국 성결교회를 위해서는 문자 그대로 교조로서 존경을 받은 인물'[2]로 인정되어왔다.

이명직은 1890년 12월 2일 서울 충정로에서 궁중 주전원 전무과 주사로 있던 이성태의 장남으로 태어났다. 1907년 한국의 사법권을 일본에 위탁하는 기유각서(己酉覺書)에 실망하여 관직에서 물러난 이성태는 장남이 정치를 통해 입신양명할 것을 기대하였다. 결혼 후 아버지의 뜻에 따라 19세인 1909년 정치학을 공부하기 위해 일본 유학길에 올랐지만 경제적인 어려움으로 학교도 정하지 못한 채 방황하였다. 그러던 어느 날 동경 거리에서 구세군 전도대의 군악 소리와 전도 강연을 듣던 이명직의 마음에 이상한 충동을 느꼈고 그 후 동경 YMCA 총무로 있던 김정식을 만나 기독교에 대한 이야기를 듣고 기독교

---

1. 오 영필, 『성결교회 수난기』, (서울: 기독교 대한 성결교회 출판부, 1971), p. 12.
2. 한 경직, "고 이명직 목사 조사" 「활천」43권 1호 1973년 5월, p. 56.

를 믿기로 작정하였다.

그 후 이명직은 매 주일 YMCA 회관의 유학생 주일예배에 참석하여 신앙 멤버로 활동하게 되었고 김정식의 안내로 동양선교회(Oriental Mission Society)에서 운영하는 동경성서학원에 입학하였다. 하지만 아직 세례를 받지 못했던 이명직은 1909년 5월 3일 성령강림절에 나카다 쥬우지(中田重治) 감독으로부터 세례를 받았다. 1911년 5월 동경성서학원을 졸업한 이명직은 귀국하여 동양선교회 개성교회 전도사로 시무하였고 1914년 4월 22일 조선 성결교회 최초로 김상준, 이장하, 강태온, 이명헌과 함께 제1회로 목사안수를 받고 2년간 규암교회 담임목사로 시무하였다.

1916년 이명직은 경성성서학원 교수로 부름 받게 되는데 그 후 평생을 교단 교역자 양성에 헌신하는 교육자의 길을 걸었다. 비록 제도적 학문연마의 기간은 길지 않았지만 이 목사는 자신이 배운 복음적 신학을 나름대로 체계화하여 구약영해전집, 구약총론, 구약 4천년사, 신약사경보감, 신학대강 등 무려 34종에 이르는 각종 저서를 남긴 신학자이자 1922년 창간된 성결교회 기관지 "활천"의 주필로 오랜 시간 출판선교사업에 관여한 문필가로 성결교회 신학과 신앙노선을 정립하는데 커다란 역할을 했다. 1958년 미국 아주사 대학으로부터 명예 신학 박사학위를 받은 것은 이런 그의 역할에 잘 부합하는 것이라 할 수 있다. 또한 이명직 목사는 30살 되던 1920년 경성성서학원 부원장을 시작으로 성서학원 원장, 신학교 교장, 신학대 학장, 교단 총회장, 동양선교회 재단이사장 등 교단의 요직을 두루 거친 행정가이다.[3]

---

3. 이명직은 1920년 경성성서학원 부원장으로 9년간 행정에 관여했으며 1935년에는 경성성서학원 원장으로 1942년에는 경성 신학교 교장으로, 1951년 서울 신학교 교장, 1959년 서울 신학대학 학장으로 교육 행정의 중추를 담당했다. 또한 학교행정뿐 아니라 그는 교단의 행정가로도 중요한 역할을 수행했다. 1929년 39세의 나이로 성결교회 감독에 취임하여 5년간 시무하였고 1933년 성결교회 제1회 총회장, 1934년 2회 총회장, 1938년 6회 총회장, 1939년 7회 총회장, 1941년 동양선교회 재단이사장 등 교단 행정과 정치의 중심에 위치해 있었다. 이런 중심적 위치로 인해 이명직 목사는 교단 부흥의 중요한 축을

이러한 생애가 웅변하는 것처럼 이명직 목사는 성결교회의 신학을 정초하는 것에서부터 교단 교역자 양성 그리고 교단의 행정에 이르기까지 전 분야에 걸쳐 핵심적인 역할을 수행한 인물이다. 이것은 그만큼 성결교회와 이명직 목사가 불가분리의 관계에 있었음을 나타내는 것이며 이것은 역설적으로 교단이 짊어져야 하는 모든 영욕의 평가와 역사의 절대치 역시 바로 이명직 목사의 그것일 수밖에 없음을 나타내는 것이다.

이명직 목사의 신학은 그가 지은 다양한 저서를 통해 확연히 파악된다. 특히 그가 지은 "신학대강"(1952년)에는 하나님, 그리스도 등 중요한 교리적 주제들에 대한 이 목사의 신학이 잘 나타나 있다.[4] 대체로 이명직 목사의 신학적 경향은 성서적 복음주의, 사중복음의 신봉자 엄격한 기독교 윤리 등으로 요약된다. 이런 큰 특징들은 그의 설교를 지지하는 기둥이자 기초이다. 특히 중생과 성결이라는 주제는 모든 설교의 바탕을 이루는 핵심적인 사상이다. 본 소고의 성격이 이명직 목사의 설교를 다루는 것이기에 이 목사의 신학 역시 그의 설교 분석을 통해 자세히 설명할 것이다.

II. 이명직 목사와 설교

1. 설교자로서의 이명직 목사

이명직 목사에 대한 평가에서 결코 소홀하게 다루어져서는 안 되는 것이 설교자로서의 이명직이다. 그는 생애 대부분을 대학 강단에서 교수로 봉직했지만 일선 교역자 못지않게 활발하게 설교한, 그리고 그 어느 설교자 못지않게 뛰어난 설교자였다. 교수로서 그는 신학생들에게 설교했을 뿐 아니라 교단

담당했을 뿐 아니라 인고의 계절을 지내야 했던 한국의 근대사와 맥을 같이 할 수밖에 없었던 성결교회의 수난에 있어서도 책임적 위치를 벗어날 수 없었던 것이다.
4. 이명직, 『신학대강』(미등록출판물, 1952).

의 지도자로서 각종 수양대회나 교역자 수련회 그리고 교단 행사에서 교역자들에게 설교했다. 또한 교파를 초월해 전국 교회를 돌아다니며 부흥회를 인도했던 능력있는 부흥사였다.

설교가 신학과 신앙 가치관과 세계관, 사고능력 등 전체를 포괄하는 결정체임을 염두에 둔다면 설교자로서의 이명직은 설교를 통해 자신의 신앙과 신학 그리고 기독교적 가치관과 세계관을 표출했다고 할 수 있다. 특히 이명직 목사가 갖는 지도적 위치를 감안하면 그의 설교는 이명직 본인에게서 그치는 것이 아니라 성결교회 교역자들의 설교에 상당한 영향을 미친 것으로 보아야 한다. 이명직 목사가 활동했던 시기가 학문적인 엄격한 전공 구분이 자유로웠고 신학과 사역 전반에 걸쳐 갖는 그의 지도적 무게감이 절대적이었음을 고려할 때 더더욱 그러하다.

2. 이명직 목사의 설교관

이명직 목사는 나름대로의 분명한 설교관을 가지고 있었다. 그는 설교를 다음과 같이 정의한다:

> "대게 說敎에 두 가지가 잇스니 (一)人이 神으로부터 心交의 기도를 하는 中에 聖神의 讀示를 받아가지고 公衆前에 出하야 그것을 加減업시 譯說함이요, (二)聖經本文을 朗讀한 後에 그 ㅅ듯을 聖神이 말하게 하시는 대로 하난 것이라."[5]

이상의 설교 정의를 보면 이 목사는 설교의 내용을 心交의 기도 중에 '성

---

5. (이명직, 『이명직 설교집 I』(서울: 동양서원, 1930), 정성구 저, 『한국교회 설교사』(서울 총신대학 출판부, 1986), 96쪽에서 재인용).

신'으로부터 말씀을 받을 것 성서 본문 낭독 후에 성신이 말하게 하시는 대로 말함으로 규정한다. 섭시(讖示)가 '속삭여 알려줌'이라는 뜻임을 감안하면 이 목사는 설교의 메시지가 철저히 성령님의 관여가 있어야 하고, 그분으로부터 받은 말씀이어야 함을 강조한다고 할 수 있다. 설교가 지금 여기서 공동체를 향한 하나님의 공적인 말 걸음이기에 설교자가 기록된 계시의 말씀인 성서 속에서 성서를 통해 말씀하시는 하나님의 음성을 듣고 그분의 뜻을 깨닫는 것은 너무나 당연하다.

이러한 설교가 가능하려면 일차적으로는 설교자가 성경 본문을 이해하기 위한 치열한 주석적인 작업을 통해 본문을 온전하게 이해해야 한다. 이런 작업은 성경적 설교를 위해 그리고 설교자가 본문을 자의적으로(eigesis) 이해하는 것을 방지하기 위해 필수적이다. 이런 주석 작업을 바탕으로 이제 설교의 메시지 즉 하나님의 뜻을 파악하고 음성을 들어야 하는데 여기서 필수적인 것이 바로 성령의 인도와 도우심이다. 성령께서 설교자의 눈을 밝혀주시고 귀를 열어주시며 깨달음을 주셔야 비로소 온전한 설교 메시지의 성립이 가능하다. 이런 맥락에서 이명직의 설교 이해는 비록 설교 정의의 다차원을 포괄하고 있지 못하다는 아쉬움이 없진 않지만 설교의 가장 기본적인 사항을 강조하고 있다는 점에서 긍정적이다.

3. 이명직 설교의 특징

1) 설교와 성경 본문의 사용

이명직 목사의 설교를 분석함에 있어 우선적으로 살펴볼 것은 그의 설교가 보이는 성경 본문 사용 경향이다. 현재 우리에게 전해지는 이 목사의 설교는 모두 148편이다. 그의 설교를 전기와 후기로 나누어[6] 살펴본 결과 몇 가지 특징이 발견된다. 첫째 이 목사의 신약과 구약의 설교 본문 사용은 신약 89편 구약 31편으로 신약의 사용이 구약에 비해 3:1의 비율로 나타난다. 이 목사가 구약에 비해 신약을 선호한 이유에 대해서는 그가 직접 언급한 일이 없기 때문에 정확히 알 수는 없지만 역사적으로 개신교 설교자들의 신약 선호 경향은 하나의 전통처럼 보편화되어온 것이 사실이다. 이것은 신약의 중심이 예수 그리스도이고 구약의 약속이 이루어지는 것이 신약이라는 성서관에서 비롯된 것이라 할 수 있다.

둘째, 이 목사는 구약 39권 중 24권, 신약 27권 중 9권을 한 번도 설교의 본문으로 사용하지 않았다. 이는 성경 전체 66권의 절반인 33권에 해당하는 수치이다. 특히 그는 스가랴서를 제외하면 소선지서를 전혀 설교 본문으로 사용하지 않았다. 소선지서의 내용이 이스라엘의 죄에 대한 책망과 제국의 멸망 및 소생에 대한 약속이 주류를 이루고 있음을 염두에 둔다면 일제치하에서 행해진 설교의 경우 일제의 검열 등이 어느 정도 영향을 끼쳤을 것으로 판단할 수 있을 것이다. 하지만 해방 이후의 설교에서도 여전히 이런 경향이 변하지 않고 있는 것은 단순히 어떤 상황적 요인이라기보다는 '성결'을 중심으로 하는 이 목사의 신학적 경향성과 밀접한 연관이 있는 것이 아닌가 생각된다.

셋째, 구약의 모세 오경의 본문 선택은 모두 6편에 불과한 데 반해 여호수아 열왕기서 등 역사적 인물을 다룬 본문이 7편, 욥기, 시편, 전도서 등 인생의 문제와 역경을 다룬 성경이 10편에 이르고 있다. 특히 이스라엘의 해방을 다룬 출애굽기는 1편만 본문으로 채택하고 있다. 이러한 양상은 이 목사의 비정치적, 탈상황적 경향을 보여주는 것인 동시에 그의 궁극적인 관심이 정치적

---

[6] 이 명사의 설교를 전, 후기로 나누는 것은 박명수 교수가 지은 『이명직과 한국 성결교회』의 시대구분에 의한 것이다. 이 책에서 박 교수는 일본 제국주의의 한국 기독교에 대한 강압정책의 강도를 기준으로 연성적 시기와 강성적 시기로 나누는데 1937년을 기준으로 하고 있다.

사회적 상황이 아닌 인간 그 자체에 있음을 보여주는 것이라 할 수 있다.

넷째, 신약성경 중 마태, 누가, 요한복음의 본문 선택이 35편에 이르는 것은 이 목사가 구원자이신 예수 그리스도를 드러내는데 초점을 맞추고 있음을 웅변하는 것이다. 또한 12차례에 걸쳐 사도행전을 본문으로 삼은 것은 복음전파에 대한 이 목사의 관심을 보여주는 것이다. 이 목사의 설교 가운데 요한계시록을 본문으로 하는 설교가 5편에 이르는데 이 설교들은 모두 재림과 종말에 초점을 맞추고 있다.

다섯째, 이명직 목사의 설교에서 특이한 사실은 성경 본문이 없는 설교문이 전기 22편, 후기 8편 등 모두 30편에 이른다는 사실이다. 설교가 성경 본문을 근거로 이루어진다는 것이 뿌리 깊은 설교의 전통이고 이 목사가 성경의 중요성을 누구보다도 강조한 설교자임을 고려할 때 본문 없는 설교가 전체설교의 20%를 차지한다는 것은 놀라운 일이 아닐 수 없다. 이명직 목사가 성결교회의 초창기부터 활동해온 인물임을 감안할 때 본문 없는 설교는 이 목사 자신의 독창적 시도라기보다는 당시 선교사들에게서 흔치 않게 보이던 용례로부터 영향받은 것이라 사료된다.

이와는 반대로 이 목사는 설교 한편의 성경 본문으로 두 개의 성구를 사용하기도 한다. 이런 사례는 전기에 5편 후기에 두 편 등 모두 일곱 차례 발견된다. 한편의 설교에 두 개의 성경 본문을 사용하는 것은 최근 일부 교단에서 보편적으로 사용하는 방식이기도 하다. 하지만 이 경우 역시 설교자의 자의적 역할이 본문 자체의 의도보다 더 큰 역할을 차지할 수 있다는 위험이 있다. 즉 설교자의 의도에 따라 두 개의 본문이 재단되고 동원됨으로 말씀의 종인 설교자가 말씀의 주인으로 등극하는 모순을 초래할 수 있다는 것이다.

2) 이명직 설교의 주제 분석

이명직 목사는 그가 남긴 148편의 설교를 통해 매우 다양한 주제를 설교하고 있다. 그가 본격적인 목회자가 아니었기에 목회적인 관심이 주된 주제로 나타나는 일반 설교자들과는 분명 다른 점이 있을 수밖에 없다. 하지만 신학교에 몸담은 교수로서 또 교단의 지도자로서 그리고 빈번하게 부흥성회를 인도한 부흥사로서 그가 설교할 수 있는 기회는 적지 않았고 그가 감당해야 하는 지도적 위치와 교단 내에서의 다양한 기능 때문에 목회자의 그것과는 또 다른 설교주제의 분포를 확인할 수 있다.

이명직 목사의 설교주제는 크게 교리적 주제, 성도의 신앙과 삶, 교회 관련 주제 그리고 기타 주제 등으로 대별할 수 있다. 교리적 주제는 중생에서부터 세례에 이르기까지 17개의 세부 주제로 분류되어지며 모두 76편의 설교가 이 범주에 속하는 것으로 분류되어진다. 이러한 수치는 전체 설교의 51%에 해당하는 것으로 두 편 중 한편의 설교를 교리적 주제를 다루었다는 이야기가 된다. 교리적 주제를 다룬 설교가 이처럼 전체설교의 과반을 넘는 경우는 일반 목회자들의 설교에서는 거의 유래를 찾아보기 힘든 매우 독특한 경우이다. 이것은 이명직 목사가 초기 성결교회에서부터 1960년대에 이르기까지 교단의 신학을 정초하고 다지는데 핵심적인 역할을 수행했음과 밀접한 관계가 있다. 이것은 이 목사가 신학생 및 일반 교역자들을 위한 설교에서 빈번하게 교리적 주제를 다룸으로 성결교회의 신학적 토대와 근간을 구축하려 하였음을 암시하는 것이다.[7]

교리적 주제 가운데 눈에 띄는 것은 중생(8편), 성결(12편), 예수 그리스도/구원(10편), 성령(10편), 죄와 회개(8편)라는 주제가 상대적으로 많다는 것이다. 중생과 성결은 성결교회의 대표적 정체성으로 자리 잡은 사중복음의 핵심

---

7. 엄요섭은 "한국교회 설교의 시대적 형태론"이라는 글에서 이명직 목사의 설교를 가리켜 "초대교회의 설교자들이 복음이 말씀 위에서 전파되도록 기독교의 진리와 교리를 해석하고 전달한 것같이 기독교의 진수를 이해시키는 데 중점을 둔다"고 평가한다. 엄요섭, "한국교회 설교의 시대적 형태론" 「기독교 사상」 1972년 4월, p. 124.

적인 요소이다. 따라서 다른 주제보다 더욱 빈번하게 설교하는 것은 당연하다. 이에 반해 사중복음에 속하는 재림이라는 주제는 모두 네 편에 불과해 중생이나 성결이라는 항목과 비교해 볼 때 상대적으로 빈약함을 보인다. 재림이 성결교회 해산의 주요한 빌미가 될 만큼 일본 제국주의의 국체를 거슬리는 교리였음을 염두에 둘 때 당국의 감시 등 상황적인 원인에 그 이유를 물을 수도 있을 것이다.

하지만 이명직은 대부분의 설교에서 부분적으로라도 재림을 언급한다. 이것을 보면 그가 재림을 경시하거나 소홀하게 취급했다고는 말할 수 없다. 오히려 초창기 한국 성결교회의 신학이나 신앙 그리고 설교의 특색이라는 것은 철저히 재림에 모아졌고 이 재림을 전제한 중생과 성결이었다는 것이 옳은 판단일 것이다. 즉 현세에서의 성결한 삶은 그 자체의 의미를 넘어선 재림을 향한 조건이자 전제이고 특히 일제의 통치하에 삶의 의미나 보람, 장래에 대한 희망이 단절된 상태에서 유일하게 성도를 지탱시키고 의미 있게 살아갈 이유를 제공하는 유일한 대안이 곧 재림이었음을 나타내는 것이다.[8] 흥미 있는 것은 10편에 달하는 성령 주제 설교 중 6편이 해방 이후에 집중되어 있다는 점

---

8. 초창기 성결교회의 핵심적인 교리가 특별히 재림에 모아져 있었고 그것이 당시 회중들에게 유일한 희망의 통로였다는 것은 강원도 금화교회 한정우와 박윤상에 대한 일제의 공판기록에서도 잘 드러나고 있다. 공소장에 나타난 한정우의 체포이유는 '예수는 하나님의 아들로서 하나님의 능력을 갖고 있기 때문에 천황도 예수에게는 복종하고 그 지배를 받지 않으면 안된다'고 하여 천황의 존엄을 모독한 것과 함께 다음의 죄목을 들고 있다: (피고는) 각성하라는 제목으로 설교할 때에 지금은 말세다 예수가 지상에 재림하여 지상천국을 건설하고 만왕의 왕 즉 세계 각국의 왕보다 높은 왕이 될 것이니 고통하는 우리 신자들은 각성하여 천국에 갈 자격을 얻지 않으면 안 될 것이라…하여 황군을 모독하고… 유언비어를 퍼트린 자이다. 박윤상 역시 " '우리들은 말세를 알자'는 제목의 설교를 함에 있어… 말세에는 예수가 재림함과 동시에 하나님은 유황불을 갖고 이 지구와 세계인류를 불태운다. 즉 천지가 개벽하여 지상천국이 되어 예수의 지상천국이 이루어진다고 정치에 관한 불온한 언동을 한 혐의'로 재판에 회부되었다. 평신도들이었던 이들의 설교로 미루어 당시 성결교회가 가르치던 내용이 재림이었고 재림을 전제로 한 준비하는 삶에 모아져 있었음이 성도들의 기대와 소망도 여기에 집중되어 있음을 알 수 있다("한정우, 박윤상 심문기록". 소화 16년 8월 18일 금화 경찰서 조선 총독부 강원도 순사 하야시 시게오 작성).

이다. 교리설교답게 성령을 교리적으로 설명하려는 설교가 대부분이지만 성령의 은사적인 면에 대체로 부정적인 입장이었던 이 목사이고 보면 다른 설교와 비교할 때 단기간에 성령이라는 주제를 집중적으로 설교한 것은 매우 이례적인 일이 아닐 수 없다. 이밖에 이 목사가 다룬 교리적 주제들은 부활, 천국, 믿음 십자가와 보혈, 성경, 사탄(적그리스도), 교회, 죽음, 인생, 세례 등으로 주로 복음의 개인적 차원에 집중되어 있다. 반면에 삼위일체 등 보다 심오한 신학적 사유를 필요로 하는 교리나 하나님 나라 등 복음의 역사적 지평과 관련된 주제는 다루지 않고 있다. 이것은 이명직 목사의 기본적인 관심이 복음의 개인적 차원에 모아져 있음을 극명하게 드러내는 것이다. 즉 개인의 성결성 확보가 모든 문제의 궁극적인 해결책임을 이 목사는 믿었고 평생 그러한 신념으로 살았다.

이명직 목사의 설교 중에 두 번째 범주로 분류되는 주제는 성도의 신앙과 삶이다. 이 주제 가운데 '신앙의 경성과 촉구'를 다룬 설교는 모두 26편으로 전체 148편 중 18%를 차지하고 있다. 이러한 수치는 이 목사가 5편 중 한편의 설교를 이 주제에 할애했음을 의미하는 것이다. 이것은 앞서 살펴본 교리적 주제가 주로 개인적인 신앙과 관련된 것에 치중해 있는 것과 밀접한 연관성을 갖고 있다고 할 수 있다. 즉 신앙적 덕목의 교리적 설명과 선언은 성도의 삶의 현장에서 구체화되고 실천되어야 하며 이것은 불완전한 인간의 속성을 염두에 둘 때 지속적으로 확인하고 촉구해야 하는 당위성을 요구하기 마련이다. 흥미로운 것은 한국교회의 설교가 갖는 기복적인 내용이 이 목사의 설교에서는 거의 보이지 않는다는 것이다. 그는 성결한 삶을 이야기하지만 그것을 현세의 복과 연관시키지 않는다. 왜냐하면 이 세상이란 이 목사에게 있어서는 잠시 머물고 가는 나그네와도 같은 것이기 때문이며 현세의 삶 자체가 왜곡되고 죄악으로 가득 차 있기 때문이다.

이명직 목사의 설교에서 보이는 세 번째 큰 주제는 윤리와 도덕적 주제로,

전체 148편 가운데 윤리와 도덕의 문제를 다룬 설교가 12편, 양심, 탐욕, 마음을 다룬 설교가 4편을 차지하고 있다. 반면 사랑이나 자유 같은 보다 진취적이고 긍정적인 주제는 3편에 머물고 있다. 청교도적 엄격성과 철저히 문자주의에 가까운 성서적 윤리를 주장했던 선교사들의 영향과 유교적 윤리에 익숙했던 이명직 목사임을 감안할 때 빈번한 윤리설교는 지극히 당연한 일이라 할 수 있다. 이러한 엄격한 신앙의 실천은 결국 성결이라는 성도의 정체성을 이루기 위한 필요조건이며 세상 속에서 살되 구별되게 살아야 하는 성도의 자세를 일컫는다는 점에서 긍정적으로 평가할 수 있을 것이다. 특히 일제하에서 시민의식이 저급한 상태에 있던 일반의 상황과 식민지 상황 하에서의 자포자기적 삶의 행태가 만연했던 것을 염두에 두면, 시대적인 정당성을 갖는다고도 할 수 있을 것이다.

네 번째 큰 주제인 교회 관련 설교는 모두 15편으로 전체 설교의 10%를 차지하고 있다. 이러한 수치는 이 목사가 본격적인 현장목회를 하지 않고 교수로서 평생을 헌신한 이력에 비추어 볼 때 당연한 결과라고 할 수 있다. 하지만 이 목사의 설교가 비록 본격적인 교회의 다양한 관심사를 집중적으로 다루지는 않지만 '교회'와 '성도의 신앙'은 이명직 목사의 모든 설교 저변에 깔려있는 전제라 할 수 있다. 이 중에서 교회의 절기와 전도에 관한 설교가 각각 6편을 차지하고 있는데, 절기는 주로 교회의 전통적인 축제 절기인 성탄절이나 부활절 그리고 감사절과 관련된 설교로 이 목사가 활천의 핵심적인 집필자였기에 나온 결과로 보여진다. 전도는 순복음 전파라는 성결교회의 설립동기를 고려하면 의외로 낮은 수치라고 할 수 있다.

안타까운 것은 이 목사의 설교에서 복음의 역사적 지평이나 사회정의 등의 주제는 눈에 띄지 않는다는 사실이다. 특히 그가 활동했던 시기가 민족과 국가의 암울했던 격동기임을 감안할 때 설교의 중요한 컨텍스트가 되는 국가적 사회적 상황이 전혀 설교에 반영되지 않았다는 것은 유감스런 일이 아닐 수 없다. 이런 결과는 성결교회의 큰 흐름이 개인의 성결에 맞추어진 데서 기인한다. 교단의 지도자였던 이명직은 이러한 큰 흐름에 순응하는 한편 그 자신이 교단의 흐름을 만들어가는 지도적 입장이었다. 실제로 이 목사 자신의 이해가 '순복음 전하는 자가 애국자 사회개량자이다'라고 할 만큼 개인적 성결을 최고의 애국으로 보고 있다.[9]

따라서 개인적인 기독교와 복음의 개인적 차원에 집중하는 교단과 이 목사 개인의 경향성에서 탈사회적, 탈맥락적 설교는 지극히 당연한 것이었다. 하지만 이런 경향성이 성결교회를 교회의 역사적 사명에 소홀한 교단으로 낙인 지우고 한국사회에서 성결교회의 위치를 위축시키는 결과를 가져오게 되었다는 평가에서 이 목사는 결코 자유로울 수 없다.

흥미 있는 것은 이명직 목사의 설교에서 모두 16편(전기 10편, 후기 6편)의 인물 설교가 등장한다는 사실이다. 이것은 이 목사가 구체적인 믿음의 사표로 삼을만한 인물에 설교를 집중시키고 있음을 의미한다. 우리와 동일한 성정을 가진 믿음의 위인들을 설교를 통해 제시하는 것은 성도들의 교화를 위해 매우 효과적인 방법이다.

위에서 살펴본 것처럼 이명직 목사는 비교적 다양한 주제들을 다루고 있다. 하지만 이런 다양성에도 불구하고 그의 설교는 성도의 중생과 성결한 삶이 모든 설교의 토대를 이루고 있다. 다시 말해 이 목사는 주제가 어떠하든 그리스도로 인해 죄를 회개하고 중생의 체험으로 거듭난 후 성령세례를 통해 성결한 삶을 사는 것에 그의 모든 관심을 기울이고 있음을 보여주는 것이다.

---

9. 이명직, "농부 선지자"(성경본문없음), 「활천」 1923년 9월. 이런 경향은 그의 설교 "하나님과 동행한 에녹(창 5:21-24) : "그는(에녹) 사회의 진보를 말하지 않고 사회의 죄악을 말하고 그는 사회를 개량하고자 아니하고 개인의 영혼을 구원하고자 하였고 그는 사회가 장래에 황금시대가 된다고 말하지 않고 사회가 장차 심판받을 것을 예언하였습니다. 이것이 철저한 예언입니다."(「활천」1923년 11월)

3) 이명직 설교의 구조분석

이명직 목사는 설교를 구성함에 있어 매우 다양한 형식을 사용한다. 전반적으로는 그 당시 대부분의 설교자들처럼 하나님 말씀으로서의 설교의 권위와 하나님 말씀의 대언자로서의 설교자의 절대적인 위치를 드러내기에 적합한 연역적 전개 방식을 사용하고 있지만 모든 설교가 반드시 그런 것만은 아니다. 그의 설교를 형태적인 측면에서 분류해 보면 다음과 같다:

첫째는 본문중심의 대지 설교 방식이다. 즉 설교의 성경 본문에서 대지를 정하고 전개하는 방식으로 이사야의 부흥(사 6), 청년들아 인생의 모경을 생각하라(전12) 등 모두 21편의 설교가 이에 해당된다. 둘째, 다른 성구를 동원해 대지를 설정하는 타본문 대지설교 방식을 들 수 있다. 이런 방식에 속한 설교는 모두 19편인데 성경 본문을 걸어놓고도 대지의 설정과 설명에는 본문이 아닌 다른 성구를 동원하는 방식을 취한다.

셋째는 주제 중심의 연역적 대지설교가 중요한 형식으로 드러난다. 이 형식은 주로 설교의 성경 본문이 없는 설교 대부분 및 본문이 있는 설교도 공히 포함되는데 설교의 대지를 철저히 설교의 주제에 의해 설정하고 각 대지는 설교의 성경 본문이나 다른 성구의 인용 없이 설교자가 중심이 되어 전개하는 방식을 띤다. 이런 방식의 설교는 무려 50편에 이르는데 "회개에 대한 강화"는 이 방식의 한 전형을 보여준다[10]: 1. 회개란 무엇인가 2. 회개하는 사람의 명령 3. 회개는 전도의 대강령 4. 회개의 필요 5. 회개와 자복 6. 회개의 열매

이 방식은 대지의 설정과 전개에 있어 철저히 설교자가 중심이 된다. 따라서 설교자가 다루는 주제에 대해 어떤 이해와 입장을 가지고 있느냐에 따라 동일한 주제의 설교라도 그 대지 및 내용이 천차만별이 된다. 성구를 인용하지 않고 전개하는 이 방식은 자칫 설교의 신적 권위를 담보하기 힘든 어려움

---

10. 이명직, "회개에 대한 강화"(성경본문 없음), 「활천」, 1924년 9월.

에 직면할 수 있다.

넷째, 주제 중심의 이야기식 전개도 이명직 목사가 즐겨 애용하는 방식이다. 이 설교 형식은 많은 경우 설교의 성경 본문이 없는 설교들에서 발견되는데 대지를 나누지 않고 주제를 중심으로 치밀한 논리 위에 자연스럽게 설교를 진행한다. 물론 이 형식의 설교들은 설교의 성경 본문을 적극적으로 사용하는 설교와, 반대로 다른 성구를 많이 인용하는 설교가 혼재되어 있다. 이명직 목사의 설교에는 이 형식이 무려 51편 들어 있는데 "양심에 관한 강화"는 그 좋은 보기이다[11]: 1. 양심이란 무엇인가 2. 양심의 시작 3. 양심의 직무 4. 양심에 도덕성이 포함됨 5. 양심의 판단 6. 양심의 의식 7. 죽은 양심

위의 7가지는 대지로 자른 것이 아니라 활천의 독자들이 파악하기 쉽도록 설교의 흐름에 따라 핵심 내용을 작은 제목으로 뽑아 적어놓은 것이다. 이 방식은 설교가 딱딱하지 않고 치밀한 논리적 구성 위에 물 흐르듯 진행된다는 점에서 대지식 전개와 대비된다. 이밖에도 본문 중심의 이야기식 설교(6편) 그리고 스토리텔링 기법을 활용한 설교(2편) 등이 있다. 위에서 살펴본 것처럼 이명직 목사의 설교형식은 매우 다양하다. 그러나 논리전개라는 측면에서 그의 설교는 설교의 명제를 서두에서 처리하고 그것을 구체적인 성경의 예증 내지는 경험상의 예화를 들어 설명하는 연역적 방식이 주류를 이루고 있으며 이것은 다시 대지를 중심으로 설교의 몸말을 만들어 나가는 한국교회 설교의 전통적인 본론 서술 방식으로 나타난다. 대개 이러한 연역적 구성에 대지로 몸말을 만들어가는 설교 구성은 지루함이나 흥미 반감의 약점이 있기 마련이다. 하지만 이 목사의 설교는 성서를 포함한 해박한 지식과 치밀한 논리 전개, 거절할 수 없는 인격의 무게 그리고 변증적, 논쟁적 전개 등으로 인해 이런 문제들을 해결한다.

---

11. 이명직, "양심에 관한 강화"(롬 2: 14-16) 「활천」 1924년 3월.

4) 이명직 설교의 '전달' 분석

설교는 대상이 있는 연설이다. 따라서 설교에서의 전달은 설교의 메시지 못지않게 중요하다. 이런 측면에서 이명직 목사의 설교를 분석해 보면 대략 다음과 같은 특징들이 나타난다:

첫째로 그의 설교에서는 커뮤니케이션 이론에서 말하는 정서적 긴장감을 야기시키면서 회중들로 전달자의 의도를 받아들이도록 호소하는 방식인 소위 위협적 호소(fear or threat appeal)가 분명하게 나타난다. 이 방식은 전달자가 메시지에서 수용자들에게 위화감을 불러일으킬 수 있는 어떤 단서적 내용(content cue)을 제시해 주면 수용자들은 정서적 긴장감을 느끼게 되면서 해소방안을 찾게 되는데 이때 전달자가 그 해소방법의 하나로 자신의 주장을 권고해 주면(reassuring recommandation) 수용자들은 이것을 잘 수용한다는 것이 이 방식의 골격이다.[12] 이 방식은 이 목사가 목회자와 회중들에 대해 훈계적, 권면적 내용으로 접근할 때 특히 눈에 띄는데 먼저 현상에 대한 비판이 나온 뒤 성경에 따른 성도와 교회의 본질 제시 그리고 실천적인 적용의 순으로 진행된다. 이것은 이 목사가 가진 지도적 위치와 모범적인 삶 그리고 그의 고매한 인격으로 인해 더욱 효과적인 방법이었다 할 수 있다.

둘째, 이명직 목사는 이성적 전달방식(logos appeal) - 전달자가 자신의 신념이나 의견을 주장할 때 그것을 뒷받침해주는 실증적 자료나 논리적 자료들을 그 메시지에 제시해 줌으로써 수용자들로 하여금 전달자의 견해를 쉽게 수용하도록 하는 방식 -을 즐겨 사용한다. 전통적으로 이 기법은 삼단논법이나 예증에 의해 구체화되곤 했는데 이 목사의 경우에는 빈번한 예화의 사용과 성구 인용이 특징적으로 나타난다. 가령 "큰 구원"이라는 설교를 보면 매 대지가

---

12. 이에 대해서는 다음의 책을 참조하라: Irving L. Janis and Seymour Feshbach, "Effects of Fear-arousing Communications," 「Journal of Abnormal and Social Psychology 48」(1953), pp. 78-92.

원리 천명 시에는 성구를 인용하고 그것을 풀어 설명할 때에는 구체적인 예화를 사용하고 있는데 이러한 전달방식은 그가 애용하는 대표적인 기법이라 할 수 있다.

셋째, 이명직 목사는 여러 수사학적 기법을 그의 설교에서 능숙히 사용하고 있다. 해석학적 문제이긴 하지만 그는 비유법과 알레고리를 아주 빈번하게 사용하며 복음을 설명하는 주요 도구로 삼는다. "가을의 복음"이나 "여름의 복음"은 그 대표적인 경우라 할 수 있다.

또한 그는 매우 다양한 수사학적 기법을 설교에 동원한다. 가령 반복법과 열거법 점층법이 한 사안을 회중들에게 충분히 납득시킴에 있어 매우 효과적인 기법이며 질문의 반복은 회중들을 대화의 파트너로 끌어들이면서 설교에 동참하고 반응하게 만드는 기법이라면 이 모든 것들을 그는 자신의 설교에서 이러한 기법들을 자유롭게 활용하고 있다. 이것은 그 당시 설교에 대한 온전한 교육이 全無했던 상황이었음을 염두에 두면 대단히 놀라운 일이 아닐 수 없다. 이미 이명직 목사는 설교가 갖는 연설로서의 특질을 알고 설교한 경우라 할 수 있다.

III. 설교를 통해 본 이명직 목사의 신학경향성

이명직 목사의 설교에서 보이는 신학 및 사상적 경향성은 다음과 같이 정리 할 수 있다

첫째, 이명직 목사는 매우 부정적인 세계이해를 하고 있다. 그가 보는 이 시대는 위험한 시대로 모든 사람들이 다 죄라는 잠에 취해 있다. 그는 오늘의 세계가 노아의 때와 다름없는 위기의 때로 주의 재림과 구원이 가까웠다고 주장하며[13] 하나님의 심판이 오늘인지 내일인지 예측하기 어려운 때를 살고 있다

---

13. 이명직, "주의 재림과 우리의 준비"(롬13:11-14) 「활천」 1922년 12월; "옛적 길 곧 선한 길"(렘 60: 16),

고 본다. "인생의 귀함은 육에 있지 않고 영에 있나니 육적 생명은 유한하지만 영적 생명은 무한한 까닭이다"[14]라는 내용에서 보듯 이 목사는 인간을 영과 육으로 나누어 생각한다. 하지만 이 목사는 육신을 입은 인간이 죄로 물들어 있지만 그렇다고 그 인간이 사는 현세를 결코 폄훼하지 않는다. 오히려 현세가 내세를 결정하기 때문에 현재 주어진 시간을 최선을 다해 살아야 한다고 주장한다.[15]

둘째, 이명직 목사는 매우 급박한 종말 의식을 갖고 있었다. "이 시대는 위험한 시대" "여름이 가까운 때(재림)" "자다가 깰 때" "구원이 가까운 때" 같은 표현들은 이런 그의 인식을 잘 대변해 준다.[16] 그가 이런 종말 인식을 갖는 것은 무엇보다 시대에 대한 그의 부정적 진단 때문이다.[17] 시대의 죄악과 더불어 이명직은 유대의 부흥과 천재지변 곧 세계적 지진, 홍수, 전쟁, 온역과 지식 발전, 교통의 혼잡, 사상의 악화는 다 하나하나 열거하여 말할 겨를이 없거니와 명백한 말세의 징조(마24장 단 12:4)로 해석한다.

셋째로 이명직 목사의 설교는 그의 보수적 신앙과 사고를 극명하게 드러낸다. 그는 교회 내에서의 이혼과 재혼에 대해 통탄해할 뿐 아니라 청년 남녀가 교회 안에서 창가 부르는 것을 "구역질" 나는 짓으로 질타하고 춤추는 것에 대해서도 엄격히 경고한다.[18] 이 목사는 성결을 영적인 차원뿐 아니라 몸의 성결까지 포함하는 것으로 본다. 따라서 의복과 장식의 거룩을 주장하는가 하면 잡기 금지, 연극장 금지, 건전사업, 농담, 욕설, 음탕스런 말 금지 등을 강력히 주

「활천」 1962년 7월.
14. 이명직, "한가지 부족"(마19:16-22),「활천」1935년 10월.
15. 이명직, "이중의 생"(요11:25-6),「활천」1832년 8월
16. 이명직, "주의 재림과 우리의 준비"(롬13:11-14),「활천」1922년 12월.
17. 이명직, "옛적 길 곧 선한 길"(렘 60: 16),「활천」1962년 7월.
18. 이명직, "남녀교제의 청결"(살전 4:3-5),「활천」1922년 12월.

장한다.¹⁹ 심지어 남녀공학까지도 풍속을 문란케 하고 예의를 파괴하는 탈선의 행위로 간주하는가 하면²⁰ 성탄절의 물물교환이나 성극까지도 교회를 속화시키는 것으로 보고 금지할 것을 촉구한다.²¹ 이런 경계는 이 목사의 사상적인 측면을 드러내는 것이지만 동시에 성결교회가 점차 교회로서의 틀을 갖춰가는 데서 생기는 많은 문제들을 지도자 입장에서 권면하는 것이라 할 수 있다.

넷째, 이명직 목사의 성령 및 은사 이해는 주목할 가치가 있다. 그는 성령을 이해함에 있어 성령의 능력이나 은사 위주가 아닌 매우 실제적이고 윤리적인 특성에 모아져 있다. 그는 성령 받음의 표를 방언이나 진동 등의 신비한 현상으로 보는 것에 매우 부정적이다. 오히려 그는 성령을 겸손, 절제, 긍휼, 활동의 영, 비타협적인 영, 희생의 영으로 이해한다.²² 따라서 그는 성령 받음의 표를 신비한 은사가 아니라 성결한 삶이라는 삶의 변화로 읽는다.

하지만 이런 이해는 시간이 지나면서 미묘한 변화를 보인다. 즉 전에는 성령과 은사의 연결을 반대하고 부정적으로 보았는데 해방 후의 설교에서는 어느 정도 은사를 인정하는 양상을 보인다: "어떤 사람은 성령을 받음으로 능변가도 되고 병도 고치고 예언도 하고 방언도 하고 구제도 하고 방언을 번역도 하고 교사도 되고 전도사도 되고 선지자도 되고 목사도 되나니 성령을 받아도 그 은사와 직분은 다른 것이다. 같을 수는 없는 것이다."²³ 이런 변화에도 불구하고 성결교회가 오랫동안 성령의 은사에 대해 소극적인 자세를 견지한 것이 이명직 목사의 영향 때문임을 부인하기는 힘들 것이다.

---

19. 이명직, "영혼육의 성결"(살전 5:23-24), 「활천」1925년 6월. "장식에 대하여"(1926년 6월)에서 이 목사는 " 참된 성결은 복장에도 나타나는 것이다. 심령이 중생하여 성결케 됨으로 하나님의 은혜가 충만하여지는 때에는 집안이 정결하여지고 의복이 정결하여지고 수식이 정결하여진다"고 천명함으로 성결을 삶과 의복에까지 확대하는 그의 입장을 분명히 드러낸다.
20. 이명직, "단순하여라" 「활천」1927년 1월.
21. 이명직, "성탄축하의 의의"(눅2:8-14), 「활천」1962년 12월.
22. 이명직, "그리스도의 영"(롬8:9), 「활천」1926년 2월.
23. 이명직, "성령받는 일의 삼원칙"(행1:8), 「활천」1954년 2월.

다섯째, 이명직 목사는 모형론적 성경해석과 알레고리적 성경해석을 즐겨 사용하였다. 모형론적 해석을 가장 극명하게 나타내는 설교로는 "세종류의 성전"을 들 수 있다.[24] 알레고리적 성경해석도 여러 설교에서 보이는 데 대표적으로는 "다윗의 승리"를 들 수 있다. 그는 이 설교에서 다윗이 바로 전장으로 향하지 않고 먼저 계곡으로 간 것을 기도로, 매끄러운 물맷돌 다섯을 산돌(벧전 2:4)되신 그리스도로, 주머니는 신앙으로 그리고 물매는 성령의 권능으로 해석한다.[25]

여섯째, 이명직 목사의 설교에서는 학문적 신학을 거부하는 그의 입장이 잘 드러나 있다. 그를 비롯하여 박현명, 이건 목사 등 당시 지도자들이 공통적으로 성경에 대한 고등비평을 거부한 것은 잘 알려져 있지만 여기서 한 걸음 더 나아가 이 목사는 "철학자, 과학자, 의학자, 무신론자, 심리학자들이 성경을 연구한다는 것은 물론이오. 그 외에 소위 고등비평학자들의 성경을 연구한다는 것과 소위 합리론자들의 성경연구는 다 토끼의 비슷한 새김질과 같은 묵상이니..."[26] 라며 학문적 성서 연구에 대해서도 부정적인 입장을 피력한다.

마지막으로 이명직 목사는 개인구원을 모든 것의 해결책으로 본다. 그는 진정한 애국자와 사회 개량자를 순복음 전하는 자라고 단언한다.[27] 이러한 그의 신념은 성결운동에 동참한 대부분의 사역자들에게서 보이는 공통적인 현상이다. 또 일제의 잔악한 식민통치 밑에서 복음을 통한 인간개조야말로 그 당시 교회가 할 수 있었던 최선의 애국이기도 했다. 하지만 복음이 지닌 역사적 책임을 소홀히 했다는 부정적 평가는 쉽게 벗을 수 없는 무거운 짐으로 남는 것도 사실이다.

---

24. 이명직, "세종류의 성전",「활천」1954년 6월.
25. 이명직, "다윗의 승리" (삼전17장), 활「활천」1925년 11월.
26. 이명직, "토끼의 성질을 닮는 것을 삼갈 것" (레11:7),「활천」1927년 1월.
27. 이명직, "하나님과 동행한 에녹" (창5:21-24),「활천」1923년 11월.

IV. 나가는 말

이명직 목사는 한국 성결교회의 신학과 신앙을 구형하는데 핵심적인 역할을 한 '사부'와도 같은 존재이다. 오늘의 한국 성결교회가 사회로부터 받는 긍정적, 부정적 평가로부터 자유로울 수 없을 만큼 이명직의 비중은 크다. 이런 면에서 이명직은 간직해야 할 '보화'이자 극복해야 할 '과제'이기도 하다. 하나님 앞에서의 개인적 성결은 모든 신앙의 기초라는 점에서 영구히 강조할 우리의 자산이다. 특히 개인의 윤리가 실종된 오늘의 한국 사회에서 이명직의 성결사상은 매우 시급히 요청되는 사회개혁의 요체이기도 하다. 하지만 복음이 가진 역사적 연대적 지평을 소홀히 함으로 성결교회가 탈사회적, 탈역사적인 모습으로 비쳐지게 된 부분은 오늘의 성결인들에게 주어진 무거운 숙제이다.

그가 남긴 148편의 설교 역시 이런 맥락에서 긍정과 부정, 보존과 극복의 양면을 다 보여준다. 이 목사가 보여준 하나님 말씀에 대한 존경과 집중, 말씀 사역자의 경건성, 탁월한 성서 지식과 치밀한 논리 전개는 오늘의 설교자들에게 여전한 교범으로 남는다. 하지만 지나친 율법주의적 경향성, 반 은사주의, 극단 보수적인 윤리, 상명하달식의 주입식 전달, 그리고 본문이 아닌 설교자가 중심이 된 설교의 진행 등은 오늘의 변화된 시대를 사는 설교자들로서는 재고해야 할 사항들이다.

분명한 것은 이명직 목사는 열려있는 논란의 중심에 선 인물이라는 것이다. 그에 대한 신학적, 역사적 평가는 앞으로도 지속될 것이다. 그의 설교 역시 더욱 세밀한 연구를 필요로 한다. 하지만 평가의 결과를 예단할 것 없이 바로 이런 연구의 대상이 된다는 것만으로 이명직은 성결교회와 한국교회의 '명사'(名師)일 수밖에 없다. 열려있는 평가가 미래의 작업이라면 이 목사의 제자인 김정호의 회상은 오래전 시작된 감동이다:

"신학생들에게 설교를 가르치실 때 설교를 잘하게 되고 성공하려면 성경본문설교를 꼭 해야 한다, 곧 설교 성공의 비결이란 본문 설교라고 강조하셨다. 선생의 설교는 언제든지 어린아이라도 듣도록 쉬운 말로 하셨고 물론 본문 설교를 하셨고 중생 성결이란 용어는 아니하셔도 내용의 뜻은 중생이며 성결이며 재림을 증거하셨다. 그리고 설교의 감화력 인화력이 커서 듣는 자들이 많이 회개하였으며 성결의 은혜를 받는 자들이 늘 있게 되었으며 그 은혜로운 설교를 듣고자 많은 사람들이 모여들었다. 1915년경부터 일제 말엽까지 무교동 성결교회에서 매 주일 오후 2시에는 꼭 성별회로 시내 각 성결교회는 연합적으로 모였으며 타 교파 목사, 장로, 신자들도 많이 모이게 된 것은 이명직 목사님이 설교하신다, 가자, 가자 자연 선전이 되고 또 되고 해서, 이명직 목사의 설교에는 불이 떨어진다, 능력이 있다, 생수가 흐른다, 마음이 평안해진다, 기쁨이 생긴다, 소망이 생긴다, 나는 그 설교에서 구원의 확증을 받았다 등의 여론과 선전이 되곤 하였다."[28]

정인교

서울신학대학교 문학사
연세대학교 연합신학대학원 신학석사
Rheinionsche Friedrich-Wilhelms-Universitaet Bonn 신학박사
(전) 한세대학교 교수
(전) 서울신학대학교 실천신학 교수
(전) 한국설교학회 회장
(현) 서울신학대학교 특임교수
(현) 강남성결교회 담임목사

---

28. 김정호, "교단에 발자취를 남기신 분", 「활천」 1978년 1월 호. p. 53.

이병규 목사의 설교

정규철

이병규 목사(1924-2014)는 1924년 평안북도 정주군 고독면 관내동 출생하였다. 1948년에 들어서 이 목사는 황해도 금산교회 시무 후 평북 정주 갈산교회에서 2년 목회하였다. 1953년에는 고려신학교를 제7회로 졸업하고 명륜교회를 개척했다. 1954년부터는 삼각산기도원과 관악산기도원에서 사경회를 시작하였다. 그때 강사는 아현교회 김현봉 목사였다. 1956년에 고신 측 경기노회 소속으로 목사안수를 받았고, 1960년에는 김현봉 목사 등과 함께 공의회 조직하였다. 1965년에 창광교회를 개척하고, 1967년에 계약성경고등학교를 설립하였다. 1969년에는 계약신학교를 설립하였고, 1975년에 대한 예수교 장로회 총노회를 조직하고, 경기도 의왕에 고천기도원을 설립하였다. 1980년 대한 예수교 장로회 총회(계신측)를 조직하고 총회장이 되었다. 1981년 5월 9일에 미국 훼이스신학교(Faith Theological Seminary)에서 신학박사학위(D.D.)를 받았다. 1986년에는 신약강해서 12권을 출간하고, 1990년 구약강해서 16권을 완간하였다. 1993년에는 광주제일기도원을 준공하고, 한국성경공회를 설립하였다. 1999년에 「바른성경」을 출간하였다. 2000년에 계약신학대학원대학교를 설립하고 이사장이 되었다. 2010년에는 신구약 설교집 총40권을 완간하였다. 2014년 7월20일 0시 15분에 향년 91세로 서울 아산병원에서 소천하였다. 이병규 목사 설교의 특징은 다음과 같다.

1. 성경 말씀을 강조하는 강해설교

　이병규 목사가 성경 말씀을 강조하는 설교를 했다는 객관적 증거는 그의 성경 66권 강해서 출간과 성경 66권 설교집 출간이다. 이러한 사실은 이 목사가 성경 66권 전체를 강조하려고 마음을 먹고 설교했음을 알 수 있다. 그의 성경강해서는 28권인데 이 강해서에서 성경 66권 전체를 강해했다. 즉 「창세기」, 「출애굽기」, 「레위기·민수기」, 「신명기」, 「여호수아·사사기·룻기」, 「사무엘」, 「열왕기」, 「역대기」, 「에스라·느헤미야·에스더」, 「욥기」, 「시편」, 「잠언·전도서·아가」, 「이사야, 예레미야·예레미야애가」, 「에스겔·다니엘」, 「소선지서」, 「마태복음」, 「마가복음」, 「누가복음」, 「요한복음」, 「사도행전」, 「로마서」, 「고린도서」, 「바울서신」, 「옥중서신」, 「히브리서」, 「공동서신」, 「요한계시록」 등이다.

　이 강해서들은 거의 주석적인 특징을 지니고 있다. 그러나 순수 이론적 학문이니 주석이라기보다는 목회 현장에서 선포한 설교들의 뼈대라고 할 수 있다. 마치 박윤선 박사의 주석에 목회자들이 참고할 수 있는 설교들이 포함된 것과 같다. 최근에 서구에서도 적용주석들이 출간되는 것과 비슷하다고 할 수 있다.

　그리고 그는 강해서 출간에 이어 기도원과 교회에서 사경회 인도를 인도하면서 설교한 내용을 40권에 담아 성경 66권 전체 설교집으로 남겼다. 즉 「창세기上」, 「창세기下」, 「출애굽기上」, 「출애굽기下·레위기上」, 「레위기下·민수기上」, 「민수기下·신명기上」, 「신명기下」, 「여호수아·사사기上」, 「사사기下·룻·사무엘상上」, 「사무엘상下·사무엘하上」, 「사무엘하下·열왕기상上·中」, 「열왕기상下·열왕기하上」, 「열왕기하下·역대상」, 「역대하上·中」, 「역대하下·에스라·느헤미야」, 「에스더·욥기上·中」, 「욥기下·시편上」, 「시편中」, 「시편下」, 「잠언·전도서」, 「아가·이사야上」, 「이사야下·예레미야上」, 「예레미야中·下」, 「예레미야애가·에스겔上·中」, 「에스겔下·다니엘·호세아·요엘」, 「소선지서 암-말」, 「마태복음上·中」, 「마태下·마가·누가上」, 「누가복음中」, 「누가下·요한上」, 「요한下·사도행전上」, 「사도행전中·下」, 「로마서」, 「고전·고후上」, 「고후下·갈·엡上」, 「엡下·빌·골·살전」, 「살후·딤·딛·몬·히上」, 「히下·약·벧전」, 「벧후·요한서신·유·계上」, 「요한계시록中·下」 등이다.

이 설교집들은 그의 강해서와 비교했을 때 강해서들은 뼈대라고 할 수 있다면 설교집들은 살을 붙인 것이라고 할 수 있을 것이다. 그의 강해서들은 주석적인 특징이 있고 그의 설교집들은 설교적인 측면이 보다 더 드러나 있다고 할 수 있다. 이병규 목사의 강해서들과 설교집들은 염광출판사에서 출간되었다. 염광출판사는 그가 시무한 창광교회 안에서 문서선교를 감당하고 있다. 우선 이병규 목사의 설교집 첫 권인 「창세기上」의 목차를 보면 다음과 같다.

1. 천지 창조(天地創造) (창 1:1-31) · 7
2. 에덴동산과 선악과 (창 2:1-25) · 25
3. 하와가 뱀에게 미혹됨 (창 3:1-5) · 57
4. 실낙원(失樂園)의 원인 (창 3:1-24) · 71
5. 산 제사와 죽은 제사 (창 4:1-12) · 89
6. 가인과 아벨 (창 4:1-26) · 99
7. 하나님과 동행하여 승천한 에녹의 신앙 (창 5:1-32) · 117
8. 에녹의 신앙과 신앙의 계보 (창 5:22-32) · 129
9. 노아 시대의 죄와 하나님의 구원과 심판 (창 6:1-14) · 135
10. 노아 시대의 죄악과 방주 준비 (창 6:1-22) · 151
11. 심판(審判) (창 7:1-24) · 167
12. 회복 (창 8:1-22) · 173
13. 무지개 (창 9:1-29) · 179
14. 저주 받은 자와 축복 받은 자 (창 9:18-10:32) · 195

15. 하나님의 구원운동을 돕는 사람이 되라 (창 9:24-27) · 215
16. 바벨탑 (창 11:1-32) · 227
17. 아브라함의 신앙을 본받으라 (창 12:1-3, 히11:8-16) · 245
18. 새 출발하여 말씀을 따라가라 (창 12:1-4) · 257
19. 하나님의 말씀을 따라가는 자의 복 (창 12:1-8) · 267
20. 아브라함의 실패와 하나님의 구원 (창 12:9-20) · 281
21. 아브라함의 신앙노선과 롯의 신앙노선 (창 13:1-18) · 289
22. 아브라함이 4대 연합국을 이김 (창 14:1-15:1) · 307
23. 믿음으로 의인된 아브람이 받은 복 (창 15:5-18) · 321
24. 사래가 인본주의를 씀으로 실패함 (창 16:1-10) · 331
25. 육에 속한 신자 이스마엘 (창 16:12-16) · 343
26. 할례(割禮)의 언약 (창 17:1-27) · 357
27. 천사를 대접한 아브라함에게 하나님의 비밀을 알게 함 (창 18:6-32) · 379
28. 들에 머물지 말고 산으로 도망하라 (창 19:1-22) · 401
29. 소돔 고모라의 멸망과 롯의 벌거벗은 구원 (창 19:19-38) · 411
30. 하나님께서 아브라함의 가정을 보호해 주심 (창 20:1-18) · 419
31. 말씀대로 권고하시는 하나님 (창 21:1-2) · 429
32. 이삭과 이스마엘 (창 21:1-22) · 443
33. 아브라함의 신앙을 본받자 (창 22:1-24) · 461
34. 사라를 장사지내기 위해 막벨라 밭을 삼 (창 23:1-20) · 485
35. 인도하시는 대로 순종하여 이루어진 결혼 (창 24:1-67) · 507
36. 에서와 야곱이 장자권을 매매함 (창 25:1-34) · 523
37. 이삭의 창성 (창 26:1-35) · 539[1]

---

1. 이병규, 「창세기上」 (서울: 염광출판사, 2009).

그리고 이병규 목사의 「창세기上」의 설교문들은 그냥 글이 아니고 실제로 교회와 사경회에서 행한 설교들이라는 것을 알리기 위하여 색인의 형태로 날짜와 장소를 표시하였다.

1 천지 창조(天地創造) (창 1:1-31) 1992/4/5 주일오전

2 에덴동산과 선악과 (창 2:1-25) 2001/6/2 주일오전

3 하와가 뱀에게 미혹됨 (창 3:1-5) 1984/1/2 사경회

4 실낙원(失樂園)의 원인 (창 3:1-24) 2008/11/2 주일오전

5 산 제사와 죽은 제사 (창 4:1-12) 1998/7/26 주일오전

6 가인과 아벨 (창 4:1-26) 1984/1/3 사경회

7 하나님과 동행하여 승천한 에녹의 신앙 (창 5:1-32) 1998/5/10 주일오후

8 에녹의 신앙과 신앙의 계보 (창 5:22-32) 1984/1/3 사경회

9 노아 시대의 죄와 하나님의 구원과 심판 (창 6:1-14) 2000/12/10 주일오전

10 노아 시대의 죄악과 방주 준비 (창 6:1-22) 1991/4/14 주일오전

11 심판(審判) (창 7:1-24) 1994/6/ 수양회

12 회복 (창 8:1-22) 1994/6/ 수양회

13 무지개 (창 9:1-29) 1994/6/ 수양회

14 저주 받은 자와 축복 받은 자 (창 9:18-10:32) 1984/1/4 사경회

15 하나님의 구원운동을 돕는 사람이 되라 (창 9:24-27) 1994/6/ 수양회

16 바벨탑 (창 11:1-32) 1984/1/4 사경회

17 아브라함의 신앙을 본받으라 (창 12:1-3, 히11:8-16) 2005/2/13 주일오전

18 새 출발하여 말씀을 따라가라 (창 12:1-4) 2002/1/6 주일오전

19 하나님의 말씀을 따라가는 자의 복 (창 12:1-8) 2006/9/24 주일오전

20 아브라함의 실패와 하나님의 구원 (창 12:9-20) 1984/1/5 사경회

21 아브라함의 신앙노선과 롯의 신앙노선 (창 13:1-18) 2008/9/28 주일오전

22 아브라함이 4대 연합국을 이김 (창 14:1-15:1) 2008/10/5 주일오전

23 믿음으로 의인된 아브람이 받은 복 (창 15:5-18) 2008/10/12 주일오전

24 사래가 인본주의를 씀으로 실패함 (창 16:1-10) 미상 미상

25 육에 속한 신자 이스마엘 (창 16:12-16) 미상 미상

26 할례(割禮)의 언약 미상 (창 17:1-27) 2004/6/20 주일오전

27 천사를 대접한 아브라함에게 하나님의 비밀을 알게 함 (창 18:6-32) 1984/2/15 신학교 종강예배

28 들에 머물지 말고 산으로 도망하라 (창 19:1-22) 1996/1/21 주일오전

29 소돔 고모라의 멸망과 롯의 벌거벗은 구원 (창 19:19-38) 1984/2/15 수양회

30 하나님께서 아브라함의 가정을 보호해 주심 (창 20:1-18) 1984/2/15 수양회

31 말씀대로 권고하시는 하나님 (창 21:1-2) 1984/2/15 수양회

32 이삭과 이스마엘 (창 21:1-22) 1984/2/15 수양회

33 아브라함의 신앙을 본받자 (창 22:1-24) 1996/2/11 주일오전

34 사라를 장사지내기 위해 막벨라 밭을 삼 (창 23:1-20) 1998/10/25 주일오후

35 인도하시는 대로 순종하여 이루어진 결혼 (창 24:1-67) 1997/ 27 수요예배

36 에서와 야곱이 장자권을 매매함 (창 25:1-34) 2004/ 29 주일오전

37 이삭의 창성 (창 26:1-35) 1997/09/10 주일오전

「창세기上」권에 이어지는 「창세기下」권의 경우도 마찬가지이다. 우선 「창세기下」권의 목차를 보면 다음가 같다.

1. 이삭의 신앙 (창 26:12-25) 7
2. 이삭의 축복 (창 27:1-46) 15
3. 야곱이 벧엘에서 계시를 받음 (창 28:1-14) 29
4. 벧엘의 아침 (창 28:10-22) 47
5. 야곱이 아내를 얻음 (창 29:1-35) 59
6. 야곱의 번성(창 30:1-43) 71
7. 야곱의 귀국 (창 31:1-55) 85
8. 야곱이 이스라엘로 변함 (창 32:1-32) 103
9. 야곱이 이스라엘이 되어 새 출발함 (창 32:22-32) 121
10. 야곱이 돌아와 에서와 화목함 (창 33:1-17) 137
11. 세겜에서의 잘못과 하나님의 구원 (창 34:1-35:5) 149
12. 일어나 벧엘로 올라가라 (창 35:1-15) 165
13. 라헬과 이삭의 죽음 (창 35:16-29) 183
14. 에서의 자손들 (창 36:1-43) 197
15. 요셉이 이스마엘 사람에게 팔리움 (창 37:1-36) 209
16. 다말의 득남 (창 38:1-30) 231
17. 시험을 이긴 요셉의 신앙 (창 39:1-23) 241
18. 옥중 생활 (창 40:1-23) 265
19. 바로의 꿈 (창 41:1-36) 275
20. 칠년 흉년과 양식준비 (창 41:54-57) 291
21. 회개 권유 (창 42:1-23) 305
22. 환난과 위로를 통해 회개시키시는 하나님 (창 42:24-38) 329

23. 베냐민 (창 43:1-34) 347

24. 은잔(銀 盞) (창 44:1-34) 375

25. 요셉이 자신을 드러내고 가족을 애굽으로 초청함 (창 45:1-28) 389

26. 야곱의 가속이 애굽으로 들어감 (46:1-34) 411

27. 요셉이 자기 가족을 바로에게 소개하고 돌봄 (창 47:1-10) ·· 425

28. 신정책(新政策) (창 47:20-31) 437

29. 에브라임과 므낫세에 대한 축복 (창 48:1-22) 453

30. 야곱과 장자의 축복 (창 48:14-22) 467

31. 예언 (창 49:1-12) 483

32. 요셉에 대한 예언 (창 49:19-25) 499

33. 야곱의 예언과 유언 (창 49:33-50:21) 505

34. 요셉의 신앙 (창 50:15-26) 517[2]

그리고 「창세기下」권의 색인이 「창세기上」권의 색인과 같은 형태로 제시되어 있다.

1 이삭의 신앙 (창 26:12-25) 2005/3/13 주일오전

2 이삭의 축복 (창 27:1-46) 1997/9/14 주일오후

3 야곱이 벧엘에서 계시를 받음 (창 28:1-14) 1984/7/3 미상

4 벧엘의 아침 (창 28:10-22) 2003/1/5 주일오전

5 야곱이 아내를 얻음 (창 29:1-35) 1998/11/4 수요예배

6 야곱의 번성 (창 30:1-43) 1997/9/17 수요예배

7 야곱의 귀국 (창 31:1-55) 1997/9/21 주일오후

---

2. 이병규, 「창세기下」 (서울: 염광출판사, 2009).

8 야곱이 이스라엘로 변함 (창 32:1-32) 1997/1/5 주일오전

9 야곱이 이스라엘이 되어 새 출발함 (창 32:22-32) 1995/12/31 주일오전

10 야곱이 돌아와 에서와 화목함 (창 33:1-17) 1984/7/5 미상

11 세겜에서의 잘못과 하나님의 구원 (창 34:1-35:5) 2009/1/8 주일오후

12 일어나 벧엘로 올라가라 (창 35:1-15) 2009/1/25 주일오전

13 라헬과 이삭의 죽음 (창 35:16-29) 1998/11/19 미상

14 에서의 자손들 (창 36:1-43) 1998/5/27 수요예배

15 요셉이 이스마엘 사람에게 팔리움 (창 37:1-36) 1997/10/1 수요예배

16 다말의 득남 (창 38:1-30) 1997/10/12 주일오후

17 시험을 이긴 요셉의 신앙 (창 39:1-23) 1997/10/1 수요예배

18 옥중 생활 (창 40:1-23) 1984/11/11 주일오후

19 바로의 꿈 (창 41:1-36) 1984/12/30 주일오후

20 칠년 흉년과 양식준비 (창 41:54-57) 1985/3/5 교역자수양회

21 회개 권유 (창 42:1-23) 1985/3/6 교역자수양회

22 환난과 위로를 통해 회개시키시는 하나님 (창 42:24-38) 1985/3/6 교역자수양회

23 베냐민 (창 43:1-34) 1985/3/6 교역자수양회

24 은 잔(銀 盞) (창 44:1-34) 1985/3/7 교역자수양회

25 요셉이 자신을 드러내고 가족을 애굽으로 초청함 (창 45:1-28) 1985/3/7 교역자수양회

26 야곱의 가속이 애굽으로 들어감 (창 46:1-34) 1997/8/20 수요예배

27 요셉이 자기 가족을 바로에게 소개하고 돌봄 (창 47:1-10) 미상 미상

28 신정책(新政策) (창 47:20-31) 미상 주일오후

29 에브라임과 므낫세에 대한 축복 창 48:1-22) 1985/6/19 수요예배

30 야곱과 장자의 축복 (창 48:14-22) 2005/4/3 주일오전

31 예언 (창 49:1-12) 1985/6/27 미상
32 요셉에 대한 예언 (창 49:19-25) 1985/6/27 미상
33 야곱의 예언과 유언 (창 49:33-50:21) 1985/7/3 미상
34 요셉의 신앙 (창 50:15-26) 2005/4/10 주일오전

「창세기上」권은 물론 「창세기下」권과 마찬가지로 신구약 성경 66권 전체에 대한 설교집은 이와 같은 목차와 색인이 제시된 형태로 제작되었다. 이병규 목사는 요한계시록 22:18-19를 본문으로 "하나님의 말씀을 잘 보존하자"는 제목의 설교에서 다음과 같이 강조한 적이 있다.

그런데 이 '표준 새번역 성경'은 많이 잘못되었습니다. 거기에 보면 잘못된 것이 많은데, 유무상통을 두고는 "사도들이 나누어주었다"고 했는데 '표준 새번역 성경'은 "나누어 가지니라"고 했습니다. 나누어 가져가는 것은 사회주의 사상으로 나누어 주는 것과 아주 다릅니다. 창세기 1장 3절에서도, "하나님이 가라사대 빛이 있으라 하시매 빛이 있었고"를, "하나님이 말씀하시기를 "빛이 생겨라" 하시니, 빛이 생겼다"로 번역했습니다. 하나님은 "빛이 있어라"라고 했는데, 표준 새번역 성경에는 "빛이 생겼다"라고 한 것입니다. 이것은 진화론 사상이 있는 것입니다.
이렇게 표준 새번역 성경은 현대어로 번역하였지만 잘못된 번역이 많이 들어가 있습니다. 사회주의 사상, 진화론 사상, 신신학 사상 등, 다른 많은 것이 들어가 있습니다. 그래서 새로이 성경을 번역할 때가 왔다고 생각되어서 '한국성경공회'를 만들었습니다. 신신학 사상으로 만든 곳은 '대한성서공회'이고, 여기는 '한국성경공회'입니다. 그렇게 따로 해서 성경 번역을 바로 하자고 했습니다. 그렇게 한국성경공회에서 성경 번역을 시작했습니다. 이제 몇 년이 가면 성경이 나올 것입니다.

성경을 바로 번역하지 않으면 아무리 말씀을 보존하려고 해도 바로 보존할 수가 없습니다. 그래서 바른 성경을 번역하는 것을 위해서 여러분들이 기도를 많이 해주어야 하겠습니다. 바른 성경을 번역하기 위해서 헬라어와 히브리어를 아는 많은 신학교 교수들, 여러 신학자들이 스물 대여섯 명 정도가 새로운 성경 번역에 착수했습니다.
이렇게 성경을 번역하는 도중에 있는데, 이 성경을 바로 번역하는 것이 중요합니다. 성경 번역을 잘못해 놓으면 아무리 하나님의 말씀을 바로 찾으려 해도 찾을 수 없습니다. 그렇기에 성경 번역을 바로 해야만 말씀을 바로 보존할 수 있습니다.[3]

이병규 목사의 이러한 설교를 성경 말씀을 강조하면서 현대 자유주의 신학의 성경관을 비판하고 성경을 그대로 보존하려는 그의 신앙을 강조했다고 할 수 있을 것이다.

2. 기도로 준비하는 설교

이병규 목사의 기도는 산기도였다. 이병규 목사는 산에서 기도를 많이 하였다. 그가 소천할 무렵까지 기도한 산은 그가 설립한 경기도 광주제일기도원과 계약신학대학원대학교가 산자락에 위치하는 마름산(일명 백마산)이었다. 목회 초창기에는 산에 텐트를 치고 기도하는 것을 즐겨했다. 그것은 예수님과 바울과 같은 기도 생활을 닮으려 한 것이다. 그가 산에서 텐트 치고 기도할 때는 개인 침낭 하나 그리고 식사의 도구를 챙겨서 혼자서 밥을 손수 해 먹고 기도하였다. 연세대 뒷산인 봉원산에 마련한 기도실에 매일 아침 새벽기도를 마

---

3. 이병규, 「요한계시록 中·下」 (서울: 염광출판사, 2009); http://easebible.blogspot.com/이병규목사강해설교.

치고 11시까지 쉬지 않고 기도 생활을 80세가 넘어서까지 하였다. 광주제일기도원에서는 보통 한 주에 2일을 머물면서 기도하였다.

이병규 목사는 생전에 1월 첫째 주간에는 서울의 창광교회당에서 그리고 5월 5일 주간과 8월 15일이 있는 주간에는 경기 광주제일기도원에서 전국의 교단소속 교역자들과 교인들을 상대로 사경회를 개최하기 위하여 한 주간 전에 겨울에는 기도원으로 5월과 8월에는 산에 가서 기도하면서 사경회를 준비했다. 5월과 8월의 산기도에는 보조하는 조사 한 사람을 데리고 갔다. 조사는 식사를 준비하고 몇 가지 심부름도 하였다. 그것은 골방의 기도만이 영력을 얻고 성도들에서 말씀의 생수를 먹일 수 있는 능력을 얻을 수 있다고 믿었기 때문이다.

이처럼 많은 시간을 들여 기도하면서 설교를 하니까 그의 설교에는 영적 권위가 있었다. 설교할 때는 항상 자세를 반듯하게 하고 청중들을 보면서 설교를 진행했다.

이병규 목사는 "새벽 오히려 미명에 예수께서 일어나 나가 한적한 곳으로 가사 거기서 기도하신"(막 1:35) 성경 구절을 기억하고 그대로 실천하기를 원했다. 그렇다고 해서 이런 기도는 신비주의자들이 말하는 소위 '불 받으려는' 기도가 아니었다. 이런 기도시간에 이병규 목사는 하나님과의 깊은 교제와 성령의 큰 감화와 감동을 얻으면서 사경회를 준비하는 시간이었다. 이병규 목사는 이런 일들을 후배 교역자들에게 교훈하였다.[4]

3. 청중과 소통하는 설교

이병규 목사의 설교는 청중과 소통이 있었다. 예를 들어 설교 본문을 한 구

---

4. 나은기, "이병규 목사 강해설교의 형태와 특징 연구"(미간행석사학위[Th.M.]논문, 계약신학대학원대학교, 2009), 6.

절 한 구절 강해를 할 때 먼저 회중 가운데서 한 사람이 마이크를 잡고 해당 구절을 읽도록 했다. 그러면 대개 교역자 중의 한 사람이 마이크에 대고 전교인들이 알아들을 수 있도록 낭독을 했다. 이어서 이 목사는 그 낭독한 구절에 대해서 설명을 하면서 설교를 진행했다. 청중 중에서 한 사람이 성경 구절을 낭독하면 한 사람의 설교자만이 발언하는 단조로움을 탈피하여 청중들이 지루하지 않게 설교에 몰입하고 집중하는 효과를 나타낸다고 할 수 있을 것이다. 그래서 이러한 설교 방식은 설교자와 청중 사이에 소통이 있는 설교라고 할 수 있을 것이다.

이처럼 청중과 소통하는 설교는 이병규 목사의 목회적인 은사라고 할 수 있을 것이다. 교인들과 소통하지 않으면 좋은 영향력 있는 목회는 할 수 없을 것이기 때문이다.

결론

이상의 내용이 이병규 목사의 설교를 전부 표현했다고는 할 수 없을 것이다. 그래도 이병규 목사의 설교를 최소한으로 표현해서 성경 말씀을 강조하고 기도로 준비하고 청중과 소통하는 설교를 했다는 것은 누구도 부정할 수는 없을 것이다. 사실 이병규 목사는 1.4 후퇴 당시 이북에서 그의 동생 이용규 목사와 더불어 거의 혈혈단신으로 월남하여 성경 읽고 기도하고 신학 공부하고 사경회 인도하고 목회한 것이 그의 인생의 전부라고 할 수 있을 것이다. 더 간단히 말해서 기도하면서 성경 공부하고 가르친 것이 그의 삶 전체라고 할 수 있을 것이다. 이병규 목사는 "기록되었으되 사람이 떡으로만 살 것이 아니요 하나님의 입으로부터 나오는 모든 말씀으로 살 것이라 하였느니라"(마 4:4)는 성경 말씀의 산증인이라고 할 수 있을 것이다.

정규철

총신대학교 (B.A.)
총신대학교 신학대학원 (M.Div.)
총신대학교 대학원 (Th.M.)
총신대학교 대학원 (Ph.D.)
(전) 계약신학대학원대학교 교수
(현) 수도국제대학원대학교 초빙교수 및 이사
(현) 예수인교회 협동목사

이성봉의 설교

오현철

들어가는 글

성결교회의 전통과 관련해 누구는 웨슬리에게서 누구는 미국 근대 복음주의 성결운동에서 뿌리를 찾으려고 한다. 그러나 비록 교회의 뿌리가 먼 옛날 아브라함에게 있고 기독교회의 뿌리가 예수 그리스도에게 있더라도 또 비록 개신교회의 뿌리가 개혁자들에게 있고 성결교회의 뿌리가 웨슬리와 근대 복음주의 성결운동에 있더라도 우리는 역사의 물결을 단숨에 거슬러 올라가지는 못한다. 최소한 이 모든 뿌리는 가까운 신앙 선배들을 통해 우리에게 전수되었다는 점에서 이성봉 목사의 생애와 신학과 설교를 돌아보는 것은 의미 있는 일이다.

생애와 저서

이성봉은 프랑스의 소설가 생텍쥐페리, 한국의 현진건, 김동인이 태어난 1900년 7월 4일 평안남도 강동군 간리에서 출생했다. 그는 기독교를 받아들인 부모님, 신천 경신소학교, 평양의 감리교회 등을 통해 1907년 평양대부흥운동이 전개될 즈음 기독교적 영향을 받고 예수를 영접했다. 하지만 중학교에 진학하지 못하고 경제활동에 참여하면서 청년기에 방황하다 병상에서 몸과 마음이 고침받고 거듭나는 체험을 한 후에야 하나님께 돌아와 신학을 시작했다.

1925년 경성성서학원에 입학, 3년간 신학과 현장사역을 배우고 1928년 수원교회를 개척, 목회를 시작했다. 1930년 목포교회를 담임하고 1936년 신의주 동부성결교회를 담당하며 가는 곳마다 교회를 새로 짓거나 증축하고 부흥을 일구었다.[1] 지역교회 목회만 아니라 부흥사로 한국교회의 부흥운동에 매진하였고 사모 이은실과의 사이에 3녀 현숙, 원숙, 의숙과 손자 손녀 13명을 그리고 3권의 설교집, 3권의 강화집, 1권의 성가집, 1권의 자서전을 포함한 총 8권의 저서를 남겼다.[2] 이성봉에 관한 주요연구는 다음과 같다.

정성구, "한국교회와 설교운동: 길선주, 김익두, 이성봉을 중심하여," 「신학지남」 201 (1984. 6): 140-77; 주승민, "소복(小僕) 이성봉의 부흥운동 고찰," 「신학과 선교」 25 (2000): 473-506; 강근환, "이성봉 목사 부흥사역의 특징," 「활천」 560 (2000. 7); 김동주, "이성봉의 사역과 요나서 설교에 대한 연구," 「한국교회사학회지」 21 (2007 가을); 전희준, "이성봉 목사의 복음전도와 부흥성가," 「기독교 사상」 608 (2009. 8): 252-79; 노재양, "이성봉의 부흥운동에 관한 연구" (박사학위논문: 호서대학교 연합신학전문대학원, 2004); 홍성학, "한국교회 부흥운동에 관한 역사적 신학적 고찰: 1903~1910년 부흥운동과 길선주, 김익두, 이성봉을 중심으로" (박사학위논문: 서울기독대학교 신학전문대학원, 2005); 박성숙, "한국성결교회 부흥설교 연구" (박사학위논문: 서울신학대학교, 2007); 남덕우, "한국성결교회의 부흥운동사 연구" (박사학위논문: 성결대학교 신학전문대학원, 2008); 허복부, 『한국교회의 부흥회연구 제1집 (이성봉 목사 부흥회 편)』 (서울: 성광문화사, 1976); 정인교, 『이성봉 목사의

---

1. 이성봉, 『말로 못하면 죽음으로(자서전)』(서울: 생명의말씀사, 1993); 정인교, 『이성봉 목사의 생애와 설교: 그의 부흥 설교에 대한 설교학적 분석』(부천: 성결신학연구소, 1998), 37-47.
2. 박형신, "이목사의 부흥설교 연구: 명심도 강화를 중심으로," 「신학과 선교」47권 (2015. 11): 197-99.

생애와 설교: 그의 부흥설교에 대한 설교학적 분석』(서울: 한들출판사, 1998); 이성봉 목사 탄신 100주년 기념사업위원회, 『이성봉 목사의 부흥운동 조명』(서울: 생명의말씀사, 2000); 김명혁, 『목회자 한경직 목사 부흥사 이성봉 목사』(서울: 성광문화사, 2003); 문교수, 『이성봉 목사의 부흥운동과 한국교회』(서울: 포럼디스커션, 2006); 정인교, 『말로 못하면 죽음으로!: 한국의 무디 이성봉 목사의 생애와 부흥설교』(서울: 청목출판사, 2011); 강일구 외, 『세기의 전도자 이성봉 이야기』(수원: 한기정, 2011); 이상직 교수 정년퇴임기념 논문집편찬위원회, 『작은 것들이 세상을 바꾼다』(서울: 동연, 2013).

설교의 중요성_한국의 무디, 한국의 웨슬리

이성봉은 40년간 전국 1천여 교회를 순회할 뿐 아니라 만주, 일본, 미국에서까지 부흥 운동을 이끌어 온 거목, 거인, 강단의 거성, 이야기 신학자, 믿음의 아버지, 한국의 무디[3] 등으로 불리며 한국교회 100년사와 한국교회 회중의 마음속에 강한 흔적을 남겼다. 하지만 정작 하나님과 교회 앞에서 자기를 자신의 아호를 따라 소복(小僕 작은 종)으로 여겼다. 그는 처음 개척한 수원교회를 400여 명의 교세를 갖춘 교회로 성장시켰고, 목포교회에서 6년을 시무하는 동안 4개의 지교회를 개척했는가 하면, 마지막 목회지였던 신의주 동부성결교회는 1,000여 명의 교세를 갖춘 교회가 되었다. 만주 용정교회 집회는 장로교, 감리교, 성결교 세 교파의 연합집회로 회중이 2천여 명이나 모여 교회 입구에 책상을 두고 교회 안과 밖에 서 있는 사람에게 설교했다. 1년에 최고

---

3. 이 별명은 이성봉의 구령열과 부흥사로서 삶을 무디에 빗대어 얻은 것이지만 그도 자신을 무디와 연결한 바 있다: "무디는 1899년에 졸(卒)하고 나는 1900년 출생했으니 무디 목사님과 함께하신 하나님께서 생을 이어 나에게 함께 하신 것이다." 정운상, "한국의 무디 이성봉 목사 탄생 100주년 기념: 말로써 못하면 죽음으로!" 「활천」560권 7호 (2000. 7): 21.

82군데 성회를 인도하고 하루 5~6회 집회를 인도한 적도 있다니 한국의 무디가 아니라 '한국의 웨슬리'라 해도 과언이 아니다. 1965년 8월 하나님의 부름을 받기 한 달 전까지 하나님 말씀을 전했고 그해 7월 성결교회 합동총회에서 설교한 것이 그의 마지막 설교였다.

그는 한국교회 부흥운동사에서 각각 발아기와 성숙기를 이끈 길선주(1869-1935)와 김익두(1874-1950)를 이어 결실기를 주도했다. 김익두와 이성봉은 활동 시기가 겹치고 꿈에 김익두로부터 안수받은 경험도 있었다. 근대 한국 기독교 역사에서 개신교를 대표하는 인물을 꼽으라면 감리교 이용도(1901-1933), 장로교 길선주(1869-1935), 성결교 이성봉(1900-1965)을 들 수 있다. 이용도는 아시아의 영성을 바탕으로 한국적인 개신교를 강조하며 3.1운동 이후 한국교회의 부흥운동을 주도했던 인물이다. 길선주는 선교사들의 가르침 위에 한국적이고 독창적인 교회전통을 세움으로 한국교회의 토착화와 자주성을 이끈 인물이다. 이성봉은 거듭남의 체험과 성경지식의 균형을 강조하며 6.25전후 초교파적 부흥운동을 이끈 인물이다.[4]

설교의 내용_그분의 이야기, 그분의 역사

하나님: 그의 설교를 들으면 하나님 경험, 부흥경험, 회중의 다양한 이야기가 마치 팝업 북처럼 툭툭 튀어나온다. 그 이야기들은 그러나 실상 하나님의 이야기이다. 하나님이 그를 통해 이루신 그분의 이야기이고 그분의 역사다.

2000년대 들어서는 그 열기가 많이 식었지만 1990년대 말까지만 해도 교회마다 봄·가을로 한두 차례씩 부흥회가 열렸다. 새벽부터 밤늦게까지 온 회중이 총동원되던 부흥회에서 단연 주인공은 '부흥강사'였다. 교단별, 지역별로 이름난 부흥강사가 있었고 부흥강사의 재량에 의해 회중의 헌금규모가 결정

---

4. 고석현, "한국의 무디 이성봉 목사,"「활천」793권 12호 (2019. 12): 67.

되었다. 언제부터 부흥강사가 '헌금 걷어 주고 돈 챙겨 가는' 삯꾼 목자라는 이미지를 갖게 된 것일까. 120년 한국 기독교 역사에 가장 크게 부흥의 밑거름이 되었던 사람들은 부흥강사였고 그만큼 쇠퇴의 길에 일조한 사람들도 부흥강사라는 조심스러우면서 부끄러운 말이 있다.

'말씀 사경회'에 대한 회중의 열심은 한국교회 초기서부터 그 열기가 대단했지만 개 교회마다 조직적으로 부흥회를 개최하고 부흥사를 초청하는 행사가 융성하게 된 것은 이성봉 목사가 전국부흥사로 활동을 시작했던 1930년대 후반부터라고 할 수 있다. 1937년 성결교회 총회에서 전국부흥사로 임명받은 후 안정적으로 사역할 수 있는 지역교회를 사임하고 전국을 순회하는 부흥사, 부흥회 기간에야 부흥사에게 집중하나 부흥회 이후에는 아무도 돌보지 않는 외로운 역할을 하나님이 내리신 자신의 사명으로 여겨 순종했던 이성봉 목사. 그의 이야기 속에서 그는 작아지고 하나님은 높아진다.

그리스도와 사중복음: 이성봉은 일제 강점기와 6.25를 거쳐 매우 곤궁한 삶을 살아가던 민족을 그리스도의 복음을 통해 위로하고 그들에게 천국의 소망을 심어준 설교자다. 구원은 오직 위로부터 오는 하나님의 은혜로 인간이 스스로를 구원할 가능성은 전혀 없다. 이성봉은 스펄전의 말을 인용, "나는 15분간만이라도 예수를 잊어버리면 타락한다."라고 자주 언급할 정도로 구원을 인간에게 가져오는 유일한 통로가 하나님의 사랑이 동인이 되어 인간이 되신 하나님 곧 예수 그리스도뿐임을 강조했다.[5]

그는 그리스도를 교단의 신학이자 전도표제인 사중복음 안에서 전했다. 그는 성결교회의 사중복음인 중생, 성결, 신유, 재림의 상관관계를 깊이 이해했고 그러한 삶을 살았다.[6] '명심도 강화'에서도 중요개념은 사중복음과 관련된

---

5. 정인교 편, 『말로 못하면 죽음으로』(서울: 한들출판사, 2003), 342-43.
6. 고석현, "한국의 무디 이성봉 목사," 67-68.

용어를 사용해 설교했다.[7] 그에게 중생은 죄를 회개하고 예수를 구주로 믿어 하나님의 영으로 새롭게 거듭나는 것이며 성결은 성부의 지상명령이고 성자 예수가 죽은 목적이자 성령의 역사이고 신유는 육체를 입고 오신 하나님 아들을 의지하는 자에게 그때나 지금이나 주시는 능력이고 다시 오실 예수의 재림은 성부의 최대 계획이고 성도의 최대 소망이다.[8]

설교의 방법_이야기, 노래

현대설교의 가장 큰 이슈 중 하나는 메시지가 우리 일상과 연결하는 데 실패한다는 점이다. 이성봉을 기억하는 사람은 그를 가리켜 시대의 언어를 읽고 만들 줄 알았던 사람, 탁월한 이야기꾼, 찬송과 인쇄 매체를 활용한 설교자라고 말한다. 구수한 목소리와 은혜로운 찬양, 쉬운 예화, 일본 강점기와 한국전쟁을 거치면서 자신의 사역을 일종의 영적 전쟁으로 이해하고 사역 용어를 전쟁 용어로 바꾸는 등 시대의 언어를 읽고 만들 줄 알았다. 그는 활용 가능한 모든 것을 동원해 인간의 죄를 하나님의 용서에, 인간의 필요를 하나님의 공급하심에, 인간의 진리에 대한 방황을 하나님의 진리에 연결하려던 소통자였다. 특히 그의 설교에 빠짐없이 등장하는 이야기와 노래는 소통의 도구다. 아니 그는 자신마저도 소통의 도구로 던져버렸다. 그래서 그가 말한 대로 정말 있는 것 같아도 없는 것은 사람이요, 없는 것 같으나 실재자는 하나님이시다.

천로역정 강화로 대표되는 그의 설교에 나타난 성서해석과 이야기 사용은 최근 문학비평의 적용을 시도한 것으로 평가받는다. 요즘에도 좀처럼 적용하기 어렵다는 내러티브 비평에 입각한 독특한 성경 읽기를 통해 성경의 근본적인 핵심을 읽어냈을 뿐 아니라 회중에게 회개를 촉구할 때 다양한 방법을 활

---

7. 박형신, "이목사의 부흥설교 연구: 명심도 강화를 중심으로," 205-06.
8. 이성봉, "복음의 종교," 『사랑의 강단』(서울: 생명의말씀사, 1993), 61-66.

용했다는 점에서 이야기 설교의 효시라 할 만하다. 그의 설교에 수사학에서 말하는 '여담'이 매우 빈번하게 등장한다. 여담의 기능이 주제의 엄밀한 틀을 벗어남으로써 담론의 지나친 논리적인 면을 보완하고 회중의 파토스를 불러일으키거나 진정시키는 데 있다고 할 때 설교에서 여담의 사용은 매우 적절하고 효과적이다. 특히 그는 회중에 친숙한 속담이나 생활 비유를 위트와 함께 전달함으로 건조한 논리의 틀을 부드럽게 윤활시킨다.[9]

회중이 누군가에 따라, 즉 그들의 수준과 이해도에 따라 이성봉은 서론을 달리 전개한다. 때로 설교주제를 멀리서부터 돌아 들어가는 간접적 접근 방식은 교회와 성경에 생소한 회중의 긴장을 완화시키고 설교자가 말하려는 주제 속으로 자연스럽게 이끌며 회중의 들으려는 욕구와 호기심을 자극한다. 반면 그럴 필요가 없는 기존 회중을 상대로는 말하려는 주제를 첫 문장부터 직접 들어가는 방식을 택한다.[10] 설교자에 대한 기대와 하나님 말씀을 받을 준비가 되어 있는 회중에게 효과적인 방법이다.

결론에서 그는 로고스와 파토스를 활용한다. 설교 전체의 내용을 요약 반복하며 핵심을 정리하고 기억할 수 있도록 돕는 로고스적 장치와 적용찬송을 통해 회중의 지성만 아니라 감성에 호소하는 파토스적 장치가 그것이다.[11] 특히 이성봉의 음성이 풍부한 영성을 전달하기에 적합했기에 순기능으로 작용했다.

---

9. 정인교 편, 『말로 못하면 죽음으로』, 355-56.
10. 더 자세한 이해와 실제 설교를 보려면 정인교, 『이성봉 목사의 생애와 설교』(서울: 성결신학연구소, 1998), 93-94; 이성봉, 『임마누엘 강단』(서울: 기독교대한성결교회출판부, 1955), 44를 참고하라.
11. 더 자세한 이해와 이성봉의 다른 설교사례를 보려면 서동원, "수사학과 설교의 상관성에 관한 연구: 한국교회 대표설교자의 설교를 중심으로" (박사학위논문: 서울신학대학교 신학전문대학원, 2011), 140-63을 참고하라.

설교의 적용_말씀의 첫 수혜자, 첫 실행자

종말론적: 그는 종말론적 신앙으로 살았다. 철저한 재림신앙이 아니고서는 예나 지금이나 온전한 신앙생활을 하기 어렵다. 성결교단이 또는 이성봉이 재림을 강조하는 것은 그러므로 현실을 도피하는 것이 아니고 단순한 성경적 진리 그 이상이다. 마지막 때를 살아가고 있다는 믿음이 아니고서는 회중의 신앙이 온전할 수 없다는 절박함에서 나온 것이다. 부산 동광교회 김득현 원로장로는 말씀을 통해 거듭난 중생의 심령이 한결같이 "주 예수여 어서 오시옵소서"라고 고백하게 하는 것이 그가 경험한 이성봉 목사의 설교라고 기록했다.[12]

체험적: 그는 부흥사이고 은혜 체험을 강조한 설교자이지만 신비주의는 배격하였다. 그가 부흥회 때마다 빼놓지 않는 기도가 있다. "흠과 티와 주름 잡힘 없는 수정같이 맑은 마음, 예수의 마음 같게 하옵소서." 가는 곳마다 그렇게 성령의 강한 역사가 일어나는데도 교만해지거나 신비주의로 가지 않은 건 또 하나의 대단한 면모이다. 그럴 수밖에 없는 것이 그 자신이 설교의 첫 번째 수혜자이자 첫 번째 실행자로 살았기 때문이다. 김명혁은 이성봉 목사를 다음과 같이 회고한다. "이성봉 목사의 은혜 체험적 삶이란 은혜 사모적 삶이었다. 하나님은 살아 역사하시며 그의 말씀은 능력으로 역사하시기에 회중의 신앙은 역동적일 수밖에 없고 하나님으로부터 오는 은혜는 늘 체험적일 수밖에 없다. 이성봉 목사에 의하면 회개를 통해 얻게 된 중생의 체험은 곧 성결한 마음과 삶을 가능하게 하며 이러한 삶은 열매를 맺는다."[13]

어머니의 임종도 지키지 못하고, 찬바람이 휘휘 도는 냉방에서 배급받은 쌀로 죽을 끓여 연명하는 어린 딸들의 '오리발같이 빨갛게 언 두 손'을 뒤로

---

12. 박명수, "성결의 사도 이성봉," 「활천」 690권 5호 (2011. 5): 29.
13. 고석현, "한국의 무디 이성봉 목사," 68.

한 채 부흥회 장소로 떠날 때마다, 젖 달라고 우는 새끼를 뒤로하고 벧세메스로 향해 여호와의 궤를 매고 걸어간 암소의 심정으로 말씀을 전하러 갔다는 이성봉 목사의 반복된 간증에서 그의 자녀는 간데없고 오직 그가 희생으로 섬겼던 하나님의 자녀만 눈에 들어온다. 그의 성결한 믿음과 깨끗한 열정이 녹아있는 설교 속에서 언제부턴가 우리에게 각인된 부정적인 부흥사의 모습은 찾아볼 수 없고 세워주시는 곳마다 하나님의 부흥이 임하고 그 하나님 사랑의 열정이 가득하길 애타게 부르짖었던 하나님의 진실한 사역자만 면면을 꽉꽉 채운다. 그는 설교한 대로 살고 삶으로 설교한 말씀의 첫 번째 수혜자이자 자신 설교의 첫 번째 실행자이었다.

나오는 글

지난 백여 년의 한국교회 역사에서 설교는 목회의 중심이었고 교회의 강력한 추진력이었다. 스펄전이 말한 대로 설교가 설교자들에게는 하나님의 거룩하신 기름부음으로, 회중에게는 하나님의 능력으로 경험되었고 여러 다양한 목회사역에 우선하는 가장 중요한 사역으로 자리매김하였다. 이는 이성봉의 사역에서 여실히 증명된다.

이성봉은 지금과 같은 신학수업이나 수사학에 관한 교육을 전혀 받지 못했다. 그럼에도 1937년 전국부흥사로 임명받은 후 회갑에 이르기까지 1천 교회 부흥집회를 목표로 본격적인 부흥사의 길에 들어섰고 국내는 물론 만주, 일본, 미국에서 하루 5-6회, 1년 최고 82회, 그렇게 40년간 목표한 1천여 교회를 순회하며 설교했다. 하나님의 부름을 받기 한 달 전까지 하나님 말씀을 전하며 '말로 못하면 죽음으로'라는 그의 평생 슬로건을 무서우리만큼 성실히 수행한 '말씀목회자'다.

이런 복음사역의 성공은 그를 도우시고 그의 설교를 통해 친히 일하신 성령의 역사하심과 무관하지 않다. 그리고 목회자로서 순전함과 성실함 그리고 경건함이라는 설교자의 에토스를 떠나 생각할 수 없다. 그러나 동시에 그 모든 것이 그가 부흥성회에서 설교를 통해 거둔 결실이란 점에서 회중에게 감동을 끼치고 전달되는 이성봉표 설교의 힘을 간과할 수 없다. 목회성공의 비결은 그리고 목회자의 실력은 진정한 설교자 됨에서 온다.

오현철

연세대학교 (B.Sc./B.A.)
성결대학교 (B.Th.)
Canadian Theological Seminary (M.Div.)
평택대학교 피어선신학전문대학원 (Th.M.)
Universiteit van Pretoria (Ph.D.)
(현) 성결대학교 설교학 교수
(현) 한국복음주의실천신학회 회장
(현) 성결설교클리닉 대표

이성헌 목사의 설교 세계

신성욱

이성헌 목사는 1924년 6월 1일, 울릉도에서 9남매 중 둘째 아들로 태어났다. 1945년 11월 8일, 하나님께 헌신하는 사명자로 새롭게 태어난 그는 감리교 신학교에서 3년 과정을 마친 후 장로교 신학교에 입학하여 졸업했다.

1950년 2월 12일, 26세의 나이로 대구서문교회 전도사로의 사역을 시작해서 1957년 10월 6일, 담임목사로 위임을 받았다. 그동안 대한예수교 장로회 합동측 총회장과 총신대학교 학장을 역임한 후 1995년 9월 6일, 70세 정년으로 45년간의 긴 목회 생활을 마치고 대구서문교회의 원로목사로 추대되었다.

이성헌 목사는 한 교회에서 45년간 목회를 한 목회자로도 알려져 있지만, 무엇보다 탁월한 설교자로 널리 이름을 떨쳐왔다. 필자가 총신 신대원에서 설교학을 배울 때 당시 신용산 교회의 담임이었던 정문호 목사가 자신의 책에다 이성헌 목사의 별명 세 가지를 적어놓은 것을 보았다.

'설교의 대명사', '설교의 요리사', '설교의 예술가.'

그 내용을 보는 순간 정말 이성헌 목사에게 딱 들어맞는 별명이라고 생각했다. 필자는 신대원 2학년 시절부터 대구서문교회에서 교육전도사, 전임 강도사, 부목사로 5년간 사역을 하다가 유학을 떠난 사람이다.

그때 이성헌 목사를 만나지 않았다면 지금 나는 어디서 무얼 하고 있을까를 가끔씩 생각해본다. 만일 내가 그분 교회에서 사역하지 않더라면 지금의 나는 신약 아니면 구약을 가르치는 교수가 되었을 가능성이 크다. 그만큼 나는 어린 시절부터 성경을 무지 좋아했던 사람이기 때문이다.

그런데 이성헌 목사의 설교를 들으면서 내 마음에 큰 변화가 일어났다. 이 목사 밑에서 5년간 사역하는 동안 나는 그분의 똑같은 설교를 매번 1부와 2부와 3부에 걸쳐서 세 번씩 듣곤 했다. 그만큼 설교가 감동적이었고 탁월했기 때문이다. 그 설교를 들을 때마다 내 속에선 늘 이런 다짐이 일어났다.

"야, 나도 저런 설교자, 저런 설교학자가 되어야겠다!"

그 결과 필자는 지금 설교학을 가르치는 교수가 되어 있다. 이 목사가 필자에게 끼친 영향이 그만큼 컸음을 고백하지 않을 수 없다.

내 인생 최고로 감격스러웠던 일 중 하나는 2019년 대구서문교회 106주년 설립기념예배에 강사로 초대되어 주일대예배에 1부에서 3부까지 설교한 일이다. 부목사 때 설교를 한 이후 18년 만에 친정의 강단에서 설교했으니 얼마나 감개가 무량했는지 모른다. 그것도 필자의 영적 아버지요 멘토이신 이성헌 목사님 앞에서 설교를 했으니 얼마나 떨리고 감격스러웠는지 모른다. 2부 예배 설교 후 예배를 마치고 중앙 복도를 걸어 나오는데 맨 뒤에 앉아 계시던 그분이 일어서서 나를 맞을 준비를 하고 계셨다. 그분 가까이 간 나는 자신도 모르게 무릎을 꿇고 큰 절을 올리고 말았다. 그 모습에 교인들은 박수로 화답했다.

그때의 일을 나는 지금도 잊을 수 없다. 과거에 급제한 후 고향에 내려가 부모님 앞에서 큰 절을 올리는 사람의 마음이 그러하지 않았을까 싶다.

옥한흠 목사님이 사랑의 교회에서 담임으로 사역할 때 7년간이나 외부강사를 모시지 않은 적이 있다. 유명 강사를 불러서 부흥회나 헌신예배의 설교자로 세웠는데 너무 헛소리를 하거나 설교의 자질이 부족해서 당회가 나서 외부강사를 더는 모시지 말자고 했다 한다. 7년 만에 옥 목사님이 이성헌 목사님에게 사정을 얘기해서 자기 교회에 오셔서 옥 목사 설교가 최고가 아님을 교만한 교인들에게 입증해달라고 요청한 것이다.

그래서 7년 만에 부흥회 강사로 가서서 말씀을 전했는데, 지금도 전설적인 집회로 회자될 정도로 사랑의교회 역사상 가장 큰 은혜를 받았다는 얘기를 친구 목사로부터 들었다.

이성헌 목사는 선천적으로 설교자의 자질을 타고난 사람이다. 하지만 후천적으로도 엄청난 노력파이다. 한 번은 서문교회에서 필자와 같이 전도사로 사역하다가 서울 사랑의교회로 가서 중고등부 사역을 활발하게 잘 하고 있던 이찬수 목사가 이성헌 목사님을 여름 수련회 강사로 모신 적이 있다. 그때 은퇴의 연세가 멀지 않은 이 목사는 어떻게 하면 젊은 청소년들에게 먹히는 설교를 할 것인가를 생각하다가, 서문교회의 중고등부 임원들을 담임목사 방에 불러서 맛있는 것 사 먹이면서 요즘 청소년들이 자주 쓰는 은어나 용어가 뭐 있는지를 물어볼 정도로 노력하고 연구하는 설교자였다.

이성헌 목사 밑에서 3년간 부교역자로 사역한 바 있는 서울서현교회의 원로인 김경원 목사는 이 목사 밑에서 3년간 부교역자로 사역한 바 있는 선배이다. 이분이 작년에 이 목사의 천국환송예배 시에 설교를 맡아 울면서 설교하는 걸 현장에서 지켜본 바가 있다. 그가 이 목사의 설교에 대해서 평가한 내용이 있어 소개한다.

학교 졸업 후 3년간 목사님 밑에서 목회수업을 하던 부교역자 시절에 나의 주된 관심사는 목사님의 설교였다. 목사님 설교의 특징을 나름대로 분석하면 무엇보다도 본문을 보시는 예리한 관찰력을 들 수 있다. 보통 사람들이 발견하지 못하는 사실들을 본문에서 끄집어내신다. 그리고 설교의 실제에 있어서는 먼저 전제(Preposition)를 기막히게 한 문장이나 사건으로 제시하면서 설교의 전체 방향을 말한다. 다음으로 철저한 논리적 전개와 다양한 언어구사로 묘사해가는 데는 타의 추종의 불허하신다. 그래서 문학이나 역사책 읽기를 후학들에게 많이 권하셨다. 또한 표현하실 때, 때로는 잔잔함으로, 때로는 폭포수같이 회개를 외치는 준엄함이 있는가 하면, 한편으로는 가슴이 뭉클해지도록 전해지는 감동이 있다. 부족하지만 본인이 이만큼의 목회를 하고 설교자가 된 것은 목사님의 영향이 가장 컸음을 부인할 수 없다. 목회 초년병 시절엔 목사님 설교를 모방도 많이 했고, 지금도 내 설교의 여러 부분에 목사님의 영향이 나타나고 있다.[1]

부교역자 시절, 이성헌 목사가 강의하는 설교 세미나에 참석한 바 있다. 본인은 부교역자를 정할 때 무슨 책을 많이 읽느냐고 물어서 수필집을 많이 읽는다고 하면 웬만하면 사역자로 부른다고 했다. 필자가 이 목사 방에서 면접을 볼 때 질문했던 내용 그대로였다. 무슨 책을 많이 읽느냐고 물어서 성경을 많이 읽는다고 답했더니 성경 외에 어떤 책을 읽느냐고 물었다. 그때 나는 수필집을 많이 읽는다고 했다. 누구의 수필집을 많이 읽느냐고 물어서 김형석 에세이를 즐겨 읽는다고 답했다. 그렇게 해서 그분 밑에서의 부교역자 사역이 시작된 것이다.

필자가 5년간 경험한 이성헌 목사의 설교는 정말 믿을 수 없을 정도로 대단했다. 그런 설교를 들을 수 있었다는 것은 세상에 태어나서 가장 큰 특권을 누린 경우가 아닐까 생각한다. 설교학자로서 필자가 분석한 이성헌 목사의 설교는 설교자라면 그분의 설교 모든 것을 배워야 한다고 판단할 정도로 탁월했다.

그의 손에는 항상 메모장과 펜이 있었다. 찰나적으로 떠오르는 영감을 놓치지 않고 메모하는 습관 때문이었다. 무언가 생각이 빛처럼 번뜩이면 모두가 그의 소중한 설교 자원이 되곤 했다.

이에 관해서는 서문교회의 자료에 소개된 그의 말을 참조할 필요가 있다.

사람은 보통 때에는 떠오르지 않는 것이 순간순간 비상하게 직관적이며, 직감적이며, 달관적이며, 영감적으로 떠오를 때가 있어. 어느 순간 별똥별이 지나가듯 어느 순간 내 속에 팍! 하고 깨달아지는 그 무엇이 있어. 목사는 그게

---

[1] 이성헌, 『나는 이렇게 믿는다』 (가리온, 2002), 6.

많아야 해. 토레이 박사가 말하기를, 목사는 그때 그것을 놓치면 안 돼. 그것이 지나가면 십분만 지나도 기억이 안 나. 그게 생각나면 순간 노트에 적는 거야. 그것이 설교의 씨눈이야. 그것을 들고 나가야 내 가슴 깊은 곳에서 일어나는 설교가 되지. 입으로 말 만들어서는 다 못해!²

그가 강조하는 설교의 씨눈은 일상에서 이루어지는 '묵상'과 '영감'이다. 영감은 묵상 없이는 이루어지지 않는다. 일상생활 속에서 적어놓은 메모는 '생각의 파편들'이다. 그것을 모아서 끼워 맞추어 줄거리를 세워 설교를 구성해 간다. 이렇게 설교 준비하면서 기록해놓은 노트가 삼천 권이나 된다. 그 소중한 설교노트 중 한 권을 작년에 아들 이상민 목사로부터 선물로 받고 어린애처럼 기뻐한 적이 있다.

원고 준비를 철저히 하되 정작 설교 강단에 올라갈 때는 원고 없이 등장한다. 일주일 동안 설교제목과 본문을 묵상하고 준비했으니 기본 틀은 세워진 상태인데, 그것만 가지고 선다. 그 때 그 때 주시는 영감을 무시하지 않기 위해서이다.³

젊은 시절 설교의 황태자인 영국의 스펄전 목사의 설교를 달달 외웠다고 한다. 필자는 그분에게 새로운 별명 하나를 붙였다. 'LeePurgeon' 말이다.

'수려한 언변과 감성', '말씀에 대한 깊이 있는 묵상', '적절한 비유', '감동적인 예화', '교인들의 영적 필요를 읽어내는 영성'과 '천부적인 스토리텔링의 전달력'은 그 누구도 따라갈 수 없는 이성헌 목사만의 전매특허라 할 수 있다.

설교의 대가로 불리는 이성헌 목사가 선포하는 하나님 말씀에 믿지 않던 많은 영혼들이 하나님을 만나고 눈물을 흘리며 깊은 영적 교제에 들어가는 경험의 고백이 가득함을 필자는 5년간이나 현장에서 목도한 사람이다. 그는 자

---

2. 이상민, 『역사의 대를 잇는 목회의 현장 서문교회』 (대신대학교 부설 기독교 역사문화 연구소, 2011), 223.
3. 이상민, 『대구서문교회 100년사』 (대구서문기획출판, 2016), 318-21.

신의 설교를 '기쁨이 수반되는 영광의 직무수행'이라고 자주 말했다.

정말 그랬다. 설교가 언제나 큰 짐이요 부담이 되는 게 보통 설교자들의 모습인데, 이 목사는 설교의 사명을 자신의 최대의 기쁨과 영광으로 알고 살아온 놀라운 분이다.

아쉬운 점이 있다면, 이성헌 목사가 활약하던 시절은 테이프 시대여서 그분의 설교영상을 직접 듣기가 어렵다는 것이다. 또 하나는 그분의 설교집이 많이 발간되지 않았다는 점이다. 필자가 알기로는 딱 두 권의 설교집이 나와 있다. '창세기 강해설교집' 한 권과 '부흥회 내용을 풀어서 쓴 설교집 한 권' 말이다.

당시 후배 교역자들이나 기독교 출판사들에서 설교집을 발간하자고 수없이 권했지만 "천둥과 번개를 종이 위에 옮길 수 있느냐?"란 이유로 늘 거절했다.

지금쯤이면 그분의 설교집을 출판해도 될 시점이 되었는데, 그의 설교노트에는 간략한 줄거리만 적혀 있어서 제대로 된 설교집으로 엮어내기가 어려운 한계가 있다. 때문에 그분의 그 탁월하고 수준 높은 설교 영상이나 설교의 내용을 거의 시청하거나 읽을 수 없다는 점에서 많은 아쉬움을 절감한다.

이제 필자가 알고 있는 이성헌 목사의 설교 장점을 몇 가지로 소개해보자.

첫째, 이 목사는 김경원 목사가 표현했듯이 성경본문을 보는 눈이 남달랐다는 점이다. 그분은 다른 설교자들이 보지 못하는 보물들을 본문에서 잘도 캐내곤 했다.

둘째, 이 목사는 성경의 진리를 기막힌 표현력으로 소개하는데 출중한 재주를 가진 분이다. 그의 『나는 이렇게 믿는다』라는 설교집 속에 나오는 실례들을 들어보자.

"마치 현대문명에 아름답게 꽃피어 있는 그 아름다운 꽃의 뿌리 밑을 파보면, 예수라고 하는 거름이 현대문명의 꽃을 피워놓고 있다는 겁니다"(17), "도대체 그는 누구이기에 현대문명의 뿌리 속에서 이렇게 아름답게 꽃 피울 수 있는 비료 역할을 하셨던가?"(17). "어제 장미가 오늘 그 장미, 달라진 건 없지만 내게 닥쳐오는 의미는 달라지는 것입니다"(29).

셋째, 이 목사는 생생한 묘사력 활용으로 탁월한 재능을 가진 분이다. 우선 '의태어 활용'을 말할 수 있다. 그분의 설교집인 『나는 이렇게 믿는다』 속에 나오는 내용을 실례로 들어보자.

"꿈틀거리는 그것"(17), "찔찔 눈물 흘린 적이"(22), "흐느적거리면서"(24), "눈물이 핑 도는"(41), "구리구리한"(42), "다리 쭉 뻗고"(55), "쥐면 꺼질 세라 놓으면 날 세라"(61), "오만 간장이 다 녹아내립니다"(61), "시시꺼벙한"(66), "쪼그리고 앉아 바들바들 떨고 있는"(80), "헐떡헐떡 버둥거리고 있습니다"(80), "뒹굴고 있습니다"(80), "너울너울"(96), "꾸역꾸역"(99), "땀을 뻘뻘 흘리면서"(91), "돌멩이가 삐죽삐죽"(91), "판판하게"(91), "깎아지는 벼랑"(128), "덩실덩실 추고"(131), "눈물이 글썽글썽"(143), "입이 비쭉비쭉(143)."

넷째, 이 목사는 '의성어 활용'에 전문가이다. 예를 들면 다음과 같다. "입이 딱딱 벌어질 수밖에"(15), "등을 툭툭 치면서"(22), "'솨~'하는 소리가"(52), "두둑두둑"(62), "뜨끈뜨끈하고"(63), "철그렁철그렁하는 소리가"(77), "쨍쨍 쇳소리가"(77), "꽝꽝 때려서"(92), "그러나 그 음이 모여서 대합창, 심포니의 우렁찬 음악이 터져 나올 때 가슴이 뜨끈뜨끈하고 등이 오싹해지면서 음악적인 충격이 내게 부닥쳐 올 때 '과학아 이것이 뭐냐?'고 묻는다면 '몰라!'라고 할 것입니다"(63).

다섯째, 이 목사는 '직접화법의 구어체 활용'으로 살아 꿈틀대는 현장감 있는 설교를 구사함에 남다른 재주꾼이다. 예를 들어보자.

"이것이 인생의 본분일까? 사람의 사람 된 도리가 이것뿐일까? 깊이 생각하다가 마침내 '헛거야, 헛거야. 공동묘지 안짝만 생각하는 인생에게는 천 번 생각하고 만 번 생각해도 헛거야 헛거. 모든 육체는 풀이요. 그 모든 영광은 풀에 피는 꽃이요, 풀은 마르고 꽃은 떨어진다. 헛거야 헛거'"(79).

"사람의 뿌리. 소가 아니요, 개가 아니요, 돼지가 아닌, 사람의 뿌리란 무엇인가? 결론적으로 말해서 하나님과의 바른 관계입니다. 사람이 사람이라면 하나님과의 바른 관계를 떠나서는 사람다울 수가 없다는 것입니다. 저를 아시는 분들은 저의 별명이 무엇인지를 압니다. 우리 교회 교인들은 압니다. 내 버릇, '하나님과의 바른 관계', 어느 주일이고 이 말을 빼는 주일이 없고, 어느 설교에도 이 말을 빼는 설교가 없습니다. '하나님과의 바른 관계!' 그것은 나의 신학이요, 나의 교리요, 나의 신조요, 나의 신앙이요, 나의 인생철학입니다"(79).

여섯째, 이성헌 목사는 '반복법 활용'으로 본문의 핵심 메시지를 청중에게 확실하게 기억하게 하는 재능 있는 설교자이다. 예를 들어보자.

"예수님은 한평생 글 한 줄을 쓰신 적이 없습니다… 제 나름대로 제가 예수님과의 관계를 분석하면서 생각해볼 때 저도 깜짝 놀랄 수밖에 없는, 도대체 그분은 누구일까?…

그는 평소에 노래를 부른 적이 없었습니다… 물론 바하가 작곡하고 헨델이 작곡할 때에는 지금보다는 좀 전시대이지만 말입니다. 도대체 그분은 누구일까요?…

그분은 학교 문턱에도 가본 적이 없는 분입니다… 이 지구에 대표적인 지도자들을 길러낸 학교라는 사실을 누가 부인하겠느냐 그것입니다. 도대체 그분은 누구일까요?…

그분은 사상을 남긴 것이 없습니다... 공자가 흉내도 내지 못한, 석가가 냄새도 피우지 못한, 그분은 누구일까요?...

그는 한 번도 창칼을 쓴 적이 없었습니다... 그 절망의 민족에게 소망을 준 그분은 누구일까요?...

그분의 상징인 십자가, 적십자가 휘날리면 적군도 아군도 없습니다. 산도적을 가장 정직하고 근면한 민족으로 바꾸어놓았느냐? 도대체 그분은 누구인가 말입니다...

찬송을 부르면서 그분을 만나 찔찔 눈물 흘린 적이 있잖습니까? 그분은 누구일까요?...

내 등을 툭툭 치면서 나에게 위로와 용기를 주시는 그분, 그분은 누구일까요?...

공자는 흉내도 못 내지요. 석가는 이런 말 흉내도 못 냅니다. 그분은 누구일까요?...

마호메트가 못해도 도대체 사형장으로 가는 사람에게 소망과 위로를 주는 그분은 누구일까요?"(18~24).

"베들레헴 벌판의 다윗은 다 같은 김씨네 목동, 최씨네 목동, 박씨네 목동이 이 자리 저 자리에서 양떼를 몰고 풀을 뜨기고 있는데, 유독 남들이 풀을 볼 적에 그는 다른 것을 보았습니다. 남들이 물을 볼 적에 다른 것을 보았습니다. 풀을 뜯는 양떼를 볼 적에 그는 다른 것을 보았습니다"(28).

"하나님께서 인류의 대표로서 아담에게 '네가 어디에 있냐?'라는 물음에 탕자는 인류를 대표해 '나는 여기서 주려 죽나이다'하고 대답했습니다. 여러분의 '여기'는 어디입니까? 오늘 저녁에 여러분의 '여기'를 하나님 앞에 고백하시기를 바랍니다. '기도하지 않는 여기에서 나는 주려 죽나이다. 성경 읽지 않는 여기에서 나는 주려 죽나이다.' 여러분의 '여기'는 어디에 있는지 생각해 보십시오. 여러분의 '여기'를 여러분이 인정하게 될 겁니다"(81).

일곱째, 이성헌 목사는 '반복 점층법 활용'까지 즐겨 사용하는 분이다. 예를 들어보자.

"만일 부정할 수 있는 논리적인 근거가 있으면 항의해 주시기 바랍니다. 나는 항복을 했습니다. 그분이 왔다 간 2천 년 어간에 남겨 놓은 그분의 업적을 말입니다. 그러나 그보다 더 심각한 것은 지금 당장 그분이 나와 만나주고 있다는 사실입니다(22).

여덟째, 이성헌 목사는 "'No, No, No-Yes' 기법"을 자주 활용하는 전문가이다. 예를 들어보자.

"어떤 한 사람에 관한 책으로 공자에 관한 책은 그렇게 많지 않습니다(No). 석가에 관한 책도 그렇게 많지 않습니다(No). 마호메트에 관한 책도 그렇게 많지 않습니다(No). 그러나 그 한 분에 관한 책은 너무너무 많습니다(Yes)."(18)

"그분은 사상을 남긴 것이 없습니다(No)... 철학을 남긴 것도 아닙니다(No). 어떤 주의나 학설을 남긴 것도 아닙니다(No). 그분은 평범한 생활 얘기 밖에 한 것이 없건만 그분이 왔다가 가신 2천 년 세월이 지난 오늘에 와서 얼마나 많은 학자들이 그 이름 아래 박사학위를 받고, 그분의 이야기에 대한 것으로 박사학위를 받고 그분 이름 아래 책을 씁니다(Yes)"(19).

아홉째, 이성헌 목사는 '유명인의 인용구 활용'에 귀재이다. 예를 들어보자.
김구 주석이 이렇게 말했습니다. "경찰서 10개 짓지 말고 교회 하나를 지어라."(31).
프랑스의 무신론 철학자 볼테르는 "성경은 20세기 말엽 쓰레기통에 다 내어버려지는 날이 올 것이다"고 고함치고 다녔습니다(64).

열째, 이성헌 목사는 'God-Message 활용'을 자주 활용했다. 예를 들어보자. "그 문이 부드럽게 닫히고 열리는 거기에 아버지의 마음이 있습니다." "우리 귀염둥이가 걸려서 엎어지지 말고 잘 드나들도록 낮은 문턱에 아버지의 마음이 있습니다(91)" "저 하늘에 아버지의 마음이 있습니다." "허공중천에 둥 떠있는 저 지구가 공전하고 자전하는 그 법칙 속에 우리에게 주시는 아버지의 말과 마음이 있습니다." "'너희들에게 전하는 아버지의 마음을 전하기 위해 나 이렇게 캄캄한 밤에라도 빛나고 있단다!'(92) "좋은 것만 아니라 천재지변 속에도 아버지의 말과 마음이 있습니다." "거기에 하나님의 마음이 있고 말이 있습니다."(93)

열한 째, 이성헌 목사는 '하나님과 바른 관계'란 표현이 아주 많이 강조되어 있다. 필자가 5년간 이 목사의 설교를 들으면서 제일 귀에 딱지가 앉을 정도로 강조하는 한 마디가 있다. 그것은 바로 '하나님과 바른 관계'이다. 그것은 그분의 개인 신앙은 물론 목회에서 가장 중요한 핵심 주제였던 것이다. 그는 자기 설교에서 다음과 같이 말했다.

"저를 아시는 분들은 저의 별명이 무엇인지를 압니다. 우리 교회 교인들은 압니다. 내 버릇, '하나님과 바른 관계.' 어느 주일이고 이 말을 빼는 주일이 없고, 어느 설교에도 이 말을 빼는 설교가 없습니다. '하나님과 바른 관계!' 그것은 나의 신학이요, 나의 교리요, 나의 신조요, 나의 신앙이요. 나의 인생철학입니다."(79)

"우리가 하나님과 바른 관계에 있다면 우리에게 한숨이 있을 이유가 어디에 있습니까?" "하나님과의 바른 관계가 잘못됐기 때문입니다."(81) "그리고 결과가 파생되어진 원인은, 하나님과 바른 관계가 삐뚤어졌기 때문입니다." "하나님과 바른 관계가 근본적으로 비뚤어졌다." "하나님과의 바른 관계가 비뚤어진 것입니다. 오늘날 사회악은 하나님과 바른 관계가 비뚤어진 결과인 것입니다."(85) "하나님과 바른 관계가 훤하게 정립이 된 것입니다." "기도를 해도 찬송을 불러도 성경 말씀을 들어도 하나님과 바른 관계가 비뚤어졌기 때문입니다(86)

"인생의 뿌리는 하나님과의 바른 관계 '아담아 네가 어디 있느냐?' 이 밤도 우리의 자유와 행복을 위하여 우리를 부르고 계십니다."(105)

"역사를 통하여 말씀을 통하여 하나님과 바른 관계로 돌아와야 합니다."(104) "하나님의 손에 붙들리어 그 자리에서 떠나 하나님과 바른 관계에서 참된 하나님의 아들과 딸의 세계로 새출발할 수 있기를 바랍니다."(105)

한 시대를 풍미했던 한국 교회가 낳은 '설교의 거성'이자 '강단의 왕' 이성헌 목사의 삶은 2021년 3월 14일부로 마감됐다. 향년 97세의 일기를 끝으로 하나님이 불러 가셔서 더는 이 땅에 존재하지 않기 때문이다. 하지만 그분이 한국 교회와 제자들에게 남긴 영향력은 결코 작지 않다.

앞으로 모든 설교자들이 관심을 갖고 연구해볼 만한 설교자로 평가하면서 이성헌 목사의 설교 세계에 관한 글을 마무리하고자 한다.

신성욱

계명대학교 영문학 (B.A.)
총신대학교 신학대학원 (M.Div. Equiv.)
Trinity Evangelical Divinity School (구약학 Th.M. 수학)
Calvin Theological Seminary (신약학 Th.M.)
University of Pretoria(설교학 Ph.D.)
(전) 남가주 한아름교회 담임
(전) 미 중부개혁장로회 신학대학교(학감 및 교수)
(전) 총신대학교 신학대학원과 일반대학원(외래교수)
(현) 아신대 설교학 교수
(현) 한국복음주의 실천신학회 부회장

해원 정규오 목사와 설교

김호욱

1. 생애

해원(海園) 정규오 목사(이하 '해원')는 1914년 11월 14일 부친 정효순과 모친 강누동 사이에서 8남매의 다섯 형제 중 5남으로 태어났다. 해원이 태어난 곳은 전남 나주군 다도면 방산리 983번지 용동부락이다.

해원이 태어나기 전부터 방산리에는 교회가 세워져 있었다. 배유지 선교사의 어학 선생이었던 변창연이 나주선교본진기지를 설립하기 위해 1897년 나주로 이사와 조사(助師, Helper)로서 복음을 전하던 중 방산리에서 100석의 소작료를 받고 살아가던 김성국에게 복음을 전하여 그가 신자가 되어 미국 남장로회의 후원으로 1905년 방산리에 교회를 설립하였기 때문이다.

해원은 7세 정도부터 머리에 댕기를 따고서 방산교회 주일학교를 다니기 시작했다. 해원이 어린 시절부터 교회를 출석하게 된 것은 먼저는 하나님의 은혜이며, 다음으로는 맏형 정귀금이 먼저 신자가 되어 동생들을 교회로 인도한 덕분이다. 해원의 조부 남훈은 당산관 정삼품 중추원 의관을 지낸 전통적 유교 사상가였으니, 맏형이 예수님을 믿고 동생들까지 모두 교회를 다니게 하는 일을 두고 보지 않았다. 결국 맏형은 집에서 쫓겨나 2년 동안 유랑 생활을 하기도 했다. 그러나 결국 부모님을 비롯한 8남매가 모두 예수님을 영접하였다.

원래 조부 덕분에 재산이 많이 있었으나 친척 한 분이 몰래 인감도장을 훔

쳐 재산을 은행에 저당 잡히고 거금을 차용하여 탕진하는 바람에 하루아침에 거지 신세가 되었다. 이로 인해 해원은 정규 학교에서 공부하지 못하고 방산교회 사숙에서 2년을 공부한 후 나주군 다도면 판촌에 설립되어 있던 4년제 공립보통학교 3학년 2학기에 편입하여 4년을 졸업하였다. 이것이 해원의 일반 학교 정규과정의 전부이다. 신학교에 입학하기 전의 나머지 학식은 모두 독학으로 공부하였다. 그가 약 5년 동안 탐독한 것은 일본에서 발행한 중학 강의록과 조도전대학 강의록, 엔사이 구르베지아 일본사상 전집, 법학, 철학, 윤리에 관한 서적, 칼 마르크스의 자본론 전집 등이었다. 기독교 서적으로는 박형룡 박사의 『신학난제선평』이 대표적인 작품으로 암송할 수 있을 정도로 다독 및 정독을 반복하였다.

전남 광양군 진상에 있는 금융조합에서 직장생활을 하면서 광동중앙교회를 출석하였고, 해원은 교회 집사일 때 어느 목사의 권유로 신사참배한 것을 매우 가슴 아파하면서 자신의 죄를 자서전을 통해 만인 앞에 사죄하였다. 해원이 1942년 장로직에 임명된 것은 자신의 반대에도 불구하고 이루어졌던 일로 절차를 무시한 것으로써 하나님 앞에, 교회 앞에, 양심 앞에 큰 죄인이 되었다고 고백하였다.

해원은 일제로부터 조국이 해방되자 그동안 몇 가지 이유로 미루어왔던 신학교에 1945년 9월 입학했다. 평양신학교에 입학하려고 했으나 소련의 개입으로 조선신학교에 입학했고, 51인 신앙동지회 회장으로 활동하면서 조선신학교의 자유주의 신학과 투쟁하였다. 그 결과 조선신학교를 자퇴하고 고려신학교를 거쳐 서울 남산에 설립된 장로회신학교(총신 전신)를 제1회로 졸업했다. 이후 목사로서 전남 진상의 광동중앙교회, 고흥읍교회, 광주중앙교회를 시무하였고, 대한예수교장로회 합동측 총회장, 광주개혁신학연구원 원장, 학교법인 숭일학교 이사장, 장로회광주신학교 교장, 광신대학교 총장직을 역임하였다. 은퇴 후 무등산에 있는 헐몬수양관에서 생활하다가 2006년 1월 29일

주님의 부르심을 받았다.[1]

2. 학문적 공헌

해원이 했던 가장 큰 학문적 공헌은 대한예수교장로회가 개혁주의 청교도 신앙 위에서 성장 유지하도록 신학적 투쟁하면서 서울에서 평양신학교의 신학을 이어가는 장로회신학교가 설립되는 데 기여하였고, 지방에서는 광주신학교(현, 광신대학교)를 다시 설립에 주도적 역할로 물리적 신학적으로 실질적인 설립자 역할을 한 점이다. 신학교를 설립한 것을 가장 큰 학문적 공헌으로 보는 이유는 신학교는 한국교회의 신학과 신앙의 존폐를 결정하는 중요한 기관이 신학 교육기관이기 때문이다.

이 외에도 해원『한국장로교회사』상권과『한국장로교회사』하권을 통해 한국장로회 역사를 바로 해석할 수 있는 기틀 마련에 공헌하였고,『로마서 강해』,『공산주의 이론 비판』,『소논문』,『사도신경 해설』,『설교의 연구와 실제』,『교회행정학』,『성경적인 복』,『평신도를 위한 조직신학』,『목회철학』,『사모학』,『계절 설교집』등의 저서를 통해 한국장로회의 신학적 정체성 수호와 바른 교회행정과 성경 본문 중심의 설교 확보를 위해 수고하였다. 그 외 설교집『복음의 폭탄』,『아멘의 생활』,『새사람 운동』,『골고다의 세 십자가』등은 후학들이 그의 설교 자료를 편집하여 출판한 것이다.

3. 해원의 설교 이론

설교와 관련하여 해원이 학문적으로 공헌한 것 중에 눈에 띄는 것은『설교의 연구과 실제』란 제하의 저서이다. 이 책은 해원이 목회자로 부름을 받고 28년 동안 설교하면서 목회 후배들에게 설교자의 삶의 지침을 제공해 주고자 저

---

1. 정규오,『나의 나 된 것은』(광주: 한국복음문서협회, 1984), 33-189.

술하여 출판한 것이다. 그는 설교의 무게에 대해 다음과 같이 고백한다:

> 막상 목회자로서 충성하자 할 때 문제가 된 것은 설교이다. 설교란 은혜와 영적이라 할 때 할 말이 없겠지만 그래도 실제적으로 무거운 짐이 되고 제일 많이 신경을 쓰며 관심을 집중하는 것은 설교인 것이다. 그리고 교인들은 설교의 재탕을 원치 아니한다.[2]

해원은 자신이 설교에 대한 책을 집필하여 출판하는 것에 대해 먼저 "나는 불학무식한 미천한 종이다. 감히 설교에 대한 책자를 펴낸다는 것은 당돌하기 짝이 없는 일이다."고 겸손한 마음을 표출하였다. 그러면서 "나의 28년의 강단 경험 하나만 가지고 나와 같이 설교에 중압감을 가지시는 동역 형제들에게 만분의 일이라도 참고가 되어진다면 이에 더 없는 다행이요 영광이라 사료하여 몇 권의 문헌을 참고하여 이 보잘 것 없는 적은 책자를 내어 보낸다"고 했다.[3] 해원은 개혁주의 신학자요 목회자로서 "일점일획도 가감할 수 없는 하나님의 말씀"인 성경이 "천대를 받고 훼손을 당하는 시대가 되었다." 면서 "목회자들은 하나님으로부터 보냄을 받은 말씀을 맡은 사명자로서 하나님의 말씀을 능력있게 증거하여야 할 것"을 당부하였다.[4] 그러면서 "목회자들이여! 설교준비에 목숨을 걸라! 성경공부에 목숨을 걸라! 목회자들은 이러한 순교자적 정신으로 하나님의 말씀에 생명을 걸고 말씀의 순수성을 지키고, 능력있게 하나님의 말씀을 증거"[5] 하라고 강조하였다.

해원은 "프로테스탄트 교회는 설교가 중심"이라면서, "교회의 중심은 설

---

2. 정규오, 『설교의 연구와 실제』 (광주: 한국복음문서협회, 1994), 3.
3. Ibid.
4. Ibid, 4.
5. Ibid.

교"라고 강조하였다. 왜냐하면 "설교는 하나님의 말씀을 선포"하는 일이기 때문이다. 또한 "설교는 교회와 설교자의 얼굴"이며, "교회 부흥의 원동력"이라고 했다. 그리고 설교 기원의 하나는 성경인데 "많은 설교자들 중에는 설교를 준비할 때 자기의 지식과 지혜, 사상과 각종 신학 서적, 일반 서적을 참고하여 설교의 제목이나 내용을 작성해 놓고 겨우 성경 본문을 맨 마지막에 찾아 붙이는 정도로 성경을 무시하고 천시해 버리는 경향이 많이" 있다면서, 이러한 설교는 진정한 의미의 설교가 아니라고 했다.[6] 설교 기원의 또 하나는 하나님 자신이라고 했다. 그 이유는 "설교란 하나님께서 인간을 향하여 말씀"하시는 것이기 때문이다. "성경이 설교라 할 때 성경은 하나님의 말씀이니 설교의 원초자(原初者)는 하나님이시라"고 했다.[7] 해원은 "성경은 일점일획(一点一劃) 가감할 수 없는 하나님의 말씀이요, 천지가 변할지언정 하나님의 말씀은 변치 않고 그대로 이루어질 것을" 믿고 설교한 설교자였다.

해원은 성경 속 인물 중 설교의 대가 몇 사람을 예로 들었는데, 그들 중 "세례요한의 설교"를 설명하면서 말한다. "설교자는 고독이 필요하다.", "설교자는 청빈해야 한다.", "설교자는 의를 위하여 핍박을 받아야 한다.", "설교자는 정의에 살고 소돔과 애굽에서 죽어야 한다." 그러면서 설교자는 세례요한처럼 "예수가 그리스도이심 만을 증거하고 소개하고 높이"는 사역자가 되어야 한다고 강조하였다.[8]

해원은 강의, 훈화, 웅변, 의식은 설교가 아니라면서 목회자들에게 경고하였다.[9] 그리고 설교의 주 자료는 성경과 기도라고 강조하면서 조교 서적, 일반 서적, 신문잡지, 주위 환경 등은 부 자료로 활동할 것을 권면했다. 설교에서의

---

6. Ibid., 19.
7. Ibid., 19-20.
8. Ibid., 26-28.
9. Ibid., 52-55.

예화는 사용할 수 있으나 신화나 전설, 우화나 우화적 예화는 사용하지 말라고 강조하면서, 역사적 사실이나 사건, 신앙적인 예화, 그리고 실물 증거의 예화는 유익이 있다고 했다.[10]

4. 해원의 설교 실제

그러면 해원은 실제로 어떻게 설교했을까? 그는 칼빈주의 개혁신앙에 입각하여 하나님의 통치하심을 믿고 말씀을 선포하였다. 여수제일교회 김성천 목사는 해원의 설교에 대해 다음과 같이 말했다:

> 정규오 목사님의 설교는 성경 본문을 중심으로 매우 구체적 논리정연하였으며 지성적인 설교였습니다. 정 목사님의 설교는 자신이 공부한 해박한 지식과 칼빈주의 사상으로 가득하였습니다. 어떤 유명한 교회 설교자의 경우 기도를 많이 하여서 들을 때 감동이 있지만, 설교가 끝나고 나면 오늘 들은 설교 내용이 무엇이었는지 기억하기가 어려운 경우가 많이 있습니다. 그러나 정규오 목사님의 설교는 매우 지적이면서 체계적이고 언변이 뛰어나서 설교 후에 오늘 들은 설교 내용이 무엇이었는지 잘 이해가 되었습니다. 해원은 탁월한 설교자로서 그가 외친 설교를 삶에서 실천함으로 광주중앙교회를 호남 최대의 교회로 부흥성장 시킬 수 있었습니다. 광주 지역에 기관장으로 부임하게 된 사회 각계각층의 지도자들은 해원의 해박하고 감동 넘치는 설교를 듣기 위하여 광주중앙교회에 출석하여 교양 강좌로 설교를 듣다가 그리스도인이 되기도 하였습니다. 해원의 설교는 내용도 깊이가 있었지만 설교를 전달하는 측면도 탁월하였습니다. 해원은 설교 준비를 철저히 하였고 모든 설교를 원고에 적으

---

10. Ibid., 67-144.

시고 이것을 상황에 맞추어 적용하시는 탁월한 설교자이셨습니다.[11]

해원이 광주중앙교회를 시무할 때 몇 년 동안 부교역자로 있었던 공호영 목사는 1972년경에 있었던 주일 저녁 예배 설교 관련 에피소드 한 토막을 다음과 같이 들려주었다:

> 숭일 중·고등학교 교목으로 있던 정규오 목사님의 처남 문인현 목사님이 광주중앙교회 주일 밤 예배 설교를 한 적이 있었습니다. 성경 본문은 겨자씨 비유였습니다. 문인현 목사님은 "천국은 죽어서 가는 것이 아니라 세상의 교회입니다."고 했다. 문 목사님은 이 내용을 간하배 목사님에게 배운 것으로 알고 있습니다. 설교 내용을 들은 정규오 목사님은 설교가 끝나자 몹시 화를 내셨습니다. 평소에 매우 인자하시고 화를 잘 내시지 않는데 어쩐 일일까 저는 참으로 당황하였습니다. 정 목사님 강단에 올라가셔서 공개적으로 "오늘 들은 설교는 이단 같은 설교"라고 하셨습니다. 예배 후 문 목사님은 정 목사님에게 이유를 설명해 달라면서 따졌습니다. 그로부터 2-3주가 지난 후 수요일 밤 예배 시간에 정 목사님은 설교 도중에 "겨자씨 비유에 나오는 하늘나라의 비유는 교회로 보는 것이 더 합당하면서, 문인현 목사님의 해석이 옳았습니다. 사과합니다."고 말씀하셨습니다. 이렇듯 자신의 잘못을 인정할 줄 아는 참으로 큰 어르신이셨습니다.[12]

해원은 늘 설교 준비에 몰입하였고, 토요일에는 가능한 한 외부 일정을 잡

---

11. 김성천, 면담, 2022년 5월 19일.
12. 공호영, 전화 인터뷰, 2022년 2월 15일.

지 않았다, 가끔은 토요일에 결혼식 주례를 하기도 했으나 설교 준비에 지장이 되기 때문에 할 수만 있다면 피하려고 했다. 토요일은 목욕할 시간도 줄이기 위해 대중목욕탕 이용은 금요일 오후에 완료했다. 공호영 목사는 해원의 설교 특징을 다음과 같이 정리하였다:

> 정규오 목사님은 설교하실 때 "누가 이렇게 말했다."라는 내용을 매우 꺼려하셨습니다. 논문을 작성하실 때도 누구의 말을 인용하여 각주를 다는 것을 피하려고 노력하셨습니다. 그 대신 내용 전체를 파악하여 자신의 논리로 말하는 것을 좋아하셨습니다. 설교는 매우 논리적이었고, 변증적이었습니다. 서론, 본론, 결론이 분명했고, 중복되는 설교가 없었습니다. 강조하는 부분도 동일한 내용을 사용하지 않으셨습니다. 정 목사님의 설교를 듣고 있으면 지루한 느낌 없이 귀를 기울이게 됩니다.[13]

해원은 28년의 목회 생활을 접고 65세에 은퇴하여 무등산에 있는 헐몬수양관으로 거처를 옮겼다. 그러자 그곳으로 많은 사람이 해원을 찾아갔는데, 그중 한 그룹이 광주에 있는 대학생성경읽기회(UBF) 소속 학생들이었다. 약 10년 동안 해원의 설교를 듣기 위해 헐몬수양관을 찾았던 당시 UBF 학생 리더였던 박용호 목사는 "정규오 목사님은 연세가 드시어 거동이 불편하실 때라도 우리가 가면 젊은이들이 왔다고 매우 기뻐하시면서 어디서 힘이 나시는 그 자리에서 일어나시어 참으로 우렁차고 힘 있는 설교를 하셨다."고 회고 했다. 대학생 젊은 지성인들은 해원의 영적이면서 지적이고 지성적이면서 영적 감동을 강하게 주는 해원의 설교가 너무 좋아서 해원의 건강이 허락할 때까지 10

---

13. Ibid.

여 년을 방문하였다.¹⁴

5. 나가는 말

　해원의 설교는 신학적인 면에서나 방법론적인 면 등에서 시대를 넘어 본받으면 좋을 목회자였다. 이러한 설교자로서의 진면목을 모르고 또는 간과하고 그를 평가한다면 목회나 설교보다 정치하는 일을 더 좋아하고, 감정이나 지방색을 내세워 교단을 분리하기 좋아하는 인물로 오해할 수 있다. 해원의 삶이 그만큼 파란만장했기 때문이다. 이미 잘 알려져 있는 바와 같이 아리스토텔레스는 설득의 3요소를 에토스, 파토스, 로고스라 했다. 에토스는 메시지 전달자의 인격적 측면이고, 파토스는 청중의 감정을 자극해 마음을 움직이는 측면이며, 로고스는 메시지 전달자의 논리적 측면이다. 이것을 해원의 설교에 적용해 본다면, 해원의 설교는 이들 요소를 고루 갖추고 있다는 생각이다. 예수님은 예배하는 자가 "신령과 진정으로," 또는 "영과 진리"로 예배해야 한다고 말씀하셨다. 이 말씀은 예배하는 자는 말씀과 성령으로 예배해야 한다는 말이다. 말씀은 지적인 면으로 비유해 볼 수 있고, 성령은 감정적인 요소에 비유할 수 있다. 이에 더하여 예수님은 삶으로 본을 보여주셨으니 인격적인 면에 있어서 완전하셨다. 해원은 설교에 있어서 예수님과 같을 수 없지만, 예수님을 닮으려고 노력한 인물이었고, 예수님의 말씀대로 교우들이 "영과 진리"로 예배할 수 있도록 설교했던 목회자요 설교자였다.

김호욱

광신대학교 신학대학원 (M.Div. Equiv.)
광신대학교 일반대학원 (Th.M.)
광신대학교 일반대학원 (Ph.D.)

---

14. 박용호, 면담, 2022년 1월 20일.

(전) 군산화력발전소 및 영광원자력발전소
(현) 기독교향토역사연구소 소장
(현) 한국복음주의조직신학회 편집위원
(현) 한국기독교문화유산보존협회 법인이사
(현) 한국복음주의역사신학회 임원
(현) 광신대학교 역사신학 교수

영산 조용기 목사의 설교

안수정

1. 설교자 영산 조용기 목사의 생애

　영산[1]은 1936년 9남매 중 장남으로 태어나 15세가 되던 해 아버지가 국회의원 선거에서 낙선을 하게 되면서 경제적으로 매우 어렵게 살았다. 중학교를 우수한 성적으로 졸업했으나 과학자나 기술자가 되어야 돈을 많이 벌 수 있다고 생각해 부산공고에 입학한다. 그런데 교내에 미군 부대가 주둔하여 있어서 영산은 미군들과 영어로 대화할 수 있는 기회가 생겼고, 고등학교 1학년이 끝나갈 즈음에는 학교장과 미군 부대장 사이의 통역을 맡을 정도의 실력이 된다.[2] 이러한 경험은 후일 세계적인 설교자로 도약하는 중요한 계기가 된다.

　그런데 고등학교 2학년 때, 그의 인생에 큰 위기가 닥친다. 영양실조로 인해 폐병 3기에 걸린 것이다. 당시의 상황에서는 사형선고나 다름없었다. 영산은 죽음의 공포에 휩싸여 죽을 날만 기다리던 중 누나 친구를 통해 복음을 받아들이게 된다. 그 이후 1955년 우연히 켄스타이스 미국 선교사의 부흥회에 참석하여 큰 영적 감동을 받게 되자 예수님을 영접하고 건강도 회복하게 된다. 그 과정을 통해 영산은 체험적 회심을 하게 되는데, 그가 겪은 폐병의 고난

---

1. 영산(靈山)은 조용기 목사의 아호(雅號)이다. 따라서 이하로 조용기 목사를 '영산'으로 표기하기로 한다.
2. 여의도순복음교회 30년사 편찬위원회, 『여의도순복음교회 30년사』 (서울: 여의도순복음교회, 1989), 283.

은 후일 치유에 대한 말씀을 더욱 강력하게 선포할 수 있는 중요한 사건이 된다. 그리고 1956년 '순복음신학교'에 입학하여 학생회장으로 활동하면서 미국 선교사의 부흥회에 참여하여 그의 유창한 영어실력으로 통역을 하게 된다. 그리고 졸업 후 교수가 되고자 하였으나 과중한 사역으로 또다시 급성폐렴으로 쓰러졌는데 당시 신학교 학우였던 최자실 목사의 극진한 간병과 기도로 다시 한번 건강을 회복하게 된다. 이 일을 계기로 영산은 목회자로서 온전히 헌신할 것을 거듭 결심하게 된다.[3]

영산은 신학교를 졸업하자마자 대조동에서 천막 교회를 개척하게 된다. 그런데 당시는 6.25 전쟁 직후라 한국의 경제 상황은 비참하기 짝이 없었다. 대조동 또한 전국에서 가난한 사람들이 모여든 지역 중 하나였다. 그래서 천막 교회에는 아편과 알콜 중독자, 부랑자들, 그리고 가난과 질병으로 힘든 삶을 사는 사람들이 모여들었다.[4] 어느 날 영산이 전도를 하던 중 어떤 사람이 저항하면서 하는 말이 지금 현재 자신의 삶이 지옥인데 또 다른 지옥이 어디 있겠냐고 반문하는 말을 듣고 충격을 받게 된다. 그 이후 영산은 하나님께 진정한 복음을 전하게 해 달라고 기도로 매달린다. 이러한 과정을 통해 영산은 '복음'이란 저 멀리 있는 하늘나라의 것이 아니라 현재 이 땅에 살고 있는 사람들도 이미 선포된 하늘나라를 소유하고 풍성한 은혜로 살아야 한다는 것을 그의 설교와 목회를 통해 증명해 나갔다.

---

3. 심두진, 『영산설교』 (서울: 교회성장연구소, 2015), 23.
4. Ibid., 24.

2. 영산의 설교와 신학 사상[5]

1) 좋으신 하나님 사상

영산의 설교에서 가장 중심을 이루는 신학적 사상은 '좋으신 하나님'이다. 이러한 통찰의 근거는 하나님의 약속의 말씀에 기반한다. 영산은 하나님의 말씀인 구약(舊約)과 신약(新約)이라는 단어 안에 이미 하나님의 풍성한 약속들을 담지하고 있다고 말한다. 또한 신약은 구약의 약속을 근거로 그 약속들의 관계성을 밝히면서 그 약속들이 십자가 위에서 성취되는 것을 드러내고 결국에는 종말론적 축복의 언약으로 연결된다고 설명한다. 이러한 언약의 기초는 바로 우리를 사랑하시는 '좋으신 하나님' 안에서 그 원초를 찾을 수 있다. 과거 기독교 전반에 걸친 하나님에 대한 신인식은 엄격한 가부장적인 하나님의 모습으로서 심판하시는 두려운 신관이었다. 이에 반해 영산은 구약과 신약 속에서 한량없는 긍휼과 사랑으로 품으시는 하나님의 모습을 발견한다. 그리고 그 무엇보다도 좋으신 하나님의 극치로서 자기 자신까지도 내어 주신 하나님은 분명 '좋으신 하나님'이라고 설교한다.[6]

영산은 좋으신 하나님에 관해 다음과 같은 삼위일체적 변증을 한다. "좋으신 성부 하나님은 그의 선하고 좋으신 뜻에 따라 세상의 만물을 지으시고 그의 형상을 따라 인간을 지으셨다. 그리고 인간이 범죄하자 좋으신 하나님은 그의 영을 통해 성자 하나님을 보내시고 세상 끝날까지 구속의 역사를 펼치고 계신다. 또한 하나님은 마침내 이 세계와 인류를 심판하시고 온전한 새 나라를 세우실 것이다. 그런데 이렇게 좋으신 하나님이 친히 우리의 아버지가 되어 주신다. 그리고 전지하신 하나님은 우리의 머리털까지도 헤아리시는데 그러한 성령 하

---

5. 본 장(章)은 안수정의 박사 논문 "영산 조용기의 삼위일체적 공동체 신학 연구"를 인용함.
6. 조용기, 『순복음의 진리 (상)』 (서울: 서울말씀사, 1979), 41-42.

나님은 우리 마음의 깊은 곳까지도 알고 계시고 우리와 소통하신다."[7]

요컨대 영산은 '좋으신 하나님 사상'이란 하나님의 주권적인 '언약'에 근거한다고 본다. 우리는 사랑의 하나님으로부터 영혼육에 대한 전인적인 구원을 약속받았으므로 결국에는 최초 에덴동산에서 맺었던 하나님과의 사랑 공동체를 회복하게 될 것이라고 영산은 설교한다.

2) 갈보리 십자가 신학

영산은 설교의 핵심 주제를 언제나 좋으신 하나님을 유일하게 드러낼 수 있는 성자 예수 그리스도로 집중시킨다. 그러한 맥락에서 하나님의 말씀으로 이뤄진 성경이 예수 그리스도를 중심으로 계시되어 있다는 점을 중요시한다. 특히 영산은 그의 삼중축복 속에 담겨 있는 좋으신 하나님을 예수 그리스도의 십자가 사건을 통해 드러나는 구속의 은혜를 통하여 온전히 깨달았다고 고백한다. 영산은 "아담의 타락과 범죄로 멸망할 수밖에 없는 우리를 구원하신 예수 그리스도의 대속은 우리들의 영혼뿐만 아니라 우리들의 생활환경의 저주로부터 축복으로 우리들의 육체를 질병과 가난과 죽음으로부터 생명으로 옮겨놓는 보다 광활한 의미의 구원이다"라고 말한다. 즉 하나님이 갈보리 십자가에서 우리의 죄를 대속하실 때 우리의 죽었던 영혼이 살 수 있도록 영생을 주시고, 우리의 범사에서 저주를 물리치시고, 우리 육체의 질병과 연약함을 대속하셨기에 원죄로 인한 영혼육의 삼중저주와 형벌도 법적인 효력을 상실하게 되었다고 주장한다.[8]

그러므로 영산은 그의 책 『순복음의 진리 (상)』에서 예수 그리스도의 십자가와 부활 사건은 성도들의 믿음에 절대적인 근거가 된다고 간주하면서 살아

---

7. Ibid., 60-61.
8. 조용기, 『삼박자 구원』 (서울: 서울서적, 1979), 28-32.

있는 하나님의 말씀이 증언하시는 십자가와 부활 사건이야말로 기독교와 일반 종교를 명확히 구별 짓는 중요한 특징이라고 저술한다.[9] 그러면서 이러한 갈보리 십자가를 믿어 삼중저주에서 삼중대속의 은혜를 입은 자들에게는 하나님이 태초에 이미 주셨던 세 가지 영역의 축복이 다시 회복된다고 주장한다. 이것은 바로 영산이 주창하는 '삼중축복'의 구도로 연결된다.

이러한 구도의 중심에 '갈보리 십자가'가 강조되는 이유는 하나님의 형상으로 창조되었지만 타락한 인간이 다시 한번 하나님의 구원 계획 안에서 새로운 피조물로 소생케 될 수 있는 열쇠이기 때문이다.[10] 그리고 이 모든 것 아래 근간은 바로 하나님의 사랑이다. 그래서 영산은 예수님의 갈보리 십자가는 하나님 아버지의 사랑의 상징이라고 말한다. 그렇기 때문에 영산은 예수를 믿는다면 잊지 말아야 할 것은 이 땅의 크고 작은 모든 문제들은 갈보리 십자가를 믿음으로써 다 해방될 수 있다고 설교한다. 바로 영혼이 잘되고 범사가 잘되며 강건하고 생명을 얻되 풍성히 얻는 놀라운 축복이 삶 가운데 증명되어야 함을 강조한다.

3) 성령 충만의 신학

영산은 특별히 성령 하나님에 관한 '인격성'에 주목한다. 그가 성경에 기록된 성령의 인격성에 대하여 설교할 때 다음의 말씀을 대표적으로 제시한다. "이와 같이 성령도 우리 연약함을 도우시나니 우리가 마땅히 빌 바를 알지 못하나 오직 성령이 말할 수 없는 탄식으로 우리를 위하여 친히 간구하시느니라"(롬 8:26) 그 밖에도 성령은 친히 우리 속에 거하시며 질투하시고(약 4:5) 근심하시는(엡 4:30) 인격적인 분이라고 설명한다. 이러한 통찰은 성령을 성

---

9. 조용기, 『순복음의 진리 (상)』, 137.
10. Ibid., 153-58.

부 하나님이나 성자 하나님과 같은 동일본질이신 하나님으로서 성도들이 성령 하나님을 인식하고 기도하도록 인도한다.[11]

또한 영산은 시간을 초월한 성령 하나님의 사역을 통하여 기독교는 현재적 구원의 길이 열려 있다고 본다. 예수님의 죽으심과 그 효능은 2천 년 전 유대 땅에서만 제한된 것이 아니라, 지금 현재도 누구든지 믿는 자에게는 영혼이 잘 됨같이 범사가 잘 되며 강건하게 되는 전인적인 구원이 보장된다는 것이다. 영산에게 있어서 성령 하나님은 예수 그리스도와 같은 보혜사 하나님으로서 동일한 구속의 능력을 가지고 지금 현재에도 동일하게 역사하시는 삼위일체 하나님이시다. 영산은 설명하길, 예수께서 성령을 보내심으로 성령 하나님이 예수께서 하신 일보다도 더 큰 일을 하시니 더 많은 죄인이 회개하고, 더 많은 귀신이 쫓겨 나가고, 더 많은 병자가 낫고, 더 많은 사람이 천국 체험을 하게 될 것이라고 말한다. 그러므로 영산은 이러한 성령을 인격적으로 인정하고 환영하고 모셔드리지 않고서는 결코 예수 그리스도가 이미 예비하신 어떠한 은혜와 축복도 기대할 수 없다고 설교한다.[12]

영산은 성령 하나님의 능력만이 인류가 최초에 반역하여 저주받은 삶의 가시와 엉겅퀴를 제할 수 있고, 절망이 변하여 소망으로 변화된 삶을 살 수 있다고 가르친다.[13] 이는 영산이 설교 때마다 강조하는 삼중축복의 근거가 된다. 영산은 무엇보다 성령과의 교통을 통하여 하나님 나라의 신령한 복을 받아들이고 우리 소원의 기도를 하나님께 전달할 수 있다고 말한다. 바로 지금의 여의도순복음교회가 세계적인 교회로 성장할 수 있었던 것은 교회 공동체가 성령을 인격적인 하나님으로 인정하고 그 분과 함께 사역해 왔기 때문이라고 고백

---

11. Ibid., 80.
12. Ibid., 175.
13. 조용기, "다른 보혜사 성령," 주일예배설교(1985.5.26).

한다.[14]

영산은 성령을 인정하지 않고서는 성부와 성자를 알 수도 없고 성령 충만하지 않고서는 성부와 성자로 충만할 수 없다고 설교한다. 그래서 영산은 그의 목회 속에서 언제나 성령과 함께 사역했다고 말하면서 기도할 때마다 "성령님이여 바람같이 불같이 생수같이 나를 채워 주시옵소서." 그리고 설교하러 강단에 나갈 때에도 "성령님 함께 나갑시다!"라고 외친다고 여러 차례 설교한 바 있다.[15] 영산은 예수 그리스도의 몸인 교회를 그리스도와 연합시키는 분은 바로 성령님이라고 확신하기 때문이다.[16]

3. 영산 설교의 독특성

1) 삼위일체적 설교

영산의 설교는 철저히 삼위일체 신학을 견지한다. 따라서 모든 설교에서 삼위 하나님의 연합을 입체적으로 고찰하여 대입한다. 그의 목회와 신학 사상은 좋으신 하나님의 절대적 주권 사상과 성자 예수 그리스도의 갈보리 십자가 대속의 은혜와 성령 하나님의 강권적인 역사를 강조하는 것이다. 그런데 영산의 독특한 신학 사상은 이러한 삼위일체적 신학을 바탕으로 그의 목회 가운데 과거 역사 속의 삼위일체 하나님은 현재에 이르기까지 실존하시는 하나님으로서 삼위의 풍성한 사역을 통해 교회 공동체 안에서 연속성을 가지고 실재하신다는 것을 발견한 것이다.

영산은 이러한 삼위일체 하나님의 신비와 진리를 그의 설교를 통해 성도들이 쉽게 이해하도록 설명한다. 따라서 영원 전부터 스스로 계셨던 삼위의 하

---

14. David Yonggi Cho, My Church Growth Stories. Seoul: Seoul Logos co, 2006, 84-86.
15. 조용기, "믿을 때 성령을 받았느냐," 주일예배설교(2010.8.8).
16. 조용기, 『성령론』, 213.

나님은 지금 현재는 성령을 통하여 우리 가운데 임재하시므로 성도들은 마음 속에 성전을 세우고 성령님을 통해 삼위일체 하나님을 모시고 사는 것이 합당하다고 설교한다. 그리고 삼위일체 하나님이 언제나 함께 연합하시는 것처럼 우리가 속한 교회 공동체 안에서도 형제자매가 하나가 되는 삶을 살아야 함을 강조한다.[17]

영산의 설교의 중요한 특징 중 하나는 그가 무엇보다도 중요시 하는 성경을 근거로 하는 삼위일체 하나님을 증거하는 많은 성경 구절들을 설교 중에 수없이 많이 선포한다는 점이다. 그것은 바로 사랑의 관계성으로 연합하시는 삼위 하나님의 신비한 원리를 그가 이끄는 교회 공동체 안에 그대로 적용하기 위함이다.

2) 신유의 설교

영산은 인간이 죄로 인해 에덴동산의 영원한 생명의 삶을 잃어버려서 영혼의 죽음뿐만 아니라 육체의 질병과 죽음이라는 저주를 떠안게 되었다고 말한다. 그런데 하나님께서 베푸신 구원은 전인구원적인 대속이므로 육체에 대한 대속까지도 포함한다고 주장한다. 이에 대한 근거를 세 가지 측면에서 언급하였는데, 첫째로 구약에서 '유월절 어린양'과 '마라의 쓴 물' 그리고 '놋뱀'의 모형으로 예시하였고, 둘째로 예수 그리스도의 생애를 통하여 증명되었고, 셋째로 오늘날에까지 사역하시는 성령 하나님을 통하여 치료의 역사가 연속적으로 나타나고 있다고 피력한 바 있다.[18]

영산은 병 고침이란 우리 안에 하나님 나라 즉 천국이 임하고 시작되는 기초라고 보았다. 그 근거로서 예수께서 천국 복음을 전파할 때마다 처음으로

---

17. 조용기, 『순복음의 진리(상)』, 81-82.
18. Ibid., 169-74.

하신 사역은 병 고침이었다는 사실을 강조한다. 그러므로 오늘날에도 천국 복음이 전파되는 곳마다 병 고침의 역사가 함께 일어나야 한다. 예수께서 나시기 700년경 전에 이사야 선지자는 마치 십자가 사건을 눈으로 보듯이 예언한 바 있는데, 영산은 특히 이사야서 53장을 제시하며 십자가의 대속이 우리의 질병의 문제까지도 포함하고 있다는 점이 분명하게 성경에 기록되어 있다고 설교한다. 또한 베드로전서 2장 24절의 말씀 "친히 나무에 달려 그 몸으로 우리 죄를 담당하셨으니 이는 우리로 죄에 대하여 죽고 의에 대하여 살게 하려 하심이라 그가 채찍에 맞음으로 너희는 나음을 얻었나니" 이 말씀을 덧붙이면서 예수 그리스도의 갈보리 십자가 사역에는 병 고침의 역사가 포함됨을 분명히 말한다.[19]

영산이 강조하는 치유에 관한 설교에서 가장 중요한 점은 갈보리 십자가의 대속의 능력과 역사는 오늘날에도 여전히 우리 가운데 나타나야 하는 것이고 실제로 재현되고 있다는 사실이다. 영산은 병 고침의 역사가 어제나 오늘이나 변함없이 구속받은 교회 공동체 안에 드러나야 하는 것을 강조하면서 갈보리 십자가의 대속은 우리의 영혼과 범사와 육체에 관한 전인적인 대속이라고 설교한다.[20] 결론적으로 영산은 갈보리 십자가에 달리신 예수 그리스도는 우리의 영혼이 잘 됨같이 범사가 잘 되며 강건하기를 간구하시므로 이 모든 대속의 은혜가 우리 개인의 삶뿐만 아니라 우리가 속한 모든 공동체 안으로까지 흘러넘쳐야 한다는 것이다. 이는 하나님의 언약 안에서 구속 공동체를 형성한 우리들이 마땅히 받아 누려야 하는 은혜인 것이다.

---

19. Ibid.
20. Ibid.

3) 전인구원의 설교

영산은 영혼이 잘 되고 범사가 잘 되며 강건한 3중적인 축복을 항상 강조한다. 이러한 축복을 강조하고 가르치는 이유는 이것이 성경적 근거를 가질 뿐만 아니라 우리를 향하신 하나님의 정확한 뜻이기 때문이다. 에덴동산에서의 인간의 범죄는 3중저주를 가져왔는데, 그것은 영적인 죽음의 저주뿐만 아니라 육체의 죽음과 삶 가운데의 저주를 포함한다. 따라서 이러한 인간에게 필요한 구원은 바로 3가지 영역에서의 대속이었다. 그래서 하나님은 갈보리 십자가 사건을 통해 영원히 죽을 수밖에 없었던 인간의 영혼에 새 생명을 주시고, 육체의 질고를 안고 살 수밖에 없는 인간에게 병 고침의 은혜를 베푸시고, 환경의 저주받은 엉겅퀴로 뒤덮인 우리의 삶을 소생케 하시는 새 소망을 주신 것이다. 영산은 이것이 바로 이 땅에서도 이미 성취된 하나님의 나라를 경험하면서 사는 것이라고 설교한다.

성육신의 사건을 통해 인간의 구원은 영혼육의 총체적인 구원의 사건이라는 것을 통찰할 수 있다.[21] 왜냐하면 성육신하신 하나님이 인간의 영, 혼, 육을 모두 취하신 이 땅에서의 사역을 통해 하나님의 구원 계획은 인간의 영, 혼, 육의 모든 영역에 걸친 전인적인 구원 계획이라는 사실을 알 수 있다. 영산은 고린도후서 8장 9절의 말씀을 자주 인용하면서 예수 그리스도는 천지와 만물을 지으신 부요하신 자로서 우리를 위해 스스로 가난하게 되심은 그의 가난함으로 말미암아 우리를 부요케 하려 하신 것이라고 설교한다. 따라서 우리가 빌립보서 4장 19절의 말씀을 읽을 때 우리의 생각과 삶에 변화가 와야 한다고 가르친다. 아울러 신명기 28장 12절과 시편 34편 10절의 말씀을 언급하면서 예수 그리스도를 통해 영혼육이 가난한 자에게 복된 소식을 주어 전인적인 삶

---

21. 우병훈, "트랜스휴머니즘 시대에 도전받는 기독교 신학," 「제36차 한국복음주의조직신학회 정기학술집」 (2018): 59.

의 축복을 경험하게 하는 것이 좋으신 하나님의 뜻이라고 설교한다.[22]

그렇다면 이 모든 전인적인 축복의 은혜를 받아 누리기 위해서는 무엇보다도 자화상의 변화가 필요하다고 말한다. 바로 "축복받은 자화상"이 필요하다. 예수께서는 우리에게 복을 선언해 주시고 그 복의 선언을 우리의 귀로 듣게 하시며 새로운 자화상으로 변화되게 해 주신다.[23] 왜냐하면 성육신하신 예수는 우리에게 그의 삶 전체를 통한 전생애적이고 전인적인 구원을 주셨기 때문에[24] 그 구원은 우리의 영혼의 구원, 육체의 구원, 환경의 구원을 모두 함의하므로 우리의 자화상은 전인적인 축복을 받은 자화상을 추구할 수 있는 것이다.

4. 영산 조용기 목사의 시대별 설교

1) 천막교회 시절의 설교

신학교를 졸업한 직후 영산은 서울의 변두리인 대조동에 천막교회를 개척함으로써 설교자의 삶을 시작하게 되었다. 처음에는 뜨거운 마음으로 새벽기도회, 수요예배, 금요철야, 그리고 주일예배에 모든 지식과 자료를 동원하여 열정적으로 설교하였다. 그러나 그가 전하는 천국복음은 전쟁 직후의 상처와 절망감으로 살아가는 이들에게는 자신의 삶의 현실과 너무나도 거리가 먼 다른 세상의 이야기였다. 그들이 절실히 원하는 것은 무엇보다도 오늘 당장 생명을 유지할 수 있는 따뜻한 밥 한 공기였던 것이다.[25] 말씀을 전하면 그들은 자신이 처한 이 환경이 끔찍한 지옥 같은데 천국이 어디 있냐고 소리치곤 했다.

그러한 상황에서는 목회에 성공할 수 없었다. 영산은 이때부터 무엇이 문

---

22. 조용기, "교회는 무엇을 하는 곳인가," 주일예배설교(2015.8.2).
23. Ibid.
24. 우병훈, "트랜스휴머니즘 시대에 도전받는 기독교 신학," 59.
25. 심두진, 『영산설교』, 69-71.

제인지 파악하고자 노력하였다. 그리고 그 과정에서 분명한 목회철학과 설교철학을 가지게 되면서 설교의 새로운 패러다임을 구축하게 된다. 영산은 이렇게 고백한다. "저는 살아계신 하나님이 지금 여기서, 즉 삶의 현장 가운데서 먹고, 입고, 사는 문제를 해결해 주실 수 있다는 사실을 증거해야 한다는 결론에 이르게 되었습니다. 그래야 설교와 듣는 사람의 마음이 서로 연결되어 관심을 갖고 교회에 나오게 되기 때문입니다."[26] 이는 단순히 현실에 타협한 것이 아니라 성경 속에 기록된 예수님의 목회와 설교에서 통찰한 것이다.

영산은 예수님의 목회는 이 땅의 실존적인 인생의 문제를 해결하신 목회라고 말한다. 천국에 갈 것만을 기다리는 목회가 아니라 천국을 이 땅에 선포하고 이루도록 하신 목회라는 것이다. 이처럼 영산은 저 멀리 있는 죽음 이후의 천국만이 아니라, 복음이 선포되는 순간 우리 삶 가운데에 이미 천국이 이뤄져야 한다는 설교철학을 세웠다. 이것은 철저히 사복음서에 나타난 예수님의 설교철학을 그대로 모방한 것이라 할 수 있다.[27]

2) 서대문 시대의 설교

영산은 서대문에서 부흥운동을 이끌고 있었던 샘 토드 목사의 통역을 맡는 등 그와 동역하던 중 제 2의 교회를 개척하기로 결심한다. 그리고 서대문에 다시 천막교회를 개척하게 되고 불과 1개월 만에 300명이 넘는 교회로 성장시킨다. 이렇게 서대문에 세워진 "순복음중앙교회"는 3년이 채 안 되어 3천 명의 성도들이 모이게 되고 이후 급속도의 성장을 거쳐 8천 명에 이르는 성도들로 인해 3부 예배도 모자라 주차장이나 마당에 비닐과 신문지를 깔고 스피커로 흘러나오는 설교를 들어야 하는 상황이 되었다. 이러한 교회의 성장은 영

---

26. 조용기, 『나는 이렇게 설교한다』 (서울: 서울말씀사, 1999), 400.
27. Ibid., 400-401.

산의 설교의 영향력과 무관하지 않다.[28]

이 시절 영산의 설교는 두 가지 특징을 가진다. 첫 번째는 치유의 역사가 일어나는 설교라는 점이다. 당시의 가난하고 병든 사람들에 대하여 적극적인 목회철학을 가지고 있었던 것이다. 성경 속에 비춰진 예수님의 사역처럼 교회를 찾아 온 가난한 자들, 병든 자들에게 말씀을 근거로 위로하고 실제적인 하나님 나라가 그의 몸에 이뤄질 수 있도록 치유의 사역을 감당한 것이다. 두 번째로는 꿈과 희망을 주는 설교라는 점에 주목해야 한다.[29] 그는 다음과 같이 말한다.

"나는 성도들에게 꿈과 희망을 주기 위해 언제나 긍정적이고 적극적이고 창조적이고 생산적인 메시지를 전하고 있습니다. 고단한 삶에서 지친 사람들에게 정죄하는 설교를 하면 절망합니다. 그들이 지친 삶을 딛고 다시 일어나도록 하기 위해서는 어찌하든지 하나님을 믿는 신앙을 갖도록 해야 합니다. … 나는 하나님으로부터 받은 분명한 사명을 바탕으로 일관성 있게 꿈과 희망의 메시지를 전해 왔습니다. 설교를 통해 성도들이 긍정적인 생각을 갖고, 꿈을 꾸고, 희망을 소유하고, 믿음으로 행동하게 하였습니다."[30]

3) 여의도 시대의 설교

1973년부터 시작된 여의도 시대의 영산의 설교는 더욱 확고한 긍정적인 메시지를 선포하였다. 그 배경에는 성령님을 인격적으로 인식하고 성령 안에서 살아가는 것을 근거로 한다. 영산은 성령 안에서 성령의 능력으로 "할 수 있다, 하면 된다, 해 보자!"는 긍정적인 메시지를 담아 설교하였다.[31]

---

28. 심두진, 『영산설교』, 74-75.
29. Ibid., 75.
30. 조용기, 『설교는 나의 인생』 (서울: 서울말씀사, 2005), 49.
31. 심두진, 『영산설교』, 79.

영산의 긍정적인 메시지의 핵심은 긍정적인 자아상의 회복에 있다. 이것은 인간적 자의지와 자의식에 의지한 심리적 자아 회복을 말하는 것이 아니다. 성경에 보면 인간은 죄로 인해 일그러지고 부정적인 자아상을 가지게 되었다. 이러한 자아상은 우리 안에서 하나님의 은혜와 사랑이 온전히 드러나지 못하게 만든다. 그래서 믿음으로 변화된 긍정적인 자아상의 회복이 필요한데, 영산은 이러한 자아상을 믿음의 자아상 혹은 승리의 자아상으로 설명한다. 이를 위해 믿음뿐만 아니라 입술로 강하고 담대하게 자신의 변화된 모습을 긍정적으로 선포해야 한다고 설교한다.[32]

이때 영산은 우리가 가져야 하는 믿음에 관하여 오감으로 확인 가능한 감각적이고 현상주의적인 믿음이나, 무조건적으로 믿기만 하는 망상적인 믿음 또한 거부한다. 영산이 강조하는 믿음이란 '보이는 믿음'이라고 표현하는데, "씨앗이 있는 믿음, 증거가 있는 믿음이 주님께서 요구하시는 믿음입니다. 주님께서는 여러분과 나의 보이는 믿음을 보시고 역사하시지 보이지 않는 믿음에는 역사하시지 않습니다. 보이지 않는 믿음은 믿음이 아니기 때문입니다."[33] 영산은 이러한 사상으로 그의 많은 설교에서 "보이는 믿음과 입술의 고백," "보이는 믿음과 행함," "보이는 믿음과 믿음의 씨앗," 그리고 "보이는 믿음과 깨어진 자아" 등에서 '보이는 믿음'을 강조하여 왔다. 이는 살아있는 믿음을 강조한 것으로써 믿음을 통하여 보이는 행함으로 연결되고 그것이 결국 우리의 현실의 삶 가운데서 궁극적 변화와 하나님의 축복의 역사가 일어나게 할 것이라고 설교한다.[34]

---

32. Ibid., 79-80.
33. 조용기, 『조용기목사 설교전집』 (서울: 서울말씀사, 1996), vol.3, 158.
34. 심두진, 『영산설교』, 83.

4) 세계 최대 교회 시대의 설교

여의도순복음교회는 1980년대를 지나며 영산의 설교를 통하여 세계적인 교회로 비약적 성장을 하게 된다. 1980년에 이미 20만 명에 이르던 성도 수는 1985년에는 50만 명으로 세계 최대의 교회가 되었다.[35] 이러한 상황과 맞물려 영산의 메시지는 위로와 희망을 주는 설교에서 창조적인 목회를 지향하는 설교로 전환하게 된다. 정확히 말하자면 기존의 위로와 희망의 긍정적 메시지를 기반으로 하는 창조적인 역사를 세워가는 메시지인 것이다.

삶 가운데 창조적인 역사가 나타나기 위해 이 시절 영산은 믿음의 성숙을 강조하는 설교를 하였다. 영산은 창조적인 믿음의 역사는 고난을 이겨 나간 사람들에게 주어진다고 말하면서 아무리 극심한 고난을 당한다고 할지라도 십자가를 통해 주신 꿈과 소망을 소유한다면 반드시 고난을 승리로 바꿔 주신다고 설교하였다.[36]

이러한 신앙을 바탕으로 메시지의 중심은 '삼중축복'으로 집중되었다. 그리고 이 복을 받을 수 있는 비결은 하나님의 말씀을 의지하고 순종하는 것이라고 설교한다. 영산은 삼중축복은 신앙의 기초하고 말하면서 성도들은 먼저 예수 그리스도를 만나 영적으로 거듭나고 삶이 변화되며 육체를 치유받는 경험을 통해 이것이 확장되어 이웃을 사랑하고 섬길 수 있는 능력이 나타난다고 강조한다.[37]

5) 나눔과 섬김 시대의 설교

이 시기의 가장 큰 사회적 화두는 1998년의 IMF였다. 이것은 목회에 있어서 '나눔과 섬김'의 사역을 구축하게 하는 큰 전환점을 가져다주었는데, 영산

---

35. 류동희, 『영산 조용기 목사의 목회사상사』 (군포: 한세대학교 출판사, 2011), 225.
36. 심두진, 『영산설교』, 94-96.
37. Ibid., 98-100.

은 2005년 신년 시무예배에서 '나눔과 섬김'을 목회 방침의 새로운 패러다임으로 선포한다. 이는 요한복음 3장 16절에 언급되는 '세상'에 관한 깊은 통찰에서 비롯되었다. 영산은 하나님이 사랑하시는 세상에 대하여 인간세계에 국한되는 일반적 해석으로 이해하지 않고 광의적 의미로 새롭게 해석함으로써 하나님께서 주시는 구원이 인간에게만 제한된 것이 아니라 사회와 자연 생태계에까지 확장되어야 함을 이해하였다.[38] 즉 영산의 설교는 개인의 구원을 초월하여 사회구원과 피조세계 전체에 관한 구원으로 확장된 것이다. 이것은 예수 그리스도의 십자가 사건은 개인의 구원뿐만 아니라 사회와 피조세계 전 영역에 미치는 바로 '전인구원'을 말하는 것이다.

이 모든 것의 배경은 십자가의 사랑에 근거한다. 따라서 영산은 이 십자가의 사랑을 실천해야 한다고 보았다. 영산은 사랑이 없는 신앙은 거짓 신앙이라고까지 설교한다. 영산은 고린도전서 13장 1-3절의 말씀을 근거로 참 신앙과 사랑의 본질적인 관계성을 설명한 바 있다. 따라서 영산은 사랑을 실천하지 않는 신앙인은 하나님을 알 수 없고, 하나님을 인정할 수도 없다고 말한다. 영산은 참 신앙인은 믿는 것으로 끝나지 않고 나눔과 섬김을 반드시 수반한다고 가르쳤다.[39]

5. 결론

영산의 설교와 목회에서 중요한 신학적 기초가 되는 세 가지 요소는 '좋으신 하나님' 신학, '갈보리 십자가' 신학, 그리고 인격적 교제를 통한 '성령 충만'의 신학이다. 이러한 요소는 그의 모든 설교마다 드러나며 그의 목회 속에도 그대로 녹여져 있다. 아울러 그의 설교의 독특한 특징을 통찰해 본다면 첫 번째, 그

---

38. 류동희, 『영산 조용기 목사의 목회사상사』, 406.
39. 심두진, 『영산설교』, 117-119.

의 설교의 신학적 기초가 되는 좋으신 하나님, 갈보리 십자가, 그리고 성령 충만의 신학을 근거로 하는 '삼위일체 하나님' 사상이다. 그리고 두 번째로는 '신유'의 설교를 매우 강조한다는 점이다. 이는 좋으신 하나님과 갈보리 십자가의 예수님과 성령 하나님의 일체가 우리의 몸에 나타나시는 연합의 역사인 것이다. 마지막으로 세 번째로는 '전인구원'의 설교라는 점이다. 우리 영혼육의 전 영역에 걸친 구원으로서 삼중저주의 옛 모습에서 삼중축복으로 전환되는 놀라운 원리를 전인 구원의 신학적 프레임을 가지고 설교한다는 점이다.

영산은 우리가 믿는 삼위일체 하나님은 태초에 인간을 창조하시고 세상 끝날까지 함께하실 영원한 하나님이시며 동시에 종말까지도 계속될 하루하루를 주관하시고 섭리하시는 현재적인 하나님이심을 강조한다.[40] 그래서 그는 삼위일체 하나님의 현재성을 그의 설교에서 계속적으로 선포하는 것이다. 이 모든 것들은 무엇보다도 성경을 근간으로 할 뿐만 아니라 정통적 신학 사상과도 연결된다는 점에서 영산의 설교는 보증된다. 아울러 이러한 삼위일체적 원리가 지배하는 공동체는 과거와 현재와 미래까지도 변함없는 유일한 진리로서 앞으로도 그 현재성을 드러낼 것이다.

안수정

경희대학교
한세대학교 신학대학원(M.Div.)
한세대학교 신학대학원(Th.M.)
한세대학교 신학대학원(Ph.D.)
(전) 대치드림교회 담임
(현) 한세대학교 외래교수

---

40. 조용기, 『순복음의 진리 (상)』, 67.

"목사 신학자" 차영배 목사의 설교

채이석

차영배 목사의 생애

심산 차영배(審山 車榮倍, 1929~2018) 목사는 경남 울산에서 태어나 일제강점기 진주사범학교에 입학하여 재학 중 해방을 맞이하였다. 해방 직후 순수한 열정으로 좌파들의 선동에 휘말려 반미를 외치다 인천소년형무소에 1년간 수감되었다. 그는 형무소에서 전도하던 한 목사를 통해서 예수를 믿기로 작정하고 출소한 후 곧바로 고려파 교회에 나가 신앙생활을 시작하였다. 그리고 마도로스의 꿈을 안고 한국해양대학교에 입학하여 공부하다가 한국전쟁 중 하나님의 부르심을 받고 신학으로 전향하였다. 1953년 칼빈대학(고려신학교 전신)에 입학하여 박윤선 박사로부터 정통신학을 배웠다. 그 후 계명대학교에 편입하여 철학을 전공하고 1964년 연말부터 화란으로 유학하여 6년여 캄펜신학교에서 교의학을 전공하였다. 한국에 돌아와서는 몇 년간 한국외국어대학교에서 화란어를 가르치다가 총신대학교 신학대학원에서 교수와 총장으로 섬기다가 은퇴하였다.

그가 한국교회에 남긴 공로가 적지 않은데 국제학술대회 등에서 한국교회 신학자로서 주목을 받을만한 논문을 발표하여 한국교회 신학발전에 크게 기여한 것과 그가 교무처장 재임 중 1980년도에 기획실장 박장하 교수와 함께 총신대학교 신학대학원에 목회학석사(M.Div.) 학위과정을 인가받아 설치하고, 이듬해 용인시 양지면에 백화 양조장 부지 23만여 평을 매입하여 신학대학원 부지로 만드는 데 큰 역할을 하였다. 백화 양조 회장은 박장하 교수가 군 상영광여중고 교장 시절 이웃으로 신학교를 위해서 결단하도록 도움을 주었다. 그것은 시카고 무디 신학교 부지가 양조장 헌납으로 세워진 것과 비슷한 사례로 이 일에 박장하 교수와 함께 차영배 교수가 신학교 발전을 위해서 귀하게 쓰임받은 것이다.

차영배 목사는 헤르만 바빙크의 신학을 한국에 처음으로 소개한 개혁주의 정통 조직신학자이며 특별히 성령론에 깊은 관심을 갖고, 오순절 신학에 깊이 물든 한국교회에 조직신학적이고 성경신학적인 관점에서 올바른 개혁주의 성령론을 정립하는 데 큰 기여를 한, 한국교회사에 길이 남을만한 큰 학자요, 설교자로서도 강단에서 하나님의 말씀을 선포하며 교회를 섬긴 위대한 "목사 신학자"(Gerald Hiestand and Todd Wilson, The Pastor Theologian, Zondervan, 2015)이다. 그는 세계 3대 칼빈주의 학자로 일컬음을 받는 헤르만 바빙크에 정통한 신학자로 자신은 바빙크를 잘 이해하고 그 이상으로 발전시킨 학자로서 자신이 쓴 『신학서론』을 『헤르만 바빙크의 신학의 방법과 원리』라는 제목으로 출간할 정도로 겸손한 학자였다. 한때 총신대학교에서는 학생들이 차영배 교수를 "차빙크"라고 부르기까지 했다. 그리고 박윤선 박사를 통해서 얻게 된 성경신학적인 연구방법론은 그의 개혁주의 조직신학을 더 깊고 견고한 틀을 다질 수 있게 해주었다. 그는 특별히 박윤선 박사의 계시의존 사색을 더 발전시켜 계시의존신앙적인 토대 위에서 계시의존 신학을 세워나가야 한다고 강조하였다.

"말씀과 성령"의 설교자

"말씀과 성령으로"는 차영배 목사에게 신학의 중요한 원리다. 그의 설교는 언제나 말씀과 성령의 인도하심을 따르는 것이다. 차영배 목사는 "말씀과 성령"의 중요성에 대해서 말하기를, "말씀과 성령은 설교의 원리가 되고, 교회정치의 원리가 되며, 개인신앙생활에도 원리가 된다"고 말한다(차영배,「성령론: 구원론 부교재」, 경향문화사, 1987, 322).

차영배 교수에 따르면, 신학의 객관적인 원리는 특별계시인 하나님의 말씀이고, 주관적인 원리는 성령의 감동이라고 했다. 신학작업(Doing Theology)은 이 말씀과 성령이라는 객관과 주관의 혼연일체로 이루어진다고 강조하였다. 그의 설교에는 이러한 사상이 잘 드러나 있다. 그는 설교 때마다 빼놓지 않고 선포한 말씀이 바로 말씀과 성령이다. 그는 "하나님은 영이시니 예배하는 자가 영과 진리로 예배할지니라"(요4:24)는 말씀에서 신학과 설교의 원리와 방법론을 찾는다. 성령만 지나치게 강조하면 신비주의로 빠질 수 있고, 말씀만 지나치게 강조하면 교조주의로 빠질 수 있다. 하나님의 말씀은 좌우에 날선 검과 같아서 좌로 기울어지는 것도 치고, 우로 기울어지는 것도 치기 때문에 언제나 영적 균형을 가질 수 있다고 강조하였다. 하나님께 드리는 예배도 언제나 "하나님의 성령과 진리의 말씀으로" 드려야 하고, 신학의 원리도 "말씀과 성령으로"이고, 설교 또한 "말씀과 성령으로" 해야 한다고 강조하였다.

그는 하나님의 말씀에 사로잡혔던 학자요 성령에 붙들렸던 설교자였다. 그의 강의와 설교는 하나님의 말씀에서 나오는 것이었다. 그의 강의와 설교의 전부는 오직 하나님의 말씀밖에 없다고 해도 과언이 아니다. 그의 강의와 설교를 들으면 성경 인용이 참으로 많이 나온다. 그의 성경 인용은 대부분 암송에서 나온다. 그의 조직신학은 탄탄한 성경신학적인 토대 위에 세워져있다. 성경의 증거가 없는 신학을 말하지 않는다. 그의 강의와 설교에는 화려한 수사(修辭)도 없고, 청중의 귀를 즐겁게 하는 유머도 없다. 그러나 그 누구의 강의보다 그의 강의는 천상의 언어처럼 맑고 아름다운 진리를 드러내 주는 것이다. 그래서 듣는 이들에게 하나님의 말씀이 얼마나 깊고 오묘한 것인가를 탄복하게 만든다. 그리고 그의 설교에는 유머 하나 없이 보이지만 그의 설교는 그 어떤 설교보다 하늘의 기쁨과 생각하지 못한 것을 깨닫게 되는 은혜가 크다.

필자는 차영배 목사의 목회현장에서 새벽마다 그의 기도하는 모습을 지켜보았다. 새벽예배 인도 후에 그 좁은 강단, 자그마한 의자 앞에 꿇어앉아 기도하면서 숨을 내쉴 때는 마치 부활의 주님께서 제자들에게 "숨을 내쉬며 이르시되 성령을 받으라"(요20:22)는 말씀을 떠오르게 했다. 그는 기도 중에 성령의 강한 임재를 경험하였고, 특별한 은사를 받았지만 드러내 말한 적이 없고, 자랑한 적이 없다. 그러나 필자가 그를 가까이에서 보면서 그는 마치 삼층천에 올라가 몸 안에 있었는지 몸 밖에 있었는지 알지 못할 정도로 입신의 체험을 했던 사도 바울과 같은 경험을 한 것이 아닌가 생각해보기도 했다. 그만큼 그의 신학과 설교는 추상적인 철학과 다르고, 사변적인 신학과 다르며, 바리새인과 서기관과 다른 것이었다. 그는 그의 신학을 대변할 수 있는 "오순절 성령강림의 단회성과 반복성"(차영배,「오순절 성령강림의 단회성과 반복성」, 총신대신학대학원, 미출간논문집, 1983. 그는 "오순절 성령강림의 단회성과 반복성"에 관한 말씀을 그가 개척 시무하던 봉천개혁교회에서도 선포하였다. 1982년 6월 13일 주일설교)을 이론으로 주장만 한 것이 아니라 실제 그 신학과 일치한 삶을 산 것이다. 오순절 성령강림은 그 독특한 사건이라는 점에서는 단회적인 사건이지만, 한 번 충만하게 임하신 성령께서는 또다시 충만하게 오실 수 있다는 점에서 반복적이고 영속적이라는 그의 신학적 입장은 전통적인 개혁주의 성령론과 구별되는 것이기 때문에 논쟁을 불러일으키기도 했다. 특별히 한국의 보수적인 교회에 큰 영향을 끼친 미국의 웨스트민스터신학교 개핀(Richard B. Gaffin)교수와 차영배 교수와의 논쟁은 한국교회에 큰 관심을 불러일으켰고, 한국교회 신학적인 위상을 제고하는 데 크게 기여를 하였다(차영배, "오순절 성령강림의 단회성에 관한 R. B. Gaffin 교수의 견해 비평,"「신학지남」, 1986년 봄 여름호).

"십자가"의 설교자

차영배 목사는 철저한 교회 중심 신학자요 설교자였다. 철저한 개혁주의 신학의 터 위에서 선 신학자요 설교자였다. 그의 설교의 핵심은 예수 그리스도의 십자가였고, 설교의 결론 또한 예수 그리스도의 십자가였다. 그의 설교에는 사도 바울의 고백처럼 "내가 너희 중에서 예수 그리스도와 그가 십자가에 못 박히신 것 외에는 아무것도 알지 아니하기로 작정하였음이라"(고전2:2)는 말씀이 녹아 있다. 그는 루터와 같은 "십자가 신학자"였고, 칼빈과 같이 언제나 예수 그리스도의 십자가를 선포한 설교자였다. 그의 설교에는 항상 예수 그리스도의 십자가가 있었고, 사도 바울의 십자가 고백이 숨 쉬고 있었으며, 칼빈과 루터의 십자가 신학이 자리잡고 있었다.

차영배 목사는 신학교에서 강의 중이든지 교회 강단에서 설교할 때든지 그 시작은 집중해야 들릴 만큼 조용한 것이 그 특징이다. 그러나 강의나 설교 중에 예수 그리스도의 십자가라는 말이 나오기만 하면 갑자기 강력한 톤으로 목소리가 바뀔 정도로 십자가의 은혜를 강조하였다. 그것은 그가 예수 그리스도를 영접했을 때 그리스도의 십자가 은혜를 철저하게 체험했다는 증거가 될 것이다. 그의 설교 클라이맥스에는 이 십자가의 은혜라고 하는 하나님의 절대적인 은혜가 언제나 강조된다.

필자가 학부과정에서 공부할 때 총신대학교 운동장에서 교련시간 수업을 받은 적이 있다. 지금은 종합관 앞이 아름다운 정원으로 조성되어있지만, 전에는 운동장이었다. 그런데 운동장 위쪽 교사(구 본관, 현재 종합관) 강의실에서 차영배 교수의 목소리가 큰 소리로 들려왔다. 운동장의 학생들은 이구동성으로 차영배 교수 강의시간에 십자가가 나왔다고 말을 했다. 과장하자면 그의 목소리가 얼마나 컸던지 구 교사 건물이 공명을 일으켜 운동장 아래까지 들릴 정도가 되었던 것이다. 언젠가 지나가는 말처럼 자신의 목소리가 그렇게 크게 된 것은 성대에 할례를 받아서라고 말해준 적이 있다. 그가 한국전쟁 중에 부산에서 한 굴속에 들어가 기도하는데 해양대학 동기생들은 멋진 제복을 입고 전 세계 항구로 졸업여행 가는 모습을 보면서 인간적으로 낙심이 되어 홀로 동굴 속에서 크게 탄식하며 기도하다가 목소리가 큰 소리로 바뀌게 되었다는 말을 들려준 적이 있다.

한번은 그가 "땅에 불을 던지러 오신 주님"(눅12:49-53)이라는 제목으로 주일설교를 한 적이 있다(1982년 4월 25일 봉천개혁교회 주일설교). 예수께서 제자들을 향해서, "내가 불을 땅에 던지러 왔노니 이 불이 이미 붙었으면 내가 무엇을 원하리요 나는 받을 세례가 있으니 그것이 이루어지기까지 나의 답답함이 어떠하겠느냐"(눅12:49-50)라고 하신 말씀을 설명해줄 때 필자가 큰 감동을 받은 적이 있다. 그의 설교는 처음에는 학자의 강의와 같이 들리지만, 귀를 기울여 들을 때 본문에 담겨있는 깊은 뜻을 깨닫게 되는 은혜가 있다. 그는 이 본문에서 예수 그리스도께서 땅에 불을 던지러 오신 이유는 우리 인생의 미련함과 영적인 우둔함 때문이라고 했다. 본래 우리 인생은 의롭지 못하고, 깨닫지도 못하고, 선을 행하지도 못하는 자들이고(롬3:10-12), 베드로와 같은 수제자라고 해도 변화산에서 구약의 율법과 선지서의 대표가 되는 모세와 엘리야가 나타나서 장차 예수께서 예루살렘에서 별세(Exodus)하실 것을 말씀해주셔도 깨닫지 못했으며(눅9:28-33), 자기 백성을 구원해주시기 위하여 자신의 땅에 오셨지만, 오히려 그들의 주인되신 주님을 십자가에 못 박아 죽게 만든 그의 백성에게 진노의 불을 던지셔야 했을 텐데, 주님은 그 진노의 불을 오히려 당신 자신에게 돌리셔서 십자가 위에 달려 어린양 희생제물이 되어주셔서 오늘 우리가 십자가 주님을 믿고 영생구원을 얻게 된 것이라는 말씀을 선포했을 때 초신자가 대부분이었던 성도들이 숨소리 죽여가며 신음하듯이 그의 설교를 듣기도 했다. 그의 설교에는 대부분 그와 같이 영적인 깊은 의미를 볼 수 있는 주경신학적인 통찰력이 있고, 탁월한 조직신학적인 이해가 있다.

"목사 신학자(The Pastor Theologian)" 설교자

차영배 목사는 신학자의 냉철한 이성과 목회자의 따뜻한 감성을 가졌던 "목사 신학자" 설교자였다. 그는 4세기 알렉산드리아의 아타나시우스나 5세기 히포의 어거스틴이나 16세기 칼빈이나 18세기 조나단 에드워즈와 같은 "목사 신학자"이다. 그는 과거 신학자들 가운데 항상 목회현장을 가진 신학자였던 동방교회 4대 박사인 아타나시우스, 나지안주스의 그레고리, 대 바실, 요한 크리소스톰과 서방교회 4대박사인 암브로시우스, 제롬, 어거스틴, 대 그레고리와 같은 "교회의 박사"(doctor ecclesiae)다. 교회의 박사는 고전성, 성결성, 정통교리, 그리고 학문적인 깊이가 있어야 하는데, 차영배 교수는 이에 부합될 만큼 탁월한 목사 신학자였다. 그의 높은 학문과 깊은 영성은 언제나 하나님의 영광을 위한 것이었고, 언제나 주의 몸 된 교회를 위하여 사용되었다.

그는 한국교회 2세대 신학자로서 한국교회 신학을 계승 발전시켜서 한국교회 성장과 함께 한국교회 신학 수준을 제고하는 데 크게 기여를 하였다. 그가 쓴 신론인 『삼위일체론』은 "신학의 본질적인 원리"로 신학 전체를 세우는 토대를 마련하였고, 그가 평생 연구한 『성령론』 또한 2천 년 신학연구의 결정판과 같은 것이라고 할 수 있다. 아쉬운 것은 대학자의 저술 활동이 멈추게 되었다는 사실이다. 그래도 큰 사위가 교의신학자로 총신대학교 신학대학원에서 가르쳤고, 장남은 언더우드 선교사를 배출한 미국 뉴저지주에 있는 뉴브런스윅 신학교에서 아버지의 뒤를 이어 칼빈주의 교의신학자로 연구가 이어지고 있다. 둘째 사위는 국어학 교수로 차영배 교수의 신학 작업에 상당 부분 도움이 되었다. 필자는 차영배 교수가 한국교회 신학계에 기여한 것 가운데 빼놓을 수 없는 것이 "성령의 나오심"이라는 용어를 사용한 것이라고 생각한다. 1세대 조직신학자들은 성령께서 성부와 성자로부터 "발출하신다"(proceed)고 했는데, 그는 어려운 한자 말 대신 순수 우리말로 "나오신다"고 정리하여 사용하였다. 성자는 성부로부터 "나신 분"이고, 성령은 성부와 성자로부터

"나오신다"고 용어를 정리한 것은 그가 한국교회 신학 발전에 적지 않은 기여를 한 것이라고 본다.

차영배 목사는 개혁주의 신학자로 성경에 부합되지 않는 신학에 대해서는 양보와 타협을 하지 않은 목사 신학자이다. 그가 "오순절 성령강림의 단회성과 반복성"을 발표한 저서 『성령론』(1987)은 한동안 보수적인 교회와 신학자들에게서 오해를 불러일으키기도 했다. 그러나 차영배 교수는 성령께서 검으로 사용하시는 진리의 말씀은 좌우에 날 선 어떤 검보다도 예리하여(히4:12) 좌로 치우치는 객관적 지성주의도 치고, 우로 치우치는 주관적 신비주의도 쳐서 균형을 갖게 한다는 학자적인 신념이 확고부동하였다. 4세기 아리우스 논쟁이 일어났을 때 니케아 공의회에서 혼자 "호모이우시안" 유사본질주의자들을 막아서서 "온 세상에 맞선 자"(contra mundum)라는 이름을 얻게 된 아타나시우스와 같이 고군분투하여 개혁주의적인 성령론을 정립하는 데 크게 기여를 하였다. "목사 신학자"로서 차영배 목사의 설교는 신학강의와 같으면서도 성령의 감동이 있는 설교였고, 성령의 감동으로 영적 깨달음이 있는 설교이면서도 개혁주의 신학의 정수가 있는 설교를 하였다.

차영배 목사는 "약속을 기다리라"(행1;4-5)는 제하의 설교(1982년 2월 24일 봉천개혁교회)에서 기독교는 기다림의 종교라고 하고 사도들도 기다려서 약속의 성령강림의 은혜를 받았고, 오늘 우리도 기다려야 한다는 말씀을 전했다. 이미 그리스도께서 십자가에서 죽으시고 사흘 만에 부활하셨고, 오순절 성령강림도 지났지만, 우리는 기다려야 한다. 그리스도의 재림을 바라보며 우리가 생각해야 할 것은 계시의 역사성(historia revelatio)이다. 하나님은 계시를 점진적으로 드러내신다. 계시의 점진성이다. 우리의 신앙생활 중에 기억해야 할 것은 우리가 모든 것을 하나님께로부터 다 받았다고 하는 생각을 가져서는 안 된다는 것이다. 에덴동산의 아담은 "순수 상태"(status integritas)에 있었지만, 아담도 기다려야 했다. 선악과를 따먹지 말고 기다려야 약속의 복을 받을 수 있었다. 우리도 기다려야 한다는 말씀을 전했다.

그리고 "종교개혁의 본질"(히9:1-14)이라는 설교(1982년 3월 7일 주일밤 봉천개혁교회)에서 종교개혁의 본질은 신약 성도들이 하나님의 지성소에 담대하게 나아갈 수 있는 것이라고 말하고, 과거 로마가톨릭교회는 이것을 부정하였다고 말했다. 그들은 교회를 양분하여 단상의 교회(ecclesia docens)와 단하의 교회(ecclesia audiens)로 성직자와 평신도를 구분하여 반종교개혁적인 모습을 보여주었다고 했다. 로마교회는 하나님께 나아가는 것도 사제를 통해 할 수 있다고 가르치는 제사제주의(祭司制主意)를 표방하였고, 개혁주의 교회는 사제와 같은 중간자 없이 하나님께 직접 나아갈 수 있다는 복음주의(福音主意)라고 설명해주었다. 그의 설교는 교리적이고 신학적인 것 같지만 실상은 기독교의 정체성을 가르쳐주는 것이고, 개혁주의 교회의 신자라는 자긍심을 갖게 해주는 것이었다. 그의 설교는 성령께서 쏟아 부어주시는 강력한 은혜와 감동이 있으면서도 차분한 신학적인 강해와 교리적인 설명이 함께 나온다. 그래서 남녀노소 빈부귀천 구별 없이 누구나 쉽게 들을 수 있고 깨달을 수 있고 믿음과 헌신의 결단에 이르게 하는 힘이 있다.

그는 냉철한 이성을 가진 개혁주의 신학자로서 칼 바르트나 폴 틸리히 같은 대학자들도 거침없이 비판하였고, 복음주의자 존 스토트나 아브라함 카이퍼 같은 칼빈주의 신학자까지도 하나님의 말씀에 근거하여 날카로운 비판을 가했던 학자였지만, 그는 따뜻한 목자의 마음을 가지고 "목자 없는 양과 같이 고생하며 기진한" 사람들을 위로하고 격려했던 목회자였다. 그는 부산에서 신학을 공부하면서 칠암교회에서 목회하였고, 총신대학 신학대학원에서 교수로 재직하면서도 봉천개혁교회를 개척하여 3년여 시무하기도 하였다. 그는 탁월한 신학자요 훌륭한 목회자였다. 그가 목회하던 강단은 대 신학자의 설교단이지만 청중은 신학생들도 다수 출석했고 사회적으로도 존경받는 직업을 가진 사람도 있었지만, 대부분은 평범한 지역주민들이었고 성실한 직장인들이었고, 어린 학생들이었다. 차영배 목사는 강단에서는 때로 불의 사자와 같이 진리의 말씀을 선포하였고, 학교에서는 강의실이 아니라 교사 전체를 흔들 정도로 뇌성과 같은 강의를 했지만, 성도들에게와 학생들에게 개인적으로는 어린 아이와 같은 순수함과 목회자의 따뜻함으로 대해준 목사 신학자였다. 어려운 사람을 보면 지나치지 못하고 어떻게든 도움을 주었고, 가난한 신학생이 등록금이 없어서 힘들어할 때 선뜻 학비를 내어주시고 하였다. 하나님만이 아시는 일이다. 1982년 무렵 그가 교무처장으로 있을 때 절에서 개종해 나와 신학을 하러 온 사람이 있었다. 여전히 승복을 입고 머리 깎은 채로 학교 교정을 활보하면서 차영배 교수에게 신학을 배우러 왔다고 했다. 차영배 교수는 그를 봉천개혁교회에서 작은 방 하나를 내주고 거기서 기거하면서 학교 공부하도록 배려해주었다. 그는 신학에 있어서는 지극히 작은 것 하나 용납이 없을 것 같은 칼빈 같은 대학자이지만, 가까이에서 보면 그는 아씨시의 성자 프란시스코와 같이 따뜻한 마음을 가진 목사 신학자였다.

채이석

총신대학교 (B.A.)
총신대학교 신학대학원 (M.Div.)
미국 리폼드 신학대학원 (Th.M.)
미국 트리니티 신학대학원 역사신학 (Ph.D.)
(전) 횃불트리니티 신학대학원
(전) 백석대학교
(전) 웨스트민스터신학대학원
(현) 총신대학교 목회신학 전문대학원
(현) 합동신학대학원대학교
(현) 서울비전교회 담임목사

최정원 목사와 그의 설교

전희철

그 때에 세례요한이 이르러 유대 광야에서 전파하여 가로되 회개하라 천국이 가까왔느니라 하였으니 저는 선지자 이사야로 말씀하신 자라 일렀으되 광야에 외치는 자의 소리가 있어 가로되 너희는 주의 길을 예비하라 그의 첩경을 평탄케 하라 하였느니라(마태복음 3장 13절)

I. 최정원목사의 복음 역사[1]

"너는 네게 대하여 무엇이라 하느냐 가로되 나는 선지자 이사야의 말과 같이 주의 길을 곧게 하라고 광야에서 외치는 자의 소리로라 하니라(요한복음 1장 22 23절)"

1. 출생과 유소년시절

어머니의 꿈[2]

하나님께서 이 세상에 당신의 뜻을 이루기 위해서 사람을 보내시게 될 때

---

1. 본고에서는 최정원목사의 설교의 기틀이 되는 신앙적 체험을 그의 설교에서 인용하여 대략 먼저 기술하고, 뒷 부분에서는 설교의 실제를 경험할 수 있도록 부분적으로 발췌 요약하여 싣기로 합니다.
2. 최정원목사 설교 "마리아에게 성자 잉태되심, 2000.12", "사라에게 아들 약속, 2002.5"

미리 지시하신 일이 성경에 많이 있습니다. 사무엘같은 선지자, 미리 어머니에게 지시를 했습니다. 끝까지 백성들이 지지하지 않아서 왕을 세우고 물러났습니다. 하나님이 보낸 것을 잘 모릅니다. 이삭도 아브라함과 사라에게 미리 지시해서 얻은 아들입니다. 세례요한도 하나님이 미리 지시를 해서 낳은 아들입니다. 제사장직까지 받아가지고 교회 종사했으나 마태 3장에 보면, 독사의 종류들이 모인 교회라고 교회를 떠났습니다. 사무엘도 세례요한도 국민들과 교회의 오해를 받아서 홀로 지내다가 세상을 떠났습니다. 의인은 의인이라야 압니다. 의인들은 오랜 역사 후에 그들의 존재가 다시 되살아난다는 것을 성경 역사를 통해 발견할 수 있는 것입니다. 구세주 예수님 나실 때도 착한 마리아, 의인 요셉에게 지시해서 낳게 했습니다. 이와같이 착한 어버이들에게 하나님의 종들을 보내셨다는 기록을 많이 찾아볼 수 있습니다. 어버이들이 착하지 못하면 자녀들이 상당히 어려울 수가 있지요.

제가 한 사람을 소개하려고 합니다. 한 사람의 할아버지는 재산이 많아서 교회 재무를 봅니다. 그 할아버지는 물을 마셔도 옷을 입을 때에도 꼭 무릎을 꿇고 하나님께 감사하면서 물을 마셨고 옷을 입습니다. 그가 세상을 떠날 때가 가까왔을 때에 그 노인의 부인을 향해서, "여보, 주님께서 나를 부르시니 그 문 좀 여세요. 공중에 주님이 오셔서 나를 내려다보고 계십니다." 그리고 그 할아버지 되시는 분이 세상을 떠났습니다.[3] 그의 아들은 일생을 봉사하는 것밖에 몰랐습니다. 부잣집이니까, 가난한 사람이 있으면 일부러 찾아가서 돈을 빌려줍니다. 빌려줄 때 차용증서를 씁니다. 그 사람이 기일까지 돈을 벌어오면 "참 수고했습니다." 승리한 축하로 다 돌려줍니다. 장사하다가 실패한 사

---

3. 최정원목사 12세 되던 때 경북 선산군 장천면 상림동에서 그의 조부께서 소천하셨다. 최목사는 그의 조부 밑에서 배웠으며 조부, 부친, 최목사까지 3대가 장로교 집안이었습니다.

람이 찾아와서 미안합니다다라고 할 때에 "아닙니다. 제가 적게 도와주어서 그렇습니다. 다시 하십시오." 성공할 때까지 돈을 줍니다. 그 일을 하다가 세상을 떠나셨습니다. 그가 세상을 떠날 때에 집에서 떠난 것이 아니라 구제를 하려 다니다가 가난한 사람이 점심을 접대하는 그곳에서 세상을 떠나게 되었습니다. 세상을 떠났다는 소식을 듣고 전국에서 길거리에서 방에서 들에서 소리를 높여서 울기 시작했습니다. 별세한 것은 1911년 음력으로 9월 3일입니다.

그 아내도 거룩한 여자였습니다. 1911년 음력 4월 8일 석존 선생이 나신 날, 그 여인이 기도하는 중에 홀연히 묵시가 나타났습니다. 성산(聖山)에서 성부 하나님이 초청을 하셔서 하늘로 불러 올리셨습니다. 산천초목을 볼 때마다 생명이 몸에 쏟아 붓는 듯 몸에 왔다고 합니다. 성부 하나님께서 그 여자에게, "은혜를 입은 딸아", 순 은 나팔 두 개를 주면서 "받아 두라. 순 은 나팔 두 개다. 네게서 날 아들이 불게 될 나팔입니다." 황공 감사하게 두 나팔을 받았습니다. 그 때 성부 하나님께서 다시 말씀하시기를, "생명강가에 가면 생명 말씀이 들어있는 책 두 권을 주실 분이 계실 터이니 성자에게 그 책 두 권을 받아 가라." 은 나팔 두 개를 받아가지고 생명 강가 지시하신 곳에 갔더니 물빛 예복을 입으신 거룩한 분이 "은총을 입은 딸아!" "예", "순 은 나팔 두 개를 받았지?" "받았습니다." "이 책 두 권을 받아가라. 네게서 낳게 될 아들이 두 은 나팔을 가지고 불게 될 두 책입니다." 두 책을 받아 왔습니다. 그분께서 또 말씀하십니다. "한 군데 더 들러 또 받을 것이 있습니다. 저 대나무 밭에 가면 성자께서 죽순 두 개를 줄 것이니 받아가야 할 것입니다." 두 은 나팔, 두 책을 받아가지고 대나무 밭에 갔더니 푸른 풀같은 거룩한 예복을 입으신 분이 "은총을 입은 딸아, 두 은나팔, 두 책을 받았지?" "받았습니다." "죽순 두 개를 받아라. 네게서 낳을 아들이 두 은나팔로 두 책을 불 때에 죽순처럼 절개를 지키다가 세상을 떠나게 될 것입니다." 성령께서 주시는 죽순 두 개를 받았습니다. 그렇게 세 가지를 받았습니다. 받는 순간 눈이 떠졌습니다. 그러니까 하나님의 묵시라고 할까요, 환상이라고 할까요, 그날이 바로 1912년 음력 4월 8일입니다. 그리고 그날 저녁에 아이를 수태하였습니다. 그래 가지고 1912년 음력 1월 19일 꼭 280일만에 아이를 낳았습니다. 제 생일이 1912년 음력으로 1월 19일입니다.

유소년 때의 철저한 회개생활[4]

제가 다섯 살 때[5] 이웃 동무 집에 아침에 일찍 놀러갔는데 모두 아침을 먹고 있었습니다. "아침 먹었니?" 안먹었다고 하면 밥 달라고 하는 것같아서 "예!"하고 대답을 했습니다. 그리고 돌아와서 거짓말 한 것에 대해 회개하며 종일 울었습니다.

역시 다섯 살 때에, 저희 할아버지가 교회 재무 권찰이신데 엽전 한 삼십쯤 연보한 것을 어머니하고 제게 맡겨서 집에 가지고 오는 길에 애들이 돈치기하고 있는 것을 보았습니다. 거기서 엽전 한 세 닢을 꺼내서 돈을 쳤습니다. 하나님의 재산 가지고 말입니다. 훨씬 많이 갚고 회개했지만, 하나님의 거룩한 성물로서 오락을 삼았다는 것을 지금까지 회개하고 있습니다.

---

4. 최정원목사는 유년 때부터 철저히 회개하는 생활을 해왔으며 12세에는 이미 어른만큼 성장하여 교회를 인도하기 시작하고 한국 장로교 총회에서 소문을 듣고 초청하여 "다니엘의 신앙"이라는 설교를 한 적도 있었다. 14세 때는 아직 소년으로 집사 임직 받고 생애 첫 교회인 대구 중동교회를 단독으로 설립했습니다. 이 후 한국에 50여 교회 미국에 10여 교회를 단독으로 개척하게 됩니다. 14세부터 자기 안에 존재하고 있는 죄의 질을 없애기 위해 3년 동안 밤낮으로 애통하고 울며 기도하여 정욕을 없앴다(설교 "예수교회 세웁시다", "임마누엘 예수 그리스도의 교회"). 그가 하나님의 권능을 받을 때는 누워있는 방 안에서 몸이 천정에 붙었다 떨어졌다 할 만큼 강력한 능력이 임했습니다고 합니다.

5. 최정원목사는 1912년 음력 1월19일 전남 고흥군 금산면 대흥리에서 부유한 가정의 유복자로 출생하였다. 어릴 때(적어도 다섯 살 이전으로 추측) 대구 근방으로 이사하였다. 그가 10세 때 그의 조부께서 별세하셨는데 그때까지 경북 선산군 장천면 상림동에서 살다가 12세 때 대구로 나왔다(설교 "하나님 아버지께 감사하라").

제가 열 두세 살 될 때에 대구 중동 강변에서 친구들하고 밤에 목욕을 하고 노는데 친구들이 사과하고 참외하고 가지고 와서 같이 먹었습니다. 먹고 났더니 남의 밭에서 따 온 것이라고 합니다. 아무리 토하고 아무리 입을 씻어도 마음에 개운치 않았습니다. 비록 자기가 도적질 해 온 것은 아니지만 그것을 먹은 때를 생각하면 지금도 얼마나 기분이 언짢은지 말할 수 없습니다.

늑대에게 회개

대구에 살 때에 대구 앞산, 뒷산, 지산동 동산, 묘지를 다니면서 밤을 새워 기도하러 다닙니다. 소년 때에 말입니다. 한 번은 봉덕동 공동묘지에 갔더니 늑대 두 마리가 한 6, 70미터쯤 거리에서 보고 있었습니다. 진심으로 말했습니다. "늑대야 늑대야, 나도 하나님을 모시고 너희도 하나님을 모시니 우리는 형제다. 가까이 와서 사귀고 지내자." 늑대가 점점 가까이 왔습니다. 밤에 다닌다고 손전등을 가지고 있었고 큰 막대기도 하나 가지고 있었는데 늑대가 4, 5미터 가까이 왔을 때에 그 소년이 왼손으로 후레쉬 불빛을 늑대 얼굴에 비취며 막대기를 쥔 오른손에는 자기도 모르게 힘이 들어갔습니다. 순간 그 소년은 울었습니다. "거짓말 한 자식, 같이 사귀고 놀자고 해 놓고, 오는 늑대를 때리려고 막대기를 든 내 팔에 힘이 들어가다니!" 계획적은 아니고 아마 썩은 인간의 질이 그렇게 했을 것입니다. 막대기를 내던지고 돌아서서 울었습니다. "늑대야, 거짓말 한 더러운 이 어린 인간, 너희 배나 채우게 잡아먹어라" 하고 늑대를 향하여 뒤로 걸어갔습니다. 늑대가 가만히 있었습니다. 2미터 지경까지 뒤로 걸어갔습니다. 어떻게 늑대가 착한지, 나보다 더 착한 것 같았습니다. 아침이 되어가니까, 거기 봉덕동 묘지에서 한 십리 정도 되는 곳이 집인데, 집에 돌아와서 문에서 뒤돌아보니까 늑대 두 마리가 거기까지 따라왔습니다. 반가웠습니다. "집에 들어와 쉬고 가!" 했더니 고요히 쳐다보다가 돌아갔습니다.

엘리야처럼 달리다[6]

대구의 최종철 장로와 제자들은 대구에서 신의주까지 하루에 달려갔다가 옵니다. 갔다 오면 양복을 입은 사람들은 양복바지 아래가 다 닳아졌습니다. 여자들은 치마 아래가 없어졌습니다. 빨리 달리니까 닳아져 없어진 것입니다. 제가 직접 목격한 일입니다.

열 살 때, 제가 성경을 읽고 기도하던 때입니다. 백리 길을, 오전 열 시에 달성공원 앞에서 달리는데, 나란히 달리던 자동차도 나보다 뒤로 떨어지고 지프차도 뒤로 떨어지고 길이 강물처럼 뒤로 흘러갑니다. 그 돌짝 길이 꼭 솜을 밟고 지나가는 것 같았습니다. 내가 소년이라도, 성경 읽고 기도 좀 했습니다고 하나님께서 엘리야의 힘을 나에게 주셨구나 하고 생각했습니다.

2. 신비 체험

자면서 설교함[7]

어느 때에는 열 두 명 정도의 신학생들이 내가 자는 교수실에 와서 무릎을 꿇고 기도를 하고 무엇인가 적고 있었습니다. 자다가 일어나서, "형들, 왜 이러세요?" "최형! 모르겠어요?" "아니 내가 뭘 어떻게 했습니까?" 자기들이 돌아가면서 놀랍니다. 찬송을 불러서 왔다고 합니다. 아마 누워서 잠자면서 부르는 찬송이었다면 정욕이 하나도 끼이지 않은 찬송이었을 것입니다. 자면서 찬송하다가 기도하다가, 자면서 성경 몇 장 몇 절을 보자고 했습니다 합니다. 누워 자면서 그대로 다 읽었다고 합니다. 설교를 했습니다. 성경을 워낙 좋아하니까

---

6. 최정원목사 설교 "여호와를 앙망하라".
7. 최정원목사가 성결교 신학교에서 학생으로서 공부하며 또 교수가 없을 때는 틈틈이 가르치던 때의 일로 보인다. 그 외에도 그의 신비는 책으로 엮을 만큼 너무나 많다.

자면서 설교를 했습니다고 합니다. 한 사람, 한 사람 이름을 부르면서, 왜 당신은 이런 문제가 있는데 회개하지 않고 신학교에서 공부를 하는가 하며 지적을 하니까 울면서 회개하는 일들이 있었습니다.

몸에서 빛이 남

김익두 목사님이 설교할 때에 제게 기회를 주어서 간증 설교를 하고 그런 때입니다. 제가 집에서 출가할 때에 겨울에 코트를 입고 나왔습니다. 그 이듬해 4, 5월에도 그대로 입고 다녔는데 중동감리교회에 간 일이 있었을 때도 그 옷을 그대로 입고 들어갔습니다. 밤낮 성경에 미쳐 있을 때입니다. 예배당 사람들이 뒤를 돌아다봅니다. 거지가 들어와서 걱정이 되어 돌아보는구나 생각했습니다. 정오에 오전 성경공부가 다 끝난 후 부흥강사로부터 시작해서 모두가 나와서 저에게 인사를 합니다. 거지가 행패를 부릴까 싶어 조용히 돌려보내려고 그렇게 하나보다 하고 있는데, 거기에 윤목사라는 어느 감리교 목사님 한 분이 자기 집에 가지고 초대합니다. 들어가는 그 집 입구에 큰 거울이 있었는데 그 거울을 보자마자 제가 놀라서 "아!" 하면서 뒤로 물러섰습니다. 그 때 그 목사님이 "이제 아시겠습니까? 나도 목사입니다. 당신이 오늘 중동교회에서 교인들이 이상히 본 이유를 알려주려고, 이것을 보여주기 위해서 오자고 했습니다." 거지 옷인데도 사람에게서 무한한 광채가 눈이 부시도록 빛이 나서 거울을 보기에 거북스러울 정도였습니다. 다른 것이 신비가 아니라, 성경을 사랑하고 성경을 읽으면 듣는 사람이 은혜가 되고 때로는 이렇게 빛이 납니다.

죽은 사람을 살림[8]

제가 늘 우리 교우들에게 말씀을 드린 김순분 집사, 우리 단체 최봉호 목사 어머니입니다. 죽은 지 나흘 된 사람이어서 시신이 이미 검게 변하고 여름이라 냄새가 납니다. 철야 기도를 함으로 말미암아 다시 살았다는 것. 살아서 수십 년 동안 많은 일을 하게 되었습니다.

바람이 순종함

목포 무안 염전에 누가 수양관 용도로 땅을 기증합니다 하여서 우리 단체 교역자 여러 사람과 돛배를 타고 갔습니다. 그 뒷날 아침 신학교 교수회의가 있기 때문에 오늘 대구로 가야 하는데 바람이 불지 않았습니다. 바람이 조금도 불지 않으니 돛배가 움직이지 않아 돌아갈 수가 없었습니다. 어느 교역자가 말하기를 최목사님이 하나님께 기도하면 바람이 불 것이라고 했습니다. 그 말이 떨어지자 누군가 기도를 했습니다. 순간 홀연히 급한 바람이 불어와서 올 때보다 더 빠르게 순식간에 돌아왔습니다. 뱃사공이 이런 일은 처음 본다고 놀랐습니다.

3. 묵시

한국동란 발발과 하나님의 묵시

토요일 저녁(1950년 6월24일 저녁) 설교 준비하며 기도하는 중 홀연히 대

---

[8] 이 외에도 비산동교회 나병 환자를 기도로 낫게 하고, 8,9세때 어머니 가슴앓이 심장병을 기도로 낫게 하고, 팔이 심하게 부숴져 병원에서도 손 쓰지 못하던 처녀를 기도하여 깨끗이 나아서 다음 날부터 자유롭게 활동하게 하는 등등 오직 기도로만 병자를 고친 일은 셀 수도 없이 많다. 시골 교회에서 여름수양회를 할 때 밖에서 들어오는 모기 때문에 도저히 진행할 수 없게 되자 잠깐 묵도함으로 모기와 벌레들이 새까맣게 교회 바닥에 떨어져 죽은 일도 있었다고 전해진다.

구 동쪽 북쪽 서쪽에 불이 붙은 것이 눈에 보였습니다. 남쪽에만 불이 붙지 않았습니다. 한 손이 나오더니 동쪽 북쪽 서쪽 불을 껐습니다 그리고 음성이 들립니다. "삼삼으로 피하라, 삼삼으로 피하라". "하나님 네 시가 되어야 통금 해제시간인데 새벽 세 시에 어떻게 피합니까?" "이것은 피하라는 말이 아닙니다.. 3개월 3개월 3개월 그리고 3년으로 연장될 것입니다." 6.25, 9.28, 그 이듬해 1.4후퇴 세 달씩, 그리고 3년 만에 끝났습니다. 남북 갈라진 것도 38선으로 갈라지게 됐습니다. 그 일을 강단에서 외쳤습니다. 저는 6.25 때 대구에 가만히 있었습니다.

가미노 카렌다

스무 살 때 하나님께서 묵시중에 "가미노 카렌다'라고 하는 달력을 보여주셨습니다. 8.15 해방에 관한 일인데, 1945년 7월 25일 사건이 일어남, 8월 9일 11일 일본이 폭파될 것. 미군이 일본에 상륙하고 그 후 남북이 양단되어 공산군이 이북을 점령한다는 지시를 받은 것입니다. 이것을 동포들에게 알려주려고 스무살, 서른 세 살 때 만주 각지로 다니며 외쳤습니다.

용과 싸운 묵시

소년 때에 기도할 때에 하늘에서 음성이 들려오기를 하나님 말고 제일 힘센 자가 네게 도전하기 위해서 올 것이라 합니다. 제일 힘센 씨름꾼이 나타났는데 씨름을 하여 이겨야 됩니다고 하는 음성이 있었다. 그 사람이 황금 판 정사각으로 변합니다. 이 세상은 교계까지도 황금만능주의를 진리로 여긴다는 뜻이라고 풀어주십니다. 황금 사각 판이 큰 용이 되었습니다. 정계, 교계, 열국이 경제문제로 사탄이 됩니다는 것입니다. 용이 전 세계 산 꼭대기에 안 걸친 곳이 없었습니다. 세계 모든 힘 센 세력이 다 용의 세계라는 의미였습니다. 용을 뛰어넘고 뛰어넘어도 한이 없었습니다. 아무리 경제문제를 네가 이겨보려고 해도, 교계나 신자, 집사, 장로, 목사의 경제문제를 이겨보려고 해도 경제문제에 깨끗하게 된 사람을 잘 못 만날 것이었습니다. 용이 주둥이로 나를 해하려고 했지만 해치지 못하고 바다 속으로 들어갑니다. 바다 밑으로 지구를 뚫고 내려가는데 "용이 지구를 반도 뚫고 내려가지 전에 지구는 폭파되고 만다"는 음성이 들립니다. 피난처로 가라는 음성을 듣고 용이 스스로 물러났습니다. 그리고 주님 재림하시는 피난처 동산에 갔습니다.

II. 그의 설교

"보라 여호와의 크고 두려운 날이 이르기 전에 내가 선지 엘리야를 너희에게 보내리니 그가 아비의 마음을 자녀에게로 돌이키게 하고 자녀들의 마음을 그들의 아비에게로 돌이키게 하리라(말라기 4장 56절)"

1. 철저한 성경 중심

앞서 언급하였다시피 최정원목사는 유년때부터 신동으로 알려진 영특함으로 일찍이 성경을 읽기 시작하여 청년 때까지 이미 적어도 신구약을 수천 번은 읽은 것으로 추정됩니다. 대구신학교에서 후배를 양성하고 가르칠 때의 일화를 어느 경험자가 말한 것을 들은 적이 있습니다. 교실에 들어온 최목사는 교탁에서 짐작컨대 거의 1초에 한 번 정도로 성경 책장만 계속 넘기고 있었다. 어느 학생이 목사님 뭐하고 계십니까 하고 물었더니 "성경본다" 하였습니다. 어떻게 그렇게 책장을 빨리 넘기면서 읽을 수 있는가 물었더니 성경을 많이 읽으면 책장만 넘겨도 거기 있는 내용이 훤히 보인다 하였다고 합니다. 소년 때는 성경 읽느라고 10년간은 밤에 잠을 잔 기억이 없다고 한 말을 들은적이 있습니다. 눈이 피곤하여 눈꺼풀이 닫히면 성냥개비로 눈꺼풀 사이에 끼고 성경을 읽었다고 합니다. 최정원목사는 설교뿐만 아니라 일생 자체가 성경 그 자체라 해도 과언이 아닙니다. 그의 설교는 오직 성경을 조직적으로 쉽게 분해하고 성경의 신령한 깊은 뜻을 쉽게 풀어 설명하는 것이었습니다. 그러면서도 어려운 말을 사용하기보다 청중들이 누구나 알아듣기 쉽도록 평범한 말로 깊은 진리를 풀어나갑니다. 그리고 언제나 설교의 중심은 "말씀을 읽으라"입니다. 여기서 그의 설교 한 편을 잠깐 들어보겠습니다.

말씀 지키는 자의 복

말씀 지키는 자가 얻는 복에 대해서 잠깐 말씀드리겠습니다. 문광수라는 사람이 있었습니다. 아버지가 일찍이 가정을 버리고 몇 십 년 동안 집에 들어오지 않는 불행한 가운데 있었습니다. 그래서 그 어머니가 아들, 딸을 데리고 제 집에 와서 살았습니다. 그런데 학교에 갔다 오면 밤낮 없이 2층 유숙하는 곳에서 성경을 읽습니다. 목사님이, 광수야! 예! 성경 100번 읽어라. 예! 그는 성경 읽다가 눈이 붓기도 하고 얼굴이 붓기도 하고 그랬습니다. 그러자 대구 신학을 세우자 대구 신학을 졸업하고 미국에 갔습니다. 음악도 잘합니다. 악기를 잘 부르는데 처음에는 미국 교회에서 성가대 지휘를 하는 일을 맡았습니다. 그러다가 점점 성경 진리로서 존경을 받게 되니까 이 소문을 듣고 김활란박사의 비서실장으로 있던 처녀가 청혼을 했습니다. 결혼을 해서 지금 아이 둘을 낳고 있습니다. 최정원목사님 말씀, 임마누엘 정신 이것이 나를 이렇게 높이 끝까지 인도해 주는구나 하더니 차츰 차츰 미국에 제일 큰 교회, 둘째 교회를 맡아서 목회를 했습니다. 얼마 전에 미국에 갔더니 찾아 왔습니다. "아버지! 말씀 덕택에 이런 일 하게 됐습니다. 미국 교회 2천 3백 교회를 제가 지도하고 있습니다. 2천 3백 미국교회 목사, 전도사, 부목은 말할 것도 없고, 주임 목사만 2천 3백 목사, 한인교회 3백 교회 합해서 2천 6백 교회, 그 교회를 지도하는 목사님들을 제가 지도하는 책임을 맡고 일하게 됐습니다. 오로지 성경 읽은 덕택에, 아버지 말씀 순종하여 성경 읽던 이것이 오늘을 가져오게 됐습니다."

합니다. 무엇보다 어떤 한국 목사가, 어떤 유명한 목사가 미국교회 2천 3백 교회와 2천 3백 목사를 인도할 수 있는 목사가 있을 것인가? 성경 말씀의 복, 말씀을 지키는 자가 복이 있습니다.

이호영 박사[9]도, 결혼할 때까지 "장인이 성경만 읽으면 된단다" 해서 성경만 읽었습니다. 그래서 목회학 박사 학위를 얻었고, 신학박사 학위를 얻었습니다. 목사가 아닌 때부터 성경얘기를 잘합니다. 그래서 부흥회까지 인도하러 갔습니다. 미국 5만명 되는 공과대학에서 어떻게 예배시간만 되면 학생들이 몰려오는지 다른데 갈 마음이 없었습니다. 이 소식을 듣고 세계 정통파의 뿌리 되는 필라델피아 웨스트민스터 신학교 총장이 그를 찾아왔습니다. 이박사, 그런 성경지식을 가지고서 일반 대학에서 수고하시기보다 주의 종을 키우는 우리 신학교에 오시는게 어떠하냐고. 총장이 찾아가서 말입니다. 그래도 사양했답니다. 5만 명이 있는 학교에서 교원일 보는 것이 학생들 불과 몇 백 명 모아놓고 하는 학교보다 못하지 않다 이런 마음으로요. 그러나 총장의 부절한 권고와 요청으로 가서 웨스트민스터 신학교 정교수로 시무하고 있었습니다. 한국에서 저와 같이 간 일행도 총장하고 부총장하고 인사하고 기도하고 온 바가 있습니다. 성경이 좋아서, 목사도 아닌 사람이 교원 일까지 보고, 성경 읽었다고 해서 세계 정통파 뿌리 되는 신학교 정교수로 모셔가고, 말씀 읽고 행하면 복됩니다.

뿐만 아니라, 시카고에서 둘째 큰 교회를 맡고 있는 이영삼목사가 대구 있을 때에 성경을 많이 읽었다는 것입니다. 버지니아에 있는 장로교 천기남 목

---

9. 이호영박사는 최정원목사의 사위로 그는 원래 경제학을 전공하고 미국에서 경제학을 가르치는 교수였으나 나중에는 필라델피아 웨스트민스터 신학대학원에서 초청받아 그 학교의 조직신학 교수로 봉직하였다.

사, 서울에서 제가 기르친 어떤 분, 그 외도 많이 있습니다. 제가 미국에 가면 거기에 있는 박사그룹을 제가 성경공부를 지도하고 있습니다. 50명이 모입니다. 그들이 말합니다. "목사님께 우리는 성경만 배우려고 합니다." 이렇게 저는 성경 덕택으로 어디를 가든지 대접을 받습니다.

예수님께서 이르시기를, "말씀 듣고 지키는 것이 나를 잉태한 우리 모친 마리아의 복보다 더하다"고 해도 이것이 귀에 안들어갑니다. 성경은 뭐라고 하든 나는 돈을 벌어야 해! 합니다.

2. 철저한 회개 중심

서두에 유년시절 이야기를 쓴 것은 그의 철저한 회개를 소개하기 위함입니다. 어거스틴은 청년이 되어 회심하고 회개할 때, 그가 젖먹이 시절 어머니의 젖꼭지를 물자 어머니가 아파서 "아야!" 할 때 까르르 웃었던 일을 철저히 회개하였습니다. 어머니가 아파하는데 내가 웃다니! 하고 자기의 악한 본성을 슬퍼하였다고 합니다. 그리고 그는 성자가 되었습니다. 이와같이 최정원목사의 유년시절과 소년시절 생활의 또 하나의 특징도 온전히 거룩을 향하여 전진하는 회개하는 생활이었습니다. 그는 철저한 회개를 통해서만 믿음이 얻어진다고 합니다. 회개 없는 믿음은 도적이요, 담 넘어 온 신자라고 합니다. 그러므로 그러한 신앙은 그의 설교에도 중심 내용이 되어있습니다.

특히 한 가지 관심을 가질만한 설교는 아담과 하와에 대한 해석입니다. 그는 일반적인 해석과는 다르게 아담과 하와가 회개한 사람들이라고 말합니다. 회개 없는 사람에게 하나님께서 가죽옷을 입혀주신다는 것은 있을 수 없는 일이며 이것은 기독교 전체의 구원교리에도 어긋난다고 말합니다. 만일 그렇다면 회개 없는 구원이 가능한 것이 되고 회개 없는 믿음도 가능하게 되고 만다 이것입니다. 이것은 심각한 문제입니다. 그의 설교 두 편을 간략히 소개하겠습니다.

메시야의 첫 번 약속 (아담의 회개와 구원) (창3장 1-15절)

히11:4절에, 믿음으로 아벨은 가인보다 더 나은 제사를 하나님께 드렸습니다. 아벨이 양을 잡아 드린 것을 믿음으로 드렸다고 합니다. 가인이 농산물로 드린 제사를 믿음이 아니었다고 말하는 것입니다. 요일3:12절에 "자기의 행위는 악하고" 했으니 농산물로 제사를 드리는 것이 똑같은 제사인 것처럼 보이지만 악한 일이었습니다. 이렇게 엄격한 내용을 우리에게 전하고 있습니다. 어찌하여 아벨이 양을 잡아 제사를 드린 것은 믿음의 제사이고 가인이 농산물로 제사를 드리는 것을 악한 것인가? 믿음이 아닌 것인가? 이것을 알면 본문의 골자를 아는 것입니다.

아담과 하와가 범죄한 후에 하나님께서 불렀을 때에 "이실직고[10]"를 했습니다. 그들이 먼저 하나님의 명령을 어기고 선악과나무를 따먹었을 때에, 인간에게 양심이 있기 때문에 무화과 나뭇잎으로 몸을 가리고 죄가 부끄러워서, 누가 볼까봐, 누가 알까봐 아담과 하와가 무화과 나뭇잎으로 자기 몸을 가렸습니다. 그래도 부족해서 나무 그늘에 숨었습니다. 그러나 그들의 마음에 평안이 없었습니다. 여전히 공포에 떨고 있었습니다. 누가 알까봐, 누가 볼까봐, 부끄러워서 가리고 가리웠습니다. 자기의 죄를 인간적인 방법으로 가려보려는, 인위적으로 지혜를 써서 어떻게 해서든지 남이 모르게 안 드러나게 그리고 숨어서 많은 일을 했습니다. 가만히 숨어 있는 것은 이단의 특징입니다. 그런 일이 있을 때에 하나님이 나타나서, "아담아 네가 어디 있느냐?" 하나님께서 찾

---

10. '이실직고'란 사실대로 숨김없이 고하였다는 뜻입니다.

았습니다. 몰라서 찾으셨을까요? 아담이 나왔습니다. "네가 선악과를 먹었느냐?" "아내가 먹으라고 해서 먹었습니다." 세계 성경학자들이 이것을 핑계라고 말합니다. 하와에게도 "네가 먹었느냐?" "뱀이 먹으라고 해서 먹었습니다." 이것도 핑계라고 합니다. 그러나 핑계는 아닙니다. 이것은 "이실직고"입니다. 하나님이 물으실 때에 그 뜻은, 누가 먹으라고 하더냐. 나는 먹지 말라고 했는데 누가 먹으라고 해서 먹었느냐는 말입니다. 하나님께서 묻는 그 의미 그대로, 하와가 먹으라고 한 것이 사실이니까, "아내가 먹으라고 해서 먹었습니다." 여인은 "뱀이 먹으라고 해서 먹었습니다." 묻는 내용 그대로, 물음의 뜻에 맞는 정직한 대답을 했습니다.

또 하나는, 이것은 현실입니다. 어느 부부가 있습니다. 아내와 남편이 하나님을 잘 믿는 사람인데 자식 때문에 혹은 다른 어떤 것 때문에, 그렇게 하면 안 되는데 어떤 과오를 범할 수 있을 것입니다. 남을 속였거나 혹은 양심적으로 한다고 했는데도 갚지 못한 것이 있거나 이런 저런 과오를 범할 수 있을 것입니다. 그런 종류의 일로 남자도 먹지 말아야 할 것을 같이 먹고 부부가 함께 산다고 합시다. 그리고 나중에 가책이 되어, "내가 믿음의 사람으로서 아내를 책망하여야 할 터인데, 하나님께서 먹지 말라고 한 것을 아내가 먹었는데 오히려 나도 같이 먹다니!" 그렇게 가책을 받을 수 있을 것입니다. 그러다가 감동을 받게 되어 "오 주여! 주의 명령을 어기고 아내가 먹으라고 해서 먹었습니다. 하나님의 명령을 어기고 아내의 말을 들었으니 죽어야 할 죄입니다." 이것이 핑계입니까? 회개입니까? 아내 때문에 죄를 범할 수 있습니다. 부모 때문에 죄를 범할 수도 있습니다. 자식 때문에 죄를 범할 수 있습니다. 오 주여! 내가 자식을 책망해야 되는데 자식 때문에 죄를 범했습니다. 이실직고를 한 것입니다. …쉽게 말하면 아주 쉬운 말인데 어렵게 보면 아주 어려운 것입니다. 우리가 사람이기 때문에, 누구 때문에 하나님의 뜻에 어긋난 말이나 마음을 할 때에, "주여 내가 가정 때문에 주님의 뜻을 저버리고 이런저런 부족을 행하였습니다." 이것은 핑계가 아닙니다. 자기의 죄를 이실직고하는 것으로 봐야 할 것입니다.

이와같이 아담과 하와가 핑계가 아니지만 핑계로 해석하는 사람들은, 욥기 31장에 "우리가 아담과 같이 죄를 가리우겠느냐" 는 구절을 핑계로 해석하는 사람들이 많습니다. "아담처럼 가리겠느냐"는 것은 회개하기 전에 무화과 나뭇잎으로 가린 것을 의미합니다. 우리가 기도할 때에 혹 이런 기도를 합니다. "우리가 가지 말아야 할 길을 갔습니다. 하지 말아야 할 말을 했습니다. 하나님이 먹지 말라고 한 것을 아내의 말 때문에 먹었으니 그래서 무화과 나뭇잎으로 가리고 숨어 있었습니다. 하나님의 명령을 어기고 뱀의 말을 듣고 먹으니 황송합니다. 그래서 옷을 만들어 입고 나무 그늘 밑에 숨어 있었습니다." 이것들은 모두 정당한 회개입니다. 만일 회개하는 마음이 없이, "아내가 먹으라고 해서 먹었다"고 당당히 말한다면 그것은 뻔뻔스러운 일일 것입니다. 하나님 앞에서 그런 태도를 가질 수 있을까요? 뱀 때문에 그렇게 했다고 하나님 앞에서 그런 태도를 가질 수 있을까요? 이 구절의 올바른 뜻은 "이실직고", 정직하게 회개하는 것입니다. 있는 그대로 고백한 것이 됩니다. 오해를 받을 수 있을 것입니다. 오히려 이 해석을 틀린 해석이라고 말할 것입니다.

작은 새를 쪼개라 (창 15장 1-17절)[11]

소, 양, 새를 쪼개는 것은 그 소와 양과 새는 죽는 것입니다. 반 쯤 죽는 것이 아니라 완전히 죽는 것입니다. 완전히 심장을 찢어서 피 흘려 죽는 것입니

---

11. 이 설교의 중심은, 작은 죄라도 회개하지 않으면 아무리 믿음의 조상 아브라함이라도, 또 아무리 하나님께서 유업을 약속하셨더라도 그것이 무효라는 것이다. 반드시 철저한 회개를 전제로 해야 하나님의 유업 곧, 구원에 이르는 참된 믿음이라는 것이다.

다. 무슨 뜻입니까? 죄를 짓는 사람의 죄값은 사망입니다. 죄는 어떤 죄든지 사망입니다. 죄 지은 사람이 죽지 않으려면 다른 생명이 대신해서 죽어야 합니다. 그래서 아담 때도, 주님 오실 때까지 양을 잡아, 아벨 때도 양을 잡아, 출애굽 때도 양을 잡아 예수님 때까지 양, 비둘기, 소를 잡아 쪼갠 것은 인간의 죽을 죄 대신에 그 누군가 대신 죽어야 하는데, 이런 것을 찾다가 그 속죄 제물로 우선 동물로 드리라는 것이 바로 쪼개라는 뜻입니다. 이 뜻은 예수께서 오셔서 머리에 가시 면류관을 쓰시고 손과 발에 못 박히시고 옆구리에 창에 찔려 물과 피를 쏟아 억조창생의 모든 죄를 대신 죽으실, 속죄하실 그때까지 모형적으로 계몽학적으로 하나님께서 구약시대에 이 일을 설정해 오시고 경륜해 온 바로 그것입니다.

유업을 어떻게 이을 것인가? 이것을 한 마디로 쉽게 말하면 죄를 회개하라는 것입니다.

작은 새를 쪼개야 합니다, 쪼개지 않으면 솔개가 그 위에 날아오게 될 것입니다. 내 마음 가운데 하나님께서 기뻐하시지 않는 조그마한 생각이 있거나 조그마한 질이 어느 구석에 끼여 있어도 이것 때문에 마귀가 자꾸 날아옵니다. 거기에서 쓸데 없는 생각이 발동을 합니다. 솔개가 밖에서도 날아 들어오고 안에서도 솔개가 둥둥 돌게 되어있습니다. 이것마저 쪼개라 그것입니다. 한 번만 날아오는가? 쪼개지 않은 것이 있는 한 매일 날아옵니다. 밤에도 날아오고 낮에도 날아옵니다. 교회 안에서도 솔개가 우리 마음 하늘에 떠 있을 것입니다. 하나님의 사랑하는 아브라함이지만 새 새끼 작은 것을 쪼개지 않은 것 때문에 거기에 솔개가 날아오는 것을 볼 수 있습니다.

뿐만 아니라 아브라함이 깊은 잠에 빠졌습니다. 조그마한, 하나님이 기뻐하지 않는 새 새끼 같은 것을 쪼개어 회개하지 않으면 죄악이라는 세속에 깊이 빠져 잠들게 되는 피곤이 그에게 있게 됩니다. 그것 때문에 괴롭고 그것 때문에 쓸데없는 생각을 하고 그것 때문에 잡다한 생각들을 하고 혼돈에 깊이 빠지는, 깊은 잠든 것과 같은 상태에 빠지게 됩니다.

또 어두운 그늘이 왔습니다. 조그마한 죄 하나를 회개하지 않은 것 때문에 자꾸 어두운 그늘이 덮치고 파도치듯 밀려 그 사람의 생활, 마음, 정신 상태에 엄습해 온다는 것입니다.

그리고 두려움이 왔습니다. 조그마한 죄를 해결하지 않고 가지고 있으면 불안합니다. 작다고 불안하지 않을까요? 두려움이 생기게 되어있습니다.

그리고 하나님의 불이 큰 소, 양 쪼갠 제물 사이로만 통과했습니다. 쪼개지 않는 작은 새에게 는 하나님이 불이 그냥 지나갔습니다. 하나님의 역사가 회개한 쪼갠 제물로만 역사하고 회개하지 않은 제물에는 역사할 수 없다는 것입니다. 거기에는 솔개가 들어드는 곳, 어두움이 끼인 곳, 깊은 잠이 있는 곳, 두려움이 있는 곳, 하나님의 불이 통할 수 없는 곳입니다. 작은 새 한 마리를 쪼개지 않은 곳에서 이런 상황이 일어나게 되었습니다.

뿐만 아니라 무서운 징치가 왔습니다. "아브라함아, 애굽에 내려가서 400년 동안 종노릇 하여 남을 섬기다가 와야 될 것이다." 이 사건에 이어진 말입니다. 따로 된 말이 아닙니다. 한 사건이 연관된 일로 아브라함의 자손은 애굽에 내려가 400년 동안 징치를 받고 올라오는 일이 생기게 되었습니다. 극히 작은 죄 하나라도 있으면 징치가 있습니다. 아브라함 때문에 아브라함의 자손들이 복도 받았지만, 아브라함이 작은 새를 쪼개지 않은 이것 때문에 그 자손들이 400년 동안 애굽에서 곤고를 치러야 되는 이 사실은 너무나 어마어마하고 무서운 일이 아닐까요! 우리 부모들이 조그마한 것이라도 회개할 새를 쪼개지 않으면 자녀들에게 징치가 있다는 것, 그 가족에게 징치가 있다는 것, 오랫동안 징치가 있었다는 것, 작은 새를 쪼개지 않은데서 일어난 일입니다.

3. 거룩한 신앙 중심

최정원목사의 모든 설교는 종말론적 성결사상에 연결되어 있습니다. 즉, 정결한 처녀로서 기름을 준비하고 주의 재림을 기다리라는 것입니다. 그러므로 설교마다 죄를 회개하고 말씀 읽을 것과 기도생활을 반복해서 말합니다. 특히 성령세례를 강조합니다. 성령세례를 받아야 죄의 정욕을 완전히 소멸시킬 수 있기 때문입니다. 이런 점에서는 칼빈보다 웨슬레에 가깝다고 할 수 있습니다. 누구든지 죄를 철저히 회개하고 예수 속죄공로를 믿으면 구원을 얻는 것이지만 속에서 올라오는 죄의 정욕을 완전히 소멸시키려면 별도로 성령의 세례를 받아야한다고 강조합니다. 최정원목사가 말하는 성령의 세례는 흔히 유행하는 방언이나 은사에 속한 것이 아니라, 세례요한이 광야에서 말한 것과 같이, 성령과 불로 태워 없애는 불세례에 속하는 것입니다. 그러나 사도들이 성경을 배운 것은 3년 반을 배웠고, 성령 받을 때 기도는 열흘 기도해서 받은 것처럼 성령세례는 반드시 먼저 충만한 말씀이 저장되어야 함을 강조합니다. 따라서 최정원목사의 설교는 항상 맨 먼저가 회개, 두 번째가 말씀, 세 번째가 기도입니다.

4. 말대로 이루어지는 설교

이것이야말로 다른 사람이 가장 흉내낼 수 없는, 오직 최정원목사만이 가진 권위라고 할 수 있습니다. 그의 설교는 단순히 말로서 그치는 것이 아닙니다. 사무엘의 모든 말이 한 톨도 헛되이 땅에 떨어지지 않았던 것과 같이 최정원목사의 입에서 나오는 모든 말은 마치 하나님의 말씀과 같은 권위가 있습니다. 그의 말은 사람의 말이면서도 사람의 말에서 그치지 않습니다. 그가 무슨 말을 하든지, '될 것이라' 하면 되어지고 '안될 것이라' 하면 안되어집니다. 틀리는 법이 없었습니다. 평소의 일상적인 말의 권위가 그러하므로 설교에서 한 말의 권위는 더욱 위엄이 있었습니다. 그의 입은 선지자의 입과 같은 권위가 있었습니다. 그러므로 그의 설교는 어느 한 낱말도 무시할 수 없는 신적인 권위를 가지고 있습니다. 과연 누가 인간의 힘으로써 이런 권위 있는 설교를 할 수 있을 것인가! 인간의 힘으로 된 일이 아니라면 그의 입의 말은 하나님께로서 나온 것임이 분명할 것입니다.

5. 행함 있는 설교

그의 일생은 사랑과 희생의 일생이었습니다. 용서와 사랑의 일생이었습니다. 그는 말로만 하는 설교자가 아니었습니다. 그의 말은 진실하고 행함이 있었습니다. 이것은 그의 설교에 소멸되지 않는 불멸성을 제공합니다. 그의 설교에서 나온 간증 두 가지만 소개합니다.

미친사람 고침

대구에 이용수라는 사람이 있었는데 이 사람은 미친 사람이었습니다. 대구 동산에 올라가서 고함을 치면서 돌아다녔습니다. 대구에서 미친 사람이 났다고 교회도 못 들어오게 하고 수양회도 부흥회도 못 들어오게 했습니다. 제가 15살에 장가를 갔는데 장가가기 전에 어린 마음에, 내가 저 사람을 미친 사람으로 취급하지 않고 대해보자. 그러면 그가 바로 될 것이다라는 생각이 들었습니다. 장가를 간 후에도 집사람에게 "이용수씨가 오면 조금도 우리는 미친 사람 으로 대하지 맙시다. 하나님 앞에서 솔로몬도 자기를 미쳤다고 했고, 장자도 자기를 죄인 중에 죄인이요 광인 중에 광인이라고 했고, 불교에서도 미친 사람 중에 미친 사람이라고 했는데 우리도 다 미친 사람입니다. 정상이 아니라 미친 사람입니다. 마음으로라도 안됐다고 그렇게 대하지 말고 정상적으로 대해봅시다"라고 했습니다. 이 년 안에 깨끗하게 정상으로 돌아왔습니다. 이쪽에서 정상적으로 대해주니까 자기도 정상으로 돌아왔던 것입니다. 공평동 우리 집에 오면 그가 안방에 있고, 저는 이층에 있었습니다. 제가 그를 안방에 모시라고 했습니다. 같이 와서 식사를 하고, 꼭 한식구처럼 가정에서 친절하게 사랑으로 대해주니까 바르게 되었습니다. 그 뒤에 전국에 유명한, 위대한 종이 되었습니다. 영락교회 한경직목사가 그에게 시간 좀 내달라고 사정을 할 정도였습니다. 미국 신문에는 "한국의 무디 이영수씨"라고 나왔습니다. 우리가 사람을 잘 접대하면 미친 사람도 고침을 입고, 국내·외의 위대한 종이 될 수 있었다는 것, 누가 잘못을 하면 뭐 저런 사람이 있어! 그렇게 하면 자꾸 더 그렇게 되는 것입니다.

아세아공업사

공업사를 빈민들을 위해 하나 만들었습니다. 그것을 욕심 낸 두 사람 다 지금은 죽고 없으니까 이런 말 해도 괜찮습니다. 박석근장로, 손옥희전도사 두 사람은 내 교회에 있는 장로, 전도사입니다. 어느날 내게 와서 공업사를 다 자기에게 옮겨 달라고 합니다. 빈민들을 위한 것이니 개인에게 줄 수가 없으니 박장로는 그런 생각을 하지 말라 했습니다. 그러자 두 분이 공모해서, 최정원목사가 내게 간음죄를 지었습니다 하고 전도사인 손옥희가 정부와 총회에 저를 고소했습니다. 그때는 내가 성결교에 있을 때입니다. 서울 신학대학 부학장으로 있을 때입니다. 그러니까 나만 죽으면 부학장 자리, 내 자리를 원하는 이런 야심을 가진 목사들이 "이젠 되었다. 정원이도 이제 별 수 없다. 우리 차지가 되었다."했습니다. 그 장로와 여전도사를 총회에서 불러다가 어디서 그런 범죄를 했느냐 했더니 통일호 타고 오면서 범죄했다고 그랬습니다. 목사들이 기가 막혀 붓을 놓았습니다. 통일호 타고 오면서 어디서 그런 죄 짓겠습니까?

당국에서도 조사하다가 통일호 타고 오면서 그랬다고 하니까 조사를 그만두었습니다. 그들이 그러니까 내 얼굴을 볼 수가 없습니다. 손옥희 전도사는 그 아버지가 의사인데, 동산병원 원장으로 저와 친구입니다. 그 남편은 독일 모 대학을 졸업한 남편인데 일찍 죽어서 혼자된 여자였습니다. 그 아버지 손장로가 내게 부탁을 해서, 내 딸이니까 생활비는 안 주어도 좋으니 주의 일하는데 써서 좀 위로를 받게 해달라고 그렇게 해서 있던 사람입니다.

그래서 두 사람은 내 얼굴을 못 봅니다. 어떻게 해야 됩니까? 미워해야 됩니까? 부족한 사람일수록 더 사랑해 주어야 합니다. 박장로를 불렀습니다. 얼굴을 못 듭니다. "박 장로!" 대답도 못합니다. "신학교 가시오!" 놀래서, 이 어른이 정신이 나갔나 이런 식으로 봅니다. "신학교 가시오!" "좋은 목사가 될 수 없습니다" 엎드려서 통곡을 합니다. 신학교 보냈습니다. 졸업해서 성결교 단체 총회장 두 번 했습니다. 손옥희전도사를 불렀습니다. 앞에 못 섭니다. "내가 아무렇지도 않게 여기는데 걱정하지 말고 교회 일 열심히 해!" "못하겠습니다. 교인들 앞에서 부끄러워 설 수가 없습니다."하고 웁니다. 그래서 대구 시내 향촌동에다가 교회를 하나 세워서 거기 전도사 일을 보게 했습니다. 원수가 어디 있습니까?. 사실 부족하면 다 그렇게 할 수 있습니다. 주님의 은혜를 입은 사람은 범죄할 수가 없습니다. 죄를 지을 수가 없습니다.

전희철

대한예수교장로회 광주동명교회 대학부
웨스트민스터 신학대학원대학교 (M.Div.)
웨스트민스터 신학대학원대학교 (Th.M.)
(전) 임마누엘예수그리스도교 반석교회 부목사
(현) 임마누엘예수그리스도교 제일반석교회 담임목사

한상동의 설교: 창조론을 중심으로[1]

이신열

I. 시작하면서: 목회 사역과 설교

심군식은 한상동의 목회를 기도 중심의 목회, 심방 위주가 아닌 목회, 설교 중심의 목회, 그리고 생활목회로 평가했다.[2]

그의 설교에는 신자가 어떻게 주님과 교회를 위해서 봉사, 충성, 그리고 희생해야 하는가가 특별히 강조되었다. "식물도 고목이 되기 전에 베어져야 가치 있게 쓰이고 동물도 늙기 전에 희생이 되어야 맛있고 값있는 고기가 되고, 인생도 젊을 때, 힘이 있을 때, 희생을 해야 가치가 있다"고 설교했다.[3] 목회적 맥락에서 그의 설교는 교인들과 함께 예수님 앞에 서는 것을 목표로 삼았다. 교인들을 예수께 인도하는 일이 한상동에게는 곧 목회이자 설교였다. 이런 점에서 그의 목회는 설교 중심의 목회이었다.[4] 그의 설교에 나타난 목회 중심적 사고의 귀결은 복음 설교로 나타났다. 심군식은 이에 대해서 "설교 자체가

---

1. 이 글은 저자의 다음 글을 축약 정리한 것이다. "한상동의 설교에 나타난 창조론에 대한 고찰", 「조직신학연구」 37 (2021): 190-224.
2. 심군식, "한상동 목사의 생애와 신학", 심군식 외 5인, 『한상동 목사의 삶과 신학』 (부산: 고신대학교출판부, 2006), 33-39.
3. 신현국, "후배가 본 목회자 한상동", 한상동목사 10주기 추모집 발간위원회 (편), 『한상동 목사 그의 생애와 신앙』 (부산: 도서출판 광야, 1986), 152.
4. 심군식, "한상동 목사의 생애와 신학", 37.

복음"이라는 표현을 사용했다.[5]

한상동의 목회 중심적 설교는 그의 신사참배 반대 설교에서 더욱 분명하게 드러난다. 그는 신자들을 향하여 일제의 핍박으로 고난당하게 될 때 이를 두려워하지 말고 진리를 위해 인내하고 투쟁하는 가운데 신앙을 더욱 확고히 하라고 설교했다. 이런 이유에서 안용준은 한상동을 '진리의 혜성'이라고 불렀다.[6] 진리를 위해서 담대하게 고독과 고난을 선택하는 것은 주님을 위한 것이며 이것이 무척 힘들고 어렵더라도 참된 신앙생활을 위한 행위라는 사실을 교인들에게 독려하는 것이 그의 신사참배 반대의 본질적 이유에 해당된다.

1937년 10월 24일 초량교회에서 4백여 명의 성도들을 향해서 신사참배 반대를 격려하기 위해서 다음과 같이 설교했던 것으로 전해진다. "일본제국의 존망도 신의대로이며 신사참배정책은 신의에 반대되는 고로 끝까지 반대해야 하고 … ."[7] 그의 신사참배 반대 설교는 한마디로 "시대의 양심을 선포하고 잠자는 영혼들을 깨우친" 목회적 설교이었다.[8]

II. 설교 분석

한상동의 유고 설교는 모두 7권으로 이는 복사본의 형태로 고신대학교 도서관과 고려신학대학원 도서관에 소장되어 있는데 여기에 629편의 설교가 실려 있다.[9] 그 외에 출간된 설교집으로 『신앙세계와 천국 (1970)』과 『고난과 승

---

5. 심군식, "한상동 목사의 생애와 신학", 37.
6. 안용준, 『태양신(천조대신)과 싸운 이들, 상권: 부록 옥중성도 이십일명 예심 종결서』 (부산: 대한예수교장로회총회/칼빈문화출판사, 1956), 159.
7. 안용준, 『태양신(천조대신)과 싸운 이들, 상권』, 316. 정성구, "한상동 목사와 그의 설교", 심군식 외 5인, 『한상동 목사의 삶과 신학』, 64; 이상규, "한상동 목사의 생애와 신학", 안명준 (편), 『한국교회를 빛낸 칼빈주의자들』(용인: 세움북스, 2020), 1366.
8. 정성구, "한상동 목사와 그의 설교", 51.
9. 이 설교들은 최근에 세 권으로 출간되었다. 한상동, 『영적세계: 한상동목사의 설교 (상)』, 김영산 엮음 (부산: 고신대학교출판부, 2016); 『여주동행: 한상동목사의 설교 (하)』, 김영산 엮음 (부산: 고신대학교

리 (1980)』가 있는데 각각 29편, 43편의 설교를 만나 볼 수 있다.[10] 또한 그의 10주기를 맞아 한상동 목사 10주기 추모집 발간위원회에서 발간한 단행본에는 15편의 설교가 발견된다.[11] 이 단락에서는 최근에 출판된 세 권의 설교집에 실린 582편의 설교와 다른 설교집 두 권에 실린 설교를 중심으로 설교 본문의 선택과 설교 분류라는 두 가지 주제로 나누어서 분석을 시도하고자 한다.

1) 설교 본문의 선택

먼저 한상동은 어떤 방식으로 설교 본문을 선택했는가? 그의 설교 본문을 신구약으로 나누어서 살펴보면, 582편의 설교 가운데 구약 설교는 103편이며 신약 설교는 474편에 해당된다.[12]

다시 말하면, 그의 설교 가운데 대략 18%는 구약 설교이며 82%는 신약 설교로 구성된 것을 발견할 수 있다. 이 통계를 통해서 5편의 설교 가운데 4편 정도가 신약에 근거했을 정도로 그의 설교는 신약 중심의 설교이었다.[13] 물론 그의 설교를 실제로 읽어보면, 신약 본문에 근거한 설교라고 해서 구약을 전

출판부, 2016); 『지사충성: 한상동목사의 설교집』, 김영산 엮음 (부산: 고신대학교출판부, 2017).
10. 한상동, 『신앙세계와 천국』 (부산: 아성출판사, 1970); 『고난과 승리』 (부산: 고려신학대학교회문제연구소, 1980). 첫 번째 설교집은 1970년에 행했던 설교를 중심으로 구성된 반면에 두 번째 설교집은 그의 사후에 발간된 유고 설교집으로 첫 번째와 달리 개별 설교들의 설교일자가 기록되지 있지 않다.
11. 한상동, 한상동목사 10주기 추모집 발간위원회(편), 『한상동 목사 그의 생애와 신앙』, 19-117.
12. 582편의 설교 가운데 본문이 명시되지 않은 5편의 설교는 이 통계에서 제외되었는데 이들은 다음과 같다: "고려신학에 대한 참고" (『영적세계』, 37-41), "현하 대한교회에" (『영적세계』, 41-46; 『한상동목사 그의 생애와 신앙』, 42-48), "예수님의 부활은" (『여주동행』, 394-96), "기도에 대하여 (기도의 일면)" (『지사충성』, 49-50), "주님의 약속은" (『지사충성』, 170-74). 비슷한 통계는 나머지 두 편의 설교집에 실린 설교에도 적용될 수 있다. 『고난과 승리』에 실린 43편의 설교 가운데 구약 설교는 5편이며, 『신앙세계와 천국』에는 전체 29중 구약 설교 3편을 포함한다.
13. 이 사실은 한상동과 함께 고려신학교에서 사역했던 박윤선의 설교 본문 선택과는 상당한 대조를 이룬다. 박윤선의 남겨진 설교는 총 1,047편인데 구약 473편, 신약 574편으로 구성되었다. 그의 본문 선택에는 신구약 사이의 균형이 어느 정도 유지되었다고 볼 수 있다. 정창균, "다시 듣는 정암 박윤선의 설교," 「신학정론」 28/2 (2010): 239. 그런데 정창균의 이 분석에는 박윤선의 성경주석에 수록된 1,000여 편의 설교는 포함되지 않았다. 박윤선, 『성경과 나의 생애』 (서울: 영음사, 1992), 81.

혀 언급하거나 다루지 않는 설교는 아니었음을 알 수 있다. 오히려 신약 본문에 나타난 진리를 구약 본문을 통해서 설명하는 방식을 취했던 것이다. 예를 들면, "휴양과 노동"이라는 설교의 본문은 마 11:28-30인데, 여기에는 신 34:7, 사 40:28f, 창 3:17-19, 사 52:7을 포함하여 4번의 구약 본문이 언급된다.[14] 그럼에도 불구하고 한상동의 설교가 지닌 특징은 신약 중심적이라는 사실은 분명한 것으로 보인다. 그렇다면 신약 성경 가운데 어떤 성경이 가장 빈번하게 설교 본문으로 채택되었는가? 총 474편의 신약 설교 가운데 228편이 복음서 설교로서(48.1%) 절반에 가까운 분량을 차지한다.[15] 이 사실은 그의 설교가 예수 그리스도의 복음을 증거하는 '복음'설교라는 사실과 잘 어우러지는 대목이라고 볼 수 있다.

2) 설교 분류

한상동의 설교는 철저한 교리 설교이었다. 윌리엄 칼 3세(William Carl III)는 교리설교를 예수 그리스도에 대한 성경의 가르침에 기초를 둔 설교로서, 한두 가지 교리를 중점적으로 다룬다고 주장한다.[16] 필자는 한상동의 설교가 얼핏 보기에 아주 평이하고 단순한 것으로 보일 수도 있지만, 그 이면에는 아주 체계적이며 조직적인 가르침이 자리잡고 있음을 발견할 수 있었다. 이런 체계적 가르침에 근거하여 그의 설교는 하나님의 장엄함과 위대함을 힘 있게 선포하는 설교가 되었다고 볼 수 있다.[17] 그렇다면 무엇이 그의 설교에 이런 체계성과 조직성을 부여했는가? 이 질문에 대한 유일한 답은 교리에 놓여 있다

---

14. 한상동, 『고난과 승리』, 36-38.
15. 이를 자세히 살펴보면 228편의 복음서 설교는 다시 마태복음 126편, 마가복음 4편, 누가복음 41편, 그리고 요한복음 57편으로 구성된다.
16. 윌리엄 칼 3세, 『감동을 주는 교리설교』, 김세광 역 (서울: 새세대, 2011), 20.
17. 정성구, "한상동 목사와 그의 설교", 58.

고 판단된다. 그는 예화를 사용했지만 그의 설교는 예화 중심의 설교가 아니었다. 그의 설교는 하나님의 말씀의 나타난 진리를 붙들기 위해서 그 가르침에 천착하는 교리 설교이었다.

이런 이해를 바탕으로 그의 설교를 교의학적 주제에 따라 분류함으로서 교리적 특징 파악에 도움을 얻고자 한다. 여기에서는 앞서 언급된 그의 설교 582편을 필자가 정한 다음의 10가지 주제를 따라서 분석하게 될 것이다: 하나님, 인간과 죄, 그리스도, 성령, 구원, 교회, 종말, 기독교 윤리, 기도, 그리고 기타. 이를 도표로 정리하면 아래와 같다.

	하나님	인간	그리스도	성령	구원	교회	종말	기독교 윤리	기타 (국가, 교육 등)
설교 편수	75	214	52	6	102	48	38	20	16
비율 (%)	12.9	36.8	8.9	1.03	17.5	8.3	6.5	3.4	2.7

<표> 한상동의 설교 582편에 대한 교리적 주제에 따른 분석

위 표에 근거해서 그의 설교에 나타난 몇 가지 교리적 특징들을 살펴보고자 한다.

첫째, 개인 구원에 관한 집중을 들 수 있다. 한상동의 설교에는 신자 개인의 신앙과 생활에 대한 가르침이 상당히 빈번하게 나타난다. 위 표에서 확인할 수 있듯이 인간과 구원, 그리고 윤리의 세 주제에 관한 설교가 336편으로 전체 582편의 절반을 훨씬 상회한다(57.7%). 그는 목사로서 지녀야 할 경건생활을 중요시 한 만큼, 설교를 통해서 신자들의 경건생활을 강조함으로써 신자라는 이름에 합당한 삶을 살아야 한다고 외쳤다.

둘째, 교회를 주제로 삼은 설교의 비중이 예상보다 높지 않다는 점을 들 수 있다. 전체 582편의 설교 가운데 48편(8.25%)이 교회에 관한 것인데 이는 앞서 언급된 바와 같이 그가 신자 개인의 신앙과 경건 생활을 강조한 것에 비하면 낮은 비율이라고 볼 수 있다. 그의 설교가 교회론을 강조하지 않은 것으로 나타나는 통계에 대해서 어떤 설명이 가능한가? 개인의 신앙생활에 집중한 결과 교회라는 주제가 상대적으로 그의 설교에서 자주 다루어지지 못한 것이라는 답변이 가능할 것이다. 하지만 이런 통계적 사실에 근거한 추론만으로 그의 교회 이해에 대한 충분한 설명이 제공되었다고 보기에는 어려움이 있다. 외형적 통계는 조국 교회에 대한 그의 사랑과 헌신을 부정하거나 희석시키지 못한다. 주님의 몸된 교회를 향한 그의 열정은 일제 치하 신사참배를 통해서 교회의 순수성과 거룩성이 파괴한 한국교회에 대한 회개에의 촉구에서 잘 드러난다. "현하 대한교회에!"라는 제목의 설교에서 한상동은 다음과 같이 절실하게 호소했는데 그는 교회의 거룩성 회복을 위한 회개에의 외침을 자신의 사명으로 간주했다.

> 그러나 여호와께서 진노하사 이 강산이 황폐하며 이 민족이 패망하고 이 교회가 쇠퇴하여 양떼가 죽어가니 이 어찌 회개의 부르짖음을 그치겠는가? 교회가 바로서고 교인이 살아나며 민족이 다시 부흥하고 강토가 아름답게 되기까지는 비록 넘어지는 한이 있더라도 계속 외칠 것이다. 이것이 선지자의 사명이다. 또한 무시와 천대를 받는 죄인 하나가 회개하면 목을 안고 입을 맞추며 노래할 것이요 쌍수로서 축복할 것이다. 이것이 세움을 입은 제사장의 할 바이다.[18]

이런 맥락에서 김영산은 한상동의 설교에 나타난 교회 이해의 특징이 교회

---

18. 한상동, "현하 대한교회에!", 한상동목사 10주기 추모집 발간위원회(편), 『한상동 목사 그의 생애와 신앙』, 45-46. 이 설교는 1950년 1월에 발간된 「파수군」 제 2호에 수록되었으며 다음에도 실려 있다. 한상동, 『영적세계』, 41-46.

의 거룩성과 전투성에 대한 집중에 놓여 있다고 보았다.[19]

셋째, 성령론이 차지하는 비중은 신론과 기독론에 비해서 상대적으로 훨씬 낮다. 위 도표에서 확인 가능하듯이, 하나님과 그리스도에 대한 설교는 각각 75편(12.9%)과 52편(8.9%)인 반면에, 성령에 대한 설교는 단지 6편(1.03%)에 지나지 않는다. 한국 교회에는 성령의 사역을 강조하는 설교가 상당히 많이 행해지는 현실에 비추어본다면, 이 통계를 놓고 다음과 같은 질문들이 제기될 수 있을 것이다. 한상동이 교리 이해에 있어서 성령론의 역할은 무엇인가? 한상동의 설교에 있어서 성령 하나님이 왜 간과되었는가? 그러나 성령에 대한 그의 설교들을 직접 살펴보면 이런 의문들은 사라진다. 그는 성령을 그리스도와 함께, 그리고 그리스도 안에서 일하시는 하나님으로 이해할 뿐 아니라 그리스도보다 먼저 사역하신 하나님으로 설교한다.[20] 또한 성령을 의지해야 예수 그리스도를 믿게 된다는 사실이 강조된다. 성령을 받은 자는 진리 가운데로 인도함을 받으며, 성경에 나타난 계시를 올바로 깨닫게 되어 하나님께 영광 돌리는 삶을 살 수 있게 된다고 보았다.[21] 구속 사역과 관련하여 성령은 말씀, 특히 구원의 복음을 통해 역사하시며, 그의 인치심으로 선택받은 백성들을 하나님의 소유로 삼으신다는 사실에 대해서 설교한다.[22] 성령의 인치심은 16세기 종교개혁자 칼빈(John Calvin, 1509-1564)의 신앙에 대한 삼위일체론적 정의에 등장하는 개념인데 이를 살펴보면 한상동이 지녔던 개혁주의 신학의 정통성이 분명하게 확인된다고 볼 수 있다.[23]

---

19. 김영산, "한상동 목사의 조직신학적 사고: 그의 유고 설교문을 중심으로", 한상동, 『영적세계』, 563-64.
20. 한상동, "성령 역사는" (엡 1:20-23 설교), 한상동, 『영적세계』, 91.
21. 한상동, "진리의 영이 오시면" (요 16:12-21 설교), 한상동, 『영적세계』, 372-73.
22. 한상동, "성령께서 구속하심을 찬송" (엡 1:13-14 설교), 한상동, 『영적세계』, 84-85. 그의 설교노트에는 성령세례에 대한 설교 제목과 본문만 주어져 있으므로 본 논의 대상에서 제외될 수밖에 없는 아쉬움이 남는다. 한상동, "성신세례에 대하여" (요 1:29-34), 한상동, 『지사충성』, 63.
23. 칼빈, 『기독교 강요』, 3.2.7.

III. 창조론을 중심으로 살펴보는 한상동의 설교

정성구가 지적한 바와 같이 한상동에게 하나님의 주권이라는 측면에서 창조는 상당히 중요한 주제이었다.[24] 그는 창조론을 빈번하게 설교의 재료로 삼았을 뿐 아니라 다른 주제의 설교에 있어서도 이를 출발점으로 삼았다. 이에 대한 가장 대표적인 예로서 "왜 인생을 사랑하셨을까?"라는 설교에 나타난 방식을 들 수 있다. 하나님이 인생을 사랑하신 이유를 죄를 지으면 회개할 줄 아는 인생이며 은혜를 감사할 줄 아는 인생이라는 점에서 찾기 전에 먼저 인생이 하나님의 형상대로 창조되었다는 점에서 출발한다.[25] 하나님의 사랑이라는 주제를 인간론적으로 적용하기에 앞서 이를 창조론적으로 고찰함으로서 인간과 하나님의 관계를 형상의 차원에서 선명하게 부각시키고자 했던 것을 볼 수 있다. "하나님의 자녀"라는 설교는 불완전하고 병들고 연약한 인생을 왜 하나님께서 우주 만물들 가운데 자기 자녀로 삼으셨는가를 다루는 설교이다.[26] 이 설교는 구원론적 설교라기보다는 우주론적이며 종말론적인 설교에 더 가깝다고 볼 수 있다.[27] 그는 인간에게 세상을 다스리는 권세와 심판하는 권세가 주어졌다는 사실을 대하면서 이것이 가능했던 이유를 "오직 인생만을 하나님께서는 자신의 형상대로 창조하셨다"는 사실에서 찾는다.[28] 하나님께서 우주의 만물들 가운데 인간을 선택하셔서 자녀를 삼은 것이라고 주장한다. 여기에서 그런데 다스림과 심판의 권세가 인간에게 부여될 수 있는 궁극적 이유가 바로 인간이 하나님의 형상으로 지음 받은 유일한 존재라는 창조론적 가르침이 첫 번째 대지로서 먼저 다루어진다. 이런 방식으로 이 설교에서도 창조론은 설교

---

24. 정성구, "한상동 목사와 그의 설교", 59: "그의 설교에는 창조주로서의 하나님이 특히 강조되고 있다."
25. 한상동, "왜 인생을 사랑하셨을까?" (요 3:1-12, 13-63 설교), 한상동, 『신앙세계와 천국』, 74-82.
26. 한상동, "하나님의 자녀" (요일 3:1-2 설교), 한상동, 『고난과 승리』, 46-49.
27. 그가 주장하는 세상을 다스리는 권세는 종말론적 개념이었는데 특히 천년왕국에서 세상을 다스리는 권세를 가리킨다. 그는 천년왕국의 실체를 믿는 천년왕국론자이었다. 한상동, "하나님의 자녀", 48.
28. 한상동, "하나님의 자녀", 46.

의 전체 주제를 이끌어가는 일종의 추(fishing plumb)와 같은 역할을 담당한다고 볼 수 있다. 요약하면, 그의 설교에서 인간이 하나님의 자녀라는 교리적 진리를 설명하기 위한 토대 또는 출발점이 분명히 창조론에 놓여 있다는 사실로 정리될 수 있다.

이 단락에서는 한상동의 설교에 나타난 창조론에 집중하여 고찰하고자 한다. 이 고찰을 위해서 그의 설교들을 살펴보되 특히 특정 설교 전체의 주제 및 논지 형성에 있어서 창조론이 어떤 역할을 하는가를 중심으로 고찰하고자 한다. 이 작업을 위해서 다음의 세 가지 주제를 설정했다: 창조의 성격, 창조의 목적, 그리고 창조와 인간.

1) 창조의 성격

한상동의 창조론 설교에 나타난 성격을 몇 가지로 나누어서 살펴보면 다음과 같다. 첫째, 하나님의 창조는 선한 창조이다.[29] 하나님의 명령을 따라 피조된 만물은 그 자체로서 선하며 거기에는 아무런 악이 존재하지 않는다.[30] 둘째, 하나님의 창조는 사랑을 위한 창조이다.[31] 하나님은 창조주이심과 동시에 인간의 아버지이시므로 그는 자신의 손으로 창조한 인생들에게 사랑을 베푸시는 분이시다. 그의 사랑은 인간을 위해서 일하심에서 드러나며, 특히 좋은 것을 베풀어 주신다는 사실을 통해서 그의 아버지 되심이 증명된다.[32] 셋째, 창조를 통해서 자연법칙이 부여되었으며 이는 섭리의 영역으로 확장된다. 이에 대해서 그는 다음과 같은 설명을 제공한다.

---

29. 한상동, "세계와 나" (히 11:1-3 설교), 한상동, 『영적세계』, 490.
30. 한상동, "세례는 주님의 명령", "주님의 재림" (마 24:32-51 설교), 한상동, 『신앙세계와 천국』, 90, 97.
31. 한상동, "세례에 대한 주님의 명령" (마 28:16-20 설교), 한상동, 『여주동행』, 334.
32. 한상동, "아버지 되신 하나님", 23.

우주 천체는 자연의 법칙에 따라 운행되고 있습니다. 물론 이 법칙은 하나님의 주장하시는 섭리 가운데 진행되고 있습니다. 밤 하늘을 바라 보십시오. 무수한 별들이 보석처럼 반짝이고 있습니다. 저 별들은 보석처럼 아름답게 보이지만 실상은 엄청나게 큰 물체들입니다. 그러나 저 엄청나게 큰 물체들이 자기의 궤도를 따라 질서 정연하게 움직이고 있습니다. 이것은 자연법칙에 순응하고 있는 것입니다. 모든 만물이 자연 법칙에 순응하여 살아가고 있습니다. 이 자연법칙을 어기고는 살 수가 없는 것입니다. 피조물은 다 이 자연 법칙에 순응하여 살아가고 있습니다. 자연법칙을 어기면 죽습니다.[33]

넷째, 창조는 인간에게 창작력을 제공한다. 하나님은 인간을 지으시되 자신의 모습을 닮은, 즉 자신의 형상을 지닌 자로 창조하셨다. 그 결과 인간에게 창작의 능력이 주어졌다.[34] 인간은 이 능력을 발휘하여 문명을 발전시켰는데 이는 과학기술의 발전에 힘입은 바가 무척 크다. 한상동은 이런 맥락에서 과학기술에 대해서 상당히 긍정적인 태도를 취한다. "사람이 무엇을 새로 만들 때에 그것이 영광이다. 가령 공기에서 물을 뽑아내는 기계를 하나 만들었다면 그 자체가 영광이다."[35] 다섯째, 창조의 결과로 주어진 재물은 인간에게 즐거움과 기쁨, 그리고 행복을 제공한다.[36] "성도의 재물관"이라는 설교에서 한상동은 재물을 하나님이 창조해 놓은 것을 인간들이 자기의 소유로 삼는 것으

---

33. 한상동, "하나님께 순종함은" (창 22:1-19 설교), 한상동, 『신앙세계와 천국』, 243-44. 그는 과학기술의 발전에 주목하고 이를 자신의 설교에서 빈번하게 언급한다.
34. 한상동, "여호와를 의지함은" (렘 17:5-8 설교), 한상동, 『영적세계』, 113.
35. 한상동, "영광은 하나님께" (고전 6:12-20/롬 11:36 설교), 한상동, 『영적세계』, 125.
36. 한상동, "성도의 재물관" (마 6:13-24 설교), 한상동, 『고난과 승리』, 119. 같은 설교가 『영적세계』, 327-28에도 요약된 형태로 발견된다.

로 정의한다.[37] 재물은 삶의 영위에 반드시 필요한 것이지만 인간의 욕구를 따라 마음대로 획득될 수 있는 것은 아니다. 인간이 이에 욕심을 부리게 되면, 하나님께서는 오히려 그가 가진 것조차 빼앗아 가신다는 견해가 아울러 제시된다.[38] 재물은 원래 인간의 것이 아니라 하나님이 지으신 것이므로 하나님께서 인간에게 주시되 거저 베풀어주신다. 이렇게 하나님께서 인간에게 재물을 선물로서 허락해 주시므로 그는 이를 자신의 안위와 영달이 아니라 하나님의 뜻과 그의 원하시는 일을 위해서 합당하게 사용해야 한다.[39]

2) 창조의 목적

하나님께서 천지를 창조하신 목적은 크게 두 가지로 파악된다. 첫째, 피조세계는 하나님의 영광을 위해 지음 받았다.[40] 하나님의 영광이 창조와 섭리에 미친다는 견해가 제시된다. 하나님은 자신이 지으신 피조세계의 존재 자체를 통해서 영광을 받으실 뿐 아니라, 이에 대한 통치를 통해서 영광을 받으신다.[41] 인간을 지으신 목적도 인간으로 하여금 하나님께 영광을 돌려드리는 삶을 사는데 놓여 있다. 인간은 하나님께 부여받은 고귀한 생명이자 동물의 그것과 차별화되는 특수한 생명을 그분께 영광을 돌려 드리기 위해서 사용해야 한다.[42] 둘째, 창조는 인생의 소용을 위한 것이었다. "하나님의 일"이라는 설교의 첫째 대지는 "하나님은 천지창조를 인생을 위해서 하셨습니다."로 나타난다. 하나님의 목적이 인간을 위한 것임을 어떻게 알 수 있는가에 대해서 한상

---

[37]. 한상동, "성도의 재물관", 116. 다른 설교에서 재물은 "하나님께서 천지만물을 창조하시고 인생에게 붙여주신 것"으로 정의된다. 한상동, "어리석은 인생" (눅 12:13-21 설교), 한상동, 『고난과 승리』, 123.
[38]. 한상동, "성도의 재물관", 118.
[39]. 한상동, "성도의 재물관", 119.
[40]. 한상동, "세계와 나", 490.
[41]. 한상동, "영광은 하나님께", 125-26.
[42]. 한상동, "천하보다 귀한 생명 (마 16:25-27 설교), 한상동, 『신앙세계와 천국』, 36-39.

동은 다음과 같이 대답한다.

> 하나님은 천지 만물, 모든 곤충 고기 짐승을 다 만드신 다음에 인생을 창조하신 것 보면 그 모든 것, 인생이 마음대로 사용하며 살아라는 뜻을 알 수가 있읍니다. 이 모든 일들을 볼 때 분명코 하나님은 인생을 위해 일 하심을 알 수가 있읍니다. 만물을 인생에게 복종하도록 창조하신 일은 참으로 범상한 일이 아닙니다. ... 그러나 사람은 그들을 사고 잡아먹고 하여도 겁내지 아니하며 도망하지 않습니다. 개를 자기 어미 보는데서 팔고 사도 새끼 보는데서 어미를 잡아먹어도 달아나지 않습니다. 이것 보면 하나님은 인생을 위해 만물 주심이 분명합니다.[43]

천지 창조의 목적을 논의함에 있어서 만물이 인간에게 복종하도록 지음 받았다는 사실이 그 목적에 포함되었음을 파악할 수 있다. 한상동은 우주 만물이 인간을 위해서 주어진 것임을 믿는 것이 최고의 선이며 의 가운데 의라고 밝힌다.[44]

3) 창조와 인간

창조와 인간에 관한 한상동의 설교에서 네 가지 주장이 발견된다: 창조주에게 의존적인 피조물로서의 인간, 하나님의 형상으로 창조된 인간, 모든 인간의 평등한 창조, 그리고 인간 창조의 목적은 하나님을 섬김에 놓여 있음.

첫째, 인간은 창조주 하나님께 의존적인 존재이다. "신자는 승리자"라는 설

---

43. 한상동, "하나님의 일" (요 6:22-35 설교), 한상동, 『신앙세계와 천국』, 218-19. 동일한 내용이 다음의 설교에도 나타난다. "하나님의 자녀" (요일 3:1-2 설교), 한상동, 『영적세계』, 331; 한상동, "우리를 위하신 하나님" (롬 8:31-39 설교), 한상동, 『여주동행』, 209.
44. 한상동, "인생의 행복과 불행" (벧후 3:14-18 설교), 한상동, 『여주동행』, 194.

교에서 한상동은 신자의 믿음이 세상을 이기는 것이며 그는 이기는 자로서 곧 산 자라고 주장한다.[45] 이렇게 이기는 자로서 살기 위해서 신자는 하나님께 믿음으로 붙어 있어야 하는데 여기에서 붙어 있다는 것은 곧 피조물로서 자기를 만드신 창조주 하나님께 전적으로 의존하는 것을 가리킨다.[46] 하나님께 의존하는 자는 승리하는 자인데 이는 전적으로 믿음으로 가능하다.

둘째, 인간만이 하나님의 형상으로 창조되었다. 이는 먼저 인간이 만물과 구별되게 창조되었다는 사실에 기인한다(골 3:10; 엡 4:24).[47] 동물이나 천사와 달리 인간만이 하나님을 닮아갈 수 있다. 그러나 인간이 범죄 타락함으로 말미암아 이 형상에 훼손이 가해졌고, 그 결과 인간은 하나님의 원래 의도보다 훨씬 못한 상태에 놓이게 되었다. 한상동은 칼빈을 언급하면서 만약 인간이 범죄하지 않았더라면 인간은 지금과 비교할 수 없을 정도로 발달된 문명을 지니게 되었을 뿐 아니라 또한 하나님과 더욱 닮은 자리에 이르게 되었을 것이라고 다음과 같이 주장한다.

> 나는 잘 모르지만 칼빈의 말에 사람이 만일 에덴동산에서 범죄만 아니 하였더라면 오늘 문명을 가지고 족히 비할 수 없도록 발달되었을 것이라고 하였다고 합니다. 인생은 하나님 죄로 말미암아 하나님과 멀어졌고 하나님 앞에 의로 여김 받지 못했읍니다. 우리 신자는 요일서 3장 2절의 말씀처럼 하나님이 말씀하신바 "그와 같은 것을 말씀하신 그대로 될 것을" 믿는 것입니다. 다만 문제는 죄 없이 함을 받는 것에 있읍니다. 우리가 필연 죄만 없다면 하나님과 아들간의 부자간의 차이는 있을지언정 조물주와 피조물의 차이는 있을지언정, "그와 같을 줄 안다"는 말씀대로

---

45. 한상동, "신자는 승리자" (요일 5:1-12 설교), 한상동, 『여주동행』, 408.
46. 한상동, "신자는 승리자", 410.
47. 한상동, "하나님과 나" (신 6:4-9/마 22:34-39 설교)", 한상동, 『영적세계』, 484,

되어질 것을 믿지 않을 수 없다는 것입니다.[48]

셋째, 모든 인간은 하나님께 순종하도록 창조되었다. 한상동은 인간은 만물을 지배하고 다스리는 권세를 부여받았으며 다른 사람을 복종시키기를 원하고 좋아하지만, 스스로는 다른 사람에게 복종 당하는 것을 싫어한다고 말한다.[49] 그러나 피조물인 인간의 사명은 자신을 지으신 자에게 순종하는데 놓여 있는데 한상동은 이 순종을 겸손으로 이해했다.[50] 이 복종의 당위성에 대해서 그는 하나님의 통치와 창조와 관련하여 다음과 같이 말한다.

우리 하나님은 아무 것도 없는 것에서 우주를 창조하신 일을 생각하면 그저 경배와 고개를 숙일 수밖에 없는 것이다. 어찌 다른 신을 섬기거나 경배할 수 있겠는가? 그리고 우주를 창조하실 뿐 아니라, 통치하시는 하나님을 믿는다면, 우리 인생도 통치하심을 믿고 순종하게 된다 (히 11:5-8).[51]

넷째, 인간 창조의 목적은 하나님을 섬기고 그를 영화롭게 하는 것이다. 한상동은 이 사실을 설명함에 있어서 자연의 질서에 호소한다. 식물은 동물을 위해서, 동식물은 인간을 위해서 존재하듯이, 인간은 하나님을 위해서 존재하도록 지음 받았다는 사실에 대해서 다음과 같이 설명한다.

나아가서 본문은 우리에게 인생은 주님을 섬김이 합당하도록 창조되어

---

48. 한상동, "하나님의 자녀", 49.
49. 한상동, "주님께 복종할 이유" (빌 2:1-11 설교), 한상동, 『고난과 승리』, 31.
50. 한상동, "예수님의 겸손" (빌 2:1-11 설교), 한상동, 『영적세계』, 258.
51. 한상동, "신앙세계의 사람" (히 11:1-16 설교), 한상동, 『여주동행』, 269.

있음을 말하고 있읍니다. 하나님이 이 세상을 창조하실 때에 식물은 동물을 위하여 있게 하였고, 동식물들은 인생을 위하여 만들어 놓으셨습니다. 인생은 분명코 하나님을 위하여 창조되어졌음을 증거하고 있읍니다.[52]

이렇게 인간이 창조의 목적을 따라 한 분 하나님만을 섬기고 살게 될 때 '진정한 우주적 평화'가 주어진다.[53] 하나님을 섬기는 것은 그를 영화롭게 하는 것이지만, 다른 피조물을 섬긴다면 그를 영화롭게 하지 못하는 것이며 그를 모독하는 것이 된다. 한상동은 우상을 섬기는 것은 하나님을 모독할 뿐 아니라 그의 '형상'인 인간을 모독하는 것이라고 주장한다.[54]

VII. 마치면서

본 논문은 고려신학교 설립자 한상동의 설교에 대해서 간략하게 고찰해 보았다. 그의 설교에 나타난 특징을 교리 설교라는 틀을 통하여 고찰하되 창조론에 집중해서 살펴보았다. 설교 분석은 크게 설교 본문 선택과 창조론적 설교로 나누어지는데 먼저 본문 선택과 관련하여 한상동은 구약의 본문 보다는 신약을 본문으로 설교하기를 아주 선호했다. 신약 가운데 특히 복음서가 월등히 높은 비중을 차지했다는 점이 눈에 띈다. 비록 해방 이전에 행했던 설교의 대부분은 자료로 남아있지 않기 때문에 이 분석은 상당히 제한적이며 해방 이후에도 상당한 수의 그의 설교가 기록에 남아 있지 않다는 사실은 무척 아쉬운 일이 아닐 수 없다. 여기에서는 그의 설교를 10가지 교의학적 주제로 나누

---

52. 한상동, "주님을 섬기는 자는" (요 12:20-36 설교), 한상동, 『고난과 승리』, 114.
53. 한상동, "신자의 좁은 문은" (마 7:13-14/신 7:1-11 설교), 한상동, 『여주동행』, 111.
54. 한상동, "주를 섬기는 것은", 한상동, 『영적세계』, 198. 다른 곳에서는 재물을 의지하는 것은 인간의 모욕이라고 주장한다. 한상동, "여호와를 의지하는 것은" (렘 17:5-8 설교), 한상동, 『영적세계』, 113.

어서 분류해 보았는데 인간과 구원에 관한 설교가 분석 대상 582편의 설교 중 336편을 차지하여 절반을 훨씬 상회하는 높은 비중을 나타내었다. 한상동의 설교가 교리 설교라는 사실은 창조론을 통해서 분명하게 드러난다. 이런 맥락에서 그의 설교에 나타난 창조론을 창조의 성격, 창조의 목적, 창조와 인간이라는 3가지 주제로 나누어서 살펴보았다. 그의 설교에 나타난 창조론의 중요성은 설교의 제목만으로는 모두 파악될 수 없지만, 많은 경우에 이 교리는 설교를 전체적으로 지배하는 자리에 놓여 있는 일종의 추와 같은 역할을 담당했다고 볼 수 있다.

이신열

뉴욕 주립대학교 화학과 (B.A.)
비블리칼 신학대학원 목회학 석사 (M.Div.)
아플도른 신학대학 신학석사 (Drs.)
아플도른신학대학 신학박사 (Th.D.)
(전) 백석대학교 기독교학부 조직신학 교수
(현) 고신대학교 신학과 교의학 교수
(현) 고신대학교 신학대학장
(현) 고신대학교 개혁주의학술원장
(현) 기독교와통일 편집위원장
(현) 성경과신학 편집위원
(현) ACTS신학저널 편집위원
(현) 조직신학연구 편집위원
(현) 갱신과부흥 편집위원
(현) 칼빈연구 편집위원
(현) Origin Research Journal 편집위원

한명동 목사의 목회와 사역과 설교

나삼진

시인 심군식은 한명동 목사 90세 생신 송시에서 "출애굽 역사에서/모세와 아론이 있었듯이/고신의 출범에서/새천년 오늘까지/역사의 줄기마다/은초롱 등불을 켜 놓으신/목사님이 계셨습니다"라고 노래했다. 한상동 목사는 일제강점기 신사참배 강요에 항거, 조직적인 반대운동을 전개해 6년 동안 옥고를 치루었고, 해방 후 교회쇄신운동으로 한국교회를 새롭게 하였다.

그의 동생 한명동 목사는 해방 후 한국교회 쇄신운동 과정을 함께하며, 행정적인 뒷바라지로 오늘의 고신대학교와 대한예수교장로회(고신측, 이하 고신교회 혹은 고신교단)의 역사를 일구었다. 해방 후 한명동 목사가 목회하던 영도교회(1896)는 부산진교회(1891), 초량교회(1893)와 함께 부산의 대표교회였다. 그는 영도교회를 각 구역 단위로 분립하여 제2, 3, 4영도교회를 설립, 영도 복음화를 앞당겼다. 그는 한상동 목사가 고려신학교를 설립하자 교수 요원 충원과 학교 관리를 위해 영도교회를 사면하고 부산남교회를 개척하여 부산 지역과 고신교회의 대표교회로 성장시키고 30년 동안 목회하고 은퇴하였다. 그는 고려신학교 육성과 관리, SFC의 창설, 고신대학교 기반 조성, 고신교단 선교 등에서 괄목할만한 사역의 열매를 거두었다. 형이 하나님을 향한 독실한 신앙과 뛰어난 경건의 소유자로서 진리를 위해 목숨을 건 신앙의 투사였다면, 동생은 형의 신앙과 경건을 한국교회에 현실화시킨 비저너리였다.

이 소론에서 먼저 한명동 목사의 생애와 신학, 사역과 한국교회에서의 공헌을 살펴보고, 연구자가 가까이에서 본 그의 목회와 사역, 그리고 그의 설교집에 나타난 설교의 방향을 정리하고자 한다. 이를 통해 우리 시대의 목회자들의 목회와 설교에 통찰을 얻고자 한다.

1. 한명동 목사의 생애와 목회

1) 한명동 목사의 성장과 교육

한명동 목사(1909-2001)는 해방 후 형 한상동 목사가 중심이 된 한국교회 쇄신운동의 황량한 들판에서 그를 도와 고신교회의 역사를 일군 인물이었다. 그의 비전은 남달리 컸고, 또 실천적이었다. 두 형제는 성격상 차이가 있었지만 서로에게 '또 다른 나'였다. 남편의 미국 유학기간 동안 한상동 목사 집에서 함께 살면서 형제의 믿음과 삶을 오래 지켜본 이근삼 교수의 부인 조영진 여사는 "두 형제가 만나도 많은 말을 하지 않았지만, 이심전심 마음이 통해 서로의 생각을 읽었다"고 했다. 한상동 목사가 하나님을 향한 불굴의 신앙과 깊은 경건의 소유자였다면, 한명동 목사는 그 신앙과 경건을 고신교회에 현실화시키고, 내면화시키는데 모든 노력을 기울인 탁월한 비저너리였다.

형의 전도로 기독교 신앙을 갖게 된 한명동은 1921년 부산상업학교를 졸업하고 마산 창신학교 교사로 일하면서, 주기철 목사가 목회하던 마산문창교회에서 회계집사로서 그의 목회를 도왔다. 둘은 자주 교회는 물론 더욱 어려워가는 한국교회의 현실과 미래를 두고 대화의 시간을 자주 가졌다. 청년 한명동이 주기철 목사에게 신학의 길을 가고자 했을 때, 주기철 목사는 당시 장로교 목회자가 되는 일반적인 길이던 평양 조선예수교장로회신학교에 진학하기보다는 일본에 유학하여 발달된 문물을 경험하며 다음 시대를 위해 준비하도록 권하였다.

청년 한명동은 1935년 일본 고베 중앙신학교로 유학을 떠났고, 신사참배 강요가 본격화하면서 주기철 목사는 1939년 한국교회를 대표하는 평양 산정현교회로 이동하였다. 고베 중앙신학교는 미국남장로교 선교부가 설립한 신학 교육기관으로 철저한 개혁주의 신학을 가르치던 곳이었다. 그는 신학교 시절 풀톤 교장과 미노루 교수에게서 칼빈주의 신학을 배웠다.[1] 그런 영향으로 설교에서도 자주 칼빈의 가르침과 사역을 인용하였다. 그를 이어 유호준, 안용준, 김광현, 전영창 등이 고베신학교에서 신학을 공부하고 한국교회 지도자들이 되었다.

한명동은 신학 공부를 시작하며 일본 아마가사끼교회와 다른 세 교회를 개척, 설립하였고, 신학 공부를 마친 후 1940년 재일기독교대회에서 목사 임직을 받은 후 오사까 고노하마교회를 목회하였다. 제2차 세계대전이 깊어갈 무렵, 그는 귀국하여 밀양 수산교회를 목회하다가 해방 후 영도교회를 목회하였다.

2) 한명동 목사의 목회

산정현교회를 목회하던 한상동 목사가 남하, 1946년 9월 고려신학교를 개교하고 부산시청 앞 광복동 입구에 교사를 마련하자, 그는 교수를 충원하면서 기숙사형 신학교의 학생 관리를 위해 안정된 교회 목회를 내려놓고 시내구역 성도들과 신학생들이 힘을 합쳐 신학교 강당에서 부산남교회를 개척했다. 교회를 개척한지 2년 만에 한국전쟁이 발발하였고, 한국전쟁 중에 피난민들이 부산으로 밀려와 30만 명의 인구가 100만 명으로 증가하면서 교회도 빠르게 성장하였다. 전쟁 후 1954년에 3층 대형 목조 교회당을 건축하면서 한동안 '한강이남에서 가장 큰 교회'라는 이야기를 들었다.

---

1. 한명동·이상규 대담, "신학교는 지성과 영성을 겸비해야 합니다", 『남기고 싶은 이야기들』, 서울: 쿰란출판사. 2019. 354.

그는 이후 부산남교회는 꾸준히 성장하여 1970년대 말까지 고신교단 첫 30년 동안 본부와 같은 역할을 하였다. 그가 목회하는 동안 대한예수교장로회 고신교단 29회 총회 중 17회, SFC 수양회 29회 중 16회를 부산남교회에서 개최했다.[2] 부산남교회는 옛 부산시청 건너편 광복동 입구에 있었고, 넓은 교회당과 편리한 교통으로 각종 연합집회가 자주 모여 고신교회 성도들의 신앙의 고향과도 같았다. 한국교회 역사에서 한 지역교회가 교단에 이처럼 기여한 교회가 있을까 싶을 정도로 헌신하였고, 고신교단은 그와 부산남교회의 봉사 위에서 견고한 기초를 놓았다.

그는 대한예수교장로회 총회장과 학교법인 고려학원 이사장을 맡아 고신교단과 고신대학의 발전을 이루었으며, 1979년 12월에 정년으로 은퇴하고 교회의 원로목사로 추대되었다. 그는 은퇴 후에도 서울 고려신학교 교장의 책임을 맡아 2년 동안 더 봉사해야 했다. 그가 꿈꾸었던 기독교 대학의 이상은 고신대학교로 발전하였는데, 고신대학교는 개교 50주년을 맞아 1996년 최초 명예신학박사 학위를 한명동 목사에게 수여했으며, 그의 2000년 90회 생신에 기념문집 『칼빈주의와 문화적 사명』을 헌정했다.[3] 그는 2001년 9월 14일 92세의 일기로 하나님의 부름을 받았고, 고인의 뜻을 따라 시신을 고신대 의과대학에 교육용으로 기증하였다.

3) 한명동 목사 목회의 몇 가지 스케치

한명동 목사는 개혁주의 신학에 철저한 칼빈주의자였고, 교회와 고신교단을 정성으로 돌보았던 목회자였다. 그의 목회에 대해 기억할 점들은 다음과 같다. 먼저, 그는 부산지역에서 뛰어난 설교자로 명성이 있었다. 한국전쟁기와

---

2. 나삼진, "한명동 목사와 부산남교회와 고신교회", 『한명동 목사와 개혁주의 교회건설』, 서울: 생명의 양식, 2011. 156-160.
3. 한명동 목사 구순논문집 편찬위원회, 『칼빈주의와 문화적 사명』, 부산: 고신대 출판부, 2000.

그 후에 영성과 지성을 겸비한 그의 설교로 전국교회를 다니며 집회를 인도하였다. 그의 설교는 개혁주의 신자가 나아갈 신앙과 삶의 방향을 제시하였고, 교회쇄신운동에 기여하였다. 고려신학교 초기에는 교회와 신학교가 함께 했기 때문에 학생들에게 큰 영향을 미쳤고, 송도 교사 시대를 연 후에도 고려신학교 기숙사 학생들이 자주 수요기도회에 참석하여 그의 설교를 듣곤 했다.

둘째, 그는 설교자로 설교 준비에 충실한 목회자였다. 그는 설교 전문을 미리 작성해, 다시 읽고 묵상하는 가운데 힘 있는 설교가 가능했다. 그의 목회가 절정에 달했던 1970년대에는 설교 전문을 주보에 실었는데, 주보를 활판 인쇄를 하여 시간이 많이 걸려 목요일 오후에 원고를 인쇄소에 넘겨야 했다. 그는 주일 설교를 위해 주중에 일찍 원고 작성을 마치고 설교를 위해 깊이 기도하곤 했다. 실제 설교에서 클라이맥스에 이르면, 원고와 관계없이 성도들과 눈과 눈을 마주치면서 청중들을 설교 속으로 끌어들였다. 부산남교회는 매주 150명 정도에게 우편으로 주보를 보냈고, 특히 외국에 있는 성도들도 빠지지 않고 보내 교회에 애정을 갖게 했고, 외국의 성도들이 헌금을 보내오곤 했다. 1970년대에는 설교집도 많지 않았기 때문에 농어촌교회 전도사들은 그의 설교가 실린 주보를 신청해 설교에 도움을 받는 경우가 많았다.

셋째, 그는 다음세대에 깊은 관심을 가진 목회자였다. 그가 지도한 학생신앙협조회와 고려신학교 청소년 수양회가 하나가 되어 학생신앙운동이 되었고, SFC수양회에 강사로 여러 차례 참여하였으며, 강사가 아니라도 참석해 학생들을 격려했다.[4] 청소년 교회교육에서도 담임교사제를 채택하여 전도사급

---

4. 연구자는 대학시절 부산지방SFC 위원장과 전국SFC 서기를 맡고 있어서 목사님과 자주 대화하였고, 행사나 회의 결과를 말씀드리곤 했다. 목사님은 전국 규모의 회나 수양회를 갈 때마다 얼마의 용돈을 주곤 했는데, 이러한 일은 군입대나 휴가 때까지 계속되었다. 나는 그의 막내아들보다 더 어린 나이였지만, 관심과 사랑과 격려를 아끼지 않았다. 이러한 일은 그가 다음세대를 얼마나 중요하게 생각하였는가를 보여주는 일이다.

신학생들에게 담임교사로 맡겼고, 연구자도 교사로 봉사한 바 있다.

넷째, 부산남교회의 강단은 언제나 열려 있었다. 그가 외부로 출타하지 않아도 고려신학교 교수들이 자주 설교를 담당하였고, 신학교 특강을 위해 방문한 외국 학자들도 자주 설교를 했다. 연구자도 대학시절 자주 국내외 교수들의 설교를 들으면서 안목이 열린 것도 그러한 열린 강단이 있었기 때문에 가능했을 것이다.

다섯째, 그는 목회기도와 축도에서 세계교회를 품고 기도하였고, 그들에 깊은 관심을 가졌던 목회자였다. 세계교회를 품은 그의 축도는 일품이었다. 1970년대에 세계는 민주주의와 공산주의의 극단적인 냉전체제를 유지하며 서로 긴장관계에 있었다. 그는 신앙의 자유가 보장되지 않는 북한교회, 중국교회 등과 이슬람권의 지하교회 성도를 위한 축도를 빼놓지 않았다.

2. 한명동 목사의 사역과 공헌

올해(2022)는 고신교회 역사 70년을 맞이하는데, 초기 30년 동안 곳곳에서 비저너리 한명동 목사의 모습을 대하게 된다. 그는 지역교회 목회와 고신교단 역사에서 큰 족적을 남겼다. 먼저, 그는 영도교회를 시무하면서 분립교회 정책을 수립해 추진하였다. 그는 해방 이듬해부터 부산 영도교회를 목회했는데, 구역을 분리해 제2, 제3, 제4영도교회로 분립하도록 정책을 수립하였다. 이러한 정책은 교회에 적지 않은 부담을 주는 것이었지만, 곧이어 한국전쟁으로 많은 피난민들이 부산과 영도로 몰려와 교회를 분립한 후 거의 1년 만에 교회가 정상화되었다. 교회 분립은 오늘날도 쉽지 않은 매우 혁신적인 생각으로, 영도 복음화의 기초를 놓았다. 오늘날은 제9영도교회까지 발전하였다.

둘째, 그는 해방 후 '대한교회'를 새롭게 하기 위해 자라나는 학생들에 관심을 가지고 지도하여 학생신앙운동(SFC) 창립을 이끌었다. 그가 이끌었던 고등학교 학생들의 자발적인 모임은 학생신앙협조회가 되었고, 그의 사택에서 기도하며 교회의 현실을 분석해 개혁방안을 마련했다.[5] 또 YFC를 이끌던 한부선 선교사와 협력하여 고려신학교 청소년 수양회를 개최했는데, 이것이 학생신앙협조회, YFC와 하나되어 오늘날의 학생신앙운동이 된 것이다. SFC는 오늘날 전국에 100여 명의 간사가 있고, 세계 7개 지역에 해외지부를 둔 학생운동으로 성장하였다.[6]

셋째, 한명동 목사는 1947년부터 13년 동안 고려신학교 강사로, 교수로, 이사로, 이사장으로 봉사했고, 송도 캠퍼스 교지를 확보하는 일에 앞장섰다. 고려신학교의 광복동 교사는 시내 중심가에 있어서 교통이 편리하였지만, 학생이 증가하면서 시설의 한계가 있어 학교의 미래를 위해 더 넓은 곳으로 이전해야 했다. 한명동 목사는 1954년에 송도 부지를 마련하고 미군부대의 지원을 받고 전국의 고신교회들의 협력으로 공사를 시작해 1956년 새 학기에 이전, 고려신학교 송도시대를 열었다. 이는 1980년대 초까지 고신대학 캠퍼스가 되었고, 대학 본부가 영도로 이전한 후 지금은 의과대학과 부속병원, 간호대학이 사용하는 송도캠퍼스가 되었다.

넷째, 고신교단이 김영진 선교사를 대만에 첫 선교사로 파송한 이래 그는 고신교단 선교를 위해 특별한 봉사를 했다. 아직 선교에 관심이 적었던 때에 부산남교회는 선교비 헌금에 앞장섰고, 선교 참여교회가 적고 헌금 조달이 어려울 때 교회에서 선교비를 지불해 선교사역에 어려움이 없도록 했다. 1970년대까지 총회가 사무실을 두지 못하던 때, 오랫동안 총회선교부 사무실을 제공했는데, 1963년부터 1983년까지 18년 동안 총회선교부장으로 봉사했다.

마지막으로, 그의 생애에 가장 큰 비전은 칼빈대학을 통한 기독교 인문대학 육성이었는데, 오늘날 고신대학교가 되었다. 1946년 고려신학교가 개교

---

5. 이러한 일은 1970년대에도 있었는데, 연구자가 대학시절에 부산시고교SFC연합회 사무간사로서 학생 임원들과 함께 매주일 아침 6시에 목사님의 사택에 있는 서재에서 기도회를 갖고 회의를 하였다.
6. 이상규 나삼진 외, 『하나님의 주권을 이 땅 위에: 학생신앙운동사』, 서울: SFC, 2012.

할 때, 예과 2년 본과 3년의 신학교육과정을 채택하였다. 그러나 당시 학생들을 가르치면서 앞으로 시대를 이끌고 갈 지도자로서는 예과 2년 과정은 부족하다고 보고, 어학과 인문과 철학에 강조를 두는 '칼빈학원'을 1955년 설립했고 8년 동안 초대 원장을 맡아 봉사했다. 이는 칼빈의 제네바 아카데미를 모델로 한 것이었다. 칼빈학원은 1955년 고려신학교 예과 2학년이 3학년으로 진급하는 형식으로 시작되었다. 교육과정에 영어, 독일어, 헬라어 등 외국어 공부를 철저히 해 김의환, 허순길, 석원태, 유환준 등 한국교회에 유수한 학자, 목회자, 선교사들을 배출하였다. 그러나 그는 중앙대 설립자 임영신과의 재산분규로 인해 8년 만에 꿈을 접어야 했고, 고려신학교 대학부로 편입되었다. 해방 후 장신, 총신의 신학교육이 모두 예과 2년 본과 3년의 학제를 유지했는데, 칼빈학원은 예과를 대학 4년 과정으로 개편한 것이었다. 한신대, 감신대, 침신대, 서울신대 등이 1980년대 초반에야 대학원 과정을 신학교육의 필수과정으로 도입한 것을 고려하면, 우수한 목회자 양성을 위한 그의 비전이 얼마나 시대를 앞서가는 것인지 잘 보여주고 있다.

3. 한명동 목사의 설교와 그 특징

연구자는 한명동 목사가 목회한 부산남교회를 모교회로 하여, 학생과 청년 시절 그의 설교를 들으면서 신앙이 자랐다. 그가 소천한 후에는 그의 평전 『한명동 목사와 개혁주의 교회 건설』과 설교집 『새시대를 향하여』를 엮었고, 그 과정에서 그의 글과 설교를 취합하면서 깊이 있게 읽은 바 있다. 이를 기초로 그의 설교의 특징을 몇 가지로 정리하고자 한다.[7]

먼저, 한명동 목사의 설교는 칼빈주의 신학과 신앙을 자주 강조하였다. 그의 설교는 거의 신학 강의와 같은 수준이었는데, 칼빈주의와 개혁주의를 교

---

7. 인용문 뒤에 표기된 연도와 날짜는 그의 설교 날짜를 의미한다.

차적으로 사용했다. 그의 설교를 들어보자. "칼빈주의는 하나님만을 나와 교회의 전부로 모시는 것이다. 우리는 하나님 안에서, 하나님 앞에서, 하나님 밑에서 사고하며 감정하며 의지하며 망하며 행동하며 신앙하며 봉사하고 있는가?" "칼빈주의는 우리의 모든 사고, 모든 감정, 모든 행동을 부절히 하나님께 의존하며 복종시키며 결정해 가는 것이다. 인간의 전적인 타락, 선에 대한 인간의 무능력, 하나님의 절대 예정과 섭리를 확신하고 생활하는 사람이 칼빈주의자다."(73. 6. 10) 그는 철저한 칼빈주의자였다. 그는 설교에서 자주 16세기 종교개혁자들은 물론, 네덜란드의 개혁주의 신학자 아브라함 카이퍼를 언급할 때가 많았다.

둘째, 그의 설교는 성경 중심적인 설교였다. 그의 설교에서 성경에 대한 강조는 무수히 많다. "칼빈주의 교회의 출발점은 어떤 유명한 인물이나 역사의 위대한 산물(사건)에 두지 않고, 오직 성경에 두었다." "칼빈주의 교회는 성경에서 출발하여 성경에 입각하고 성경 안에서 활동하는 교회이다. 성경으로 말미암아 건설되어 가며 개혁되어 가며 완성된 교회이다." "우리 칼빈주의자들은 먼저 내 자신이 성경화되어야 하겠다. 내 인격, 내 성격, 내 감정, 내 태도, 내 표정, 내 행동이 성경화되어야 하지 않겠는가?" "그리스도인은 성경에서 출발하며 성경으로서 발전하며, 성경으로서 전진하며 성경으로서 개혁되며 성경으로서 완성되어 가는 자이다."(73. 6. 10) "기독자의 부패, 교회의 부패는 결국 말씀에 복종하여 살지 않는 데서 오는 것이다. 성경 없는 문화와 문명, 말씀의 기초 없는 문화는 말씀의 뒷받침 없는 시대는 결국 파멸할 것이다." 그의 설교는 단순히 성경 말씀을 강해하는 수준이 아니라, 하나님 말씀 중심으로 살 수 있도록 가치관의 변화를 이끄는 설교였다.

셋째, 그의 목회와 설교의 중요한 관심은 그의 평소 비전이었던 개혁주의 교회 건설이었다. 그는 21세기 한국교회가 개혁주의 교회 건설, 하나님의 나라 건설, 자유주의 신학 배격과 다학의 인력 양성을 통해 지구촌 개척 봉사단을 제시하였다.[8] "개혁주의 교회는 부절히 개혁해 나가는 개혁적 교회이다. 우리의 목회 목표는 개혁적 교회 건설에 있다." "교회 내에 있는 모든 합리주의, 신비주의, 세속주의, 교권주의, 물질주의, 물량주의, 이기주의, 거짓과 불의와 부패를 과감하게 근절하고 말씀의 교회만 건설하기 위하여, 몸 바쳐 사는 것이 개혁주의자들의 신앙생활이며, 교회 생활이다." 그는 SFC 강령을 기초했는데, 그 강령에는 "개혁주의 신앙의 대한교회 건설과 국가와 학원의 복음화, 개혁주의 신앙의 세계교회 건설과 세계의 복음화"를 사명으로 고백한다. 이러한 세계의 개혁주의 교회 건설의 구체적인 관심은 그의 총회교육대회에서 한 그의 강의에서 잘 볼 수 있다.[9]

넷째, 한명동 목사는 지도자의 책임에 대해 자주 강조하였다. 하나님 중심주의와 개혁주의 교회 건설에 대한 강조는 지도자의 책임으로 연결되었다. 그가 교회쇄신운동을 전개할 때 교권주의자들의 책동으로 인해 장로교 총회에서 축출되었고 고신측 교단이 형성되었다. 고신교단에는 해방 전에 안수받은 이들이 많지 않았고, 대부분의 목회자가 그의 제자들이었지만, 그는 다른 사람을 앞세우고 밀어주는 지도력을 보여주었다. 그는 지도자의 책임과 자세에 대해 "맡은 자에게는 겸손과 봉사와 희생과 충성의 정신이 무엇보다도 중요하다. 주님께서 제자들의 발을 씻긴 것을 본받아 책임을 진 사람들에게 있어서 모든 사람의 발을 씻는 자세가 세계를 상대하여 걸어가고자 하는 자의 마땅한 자세일 것이다." "교회의 근본적 개혁은 먼저 지도자들의 개혁에 있으며, 국민의 개혁도 교회의 근본적인 개혁에서 출발하는 것이다." 대한예수교장로회(고신) 총회 설립 초기에 이약신, 한상동, 송상석 목사가 여러 차례 총회장을 역임했고, 총회 설립 14년(1966년)이 되어서야 총회장에 선출되었다. 그는 고

---

8. 한명동·이상규 대담, "신학교는 지성과 영성을 겸비해야 합니다", 『남기고 싶은 이야기들』, 서울: 쿰란출판사. 2019. 356.
9. "고려파 교회의 비전", 『새역사를 향하여』, 서울: 생명의 양식, 2011. 64-85.

려신학교 설립기에 교수였지만, 초기 졸업생들인 황철도, 윤봉기 목사가 건실한 목회자로 성장했을 때, 그들이 먼저 총회장으로 일하도록 양보하였다. 그는 자주 "고려파 초창기에 노회나 총회가 모이면 서로가 회장직을 맡지 않겠다고 서로 양보하였고, 선의의 싸움까지 하였다. 그 직을 맡기 두려웠다."고 했다. 그 자신이 실제로 교단 내에서, 그리고 한국교회 연합사업에서 두렵고 떨림으로 그 직무를 봉사하였다. 그가 총회장으로서 설교할 기회에 신학교 교장 홍반식 교수나 총회장의 기회를 갖지 못했던 오종덕 목사에게 맡길 정도였다.

다섯째, 그는 설교에서 인격과 심령의 변화, 삶의 변화를 자주 강조했다. 마음의 변화는 영적 쇄신을 위해 매우 중요한 영역이다. 그는 심령의 변화 없이 의식의 변화도, 삶의 변화도 없는 것으로 보았다. 지식이나 의식의 개혁에 앞서 심령의 변화를 강조했다. "교회 내의 조직의 개혁보다 의식의 개혁보다 가장 필요한 것은 우리의 인격의 개혁, 사상의 개혁, 심령의 개혁, 양심의 개혁, 교회 내를 부패시키고 있는 교권욕의 개혁이 있어야 하겠다."(1973. 9. 2) "교인 한 사람 한 사람이 회개하고 심령의 변화를 받으며 그리스도의 형상을 닮아가려는 것으로 목회의 성공의 표준으로 삼기보다는 화려한 교회당, 많은 액수의 헌금, 화려한 사택, 많은 교인 수 등을 목회 성공의 표준을 두는 것은 바람직한 목회상이 아니다." "그리스도를 신앙하고 성령으로 중생함을 받은 자는 그에게서 이루어진 심령의 변화가 그의 전 성격과 인격과 전 생활에 관철되어야 할 것이다. 우리의 실천적인 행위뿐만 아니라 우리의 지적, 의지적, 감정적, 사고적 행동과 모든 방면에 변화가 이루어져야 할 것이다."(73. 3. 18) 그는 1970년대 교회성장의 시대에도 외형적인 성장을 목표로 하는 목회를 경계하였다. 목회자의 성공도 교세나 교회의 외형보다도 그 구성원들의 진정한 변화와 성숙이라고 보았고, 이를 강조했다.

여섯째, 그는 열심히 일할 것과 그로 인해 얻은 재물을 귀하게 사용할 것을 강조하였다. 그는 설교에서 재물의 유한성과 이를 복음사업에 사용할 때 그

효용성을 자주 강조하였다. "우리는 우리의 소유를 사치하며 방탕하며 낭비하면 그것은 하나님을 위하여 사용하도록 맡겨주신 하나님을 배신하는 죄를 범하는 것이다."(73. 4. 1) "하나님과 그리스도를 소유한 자는 우주를 소유한 자이다. 그리스도인의 참된 부는 오직 하나님 안에 있다."(73. 7. 1) "물질, 지식, 기술, 신앙을 다 주님 위하여 바치며 사용하자. 하나님이 나에게 은혜 주신대로 이 몸까지 주님께 바쳐 하나님과 그리스도가 없는 자에게 구원을 주기 위하여 땅 끝까지 복음전파를 위하여 바치는 자가 되자. 그리하여 위대한 보물을 하늘에 쌓자."(73. 4. 1) 그가 목회하면서 이렇게 성도들을 격려하여 고려신학교의 정착, SFC수양회 개최, 한국전쟁 직후 대형 교회당 건축, 고려신학교 부지 마련, 세계선교에 헌신하게 하였다. 성도들은 힘써 교단과 하나님 나라의 일에 참여하였고, 부산남교회의 교단적인 기여는 크고 놀라웠다.

마지막으로 그는 자주 세계 선교에 대해 강조하였다. 고신교단은 진리운동 10주년을 맞아 김영진 선교사를 대만에 파송하였다. 처음 계획은 중국이었으나, 공산화로 길이 막혀 중국 대륙이 문이 열리기를 기대하며 대만에 파송한 것이었다. 1950년대는 교회가 선교에 대한 관심이 거의 없었던 때였고, 교회들의 재정이 빈약하여 선교비를 염출할 형편이 되지 않을 때였다. 한국교회에서 세계 선교가 대중화되기 전까지 고신교회의 선교는 오롯이 그와 부산남교회의 몫이었다. "우리 교회는 정치, 경제, 문화, 각 분야에 그리스도의 사람, 말씀의 사람, 교회인을 많이 파견하여 세상 사람들에게 영원한 안식처를 주며 보금자리를 마련해 주어야 한다."(73. 11. 25) "조국과 아시아와 세계 복음화를 위하여 기도하며 물질과 우리의 몸을 바치는 것은 위대한 보물을 하늘에 쌓는 것이다."(73. 4. 1) 그는 선교를 교회의 목표로 삼았다.

맺는 말

하나님은 시대마다 필요한 사람을 일으키고, 그들을 사용하여 하나님 나라를 이루어 가신다. 한명동 목사는 일제강점기에 태어나 가장 어려웠던 시기에 일본에 유학, 신학교육을 받고 일본과 한국에서 목회하였다. 그는 열린 목회, 나누는 목회로 영도교회를 세 교회로 분립하여 건실한 교회가 되게 했고, 부산남교회를 개척해 고신교회의 대표교회로, 초교파적으로 영향력 있는 교회로 성장시켰다. 그는 보통 목회자들과 달리 그의 비전은 크고 남달라서 SFC 창립, 고려신학교의 교수와 경영, 고려신학교 송도 교지 준비, 칼빈대학의 육성, 세계 선교 등에서 그의 은사가 놀랍게 사용되었다.

그러한 튼실한 목회와 전문적인 사역의 바탕에는 그의 영성과 지성이 겸비한 설교가 있었다. 그와 함께 부산에서 대표적인 설교자로서 칼빈주의 신학과 신앙의 기반 위에서 바른 말씀을 선포하는 데 집중하였다. 그의 설교는 칼빈주의 신학에 충실하였고, 성경 중심적인 설교였으며, 개혁주의 교회 건설이 중요한 관심이었다. 그는 개인의 인격과 심령의 변화를 강조하고, 교회의 쇄신을 위해 지도자의 중요성을 강조하였다. 또 성도들에게 재물에 대한 바른 가치관을 심어주어 열심히 일하고 또 얻은 소득으로 하나님 나라를 위해 사용하게 했으며, 그 에너지를 세계 선교에 참여하게 이끌었다. 그가 개척하여 30년을 목회하고 은퇴한 부산남교회는 해방 후 한국교회 쇄신운동이 전개되는 과정에서 한 교회가 교단이나 하나님 나라에 이같이 귀하게 쓰임을 받을 수 있을까 생각될 정도이다. 연구자가 학생시절 세계를 품는 비전으로 목회한 지도자의 탁월한 설교를 들으며 자랐으니, 복된 신앙생활의 출발이었다고 할 수 있다.

참고문헌

한명동, 『새 역사를 향하여』, 서울: 생명의 양식, 2011.
한명동·이상규 대담, "신학교는 지성과 영성을 겸비해야 합니다", 이상규 외, 『남기고 싶은 이야기들』, 서울: 쿰란출판사. 2019.

김용섭, 『제일영도교회 100년사』, 부산: 제일영도교회, 1996.

나삼진, "한명동 목사와 부산남교회와 고신교회", 『한명동 목사와 개혁주의 교회건설』, 서울: 생명의 양식, 2011.

나삼진, "한명동 목사와 학생신앙운동", 『한명동 목사와 개혁주의 교회건설』, 서울: 생명의 양식, 2011.

나삼진 편저, 『한명동 목사와 개혁주의 교회건설』, 서울: 생명의 양식, 2011.

「부산남교회 설립 30주년 약사」, 부산: 부산남교회, 1979.

이근삼, "한명동 목사와 부산남교회 30년", 나삼진 편, 『한명동 목사와 개혁주의 교회건설』, 서울: 생명의 양식, 2011.

이상규, "칼빈주의 신학과 문화적 사명을 강조한 한명동 목사", 나삼진 편, 『한명동 목사와 개혁주의 교회건설』, 서울: 생명의 양식, 2011.

이상규 나삼진 외, 『하나님의 주권을 이 땅 위에: 학생신앙운동사』, 서울: SFC, 2012.

한명동 목사 구순 기념논문집, 『개혁주의 신앙과 문화적 사명』, 부산: 고신대학교 출판부, 2009.

나삼진

고신대와 동 신학대학원 (M.Div.)
미국 탈봇신학대학원 (M.A., M.A.C.E.)
고신대학교 대학원 (Ph.D.)
(전) 대한예수교장로회(고신) 총회교육원 원장
(전) 고신대, 고려신학대학원, 아세아연합신학대학원 외래교수
(전) 「복음과 교육」 편집위원
(전) 한국복음주의기독교교육학회 회장
(현) 미국 Evangelia University 교수
(현) 오렌지카운티 샬롬교회 담임목사

한병기 목사의 설교

조윤호

I. 들어가면서: 한병기 목사의 생애와 신학

한병기 목사(1913-2004)는 1913년 강원도 내금강에서 기독교 신앙을 가진 가정에서 출생하셨다. 어려서는 한학(漢學)을 공부하셨고, 14세 때 도일(渡日)하여 수학하셨다. 일본 관서대학 전문부 법률학과를 졸업할 때까지 경제적 어려움으로 공장과 점원, 신문 배달 등을 통해 학비를 직접 마련하였다. 귀국하여 후학 양성을 위한 교육에 뜻을 두시면서 1948년부터 1950년 8월까지 강원도 회양군 회양중학교와 신안중학교, 내금강중학교에서 교편을 맡았다. 6.25가 났을 때였다. 그해 12월, 남쪽에 있는 처가에 들리기 위해 월남했다가 더 이상 가족을 만나지 못하게 된다. 한병기 목사는 북쪽에 아내와 1남 2녀를 두셨으며, 91세가 되어 주님이 부르시는 그날까지 가족을 그리워하며 독신으로 계셨다. 2004년 장례 예배가 진행되는 중 북쪽에서 보내온 딸의 편지가 읽혀진다. "아버지는 왜 그렇게 사셔야만 하셨나요?"

월남하여 부전교회 원로목사로 목회를 마무리하기까지 한병기 목사의 사역은 1951년부터 시작된다. 대한예수교장로회 총회신학교를 입학하였던 그해 대구 문화교회 전도사로 사역의 첫걸음을 내디딘다. 그리고 1953년 부전교회 전도사로 부임하여 그곳에서 전도사와 강도사, 담임목사가 되어 1983년 은퇴하기까지 30년을 한결같은 목회로 성도들에게 귀감(龜鑑)이 되었다. 가르치는 교육 사역에 남달랐던 한 목사는 교회에서 운영하는 복음학원과 성민중학교를 맡아 교육사업에도 힘을 쏟으셨다.

1966년~1967년 총회신학교 대학원에서 조직신학을 전공하셨으며, 논문 제목은 "하나님의 주권"이었다. 그리고 1961년부터 부산노회 신학교 강사로 봉사하셨으며, 1974년 미국 웨스트민스터 신학교에서 수학하셨다. 1978년에는 대한예수교장로회 제63회 총회에서 총회장에 피선되기도 했다. 이런 한 목사의 설교는 말의 화술과 형식에 있지 않았다. 칼빈주의를 표방하는 매우 조직신학적 설교였다. 그리스도를 중심에 세운 설교는 진리의 말씀을 선포할 뿐만 아니라 듣는 이의 심령을 파헤치는 하늘의 음성이었다. 한 마디로 진리를 추구하는 살아있는 말씀이었다. "수고는 내가 하고 영광은 하나님께 돌린다"는 한 일화는 이것을 대변하고 있다.

개혁주의를 고수하는 한 목사의 신학은 성경을 강론하는 설교에 그대로 묻어난다. 특히 기독론을 앞세운 강론에 따른 설교는 그 탁월함이 남달랐다. 『창세기 강론』, 『출애굽기 강론』 뿐만 아니라 『개혁주의 강론』, 『성경 66권의 그리스도』, 『성경인물 강론』, 『진리와 사랑』, 『예수 그리스도의 신학적 교리』 등 저서 활동에도 남다르셨다. 한 목사는 한 회고의 자리에서 이런 말씀을 남기셨다. "나는 육법전서를 성경전서로 바꾸었으며, 하나님께서는 나에게 세상 법정의 변호사 자격은 안 주셨으나 하나님 법정의 변호사 자격을 주셨습니다." 한 목사의 신학과 사상은 칼빈이 법을 전공한 신학자로서 개혁주의 교리를 충실하게 지켜나갔던 것과 닮았다고 말할 수 있다.

II. 설교의 특징

1. 성경 중심의 개혁주의적이며 교리적 설교

성경은 신앙과 신학에 대한 출발의 원점이다. 모든 신앙과 신학은 성경으로부터 나온다. 한병기 목사의 설교는 세속화와 인본주의를 용납하지 않는 성경 중심적 설교면서 동시에 교리적 설교의 유형을 취하고 있다. 한 목사의 설교와 관련된 저서를 보면, 『창세기 강론』과 『출애굽기 강론』, 『성경인물 강론』 등은 성경 중심적 설교를 대변하고 있다. 그리고 『예수 그리스도의 신학적 교리』와 『성경 66권의 그리스도』, 『개혁주의 강론』, 『기독교는 어떠한 종교인가?』 등은 개혁주의 신학을 바탕으로 매우 교리적인 설교를 가미하고 있다. 철저한 개혁주의 신학을 바탕으로 설교와 목회를 이끌었던 한 목사는 『개혁주의 강론』의 시작을 '종교개혁의 근본원리'라는 주제로 시작한다. 여기서 종교개혁의 동기에 대해 루터와 칼빈을 다루며 종교개혁이 일어났던 두 가지 동기를 밝힌다. 첫 번째는 도덕적 부패와 교리적 모순과 면죄부의 문제였다. 두 번째는 로마 교황청에서 가르치는 교리와 행하는 일들이 성경의 원리대로 따르지 않았기 때문이다. 이를 통해 성경 중심의 바른 교리적 가르침이 얼마나 중요한지 강론한다.[1]

성경 중심적 설교를 할 때도 제목이 중심을 이루는 설교가 있는가 하면 교리를 중심에 두는 등 설교자의 특징에 따라 그 유형은 다양하게 나타난다. 조직신학을 전공했던 한 목사는 성경을 중심으로 설교할 때도 교리를 통해 개혁주의 신학의 정통성을 세우며, 복음의 효력을 이끌어낸다. 특히 구원과 관련한 예정 교리를 선택의 필연적 관계로 연결하여 설교하고 있다.[2] '예수 그리스도의 예정관'이라는 설교 제목을 통해 선택과 관련해 두 가지를 말한다. 첫 번째는 전적으로 하나님의 주권에 의한 선택을 말한다. 선택은 알미니안처럼 사람의 편에 있는 것이 아니다. 하나님 편에서 선택이다. 그리고 이 선택은 하나

---

1. 한병기, "종교개혁의 근본원리," 『개혁주의 강론』 (부산: 도서출판 J 그룹, 1986), 20-21.
2. "칼빈 선생도 예정론을 말할 때에 선택의 교리를 역설하였습니다"라며 자신은 칼빈의 교리를 따르고 있다는 사실을 밝힌다; 한병기, "예수 그리스도의 예정관," 『예수 그리스도의 신학적 교리』 (부산: 도서출판 J 그룹, 1998), 44.

님의 절대적 주권과 관련되었다는 것에 대해 분명한 입장을 취한다.

두 번째는 무조건적 선택이다. 선택은 사람의 어떤 행위로 결정되는 것이 아니라 하나님의 전적인 은혜로 말미암는다는 것을 말한다. 이것은 칼빈의 신학이며, 도르트 신경(1619)의 중심 교리였다. 칼빈주의를 앞세운 개혁주의 신학을 바탕으로 하고 있는 한 목사의 설교는 구원에 따른 순서 또한 칼빈의 견해를 따라 '소명', '중생', '회심'의 과정으로 보고 있다. 종말에 따른 천년왕국은 무천년설주의자와 같이 상징적인 것으로 보지 않고 역사적 전천년설을 가르쳤던 박형용 박사의 교단 신학(합동, 총신)을 따랐다. 한 목사는 '예수 그리스도의 천년왕국관'이란 설교 제목을 통해 이렇게 증거한다. "이 역사적 전천년설은 성경적으로 확실할 뿐만 아니라 우리 한국교회에서는 전통적으로 이 이론을 믿어오고 있습니다"[3]

성경을 중심에 세운 한 목사의 교리적 설교는 개혁주의 신학과 교단 신학의 정통성을 신학으로만 남겨두지 않고 성도들에게 직접 심어주는 역할을 하였다. 이것을 사명처럼 여기고 있었으며, 자신이 30년 넘게 섬겼던 부전교회 가운데서 일관(一貫)되게 진행되었다. 칼빈은 『기독교 강요』에서 성경을 '거울'과 긴 터널을 안전하게 지나갈 수 있도록 인도하는 '실'에 비유하고 있다. 한 목사는 자신의 설교집으로 엮은 『예수 그리스도의 신학적 교리』라는 책을 발간할 때, 첫 번째 제목을 '예수 그리스도의 성경관'이란 타이틀로 시작한다. 불변의 진리를 담고 있는 성경관이 무너지면 신앙과 신학이 무너진다는 일념(一念)으로 인본주의와 세속화 앞에 당당하게 맞섰다. 그리고 교회와 성도들을 이런 틀 안에서 강건하게 양육해갔다.

---

3. 한병기, "예수 그리스도의 천년왕국관," 319.

2. 신앙을 이끌어내는 청교도적 강론

한 목사의 저서 『예수 그리스도의 신학적 교리』 17번째 설교 문에 의하면 강론은 세 가지의 목적을 가진다. 첫 번째, 강론은 듣는 사람으로 하여금 성경의 진리를 깨닫게 한다. 두 번째, 강론은 깨달은 진리를 믿게 한다. 세 번째, 강론은 그 진리대로 실천하게 하는 요소를 구비하게 한다.[4] 강론 가운데는 이론 전개를 통해 성경에 대한 지식의 장을 넓혀가는 경우가 있다. 그런가 하면 한 목사의 강론에는 두 가지의 주요한 특징이 나타난다. 하나는 강론을 통해 청교도적 삶을 이끌어내고 있다. 두 번째는 강론 속에 자신의 삶을 비춰내고 있다. 교회의 담임목사로서, 교단의 총회장(합동)을 지냈던 이력들은 충분히 권위적 모습으로 자신을 비춰낼 수도 있었다. 그러나 한결같은 목자로서의 목회, 그리고 검소하고, 청렴한 삶의 모습은 성경적 삶을 살아가고자 하는 청교도의 모습이었다. 강단에서 선포가 곧 자신의 삶이었다.

『성경인물 강론』의 인사말에서 이런 말을 남긴다. "저는 그 신앙 위인들의 신앙을 본받기 위하여 신앙을 강조하였으나 동시에 약간 그 실수도 언급하여 우리는 그런 실수를 범하지 아니하기를 원하였습니다."[5] 한 목사의 강론은 바른 잣대로 규격을 재는 듯한 느낌을 받는다. 그러나 원칙을 강조하면서 청중들을 그 형틀에 가두는 율법주의적 오류에 빠트리지 않는다. 오히려 이것이 많은 이로 하여금 은혜의 길로 걸어가게 만드는 도구가 된다. 그 이유 가운데 하나는 바른 잣대를 통한 신앙의 제시에는 자신의 삶이 묻어있었기에 은혜가 되었던 것이다. 알렉산드리아의 클레멘스(Clement of Alexandria, 150-215)와 테르툴리아누스(Tertullianus, 160~220)와 같은 교부들은 '그리스도인의 삶'을 '경기자의 자세'에 비유하였다. 신앙은 말이 앞서는 것이 아니라 행동에

---

4. 한병기, "예수 그리스도의 강론관," 137.
5. 한병기, 『성경인물 강론』 (서울: 규장문화사, 1987), 4.

서 그 모습이 나타난다. 예수님께서는 마태복음 7장 20절을 통해 "열매로 그들을 알리라"라고 말씀하셨다.

J. G. 보스(Johannes G. Vos, 1903-1983)는 『웨스트민스터 대요리문답 강해』 제5문("성경은 주로 무엇을 가르치는가?")을 해석하는 자리에서 "교리와 삶은 유기적으로 연관되어 있다"는 것을 말한다.[6] 한 목사는 '고린도서가 증거하는 그리스도'에 대해 설교하면서 "바울은 그리스도의 사랑 때문에 미친 사람처럼 되었다"라고 말씀하시면서 "우리는 그리스도의 사랑의 포로가 되기를 원합니다"[7]라고 기도하길 원하셨다. 그리스도의 사랑을 복음을 통해, 삶을 통해 증거해내는 자가 되도록 강론하였던 설교는 자신의 모습이었다. 그분의 권위는 언변에 있는 것이 아니었다. 그 삶에 있었다. 신앙을 실천하는 청빈(淸貧)의 삶에 있었다. 한 예화가 있다. 넥타이와 양복, 그리고 와이셔츠를 선물로 받으면 섬긴 분들의 마음을 헤아려 꼭 한번은 착용하셨다고 한다. 그리고는 그것을 가난한 이들에게 나눠주는 섬김을 실천하는 청교도적 목회자였다. 이런 청교적 삶의 바탕 위에 강론은 청교도적 신앙을 이끌어내기에 충분했다.

3. 그리스도를 중심으로 한 기독론적 설교

성자 하나님께서 이 땅에 오신 목적은 오직 한 가지였다. 우리의 구원과 관련해 대속의 완성을 이루기 위함이었다. 신성이 인성을 취한 위격적 연합의 성육신에 따른 신비적 연합은 지식으로는 깨달을 수 없고, 오직 믿음의 신앙으로만 말할 수 있다. 성자 하나님께서 우리를 구원할 예수로 오실 때, 그리스도로 오셨다. 그것은 인류의 '첫 사람'이 지녔던 대표성을 담아내는 모습이었다. 한 목사의 설교는 매우 조직신학적이며, 그 중심에는 이런 '그리스도론'이

---

6. Johannes G. Vos, *The Westminster Larger Catechism : A Commentary*, Ed. G. I. Williamson (New Jersey: P&R publishing, 2002), 16.
7. 한병기, "고린도서가 증거하는 그리스도," 『성경 66권의 그리스도』 (서울: 규장문화사, 1985), 252-253.

실려진다. 『창세기 강론』에서부터 『진리와 사랑』에 이르기까지 한결같이 공통된 주제는 '그리스도론'이다. 불신자들에게는 구원의 십자가를 바라보게 하며, 그리스도인들을 향해서는 '영원히 계시는 그리스도'를 참된 믿음의 신앙관으로 바라보게 한다.[8]

'요한계시록이 증거하는 그리스도'를 강론하는 자리에서 예수 그리스도와 관련된 것을 크게 세 가지로 증거한다. 첫 번째는 '알파와 오메가'라는 '신성의 본질로 계신 그리스도'를 증거한다. 두 번째는 우리의 첫 열매가 되신 '대속의 그리스도'를 증거한다. 세 번째는 오른손에 '일곱 별'을 잡으시고, '일곱 금촛대' 사이를 순행하시는 '심판의 주님이 되시는 그리스도'를 증거한다. 이런 그리스도께서 다시 오시는 그날 "주님, 벌써 오십니까?"라고 말하는 준비되지 못한 자가 아니라 "주님, 어서 오세요!"라고 준비된 신앙으로 그리스도를 맞이하는 자가 될 것을 가르치고, 독려한다.[9]

신학에 있어서 기독론은 매우 중요한 위치에 있다. 한 목사는 이것을 『성경 66권의 그리스도』 강론에서 표현해낸다. 먼저 '창세기에 숨어 있는 그리스도'를 강론하면서 그리스도를 신약에 앞서 창세기 1장에서 그 모습을 발견하게 한다. 아담은 장차 오실 그리스도를 예표하고 있으며, 이삭은 갈보리 산에 오를 그리스도를 예표한다는 것을 가르친다. 그리고 창세기 3장 21절의 '가죽옷'은 그리스도의 비하에 따른 최종 결론이 될 '대속의 죽음'을 상징하고 있다는 것을 피력한다. 그 죽음은 우리를 위해 스스로 희생의 제물이 되는 죽음이었으며, 우리는 그 은혜 가운데 놓여진 자란 사실을 잊지 않도록 한다.[10]

한 목사는 '말라기서에서 찾아본 그리스도'의 강론에서 구원을 "우리를 향한 하나님의 사랑에 따른 것"에 초점을 맞춘다. 여기서 그리스도가 십자가에

---

8. 한병기, "요한계시록이 증거하는 그리스도," 305-306.
9. 한병기, "요한계시록이 증거하는 그리스도," 306-307.
10. 한병기, "창세기에 숨어 있는 그리스도," 19-25.

서 이룬 '자기희생'이 강조된다. 우리를 향한 하나님의 사랑이 없었다면 '비하'는 일어나지 않았으며, 하나님께 죄를 범한 자를 구원할 이유는 없었을 것이다. 대속을 이룬 그리스도의 죽음과 부활은 우리로 하여금 죽음의 저주 가운데 놓여진 것을 이기게 하고, 생명으로 회복 받게 하는 근원을 이룬다. 그러니 우리가 새 생명으로 거듭나는 것은 오직 그리스도를 통해서만 성취된다는 신앙의 근본은 흔들림이 없어야 한다. 한 목사의 그리스도를 중심으로 한, 기록론적 설교는 이런 부분에 있어서 흔들리지 않는 신학적 견해와 탁월함을 가지고 있다. 그런가 하면 그리스도를 중심으로 한 기독론적 설교는 듣는 이로 하여금 구원에 대한 확신을 가지게 한다.

III. 설교의 방법

1. 본문의 이해도를 높여주는 주석적 설교

가장 고전적 설교 방식 가운데 하나는 성경의 본문을 풀어주는 방식의 설교다. 성경을 주석하는 설교 방식이 최초로 사용되었던 것은 에스라 때였다. 느헤미야 8장 7절~9절에 의하면 에스라가 말씀을 증거할 때 레위인들이 군중들 속에서 그를 도와 성경을 주석해준다. 여기에 대해 8절과 9절은 이렇게 증거한다. "... 그 뜻을 해석하여 백성에게 그 낭독하는 것을 다 깨닫게 하니 백성이 율법의 말씀을 듣고 다 우는지라 ..." 본문의 내용을 풀어주는 주석 방식의 강론은 그 사람의 깊은 심령을 움직이게 만드는 성령의 역사를 일으킨다. 히브리서 4장 12절은 "하나님의 말씀은 살아있고 활력이 있어 좌우에 날선 어떤 검보다도 예리하여 혼과 영과 및 관절과 골수를 찔러 쪼개기까지 하며 또 마음의 생각과 뜻을 판단하나니"라고 하였다.

에스라는 학사(學士)였으며, 제사장이었다(참고, 스 7:6~21). 그는 하나님의 말씀을 가르치는 사명에 충실했으며, 백성들을 하나님의 언약 가운데로 이끌어가는 사역을 펼쳐나갔다. 한 목사의 목회와 설교는 이런 에스라를 보게 한다. 『창세기 강론』 속에는 이런 사명이 뚜렷하게 두 가지 모습으로 발견된다. 첫 번째는 하나님의 관점을 떠나지 않는 주석을 펼쳐간다. 두 번째는 하나님의 언약을 믿음의 눈으로 바라보게 한다. '하나님 형상'의 회복에 대한 언약의 실현을 믿음의 족장들을 중심으로 설명한다. 이때 성경 본문이 증거하고자 하는 내용을 이탈하지 않도록 원론적이면서도 분명한 해석학적 접근을 이룬다. 그리고 하나님의 관점을 벗어나지 않는다. 그런가 하면 『출애굽기 강론』은 언약의 성취를 이루시는 하나님을 바라보게 한다.[11] 이를 통해 청중과 독자로 하여금 하나님을 바르게 알고, 인격적으로 신앙하도록 이끌어간다.

2. 키워드로 전체를 이끌어내는 포인트 방식의 설교

한 목사의 설교는 세 가지 특징을 가진다. 첫 번째는 성경 본문에 나타나는 중심 주제를 설교 제목으로 자주 선정한다. 두 번째는 타이틀에 따른 제목을 관련된 소제목으로 나눠 설명하는 방식을 취하며, 결론을 제시한다. 세 번째는 설교가 효과적으로 청중들에게 전달되도록 키워드를 사용한다. 키워드 방식의 설교는 설교자가 전하고자 하는 내용을 단어를 사용하여 효과적으로 전달하고, 극대화하는 방법이다. 특히 키워드를 통한 포인트 방식의 설교는 청중들의 이해력을 높이며, 청중들을 하나로 묶어가는 동시에 호응을 빨리 일으키는 특징을 가진다.

마틴 루터 킹목사와 스펄전은 당대의 명 설교가로 명성이 자자(藉藉)했다. 이들이 설교할 때 자주 사용했던 방식 가운데 하나는 키워드를 사용한 포인트 방식의 설교였다. 청중 가운데는 식견이 높은 사람이 있는가 하면, 그렇지 못한 사람들도 있었다. 이런 청중들에게 포인트 단어를 사용한 설교는 청중들에

---

11. 한병기, "구름기둥과 불기둥," 『출애굽기 강론』 (서울: 규장문화사, 1986), 331-333.

게 효과적으로 그 내용이 전달되었을 뿐만 아니라 이들의 심령을 녹이는데 매우 효과적으로 작용하였다. 이런 설교 방식이 한 목사의 『성경 66권의 그리스도』에서는 '그리스도'가, 『기독교는 어떠한 종교인가?』에서는 '기독교'가, 그리고 『예수 그리스도의 신학적 교리』에서는 '예수 그리스도'가 키워드로 사용된다.

『예수 그리스도의 신학적 교리』에 실린 40편의 설교집에는 '예수 그리스도'와 연결된 또 다른 키워드를 사용한다. '성경관'에서부터 '최후 심판관'에 이르는 키워드를 사용한 포인트 방식의 설교는 청중들을 예수 그리스도 안으로 인도하는 귀중한 도구가 된다. 그런가 하면 『기독교는 어떠한 종교인가?』라는 강론집은 '기독교'는 "하나님의 계시를 근거로 하는 종교"이며, "하나님께서 먼저 죄인들을 찾아봐 주시는 종교"라는 것을 통해 기독교를 변증한다.[12] 그리고 이를 통해 기독교에 대해 거부감을 느끼는 이로 하여금 기독교가 이 땅에 있어야 할 당위성(當爲性)과 함께 진리를 증거해내고 있다. 이런 것이 신앙관과 교회관, 국가관 및 종말관에 이르까지 통일성과 일관성을 가지며 증거된다.

키워드를 사용한 설교 방식은 어떤 특별한 환경 또는 전달하고자 하는 뚜렷한 목적을 가질 때, 그리고 메시지를 효과적으로 전달하고자 할 때 그 효과를 극대화시킬 수 있는 방법 가운데 하나다. 이때 키워드는 사람의 이성과 지성에 인격적으로 관여하고 작용할 수 있어야 한다. 이런 면에서 한 목사의 키워드를 사용한 설교 방식은 감성적이지 않고 매우 논리적이다. 여기에 때로는 주석적인 해석학적 방법이 첨가되어 함께 사용되기도 한다. 이것이 『성경 66권의 그리스도』의 강론에 나타나는 특징 가운데 하나다. 키워드를 사용한 포

---

12. 한병기, "기독교는 어떠한 종교인가?," 『기독교는 어떠한 종교인가?』 (부산: 도서출판 J 그룹, 1994), 17-23.

인트 방식의 설교가 주는 장점 가운데 하나는 청중들과 함께 호흡하는 영적 전선을 구축한다는데 있다. 이것을 위해 설교자는 본문과 동떨어진 키워드가 아니라 본문과 영적 호흡을 함께 할 수 있는 키워드를 선정해야 한다. 한 목사는 이런 부분에 있어서 탁월함을 가지고 있다.

3. 성경 인물을 예화로 사용하여 청중들로 하여금 자신을 비춰보게 한다

성경 속의 인물을 예화로 제시하는 것은 세 가지 점에 유익을 준다. 첫 번째는 성경에 대한 이해 폭을 더욱 넓혀준다. 두 번째는 성경을 통해 성경을 해석하는 원리의 적용점을 이룬다. 세 번째는 신앙과 경각심을 가지게 한다. 인물의 연결을 통해 신앙의 본을 제시하며, 불신앙의 인물은 신앙에 대한 경각심을 일으키게 한다. 한 목사는 구약과 신약에 대한 인물의 예화를 통해 이런 세 가지의 목적을 성취한다. 강해 설교집 『창세기 강론』과 『성경인물 강론』에는 이런 설교 방식이 더욱 명확하게 드러난다.[13]

『창세기 강론』은 '하나님의 형상'으로 창조된 아담을 죄를 범하기 전과 죄를 범한 후의 모습을 통해 '하나님의 영광'이라는 관점을 비교한다. 그리고 가인과 그의 후손, 아벨의 다른 씨인 셋과 그의 후손들을 통해 불신앙과 신앙을 거울처럼 비춰본다. 이어지는 노아와 아브라함, 이삭, 야곱, 요셉의 인물론 강해는 '바른 세계관'과 '바른 인생관', '바른 신앙관'과 '바른 구원관'을 상고시키며 그 근본을 알도록 한다.[14]

『성경인물 강론』에서는 인물론의 시작을 '첫 사람 아담'으로부터 시작한다. 그리고 구약의 마지막 선지자인 말라기까지 37명의 구약 인물을 등장시킨다. 신약에서는 예수의 모친 마리아에서부터 가룟 유다를 대신한 맛디아 사도까

---

13. 한병기, 『성경인물 강론』, 19-316.
14. 한병기, 『창세기 강론』 (서울: 규장문화사, 1994), 7-8.

지 13명의 인물이 등장한다. 『창세기 강론』과는 달리 신앙을 본받을 대표적인 인물만을 열거한다. 이를 통해 이들 또한 실수를 범하지만 무너지지 않고 이것을 회복의 기회 또는 계기로 삼으며, 신앙으로 일어서는 것을 보게 한다. 그리고 청중들로 하여금 이것을 거울삼아 자신들을 비춰보도록 한다.

한 목사는 인물을 예화로 하여 청중들에게 하나의 잣대를 제공한다. 하나님을 향한 신앙의 잣대, 세상을 향한 신앙의 잣대를 제공한다. 성경 인물의 예화는 근본과 자신의 상태를 돌아보게 하는 잣대가 된다. 칼빈은 말씀을 항상 거울삼았다. 말씀이 가라 하면 가고, 말씀이 서라 하면 서는 신앙을 성경 속에서 비춰낸다. 한 목사는 성경의 인물을 예화로 사용하여 청중들로 하여금 자신을 비춰보며, 신앙의 정로(正路)를 걸어가게 하는 사역을 펼쳐나갔다.

IV. 설교의 적용과 교훈

『남아있는 그루터기』는 한 목사의 강론 제6집이다. 이 속에는 목사의 신학적 입장과 교리적 가르침 그리고 적용과 교훈에 이르는 신앙의 방편이 함께 다뤄지고 있다. 여기서 네 가지 주제가 관심을 끈다. 첫 번째는 '우리는 천지의 하나님의 종이다'라는 설교다. 하나님의 종이 되는 것은 하나님 편에서 먼저 부르심이 있어야 한다. 그리고 그 부르심을 받은 사람이라야 '하나님의 종'이 될 수 있다.[15] '하나님'과 '종'을 통해 존재와 위치를 바르게 깨닫는 자가 되도록 교훈한다. 죄인 된 나를 부르신 하나님의 은총을 잊지 않아야 하며, 하나님의 은총에 보답하기를 힘쓰는 자리에 서도록 한다. 그리고 종으로서 자신의 주장을 말하는 자가 아니라 직분에 대해 충성된 자리에 서는 자가 될 것을 권면한다.

두 번째는 '성도들의 현주소는 어디인가?'이다. 이 땅에서 어떤 삶을 이루

---

15. 한병기, "우리는 천지의 하나님의 종이라," 『남아있는 그루터기』 (서울: 규장문화사, 1991), 10.

며 살아가야 하는지 되물어보고 있다. 여기서 우리의 삶의 현주소는 세 가지를 벗어나서는 안 된다는 것을 강조한다. "(1) 우리는 하나님의 말씀 안에서 살아가야 한다. (2) 우리는 그리스도의 사랑 안에서 살아가야 한다. (3) 우리는 성령의 능력 안에서 살아가야 한다."[16] 말씀 안에서 살아간다는 것은 진리를 세속과 타협하지 않는 것, 신앙의 본질을 하나님의 말씀 안에서 찾아가는 신앙의 삶을 말한다. 그리고 세상을 살아갈 때 사랑 없는 자가 되지 말고, 사랑하는 자가 될 것을 권면한다. 삶을 살아갈 때도, 전도할 때도 사랑의 바탕은 항상 '그리스도의 사랑'이 되어야 할 것을 강조한다.

세 번째는 '세례의 참뜻'이다. 세례는 성부와 성자와 성령의 이름으로 베풀어진다. 세례는 구원의 조건이 아니다. '은혜의 방편'이다. 그런가 하면 믿음을 자라게 하고, 은혜를 감사히 여기는 예식이다.[17] 그리고 또 한 가지 하나님의 명령을 기억하게 한다. 한 목사의 강론에서 빠지지 않는 것 가운데 하나는 복음에 대한 증인의 길을 걷는 것이다. 예수께서 남기신 '지상대위임령'(마 28:18~20)은 "모든 민족을 제자로 삼아 아버지와 아들과 성령의 이름으로 세례를 베풀라"라는 명령이다. 그리고 "내가 너희에게 분부한 모든 것을 가르쳐 지키게 하라"였다. 한 목사의 강론은 이런 주님의 사명을 감당하고 있다. 더 중요한 것은 명령에 수동적 순종의 걸음을 걷는 자가 아니라 "이 산지를 내게 주소서"(수 14:12)라고 사명에 대해 능동적 순종의 길을 걸었던 갈렙과 같았다.

네 번째는 '남아있는 그루터기'다. 나무의 가지와 줄기, 잎이 없을 뿐만 아니라 뿌리는 땅을 향하고 있지만 잘려버린 나무! 그러나 나무라고 할 수 없는 '그루터기'다. 자유주의자들과 인본주의자들 그리고 세속주의자들에 의해 기독교가 꺾이고, 잘려지고, 심지어 그 뿌리까지 뽑히려 하고 있다. 그럼에도 불

---

16. 한병기, "성도들의 현주소는 어디인가?," 55-59.
17. 한병기, "세례의 참뜻," 149-151.

구하고 그 '그루터기'는 하나님께서 이 땅을 위해 남겨두신 것이니 그 어떤 이유로도 뽑혀지지 않는다. 한 목사는 '바른 복음', '바른 진리', '바른 기독교를 파수'하기 위해 하나님께서 남겨두신 '성도들'과 '교회'를 이에 비유한다. 십자가를 지켜내기 위해 이 땅에 남겨둔 '그루터기'다. 세상이 원하는 공로를 세우는 '그루터기'가 아니라 '진리의 꽃'을 피울 '그루터기'의 사명에 흔들림이 없도록 강권하고 있다.[18]

V. 나가면서: 감동이 있는 에스겔 34장의 "복된 소낙비"와 같은 설교

한병기 목사의 설교는 교리를 중요시 여기며, 조직신학적으로 강론된다. 그럼에도 불구하고 매우 유연함을 가지고 있다. 그 속에는 지식을 전달하는 교리와 신학의 강론만이 아니라 삶이 묻어있는 진실함이 있기 때문이다. 한 목사의 설교가 사람들의 심령에 깊이 영향력을 끼칠 수 있었던 것은 그분의 신학적 또는 언변의 탁월함이 아니었다. 한 목사의 설교는 화려함을 추구하지 않는다. 그런데도 감동이 있다. 그 이유는 실천하는 개혁주의, 실천하는 말씀의 신앙과 청교도적 삶이 함께하고 있었기 때문이다.

한 목사의 설교에는 항상 '그리스도'가 등장한다. 그리고 기독론을 중심에 두고 있다. 이런 설교는 중요한 메시지 전달을 위해 키워드 방식이 즐겨 사용되었다. 주석적이면서 키워드를 사용한 포인트 방식의 설교는 청중들의 이해력을 높이는 것만 아니었다. 설교자와 청중들을 하나로 묶어가는 중심점을 만들었다. 또 하나, 성경 중심의 설교를 중요하게 다루었던 한 목사는 성경 인물을 예화로 즐겨 사용하였다. 그것은 단순히 예화를 사용하기 위한 차원이 아니었다. 성경과 성경을 연결한 주석 설교의 한 방법이었으며, 청중들에게 성경에 대한 이해의 폭을 더욱 넓혀주는 설교의 한 방편으로 활용되었다.

---

18. 한병기, "남아있는 그루터기," 155-158.

설교자로서 가르치는 사역과 함께 복음 사역에도 누구보다 열정적이었던 한 목사는 월남(越南)하여 주님이 부르시는 그 순간까지 주님과 동행하는 에녹과 같은 삶을 사셨던 분이다. 복음의 열정에는 갈렙과 같은 분이셨으며, 바울과 같은 분이셨다. 설교자는 '전도자'가 되어야 하며, '가르치는 자', '교회의 덕을 세우는 자'가 되어야 한다. 따라서 설교는 인간적인 술책(術策)이 되어서는 안 된다. 여기에 대해 한 목사는 설교자로서 부끄러움 없는 위치에 계셨다. 어느 것 하나 귀감(龜鑑)이 되지 못하는 것이 없다. 이런 한 목사의 설교를 한 단어로 표현한다면 에스겔 34장의 "복된 소나비"와 같다고 말할 수 있다.

참고문헌

한병기. 『성경 66권의 그리스도』. 서울: 규장문화사, 1985.
_____. 『개혁주의 강론』. 부산: 도서출판 J 그룹, 1986.
_____. 『출애굽기 강론』. 서울: 규장문화사, 1986.
_____. 『성경인물 강론』. 서울: 규장문화사, 1987.
_____. 『남아있는 그루터기』. 서울: 규장문화사, 1991.
_____. 『창세기 강론』. 서울: 규장문화사, 1994.
_____. 『기독교는 어떠한 종교인가?』. 부산: 도서출판 J 그룹, 1994.
_____. 『예수 그리스도의 신학적 교리』. 부산: 도서출판 J 그룹, 1998.
Vos, Johannes G. *The Westminster Larger Catechism : A Commentary*. Ed. G. I. Williamson. New Jersey: P&R publishing, 2002.

조윤호

총신신대원 (M.Div.)
총신대학교 대학원 (Th.M.)
고신대학교 대학원 (Ph.D.)
(현) 고신대학교 여신원 강사
(현) 개혁주의학술원 이사
(현) 동서방기독교문화연구회 임원
(현) 그리심교회 담임목사

한경직 목사의 설교

이성범

1. 들어가는 말

지난 이천 년 교회의 역사를 살펴보면 교회는 말씀의 선포, 즉 설교와 함께 운명을 함께 했다. 하나님의 말씀이 강단에서 올바르게 선포되면 교회는 부흥하였고, 그렇지 못할 때는 교회는 쇠락의 길을 걸었다.[1] 기독교 역사는 설교의 역사와 맥을 같이한다. 한국교회는 지난 선교 1세기 동안 세계선교의 역사상 가장 강력한 부흥을 경험한 교회 중의 하나이다. 이러한 부흥의 배경에는 언제나 하나님의 말씀에 생명을 걸고 헌신적으로 사역을 감당했던 설교자들이 있다. 그중에서도 한국교회 역사에서 길이 남을 발자취를 남긴 설교자가 있다. 바로 "100년사의 밭 한복판에 유별나게 큰 거목"[2]이었던 한경직 목사이다. 그가 위대한 목회자요 설교자임은 우리가 다 아는 사실이다. 그는 98세 일기로 세상을 떠나기까지 설교자로 살았고, 그가 설교한 대로 자신이 먼저 실천하였고, 인격을 통해 참 설교자의 표상을 우리에게 보여주었다. "그는 강단에서의 설교뿐만 아니라 삶을 설교화한 목회자였다."[3] 그가 감당했던 사역의 내용과 평생 견지하며 살았던 목회자의 삶 때문에 그에게는 언제나 긍정적 평가가 따른다. 하

---

1. P. T. Positive, *Positive Preaching and the Modern Mind* (Grand Rapids: Baker House, 1980), 3.
2. 김준곤, "영원한 청교도" 김병희 편저, 『한경직 목사』 (서울: 규장문화사, 1983), 123.
3. 문성모, 「한국교회 설교자 33인에게 배우는 설교」 (서울: 두란노, 2012), 201.

지만 이러한 평가는 단순한 찬사가 아니다. 가장 객관적인 평가를 통해 템플턴상 수상자를 선정하는 위원회도 그를 1992년도 수상자로 결정하면서 그를 가리켜 "20세기가 낳은 한국의 가장 뛰어난 목사"라고 평가했다.[4] 우리는 한경직에게서 위대한 목회자의 모습과 함께 위대한 설교자의 모습을 보게 된다. 그의 설교는 목회와 어울려져 행해졌으며, 언제나 설교를 통해 목회의 열매들을 맺어갔다. 그러므로 한 시대 속에서 목회자의 표상으로 평가받고 있는 그에게서 그 목회의 중심에 그의 설교가 있었음을 발견하게 된다.

오늘날 한국교회의 강단에서 많은 말씀이 외쳐지고 있으나 치유와 회복의 역사가 드물고 그 말씀의 열매가 삶을 통해 드러나지 않는다. 오늘 한국교회와 민족에게는 하나님의 말씀을 통한 회복의 역사가 절실히 요구되고 있다. 이런 상황에서 "한국교회의 설교학의 교과서라고 할 수 있으리만큼 하나의 모델"[5]이었던 한경직 목사의 설교를 분석하고 연구하는 것은 매우 뜻있는 일이라 여겨진다. 한 시대를 살았던 설교자를 연구하는 것은 위대하게 쓰임 받는 그를 단순히 그를 높이고 기리기 위한 작업이 아니다. 그의 생애와 사역을 고찰하고 평가함으로써 그를 통해 미래를 예견하는 것이다. 그동안 한경직 목사의 생애와 사상[6], 그리고 신학과 신앙에 관한 많은 연구가 이루어져 왔다.[7] 그리고 목회와 설교에 대한 논문[8]들도 다수 발표되었다. 그러므로 여기에서는 커뮤니케이션(communication:소통)의 관점에서 살펴보므로 차별성을 기하고자 한다.

---

4. 김운용, "강단의 거성 한경직의 설교 세계," 「장신논단」 (제18집, 2002), 529.
5. 정성구, "한경직의 설교를 논함," 「목회와 신학」 (1992.7), 210.
6. 조은식(편), 『한경직의 신앙유산』 (서울: 숭실대학교 출판부, 2007)
7. 『한경직 목사 탄신 100주년 기념행사자료집』 (서울: 한경직목사기념사업회, 2002)
8. 현재 국회도서관에 16편의 학위논문과 다수의 학술연구가 등록되어 있다.

2. 왜 커뮤니케이션의 관점인가?

설교가 무엇인가를 정의하는 것은 매우 중요하다. 왜냐하면, 설교를 어떻게 또는 무엇으로 정의하느냐에 따라 설교 내용과 방법이 달라지기 때문이다.[9] 사람마다 설교의 정의가 다르겠지만, 설교는 '청중과의 소통(communication)'이다.[10] 소통은 우리가 사는 모든 삶의 영역에서 필수적이며 본질적인 요소다. 설교 역시 예외일 수 없다. 설교는 "하나님과 인간이 소통하기 위해, 설교자와 청중이 하나님의 말씀으로 소통하는 시간"이다.[11] 그런 측면에서 "소통되지 않는 설교는 설교가 아니다"라고 말할 수 있다. 들리지 않는 설교는 설교자의 독백이요 외로운 외침일 뿐이다. 복음의 본질인 하나님의 말씀은 변할 수 없다. 그러나 말씀을 전하는 형식과 방법은 끊임없이 변화하여 왔다. 설교는 '그 시대의 설교자'가 '그 시대의 사람들'에게 전파하는 것이다. 같은 하나님의 말씀이지만, 그것은 시대나 문화적 공간에 따라서 거기에 적절한 방법으로 선포되어야 한다.[12]

설교자는 하나님의 말씀에 대한 수신자이면서, 동시에 그것을 청중들에게 전하는 전달자이다. 그러므로 하나님 말씀에 대한 이해와 청중에 대한 이해가 필수적이다.[13] 커뮤니케이션과 관련하며 설교의 문제는 두 가지로 나타난다. 하나는 본문에 이해와 해석에 집착한 나머지 청중에 대한 무관심과 외면이요, 하나는 지나치게 청중의 상황에 초점을 맞춘 나머지 본문에 대한 정확한 이해와 해석이 부족한 점이다. 하나는 '설교자와 청중 사이의 문제'라면, 하나는 '설교자와 하나님과의 관계'에서 갖는 소통의 문제이다.[14] 이 소통의 문제로 한

---

9. 이현웅, 『설교학 이야기』 (서울: 예배와 설교 아카데미, 2011), 49.
10. 김도인, 『설교는 인문학이다』 (서울: 두란노, 2018), 14.
11. 이현웅, 『공감의 설교학』 (서울: 한국 장로교 출판사, 2017), 33.
12. 이현웅, "포스트모던 시대에서의 설교를 위한 방법론 모색," 『신학 사상』, 제143집(2008.12.) 278.
13. Robert E. Webber, 정장복 역, 『그리스도 커뮤니케이션』 (서울: 대한기독교출판사, 1991), 30.
14. 같은 책, 5.

국교회의 강단은 여러 위기의 징조를 드러내며, 세상에 대한 공적 영향력을 잃어가고 있다.[15] 따라서 한경직 설교에 대한 소통의 관점에서의 고찰은 위기를 극복할 새로운 통찰력을 제공해 줄 것이기 때문이다.

3. 한경직의 설교 이해

1) 한경직 목사의 설교관

설교자의 설교에 대한 이해는 무엇보다 중요하다. 한경직 목사는 설교에 대해 이렇게 말하였다.

> "강단은 하나님의 말씀을 선포하는 곳이다. 물론 설교할 때에 여러 가지 설명이 있으나, 이것은 다 하나님의 말씀을 듣고 이해하는 데 도움이 되기 위하여서이다. 하나님은 물론 대자연을 통하여, 또는 인간의 역사를 통하여서도 말씀하신다. 그러나 우리가 기억할 것은 특별계시인 하나님의 말씀이다. 그것은 신구약 성경이다."[16]

한경직 목사는 설교의 주체는 궁극적으로 하나님이며, 설교자는 그 말씀을 받아서 전하는 것으로 이해한다. 그리고 성경이 하나님 말씀이라는 확신을 하고 전할 때 설교의 권위가 따른다고 말한다.[17] 또한, 설교는 목회자의 존재 근거로, 자신은 "오로지 설교, 오로지 하나님의 말씀을 전하는 것을 위해 존재한다."라고 말한다.[18] 이러한 한경직의 설교관은 개혁교회 설교 신학의 기초 위

---

15. 이현웅, 『공감의 설교학』, 94-95.
16. 이영헌 엮음, 『한경직 강론 1: 참 목자상』 (서울: 규장문화사, 1985), 137.
17. 같은 책, 147.
18. 임 걸, "한경직 설교론", 『한국교회 신학 사상 1』 (서울: 연세대학교 출판부, 2007), 211.

에 세워져 있음을 알 수 있다. 종교개혁자들은 하나님은 말씀하시는 분이시며, 설교는 오늘의 삶 속에 주시는 그분의 계시 사건임을 주장한다.[19] 이러한 확실한 고백 위에 개혁자들은 하나님이 무엇을 말씀하시는가를 듣기 위해 성경으로 돌아갔으며, 설교를 통해 오늘을 향한 메시지를 찾아 회중에게 전하기를 원했다.

개혁신학에 입각한 설교관을 가진 한경직 목사는 하나님의 백성을 돌보도록 세움을 받은 목회자로서 자기 정체성을 가지고, "강단을 바로 지키는 설교자"이기를 원하였다. 그리고 성경 중심의 설교, 십자가 중심의 설교, 죄인을 구원하는 설교를 바로 행하는 설교자를 강단을 바로 지키는 목회자로 이해하였다.[20] 또한, 그는 설교자가 반드시 지켜야 할 원칙으로 설교는 언제나 성서적이어야 하고, 설교의 목표는 인간의 심령을 구원하는 일이어야 한다고 주장한다.[21] 그리고 실생활에 맞는 설교여야 한다고 말하면서, 회중들의 삶을 이해하고 그들의 삶에 도움이 되는 설교를 해야 함을 강조한다.[22] 즉, 회중에 대한 이해와 배려가 없이 성공적인 설교 사역을 기대할 수 없다고 말한다.

2) 세 가지 관점에서 본 한경직의 설교

한경직의 설교를 접할 수 있는 대표적 자료는 『설교전집』이다.[23] 단행본으로 발간된 설교집이 몇 권 있지만, 다 여기에 포함되어 있다. 12권으로 출판된 설교전집에는 1946년부터 1977년까지 영락교회에서 행한 611편의 설교가 실려 있다. 여기서는 『설교전집』과 기타자료들을 세 가지의 관점에서 살펴볼 것

---

19. David Buttrick, 김운용 역, 『설교의 새로운 패러다임 추구』 (서울: 요단출판사, 2002), 30.
20. 『한경직 목사 성역 50년』 (서울: 한경직 목사 기념사업 출판회, 1986), 63.
21. 김운용, 517.
22. 이영헌, 137.
23. 『한경직 목사 설교전집』 1-12권 (서울: 기독교문사, 1987)

이다. 설교가 설교자와 청중의 쌍방관계에서 이루어지고 있다는 점에서, 로버트 웨버가[24] 제시한 "전달자(설교자)-메시지(내용)-수신자(청중)"모델의 관점에서 살펴볼 것이다. 메시지의 관점에서는 "무엇에 관한 설교인가?", 청중의 관점에서는 "어떻게 전했는가?", 전달자의 관점에서는 "그는 어떤 설교자였는가"에 초점을 두고 그의 설교를 고찰할 것이다.

① 메시지: 예수가 중심을 이루는 복음적 설교

어느 시대, 어느 강단에서나 선포되고 회복해야 할 설교의 모습은 복음 중심적인 설교다. 왜냐하면, 성경 텍스트가 복음에 대한 선포이기 때문이다. 설교가 성경의 정신과 핵심 내용을 전하는 것이라고 할 때, 복음 지향적 설교는 선택사항이 아니라 필수사항이다. 장신대 설교학 교수인 김운용은 "본래 기독교의 설교 원형은 케리그마의 선포였으며, 복음을 전하기 위하여 시작되었다. 제자들과 초대 교회가 가장 주력하였던 것은 메시아로 이 땅에 오신 예수 그리스도의 사건(그의 생애와 십자가의 죽음, 그리고 부활과 다시 오심)을 선포하는 것이었다. 이렇게 초기 기독교의 설교는 복음이 그 중심을 이루었다."[25]라고 주장한다. 그러므로 기독교 설교는 이러한 복음의 선포이며, 어떤 내용을 전하기 전에 언제나 이 복음과 만나야 하며, 이 복음의 소식이 골격이 되어야 한다.[26] 한경직에게 복음주의 신앙은 '이신득의'의 신앙과 '오직 성서'라는 개신교의 중심사상을 의미한다.[27] 그래서 그의 설교는 언제나 예수 그리스도가 핵심 주제가 된다. 그리고 그분을 통해 주어지는 복음이 설교의 능력이다. 그의 설교와 사상은 오로지 예수라는 주제에서 벗어나지 않는다. 목회에서 예

---

24. Webber, 28-35.
25. 김운용, 『새롭게 설교하기』 (서울: 예배와 설교 아카데미, 2005), 151.
26. 같은 책, 152.
27. 『한경직 목사 설교전집』 1권, 47.

수를 놓치지 않겠다는 결심으로 가득 차 있으며, 예수 안에서 삶의 모든 해답이 있음을 확신한다.[28]

복음은 예수 그리스도의 죽으심과 부활하심을 말한다. 예수 그리스도의 십자가의 죽음으로 죄의 문제가 해결되고, 예수 그리스도의 부활로 사망의 문제가 해결된 것이다.[29] 그러므로 복음은 모든 악의 세력을 이기신 하나님의 궁극적인 승리이며, 개인과 사회와 나라, 그리고 온 우주 속에 새로운 생명을 가져다주실 수 있음을 선포하는 복된 소식이다.[30] 또한, 예수 그리스도 부활은 오늘의 설교자가 계속해서 "설교할 수 있는 능력"이 된다.[31] 복음이 기초를 이루고 있는 한경직의 설교는 긍정적이고, 희망적이며, 용기를 주고, 복음을 따라 사는 삶을 강조하는 방향으로 나아간다. 복음을 받아들인 하나님의 백성들이 어떻게 하나님을 섬기고, 하나님의 백성답게 살 것인가 하는 그리스도인의 삶과 믿음 생활에 대한 메시지가 그의 설교의 중심을 이룬다.[32] 그에게 있어서 복음주의는 "성경 중심주의, 그리스도 중심주의, 십자가 중심주의 신앙"이고, 그리스도의 십자가의 죽으심과 다시 사심을 믿는 믿음을 통해서만 구원을 얻게 됨을 의미한다.[33] 십자가는 예수님의 핵심 사역이자 역설적인 진리이다. 그렇다고 성경의 복음을 십자가로만 제한시켜서는 안 된다. 이것은 당시의 신학적 견해차에서 비롯된 것이지만, 하나님 나라 혹은 하나님 나라의 복음으로까지 이해해야 할 필요가 있다.

---

28. 김운용, "강단의 거성 한경직의 설교 세계", 514.
29. 이우제, 송인덕, 『성경적 변화를 위한 설교』 (서울: 도서출판 대서, 2019), 90.
30. 김운용, 위의 책 (2005), 152.
31. Richard Lischer, *A Theology of Preaching: The Dynamics of the Gospel*, rev, ed. (Durham: The Labyrinth Press, 1992), 16.
32. 김운용, "강단의 거성 한경직의 설교 세계", 515.
33. 『한경직 목사 설교전집』 1권, 47.

② 청중: 청중과 시대를 통찰한 실존적 설교

설교는 허공에 대고 하는 것이 아니다. 성경을 주해하는 것만큼 중요한 것이 청중을 이해하는 일이다. 말씀을 듣는 청중의 문화를 이해하는 것이 중요한 이유는 "인간이 지닌 가치관과 이를 통해 구체적으로 인간의 삶의 자리에서 창출된 인간의 모든 사고와 행위의 종합적 결과"가 문화이기 때문이다.[34] 그러하기에 청중의 문화, 혹은 삶의 자리를 알지 못하고 설교한다는 것은 목표를 상실한 채, 화살을 쏘는 행위와 같다. 목적을 잃어버린 설교를 통해 청중이 변화 받은 예는 거의 없다.[35] '듣든지 아니 듣든지' 전해야 한다는 것은 사명의 중요성과 긴박성을 말하는 것이지, 청중과 상관없이 전해야 한다는 것이 아니다. 청중의 귀에 들려지는 설교를 해야 한다.

한경직의 설교는 실존적 설교이다. 그는 실존적 설교에 대해 "설교자가 설교의 시기와 장소, 처지에 맞는 제목과 본문을 선택해야 하는 것"이라고 설명한다. 즉, 청중의 상황과 고민에 맞는 설교를 해야 한다는 것이다. 그러므로 실존적 설교를 하기 위해서는 사회문제에 관심을 기울여야 하고, 교인들의 개인적인 고민에 민감하게 반응해야 한다고 말한다.[36] 그래서 그의 설교의 주제는 신앙생활 혹은 성도의 삶과 관련된 주제가 단연 많다. 민족의 아픔과 역사적 혼란기에 성도들이 어떻게 살아야 할 것인지, 교회 안과 밖에서 하나님의 백성으로 산다는 것이 무엇인지에 관한 주제가 많이 다루어지고 있다.[37]

또한, 그의 설교 자료는 아주 다양하다. 철학, 문학, 자연과학, 사회과학, 전기, 역사적 사건, 고전, 그리고 영문 시사주간지, 당시의 신문 잡지에 이르기까

---

34. 김지철, 조성노, 『복음과 문화』 (서울: 현대신학 연구소, 1992), 101.
35. 이우제, 184.
36. 임 걸, 220.
37. 김운용, "강단의 거성 한경직의 설교 세계", 510.

지 아주 폭넓은 자료가 활용되고 있다.[38] 김운용은 이에 대해 이러한 자료의 활용은 당시 설교자들에 비하면 아주 획기적인 것으로, 그가 한국교회 선각자였으며, 폭넓은 학문적인 연구를 한 목회자였고, 폭넓은 독서를 했던 설교자였기에 가능한 일이었다고 평가한다.[39] 들려지는 설교는 성경 해석력보다는 독서량에 정비례한다.[40] 그러므로 설교자는 신학적 독서에서 벗어나 균형 있는 독서를 해야 한다. 인문학을 통해 사고력의 확장, 폭넓은 식견과 세상을 향한 통찰력을 얻어야 한다. 또한, 그는 설교에서 수많은 인용구를 사용하였는데, 특히 동서양의 신앙 인물들에 관한 이야기를 많이 활용하였다. 그리고 개인적인 체험담과 그의 경험으로 도출되는 예화들을 발굴하여 사용하였다. 그가 주로 주제설교를 하고 있음을 고려하면, 이러한 성경의 외적인 자료들은 주제에 활용하고 있음을 알 수 있다. 그리고 설교에서 구어체보다 문어체를 주로 사용하였는데, 간결하고도, 고도로 정제되고 절제된 문장으로 표현하였다.[41] 여기에 설교자의 확신과 열정, 그리고 간절함이 어울려져 그가 전하는 메시지는 생동적이고 역동적으로 다가온다. 그의 설득력은 그 간절함에서 나온다.[42]

③ 설교자: 말씀이 체화된 설교

요한 실리에는 "설교에서 중요한 것은 what의 문제(무엇을 전하느냐)보다, who의 문제(누가 전하느냐)임"을 역설한다.[43] 설교자가 무엇을 말하는가 보다, 설교자가 어떤 사람인가가 더 중요하다는 의미이다. 이에 전통적으로 말씀을 전달하는 설교자의 인격을 강조해 왔고, '에토스'(ethos)의 개념으로 논

---

38. 같은 책, 511.
39. 같은 책. 510.
40. 김도인, 『인문학, 설교에 어떻게 활용할 것인가?』 (서울: 도서출판 목양, 2021), 36.
41. 김운용, 위의 책, 511
42. 같은 책, 526.
43. Johan H. Cilliers, 『설교 심포니: 살아 있는 복음의 음성』 이승진 역(서울: CLC, 2003) 375.

의돼왔다. 설교자의 에토스의 질과 수준에 따라서 청중에게 전달되는 메시지의 효과는 전혀 다른 양상으로 전달된다. 그래서 "설교 준비에 있어서 설교자가 행할 내용을 준비하는 것도 중요하지만 그보다 우선 되어야 할 일이 있다. 그것은 설교자 자신을 준비하는 것이다"[44]

그러므로 이 부분을 간과하고 한경직의 설교를 논할 수 없다. 그는 사역할 때나 은퇴 후에 그리고 세상을 떠나가기까지 설교한 대로 살았고, "영원한 청교도"로서 일생을 무소유와 청빈의 삶을 실천하며 살았다.[45] 미국 설교의 대가였던 필립 브룩스는 설교가 단지 진리인 '하나님의 말씀을 전하는 것'이라고 하지 않고, "인격을 통하여 전달되는 진리(truth through personality)"라고 정의하였다.[46] 설교는 내용과 함께 그것을 전하는 설교자가 그만큼 중요하다는 것이다. 설교자가 소통의 관점에서 보면 에토스는 로고스나 심지어 파토스보다 중요하다.[47] 한경직의 설교에는 진리와 인격의 두 가지 요소가 적절하게 조화를 이룬다. 그는 평생 자기 명의의 집이나 땅이나 통장 하나 없이 살았고, 소천할 때 그가 남긴 것은 휠체어와 지팡이, 그리고 겨울 털모자가 전부였다. 한국의 대표적인 교회의 담임목사였고, 한국교회에 위대한 영향을 끼쳤던 설교자가 남기고 간 재산으로는 너무나 초라했다. 이것을 통해 설교자로서의 그의 인품을 읽게 된다. 이것은 생전에 열변을 토하던 설교보다 훨씬 더 강력한 설교였다.[48] 이처럼 그의 설교는 목회자의 인품과 삶을 통해서 전달된 메시지였으며, 그의 인격의 표출이었다.[49]

---

44. 김운용, 『현대 설교 코칭』 (서울: 장로회 신학대학원출판부, 2012), 163.
45. 김준곤, "영원한 청교도," 김병희 편저, 『한경직 목사』 (서울: 규장문화사, 1983) 123.
46. Phillips Brooks, *The Joy of Preaching* (Grand Rapids: Cregel Publications, 1984), 25.
47. Cilliers, 375.
48. 김운용, "강단의 거성 한경직의 설교 세계", 513.
49. 김병희, 297.

4. 나가는 말

설교자는 하나님의 말씀에 대한 수신자이면서 동시에 그것을 청중들에게 전하는 전달자이다. 그러므로 하나님에 대한 이해와 청중의 이해가 필수적이다. 한국교회 설교현장에서 초래되는 문제들은 설교 지식의 부족이나 방법의 문제가 아니다. 상당한 지식과 훈련이 되어 있다. 그러나 심각한 문제는 설교자와 청중과의 거리가 갈수록 멀어지고 있다는 데 있다. 설교자와 청중 상호간에 원활한 소통이 공감이다. 공감되지 않는 설교는 허공에 외치는 소리에 불과하다. 청중은 유창한 말이나 고매한 지식적 설교보다, 비록 단순할지라도 그들의 삶의 자리를 이해하는 설교에 귀를 기울이고 마음을 연다. 그러므로 설교자는 먼저 하나님의 말씀에 대한 철저한 이해와 함께 그 말씀을 듣는 청중들에 대한 깊은 이해가 동반되어야 한다. 즉, 설교자는 하나님의 마음을 품고, 거기에 더하여 청중의 삶에 대한 깊은 이해와 사랑이 있어야 한다.[50] 포스트모던 시대로 접어들면서 "설득(persuasion)에서 공감(empathy)으로" 설교 패러다임의 전환이 이루어졌다.[51] 그런데도 한경직의 설교는 정성구의 평가처럼 오늘날도 여전히 '한국교회의 설교학 교과서의 하나의 모델'이라고 할 수 있다. 오늘 말씀의 전달자로서 설교자의 위기는 설교 능력에 대한 것이라기보다 말씀을 전하는 것만큼 삶으로는 실천하지 못하고 있다는 점이다. 즉, 설교자 자신이 전하는 말씀과 삶의 괴리가 심각한 것이다.[52] 한경직의 설교는 요즘 감각으로 볼 때 큰 매력은 없다. 유머 감각도 없고, 기발한 언어를 구사하는 재치도 없으며, 감동적인 예화도 별로 없다. 그런데도 한국교회는 그를 전설적인 목회자로 여기며 최고의 설교자로 존경한다. 그 이유는 그의 육신적인 삶이 설교 자체였기 때문이다. 그는 강단 위에서만 설교한 것이 아니라 삶을 설

---

50. 이현웅, 『공감의 설교학』, 265.
51. 같은 책, 72.
52. 정장복, 『한국교회를 위한 설교학 개론』 (서울: 예배와 설교 아카데미, 2005), 40.

교화하였다. 그의 인격이 설교였고 그의 행동이 설교였다.[53]

이성범

서울장신대학교 신학과
한국방송통신대학교 (B.A.)
장로회신학대학교 신학대학원 (M.Div. equ)
평택대학교 신학대학원 (M.Div.)
강남대학교 대학원 (Th.M.)
한경대학교 대학원 법학 (LL.M.)
평택대학교 대학원 목회상담학 (D.Min.)
평택대학교 대학원 조직신학 (Ph.D.)
(현) 평택교회 담임목사

---

53. 문성모, 205.

한석지 목사의 설교

한천설

시작하는 글

목회자는 '기록된 하나님의 말씀'(The Written Word of God)을 '살아계신 하나님의 말씀'(The Living Word of God)'으로 바꾸는 사람으로, 한마디로 말씀의 전문가라고 할 수 있다. 그들에게 가장 중요한 것은 하나님의 말씀을 올바로 해석하고 힘있게 전하는 것이다. 목회자들에게 설교는 말할 수 없는 특권이고 기쁨이 수반되는 영광의 직무이지만, 동시에 거룩한 짐이고 부담일 수밖에 없다. 따라서 설교자는 연약한 질그릇 같은 초라한 자들을 부르셔서 하나님의 말씀을 전하는 귀한 종으로 사용하시는 것에 감사하면서 설교에 목숨을 걸어야 한다.

현재 우리 한국교회에는 말씀 이외의 방법으로 교회를 부흥시킬 수 있다고 믿거나, 그렇지는 않다 해도 말씀과 더불어 그 무엇인가가 있어야 교회가 성장할 수 있다고 생각하는 목회자들이 많이 있는 듯하다. 혹자는 그것을 부인하려 들지 모르지만, 그 명확한 증거는 많은 교회들이 말씀 이외의 방법으로 부흥을 이루려는 노력들이 여러 모양으로 난무하고 있다는 사실이다. 강단에서 말씀이 약화될 때 목회자는 다른 곳에 눈을 돌리기 시작한다. 이러한 점에서 살펴보면 한국교회는 강단의 위기에 처하지 않았는가를 겸손히 질문해야 한다.

한석지 목사는 이런 사실을 그 누구보다 정확히 인식하고 설교에 목숨을 걸었던 목회자였다. 일반적으로 그는 대한 예수교 장로회(합동) 제64회 총회장을 역임하면서 한국교회에 후덕한 지도자로 알려져 있다. 그를 기억하는 사람들은 당시 혼란과 분열을 아픔을 겪고 있었던 합동 총회의 상황에서 온유한 성품과 화합의 지도력으로 혼란을 수습하고 총회를 발전적으로 이끌었던 인물로 평가한다. 또한 총신대학교에서 일부 신대원 교수들이 합신으로 이탈하여 신학대학원이 위기를 맞았던 시절에 신학대학원장을 3년간 겸임하면서 국내외 교수요원들을 영입하여 혼란을 수습했고, 또 30만 평이 넘는 양지 캠퍼스를 구입하여 목회자 후보생들을 강하게 훈련시킬 수 있는 학문과 경건의 장(場)을 마련하기도 했다. 대부분의 사람들은 그가 총회장과 신대원장을 역임했던 행정가요 교육가인 것은 알지만, 동시에 수많은 목회자들 특히 목회자 후보생인 신학생들에게 깊은 영향을 끼쳤던 탁월한 설교자였다는 사실은 잘 알지 못한다. 동암교회를 29년간 목회하는 동안 그는 국내뿐 아니라 아시아, 그리고 미국과 유럽 등지에서 100회가 넘는 말씀사경회를 인도할 정도로 뛰어난 설교자였다.

　한 목사는 개혁주의 신학자요 목회자로서 신대원장 시절 신학생들에게 이렇게 강조하였다: "성경은 교회와 성도들의 신앙과 삶의 유일한 표준으로 일점일획도 가감할 수 없는 하나님의 말씀입니다. 성경이 진보적인 신학자들에 의해 천대받고 훼손당하는 이 시대에 여러분들은 하나님의 말씀을 맡은 사명자답게 복음에 절대 불순물을 타거나 복음을 미끼로 사용하지 말고 오직 피 묻은 십자가 복음을 목숨 걸고 담대히 전하라."고 했고, 이를 위해 "목숨걸고 공부하고, 목숨걸고 설교 준비하고, 목숨걸고 설교하라."고 당부하였다. 한 사람의 성장배경과 받은 교육은 그 사람의 목회와 설교에 지대한 영향을 미치기에 우리는 먼저 그의 성장배경과 이런 저런 활동들을 살펴보고, 이어 그의 설교의 특징들을 분석해 보려고 한다.

1. 성장배경과 신앙생활

1922년 1월 17일 평안북도 강계군 외귀면 이남동에서 태어난 한석지 목사는 초등학교를 다닐 때 처음으로 복음을 접하게 된다. 평안북도 교사양성학교를 졸업한 후 초등학교 교사로 재직하던 중 1945년 2월 징집영장을 받고 군대에 징집되어 만주 관동군에 끌려가게 되는데, 하나님의 은혜로 불과 6개월 만에 일제가 무조건 항복을 하여 다시 고향으로 돌아오게 된다. 그 어려운 고난의 풀무 기간을 통과하면서 그는 언제 어디서나 하나님만 절대 의지하는 믿음의 사람으로 성장하게 된다. 그 후 더 성숙한 신앙의 사람으로 성장하는 계기를 맞게 되는데, 그것은 3대째 신앙의 가정에서 자란 투철한 믿음의 사람 장선항 사모를 만나면서이다. 한 목사는 회고하기를 장선항 사모가 없었다면 지금의 자신은 존재하지 않았을 것이라 말할 정도로, 그녀는 일사각오의 순교적 신앙과 금욕에 가까울 정도의 절제와 희생과 헌신의 삶으로 한 목사의 목회를 내조했던 믿음의 사람이었다.

2. 목회자로의 부르심

1950년 6.25 동란을 겪으면서 공산치하에서 박해받던 그는 51년 일사후퇴 때 신앙의 자유를 찾아 3.8선을 넘어 남한으로 피난한다. 한 목사는 자신보다 먼저 청주로 남하하여 충북희망원을 운영하던 처형 장시항 권사와 김경해 장로의 도움으로 그곳에 일시 정착하게 된다. 1951년부터 청주시온초등학교 교감으로 후학 양성에 힘썼고, 학업에 대한 열정으로 주경야독하면서 56년 청주대학교 법과대학을 졸업한다. 특별히 한 목사는 1955년 35세의 이른 나이에 청주중앙교회에서 장로 장립을 받고 시무장로로 교회를 섬기면서 교회 내외로부터 칭찬과 기대를 받았다. 이런 외적 소명(external calling)을 인정받았던 그는 하나님으로부터 목회자로서의 내적 소명(internal calling)을 받고 하나님께 헌신하는 사명자로 새롭게 태어난다. 1958년 그는 교감직을 내려놓고 총회신학교 본과에 입학하여 3년의 신학수업을 받고 1961년 졸업한다. 신학교 재학 중인 1960년 총회신학교 학우회장에 선출되어 희생과 봉사의 출중한 리더십으로 동료들과 후배들에게 많은 귀감이 되기도 했다.

신학생 시절 경기도 일산의 주엽교회를 담임 전도사로 섬겼고, 이어 1962년 대한예수교장로회(합동) 평양노회에서 목사안수를 받고 김윤찬 목사가 시무했던 평안교회에서 부목사로 섬기면서 목사의 길을 걷기 시작했다. 2년 후인 1964년, 함남노회에 속한 동암교회에 위임목사로 청빙되어 29년간 긴 목회생활을 마치고 1992년 동암교회의 원로목사로, 함남노회의 공로목사로 추대되었다.

3. 총회, 신학교 그리고 한국교회를 향한 섬김

한석지 목사는 한 교회에서 29년간 목회한 목회자였지만, 총회와 신학교, 그리고 한국교회 전체를 위해 봉사한 인물로 잘 알려져 있다. 동암교회를 섬기는 동안 1966년 함남노회장에 선출되어 총 5번에 걸쳐 노회장으로 섬기면서 함남노회를 한때 300교회가 넘는 모범적인 노회로 성장시켰다. 1972년 합동 총회 서북대회장으로 선출되었고, 1973년 총회 부서기를 시작으로 75년 서기, 그리고 1979년 9월 대구동부교회에서 열린 제64회 총회에서 총회장에 당선되어 대한예수교장로회(합동) 교단발전을 위해 헌신했다. 1980년에는 총신대학교 신학대학원장으로 임명되어 일부 구성원의 이탈로 위기에 처한 총신대학교를 다시 정상궤도에 올려놓았을 뿐 아니라, 30만 평에 이르는 총신대학교 양지 캠퍼스를 매입하여 현재까지 목회자 후보생을 훈련시킬 수 있는 기틀을 마련하였다. 그 후 총회신학원 운영이사회 부이사장(1989년), 총회신학원 재단이사(1991년) 등의 활동으로 후진 양성에도 지속적인 관심을 기울였고, 한국기독교총연합회의 고문으로도 활동하면서 한국교회의 일치와 화합을 위해 노력하였다.

4. 설교자로서의 자의식과 훈련

설교학 이론에서 자주 인용되는 아리스토텔레스의 수사학을 보면 설득을 위한 세 가지 중요한 요소에 대해 언급하고 있다. 로고스(logos, 무엇을 말하느냐), 에토스(ethos, 우리가 누구이냐), 파토스(pathos, 어떤 열정으로 말하느냐)가 그것이다. 설교는 진리의 말씀을 통해서 사람들을 설득하는 과정이라고 할 수 있다. 따라서 설교자가 진리의 말씀을 전달할 때, 거룩한 수사학의 방법은 매우 유용한 개념이라고 할 수 있다. 한 목사의 설교는 이 세 요소를 두루 갖추었지만, 특히 설교자의 에토스를 중요시했다. 하나님의 말씀을 전하여 다른 사람의 영혼을 구원하는 설교자에게 무엇보다도 중요한 것은 설교자의 에토스 즉 인격이기 때문이었다. 그래서 유명한 설교가 필립스 부룩스(Phillips Brooks)도 "설교는 설교자의 인격을 통해 전달되는 진리"라고 말하기도 했다. 한 목사는 자기와 자기에게 듣는 자들을 구원하기 위해서 먼저 말과 행실과 사랑과 믿음과 정절에 있어서 본(本)이 되어 복음 전파에 전념했다(딤전 4:12, 16절 참조).

1) 설교자로서의 자의식

한석지 목사는 설교자로서의 자신의 정체성과 위치, 그리고 사명에 대해서 철저한 자기 인식이 있었다. 특히 복음전파자 세례 요한과 바울을 설교자의 좋은 모델로 생각했다. 요한이 "자신은 참 빛이 아니고 다만 빛에 대해 증언하여 모든 사람이 예수님을 믿도록 하나님으로부터 보냄을 받은 자"(요1:6-8 참조)라고 했던 것을 늘 기억하면서, 설교자의 위치와 사명에 대한 분명한 자의식이 있었다. 특히 바울의 자의식과 복음전파의 자세는 그에게 결정적 영향을 주었다. 바울은 '하나님의 복음을 위해 부르심을 받은 자'(롬 1:1)라는 정체성을 가지고 "나의 달려갈 길과 주 예수께 받은 사명, 곧 하나님의 은혜의 복음을 전하여 다른 사람의 생명을 구하는 일"(행 20:24)에 목숨을 걸었듯, 한 목사도 복음을 전해 사람들의 생명을 구하는 일에 목숨을 걸었다. 절대 타협의 메시지를 전하거나 사람을 기쁘게 하지 않고 오직 자신을 부르신 하나님만 기쁘시게 하는 설교자였다. 그는 설교자는 '예수님을 태운 나귀', '예수님을 가리키는 손가락' 역할에 불과하다는 사실을 인식하고, 자기를 부인하고 날마다 자기를 쳐서 그리스도께 복종시키면서 오직 예수님이 그리스도(메시야), 구원자이심을 강조하면서 예수님만 전하고 예수님만 높였던 설교자였다.

2) 피나는 자기 훈련과 정진

한 목사는 "설교의 문제는 설교 자체의 문제라기보다는 설교자의 문제"임을 분명히 인식하고, 다른 사람이나 교회를 개혁하기 이전에 먼저 자기 개혁에 힘을 쏟았던 설교자였다. 실제로 그는 강단에서 정답을 말하고, 그것을 삶으로 보여주기 위해 몸부림치면서 본(本)으로 살아갔다. 변질되지 않는 설교자가 되기 위해 29년의 목회 기간 동안 매일 새벽예배 후 개인기도 2시간 이상, 그리고 1년에 성경 10독 이상을 철칙으로 삼았다. 필자는 지금도 그분의 헤어진 몇 권의 성경책을 또렷이 기억한다. 그의 성경책은 책장을 넘기는 끝부분이 다 닳아 없어져 마지막 부분은 읽기 어려웠고, 그렇게 해서 교체한 성경이 얼마나 되는지 모를 정도로 성경 연구와 말씀 묵상에 매진했다. 이런 철칙은 후에 총회와 신학교, 그리고 한국 교계를 섬기는 바쁜 활동 중에도 절대로 타협하지 않고 지켰던 원칙이었다. 이런 노력은 그의 설교에 그대로 배어 나올 수밖에 없었다. 한 목사의 설교의 중요한 특징은 성경으로 성경을 해석하는 성경 중심적 설교이고, 구약부터 신약까지 꿰뚫는 구속사적 설교였다.

아쉬운 점이 있다면, 한석지 목사의 설교집이 책으로는 발간되지 않았다는 점이다. 인쇄물로 출간된 것은 사경회 교안으로 나온 "베드로전후서 강해" 정도인데, 생전에 많은 기독교 출판사들에서 설교집을 발간하자고 수없이 권했지만 "직접 설교를 듣는 청중이면 되었지 굳이 책으로까지 옮길 필요가 있는가?"라는 이유로 늘 거절했다. 따라서 이 글에서는 독자들이 한 목사의 설교의 대강이라도 보고 참고할 수 있도록 부득이 설교를 조금 길게 인용하게 될 것이다.

5. 한석지 목사의 설교 세계

한 목사의 설교의 특징을 한마디로 요약하자면 개혁신학의 해석 원칙을 따른 구속사적 설교라고 할 수 있다. 그는 종교개혁자들의 성경해석원칙을 따라 주어진 본문을 역사적, 문법적, 신학적으로 주해한 후, 거기에 기초하여 구체적으로 적용을 시도했다. 특히 본문의 역사적 배경에 대한 철저한 주해와 성경의 장르와 전후 문맥을 따라 본문의 의미를 청중에게 밝히 드러냄으로 '기록된 말씀'을 오늘 이 시간 우리에게 주시는 '살아있는 말씀'으로 승화시킴으로 성도들을 말씀 앞에 세워 결단을 촉구하는 '들려지는 메시지'가 되도록 했다. 그의 몇몇 설교들을 보면 이런 사실을 잘 확인할 수 있다.

1) 역사적 해석에 충실한 설교

한 목사는 "그리 아니하실지라도"라는 다니엘서 3장의 설교에서 느부갓네살이 세운 금신상에 절하는 문제에 대해 이렇게 배경을 해석했다.

> 주전 8세기까지 고대 근동 지방에는 맹주가 없었습니다. 그런데 앗수르가 메소포타미아 평야를 차지하면서 맹주가 되었고, 722년 북이스라엘이 앗수르의 에살하돈(혹은 사르곤 2세)에 의해 멸망을 당하고 그의 이중이주정책에 의해 혼혈족이 되어 사마리아는 이스라엘 역사에 있어 중요한 역할을 상실하게 됩니다. 제국의 흥망성쇠를 따라 앗수르의 뒤를 이어 맹주로 떠오른 나라가 바벨론이었는데, 이렇게 만든 왕이 오늘 본문에 등장하는 느부갓네살입니다. 지금으로부터 약 2,600년 전 바벨론

나라는 지금의 인도에서부터 중동 전체와 아프리카의 에티오피아까지를 다스리던 막강한 국가였습니다. 이 왕이 주전 586년 3차 침공을 통해 남유다를 멸망시키고 예루살렘 성전을 파괴한 후, 성전 기명들을 귀족들에게 들려서 바벨론의 수사까지 1,000km를 걸어서 끌고 갔던 왕이었습니다. 느부갓네살은 자신의 광대한 영토를 효과적으로 다스리기 위해 자신을 '신격화'시키고 충성서약을 받기 위해 금으로 높이 30m, 폭 3m 되는 신상을 만들고 그것을 두라평지에 세웁니다. 이러한 신격화는 동서양을 막론하고 강력한 국가의 통치자들이 통치수단으로 삼았던 방식입니다. 이집트의 파라오(태양신의 아들), 로마황제들의 신격화, 중국의 투천자, 일본의 천황 등이 그 예입니다. 느부갓네살도 자신의 신격화를 위해 금신상을 세우고 자기가 다스리는 모든 지방과 나라의 고급 관리들, 요직에 있는 사람들을 모두 낙성식에 참석케 하고 군악대의 신호에 맞추어 일제히 그 신상에게 절함으로 자기에게 충성을 서약하도록 어명을 내렸던 것입니다.

한 목사는 다니엘서 3장을 설교하면서 느부갓네살이 세운 금신상의 의미에 대해 탁월한 분석을 한다. 아마 이런 역사적 해석은 배경연구를 잘한다고 하는 현대의 설교자들에게서도 찾아보기 힘든 본문설명일 것이다. 이런 배경연구는 신약의 설교에서도 잘 나타나는데, 요한복음 19장 28~30절을 본문으로 "다 이루었다"라는 설교에서 그 절정을 보여준다. 예수님께서 십자가에서 신포도주를 마신 사건을 해석하면서, 그 장면이 지닌 구속사적 의미를 정확히 드러내었다.

오늘 본문(30절)을 보면 예수님께서 십자가에서 운명하시는 장면이 기록되어 있습니다. 십자가에 못 박히신 예수님께서 "내가 목마르다."고

신음하시자, 사람들이 '신 포도주를 머금은 해면'을 우슬초에 매어 예수님의 입가에 대니 그것을 받으셨다고 기록되어 있습니다. 흔히 목이 마르니 '목마르다' 하셨고, 신포도주를 주니 받아 마시셨겠지 생각할 수 있지만, 이것은 잘 이해가 되지 않는 장면입니다. 같은 사건을 기록해 놓은 다른 복음서(마 27:34)에 보면, 예수님께서는 십자가에 못 박히시기 직전 군병들이 주었던 '쓸개 탄 포도주'를 맛보고 거절하셨기 때문입니다. 십자가형은 아무나 당하는 형벌이 아니었습니다. 로마의 체제를 전복시키려는 국사범이나 살인자들이 당하는 형벌로, 로마 시민권자들은 어떤 죄를 범해도 절대 십자가에 매달지 않았습니다. 한마디로 일벌백계형으로 죄수를 십자가에 매달아 며칠 동안 사람이 죽어가는 모습을 보면서 다시는 저런 죄를 지을 생각조차 못 하도록 하는 무서운 형벌입니다. 그 고통이 얼마나 심했던지 사형수에 대한 마지막 배려로 주는 것이 '마취제의 효능'을 지닌 '쓸개 탄 포도주'였습니다. 정작 필요할 때, 필요한 포도주를 거절하신 예수님께서 운명하시기 직전 새삼스럽게 신포도주를 마실 까닭이 조금도 없었습니다. 더욱이 목이 갈한 사람에게 신포도주는 식초와도 같기에 더욱 마실 수 없었습니다. 그럼에도 예수님께서는 "신 포도주를 받으셨다."고 본문이 말하고 있습니다. 예수님께서 바보가 아니신 다음에야, "왜 그처럼 어리석어 보이는 행동을 하셨습니까?" 본문 28절이 그 답을 주고 있습니다. 그것은 성경으로 응하게 하려 하시기 위해서, 즉 시편 69편 21절의 말씀을 성취하시기 위해 그렇게 하셨던 것입니다(28절).

한 목사의 이런 역사적 해석은 바울서신의 설교들에서 절정을 이룬다. 한 예로 로마서 1장 8절~15절을 본문으로 한 "복음 전하기를 원하노라"라는 설교에서 그는 로마교회의 문제의 원인을 정확히 분석한다.

당시 로마교회는 설립된 지 약 20년이 지나 5개의 가정교회로 이루어진 믿음의 소문이 세상에 퍼진 아름다운 교회였습니다. 그럼에도 유형교회는 문제없는 교회가 없듯 교회 안에 음식법과 절기법의 문제로 유대 그리스도인과 이방 그리스도인 사이에 서로 비판하고 업신여기는 분쟁 상황이 있었습니다. 언뜻 보면 분열의 원인이 단순히 음식먹는 문제나 날을 지키는 문제처럼 보일 수 있지만, 근본 원인은 "교회의 주인이 누구인가?"하는 '주도권 싸움'이었습니다. 문제의 발단은 다음과 같습니다. 로마교회는 주전 49년 클라우디우스 황제의 칙령으로 주도 세력이었던 유대 그리스도인들이 로마에서 추방을 당했다가 54년 네로의 칙령으로 다시 귀환하게 됩니다. 돌아와 보니 교회의 상황은 완전히 변해 있었습니다. 당시 소수였던 이방 그리스도인들이 주도 세력이 되어있었고, 마치 굴러온 돌이 박힌 돌을 빼어낸 상황이 되었습니다. 이런 주도권 싸움이 표면적으로는 음식법과 절기법의 문제로 표출되고 있는 것입니다. 그러나 여러분 한번 생각해보십시다. 초대교회는 성찬과 더불어 늘 애찬을 병행했었습니다. 로마교회는 이미 설립된 지 20년이 지났기에 그동안 수없이 애찬을 함께 했을 것입니다. '복음의 정신' 곧 내가 죄인이고 구원이 필요한 사람은 바로 나라고 하는 정신이 살아있고, '자기 부인'의 삶을 살고 있었을 때 그들은 민족적·문화적 차이를 다 극복했었습니다. 그러나 "교회의 주인이 누구인가?" 하는 상황이 발생하자, 그들은 '복음의 정신'을 상실하고 자기 부인이 아닌 '자기 과시'의 과거 모습이 다시 나타났던 것입니다. 바울은 이러한 로마교회의 모습을 보면서 이들이 '복음의 정신을 상실'하고 있다는 진단을 하고 그 치유책으로 "나는 로마에 있는 너희에게도 복음 전하기를 원하노라."고 했던 것입니다.

독자들도 공감하겠지만, 한 목사의 이러한 역사적 해석에 기초한 설교는 시대를 넘어서 현대의 설교자들에게도 지대한 교훈을 준다. 이는 이런 역사적 해석에 기초한 설교를 자주 접하기 쉽지 않기 때문이다.

2) 문법적 해석에 충실한 설교

한 목사의 설교는 종교개혁자들의 성경해석의 원칙을 따라 문법적 해석에 충실했다. 그는 "독서란 저자와의 대화이다. 따라서 저자의 의도를 정확히 파악하기 전에는 제대로 책을 이해했다고 할 수 없다."고 자주 말했다. 하나님의 영감으로 기록되었지만 동시에 각 저자의 특징이 드러나고 있는 성경을 연구하면서 그는 저자들의 전달 의도를 정확히 파악하려고 힘썼다. 즉 신구약성경의 장르에 따른 다양한 해석, 충실한 원어 분석, 전후 문맥에 충실한 문맥적 해석, 저자가 반복적으로 사용하는 중심 단어와 주제 파악, 다양한 수사학적 표현 등을 중심으로 세심하고 예리한 본문 관찰력으로 성경 저자들의 의도를 파악하고 설교에 잘 적용했다. 앞서 인용했던 "다 이루었다"는 설교에도 이런 점들이 잘 나타나고 있다.

> 흔히 기독교를 가리켜 말씀의 종교라고 합니다. 이 말은 자기의 뜻이나 욕망 혹은 세상의 가치관을 기준 삼아 마음대로 신앙생활을 하는 것이 아니라, 하나님의 뜻을 올바로 알고 말씀을 이루어 가는 종교라는 뜻입니다. 오늘 본문은 하나님의 말씀을 기준 삼아 그 말씀을 이루어 가는 삶이 얼마나 중요한지 다시 교훈해주시는 말씀입니다. 오늘 본문에 보면 예수님께서 십자가 위에서 운명하시는 장면이 나타나고 있습니다. 십자가에서의 마지막 말씀이 무엇이었는가? "다 이루었다." 실제 원문은 '테텔레스타이' 완료 수동태 직설법으로 "다 이루어졌다."라고 번역되어야 합니다. 다 이루어졌던, 또는 다 이루셨던 간에 무엇을 다 이루셨다는 말입니까? 자신을 통해 이루어져야 할 하나님의 뜻, 계획, 말씀을 다 이루

셨다는 것이다.

여러분, 한번 생각해보십시오! 성경 말씀 중 그분의 삶을 통하여 이루어지지 않은 말씀이 단 하나라도 있었습니까? 그분의 삶은 탄생부터 죽으심까지 말씀을 온전히 이루고 성취해 가는 삶이었습니다. 예수님께서는 미가서 5장 2절의 예언대로 베들레헴에서 탄생하셨고, 이사야 7장의 예언대로 동정녀 처녀의 몸에서 태어나셨습니다. 또한 이사야 9장 1-2절의 예언처럼 갈릴리를 중심으로 천국 복음을 증거하셨고, 스가랴 9장 9절의 예언처럼 새끼나귀를 타고 예루살렘에 입성하셨고, 마침내 이사야 53장의 예언대로 우리를 고난을 당하셨습니다. 이처럼 예수님은 자신을 통해 이루어져야 할 하나님의 말씀을 분명히 아시고, 그 말씀을 성취해 가는 삶을 사셨던 것입니다. (중략)

하나님께서는 예수님이 십자가 위에서 당하실 최후의 모습을 "시 69:21"절을 통하여 이렇게 예언하셨습니다. "그들이 쓸개를 나의 식물로 주며, 목마를 때에는 초를 마시게 하였사오니." 십자가 위에서 생명의 심지가 꺼져가는 그 순간에도 예수님께서는 이 말씀을 기억하셨던 것입니다. 그래서 그 말씀을 이루기 위하여 타는 목마름에도 불구하고 "식초와 같은 신 포도주를 삼키신 것"이었고, "다 이루었다"는 한마디로 당신의 생애를 정리하실 수 있었습니다.

한 목사의 설교는 역사적 배경연구를 통해 십자가형의 의미, 사형수에게 쓸개 탄 포도주를 마시게 하는 관례를 통해 해석했던 '신포도주를 마신 사건'은 결국 구약의 예언을 성취하기 위한 '구속사적 사건'임을 문맥적 해석을 통해 분명히 드러내었다. 그렇다면 이제 이런 해석을 성도들의 삶에 실제적으로 어떻게 적용하는지 살펴보도록 하자.

3) 탁월한 적용으로 신자들의 결단을 촉구하는 설교

한 목사의 메시지는 허공 속에서 흩어지는 공허한 사변적 설교가 아니라 성도들로 하여금 삶 속에서 구체적인 적용을 할 수 있도록 강력한 도전을 동반한다. 설교의 결론에서 늘 성도들을 말씀 앞에 서게 하고 결단을 촉구한다. 오랜 사회생활을 통해 그는 성도들이 삶의 소용돌이 한가운데서 말씀대로 살아가는 것이 얼마나 어려운지 잘 알고 있었지만, 제자의 삶은 눈물 없이 못 가는 길이고 대가를 치러야 하는 십자가의 길임을 늘 강조하면서 변화의 삶을 강조했다. "다 이루었다"를 비롯한 몇몇 설교의 적용을 살펴보면 우리는 이를 잘 확인할 수 있다.

그렇다면 여러분! 예수님을 푯대와 스승으로 삼고 그분을 따르는 제자의 삶이 어떠해야 하겠습니까? 성경말씀을 바로 알고, 기준으로 삼고, 그것을 삶으로 성취해 가는 것이 정상적인 모습이 아니겠습니까? 또한 이 세상을 떠날 때 우리의 마지막 고백이 무엇이어야 하겠습니까? 마땅히 주님처럼, "다 이루었다."고 말할 수 있는 자들이어야만 합니다. 벌레만도 못한 나를 위해 자신의 몸을 다 찢으셔서 구원해주시고, 죽음 이후를 책임져 주시고, 날마다 때를 따라 돕는 은혜를 주셔서 은혜의 보좌 앞에 담대히 나아갈 수 있게 하시는 은혜와 사랑을 알고, 이제부터 "왜 사는지, 무엇 때문에 사는지, 어떻게 살아야 하는지?"를 바로 알고 부족했지만 연약했지만 나를 통해 이루어져야 할 하나님의 뜻과 계획을 다 이루고 왔습니다. 이것이 이 땅을 떠날 때 우리의 마지막 고백이 되어야 하지 않겠습니까? 그렇다면 이제부터 다른 사람 어떤 삶을 살아가든, 말씀을 기준삼고 말씀대로 살아가십니다. 이 땅을 떠날 때 "다 이루었다."라는 고백을 할 수 있도록 예수님처럼 살아가십니다. 그때 우리는 하나님의 말씀을 응하게 하는 바른 생명의 도구가 될 것이며, 그와 같은 우리의 삶만

이 이 세상의 어둠을 물리치는 진리의 등불이 될 것입니다.

한 목사의 뛰어난 적용과 도전은 사드락과 메삭과 아벳느고의 풀무불 사건을 설교한 "그리 아니하실지라도"에서 확인할 수 있다.

사랑하는 여러분, 우리는 풀무불 사건을 보면서 이해가 되지 않는 것이 있습니다. 다니엘의 세 친구인 사드락과 메삭과 아벳느고가 이 정도 하나님을 신뢰하고 믿고 따르면 그들의 삶에 풀무불이 없어야 하는 것 아닙니까? 하나님께서 살아계신다면, 이렇게 열심히 믿고 따르면 풀무불에 던져지지 않아야 하는 것 아닙니까? 우리 생각으로는 도무지 이해가 가지 않습니다. 그러나 여기까지가 우리 인간의 한계입니다. 지혜도, 가능성도, 믿음도 한계입니다. 우리는 풀무불 사건이 왜 있어야 하는지 이해가 가지 않을 때도 많고, 더욱 풀무불에 던져지지 않아야 살아계신 하나님이라 생각합니다. 그러나 만일 이 세 사람이 풀무불에 던져지지 않았다면, 그래서 느브갓네살이 하나님의 역사를 눈으로 보지 못했다면, "이같이 사람을 구원할 다른 신이 세상에 없음이라."는 느부갓네살의 고백은 결코 없었을 것입니다. 그래서 하나님께서는 "내 생각은 너희 생각과 다르며, 내 길은 너희 길과 다르다."고 하시는 것입니다.

많은 사람들이 풀무불 사건은 2,600년전 바벨론에서 일어난 과거의 사건이라고 생각합니다. 그러나 풀무불 사건은 저와 여러분의 삶에서 과거에도 수없이 일어났고, 지금도 일어나고 있고, 또 앞으로도 끊임없이 일어나게 될 것입니다. 하나님이 살아계심에도, 우리가 하나님을 열심히 따름에도 불구하고 현대의 풀무불 사건은 계속될 것입니다. 그것은 우리의 실패일 수도 있고, 고난일 수도, 질병일 수도 있습니다. 우리가 살면서 만나게 되는 현대의 풀무불의 원인을 우리는 알 수 없지만, 풀무불에 대처하는 자세는 선택할 수 있습니다. 원망과 불평을 하면서 영적 침체와 탈진의 기회가 될 수도 있고, 반대로 흔들림 없이 하나님을 신뢰하고 따름으로 더 깊은 은혜를 체험하는 창조의 기회로 삼을 수도 있습니다. 하나님을 섬긴다는 것은 하나님에 대한 확고한 신뢰와 그 신뢰에 기초한 겸손한 순종을 의미하는 것입니다. 하나님에 대한 신뢰가 튼튼하지 못할 때, 그분이 우리를 다루시는 방법도 불신하게 되는 것입니다. 우리 주님은 다시 오셔서 세상을 심판하시는 그날까지 당신의 선하신 방법대로 우리를 이끌어 가실 것입니다. 이제 내가 믿는 하나님이 어떤 분이신지 좀 더 바로 알고, 어떤 상황에서든지 하나님을 온전히 따름으로 하나님의 살아계심을 만방에 드러내는 믿음의 장부들이 되기를 바랍니다.

4) 하나님에 대한 올바른 이해를 강조하는 설교

오랜 기간 동안 그분의 설교를 들으면서 인상에 남는 중요한 주제들이 많이 있지만, 그 중 대표적인 것은 '신앙의 대상이신 하나님에 대한 올바른 이해'였다. 이것은 그의 개인 신앙은 물론 목회에서도 가장 중요한 핵심 주제였다. 그는 "성도들이 이 땅을 살아가면서 만나게 되는 수많은 좌절과 낙심, 불신의 문제의 원인은 환경이나 상황 때문이 아니라 하나님에 대한 온전한 이해와 신뢰의 부족 때문이라."고 분석했다. 즉 "상황이 문제가 아니라, 상황 앞에서 하나님을 잊어버리고 불신자들처럼 원망과 불평과 방황을 하는 것이 문제이다."라고 지적하면서, 성도들에게 "하나님을 바로 알고, 전적으로 의존하라."고 거듭 강조했다. "내 백성이 (하나님께 대한) 지식이 없어 망한다."고 했던 호세아의 지적과 같은 맥락이다(호 4:6 참조). 또한 성도들이 구원받고 하나님의 자녀된 영광과 특권을 즐기기만 할 뿐 시대와 민족 앞에 눈물로 변화의 씨앗을 뿌리는 제자의 삶을 살지 못하는 근본적 원인은 하나님에 대한 정확한 지식이 없기 때문이라고 분석하고 기회가 있을 때마다 하나님을 올바로 알고 전적으로 의존할 것을 강조했다. 한 예를 들면 "부족함이 없으리로다"라는 시편 23편의 설교에서 한 목사는 이렇게 강조했다:

> 우리 목자이신 하나님은 자기 백성들을 푸른 초장에 누이시며, 쉴만한 물가로 인도하시는 분이십니다. 또한 우리의 영혼을 소생시키고 자기 이름을 위하여 의의 길로 인도하시는 좋은 분이십니다. 그러나 이것이 하나님의 모습 전부는 아닙니다. 때로는 우리의 소원과는 달리 우리가 원치 않고 또 이해할 수도 없는 사망의 음침한 골짜기를 다니게 하십니다. 하나님을 믿는 우리에게 사망의 음침한 골짜기가 있어야 한다는 것이 도무지 이해가 안갑니다. 그래서 원망도 하고 불평도 하지만, 그 골짜기를 지나지 않으면 우리는 주의 지팡이와 막대기가 우리를 지키시고 보호하시는 것을 결코 경험할 수 없을 것입니다. 문제는 사망의 골짜기가 아니라 그 상황 앞에서 하나님에 대한 신뢰와 확신이 없는 우리가 문제인 것이지요. 하나님을 바로 알고 전적으로 신뢰하면 우리는 하나님께서 우리에게 필요해서 주시는 상황에도 순종할 수 있습니다. 그래서 다윗은 13년을 사울에게 쫓겨 다니면서 이스라엘에는 더 이상 있을 곳이 없어 아비멜렉에게 피해 침을 흘리며 미친 사람 행세를 하면서도 '이 상황을 주신 분이 하나님'이심을 믿었기에, "여호와는 나의 목자시니 내게 부족함이 없으리로다."고 찬양했던 것입니다.
>
> 믿음은 남들이 없다고 하는 하나님이 계시다고 인정하는 것입니다. 그러나 진정한 믿음은 단순한 신앙고백을 넘어서서 하나님께서 우리에게 필요하기에 주신 '상황에 순종'하는 것입니다. 즉 상황을 주신 분이 하나님이신 것을 믿고, 합력해서 선을 이루어 주실 줄 믿고 주신 상황 속에서 하나님을 더욱 의지하고 흔들림 없이 말씀대로 사는 것입니다. 이렇게 할 때 우리는 주의 지팡이와 막대기가 우리를 안위하시는 것을 체험할

수 있고, 이런 신앙이 세상 사람들에게 하나님의 살아계심을 증거하는 참된 신앙이 되는 것입니다. 상황이 문제가 아니라 신앙의 대상이신 하나님을 바로 알지 못하고, 바로 신뢰하지 못하는 것이 문제입니다. 사랑하는 성도 여러분, 모든 일이 잘될 때 찬송하듯, 어려운 일 당할 때도 그 자리에 하나님 계심을 믿고 하나님과 올바른 관계를 유지하면서 흔들림 없이 기도하는 자들이 되십시다. 그때 우리도 다윗처럼 어떤 상황에서도 "내게 부족함이 없으리로다."고 고백하는 믿음의 장부들이 될 것입니다.

5) 십자가의 복음을 강조하는 설교

한 목사의 설교의 또 다른 주요 주제는 그리스도의 '십자가 복음에 대한 강조'였다. 그의 설교를 보면 피 묻은 십자가의 복음에 불순물을 섞거나 복음을 미끼로 사용하지 않고, 복음 자체를 가감 없이 전했던 것을 볼 수 있다. 교회는 사람들이 원하는 것을 주는 곳이 아니라 하나님이 주시고자 하시는 '구원'을 주는 곳임을 분명히 인식했기 때문이다. 당시 전쟁의 폐허를 딛고 산업화를 이루어 가는 상황에서 모두가 가난하고 고난의 삶을 살았던 성도들은 축복과 위로의 만사형통의 복음을 듣고 싶어 했다. 왜 만사형통의 축복의 복음을 전하고 싶은 유혹이 없었겠는가? 그러나 교회는 사람들이 원하는 것을 주는 곳이 아니라 하나님이 주시기를 원하는 구원을 주는 곳임을 분명히 알았기에 사람의 귀를 즐겁게 하는 유사복음을 전하기보다는 하나님의 구원의 복음만을 전했다. 복음만이 영원하고, 그 복음만이 성도들을 고난과 역경의 삶의 소용돌이 한가운데서 주님의 제자답게 살아갈 수 있게 한다고 확신했기 때문이었다. 이 땅에서 잘 살고 평안한 삶을 추구하는 현세주의자를 양산하기보다는 자신의 정체성을 알고 이 땅을 하나님의 나라로 바꾸어가는 성도들로 훈련시키기 위해 십자가의 복음을 전했던 것이다. 이러한 그의 강조는 "우리는 십자가에 못 박히신 예수를 전하니"(고전 1:18~24)라는 설교에서 잘 볼 수 있다.

2차 전도여행 중에 바울은 고린도에서 복음을 전해 교회를 세우고 1년 6개월 동안 목회를 했습니다. 당시 바울 사도를 만났던 사람들은 그에게 대개 두 가지를 요구했습니다. 한 부류의 사람들은 그가 전능하신 창조주 하나님에 대해 설교한다는 사실을 알고 그에게 '이적'을 요구했습니다. 또 다른 부류의 사람들은 '신비한 지혜'나 '철학적 지식'을 요구했습니다. 이러한 두 부류의 사람들! 바울의 말을 빌자면 "유대인은 표적을 구하고, 헬라인은 지혜를 구했다."고 할 수 있습니다. 당시 랍비요 최고의 석학이었던 바울은 표적을 보여줄 수도 있었고, 지혜를 나누어 줄 수도 있었을 것입니다. 그런데 바울은 이들의 요구에 타협하기보다는 오직 십자가에 못 박히신 예수님만 전했습니다. 예수님이면 충분하고, 복음이면 충분했기 때문이었습니다.

21세기를 살아가는 한국교회 성도들도 이제 십자가보다는 더 다른 많은 것을 교회로부터 얻기를 기대합니다. 그들은 교회는 진정한 쉼을 얻을 수 있는 공간이 되어야 하고, 사람들에게 심리적 평안을 주어야 하고, 그들의 맺힌 마음을 풀어줄 수 있어야 한다고 합니다. 어떤 면에서 이들의 요구는 그리 틀린 말만은 아닐 것입니다. 그래서 많은 교회들이 이들이 요구하는 것을 주려고 노력하고 있고, 또 그 요구를 들어준다고 해서 기독교가 허물어지거나 교회가 자취를 감추는 것은 아닐 것입니다. 우리의 신앙도 사라지지 않을 것입니다. 그러나 이 점 한 가지만은 분명히 해야 합니다. 교회는 사람들이 필요로 하는 것을 주는 곳이 아니라 예수 그리스도의 십자가의 구속사역으로 하나님과의 관계가 회복된 사람들이 모인 곳입니다. 어떤 경우에도 교회는 하나님께서 사람들에게 필요하다고 선언하신 것을 사람들에게 주어야 합니다. 그것은 무엇입니까? 곧 십자가입니다. 죄인을 구원하시는 하나님의 능력인 십자가! 십자가는 과거 고린도 교회에서도 그리하였고, 이천 년 기독교 역사에서도 그리하였듯이 오늘 한국에서도 하나님의 능력이요, 하나님의 지혜인 것입니다. 그 안에 용서와 구원의 길이 있습니다. 소망이 있습니다. 십자가! 그것은 21세기에도 동일하게 죄인을 구원하는 하나님의 능력인 것입니다.

이 설교 이외에도 한 목사는 위에서 언급한 '복음 전하기를 원하노라'라는 로마서 설교에서 복음의 중요성에 대해 이렇게 강조한다.

어떤 사람들은 복음은 교회 밖에 있는 사람들이 들어야 한다고 말합니다. 이미 구원받고 하나님의 자녀된 신자들에게는 복음은 필요하지 않다고 생각합니다. 그러나 바울은 설립된 지 20년이 되었고, 믿음의 소문이 세상에 널리 퍼진 로마교회에도 "할 수 있는 대로 로마에 있는 너희에게도 복음 전하기를 원한다."고 합니다. 왜입니까? 계속해서 복음을 듣지 않으면 변질되기 때문입니다. 여기는 누구도 예외가 없습니다. 심지어는 저같은 목사라도 예외는 없습니다. 로마교회를 보십시오. 그렇게 아름답게 신앙생활을 하고 있었지만, 교회 안에 분열과 분쟁이 있었습니다. 서로 물고 뜯고 싸우는 연약한 모습이 있었습니다. 여기서 우리가 배울 수 있는 것은 이 땅에 존재하는 유형교회는 어느 교회를 막론하고 문제가 있을 수 있다는 것입니다. 사역에는 성공할 수 있지만 존재에는 실패할 수 있는 것입니다. 살아가면서 다른 사람과 문제가 생길 때마다 우리는 다시 복음 앞에 서야 합니다. 내가 비판하는 상대가 죄인이 아니라 내가 죄인이고, 복음이 필요한 사람은 다른 사람이 아니라 바로 나라는 사실을 기억해야 합니다. 이 복음의 정신을 상실하면 우리는 다른 사람을 살리는 생명의 삶이 아니라 다른 사람의 진리의 등정길을 방해하고 이 세상의 어두움과 혼란을 가중시키는 삶을 살 수밖에 없습니다.

사랑하는 여러분!! 오늘 나의 삶에서 다른 사람의 허물이 눈에 보여 비판하고 싶고, 교회의 티가 보여 비판하고 싶을 때, 그때 우리는 다시 복음 앞에 서야 합니다. 주님의 죽으심은 죄인의 괴수인 나를 위한 죽으심, 구원이 필요한 사람은 바로 나라는 것을 기억해야 합니다. 비판과 비난을 멈추고 예수님의 십자가의 은혜를 기억하고, 복음 안에서 누림을 회복하고 자기 부인의 드림의 삶을 통해 타인과 교회를 살리는 생명의 삶을 살아가야 합니다. 이것이 진정한 그리스도인이요, 오늘 반목과 분열의 이 시대는 이런 믿음의 사람들을 요구하고 있는 것입니다.

6) 그 외의 설교의 특징들

지면 관계상 일일이 다 열거할 수 없지만 한석지 목사의 설교의 특징을 몇 가지만 간략히 더 소개하자면 다음과 같다. 한 목사는 오랜 기간 강단에 섰던 교육자답게 교육이든 설교든 '청중과의 대화'라는 사실을 인식하고 잘 준비된 음식을 신자들에게 떠 먹여주듯 '스토리텔링형의 구어체', '짧고 간결한 단문' 그리고 '생생한 직접 화법'으로 전달력이 뛰어난 설교를 했다. 또한 구약과 신약의 균형잡힌 강조, 하나님과 예수 그리스도 중심의 신학, 믿음과 행함, 칭의와 성화, 은혜와 책임의 균형 잡힌 강조를 통해 '반쪽 복음'이 아닌 '전체 복음'을 전했다. 그리고 풍부한 독서를 통해 인간 실존과 삶의 현장을 잘 이해하고 적절한 예화, 사자(고사)성어, 그리고 설교 중에 주제와 적합한 찬송을 부르는 것을 통해 복음이 복음 되도록 감동과 은혜를 끼쳤다.

맺는 글

한석지 목사는 종교개혁자들의 역사적, 문법적, 신학적 성경해석 원칙을 따라 본문을 주해한 후 성도들을 말씀 앞에 세워 결단을 촉구하는 적용을 했던 탁월한 설교자였다. 그의 개혁신학적 설교는 신학적인 면에서나 방법론적인 면 등에서 시대를 넘어 본받을 만한 설교였다. 또한 한 목사는 설교의 문제는 설교 자체의 문제라기보다는 설교자의 문제임을 분명히 인식하고 자기 개혁에 힘을 쏟았던 설교자였다. 예수님을 닮으려고 노력했고, 예수님이 이 땅에서 걸으셨던 것처럼 본(本)으로 살려고 애를 썼다. 이 땅에서의 삶이 다하는 날 하나님 앞에서 기쁨과 영광과 면류관이 될 대상은 성도들임을 알고 그들이 예수님의 제자답게 살도록 도전하고 격려하고 세웠던 목회자요, 설교자였다. 이러한 진면목을 잘 모르고 그를 평가한다면 목회나 설교보다 오랜 기간 총회를 봉사했거나 신대원장으로서 교육에 관심을 두었던 인물로 오해할 수 있다. 한 시대를 풍미했던 한국교회가 낳은 뛰어난 목회자요, 설교자요, 교육자였던 한석지 목사는 2016년 12월 27일 이 땅에서의 삶을 마치고 향년 94세를 일기를 끝으로 하나님 앞으로 떠나갔다. 더 이상 그분은 이 땅에 존재하지 않지만 한국교회와 목회자들에게 남긴 영향력은 결코 작지 않다. 현대의 목회자들과 설교자들이 앞으로 관심을 갖고 연구해볼 만한 귀한 설교자로 평가하면서 한석지 목사의 설교 세계에 관한 글을 맺고자 한다.

한천설

총신대학교 신학과 (B.A.)
총신대학교 신학대학원 (M.Div.)
Theologische Universiteit van de Gereformeerde Kerken in Nederland (Drs. Theol.)
Theologische Universiteit van de Gereformeerde Kerken in Nederland (Dr. Theol.)
(전) 총신대학교 신학대학원장 겸 부총장
(전) 총신대학교 일반대학원장
(전) 총신대학교 목회신학전문대학원장
(전) 총신대학교 상담대학원장
(전) 한국복음주의신학회 편집위원장
(현) 총신대학교 신학대학원 교수(신약학)
(현) 세계신약학회(Studiorum Novi Testament Societas) 정회원
(현) 한국성경공회 성경번역·연구위원

한철하 박사의 설교

박해경

I. 한철하 박사의 기독교종교 이해와 설교신학

학성(鶴聲) 한철하(韓哲河) 박사의 설교신학과 설교방법에 관하여 논하고자 하면 먼저 그의 기독교종교에 대한 이해부터 살펴야 할 것이다. 한 박사는 설교할 때나 글을 쓸 때 항상 "기독교종교"라는 표현을 사용한다. 그가 기독교라고 하지 않고 굳이 기독교종교라고 하는 데는 이유가 있다. 칼빈이 기독교강요에서 하나님 중심적이면서 또한 구원 중심적인 기독교 복음을 설명할 때 살아계신 하나님의 실재와 우리 경험계에서 죄인이 회개하고, 예수를 믿어 죄 사함을 얻는 실재성을 강조한 것과 같이 한 박사도 그러한 뜻에서 "기독교종교"라는 용어를 사용한다. 말하자면 일반적으로 기독교를 타종교와 구별하기 위하여 사용하는 표현으로 기독교는 종교가 아니라 복음이라고 하듯이 한 박사는 기독교종교라는 용어를 사용하여 기독교종교가 여러 종교 가운데 하나의 종교라는 오해를 일소하고, 또한 지식적으로만 성경을 이해하는 기독교가 아니라 실제로 우리의 삶 속에서 신앙이 발생하고, 회개와 죄 사함이 일어나 지옥 갈 죄인이 하나님의 자녀가 되어 천국 자녀로 되는 일을 심각하게 말하기 위해서이다.

한 박사는 2001년 6월 13일에 개최된 ACTS교수 퇴수회에서 이렇게 설교하였다. 사실은 설교가 아니라 특강 형식이었으나 한 박사의 모든 강의나 세미나 및 논설들은 설교와 같다고 할 수 있다. 마치 화란의 헤르만 바빙크(H. Bavinck)가 신학교 강의를 예배자의 자세로 설교하듯이 행한 것과 같다.

칸트 이래로 바르트까지 서양의 모든 자유주의 신학이 바로 이 점에 있어서 res ipsa(사실자체)에서 이탈된 결과 오늘의 세계의 참상을 우리는 봅니다. 형이상학적 실재는 모두 부인하고 자신의 선험적 통각에 들어오는 것을 상대로 새로운 형이상학을 구상하고 그 속에 기독교종교를 가두어 놓으니 어디에 하나님에 대한 두려움이 있고 어디에 최후 심판의 실제적 문제가 남겠습니까?

즉 한 박사는 기독교종교의 복음진리를 다룰 때에 개념적인 접근을 하지 말라는 것이다. 성경이 가르치는 내용들을 추상화하거나 도덕적 개념으로 바꾸어서 새로운 깨달음이나 주는 기독교를 말하지 말라는 것이다. 한 박사는 신학이 항상 경계해야 할 두 가지 잘못에 대해 말한다. 하나는 서양의 근대 및 현대 신학자들이 흔히 저지르는 것인데, 어떤 하나의 일리 있는 개념을 가지고 기독교 전체를 통일해서 설명하는 잘못을 범하는 일이다. 다른 하나는 보수주의자들이 자주 범하는 것으로 기독교 교리들의 각 부분들을 그대로 믿기는 하나 그 핵심과 전체를 연결하여 어느 목적으로 가야 할지를 지로(指路)하지 못하는 문제이다.

한 박사는 살아계신 하나님 앞에서 죄인이 관념의 세계가 아닌 실재계에서 죄를 회개하고 예수님을 믿어 거듭나서 성령을 받아 천국 백성이 되도록 믿음을 일으키는 활동이 목회라고 하였다. 칼빈도 기독교강요 4권 1장에서 목회란 복음신앙을 낳고, 증진시키며, 목표까지 이르도록 돕는 활동이라고 하였다. 여기서 중요한 것이 믿음이다.

한 박사는 생명의 말씀사에서 간행한 『기독교강요』의 "역자 서문"에서 기독교강요 안에는 "믿음"이라는 단어가 반지에 다이아몬드처럼 박혀있다고 하였다. 이런 말을 할 수 있는 것은 그가 칼빈의 신학에서 그 핵심이 어디에 있는지 파악했기에 가능한 것으로 본다. 실로 칼빈의 신학은 신앙을 일으키고 세워주는 신학이며, 그의 목회신학은 목사가 말씀사역을 통해서 신자들의 신앙을 태동시키고, 증가시키며, 목적지까지 인도하여 간다는 것으로 압축된다. 이와 같은 칼빈의 목회학이 한 박사의 교회론과 설교론에 그대로 반영되어 있다.

한 박사의 목회론은 칼빈이 기독교강요 4권의 제목에서 말한 대로 "하나님께서 그의 택하신 자들을 그리스도의 공동체로 초대하시고, 거기에 붙들어 주시는 외적 수단"이라는 교회론에 바탕을 두고 있다. 여기서 초대한다는 것이 믿음을 일으키는 활동이며 흔히 하는 말로 전도이다. 그리고 붙든다는 것은 양육으로서 교회 안에 들어온 무리들이 이탈하지 않도록(칼빈의 표현으로는 달아나지 않도록) 바른 신앙으로 인도하고 복음신앙을 더 강화한다는 것이다. 한 마디로 목회란 신앙을 세워주는 활동이다.

그런데 무엇으로 신앙을 세우는가? 그것은 말씀사역을 통해서이다. 바로 이러한 복음신앙을 세우는 목회 활동의 가장 중요한 외적 수단으로서 설교가 필요하고, 그것은 교회에 맡겨두신 보물이라고 한 칼빈의 말에 한 박사의 설교신학이 근거를 두고 있다.

한 박사는 1992년 2월 18일 합동신학교 졸업식 설교에서 목회사역은 한마디로 말해서 "말씀사역"이라고 하였다. 한 박사는 다음과 같이 설교하였다.

> 목회사역이란 한마디로 말해서 말씀사역임에 틀림없습니다. ...그런데 목회사역이 한마디로 말해서 말씀사역임에 틀림없으나 그 말씀사역이 무엇을 위한 것이냐? 즉 그 목적이 무엇이냐? 하는 일이 분명해야 합니다. 많은 목회자들이 생각하기를 하나님의 말씀인 성경말씀을 바로 해석해서 교인들로 하여금 잘 깨닫고 은혜받게 하면 되지 않느냐? 고 생각합니

다. 물론 옳은 말입니다. ...성경은 복음의 말씀 외에도 하나님의 진노와 심판의 말씀으로 가득합니다. ...우리는 성경의 말씀을 한 마디도 놓치지 말고 다 받아 우리의 신앙을 세우는 데 도움을 받아야 합니다. 그러나 그 모든 말씀들이 유기적으로 연합하여 우리에게 하나의 구원 진리를 알려 줍니다. 성경이 우리에게 어떤 유익을 주고 어떤 목적을 가지는가는 성경 자체가 잘 설명하여 줍니다. 성경의 목적은 우리의 구원을 위해서입니다(요 20:30-31). 딤후 3:15-16에서는 구원을 분석해서 교리와 권징을 통해서, 신앙과 생활 훈련을 통해서 구원을 받는 일에 집중해야 합니다. 한마디로 말해서 우리의 말씀사역은 곧 구원사역이 되어야 한다는 것입니다.

한 박사의 설교론은 위의 설교문만 보아도 쉽게 알 수 있다. 한 박사에게 설교란 성경을 잘 풀어 해설하는 것이나 강해를 잘하였다고 교인들로부터 칭찬받는 데 목적이 있는 것이 아니다. 설교의 목적은 신자가 듣고 복음신앙이 세워지도록 돕는 사역이다. 그래서 그것은 말씀사역 일수밖에 없다. 어떤 말씀사역인가? 성경에서 복음을 찾아 선포하여 듣는 이로 하여금 회개와 신앙이 일어나 죄 사함을 얻고, 칭의를 받아 구원의 확신을 가지도록 하며, 살아계신 하나님을 경외하고 거룩한 삶을 살도록 권면하여 신자가 선행을 통하여 천국에 이르기까지 전진하도록 섬기는 사역이다.

II. 한철하 박사의 설교론

1. 한철하 박사의 설교론 개요

한 박사는 종종 목사가 신학자보다 상위에 있다고 하였다. 그는 2001년 5월 3일-5일간 열린 대뉴욕지구 교회협의회 교역자 수련회 중 5월 3일 오전에 행한 세미나에서 다음과 같이 말했다. 신학하는 사람들, 특히 신학교 교수들이 목사에 대해 낮추어 보고, 무식 운운하는 것에 대해 그런 태도가 잘못이라고 지적했다. 한 박사는 자신의 평생 소신이 "신앙을 세우는 것이 목사의 임무라고 보고, 성도들의 신앙을 불러일으키고, 성장케 하고, 진보케 하는 것"이 목사의 귀한 사역이라고 하였다. 한 박사는 신학자가 신앙에 대해서 많은 것을 알지 몰라도 신앙을 자기 것으로 못 한다고 하였다. 그들은 기도생활을 할 시간이 없고, 신학은 서기관학화(書記官學化)하여 자기도 천국에 들어가지 않고, 들어가고자 하는 자를 못 들어가게 한다는 것이다.

한 박사는 유럽교회들이 리츨(A. Ritschl)이나 쉴라이에르마허(F. Schleiermacher)의 신학에 영향을 받아 복음을 도덕화하고, 혹은 기독교를 범신론(汎神論)화하여 영적 생명력을 잃어버린 결과 오늘 날의 엄청난 교회의 침체와 신앙의 쇠퇴라는 참상(慘狀)을 가져오게 되었다고 말한다. 더구나 바르트(K. Barth) 신학이 득세하여 20세기 이후로는 기독교종교의 진리가 실존화(實存化)하게 됨으로 인식론적, 도덕적 중요성만 남고 형이상학적, 실재론적으로는 아무 의미가 없어져서 예수천당이라는 영적 진리는 교회의 강단에서 사라지고, "남을 위한 존재"(Being for other men)로서의 "그리스도 닮기(Imitatio Christi) 운동"만 외치고 있다는 것이다. 강단에서 순수한 복음이 사라지니 그리스도의 임재도, 성령의 나타나심도 없고, 오직 기독교 윤리운동만 남았다는 것인데, 그런 경향이 한국에도 현저하게 나타나고 있는 것이 문제라고 한다. 바로 이런 점에서 현대 서양 신학이 서기관의 신학이 되었다는 것을 지적한다. 우리 시대에도 그리스도를 믿자는 말은 한 마디도 하지 않고 그리스도를 닮자는 말만 하는 인사들이 많은 형편이다. 이런 의미에서 현대 서양 신학은 도대체 하늘나라의 영생에 대해서 관심조차 없다는 점에 대해 한 박사는 크게 안타까워하면서 한탄한다.

한 박사는 그의 저서 『21세기 인류의 살 길』(2016년 해설판)의 서문에서 인류의 살 길은 오직 한 가지 진리뿐이라고 주장하였다. 그 단 하나의 진리는 죄인이 회개와 죄 사함의 복음진리를 믿음으로 구원얻어 천국으로 들어감을 얻는 진리이다. 이 진리에 대해서 교회의 강단에서 무수히 듣기는 하나 신학계나 일반 기독교 세계 속에서는 대단히 희귀하다는 것이다. 한 박사는 죄 사함을 얻고, 중생하는 복음만이 죄인 구원의 유일의 진리이고, 이 진리만이 온 인류를 살리는 유일의 진리라고 굳게 확신하고 있다. 21세기 인류에게도 죄사함 받고 중생하여 천국으로 들어감을 얻는 일이 가장 중요한 일인데, 오늘의 세계 신학계를 볼 때 이 중요한 진리를 주장하는 신학을 찾아보기가 힘들다고 하였다. 이렇게 된 원인으로서 한 박사가 지적하는 것은 기독교 서양이 신앙에서 이탈하여 전혀 반신앙(反信仰)으로 나가게 된 책임에 그 원인이 있다는 것이다. 그 책임을 신앙의 교사인 서양신학에 묻고자 한다고 한다. 구체적으로 보면 18세기에 있어서 이성의 한계 안에서 신앙을 취급함으로서 신앙에서 떠나서 이성 중심으로 나가게 됨으로 기독교 서양이 그 내부에 있어서 전체적으로 신앙에서 떠나게 된 것이다. 이와 관련하여 19세기의 죄악사와 20세기의 비극의 역사의 책임을 묻고 있는 것이다("죄 사함과 회개의 복음으로 21세기를 살립시다" 2001년 4월 28일 설교).

 이성 중심의 신학의 공통적인 과오는 현생 중심주의에 있다고 한 박사는 보았다. 내생의 지극한 중요성에 대해서는 거의 무지한 채, 모든 가치를 현생에 두는 세속주의에 빠져 있다는 것이다. 이것은 기독교종교가 무슨 종교인지 알지 못하고, 그 첫걸음부터 오류를 범하는 일이라고 한다. 그리하여 올바른 신학은 "천국으로 들어가는 일"을 확실하게 그 목표로 삼아야 한다고 역설하였다(2006년 3월 29일 설교문). 과연 현대 교회의 목회자들이 세속주의 신앙에 오염되어 그들이 선포하는 강단의 메시지도 내생의 영광에서 떠나 현생의 여러 가지 재치 있는 이야기들과 삶의 유익에 도움을 주는 언어유희들이 많아진 것이 사실이다. 이러한 강단 사역의 변화는 현대교인들에게 영적 생명력을 주지 못하고, 도덕적 깨달음이나 현생의 이익을 위한 지혜의 탐닉에만 빠지게 한다. 그리하여 하나님을 두려워하는 경외심이 사라지고, 천국의 소망도 약화되고, 기도도 약해지게 되는 결과를 초래하게 되었다.

사실 한 박사가 교회의 강단에서 이 복음 진리가 무수히 전파된다고 하였으나 그것은 희미하게나마 그렇다는 것이다. 그는 교회에서 목사들이 막연하나마 복음을 전하고, 예수를 믿자고 하기에 신자들이 믿음을 가지고 천국을 가게 되는 것은 전적으로 하나님의 은혜라고 하면서 목회자들이 좀 더 분명하게 순수한 하늘나라의 복음을 전파한다면 교회가 크게 성장, 부흥하고, 신학교도 부흥하게 될 것으로 보았다.

한 박사는 현대교회가 성장을 멈추거나 오히려 쇠퇴하게 되는 근본적인 이유는 목사가 강단에서 순수한 복음을 선포하지 않는 데 있다고 보았다. 그는 교회가 성장하고 부흥하려면 인위적인 행사나 여러 가지 봉사활동도 필요하겠지만 더 중요하고 긴요한 문제는 목사가 회개와 죄 사함의 감격이 실제로 일어나는 설교를 하는데 있다고 본 것이다. 한 박사는 목회 사역은 말씀사역이라고 단언함으로써 일견 너무 좁은 생각이 아닌가 하는 비판을 받을 소지가 있다. 목회란 설교만 하는 것이 아니라 교회행정과 심방과 교구관리와 지역사회와의 좋은 관계를 유지하기 위한 기타 여러 가지 활동이 포함되기 때문이다.

그러나 한 박사는 칼빈의 목회신학을 그대로 받아들여 목회는 말씀사역이라고 못 박고 있다. 필자도 처음에는 이러한 한 박사의 목회관이 너무 협소한 것이 아닌가 의아심을 가졌었다. 그런데 칼빈의 설교신학을 이해하고 나니 그 이유를 깨닫게 되었다. 칼빈은 에베소서 설교에서 목사가 강단에서 순수한 복음을 설교할 때 그리스도께서 참으로 임재하신다고 하였다. 마치 성례전에서 그리스도께서 실제로 임재하시는 것처럼 하늘 보좌에서 하강하시어서 교회에 임재하신다는 것이다(박건택, 『칼빈과 설교』, 64-65 참조).

오늘 날의 강단에서도 목사가 순수한 복음을 선포하여 그리스도께서 실제로 임재하시는 역사가 일어난다면 어떻게 될 것인가? 교인들의 복음신앙이 증대되며, 강화되고, 회개와 죄 사함의 감동적 사건들이 발생하고, 성령의 충만한 결과로 심령이 부흥되고, 전도열, 구령열이 크게 솟구쳐서 교회가 성장하는 것은 물론이요, 성도들의 삶 속에서 거룩한 행실이 나타나서 온 백성들에게 칭송을 받으니 구원받는 사람의 수가 날마다 더하니리...하는 사도행전적인 구원의 역사가 일어날 것이다.

이런 뜻에서 한 박사는 2001년 대뉴욕지구 교회협의회 교역자 수련회 5월 4일 오전 세미나에서 다음과 같이 목사의 말씀사역에 대해 강조하였다. 즉 교회에서 목사의 복음설교를 통해서 교인의 마음속에 신앙을 낳게 하고, 그 신앙을 성장케 해서, 즉 신앙의 지식이 풍부하게 되고, 신앙의 강도를 더 굳게 확실하게 하며, 신앙의 열심도 더 커서 뜨겁게 죄 사함의 경험도 커가고, 사랑도 더 커가고, 하늘나라로 더 가까이 전진하게 하도록 해야 한다고 하였다. 그러면서 칼빈의 신학은 교회의 신학이며, 구원이 중심이라고 하였다. 그런데 믿음은 들음에서 나는데, 교회사역 없이는 구원이 없다는 것이다. 하나님께서는 목사를 통하여 하나님의 구원의 능력을 베푸신다고 하였다. 그래서 칼빈이 말한대로 복음진리를 "하늘의 교리"라고 하면서 이 하늘의 교리를 하나님께서 목사에게 위촉하였다는 것이다. 다시 말해서 목사의 말씀사역이 얼마나 존귀하고 영광스러운가를 목회자들이 깊이 깨닫고 강단 사역에 임하여야 한다는 것이다.

2. 한철하 박사와 설교자의 자세

한 박사는 1993년 9월 20일 대한예수교장로회 제 78회 총회 경건회에서 "권징사역의 중요성"이라는 제목으로 설교하였다. 이 설교에서 목회자가 설교자로서 어떤 각오와 자세를 가져야 하는가에 대해서 다음과 같이 말했다.

우리 교회는 우선순위의 문제에 혼돈됨이 없어야 하겠습니다. 오늘의 시대는 총체적으로 하나님에 대한 관심에서 세상에 대한 관심으로 마음을 돌린 시대입니다. 하나님의 일, 즉 그 앞에 죄 사함을 받고 그 앞에 거룩하게 되는 일은 극히 적은 일로 되어 버리고, 보이는 일, (즉) 물량만이 커 보이는 시대로 되어버렸습니다. ...그러므로 우리 교회는 관심의 우선순위를 하나님과 그의 구원에 둡시다. 그리고 나서 다른 모든 것을 더 해 주시기 위해 기도합시다. "너희는 먼저 그의 나라와 그의 의를 구하라"고 하신대로, 또 우리 교회에 맡겨두신 구원사역을 두려움과 신실함으로 감당할 수 있기 위해 먼저 모든 관심을 집중하고 힘씁시다.

여기가 바로 한 박사가 말하고자 하는 설교자의 자세가 무엇인지를 잘 엿볼 수 있는 장면이다. 설교자는 자신의 주 관심사가 교인들의 영혼구원과 신앙세움에 있어야 한다는 것이다. 신앙을 세운다는 것이 목회 사역의 핵심이어야 함은 신앙만이 구원의 통로이고, 기도 응답의 바른 길이며, 기독교 가치관이 토대가 되기 때문이다. 설교자가 이 하늘나라의 복음을 선포하는데 관심을 두지 않고 세상의 인기와 사람들의 칭찬에 관심을 가진다면 복음 설교자로서의 자격이 없는 것이다. 칼빈이 말한 대로 목사가 강단에서 순수한 복음을 전파하지 않는다면 그리스도께서 임재하시는 예배가 아니므로 거기에는 예배의 감격도 없고, 죄 사함의 확신도 없는 공허한 집회가 되고 말 것이다. 한 박사는 교회가 쇠퇴하고 침체하는 이유가 바로 여기에 있다고 본다. 즉 설교자의 자세에 교회부흥의 성패가 달려있다는 것이다.

ACTS대학원 원우회지인 "십자로" 제4집(1991)에 게재한 글에서 한 박사는 "말씀사역과 사역의 핵심"이라는 제목으로 목회자의 자세에 대해 논한 바 있다. 행 20:17-38의 본문을 가지고 일종의 설교 형태로 쓴 글이다. 그 내용은 목회자의 주요 임무와 목회 실패의 제요인, 목회 사역이 중심 과제, 올바른 구원관, 사도 바울의 에베소 교회 목회 사역 등으로 구성되어 있다. 이 글에서 한 박사는 목회자의 자세가 어떠해야 하는지를 잘 전하고 있다. 한 박사는 목회자의 주요 임무가 말씀사역임에 틀림없다고 단언하고, 목사라면 누구나 집회마다 성경의 말씀을 설교하고, 각양의 성경공부 프로그램을 마련하여 교인들이 성경공부를 하도록 힘쓴다고 한다.

그런데 여기서 한 박사는 무슨 까닭에 "우리 목사는 설교를 잘한다"는 평을 받고, 또 "성경공부를 잘 시킨다"는 칭찬도 받는데, 교인과의 사이에, 특히 몇몇 장로들과의 사이가 나빠서 목회에 고전하는가 하고 그 이유를 묻는다. 목사들이 까닭 없이 미움의 대상이 되고, 설교를 잘하고 성경공부를 잘 시켜도 아무 소용이 없고, 많은 기도생활에도 도움이 되지 않는 경우가 많다는 것이다. 한 박사는 이런 문제가 발생하는 근본 이유는 목사가 목회 사역의 중심 과제를 놓친데 연유한다고 보았다. 목회사역의 중심을 알고 있다고 하더라도 그것을 교인들의 중심에 확립하는데 실패한데 기인한다고 하였다. 목사가 이 중심 과제에 대해서 큰 확신과 사명감을 가지고 생명을 걸고 나서지 못하고, 목사의 생활과 인격 속에 균열이 생겨있고, 훌륭한 설교와 재미있는 성경공부와 적절한 말들이 목사의 중심과 거리가 있는 것이 보일 경우는 더 말할 필요가 없다는 것이다.

한 박사는 목사가 설교자로서 가져야 할 자세를 다음과 같이 말한다. 첫째, 구원이 즉각적으로 단번에 이루어지는 것은 법적인 칭의에 의한 것이나 그 구원의 온전한 성취의 면은 점진적 성화과정을 통해서라는 진리를 등한시하지 말아야 한다는 것이다. 즉 신앙의 싸움(딤후 4:7)과 믿음 안에 굳게 서는 일(행 11:23), 두렵고 떨림으로 구원을 이루는 일(빌 2:12), 이 큰 구원을 등한히 여기지 않는 일(히 2:3), 저 안식에 들어가기를 힘쓰는 일(히 4:11), 영으로써 몸의 행실을 죽이는 일(롬 8:13) 등의 말씀은 우리의 구원이 다 이루어졌으니 방심하고 육의 생활에 안주해서는 안 된다는 것을 가르친다. 이 사실을 목회자는 깊이 인지해야 한다. 둘째, 교인의 구원 성취가 목회사역의 주요 임무로 정립되지 못하는 이유는 구원에 대한 바른 이해의 결여에 있다는 것이다. 성경이 말하는 구원이 얼마나 위대하고 존귀하며 영광스러운가를 깊이 깨닫고 설교해야 한다는 것이다. 이것이 설교자의 기본자세이다. 셋째, 목회자는 이 사역의 무한한 중대성을 확신하는 자세를 가져야 한다. 이 일의 크기는 하나님의 크기에 정비례한다고 한 박사는 강조한다. 하나님께서 세상 모든 일에 비해서 엄청나게 크신 존재로 계심이 분명하여 질 때 그 분 앞에 용납되는 일이 그만치 큰일임을 인식케 될 것이다. 이런 자세를 가져야 한다고 하였다. 넷째, 설교자는 이 일이 얼마나 영광된 사역인가를 확신해야 한다고 한다. 바울은 이 일의 영광됨을 모세의 얼굴에 나타난 영광에 비교하였으니 죽게하는 의문의 직분과 비교하여 영으로 새생명을 얻게하는 이 목회사역의 영광됨을 자랑으로 여겼다는 점을 든다.

목회자가 이러한 자세로 설교에 임할 때 그 한 마디 한 마디에서 심각한 구원의 중대성을 나타내며, 하나님의 임재 앞에서 진지하고 신실하게 선포하게 될 것이다. 한 박사의 설교론에서 이 설교자의 자세의 문제야말로 설교를 잘하는 여러 가지 노하우보다(노우하우보다) 더 중요한 요소라고 할 수 있다. 한 박사는 기도할 때 양손을 들고, 마치 하나님께서 지금 임재하셔서 자신과 마주하고 대면하고 있는 것처럼 자세를 취하고 기도하는 것을 필자는 자주 보았다. 그러한 자세가 바로 설교자가 강단에서 취할 자세라고 할 수 있다.

그래서 한 박사는 ACTS대학원 원우회지 십자로 제2집(1989)에서도 "목회사역의 심각성"이라는 주제로 글을 올렸는데, 여기서도 목회사역의 심각성은 우리 교인의 구원에 대한 우리(설교자)의 자세의 심각성에 달려있다고 하였다. 이 말의 뜻은 목회자가 자신이 맡은 교인 한 사람 한 사람의 구원을 위하여 심각하게 기도하고, 씨름하는가의 여하, 즉 설교하는 목회자의 자세에 달려있다는 것이다. 다시 말해서 복음사역에서 전파하는 그 내용도 중요하지만 그 복음사역의 자세가 또한 중요하다는 뜻이다. 1998년 2월 24일 ACTS학부 졸업식 훈사에서 한 박사는 다음과 같이 설교하였다.

> 복음사역의 내용이 우선 중요합니다만 그 복음사역의 자세도 또한 중요합니다. 여러분의 복음사역이 성공하기 위해서는 사도 바울이 보여준 모범을 따라 사역을 해야 하겠습니다. 겸손, 눈물, 유익한 것은 모두 전하는, 생명을 조금도 귀한 것으로 여기지 않는, 모든 사람의 피에 대하여 깨끗한, 3년이나 밤낮으로 쉬지 않고 눈물로서 각 사람을 훈계하는 목회…여러분은 이와 같은 자세로서 복음사역에 임하도록 힘쓰기를 바랍니다.

III. 한철하 박사의 설교방향과 특징

1. 예수천당의 신학(천국사모의 신앙)이 바탕에 있음

한철하 박사는 그의 저서 『21세기 인류의 살 길』(2016년 해설판)의 제1부에서 "기독교종교"라는 제목으로 "하늘의 심판대"가 기독교종교의 기초라고 하며, 이어 칼빈의 "천국사모"라는 주제로 신앙의 목표가 어디인가를 분명히 한다. 그리고 칼빈과 웨슬리의 지옥론을 비교하여 논하고 있다. 자신의 생애에서 마지막이 될 이 책에서 한 박사는 천국과 지옥이라는 주제로 복음진리를 논하고 있다. 한 박사는 칼빈 강요 초판에서 아래와 같은 한 구절을 인용하면서 칼빈의 신학이 철두철미 천국가는 일에 초점을 두고 있다는 점을 강조한다.

> 그리스도를 통해서 우리는 죄 사함과 거룩함을 얻고 또한 구원도 받는다. 그리하여 종당에는(마침내) 하나님의 나라에로 인도함을 받는다.

이 글에서 우리는 칼빈이 말하는 하나님의 나라로 인도함을 받는다라는 것에 대해 별 감격이 없이 지나가면서 읽기가 쉽다. 그러나 한 박사는 바로 이 점에 주목한다. 그리고 칼빈이 말한대로 구원받아 천국으로 인도됨을 받는 일은 성경의 주제(caput)요, 거의 총괄(fere summa)이요, 주께서 그의 말씀으로 우리 눈앞에 세워주시는 표적(meta)이요, 목표(scopus)라고 한다. 한 박사는 칼빈이 얼마나 천국가는 일을 사모하였는지 증명하기 위하여 기독교강요 여러 곳과 에스겔서 강의 등을 인용하고 있다. 특히 강요 3권 9장에 나오는 "내세에 대한 명상"(meditatio futurae vitae)을 예시한다. 한 박사는 강의나 대화 속에서 자주 말하기를 칼빈에 의하면 신자는 사는 것보다 죽는 것을 더 사랑하는 사람이라고 하였다.

한 박사는 최권능 목사의 예를 들면서 그가 평양에서 아침 일찍부터 거리를 다니면서 "예수 예수 예수 천당...."이라고 외친 것을 기억한다고 하였다. 한 박사는 최 목사의 예수 천당의 신앙이야말로 기독교종교가 무엇이지를 알려주는 극명한 예라고 하였다. 1997년 4월 25일 KETS(한국복음주의신학회) 제29차 논문발표회에서 "신학공관"(神學共觀)을 제안하면서 한 박사는 다음과 같이 말했다.

내가 항시 칼빈의 신학과 최권능 목사님의 "예수믿고 천당!"의 신앙이 완전히 일치한다고 주장하여 오는 것도 이 한 구절에서 분명히 증명됩니다. 복음신앙으로 구원얻고 영생복락을 누리는 이 칼빈의 중심 진리와 다를 것이 어디 있습니까? 칼빈은 한 마디로 말해서 성경 속에서 우리가 주로 찾아 야 할 것은 이 중심 진리라고 말합니다.

한 박사는 1986년 5월 1일 개교기념사에서도 다음과 같이 하나님 자신이 우리의 유업이고, 하늘나라가 우리의 진정한 유업임을 설교하였다.

우리의 유산은 하나님이십니다. 우리는 여호와를 얻기 위하여 노동하며, 우리의 종들은 그를 소득으로 차지하는 일입니다. 그리하여 오늘 우리는 이 기업으로 실로 아름다움을 확인합시다. "내게 줄로 재어준 구역은 아름다운 곳에 있음이여. 나의 기업이 실로 아름답도다." ...개교 12주년을 맞아서 우리는 우리의 진정한 기업이 무엇인지 다시 확인하는 기회가 되기 바랍니다. 그리고 이 기업이 얼 마나 아름답고 복된 일인지 재확인하는 기회가 되기 바랍니다.

성경에 여러 가지 아름답고 좋은 말씀들이 많으나 그 핵심적인 진리, 즉 중심 진리는 예수 믿고 천당가야 한다는 진리라는 것이다. 한 박사의 이러한 확신은 그의 강의와 저서와 논문들과 설교 및 세미나에서 한결같이 드러나는 특징이다. 한 박사가 자주 언급하는 설교자로서 김홍도 목사의 경우를 생각해 보면 그가 기독교란 천국과 지옥을 믿는 종교라고 강하게 주장하였으므로 왜 김홍도목사를 좋아했는지 충분히 이해할 수 있는 부분이다. 한 박사에게 있어서 설교란 천국과 지옥을 증거하는 일이며, 또한 천국 가기 위해서 죄를 회개하고, 예수님을 믿되 천국에 가는 여정에서는 거룩한 삶을 통하여 성화의 영적 싸움, 즉 믿음의 선한 싸움을 하라는 것이다.

한 박사가 얼마나 천국에 들어가는 것을 사모하였는가를 잘 알 수 있는 예가 있다. 2003년에 출간한 저서 『21세기 인류의 살 길』 초판을 (이 책은 초판, 증보판, 해설판으로 3가지가 있으며 내용은 대동소이하나 그 배열과 보강한 부분에서 차이가 난다) 교수들에게 기증할 때 책의 속지에 이렇게 써서 서명하여 증정하였다. "함께 유업으로 들어가기를 기하면서...박해경교수님. 2004. 1. 7. 저자근정" 이라고 한 것이다. 이 한 마디를 보더라도 한 박사는 칼빈처럼 천국에 들어가기를 사모하는 믿음이 충만했다는 것을 알 수 있다.

그뿐 아니라 한 박사는 2005년 5월 1일에 행한 ACTS 개교 32 주년 기념

신학심포지엄에서 "칼빈의 성화론"에 대해 발표하면서 칼빈의 성화론은 한마디로 "천국가는 론"이라고 이름을 붙였다. 웨슬리의 성화운동도 "천국가기 위한 운동"이라고 해석하였다. 즉 기독교종교의 핵심은 예수믿고 죄 사함 받아 거룩함을 얻는 일인데, 그것은 천국으로 인도함을 받는 일을 목적으로 삼는다는 것이다. 이러한 한 박사의 "천국사모"의 믿음은 설교에서 항상 증거되며 강한 에너지로 분출되어 표현되는 것이 당연하다고 하겠다.

2. 하나님 앞에서 두려움과 떨림으로 임함

한 박사의 설교에는 그의 강의나 글을 쓸 때와 마찬가지로 언제나 하나님을 두려워하며(경외), 자신이 지금 하나님 앞에 있다는 강력한 의식이 엿보인다. 칼빈학자인 헌터(A. M. Hunter)가 그의 책 "칼빈의 가르침"(The Teaching of Calvin)에서 칼빈의 글 속에는 어디서나 경건이 배어있고, 모든 교리가 하나님의 생각으로 가득 차 있다고 한 것처럼 한 박사도 그러하였다. 한 박사도 "모든 것이 신론의 문제"라고 자주 말했다. 그리고 강의할 때나 대화 속에서 항상 말하기를 칼빈은 하나님 앞에서 벌벌 떨었다는 말을 강조하였다. 그러면서 그는 이러한 하나님의 임재를 믿는 "산 신앙"(living faith)과 하나님이 엄위하심 앞에서 두려워하는 경외심이 오늘의 현대 신학자들에게서 발견하기가 매우 어렵다고 탄식하곤 하였다.

덴마크의 철학자 키에르케고르(S. Kierkegaard)가 그의 저작 "공포와 전율"(Fear and Trembling)에서 빌 2:12을 인용하면서 신자들의 믿음이 아브라함처럼 점진적으로 강화되어가는 노정에 있어야 하고 삶의 고난 속에서 투쟁하면서 완성되어야 하는데, 루터(M. Luther)나 헤겔(G. W. F. Hegel)이 신앙을 너무 쉽게 만들었다는 주장을 한 것도 당시 덴마크 교인들의 안일한 신앙 태도를 보고 비판한 것으로 보인다. 한 박사는 웨슬리신학을 강의하면서 특히 웨슬리가 스코틀랜드의 장로교인들을 보고, 그들이 많이 알지만 뜨거움과 열정이 없다고 비판한 것을 예로 들면서 한국교회가 하나님을 두려워하고 떨면서 경외하되 열정과 뜨거운 종교경험을 가질 필요가 있음을 주장하였다.

한 박사는 ACTS 입학생 전원이 필수과목으로 듣도록 하는 교책과목인 "신학서론"의 교재에서 ACTS에 온 것은 하나님을 배우기 위해서라고 하였다. 하나님 중심으로 생각하고, 살고, 느끼자는 것이다. 그리하여 학생들이 일반대학에 가지 않은 것을 감사해야 한다고 하였다. 일반대학에서는 하나님을 배우지 못하기 때문이다. 그리고 자유주의 신학교에 가지 아니한 것도 감사해야 한다고 했다. 거기서는 하나님을 가르치지 않고, 신학이론으로서 이성에 맞는 개념을 가지고 살아계신 하나님을 배워주지 않기 때문이다.

한 박사는 1999년 1월 18일 한국칼빈학회 정례발표회에서 "칼빈의 과학적 신학방법"이라는 주제로 발표하였다. 그 발표문에서 칼빈의 말을 인용하면서 신앙이 "하나님의 능력"에 접할 때 신앙은 하나님께 합당한 두려움을 가지게 된다고 말했다. 한 박사는 칼빈의 기독교강요를 해설하면서 참 종교란 하나님을 두려워하는 경외심과 결합된 신앙이라고 말한다.

참으로 여기에 순수하고 참된 종교가 성립됩니다. 신앙이 하나님에 대한 심각한 두려움으로 결합될 때입니다. 칼빈은 순수하고 참된 종교(pura germanaque religio)는 어떤 종교인가를 결론으로 논하고 있습니다. 순수하고 참된 종교는 하나님에 대한 심각한 두려움으로 결합된 신앙(fides cum serio Dei timore cunjuncta)으로 결론짓고 있습니다. 이 두려움은 "자발적 경외"(voluntariam veneratiam)가 그 속에 포함되어 있다고 합니다. 그리고 이와 같은 하나님에 대한 두려움과 결합된 신앙은 하나님께서 기뻐하시는 경배를 이룬다고 합니다.

하나님을 참으로 두려워하는 경외심은 종으로서의 비굴한 두려움이 아니라 하나님의 자녀로서의 산 믿음에 기초한 두려움이다. 그리하여 참된 성도는 워필드(B. B. Warfield)가 그의 저서인 "칼빈과 어거스틴"(Calvin and Augustine)에서 말한 것처럼 자신의 삶의 매 순간에서 하나님의 손길을 느끼는 자요, 항상 하나님이 보신다는 믿음으로 거룩하게 살려고 힘쓰는 자이다. 칼빈이 기독교강요에서 경건한 자는 비록 지옥이 없다 하더라도 하나님을 불순종하는 것은 생각만 해도 몸서리쳐진다고 하였는데, 그 이유는 하나님의 심판대가 자기 눈앞에 있는 것처럼 살기 때문이다.

한 박사는 가끔 말하기를 어떤 사람은 기도하러 강단에 올라가서 하나님을 조롱하고 내려온다고 하였다. 그 말의 의미는 하나님에 대한 두려움이나 진정한 하나님 임재의 의식이 없이 건성으로 자기의 생각을 말하고 내려오기 때문일 것이다. 설교에 있어서는 더욱 우리가 살아계신 하나님의 임재와 그 분의 엄위하신 심판과 공의를 생각하고, 두려움과 떨림으로 설교를 준비하고, 강단에 설 때도 이러한 자세로서 임해야 한다는 것이다.

3. 믿음을 세우는 데 총력을 기울임

위에서 말한 바와 같이 한 박사는 기독교종교가 "믿음"의 종교라는 것을 확실히 하고 있다. 칼빈이 기독교강요에서 믿음이라는 단어에 초점을 두고 저술하였다는 것을 한 박사는 깊이 인식하고 있다. 그는 칼빈이 말한 대로 목회란 신앙을 태동시키고, 강화하며, 그 목적지에 이르도록 돕는 사역임을 분명히 한다. 그리고 목회사역의 핵심은 말씀사역이라고 하였으므로 설교자의 모든 관심은 교인들의 신앙에 있어야 한다는 것이다. 즉 설교자는 설교를 준비할 때부터 성도들의 신앙에 초점을 두어야 한다는 뜻이다.

한 박사는 일생동안 신정통주의자 칼 바르트의 신학에 대해 비판을 가해왔다. 그 이유는 바르트의 신학이 뉴톤 세계관의 틀을 벗어나지 못한 채 "말씀의 신학"을 만들어 냄으로서 19세기형의 단원론적 단일개념 하나를 가지고 기독교종교 전 체계를 그 단일개념 속으로 환원함으로써 과학과의 충돌을 피하는 환원주의(Reductionism) 신학 방법을 되풀이 하고 있기 때문이다. 바르트가 말씀의 위치를 논할 때 신앙을 세워서 구원을 이르키는 외적 수단의 위치에서 떼내어 "말씀의 신학"을 만들어 낸 것은 불행한 일이라고 보았다. 그가 여전히 칸트의 인식론의 틀 안에서 벗어나지 못함으로 말씀이라는 틀 안에서 하나님을 보려고 애쓴 결과가 신학의 과학성을 왜곡시키는 결과로 나타났다고 본다. 반면 칼빈은 신앙을 중심으로 해서, 말씀을 신앙을 세우는 위치에서 취급함으로 과학적이 되었다는 것이다. 다시 말해서 한 박사는 신학작업이나 목회사역이 "신앙을 세우는 사역"이 되어야 과학적이라는 것이다.

한 박사는 1988년 12월 13일자 설교에서 오늘 날 구원의 심각성이 없어진 이유가 복음과 구원의 전제가 되어있는 하나님에 대한 신앙 그 자체가 병들었기 때문이라고 하였다. 현대 자유주의 신학자들은 신학을 논할 때 대체로 기독교공동체의 신앙현상을 분석하는 것으로 대체하고 있는 경향이 많다. 더구나 현대 자유주의 신약학계에서는 성경의 진리들을 초대 교인들의 마음속에서 혹은 그들의 믿음 속에서 발생한 사건들로 이해하고, 실제로 일어난 것으로 보지 않는다. 그리하여 일반사와 실존사(實存史)로 구분하여 성경에 기록된 기적들이나 초자연적인 사건들은 실제로 일어난 것이 아니라 초대교인들의 믿음 속에서 일어난 실존사에 속하는 것이라 하여 그 역사성을 부인하고 있다. 이러한 관점에서 신학을 하면 신학도들에게 신앙이 세워지지 않는다. 성경의 목적은 신앙을 세우는 것이고, 바른 신학과 목회는 신앙을 일으키고 강화하는 것이지만 잘못된 신학은 신앙을 무너뜨린다. 바로 이 문제를 한 박사가 주시하고 있는 것이다.

한 박사는 2000년 11월 8일 ACTS 신학연구회 경건회 설교에서 웨슬리가 지적으로 기독교를 잘 알았지만 모라비안(Moravian)과 접하고 나서 자신이 실은 불신앙에 거하였다는 것을 깨닫고, 산 신앙이 필요함을 고백한 것처럼 지금도 하나님을 믿는다 하면서 내심으로는 하나님을 무시하는 사람들이 많다는 것을 지적하고 있다. 2006년 2월 10일자 교수회에 보내는 설교문에서 기독교의 중심은 "복음신앙"으로 죄 사함의 신앙이라 하고, 이 신앙이 웨슬리의 신앙의 전체였다고 하면서(Wesley, Journal, 38. 5. 24) 우리도 죄 사함의 확실한 신앙을 가져야 한다고 하고, 모든 ACTS인은 한 사람도 빠짐없이 이 죄 사함의 신앙을 "내 신앙"으로 삼아야 한다고 하였다.

한 박사는 헬무트 틸리케(H. Thielicke)가 "복음적 신앙"(The Evangelical Faith)이라는 그의 조직신학에서 신학은 A 신학(합리적)과 B 신학(비합리적)으로 구별된다고 하는 것을 예로 들면서 자신은 "신앙을 세우는 신학"과 "신앙을 무너뜨리는 신학"으로 구별한다고 말한다. 그런 의미에서 설교도 마찬가지로 교인들의 신앙을 무너뜨리느냐 세우느냐의 기로에서 올바른 설교자는 신앙을 세우는 설교를 해야 한다는 것이다.

박해경

안양대학교 (대신)
성결대학교 (Th.B.)
서울신학대학교 신학대학원 (M. Div.)
아신대학교 대학원 (Th.M.)
아신대학교 대학원 (Ph.D.)
(전) 한국칼빈학회 회장
(현) 한국복음신앙학회 회장
(현) 문형장로교회 담임목사